PAPER COLLECTION OF THE 9TH NATIONAL PETROLEUM ECONOMICS CONFERENCE

第九届全国石油经济学术年会精选论文集

中国石油学会石油经济专业委员会
中国石油集团经济技术研究院 ◎ 编

石油工业出版社

内容提要

本书汇集了主题为"构建面向未来的清洁低碳安全高效现代能源体系——油气行业的责任与机遇"第九届全国石油经济学术年会的精选论文，内容涉及地缘政治与能源安全、油气在构建现代能源体系中的作用、油气与新能源协同融合发展、油气管网高效运营与改革发展、碳市场和碳金融对油气行业发展的影响、油气市场与技术经济等方面，其中不乏对油气领域焦点热点问题的深入分析和对策探讨，反映了油气行业工作者对相关问题的深入分析与思考。

本书可为政府、行业、企业以及研究机构了解石油天然气行业焦点及热点问题提供参考，促进油气行业研究成果的交流与分享。

图书在版编目（CIP）数据

第九届全国石油经济学术年会精选论文集 / 中国石油学会石油经济专业委员会，中国石油集团经济技术研究院编. —北京：石油工业出版社，2023. 9

ISBN 978-7-5183-6176-2

Ⅰ. ①第… Ⅱ. ①中… ②中… Ⅲ. ①石油经济—学术会议—文集 Ⅳ. ①F407.22-53

中国国家版本馆CIP数据核字（2023）第142541号

第九届全国石油经济学术年会精选论文集

中国石油学会石油经济专业委员会
中国石油集团经济技术研究院 编

出版发行：石油工业出版社
（北京市朝阳区安华里二区 1 号楼　100011）
网　　址：http://www.petropub.com
编 辑 部：(010) 64523766　图书营销中心：(010) 64523633
经　　销：全国新华书店
印　　刷：北京中石油彩色印刷有限责任公司

2023年9月第1版　2023年9月第1次印刷
787毫米 × 1092 毫米　开本：1/16　印张：50
字数：960千字

定　价：190.00元
（如发现印装质量问题，我社图书营销中心负责调换）

《第九届全国石油经济学术年会精选论文集》

编　委　会

前 言

全国石油经济学术年会作为中国石油学会石油经济专业委员会（以下简称“经专委”）的品牌学术活动，征文已成功举办八届。第九届年会的主题为“构建面向未来的清洁低碳安全高效现代能源体系——油气行业的责任与机遇”。

围绕本届学术年会主题，年会具体议题分为地缘政治与能源安全、油气在构建现代能源体系中的作用、油气与新能源协同融合发展、油气管网高效运营与改革发展、碳市场和碳金融对油气行业发展的影响、油气市场与技术经济六个方向。

本届学术年会征文活动于 2022 年 5 月 18 日启动，得到了各相关单位和广大石油经济工作者的大力支持，共收集征文 360 篇，内容涉及石油经济的多个领域，其中不乏对油气领域焦点和热点问题的深入分析和对策探讨。在此，秘书处对广大作者的积极参与和各相关单位的大力支持致以崇高的敬意和衷心的感谢！

经专委秘书处根据《石油经济专业论文评审委员会工作办法》和年会征文评分标准，组织相关专业 33 位专家，对收到的征文进行了严格的分类交叉盲审及专家组讨论复审，共精选出优秀论文 155 篇，委托石油工业出版社汇集成此论文集正式出版，并收录到中国石油学会论文库，以此鼓励所有投稿作者，也便于研究成果的交流与分享。

本届全国石油经济学术年会征文活动时间紧、任务重，各项工作难免有疏漏之处，敬请广大作者和读者提出宝贵意见和建议，以便工作人员在今后的年会征文活动中加以改进提高。

中国石油学会石油经济专业委员会秘书处

2023 年 9 月

目 录

一等优秀论文

二等优秀论文

三等优秀论文

一等优秀论文

中国石油企业海外业务风险评价及优化策略

冯敬轩[1]　徐 东[1]　丁世强[2]

（1. 中国石油天然气股份有限公司规划总院；2. 中国石油天然气集团有限公司发展计划部）

摘　要：中国石油企业“走出去”已近30年，经过探索发展、快速发展、规模发展和优化调整4个阶段后，已成为国际油气行业的重要力量和保障国家能源安全的重要途径。新冠疫情的蔓延及乌克兰危机与其外溢效应，导致世界经济形势、国际能源格局、全球油气合作态势及区域、资源国政治经济走势发生深度变化并呈不规律方式演进，有必要结合区域和国家实际情况，对中国石油企业海外业务风险开展研究分析。按照全球42个重点资源国的五大油气合作区进行分类，从发展水平、商贸环境、能源形势、政治外交4个维度，采用全球竞争力、投资自由度、油气储量、油气产量、营商环境、能源转型和政权稳定性等16个指标，建立了有针对性的风险评价指标体系，采用熵权TOPSIS模型更为客观地确立了指标权重并对5个区域和各资源国风险进行排序。根据分析评价结果，考虑国际国内形势预判，结合中国石油企业自身海外业务特点，分区域提出中国石油企业海外业务不同的业务发展战略及其经营策略优化路径。

关键词：中国石油企业；海外业务；熵权TOPSIS模型；风险评价；分区域；优化策略

引言

1993年，中国提出了“充分利用国内外两种资源、两个市场”的对外合作开发的重要战略方针。也正是从那时起，中国石油天然气集团有限公司（简称中国石油）、中国海洋石油集团有限公司（简称中国海油）、中国石油化工集团有限公司（简称中国石化）及中国中化控股有限责任公司（简称中国中化）等央企以中标海外油气区块或收购海外油气公司的方式陆续进入跨国油气勘探、开发、炼制、销售等产业领域。大约 10 年后，振华石油控股有限公司（简称振华石油）、山东宝莫生物化工股份有限公司（简称宝莫股份），广汇能源股份有限公司（简称广汇能源）及美都能源股份有限公司（简称美都控股）等民营企业也纷纷“走出去”，并购海外油气资产，开展海外油气业务。

截至 2020 年年底，中国石油、中国海油、中国石化、中国中化四大国有石油公司在 51 个国家及地区共有油气勘探开发项目 320 个，合计区块权益面积为 28.7 万平方千米，中国石油、中国海油、中国石化年度海外权益油气产量合计达 1.67 亿吨（油当量）[1]；在全球建成了美洲、非洲、欧洲、中东、中亚—俄罗斯和亚太六大油气合作区，构建了中国西北、东北、西南、东部海上四大油气战略通道，全面增强了全球油气资源配置能力，实现了中国国内油气供应多元化，在保障国家油气能源安全、开展国家能源外交和“一带一路”建设中发挥了重要作用。

进入到优化调整阶段后，中国油气企业海外业务在“十四五”及今后较长一段时期应该追求高质量发展，但是内生发展动力和外部环境激荡演变等因素都会使石油企业面临不同程度的风险挑战，需要科学研判、风险评估和积极应对。

1　中国石油企业海外生产经营环境分析

进入到 21 世纪第二个十年，受新冠疫情（简称疫情）、能源转型和以乌克兰危机为代表的局部地缘政治冲突影响，世界形势和全球能源格局可谓是百年未有之大变局。世界形势方面，美国继续使用霸权主义“拉欧弱俄排中”，欲在世界建立和形成两大阵营，一些国家也借乌克兰危机之机突破第二次世界大战以来的禁忌和束缚，国家间关系出现新的纵横捭阖。能源格局方面，美国、俄罗斯和沙特阿拉伯三极并立的格局会日益不平衡，俄罗斯、欧洲互相依赖的格局将被打破，全球油气流向将发生重大变化，同时受应对气候变化、能源转型、疫情及百年未有大变局下的地缘政治影响，国际原油价格近两年也经历了大幅跳水至历史负油价，再到欧洲能源危机下的原油价格高位震荡。美国的全球能源影响力将进一步上升，中东海湾产油国的选择空间扩大、地位再次凸显，油气消费国能源博弈权力及新能源业务权重将会上升，中美两国之间的博弈在能源权力转移中也会有竞有合、更加激烈，国际能源格局将迎来新一轮调整。

1.1　全球局部冲突频发造成世界油气市场剧烈震荡

全球油气市场经历了 2021 年的跌宕起伏后，2022 年表现出了更大的不确定性和更为复杂的多维变化特征。北约持续东扩导致乌克兰危机，以美国为主的一些西方国家（简称美西方）全方位制裁与俄罗斯反制裁，以及对俄罗斯实施的煤炭禁运、石油禁运、海运禁令及潜在的天然气禁运引发全球能源格局深度调整；美国联合澳大利亚、日本和韩国，拉拢东盟，建立印太合作框架，挑起对中国的全面围堵和综合威慑；美国迫于国内能源价格高企和欧洲能源供应危机有序放松对委内瑞拉的制裁；2022 年初哈萨克斯坦爆发大规模骚乱，预示中亚各国近期会在权力交接过程中出现问题；随着塞内加尔、肯尼亚、安哥拉等多个非洲国家大选，非洲多国政局可能出现动荡；缅甸军方形成看守政府，阿富汗、叙利亚战后出现治理真空等。这些冲突和事件本身及其外溢效应将会成为影响当前世界格局的重大变量。中美关系是世界上最重要的双边关系，也是最复杂的双边关系，尤其是中美战略博弈及其潜在冲突将会成为全球政治重心和主线，影响世界形势的总体进展，重塑全球能源基本格局，造成全球及各地区油气供需和油气价格出现非典型逻辑和非线性变化，使中国石油企业在全球各地开展国际油气合作所面临的风险呈非均质变化。

1.2 疫情蔓延并持续打破世界油气供需平衡

随着新冠疫苗的推广，全球经济明显复苏，但是奥密克戎变异株加快了疫情的传播速度。各国防疫政策不统一致使人类经济活动和商务旅行出现非同步现象。发达国家和发展中国家经济恢复增速不一致导致区域和国家间呈现经济失衡状态。一些国家出现大规模疫情反复，经济暂停—重启—再暂停—再重启的往复循环既扰乱了油气市场供需演进规律，也破坏了油气市场平衡发展的节奏和规律，全球油气市场恢复至疫情前水平较预期更晚。同时，油气价格高位震荡不利于油气消费的恢复，区域供需不均衡及供应中断不时发生，影响全球油气市场的长期均衡发展，使中国石油企业国际油气合作面临的风险呈非线性变化。

1.3 能源转型动能强烈迫使国际石油公司改变业务布局

随着气候变化问题深度政治化，全球气候治理越发严苛并已逐步进入快车道。目前全球已有 130 多个国家提出碳中和目标和愿景，清洁能源规模替代和高碳能源减量使用已成为必然发展趋势，全球能源体系正在加速向低碳化、无碳化转型。国际石油公司作为引领全球油气行业发展的群体[2]，陆续披露“双碳”目标，在企业战略中嵌入清洁能源、可再生能源、低碳负碳、ESG（环境、社会和公司治理）、气候变化等元素和概念，并加快部署新能源业务。中国石油企业在海外的存量业务和增量业务都会受到来自欧美国家气候组织、环保组织和资源国有关气候管理机构的严格监管，处理不当有被法律诉讼的风险。海外业务的布局将根据区域和国家 ESG 评估情况而发生重大变化，石油企业国际油气合作的风险将会因为气候变化和能源转型呈颠覆性变化[3]。

1.4 地缘政治深度调整和资源国政治动荡改变海外业务投资经营环境

百年未有之大变局深度演进，2022—2023 年将会有约 20% 的国家发生政权更迭交替，世界进入到一个疯狂博弈的时段。乌克兰危机并未延缓美国联合其亚太盟国对中国形成全面竞争之势。俄罗斯与中亚国家及波罗的海三国、美国与美洲国家、以色列与伊朗、澳大利亚与南太平洋各岛国、英国与苏格兰和北爱尔兰之间都出现了前所未有的矛盾和博弈，给世界秩序带来新的挑战。中国石油企业海外业务重资产的中亚、非洲、南美洲及东南亚各资源国家都出现了近 20 年以来少有的大动荡。各区域多个国家大选中出现左翼抬头趋势，内战、骚乱、政变、恐怖袭击叠加疫情和粮食危机，造成业务所在区域安全形势异常严峻、社会环境异常恶化、财税政策加速收紧、经济逆全球化和能源民粹主义上升，某一国家或地区的局势变化及其溢出效应都会促使企业的总体生产经营风险提升。基于利己主义和小团体主义，美国加大了重构盟友体系的步伐，全球再次出现政治极化的趋势；加之“五眼联盟”国家（美国、英国、加拿大、澳大利亚、新西兰）加大对中国对外投资的审查监管力度，企图压缩中国石油企业海外业务的发展空间，导致中国石油企业国际油气合作的风险呈周期性变化。

2 中国石油企业海外业务高质量发展要求

经过近 30 年的探索实践和发展，中国石油企业海外业务规模和效益显著提升，国际化经营战略取得显著成果，跨国指数不断提高，实现了跨越式发展。但同时也面临海外业务国际化发展不平衡、不充分，部分项目由于成本高、剩余储量不足等原因导致整体经济效益不断下滑、整体创效能力不足、国际化经营能力不足、国际化资本运营水平较低等现实问题。面对“十四五”乃至更长的时间维度，立足新的发展阶段，在新时期保障国家能源安全的基调下，中国石油企业海外业务需达到“三优化一提升”的高质量发展要求。

2.1 区域布局需要进一步优化调整以形成核心项目集群

近 30 年的快速发展和规模发展，中国石油企业海外业务目前在区域布局方面存在 3 个主要问题：一是项目数量多且分散在多个国家；二是生产区域多但核心油气产区偏少；三是油气权益产量在部分地区和国家占比过高。根据全球地缘政治演进，在新发展阶段为保证中国石油企业海外业务高质量发展，必须贯彻落实“危地不往、乱地不去”的原则，实施海外业务区域布局优化调整，具体来说，就是要聚焦“一带一路”沿线，经略重点国家，深耕重点项目，培育、建立、巩固、拓展并优化海外业务项目集群和核心产区，优化处置存量低效项目，退出高风险项目或低价值项目所在国家，将资产向风险可控，能发挥国家及企业比较优势、竞争优势和国有企业间协同优势的区域聚焦，提高海外业务项目集中度和海外项目的聚集度。

2.2 资产结构需要进一步优化以提升创效能力

中国石油企业海外业务资产结构存在效益边际项目和亏损项目占比偏高、成长性项目占比偏低、高风险地区和低品位区块储量资产占比偏高及高价值项目在中高风险地区过度集中4类典型问题。从海外业务高质量发展角度分析，下一步中国石油企业必须坚持“有进有出、择优发展”的原则，实施资产结构优化调整。要加大对其海外业务中高风险、高股权、高投资项目的评估、控制和优化，尽快剥离低效、无效资产，加强优质作业者项目、风险勘探项目、深海勘探开发新项目获取，通过资产市场运作，优化海外业务资产结构，提高中低风险地区中高价值开发项目的比例，提升整体海外业务的资产创效能力。

2.3 业务结构需要进一步优化以夯实可持续发展基础

目前，中国石油企业海外业务结构面临3个紧迫趋势，急需优化和转变：一是勘探项目大幅减少，油气资源接替难度日益加大；二是天然气业务资产占比低，资产创效和低碳业务发展能力较弱；三是海洋油气资产和产量占比偏低。为实现中国石油企业海外业务高质量发展，必须坚持“突出常规、油气并举、拓展海洋”的原则，实施业务结构优化调整。要通过突出风险勘探、加快海洋勘探、强化精细勘探和积极拓展新项目等手段获取补充勘探项目和资产，夯实可持续发展资源基础；通过存量项目优化和增量项目获取，突出天然气项目和资产的获取，增强绿色低碳发展能力；通过发挥中国石油企业上下游一体化、甲乙方一体化、国内国外一体化、油气与新能源和金融一体化4个一体化优势，突出作业者项目管理能力和盈利能力的提升。

2.4 资产盈利能力需要进一步提升以形成良性发展态势

分析中国石油企业海外业务的盈利状况，发现有3个突出趋势性问题：一是海外资产创效能力水平呈快速下滑趋势，过去10年投资资本回报率由接近15%下滑到不足5%；二是高油价时期获取的项目成为海外业务“阿喀琉斯之踵”，缺乏经济有效开发途径，扭亏难度较大；三是海外技术支持服务业务盈利能力偏低，存在“卡脖子”技术进口和引进风险。为此，必须坚持“由投资驱动向创新驱动转变、由生产经营向资产经营转变”的原则，提升海外资产盈利能力。要实施成本领先战略，持续开展海外业务提质增效，实施全过程、全要素成本控制；突出比较优势，发挥国家政治外交优势，发挥石油企业综合技术优势、综合一体化优势、特色企业文化优势和低成本优势，全力提升海外业务的盈利水平，形成中国石油企业海外业务良性发展的态势，促进海外业务高质量可持续发展。

3　中国石油企业海外业务所在区域和国家风险评价

油气资源是重要的战略性资源，具有商品属性、金融属性和地缘政治属性。在“走出去”发展政策指引下，中国石油企业海外投资额度和业务区域不断扩大。但是，在百年未有之大变局的影响下，逆全球化、差异化发展格局和局部地缘政治外溢效应进一步加剧，影响海外油气资源获取的安全因素日益复杂，海外业务投资经营风险和机遇并存。同时，在国家能源供给安全和自身高质量发展要求下，中国石油企业海外业务需要持续开展产业布局、业务结构和资产结构优化，需要持续提升合作项目和资产的盈利能力，迫切需要对“十四五”及未来更长时期的外部风险予以识别和评价。本文按照图 1 所示的技术路线，构建中国石油企业海外业务风险评价指标体系，确定指标权重并构建模型予以风险排序，对各资源国和中国石油企业海外油气合作主要区域的风险进行再识别和再评价。

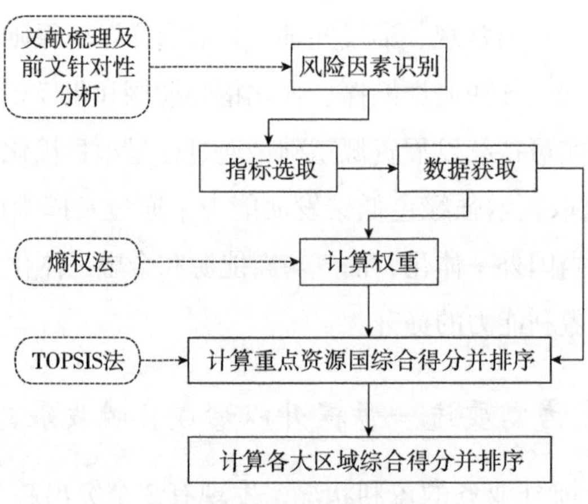

图 1　模型技术路线图

3.1 构建中国石油企业海外业务风险评价指标体系

在现有国内外相关文献和研究报告[4-16]中，风险评价指标大都聚焦政治、经济、法律、社会和资源等因素，具有代表性研究中采用的指标详见表1。

表1 相关文献或研究报告中所涉及境外投资风险评价的一级指标、二级指标

一级指标	二级指标					
	海外石油投资的非资源类风险评价	南美地区油气资源投资风险分析	"一带一路"沿线国家油气资源投资风险评价	基于熵权TOPSIS灰色关联的"一带一路"国家电力投资风险评价研究	中国海外投资国家风险评级报告	国际国家风险指南ICRG
政治外交	内部矛盾、外部矛盾、双边投资协定、腐败控制	政治、双边伙伴关系	双边伙伴关系、权力分立和民主问责、腐败控制	政府效率、暴力活动双边投资协定、双边伙伴关系、政权稳定性腐败控制	内部矛盾、政府效率、外部矛盾、军事干政、双边投资协定、双边伙伴关系、权力分立和民主问责、政权稳定性、腐败控制	内部矛盾、外部矛盾、暴力活动、军事干政、权力分立和民主问责、民众支持度、政权稳定性、腐败控制
经济环境	汇率波动、通货膨胀、税率、对石油经济出口依赖	经济	人均GDP、通货膨胀、市场化水平、商务贸易自由	汇率波动、GDP及增长率、通货膨胀、各种债务水平、失业率、商务自由、投资依存度、贸易依存度、电力市场	GDP及增长率、基尼系数、人均GDP、通货膨胀、债务水平、偿债能力、失业贸易率、商务贸易自由、投资依存度、贸易依存度	汇率波动、GDP及增长率、通货膨胀、财政情况、消费者信心、偿债能力、失业率
社会环境	语言沟通、宗教信仰差异、基础设施、能源依赖程度	基础设施	基础设施	城镇化、社会安全、教育水平、人口	社会安全、教育水平	宗教信仰差异、贫困水平
法律监管	法制环境、财税条款吸引力	行业准入	法制环境	法制环境	合同保障、行业准入、财税条款吸引力	法制环境、合同保障
自然资源	—	可采储量、成本费用	可采储量、储采比、自然灾害	环境风险	自然环境及灾害	—

由表1可以看出，油气企业开展海外业务是一个多因素的复杂决策，几乎包含了一个国家或地区的所有情况。参考文献［4］利用熵权TOPSIS法（优劣解距离法），从经济、政治和法律、资源环境及基础设施4个方面，对中国铝土矿境外投资环境进行综合评价；参考文献［5-11］分别从安全、经济、政治、法律、社会、行业、基础设施等方面建立各自的风险评估指标体系，对中国石油企业海外油气投资环境风险进行了评估；参考文献

[12] 则是从非对称依赖情况下遭受经济制裁的角度，研究了被制裁目标国经济增长的影响，认为经济制裁会产生重大负面影响，需要重视经济制裁的应对；参考文献 [13-15] 则没有特别针对性地建立了各自的风险评价指标体系，从宏观角度分析了全球大部分国家的宏观投资环境；参考文献 [16] 则是基于熵权 TOPSIS 和灰色关联两种方法，建立了"一带一路"国家电力投资风险评价指标体系。综上所述，这些风险评价指标体系中大部分都是共性指标，但是对于可以反映国与国之间关系的因素和指标考虑较少。油气资源具有重要的战略属性，在当前国际形势下，国与国之间的政治外交关系对于海外油气业务合作具有一票否决的性质，因此需要重点考虑。

在构建风险评价指标体系过程中，本文沿用了以往研究中的一些通用性及适用性较强的共性指标，如人均 GDP、商务自由度、贸易自由度、汇率波动、供需差、储量、政权不稳定性、法治程度等；增加了一些更具综合性和时代性的指标，如能源转型指数、HDI（人类发展指数）、全球竞争力、营商环境等，意在提升指标体系的广度；尤其是在反映国家间关系影响方面，在保留双边投资协定和双边伙伴关系两个常规指标的基础上，创新性地增补了"是否遭受制裁"和"隶属由中国主导或推动创立的国际组织"两个针对性指标。本文建立的中国石油企业海外业务投资风险评价指标体系包括发展水平、商贸环境、能源形势、政治外交 4 个维度和 16 项评价指标，具体详见表 2。

表 2　中国石油企业海外业务油气投资风险评价指标体系及数据

维度	指标	指标说明	数据来源	方向
发展水平	HDI	HDI，即以"预期寿命、教育水平和生活质量" 3 项基础变量，得出的综合指标	DATA Center [17]	正向
	全球竞争力水平	全球竞争力指数旨在衡量一国在中长期取得经济持续增长的能力，包括制度、基础设施、宏观经济稳定性、健康与初等教育、高等教育与培训、商品市场效率、劳动市场效率、金融市场成熟性、技术设备、市场规模、商务成熟性、创新。涵盖 141 个经济体，占全球 GDP 的 99%	The Global Competitiveness Report [18]	正向
	人均 GDP	人均 GDP 是了解和把握一个国家或地区的宏观经济运行状况的有效工具，常作为发展经济学中衡量经济发展状况的指标	WDI [19]	正向
商贸环境	商务自由度	跨国公司商务行动的便利程度	Index of Economic Freedom [20]	正向
	贸易自由度	贸易开放的自由度，包括加权的平均关税率和非关税壁垒数量		正向
	营商环境	按照企业全生命周期，从企业创立和运营等角度出发，全面评价营商环境	Doing Business [21]	正向
	汇率波动	选取近 5 年针对美元的汇率波动幅度，波动越大越不利于油气项目投资	WDI [19]	负向

续表

维度	指标	指标说明	数据来源	方向
能源形势	供需差	国内产量与消费量的差值，综合衡量富余油气量和对外油气供应能力	Statistical Review of World Energy[22]	正向
	储量	探明储量，用于衡量油气资源投资的潜力		正向
	能源转型	能源转型指标系统评估了各国能源系统支持经济发展、获得安全可靠的能源供应及能源价值链的环境可持续性，能源转型越快的国家，对于油气投资更加谨慎[23]	Fostering Effective Energy Transition[24]	负向
政治外交	政权不稳定性	衡量政权不稳定和政治动机暴力冲突（包括恐怖主义）的可能性	Worldwide Governance Indicators[25]	负向
	法治	反映了民众对社会法规的信任程度和遵守程度，尤其是合同执行、财产权的保障		正向
	双边投资协定	两国之间订立的专门用于保护国际投资的双边条约	条法司[26]	正向
	伙伴关系	目前与中国建立合作伙伴关系的国家	国家介绍[27]	正向
	遭受制裁	目前是否正在遭受大规模国际制裁	Statista 数据库[28]	负向
	国际组织	加入了中国倡导或作为主要推动国所成立的全球性政府间国际经贸组织的数量，包括金砖国家领导人会晤、亚洲基础设施投资银行、金砖国家新开发银行、APEC（亚太经济合作组织）、上海合作组织、RCEP（区域全面经济伙伴关系协定）、中国—拉美和加勒比国家共同体论坛、“一带一路”倡议、博鳌亚洲论坛	国际组织[29]	正向

该指标体系中的数据来自联合国开发计划署、世界经济论坛、世界银行、BP 能源统计数据、Statista 数据库、外交部和商务部等机构的最新报告和数据。指标体系的评价对象按照中国石油企业海外业务资源国所在区域分为中亚—俄罗斯地区、美洲地区、中东地区、亚太地区和非洲地区，共有 42 个国家。该指标体系涉及的油气产量当量在全球油气产量当量总量中占比 88%。

3.2 构建中国石油企业海外业务风险评价模型

完成中国石油企业海外业务风险评价指标体系构建和相应数据选取后，本文基于熵权 TOPSIS 综合评价方法，构建风险评价模型，确立指标权重并进行风险排序和分析。

熵权法是利用指标数据的离散度来量化变异程度，变异程度越大，则不确定性越大，表示指标数据较为混乱，包含的信息较多，对投资的影响大，因此权重则大。采用熵权法确定权重的优点是根据客观数据为指标进行赋权，反映了一个指标的变异程度，最大限度地避免了主观因素对权重的影响。

TOPSIS 法则是根据指标与理想解之间的距离进行排序，整体越接近理想解，则排名越高，能反映出各个评价对象之间的客观差距。不需要目标函数，不用通过检验，而且能够量化出多个指标的综合影响，对于数据分布及样本量、指标数量无严格限制，既适用于小样本资料，也适用于多评价单元、多指标的大系统，较为灵活、方便。基于两种方法建立的综合模型，既能对相关风险因素指标进行针对性筛选，又能对风险大小进行量化排序，能够满足研究需要。

在模型构建中，首先采用构建风险评价指标体系的标准化矩阵，并利用熵权法计算各个指标的权重。选取 m 代表被评价资源国对象数量，每一个资源国有 n 项对应的评价指标，第 i 个国家的第 j 项指标值为，构成如下所示的 $m\times n$ 阶矩阵。

$$X=(x_{ij})_{m\times n}=\begin{bmatrix} x_{11} & x_{12} & \cdots & x_{1n} \\ x_{21} & x_{22} & \cdots & x_{2n} \\ \vdots & \vdots & \vdots & \vdots \\ x_{m1} & x_{m2} & \cdots & x_{mn} \end{bmatrix} \tag{1}$$

式中：$i=1，2，\cdots，m$；$j=1，2，\cdots，n$。

由于各项指标之间计量单位和数量级不完全统一，同时指标趋势所表征的含义不同，有些指标并不是越大越优，因此需要对原始数据进行标准化处理。数据处理后利用熵权法计算各指标权重，则第 j 项指标的信息熵值 H_j 计算公式见式（2），第 j 项指标的熵权重值 W_j 见式（3）。

$$H_j=-k\sum_{i=1}^{m}f_{ij}\ln f_{ij} \tag{2}$$

$$W_j=\frac{1-H_j}{n-\sum\limits_{j=1}^{n}} \tag{3}$$

式中：$k=\frac{1}{\ln m}$，为非负数，且 $0\leqslant H_j\leqslant 1$。

设标准化后各项指标数值为 y_{ij}，则评价指标体系的加权决策矩阵为：

$$V=\begin{bmatrix} v_{11} & v_{12} & \cdots & v_{1n} \\ v_{21} & v_{22} & \cdots & v_{2n} \\ \vdots & \vdots & \ddots & \vdots \\ v_{m1} & v_{m2} & \cdots & v_{mn} \end{bmatrix} =\begin{bmatrix} y_{11}w_1 & y_{12}w_2 & \cdots & y_{1n}w_n \\ y_{21}w_1 & y_{22}w_2 & \cdots & y_{2n}w_n \\ \vdots & \vdots & \ddots & \vdots \\ y_{m1}w_1 & y_{m2}w_2 & \cdots & y_{nm}w_n \end{bmatrix} \tag{4}$$

令 V^+、V^- 分别表示正理想解、负理想解的最优方案，则有：

$$V^+=\{v_1^+, v_2^+, \cdots, v_n^+\} \tag{5}$$

$$V^-=\{v_1^-, v_2^-, \cdots, v_n^-\} \tag{6}$$

则各评价方案到正理想解、负理想解的距离分别为：

$$D_i^+=\sqrt{(v_{ij}-v_j^+)^2} \tag{7}$$

$$D_i^-=\sqrt{(v_{ij}-v_j^-)^2} \tag{8}$$

式中：D_i^+ 和 D_i^- 值分别表示评价对象与最优或最劣解的距离（欧式距离）。

其实际意义是：评价对象与最优或最劣解的距离，值越大说明距离越远，研究对象值越大，说明与最优解距离越远；D_i^- 值越大，说明与最劣解距离越远。最理想的研究对象是 D_i^- 值小同时 D_i^+ 值大。

计算出各评价方案与最优方案的贴近度即综合得分为：

$$C_i=\frac{D_i^-}{D_i^-+D_i^+} \tag{9}$$

式中：$0 \leqslant C_i \leqslant 1$。

C_i=0 为最劣目标，C_i=1 为最优目标，综合度得分 C_i 值越大，说明研究对象越理想。

3.3 确立指标权重并开展风险排序

运用构建的模型，可以计算得到各维度指标的权重，具体见表 3。

表 3 指标权重计算结果

维度	指标	信息熵值	信息效用值	指标权重	维度权重
发展水平	HDI（正向）	0.971	0.029	0.023	0.208
	全球竞争力（正向）	0.956	0.044	0.036	
	人均 GDP（正向）	0.817	0.183	0.149	
商贸环境	商务自由度（正向）	0.968	0.032	0.026	0.099
	贸易自由度（正向）	0.963	0.037	0.031	
	营商环境（正向）	0.955	0.045	0.037	
	汇率波动（负向）	0.994	0.006	0.005	

续表

维度	指标	信息熵值	信息效用值	指标权重	维度权重
能源形势	供需差（正向）	0.977	0.023	0.019	0.260
	储量（正向）	0.729	0.271	0.221	
	能源转型（负向）	0.976	0.024	0.020	
政治外交	法治（正向）	0.917	0.083	0.067	0.431
	双边投资协定（正向）	0.919	0.081	0.066	
	伙伴关系（正向）	0.892	0.108	0.088	
	国际组织（正向）	0.790	0.210	0.171	
	政权不稳定性（负向）	0.972	0.028	0.023	
	遭受制裁（负向）	0.980	0.020	0.016	

由表 3 可以看出，在指标权重方面，权重最大的是储量，为 22.1%，这与石油企业对外合作时首先考虑资源潜力的实际情况相符合；指标权重最小值为汇率波动，仅为 0.5%，原因在于除委内瑞拉外，大部分国家近年来汇率的波动幅度相对不大，甚至有个别国家采取的是盯住美元的汇率机制。在维度权重方面，政治外交维度权重为 43.1%，其他维度的权重依次为能源形势 26.0%、发展水平 20.8%、商贸环境 9.9%，说明在世界格局风云诡谲的时代，国与国之间的政治外交关系是首要因素。与其他相关文献中注重资源风险或资源国发展水平的评价方式相比，对于政治外交维度风险的忽视会产生风险偏好的偏差，导致过度重视显性风险而忽略政治外交方面的隐性风险，其评价结果也会产生较大的局限性和误导性。如美西方发达国家可能各个方面指标排名均较为靠前，往往在投资风险评价排序的研究中具有较高的排名，但忽视国家间政治外交关系的影响容易导致投资环境发生颠覆性逆转。本文研究涉及国家的风险评价结果详见表 4。

表 4　国家评价结果

国家	正理想解距离	负理想解距离	综合得分指数	排序	国家	正理想解距离	负理想解距离	综合得分指数	排序
俄罗斯	0.166	0.287	0.633	1	阿塞拜疆	0.300	0.117	0.280	22
沙特阿拉伯	0.187	0.241	0.564	2	土库曼斯坦	0.302	0.116	0.278	23
卡塔尔	0.188	0.238	0.559	3	秘鲁	0.313	0.118	0.274	24
伊朗	0.205	0.249	0.549	4	埃及	0.311	0.111	0.264	25
加拿大	0.208	0.229	0.524	5	墨西哥	0.311	0.109	0.260	26
澳大利亚	0.229	0.250	0.522	6	阿根廷	0.322	0.106	0.248	27

续表

国家	正理想解距离	负理想解距离	综合得分指数	排序	国家	正理想解距离	负理想解距离	综合得分指数	排序
美国	0.236	0.230	0.493	7	尼日利亚	0.317	0.102	0.243	28
阿拉伯联合酋长国	0.202	0.196	0.492	8	特立尼达和多巴哥	0.320	0.102	0.242	29
委内瑞拉	0.250	0.239	0.488	9	突尼斯	0.335	0.102	0.233	30
文莱	0.251	0.202	0.445	10	阿尔及利亚	0.328	0.099	0.232	31
泰国	0.282	0.182	0.392	11	厄瓜多尔	0.333	0.099	0.228	32
马来西亚	0.276	0.169	0.379	12	苏丹	0.346	0.092	0.210	33
科威特	0.245	0.148	0.377	13	赤道几内亚	0.339	0.090	0.209	34
越南	0.287	0.173	0.376	14	刚果（布）	0.346	0.090	0.207	35
哈萨克斯坦	0.263	0.158	0.376	15	哥伦比亚	0.337	0.084	0.199	36
印度尼西亚	0.290	0.151	0.342	16	利比亚	0.329	0.082	0.199	37
印度	0.295	0.151	0.339	17	安哥拉	0.341	0.083	0.196	38
乌兹别克斯坦	0.299	0.143	0.324	18	叙利亚	0.350	0.074	0.174	39
阿曼	0.297	0.122	0.291	19	也门	0.353	0.072	0.170	40
伊拉克	0.293	0.119	0.289	20	南苏丹	0.354	0.056	0.137	41
巴西	0.295	0.119	0.287	21	乍得	0.359	0.050	0.123	42

4 中国石油企业海外业务经营策略优化实施路径

按照本文风险评价结果，结合中国石油企业海外业务在全球各区域项目分布情况及业务进展状况，按照风险由低到高的顺序分别提出五大油气合作区业务经营策略的优化实施路径。

4.1 中东地区

在中东地区，中国石油企业海外业务发展应该定位于打造国际化经营和“一带一路”高端油气合作区。

按照这个发展定位，根据风险评价结果，结合该区域能源权力上升的趋势和特点，采取积极扩张战略，按照以下 3 个路径具体实施：一是发挥中国石油企业综合一体化优势，稳定发展并巩固好在伊拉克、阿拉伯联合酋长国等国家的现有业务和项目合作，适度扩大或增加在伊拉克、阿曼、卡塔尔、阿拉伯联合酋长国的新项目获取或合资合作项目；二是关注伊核协议谈判进展和伊朗地区政治宗教局势变化，安全、稳妥地参与伊朗油气合作项目；三是关注中东国家能源转型需求和能源转型计划，发挥中国石油企业在新能源和低碳业务方面的制造优势、技术优势和先发优势，通过与现有油气合作项目形成协同效应的方式，积极参与中东地区可再生能源开发与综合利用。总之，在该区域部分油气资源丰富国家战后重建之时，有效发挥中国石油企业在资金、技术、设备和人力资源方面的优势，在油气合作中争当作业者，发挥综合一体化优势，建成中国石油企业海外最主要的产量贡献区和稳定效益贡献区。

4.2 中亚—俄罗斯地区

在中亚—俄罗斯地区，中国石油企业海外业务发展应定位于建成“资源优先、项目优质、效益优良、品牌创优”一体的丝绸之路经济带油气合作核心区。

其中，将中亚地区建成中国石油企业海外业务现金流和利润贡献的核心区，将俄罗斯建成海外油气业务重要的优质资源接替区，打造“冰上丝绸之路”油气合作示范。建议采取适度扩张战略，按照4类路径实施油气合作开发：首先，持续推进项目和资产优化，提高项目创效能力，密切关注中国石油企业在这些国家到期和即将到期的油气合作项目，适应中亚国家发展新形势新要求，积极、主动、有序地参与中亚国家油气勘探开发规划，着力推动业务本地化，优化项目和资产布局和结构；其次，稳定并适度扩大油气管道运营能力，保障油气合作成果回国和国家能源安全，科学研判形势，处理好在中亚—俄罗斯地区与中亚国家、美西方国家、俄罗斯的四方博弈关系，发挥乌克兰危机为中国和中亚国家油气合作带来的正向溢出效应，抓住地区危机及制裁与反制裁造成的中亚油气西向受阻和俄罗斯油气出口向亚太地区转移的有利时机，在中俄油气管道、中哈原油管道、中亚油气现有管道运行和未来管道规划建设，以及中俄之间新的陆上油气管道、新的铁路运输线路及海上运输线路规划论证等方面取得工作主动和新成果；再次，要关注ESG领域并开展协作，积极参与这些国家的新能源和低碳业务合作；最后，要加大国家和企业层面的有效互动，推进中俄、中国—中亚能源金融一体化合作模式创新，完善本币结算机制，探索人民币结算试点并扩大推广实施。

4.3 亚太地区

在亚太地区，中国石油企业海外业务发展应定位于油气新能源一体化和天然气开发利用综合一体化的油气合作区。

根据风险评价结果，结合业务开展情况，建议采取稳中求进战略，实施以下优化路径：一是关注印太战略实施走向和缅甸、巴基斯坦安全形势，推动21世纪海上丝绸之路建设，利用RCEP协议签订并推动实施的契机，加大与东盟贸易合作基础下的油气合作新篇章；二是抓好中缅油气合作和中缅油气管道平稳运行，论证在东南亚地区建设LNG（液化天然气）接收站的可能性和可行性；三是挖掘与南太平洋国家油气合作的机遇和可能性，为未来南海油气开发打造新支点；四是积极开展资本运作，有序退出“五眼联盟”国家的油气合作项目，暂时不能退出的则需要加强与相关国家的收益捆绑和利益扭抱。

4.4 美洲地区

在美洲地区，中国石油企业海外业务发展应定位于建成海外非常规油气和深海油气开发的油气合作区。根据风险评价结果，结合海外业务开展情况，建议采取稳定 + 收缩战略，并实施以下优化路径：一是关注美国放松对委内瑞拉制裁及美国与部分拉美国家矛盾有所扩大带来的机会，考虑部分拉美国家左翼色彩政党的崛起，关注油气资源国有化及国际油气合作的态度，稳妥运行现有合作项目，谨慎开展新项目规划部署；二是积极介入巴西等油气资源国的深度合作，推进地区非常规油气和深海油气开发，弥补国内石油企业深水和超深水区域开发能力不足的短板；三是采取资本运营方式适度收缩，有序退出“五眼联盟”国家的油气合作项目，暂时不能退出的则需要加强与相关国家的收益捆绑和利益扭抱。

4.5 非洲地区

在非洲地区，中国石油企业海外业务发展应定位于建成“深度合作、综合影响和全面效益”的油气合作区和“有效益、有深度、有影响”的重要常规油气合作区。

根据风险评价结果，考虑到未来一段时期非洲国家大选不确定性和区域地缘政治演进形势，结合海外业务开展情况，建议采取“稳中求进 + 适度收缩”战略，既保持在国家“一带一路”倡议引领下的业务发展战略定力，持续做优、做强、做大存量业务，同时又按照新形势、新变化和新局面，沿着以下优化路径开展相关工作：首先，高质量推进现有油气重点项目的深耕勘探和精细开发，关注非洲阿尔及利亚、利比亚新项目，探索陆上常规一体化合作区和海域油气开发试验区建设；其次，关注国际石油公司在非洲LNG项目的最终投资决策，寻找机会，择机适度开展股权合作，与欧美国际石油公司形成利益协同，构建中非油气合作新支点；再次，关注欧美国际石油公司加大开发非洲天然气业务的进展，积极与其现有和规划的天然气管道联通协同，形成协同发展的局面；最后，充分利用非洲地区风光资源优势，利用新能源装备制造和油气低碳负碳技术等优势，发展新能源并注重与现有油气项目形成协同效应，推动在尼日尔开发光伏项目试点、在肯尼亚开展地热开发试点、在莫桑比克开展天然气综合利用以及利用尼日尔—贝宁原油外输管道项目开展新能源试点等项目和工程。

参考文献

[1] 窦立荣，袁圣强，刘小兵 . 中国油公司海外油气勘探进展和发展对策 [J]. 中国石油勘探，2022，27（2）：1–10.

[2] 徐东，陈明卓，胡俊卿，等 . 国际石油公司能源转型回顾与展望 [J]. 油气与新能源，2022，34（2）：1–7.

[3] 陈明卓，徐东，韩笑，等 . 国际石油公司业务组织架构变革分析及启示 [J]. 油气与新能源，2021，33（4）：8–13.

[4] 魏玲，李芳琴，李颖 . 基于熵权 TOPSIS 法的铝土矿海外投资优选 [J]. 中国矿业，2019，28（8）：72–78.

[5] 冯贺，徐金忠，安雨康，等 .2021 年上半年海外油气投资环境风险回顾与展望 [J]. 国际石油经济，2021，29（8）：64–70.

[6] 赵旭 . 海外油气投资目标筛选决策支持系统研究 [J]. 技术经济与管理研究，2011（3）：8–12.

[7] 杨俊 . "一带一路" 沿线国家油气资源投资风险评价 [J]. 中国矿业，2018，27（12）：52–57，64.

[8] 王芮 . 海外石油投资的非资源类风险评价 [D]. 北京：中国石油大学（北京），2016.

[9] 杨海恩 . 中国石油企业对外直接投资研究 [D]. 武汉：武汉大学，2013.

[10] 宋艺，郭瑞，谭杨 . 南美地区油气资源投资风险分析 [J]. 国际石油经济，2019，27（3）：97–104.

[11] 赵东，王震，赵林，等 . 国际油气勘探开发项目风险分级与排序模型的构建及应用 [J]. 中国石油大学学报（自然科学版），2010，34（1）：164–169.

[12] 姜薇 . 经济制裁对目标国经济增长的影响研究 [D]. 南京：南京师范大学，2021.

[13] 中国出口信用保险公司 . 国家风险分析报告 2020[M]. 北京：中国金融出版社，2020.

[14] 中国社会科学院 . 中国海外投资国家风险评级报告（2020）[R]. 北京：中国社会科学出版社，2020.

[15] PRS Group. International Country Risk Guide [R/OL].[2022–09–05].https://www.prsgroup.com/ wp–content/uploads/2022/04/ICRG–Method.pdf.

[16] 袁家海，曾昱榕 . 基于熵权 Topsis 灰色关联的“一带一路”国家电力投资风险评价研究 [J]. 华北电力大学学报（社会科学版），2019（3）：32–40.

[17] UNDP. Human Development Index (HDI) [DB/OL]. [2022–09–05]. https://hdr.undp.org/data–center/human–development–index#/indicies/HDI.

[18] World Economic Forum. The Global Competitiveness Report[R/OL]. (2020–12–16)[2022–09–05]. https://www.weforum.org/reports/the–global–competitiveness–report–2020.

[19] The World Bank. World Development Indicator [DB/OL].[2022–09–05].https://datatopics.worldbank.org/world–development–indicators/.

[20] Heritage Foundation. Index of Economic Freedom [R/OL].[2022–09–05]. https://regulacioninteligente.org/wp–content/ uploads/2019/01/ILE_2019_c.pdf.

[21] The World Bank. Ease of Doing Business score [DB/OL]. [2022–09–05].https://archive.doingbusiness.org/en/data/doing–business–score.

[22] BP. Statistical Review of World Energy [DB/OL]. [2022–09–05].https://www.bp.com/en/global/corporate/energy–economics/statistical–review–of–world–energy.html.

[23] Singh H V, Bocca R, Gomez P, et al. The Energy Transitions Index: An Analytic Framework for Understanding the Evolving Global Energy System[J].Energy Strategy Reviews, 2019, 26: 100382.

[24] World Economic Forum. Fostering Effective Energy Transition 2021 Edition[R/OL].[2022–09–05]. https://www3.weforum.org/docs/WEF_Fostering_ Effective_Energy_Transition_2021.pdf.

[25] The World Bank. Worldwide Governance Indicators[DB/OL].[2022–09–05].https:// databank.worldbank.org/source/worldwide– governance–indicators.

[26] 中华人民共和国商务部条约法律司 . 我国对外签订双边投资协定一览表 Bilateral Investment Treaty[EB/OL].（2016–12–12）[2022–09–05]. http://tfs.mofcom.gov.cn/article/Nocatego ry/201111/20111107819474.shtml.

[27] 外交部 . 国家和组织 [EB/OL].[2022–09–05].https://www.fmprc.gov.cn/web/gjhdq_676201/.

[28] Statista. Number of sanctions placed worldwide 2022, by target country [DB/OL].[2022–09–05]. https://www.statista.com/statistics/1294726/ number–of–global–sanctions–by–target–country/.

[29] 外交部 . 国际和地区组织 [EB/OL].[2022–09–05]. https://www.mfa.gov.cn/web/gjhdq_676201/gjhdqzz_681964/.

二氧化碳封存现状及经济性初探

周新媛[1] 唐国强[1] 陈嘉伦[1] 李伟星[1] 付 迪[1] 杨 楠[2]

（1. 中国石油天然气股份有限公司规划总院；2. 昆仑数智科技有限责任公司）

摘 要：在我国碳达峰、碳中和承诺背景下，研究如何尽快降低温室气体的排放量，进而实现碳减排的目标至关重要。二氧化碳捕集、利用与封存（CCUS）是国际公认的三大减碳途径之一，是目前实现大规模化石能源零排放利用的唯一选择，具有更大的应用范围与发展潜力。目前我国CCUS的发展仍处于产业示范阶段，现有封存项目规模普遍较小，成本是影响封存技术大规模利用的重要因素之一，尽管封存成本在CCUS总成本中所占的比重较小，但CO_2封存是CCUS技术的核心，研究CO_2封存项目的经济性对于促进CCUS技术的成熟发展与规模应用具有重要意义。为此，本文梳理了CO_2封存的概况和发展现状，搭建了投入产出分析框架，开展了项目经济性分析并提出了相应的对策建议。研究认为：一是不同封存方式的技术处于不同的发展阶段，油气藏封存技术和咸水层封存技术相对成熟，国外开展的封存项目更多，监管及财税政策也更完备；二是CO_2封存项目前期研究阶段应结合项目实际，建立全面的投入产出分析框架；三是在碳收益和补贴能到达100元/吨的情况下，油气藏封存、煤层封存具有一定的经济效益，咸水层封存可以实现投资成本费用的静态回收，而海洋封存处于不经济状态，但随着封存技术的提高和封存成本的下降，海洋封存和咸水层封存的未来潜力非常可观；四是应进一步加强CO_2封存项目的成本效益研究，完善监管监测体系，出台财税金融政策，做好示范项目的推广应用，进而促进CCUS产业实现规模化、效益化发展。

关键词：二氧化碳；CO_2封存；投资；成本；收益；经济性分析

引言

在第75届联合国大会上，我国提出将力争于2030年实现碳达峰，努力争取2060年前实现碳中和，这是中国参与全球气候治理和落实《巴黎协定》的积极举措[1]。我国实现“双碳”目标，时间紧、任务重、压力大，在兼顾经济发展与碳排放长远目标的背景下，必须加快化石能源低碳利用技术的创新发展[2]。二氧化碳捕集、利用与封存（CCUS）是能实现温室气体大规模减排的新兴技术，有助于实现化石能源的近零排放，受到世界各国的高度重视。未来我国实现双碳目标也将更多依赖于CCUS等负碳排放技术。

CCUS是指将CO_2从工业过程、能源利用或大气中捕集，然后加以利用或注入地质体中封存从而实现碳减排的关键技术，按技术流程可以分为捕集、输送、利用与封存环节[3]。CO_2封存虽然在整个CCUS产业链中成本投资占比最小[4]，但其是实现CCUS技术大规模发展运用的关键技术。目前CO_2封存技术存在技术要求高、综合投入成本高、不确定性大等问题，开展CO_2封存项目的经济性分析与研究，对促进CCUS的大规模商业化利用具有重要意义。

1 CO_2封存概述

CO_2封存是指通过工程技术手段将捕集的CO_2直接注入至深部地质储层中，实现CO_2与大气长期隔绝的过程，没有对CO_2进一步利用。现已发展出多种封存方式，包括海洋封存、地质封存、矿石碳化封存三种[5]。

1.1 海洋封存

海洋封存主要有两种方案：一是海洋水柱封存（“溶解型封存”），是指通过运输船或管道将CO_2注入海水中，使其自然溶解；二是海底沉积物的封存（“湖泊型封存”），是指将CO_2注入3000米以上深度的海里，在海底形成固态的CO_2水化物或液态的CO_2“湖”，从而实现CO_2的封存。由生态环境部环境规划院、中国科学院武汉岩石土力学研究所、中国21世纪议程管理中心联合发布的《中国二氧化碳捕集利用与封存（CCUS）年度报告（2021）》中提出，全球海底理论封存容量为2万亿～13万亿吨，全球陆上理论封存容量为6万亿～42万亿吨[6]。

1.2 地质封存

地质封存是根据化石燃料的自然存储机制，在特定地质条件及特定深度的地层中实施CO_2封存。为了使CO_2维持在超临界状态，即CO_2温度超过31摄氏度、压力超过7.38兆帕，通常将CO_2的储存深度定为800米以下。目前可进行CO_2封存的地质结构主要有三种，即枯竭油气藏、深部咸水层、不可开采煤层[7]。

（1）枯竭油气藏封存是指将CO_2以超临界流体的存在形式直接注入没有经济价值的油气藏中进行封存。因为油气藏长时间封闭油气，一般都具有良好的封闭性，注入油气藏的CO_2能被构造圈闭捕获，进而实现永久封存[8]。由于对油气藏的地质特性的认识较为深入，通过采用监测和封堵措施，注入CO_2的风险会大幅降低。短期来看，枯竭油气藏是相对比较安全的CO_2封存体。

（2）深部咸水层封存是指将CO_2注入沉积盆地深部地下空间中的咸水层中进行封存。沉积盆地深部地下空间中，分布有广泛的咸水层，这些咸水近乎静止且无法抽采利用，流动相当缓慢，因此可以用来封存CO_2[9]。注入咸水层后的CO_2，会被咸水层上覆的泥质盖层封隔、孔隙束缚，进一步溶解于咸水中或与水、岩石矿物反应而固定下来。

（3）不可开采煤层封存是指将CO_2封存于因技术原因或经济原因而弃采的煤层中（不可采薄煤层、埋深超过终采线的深部煤层、构造破坏严重的煤层等），注入煤层的CO_2在煤层孔隙中扩散、吸附，最终封存于煤层之中[10]。CO_2在煤层中的吸附能力大约是甲烷的2倍，其吸附属于物理吸附。影响煤层封存效果的因素较多，包括煤层厚度、煤变质程度、盖层的封闭程度、地质构造条件等。

1.3 矿石碳化封存

矿石碳化封存是指利用CO_2与金属氧化物发生反应生成碳酸盐，从而将CO_2永久性地固化起来。矿石碳化封存包括常规采矿和化学加工两个过程。由于CO_2矿化封存后泄漏到大气中的风险最小，从长远来看，发展矿化封存是碳减排的最佳选择。但是，由于自然的化学反应过程缓慢，需要对矿物作增强性预处理，此过程非常耗能，且金属氧化物主要存在于天然形成的硅酸盐中，技术上可开采的硅酸盐储量非常有限，由此导致矿化封存的经济效益和减排效率都难以预测[11]。根据《全球碳捕集与封存现状2021》，矿物碳酸化的封存潜力估计为10万吉～25万吉吨（CO_2）。

2 CO_2 封存发展现状

2.1 国内外封存项目概览

当前，CO_2 封存项目计划数量的增长势头比以往更加强劲，世界上许多国家都已开展过 CO_2 封存项目的实践探索，很多封存项目已运行多年，积累了较多的经验。对已开展的国内外封存项目进行梳理可以发现（表 1），CO_2 封存项目的发展主要存在四大特点。

一是从地区分布来看，国外封存项目多且运行时间更长、经验更丰富、涉及的封存类型更广泛，封存项目在北美、欧洲得到快速发展；而我国的封存项目还处于起步探索阶段，与国际先进水平相比，我国 CCUS 技术链各环节发展水平都存在较大差距，尤其是与封存相关的理论、注入监测等核心技术及大规模封存工程经验等方面[12]。二是从项目类型来看，目前开展的封存项目类型主要是咸水层封存，其次是油气藏封存和海上封存，矿化封存和煤层封存类型项目较少。三是从项目规模来看，国外的封存项目的年注入能力一般可以达到百万吨以上，而我国的封存项目的年注入能力大多为几十万吨的水平。四是从行业分布来看，正在运行的封存项目主要集中于天然气处理行业，计划建设的大规模封存项目（大于 500 万吨 / 年）主要集中于燃煤发电、乙醇制造行业，小规模封存项目主要集中于燃气发电、制氢、垃圾发电项目。

表1　国内外部分已建及计划建设的 CO_2 封存工程

序号	项目名称	地点	设施状态	投运年份	设施行业	封存类型	规模
1	Sleipner CO_2 封存项目	挪威	运行中	1996	天然气处理	海洋封存	100 万吨 / 年
2	Weyburn CO_2 储存	加拿大	运行中	2000	天然气处理	油藏封存	共 2000 万吨
3	In Salah 封存项目	阿尔及利亚	运行中	2004	天然气处理	气藏封存	120 万吨 / 年
4	Snøhvit CO_2 封存项目	挪威	运行中	2008	天然气处理	咸水层封存	70 万吨 / 年
5	神华集团煤制油 CO_2 捕集和封存示范	中国	运行中	2011	天然气处理	咸水层封存	10 万吨 / 年
6	Carbfix 项目	冰岛	运行中	2014	发电	矿化封存	—
7	埃德蒙顿北部的 Quest 碳捕集与封存	加拿大	运行中	2015	制氢	咸水层封存	120 万吨 / 年
8	Gorgon Carbon Dioxide Injection	澳大利亚	运行中	2019	天然气处理	咸水层封存	340 万吨 / 年
9	中国海油海上 CO_2 封存示范工程	中国	运行中	2021	天然气处理	海洋封存	30 万吨 / 年
10	Illinois Industrial Carbon Capture and Storage	美国	运行中	2017	甲醇制造	咸水层封存	100 万吨 / 年

续表

序号	项目名称	地点	设施状态	投运年份	设施行业	封存类型	规模
11	Qatar LNG CCS	卡塔尔	运行中	2019	天然气处理	气藏封存	220 万吨 / 年
12	Wabash Valley Resources 封存项目	美国	运行中	2019	制氢	—	165 万吨 / 年
13	Norcem Brevik 项目	挪威	建设中	2024	水泥制造	海洋封存	40 万吨 / 年
14	Fortum Oslo Varme 项目	挪威	后期开发阶段	2024	垃圾焚烧	海洋封存	40 万吨 / 年
15	Stockholm Exergi BECCS 项目	瑞典	后期开发阶段	2025	生物质能	海洋封存	80 万吨 / 年
16	Acorn Direct Air Capture Facility	美国	早期开发阶段	2026	直接空气捕集	海洋封存	50 万吨 / 年
17	Net Zero Teesside	英国	早期开发阶段	2027	制氢	咸水层封存	200 万吨 / 年
18	Zero Carbon Humber 项目	英国	早期开发阶段	2027	发电	咸水层封存	150 万吨 / 年
19	Acorn 项目	苏格兰	后期开发阶段	2030	制氢	咸水层封存	500 万吨 / 年
20	Antwerp@C	比利时	后期开发阶段	2030	化工	咸水层封存	900 万吨 / 年

资料来源：Global CCS Institude、IEA 报告，以及公开资料整理。

2.2 不同封存技术的发展阶段与应用前景

2.2.1 发展阶段

封存技术的发展需要经历四个阶段，即研究阶段、示范阶段、经济可行阶段、规模化应用阶段。研究阶段是指停留在理论研究层面，尚未开始技术设计或仍处于实验室试验阶段；示范阶段是指理论研究相对完善，技术已形成并试点使用，但技术发展还处于起步探索阶段；经济可行阶段是指技术知识和实践经验储备充足，在特定的商业化应用中使用可实现一定的经济效益，但该技术还没有达到大规模推广应用的阶段；规模化应用阶段，是指技术逐渐成熟并得到大规模发展应用，也称为成熟市场阶段。不同封存方式处于不同的技术发展阶段（表 2），因此导致发生的前期研发成本、试错成本等会有较大的差别。

目前，全球已开展海洋封存技术的试点，并建设了一批示范项目。虽然海洋封存的潜力巨大，相关理论与技术设备也取得了突破性的进展，但海洋封存仍然面临很多挑战，如封存成本极高、泄漏风险大等[13]。地质封存中，枯竭油气藏注入和封存 CO_2 的技术比较成熟，处于经济可行阶段，是目前商业级大规模 CO_2 封存的主要方式；关于咸水层封存的研究比较广泛，项目试点也取得较好的效果，同样处于经济可行阶段。不可开采煤层封存 CO_2 处于探索示范阶段，商业化、规模化推广尚未开展，关于煤层封存的研究较为薄弱；关于矿化封存的研究较少，成本高昂，技术实现上存在较大的困难，矿化封存 CO_2 的潜力并不乐观，技术目前尚未达到概念设计阶段。

表2　不同封存方式发展阶段

封存方式	技术	研究阶段	示范阶段	经济可行阶段	规模化应用阶段
地质封存	油气藏封存			√	
	咸水层封存			√	
	煤层封存	√			
海洋封存	溶解型		√		
	湖泊型		√		
矿石碳化	天然硅酸盐	√			
	废弃物		√		

注：三种封存方式目前都没有达到规模化应用阶段。

2.2.2　应用前景

CO_2 安全封存是 CCUS 的最终落脚点，决定了 CCUS 技术的可行性。虽然海洋封存泄漏途径多，理论和技术研究需要进一步完善，但其潜力可观、优势明显，是未来实现大规模减排的重要手段，具有广阔的应用前景[14]；油气藏封存具备完整的构造、详细的勘探基础、相对成熟的技术等优势，但其封存潜力相对有限，是适合 CO_2 封存的早期地质场所；咸水层封存潜力巨大，受封存量、封存地点和封存时间的限制小，通过有效的地质筛选和评估，可以达到安全有效的封存，是较为理想的中长期封存场所；煤层封存的技术相较于其他封存方式成本更低[23]，但由于我国煤层封存技术发展较为缓慢，经验缺乏，封存前景相对有限；矿化封存的机理及可行性认识还不足，主要停留在实验阶段，但封存风险最低，在技术可行的前提下，可能成为最有前景的封存方式[15]。不同封存方式的安全性、泄漏风险、应用前景见表 3。

综上，短期来看油气藏封存、煤层封存有望成为主流技术路线，中长期来看预计咸水层、海洋封存将成为主流，远期来看矿石碳化封存具有较好的商业化前景。

表3　不同封存方式安全性及应用前景分析

封存类型	主要封存机理	圈闭条件认知	主要泄漏机理和通道	应用前景	泄漏风险
海洋	水合物圈闭	不够	地层处于开放状态，泄漏途径多	中长期	最大
枯竭油气藏	构造、溶解和残余气圈闭	较好	注入井失效	短期	较小
深部咸水层	构造、溶解、残余气和矿物圈闭	构造圈闭的完整性认识不够	与地面露头和浅层的连通层及断层裂隙	中长期	较大
不可开采煤层	吸附圈闭	不够	吸附圈闭失效后，煤层处于开放状态，泄漏途径多	短期	最大
矿化	化学反应	不够	泄漏途径少，最安全	远期	最小

值得注意的是，考虑到封存过程具有较大的泄漏风险，监测至关重要。CO_2在注入前、注入中、注入后都需要进行监测，其中注入中和注入后的监测最为重要。注入的过程中需要采用监测技术，验证封存的CO_2是否渗透回海洋或大气，注入后每年也需要进行监测观察，一般注入后需要监测20年至40年。

2.3　关于CO_2封存的政策规定

目前，国外关于CO_2封存的政策法规相对完善，涉及环境保护、封存许可、税收补贴等方面，而我国在CO_2封存方面还缺少相应的政策法规支撑。

2.3.1　监管政策

目前，国际上关于CO_2封存的监管政策逐步完善，这些针对CCS项目的管理文件基本都涉及对注入物的质量要求、封存项目的申请政策、监管要求、惩罚机制等内容（表4）。而我国目前的相关法律虽然在一定程度上可以对CO_2封存环境监管提供依据或相关参考，但是对CO_2封存的选址的环境因素、环境影响评价的要素范围、监测程序与计划，注入的CO_2纯度问题、场地关闭前后的环境监管责任转移、环境风险预警与事故应急、泄漏责任追究与赔偿机制等缺乏明确规定。

表4　CO_2封存的国际监管政策

颁布国家	政策法规	时间	具体内涵
欧盟	《CO_2 地质封存指令》[16]	2009	①对 CO_2 储存场地的选择提出了要求，且封存物质须主要由 CO_2 组成； ②须密切监测现场的运行情况，并在发生泄漏时采取纠正措施； ③发生泄漏时，运营商必须放弃由此所产生排放的排放配额； ④明确准证申请和办法程序，并建立监测与报告指导方针
澳大利亚	《CO_2 捕集与地质封存指南》[17]	2009	①必须秉持公开、透明的原则，进行环境风险评价和核准； ②对注入的 CO_2 进行监测并提供证明，明确监测范围； ③符合《职业健康与安全准则》
美国	《美国碳捕集和地址封存立法指南》[18]	2011	①规定封存井的许可程序、经济责任、封闭要求等内容； ②所有的封存项目，必须进行风险评价，对封存的运输和安全性提出了要求； ③须提交准证申请； ④实施“测量、监测、验证（MMV）”的监测方法
	《美国加州低碳燃料标准（LCFS）》	2018	低于基准值的低碳燃料会产生信用积分，而高于基准值的燃料会产生赤字，信用额度和赤字以温室气体排放量计价。碳信用积分是指允许所有者排放一定量的 CO_2，一个信用积分允许排放一吨 CO_2
	《封存二氧化碳和降低排放量（SCALE）法案》	2021	美国地下 CO_2 封存需要许可证才可以进行，该许可证就是环境保护署的第六类井许可证
加拿大	《碳封存任期规定》	2010	①要服从地表使用法、水资源法等法律； ②对 CO_2 封存权利、期限、相关者责任、项目边界、选址及评价提出要求
	《2018 年温室气体污染定价法（GGPPA）》	2021	为碳基燃料和 CO_2 排放行业的排放制定了最低国家标准，该立法决定加拿大碳价将从 2021 年 4 月 1 日的 40 加元 / 吨（CO_2）提高到 2030 年的 170 加元 / 吨（CO_2）
IEA	《碳捕集与封存（CCS）技术路线图》	2013	建立 CO_2 运输和封存框架，框架包括环境影响评价、风险管理和补救措施
英国	《二氧化碳的储存（许可）规定》	2010	①对封存企业申请封存执照需要提交的材料进行规定； ②明确封存执照的签发要求
挪威	《CO_2 地质封存场地和项目的选择、特征描述和资格认证指南》[19]	2010	需要履行监测、验证、计算与报告四个程序： ①监测：健康、安全与环境检测功能，CCS 项目避免的排放物测量等； ②验证：安全与环境，污染物减排情况； ③计算：完整性、一致性、透明性、精确度； ④报告：提供封存场地性能和 CO_2 减排文件
日本	《海洋污染防治法》	—	针对 CCS 进行修订： ①提出 CO_2 海洋埋存的前提条件； ②明确持有 CO_2 封存许可的人员的责任； ③每 5 年要求重新申请许可
中国	《二氧化碳捕集、利用与封存环境风险评估技术指南（试行）》	2016	①识别 CO_2 封存的主要环境风险源； ②对环境风险的影响进行了界定

资料来源：公开资料整理。

2.3.2 财税金融政策

（1）税费征收政策。

对 CO_2 封存发展产生直接影响的是碳税的征收。碳税是指针对 CO_2 排放所征收的税，是碳定价的一种形式。如挪威对海上生产的碳氢化合物燃料征收的碳税 51 美元 / 吨，高碳税水平促使挪威国家石油公司在北海投资实施了一个海上 CO_2 捕获和封存项目 Sleipner。虽然该项目注入设施的投资建设成本约为 1 亿美元，CO_2 注入成本为 17 美元 / 吨，但每年能免交 100 万吨的碳税，挪威的碳税制度发展对 CO_2 封存技术的发展具有直接推动作用。

（2）税收优惠政策。

CO_2 封存方面的税收优惠政策较多，包括气候变化税减免、封存税收抵免、投资税收抵免等政策。其中对 CO_2 封存发展起到极大推动作用的是美国的税收抵免政策"45Q 法案"[7]。该法案于 2008 年首次颁布，2018 年对有关条款进行了修订，2021 年美国发布 45Q 条款最终法规，大幅提高了最高税收抵免额，明确私人资本有机会获得抵免资格。该法案是针对碳捕获与封存的一项企业所得税优惠政策，是按照捕获与封存的碳氧化物数量计算一个抵免额，允许纳税人从企业所得税应纳税额中进行抵免。该法案规定抵免的支付期限为 12 年，具体补贴额度见表 5。

表5 美国45Q税务抵免政策 单位：美元/吨（CO_2）

年份	2018	2019	2020	2021	2022	2023	2024	2025	2026
地质封存	25.70	28.74	31.77	34.81	37.85	40.89	43.92	46.96	50.00
EOR/CCUS	15.29	17.76	20.22	22.68	25.15	27.61	30.07	32.54	35.00

2.3.3 资金扶持政策

碳封存技术发展需要政府投资的引领、示范和保障。2020 年，澳大利亚政府发布了《技术投资路线图：第一份低排放技术声明》，宣布斥资 2.637 亿澳元支持 CCS/CCUS 项目和枢纽，同时将 CCS 纳入减排基金中，成为亚太地区第一个针对 CCS 的财政激励计划；《美国能源法案 2020》通过，授权 60 多亿美元用于 CCS 的研究、开发、示范，其中 8 亿美元用于大规模碳封存和验证项目；我国的神华鄂尔多斯项目一期工程的资金，也以企业自筹为主并获得了政府公共资金支持。同时，提供优惠贷款、建立专项基金、公私合营、跨国合作等也是政府引导投资的有效形式。

2.3.4 碳排放权交易政策

碳排放权交易是指购买权利的一方向卖出方给付一定费用后获得一定量的 CO_2 排放权

利以达到减少温室气体排放的行为，控排企业根据 CO_2 实际排放量与碳配额之间的差额，在碳交易市场进行买卖 CO_2 而产生减碳收益或增碳成本。目前，全球共有 24 个正在运行的碳交易体系，包括欧盟碳市场、美国区域温室气体减排倡议（RGGI）等；其中，欧盟碳市场最为成熟，是全球范围内涉及排放规模最大、流动性最好、影响力最强的温室气体减排机制。我国 2021 年 7 月正式启动全国碳交易市场，仅有发电行业纳入交易体系，相关交易市场机制并不完善，碳价波动较大。碳排放权交易通过利益调节机制促使企业通过减排收益抵消部分 CCS 技术投资成本。

3 CO_2 封存项目经济性分析方法

CO_2 封存项目经济性分析的关键在于对项目成本和收益的估算。为此，本文在总结梳理已有研究的基础上，搭建了 CO_2 封存经济效益分析框架，厘清了 CO_2 封存项目投资、成本、收入估算的范围和内容。

3.1 投资估算

CO_2 封存项目的总投资包括项目建设和投入运营所需要的全部投资，具体包括建设投资、建设期利息和流动资金。其中，建设投资在总投资中占比最大。CO_2 封存的建设投资仅与钻井深度和钻井数有关，封存场地的钻井数受注入速率、注入井的渗透率、封存地层的厚度、注入管管径及粗糙度等因素影响[20]。建设投资包含地质勘探评估投资、注入井投资、二氧化碳地面集输投资、注入设备投资四部分，建设投资计算公式为：

建设投资 = 地质勘探评估投资 + 注入井投资 + 二氧化碳地面集输投资 + 注入设备投资

（1）地质勘探评估投资。是指对封存场地进行筛选、评价的全部工程，包括场地调查、筛选分级、设计规划、数据分析、容量与风险评价等。各封存方式中，具有地震数据、基础场地表征数据和场地运行数据、测井数据的枯竭油气藏封存方式，勘探评估成本最低。

（2）注入井投资。包括新钻注入井和旧井改造两部分投资。

新钻注入井投资包括：①探井投资。其影响因素为探井工作量（井数、进尺等）和单位探井成本。根据行业经验，咸水层封存三分之一的探井可以作为注入井和监测井重复使用，枯竭油气藏封存一般不需要探井，因为已经有足够的数据来支撑。②注入井投资。包括注入井的数量和单井投资成本两部分。注入井的数量是指注入 CO_2 的速率除以井的注入能力[21]。建设注入井的同时还要建设应急井，以防止有的注入井计划或计划外停机。③监测井投资。海上一般没有监测井，因为在海上部署地震比陆上方便，海上的延时地震提供了充分的手段来监测现场的海上条件，监测井的成本和注入井的成本相似，这一点已经得到了行业的验证。④弃井和遗留井投资。项目结束后，必须对井进行封堵和遗弃。

旧井改造主要是指遗留井，主要存在于枯竭油气藏封存中，这些井修完后用来注入和监测。

（3）二氧化碳地面集输投资。是指每口井的采气管线和连接的现场成本，具体包括流量控制设备、其他设备、管线井场、管网连接成本、井网改造成本（主要是枯竭油气藏封存）。

（4）注入设备投资。包括厂房、配电线路和电气服务、CO_2 提浓和增压装置、监测设备、地下封存库的建设、泵、分离器等。

3.2 成本估算

碳封存项目的总成本费用是指在封存 CO_2 的实际操作过程中所发生的全部费用，包括操作费用、折耗、期间费用三部分。

操作成本是指在封存的过程中操作和维持注入井及有关设备和设施发生的成本总支出，可采用相关因素法，即根据驱动各项操作成本变动的因素及相应的费用定额估算操作成本。成本动因包括注入井数等，费用定额选取应参考类似项目操作成本数据并综合考虑封存项目的位置、物理性质等因素。碳封存项目的操作成本估算模型为：

操作成本 = 注入作业费 + 其他注入费 + 维护性井下作业费 + 测井试井费 + 维护及修理费 + 监测费 + 其他辅助作业费 + 厂矿管理费

（1）注入作业费。在注入 CO_2 的过程中，直接消耗于注入井、计量站及其他设施的各种材料、燃料、动力的费用，以及直接从事于封存的人员工资及福利费用。在注入站消耗的材料、动力、人员等费用基础上，注入作业费可以注入井数为基础按单井费用指标计算。

（2）其他注入费。指为提高注入效率，对地层进行注水或注化学物等发生的材料、动力、人员费用，注入费可以注入量为基础按单位注入量费用指标计算。CO_2 单独注入时，仅能充填 2% 的孔隙空间，但是 CO_2 与水（盐水）同时注入，可降低注入物质和被驱替地层水间的活性差异，增加驱替效率。

（3）维护性井下作业费。维持注入井和监测井正常工作必须进行的作业，包括检查注入泵及增压泵、修井、检测监测设备等，可以注入井井数和监测井井数为基础按单井费用指标计算。

（4）测井试井费。包括试压和试注等环节，试压是指注 CO_2 之前，应对增压泵、注入泵试车，对地面流程、井口装置试压；试注是指按设计并在试车和试压达到要求后进行，试注应缓慢、渐升加压至设计规定压力，试注成功后，转为正常注入。可以注入井井数为基础按单井费用指标计算。

（5）维护及修理费。封存项目运行后为维护封存环节的正常进行，地面油气资产发生的大、中、小维护及修理费用。通常，年维护及修理费用为地面工程投资与维护及修理费率的乘积。维护及修理费率应该结合项目实际情况和油田开发的不同阶段取值。

（6）监测费。主要目的为检验废弃井、注入井、监测井的完整性，即井筒是否能够有效地隔离地层并防止流体尤其是 CO_2 的运移，具体包括对 CO_2 液罐、增压泵、地面流程、井口装置等进行监测发生的费用。值得注意的是，注入完毕后，需要有 20 ~ 30 年的监测期，该监测期的费用需要进行折现，也可以视为支付 CO_2 永久性封存控制和相关纠正措施的相关的成本。

（7）其他辅助作业费。上述费用以外的直接用于 CO_2 封存的其他辅助性作业费用，比如 CO_2 增压费提浓费等，以注入井井数为基础按单井费用指标计算。

（8）厂矿管理费。指封存企业为组织和管理生产所发生的管理性支出，以全部定员为基础按人员费用指标估算，也可以注入井井数为基础按单井费用指标计算，比如 CO_2 增压费。

期间费用主要由管理费用、营业费用和财务费用三部分构成。

3.3 收入估算

CO_2 封存项目可能带来的收益包括碳收益、碳封存补贴两个方面。

（1）碳收益。主要包括两部分收益：一是对于有控排要求的 CO_2 排放企业而言，封存企业可为其提供埋存服务，参照 CO_2 交易价格获得收入；二是对于埋存企业而言，可申请 CCER 并对外出售指标，参照 CCER 价格获得收入。虽然目前 CCER 的认证暂缓，但在经济性分析中可以适当考虑此部分效益。

（2）碳封存补贴。对于 CO_2 封存项目而言，虽然目前我国暂未出台明确的碳封存补贴政策，但在经济性分析中，可以考虑未来可能的碳封存补贴情景，计算项目的可获利边界，进一步判断项目适宜实施的时机。

能够获得封存补贴的 CO_2 的量 = 捕集的 CO_2 的量 − 全流程各过程额外产生的 CO_2 的量 − 全流程各过程泄漏的 CO_2 的量 − 伴生气中的 CO_2 的量。

4 CO_2 封存项目经济性分析

目前 CO_2 封存项目较少，投资成本效益资料不完善，碳税政策和碳价支撑没有细化的规定，受行业发展阶段和研究资料限制，本研究仅开展 CO_2 封存项目单位水平经济性分析。由于矿化封存还处于摸索阶段，以下仅分析海洋封存和地质封存两种方式的经济效益。

4.1 主要假设

（1）评价期：20 年。根据目前全球已建设的封存项目运行经验，CO_2 封存示范项目寿命期一般为 20 年，商业化项目一般为 40 年，考虑国内项目正处于探索试点阶段，寿命期按 20 年考虑。

（2）封存规模：20 万吨 / 年。根据行业经验，CO_2 封存项目的注入能力一般为 20 万 ~ 300 万吨 / 年，结合国内封存技术发展阶段和封存项目的规模水平，封存规模按 20 万吨 / 年考虑。

（3）CO_2 及 CCER 价格：根据上海能源环境交易所、北京绿色交易所交易数据及 Wind 数据，截至 2021 年 12 月 31 日，全国碳市场碳排放配额累计成交量 17879 吨，累计成交额 766123 元，CO_2 成交均价为 43 元 / 吨，CCER 成交均价为 35.87 元 / 吨。本文在计算碳收益时，按照均价 40 元 / 吨计算。

（4）财政补贴：参考美国 45Q 法案，2018 年（法案起始年）给予 CO_2 封存的补贴水平为 25.7 美元 / 吨，2022 年为 37.85 美元 / 吨。考虑目前我国封存技术还处于起步阶段，与美国的封存技术存在较大的差距，同时综合考虑财政可承受能力，财政补贴按 60 元 / 吨（CO_2）考虑。

4.2 投资水平

根据 Zero emissions platforms 于 2011 年的报告，海洋封存单位投资水平最高，约为 90 元 / 吨（CO_2），其次是咸水层封存，单位投资水平约为 41 元 / 吨（CO_2），油气藏封存单位投资水平最低，约为 23 元 / 吨（CO_2）。在 CO_2 注入能力 20 万吨 / 年的假设前提下，各封存方式的投资水平如图 1 所示。

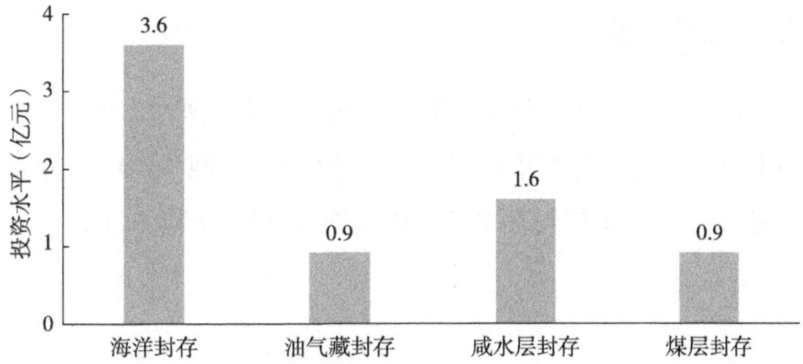

图 1　不同封存方式投资水平

注：①咸水层封存投资水平与神华 CCS 项目投资水平相当；②煤层封存可重复利用基础设施，投资水平按与油气藏封存投资水平相同考虑；③报告发布时汇率 1 欧元 =9 元人民币

4.3　成本水平

不同封存方式的封存成本具有较大的差异性。Zero emissions platforms 在 2011 年的报告显示，陆上封存比海洋封存成本低、枯竭油气藏封存比咸水层封存成本低、大油藏比小油藏成本低、高注入率比低注入率成本低、高浓度 CO_2 比低浓度 CO_2 成本低；海洋封存操作成本约为 54 元 / 吨（CO_2），油气藏封存和咸水层封存操作成本约为 41 元 / 吨（CO_2）。煤层封存相对咸水层封存和油气藏封存成本较低 [23]，按照 36 元 / 吨（CO_2）进行考虑。

根据以上投资水平和运营期计算，海洋封存折旧约为 90 元 / 吨（CO_2），咸水层折旧约为 41 元 / 吨（CO_2），油气藏封存和煤层封存的折旧约为 23 元 / 吨（CO_2）。在操作成本和折旧的基础上，考虑期间费用、营业税金及附加等成本费用，不同封存方式项目的单位总成本费用如图 2 所示。

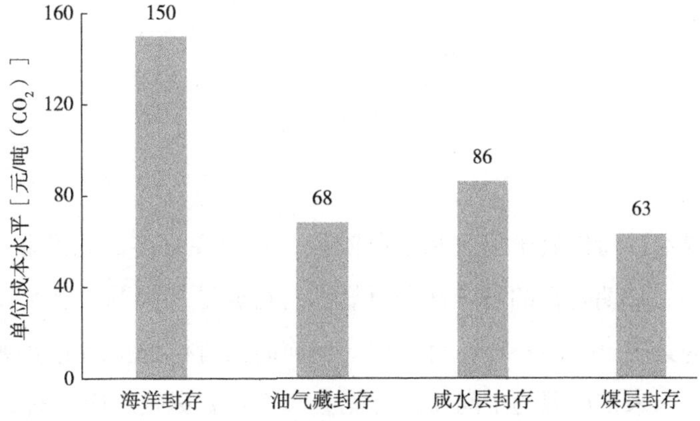

图 2　不同封存方式单位成本水平

注：报告发布时汇率 1 欧元 =9 元人民币

4.4 单位效益测算结果

根据以上参数，CO_2 不同封存方式单位经济利润如图 3 所示，海洋封存单位经济利润为 –50 元 / 吨（CO_2）；油气藏封存单位经济利润为 32 元 / 吨（CO_2），咸水层封存单位经济利润为 14 元 / 吨（CO_2），煤层封存单位经济利润为 37 元 / 吨（CO_2）。

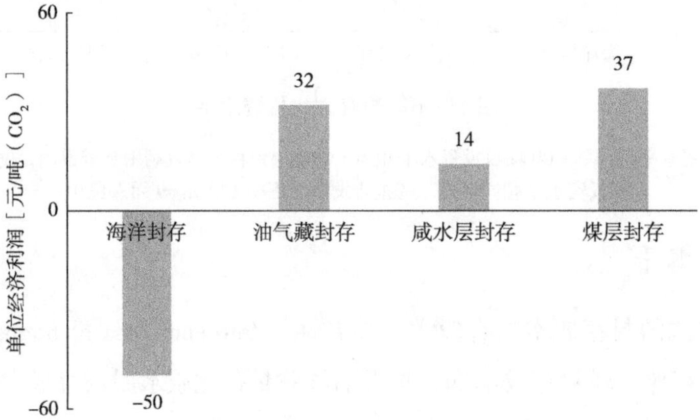

图 3　不同封存方式单位经济利润

综上，在当前的封存技术水平下，根据本文计算参数假设，油气藏封存、煤层封存具有一定的经济效益，咸水层封存可以实现投资成本费用的静态回收，而海洋封存处于不经济状态。考虑到技术的可实现性、封存场地的可获得性及封存容量的可满足性，油气藏封存和煤层封存是目前最经济的封存方式，随着技术的发展和成本的降低，咸水层和海洋封存是未来最有前景的封存方式。值得注意的是，CO_2 注入能力、CO_2 浓度、CO_2 纯度、封存场地特性等因素都会影响封存项目的经济效益，封存项目应结合实际情况独立估算。

5　建议

我国 CCUS 技术目前仍处于研发和示范阶段，仍存在许多制约产业发展的突出问题，如能耗和成本过高、长期封存的安全性和可靠性有待验证等问题。要实现 CCUS 产业化破局突围，封存作为其中重要的一环，封存技术当前尚没有得到特别的重视，尤其是其作为重要的基础设施对未来排放源的空间布置可能会产生重要影响。应不断推动 CO_2 封存产业基础研究、财税金融及监管体系完善、示范项目落地等相关工作，具体建议如下。

5.1 加强成本效益研究，支撑未来投资决策

应尽快明确各种封存方式的投资、成本、收益等经济分析要素，掌握 CO_2 封存项目实际的经济效益，加强相关学科体系建设，运用软件工具搭建经济效益模型，使决策者更好地了解项目，以便更好地指导未来的 CO_2 封存项目运行，为后续推动 CO_2 封存项目运行提供投资决策支撑。

5.2 完善监管监测体系，尽快建立行业规范

CO_2 封存属于新兴产业，由于行业标准的缺失可能导致在发展的过程中参差不齐。为规范有序竞争，合理评价各个项目真实的经济效益，规范操作流程，需要尽快制定配套的行业标准和监管政策，严格清晰界定 CCUS 项目边界，明确项目所有权及风险控制措施，保证项目实施的可行性、安全性和可持续性。

5.3 出台补贴激励政策，拓展项目融资渠道

碳封存作为一项新的减排技术，高成本是其推广最主要的障碍，国家应尽快建立 CO_2 封存的补贴激励政策。一是考虑到不同的封存方式投资成本差异性较大，应尽可能地细化补贴政策，分封存方式差别补贴，创新补贴内容，找准政策的发力点；二是要给予资金激励，积极支持可永久减排且具有高附加值的新型技术研发，在资金额度、资助对象、资助环节等方面进行更为严格的规定；三是建立碳封存行业投融资的金融市场，引进社会资本，扩大资金来源，积极引导能源相关企业及低碳投融资机构参与碳封存项目，为碳封存技术大规模商业化提供资金支持。

5.4 建设示范封存项目，抓好试点各项工作

我国 CO_2 封存项目很少且工程规模较小，亟须开展大规模的碳封存示范工程。应考虑在封存条件好、同时又有较多排放源的区域，首先开展碳封存项目的集群建设，通过管网和封存基础设施的复用共用，降低成本、提升规模效应，尽快开展碳封存项目的整体布局和规划工作。

参考文献

[1] 王震，李强，周彦希 . 中国“双碳”顶层政策分析及能源转型路径研究 [J]. 油气与新能源，2021，33（5）：1–5.

[2] 孙海萍，张胜军，徐立昊，等．“双碳”目标下中国油气行业低碳发展措施与路径探讨 [J]. 油气与新能源，2021，33（5）：27–31，45.

[3] 薛华．“碳中和”背景下中国油气行业 CCUS 业务发展策略 [J]. 油气与新能源，2021，33（2）：67–70.

[4] 刘牧心，梁希，林千果．碳中和背景下中国碳捕集、利用与封存项目经济效益和风险评估研究 [J]. 热力发电，2021，50（9）：18–26.

[5] Aydin G, Karakurt I,Aydiner K. Evaluation of geologic storage options of CO_2: Applicability, cost, storage capacity and safety—ScienceDirect[J]. Energy Policy, 2010, 38（9）: 5072–5080.

[6] 雷英杰．中国二氧化碳捕集利用与封存（CCUS）年度报告（2021）发布 建议开展大规模 CCUS 示范与产业化集群建设 [J]. 环境经济，2021（16）：40–42.

[7] 田志杰，汪黎东．全球变暖背景下二氧化碳减排研究初探 [J]. 产业与科技论坛，2018，17（18）：78–79.

[8] ieuropa. TA No. 8714: Promoting Carbon Capture and Storage in the People's Republic of China and Indonesia—Carrbon Cature and Storage Center in PRC (Guangdong) (48282–001).

[9] Herzog H, Dadhich P, Dooley J, et al. Cost and economic potential[R]. 2005.

[10] Bock B R, Rhudy R G, Nichols D E . Economic Evaluation of CO_2 Sequestration Technologies[J]. office of scientific & technical information technical reports, 2001.

[11] 李林坤，刘琦，黄天勇，等．基于水泥基材料的 CO_2 矿化封存利用技术综述 [J]. 材料导报，2022（19）：1–16.

[12] 郭敏晓，蔡闻佳．全球碳捕捉、利用和封存技术的发展现状及相关政策 [J]. 中国能源，2013，35（3）：39–42.

[13] 孙玉景，周立发，李越．CO_2 海洋封存的发展现状 [J]. 地质科技情报，2018，37（4）：212–218.

[14] Adams E E，Caldeira K. Ocean Storage of CO_2[J]. Elements，2008，4（5）：319–324.

[15] 任韶然，李德祥，张亮，等．地质封存过程中 CO_2 泄漏途径及风险分析 [J]. 石油学报，2014.

[16] 哈特姆特·魏尔，曹欢欢．欧盟和德国的碳捕存制度 [J]. 中德法学论坛，2012（00）：124–133.

[17] (EPHC) EPaHC, Environmental Guidelines for Carbon Dioxide Capture and Geological Storage 1–921173–43–2, 2009 [Z].

[18] Sarah M. Forbes WRL, Preeti Verma WRI, et al. Guidelines for Carbon Dioxide Capture Transport and Storage [M/OL].

[19] VERITAS DN, CO_2 QUALSTORE–Guideline for Selection and Qualification of Sites and Projects for Geological Storage of CO_2 2009–1425, 2010 [Z].

[20] 王宝群，李会泉，包炜军 . 燃煤电厂 CO_2 捕集与咸水层封存全过程经济性模型 [J]. 化工学报，2012，63（3）：10.

[21] 宋钰 . 北东块一区产能地面建设优化效果 [J]. 中国科技财富，2010（12）：1.

[22] Gruson J–F, Serbutoviez S, Delprat–Jannaud F, et al. Techno–Economic Assessment of Four CO_2 Storage Sites[J]. Oil & Gas Science and Technology, 2015, 70（4）.

[23] 何学秋，田向辉，宋大钊 . 煤层 CO_2 安全封存研究进展与展望 [J]. 煤炭科学技术，2022，50（1）：212–219.

能源转型背景下“石油—美元”联动机制研究

康 煜　段艺璇　李春烁
（中国石油集团经济技术研究院）

摘　要：美元作为石油等大宗商品的计价和结算货币，是美元在国际货币体系中维持主导地位的重要方式。掌握美元汇率与油价走势之间的规律性变化，对于把握宏观经济发展、油气市场走势具有重要意义。随着全球应对气候变化压力增大，各国纷纷制定能源转型战略，对能源结构和金融格局形成深刻影响，对现有“石油—美元”机制也造成一定冲击。从“石油—美元”联动机制的历史趋势可以看到，1983 年至今“石油—美元”联动变化呈现三个阶段，油价与美元汇率通过三个渠道、三种效应相互传导与影响。通过 DCC-GARCH 模型测算“石油—美元”的动态相关系数，结果显示相关系数在 2011 年发生显著变化。构建门限回归模型，探究能源转型下“石油—美元”联动机制的新特点，分析认为能源转型削弱了商业库存、美国工业产出、联邦基金利率等传统影响因素对“石油—美元”联动机制的影响。

关键词：能源转型；“石油—美元”；DCC-GARCH 模型；门限回归；动态相关系数

引言

石油是现代工业的“血液”，是经济发展的重要战略资源。美元作为国际货币体系的主导货币，通过发挥计价、结算、储藏职能，深刻地影响着世界经济的发展。自 1971 年美元成为石油的计价和结算货币后，随着“石油—美元”体系规模的不断扩大，促进原油价格和美元汇率之间形成了相互影响、双向互动的联动机制。当前，世界能源体系正处于第三次转型期，绿色低碳发展给能源和金融格局都带来重大影响，油价走势和美元汇率之间也呈现出新特点，研究其中的新规律对国家和企业把握宏观经济发展、油气投资决策具有重要意义。

1 “石油—美元”联动机制的历史特点与传导机制

本文研究的“石油—美元”联动机制，是指原油价格与美元汇率之间双向影响的互动关系。美元和油价是经济金融领域极为重要的两个变量，两者之间的关系也是能源与金融领域研究的重要课题。

1.1 “石油—美元”联动机制的历史特点

自 1983 年美国西得克萨斯州轻质原油（WTI）期货上市以来，WTI 原油期货经过近 40 年的发展，已经成为全球原油价格标准之一。这段时期以来，油价主要经历了四次相互交错的价格周期，美元汇率呈现三次变动周期（图 1）。两者之间的关系变化可以分为三个阶段。第一阶段（1983—2002 年），油价与美元汇率之间的相关性并不稳定。1985 年广场协议签订后，美元步入第一次周期的下行区间，同期由于非欧佩克产量快速增加，欧

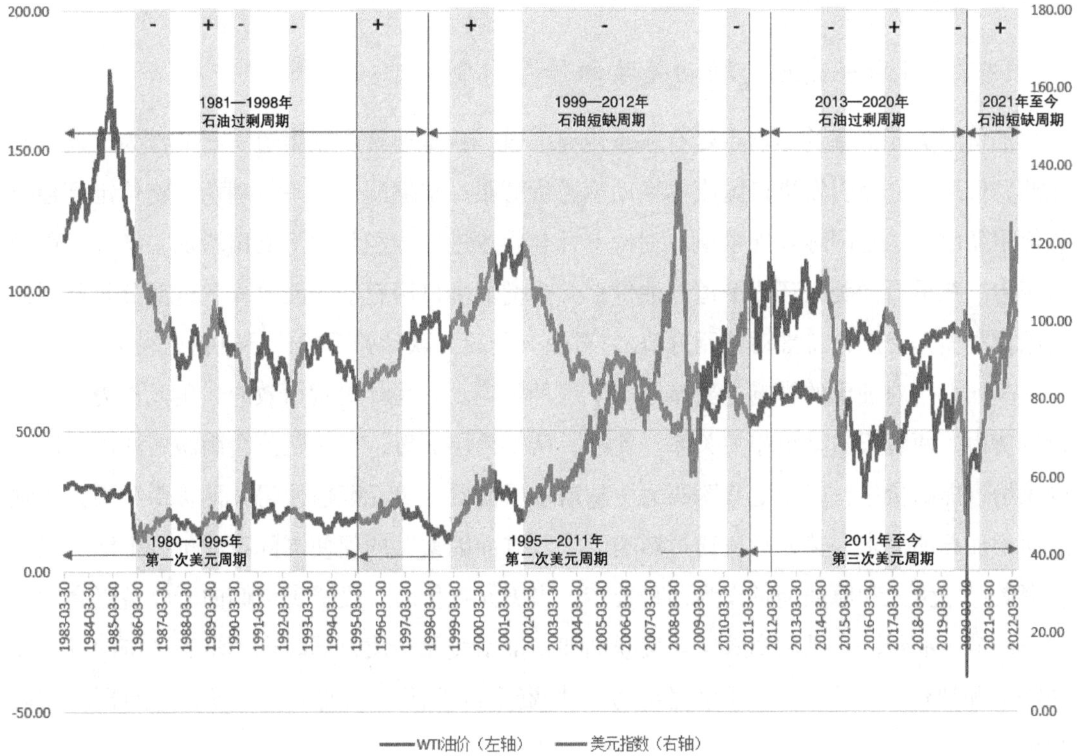

图 1　原油价格与美元汇率走势

数据来源：Wind 资讯网

佩克的市场定价权被削弱，油价维持 10 ~ 40 美元 / 桶的低位浮动，油价与美元汇率之间没有明显规律。第二阶段（2002—2016 年），油价与美元汇率整体呈现负相关。2002—2009 年，全球经济高速发展带动新兴市场需求增加，原油交易投资活跃，供需基本面和金融市场因素共同推动油价走高，美元汇率处于第二次周期的下行阶段，两者呈负相关关系。2009 年次贷危机和欧债危机相继爆发后，美国采取量化宽松政策刺激经济增长，增加了美元汇率下行压力。油价在供需基本面偏紧和中东北美局势不稳等因素影响下，总体高位震荡，两者仍然呈负相关关系。第三阶段（2016 年至今），油价与美元汇率之间的规律性渐弱。2016 年至 2018 年间，油价在欧佩克限产保价调节下有所反弹，而美元汇率处于第三次周期的上行阶段，两者呈正相关关系。2018—2020 年，随着中美贸易摩擦、美国页岩油革命、全球能源转型及新冠疫情等因素影响，油价再次回落。同期避险资本回流美国，美元汇率保持高位震荡，两者呈负相关关系。2021 年以来，随着新冠疫情逐步得到控制，油价再次进入上行通道。乌克兰危机后的地缘政治风险溢价和美西方对俄制裁导致的市场短缺，再次将油价推高超过 120 美元 / 桶。这一时期，美国经济快速复苏，带动美元指数不断上涨，两者又回到正相关关系。

1.2 “石油—美元”联动关系的传导机制

油价对美元汇率的影响主要有三条传导渠道。一是通货膨胀渠道。石油作为工业基础能源，价格上升会引发进口国成本推动型通货膨胀。根据购买力平价理论，物价走高会导致货币贬值。二是国际收支渠道。油价上升会导致进口国经常项下支出增加，增大货币贬值压力。三是石油美元环流渠道。油价上升会增加出口国石油美元收入，这部分收益回流美国投资美元资产，将推动美元升值。“石油—美元”联动关系的传导机制见表 1。

美元汇率对油价的影响主要基于以下三种效应。一是计价货币效应。美元作为石油的计价货币，两者天然呈负相关关系。此外，从供给层面看，美元贬值会刺激石油出口国减少供给、提高价格，以稳定其购买力；从需求层面看，美元贬值使得其他货币购买力增强进而增加石油需求。美元贬值通过影响供求双方面因素共同促使国际石油价格上涨。二是投资效应。美元和原油期货作为两种资产，当美元贬值时，投资者会倾向于收益更高的原油进而推高油价。三是利率效应。美联储加息推动美元升值，同时也预示着经济向好、原油需求和油价的上升，这种预期会吸引市场资金继续流入原油期货市场，进而再次推高油价。

表1 “石油—美元”联动关系的传导机制

	传导渠道	原油属性	作用结果
油价对美元的影响	通货膨胀渠道	商品属性	负向
	国际收支渠道	商品属性	负向
	石油美元环流渠道	商品属性	正向
美元对油价的影响	计价货币效应	金融属性	负向
	投资效应	金融属性	负向
	利率效应	商品 + 金融属性	正向

2 能源转型对能源和金融格局产生深刻影响

在应对气候变化压力和技术进步推动下，世界能源体系正处于第三次转型期，深刻影响着全球能源与金融格局。

一是能源结构向清洁化转变。随着气候治理进入快车道，全球140余个国家和地区提出“双碳”目标，战略引领能源绿色低碳转型。近年来可再生能源领域技术的快速进步，根据彭博统计数据，2010—2021年，陆上风电、太阳能光伏和海上风电的发电成本分别下降了60%、87%和61%（图2）。成本下降和技术创新进一步提高市场竞争力，推动可再生能源成为增速最快的能源品种。2021年，新增可再生能源电力产能达到290吉瓦，再创新高。根据《BP世界能源展望》，到2050年，化石能源占一次能源比例将从2019年的接近80%下降到20% ~ 30%，可再生能源占一次能源比例将从2019年的10%上升到

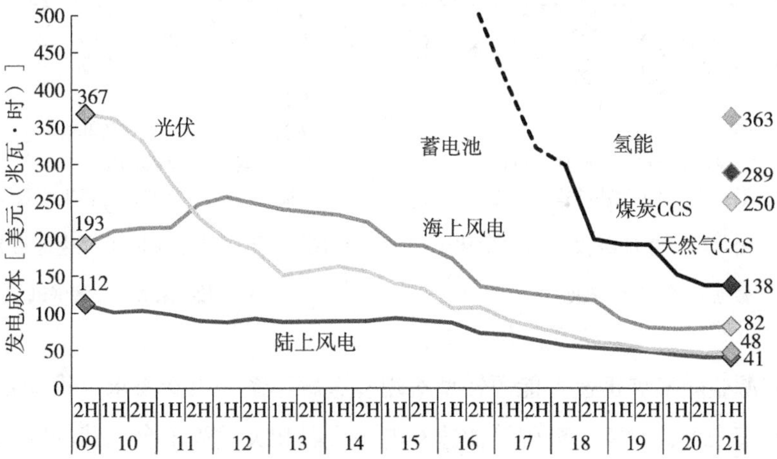

图2 各类电源发电成本（2009—2021年）

数据来源：彭博资讯

2050 年的 55% ~ 65%。

二是全球资本加速流向新能源领域。在各国政策支持、新能源技术突破、商业模式日益成熟的吸引下，越来越多资本正在快速流入新能源相关领域。从规模来看，据彭博数据（图 3、图 4），2021 年全球对能源转型的投资总额达到 7550 亿美元，同比增长 27%。其中，清洁能源和电气化（包括可再生能源、核能、储能、电气化运输和电气化供热）的投资占比超过 96%。从国家层面来看，亚太地区既是最大的投资区域市场，又是增速最快的地区，增速达 38%。欧洲、中东、非洲的能源转型投资增长了 16%，美洲增长了 21%。从投资主体来看，金融行业在投资者压力推动下，正在减少高碳领域投资，加大可再生能源领域布局。2021 年4月，来自 45 个国家 450 多家金融机构宣布加入格拉斯哥净零金融联盟，承诺调整投资活动，向净零排放过渡，并努力提供在未来 30 年内实现零排放所需的 100 万亿美元的投资。国内外石油公司也加速新能源领域的投资布局，全球最大的 50 家石油公司中有 23 家公司明确提出了零碳目标，道达尔能源、芬兰耐思特油业集团、葡萄牙油气等公司的可再生能源投资占总投资比例已超过 50%。

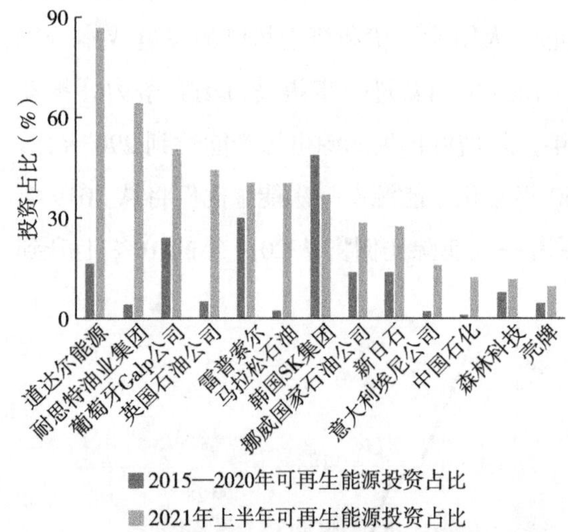

图 3　石油公司可再生能源投资占比变化

数据来源：彭博资讯

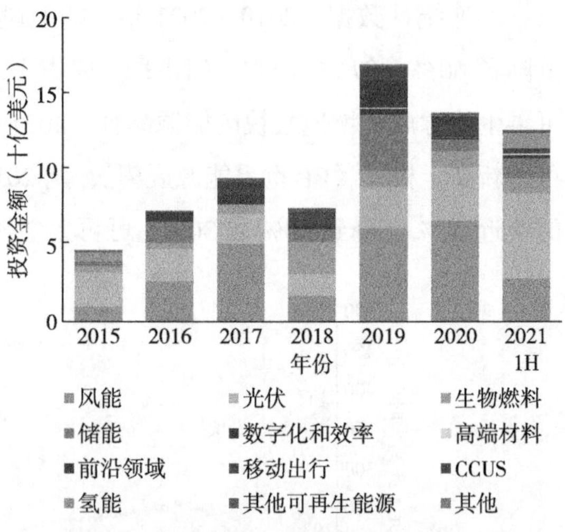

图 4　不同技术领域可再生能源投资金额

数据来源：彭博资讯

三是新能源金融发展迅速。能源转型对现有金融体系提出新要求，推动新能源金融快速发展。从政策来看，欧盟、英国等加速新能源金融相关政策出台，我国陆续发布《绿色信贷指引》《关于构建绿色金融体系的指导意见》等政策，初步建立了国内绿色金融的顶层设计政策体系。从规模来看，彭博数据显示（图 5），2021 年全球包括绿色、社会、可持续等各类债券和贷款的年发行总量超过 1.6 万亿美元，是 2020 年的两倍有余。我国本外币绿色贷款余额 15.9 万亿元，同比增长 33.1%，存量规模居全球第一。此外，碳市场也进入快速发展阶段。2021 年，全球碳市场交易总量达到 158 亿吨二氧化碳当量，同比增长 24%。交易总额约达 7600 亿欧元，同比增长 164%。

图 5　全球绿色金融领域各类债券和贷款发行额

数据来源：彭博资讯

3　能源转型对“石油—美元”联动机制影响的实证分析

3.1　“石油—美元”联动机制的统计学分析

为进一步研究油价与美元汇率之间的动态关系，本节选用 1990 年 1 月至 2020 年 5 月的美元指数和 WTI 原油价格的日度数据，构建动态相关系数模型（DCC-GARCH 模型），测算两者动态相关系数（表 2）。

表2　DCC-GARCH估计结果

	均值方程	方差方程			DCC 参数	
	截距	截距	ARCH	GARCH	λ_1	λ_2
WTI	0.000234 （0.000160）	1.93×10^{-6}*** （4.32×10^{-7}）	0.0922*** （0.00557）	0.913*** （0.00489）	0.00618*** （0.00107）	0.993*** （0.00135）
美元	-6.92×10^{-6} （4.53×10^{-5}）	$1.10e\times10^{-7}$*** （2.57×10^{-8}）	0.0377*** （0.00299）	0.959*** （0.00320）		

根据 DCC-GARCH 模型得出的两者动态相关系数图（图 6），“石油—美元”联动机制

具有明显的时变特征：2000 年前，二者相关系数围绕 0 波动；2000—2011 年间，二者关系显著为负，并且负相关关系不断加强；2011 年后，二者负相关关系呈减弱趋势，近年来二者相关系数再度回到 0 上下波动。

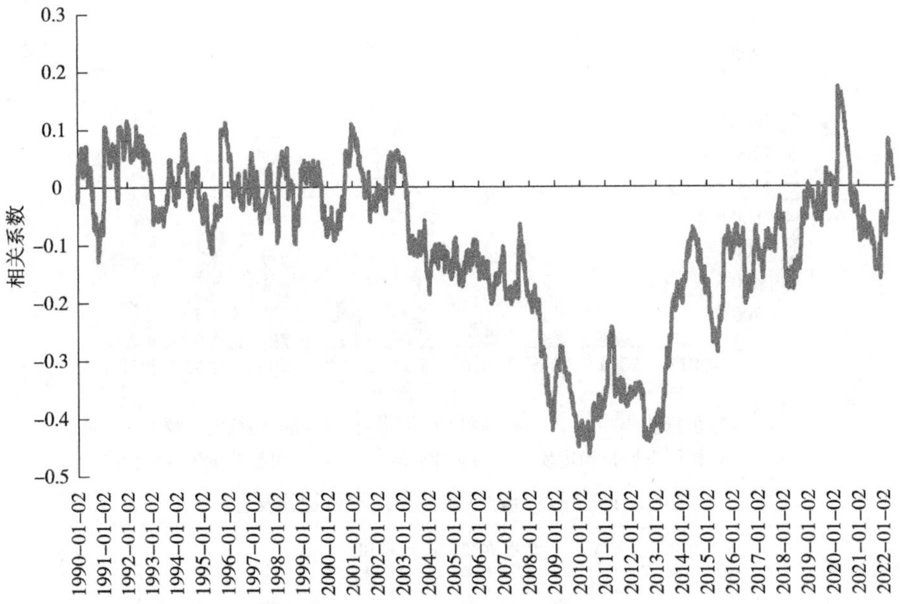

图 6　WTI 价格和美元动态相关系数

3.2　能源转型对“石油—美元”联动机制影响的实证检验分析

3.2.1　变量选择和模型构建

为研究能源转型对“石油—美元”联动机制的影响，本文以 DCC-GARCH 模型得出的动态相关系数为因变量，以对碳减排领域影响较大的《巴黎协定》作为衡量能源转型的虚拟变量，以对油价影响较大的商业库存（代表市场供求）、工业产出水平（代表石油需求）、原油期货非商业持有头寸（代表原油金融属性）、利率水平（同时影响供需基本面和金融市场投资与投机）的四大因素为自变量，考虑研究完整性还增加了虚拟变量与各解释变量之间的交叉项（表 3）。根据各解释变量数据的可获得性，采用 2006 年 6 月至 2022 年 5 月的月度数据进行研究，观测值为 192 个。

表3　变量定义和度量

	变量	符号	度量指标
因变量	“石油—美元”联动机制	dcc	石油美元的 DCC-GARCH 动态相关系数
解释变量	工业产出水平	industry	制造业工业增加指数同比
		allind	全行业工业增加指数同比
	利率水平	rate	联邦基金利率
	原油市场供需	lnsto	美国原油商业库存水平的对数
	原油金融属性	ncp	WTI 原油期货非商业持仓占总持仓的比例
核心变量	能源转型	par	巴黎气候协定成效
交叉项	工业产出与能源转型交叉	cross2	制造业工业增加指数同比・巴黎气候协定生效虚拟变量
		cross5	全行业工业增加指数同比・巴黎气候协定生效虚拟变量
	利率水平与能源转型交叉	cross3	联邦基金利率・巴黎气候协定生效虚拟变量
	原油市场供需与能源转型交叉	cross1	美国原油商业库存水平的对数・巴黎气候协定生效虚拟变量
	原油金融属性与能源转型交叉	cross4	WTI 原油期货非商业持仓占总持仓的比例・巴黎气候协定生效虚拟变量

根据图 6 中“石油—美元”动态相关系数结果可以看出，动态相关系数趋势存在明显变化。据此，本文构建门限回归分析能源转型的影响，见公式（1）。其中，$I(year \leq \gamma)$ 和 $I(year > \gamma)$ 为示性函数，用于对实证样本进行分区，是待估计的门限值。

$$
\begin{aligned}
&\text{dcc}=I(year\leq\gamma)(\beta_0+\beta_1\cdot \text{lnsto}_t+\beta_2\cdot \text{industry}_t+\beta_3\cdot \text{rate}_t+\beta_4\cdot \text{cnp}_t+\beta_5\cdot \\
&\text{cross1}_t+\beta_6\cdot \text{cross2}_t+\beta_7\cdot \text{cross3}_t+\beta_8\cdot \text{cross4}_t)+I(year>\gamma)(\beta_0+\beta_1\cdot \text{lnsto}_t+ \\
&\beta_2\cdot \text{industry}_t+\beta_3\cdot \text{rate}_t+\beta_4\cdot \text{cnp}_t+\beta_5\cdot \text{cross1}_t+\beta_6\cdot \text{cross2}_t+\beta_7\cdot \text{cross3}_t+\beta_8\cdot \\
&\text{cross4}_t)+\epsilon
\end{aligned} \tag{1}
$$

3.2.2　实证结果分析

为与门限回归结果对照，本文先对 2006 年 6 月至 2022 年 5 月的全样本进行线性回归，结果见表 4，商业库存、工业指数和联邦基金利率前的系数都显著为正，即上述三个因素增加会削弱“石油—美元”的负向联动，WTI 石油期货的非商业持仓占比显著为负，表示该因素增加会促进“石油—美元”的负向联动，各因素与巴黎协定生效的交叉项除个别外多数不显著。

表4　全样本线性实证结果

	(1)	(2)	(3)	(4)
	dcc	dcc	dcc	dcc
lnsto	0.686*** (0.0563)	0.151 (0.0936)	0.698*** (0.0543)	0.204** (0.0914)
industry	0.374*** (0.0864)	0.541*** (0.0952)		
rate	1.733*** (0.387)	1.533*** (0.393)	1.786*** (0.372)	1.655*** (0.372)
ncp	–0.907*** (0.146)	–0.333* (0.188)	–0.852*** (0.141)	–0.316* (0.181)
cross1		0.0259* (0.0146)		0.0268* (0.0141)
cross2		–0.684*** (0.169)		
cross3		0.0107 (0.991)		0.101 (0.927)
cross4		–0.184 (0.268)		–0.227 (0.259)
allind			0.548*** (0.0927)	0.750*** (0.104)
cross5				–0.858*** (0.173)
Constant	–4.836*** (0.370)	–1.300** (0.608)	–4.944*** (0.357)	–1.679*** (0.594)
Observations	192	192	192	192
R-squared	0.523	0.644	0.558	0.673

注：括号内为标准误差，*** 表示 $p<0.01$，** 表示 $p<0.05$，* 表示 $p<0.1$。

表 5 为门限回归结果，显示“石油—美元”动态相关关系发生转折的时间点为 2011 年。2006—2011 年，区间（Region1）回归结果各变量前的系数符号与全样本回归结果类似。结果显示，在 2006—2011 年期间，没有气候协定等出台，原油商业库存、工业产出

和联邦基金利率前的系数都显著为正，WTI 原油期货的非商业持仓的系数为负值但不显著。表 6 显示，该阶段“石油—美元”的相关关系主要取决于美元对石油价格的影响。从市场供求来看，美元贬值增加市场流动性进而提高石油需求，推升石油价格。商业库存增加代表市场石油供需宽松，油价存在下行压力，因此商业库存削弱了“石油—美元”的负相关关系。从美元计价角度来看，美元贬值推动石油价格上涨，随着美国工业产出水平不断提高增加对石油等大宗商品的需求，在推动石油价格上升的同时经济增长为美元币值提供支撑，削弱了“石油—美元”的负相关关系。从投资角度来看，当美元贬值时，投资者将调整资产组合减持美元、增加石油投资，进而推高油价。若美国联邦基金利率上调，推动国债等资产收益率增加，将降低石油等大宗商品对投资者的吸引力，抑制油价上涨，即联邦基金利率会削弱“石油—美元”的负相关关系。

表5　门限回归结果

	（1）	（2）	（3）	（4）
	Region1	Region2	Region1	Region2
lnsto	0.215* （0.117）	−0.415*** （0.0984）	0.222* （0.114）	−0.324*** （0.106）
industry	0.238*** （0.0648）	−0.324 （0.462）		
rate	3.717*** （0.434）	9.016 （7.163）	3.666*** （0.426）	13.16* （7.155）
ncp	−0.0822 （0.245）	−0.296** （0.149）	−0.117 （0.241）	−0.127 （0.148）
cross1	0 （0）	0.0138 （0.0104）	0 （0）	0.0272*** （0.0105）
cross2	0 （0）	−0.0287 （0.458）		
cross3	0 （0）	−8.278 （7.262）	0 （0）	−11.95* （7.223）
cross4	0 （0）	0.154 （0.192）	0 （0）	−0.0993 （0.194）
allind			0.301*** （0.0763）	0.793** （0.363）

续表

	(1)	(2)	(3)	(4)
cross5			0 (0)	-1.138*** (0.351)
Constant	-1.904** (0.804)	2.712*** (0.665)	-1.942** (0.785)	1.991*** (0.724)
Observations	192	192	192	192

注：括号内为标准误差，*** 表示 $p<0.01$，** 表示 $p<0.05$，* 表示 $p<0.1$。

表6 格兰杰因果检验

时间区间	原假设	Chi2	P 值
2006—2011 年	rdo 不是 rwti 的格兰杰原因	9.349	0.002
	rwti 不是 rdo 的格兰杰原因	0.19319	0.660
2012—2022 年	rdo 不是 rwti 的格兰杰原因	10.882	0.001
	rwti 不是 rdo 的格兰杰原因	8.4717	0.004

2012—2022 年间（Region2）结果显示，2016 年巴黎气候协定生效后，原油商业库存前的系数也转变为显著的负值，其与巴黎协定生效虚拟变量的交叉项系数显著为正值，表示商业库存的增加会增强“石油—美元”的负相关关系，但巴黎协定生效削弱了原油商业库存对“石油—美元”动态相关关系的负向影响。全行业工业增加指数同比、联邦基金利率等变量前的系数显著为正，表示二者提高将削弱“石油—美元”的负相关关系，但是其与巴黎协定生效虚拟变量的交叉项系数均显著为负，表明巴黎协定生效削弱了二者对“石油—美元”的动态相关关系的正向影响。

4 结论与启示

本文从石油价格和美元指数的历史趋势和特征出发，分析了“石油—美元”联动关系的传导机制，并利用实证模型研究了能源转型对“石油—美元”动态关联机制的影响，得出以下三点结论。

一是能源转型会削弱传统因素对“石油—美元”联动机制的影响。一方面，能源转型推动油气企业增加新能源投资和需求，通过石油—美元环流渠道和国际收支渠道，降低了原油库存对“石油—美元”联动机制的负向影响。另一方面，能源转型推动工业产出增加对能源的需求转向新能源领域，对油价上涨的支撑作用下降，通过石油—美元环流渠道降低了工业产出对“石油—美元”联动机制的正向影响。此外，能源转型下，资本从石油等大宗商品领域流向新能源领域，通过投资效应降低了联邦基金利率对“石油—美元”机制的正向影响。

二是商业库存在不同阶段对“石油—美元”联动机制的影响存在差异。在2006—2011年，“石油—美元”动态关系主要体现为美元汇率对石油价格的影响，商业库存通过石油—美元环流渠道削弱了“石油—美元”的负相关关系。2021—2022年，美元汇率收益率和原油价格收益率互为格兰杰原因，“石油—美元”联动机制取决于二者之间相互影响，商业库存通过通货膨胀、投资效应、石油美元环流等多重渠道影响“石油—美元”动态关系，增强油价与美元汇率之间的负相关关系。

三是工业产出、联邦基金利率在不同阶段对“石油—美元”动态相关系数的影响具有相似性。工业产出通过国际收支渠道、计价货币效应等渠道削弱“石油—美元”负相关关系，美国联邦基金利率通过利率效应、投资效应等渠道降低“石油—美元”之间的负相关关系。

随着能源转型的持续推进，能源结构清洁化和绿色金融的快速发展将对油价和美元汇率之间的传导机制形成更为深刻的影响。能源转型将进一步分散传统化石能源领域的投资和消费，通过石油—美元环流、国际收支、投资等渠道削弱“石油—美元”的负相关关系，未来“石油—美元”动态关联机制将呈现更多新特点。对于企业而言，建议进行持续深入研究能源转型下“石油—美元”联动机制的新规律，更好地把握其中特点，为科学研判油价走势并制定有效能源风险管理策略提供支撑。对国家而言，建议推动国内成品油定价、企业现货贸易以及风险管理中使用上海原油期货价格计价，依托国内巨大的市场和买家优势，提升中国原油期货的定价影响力，降低美元汇率波动对原油市场造成的冲击。

参考文献

[1] 王盼盼，夏婷，石建勋，等．“石油—美元”动态关联的时变特征及影响因素研究[J]. 国际金融研究，2020（11）：35-44.

[2] 马勇，潘冬涛，曾兆祥．美元指数与原油价格暴涨暴跌的交互刺激研究[J]. 财经理论与实践，2018，39（6）：29-35.

[3] 熊义明，潘英丽．美元影响油价的国际货币职能视角[J]. 上海金融，2011（10）：9-14.

[4] 刘湘云，朱春明．美元贬值和石油价格变动相关性的实证分析[J]. 国际金融研究，

2008（11）: 50–55.

[5] Carfí D, Musolino F. Speculative and hedging interaction model in oil and US dollar markets with financial transaction taxes[J]. Economic Modelling, 2014, 37: 306–319.

[6] Golub S S. Oil prices and exchange rates[J]. The Economic Journal, 1983, 93(371): 576–593.

[7] Haughton J. Should OPEC use dollars in pricing oil?[J]. The Journal of Energy and Development, 1989: 193–211.

[8] Coudert V, Mignon V. Reassessing the empirical relationship between the oil price and the dollar[J]. Energy Policy, 2016, 95: 147–157.

[9] Beckmann J, Czudaj R. Oil prices and effective dollar exchange rates[J]. International Review of Economics & Finance, 2013, 27: 621–636.

[10] Jawadi F, Louhichi W, Ameur H B, et al. On oil–US exchange rate volatility relationships: An intraday analysis[J]. Economic Modelling, 2016, 59: 329–334.

以交易所债券质押式回购为例的资金头寸精细化运作管理解析

高 雅　李欣妍　苏文静
（中海石油财务有限责任公司）

摘　要：石油板块公司多呈上下游一体化、资金高度集中的特征，此类公司较注重头寸精细化管理，即通过精细化运作，使资金头寸在安全基础上兼顾流动与收益，保障和支持主营业务稳健发展。交易所债券质押式回购是常见的资金头寸管理工具，其具备低风险、现金流稳定的特征，可承担稳定收益和调节流动性的功能。本文通过解析交易所债券质押式回购，对资金头寸的精细化运作管理进行研究。研究内容包括现有理论、交易策略及交易执行等。首先，通过文献分析法引入交易成本理论与算法；其次，通过对标研究、描述性研究及访谈研究法构建交易策略并分析策略影响因素；最后，针对不同场景设计最优执行策略，以提升运用该工具进行资金精细化管理的效率。

关键字：流动性管理；头寸管理；精细化交易管理；交易所质押式回购；交易策略

引言

交易所债券质押式回购具有双重保障（交易场所安全性保障，质押品价值保障）、安全性高、流动性强、现金流稳健等特征，其日均交易体量超 3 万亿元，是交易活跃的资金头寸管理工具。石油企业多为国企，经营风格稳健、资金流动规模较大[1]，通过运用交易所质押式回购，助力企业精细化资金头寸管理、精益化经营，实现短期资金融通及存量资金收益增厚的目标。

石油企业资金流动规模较大、季节性强等特征使得其在进行回购交易时，经常需要在较短的时间内达成较大规模的成交，这种交易行为往往会推高（或压低）市场资金价格，导致自身的买卖委托不能立即全部成交，或只能以更高（或更低）的价格才能全部成交，推升交易的隐性成本。交易所债券质押式回购具有成交价反馈实时、价量冲击性可比的特征。本文以交易所债券质押式回购为例，对交易成本及策略进行研究，以进一步提升该产品的精细化管理效能。通过调研访谈，笔者发现机构在进行交易所质押式逆回购操作时，主要依靠资金管理人员自身的“交易经验”，或比较初级的“经验体系”进行交易，如果资金管理人员经验不足或交易金额超出其日常交易的范围，容易在月末、季末等价格波动剧烈时期发生交易混乱，从而推升隐性交易成本。

由此，笔者对交易所债券质押式回购的交易策略展开研究。首先通过整体分析，从实际交易场景调研入手，在宏观、微观两方面识别交易所债券质押式回购的影响因素，构建两类常见的交易场景，其次应用 Holy Grail 模型测算、VWAP 算法交易策略，分别设计不同场景下的大额交易策略。最后通过策略梳理，协助石油企业资金管理人员精细化管理质押式回购交易，使其在面临大额质押式回购交易需求时，能够迅速导航到具体策略场景，完成执行目标，妥善控制整体业务风险，从精细化管理入手提升石油企业资金运作的经济效益。

1 现有基础

1.1 文献综述

随着资金精细化管理的发展，资金交易执行策略（尤其是算法交易）的研究近年来逐渐兴起，以 TWAP 为代表的算法交易开始应用于债券市场。Perold's 于 1988 年提出交易执行所产生的成本对策略具有较大影响，总交易成本是重要的经济因素，且交易难度与市场流动性正相关。郭朋于 2012 年研究交易策略及算法交易监管[2]，陈梦根于 2013 年将算法交易在中国的应用和发展前景，以及未来的研究方向进行了研究[3]。吴伟平于 2018 年将交易成本与投资组合结合进行了建模分析[4]。

1.2 交易成本理论

因交易执行而产生的成本被称为交易成本，交易成本分为显性成本及隐性成本。其中显性成本主要包括佣金、过户费、印花税等直接在交易过程中体现的成本；隐性成本[5]包括冲击成本、择时成本、机会成本等。冲击成本指的是在交易中需要迅速且大规模地买进或卖出证券，未能按照预定价位成交，从而多支付的成本，其中还可细分为瞬时冲击成本、暂时冲击成本和永久冲击成本；择时成本指拆单交易过程中因交易延迟带来的成本；机会成本指的是当投资品出现流动性短缺等问题导致无法完全完成交易，未成功交易部分对应损失的本应有的获利。机会成本、择时成本往往和冲击成本无法兼得，而这也构成“交易员困境”。

现阶段对冲击成本的研究主要集中在股票市场，主要落地形式是使用算法进行拆单交易，通过计算在冲击成本与机会、择时成本之间进行平衡。相较股票市场，质押式回购业务的交易标的同质化属性较强（均为交易所标准券），因此冲击成本在其中占据更为主导的因素。

冲击成本的计算模型在学术界和业界均有广泛的研究。学术界最经典的研究包括 Almgren 和 Chriss 的衡量冲击模型、Robert Kissell 和 Morton Glantz 的 Holy Grail 模型，业界 ITG、摩根大通、德意志银行和 Barra 等也开发了冲击成本的数学模型。本次研究中将采用实际业务中适用性较强，易于为投资者所接受的 Holy Grail 模型对冲击成本进行测算。

Holy Grail 模型主要包含交易单大小、交易对象波动率、交易强度及交易对象流动性四个因素，并基于五条基本假设进行计算：

（1）市场冲击与交易方向无关；

（2）市场冲击与交易单大小成比例；

（3）暂时冲击成本不会影响下一次的交易；

（4）只有流动性需求者需要承担暂时冲击成本；

（5）所有交易者都承担永久冲击成本。

1.3 算法拆单

实际交易中，为减少市场冲击成本，高频交易者通常会考虑将大额指令分拆为小额指令逐个提交，这种方法也被称为算法交易。算法交易的关键在于根据市场环境的预判，结合交易目的设计相应的交易策略，确定提交指令的时间、价格及数量，从而降低交易成本。

交易拆分方面，常用的拆分方法包括交易量加权平均价格（Volume weighted average price，VWAP）、时间加权平均价格算法（Time weighted average price，TWAP）及交易量固定百分比交易策略（Volume participation，VP）等方式。

交易量加权平均价格交易策略（VWAP）是将大额订单拆分为多个中小规模的子订单，根据市场环境的变化择机逐次提交，使其成交价尽可能接近市场交易量加权平均价格的一种交易策略。此交易策略可以有效地减少短时间内大额订单对证券价格的冲击，是较为常用的一种算法交易策略[6]。

时间加权平均价格算法（TWAP），是交易人员将整个交易时期划分为多个特定的时间段，在每个时间段内平均提交订单的交易策略。是一种相对简单的拆单方式，可用于在不了解市场历史走势的情况下帮助交易人员获取相对平均的交易价格。

交易量固定百分比交易策略（VP）是指交易人员按照市场交易量的某一比例提交订单的交易策略。需要交易人员时刻关注市场交易情况，根据市场动向跟进下单。

理论上，VWAP交易策略能够更好地拟合交易人员对于加权价格均价获取的要求，该策略需要交易人员根据历史交易情况，将交易日划分为多个时间段，预测各个时间段交易量占整个交易日内市场交易量的比例，按照这一比例将总订单拆分为多个子订单，并在每一交易时段初期提交。但实际中，由于VWAP策略对于成交量的主观预测与实际情况存在误差，因此许多机构在实际成交中更多使用TWAP策略，以便更加稳定地以平均价格实现交易。

2 策略影响因素

2.1 场景层面策略影响因素

2.1.1 市场环境

交易所债券质押式回购业务的交易策略选择会受市场环境影响[7]，不同环境下交易价格（利率）的走势会有显著区别。影响市场环境主要包括以下三个方面[8]：

（1）经济基本面（PMI等基本面指标）和通胀（CPI等物价指标）的变动间接影响中长期资金面走势。经济数据与通胀数据影响货币政策的取向和实体经济的融资需求，进而影响整体货币市场的定价，以及交易所资金的利率。2020年至今，政策层通过“货币先行”引导整体货币市场定价，推动金融系统发力达成政策目标。

（2）央行的公开市场操作（OMO）从货币供给角度直接影响质押式回购的价格。当公开市场操作量高于市场预期时，资金面趋于宽松，质押式回购价格大概率下行，当公开市场操作量低于市场预期时，资金面趋紧，质押式回购价格大概率上行。

（3）当日资金面情绪：资金面情绪受资金供需、短期博弈等因素影响，在大额利率债发行、缴税期、OMO到期、月末季末等特殊时点，参与者博弈对资金面情绪影响显著，收益率波动相对剧烈。

以2022年6月30日跨半年末时点交易所债券质押式回购价格波动为例。部分市场参与者认为，货币政策维持稳健偏宽态势持续，央行连续多日放量续作7天逆回购，释放呵护资金面平稳跨季信号，因此选择滚动交易隔夜资金，以获得最低资金融入成本。另一部分市场参与者认为，社融数据向好，经济增长趋势抬头，跨季末时点资金面紧张不可避免，因此选择6月初至月底提前进行资金交易，月中以较高的价格融入跨季资金，从而不承担季末资金面骤紧带来的高价融入风险。由于市场参与者对货币政策操作预期的不同，交易所债券质押式回购通过价格变化消化预期。

2.1.2 交易额度

不同的交易额度对质押式回购业务交易策略有显著影响。基于公开的交易量、价数据，可以对大额指令执行的平均价格和当日全部交易执行的平均价格进行对比，从而得出交易额度对价格冲击的影响。以2023年3月14日至3月20日的204007（GC007）为例，全天成交量在1500亿～2500亿元之间，筛选单次成交大于10亿元的成交价格与全天总成交价格相比，加权价格平均相差2～3个基点。

当单日拟交易额度超过当日成交总量0.5%时，应格外关注大额交易对价格产生的影响。此外由于日间成交非线性，即有一些时间点成交较为密集，另外一些时间点成交较松散。交易额度是否“显著”到能够影响价格，也需要与交易时点的成交量进行对比。

2.2 执行层面策略影响因素

2.2.1 交易渠道

以上交所为例，上交所债券回购交易分为[9]债券质押式回购（也可以称为“债券通用质押式回购”）[10]、债券质押式报价回购[11]及债券质押式三方回购[12]。其中债券质押式回购交易资金融入方将符合要求的债券申报质押，以相应折算率计算出的质押券价值为融资额度进行质押融资，交易双方约定在回购期满后返还资金同时解除债券质押的交易。完全按照“价格优先、时间优先”原则撮合成交匿名交易、高效便利。

债券质押式报价回购，简称“报价回购”，由回购双方自主协商约定，两个结算参与人之间进行结算，实时全额逐笔非担保交收，由交易参与人对交易对手方进行授信的方式实现风险控制。

债券质押式三方回购由上交所、中国结算提供相关的担保品管理服务。三方回购是两个结算参与人之间的结算，实行的是实时全额逐笔非担保交收。从风险管理上看，上交所和中国结算对三方回购的担保品进行持续管理，上交所可根据市场情况对质押券篮子的设置、各质押券篮子债券清单及折扣率等进行动态调整。

价格影响方面，债券质押式回购价格采用匹配成交的价格，由于日内的资金供给和需求不可能随时同步，会导致日内价格产生波动，而单笔大额操作也会对市场价格产生冲击。债券质押式报价回购及债券质押式三方回购需要参与者之间协商确定，价格除了受市场环境影响，也受交易对手信用资质及质押品自身的信用质量（利率债或信用债）等因素影响。由于报价回购及债券质押式三方回购的价格透明性较弱，因此在交易过程中，价格受到大额交易影响较间接，可以通过预先协商额度、收益等要素锁定大额交易，减少大额交易对市场价格的冲击。

2.2.2 交易时段

根据万得数据库统计，交易所回购 9：30—11：30 时段成交量较少，14：45—15：15 之间成交量活跃，15：10 后成交量逐渐萎缩。

以 2023 年 3 月 14 日至 3 月 20 日隔夜回购市场成交情况为例（图 1），2023 年 3 月 20 日交易所质押式回购交易全天每分钟成交 57 亿，其中，9：30—11：30 时段每分钟成交 33 亿，13：30—15：30 时段每分钟成交 73 亿，此时段成交量占全天成交量约 50% ~ 75%，成交量峰值出现在 15：00 前后。从满足交易额度需求考虑，14：45—15：15 市场交投活跃期间完成大额交易，可有效降低潜在交易成本，而避免在 15：15 之后交易量萎缩时段进行大额交易，规避了大额交易对市场价格的扰动的可能性，从而进一步降低资金头寸调节的交易成本。

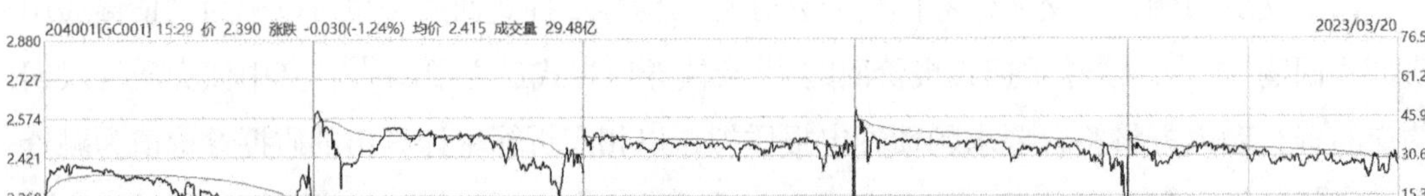

图 1 2023 年 3 月 14 日—3 月 20 日 GC001 回购市场成交情况

图片来源：Wind 资讯网

2.3 分析结论

通过对影响交易策略的因素进行分析，笔者将其划分为场景层面影响因素和执行层面影响因素。场景层面因素影响交易策略执行的优先级顺序，即成交优先或价格优先。根据场景因素可将交易分类为大额紧急单（大额且执行优先）、大额非紧急单（大额且价格优先）、小额单。执行层面因素影响交易最终的执行选择，即采用何种策略执行交易。

3 策略分析

3.1 策略场景介绍

通过分析交易策略影响因素，笔者可以在交易前构建不同的交易场景，并对不同场景设计不同的交易策略，从而形成交易策略体系。

市场头部金融机构交易部门的调研结果显示，回购通常以额度大小、交易紧急与否两个维度构建差异化执行策略。大额交易的额度界定受回购期限及交易时段影响，当交易额度超过对手方挂单平均规模的1/2时，该笔交易被认为是大额交易；以质押式逆回购为例，正回购方挂单买1至买5额度均值的1/2为界，高于此额度即为大额交易。当交易员每5分钟根据此额度进行下单（对手方平均规模的1/2），却仍无法在规定时间或收盘时间内完成全部交易额度目标时，此类情况被认为是紧急场景；若可以完成全部交易，则为非紧急场景。

以石油企业交易所债券质押式逆回购为例，当公司有大量资金融出需求，而资金面出现超预期宽松、市场的融入需求没有显著变化时，交易人员可合理预期短期市场利率将会下行，可将此场景判定为大额紧急单（大额且执行优先）。当交易时间距离收盘时间较近时，也可计入大额紧急单场景（大额且执行优先）；当市场波动较为平缓、交易时间充足时，可应用大额非紧急单场景进行交易（大额且价格优先）。小额单交易由于对市场影响较小，可以在判断市场环境后，参照拆单后的大额单直接选择交易时点下单。

3.2 策略研究方法

本次研究中，笔者采用模型测算及访谈调研的方式，集中对多种类型的金融机构进行考察，范围涵盖基金公司、券商、私募基金及其他公司，旨在了解不同类型公司的交易所债券质押式回购交易需求、特质及流程。通过调研南方基金、易方达基金、嘉实基金的基金经理及交易员，以及国泰君安、晨乐资管、中石油财务公司的投资人员，综合交易经验得出不同场景下交易所债券质押式回购交易策略，调研的机构专业性高，调查覆盖面广。其次应用 Holy Grail 模型测算及 VWAP 算法交易策略，设计各场景下的具体交易策略，协助石油公司在不同场景下迅速导航到具体策略场景，实现收益最大化。

3.3 Holy Grail 模型测算

笔者采取研究冲击成本的 Holy Grail 模型对质押式回购交易中的瞬时冲击成本进行测算。根据 Holy Grail 模型，冲击成本可被分为暂时冲击成本和永久冲击成本，其中暂时冲击成本大小仅与当期交易的交易量有关，且成正比；永久冲击成本则由市场总的不平衡程度决定，由前 j 次交易单大小之和决定。

在此，笔者设交易金额为 x，瞬时冲击成本为 $I(x)$，暂时冲击成本为 $k(x)$，永久冲击成本为 $f(x)$。

假设第 j 次交易的冲击成本为：

$$MI(x_j)=x_j k+\sum_{i=1}^{j} x_i f \tag{1}$$

在交易 n 次后，其产生的总的交易冲击成本为：

$$I=MI_n=\sum_{j\in Side} x_j k+\sum_{j=1}^{n}\sum_{i=1}^{j} x_j f \tag{2}$$

同时，可假设暂时冲击成本占总冲击成本的比例为 α：

$$I=\alpha I+(1-\alpha)I \tag{3}$$

$$I=MI_n=\sum\nolimits_{j\in Side} x_j k+\sum\nolimits_{j=1}^{n}\sum\nolimits_{i=1}^{j} x_j f \tag{4}$$

α 值可以通过参数估计求得，通常学术界认为较为合理的 α 参数值为 0.95，即合理地假设永久冲击成本占总成本的比例只有 5%，占比较小。

将（3）（4）两个公式联立，对应项相等，可得到平均暂时冲击成本和平均永久冲击成本：

$$MI(X)=X\left(\frac{\alpha I}{V_{side}}+\frac{(1-\alpha)I}{Q}\right) \tag{5}$$

由此可得交易 k 次后产生的冲击总成本：

$$MI(x_k)=\sum_{k=1}^{n} x_k\left(\frac{q_k}{Q}\times\frac{\alpha I}{V_{side}}+\frac{(1-\alpha)I}{Q}\right) \tag{6}$$

式中：V_{side} 为与供求不平衡方向一致的交易量总和，Q 为所有交易方向的交易量总和，衡量市场整体的不均衡程度；此两项由交易量数据计算得到；q_k 为 k 时刻的供求不平衡程度；$\frac{q_k}{Q}$为 k 时刻市场供求不平衡程度占 n 期整体不平衡程度的比例。

由于在交易前难以判断其他市场参与者将要执行的买卖方向，因此假设市场的不均衡全部由本方交易产生，即：

$$Q=X \tag{7}$$

$$x_k=q_k \tag{8}$$

假设市场其他交易者的供求是平衡的，得到市场上流动性需求者的总成交量：

$$v_{k,\text{side}}=x_k+0.5v_k \tag{9}$$

将预测值带入，代入模型，得到预测的冲击成本公式：

$$\hat{K}(x_k)=\sum_{k=1}^{n} x_k\left(\frac{x_k}{X}\times\frac{\alpha I}{x_k+0.5v_k}+\frac{(1-\alpha)I}{X}\right) \tag{10}$$

由于永久冲击成本占比较小，且由市场总的不平衡程度决定，在此只考虑暂时冲击成本，通过最小化（10）中暂时冲击成本：

$$\text{Min}=\left(I\sum\frac{x_j}{X}\times\frac{x_j}{x_j+0.5\hat{v}_j}\right) \tag{11}$$

对目标函数进行一阶求导之后使一阶导为 0，其解为每单交易量大小：

$$x=X\times\frac{v_j}{\sum v_j}=X\times\mu_j \tag{12}$$

由测算可得，当只需要考虑最小化冲击成本来构建交易策略时，采取 VWAP 拆单方式能够降低瞬间冲击成本，笔者在后续的策略构建中也将使用这一结论。

3.4 大额紧急场景下的交易策略

在大额紧急单场景中，交易人员应以完成计划交易额度为主要目标，在高于资金使用机会成本的基础上，淡化对交易价格的要求。可使用以下两种交易策略。一是通过交易所债券质押式报价回购及债券质押式三方回购等方式，在非公开市场以一次性集中撮合的方式完成大额交易，这种方式较为方便快捷，当有较为合适的对手方时，可能获得比场内市场价更优的价格。其缺陷之一是可能存在无法及时找到合适交易对手导致交易失败的风险；其二是该策略由于对手方和质押券均需沟通，信用风险有可能大于通用质押式回购；其三是另外报价回购价格相比场内市场存在更大的偶然性和波动性，可能存在为达成交易给出较大价格折让的情况。二是继续通过场内竞价方式完成交易，使用“大额紧急单策略”进行交易，这种交易模式可通过挂单策略的设计，帮助交易人员尽可能在时限内完成交易额度，在资金成本允许范围内适当淡化资金收益。执行建议如下文交易时点及下单方式。

3.4.1 交易时点

依据调研访谈及统计分析可知，交易所债券质押式回购成交量峰值主要集中在下午，在有大量资金交易额度、且交易时间有限的情况下，建议选择市场成交量大的交易时点，以增加每笔交易成交规模，来降低总体交易挂单的执行时间，在有限的时间内提升交易执行效率。

3.4.2 下单方式

价格方面，在大额紧急场景下，交易人员应依据市价直接下单，也可以略低于市价的价格进行下单。

额度方面，建议在计划交易时段内通过TWAP方式辅助交易人员进行拆单，并以不影响市场价格走势的最大金额进行下单，在实际操作时，如为交易的拟回购方，也可适当参考买一至买五的平均下单量进行下单，在卖盘较厚、成交量较大的时间段可随成交情况增加下单额度，如为交易的正回购方，下单执行思路与前述逆回购方相同，但需依据卖一至卖五的成交量，以及买盘的变动情况灵活调整下单额度。

3.5 大额非紧急场景下的交易策略

在大额非紧急单场景中，交易人员由于没有较强的时限要求，可以“以时间换空间”，通过采用“大额非紧急单策略”的交易策略，尽可能提升目标收益。

调研结果显示，寻常（非跨月）交易日的上午普遍资金价格较高，因此为了尽可能增加有效交易时间，捕捉日内高点，需要尽早完成交易前的审批、划款等准备工作。

3.5.1 交易时点

全年维度，提前关注跨月末、季末、年末等关键时点的资金情况，提前交易前的相关准备工作。日间维度，通过观察近期价格走势，分析前日加权价格及市场成交情况，通过以 VWAP 方式设计全天参考下单分布，并结合市场情绪进行调整。在此基础上，在上午预先完成大部分的交易额度，以保证在价格较高的时段完成大部分交易量，下午可继续完成剩下额度，用于博取市场更优价格。

3.5.2 下单方式

以逆回购方为例，价格方面，首先预先挂几档价格相比市价较高的单，待市场价格抬升时陆续成交。其次，在准备现价成交时，可参考买一价格，挂比市价略高的价格。额度方面，参照买一至买五的均值额度的 1/2 进行下单，以减少对市场价格的影响。

如为交易的正回购方，价格、额度的下单思路与前述逆回购方相同，但需依据卖一的价格、挂比市价略低的价格，并参照卖一至卖五的均值额度的 1/2 进行下单，以减少对市场价格的影响。

下单频度方面，首先结合自身预期额成交额度，判断对市场冲击成本，下单频度可视市场成交额情况灵活调整，当市场成交量较大时，可 2 ~ 3 分钟挂一单，当市场成交量较小时，可延长至 5 分钟一单。

4 结论

本文以交易所债券质押式回购为切入点，通过分析对石油企业大额交易的交易策略，对精细化资金头寸运作管理进行了研究。通过对交易所债券质押式回购的交易成本、策略影响因素解构，构建了三类常见的交易场景，并通过理论文献研究、模型测算及访谈调研等研究方法，分别拟定了对应的交易策略，协助参与者降低隐性交易成本、优化交易效能，有效达成执行目标。

石油企业资金管理人员在进行大额资金融入、融出操作时，应首先建立市场环境判断，通过识别当前货币市场政策及资金面波动规律，对交易所债券质押式回购一段时间内的走势建立预测，并依据自身对资金融入、出的需求，判断是否处于当前市场交易市场的有利方。其次完成交易场景判断，根据交易量的需求结合市场环境判断，锁定交易场景（大额紧急单、大额非紧急单及小额单）。最后确认交易执行策略，根据交易场景导航至对应的交易策略，并根据实际业务情况明确日间交易时点、算法拆单方式及下单价格等策略执行要素。

石油企业资金管理人员通过环境判断—场景判断—策略确认这一路径进行交易操作，

可有效规避大额交易对市场的冲击，降低交易成本，提升交易效益，以精细化管理赋能，提升企业资金运作效率。

参考文献

[1] 胡晓博 . 简析现金流管理与控制对石油企业的借鉴价值 [A]// 2016 年度中国总会计师优秀论文选（中国会议）[C]. 2017：1–18.

[2] 郭朋 . 国外高频交易的发展现状及启示 [J]. 证券市场导报 2021，830（91）56–60.

[3] 陈梦根 . 算法交易的兴起及最新研究进展 [J]. 证券市场导报，2013，（9）：11–17.

[4] 吴伟平 . 带有市场约束的动态投资组合优化与交易执行的建模与控制 [D]. 上海：上海交通大学，2018.

[5] 燕汝贞，李平，曾勇 . 基于市场冲击成本与机会成本的算法交易策略 [J]. 管理学报，2012，09（7）：952–959.

[6] 燕汝贞 . 基于隐性交易成本的算法交易策略研究 [D]. 成都：电子科技大学，2014.

[7] 林吟 . 我国银行间债券质押式回购利率的影响因素探究 [D]. 上海：复旦大学，2014.

[8] 龚亮波 . 影响银行间债券回购利率的宏观因素分析 [J]. 金融视线，2013，87（12）：87–88.

[9] 上交所债券专栏品种介绍 [EB/OL]. http://www.sse.com.cn/assortment/bonds/home/.

[10] 上海证券交易所债券交易规则适用指引第 2 号——债券通用质押式回购交易上证发〔2022〕26 号 [EB/OL]. http://www.sse.com.cn/lawandrules/sselawsrules/bond/trading/currency/c/c_20220422_5701333.shtml.

[11] 关于发布《上海证券交易所债券质押式协议回购交易暂行办法》的通知，上证发〔2015〕26 号 [EB/OL]. http://www.sse.com.cn/lawandrules/sserules/trading/bond/c/c_20150912_3985915.shtml.

[12] 关于发布《上海证券交易所中国证券登记结算有限责任公司债券质押式三方回购交易及结算暂行办法》的通知，上证发〔2018〕22 号 [EB/OL]. http://www.sse.com.cn/lawandrules/sselawsrules/bond/trading/tripartyrepo/c/c_20220422_5701305.shtml.

新能源电力对于油田上游生产的碳减排贡献研究

杨哲琦　唐 旭　张宝生

[中国石油大学（北京）]

摘　要："双碳"目标下，中国提出减煤、稳油、增气、发展新能源的转型路径，而石油由于对外依存度高等原因持续受到关注，但加大油气勘探开发力度仍面临高碳排放的问题。本研究以中国 13 家积极布局新能源开发的油田公司为基础，构建油田尺度石油生产碳排放核算模型，分析 187 个油田区块在生产过程中实现新能源电力替代传统煤电的碳排放强度变化。结果表明，油田在实现新能源电力替代后，生产碳排放强度平均下降 30.59%，分布在 12.28 千克（CO_2）/ 桶到 66.78 千克（CO_2）/ 桶之间。其中水驱开发的常规石油资源上游碳强度平均下降了 13.5%，水驱开发的非常规石油资源上游碳强度平均下降了 7.38%，其他非常规石油资源上游碳强度平均下降了 10.51%。随着油田开采时间越长，新能源电力替代的碳减排效果越明显。以 13 家油田公司 2018 年产量为基准（为何不使用最新数据），油田上游生产活动的温室气体年减排量为 0.18 亿吨（CO_2）。统筹推进减煤、发展新能源的转型路径与加大油气勘探开发力度之间的协同关系，将推动石油生产供应与能源低碳转型双赢发展。

关键词：石油；碳强度；新能源；碳减排

引言

2020 年 9 月，习近平总书记在联合国大会上表示"中国将提高国家自主贡献力度，采取更加有力的政策和措施，二氧化碳排放力争于 2030 年前达到峰值，努力争取 2060 年前实现碳中和"[1]。中国政府承诺实现碳中和，制定政策积极推进碳中和进程。2021 年 10 月，中共中央、国务院发布《关于完整准确全面贯彻新发展理念做好碳达峰碳中和工作的意见》，指出要积极发展新能源，开展可再生能源全面替代行动，重点发展太阳能、风能、地热能等，不断提高非化石能源消费比例[2]。从能源的发展进程看，能源利用经历了从薪柴到煤炭、从煤炭到油气的两次转型，正经历从化石能源到新能源的第三次转型。新能源主要类型有太阳能、风能、生物质能、氢能、地热能、海洋能、核能、新材料储能等[3]，其具有清洁、低碳的特点，符合碳中和发展需求，将在第三次能源转换中成为主角[4]。

中国是全球可再生能源包括风电和光伏发电规模最大、发展最快的国家。2021 年中国新增可再生能源发电装机容量 1.34 亿千瓦，可再生能源累计装机容量历史性突破 10 亿千瓦，水电、风电、光伏发电装机均超过 3 亿千瓦，海上风电装机跃居世界第一[5,6]。太阳能、风能等是新能源的主力军，将助力电力部门实现低碳排放。预计到 2050 年，新能源发电可满足全球电力需求的 80%，其中光伏发电和风力发电量累计占总发电量的一半以上[7,8]。加快实施清洁用能替代，优化能源结构，构建清洁低碳、安全高效的能源体系是中国实现碳中和的重要举措。

中国的石油对外依存度、天然气对外依存度分别超过 70% 和 40%。百年变局、乌克兰危机等外部环境深刻变化给我国的油气安全问题带来严峻挑战。2021 年习近平在考察胜利油田时指出，石油能源建设对我国意义重大，能源饭碗必须端在自己手里。短期内大力提升国内油气勘探开发力度的油气安全保障工作仍会继续加强，而在煤炭退出路径逐步清晰的背景下，同样是含碳化石能源的油气将成为中国中长期能源系统深度脱碳的关键。碳替代、碳减排、碳封存、碳循环是减少碳排放，实现碳中和的主要途径，预测结果表明以水电、风电、光电等可再生能源快速发展为主，碳替代将贡献 47% 的碳减排量[9]。随着中国风电、光伏产业的快速发展，油田光伏、风电替代传统电力不仅在技术和经济上具有可行性，而且在环保和社会效益等方面优势更加凸显。油田积极发展新能源业务，可以实现生产用能清洁替代和油气资源战略接替。通过开发利用光伏、风电资源降低化石能源消耗比重、间接减少碳排放，是油田调整用能结构、提质增效高质量发展的重要举措。而针对新能源电力替代对中国油田上游生产碳排放影响的系统性量化研究仍存在空白。本研究立足于国内石油生产实践，从油田区块的碳排放强度核算入手，量化分析新能源电力等清洁用能替代的碳减排影响，为油田与新能源融合发展提供信息参考。

1 油田可再生能源电力发展现状

1.1 石油企业能源转型战略

中国石油制定“清洁替代、战略接替、绿色转型”三步走总体部署，新能源业务与油气产能建设等常规项目同步实施，加快推进新能源与油气业务协同发展。油田拥有资源基础、市场消纳能力、基础设施等发展优势，在光伏发电、风能发电和地热能利用等方面已取得一定进展。中国石化提出把以氢能为核心的新能源业务摆在更加突出位置，着力构建以能源资源为基础，以洁净油品、现代化工为两翼，以新能源新材料新经济为重要增长极的“一基两翼三新”产业格局，积极发展页岩气、煤层气、地热、氢能、光伏、风电等清洁能源，实现能源的洁净多元、安全供给。两家主要的石油企业从化石能源业务拓展到新能源业务这一勘探开发理念的转变有助于油田企业早日实现碳达峰，而实现碳中和则必须改变现有能源结构，大幅提高光伏、风电、地热等新能源比例，逐步取代化石能源和传统电力[10]。

1.2 油田公司主要转型举措

我国大部分油田所在的含油气盆地均位于太阳能、风能、地热能等新能源资源优势区域（表 1）。加快发展新能源业务是油田公司的重点方向之一，通过加强新能源项目与传统油气业务发展的协同性，统筹推进新能源业务与节能减排，不断提升风、光、地热等新能源的清洁用能占比是油田公司转型的主要模式，而每个油田公司都具有不同的新能源转型发展路径。

表1　中国主要油田新能源资源潜力及“十四五”末发展规划

公司	油田	资源潜力	“十四五”末新能源电力发展规划
中国石油	大庆油田	三类太阳能资源区、三类风能资源区	20%
	吉林油田	三类太阳能资源区、四类风能资源区	69%
	辽河油田	三类太阳能资源区、四类风能资源区	10%
	长庆油田	二类太阳能资源区、三类风能资源区	25%
	玉门油田	一类太阳能资源区、二类风能资源区	10%
	青海油田	一类太阳能资源区、三类风能资源区	—
	塔里木油田	一类太阳能资源区、一类风能资源区	26.6%
	新疆油田	一类太阳能资源区、一类风能资源区	—
	华北油田	三类太阳能资源区、四类风能资源区、地热资源潜力区	10%
	大港油田	三类太阳能资源区、四类风能资源区、地热资源潜力区	31.5%
中国石化	胜利油田	三类太阳能资源区、四类风能资源区	20%
	河南油田	三类太阳能资源区、四类风能资源区	20%
	江苏油田	三类太阳能资源区、四类风能资源区	—

注：太阳能、风能资源区划分依据为 GB/T 31155—2014《太阳能资源等级 总辐射》、GB/T 18709—2002《风电场风能资源测量方法》、GB/T 18710—2002《风电场风能资源评估方法》和《全国风能资源评价技术规定》。[11]

西部地区的太阳能和风能资源最为丰富。玉门油田地处光资源一类地区，风资源二类地区，太阳能可开发量 20 亿千瓦，风资源可开发量 1.5 亿千瓦[12]，作为中国石油“清洁转型示范基地”，正在运行单体装机最大的 200 兆瓦光伏发电示范工程，推进生产用能“应替尽替”[13]。按照规划，2025 年，玉门油田非化石能源占能源消费的比重达到 10% 以上。青海油田计划在总能耗高、光电能、光热能资源丰富的花土沟第一作业区开展光伏发电、光热等清洁能源替代[14]。塔里木油田充分发挥新疆资源优势，坚持新能源与油气协同发展，提升低碳和零碳能源比例。轮南油田作为塔里木油田首个低碳示范建设区，通过光伏发电清洁能源替代等减少油田生产运行中的能耗，降低碳排放[15]。到 2025 年，清洁能源替代率有望达 26.6%[16]。新疆油田通过“光伏电池组件 + 发电机组”等方案在油区开展多个光伏发电项目，进行清洁能源替代[17]。

东北地区含油气盆地大部分位于太阳能三类资源区、风能三类资源区[18]。大庆油田已建成微光伏发电先导试验工程和水面光伏项目“星火水面光伏示范工程”，均顺利并网发电。其中微光伏发电先导试验项目覆盖 4 座采油平台共 69 口丛式井的生产电力需求[19]；星火水面光伏示范工程年发绿电超过 2000 万千瓦 · 时[20]。预计 2025 年，大庆油田新能源装机规模可满足清洁能源替代率 20% 以上，随着新能源业务与油气业务协同发展不断推进，到 2050 年，清洁替代率达到 100%。吉林油田 2018 年建成的 15 兆瓦光伏发电项目，累计发电量达到 6400 万千瓦 · 时。目前在新立、红岗等油区建设的 3000 千瓦井场及站场光伏已并网发电，所有新能源项目可实现年发电能力 3.6 亿千瓦 · 时[21]。到 2025 年，吉林油田生产用能清洁率将达到 69%。辽河油田以稠油资源为主，生产过程中传统能耗消费总量大。通过风电、光伏、地热等新能源替代能耗优化工程推动传统油气生产活动转型发展，已在 250 个井场建成光伏发电项目，年发电能力 2160 万千瓦 · 时[22]。计划到 2025 年末，新能源能耗占比达到 10% 以上。

中西部地区的油田主要位于陕甘宁地区，太阳能、风能等资源潜力较丰富。长庆油田依托资源优势并引进“油井微电网太阳能直供 + 永磁电机”技术，在姬源油田建立新能源先导示范区，探索“节能降耗、清洁替代”绿色低碳生产的闭环用能模式[23]。根据长庆油田《长庆油田绿色低碳与新能源“十四五”规划》，到 2025 年，长庆油田清洁能源利用率将达到 25% 以上[24-25]。河南油田矿权区范围内有丰富的风能、太阳能等资源，2021 年开始有序布局光伏发电、风能发电等新能源业务，积极推进构建适合油田发展、多种能源协同互补发展的新能源开发利用模式，共计 11 个新能源项目年发绿电 3220 万千瓦 · 时[26]。预计到“十四五”末，实现年发绿电 1.1 亿千瓦 · 时，绿电使用率超过 20%。

东部油田除了陆上太阳能、风能资源外，还有丰富的地热能和海上风电资源。胜利油田首个乐安联合站太阳能光伏于2018年并网发电，同时依托河口、桩西、孤东3个采油厂在渤海湾、沿海滩涂一带风力资源优势，发展风力发电[27]。截至目前累计投产各类新能源项目76个，年发绿电能力1.26亿千瓦·时[28]，“十四五”末光伏风电年发电能力30亿千瓦·时，新能源消耗占比20%以上。江苏油田在小纪油区建成中国石化首个陆上风力发电项目，装机容量2.5兆瓦，可为140台抽油机提供清洁用电[29]。冀东油田已开展地热能开发、清洁替代等多项新能源项目，形成了地热能开发利用“六大关键技术系列”，同时获得国家能源局回灌技术认证[30]。大港油田先后投产港狮基地屋顶光伏发电、中心区屋顶光伏发电及井场围栏光伏发电等上游板块新能源项目。预计到“十四五”末清洁能源利用率可达到31.5%[31]。

2　研究方法与数据

油田开发的碳排放核算主要包括勘探阶段、钻井阶段、开采阶段、处理阶段和运输阶段的直接和间接排放（图1）。本研究基于工程生产的自下而上视角，对油气勘探开发、生产处理及运输等主要环节的碳排放进行建模核算。在模型构建方面，油气生产中勘探、

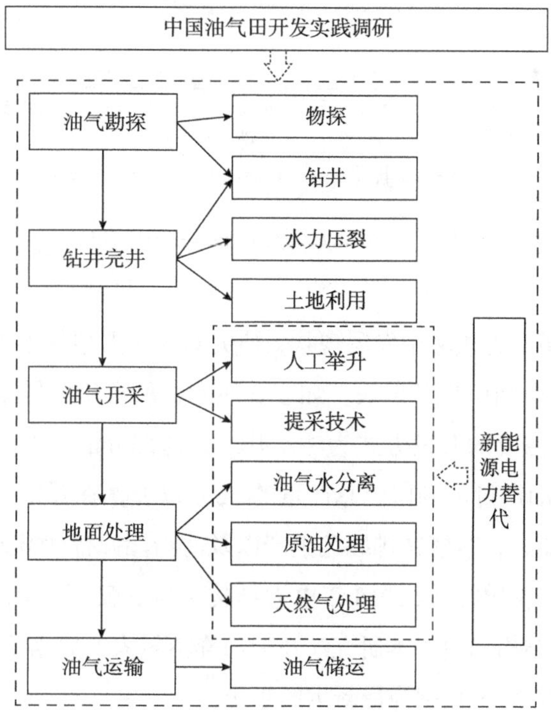

图1　油气生产碳排放核算框架

钻井、开采、处理和运输阶段的碳排放核算借鉴斯坦福大学的石油生产温室气体排放核算模型 OPGEE（Oil Production Greenhouse Gas Emissions Estimator）[32] 和钻井压裂温室气体排放核算模型 GHGfrack[33]。基于已有模型原理，结合国内油田尺度的开发活动，突出油气资源异质性，构建符合中国油气生产实践的碳排放强度评估模型 [34]，核算的温室气体包括 CO_2、CH_4、CO、VOC 和 N_2O 五类。为了在模型中进一步探究新能源电力对于油田上游生产的碳减排影响，本研究根据中国的电力结构（图 2）、技术参数等数据对模型中石油开采阶段、处理阶段进行电气化建模，而勘探阶段、钻井阶段主要以柴油动力驱动，不考虑新能源电力的替代。

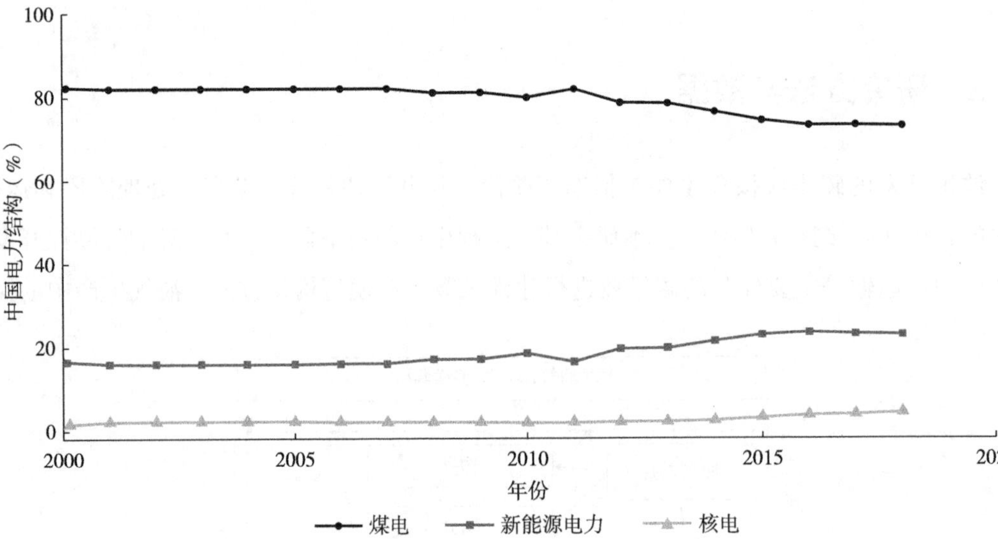

图 2　中国电力结构（2000—2018 年）

根据油田在新能源电力领域中发展现状，研究对象主要包括中国石油、中国石化所属的 13 家油田公司 187 个油田生产区块。如表 2 所示，所有研究样本开发时间平均 35 年，平均井深为 2519 米，主要的开发方式为注水开发。这部分油田作为我国石油资源的主要生产者，2018 年的石油产量占到国内总产量的 56% 以上，在开采、处理和运输等油田地面工程阶段消耗大量能源，节能减排绿色生产以及清洁能源替代潜力巨大。假设油田分布式新能源电力完全替代网电，以 2018 年电力结构为例，使用 100% 新能源电力替代图 2 中 2018 年的电力用能结构。由于本研究涉及油田样本量大，数据搜集、调研过程难度大，研究结果展示与分析以 2018 数据为最新生产年份。

表 2 油田样本生产时间与井深数据

油田样本	平均值	中值	标准差
生产时间（年）	35	35	13
生产井深（米）	2519	2385	1139

3 研究结果

3.1 油田生产区块电力替代碳减排潜力

如图 3 所示，国内 187 个正在开发的油田生产区块生产碳排放强度分布在 23.07 千克（CO_2）/ 桶到 109.76 千克（CO_2）/ 桶之间，上述所有油田自身具有风资源、光资源、土地资源、地热资源及电网优势，在油田分布式新能源电力完全替代网电用能情景下，油气开采阶段人工举升过程、原油地面稳定、油气水分离处理等过程实现 100% 清洁用能，187 个油田区块生产碳排放强度平均下降 30.59%，碳强度分布区间在 12.28 千克（CO_2）/ 桶到 66.78 千克（CO_2）/ 桶之间。以 13 家油田公司 2018 年产量为基准，油田上游生产活动的温室气体年减排量为 0.18 亿吨（CO_2），并且随着油田产量递减、含水率不断上升等生产、处理阶段的用能需求不断增加，清洁电力替代以煤为主网电产生的环境效益将更加显著。

玉门油田公司老君庙油田和胜利油田公司胜坨油田分别是中国石油和中国石化最早开发的油田之一，累计生产时间均达到 60 年以上，油田开采处于高含水期，生产原油综合含水率达到 96% 以上。2018 年老君庙油田的生产碳排放强度为 109.76 千克（CO_2）/ 桶，胜坨油田的生产碳排放强度为 71.25 千克（CO_2）/ 桶。以老君庙油田为例，每生产 1 桶原油将同时开采出 28.69 桶水，井下液体举升和地面原油、水等处理过程中的大量能耗显著增加油田整个生产过程中的碳排放量。2018 年老君庙区块石油生产用能结构中电力消耗占总能源消耗的比例达 90% 以上。而目前的电力结构主要以煤为主，这也是老君庙油田石油生产碳排放强度高的主要原因之一。依托于玉门油田地处光资源一类地区，风资源二类地区丰富的太阳能和风能资源，太阳能可开发量 20 亿千瓦，风资源可开发量 1.5 亿千瓦。利用油田分布式光伏、风能发电技术的清洁电力替代现有用能结构，老君庙油田的生产碳排放强度将下降 60% 以上。同样胜利油田可利用油气生产闲置土地用于光伏发电和风力发电，风光电力可利用油田内部电网优势就地消纳用于原油生产。胜坨油田在 100% 实现清洁电力供能以后生产碳排放强度将从 71.25 千克（CO_2）/ 桶下降到 38.53 千克（CO_2）/ 桶，可从根本上扭转老油田开发中碳排放强度高的现状。

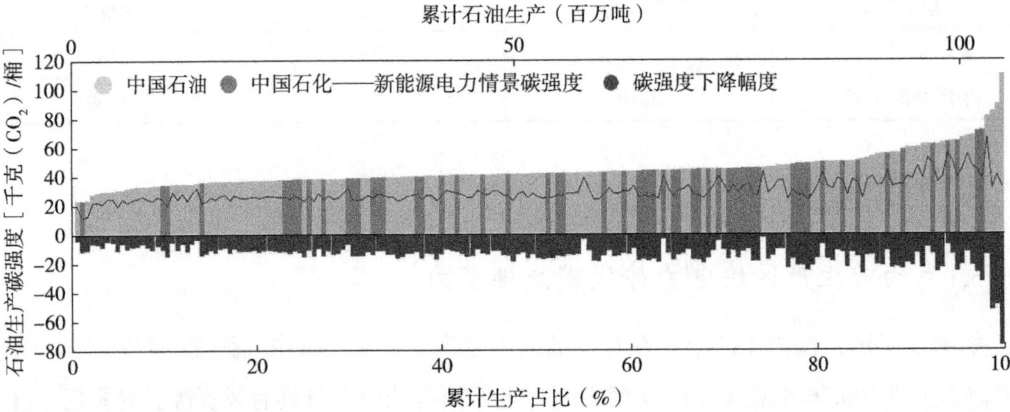

图 3　中国油田生产区块生产碳排放强度变化

3.2　不同石油资源的碳减排差异

从资源类型看，以大庆油田萨尔图区块和玉门油田老君庙区块为代表的常规石油资源碳强度变化最为明显，在完全清洁电力情景下的上游生产碳强度降幅分别为 45.46%、66.1%（图 4）。整体上，水驱开发的常规石油资源上游碳强度平均下降了 13.5%，水驱开发的非常规石油资源上游碳强度平均下降了 7.38%，其他非常规石油资源上游碳强度平均下降了 10.51%。主要原因在于水驱开发的常规油田以高含水期老君庙油田为例，模型中电力消耗占总能源消耗的比例达 90% 以上，清洁电力替代的碳减排效果更加明。而非常规石油资源，无论是辽河油田蒸汽吞吐开发的稠油资源，还是长庆油田采用加密钻井与大规模水力压裂开发的致密油资源，生产过程中的采用的技术主要以柴油和天然气动力驱动。模型中辽河油田公司小洼油田、长庆油田公司吴起油田电力消耗占总能源消耗的比例仅 50% 左右，现有开采技术下清洁电力替代的碳减排效果不如水驱开发的常规石油资源，但随着电动钻机、电动压裂设备及稠油电加热技术的进一步推广，油田生产清洁电力用能的环境效益将进一步扩大。

水驱开发的石油资源碳强度下降更明显主要是高含水的开发消耗的电力占据了大部分能源消耗，而且油田开采年龄越久，高含水期的油田清洁电力用能替代的碳减排幅度将更大（图 5）。油田年龄在 40 年以上区块碳排放强度平均降幅 20.57%，而 20 年以下的油田区块碳强度降幅仅为 9.56%。

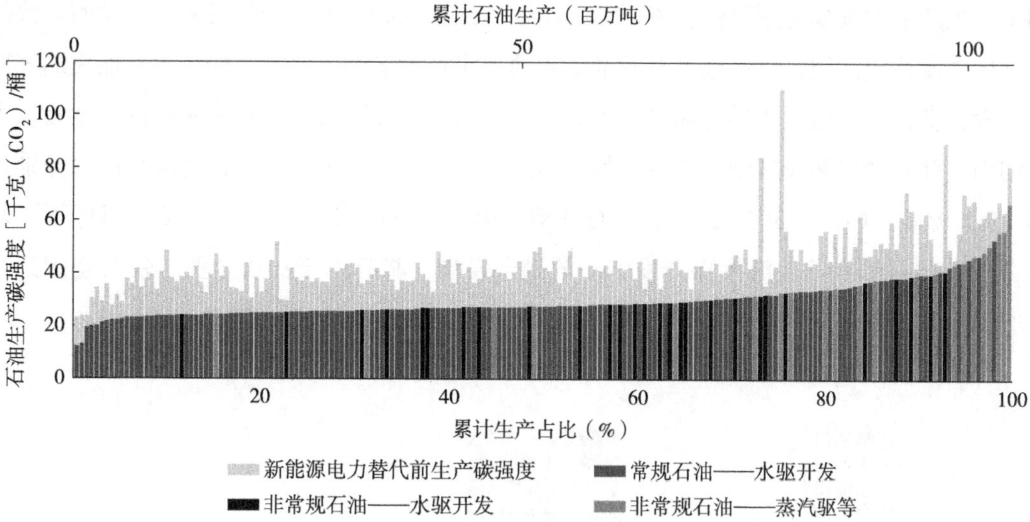

图 4　不同开发方式油田生产区块生产碳排放强度变化

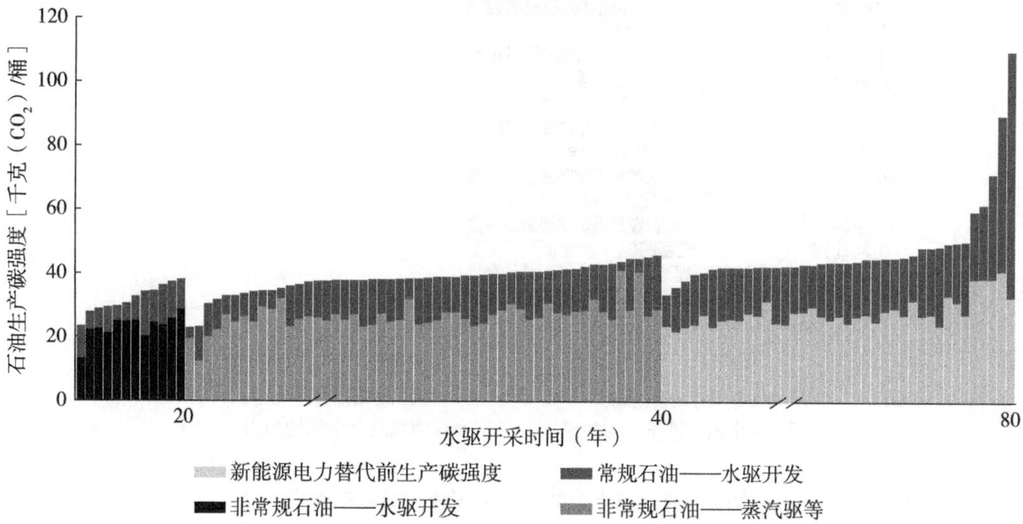

图 5　不同开采阶段油田生产区块生产碳排放强度变化

3.3　油田公司碳减排排序

因地制宜结合各油田公司的新能源资源优势，充分发挥风电、光伏等分布式电力资源的潜力，推进油田开采与处理阶段的清洁电力用能替代。在完全清洁的电力情景下，各油田公司的生产碳排放强度平均下降 33.3%。玉门油田、大庆油田、胜利油田等处于高含水期的老油田高生产碳排放强度的问题将得到有力缓解。在正常电力情景下，油公司的平均生产碳强度为 45.15 千克（CO_2）/ 桶，标准差为 10.36；而新能源电力情景下，油公司平均生产碳强度为 29.61 千克（CO_2）/ 桶，标准差为 5.37，研究结果表明，新能源电力在油田上游生产中大规模使用可弥合不同油公司因石油资源和石油生产阶段的异质性而导致的生产碳强度差异问题，该措施可有效推动各油公司加大老油田挖潜工作、不断加大油气勘探开发力度，在与新能源的协同发展中生产更多的“低碳”石油。从碳减排的角度看，大庆油田、胜利油田和长庆油田为主要的原油产区，新能源电力清洁替代的减排潜力分别达到756.6万吨（CO_2）、306.56万吨（CO_2）和210.18万吨（CO_2），在“双碳”目标下，新能源业务与石油企业上游勘探开发活动的融合发展，将有助于油田企业尽快实现碳达峰（图6）。

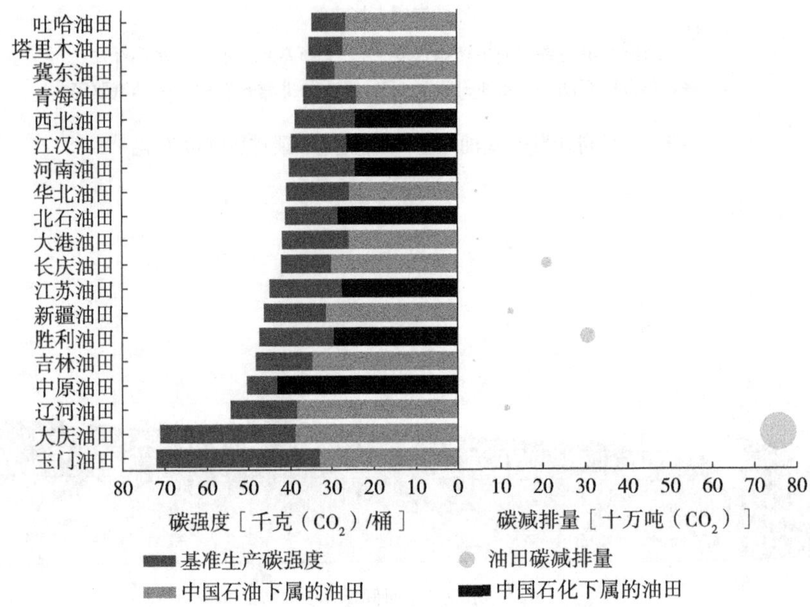

图6　新能源电力情景下油田公司碳减排潜力

4　结论与建议

我国大部分油田自身具有风、光等新能源资源优势、结合油田现场的土地资源、油田内部电网优势及电力消纳能力，新能源开发与油气开采活动融合发展前景广阔。但是石油公司目前的核心技术优势在油气勘探与开发技术领域，在太阳能发电、风力发电等新能源领域刚刚起步，油田已投产的光伏、风力发电项目规模小、单位成本高等问题比较突出。现阶段可与其他电力公司合作共建光伏发电模式，减少投资压力。在消费侧，协同推进油田节能减排与新能源电力融合发展，光伏发电、风力发电以就近生产活动消纳为主，余电并入油田电网，努力构建多能互补的电力供应系统，提高清洁能源使用效率效益。在“十四五”期间，中国石油和中国石化的大部分油田公司都制定了新能源电力发展计划，其中吉林油田规划 2025 年实现 69% 的清洁用能替代率遥遥领先，其余油田公司平均替代率也达到 20% 左右。无论是新能源资源潜力、电力消纳能力及政策推进力度，石油公司的新能源产业发展均具有得天独厚的优势。中国石油、中国石化等公司应以“十四五”的发展为契机，做好油田开采与新能源项目开发的协同规划，构建新型油田电力系统，争取在“十五五”期间实现新能源项目的跨越式发展。

根据模型的核算结果，仅对石油开采阶段、处理阶段人工举升过程、原油地面稳定、油气水分离处理等过程实现新能源电力清洁用能替代，油田上游生产活动的温室气体年减排量将达到 0.18 亿吨（CO_2），生产碳排放强度平均下降 30.59%，尤其对于注水开发的常规石油资源的碳减排最为明显。除此之外，新能源电力在油田生产勘探开发、运输等环节的清洁替代碳减排仍具有潜力空间。一方面，快速推动油田电动钻机、作业修井机和工程装备电动化更新，以及电动潜油螺杆泵、机械采油低成本物联网技术等技术效率的不断提升，新能源电力随着使用场景的增加在油田活动中的渗透率将不断攀升，降低化石燃料用能带来的碳排放。另一方面，目前油田地热、余热项目未形成产业规模，加大技术研发与科研投入力度。随着地热技术成熟度和普及率的不断提升，稠油、油页岩等资源可利用地热转化供热方式替代传统化石能源供能注蒸汽等加热技术，实现非常规石油资源规模化开发并取代高碳生产用能，促进油气行业碳中和目标高质量实现。

参考文献

[1] 习近平在第七十五届联合国大会一般性辩论上发表重要讲话 [EB/OL].(2020-09-22)[2021-10-06]. http://www.gov.cn/xinwen/2020-09/22/content_5546168.htm.

[2] 中共中央国务院关于完整准确全面贯彻新发展理念做好碳达峰碳中和工作的意见 [EB/OL].(2021-09-22)[2021-10-24].http://www.gov.cn/zhengce/2021-10/24/content_5644613.htm.

[3] 邹才能，潘松圻，党刘栓 . 论能源革命与科技使命 [J]. 西南石油大学学报（自然科学版），2019，41（3）：1-12.

[4] 邹才能，熊波，薛华庆，等 . 新能源在碳中和中的地位与作用 [J]. 石油勘探与开发，2021，48（2）：411-420.

[5] 中国可再生能源发展报告 2021[R/OL]. http://www.creei.cn/portal/article/index/id/27050/cid/6.html.

[6] IRNEA. Global renewables outlook: Energy transformation 2050[EB/OL]. (2020-04-12)[2021-02-19]. https://www.irena.org/publications/2020/Apr/Global-Renewables-Outlook-2020.

[7] WOOD Mackenzie. Renewables in most of Asia Pacific to be cheaper than coal power by 2030[EB/OL]. (2020-11-26)[2021-02-19].https://www.woodmac.com/press-releases/renewables-in-most-of-asiapacific-to-be-cheaper-than-coal-power-by-2030/.

[8] IRENA. Renewable power generation costs in 2019[EB/OL].(2020-06-10)[2021-02-19]. https://www.irena.org/publications/2020/Jun/Renewable-Power-Costs-in-2019.

[9] 邹才能，熊波，薛华庆，等 . 新能源在碳中和中的地位与作用 [J]. 石油勘探与开发，2021，48（2）：411-420.

[10] 白晓东，何少林，李重，等 .“碳中和”愿景下油田地面工程新能源替代及低碳绿色发展对策 [J]. 油气与新能源，2021，33（4）：16-21，42.

[11] 国家发展改革委关于完善风力发电上网电价政策的通知 [J]. 宁夏回族自治区人民政府公报，2009（23）：31-32.

[12] 周蕊 ，马宁 ，谈俊宏 . 老油田爱上新能源 [J]. 中国石油石化，2022（10）：54-55.

[13] 周蕊 . 玉门油田新能源业务发展驶入“快车道”[N]. 中国石油报，2021-08-19（002）.

[14] 李战明 . 聚焦高质量 推进新能源——关于青海油田新能源业务发展的思考 [J]. 石油石化节能，2022，12（1）：1-3，6.

[15] 苏华 . 塔里木油田新能源业务驶上“快车道”[N]. 中国石油报，2022-02-28（002）.

[16] 王成凯，陈亚兵，祝伟 . 塔里木油田 深耕特色资源 加快新能源布局 [N]. 中国石油报，2021-09-09（006）.

[17] 张又文，王争光 . 新疆油田重油公司新能源开发按下“快进键”[N]. 中国石油报，2022-03-25（003）.

[18] 汪艳勇，彭会君，庞志庆，等 . 大庆油田新能源产业发展对策探讨 [J]. 油气与新能源，2022，34（2）：82-87.

[19] 刘波，张云普，孙旭东 . 大庆油田新能源业务驶入发展快车道 [N]. 中国石油报，2022-0325（001）.

[20] 王芳，陈钦强 . 中国石油新能源发展驶入快车道 [N]. 中国石油报，2022-01-11（001）.

[21] 王珊珊，薛国锋 . 吉林油田利用新能源推进绿色发展 [N]. 中国石油报，2021-04-12（002）.

[22] 罗前彬 . 辽河油田加快布局新能源 [N]. 中国石油报，2021-06-16（002）.

[23] 王路 . 加快绿色低碳发展 助力实现“双碳”目标 长庆油田新能源业务发展风生水起 [J].

天然气与石油，2021，39（6）：44.

[24] 王亮亮，徐佳 . 长庆油田新能源发展全面提速 [N]. 中国石油报，2021-08-19（001）.

[25] 杨会丰，赵英，陈志成，等 . 新能源在油气田的应用展望 [J]. 石油石化节能，2021，11（12）：48-49，11.

[26] 徐晓峰，杨宇辉 . 河南油田“多能互补”开发模式助力新能源业务 [J]. 中国石化，2022（3）：56-57.

[27] 刘宏亮，刘子勇，邢建军，等 . 多能互补集成优化在胜利油田推广应用的前景分析 [J]. 石油石化节能，2018，8（5）：39-41，11-12.

[28] 徐永国，于佳 . 全力推动新能源产业高质量发展——访胜利石油管理局有限公司副总经理舒华文 [J]. 中国石化，2021（8）：42-44.

[29] 刘继宝，刘沛 . 布局新能源“风光”向“绿”行 [N]. 中国石化报，2022-04-18（006）.

[30] 杨军，郝文龙 . 冀东油田高质量开发地热能造福地方 [N]. 中国石油报，2021-12-01（002）.

[31] 周立宏 .“双碳”目标下油气田企业的机遇、挑战与对策——以大港油田为例 [J]. 世界石油工业，2021，28（4）：7-14.

[32] El-Houjeiri H M, Brandt A R, Duffy J E. Open-source LCA tool for estimating greenhousegas emissions from crude oil production using field characteristics[J]. Environmental Science & Technology, 2013, 47(11): 5998-6006.

[33] Vafi K, Brandt A. GHGfrack: An open-source model for estimating greenhouse gas emissions from combustion of fuel during drilling and hydraulic fracturing[J]. Environmental Science& Technology, 2016, 50(14): 7913-7920.

[34] 唐旭，杨哲琦，王建良 . 中国石油生产碳排放强度指数 [R]. 中国石油大学（北京）碳中和与能源创新发展研究院，2021-11-20.

天然气基础设施开放体系设计与建议
——基于公平开放与保供责任协同关系

温 文[1] 黄国君[2] 杨 瑞[1]
（1. 国家管网集团科学技术研究总院分公司；2. 国家管网集团市场部）

摘 要：2019 年国家管网集团公司成立，标志着我国天然气市场化改革进入崭新的阶段。此阶段我国的天然气需求正在逐渐增加，对进口的依赖程度也在不断上升，基础设施公平开放处于起步阶段，保供问题较为突出。本文将天然气基础设施公平开放与保供问题放在一个框架体系中进行研究，通过分析我国天然气市场中的基础设施公平开放和保供现状及存在的问题、公平开放和保供的双向影响、国外典型国家天然气市场化改革的经验，对中国特色的高质量基础设施开放体系进行设计，并提出基础设施公平开放与保供协同发展的路径建议。

关键词：天然气市场；公平开放；保供；体系设计；建设路径

引言

2019 年，国家石油天然气管网集团有限公司（以下简称国家管网集团）的成立，标志着我国天然气市场化改革进入了新阶段，为天然气管道第三方准入服务开启新篇章。我国天然气市场结构发生显著变化，同时也将迎来新的机遇与挑战。本文结合天然气管网设施公平开放和天然气保供现状，从分析公平开放和保供内在联系和逻辑出发，设计公平开放与保供责任协同的高质量基础设施开放体系，并提出体系建设路径及相关建议。

1 我国天然气市场基础设施发展现状

1.1 基础设施的建设与发展

国家管网集团成立前国内天然气市场结构为上中下游一体化模式，即以垂直一体化经营为主，上游供应环节和输送环节由同一家公司承担，通过捆绑销售协议将天然气销售至配送环节或者直供用户，配送环节再通过捆绑销售协议销售至其终端用户，而中游储运环节的费用往往是在垂直一体化企业内部进行结算。国家管网集团成立后国内天然气市场转变为运销分离的“X+1+X”模式，国家管网集团作为中游环节独立运营，托运商成为管容交易和使用的主体，作为国家管网集团的用户承担相应的责任和义务，托运商和终端用户通过销售协议交易天然气，也可以通过商品交易市场完成天然气交易，然后再由托运商通过输气协议委托国家管网集团运输天然气。至此，天然气基础设施公平开放向前迈出了关键的一步。

天然气市场的基础设施主要有管道、储气库、LNG 接收站三大部分。随着国家管网集团的成立，我国天然气管网布局基本形成“以国家管网集团运营干线管网、多个省级管网公司衔接、众多支线管道主体参与”的局面。截至 2021 年年底，我国建成的天然气管道里程约 8.9 万千米[1]，一次输气能力超过 4200 亿米^3/年。2004—2021 年我国天然气管道里程年均增长 5500 千米。我国天然气管道企业数量超过 110 家。其中，国家管网集团以国家主干管道、跨省管道为主；三大石油公司以油气田周边和部分省内干支线管道为主；省属国企和地方企业数量近 100 家。从运行方式来看，除国家管网集团所属管道实现“非捆绑”运行外，其他企业的管道仍实施“捆绑式”模式。

我国共有 27 座地下储气库，主要分布在环渤海地区、川渝地区、东北地区和西北地区，总库容 546.2 亿立方米，设计工作气量为 276 亿立方米，占市场消费总量的 4.9%。地上储气库主要以城燃企业自建的陆上小型 LNG 储罐为主，储气能力约为 20 亿立方米。目前已投产的地下储气库由国家管网集团、中国石油、中国石化和港华 4 家企业经营，由国家管网集团和石油公司主导，设计工作气量和有效工作气量占比超过 99%。同时，由于建设储气库的地质条件、建设经验、油服能力及投资能力主要掌握在石油公司，因此未来我国地下储气库以国家管网集团和石油公司主导的局面不会改变。国家管网集团所属储气库采用独立运行的方式，其他企业采用一体化方式。

我国建成的 LNG 接收站共 22 座，沿海 11 个省份均有分布，接收能力为 10800 万吨/年，平均负荷率 72.8%。已建成 LNG 储罐 92 个，总罐容 1330.5 万立方米，最大可储存 79.8 亿立方米天然气。我国 LNG 接收站项目建设不存在政策壁垒，投资主体呈现多元化。目前我国 LNG 接收站投资主体超过 35 家，运营主体有 9 家，形成“国家管网集团 + 三大石油公司为主，多类企业共同参与”的局面。国家管网集团所属接收站采用独立运行的方式，三大石油公司接收站以一体化经营为主，大鹏、舟山等接收站采用混合的经营模式。

1.2 基础设施的公平开放现状及存在的问题

管网基础设施的公平开放受到天然气上中下游各参与主体的关注。自从国家管网集团成立以来，向全社会公开所辖油气管网设施信息，集中受理托运商准入、管容和管容服务受理。基础设施公平开放服务快速发展，托运商的数量逐渐增加，活跃了管容市场，提升了天然气管道基础设施综合利用率；基础设施建设也得到加强，管网输气能力和调峰能力大幅增加。

通托运商的反馈意见来看，中小型托运商对公平开放服务满意度较高，认为公平开放申请流程方便，集中申请处理效率高，为用户增加资源渠道提供选择。大型托运商认为，受到基础设施不够完善、储气调峰能力不足、天然气用气峰谷差过大、市场契约精神还未深入民心等制约因素，公平开放难以一步到位，建议基础设施公平开放循序渐进逐步推动，制定合理规则，鼓励有保供能力的托运商进入市场，防止投机现象。

我国天然气市场化发展还处于起步阶段，在基础设施公平开放方面存在的问题包括4个方面。

（1）省级管网和其他管网设施公平开放进展缓慢。目前公平开放主要集中在国家管网集团，省级管网公司和部分跨省管道仍未实现公平开放，制约公平开放的质量和进程。一是无法统一规划、建设、管理，真正形成一张网，管输服务“最后一公里”尚未打通，影响资源配置效率；二是管输环节除了国家管网，还需要叠加省网、配气等管输成本，影响管输成本的进一步降低。

（2）管输能力暂未做到完全意义上的公平分配。受历史因素影响，三大石油公司占有大部分优质管道或关键管段容量，剩余能力不足导致中小托运商无法获取最优路径，只能选择较远的输送路径。

（3）管输收费方式不统一。按照国家要求，国家管网集团与托运商签订管输服务合同时按照路径法收费，即以约定的运输路径按实际输量收费。由于历史传承，部分托运商仍然按照节点法付费，即根据持续的计量计算费用。两种收费方式并存的现象与国家发改委要求定价规则不符，亟待统一。

（4）管道剩余输气能力没有充分利用。部分托运商因各种原因（资源未落实、天然气采购价格过高、下游销售价格顺价困难等）宁愿赔付违约金也不愿完全履行托运合约，产生了管网基础设施“租而不用”的情况，导致公平开放的基础设施剩余容量没有得到充分利用，降低了管网基础设施负荷率，减少了社会资源供应总量。

1.3 基础设施公平开放对保供的双向影响

公平开放对保供的影响分为两个方面。

（1）正面影响。一是有利于更多市场主体进入天然气生产和进口领域，提高管网天然气供应能力和保供水平；二是有利于加快管道建设速度，提高管网运输能力和保供能力；三是有利于促进天然气价格逐渐市场化，通过价格杠杆调节供需，发挥市场在保供中的作用；四是有利于促进多种方式发展天然气储备能力建设，提高天然气应急保供能力。

（2）负面影响。在垄断供应市场上，垄断经营者通常被认为是保供责任理所当然的承担者。管网设施公平开放以后，供气主体多元化，在法律法规未对保供责任进行界定情况下，保供责任主体不明确，落实保供缺少抓手。

2 典型国家基础设施公平开放和保供经验借鉴

2.1 英国的经验借鉴

在公平开放方面，英国修订《天然气法》，对 BG（英国天然气集团）进行内部重组，实行长输、配气、储存和天然气供应业务的分离。此次改革取得巨大成功，英国通过市场化手段实现了管道运营公司的独立，并成功实现基础设施向第三方公平开放。在保供方面，英国所采取的主要措施包括通过平衡机制和 OCM（日度商品市场）鼓励托运商主动平衡；对国家管网采取激励措施，允许国家管网通过强制平衡业务确保管网运行安全，并获取合理收益；国家管网与托运商可以签署可中断的合同，降低或免除可中断供应的托运商管输费。当紧急情况发生，出现供应中断时，如发生上游供应中断，管网公司需要停止向用户供气的紧急情况，管网公司与托运商提前达成协议，将特定的用户定为可中断用户。作为交换，免收托运商的管网下气点容量费和配气区容量费。管网公司选择可中断用户时，必须同等对待所有托运商，不得偏袒或排斥任何托运商或托运商团体，但在特殊情况下可根据操作的必要性进行选择[2]。

英国的经验对我国的启示：（1）政府在英国管网改革和公平开放过程中发挥了很重要的作用，出台政策文件，强制推动上行业改革，逐渐增加其他供气企业市场份额，形成上游多元化资源供应局面。目前，我国国产气和大部分进口气主要集中在三大石油公司，城燃保供资源过度依赖三大石油公司，调剂余地有限，“上游油气资源多主体多渠道供应”尚未形成。需要政府承担推动者的角色，不断深化油气体制改革，真正形成“X+1+X”油气市场体系。（2）制定我国可中断用户实施的相关措施。当系统需求量超出管网容量时，必须暂时中断某些用户的供气，从而保障其他“不可中断”用户的安全供气。可能被中断供气的用户与可能中断的时间都是事先约定的，作为交换条件，这些用户应支付的管输费可以得到优惠。这些客户可以寻找其他替代燃料，例如事先储存好汽油、柴油或 LPG（石油天然气）等石化燃料，从而维持自身的营运。

2.2 美国的经验借鉴

在公平开放方面，美国的联邦能源管理委员会（FERC）在第436号令提出了公开准入的概念，规定管道公司必须按同等条件向所有用户提供输气服务。为适应天然气工业发展和市场化特点，美国联邦政府和州政府不断改革完善对天然气上游到下游的生产、管输与配送的监管，特别是1978—1992年期间，先后实施了逐步解除井口价控制、强制要求管道公司提供公开准入输气服务等政策，实现了美国天然气行业基础架构和监管方式的根本转变，由此促进美国天然气产业从最初的自然垄断定价、全面监管阶段过渡到放松监管阶段，进而发展到完全市场化阶段，增强了产业链各环节的竞争，现已形成了管网独立、多家经营、公平接入的市场机制[3]。在保供方面，美国实行市场化机制进行天然气保供。美国政府不持有天然气战略储备，也不要求行业承担最低的天然气储备义务，在天然气供应中断期间使用的政策，无联邦政策可供参考，包括紧急情况下从天然气中转换燃料、刺激增产或可中断的合同等天然气应急管理工具政策[4]。

美国的经验对我国的启示：美国虽然形成市场主导、公平开放、责任明确、运转高效的运作机制，但在能源出现供应短缺和价格攀升极端高位时，完全依靠市场化进行保供是不切实际的。此种情形下，不能快速精准解决保供问题，将会对居民正常生活造成极大影响，完全依靠市场化进行保供的模式不适用于我国国情。

2.3 日本的经验借鉴

在公平开放方面，日本的天然气管道主要由城市燃气公司和电力企业运营管理，几乎没有全国性的天然气长输管道，多为区域性的管网且主要用于连接LNG（液化天然气）接收站和消费区域。管线建设主要围绕LNG接收站开展，管道并没有实现相互贯通，只是在发生突发事件（如地震时）时作为应急[5]。管道设施公平开放制度已于2004年引入，但由于管网多为区域性垄断公司使用，公平开放效果不佳。2017年，日本政府开始对天然气生产基础设施（LNG终端和再气化基础设施）开展第三方准入，但目前只有一家申请人获得了接收站的使用权[6]，公平开放进展比较缓慢。在保供方面，日本天然气安全保供政策侧重于长期供应合同组合的多样化，确保长期合同包括在紧急情况下进口的灵活性；公司也会参与其他国家的液化天然气生产，建立国际合作框架，以确保国内天然气的长期稳定供应；并积极扩充国内LNG接收站规模并提升天然气储备能力。

日本的经验对我国的启示：（1）日本城燃企业基于下游市场用气需求，主动购买天然气资源，可有效推动气源供应多元化，提升天然气保障能力。我国应大力支持城市燃气企业多渠道购买上游资源。(2)日本的城燃企业主导某地区天然气市场，则对等承担该地区天然气保供责任。我国燃气企业在一定程度上存在无序竞争、保供能力分散且低效、保供责任不到位的问题，应对燃气企业进行有序整合，有效集中保供能力。

2.4 韩国的经验借鉴

在公平开放方面，与日本类似，韩国也是一个几乎全部依赖天然气进口的国家。韩国20世纪90年代末期启动天然气行业的改革，制定了产业结构重组计划，不过受各方面因素影响进展并不顺利，拆分韩国天然气公司的计划落空，进口批发及管网设施依然由韩国天然气公司独家负责。虽然韩国天然气公司的拆分和私有化改革没能持续下去，但韩国天然气基础设施向第三方开放得以施行。韩国1999年2月8日通过的《城市燃气商业法》废止了韩国天然气公司LNG进口和接收站建设的独家垄断权，其他企业(指工业和发电大用户)在向商业工业和能源部提出申请后，可以自行建设LNG接收站，或与韩国天然气公司协商租用LNG接收站，通过韩国天然气公司管网输送天然气。在保供方面，韩国天然气产业的发展立足引进LNG资源，LNG进口及管网设施建设长期坚持由国有控股公司——韩国天然气公司(KOGAS)主导经营，实行第三方协商准入；同时谨慎稳妥推进市场化改革，渐近式引入民间企业参与LNG资源引进，妥善解决韩国天然气公司持有的国际“照付不议”长期协议的资源采购合同问题，以确保国内天然气的长期稳定供应[7]；同时，支持和引导各类企业“走出去”获取海外天然气资源。

韩国的经验对我国的启示：韩国通过对天然气垄断企业进行产业结构重组推进天然气市场化改革，谨慎稳妥推进，进展较为缓慢，意味着保证天然气稳定供应在当前和今后一段时期比引入竞争更为重要。我国在天然气市场化改革的过程中，应将保障能源的稳定供应放在最重要的位置。

3 公平开放与保供责任协同的基础设施开放体系设计及建设路径

3.1 中国特色高质量天然气基础设施开放体系设计

公平开放与保供责任协同的基础设施开放体系框架如图1所示。体系中涉及的主体包括政府、上游企业、管输企业、储气企业、下游企业。政府职责在于制定管网设施公平开放和天然气保供相关法律法规，促进天然气市场运行规范化，负责管网设施公平开放和天然气市场保供监管，推动天然气价格改革；上游企业是天然气资源提供者，保供责任的主要承担者，管网设施公平开放的主要参与者，是体系中的重要参与主体；管输企业作为管网基础设施的建设者、运营者，承担者基础设施安全运行、公平开放的重要责任；储气企业作为公平开放和保供的参与者，天然气市场稳定发展的调解力量参与其中；下游企业主要包括省级管网、城市燃气企业和大用户，是公平开放的参与者和天然气保供的直接责任主体。

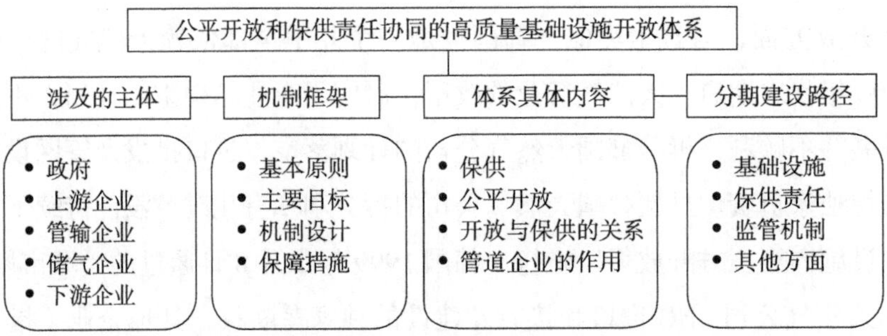

图 1　公平开放与保供责任协同的基础设施开放体系框架

公平开放与保供责任协同的基础设施开放体系包含保供、公平开放、公平开放与保供的关系、管输企业作用四方面关键内容（图 2）。

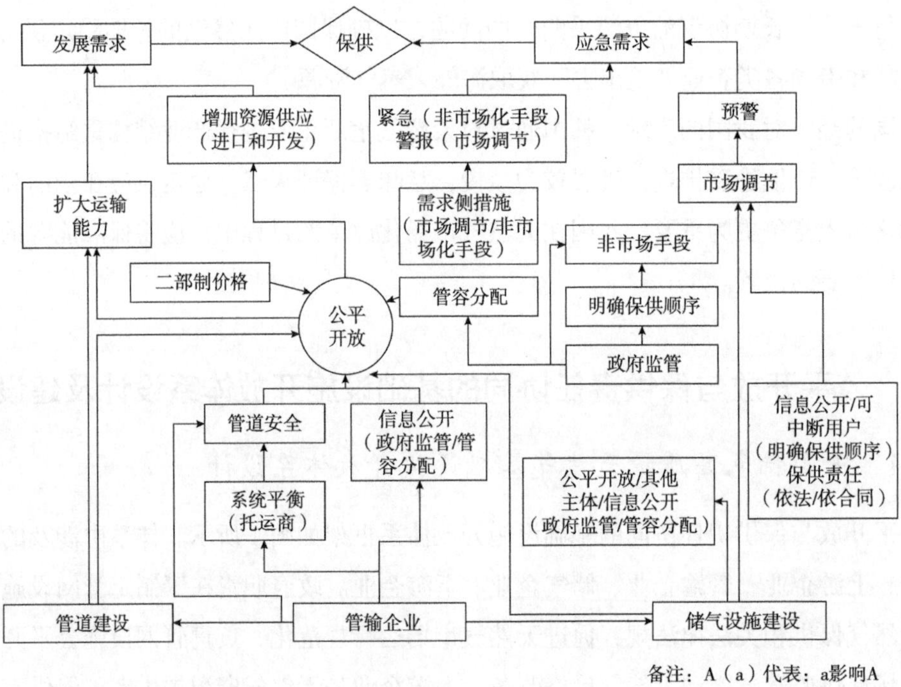

图 2　公平开放和保供责任协同的高质量基础设施开放体系关系

3.1.1 保供

保供需求划分为发展需求和应急需求。发展需求是随着经济发展、人民生活水平提高、天然气市场发展，需要更多的天然气才能满足的市场需求。应急需求是由于正常的供需波动、意外事件、自然灾害等原因造成的需要满足的短期需求。进一步，根据应急阶段和严重程度的不同，把应急需求划分为预警（可能发生供应短缺）、警报（已经发生供应短缺）、紧急（供应短缺难以通过市场方式解决）三个层级。

对应不同类型保供需求，应当采用不同的保供方式。发展需求应当通过发展来满足，包括增加天然气供应来源和供应量、增加天然气管道运输能力等。应急需求可以通过市场手段和行政干预等非市场手段两种方式保供，其中市场手段是基础、是常态，非市场手段只在特殊情况下、市场手段难以发挥作用的时候才使用。具体来说，对于预警、警报，主要通过提供预警信息、开放市场交易，以价格为杠杆让市场发挥资源配置的作用，引导供应商和用户调整供需两侧；对于市场难以发挥作用的紧急事件，可以由政府动用行政手段，按照既定的程序和保供顺序，启动应急预案，指挥供需两侧进行调整，达到“保所应保”的目标。

3.1.2 公平开放

公平开放主体为管道设施运营企业，包括国家管网、省级管网、城市燃气等，形成覆盖范围最广、开放力度最大、管输成本最优的高质量开放体系。

公平开放准入条件为有效保供条件下的公平开放。通过不断把关、优化准入条件，鼓励有保供能力的托运商进入市场，防止投机现象。确保享受公平开放权利与承担保供责任义务对等。

3.1.3 公平开放与保供的关系

在天然气市场各市场主体权责明确的前提下，基础设施公平开放对天然气保供具有促进作用，基础设施公平开放与天然气保供能够很好地进行协调。

首先，公平开放有利于更多市场主体进入天然气生产和进口领域，增加天然气供应来源，有利于提高管道使用率和管道运输能力，满足天然气市场发展需求。其次，管网设施公平开放有利于形成竞争性的天然气市场，为通过价格杠杆调节供需，为发挥市场高效配置资源的作用提供条件。再次，管网设施公平开放和天然气价格放开，有利于促进储气设施建设，提高应急情形下的保供能力。总的来说，二者的逻辑、方向是一致的，目标是统一的，公平开放是为了更好地保供，但公平开放无法解决保供的全部问题。

3.1.4 管输企业的作用

管输企业是公平开放的责任主体，也是天然气保供的重要参与者。管输企业公平开放义务为建设更多的管道和储气设施、更高水平的公平开放、安全运营管网基础设施、更充分的信息公开（包括方便托运商申请管容的相关信息），以及根据管容预定和使用情况得出的天然气市场预警信息。保供的义务为根据政府主管部门的要求履行应急保障义务，主要是提供运输能力和有限的管存气、应急气。

3.2 中国特色高质量基础设施开放体系的建设路径构想

国家管网集团成立、天然气管网基础设施公平开放前，为体系建立前期。基础设施及资源供应方面，管道多由上游企业根据市场用户所在地和天然气资源地进行规划、建设和使用；管输能力受限、冲锋能力不足，配套调峰设施能力有限，互联互通不足；资源供给相对单一、不足。保供责任方面，主要由上游供气企业承担保供和调峰责任；有能力的城燃用户建设调峰设施，但保供能力普遍偏低，资源缺口多靠 LNG 补充。监管机制方面，制定相关文件督促各供应主体完成保供责任，形成了保供协调机制。

2019 年之后，分体系建立初期、中期、成熟期三个阶段，提出中国特色高质量基础设施开放体系的建设路径构想（图 3）。

	市场化建立前期（2019年之前）	市场化初期（2019—2030年）	市场化中期（2030—2040年）	市场化成熟期（2040年之后）
基础设施及资源供应	· 管道多由上游企业根据市场用户所在地和天然气资源地进行规划、建设和使用 · 管输能力受限、冲锋能力不足；配套调峰设施能力有限，互联互通不足 · 资源供给相对单一、不足	· 管网基础设施公平开放 · 引导省级管网和其他管道以市场化方式融入国家管网 · 加强基础设施的建设，包括储气库，管道，LNG接收站等 · 增加上游企业"走出去"的数量，提升上游公平开放程度，增加资源供应渠道	· 省级管网和其他管道全面融入国家管网，"全国一张网"形成 · 基础设施进一步完善 · 城市配气管网逐渐实施公平开放 · 上中下游公平开放程度进一步加强，资源供应渠道显著增多	· 基础设施建设比较完善，互联互通程度高，调峰能力强 · 天然气供应资源充足，应急措施执行力强，几乎无中断现象出现
保供责任	· 主要由上游供气企业承担保供和调峰责任 · 有能力的城燃用户建设调峰设施，但保供能力普遍偏低，资源缺口多靠LNG补充	· 明确新老托运商保供责任的划分 · 明确托运商对官网系统的责任权利和义务 · 明确上中下游企业的保供责任和义务	· 上中下游保供责任和义务明确，可实施性较强	· 各方主体保供责任和义务明确，责任落实到位
监管机制	· 制定相关文件督促各供应主体完成保供责任 · 形成保供协调机制	· 制定天然气市场的相关监管制度及实施措施	· 制定天然气法和管道法等专业法律法规 · 制定天然气管网统一运营规则，明确奖惩制度	· 市场化手段为主，行政手段为辅"有效市场"和"有为政府"实现有机结合和高效协同
其他方面	· 上游供气企业将管道运输和销售绑定，设施容量供内部使用，仅有小部分代输或串换	· 加强国家管网公司信息公开力度，优化托运商管容申请流程	· 城市配气管网逐渐实施公平开放，用户可以适度选择供应燃气供应商 · 管网统一规则逐步开始应用	· 天然气价格在可控范围之内 · 市场参与者众多，管容交易服务平台交易频繁 · 天然气金融产品在市场上活跃交易

图 3 基础设施开放体系建设路径构想

体系建立初期，基础设施及资源供应方面，管网基础设施实施公平开放；引导省级管网和其他管道以市场化方式融入国家管网集团；加强基础设施的建设，包括储气库、管道、LNG 接收站等；增加上游企业“走出去”的数量，提升上游公平开放程度，增加资源供应渠道。保供责任方面，明确新老托运商保供责任的划分；明确托运商对管网系统的责任权利和义务；明确上中下游企业的保供责任和义务。监管机制方面，制定天然气市场的相关监管制度及实施措施；加强国家管网集团信息公开力度，优化托运商管容申请流程。

体系建立中期，基础设施及资源供应方面，省级管网和其他管道全面融入国家管网集团，“全国一张网”形成；基础设施进一步完善，城市配气管网逐渐实施公平开放。保供责任方面，上中下游保供责任和义务明确，可实施性较强。监管机制方面，制定天然气法和管道法等专业法律法规；制定天然气管网统一运营规则，明确奖惩制度。

体系建立成熟期，基础设施及资源供应方面，基础设施建设比较完善，互联互通程度高，调峰能力强；天然气供应资源充足，应急措施执行力强，几乎无中断现象出现。保供责任方面，各方主体保供责任和义务明确，责任落实到位。监管机制方面，市场化手段为主，行政手段为辅“有效市场”和“有为政府”实现有机结合和高效协同。另外，天然气价格在可控范围之内，市场参与者众多，管容交易服务平台交易频繁，天然气金融产品在市场上活跃交易。

4 中国特色高质量基础设施开放体系建设的相关建议

4.1 明确保供范围和保供方式

保供的范围和界面分为保民生、保重点、保经济三个层次。保供需求进一步划分为发展需求和应急需求。发展需求需要通过发展来解决，即通过更多的气源、更多的管网设施来满足。应急需求根据应急程度可以分为预警、警报和紧急三级。预警、警报级别的应急需求，可以通过市场调节供需的方式解决；市场机制难以发挥作用的应急需求，可以根据事先制定的应急预案和保供顺序，由政府统一指挥通过非市场手段解决。出台相关政策明确政府介入应急的条件和程序，避免市场主体对政府形成依赖。

4.2 明确城市燃气企业的保供义务和责任

在开放市场条件下，应当对保供义务进行逐级分解，资源企业对省级管网、城市燃气企业和大用户按照合同约定保供；省级管网、城市燃气企业按照合同对终端用户依法保供。法律应当明确城市燃气企业的保供范围和保供方式（例如特定条件的保供顺序）。并与特许经营权挂钩考核，获取市场特许经营权应建立在保障市场稳定供应的前提下，保供责任与市场经营权利对等。推动城市燃气企业有序整合，有效集中保供能力。

4.3 积极推进天然气价格改革

一是理顺管道运输价格、基准门站价格、城市居民和非居民用气价格的协同关系，完善城镇燃气价格联动机制，强化国家对于产业上中下游的一体化监管，确保天然气产业上中下游主体合理收益水平。二是充分发挥上海、重庆等交易中心作用，加快建立与国际接轨的定价机制，交易价格充分反应国际油价、气价和外汇汇率的变化。三是推动储气调峰设施服务费用和储气资源市场化定价，激发市场多主体参与建设的积极性。此外，需要强调价格改革的稳健性。稳健的价格改革能够更好地发挥市场作用，吸引更多资源进入市场。从国际经验看，作为能源产品，价格完全市场化不可行，可能导致集中爆发供需矛盾。作为具有“中国特色”的天然气市场，我国用气价格总体平稳，与一些国家能源供应紧张、价格大幅上涨形成鲜明对比，彰显了社会主义制度的显著优势。

4.4 建设天然气储备体系

分为三个级别：国家储备（国家投资、国家支配）、企业法定储备（企业投资、使用需经过国家同意）、商业储备（企业自行投资、自行支配），提高保供资源储备（图4）。

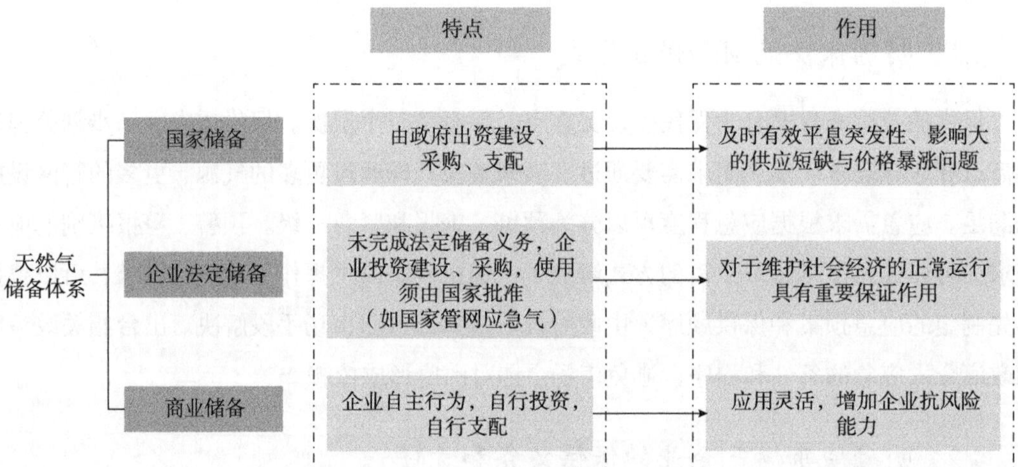

图4　天然气储备体系示意

4.5 进一步完善公平开放相关制度

一是落实公平开放责任，形成覆盖范围最广、开放力度最大、管输成本最优的高质量开放体系；二是优化管容申请资格要求，通过不断把关、优化准入条件，鼓励有保供能力的托运商进入市场，防止投机现象，实现公平开放权利与承担保供责任义务对等；三是针对托运商“租而不用”的现象，对托运商弃用的部分基础设施剩余能力重新投入市场，以可中断方式向全体托运商公平开放，提高管道利用率。

4.6 明确管输企业的公平开放和保供义务

管输企业要建设更多的管道和储气设施、更高水平的开放、安全运营管网基础设施，进行更充分的信息公开（包括方便托运商申请管容的相关信息），以及根据管容预定和使用情况得出的天然气市场预警信息。根据政府主管部门的要求履行应急保障义务，主要是提供运输能力和有限的管存气、应急气。

4.7 大力推动“全国一张网”的建设

积极发挥国家管网集团在“全国一张网”建设中的引导作用，适度超前建设管道、储气库等基础设施；鼓励省级管网和跨省管道等其他管网主体以市场化方式融入国家管网集团，实现管道统一规划、统一建设、统一管理，真正形成“全国一张网”，充分发挥管网资源调配作用，提升保供水平。应统筹当前和长远，围绕公平开放和保供来考虑整个储运体系的设计和建设。公平开放是统筹保供基础下的开放，包括供气能力、管输能力、储备调峰能力。储运体系建设要适度超前，但不能按峰值能力去建设整个储运系统，避免投资大、运营成本高导致不经济；要提高调峰能力特别是采气能力、消费市场的储备能力，这些能力的设计和建设要超前于用气量峰值增长幅度、天然气消费量增长幅度。通过储运体系的整体能力提升让资源能更快、更多地向消费地聚集，以开放弱化保供。

大变局下国际油气贸易新挑战及行业应对

吴秋南　李广俊　匡　正

（中国石油国际事业有限公司）

摘　要：百年未有之大变局下，能源转型、乌克兰危机等因素使油气贸易行业正在迎来诸多新挑战。美国实行“长臂管辖”，给油气贴上制裁标签，正常贸易市场萎缩。舆论给油气贴上道德标签，贸易得“看他人眼色”。能源转型要求油气有绿色标签，推动绿色贸易与金融的发展。贸易争端给油气贴上关税标签，油气贸易也讲国家认同。以“能源安全”之名给油气贴上政治标签，用摆脱依赖取代相互依存。这些挑战趋于削弱油气贸易功能的发挥，增加油气贸易行业的风险，引发行业格局变化，推动行业转型。油气贸易企业应对挑战的措施包括：为贴上制裁标签的油气构建一个市场，行业参与者重构贸易供应链，油气贸易公司扩大规模增强实力，商业模式从传统贸易向综合解决方案转型，应用先进分析技术及建立强大的合规和风险管理能力。

关键词：油气贸易；油气制裁；格局重构；行业转型；风险管理

1　全球油气贸易格局加速重构

油气资源分布不均和远离消费地，推动了国际油气贸易的快速发展，液体石油的全球贸易量达到6700万桶/日，占全球液体石油产量的74%，成为大宗商品中贸易率最高的商品。天然气国际贸易近年来快速发展，年贸易规模达到10200亿立方米，占全球天然气产量的25%。石油和天然气贸易量占其产量的比例，都超过煤炭约20%的国际贸易比例，确立了油气贸易的主体地位。

国际石油公司、国家石油公司、大型独立能源贸易公司等众多的市场参与者，通过长期建设形成的实物供应链、贸易制度和规则、价格发现机制，构成高度专业化的油气贸易行业，使得生产出来的石油尽量以最合适的数量、最优交货窗口、最短运输时间、最具竞争力的价格，交付给最需要的用户，反过来也推动最优生产，从而最大限度地平衡供需，在全球范围合理配置石油资源。其中，经济全球化、贸易自由化和自由竞争等制度设计，为油气贸易大规模发展、市场竞争的不断加强和贸易成本的不断降低提供了最强大的动力。

近年来，新冠疫情冲击全球供应链，乌克兰危机强化阵营对立，美欧对俄罗斯能源禁运改变油气贸易流，全球多边主义日趋衰落，能源转型步履艰难，全球油气贸易格局加速重构。油气被贴上种种标签，其政治属性超越商品属性，越来越远离通过贸易互通有无、提升福利的本质，油气贸易行业面临诸多新挑战。

2 油气贸易面临的新挑战

2.1 美国实行“长臂管辖”，给油气贴上制裁标签，正常贸易市场萎缩

2022 年 2 月 24 日以来，俄罗斯与西方冲突升级，冷战后的国际秩序再次被打破。美国和欧盟先后推出对俄罗斯的多轮制裁，除经济、金融、技术等领域外，在能源领域，美英等国对俄罗斯煤炭和油气实施进口禁运，欧盟于 2022 年 12 月以后停止从海上进口俄罗斯原油，于 2023 年 2 月以后停止从俄罗斯进口成品油。七国集团对俄罗斯石油执行限价，拒绝为高于限价的俄罗斯石油提供保险、运输、结算等支持，并贴上了制裁标签。

事实上，俄罗斯已经是被美国制裁和“长臂管辖”的第三个主要产油国。美国从 1979 年开始就对伊朗实施制裁，直至 2015 年达成伊核协议，2018 年 5 月 8 日，特朗普政府宣布单方面中止伊核协议，并分阶段重启对伊朗的制裁，其中包括禁止伊朗出口石油。对伊朗的制裁严重破坏了伊朗的石油生产和出口，伊朗的石油产量从制裁前的 530 万 ~ 600 万桶 / 日，下降到 2022 年的 260 万桶 / 日左右。

美国针对委内瑞拉的石油禁运最早可追溯到 2006 年，当时的美国政府以不配合反恐行动为理由，对委内瑞拉实施了武器禁运。美国多次对委内瑞拉追加制裁，导致委内瑞拉在 2015 年油价暴跌时陷入严重经济危机，到了出售黄金和提款权的地步。美国两党各届政府都加强对委内瑞拉的制裁，对委内瑞拉的石油行业打击沉重，委内瑞拉的石油产量从制裁前的约 330 万桶 / 日下降到 2022 年的约 65 万桶 / 日。

《BP 世界能源统计年鉴 2022》的数据显示，截至 2021 年年底，俄罗斯、伊朗、委内瑞拉三国石油产量合计为 1520 万桶 / 日，占全球的 17%，2022 年这一比例进一步下降。如果没有制裁，这三个国家的石油产量可达 2030 万桶 / 日，占全球的 23%。俄罗斯、伊朗、

委内瑞拉的油气资源被贴上制裁标签，不仅导致全球油气资源供应能力受到冲击，也导致正常贸易的油气资源规模大幅度下降，使油气贸易行业置身于制裁的“荆棘丛林”中。

2.2　舆论给油气贴上道德标签，贸易得“看他人眼色”

在欧美国家官方的制裁之外，市场上还出现了将购买俄罗斯石油视为“不道德”的现象，俄罗斯的油气被一些国家或公众视为“人血馒头”，导致对俄罗斯油气的“自我制裁”。BP、壳牌、艾奎诺（Equinor，原挪威国家石油公司）等国际石油公司纷纷紧急退出在俄罗斯的业务，路透社等媒体不定期公布还有哪些国际石油公司在俄罗斯经营，或者与俄罗斯的实体做生意，使得油气除了商品属性、政治属性和金融属性外，又平添了道德属性。

2022 年 3 月，壳牌以基于即期布伦特 -28.5 美元 / 桶的极低贴水从普氏窗口购买了 10 万吨从俄罗斯出口港装运的乌拉尔原油。由于该交易信息向市场公开，壳牌的行为遭到了欧洲一些民众和媒体的公开谴责，在巨大的舆论压力下，壳牌首席执行官为此道歉，并宣布立即停止采购俄罗斯石油，分阶段退出在俄罗斯的油气业务。“道德标签”与“制裁标签”一道，造成俄罗斯原油深度贴水，其中西向乌拉尔原油离岸价从正常低于即期布伦特原油约 2 美元 / 桶，一度下降到低于即期布伦特原油 35 美元 / 桶；东向 ESPO 原油离岸价从一般高于普氏迪拜原油 3 ~ 5 美元 / 桶，下降到低于普氏迪拜原油 25 美元 / 桶（图 1）。

为了避免重蹈壳牌的覆辙，维多、托克等大型石油贸易公司宣布逐渐减少俄罗斯石油贸易。即使没有制裁大棒，在道德舆论下是否接受俄罗斯石油，也会对俄罗斯石油交易产生决定性影响。目前看，愿意接受俄罗斯石油的买家主要集中在亚太区域，印度以其独特的地缘政治定位和距西向俄罗斯石油出口较近的地理距离，增加采购俄罗斯石油的数量最多。2022 年，印度平均进口俄罗斯石油约 100 万桶 / 日，一般情况下不到 5 万桶 / 日。

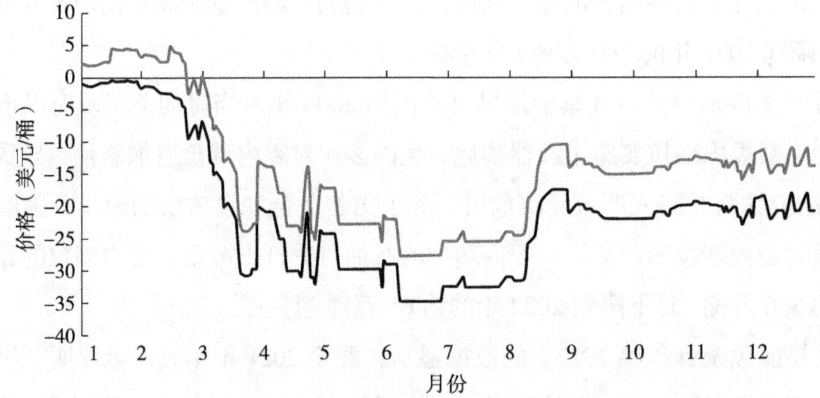

图 1　2022 年俄罗斯乌拉尔和 ESPO 原油升贴水

2.3 能源转型要求油气有绿色标签，推动绿色贸易与金融的发展

第26届联合国气候变化大会（COP26）达成的协议中，首次确认化石燃料是全球气候变暖的主要因素，这意味着未来各国都要努力寻求摆脱对化石燃料的使用，也标志着化石燃料时代终结的开始。近500家金融机构承诺，将其管理下的130万亿美元资金用于实现《巴黎协定》设定的气候目标。在欧洲能源供应危机的情景下，全球能源转型遭遇障碍。中国把碳达峰、碳中和目标纳入经济社会发展全局，坚定不移地推进能源低碳转型，大力推进先进生物液体燃料、可持续航空燃料等替代传统燃油，提升终端燃油产品能效，优化贸易结构，大力发展高质量、高技术和高附加值绿色产品贸易。

强化对环境的管理导致绿色贸易壁垒的产生。进口国政府以保护生态环境、自然资源和人类健康为由，以限制进口保护贸易为目的，通过颁布复杂多样的环保法规和条例，建立严格的环境技术标准、烦琐的检验认证和审批制度，以征收环境进口税方式对进口产品设置贸易障碍。欧洲议会2022年6月22日正式通过碳边境调节机制（碳关税），尽管实施时间由原定的2026年推迟至2027年，但在钢铁、水泥、铝、化肥和电力行业的基础上，增加了有机化学品、塑料和制氢（氨）行业。其中有机化学品的定义尚不明确，如果包含了石油、天然气及其制成品，将对油气国际贸易产生重大影响。

牛津大学能源研究所进行的一次调查发现，金融机构投资者对传统能源行业的兴趣正在下降，对能源转型的担忧正在提高投资煤炭和长期石油项目的成本。大宗商品国际贸易大量依靠银行信用等金融支持，贸易融资在油气长期购销合同乃至现货交易中发挥着重要作用，碳中和油气贸易越来越成为油气贸易的发展方向。

2.4 贸易争端给油气贴上关税标签，油气贸易也讲国家认同

自“经济全球化”一词在20世纪80年代中期被提出以来，跨国商品与服务贸易快速发展，国际资本流动规模大幅增加，技术迅速广泛传播，世界各国的相互依赖性大幅增强。贸易自由化的广度和深度不断演进，对经济发展起着前所未有的重要作用。但经济学家罗德里格在2000年出版的《全球化悖论》中，提出了“全球化三元悖论”，即经济全球化、民主政治和民族国家难以同时兼得，最多保证其二。2008年爆发的金融危机暴露了全球化内在的结构性矛盾，一股反全球化的潜流开始席卷世界各国，包括贸易保护主义、反移民倾向、国际规则的破坏、地缘冲突激化和全球化红利逐渐萎缩等。

自2018年中美贸易摩擦爆发以来，两国的贸易争端持续加剧，虽然中国始终没有对美国原油加征关税，但对美国液化天然气（LNG）进口关税在2018年9月首次加征10%

后，2019 年 6 月再次提高至 25%，受此影响，2019 年 5 月至 2020 年 3 月连续 11 个月中国未从美国进口 LNG。2020 年 2 月 18 日，国务院关税税则委员会发布《关于开展对美加征关税商品市场化采购排除工作的公告》，公告内容包括在一定期限内不再对美国 LNG 进口征收关税，即关税由 25% 降为 0，美国 LNG 资源重新流入中国市场。

英国脱离欧盟，关税问题重回欧洲市场。欧盟的碳边境税，看似对所有国家一视同仁，但未公正对待世界不同国家发展阶段的差距。一些国家以所谓价值观划分经济集团，以意识形态和价值观决定与谁发展经贸关系、与谁做生意。在油气资源贸易方面，以原产地确定不同关税的现象仍然屡见不鲜，贸易保护重新抬头，使得油气贸易更加复杂化。

2.5 以“能源安全”之名给油气贴上政治标签，用摆脱依赖取代相互依存

传统国际贸易理论指出，通过贸易实现优势互补，两国均可获得更多的福利，因此，相互依存度大的国家之间在贸易关系上应该是更紧密、更稳定。自中国 2001 年 12 月加入世界贸易组织（WTO）以来，中美经贸关系快速发展，两国经贸相互依存日益加深。美国耶鲁大学杰克逊全球事务研究所高级研究员、摩根士丹利亚洲区前主席斯蒂芬·罗奇指出，“美中两国经济相互依存度极高，一方采取任何行动都会对另一方产生很大影响”。中国人民大学重阳金融研究院模型估算：若中美贸易完全脱钩，美国经济年增长率至少降低 3.5 个百分点；若投资完全脱钩，估算美国经济将至少降低 2.5 个百分点。报告还称，若美国与中国贸易和投资完全脱钩，美国经济将至少降低 6 个百分点。中美经贸相互依存是当今时代最典型的案例，包括近年来美国页岩油气生产的快速发展，本应进一步扩大中美在能源领域的相互依存关系，遗憾的是，政治超越经济，双边能源经贸合作阻力重重。

俄罗斯与欧洲在能源方面的相互依存关系是天然的，然而，欧洲将这种依存关系视为威胁。乌克兰危机将油气价格中的地缘政治溢价推向新高，2022 年 3 月 7 日，洲际交易所（ICE）布伦特原油期货首行合约盘中触及 139.13 美元 / 桶的年内高位，欧洲天然气期货 TTF 首行合约盘中触及 335 欧元 / 兆瓦时，较 2 月 23 日收盘价分别上涨 43.7% 和 277%。除了价格巨幅波动给各国能源安全带来的冲击，油气供应本身也被贴上了政治标签。尽管欧盟 27 国对俄罗斯天然气和石油的依存度分别高达 37% 和 25%，但是为了摆脱对俄罗斯的能源依赖，欧盟依然坚定推进俄罗斯石油进口禁令，在 3 月 8 日提出重振欧盟能源的“重新赋能欧洲：欧洲廉价、安全、可持续能源联合行动”（REPowerEU）计划，表示在 2022 年底之前减少 2/3 的俄罗斯天然气进口，在 2027 年全面摆脱对俄罗斯能源的依赖。如果欧美国家不再将俄罗斯油气资源作为其能源保障的一部分，势必加大对非俄罗

斯资源的争夺，威胁欠发达国家和地区的能源安全。这种能源危机已经有所表现：斯里兰卡 2022 年燃油供应接近中断；印度工商部 2022 年一度发布通知，要求炼油商至少将生产的 50% 的汽油和 30% 的柴油供应国内市场。

3　油气贸易行业的应对

上述种种挑战，趋于削弱油气贸易功能的发挥，增加油气贸易行业的风险，引发油气贸易行业格局变化，推动油气贸易行业转型。从笔者的观察和分析看，贸易行业的如下应对方法值得关注。

3.1　为贴上制裁标签的油气构建一个市场

对油气贸易进行“长臂管辖”和制裁，是个别国家的霸凌行为，不可能得到多数国家的认同，市场总会找到办法应对“长臂管辖”和霸凌行为，发展出一个交易这些油气的平行市场。被一些国家制裁的原油，通过混兑等形式形成新的油种，在第三国港口签发原产地证书后再进行销售。例如，在美国对伊朗极限制裁下，2022 年上半年仍有约 100 万桶 / 日的伊朗原油销往国际市场，委内瑞拉有约 50 万桶 / 日的原油销往国际市场，数据公司克普勒（Kpler）公布的两国原油流向如图 2、图 3 所示。

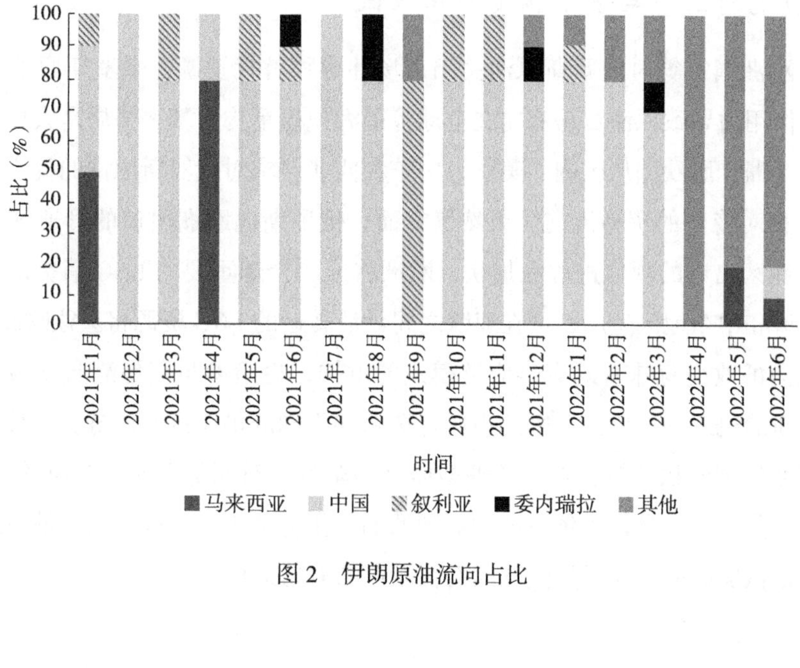

图 2　伊朗原油流向占比

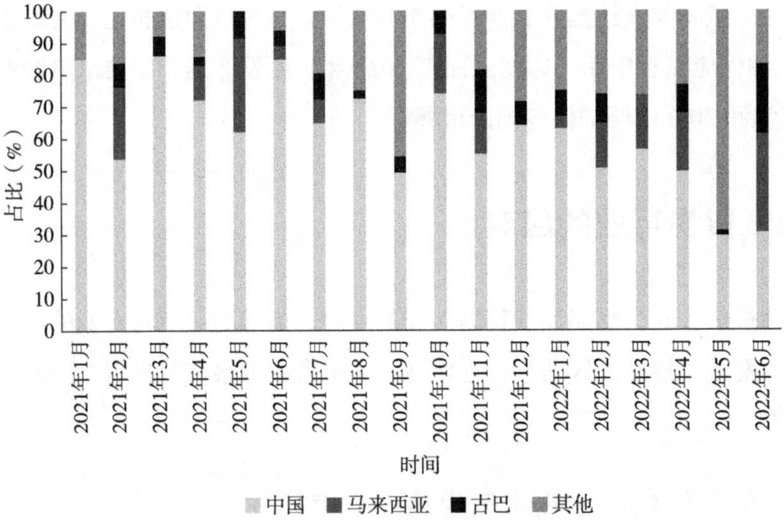

图 3　委内瑞拉原油流向占比

目前有超过 50% 的俄罗斯乌拉尔原油直接向东运输或在过驳操作后运往亚太区域，而在乌克兰危机前该比例不到 10%。俄罗斯国家能源安全基金专家尤什科夫表示，通过在转运和过驳时关闭油轮上的船舶自动识别系统装置，俄罗斯原油流向难以被追踪。同时，市场将俄罗斯原油与其他国家的原油按 49% 和 51% 的比例混合成新的油种，形成新的交易方式。

3.2　贸易行业参与者重构贸易供应链

美国和欧洲国家等对俄罗斯原油关闭市场并寻找替代资源，俄罗斯原油寻找替代市场，这两种作用力导致原油贸易流向在全球范围大规模重构，基本格局是大规模增量俄罗斯原油流向亚洲，而欧洲从区内、美国、中东和西非寻求对俄罗斯原油的替代，打乱了多年来形成的相对稳定的贸易流向。天然气方面，俄罗斯向欧洲出口的管道气量将大幅减少，向亚太地区出口的项目进程在加快，欧洲将成为全球重要的 LNG 消费市场，更多的在大西洋盆地和中东地区生产、可在亚欧之间灵活转运的 LNG 资源将去往欧洲。

贸易流向的改变意味着既有供应链模式的重构，也给参与贸易流向重构的油气贸易公司带来了新的机遇——要为分割的市场打造两种不同的供应链价值链。一种是美国到欧洲、非洲到欧洲油气供应链扩容，欧洲整体燃油车禁售时间都不晚于 2030 年可能成为该扩容的最大变数；另一种是为俄罗斯到亚洲的油气供应链扩容，这不仅是俄罗斯的战略选择，也应当是俄罗斯原油和天然气亚洲潜在用户的战略选择。

3.3 油气贸易公司要扩大规模，增强实力

在过去几年中，油气贸易行业的利润已经呈下降趋势，虽然许多贸易公司在新冠疫情和乌克兰危机期间通过利用其专业知识获利，但该行业的长期前景仍然看跌。市场透明度的提高，侵蚀了专有知识传统上提供给交易者的优势。来自非传统能源交易参与者（例如国家石油公司）的竞争日益激烈，产油国公司依靠强大的规模和资源，直接与客户建立联系，通过供应杠杆获得特别优势。

随着附加在油气贸易上的标签越来越多，行业壁垒在增加，只有油气贸易公司规模更大、实力更强，通过自身掌握的资源参与供应链重构，以更雄厚的资金实力发挥部分银行职能，以对业务更深入的理解开展期现货业务，以更多的经营网络获取一手信息和政策变化，才能在新形势下的油气贸易行业获得优势，这些能力建设所需要的资本和人力投入，中小型贸易公司难以做到。

有实力的油气贸易商能向信用评级较低的买家提供信贷额度，作为买家、融资方或项目合作伙伴支持天然气液化项目的发展，参与新市场中液化天然气进口和再汽化基础设施的建设，获取增量市场份额。贸易商也从纯粹贸易转向长期交易，并寻求进出口项目的所有权，例如签署从美国液化天然气项目购买资源的长期协议。

3.4 商业模式从传统贸易向综合解决方案转型

油气贸易中的价格发现通过期货交易所或高度标准化的柜台交易进行，市场成熟度高，交易高度透明，物流系统发达，市场流动性强，行业利润率越来越微薄。但大型油气贸易商有强大的资金实力、跨品种的运作技能、强大的数据分析能力和覆盖全球的信息网络，可以为客户提供包括租船、租库、融资、计价转换、碳中和等综合服务，从而从传统的货物买卖商向综合解决方案提供商转型。

在能源转型过程中，能源系统正变得越来越分散，太阳能和风能等可再生能源更多的是本地能源，而非可国际贸易的能源。很多大型发电厂被小型可再生能源生产商所取代，大多数规模较小的贸易公司缺乏财务手段、风险承担能力来管理其产品的销售与贸易，它们经常寻找外部合作伙伴以提供这些服务。对于拥有交易能力的贸易公司来说，可以将服务扩展到这些领域，为第三方提供电力购买协议、风险管理解决方案和市场准入服务，许多公用事业公司的业务正在迅速扩展到这一领域。

3.5　推动在运营中大量运用先进技术

利用大数据、机器学习和人工智能技术进行高级分析，正在改变交易格局。随着油气交易变得更加实时，油气贸易公司加强了对先进分析工具的使用，以保持竞争优势并增加交易利润。卫星、船舶跟踪和天气等数据的可用性不断增加，人类已经无法足够快地处理这么庞大的数据以做出理性决策，特别是当必须快速处理和解释大量数据时更是如此。通过精通机器学习和统计算法的人才的努力，部署计算机运算能力、运行预测分析、快速识别市场信号被越来越广泛地运用在油气衍生品交易决策支持中。

新形势下，市场分析和研判技术是贸易公司的核心竞争力，作为贸易转型的一部分，交易者的角色逐渐从决策和执行交易转向专注于市场分析研判，转向持续改进的高级分析模型。先进技术应用于合规风险识别和管理，是贸易公司在各国政府监管下顺利开展相关业务的前提；在世界主要油气价格基准波动加大的情况下管理好市场风险，在各类市场主体和角色中识别和度量信用风险，是贸易公司平稳运行的有效保障。

3.6　建立强大的合规和风险管理能力

油气贸易行业面临来自监管、企业和社区团体越来越大的压力，交易合规变得越来越重要，也越来越复杂。在百年未有之大变局持续演绎下，油气市场价格波动剧烈，市场参与者面临诸如价格、信用和流动性诸多风险，风险管理能力关乎企业生存。通过建设先进的风险管理系统并与周边系统集成，加强前、中、后台全生命周期的合规和风险管理能力，实时监控实纸货敞口、盈亏、在险价值等情况，将成为在生态环境和业务模式都越来越复杂的油气贸易市场中搏杀的竞争优势。

4　总结

当前的油气贸易行业面临油气被贴上制裁标签、道德标签、绿色标签、关税标签和政治标签五种挑战。面对日益复杂和不确定的能源市场，油气贸易行业正在积极应对挑战和实现转型——超越传统产品来提供集成的定制跨商品解决方案、结构性产品和透明的风险管理服务，建立数字能力和以客户为中心的贸易业务结构。

参考文献

[1] BP. Statistical Review of World Energy 2022[R]. 2022.

[2] 丹尼·罗德里克 . 全球化的悖论 [M]. 北京：中国人民大学出版社，2011.

[3] 中国人民大学重阳金融研究院 . 合作突围：美、中及全球经济解“困”之道 [R]. 2022.

氢能之路：中国油气企业清洁低碳转型发展建议

沈学思[1]　李天一[2]

（1. 中国石油天然气股份有限公司规划总院；2. 中国石油国际事业有限公司）

摘　要：氢能作为一种新型能源，具有清洁、高效、易转化等特点。发展氢能产业已经提升到国家战略高度，不仅关系着我国实现“双碳”目标及高质量发展等重大战略目标，更关系着重塑能源系统、保障国家能源安全的重大使命。本文探讨了氢能在未来清洁能源体系中的作用与地位，认为氢能有利于促进能源结构多样化，是实现多能协同的重要环节。对油气企业而言，发展氢能是关键的战略机遇。一方面，传统油气业务发展空间受限，氢能业务可成为新的业务增长点；另一方面，油气行业受到较大的减排压力，亟须进行清洁低碳转型。油气企业发展氢能业务具有资源、设施、市场等方面的优势，同时也面临着技术、人才、管理等方面的挑战。结合现有技术情况，并考虑碳价等影响因素，本文分析了不同制氢路径的成本构成，建议中国油气企业建立低成本高效率的制氢体系，开拓稳定低廉的天然气供应渠道，着力发展 CCUS 等负碳技术并积极布局绿氢领域。

关键词：氢能；油气企业；低碳转型；清洁能源；碳价

引言

氢能是一种二次能源，作为良好的能源载体，具有清洁、高效、可储存、可运输和应用场景广泛等特点，有望在未来能源体系发挥重要作用。中国油气企业正面临传统业务增长乏力、低碳发展要求不断提高等多方面的转型压力，而氢能可能成为油气企业实现清洁低碳转型的关键路径。本文首先梳理了氢能产业链的发展现状及趋势，探讨了氢能的战略意义，接着结合中国油气企业自身禀赋和特点，对油气企业发展氢能业务进行 SWOT 分析。针对目前市场上较有潜力的几种制氢技术路线，本文根据现有数据和假设测算了制氢平准化成本，并对碳价进行了敏感性分析。结合以上定性定量分析，本文对中国油气企业发展氢能新兴业务提出了相关建议。

1　氢能发展的战略机遇

1.1　氢能发展现状及趋势

氢能具有多种优良特性，其来源多样，可由化石能源、电能生产，还可利用生物质、光解水等方式制取；潜在用途广泛，可发电、供热、提供动能；利用过程清洁低碳，最终产物只有水，不排放温室气体或其他污染物。氢能有潜力成为电、热、燃料等多种能源之间的桥梁，在能源转型和能源革命过程中的价值日益凸显，具有广阔发展前景。

氢能产业的产业链长，且技术路径多样（图 1）。产业链可分为上游制氢，中游储运，下游加氢、用氢等环节。在制氢环节，目前主流路径有化石燃料（煤、天然气）制氢、工业副产氢以及电解水制氢，生物质、光解水制氢等新兴技术处于研发阶段。在中游环节，储氢有气态、液态和固态三种方式，运氢方式有管道、车辆、船舶等。储氢是业界重大难点，气态储氢成本最低，但能量密度低，液态储氢成本较高，而固态储氢和有机液态储氢还未商业化应用。在下游环节，加氢站是氢能分销的重要基础设施。

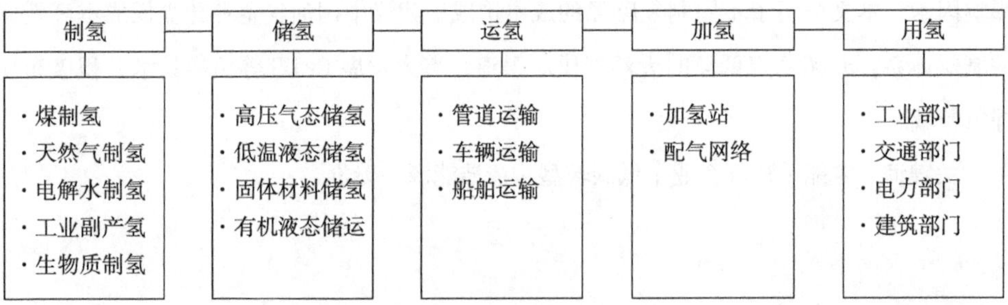

图 1　氢能产业链

氢能主要应用于工业、交通、电力和建筑等部门[1,2]。在工业部门，氢气既是副产品又是原料。我国工业体系完善，电子、冶金、化工、航空航天等都有氢气需求，尤其是石油化工领域，氢气可生产氨、甲醇等产品。在电力部门，氢能可用于储能和发电。当可再生能源发电占比高时，氢能可由过剩电力电解水制取并储存，在电力供应不足时发电，起到消纳、调峰的作用，提高电网系统灵活性。氢气还可掺入天然气中发电。在交通部门，氢能可以给燃料电池汽车提供动力，但距离规模化推广尚有距离。需要注意的是，电动汽车已在低负载短途运输领域具备相当优势，未来氢能车辆应关注长距离高负载运输。在建筑部门，氢能可通过燃料电池系统为社区、楼宇提供能源或作为备用能源。在更远期的构想中，氢能还可作为能源互联网的枢纽，将电网、气网、热网、交通网连接贯通。

2020年，全球氢能需求约9000万吨，其中化工需求占90%以上[1]。中国是产氢用氢大国，2019年产氢超3342万吨[3]，截至2022年加氢站数量超250座，居世界第一[4]。2022年北京冬奥会，我国展示了氢能制备、储运、加注、应用的完备产业链，表明了绿色发展的决心。但需要认识到，技术瓶颈制约仍然存在，距大规模开发利用仍有距离，短期内市场需求增长也有限。整体来看，世界氢能产业发展暂处于起步阶段。

1.2 氢能在未来清洁能源体系中的战略地位

实现“双碳”目标意味着一场能源系统与经济社会广泛而深刻的变革，能源系统正呈现化石能源清洁化、清洁能源规模化的趋势，各类能源将在生产、运输、转化和综合利用等环节相互协调，不断打破技术和市场壁垒，实现多元互补、协调优化。许多学者认为，氢能是未来能源系统中的重要一环，很可能改变能源供需格局[5-6]。在未来清洁能源体系中，氢能可以从以下方面发挥作用。

（1）氢能有助于提高电力系统稳定性并进一步提升可再生能源比例。我国可再生能源发展水平全球领先，风、光电装机量均为世界第一。2021年，我国风电装机量达3.28亿千瓦，占总装机容量的13.8%，光伏装机3.06亿千瓦，占比12.9%[7]。但发展可再生能源面临着间歇性、供应与负荷分布不平衡等问题。易转化、可储存的氢能可作为优秀的能源载体参与调峰，在能源转化与利用方面发挥作用。

（2）部分终端用能难以实现电气化或低碳化，氢能可能成为解决方案。一些中长距离、对能量密度要求较高的交通用能端，如重型卡车、工程车辆、航空航天、船舶等，难以通过蓄电池实现电气化。冶金、水泥、化工等高耗能高排放工业长期通过化石能源提供生产所需的高位热能（＞500℃），一直是节能减排的难点[8]。氢气能量密度高，在交通领域应用时可以兼顾续航和载重，在工业领域应用时可以提供高质量的热能，可促进这些用能端的清洁低碳化。

（3）构建清洁低碳安全高效的能源系统，需要氢能等灵活高效的能源载体优化分配，提升能源安全保障能力。“双碳”格局下，能源系统将进行深刻变革，多能协同发展对系统的规划、调度和效率要求更高。氢能作为一种优良的二次能源，在未来能源系统中可作为一种高效再分配能源的能量载体，实现多种能源跨时间跨空间优化配置。

据国际能源署（IEA）估计，按各国现有计划，2050年氢能需求将超过2.5亿吨，在全球碳中和情景下甚至可达到5.3亿吨[1]，英国石油公司（BP）、国际可再生能源机构（IRENA）、彭博新能源（BNEF）和国际氢能委员会等机构也给出了积极预测，认为需求将达到4.5亿~8亿吨[9-12]。尽管目前氢能产业仍处于发展初级阶段，但其长期潜力十分可观。

1.3 氢能为油气企业引入新兴业态、促进低碳转型

“双碳”目标带来的硬约束，加以行业环境空前变化，使我国油气企业面临的风险挑战显著增加：油气保供压力长期存在；传统业务增长空间受限；亟须降低自身能耗及排放等。在此背景下，许多油气企业积极布局新能源业务，而氢能可能成为油气企业低碳转型，谋求长久发展的重要战略机遇。

氢能可成为油气企业的新兴业务增长点。其潜在应用场景不仅广泛，还可与油气企业现有业务相结合互补。例如，氢能在石化、交通等部门的应用与油气企业原有业务相关，是良好的发展切入点，在电力、建筑等领域则可与其他新兴业务（如天然气、电力、地热等）耦合。此外，氢能产业链尚不成熟，现在正是布局的良好时机。一些新能源产业经过几十年发展，市场竞争十分激烈，且已有一批掌握核心技术的企业，市场新进入者面临竞争压力较大。而氢能领域仍是一片蓝海，油气企业可根据自身禀赋超前部署，抢占先机。

氢能可加速油气企业的清洁低碳转型。氢能本身清洁低碳，符合油气企业产品多元化清洁化的发展方向。同时，氢能还可以与可再生能源，碳捕集、封存与利用（Carbon Capture, Utilization and Storage, CCUS）等低碳业务协同发展，加速油气企业清洁低碳转型。油气行业不仅生产能源，也大量消耗能源，在企业内部使用氢能进行用能或原料清洁替代，是降低企业生产过程排放的有效手段，满足深度脱碳的需求。

目前，发展氢能产业已得到国家规划和政策的支持，符合国家发展的大政方针，氢能相关的新技术、新产业、新业态、新模式可能成为油气企业未来发展的新动能和清洁低碳转型的加速器。

2 中国油气企业发展氢能 SWOT 分析

面对发展机遇，企业需要对内外部形势进行系统分析，为后续决策规划提供支持。SWOT分析常用于对企业综合情况进行客观评价，识别优势（Strengths）和劣势（Weakness）等内部态势，机会（Opportunities）和威胁（Threats）等外部环境因素。结合中国油气企业的特点，本文对发展氢能进行SWOT分析见表1。

表 1 油气企业发展氢能SWOT分析

优势 Strengths	劣势 Weakness
氢源渠道多元 业务体系协同 内外市场优势	核心技术存在差距 人才队伍建设不足 管理运营机制改革
机会 Opportunities	威胁 Threats
政策支持与倾斜 清洁低碳转型趋势	行业竞争逐渐加剧 应用场景及盈利模式尚不确定 行业管理体系不健全

2.1 优势分析

2.1.1 氢源渠道多元

油气企业拥有多渠道氢气资源优势，且能够实现短期、中期、长期的战略接替。短期内，化石燃料制氢仍然是生产氢气的主要途径，其生产工艺较为成熟，且成本相对低廉[13]。2019 年，我国氢气主要来源为煤制氢（占比约 63.5%）、工业副产氢（21.2%）和天然气制氢（13.8%），水电解制氢仅占不到 2%[3]。油气企业的炼厂副产氢供应稳定且具有成本优势，是短期内主力氢源。随着氢能产业发展，市场需求逐渐扩大，天然气制氢将成为油气企业的过渡期氢源，天然气可成为氢能产业化的“孵化器”，促进其规模化发展[14]。长期来看，可再生能源电力及电解水制氢技术的发展有望大幅降低制氢成本，油气企业可顺势进一步发展可再生电力制氢等清洁氢源，实现供氢渠道多元化。

2.1.2 业务体系协同

氢能的储—运—销体系与油气企业的现有业务有较强关联性，是现有核心业务能力的自然延伸。氢能产业链中涉及的高压储气、加压液化、管道运输等环节，油气企业都有一定运营经验和技术基础。氢能的规模化终端利用离不开加氢站的部署。大型油气企业往往拥有庞大的加油站网络及运营经验，可以在现有设施的基础上进行改装配建，有条件实现快速布局加氢基础设施网络。此外，氢能的发展还可与油气企业的天然气、CCUS 等业务协同。

2.1.3 内外市场优势

拓展市场往往是发展新业态的难点，对于氢能这类商业化应用尚不成熟的业务更是如此。油气企业在内部市场和外部市场均有一定基础：一方面，油气企业往往是耗能大户，来自炼厂等单位的内部需求可以为氢能发展提供初期消纳市场；另一方面，油气企业已积累的外部市场覆盖广、客源多，且工业、交通等行业的客户正是氢能的潜在用户，具有推广业务的可能性。

2.2 劣势分析

2.2.1 核心技术存在差距

氢能是一种技术密集型能源，其产业链较长，涉及核心技术众多，包括制氢装置、储氢材料、氢气提纯除杂、压缩机、加氢机、质子交换膜（Proton Exchange Membrane, PEM）、固体氧化物燃料电池等等，相关学科涉及材料学、化学、机械等等多种学科。由于氢气易爆的特性，发展氢能产业更需要技术过关保障其安全性。目前我国在基础材料、核心部件和关键设备上与国际先进水平存在明显差距，自主产品不成熟，只能依赖进口。油气企业尽管有一定相关业务基础，但整体来看还需加快研究开发和技术积累。

2.2.2 人才队伍建设不足

油气企业急需加强专业人才队伍培养，健全氢能人才培养培训机制。首要任务是补充氢能技术和科研人才，切实攻克制约氢能产业发展的关键技术。除技术型人才之外，还需要培养或引入懂业务运营、生产管理且具有工程经验的产业人才，为产业化规模化发展奠定基础。另外，氢能产业本身具有跨学科、跨行业的特点，企业更需要努力培养一批兼具跨学科理论基础和跨行业实践经验的复合型人才。

2.2.3 管理运营机制改革

油气企业经历长期的发展，已在内部形成了成熟的业务管理运营机制，但传统油气业务与氢能等新兴业务有许多不同之处。油气企业需优化业务管理架构，为氢能等新能源业务建立一套适配的决策、激励、考核、合作机制。

2.3 机会分析

2.3.1 政策支持与倾斜

近年来，世界各国纷纷将发展氢能提升到国家战略层面，制定相关规划，探索产业化发展。截至 2021 年，有超过 30 个国家已发布或准备发布国家氢能战略，包括美国、日本和欧洲等国[15-17]。近年来，我国已将氢能写入年度《政府工作报告》《国民经济和社会发展计划》《能源工作指导意见》等文件。此外，2022 年国家发改委和国家能源局发布的《氢能产业发展中长期规划（2021—2035 年）》也明确氢能是我国“战略性新兴产业的重点方向，是构建绿色低碳产业体系、打造产业转型升级的新增长点”[18]。除国家级政策外，还有多地提出建设氢能示范城市群。这些政策规划及随之配套的财政补贴、制度保障等措施为发展氢能新业态带来了良好的机会。

2.3.2 清洁低碳转型趋势

发展氢能等清洁能源符合全球积极应对气候变化的趋势，符合人类社会改革自身发展方式的需要。油气企业开展氢能业务，有利于提升企业形象。同时，随着“双碳”理念深入人心，金融市场也更加认可将 ESG（Environment, Responsibility and Governance）等因素纳入投资决策分析的投资方式，全球绿色金融的规模不断扩大，这有助于油气企业在清洁能源领域开展融资，获得更多合作机会。

2.4 威胁分析

2.4.1 行业竞争逐渐加剧

氢能的巨大市场前景已吸引了各类企业积极参与。2021 年，已有超过三分之一的央企在氢能领域布局，不仅有中国石油、中国石化、中国海油等油气企业，国家电网、国家能源集团、华能集团等电力企业，以及中车、中船、一汽等制造企业。此外，隆基股份、阳光电源等民营企业也已加入氢能赛道[19]。金融企业、互联网企业等跨界开拓绿色金融、“互联网 + 能源”等业务，成为潜在竞争者。国际竞争也同样激烈，壳牌、BP、道达尔等油气公司和宝马、福特等汽车公司均已进入相关行业[20]。

2.4.2 应用场景及盈利模式尚不确定

氢能产业链成本较高，需要大量资金投入，而其商业化应用却仍需进一步培育市场和客户，短期内盈利能力较弱，对财政补贴依赖性较高。面对多种能源品类的竞争，其未来市场规模也存在不确定性。这意味着投资氢能项目风险较高，可能面临短期内收益低、投资回报周期过长的问题。以加氢站为例，理想情况下普遍需要 4.5 ~ 10 年收回投资[21]。实际情况中，由于建设成本和运营成本过高，加氢站运营甚至很难实现盈利[22-23]，这意味着企业在投资加氢站时需要更明确和稳定的市场信号及政策信号。目前，国内外油气企业在发展氢能时都难以回避这一问题，盈利能力是氢能能否产业化发展的重要决定因素[24]。

2.4.3 行业管理体系不健全

政府需要进一步完善相关管理办法、具体审批流程。氢能相关设施建设和运营十分复杂，涉及土地管理、化学品管理、各类专项资质的审批等多个环节，目前仍存在归口管理不清、审批部门不明确、规范与标准缺失等问题。

综上分析，油气企业发展氢能在资源、业务和市场等方面具有优势，但在技术、人才和管理方面有待进步。氢能产业链较长，且市场应用和行业规范还存在不确定性，建议油气企业短期内结合自身业务优势找准定位，在氢能产业链中选择合适的环节和技术路径作为业务发展的切入点，同时筹谋中长期布局，全面研判规划氢能业务的发展。

3 油气企业建立制氢体系分析

对油气企业而言，制氢环节是最接近其原本业务路线的环节之一，与天然气、CCUS等业务有很高的关联性，是良好的业务发展切入点。制氢环节作为氢能产业链的上游，对下游环节的发展有很大的影响，将会成为氢能业务发展的关键环节。因此，合理构建低成本、高效率的供氢体系是油气企业发展氢能业务的重中之重，企业需要了解制氢相关技术的成本以及影响因素，并根据情况选择发展合适的制氢方法。

前文提到，制氢路径多样，其化学原理、工艺流程、成本效率等方面具有较大的差异。目前常见的制氢方式见表2。

表2 主要制氢技术比较[13,25]

制氢技术	主要工艺方向	优点	缺点
煤制氢	煤气化制氢 煤焦化制氢	技术成熟，成本较低，可大规模量产	原料价格不稳定，气体杂质需要提纯，排放温室气体
天然气制氢	天然气催化重整	工艺流程较短，技术成熟，成本较低，可大规模量产	原料价格不稳定，气体杂质需要提纯，排放温室气体
电解水制氢	碱性电解 质子交换膜（PEM）电解 固体聚合物电解 高温固体氧化物电解	产氢杂质少，电能来源多样，如为可再生能源发电，可降低温室气体排放	能耗较高，部分工艺使用贵金属催化剂，成本偏高
工业副产氢	焦炉煤气 氯碱	氢气为副产品，成本具有优势	产量较小，难以规模化供氢

本文从煤制氢、天然气制氢、电解水制氢三项主要制氢技术分类中选取代表性工艺方向，并考虑是否结合 CCUS 对以下五项技术工艺进行成本核算，为中国油气企业制氢技术选择提供参考：煤气化、天然气催化重整、煤气化（结合 CCUS）、天然气催化重整（结合 CCUS）、PEM 电解。五项技术中，煤气化、天然气催化重整属于化石能源制氢，会排放二氧化碳、甲烷等温室气体，业界称这类技术制取的氢气为灰氢；煤气化（结合 CCUS）、天然气催化重整（结合 CCUS）由于 CCUS 技术大大减少了温室气体排放，属于蓝氢；假设 PEM 电解槽所耗电能完全由可再生能源发电，则所制取氢气属于绿氢，其温室气体排放可忽略不计。

制氢成本可细化为固定投资成本、原料成本和运维成本。另外，随着全国碳交易的推进，温室气体排放还可能带来碳交易成本；蓝氢项目的 CCUS 相关成本在制氢项目成本基础上单独计算。采用平准化制氢成本指标（Levelized Cost of Hydrogen, LCOH）进行核算，将投资成本、原料成本、运维成本、碳价成本按照项目生命周期进行折现，并将总成本除以氢产量核算出全生命周期单位制氢成本。

$$\mathrm{LCOH}=\frac{\sum_{i=1}^{T}\frac{Capital_i+Raw_i+O\&M_i+Carbon_i}{(1+r)^i}}{\sum_{i=1}^{T}\frac{Prod_i}{(1+r)^i}}$$

式中：i 为项目所处年份；T 为项目预估生命周期，年；r 为贴现率；$Capital_i$，Raw_i，$O\&M_i$，$Carbon_i$ 分别为制氢项目第 i 年发生的投资成本、原料成本、运维成本和碳交易成本。$Prod_i$ 为项目第 i 年的氢气产量。

本文估算的 LCOH 是基于对多项参数和项目运行情况的假设，实际成本会随着项目规模、运维情况、原料、燃料价格、设备成本和效率等因素波动。核算基于表 3 的假设进行。

表 3　成本核算基本假设

参数	单位	值
贴现率	%	8
生命周期	年	25
氢热值	兆焦 / 千克	120
电解制氢效率	千瓦 · 时 / 千克（H_2）	50
煤价	元 / 吨	550
天然气价	元 / 米 ^{3}	3
电价	元 /（千瓦 · 时）	0.4
碳价	元 / 吨	50
碳捕捉效率	%	90

核算项目的情况假设见表4。

表4 核算项目基本假设

参数	单位	煤气化	天然气催化重整	PEM电解
规模	米^3/年	1.0×10^9	7.5×10^8	5.0×10^6
单位投资	元/千瓦	3000	4000	9000
年运行时长	时/年	7200	7500	1800
运营维护成本	元/千克（H_2）	1.91	1.22	18.75
原料热值	兆焦/千克	22	73	—
制氢效率	%	60	46.5	—
碳排放	克/兆焦	167	100	0
碳捕捉成本	元/吨	150	200	—

基于以上假设，五个项目的平准化制氢成本计算见表5。

在现有技术和碳价水平下，煤气化制氢是全生命周期单位制氢成本最低的选择，蓝氢项目在考虑碳价的情况下依然不如灰氢具有经济性。绿氢的项目投资成本和消耗电能成本均较高，推高了制氢平准化成本。同时，由于绿氢制氢规模相对灰氢、蓝氢较小，无法获得规模经济收益，使得平准化成本较高。由于绿氢的平准化成本过高，接下来将着重针对灰氢和蓝氢的成本构成进行分析。

图2中展示了煤气化和天然气催化重组的制氢成本构成对比，由于我国天然气采购价格较高，天然气催化重组技术制氢的原料成本占全周期成本近80%，且远高于煤气化技术的煤炭原料成本。在当前碳市场约50元/吨的较低的碳价水平下，碳交易成本在两种制氢技术的成本构成中占比很低。尽管天然气催化重组技术碳排放强度较低，但其带来的经济收益在当前碳价水平下并不显著。

表5 LCOH平准化制氢成本

制氢方式	煤气化制氢	天然气催化重整	煤气化制氢（CCUS）	天然气催化重整（CCUS）	PEM电解
成本（元/kg）	9.21	16.74	11.02	18.36	54.36

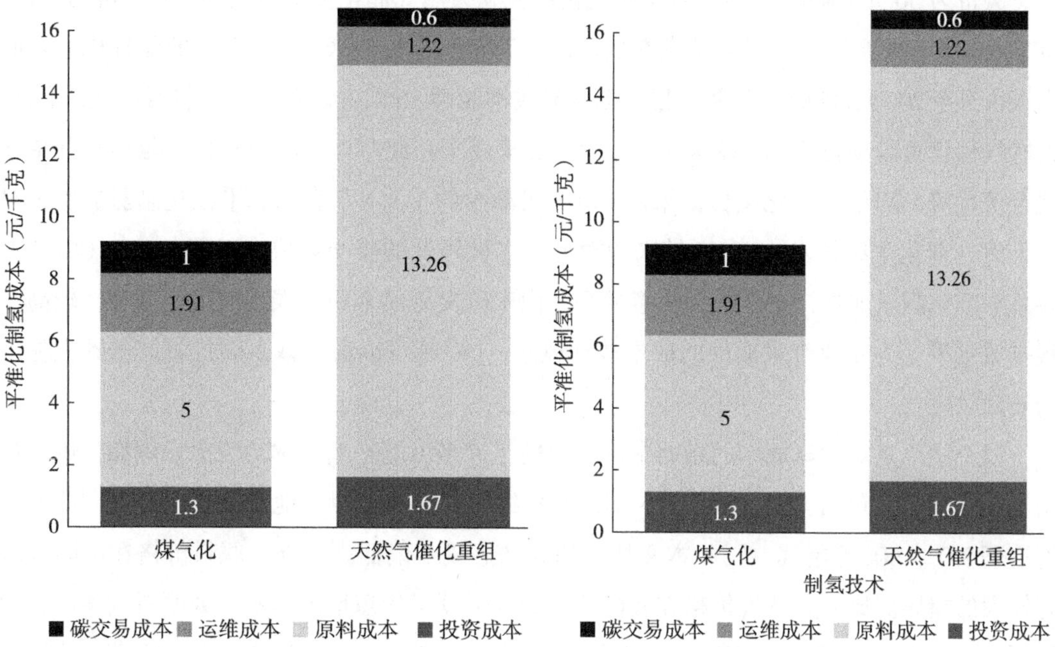

图 2　灰氢制氢技术的平准化成本构成

未来中国碳价可能逐渐走强，对于灰氢和蓝氢的四个项目进一步进行了对碳价的敏感性分析，结果如图 3 所示。

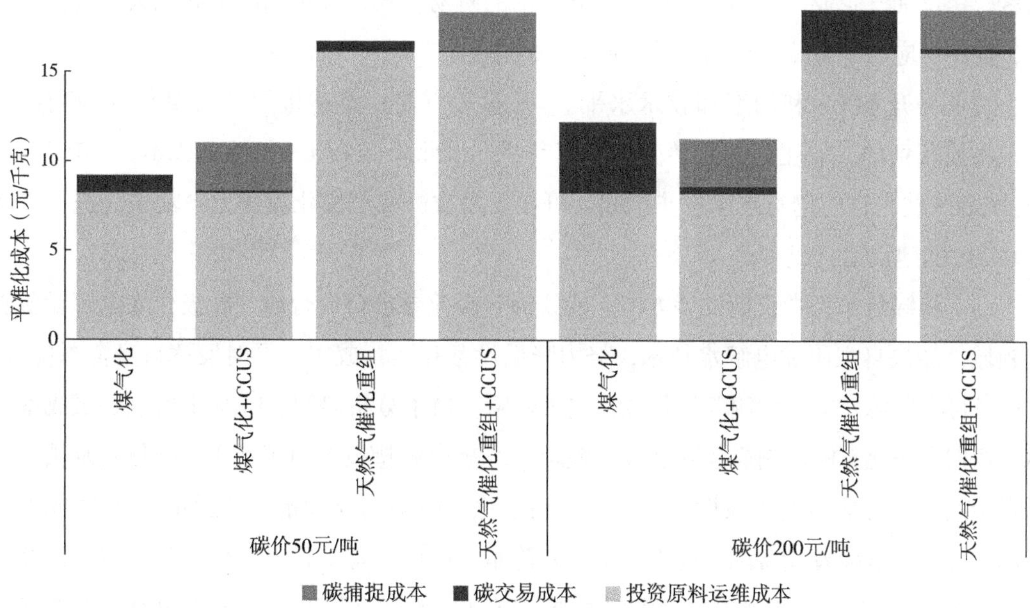

图 3　不同碳价水平下灰氢与蓝氢成本构成对比

碳价为 50 元 / 吨时，CCUS 对于煤气化制氢和天然气催化重组制氢都不是经济的选择，CCUS 成本无法被降低的碳交易成本抵消，约为制氢项目带来 2 元 / 千克的额外成本。而当碳价升至200元/吨时，灰氢项目的碳交易成本显著上涨，煤气化项目增加约3元/千克，天然气催化重组项目增加约 2 元 / 千克的碳交易成本。此时蓝氢项目相比灰氢项目开始显现经济优势，对于煤气化项目，采用 CCUS 可减少约 1 元 / 千克的总平准化制氢成本；对于天然气催化重组技术，CCUS 带来的额外成本被降低的碳交易成本抵消，增加 CCUS 前后总平准化制氢成本持平。需要注意的是，由于碳交易成本跟随碳价波动而变动，较高的碳排放水平会为企业带来额外的成本波动风险，CCUS 可以通过减少碳排放规避碳交易市场波动风险。

以上结果是对制氢成本的粗略估算，忽略了许多可能影响成本的因素。例如，煤气化制氢杂质较多，包括 CO、CO_2、H_2S 等，其提纯净化成本相对其他制氢技术更高，此外还需治理 NO_x、SO_x 等尾气，因此本文估算的煤制氢成本偏低。另外，原料价格在不同区域有较大的差异。比如天然气价格在我国西北地区远低于华东地区，考虑到原料成本占天然气制氢成本的 80% 左右，不同地区天然气制氢成本将存在较大差异。本文的成本估算仅适用于比较不同技术间的差异，以及考虑各类成本的相对构成。

根据以上成本分析，从经济性角度出发对油气企业发展制氢提出以下建议：

（1）开拓稳定、低廉的天然气供应渠道。天然气成本是发展天然气制氢的关键制约因素，建议油气企业充分利用全球资源和灵活的贸易模式，多举措降低我国天然气供应成本，保障供应稳定持续，提高天然气制氢的竞争力。

（2）提升 CCUS 利用率和技术水平。“开源”方面，要积极寻找二氧化碳的利用途径，将捕获到的二氧化碳实际转变为经营利润，以此降低 CCUS 的综合成本。“节流”方面，CCUS 技术目前仍有技术进步空间，可在技术改进和规模化应用上下功夫，进一步降低 CCUS 的建设运营成本。

（3）将绿氢作为中长期发展方向。建议油气企业寻求合资合作，积极介入电解设备制造领域，加快自主研发电解水技术，努力降低设备和运营成本。同时发挥自身资源优势，发展可再生能源发电，为制氢提供绿色电力保障。成本分析表明，PEM 电解制绿氢成本较高，短期内与化石能源制氢还存在较大差距。PEM 电解槽设施由于使用了膜材料及铂、铱等贵金属，单位成本高于碱性电解槽，也高于化石能源制氢设备，但近年来 PEM 成本已降低了许多，且随着设备国产化有望进一步降本。因此，降低设备单位投资成本、提高制氢设备规模是实现 PEM 规模化制氢的关键。PEM 电解的运营和用电成本也有较大的降本空间，本文中假设可再生能源电力为 0.4 元 /（千瓦・时），如未来可再生能源电力成本能进一步下降，也有利于PEM电解的推广应用。此外，由于假设所用电能完全来自可再生能源发电，核算中绿氢项目的年运营时间仅为1800小时，如能增加电解槽运营时间，也有助于摊薄单位制氢成本。除PEM电解外，还可以关注固体氧化物等其他技术方向。

4 结语

氢能带来的新业务模式有可能成为油气企业战略转型的重要机遇和清洁低碳发展的关键环节，也对推动我国能源结构调整、能源安全保障、应对气候变化具有重要意义。虽然这一新兴产业正不断吸引更多的竞争者，但油气企业仍然具有相当的核心竞争力。

建议中国油气企业加快氢能布局，努力把氢能建设成实现“双碳”目标的重要载体和推动高质量发展的战略性新兴业务。一是要立足自身资源、业务和市场的优势，着力弥补在技术、人才和管理方面的不足；二是要关注技术革新、碳市场交易及氢能商业化应用形势，跟踪相关政策与规范，及时调整业务发展规划；三是要合理构建多方式低成本制氢体系，有序推进安全储运网络建设，积极探索氢能与其他新兴业务共同发展。其中，建立制氢体系是发展氢能业务的起点，是未来进军全产业链发展的基石。短期内，油气企业需在天然气供应成本、CCUS技术等方面下功夫，中长期则应筹谋发展绿氢及相关技术，增强企业综合竞争能力，实现油气企业低碳转型的突破式发展。

参考文献

[1] Intebnational Energy Agency. Global Hydrogen Review[R]. 2021.

[2] Abdin Z, Zafaranloo A, Rafiee A, et al. Hydrogen as an energy vector[J/OL]. Renewable and Sustainable Energy Reviews, 2020, 120: 109620. DOI:10.1016/j.rser.2019.109620.

[3] 中国氢能源及燃料电池产业创新战略联盟．中国氢能源及燃料电池产业白皮书[R]. 北京，2020.

[4] 仲蕊．量与质并重，加氢站管理迎“大考”[N/OL]. 中国能源报，2022. https://baijiahao.baidu.com/s?id=1734968356968172647&wfr=spider&for=pc.

[5] 金之钧，白振瑞，杨雷．能源发展趋势与 能源科技发展方向的几点思考[J/OL]. 中国科学院院刊，2020，35（5）：576–582. DOI:10.16418/j.issn.1000–3045.20200509002.

[6] 邹才能，张福东，郑德温，等．人工制氢及氢工业在我国“能源自主”中的战略地位[J/OL]. 天然气工业，2019, 39(1): 1–10. DOI:10.3787/j.issn.1000–0976.2019.01.001.

[7] 国家能源局．国家能源局发布2021年全国电力工业统计数据[EB/OL]. (2022–01–26)

[2022-07-04]. http://www.nea.gov.cn/2022-01/26/c_1310441589.htm.

[8] Pee A de, Pinner D, Roelofsen O, et al. Decarbonization of industrial sectors: the next frontier[R/OL]//McKinsey & Company. (2018)[2022-07-04]. https://www.mckinsey.com/~/media/mckinsey/business%20functions/sustainability/our%20insights/how%20industry%20can%20move%20toward%20a%20low%20carbon%20future/decarbonization-of-industrial-sectors-the-next-frontier.pdf.

[9] BP. Energy Outlook 2022 Edition: Report by British Petroleum[J/OL]. 2022: 57. https://www.bp.com/content/dam/bp/business-sites/en/global/corporate/pdfs/energy-economics/energy-outlook/bp-energy-outlook-2022.pdf.

[10] Hydrogen Council, Mckinsey & Company. Hydrogen for Net-Zero: A critical cost-competitive energy vector[J]. Hydrogen Council, 2021(November).

[11] International Renew Able Energy Agency. Geopolitics of the energy transformation: the hydrogen factor[R]//International Renewable Energy Agency. Abu Dhabi, 2022.

[12] Bloombergnef. New Energy Outlook 2021[R]. London, 2021.

[13] Baykara S Z. Hydrogen: A brief overview on its sources, production and environmental impact[J/OL]. International Journal of Hydrogen Energy, 2018, 43(23): 10605-10614. DOI:10.1016/j.ijhydene.2018.02.022.

[14] 朱兴珊，樊慧，朱博骐，等．“双碳”目标下中国天然气发展的关键问题 [J]. 油气与新能源，2022，34（1）：13-19.

[15] European Commission. A hydrogen strategy for a climate-neutral Europe: Vol. 2020[EB/OL]. (2020)[2022-04-07]. https://eur-lex.europa.eu/legal-content/EN/TXT/?uri=CELEX:52020DC0301.

[16] World Energy Council. National Hydrogen Strategies[R/OL]. (2021). https://www.worldenergy.org/assets/downloads/Working_Paper_-_National_Hydrogen_Strategies_-_September_2021.pdf.

[17] U.S. Department of Energy. Department of Energy Hydrogen Program Plan[R/OL]. (2020). https://www.hydrogen.energy.gov/pdfs/hydrogen-program-plan-2020.pdf.

[18] 国家发展改革委，国家能源局．氢能产业发展中长期规划（2021—2035 年）[EB/OL]. (2022-03-22)[2022-07-04]. http://zfxxgk.nea.gov.cn/2022-03/23/c_1310525630.htm.

[19] 第一财经．超三分之一央企布局氢能产业，氢能商业化利用仍存挑战 [N/OL]. 2021-07-18[2022-07-04]. https://baijiahao.baidu.com/s?id=1705602222947699117&wfr=spider&for=pc.

[20] 高慧，杨艳，赵旭，等 . 国内外氢能产业发展现状与思考 [J]. 国际石油经济，2019，4.

[21] Perna A, Minutillo M, Di Micco S, et al. Design and Costs Analysis of Hydrogen Refuelling Stations Based on Different Hydrogen Sources and Plant Configurations[J/OL]. Energies, 2022, 15(2): 541.

[22] 韩逸飞 . 十站九亏，加氢站投资热还能扛多久 [N/OL]. 中国能源报，2021[2022-07-04]. https://baijiahao.baidu.com/s?id=1688329408114797434&wfr=spider&for=pc.

[23] 徐东，刘岩，李志勇，等 . 氢能开发利用经济性研究综述 [J]. 油气与新能源，2021，33（2）：50-56.

[24] Sarrah Mcfarlane. Big Oil Companies Push Hydrogen as Green Alternative, but Obstacles Remain[N/OL]. The Wall Street Journal, 2021-07-26[2022-07-04]. https://www.wsj.com/articles/big-oil-companies-push-hydrogen-as-green-alternative-but-obstacles-remain-11627297201.

[25] Nikolaidis P, Poullikkas A. A comparative overview of hydrogen production processes[J/OL]. Renewable and Sustainable Energy Reviews, 2017, 67: 597-611.

“一区一率”政策下天然气管道运输项目经济评价探讨

张 峰

（国家管网集团工程技术创新有限公司）

摘　要：发改价格规〔2021〕818号文《天然气管道运输价格管理办法（暂行）》和《天然气管道运输定价成本监审办法（暂行）》（以下简称818号文）发布以来，“一区一率”“有无对比”的经济评价原则给相关工作者带来一系列的挑战。文章通过分析管输定价机制沿革，“一区一率”机制下管输运价率的计算，以及对某天然气管道项目“增量部分”的财务模型边界条件分析，得出以下结论：（1）管输定价新机制下仍需按“经营期评价法”对资本金内部收益率进行计算；（2）新机制下通过“服务成本法”计算的运价率不考虑融资方案的影响，资本金内部收益率可以更好地反应投资企业的盈利情况；（3）资金使用计划、融资方案等边界条件对资本金内部收益率的影响较大，在进行经济评价操作及评审过程中不应唯指标论，应同时关注财务边界条件的选取是否可行、是否合理。

关键词：一区一率；经济评价；运价率；融资方案；边界条件

引言

2022年7月12日，浙江省天然气管网融入国家管网的签约仪式标志着“全国一张网”有了新进展。“一区一率”机制下的管输运价率计算受油气“全国一张网”中长期发展规划影响较大。经济评价时，天然气管网四十年评价期的运价率的计算是一大挑战，新的定价机制下，部分项目的盈利能力指标难以满足基准收益率的要求，个别评价人员为了项目经济评价的通过，对原本通过较为科学的方法得出的市场预测数据进行调整，便失去了经济评价的意义。通过分析管输费定价机制沿革及“一区一率”运价率的计算，重点分析财务模型边界条件对资本金内部收益率的影响，以期采用合理的融资手段及边界条件的策划等科学手段，保证资本方的盈利能力，并对经济评价工作者和相关评审机构提出一些建议。

1 天然气管网管输费定价机制沿革

818 号文给经济评价带来的一大难题是运营期间“运价率”的确定，我国管输费大致经历了三个阶段[1]（图 1）。第一阶段从 1964 年的政府定价到 1984 年“拨改贷”，“利改税”的“老管线老办法、新管线新办法”，其间经历了 1976 年参照铁路货运价格按距离收费一段时间。此阶段，对老管线，国家统一运价标准；对新管线，考虑成本及合理利润，采用传统的财务基准收益率核算统一的运输价格。第二阶段从 1984 年至 2016 年，国家发展和改革委员会发布《关于印发〈天然气管道运输价格管理办法（试行）〉和〈天然气管道运输定价成本监审办法（试行）的通知〉》，该阶段进行了大胆的尝试，借鉴了国外的管输定价原则和思路，采用“二部制”定价方法对忠武线、陕京线系统进行了探索，并在 2013 年参照发电厂“标杆定价”原则对同一管径的天然气管道实行统一的管输费率。第三阶段为 2016 年以来以准许成本加合理收益原则核定管道运价率，准许成本加合理收益原则按核定范围又分为 2016 年按企业核定的“一企一率”及 2021 年按区域核定的“一区一率”。

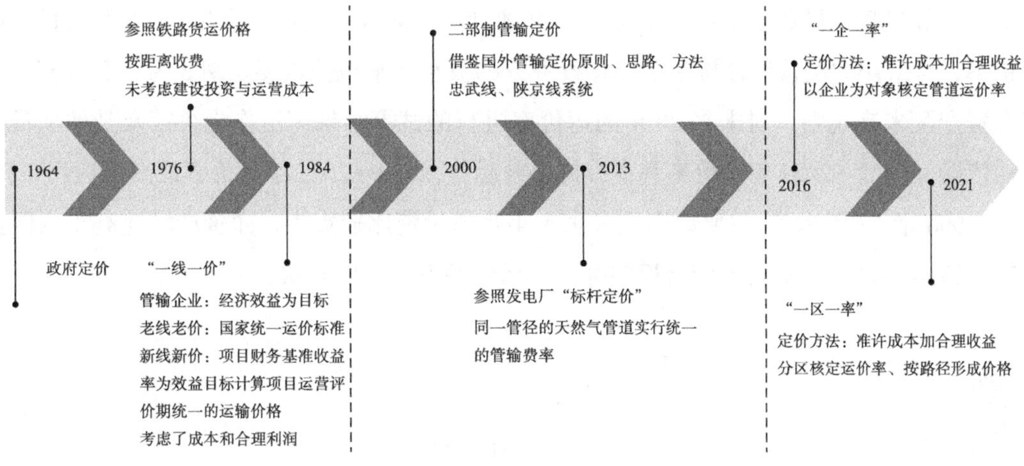

图 1 我国管网定价政策沿革路线图

2 “一区一率”下管输运价率的计算

“一区一率”政策下管输运价率的计算，较以往有了较大的变化，运价率不再单纯依靠某个项目或某个企业为对象进行计算，而是根据我国天然气市场结构和管道分布情况，以宁夏中卫、河北永清、贵州贵阳等管道关键节点为主要界限，将国家管网集团经营管道划入西北、西南、东北及中东部 4 个定价区域（以下简称价区），新建管道按以上节点划入相应价区，由国务院价格主管部门依据 818 号文核定。运价率的核定每 3 年一次，经济评价工作者需要计算未来 40 年的运价率，计算的准确性科学性是一大挑战，运价率计算可以依据图 2 所示流程进行，首先需要获取“无项目”状态下，管道所在价区的有效资产，依据 818 号文计算准许收益，继而得出准许总收入，通过管道总周转量计算得出运价率，在运价率计算的过程中，没有考虑融资方案的影响。

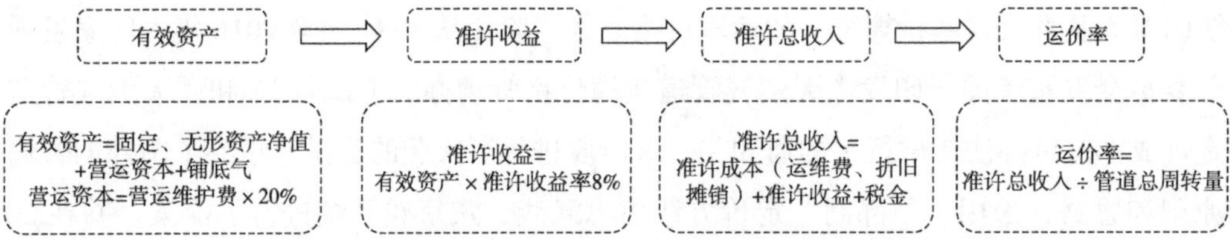

图 2 “准许成本加合理收益”运价率计算流程图

根据“818 号文”原则，在不新增管网投资的情况下，管网有效资产将逐年递减，运价率会呈阶梯形下降；当未来管网扩大建设，增加投资时，运价率会根据增加投资额、管道周转量等呈现不同趋势的阶梯形变化。准确计算未来评价期间“有项目”“无项目”的运价率，对采用“经营期评价法”计算投资方的盈利水平至关重要。图 3 为依据国家管网现有资产及未来规划，对未来 20 年的运价率进行的试算结果（不作为决策及其他项目评价的依据）,2022—2031 年运价率基本维持上升趋势,2029—2031 年运价率最高，达到 0.211 元 /（1000 米 ^{3} · 千米），主要原因是未来十年管道投资比较集中，净资产增速高于入网量增速。2034 年之后，随着投资规模的降低，运价率下降速度较快。

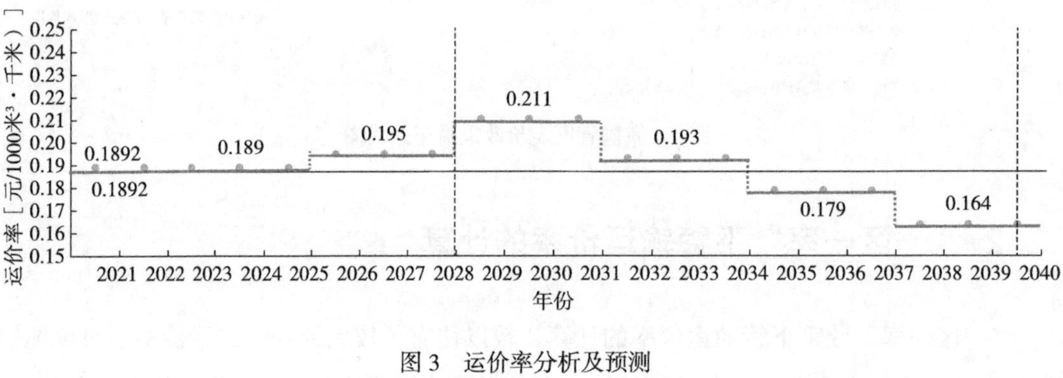

图 3 运价率分析及预测

3 财务分析盈利能力指标选用

项目财务评价主要分析项目的盈利能力、偿债能力和财务生存能力。企业在进行投资决策时，在保证偿债能力和财务生存能力前提下，特别关注项目的盈利能力分析。建设项目经济评价方法与参数（第三版），在进行项目盈利能力分析时，多以全投资内部收益率作为评价指标。“三桶油”及国家管网对天然气管道运输项目的盈利能力指标规定不尽相同，“三桶油”以全投资内部收益率为评价指标，国家管网以资本金内部收益率为评价指标。

全投资内部收益率不受融资方案的影响，又称融资前项目内部收益率。国家管网在积极推进各省内短途天然气管道的并入国家管网工作，以资本金内部收益率作为评价指标可以更加合理的评价资本方的收益情况，资本金内部收益率也是资本方高度关注的一项指标。考虑到项目可行性研究阶段边界条件选取不统一，有时与客观实际出入较大，造成结论不统一甚至相互矛盾的现象时有发生。进行财务评价测算前，应对既往实施项目的财务边界条件进行调查分析，多方落实拟建项目的财务边界条件。

4 财务模型边界条件对资本金内部收益率的影响

A项目天然气管道项目，线路长200千米，管径508毫米，设计输量16.3×10^8米^3/年，建设投资7.9亿元，

财务模型边界条件初始设定如下：

（1）静态投资：7.9亿元。

（2）建设期：2年。

（3）资金使用计划：第1年建设投资40%，第2年建设投资60%，年内均匀投入。

（4）资金结构：资本金比例30%，银行贷款70%。

（5）还款方式：12年等额本息偿还。

（6）折旧方式：折旧年限为40年。

4.1 建设期资金使用计划对内部收益率的影响

资金使用计划是对项目资金来源的使用进行计划、控制、监督、考核等工作的总称，是财务评价的一项重要内容，财务评价人员应编制科学合理的资金使用计划，如何平衡银

行贷款和自有资金的投放进度和投放数量会对项目的盈利能力造成一定的影响，

初始方案边界条件设定第 1 年的资金使用比例为 40%，当建设期第 1 年资金使用比例分别按 30%、40%、50%、60% 设定时，内部收益率分别为 7.68%、7.61%、7.54%、7.47%（表 1）。

表1　资金使用计划与A项目资本金内部收益率关系

第 1 年比例	30%	40%	50%	60%
资本金内部收益率	7.68%	7.61%	7.54%	7.47%

资金使用计划造成项目收益水平的变动原因，可以从两方面分析：一是不同投资计划造成项目建设期利息变动，第 1 年投资比例越大、建设期利息增加，项目总投资随之增加；二是从项目现金流量表来看，第 1 年投资比例增加，前期现金流出增加，相同的资本金内部收益率水下降。

4.2　资金结构对资本金内部收益率的影响

资金结构是指融资方案中各种资金的比例关系，国务院关于调整和完善固定资产投资项目资本金制度的通知（国发〔2015〕51 号）规定，天然气管道运输项目的最低资本金比例为 20%。“三桶油”对资本金比例的规定均依据（国发〔2015〕51 号）的规定，实际操作时，经济评价人员大多依 30% 的资本金比例进行评价。国家管网经济评价参数约定国家管网投资项目的资本金比例按 30% 进行。因“三桶油”均以全投资内部收益率为盈利能力评价控制指标，资本金比例对全投资内部收益率无影响。

目前，天然气管道运输项目在可行性研究阶段，基本可以确定项目的融资结构。A 项目资本金比例为 20%、30% 情况下，项目的资本金内部收益率分别为 7.93%、7.61%，如表 2 所示。

表2　资金结构与A项目资本金内部收益率关系

资本金比例	20%	30%
全投资内部收益率	6.34%	6.34%
资本金内部收益率	7.93%	7.61%

原因分析，全投资内部收益率为 6.34%，高于银行长期借款利率为 4.3%。贷款比例越高，项目财务杠杆效应越明显，资本金内部收益率越高。

应用资本金内部收益率作为盈利能力评价控制指标时，需要对相同资金结构下的指标进行比较才有意义。现实案例中，资本金比例不尽相同，当项目评价结果满足不了盈利能力控制指标时，评价人员可在政策范围内，进行多情景分析，设置合理的资金结构，与资本金盈利能力控制指标对比分析。

4.3 还款方式对资本金内部收益率的影响

财务模型中常用的还款方式主要有等额本金、等额本息、最大偿还能力 3 种方式。项目实施过程中，借款偿还并不局限于上述 3 种方式，一些财务状况和信誉状况较好的企业，可通过合理设置融资方案，增加项目的效益。

某企业的多个项目在签订还款协议时，考虑到项目的达产年限，约定了一定的还款宽限期（运营期第 1 年不偿还本金或前几年少偿还本金），并对后续的还款年限及还款本金额进行明确约定的“约定方式”还款。

情景 1：最大偿还能力。

情景 2：等额本金，还款年限 12 年。

情景 3：等额本息，还款年限 12 年。

情景 4：第 1 ~ 2 年不还本金，利息照付，第 3 ~ 12 年等额本金偿还的“约定方式”进行对比。

“等额本金”初期还款压力较大，以后逐年递减，“等额本息”每年还款本息额相等。财务评价操作人员习惯采用最大还款方式进行还款，这样可避免财务模型中现金流出现问题，出现短期借款的情况。但最大偿还能力还款方式在现实还款协议中不常见，表 3 所示为 A 项目采用四种还款方式计算的内部收益率，全投资内部收益率不受还款方式影响，保持 6.34% 的收益率不变，资本金内部收益率根据还款方式的有不同程度变化。基本规律为，相等还款期限内，还款后移，资本金内部收益率增大，对企业资本方较为有利。

表3 还款方式与A项目资本金内部收益率关系

还款方式	最大偿还	等额本金	等额本息	约定方式
全投资内部收益率	6.34%	6.34%	6.34%	6.34%
资本金内部收益率	7.51%	7.49%	7.61%	7.97%

4.4 “等额本息”时还款年限对内部收益率的影响

天然气管道运输项目收入比较稳定，投产后一般可在 10 ~ 12 年时间内还清贷款。表 4 分析了等额本息还款方式下还款年限为 10 年、12 年、14 年 3 种边界参数下的内部收益率。结果发现，10 年等额本金偿还时，财务现金流难以保证，需要进行短期借款；12 年、14

年等额本金偿还时，现金流量充足。总体来看，还款期限越长，资本金内部收益率越高。

表4 还款年限与A项目资本金内部收益率关系

还款年限	10 年	12 年	14 年
全投资内部收益率	6.34%	6.34%	6.34%
资本金内部收益率	7.36%	7.61%	7.88%

4.5 不同边界条件的组合分析

情景 1：静态投资 7.9 亿元，建设期 2 年；第 1 年建设投资 60%，第 2 年建设投资 40%；资本金比例 30%，银行贷款 70%；10 年等额本金偿还；其他条件与情景 2 相同。

情景 2：静态投资 7.9 亿元，建设期 2 年；第 1 年建设投资 30%，第 2 年建设投资 70%；资本金比例 20%，银行贷款 80%；第 1 ~ 2 年争取还款宽限期，第 3 ~ 14 年等额本金偿还；其他条件与情景 1 相同。

不改变建设投资、营业收入、经营成本、管输量及运价率的情况下，仅通过对资金使用计划、资金结构、还款方式 3 项边界参数进行组合调整，得出资本金内部收益率（税后）为 7.16% 和 9.54% 的两种情景（表 5），以资本金内部收益率为 8.5% 为评价控制标准，情景 1 不可行，情景 2 可行，如果仅从资本金内部收益率来做判断，会得出不同的结论。

表5 不同边界参数与A项目资本金内部收益率关系

边界参数	情景 1	情景 2
资本金内部收益率	7.16%	9.54%

5 结论及建议

（1）“一区一率”政策下，基于“准许成本加合理收益”计算的运价率，并未考虑资金结构、融资方案的影响。采用定价新机制计算出运价率后，仍需按传统的“经营期评价法”对资本金内部收益率进行计算。

（2）“全国一张网”背景下，基于“准许成本加合理收益”的准则进行经济评价的难度较大，经济评价人员应与项目各参与方多方交流，收集掌握“无项目”情况下的数据，科学计算“有项目”“无项目”情况下的管输运价率，合理计算项目的盈利能力。

（3）以资本金内部收益率作为盈利能力控制指标，在社会资本参与的项目中，可更明确的反应资本方的盈利能力。资本金内部收益率受融资方案等财务边界参数影响较大，评审、决策机构不应唯指标论，应在评价边界参数的合理性、可行性的基础上进行判断。

（4）财务模型资本金内部收益率指标受边界参数影响较大，在进行财务评价测算前，应多方落实拟建项目的融资方案等财务边界条件。根据项目情况，提出优化融资方案的建议、科学配置资金结构、合理安排还款方式和还款期限，确定可行的边界参数后，再做财务评价，避免得出不实甚至错误的结论。

（5）加大对既有项目的数据收集分析工作，认真做好既有项目的后评价工作，谨慎、科学地选择财务模型边界条件，不应简单地复制套用其他项目。

参考文献

[1] 芮旭涛 . 天然气管输定价机制改革对管道项目经济评价工作的影响 [J]. 天然气工业，2021（11）.

[2] 国家发展改革委 建设部 . 建设项目经济评价方法与参数（第三版）[M]. 北京：中国计划出版社，2006：203.

[3] 李志勇 . PPP 项目财务盈利能力分析及应用建议 [J]. 建筑经济，2018（4）.

[4] 张颙，徐博 . 对完善我国天然气管输定价机制的思考与建议 [J]. 国际石油经济，2019，27（6）：11–17.

[5] 毛家义 . 中国天然气管输价格管理体制与定价机制的历史演进 [J]. 国际石油经济，2017，25（12）：31–37.

[6] 国家发展和改革委员会 . 关于核定天然气跨省管道运输价格的通知 [EB/OL].（2017–08–29）[2021–04–30].

中国汽油消费市场特点及“后疫情时期”趋势研判

韩 冰[1] 齐 超[1] 缪 勇[2]

（1. 中国石油天然气股份有限公司销售分公司；2. 中国石油江西销售分公司）

摘 要：近几年，中国汽油消费市场呈现六大特点：消费量增长缓慢、消费区域集中、消费季节性明显、资源供应多元、运营平台化及新能源替代加速。进入“后疫情时期”，短期看，国内汽油消费将更早迎来峰值平台期、加油站运营移动化进一步加速、政府监管更加规范、汽油资源更加注重国内循环。长期看，在汽油需求见顶的大趋势下，国内汽油消费市场竞争将更加白热化。建议汽油消费市场相关企业从源头加快总量控制和结构调整，在销售中采取更加积极的营销策略，密切关注新能源对汽油消费市场的冲击和以自动驾驶为代表的新技术的应用，以赢得在“后疫情时期”的发展空间。

关键词：汽油消费；汽车保有量；结构调整；新能源汽车；“后疫情时期”

引言

2022年中国汽车保有量达到3.19亿辆，与上年相比增速为5.8%，全国共有84座城市的汽车保有量超过100万辆[1]。虽然新能源汽车保有量迅猛扩张，在2022年底已达到1310万辆，保有量渗透率达到4.1%，使得中国汽车燃料结构发生了一定变化，但庞大的传统燃油汽车保有量使中国汽油表观消费量基本上保持上升态势。近年受新冠疫情管控影响，上涨态势一度中断。随着新冠疫情防控优化后出行复苏，以及人们更加注重安全距离的防疫心态，预计2023年中国汽油表观消费量与上年相比将大幅增长，并恢复到新冠疫情前水平。高企的汽油消费量造就了中国庞大的汽油消费市场，同时形成了较为鲜明的市场特点。虽然优化后的新冠疫情防控措施对市场的冲击在逐渐减弱，但其对汽油消费的长期趋势影响仍值得关注。

1 中国汽油消费市场特点

中国汽油消费量中的94%由乘用车所消耗[2]，其余主要由摩托车所消耗，所以乘用车的保有量及销售情况是汽油消费市场的基石。中国汽油表观消费量与乘用车销量一样，在经历了多年中高速发展后正逐渐转向中低速甚至阶段性负增长时期（图1）。从近年发展情况看，中国汽油消费增速虽高于乘用车销售增速，但两者差距已越来越小，并有被反超趋势，这从一个侧面反映出中国汽油消费市场已进入了从增量竞争向存量竞争转变的过程[3]。

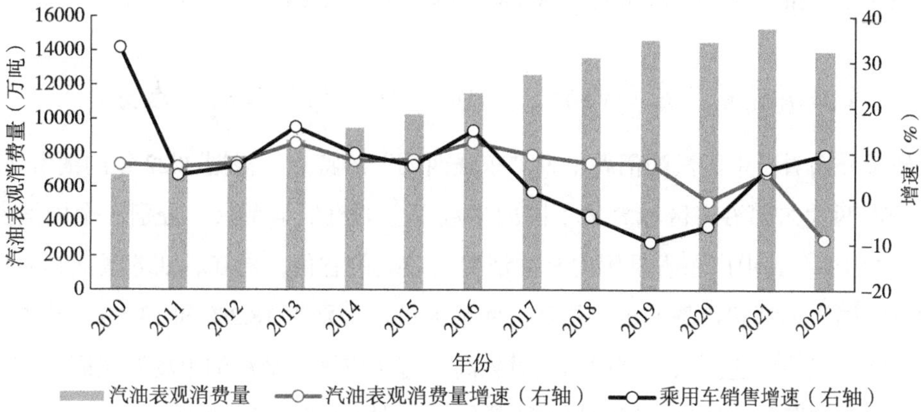

图1 2010—2022年中国乘用车销售增速和汽油表观消费量变化趋势

数据来源：国家发改委；中国汽车工业协会

1.1 汽油消费进入峰值平台期，增速趋缓

2016年之前，汽车在中国还处于普及期的中前阶段，乘用车快速大量进入家庭。中国汽车保有量从2010年的0.91亿辆增长到2015年的1.72亿辆，6年增量超过8100万辆，年均增速达到13.6%。在此推动下，汽油消费量也呈现快速增长态势，年均增速达到8.9%的高水平。进入2016年后的“十三五”期间，汽车向普及期的中后阶段迈进，保有量增速开始由两位数逐渐转向个位数，目前增速维持在7.5%。与此同时，汽油表观消费量增速进入下行通道，“十三五”期间年均增速下滑到5.9%。从国际汽车市场发展经验看（表1），随着2021年千人汽车保有量突破200辆大关后，中国将进入汽车普及期的最后一个阶段——中低速增长阶段，汽油表观消费量增速将继续下移。预计“十四五”（2021—2025年）期间中国将进入汽油表观消费量的峰值平台期，年均增速为3.4%，较“十三五”

年均增速下降 2.5 个百分点，“十五五”（2026—2030 年）期间将进入负增长通道。

表1　汽车市场发展的典型规律

发展阶段	增长特征	千人汽车拥有量（辆）	人均 GDP（1990 年国际元）	年均增速
孕育期	低速	0 ~ 5	小于 3500	—
普及期	超高速	5 ~ 20	3500 ~ 4500	18% ~ 21%
	高速	20 ~ 100	4500 ~ 9000	19% ~ 20%
	中高速	100 ~ 200	9000 ~ 12000	11% ~ 12%
	中低速	200 ~ 400	12000 ~ 16000	4% ~ 5%
饱和期	低速	400	16000	1% ~ 2%

注：“国际元”是在多边购买力平价比较中，将不同国家的货币转换为统一货币的计算方法。

1.2　汽油消费量“东强西弱”，增速呈现“南强北弱”态势

从地域分布看，中国汽油消费呈现“东强西弱”的特点。根据 2022 年的消费量数据，华东、华南两大东部沿海区域聚集了国内半数以上的汽油消费量，分别占全国消费量的 30.0% 和 23.1%。其中广东省是国内汽油消费量最大的省份，浙江、江苏紧随其后。华北和西南是中国汽油消费市场的第二梯队，两地区占比分别为 18.2% 和 13.3%。其中黄河中游和长江中游经济增速及人口密度均相对较高，有望成为未来汽油市场发展潜力较大的区域。东北和西北两大区域汽油消费量占比最低，分别为 8.7% 和 6.8%。

从消费量年增速看，因 2022 年各地区汽油消费量受新冠疫情扰动较大，2021 年更能体现出近年来以资源工业为主的北方经济增速逐渐落后于以工业产成品为主的南方经济增速的情况。尤其是新冠疫情暴发以来，南北经济复苏差异更加明显，汽油消费增速也呈现“南强北弱”的局面。相较于新冠疫情暴发前（2019 年），2021 年北方地区汽油消费增速为 8.4%，其中西北增速为 10.3%，华北增速为 8.1%，东北增速为 8.0%；南方地区汽油消费整体增速为 10.9%，高于北方地区 2.5 个百分点，其中华东增速为 11.3%，西南增速为 10.9%，华南增速为 10.8%。

未来，随着各区域进入汽车普及期的中低速阶段的先后顺序不同，东部地区的汽油消费增速将率先收窄，西北和华南地区的增速还将维持在一定的高位。预计在“后疫情时期”，西北和华南区域的汽油消费增速将高于全国平均水平。

1.3　汽油消费季节性明显，呈现“双峰”“双谷”波动

汽油消费市场与居民生活密切相关，销售量受气候和节假日的影响较为明显。一般来

说，随着春季气温升高，人们的出行强度会有所加大，汽油消费量将有所增长，夏季消费量升至年内高峰，叠加节日及假期出行，汽油消费量呈现出显著的季节性波动特点。近几年，中国汽油消费量的最低点一般出现在春节附近的二月，之后呈现逐月回升的态势，直至五一劳动节小长假上半年出行强度达到峰值，汽油消费也迎来年内第一个高峰；进入六月，出行强度进入蛰伏期，汽油消费量再次跌至阶段性谷底，随着七八月暑假出行以及空调用油爆发，汽油消费量迎来年内第二个高峰；此后至次年春节，随着天气转冷汽油消费量呈现缓慢波动下降的态势。近几年，年内汽油消费量均值的峰谷差受新冠疫情的影响十分显著，峰值较谷值高出近 30%（图 2）。

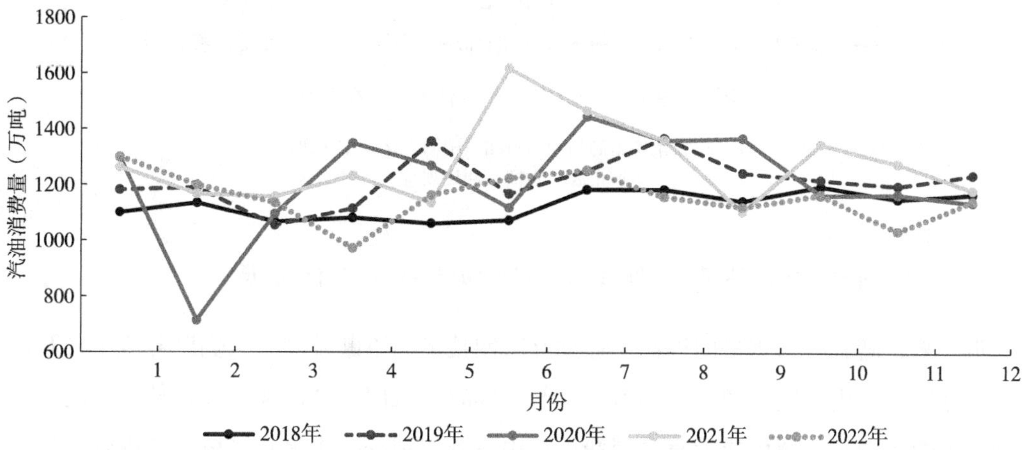

图 2 2018—2022 年中国汽油消费量季节性趋势

数据来源：国家发改委

1.4 地方炼厂汽油产量市场份额迅速大幅上升

2016年之前，包括中国石油、中国石化、中国海油的主营单位在汽油消费资源供应中占有绝对的市场地位，汽油产量份额从来没有低于 90%。进入 2016 年后，局面大幅扭转，地方炼厂在市场中拥有越来越大的话语权。一方面，地方炼厂在获得原油进口权资质后，基本解决了加工原料问题，生产主动性更强；另一方面，凭借淘汰落后产能、降低用工和税费负担以及得到地方政策倾斜等，炼油成本显著降低，产品质量逐步得到市场认可，发展进入快车道[4]。地主炼厂汽油产量从 2015 年的 1011 万吨迅速上涨到 2020 年的 4482 万吨，在国内市场的产量份额从 9% 上升到最高点的 28%。近两年虽受新冠疫情、高油价及市场整治的影响，地方炼厂汽油产量份额稍有所下滑，但仍保持在高位水平（图 3）。

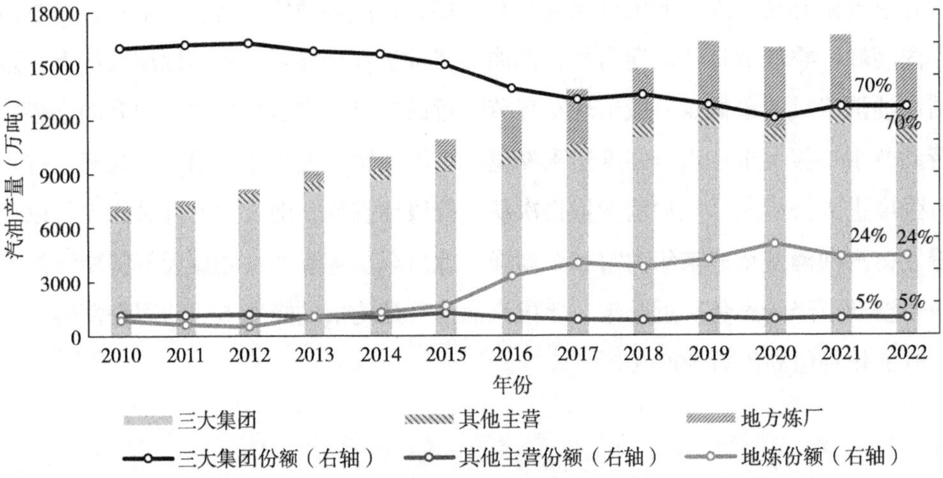

图 3　2010—2022 年中国汽油产量份额变化

注：三大集团指的是中国石油、中国石化、中国海油
数据来源：中国石油规划总院

1.5　92 号汽油的消费客群与互联网加油平台互促发展

近年来，随着收入水平的提高、移动互联网技术的不断发展，人们已养成了在互联网平台上呼叫并使用便捷交通方式的习惯。与此同时，低门槛的职业特性，使得以网约车司机为代表的运营车辆司机成为汽油消费市场中不容忽视的一个客户群体。考虑到营运的盈利性及汽车属性，网约车司机基本以加 92 号汽油为主，且易被低价油品所吸引。叠加出租车加油需求，92 号汽油的消费属性越来越多地从价格不那么敏感的终端居民消费变成价格非常敏感的生产资料消费。正是因为看到了该庞大的汽油需求群体，很多互联网公司经营起了加油业务，并纷纷推出自己的加油平台。凭借高额的补贴优惠，互联网加油平台上聚拢了大量客户，割裂了原本由加油站与客户间建立起的联系，造成网约车司机在中国石油、中国石化两大集团加油站的加油意愿低迷，也凸显了“互联网 +”对原有成品油市场的巨大冲击。

1.6　新能源对汽油消费的替代加速，呈现“滚雪球”效应

经过多年的政策鼓励及淘汰竞争后，近年新能源汽车销量呈现加速态势。中国新能源乘用车销量从 2017 年的 57.8 万辆上升到 2022 年的 654.8 万辆，年均增幅为 62.5%；同期燃油乘用车销量则从 2471.8 万辆下降到 2356.3 万辆，年均降幅为 1.0%。虽然新能源汽车保有量占整体汽车保有量的规模还较小，仅为 4.1%，但从新车销售情况看，已呈

现“滚雪球”的加速效应。根据中国汽车工业协会的数据，2018 年底新能源乘用车新车渗透率仅为 4.2%，到 2021 年已达到 13.9%，2022 年达到 25.6%。根据《新能源汽车产业发展规划（2021—2035 年）》，“十四五”（2021—2025 年）期间中国新能源汽车年销量将迎来爆发式增长，在“十四五”末期将达到 640 万辆的规模，在 2035 年基本实现电动化转型。“十四五”末期的新能源汽车销量目标已提前 3 年实现。电动汽车及氢能汽车等新能源汽车销量和保有量的快速增长，必将逐步替代燃油汽车市场的份额，预计“十四五”后将迎来由量变到质变的临界点。新能源汽车对汽油的替代量将由目前的 330 万吨 / 年提升到“十四五”末期的 920 万吨 / 年，在对汽油总替代量中的占比从 33% 上升到 50% 左右。

2 “后疫情时期”中国汽油消费市场趋势研判

如上文所述，中国汽油消费市场目前虽受庞大的传统燃油车保有量惯性推动，仍处于持续上升的态势，但本次新冠疫情给汽油表观消费量带来了一定的冲击。2020 年 2 月新冠疫情最严重时，中国汽油表观消费量下降了 41.3%。此后受新冠疫情起伏影响，2021 年部分单月也呈下降趋势，其中 9 月降幅更是达到 19.3%。2022 年初短暂正增长后，再次受上海地区新冠疫情影响，从 3 月起汽油单月消费量再次大幅负增长。进入后疫情时期，中国汽油消费市场预计还将呈现一些新的特点。短期看，中国汽油消费将更早迎来峰值平台期，加油站运营移动化进一步加速，政府监管更加规范，汽油资源更加注重国内循环。长期看，在汽油需求见顶的总体趋势下，现行竞争已白热化的中国汽油消费市场竞争将更加激烈。

2.1 汽油消费量将更早进入峰值平台期

对汽油表观消费量峰值的预判应考虑多方面因素。从内生动力看，“十四五”期间中国汽车保有量整体增速将保持年均 4%[5]。根据美国的典型经验[6]，全社会行驶里程将迎来缓慢下降过程，“十四五”期间内生动力将会有所减弱；在新增动力方面，“十四五”期间乘用车新车销量虽会逐渐回升，但年均 4% 左右的增速对支撑汽油消费增长稍显乏力；从替代角度看，新能源汽车的快速发展和已成潮流的车辆能耗降低必将加快汽油峰值的到来，且高速铁路和轨道交通的替代、环保理念的推广，都在显著减少车用汽油的消费量。再考虑到新冠疫情对经济的冲击以及对消费和财富的深远影响，预计在“后疫情时期”，中国的汽油消费量将在 2026 年的 1.75 亿吨左右进入峰值平台期，在“十五五”（2026—2030 年）前中期进入下降通道。

2.2 汽油消费市场正进入移动加油时代

在万物互联的智能浪潮下，很多汽油消费者手机里都安装有加油 APP，本次新冠疫情更是加速了这个进程。在体验到了互联网公司的“烧钱补贴”及较为便捷的“无感支付”后，很多客户感受到了比传统加油流程更友好的消费体验。目前，客户已可以使用手机基于位置的服务（LBS）导航到达附近加油站，在线支付，享受相应折扣，全程不下车，加油效率提升 60% 以上[7]，越来越多的加油站正加速进入移动加油时代。截至 2020 年年底，互联网加油平台数量多达 80 个，共有超过 1.2 万座加油站加入了平台，头部 3 家覆盖的加油站数量之和约占 70% 以上，占比较高的是团油（42%）、平安好车主（15%）和小桔加油（14%）。“后疫情时期”将有越来越多的站点加入移动加油这一浪潮中来。

2.3 汽油市场税收监管将愈加严格

随着 2021 年 6 月 12 日《关于对部分成品油征收进口环节消费税的公告》正式执行，混合芳烃视同石脑油按 1.52 元 / 升的单位税额征收进口环节消费税，这在很大程度上堵住了调和汽油消费市场税收漏洞。此前因为进口混合芳烃多经加工后成为不符合国家标准的汽油，再通过各种方式规避、偷逃大量成品油消费税，流向非法经营渠道，导致每年大量国家财政收入流失，扰乱了汽油市场的公平竞争秩序。2022 年，中国混合芳烃进口量为 20.5 万吨，与上年相比下降 95.1%。目前看，这项政策的出台不仅是针对传统地方炼厂落后产能淘汰、治理社会隐形资源发力，还在一定程度上缓解了汽油供需基本面矛盾。2023 年，随着全国成品油市场整治工作持续深入，预计将有更多的调和汽油原料进入征收消费税名录。在政策高压下，未来国家对汽油市场及成品油市场的严格监管已成为行业常态。

2.4 汽油消费将更多进入国内大循环

近几年，在中国炼油产能持续扩张、隐形资源巨大的背景下，成品油资源供应过剩形势严峻，国家商务部积极鼓励成品油出口来化解压力。从近年商务部下发的成品油出口配额可以看出，中国成品油出口配额“十三五”期间呈快速上升的趋势，2020 年配额总量以 5903 万吨成为有史以来的最高水平（图 4）。但在碳达峰碳中和目标、环保压力及高质量发展的要求下，单纯依靠出口缓解成品油市场过剩的方式得到扭转。2021 年下半年中国成品油出口配额骤降，全年配额仅为 3778 万吨，比 2020 年相比大跌 36%。2022 年，成品油出口配额基本维持在 2021 年的水平，合计下发 3725 万吨，与上年相比下降 1%。这预示着在碳达峰碳中和战略背景下，中国成品油加工贸易“大进大出”的格局将逐渐转变为以“国内大循环”为主。

“后疫情时期”，虽然在短期内为了拉动相关产业的复苏，出口配额可能会有一定的增长空间，但随着中国能源高质量发展进程的深入，出口配额下降带来的成品油出口紧缩是不可逆的。同时，随着国际局势的变化，“减油增化”（炼油厂减少成品油产量，增加化工品产量）将进一步压缩国内汽油资源，生产的汽油资源将更多地参与到国内大循环中。

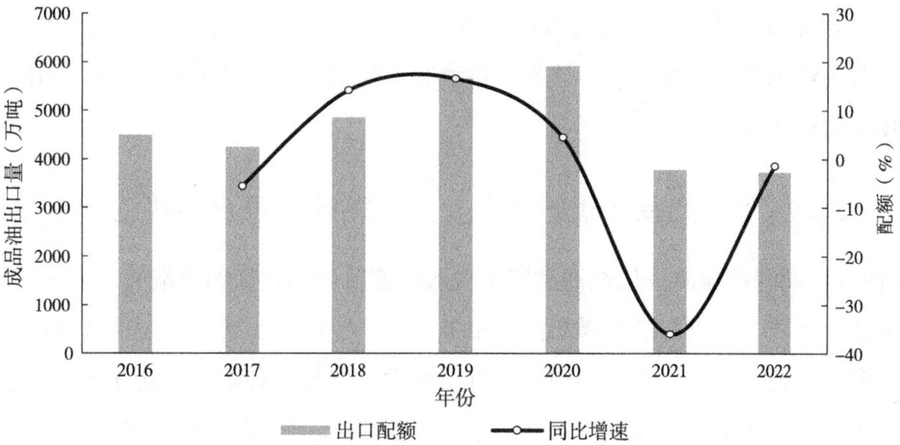

图 4　2016—2022 年中国成品油出口配额

2.5　汽油市场的存量竞争将更加白热化

中国炼厂的一次加工能力近年来不断上涨，从 2017 年的 8.1 亿吨 / 年上涨到 2022 年的 9.8 亿吨 / 年，资源明显过剩已改变了市场竞争的核心矛盾。随着汽油消费量进入平台期以及出口配额减少，汽油市场提供给竞争主体的消费增长空间越发狭小。在存量竞争阶段，市场主体的竞争将更多地从网络扩张转到在细分市场中具有比较优势。在“后疫情时期”，能够在购进成本、服务差异及顾客体验等方面形成优势，才能在未来此消彼长的竞争中赢得发展空间。

3　发展建议

3.1　炼化行业应未雨绸缪

在中国汽油消费不久将进入峰值平台期并迎来下降拐点之前，作为汽油产业链上重要一环的炼化行业要避免国内汽油市场严重供应过剩，加快总量控制和结构调整。2022 年中国成品油产需差为 3255 万吨，其中汽油占 38%。据统计，“十四五”期间中国还将至少增加 1 亿吨 / 年的炼油产能，届时汽油过剩的局面将更为突出。建议中国炼化行业一方面加快对现有落后产能的淘汰工作，另一方面通过“减油增化”“炼化一体化”等降低燃料油品收率。

3.2 成品油销售企业应采取更加积极的汽油营销策略

“十四五”期间，汽油市场将像汽车市场一样，面临着从增量竞争向存量竞争的转变，成品油销售企业应主动丢弃在增量市场中的“坐商”思维，通过“批零一体化”等方式，将更多的营销资源投入市场一线，让真正接触客户的销售人员有更加灵活的营销策略，在存量市场中取得竞争优势。

3.3 新能源替代已成为燎原之势，各大石油公司应尽快适应市场转变

“十四五”期间新能源替代汽油消费将进入快速发展期，加油终端的“人·车·生活”生态圈应适应形势，不仅持续为燃油汽车服务，还应积极在新能源服务领域进行尝试，并在已有资源和场地上进行互补式的创新开发，探索一条与原有业务共同发展的道路。尤其要关注自动驾驶技术对汽油消费的影响，自动驾驶如果实现了技术突破以及大范围推广，将对汽油市场带来巨大且深远的影响。

参考文献

[1] 公安部交通管理局 . 2021 年全国机动车保有量达 3.95 亿　新能源汽车同比增 59.25%[EB/OL]. (2022–01–11). https://www.mps.gov.cn/n2254314/n6409334/c8322353/content.html.

[2] 丛新兴 . 从汽车行业变化研判中国汽油消费峰值 [J]. 国际石油经济，2019（8）.

[3] 齐超，李伟，孔劲媛 .“十四五”期间乘用车市场发展及对汽油消费的影响分析 [J]. 石油商技，2020，38（5）：52–58.

[4] 韩冰，丁少恒，原诺亚 . 中国柴油市场格局演变及趋势 [J]. 油气与新能源，2021，33（6）：15–18.

[5] 丁少恒，邢治河，单海杰 .“十四五”初期中国成品油市场特征与行业发展建议 [J]. 国际石油经济，2022，30（4）：63–71.

[6] 邢治河，仇玄，魏昭 . 中国成品油供需关系演进二十年回顾与“十四五”展望 [J]. 油气与新能源，2021，33（3）：22–26.

[7] 魏勇，付斌，段海涛，等 . 加油站全流程诊断与优化管理创新实践 [J]. 中国石油企业，2021（10）：51–57.

论石油“叙事”的时代变迁

赵公正
（国家发展和改革委员会价格监测中心）

摘　要：石油“叙事”就是讲石油经济故事，借用文学故事的概念，尽可能地将经济分析置入历史真实的环境之中，着重刻画历史事件中关键人物的心理和行为变化，重现决策过程，让经济行为更为真实可信。面对风起云涌的现代石油史，笔者挑选了几个重要的石油叙事题材，试图重现当时的决策环境，重点阐述石油叙事的历史变迁，给读者一个全新的可读的视角。党中央提出，要加快构建中国话语和中国叙事体系。展现可信、可爱、可敬的中国石油形象，中国式的石油叙事还有很多工作要做，本文仅是抛砖引玉式的尝试。

关键词：石油史；叙事经济学；石油叙事

引言

本文将叙事法引入石油经济研究领域，结合150多年世界石油工业发展史，重点研究了石油的“黑金”叙事、“杯葛”叙事、“枯竭”叙事等传统叙事，对比研究了现代石油美元叙事、定价权叙事和低碳叙事，以及新石油叙事的发展趋势，揭露石油叙事背后的利益博弈，总结石油叙事的一般规律，对如何建立中国石油叙事框架、讲好中国石油故事做了初步的探讨。作为一篇综述性论文，笔者试图用简练的文字再现石油叙事的关键情景，将读者引入叙事环境之中，更加深刻理解“话事人”和叙事效果。该文一定程度上弥补了石油经济研究在方法论上的空白，对从业人员创新工作思路、提高写作方法、做好舆情宣传有一定的参考意义。

1 叙事经济学和石油叙事

叙事一词来自英文"Narrative"，按照韦氏词典，叙事是"呈现或解析一种情景或一系列事件的一种方式，这种方式会反映并促成一种特定的观点或一系列价值观"。简单地理解，叙事是讲特定的故事，强调情景再现和重要元素之间的关系推演，观点易被听众接受。如果听众相信并接受了故事的情景和逻辑，可以认为这是一个成功的叙事，此时叙事等同于中文语境的"讲故事"。

叙事广泛应用于人类学、政治学、社会学、历史学、心理学和文学等领域，但传统经济学家在研究重大经济事件时候很少关注这些事件的情景叙事。即使有经济学家呼吁采用更全面的实证研究，但主流经济学研究对叙事并不重视。郭荣星教授于2004年发表了《分析叙事法：社会科学研究的一种新方法》的国际文献综述，强调叙事在制度变迁中的重要性，但在国内反响有限。2019年，耶鲁大学罗伯特·希勒的《叙事经济学》(*Narrative Economics*)出版，次年中文版由中信出版社出版发行，叙事开始引起关注。希勒教授最为国人所熟悉的著作是2000年出版的《非理性繁荣》(*Irrational Exuberance*)，2013年因在"资产价格实证分析方面的贡献"获得诺贝尔经济学奖。

在《非理性繁荣》一书中，希勒通过对完全有效市场和理性经济人假设的质疑，把心理因素和行为分析应用到金融领域，认为非理性繁荣的主要原因在于非有效市场和非完全理性的参与主体，进而开创了行为金融学。在《叙事经济学》中，希勒把经济学带回有温度的、人情味儿的现实世界中，开创性地分析了经济叙事的心理传导机制及其对经济的影响。如希勒所言："我们很少看到专业经济学家在解读过去或预测未来时引用商人、报纸撰稿人的观点，出租车司机的看法就更不必提了。"对于2022年国际通胀形势，刘元春教授在2022年的研究指出"以往所有宏观预测模型和方法都存在系统性偏误"。他进一步指出：经济学家的预测不如企业家、企业家不如居民。实际上，老百姓特别是经常购物的居民，对物价感受最为真实，对通胀的预测最准。专家和报纸对物价的判断，抵不过邻居们的涨价闲聊。实证经济研究不是象牙塔的假设和辩论，一定要贴近生活，看老百姓怎么做、怎么说。

希勒希望，经济学家通过对流行叙事的经济影响构建模型，以帮助预测经济事件。他提出了叙事经济学的7个构想，来识别和审视有重要意义的经济叙事：流行趋势可快可慢，可大可小；重要的经济叙事可能只包含一小部分热门话题；多维度叙事比单一叙事更有影响力；叙事的经济影响可能会随时间的推移而变化；真相不足以阻止虚假叙事；人情味、身份认同以及爱国情怀等附加元素有助于叙事传播。

“在新型冠状病毒肆虐之际，以流行病学为理论模板的叙事经济学之出场似乎稍显苦涩。但是，新冠疫情的肆虐无法抹杀叙事经济学对当下世界经济趋势的真知灼见。”卜祥记教授（2021）在《叙事经济学的理论贡献及其限度》的开篇就植入“故事”背景，并进一步评论指出：在对西方主流经济学的反思谱系中，叙事经济学的出场无疑是引人瞩目的重大理论事件。不过，在国内石油经济的学术研究领域，石油叙事的概念和论文仍显空白。[1]但是在历史和经济类的畅销书中，石油是一个经久不衰的叙事话题。丹尼尔·耶金博士的《奖赏：石油、金钱与权力全球大博弈》荣获“普利策”大奖，被国际媒体赞誉为一本石油圣经。作者引用了大量史料，以政治、财富为叙事主线，力图将读者置身于当时环境故事中，是典型的叙事体。本文试图将叙事方法引入国内石油经济研究领域，作为一篇综述类研究，通过抛砖引玉，期望后来者有更深入全面的石油叙事。

2 传统石油叙事

在现代石油工业 150 多年的历史中，美国上升到世界第一的位置，围绕着美西方对全球石油资源的争夺和控制，政治、战争和霸权始终是叙事主线。同期，成长起来的西方石油巨头历史悠久、举足轻重、富可敌国，美国政府和西方石油公司扮演了叙事的“话事人”角色。

2.1 石油的“黑金”叙事

以“黑金”来指代石油，“黑”是它的颜色，“金”则是它的价值。石油所蕴含的巨大的工业价值、经济价值和军事价值，直接影响着世界的发展。甚至从某种程度上讲，世界仍处于“石油文明”时代。石油的“黑金”叙事，实质上是政治叙事，包括因此带来的战争，以及世界秩序和治理框架的变化。因此，“黑金”叙事可以用美国前国务卿基辛格的名言“谁掌握了石油，谁就控制了所有的国家”给予高度概括。

法国记者马修·奥扎诺所著的《黑金：石油帝国的兴衰与世界秩序的改变》，讲述黑金国家的崛起。伴随着石油巨头的扩张之路，帝国将触角伸向各个角落，由此拉开了世界秩序深刻变化的大幕。从两次世界大战的走向到世界范围内的民族解放运动，从两次石油

[1] 以“叙事”为主题词的知网搜索有17万篇文献；以“石油叙事”为主题词搜索只有5篇文献，其中2篇是摄影、2篇是记录文学、1篇是医学。

危机到两伊战争、海湾战争，这些近代历史的重大事件都有相同的背后推手。

众多的“黑金”叙述中，我们举一个“洗衣粉”的叙事实例，来说明如何将故事讲成易于传播的叙事，其中包含了象征性、名人效应、虚假和时间变化等多重叙事元素。2003年2月5号，美国国务卿鲍威尔在联合国大会上，手持一管药剂，并称这是在伊拉克发现的大规模杀伤性武器。一个半月后，美国对伊拉克宣战。2005年，他在接受采访时承认联大发言是自己的“污点”。2007年，俄罗斯总统普京接受采访时调侃说，“鲍威尔摇晃的那一小瓶不明物质，说是化学武器证据，里面搞不好是洗衣粉”，给鲍威尔的虚假陈述贴上“洗衣粉”的标签。持续8年的伊拉克战争，美军没能在伊拉克找到第二瓶“白色粉末”。在很多伊拉克人眼里，“他的证词导致数百万伊拉克人死亡，他手上沾满了鲜血”，这瓶“洗衣粉”改变了他们一生。2021年11月，鲍威尔因感染新冠肺炎去世，“洗衣粉”的叙事再被提起，曾向小布什扔鞋的伊拉克记者扎伊迪说：“上帝的法庭等着他。”

2.2 油价的“杯葛”叙事

杯葛是爱尔兰的一个地主，1880年农作物歉收，杯葛提出将租金削减10%，租户要求削减25%。杯葛拒绝后，租户联合起来集体反对，迫使杯葛离开爱尔兰，最终导致其精神失常。此后，杯葛的名字就成了这类联合抵制行动的代名词。“杯葛”叙事，抵制方会站在道德的高度，以身份认同、情感为纽带的联合起来抵制，因此被抵制方成为被贬低打压的一方，特别是对大企业和商人。20世纪，“奸商”取代“杯葛”开始流行，但实质是一样的：当商品价格上涨时，人们开始觉得企业是邪恶的，且涨价行为令人愤怒，随着价格继续上涨，这种愤怒会持续下去，并形成持久的叙事。

油价的“杯葛”叙事，会随着油价的波动周期性出现，多数时间来自消费者，少数时间“杯葛”叙事会上升到国家和政策层面，影响更为显著。油价的“杯葛”叙事经久不衰，只列举几个典型例子。洛克菲勒在建立起垄断全美标准托拉斯时，价格战是无往不胜的利器。据耶金博士在《石油大博弈》中的描述，洛克菲勒的一个同事说：“每天我们面前有能从世界所有市场得到的最佳信息，我们从中制定尽可能好的一致价格。”另一个同事在给洛克菲勒的信中写道：“我们取得了商业史上无与伦比的成功，我们的名字传遍世界，但我们在公众中的形象却无人羡慕。我们被当作邪恶、铁石心肠、压迫、残忍的代表……”政府和公众对标准石油公司的“杯葛”在1909年达到了顶峰，1911年美国联邦最高法院裁定标准石油违背反托拉斯法，将之解体为34家公司。

1973—1975年的全球经济衰退，很大程度上归因于石油禁运，这是一次卖方的“杯葛”行动。1973年10月，埃及总统萨达特在给维也纳参会的石油部长们的信中呼吁：以正在不断扩大的战场上浴血奋战的人们的名义，呼吁阿拉伯人精诚团结，并要求在当天下午就开始实行石油禁运。实行石油禁运的动议，不经辩论就通过了，无一人弃权。石油禁运后，全球油价涨到之前的4倍，美国对汽油实施单双号配给，加上较高的电价，当年美国年通胀率高达12%，引发了消费者的愤怒，关灯以示抗议。此后，各种见诸报端的抵制，对汽油、肉类、谷物发起“杯葛”运动，甚至出现“什么都不买日”，共同加剧了全球经济衰退。

当代，油价的“杯葛”叙事还在持续。2018年11月，为抗议政府加征燃油税的“黄马甲”抗议运动导致巴黎陷入50年来最大的骚乱。马克龙政府被迫取消上调燃油税计划，同时上调最低工资标准，但“黄马甲”并不买账，持续举行示威活动。在中国，每逢成品油价格上调，无论来自政府和媒体怎么去解释，也不能熄灭一些民众对涨价的不满，不顾我国“贫油”国情去比较绝对价格，并将矛头指向政府和生产企业。

2.3 石油的“枯竭”叙事

随着石油的重要性越来越突出，20世纪“石油资源枯竭”的话题层出不穷。1914年，美国矿务局预测，本国石油储量将在10年内耗尽。20世纪70年代，美国卡特总统表示，下一个10年结束，会把全世界所探明的石油储量用完。为了将石油枯竭的影响叙述得更加全面，罗马俱乐部在1972年专门发布了名为《增长的极限》的研究报告，指出地球的所有石油会在1990年完全耗尽。但21世纪以来，世界石油储产量一直呈上升趋势，石油耗尽的话题不再突出。

目前来看，石油“枯竭”叙事充满了倾向性的谎言和欺骗，其中最著名的是美国地质学家哈伯特的“石油峰值论”。1956年，美国地球物理学家哈伯特发表了《石油峰值》的论文，宣称石油是5亿年前埋在地下的恐龙及藻类等生物经生化反应而成[1]，资源储量有限，美国石油将在1976年达到峰值，世界石油资源将会枯竭。1955—1976年的美国石油产量曲线与哈伯特的预测曲线非常相似，加上石油危机的到来，哈伯特就像“预言家”一样受到追捧。总之，石油“枯竭”论很快就变成一个“可信的”“真实的”叙事信息，传遍全球。直到哈伯特去世前的一次访谈中，他才承认所谓“石油峰值论”和“石油枯竭论”完全是石油巨头授意下的谎言和骗局，目的是提高石油公司的资源价值，并称他用来估算美国石油储量的方法没有任何科学根据，只是他个人修改的高斯曲线而已。

---

[1] 哈伯特的生物成油假设，当时并没有任何的科学实证，却成了近代“生物变油”理论来源。近些年来，对“生物变油”理论的怀疑和争议有扩大的趋势。

2.4 石油的污染叙事

石油污染是指石油开采、运输、装卸、加工和使用过程中，由于泄漏等事故或排放石油引起的污染，包括大气、土壤、水体污染等。其中，以海洋石油污染最易形成叙事，每隔几年，都会引发媒体关注和环保主义者的讨伐。因篇幅的关系，此处不再详述。

2.5 小结：传统石油叙事的主要特征

石油的长期叙事可以从两个层面概括，首先是对资源的控制，其次是资源的使用。资源稀缺时，控制资源是第一位的，当资源相对充裕时，如何公平、合理地使用叙事开始上升。总结来看，石油长期叙事有下面5个方面的特征：一是隐含政治独立、宗教自由、爱国主义和民族主义的石油叙事经久不衰。20世纪60—70年代，中东国家的石油国有化运动，被赋予摆脱殖民主义、民族解放的内涵，具有天然的正义性。二是石油叙事有明显的时代特征。20世纪的70年代和80—90年代，石油叙事截然不同。三是石油叙事的话题众多。在和平和油价稳定时期，人们对战时和价格急剧波动仍津津乐道。四是多维度叙事特征明显。例如，油价波动多大程度是由于不可预测的墨西哥湾飓风和西非恐怖袭击事件，因此很难将叙事和市场波动建立起量化的因果联系。五是虚假叙事仍有听众。在油价下跌时，中东地区的任何小冲突，就可能被解释为供应方的“阴谋”，以提振油价。

3 新石油叙事

上述传统的长期石油叙事充满了暴力、血腥和阴谋，而新石油叙事披上了自由市场的外衣，但本质上对财富的掠夺仍是一样的，故事的背后仍是财富的分配权。

3.1 石油的美元叙事：全球“财富收割机”

石油美元有3个层面的叙事情景，在贴上“财富收割机”的标签后，石油美元的叙事就成功了一半。最底层的叙事是美元作为石油的计价货币，通常的石油经济研究中，石油价格和美元汇率呈反向关系，即：美元贬值，价格上涨；美元升值，价格下跌。这方面的延伸叙事，包括超低利率、量化宽松、流动性泛滥等。美国滥发货币带来美元贬值，石油名义价格上升，美国人通过货币贬值“收割”全球财富。通过与黄金的对比看，美元与黄金脱钩后一路贬值，从35美元/盎司到如今的1800美元/盎司，这就是美元贬值“收割”全球的财富叙事。

狭义的石油美元，是指中东国家出口石油赚取的利润，即以美元表现出来的贸易顺差。20 世纪 80—90 年代，欧佩克国家的顺差一般在 3000 亿美元左右。21 世纪以来，随着价格上涨，顺差继续扩大，年规模可能已经超过 6000 亿美元。对石油输出国家来说，因国内市场不能完全吸纳，多数石油美元以资本输出方式进入国际市场。由于美国超强的经济实力和发达的金融市场，石油美元很大部分又回流到美国，以银行存款、股票、国债等形式存在，填补美国的贸易与财政赤字，支撑着美国经济发展。这就是，美国人通过石油美元“收割”中东产油国的财富叙事。

广义的石油美元是指石油交易的美元结算权。自从“布雷顿森林”体系瓦解后，基辛格成功地说服了沙特阿拉伯[1]，美国承诺与沙特阿拉伯结成军事同盟并给予保护，沙特阿拉伯承诺所有石油交易均通过美元结算，也负责游说其他欧佩克成员国，以美元定价和结算石油，即美元与原油挂钩。这一协定，本质上是靠美国的军事实力支撑的，因此任何想要让美元与石油脱钩的行为都会遭受美国的军事报复，例如伊拉克、伊朗、利比亚、委内瑞拉等国，全部遭受美国的军事打击或经济制裁。美元与石油挂钩使美元成为国际通用货币，各个国家交易石油必须使用美元，这就导致美元成为国际货币。美国拥有了无限印刷钞票的能力，即“美元霸权”，向全球收取“铸币税”。

综上，美国货币发行权、结算权，这一特殊地位维持着石油美元环流，维持其超级大国地位，使美国长期呈现消费膨胀、外贸逆差和大量吸收外资并存的局面，美国人也可以在保持高收入的同时，享受世界最低的物价水平。用一句话概括石油美元叙事，尼克松总统时担任美国财长的约翰·康纳利在当年的 10 国集团会议上对各国财长说：“美元是我们的货币，但却是你们的麻烦。”

3.2 石油的定价权叙事

石油价格经历了从西方垄断寡头石油公司定价到欧佩克定价，再到以石油期货市场价格作为定价基准的转变。表面上看，当今全球石油市场没有任何一个国家或国家集团、任何一个企业拥有定价权。但实际上，西方国家和企业披着自由市场的外衣，通过更隐藏的方式，即通过拥有定价中心（纽约、伦敦）的机构发布市场信息（国际能源署和美国能源信息协会的数据和报告）或投机基金等影响油价，华尔街大投行（高盛、花旗、摩根等）实际上成为价格“话事人”，掌握价格话语权。在油价运行的关键时机，这些机构通过发

[1] 基辛格当年是如何“说服”沙特阿拉伯的？他告诉沙特阿拉伯，如果不按照美国的条件执行，沙特阿拉伯将面临和伊朗一样的局面。在1953年的时候，美国中央情报局策划了一场针对伊朗的颜色革命，时任伊朗首相的摩萨台被推翻。

起话题、引用数据、多重假设、引发恐惧、道德绑架、反复强化等多重叙事手段，以舆论自由外衣，力促价格预期“自我实现”。

石油价格操纵、合谋的叙事众多，其中负油价的例子最为典型。2020 年 4 月 20 日，WTI 石油价格历史上首次跌入负区间，收盘暴跌至每桶 –37 美元，震惊全球金融市场。回头来看，这是一个众多机构参与的叙事合谋。首先，纽约商品交易所事先修改规则和软件，允许负油价存在；其次，众多媒体鼓吹没有库容存放过剩的原油（后来证明这是个谎言，即使负油价时库欣仍有空库可用）；第三，恶意逼仓、违规操纵[1]；第四，来自中国、印度、韩国等地投资者遭受巨额损失，酿成国内“原油宝”事件。

3.3 “石油三巨头”的新政治叙事

在石油历史上的多数时期，美国、俄罗斯和沙特阿拉伯三国石油产量合计占全球供应的 60% ~ 70%，美国、俄罗斯和以沙特阿拉伯为首的欧佩克能通过产量调整、释放战略原油储备等方式平衡供需关系，影响油价走势。国际石油市场一直存在三巨头之间的博弈，任何两者之间的合作（斗争）都对第三者带来威胁（机遇）。2014 年之前，美国和沙特阿拉伯的政治关系密切，沙特阿拉伯一直是美国在中东军事存在的重要支点和伙伴。在原油的三角关系上，俄罗斯是被美国、沙特阿拉伯排挤的一方。从 2015 年开始，以沙特阿拉伯为首的 OPEC 决定大幅增加产量以捍卫市场份额，但收效甚微。在 2016 年年底，沙特阿拉伯成功说服俄罗斯加入欧佩克，沙、俄两巨头走在一起，这一步非常关键，美国成为被排挤的一方。在新冠疫情暴发前，国际油价再上每桶 70 美元，可以说以沙特阿拉伯和俄罗斯为核心的“OPEC+”联盟取得成功。2022 年 2 月乌克兰危机爆发，美俄矛盾公开化，客观上进一步将俄罗斯推到沙特阿拉伯一边，强化了“OPEC+”联盟的重要性、独立性和对油价的调控能力。目前看，由于欧盟对俄油的制裁，未来可能出现北美原油自给自足，俄油出口到东方，中东原油既可以出口到西方也可以出口到东方，左右逢源的局面将更加凸显欧佩克的重要性，这将增强其维持油价在每桶 80 美元上方的能力，这是欧佩克期待的舒适价位。

3.4 石油的“低碳”叙事

近年来，全球“碳中和”进程加快。2021年1月，日本宣布到2050年实现碳中和目标；

[1] 2022年4月，一家注册在英国埃塞克斯（Essex）的公司——伦敦维加资本（Vega Capital London）的十几位交易员涉嫌操纵原油市场价格受到指控。这群20岁到50岁不等的交易员在原油市场崩盘之际，通过合谋、恶意抛售期货合约，赚取了超过7亿美元的利润。这群英国交易员也因此扬名，被称为“埃塞克斯男孩”（Essex Boys）。

4月，美国宣布2030年前温室气体排放量较2005年减少50%，于2050年前实现碳中和。欧盟提出2030年前温室气体排放量在1990年基础上减少55%；我国也进一步明确“双碳”战略目标。世界能源结构向低碳、清洁、安全、高效发展已成为确定性趋势。

“低碳”叙事并不必然导致油价下降，甚至可能成为长期抬升油价的因素。一是受地缘政治的动荡影响，西方国家为维护经济增长和居民生活稳定，能否积极履行减碳承诺还存在不确定性。二是传统化石能源的投资出现明显下降，包括对石油新项目的投资。三是较长期看，高油价大概率与低碳发展呈协同关系。这是因为随着低碳能源的发展，碳交易市场的建立，碳排放成本终将体现到油价中。石油企业要获取和以前同样的利润，其销售价格必然包括新增的碳排放价格。

3.5　小结：石油叙事的新特征

无论故事多么精彩曲折，但现实永远更精彩。21世纪，人类仍没有远离战争，价格话语权取代战争成为新叙事核心仍显得过于理想。乌克兰危机就是一个典型例子，对大国关系和能源的影响将超出此前所有的预测。总之，石油叙事除了传统叙事的特点外，又增加了新特征。一是金融市场成为博弈中心，石油公司退居幕后。石油叙事的核心是市场话语权的争夺，表现为争当“话事人”。二是商品叙事转为大众叙事和网络叙事，以吸引众多的期货及衍生品市场参与者。叙事的便利性大大提升，似乎每个讨论油价的网民都是专家。三是页岩油革命和低碳运动，为石油叙事增加了新因素。四是叙事的热点变化更快，也意味着核实信息的成本更高，以至于虚假叙事仍可能会大行其道。

4　启示和建议

作为一名价格研究人员，面对现实的挑战，深刻地体会到西方经济学的一些理论已经失灵，对经济的解释越来越苍白无力。同时，信息传播和接受方式的转变，需要研究人员适应时代需要，要有新思路、新方法。中国国际经济交流中心总经济师陈文玲于2021年认为，必须改变分析国内外经济形势的传统思维方式。面对百年未有的大变局，特别是对国内经济和能源市场的分析，传统方法容易陷入西方经济分析的“窠臼”。从个人角度看，一篇精彩的通俗易懂的价格叙事，讲一个“好故事”胜于严谨的罗列数据的供需形势分析报告。

几点建议：一是石油经济研究的“国之大者”，就是要建立我国石油叙事框架，讲好中国“石油故事”，有效维护国家利益。对于攻击、歪曲、抹黑我国的虚假叙事，要勇于反击，阻断传播，弘扬正气。二是叙事要抓主要矛盾，化繁就简，有判断、有观点。当前全球经济形势严峻复杂，影响石油市场的不确定因素众多，冗长的定性定量分析可能适合专业人士，但不适合普通读者，要善于用精彩的叙事来讲复杂的石油问题。三是叙事符合宣传需要，学会网络叙事。要有标志性的背景，有人有物，有生动的故事脉络，易于网民接受。四是从不同角度多重叙事，有效引导市场预期。对正确的判断和正能量的叙事，要从不同角度重复讲，要用好文字、图片、视频等各种形式配合宣传。

参考文献

[1] 罗伯特·希勒 . 叙事经济学 [M]. 北京：中信出版社，2020.

[2] 卜祥记，易美宇 . 叙事经济学的理论贡献及其限度 [J]. 苏州大学学报（哲学社会科学版），2021，42（4）：113-122.

[3] 郭荣星，赵公正 . 分析叙事法：社会科学研究的一种新方法 [C]// 比较（第 9 辑）. 北京：中信出版社，2004：189-199.

[4] 刘元春 . 从当前通货膨胀中透视未来全球所面临的高成本时代 [OL]. 国发院政策简报第 122 期 .（2022-04-18）. http://nads.ruc.edu.cn/zkcg/zcjb/68d0df95efad4269acbf3e5fb642dc48.htm.

[5] 丹尼尔·耶金 . 石油大博弈 [M]. 北京：中信出版社，2008.

[6] 马修·奥扎诺·黑金 . 石油帝国的兴衰与世界秩序的改变 [M]. 北京：北京时代华文书局，2021.

[7] 陈文玲 . 必须改变分析国内外经济形势的传统思维方式 [OL]. [2021-08-07]. https://www.zhonghongwang.com/show-278-212399-1.html.

碳排放权价格与需求端影响因素间相关性研究

阮聪慧　刘　斌　霍心心

（中国石油新疆油田分公司勘探开发研究院）

摘　要：我国一直是气候行动中的积极参与者，碳排放权交易是应对气候变化的有效措施，碳配额价格波动在国内碳市场价格体系中究竟受哪些因素影响？采用DCC-GARCH模型对国内碳排放权价格与需求端影响因素间动态相关性做出实证分析。结果表明：碳排放权价格受到经济、能源价格、气候、战争等因素的影响；国内加权碳价同上证综合指数、国际原油价格、国内煤炭指数、国内气温、乌克兰危机间的动态相关性呈负相关；国内加权碳价同沪深300指数、创业板指数、欧盟碳价动态相关性并不显著。最后针对能源企业参与碳市场从政策层面、技术减排、市场要素资源、风险控制四个方面给出建议。

关键词：碳排放权；碳配额价格；需求端因素；动态相关性

引言

气候变化对全球经济、产业、能源、环境等诸多领域构成严酷挑战，大力发展低碳经济、降低能源消费总量、控减温室气体排放成为气候环境日益恶劣条件下的全球发展共识。气候问题也逐渐成为制约我国社会经济可持续发展的重大问题，2020年全国碳排放量达到98.93亿吨，同比增长0.89%，居全球首位[1]。我国发展模式从高增长的高碳模式走向低碳、绿色是全球气候变化和能源消费形势的要求，亦是我国经济发展转型的必由之路。

为推动二氧化碳控减，我国在2007年首次提出发展低碳经济，其后不断推进碳减排

[1] 数据来源：Wind资讯网。

政策、提升碳减排目标。目前，碳排放权交易机制是国内碳减排工作中实施范围较广、减排效果较明显、成本效率较高的减排措施。本文采用 DCC-GARCH 模型对国内碳排放权价格与需求端影响因素间动态相关性做出实证分析，以期有效促进全国碳市场机制优化和定价机制完善，助力和鼓励能源企业灵活参与碳排放权交易市场。

1 文献综述

碳排放权交易，也称碳配额交易，指二氧化碳及其他温室气体排放权的定价交易，人为赋予温室气体的排放权商品属性，通过市场机制的作用达到碳减排效果。国内外关于碳排放权的研究可以追溯至 20 世纪 60 年代初科斯对排污权交易理论的研究，约翰·戴尔斯于 1968 年对排污权交易进行了细化研究[1]。随着国际气候工作的逐步萌芽发展，学者们开始开展了对排放权分配机制的研究，例如 Grubb 于 1991 年提出的碳权排放平等人均权利模型[2]、陈文颖于 1996 年、1998 年考虑人均排放和单位 GDP 排放的混合分配机制以及国内外现行碳市场机制中的祖父分配法、历史强度法、基准线法等[3，4]。

随着国内外碳交易市场的不断发展完善，近年来学者们开始对碳交易价格波动、影响因素加大关注力度。Seifert 和 Marliese 于 2008 年动态分析了欧盟碳交易体系中的碳配额现货价格波动，认为碳配额价格过程应是个时间依赖较强的价格波动结构[5]；Marius 等于 2010 年利用主成分分析法对影响欧盟碳配额价格的因素进行了探讨[6]；陈晓红和王陟昀于 2012 年基于 EU ETS 对碳排放权交易价格的影响因素展开了探讨，认为政策、制度两因素从影响配额供给这一渠道对交易价格产生较大影响[7]。在市场间价格波动溢出研究方面，黄文彬和高韵芳于 2013 年从报酬、波动溢出角度对 EUA 和 CER 市场见得信息流动关系进行了检验[8]；Ji 等于 2018 年则从资本市场角度研究了欧盟碳市场同能源市场间的波动溢出[9]。赵选民和魏雪于 2019 年以我国 7 个试点碳市场的面板数据为研究对象进行了实证研究，认为碳交易价格与能源价格间存在负相关关系；刘军阳等于 2020 年以北京环境交易所碳配额（BJEA）数据为样本利用 GARCH-MIDAS 模型进行了长效影响因素的探讨[10]，认为空气质量指数、新能源指数导致 BJEA 价格长期趋势呈负向变动，制造业 PMI 指数、煤炭价格指数同 BJEA 价格长期趋势一致。

碳排放权交易的理论研究不断更新，国内外的碳市场实践也不断完善发展，全国性碳排放权交易市场在 2021 年正式启动。首先，全国碳市场的启动运行是“后疫情时代”我国经济实现“绿色复苏”的重要行动，所以对于碳排放权交易价格的探讨对全国碳市场的市场机制完善有一定的研究价值；其次，在国内外碳交易价格波动、影响因素的研究中多为对欧盟碳市场的集中探讨及对国内碳市场的抽样刻画，目前少有文献对全国碳市场价格的动态变化进行定量分析；最后，从需求端探讨全国碳交易价格同影响因素间的动态关系有利于能源企业参与全国碳交易市场建设发展、科学掌握碳市场价格波动、优化碳配额资源配置，助力全国碳交易市场的市场机制不断完善。因此，本文利用全国碳排放权交易市场的碳配额价量数据及市场活跃度较高的广东、湖北碳配额价量数据加权出反映国内碳市场价格波动的碳配额加权价格，利用 DCC-GARCH 模型探究碳价同各需求端影响因素间的动态相关性。

2 理论分析

2.1 需求因素作用机理

影响碳市场的因素主要包括供给端、需求端两方面。供给端的配额政策、减排技术、其他履约机制等主要受到政府供给侧政策的影响，需求端的因素则包括经济发展水平、能源市场价格、金融市场、气候因素等。本文从需求端因素展开讨论。

经济方面，环境问题同各国经济发展密不可分。Panayotou 于 2003 年利用“环境库兹涅茨曲线（简称 EKC）”来描述经济增长与环境质量之间的倒 U 型关系❶[11]，全球的环境问题与碳减排行动也是由于“先污染后治理”这一环境保护与经济发展相互关系引致的。经济发展水平作为需求因素之一，可能直接影响配额价格。

能源方面，能源消费是影响碳排放水平的重要因素。煤炭、石油、天然气、一次电力及其他能源作为世界能源消费的主体部分经过化学加工产生大量的温室气体是碳排放的直接来源，化石能源从价格与消费量两个层次对碳交易市场产生影响❷。

股市方面，碳配额价格同股市情况紧密相连。一方面，股价升值或缩水影响着实体企业的财富增值和投资活动。若企业投资因股价缩水而减少，经济增长规模趋缓，碳配额需求收紧，碳价随之降低；反之，碳价高走。另一方面，资本市场中的投资资本总在提升着股票市场中的流通性和活跃度，突发的金融事件不仅对经济运行状况产生影响，也会对碳市场产生影响。

❶ 环境库兹涅茨曲线以底部拐点为分界点分为两个阶段。理论上说，在曲线左侧阶段，环境恶化随着经济增长而加剧，随着经济发展水平的提高，能源需求量不断增加，碳排放量随之出现大幅增长，碳配额需求由此增加，由于配额缺乏供给弹性，碳配额价格上升；反之，价格下滑。而在曲线右侧阶段，环境质量随着经济增长而改善，随着经济发展水平的提高，化石能源消费减少，清洁技术大力发展，碳配额需求量随之降低。

❷ 化石能源消费的增减带动化石能源价格的上升与回落，引起碳价波动，同时，化石能源价格的上升也使化石能源替代品的需求上涨，从而消费量发生变化，碳排放量随之变化。

气候方面，环境因素与碳排放问题息息相关。气候因素常常影响水电、风电的发电情况从而影响碳排放[12]。特别是气温变化对碳排放的影响，极端的气温常伴随着化石能源需求的突增或锐减，从而增加碳排放或减少碳排放❶。

国际碳价方面，欧盟在全球碳市场中作为先行者，为各国碳市场的发展提供了较成熟的交易经验，部分国家在碳市场启动的制度设计中一定程度地参考了欧盟碳市场的交易体系设计，因此欧盟碳配额的价格对其他国家的碳配额价格存在一定的引导作用[13]。

战争因素方面，战事发展往往牵动着能源供求情况。一方面，战争往往影响市场情绪及国际局势，引致能源供应的紧张、推动化石能源价格飙升、挤出碳市场中的投机者效应，同时政府在能源安全和气候政策间的选择也会影响碳市场的稳定性。另一方面，石油、天然气价格若在战争条件下攀升，会加大替代品煤炭的消费量增长和发电企业的排放量，增加碳配额需求量[14]。

2.2 全国碳交易市场运行现状

2.2.1 全国碳交易市场运行机制

我国气候行动在构建新发展格局的内在要求下不断发展培育着全国统一的生态环境市场。目前，全国碳排放权交易市场是由系列法律基础、制度办法❷支撑的碳排放交易体系，在以上规则以及碳排放监测核算报告核查体系（MRV）下，推动排放配额分配❸、交易、抵消、核查和清缴履约，产生碳市场约束碳排放的经济效益。如图 1 所示，全国碳交易市场中包含两种交易机制❹，即交易机制和抵消机制。碳排放权交易市场初期的交易产品为碳排放配额（CEA）和国家核证自愿减排量（CCER），企业参与者可以利用配额参与交易或者利用 CCER 进行抵消。

---

❶ 若一个地区的气温较低，电力取暖需求增加、化石能源消耗增加、碳排放量随之增加，导致碳价上升；反之，碳价下跌。

❷ 如：《全国碳排放权交易市场建设方案》《碳排放权交易管理暂行条例》《碳排放权交易管理办法》等。

❸ 在分配环节中，排放配额分配在初期以免费分配为主，适时引入有偿分配，并逐步提高有偿分配的比例；配额总量由国务院碳交易主管部门根据国家控制温室气体排放目标的要求，综合考虑国家和各省、自治区和直辖市温室气体排放、经济增长、产业结构、能源结构，以及重点排放单位纳入情况等因素确定各层级的排放配额总量。

❹ 在交易环节中，交易以“每吨二氧化碳当量价格”为计价单位，买卖申报量的最小变动计量为1吨二氧化碳当量，申报价格的最小变动计量为0.01元人民币；交易时可以采取协议转让、单向竞价或者其他符合规定的方式，协议转让则包括挂牌协议交易和大宗协议交易；企业参与者受到碳排放量的约束，当排放量大于配额量，超排企业会产生配额缺口，需要向减排企业购买配额，或者围绕自愿减排项目的温室气体减排效果进行量化核证用于清缴履约时的抵减；反之，当企业大力减排使得排放量小于配额量，减排企业可以出售配额量的富余部分以弥补减排成本。

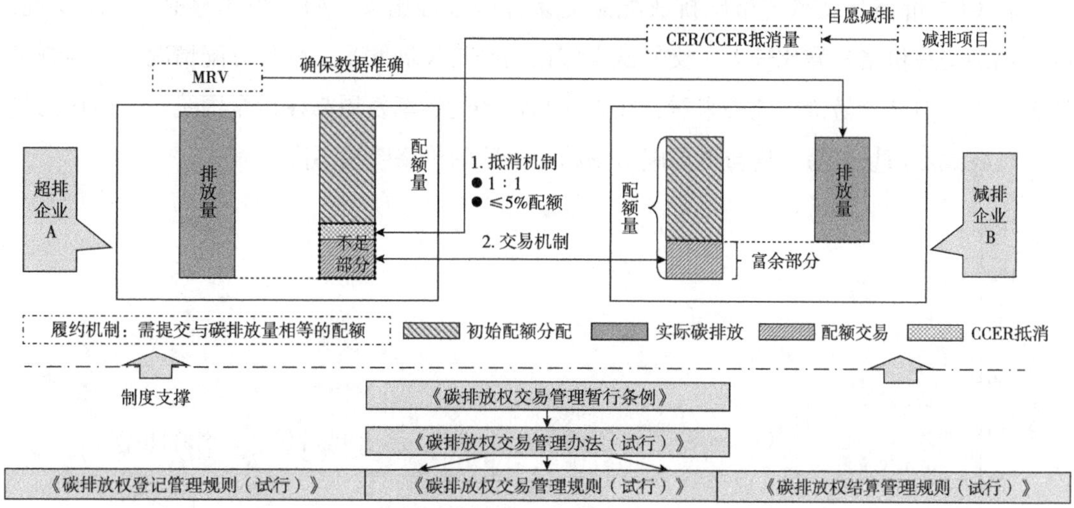

图 1　全国碳交易市场运行机制[1]

2.2.2　全国碳交易市场价量变动情况

2021 年全国碳市场在政策推动下平稳度过第一个履约周期，2022 年碳市场进入第二个履约周期，截至 2022 年 4 月 14 日，全国碳市场 CEA 累计成交量 1.89 亿吨，累计成交额 82.22 亿元。如图 2 所示，从市场启动至今，CEA 价格在第一个履约周期内波动幅度较大，周期初交易寡淡压降了碳配额价格，周期末出现价格的大幅上升。第二周期内，CEA 价格波动幅度相对较小，碳市场交易稳定性增强、履约期初配额供需情况不明朗。

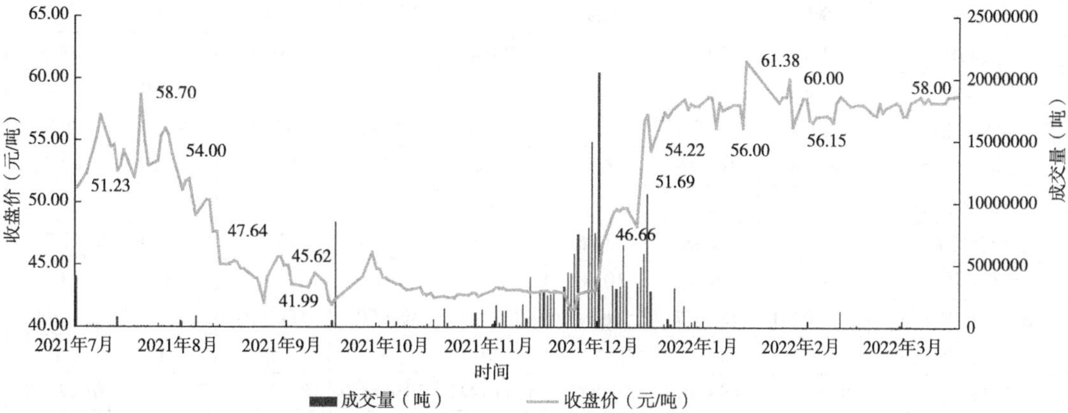

图 2　2021 年 7 月 16 日至 2022 年 4 月 14 日全国碳市场碳排放配额（CEA）交易价量趋势图（每日）[2]

---

[1] 作者根据公开资料整理绘制。

[2] 数据来源：Wind资讯网。

将CEA价格与试点省市碳排放配额交易价格进行比较，如下图3所示，不难发现，各市场的交易价格差异比较大，交易试点省市的经济发展水平、配额分配情况、交易制度情况不一。但从交易价格走势来看，在碳交易市场的逐渐发展与建设全国统一大市场的趋势下，各试点市场交易价格与全国碳市场趋于一致的价格壁垒不高。

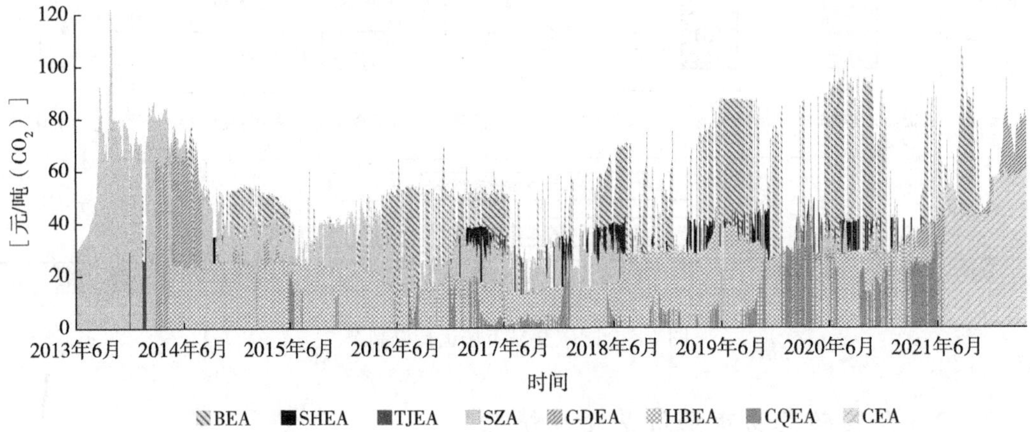

图3 中国碳市场碳排放配额（CEA）与试点省市碳排放配额交易价格（每日）[❶]

再看各个碳交易市场活跃度（表1），各试点交易所活跃程度相对不高，市场配额的流动性不足，全国碳交易市场活跃度相对较高，市场配额的流动性较强，有效交易日占比100%，价格波动幅度较小。

表1 全国与试点碳交易市场配额交易价格与总量统计数据表[❷]

项目	全国	北京	上海	天津	深圳	广东	湖北	重庆
交易日	180	2054	2051	2034	2121	2039	1954	1919
有效交易日	180	1245	1240	770	1897	1728	1880	764
有效交易日占比（%）	100.00	60.61	60.46	37.86	89.44	84.75	96.21	39.81
最高价（元）	61.38	107.26	60	62.38	122.97	95.26	61.89	47.52
最低价（元）	41.46	24	4.21	7	1	1.27	9.38	1
价格均值	50.79	59.98	33.96	24.46	31.56	25.77	25.31	17.79
价格标准差	6.7	16.44	10.48	6.02	19.61	15.99	8.3	13.15
最大当日成交量	20480941	186057	546049	827815	4000000	3712999	1176197	2112607
最小当日成交量	10	1	1	20	1	1	1	1
累计成交量	189266158	16633014	17988329	18713941	50844249	181513342	78642271	10225600
成交量均值	1051479	13360	14507	24304	26802	105042	41809	13384

❶ 数据来源：Wind资讯网。从左至右依次为全国、北京、上海、天津、深圳、广东、湖北、重庆碳排放权配额，时间区间为各交易市场启动至2022年4月14日。

❷ 注：数据起始时间为各交易所碳配额交易启动时间，数据截止到2022年4月14日。

3 研究设计

3.1 模型构建与变量选择

3.1.1 模型构建

基于 Engle、Bollerslev 等学者的模型构建，发现 DCC–GARCH 模型能够有效拟合波动率间的动态相关性。借鉴王小燕、刘志洋[15]等学者的研究探讨，基于 DCC–GARCH 模型来考察我国碳配额价格同经济、能源、股市、气候、国际碳价、战争因素间的动态相关性。Engle 等提出一般多维 GARCH（p，q）模型基本形式如下：

$$h_t=\gamma+\sum_{i=1}^{p}A_i vech(\varepsilon_{t-1}\varepsilon'_{t-1})+\sum_{j=1}^{q}B_j h_{t-j} \tag{1}$$

式中：h_t 为扰动项 ε_t 的条件协方差矩阵的半向量化形式；γ 为待估常数向量，A_i、B_j 分别为待估系数矩阵，$vech$ 为半向量化算子。

Engle 的 DCC–GARCH 模型假定条件相关系数由标准化扰动项的几何加权平均决定，即条件相关系数矩阵 R_t 的动态过程满足如下方程式：

$$R_t=diag(Q_t)^{-1/2}Q_t diag(Q_t)^{-1/2} \tag{2}$$

$$Q_t=(1-\lambda_1-\lambda_2)R+\lambda_1\tilde{\varepsilon}_{t-1}\tilde{\varepsilon}'_{t-1}+\lambda_2 Q_{t-1} \tag{3}$$

式中：Q_t 为无条件方差矩阵，$\tilde{\varepsilon}_t$ 为标准化的扰动项；λ_1、λ_2 为参数，且 $0\leqslant\lambda_1+\lambda_2<1$。

3.1.2 碳配额价格加权变量说明

单个碳市场难以反映国内碳排放市场的运行规律和价格动态，且各地区间碳配额价格存在一定关联性，因此，参考王喜平、刘志洋等学者的研究，以全国碳排放市场中的碳配额收盘价（CEA）为数据基础（表 1），再选择有效交易日占比达到 80% 以上且价格标准差相对深圳碳市场小的广东碳配额收盘价（GDEA）、湖北碳配额收盘价（HBEA），以收盘价和成交量为数据基础，对三个碳市场收盘价进行加权平均，得到一个加权碳排放权价格（EA）。

3.1.3 其他变量选择

考虑需求端因素每日数据的可得性，对其他变量的选取设定如下：经济方面，选择同经济周期发展依存度较高的上证综合指数（SSECI）；能源方面，国际能源指标选择布伦特原油期货价格（Brent），国内能源指标受限于日度数据选择性则采用钢之家煤炭价格指数（SHCNCI）作为指标；股市方面，首先选择沪深 300 指数（HS300），该指数成份中包含沪深两市中规模大、流动性好的最具代表性的 300 只股票，其次选择反映创业板市场层次运行情况的创业板指数（GEI）；气候方面，选择国内 30 个大中小城市[1]最高气温的每日均值（Temperature）替代国内气温变化；国际碳市场方面，选择市场发展较成熟的欧盟碳市场，以欧盟排放配额（EUA）期货结算价作为指标；战争因素，由于 2022 年突发乌克兰危机，战争发展时期人民币对卢布汇率价格趋势同期发生突变，因此采用人民币卢布中间价（CNYRUBC）反映战争因素。

3.2 数据来源及处理

本文基础数据来源于 Wind 金融终端，样本期间为 2021 年 7 月 16 日至 2022 年 4 月 14 日，缺失数据以上一交易日数据值作为补充。对各指标进行描述性统计（表 2），根据各个观测变量的描述性统计量，可以看出所有指标的偏度绝对值不为 0，表现为左偏或右偏，多数指标的峰度绝对值大于 3，呈现尖峰特征。再看 JB 统计量，各指标均在 1% 的显著性水平上呈现出显著的非正态性。为减少样本数据的非规律波动对观测变量做一阶、二阶对数差分并进行平稳性检验（由于篇幅限制，此处不赘述），样本数据的二阶对数差分同阶平稳，后续检验利用各指标的二阶对数差分进行研究。

表 2 描述性统计[2]

变量	Obs	Mean	Std. Dev.	Smallest	Largest	Skewness	Kurtosis	J–B
EA	180	50.764	10.396	37.186	82.625	0.845	2.912	1528.325***
SSECI	180	3500.705	130.891	3063.965	3715.372	−1.065	3.531	1147.405***
Brent	180	84.805	14.037	65.180	127.980	1.053	3.284	1780.011***
SHCNCI	180	275.560	43.901	213.120	423.390	1.647	5.849	1239.365***
HS300	180	4760.002	262.272	3983.812	5151.752	−1.209	3.441	1532.827***

[1] 包括：北京、上海、广州、武汉、杭州、重庆、成都、沈阳、天津、福州、济南、哈尔滨、南京、郑州、石家庄、西安、长沙、昆明、贵阳、常州、锦州、安阳、南昌、深圳、苏州、南阳、银川、珠海、柳州、青岛。

[2] 注：表2、表3中***、**、* 分别表示在1%、5%、10%的水平上显著。

续表

变量	Obs	Mean	Std. Dev.	Smallest	Largest	Skewness	Kurtosis	J-B
GEI	180	3148.733	299.543	2462.044	3563.127	-0.725	2.295	1853.658***
Temperature	180	18.511	8.823	4.100	32.567	0.119	1.674	2012.392***
EUA	180	70.390	12.319	50.720	96.550	0.165	1.705	1684.790***
CNYRUBC	180	12.336	2.129	10.880	21.553	2.687	9.837	972.166***

4 实证结果

根据上文模型及数据输出动态相关性的实证结果，在表 3 的各个模型估计中，M1 反映国内加权碳价同国内经济因素的动态相关关系；M2、M3 分别反映国内加权碳价同国际原油、国内煤炭这两类能源价格因素的动态相关关系；M4、M5 则检验国内加权碳价同国内股市流动性的动态关系；M6 反映国内加权碳价同国内气温变化的动态相关关系；M7 检验国内加权碳价同欧盟碳价的相关关系；M8 检验乌克兰危机对国内加权碳价的动态影响。

表3 动态相关模型的实证输出结果

模型	指标	动态相关系数	Std. Dev.	z	Prob>|z|
M1	EA*SSECI	-0.255*	0.131	-1.950	0.052
M2	EA*Brent	-0.867***	0.080	-10.780	0.000
M3	EA*SHCNCI	-0.372*	0.202	-1.840	0.065
M4	EA*HS300	-0.250	0.310	-0.800	0.421
M5	EA*GEI	-0.282	0.308	-0.920	0.360
M6	EA*Temperature	-0.436**	0.187	-2.330	0.020
M7	EA*EUA	0.054	0.351	0.150	0.878
M8	EA*CNYRUBC	-0.648***	0.249	-2.600	0.009

从表 3 中的检验结果来看，第一，经济方面，样本期间内国内加权碳价同经济运行情况间存在负向的动态相关性，表明在此期间国内碳价降低伴随着经济的繁荣，可能原因在于：首先，国内经济发展水平提高的同时伴随着环保意识的增强，碳配额需求在碳市场发展前期强度不高；其次，技术进步降低了碳排放同时提高了减排效率；最后，样本期间内碳配额价格上升时期恰逢新冠疫情席卷、国内经济受挫，国内消费投资动能偏弱，增强了碳市场参与者避险心态，卖出配额量较少，使得碳价因配额短缺出现上涨。

第二，能源方面，国内加权碳价同国际原油、国内煤炭等能源价格呈负相关关系。可能原因在于：首先，能源消费直接影响碳排放量，若能源价格下落，原油、煤炭等化石能源需求增强，同时碳排放量增加，对碳排放权的需求随之增强，使得碳价上涨；其次，国内碳市场启动后，国内能源行业积极参与碳市场建设、加强碳排放管理、规范参加碳配额交易，使得国内碳市场的价格机制较为灵敏地反映着市场需求。

第三，股市方面，国内加权碳价同股市流动性强弱的相关性并不显著。可能原因在于：首先，国内碳市场政策属性较强，市场流动性不足、投机性弱，投机资本受限于交易机制在碳市场中作用较小；其次，对比上证综合指数、沪深300、创业板市场的影响结果，可以发现不同股指与碳价的相关性具有较大差异性，考虑由于股市存在板块差异造成各指数对碳市场的影响存在差异。

第四，气候方面，国内加权碳价同国内气温变化呈现负相关关系，即国内气温低时国内加权碳价升高，反之碳价降低。可能原因在于：首先，气温变化会影响能源需求量的大小，气温降低时能源需求增加，使得配额价格上涨；其次，样本期间内12月为第一个履约周期的履约节点，碳配额需求量增加同时国内气温降低，使得国内碳价对气温变化较为敏感。

第五，国际碳价方面，国内加权碳价同欧盟市场碳配额价格不相关。究其原因，国内碳市场设计虽然借鉴了欧盟碳市场的先行经验，更多的是制度、市场运行的经验借鉴，在市场运行机制上同欧盟碳市场并无关联，碳配额间并不能跨区交易，因此，国内加权碳价同国际碳价间的动态相关性还未体现在价格的波动上。

第六，战争因素方面，以人民币卢布中间价替代的战争因素同国内加权碳价存在负相关性，表明在乌克兰危机、卢布贬值后升值的同期加权碳价呈先降后升的趋势。样本期间内，乌克兰危机引起国际能源价格飙升，国内能源需求减弱，能源消耗及碳排放量减少，碳价呈下降趋势，能源价格相对回落，能源需求量稳定恢复，此外，乌克兰危机影响企业投资者预期，考虑市场避险情绪高涨，碳配额供应动力不足，碳价随之上升。

5 结论与建议

根据上文分析及输出的实证结果发现：碳排放权价格受到经济、能源价格、气候、战争等因素的影响；国内加权碳价同上证综合指数、国际原油价格、国内煤炭指数、国内气温、乌克兰危机间的动态相关性呈负向；国内加权碳价同沪深300指数、创业板指数、欧盟碳价动态相关性并不显著。我国的碳排放权交易市场发展是在政策基础上碳减排措施，政策属性较强、价格波动幅度受限，另外，全国碳市场启动时间较短，样本量受限，因此研究结论可能存在偏差。基于上文研究内容，针对能源企业参与碳市场、助力市场机制优化提出以下建议：

（1）关于政策层面，坚持国家政策目标引领，与所在省区间协同发展，联动配合各省区碳交易规划部署，积极打破市场沟通壁垒，同时增强市场碳减排效能。

（2）关于技术减排，积极参与低碳经济产业优化，从技术层面大力攻关科技创新，使碳配额价格同减排成本间建立联动性，提升自身在碳交易链中的议价能力。

（3）关注碳市场同其他资本市场间的要素资源连通，探索参与碳排放权交易、科学掌握碳市场价格波动，提高企业自身对碳价的敏感性，在市场复杂的因素中清晰研判价格趋势，提升获利能力。

（4）加强碳资产管理和风控能力。抵减政策下，核准实际碳排放，厘清碳资产，识别碳资产开发潜力项目，组建碳交易业务团队，在参与交易履约时关注突发风险因素，提升自身风控能力，积极、规范参与碳市场交易。

参考文献

[1] 门明，张秋莉．碳交易生产模型述评及应用探讨 [J]. 国际商务（对外经济贸易大学学报），2010（6）：44–51.

[2] 刘伟平，戴永务．碳排放权交易在中国的研究进展 [J]. 林业经济问题，2004（4）：193–197.

[3] 陈文颖，方栋．大气污染总量控制规划专家系统中知识库子系统的研究 [J]. 环境科学，1996（6）：74–76，96.

[4] 陈文颖，吴宗鑫．气候变化的历史责任与碳排放限额分配 [J]. 中国环境科学，1998（6）：2–6.

[5] 罗智霞．碳排放权交易定价研究综述 [J]. 技术经济与管理研究，2014（10）：77–81.

[6] Marius–Cristian Frunza, Dominique Guegan, Antoninl Lassoudiere.Dynamic factor analysis of carbon allowances prices:From Classic Arbitrage Pricing Theory to Switching Regimes[R]. Working Papers, 2010(6).

[7] 陈晓红，王陟昀．碳排放权交易价格影响因素实证研究——以欧盟排放交易体系（EUETS）为例 [J]. 系统工程，2012，30（2）：53–60.

[8] 黄文彬，高韵芳．碳排放权交易市场的信息流动关系——基于 EUA 市场和 CER 市场的实证研究 [J]. 技术经济，2013，32（11）：57–64，111.

[9] Ji Q, Zhang D, Geng J B. Information linkage, dynamic spillovers in prices and volatility between the carbon and energy markets[J]. Journal of Cleaner Production, 2018, 198: 972–978.

[10] 刘君阳，杨凤娟，李亚冰．影响中国碳排放权交易价格波动的长效因素研究——基于北京环境交易所碳价格 [J]. 统计理论与实践，2020（3）：11–16.

[11] Panayotou T, Econom ic Growth and the Envi–ronment, Econom ic Survey of Europe, 2003, 2.

[12] 郑宇花．碳金融市场的定价与价格运行机制研究 [M]. 北京：经济科学出版社，2019.

[13] 王小燕，周思敏，徐晓莉，等．基于图结构自适应 Lasso 的碳排放权价格影响因素分析 [J/OL]. 统计与信息论坛：1–11[2022–05–03].

[14] Gustavo Schmidt. 能源、地缘经济与战争：对 1982 年马岛战争的再思考 [D]. 长春：吉林大学，2016.

[15] 刘志洋，马欣頔，解瑶姝．碳市场、能源市场与金融市场相互影响关系研究——全国碳排放权交易市场推出前后比较视角 [J/OL]. 证券市场导报：1–11[2022–05–05].

CCUS 全流程经济效益分析

付 迪[1] 唐国强[1] 赵连增[1] 项 东[2] 谢振威[3] 周新媛[1]
（1. 中国石油天然气股份有限公司规划总院；2. 中国石油吉林油田公司；
3. 中国昆仑工程有限公司）

摘 要： CCUS（碳捕集、利用与封存）因减排潜力巨大且与化石能源系统有良好的结合度，已成为中国实现“双碳”目标的重要技术手段。CCUS 全流程的经济性是制约其规模化、产业化发展的关键。以 CCUS 的主流利用方式 CO_2–EOR（CO_2 驱油提高采收率）为例，开展 CCUS 捕集压缩、运输、驱油利用各环节的投资、成本费用、效益研究，在此基础上，分析 CCUS 全流程经济效益。研究认为：目前技术水平下，高浓度碳源较中低浓度碳源捕集压缩投资成本低，更易实现经济效益；CO_2 驱油项目对 CO_2 价格的承受能力较差，高于 200 元 / 吨很难盈利；碳埋存收益考虑与否是影响 CCUS 全流程效益的重要因素。研究建议：现阶段 CCUS 项目应优先匹配高浓度碳源，以余热利用和电气化提升作为 CCUS 降低成本攻关方向；尽快完善相关财税金融政策及碳市场、制定 CCUS 统一的标准规范以保障 CCUS 产业健康可持续发展。

关键词： CCUS；CO_2 捕集；驱油利用；全流程；经济效益

引言

2020 年 9 月，中国国家主席习近平在第 75 届联合国大会上首次明确提出，中国将提高国家自主贡献力度，采取更加有力的政策和措施，二氧化碳排放力争在 2030 年前达到峰值，努力争取 2060 年前实现碳中和[1]。“碳达峰、碳中和”（简称“双碳”）目标的提出彰显了中国积极践行国家使命，积极应对全球气候变暖严峻挑战的决心，为中国绿色低碳发展指明了道路与方向[2]。实现“双碳”目标，低碳技术不可或缺[3]。CCUS（碳捕集、利用与封存）是目前世界上公认的不需要大幅改变现有电力和工业生产流程、能够实现大规模减碳目标的重要技术路径，是中国化石能源低碳利用的主要技术选择，发展潜力巨大[4]。近年来，在生态环境部、国家发展和改革委员会等部门的大力扶持下，中国 CCUS 科技研发能力和水平不断提高，已初步掌握 CCUS 全产业链关键技术，现场示范应用效果显著，整体竞争力进一步增强，产业发展势头强劲[5]。

CCUS 的产业发展不仅是技术问题，更是经济问题，经济性直接影响项目投资热情及产业可持续发展。目前，已开展的关于 CCUS 的经济研究主要集中在捕集压缩、运输、利用、封存中的单个环节。

在捕集环节，燃煤电厂等高排放企业 CO_2 捕集的经济分析是学者关注的重点。Rubin 等[6]对燃煤电厂使用不同 CO_2 吸收剂的捕集系统的成本进行了分析；黄斌等[7]对中国第一套燃煤电厂烟气碳捕集系统投资及能耗成本进行了研究；郑学栋等[8]对中国现运行的采用燃烧后捕集技术的华能北京热电厂等 3 家电厂的捕集示范装置进行了投资和成本分析；吴其荣等[9]研究了某 100 万吨 / 年捕集规模的碳捕集装置的投资和运行成本构成。

在运输环节，Simon 等[10, 11]对陆上、海上管道等不同运输方式的经济性进行了研究；徐冬等[12]比较分析了管道、船舶、公路槽车、铁路槽车 4 种方式的优缺点与经济性，提出通过开发共享设施、集中运输等降低 CCUS 运输成本的方法。

在利用与封存环节，学者的研究多集中在 CO_2 驱油利用方面。陈国利等[13]以 QZ 油田为例，对 CCUS 驱油利用环节的经济评价主要指标进行了测算；孟新等[14]剖析了 CO_2 驱油提高采收率项目的特点并建立了考虑封存效益的经济评价模型；武守亚等[15]建立了 CCUS 封存环节的经济模型，讨论了影响成本的主要因素；胡燕[16]将美国 45Q 政策补贴模式应用于国内 CCUS 驱油项目的效益测算中，计算了不同补贴额度下项目主要的经济评价指标。

部分学者开展了 CCUS 全流程经济研究。牛红伟等[17]比较了 100 万吨 / 年捕集规模不同位置的燃煤电厂与不同位置油田区块组合方案的 CCUS 项目的经济性；徐梓忻[18]对基于燃煤电厂燃烧后捕集的 CCUS 驱油项目全流程的经济效益进行了测算；钟林发等[19]建立了涵盖捕集、运输、注入和原油开采 4 个环节的 CCUS 驱油经济评价模型，并以煤化工厂碳源为案例，计算项目内部收益率；王尧[20]针对钢铁厂碳捕集 CCUS 驱油项目建立了资源环境优化模型，分析其经济性；翟明洋[21]以系统成本最小化为目标，建立了全流程 CCUS 系统优化模型，运用 Lingo 11.0（交互式的线性和通用优化求解器）进行模型求解，分析投资、扩容等变量动态变化问题。

综上，现有关于 CCUS 经济方面的研究多聚焦于单个技术环节投资、成本的探讨，且数据适应性较差，对 CCUS 全流程的经济研究主要针对燃煤电厂等单一碳排放源，且经济评价部分论述较为薄弱。在 CCUS 发展的重要“窗口期”，以 CCUS 的主要利用方式 CO_2–

EOR（CO_2 驱油提高采收率）为例，考虑高、中、低三种不同浓度碳源与不同碳埋存收益，对 CCUS 捕集压缩、运输、驱油与埋存全产业链各环节及全流程的投资、成本费用、效益情况进行详细分析，提出推动中国 CCUS 产业发展的建议，具有较强的现实意义。

1 CCUS 全流程概况

CCUS 是指将工业生产等过程中排放的 CO_2 分离出来投入到新的生产过程中进行利用或直接封存以实现永久减排 CO_2 的技术。按流程划分，CCUS 包括捕集压缩、运输、利用与封存等多个环节[5]。

1.1 捕集压缩环节

CO_2 捕集压缩是指将 CO_2 从工业生产等排放源分离和富集的过程。根据碳捕集与燃烧过程的先后顺序，CO_2 捕集路径主要有燃烧前捕集、燃烧后捕集、富氧燃烧和化学链捕集。按照分离过程，目前 CO_2 的捕集方法主要有物理吸收法、化学吸收法、膜分离法等[22]。捕集工艺的选择取决于技术成熟度、运行成本、项目特点等多种因素的综合考量。

据 GSSCI（全球碳捕集与封存研究院）统计，截至 2021 年 9 月，全球碳捕集能力达 4000 万吨 / 年。规划、在建和运行中的商业化 CCUS 设施数量达 135 个，全部建成后 CO_2 捕集规模可达 1.5 亿吨 / 年[23]。

一般来说，CO_2 捕集气源可分为低、中、高 3 种浓度，分别指 CO_2 体积含量低于 30%、30% ~ 70%、高于 70% 的气源。CO_2 气源主要来自热电厂、水泥、钢铁、煤化工等行业，除煤化工属于高浓度排放源外，其余均属于低浓度排放源[24]。对于油田 CO_2–EOR 项目，以中国石油天然气集团有限公司（简称中国石油）为例，高浓度气源主要来源于周边炼化企业合成氨装置，中浓度项目气源主要来源于炼化企业制氢装置弛放气，低浓度项目气源主要来源于燃烧烟气。高浓度排放源捕集技术较为成熟，成本较低。预计至 2030 年，CO_2 捕集成本（包括投资与运行成本）为 90 ~ 390 元 / 吨，2060 年为 20 ~ 130 元 / 吨[5]。

1.2 运输环节

将捕集压缩后的 CO_2 输送到封存或者利用地的过程即为 CO_2 运输环节。CO_2 运输方式主要有罐车运输、船舶运输和管道运输。罐车通常适用于小规模和短距离运输，在长距离大规模运输方面管道运输技术更具优越性。管道运输包括陆上管道运输与海上管道运输，根据输送的 CO_2 所处相态的差异，CO_2 管道运输还可分为气相、液相、密相与超临界相态运输 4 种方式[25]。

影响 CO_2 运输成本的因素主要有运输距离和 CO_2 流量。对于管道运输而言，还受到管道直径、材料、地理位置、是否在闲置天然气管道基础上改造等因素影响。从单位运输成本上看，罐车运输成本最高，陆上管道运输技术是最具应用潜力和规模经济性的技术[26]。

目前，中国罐车和船舶运输技术已基本达到国际水平，在小规模（10 万吨 / 年以下）CCUS 示范项目中实现了商业化应用；而输送潜力最大的管道运输技术相比处于商业应用阶段的国际先进水平有明显差距。CO_2 管道运输技术在北美已经应用了 30 多年，已建成超过 8000 千米的管网，约占全球已建 CO_2 管道总长度的 85%，主要用于驱油[27]。目前中国已具备大规模陆上管道设计能力，正在制定相关设计规范；CO_2 海上管道运输技术缺乏实践经验，在中国尚处于研究阶段。

1.3 利用与封存环节

CO_2 利用是指通过一系列技术手段将捕集的 CO_2 投入到新的生产过程中进行再利用的过程，包括地质利用、生物与化学利用等。其中，CO_2 地质利用是通过工程技术手段，将 CO_2 注入地下以实现强化能源生产、提高资源开采效率的过程，如增强地热系统、强化深部咸水开采、提高油气田采收率等；CO_2 生物与化学利用是指利用 CO_2 的不同理化性质以合成生物质、生产有价值的化学产品并实现减排的过程，如转化为生物肥料、合成甲醇、合成可降解塑料等[28]。

CO_2 封存是指将捕集的 CO_2 注入咸水层、枯竭油气藏等不同地质封存体以隔绝其与大气的过程，封存方式包括陆地封存和海洋封存[29]。不同地质封存体、封存方式的操作难度、发展潜力和产生的社会经济效益有较大差异。

CO_2 驱油是地质利用的一种方式，作为一种三次采油技术，在水驱发展受到制约的低渗透油藏中的适用范围更广、效果更优[30]，且在提高油田采收率、实现油田增产的同时，实现 CO_2 的大规模减排，具有驱油与封存双赢优势，受到世界各国的密切关注，成为目前条件下最经济可行且能大规模应用的 CCUS 方式，是 CCUS 的主要效益端[31]。现阶段，CO_2 驱油技术在中国仍处于工业示范阶段，相比进入商业化应用阶段的国际水平有明显差距。

2 CCUS 全流程经济效益分析

2.1 捕集压缩环节

除高浓度碳源可以直接压缩液化外，其余均需将 CO_2 预处理后进行压缩液化从而获得工业级液态产品。因此，不同浓度捕集压缩项目投资成本水平差异较大。据统计，现阶段，中国有约40个CCUS示范项目（包括已投运及建设中项目），每年捕集CO_2约300万吨，示范项目规模普遍较小，纯捕集示范项目仅13个，每年捕集CO_2约86万吨[5]。从捕集项目规模和时间跨度来看，单体捕集规模达到10万吨/年的项目较少，且项目投运时间较早，普遍在2010年前后[32]，不具有代表性。故捕集压缩环节的投资、成本分析数据主要来源于中国石油所属工程企业近几年典型项目。

2.1.1 投资分析

CO_2捕集压缩项目的建设投资包括工程费用、其他费用、预备费等3部分。工程费用由捕集、压缩液化、罐区以及配套的电气、仪表、公用工程、施工（含土建）投资组成，其他费用和预备费按照工程费用的一定比例计取。不同浓度捕集压缩项目投资水平差异较大，投资的差异集中体现在捕集以及配套设施的投资上，压缩液化和罐区投资一般差异不大。

据调研，高、中、低浓度不同条件下的10万吨/年碳捕集项目的建设投资水平0.5亿～1.6亿元，单位建设投资水平500～1600元/吨，具体见表1。不同规模碳捕集项目投资有一定差异，低浓度项目规模一般较大，规模大的项目单位投资水平会有所降低。此外，10万～20万吨/年规模项目也可能会部分依托投资企业原有公用工程，从而降低投资水平，其中气源来自合成氨装置和制氢装置的炼化企业，由于装置集中且规模较大可能会存在一定的公用工程富余，而油田气源主要是燃烧烟气，由于油田装置分散且规模相对较小，新建捕集压缩项目利用油田原有公用工程的可能性较小。整体而言，规模效应大于依托效应，也即规模越大，单位投资水平越低。

表1　捕集压缩环节投资情况（规模10万吨/年）

分类	建设投资（亿元）	单位建设投资（元/吨）
高浓度气源	0.5～1.0	500～1000
中浓度气源	1.0～1.2	1000～1200
低浓度气源	1.4～1.6	1400～1600

注：不同浓度、捕集工艺等建设投资差异较大，实践中具体项目应具体分析。

2.1.2 成本分析

CO_2捕集压缩项目的总成本费用是指在运营期内为获得工业级液态CO_2产品而发生的全部费用，由生产成本和期间费用组成。生产成本按成本要素可以分解为能耗成本、人员费用、折旧费、修理费、其他制造费等，期间费用主要包括管理费用、财务费用和营业费用。

能耗成本分析主要包括水、电、汽、剂共四部分。根据当前能耗水平及价格数据测算，中国石油内部高浓度项目气源主要来自合成氨装置，多采用直接压缩液化法，能耗成本较低，约 80 元 / 吨，主要为压缩干燥过程中消耗的循环冷却水和电力；中浓度项目气源主要来源于制氢装置弛放气，捕集方法主要为溶剂吸收法，能耗成本约 300 元 / 吨；其他低浓度项目气源主要来源于燃烧烟气，采用化学吸收法，预处理、吸收解吸、压缩干燥等过程均产生能耗成本，能耗成本约 360 元 / 吨。若烟气浓度更低，则预处理电耗随之增加。除能耗成本外，考虑折旧费等其他生产成本及期间费用，捕集压缩项目单位总成本费用 140 ~ 500 元 / 吨。高浓度项目单位总成本费用约 145 元 / 吨，中浓度项目单位总成本费用约 420 元 / 吨，低浓度项目单位总成本费用约 500 元 / 吨。能耗成本占总成本费用的比例约 55% ~ 72%。捕集压缩项目总成本费用情况详见表 2。

表2 捕集压缩项目总成本费用情况

项目分类	能耗成本（元 / 吨）	折旧费（元 / 吨）	其他生产成本（元 / 吨）	期间费用（元 / 吨）	总成本费用（元 / 吨）	能耗成本占比（%）
高浓度气源	80	30	25	10	145	55
中浓度气源	300	60	50	10	420	71
低浓度气源	360	80	50	10	500	72

注：1. 参考东北地区典型项目的价格数据，按照循环冷却水 0.2 元 / 吨、电 0.6 元 /（千瓦·时）、0.3 兆帕蒸汽 130 元 / 吨、吸收剂 6 万元 / 吨（不含税）的价格进行测算；

2. 不同地区不同项目价格存在一定差异，也会影响能耗成本水平。

2.1.3 效益分析

CO_2 捕集压缩项目的收益来源于直接销售气体。在当前技术和能耗水平下，经初步测算，在 CO_2 价格（不含税）200 元 / 吨条件下，高浓度捕集压缩项目可以实现盈利 45 元 / 吨，项目税后 *IRR*（内部收益率）约为 12%；由于投资和能耗成本较高（两项成本已高于 CO_2 价格），再加上其他生产成本、期间费用，中浓度项目亏损约 200 元 / 吨，低浓度项目亏损约 290 元 / 吨。CO_2 捕集压缩项目单位成本效益情况如图 1 所示。

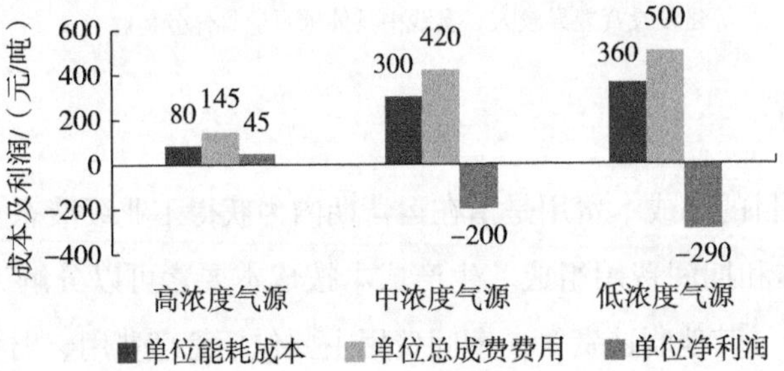

图 1 CO_2 捕集压缩项目单位成本效益情况（CO_2 价格 200 元 / 吨，不含税）

按照6%的税后基准收益率反算，高浓度项目CO_2销售价格约150元/吨，中浓度项目CO_2销售价格约450元/吨，低浓度项目CO_2销售价格约550元/吨。从CO_2销售价格与单位能耗成本的关系来看，CO_2销售价格需要达到单位能耗成本的1.5～2.0倍，才能达到基本盈利水平（表3）。

表3　6%基准收益率对应的CO_2价格（不含税）与能耗成本

项目分类	CO_2价格（元/吨）	单位能耗成本（元/吨）	CO_2价格与单位能耗成本之比
高浓度气源	150	80	1.9
中浓度气源	450	300	1.5
低浓度气源	550	360	1.5

2.2　运输环节

目前中国已开展的CCUS示范项目规模较小，碳源供给主要以罐车运输为主，运输成本约0.9～1.4元/（吨·千米）[32]。中国CO_2管道运输发展相对缓慢，目前已运营并采用管道运输的CCUS项目较少，已建CO_2管道均为气相输送，运输成本较高。欧美地区普遍采用超临界CO_2管道运输，运输成本可低至0.25元/（吨·千米）。CO_2管道运输将成为未来大规模CCUS项目的主要运输路径。预计2030年中国管道运输成本为0.7元/（吨·千米），2060年管道运输成本可降至0.4元/（吨·千米）[5]。

2.3　驱油利用环节

CO_2驱油投资项目分析采用“有无对比”的经济效益分析方法，也就是“有项目”与“无项目”进行对比，“有项目”是指CO_2驱油开发方案，“无项目”是指原有基础井网继续沿用水驱开发方案。CO_2驱油投资项目的经济效益用“增量效益”指标来衡量。

2.3.1　经济效益分析假设

（1）投资。

CO_2驱油项目建设投资按工程内容可划分为开发井工程投资和地面工程投资两部分。开发井工程指从钻前工程至试油工程结束的全部工程，地面工程是指从井口（采油树）以后到商品原油外输为止的全部工程。参考已实施的CO_2驱油项目投资数据，CO_2驱油项目单位增油量投资按照450元/吨考虑。

（2）成本费用。

CO_2驱油项目的总成本费用指在运营期内为原油生产所发生的全部费用，包括操作成本、折耗和期间费用共三部分。操作成本指在原油生产过程中操作和维持井及有关设备和设施发生的成本总支出，对应生产作业过程操作成本主要包括采出作业费、驱油物注入费、油气处理费、井下作业费、测井试井费、维护及修理费、运输费、其他辅助作业费和厂矿管理费等。

其中，驱油物注入费指为提高采收率，对地层进行注水、注气或者注化学物等所发生的材料、动力、人员等费用，主要由 CO_2 气源成本（即 CO_2 购买成本 + 运输成本）和 CO_2 注入成本组成。捕集和运输环节的投资和成本最终体现为驱油环节的 CO_2 气源成本，各项目间存在明显差异，本文分别测算不同井口碳价的经济效益情景。CO_2 注入成本按照平均水平 50 元 / 吨考虑。

不含驱油物注入费的其他操作成本按照单位增油量 800 元 / 吨测算。总成本费用中的折耗、期间费用根据国家和企业相关规定测算。

（3）其他假设。

评价期：CO_2 驱油项目评价期按照 20 年考虑。油价：长期油价按照 60 美元 / 桶考虑。单位增油量：按照每吨 CO_2 驱油 0.3 吨考虑。碳埋存收益：单独驱油环节暂不考虑碳埋存收益。

2.3.2 经济效益分析

基于以上假设，CO_2 井口价格为 200 元 / 吨时，*IRR* 为 8.6%，表明 CO_2 驱油项目具有一定的经济效益；但 CO_2 驱油项目 CO_2 价格承受能力较差，高于 200 元 / 吨很难有经济效益。

当布伦特油价处于 40 美元 / 桶和 50 美元 / 桶时，CO_2 驱油项目几乎无法承受高于 0 的 CO_2 价格，表明在不考虑碳埋存收益时，CO_2 驱油项目收益的抗风险能力较低，基本达不到 6% 的基准收益率水平。不同井口碳价下的经济效益分析结果如图 2 所示。

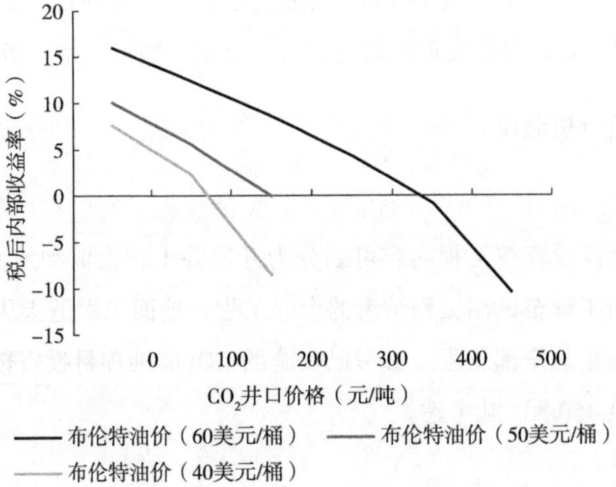

图 2　不同井口碳价下的 CO_2 驱油项目经济效益情况

2.4 全流程经济效益分析

2.4.1 主要假设

（1）CO_2 购买成本分别按照捕集压缩环节效益分析中 6% 基准收益率反算的高、中、低浓度 CO_2 价格 150 元 / 吨、450 元 / 吨、550 元 / 吨考虑。

（2）预计 2025 年 CO_2 管道运输成本为 0.8 元 /（吨 · 千米），2030 年、2060 年成本分别降至 0.7 元 /（吨 · 千米）、0.4 元 /（吨 · 千米）[5]。考虑当前技术水平与一定利润空间，CO_2 管道运输环节成本按照 1.0 元 /（吨 · 千米）计算。碳源至油田驱油场地运输距离按照平均 50 km 考虑，即 CO_2 运输成本为 50 元 / 吨。

（3）按照目前技术水平，CO_2 埋存量按照驱 1 吨油埋存 2.5 吨 CO_2 考虑。

（4）碳埋存收益。2021 年，CCER（国家核证自愿减排量）价格在北京和上海碳市场基本维持在 30 元 / 吨（CO_2）左右。2022 年伴随着国际形势变化、资源紧缺导致的能源价格的上涨与全国碳市场的进一步发展，CCER 价格也在逐步上涨，在北京碳市场甚至出现了高于 60 元 / 吨（CO_2）的价格。目前国家对 CO_2 驱油的碳埋存收益尚无明确政策，考虑未来或出台相关激励措施及 CCER 价格发展现状与趋势，在 CCUS 全流程经济效益分析中碳埋存价格按 0 元 / 吨、50 元 / 吨、100 元 / 吨多种情景考虑。

（5）其他成本费用、评价期、油价等参数与驱油环节经济效益分析假设保持一致。

2.4.2 经济效益分析

基于以上假设测算，高浓度碳源项目在碳埋存价格 50 元 / 吨时的全流程 *IRR* 可以达到 10% 的水平，而中浓度、低浓度碳源 CCUS 项目全流程 *IRR* 达不到 6% 的基准收益水平。不同 CO_2 购买价格和碳埋存价格经济效益结果见表 4。

表4 不同CO_2购买价格、碳埋存价格下的CCUS全流程项目效益

CO_2 购买价格（元 / 吨）	碳埋存价格（元 / 吨）	*IRR*（%）
150	0	9
	50	10
	100	12
450	0	–11
	50	–6
	100	–3
550	0	—
	50	—
	100	–14

3 中国 CCUS 产业发展建议

CCUS 是中国应对气候变化、实现 CO_2 减排、保障能源安全和实现可持续发展的重要技术手段。为加速推动中国 CCUS 产业化步伐，更好支撑“双碳”目标的实现，提出以下建议。

3.1 现阶段 CCUS 项目优先匹配高浓度碳源

不同浓度气源的碳捕集压缩项目效益水平存在较大差异，在 CO_2 价格（不含税）200 元 / 吨条件下，高浓度捕集压缩项目可实现盈利，中低浓度项目却面临较高亏损。对于驱油环节，不同浓度气源投资与成本水平的巨大悬殊体现在 CO_2 购买成本中，高成本带来更高的 CO_2 供应价格，影响全流程效益。建议现阶段 CCUS 驱油项目优先采用高浓度排放源。当市场油价处于高位时，驱油收益不仅可以抵消高浓度气源成本，还可以创造额外经济利润，即以负成本实现 CO_2 减排。

3.2 以余热利用和电气化提升作为 CCUS 降低成本攻关方向

根据调研数据，现阶段低浓度气源捕集压缩的高成本主要归因于蒸汽和电力的消耗。已有工程实例证明，余热利用替代蒸汽可以有效降低成本。建议油田周边炼化企业将未能有效利用的低温余热资源与 CO_2 捕集相结合，既可以降低炼厂能耗，又可以节省 CO_2 捕集过程中的蒸汽消耗，实现双赢局面。同时，低浓度气源捕集压缩的高成本也反映了技术的局限性。建议加大以绿电为基础的电气化汽化技术的研发力度，以电锅炉、电加热器等电气化设备取代原有锅炉和蒸汽加热器。

3.3 完善财税政策以保障 CCUS 持续发展

要实现 CCUS 产业的商业化、规模化发展，除技术本身不断完善、降低成本外，还需要财税政策的逐步到位。财税政策的支持可以缓冲企业发展 CCUS 高昂的投资成本，促进 CCUS 项目在未来的大规模部署。碳捕集是 CCUS 项目中成本较高的环节，建议给予碳捕集企业一定的财税支持，如对实施碳捕集的燃煤电厂给予一定电价补贴以充分调动其积极性；对于 CCUS 驱油利用环节，企业单纯依靠增油量收益难以盈利，建议进一步对 CCUS 项目实施税收减免，如对所得税进行一定比例下调、按照低品位征收资源税、提高特别收益金起征点等，可以使企业降低成本。

随着 CCUS 技术的快速发展及其项目规模的不断扩大，外部融资将成为 CCUS 项目获取资金的重要方式。建议为 CCUS 项目设立专项扶持基金，打通金融融资渠道，推动金融机构从融资额、利率等方面为 CCUS 项目提供支持，促进产业链和政策链相互支撑。

3.4 发挥碳市场在推动 CCUS 发展中的关键作用

现阶段，CCUS 减排量尚未被纳入中国碳排放权交易市场中。建议加快推进国内碳市场建设，将 CCUS 纳入碳市场交易机制，发挥碳市场在推动 CCUS 产业发展上的关键作用，让实践 CCUS 项目的企业获取一定减排收益以弥补其高昂的投资和成本。对于已纳入碳市场的重点排放企业单位，建议允许其 CCUS 项目的碳捕集量直接抵消碳排放配额；同时，建议将 CCUS 项目纳入 CCER，允许其作为抵消机制组成部分用于抵消排放配额。

3.5 制定统一的标准规范，为 CCUS 提供经济技术支撑

建议建立 CCUS 业务系列规章制度，制定专项管理办法，明确项目全过程管理流程和相关规定，加快构建一套完整的、行之有效的 CCUS 业务管理体系，为 CCUS 项目的规模化推进提供制度保障。同时，建立 CO_2 监测、报告和核查体系，重点攻关 CCUS 全过程定量监测系列方法，形成基于行业减排措施的 CCUS 全流程 CO_2 核算方法和基于 CCER 的 CCUS 全流程 CO_2 减排方法学，为 CO_2 减排量的精准确定及碳交易奠定基础，为 CCUS 产业化加速推进提供经济技术支撑，为中国在国际碳市场争取话语权。

参考文献

[1] 中华人民共和国中央人民政府．习近平在第七十五届联合国大会一般性辩论上发表重要讲话[EB/OL]. (2020-09-22) [2022-09-06].http://www.gov.cn/xinwen/2020-09/22/content_5546168.htm.

[2] 孙海萍，张胜军，徐立昊，等．“双碳”目标下中国油气行业低碳发展措施与路径探讨 [J]. 油气与新能源，2021，33（5）：27-31，45.

[3] 陈由旺，吴浩，朱英如，等．“双碳”背景下油气田节能技术发展与展望 [J]. 油气与新能源，2021，33（5）：6-9，26.

[4] 薛华．“碳中和”背景下中国油气行业 CCUS 业务发展策略 [J]. 油气与新能源，2021，33（2）：67-70.

[5] 蔡博峰，李琦，张贤，等．中国二氧化碳捕集利用与封存（CCUS）年度报告（2021）——中国 CCUS 路径研究 [R]. 北京：生态环境部环境规划院，中国科学院武汉岩土力学研究所，中国 21 世纪议程管理中心，2021.

[6] RUBIN E S, CHEN C, RAO A B. Cost and Performance of Fossil Fuel Power Plants with CO_2 Capture and Storage[J].Energy Policy, 2007, 35 (9): 4444–4454.

[7] 黄斌，许世森，郜时旺，等 . 燃煤电厂 CO_2 捕集系统的技术与经济分析 [J]. 动力工程，2009，29（9）：864–867，874.

[8] 郑学栋，张松涛 . 燃煤电厂 CO_2 捕集技术与经济分析 [J]. 上海化工，2011，36（5）：19–23.

[9] 吴其荣，陶建国，范宝成，等 . 燃煤电厂开展大规模碳捕集的技术路线选择及经济敏感性分析 [J/OL]. 热力发电 ：1–7[2022–09–06].DOI:10.19666/j.rlfd.202206112.

[10] Roussanaly S, Jakobsenj P, Hognes E H, et al. Benchmarking of CO_2 Transport Technologies: Part Ⅰ–Onshore Pipeline and Shipping between Two Onshore Areas[J]. International Journal of Greenhouse Gas Control, 2013, 19: 584–594.

[11] Roussanaly S, Brunsvold A L, Hognes E S. Benchmarking of CO_2 Transport Technologies: Part Ⅱ–Offshore Pipeline and Shipping to an Offshore Site[J]. International Journal of Greenhouse Gas Control, 2014, 28: 283–299.

[12] 徐冬，刘建国，王立敏，等 . CCUS 中 CO_2 运输环节的技术及经济性分析 [J]. 国际石油经济，2021，29（6）：8–16.

[13] 陈国利，项东，李艳 . 二氧化碳驱油与埋存项目经济评价方法及指标 [J]. 化工管理，2014（29）：29.

[14] 孟新，罗东坤 . CO_2 驱油提高采收率项目的经济评价方法 [J]. 技术经济,2014,33（12）：98–102，122.

[15] 武守亚，赵东亚，李兆敏，等 . 二氧化碳油藏封存工程经济建模与研究 [J]. 石油工程建设，2015，41（3）：1–5.

[16] 胡燕 . 美国 45Q 政策及其应用于中国二氧化碳驱油项目的测算研究 [J]. 油气与新能源，2022，34（4）：33–37.

[17] 牛红伟，郜时旺，刘练波，等 . 燃煤烟气全流程 CCUS 系统的技术经济分析 [J]. 中国电力，2014，47（8）：144–149.

[18] 徐梓忻 . 基于燃煤电厂燃烧后捕集的 CCS–EOR 全流程项目综合经济评价与指标研究 [D]. 北京 ：华北电力大学，2016.

[19] 钟林发，林千果，王香增，等 . 碳捕集与封存——提高石油采收率全流程经济性评价模型 [J]. 现代化工，2016，36（11）：7–10.

[20] 王尧 . 基于钢铁厂碳捕集的 CCUS–EOR 全流程项目技术经济评价研究 [D]. 北京 ：华北

电力大学，2018.

[21] 翟明洋．二氧化碳捕集、利用与封存全流程系统优化模型的开发及应用 [D]. 北京：华北电力大学，2018.

[22] 艾先立．CO_2 捕集技术研究 [J]. 绿色科技，2014（6）：178–180.

[23] Turan G，Zapantis A. 全球碳捕集与封存现状 2021[R]. 澳大利亚：全球碳捕集与封存研究院，2021.

[24] 华经产业研究院．2021 年全球及中国二氧化碳捕集利用与封存（CCUS）市场深度分析 [R]. 北京：华经产业研究院，2021.

[25] 李家强，梁海宁，刘建武．国内二氧化碳长输管道建设安全性分析 [J]. 油气田地面工程，2014，33（4）：30–31.

[26] 胡永乐，郝明强．CCUS 产业发展特点及成本界限研究 [J]. 油气藏评价与开发，2020，10（3）：15–22.

[27] 张锦，曾文婉．碳捕集利用与封存技术，零碳之路的“最后一公里”[R]. 北京：华宝证券，2021.

[28] 秦积舜，李永亮，吴德彬，等．CCUS 全球进展与中国对策建议 [J]. 油气地质与采收率，2020，27（1）：20–28.

[29] 张贤，李阳，马乔，等．我国碳捕集利用与封存技术发展研究 [J]. 中国工程科学，2021，23（6）：70–80.

[30] 庄永涛．低渗透油藏 CO_2 驱油技术经济政策研究 [D]. 北京：中国地质大学（北京），2014.

[31] 苗军，阳国军．我国二氧化碳捕集和驱油发展现状及展望 [J]. 当代石油石化，2020，28（12）：32–37.

[32] 蔡博峰，李琦，林千果，等．中国二氧化碳捕集利用与封存（CCUS）年度报告（2019）[R]. 北京：生态环境部环境规划院气候变化与环境政策研究中心，2020.

全国统一大市场背景下油气企业天然气产业发展思考

闫玮祎　唐永祥

（中海石油气电集团有限责任公司）

摘　要：建设全国统一大市场意见的提出，对构建清洁低碳、安全高效的现代能源体系提出了新的要求。在此背景下，提出了大市场在形成国际天然气价格指数、保障能源安全、激发市场活力、促进低碳化转型4个方面对天然气产业发展的积极意义。结合《“十四五”现代能源体系规划》和油气体制改革进程，分析了大市场背景下天然气产业在消费增长、终端形式更加多元、价格机制逐渐完善3个方面的发展预期。通过与各能源要素的协同发展，对企业高质量发展天然气产业链提出建议：（1）配合天然气交易中心建设，积极参与现货、期货交易；（2）吸收天然气市场化改革红利，提升上下游控制力；（3）紧跟电力市场建设步伐，打造电力与天然气协同发展的产业链；（4）积极参与生态市场建设和碳交易，推动产业链低碳发展；（5）以科技创新带动产业发展，加快向综合能源服务转型。

关键词：全国统一大市场，协同发展，天然气产业链，综合能源服务

1　全国统一能源市场构成

2022年4月10日，中共中央、国务院发布《关于加快建设全国统一大市场的意见》（以下简称《意见》），《意见》提出要“打破地方保护和市场分割，打通制约经济循环的关键堵点，促进商品要素资源在更大范围内畅通流动，加快建设全国统一大市场”[1]。其中对能源大市场要求“在有效保障能源安全供应的前提下，结合实现碳达峰、碳中和目标任务，有序推进全国能源市场建设”[1]。在此之前，国家发改委于2022年3月22日发布了《“十四五”现代能源体系规划》（以下简称《规划》），阐明了在“碳达峰、碳中和”要求

下能源结构持续优化，构建低碳化、智能化能源体系的发展蓝图[2]。相关《意见》《规划》的发布表明我国正加快构建清洁低碳、安全高效的现代能源体系。

面对日益复杂的国际政治经济格局，向多极化、低碳化发展的国际能源环境，建设全国统一的能源大市场是加强能源安全保障、加快经济循环的重要基础支撑。作为中国现代能源体系的主体能源之一，近年来天然气在我国能源消费结构占比稳步提升，产业链上中下游改革持续推进。面对新发展格局，如何在保障能源供应安全的前提下，将天然气市场全面融入全国统一大市场及能源体制改革，通过有针对性的发展策略实现天然气产业链的健康发展，是企业发展的重要议题。

根据《意见》，能源大市场由油气期货产品体系、油气管网的互联互通、天然气市场化改革、统一电力市场体系、统一煤炭交易市场几部分构成[1]。在全国统一大市场体系下，能源大市场将形成联结油、气、电力、煤炭、生态等领域的中枢，通过统一的规则约束，促进各领域资源要素的自由流通，根据不同地区需求差异实现资源高效公平分配、协同发展。

2 统一大市场对天然气产业发展的意义

2017 年 5 月，中共中央、国务院印发《深化石油天然气体制改革的若干意见》[4]，在“放开两头，管住中间”的总体思路下，近年来油气体制改革逐步深化。本次《关于加快建设全国统一大市场的意见》从油气交易中心、管网设施、市场化改革三方面对天然气产业发展方向提出了进一步导向性要求。对此，相关部委及行业内专家也从不同角度做出了解读[5-7]。研究认为，《关于加快建设全国统一大市场的意见》的出台对形成价格指数、保障能源安全等方面具有重要意义。

2.1 形成具有国际影响力的天然气价格指数

长期以来，我国油气价格受国际价格指数影响，尤其是天然气资源对外依存度较高，进口 LNG 资源定价主要采用挂钩原油和天然气 /LNG 价格指数的方式，受国际价格波动影响较大。2022 年乌克兰危机发生后，进口天然气资源供需形势及价格波动不确定性进一步增加。上海石油天然气交易中心成立以来，虽然已推出国际进口现货 LNG 到岸价格，但尚未形成较强的国际市场价格话语权。统一规范的油气交易中心有利于将各地分散化的贸易联动起来，降低交易成本、扩大国内天然气市场交易规模，提高国内天然气市场价格发现能力，促进形成具有国际影响力的天然气价格指数。

2.2 加快资源要素流通效率，保障能源供应安全

截至“十三五”末，我国天然气消费占一次能源消费比重已上升至8.4%，相较“十三五”初期提高2.5个百分点，预计“十四五”期间消费量仍将保持年均6%以上的增速，到2030年占一次能源消费比重将上升到15%左右[8]。但与此同时，价格成本较高、管网设施不完善、储气能力不足等问题均制约着我国天然气的供应能力。统一的全国大市场将提高跨省天然气资源流通效率，平抑不同区域用气成本，提高终端用气效率。与此同时，天然气与其他能源要素之间的联动也将大幅增强，更有利于提升能源体系抵抗系统性风险能力，保障能源供应安全。

2.3 带动天然气产业链健康发展，激发市场活力

我国油气体制改革正处在磨合期，一方面基础设施尚未实现完全开放，另一方面部分省级管网尚未实现互联互通。统一的全国大市场将通过更加市场化的良性竞争环境，推动形成更合理的价格传递机制，促进天然气产业链业务多样性发展。在上游，将进一步形成多主体、多渠道的资源供应模式；在中游，进一步完善的基础设施布局及监管机制将逐步消除地方利益摩擦，“中立”的服务和统一的能量计量体系为各市场主体公平准入奠定了基础；在下游，终端用户可依托逐步完善的数字化手段增强资源、服务的自主选择权，进一步激发市场活力。

2.4 促进传统油气企业数字化、低碳化发展，加快向综合能源服务公司转型

在能源改革大背景下，各企业均在寻求与新能源融合的产业升级发展路径。一方面借助数字化手段，构建全国统一的大市场将为各能源要素构建高效联动的“桥梁”；另一方面，庞大的规模效应也为创新技术落地提供了良好平台，为企业以传统业务为根基，不断提升集合多样性业务的综合能源服务能力提供助力。

3 大市场背景下天然气产业发展预期

《关于加快建设全国统一大市场的意见》的出台将有助于进一步加快油气体制改革进程，将对天然气产业资源跨省调配、基础设施有序开发、价格市场化等方面的发展带来积极影响。

3.1 天然气跨省调配、流通更加便利，随着后疫情时代经济复苏加速，预计“十四五”后期全国天然气市场消费增速可能进一步提高

目前我国天然气市场呈现明显的生产与消费区域不平衡。根据国家统计局数据，2021年各省（自治区）天然气产量前五名依次为：陕西527亿立方米、四川463亿立方米、新疆370亿立方米、广东132亿立方米、山西86亿立方米。而消费端的前五名依次为：广东364亿立方米、江苏313亿立方米、四川268亿立方米、山东236亿立方米、河北228亿立方米。尽管消费规模较大的沿海省份可以用海气、进口资源作为补充，但相对资源成本高于国产气。至“十三五”末，我国天然气管道总里程达11万千米[3]，全国一张网初步形成，但管网设施的不足仍在一定程度上限制着我国天然气消费增长[9]。一方面长输干线管网仍未覆盖全国，约有1/3的县级行政单位未连通管道气，另一方面管道枢纽站处理能力不足，在调峰季普遍满负荷运转。在大市场背景下，随着主干线加快建设，重点消费区域的天然气管线加速联通，将引导全国平均用气成本进一步下降，促进消费规模扩大。

根据《“十四五”现代能源体系规划》，预测2025年全国天然气消费约为4200亿~4600亿立方米，国内天然气产量达2300亿立方米[2]。近年来我国天然气资源供应能力快速提升，根据《中国天然气发展报告（2021）》和国家统计局数据，2019—2021年中国天然气产量年平均增速达9%，进口资源2019—2021年平均增速超过12%[3, 10]。随着“东北、西北、西南、海上”四大进口通道作用愈发凸显，在国际天然气供应宽松的加持下，“十四五”天然气进口能力将持续增强。按照近3年进口资源平均增速推算，至2025年天然气进口量可达2600亿立方米；考虑到2022年以来国际天然气价格高企，现货资源进口量存在不确定性，结合已签署的进口资源合同量、各省接收站能力规划与码头布局，推测2025年天然气总进口量有望超过2400亿立方米，我国整体天然气资源供应能力有望超过4700亿立方米。同时，根据目前已发布“十四五”能源规划的重点省份天然气消费量，浙江、广东等10个省的2025年规划天然气消费规模达2200亿立方米（表1），按照2021年10个省份占全国比例46.8%推算，全国天然气消费量可达到4700亿立方米。因此推测，至“十四五”末全国天然气市场供应充足，天然气消费较原预测仍有增长空间。

表1 重点省市2021年天然气消费量及2025年天然气消费规划

省市	2021 年消费量（亿立方米）	2021 年全国占比（%）	2025 年规划消费量（亿立方米）
北京	217	5.8	超 200
天津	109	2.9%	145
山东	236.6	6.3	245
上海	119	3.2	137
浙江	180	4.8	315
福建	78	2.1	88
江西	43	1.2	60
湖北	84	2.3	100
广东	364	9.8	480
江苏	313.7	8.4	420（预计）
合计	1744.3	46.8	2200

数据来源：国家及各省市统计局数据、各省市“十四五”能源规划。

3.2 随着能源体系加快向绿色低碳发展，接收站和输配网的进一步有序开放，将增加天然气终端项目机会，企业的下游终端销售形式更加多元

根据《中国天然气发展报告（2021）》，至“十三五”末，我国天然气消费终端结构为，城市燃气 36.7%（含交通领域 390 亿立方米）、工业燃料 37.8%、发电 17.4%、化工 8%，城市燃气、工业燃料和发电是带动天然气消费增长的主力军[3]。近年来，终端销售政策利好不断、技术革新对产业发展带动能力进一步增强。通过大市场构建的快速“桥梁”，将使气源流通更加通畅，并促进天然气与其他能源要素的融合发展。

在发电领域，一是随着气源保障能力增强、用气成本更加合理，推动天然气发电项目加快布局，发电小时数提升；二是制氢、输氢成本下降，氢源更加丰富，加快了天然气掺氢的混合燃料技术商业化进程，进一步凸显天然气发电的清洁低碳优势；三是新型电力系统对安全、高效、灵活电源的极大需求为天然气发电提供了发展机遇，随着电力辅助服务市场机制的不断完善和电网智能调度技术发展，天然气发电可充分发挥在气网、电网的双向调节作用，通过与风光等新能源电源融合发展，带动风光等新能源发电的装机规模和用气量增长。

在陆上交通领域，近年来国内新能源汽车发展迅速，氢能、电能汽车数量和服务站点快速增长，国家发改委和能源局已提出，鼓励加油站向油、气、电、氢综合能源服务转型[11]。

与此同时，由于产业链的相对独立、缺少能源调剂互联平台，汽车加气产业在激烈竞争下发展放缓，近年来基础设施增速明显低于加氢、充电业务（图 1）。统一的能源大市场将推动建设更加完善的信息交互渠道和高度数字化智能化的交易平台，促进不同能源品种协同发展，形成涵盖站、车、人的产业生态圈。综合能源站可提高站点引流能力，即便无法直接提高终端天然气销量，增值服务带来的可观收益也将促进天然气产业健康发展。

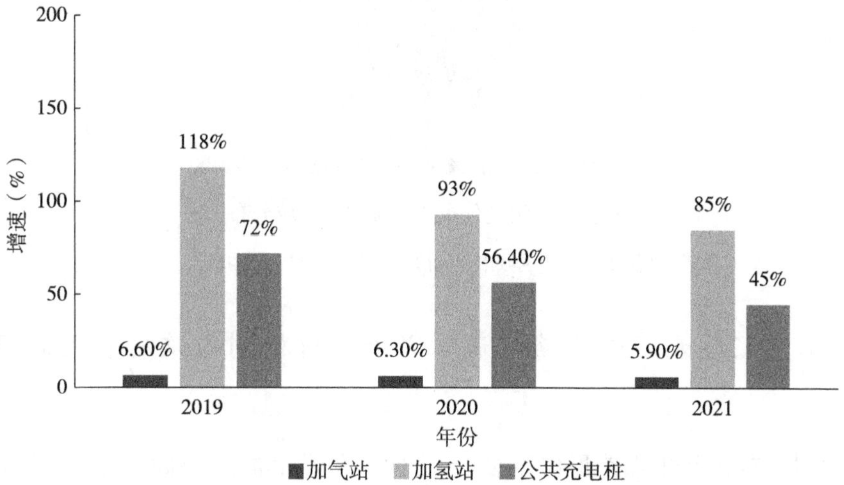

图 1　近三年加气站、加氢站、公共充电桩设施增速

数据来源：中国产业信息网、中国氢能产业发展报告

在水运交通领域，随着航运业排放法规的趋严、船用 LNG 技术的进步以及政府主管部门的引导和支持，LNG 动力船市场逐渐显现积极发展势头。特别是国家“十四五”规划明确了长江流域的绿色发展需求，为以 LNG 为燃料的绿色航运发展带来契机。根据交通运输部数据，截至 2021 年，长江流域约有 LNG 动力船 200 余艘，在运营加注站 4 座，年加注量约 3000 吨。目前制约产业发展的主要因素除了船舶改造和加注站点投资较高以外，主要是沿线七省二市存在地方利益博弈，财政支持和税收补贴等利好政策难以协调和落地。统一大市场明确了提高政策统一性、规则一致性、执行协同性的工作原则，将加强不同地区市场政策衔接联动，推动融合各地比较优势的有利政策加快落地，带动船舶 LNG 加注业务发展。

在综合供能方面，天然气分布式能源、LNG 冷能利用等综合供能模式是在供能端实现多种能源要素调剂余缺、互联互保的有效手段。目前国内分布式项目主要集中在经济发达地区的大型能源负荷中心，环渤海、长三角、珠三角地区占比超过 60%（图 2），冷能利用项目主要集中在与接收站地域靠近的冷能空分等传统应用领域，制约项目在更大范围发展的主要因素是用能价格和资源供应。随着大市场下更加合理的价格疏导机制逐步建立，将使综合供能项目的经济性有效提高。另一方面，终端配气网的进一步完善和更加开放，为掌握资源优势的上游企业创造了更多的分布式项目参与机会，可进一步促进项目用气成本下降，扩大市场规模。

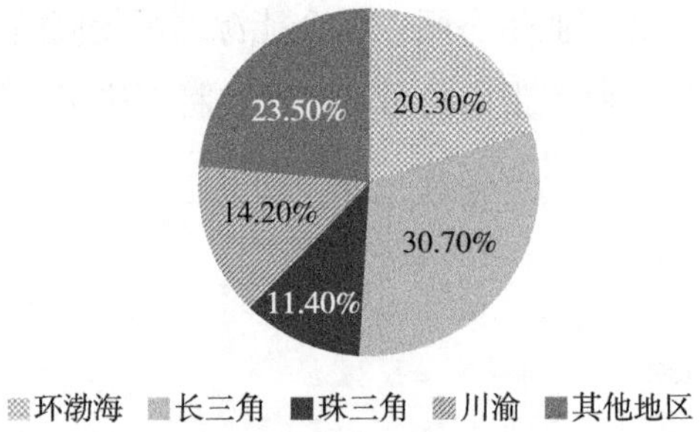

图 2　天然气分布式能源项目区域分布

数据来源：中国城市燃气协会分布式能源专业委员会

3.3　推动完善天然气价格机制，促进定价机制由政府管制向市场定价转变

目前我国天然气定价机制仍不完善。一方面，在国际油价上涨时，由于没有上下游联动的价格调整机制，使得没有储备能力的城燃企业承受了较大经营压力。另一方面，虽然部分省份已初步形成了天然气季节性的联动机制，多表现为冬季高峰的气价上调，而鲜有淡季时的价格下调。这一现状使得当前价格机制无法发挥市场调节作用，不利于产业链业务在竞争环境下健康发展。大市场指导《意见》明确了要“稳妥推进天然气市场化改革”，随着 2022 年以来天然气价格保持高位，国家已做出天然气定价机制改革的相关动作，5 月 26 日公布的《关于完善进口液化天然气接收站气化服务定价机制的指导意见》是国内首个专门针对接收站气化服务价格的政策文件，旨在指导各地进一步完善气化服务定价机制，促进接收站公平开放。虽然该政策仅针对产业链上游的进口 LNG 定价机制，但从传递出的讯息可以推测，在大市场维护公平竞争的原则下，我国将逐步实现对天然气全产业链价格放松政府管制，形成与油价挂钩或与国际天然气价格挂钩的顺价机制，让产业链各参与方共担气价成本，通过更有竞争力的市场化体系，激发市场活力。

4　统一大市场背景下油气企业天然气产业发展建议

在建设能源大市场和油气体制改革逐步深入背景下，对油气企业天然气产业发展提出以下 5 点建议。

4.1 配合天然气交易中心建设，积极参与现货和期货交易

自上海和重庆石油天然气交易中心成立以来，我国正陆续筹建天津、浙江等区域交易中心，目前正处于探索研究阶段。通过统一规范的全国油气建议中心，一是可以进一步实现天然气资源在全国的畅通流转，提升国家安全保障能力；二是有利于上下游业务联动，可以增强资源辐射范围，扩大销售半径和市场份额；三是通过参与市场交易，可提升公司对资源供需变化和价格波动的敏感性，借助期现联动增强公司成本控制能力和资源配置效率。

4.2 吸收天然气市场化改革红利，提升上下游控制力

一是在上游LNG进口业务中，加快建设并充分利用自主可控的LNG船运体系，结合长、中、短期等多种资源采购模式，打造多元、灵活、有控制力的资源池；二是持续推动国家级LNG储运基地建设，提升LNG接收及储气能力；三是积极推进“最后一公里”管道建设，提升终端资源供应能力；四是紧跟政策导向，把握基础设施开放机会，快速调研、分析终端需求，大力发展发电、车船加注等终端业务，完善产业链建设。

4.3 紧跟电力市场建设步伐，打造电力与天然气协同发展的产业链

一是立足资源优势与逐步完善的电价机制，把握国家“双碳”政策机遇，加快燃气电厂布局，发挥电力资源在天然气产业链中的动态储气作用；二是主动适应新型电力系统建设，以多样、灵活的方式与新能源电源协同发展，加快天然气发电项目开发效率；三是融入电力交易，充分挖掘天然气发电在灵活性、可靠性方面的价值，并通过参与绿电交易促进产业链低碳转型；四是科学布置天然气分布式能源项目，发挥分布式项目的资源优化聚合作用，融入电力系统“源网荷储”建设思路，延伸天然气产业链价值。

4.4 积极参与生态市场建设和碳交易，推动产业链低碳发展

一是加强对碳税政策、履约机制的分析研究，在行业内形成合力，引导和推动有利于天然气碳中和价值体现的政策落地实施；二是紧跟能源转型和资源高效联动机遇，积极打造绿色能源基地、混合燃料天然气发电等示范工程；三是开展碳中和领域项目投资，研究投资林业、海洋碳汇项目，丰富产业链“碳资源池”；四是充分利用统一碳市场下的各要素自由流通机制，健全内部谈资产管理机制，实现产业链上下游、不同区域的碳资产高效配置。

4.5 以科技创新带动产业发展，加快向综合能源服务转型

一是利用好大市场规模效应，建立高效成果转化机制，刺激优质产业落地创新；二是利用好大市场的丰富应用场景和资源高效联动，加快创新要素在各区域、各领域的流通转化，带动产业链价值提升；三是加快探索前沿技术，超前谋划业务发展，抢占发展先机。

从《"十四五"现代能源体系规划》到《关于加快建设全国统一大市场的意见》，政府提出了多种能源融合发展，推动能源绿色低碳转型的发展理念。面对复杂多变的国内外局势和不断深入的油气体制改革，油气企业原有经营模式受到冲击。面对新发展格局，企业要加强形势研判，积极适应改革，紧抓大市场环境下的发展机遇，着力打造市场化更强、协同性更好的产业链，在实现高质量发展的同时，全力支持现代能源体系建设。

参考文献

[1] 国务院 . 关于加快建设全国统一大市场的意见 [EB/OL]. [2022-04-10]. http://www.gov.cn/xinwen/2022-04/10/content_5684388.htm.

[2] 国家发展改革委，国家能源局 ."十四五"现代能源体系规划（发改能源〔2022〕210 号）[EB/OL]. http://zfxxgk.nea.gov.cn/2022-01/29/c_1310524241.htm.

[3] 国家能源局石油天然气司，国务院发展研究中心资源与环境政策研究所，自然资源部油气资源战略研究中心 . 中国天然气发展报告（2021）[M]. 北京：石油工业出版社，2021.

[4] 国务院 . 深化石油天然气体制改革的若干意见 [EB/OL]. [2017-05-21]. http://www.gov.cn/zhengce/2017-05/21/content_5195683.htm.

[5] 国家统计局 . 建设全国统一大市场有利于降低交易成本 [EB/OL]. [2022-04-18]. https://content-static.cctvnews.cctv.com/snow-book/index.html?item_id=2083872103040373884.

[6] 董秀成 . 持续深化油气体制改革，建设油气统一大市场 [EB/OL]. [2022-05-14]. https://baijiahao.baidu.com/s?id=1732773882486005475&wfr=spider&for=pc.

[7] 宋清辉 . 建设全国统一大市场 助力中国经济行稳致远 [EB/OL]. [2022-04-23]. https://baike.baidu.com/tashuo/browse/content?id=7a442b40b5872ac8e0b3fbe2&lemmaId=18446450&fromLemmaModule=pcBottom&lemmaTitle=%E5%85%A8%E5%9B%BD%E7%BB%9F%E4%B8%80%E5%A4%A7%E5%B8%82%E5%9C%BA.

[8] 国家发展改革委 . 加快推进天然气利用的意见 [EB/OL]. [2017-07-04]. https://www.ndrc.

gov.cn/ xxgk/zcfb/tz/201707/t20170704_963000.html.

[9] 李俊杰 . 对“十四五”中国天然气产业发展的思考 [J]. 国际石油经济，2020，28（12）：11–20.

[10] 国家统计局 . 中华人民共和国 2019 年国民经济和社会发展统计公报 [EB/OL].（2020-02-28）. http://www.stats.gov.cn/tjsj/zxfb/202002/t20200228_1728913.html.

[11] 国家发展改革委，国家能源局 . 关于完善能源绿色低碳转型体制机制和政策措施的意见（发改能源〔2022〕206 号）[EB/OL]. https://www.ndrc.gov.cn/xxgk/zcfb/tz/202202/t20220210_1314511.html?code=&state=123.

美国贸易制裁“长臂管辖”效应下能源贸易企业面临的风险和应对策略研究

王幪达
（中海油能源发展股份有限公司销售服务分公司）

摘　要：针对涉外贸易制裁，美国出台一系列法律法规，建立管理和执行机构，凭借其全球贸易影响力、美国金融服务体系、美元跨境交易支付主导地位，使其国内法律产生对域外企业的约束效力。美国根据“最低联系”原则，通过美国连接点，对外实施“长臂管辖”，对不符合其政治利益的实体实施金融制裁和出口管制制裁等措施。在美国贸易制裁“长臂管辖”效应下，国内能源贸易企业应加强涉外贸易合规审查，避免与受制裁的能源进出口主体开展交易，同时应提前做好研判分析，制定风险应对策略，以期在日趋增加的制裁风险中行稳致远。

关键词：“长臂管辖”效应；美国贸易制裁机制；美国连接点；能源贸易企业；风险和应对策略

引言

美国对外贸易制裁遵循“长臂管辖”原则，突破了限于本国合法利益保护的国际争端管辖原则[1]，以单边贸易保护和为政治目标服务为目的，将有损美国利益的可能连接点均纳入管辖范围，依托其全球贸易影响力、近乎垄断的金融服务体系、以美元为主体的跨境贸易结算货币体系，以及军事、科技和金融方面的领先地位，将贸易制裁范围扩大化，并逐步演变为不对等的单边制裁。

近年来，美国根据《2010 年对伊朗全面制裁、问责和撤资法案》《以制裁反击美国敌人法案（CAATSA）》等文件[2–3]，对伊朗和俄罗斯等能源出口国实施制裁。因“长臂管辖”效应和次级制裁政策影响，与被制裁主体合作的企业也遭受牵连。2012 年，美国财政部因昆仑银行为伊朗提供结算服务而关闭了其美元结算通道[4]。2016 年 3 月，美国商务部发布调查文件，指责中兴通讯严重违反美国出口管制法规，向伊朗、朝鲜和叙利亚等禁运国出口含有美国技术的软硬件产品，对其实施了约 11.9 亿美元的巨额罚款[5]。2019 年 9 月 25 日，美国财政部海外资产控制办公室（The Office of Foreign Assets Control of the US Department of the Treasury，OFAC）以“涉嫌违规开展伊朗原油贸易运输服务”为由，将大连中远海运油品运输有限公司等 2 家企业列入制裁名单，导致其海上运输合同履约受限，部分原油运输订单被取消。2020 年 2 月，OFAC 对俄罗斯国家石油公司旗下贸易子公司 RosneftTrading SA 实施制裁，理由是“涉嫌帮助委内瑞拉国家石油公司出口石油”[6]，最终导致该公司注销。

中国的原油对外能源依存度已达 70%，能源贸易企业承担着保障国家能源安全的社会责任。在“长臂管辖”效应下，能源贸易企业一旦受到制裁，将影响合同履行，势必不利于能源供给保障。因此，有必要研究美国贸易制裁相关政策，并及时采取有效的风险防范策略。

1 “长臂管辖”权与美国连接点

美国实施“长臂管辖”权的重要依据为境外贸易是否存在美国连接点，如存在“最低联系”且美国认为可能有损其利益，即可实施管辖。“长臂管辖”表面上是美国对本国利益的保护，实际上是通过过度扩张的管辖保护和自由裁量权的行使，挤占别国司法管辖范围和权力，越界对域外贸易实体进行管制。

依据“最低联系”和属地管辖、属人管辖、保护管辖、普遍管辖原则，美国通过建立法律法规制度、发布总统行政令、建立制裁清单、参照司法管辖案例等方式，确立美国连接点。美国贸易代表办公室（Office of the United States Trade Representative，下称 USTR）根据《1988 年综合贸易与竞争法》301 条款和“美国贸易利益”这一连接点，对别国贸易政策或相关企业行为中存在的“不公正”“不公平”的贸易做法进行调查。美国商务部工业与安全管理局（Bureau of Industry and Security，BIS）发布《出口管制条例》（Export Administration Regulations，EAR），规定商业管制物项（包括产品、技术、软件和服务）位于美国境内、运输途经美国、在美国境内生产、在境外生产但包含美国成分达到“最低比例”、在境外生产但主要部分直接采用美国技术或软件[7]，即存在美国连接点而受到出口管制。除了物项管制，EAR 还对出口目的地、出口物项最终用户、出口物项最终用途进行规定，若存在美国物项连接点且违反美国出口法律，则存在被制裁的风险。OFAC通过制裁清单，对相关主体实施初级和次级制裁。初级制裁直接限制或禁止美国实体和清单上的实体开展贸易活动，美国实体包括美国境内的自然人、依据美国法律成立的公司、美国自然人和实体控制的境外组织。同时，一旦存在美国连接点，则与被制裁对象开展交易的非美国实体同样受到制裁。其中常见的美国连接点有：美国人或美国公司等实体参与、美元结算、使用美国金融服务、使用美国居间服务商、美国为交易发生地、美国为货源地、从美国境内得到服务或支持等[8]。次级制裁则直接要求非美国实体限制或禁止和被制裁对象开展特定交易，不论其间是否有美国连接点，违反者将被连带制裁。

因此，基于美国贸易制裁“长臂管辖”效应，能源贸易企业开展交易时应注意排查风险点，警惕次级制裁和由美国连接点引起的域外管辖。

2 美国贸易制裁主要组织机构和政策

2.1 立法决策层

美国总统是贸易制裁实施的一般决策者，通过签署法案、发布行政令等方式推动决策执行，美国国会在特定情况下也可通过立法参与制裁。美国通过全套成熟的法律体系为实施“长臂管辖”提供看似合理的依据。其中《1974年贸易法》《1988年综合贸易与竞争法》《国际紧急状态经济权力法》《国家紧急状态法》《与敌对国家贸易法》《2018出口管制改革法案》《海外反腐败法》《爱国者法案》《国防授权法》《以制裁反击美国敌人法案》等法律和法案最具代表性[9]。

2.2 执行层

美国政府下设专门机构对涉及贸易制裁的事务进行管理和执行。美国对外贸易制裁主要途径集中在采取报复性贸易措施、金融制裁、出口管制制裁等方面，分别由USTR、OFAC、BIS组织实施。

USTR负责制定和协调美国国际贸易政策，引导别国就贸易事务进行谈判，发起对别国违反美国301条款的商业调查，根据调查结果提出是否采取报复性贸易制裁措施。

OFAC负责拟定并更新特别指定国名清单（SDN清单）等各类制裁清单、审查和批准各类许可申请、监督经济制裁的实施、处罚违反制裁规定的实体，其管理的美国金融机构、环球银行间金融电讯协会（SWIFT）、纽约清算所银行同业支付系统（CHIPS）配合落实具体金融制裁行动[10]。

BIS负责制定有效的出口管制合规体系，制定实体清单（下称EL清单）等一系列出口管制清单，维护美国在战略技术上的领先定位[11]，并对违反EAR的实体进行处罚。

3 具有"长臂管辖"效应的主要贸易制裁手段

3.1 报复性贸易制裁措施

USTR在实施"301调查"后，如确信别国政策是"歧视性的"或"不合理的"，则有权向总统提议实施中止、撤回贸易协定、提高商品进口关税、限制进口配额、撤销贸易减让优惠等报复措施，并引导双方进行谈判磋商，消除对美国的有害行为。2010年，美国曾对中国清洁能源政策启动"301调查"，对中国风能、太阳能、新能源行业154家企业进行调查[12]。

3.2 金融制裁

以OFAC为主导的美国政府部门通过将相关实体列入制裁清单的方式实施金融制裁。OFAC制定的清单主要包括SDN清单、代理行和通汇账户制裁清单（CAPTA清单）、行业制裁识别清单（SSI清单）、外国制裁逃避者清单（FSE清单）、非SDN涉伊朗制裁法案清单、巴勒斯坦立法会清单和非SDN菜单式制裁清单等[9]。其中SDN清单和SSI清单是OFAC管理的最重要的两个黑名单，以SDN的制裁措施最为全面和严格。

列入SDN的实体将被实施初级制裁或次级制裁，可能遭受被冻结、扣押或没收在美资产、巨额罚款、切断SWIFT金融报文服务和信息交换服务、禁止使用CHIPS跨境美元支付系统、限制美国实体与其开展交易、限制美元融资和获取等惩罚措施。在SDN中如注明涉及次级制裁，则与清单上的对象开展贸易的实体也会遭受制裁，甚至被列入黑名单。美国通过阻断非美第三方实体与清单制裁对象开展合作使其"长臂管辖"产生域外效力。

此外，SDN还适用"50%原则"，清单上的制裁对象直接或间接控制其他实体的股权累计达到50%时，该实体默认为受同等制裁。

3.3 出口管制制裁

BIS在EAR中列出了包含十大类限制出口物项的商业管制清单（CCL），并按照出口国对美国的安全威胁程度梳理了商业国家列表（CCC），美国政府综合CCL与CCC决定出口物项需要何种许可。一旦有出口管制需要，BIS按照严厉程度和事项缘由将相关实体列入实体清单（EL）、被拒绝人清单（DPL）、未经核实清单（UVL）及军事最终用户清单（MEU）之一。以EL为例，其可被视作施加额外出口许可要求的外国实体黑名单，清单上的实体为BIS限制出口的对象，所有受EAR管制的物项在出口前均需要获得美国出口许可证，且没有足够充分的理由，向被制裁实体出口的申请均被默认为拒绝[13]。

违反EAR向实体清单上的对象转出口包含美国成分比例的受限制物项也将受到制裁。美国制裁中兴通讯和华为案正是出口管制次级制裁的典型案例，实际上是一种变相的技术封锁和供应链隔离。

违反EAR的实体将禁止与美国企业交易、行政罚款处罚、相关责任人受刑事处罚、被列入出口制裁清单，甚至被实施金融制裁等后果。

4 能源贸易企业面临的风险

基于美国贸易制裁的“长臂管辖”效应，即使未被直接列为制裁对象，能源贸易企业在实际业务中仍面临合规风险、能源产品价格波动风险、经营受限风险。

4.1 能源贸易合规风险

能源贸易通常包含石油天然气进口、海上能源运输、炼化加工品出口、油气贸易结算和贸易投资等活动。与能源贸易企业合作的上游单位包括油气勘探开发生产公司和油气销售公司，下游客户包括炼化、化学、能源深加工和油气零售等类型企业，贸易配套的服务供应商包括银行、船公司、货运代理公司、仓储公司和保险公司等机构。

相关合作对象如果被制裁，能源贸易企业的合规经营也将存在一定风险。

4.1.1 交易对手资质合规风险

在资质合规方面，能源贸易企业需要判断交易对手和供应链服务商本身是否存在风险。如其被列入SDN、EL等清单实施次级制裁，企业将直接受牵连。如在SDN中被实施初级制裁且进一步判断存在美国连接点，则有被“长臂管辖”和制裁的风险。

在原油、天然气和成品油等进口环节，需要关注上游生产方、销售方和供应链服务商是否位于SDN等制裁清单，掌握其提供能源的原产地情况，油气生产、销售涉及的关键技术、设备或软件是否存在被美国限制出口情况，评估是否影响其合同执行和生产经营。同时，需要加强风险意识，谨慎估计明显低于市场价格的石油、天然气等商品来源。

在海上能源运输环节，需要分析租赁的船舶、合作的船东、货运代理、仓储公司的受制裁情况。一旦被实施制裁，不仅直接影响能源贸易企业，还将影响航次货物的运输，给企业造成滞期交货的违约风险。

在化工品、能源深加工等产品出口和销售环节，需分析出口对象是否被美国列为制裁实体，出口的商品是否包含美国成分或技术达到最低比例，是否需要向美国政府申请出口许可，并评估风险大小。

能源贸易结算环节多以美元进行，企业需要分析自身和交易对手的信用证开证行、代理行、结算行是否涉及被美国实施金融制裁，或虽未被制裁但涉及美国金融机构、美国金融服务体系、美元结算，进一步判断这些因素对油气贸易收付款结算的影响。

此外，在黑名单国家开展直接能源投资活动和项目也存在风险。如美国针对伊朗实施“石油禁令”，致使法国道达尔公司退出南帕斯卡尔项目，中国石油按照协议将收购道达尔公司的股份，同时也承担转移而至的制裁风险[14]。

4.1.2 交易对手行为合规风险

在行为合规方面，交易对手虽未被列为制裁实体，但其在合同履约期间的不当操作也将产生制裁风险。例如能源贸易公司租赁的船舶在执行航次货物的途中，违反美国政府发布的《海运、能源、金属及相关行业制裁建议》(Sanctions Advisory for the Maritime Industry, Energy and Metals Sectors, and Related Communities)[15]，在朝鲜、叙利亚、伊朗等国附近敏感水域故意禁用 AIS，则有可能被 OFAC 和美国海岸警卫队认为从事提供非法运输便利的欺诈性航运行为，而被实施制裁。

由于贸易制裁“长臂管辖”效益影响，交易对手在进出口贸易和供应链管理中的其他不合规行为和信息不对称因素，也将间接传递制裁风险。能源贸易企业虽无法直接参与管理，但应在合同中对交易对手行为加以约束。

4.2 能源价格波动风险

美国对伊朗和俄罗斯等能源出口国实施 SDN 制裁，限制其油气产品的出口，在短时间内打破了供需平衡，导致国际石油市场供应不足，油气价格上涨，抬高能源贸易企业的进口采购成本。据金联创等机构发布的数据，2022 年 2 月乌克兰危机爆发时，布伦特油价当月均价为 94.1 美元 / 桶，随着冲突的持续和美国的制裁，油价在 6 月攀升至 117.5 美元 / 桶，涨幅接近 25%。美国对航运企业和船舶的制裁也将导致油气运输的运力资源紧张，运费高企，能源贸易企业开展进口持仓转销售业务将面临较高的价格波动风险。

4.3 经营受限风险

美国关于伊朗、俄罗斯、叙利亚等能源出口国实施的经济制裁具有次级效力，将导致中国能源贸易企业难以与其开展贸易，已签约的能源合作项目也可能被迫停摆，导致违约风险加剧。

对于业务来源集中度高且未拓展多元化经营的企业，一旦其供应链的交易对手被实施制裁，将对其能源进出口业务造成重大影响，可能面临无法获取货源、产品滞销、无法使用美元结算、应收账款无法收回、被迫低价出售产品等不利局面。

此外，因美国不断增加和更新制裁政策，全球能源贸易经营环境恶化的系统性风险也不容忽视。

5 能源贸易企业风险应对策略

5.1 对交易对手开展充分的合规尽职调查

在开展合作前，梳理交易对手是否涉及各类制裁清单，分析贸易环节涉及的美国连接点，必要时委托 Refinitiv、S&P、Deloitte、钱伯斯榜单律所等专业机构协助调查。借助全球制裁数据库（GSDB）数据、美国政府官方网站、全球商品贸易供应商和经纪公司在行业通告中披露的信息，分析美国对外制裁实例[16]。关注能源贸易领域的案例和制裁动向，梳理风险点。

在合规调查阶段，特别要查询交易对手是否被列入 SDN 名单，是否存在次级制裁，非次级制裁是否存在较多的美国连接点。需要按照 SDN 清单“50%”原则，对交易对手开展股权穿透分析，判断其主要自然人股东、最终收益人、高管是否被制裁。

同时，为提高贸易审批阶段的风险辨识效率，在业务开展前期可设计详尽的 KYC 流程，逐步分析贸易开展的可行性，提前避免敏感交易。

5.2 完善合同模板

通过合理设置合同制裁条款进行风险转移，一是在合同中约定交易对手负有信息及时披露义务，约定应当披露的事项，要求其及时、完整、准确地发布制裁信息，避免由于信息不对称导致的风险传递和损失扩大；二是在贸易合同中增加保护性条款，要求交易对手承诺其自身以及其满足制裁清单“50%”原则的相关实体均未受任何国家或国际组织的制裁，相关业务的开展不存在受到制裁影响的情形，并担保合同履约期间不违反制裁规定[17]；三是明确一旦发生制裁的应对措施，包括沟通机制、合同解约退出机制、配合采取的一切止损措施、涉及违约的责任承担和划分、损害赔偿责任机制、配合实施司法救济等内容，降低因制裁导致的次生不利影响。另外，完善的合同条款可以作为企业申请移除制裁的证据文件。

5.3 提升信息搜索能力

全方面完善与制裁信息相关的追踪机制，一是针对制裁主体的贸易政策、制裁清单、出口管制限制变化情况进行跟踪，对企业现有业务的影响进行评估；二是加强供应链审查，对能源贸易涉及的关键物项进行跟踪，了解其属性、原产地、美国成分比例、出口许可获批情况等信息；三是加强物流信息的跟踪，对涉及的货流、船舶、提单流、资金流密切监督，加强过程监管，避免因行为不当导致违反贸易制裁政策。

5.4 完善能源贸易合规管理体系

针对制裁风险加强内部合规评估，定期由企业内部独立的风险合规等相关部门组织审查，结合《中央企业合规管理指引（试行）》《企业境外经营合规管理指引》等文件完善贸易管制、经济制裁、反腐败、反洗钱等方面的管理要求。研究 OFAC 等制裁主体发布的《经济制裁执法指南》《合规承诺框架要求》等文件，梳理其制裁处罚的范围、原则和倾向，以及移除风险制裁清单的流程。必要时委托具有专业涉外贸易制裁诉讼经验的律师团队联合开展合规检查和审计，对潜在的风险点或违规行为及时整改。将实际业务中的风险点和良好应对经验固化，形成制裁风险防范手册或指南。

5.5 加强人员的合规培训

针对贸易制裁风险不定期开展合规培训，通过案例收集、贸易操作经验分享、美国制裁法律法规学习、风险研究探讨等方式让业务操作层、风险管理层、管理决策层等人员全面参与制裁风险防范的过程中。通过合规知识技能比武、知识测验等方式巩固培训效果，逐步培养员工的风险防范意识和对美国连接点的敏感性。

5.6 做好应急准备，寻求司法救济

如因意外因素被列入制裁清单，能源贸易企业可采取应急措施，尝试通过行政申诉手段移除制裁清单。企业可通过邮件致信制裁机构，说明移除制裁清单的详细原因和佐证资料，提供已采取有效补救措施的证明。研究制裁豁免范围、宽限期、许可限制例外情况，尝试豁免许可。根据贸易中的中国连接点，争取适用我国法律和法院管辖，根据《中华人民共和国反外国制裁法》《阻断外国法律与措施不当域外适用办法》等相关法律，对“长臂管辖”歧视性制裁进行阻断和规避。

参考文献

[1] 钟燕慧，王一栋．美国“长臂管辖”制度下中国企业面临的新型法律风险与应对措施[J]. 国际贸易，2019，447（3）：91–96.

[2] 何韵，王海滨，朱琳．美欧对伊朗的石油制裁及其影响 [J]. 世界经济与政治论坛，2019，332（1）：36–54.

[3] 贺洋，翟宗辉，曲皓，等．美国制裁俄罗斯案例研究及启示 [J]. 中国外汇，2020，405（15）：29–31.

[4] 周福芳．美国对外金融制裁机制简析及风险防范 [J]. 财政科学，2019，37（1）：155–160.

[5] 张亚军．中兴通讯遭遇美国两次贸易制裁的原因及提供的重要启示 [J]. 对外经贸实务，2018，354（7）：7–10.

[6] 荣睿．能源贸易公司防范美国经济制裁风险建议 [J]. 国际石油经济，2021，v.29（8）：43–51.

[7] 王宇辰．美国《出口管制条例》域外适用新动向 [J]. 对外经贸，2019，303（9）：14–20.

[8] 张岳然，张晓磊，杨继军．美国长臂管辖权域外滥用与中国应对策略 [J]. 国际贸易，2021，471（3）：36–43.

[9] 王武斌．美国金融制裁机制、国际应对经验及对我国的启示 [J]. 河北金融，2020，520（12）：68–72.

[10] 米晓文．美国金融制裁处罚机制研究与启示 [J]. 经济研究参考，2019，2933（13）：65–73.

[11] 刘馨泽．美国“301 调查”引发的国际贸易救济措施的思考 [J]. 中国对外贸易，2017，617（11）：27–31.

[12] EdwardJ.Krauland，黄迎，BrianEgan. 揭秘美国出口管制黑名单 [J]. 中国外汇，2018，362（20）：39–41.

[13] 胡纾寒，钟帅，沈镭，薛静静．美国全面制裁伊朗对中国能源安全的影响与对策建议[J]. 中国矿业，2018，v.27；254（10）：52–58.

[14] [EB/OL].https://iumi.com/news/news/us–sanctions–advisory–for–the–maritime–industry–energy–and–metals–sectors–and–related–communities

[15] 王霞．美国对外制裁的制造业贸易效应研究 [J]. 世界经济与政治论坛，2021，348（5）：23–48.

[16] 陈宇瞳，成弋威．美国金融制裁的法律分析与风险防范 [J]. 金融监管研究，2017，61（1）：34–48.

油气能源企业碳资产管理模式思考与建议

相 超[1] 卢明霞[2]

（1. 中国石油集团经济技术研究院；2. 中国石油天然气集团有限公司）

摘 要：全国碳排放权交易市场上市运行一年，总体平稳，价格合理波动，企业履约率高，增强了企业“排碳有成本、减碳有收益”的意识。现在全国碳市场以控制碳排放强度为主要目标，发展处于开创阶段，同时存在碳排放权商品属性偏弱、“履约效应”较强、市场流动性不足以及惜售等问题情况。未来碳市场将进一步推动碳排放数据质量提升，并引入多元化交易主体，重启国家核证自愿减排量（CCER），形成碳市场与“绿电”市场抵消机制的链接，完善机制，弥补不足，助力企业绿色转型。油气能源企业中的自备电厂已纳入全国碳市场，石油化工行业也将在2025年左右被纳入，油气能源企业亟须加强碳资产管理。通过借鉴大型电力集团和三大石油公司的碳资产管理经验模式，建议油气能源企业形成碳交易组合策略，强化企业碳排放数据的质量管理，增强企业节能减排力度，严格管控碳排放强度，利用碳金融工具，强化碳资产业务的精细化管理。

关键词：全国碳市场；碳排放权；碳资产管理；碳交易策略

引言

全球现有30个碳排放权交易市场，中国碳市场覆盖45亿吨二氧化碳排放量，是全球覆盖排放规模最大的市场，在全球碳治理中起到重要作用。截至2022年7月15日，全国碳排放权交易市场（下称全国碳市场）上线运行一年，运行有序，价格合理波动，累计成交量1.94亿吨，累计成交额85亿元，每日收盘价在41.46 ~ 61.38元/吨之间，一年涨幅为21.33%。全国碳市场配额履约率达到99.5%以上，实现首次通过市场机制在全国范围内将碳减排责任落实到企业的目标，增强了企业“排碳有成本、减碳有收益”意识。国内碳市场发展还处于开创期，面临进一步完善的需求，石油化工属于碳排放规模大、产品流程多的高排放行业，且其自备电厂已经纳入全国碳市场，石油化工行业在2025年左右也将被纳入，油气能源企业需提前布局，采取加强碳资产管理，统筹“绿电”交易，控制碳排放强度等措施进行应对。

1 现阶段全国碳市场发展特点

1.1 全国碳市场处于开创阶段

中国自2013年起逐步建设试点碳交易市场，目前已经完成试点探索，建立全国统一的碳排放权交易市场。与处于成熟期（2017年至今）的欧盟碳交易机制（EU-ETS）相比（表1），国内碳市场现处于开创期，仍有不足。全国碳市场的交易和价格表现出“履约效应”，即非履约期交易不活跃，临近履约期交易量表现出迅速增加、价格大幅上涨的特征，并且市场惜售现象严重[1]。市场活跃度不足，第一个履约周期全国碳市场配额流通率（成交量占发放量的比例）仅为2%，而欧盟碳市场换手率高达400%以上。

表1 欧盟与中国碳市场发展阶段对比

发展时期		欧盟	中国
开创期	时间	第一阶段（2005—2007年）	2021年至今
	特点	历史排放法，配额免费分配，碳交易覆盖大部分行业涵盖欧洲50%的总碳排放量，排放限制为二氧化碳，总量设置机制；MRV管理机制；强制履约机制，减排项目抵消机制，统一登记簿机制，成员国自行确定分配的碳排放权总量（NAP）机制	基准线法，配额免费分配，碳交易覆盖电力行业，涵盖中国45%的碳排放量，控排二氧化碳，实行碳排放强度机制；MRV管理机制；强制履约机制，CCER机制，统一登记簿机制
	价格波动	0 ~ 30欧元/吨	42 ~ 60元/吨
发展期	时间	第二、三阶段（2008—2016年）	未进入发展成熟期
	特点	历史排放法变为基准线法，配额拍卖比例10%变为57%，碳交易覆盖大部分行业，2018年开始配额总量每年线性递减1.74%，排放限制由二氧化碳扩大到二氧化硫，氟氯烷等，基础机制中部分取消减排项目抵消机制，采用国家履行措施（NIM）取代国家分配方案机制	
	价格波动	3 ~ 30欧元/吨	

续表

发展时期		欧盟	中国
成熟期	时间	第三、四阶段（2017 年至今）	未进入发展成熟期
	特点	基准线法，57% 配额拍卖，碳交易覆盖大部分行业，2021 年开始配额总量每年线性递减比例增加到 2.2%，国家履行措施，增加市场稳定储备（MSR）运行机制	
	价格波动	30 ~ 75 欧元 / 吨	

注：表由作者自制。国家分配方案（NAP）是指欧盟成员国按照欧盟排放交易指令中确定的标准和原则，自行确定本国计划用于分配碳配额，以及向企业分配的具体方法。国家履行措施（NIM）取代国家分配方案，其变化在于由欧盟委员会设定配额总量，并向各成员国分配，各成员国遵照执行。

1.2　中国碳排放权的商品属性表现偏弱

碳排放权具有政策属性、商品属性及金融属性[2]。碳排放源头化石能源的价格会影响碳市场价格。企业化石能源使用量增加，能源价格上升，二氧化碳排放量增加，提升碳配额的需求，碳价易上涨；反之，化石能源使用量下降，能源价格走低，同时碳价下跌。经过测算，欧盟碳价与化石能源中原油价格之间的相关性较强，为 0.23[3]，而全国碳市场价格与化石能源价格之间的相关性较弱（图 1、图 2），这与全国碳市场成立时间短、成熟度不够以及与中国金融市场间关联性不强有关。

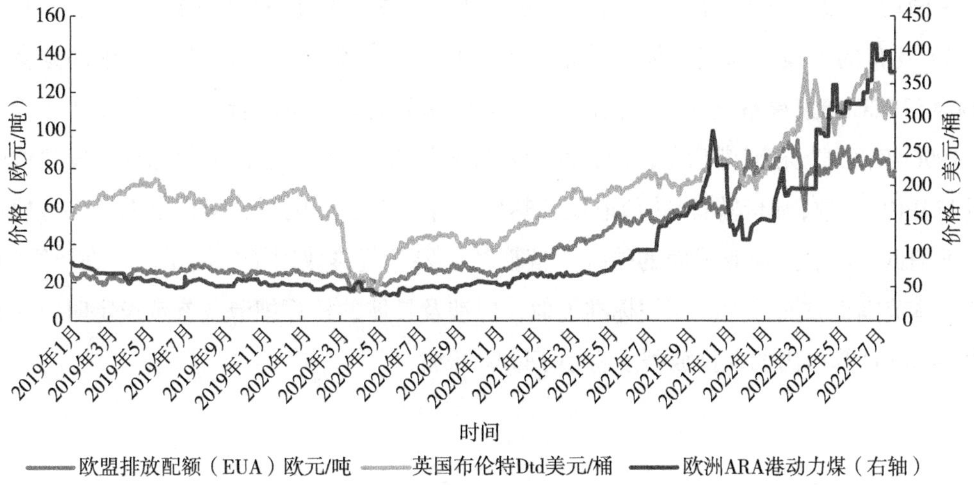

图 1　欧洲碳配额价格与化石能源价格对比

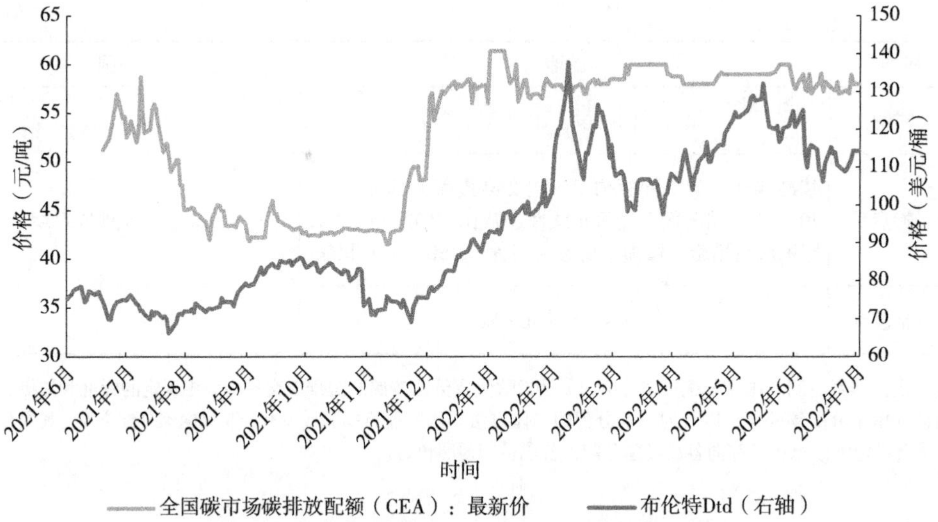

图 2　全国碳市场碳配额价格与化石能源价格对比

数据来源：Wind 资讯网

1.3　全国碳市场以控制碳排放强度为目标并采用测量法进行碳排放核算

全国碳市场在碳配额分配方面，主要目标是降低参与企业的碳排放强度，现采用基于碳排放强度的总量控制方法[4]，与欧美国家在碳达峰后重在降低所有参与者的碳排放总量不同，中国还没有达峰，现主要以控碳排放增速为主。在确保电力安全供应的前提下，通过改变电厂的成本结构，提升减排技术，逐步淘汰低能效的燃煤电厂。

中国国家温室气体清单编制的方法主要参考联合国政府间气候变化专门委员会（IPCC）发布的《国家温室气体清单指南（1996 年修订版）》，2014 年的清单部分参考了《2006 年 IPCC 国家温室气体清单指南》，碳排放相关的参数应随着产业、技术水平不断变化，1996 年修订版相对滞后[5]，例如欧盟标准采用 IPCC 推荐值，中国标准净发热值碳排放量与 IPCC 一致，但是燃料热值取低位热值，计算得出的化石燃料排放因子参考值比欧盟标准偏低[6]。中国企业层面的碳排放核算❶主要基于排放因子的测量法，在核算边界、温室气体范围等方面，中欧相关标准类似，但涉及具体的核算细节及参数设定时，通常按照中国标准计算得出的碳排放强度将小于欧盟标准。

❶ 主要参考《工业企业温室气体排放核算和报告通则》《温室气体排放核算与报告要求》《企业温室气体排放核算方法与报告指南》。

2 全国碳市场前景分析

全国碳市场上线交易以来，强化数据质量管理力度与市场扩容仍是全国碳市场建设的重要内容。

2.1 全国碳市场价格长周期看涨预期强烈

根据2022年3月全国碳排放权交易配额总量设定和分配实施方案征求意见函的情况，第二履约期（2021—2022年）全国新的碳排放强度基准线将下调8%以上❶，届时配额供应将大幅减少。2021年，由于电力供应紧张，部分低效老旧机组重启使用，碳配额需求增加。第二履约期预计将呈现配额供不应求的状态。多家机构对全国碳市场长期碳价走势做出了上涨预测，根据清华大学最新预测，2025年全国碳市场碳价将由目前的58元/吨上涨至68元/吨，2030年将上涨至104元/吨[7]；国际机构路孚特预计全国碳市场2025年碳价上升到74元/吨，2030年上升到161元/吨[8]。欧洲议会2022年6月通过的“碳市场改革”草案[9]提出了更高减排要求，2030年减排目标由上年的55%上升至63%，免费配额结束时间由2035年提前至2032年。欧洲碳价较中国碳市场溢价近10倍，未来欧洲将通过国际贸易碳关税等方式引领国内碳价上涨。国内碳市场也易受自愿减排项目开发、市场扩容、配额结转等政策变动引发的价格波动风险冲击。

2.2 将逐步扩大碳市场交易主体和重启CCER机制形成多元市场结构

目前全国碳市场的交易主体为单一电力控排企业，要有效地形成公允的价格信号，还需要碳市场转向控排企业、非控排企业、金融机构、个人参与并重的多元化市场发展，需要包括更多的主体、不同的风险偏好、不同的减排预期等多元化信息[10]。参与欧盟碳市场的投资基金3年内增加到250家，扩大了1.5倍，2021年投资基金和信贷机构的碳配额份额占比上升到43.7%[11]，增加了相关领域金融风险[12]，也需谨防碳市场容易成为资金炒作的对象。中国碳交易市场现阶段作为促进企业节能减排的工具市场，引入投资机构等交易主体，将是逐步推进的过程。自愿减排机制生成的CCER减排量在全国碳市场与碳配额等效交易，是全国碳市场重要的补充机制。在国内建立科学合理的核算方法和有效可核查的

❶ 生态环境部发布的征求《2021－2022年全国碳排放权交易配额总量设定和分配实施方案（征求意见稿）》意见的函，提出将收紧配额发放数量，在上一个履约周期的基础上下降约8%。参见https://www.163.com/dy/article/H9RJNQA50552NZ1I.html。

监管体系后，国内将重启 CCER，甲烷回收、林业碳汇项目优先获得签发的可能性较高，将助力多元化碳市场结构发展。

2.3 全国碳市场将以数据质量为重点

第一履约期（2019—2020 年）存在部分合规意识不强的控排企业和服务机构篡改或编造煤样实测数据，试图以此降低自身排放量的情况 [13]，还有部分企业出现台账和原始记录管理混乱、数据报送不及时以及报告质量差等问题。2022 年 7 月召开的“2022 年全国碳排放权交易市场建设工作会议”中指出，下一步全国碳市场将以数据质量为重点，将提升数据质量作为当前和今后一个时期碳市场建设的重中之重 [14]，将出台企业碳排放数据质量管理规定，建立碳市场数据质量日常监管机制。

2.4 形成“电—证—碳”衔接机制

中国电力市场交易体系主要由电能量市场（包括绿色电力交易）、辅助服务市场及绿色电力证书交易市场构成 [15]。消纳主体按消纳的可再生能源发电量，获得相应绿证 [16]，绿证交易制度已在中国获得全面推行 [17]，“电—证”建立了链接。碳市场与电力市场减排目标一致，且发电企业同为碳市场重点管控对象，二者市场主体高度重合。然而，中国电力市场与碳市场各自独立运行 [18]，如果不建立有效的碳成本传导机制 [19]，发电企业碳成本无法向下游传导，增加了企业履约负担，降低发电企业碳市场参与积极性，无法实现低成本减排、挖掘减排潜力。企业开发的可再生能源项目应可参与碳市场抵销机制，通过不同市场的指标互认和抵扣机制 [20]，实现“电—证—碳”市场的衔接，有助于推动企业可再生能源项目发展。

3 油气能源企业参与碳市场的现状与模式经验

3.1 油气能源企业降低碳资产风险将成为亟待解决的问题

国内主营炼厂炼油综合能耗为 60 千克（标准油）/ 吨，与美国的先进炼油综合能耗低于 40 千克（标准油）/ 吨相比，减排还有很大的提升空间 [21]。油气能源企业高碳排量，碳资产管理配额大，是未来碳排放配额缺口大户，面临较大碳市场履约风险。油气行业自备电厂的发电机组一般规模较小，全国碳交易市场采用行业基准值法进行配额分配，多数油气企业碳排放配额存在缺口，需要额外购买才能完成年度履约 [22]。此外，中国多数企业缺乏碳市场交易经验，存在碳市场相关人员技术储备不足、管理制度不清晰等问题 [23]。对于油气能源等规模大、流程多的高碳排企业，提高碳资产管理效益是亟待解决的问题。

3.2 油气能源企业可选择的碳市场交易品种以及相关碳交易策略

全球碳排放交易品种主要两类：一类是配额交易，包括碳配额现货、远期和期货，后来逐渐增加了互换和期权，中国等亚太地区碳市场主要以交易当地碳配额现货为主；另一类是基于项目机制的碳抵消交易品种，目前主要有清洁发展机制（CDM）、美国碳注册（ACR）、全球碳委员会（GCC）、黄金标准（GS）、核证碳减排标准（VCS）以及中国CCER和韩国减排抵扣品种等。对于国内投资机构与企业来说，可参与洲际交易所（ICE）碳配额和碳信用的期货合约投机交易，除非当地有对应碳排放实体企业否则不能在ICE和欧洲能源交易所（EEX）进行碳配额现货交易。

油气能源参与国内外碳市场交易主要有三种策略。一是碳市场套利策略：跨市套利选择，碳期现套利机会，碳期货市场跨期套利，碳配额现货与自愿减排项目下碳信用间套利等；二是获取新能源项目自身环境效益额外收益策略：交易核证碳减排项目，比如国际德国UER机制的减排量，油田地热开发为VCS项目，以及开展林草碳汇项目；三是碳资产质押融资业务策略：碳配额质押融资业务就是重点排放单位盘活碳配额资产的重要方式之一。

3.3 国内大型电力与油气公司碳资产管理模式经验借鉴

电力行业碳资产管理起步早，组织机构建立完善，国内大型电力集团电厂是最早纳入碳市场的，可作为油气能源企业借鉴。大型电力企业改变分级式管理以及决策流程存在决策周期长、审批节点多、参与部门多等不利因素，实行统一集中管理，集团公司集中审批，统一下达交易方案，以三级公司作为统一运营主体的管理模式[24]（表2）。

表2 国内五大发电集团碳资产管理模式

项目	特点	中国华能集团	国家电力投资集团	中国华电集团	国家能源投资集团	中国大唐集团
集团层面	碳资产业务集团主管部门	华能集团科技环保部环保处	国电投集团质量安全环保部	华电集团创新发展部碳排放管理处	国能投集团安全生产部	大唐集团物资部、策划部和安全生产部
	集团碳资产管理文件	已有	已有	已有	已有	已有
运营管理模式	碳业务专业公司	华能碳资产经营有限公司（三级公司二级管理）	国家电投集团北京电能碳资产管理有限公司（三级公司）	市场开发部（二级公司专业部门）	龙源（北京）碳资产管理技术有限公司（三级公司）	大唐碳资产有限公司（三级公司二级管理）

续表

项目	特点	中国华能集团	国家电力投资集团	中国华电集团	国家能源投资集团	中国大唐集团
运营管理模式	业务范围	碳资产综合管理系统、碳盘查、CCER、碳交易、碳金融	碳盘查、CCER、碳交易、碳金融	碳盘查、CCER、碳交易	碳资产管理技术开发、技术咨询、碳盘查、碳交易	碳盘查、CCER、碳交易、碳金融能源管理体系

资料来源：大唐集团《发电企业集团化碳交易规则应对碳市场机制的策略研究》。

中国石化、中国石油、中国海油三大国有油气能源企业共30家自备电厂已纳入全国碳市场，积累了丰富碳资产管理经验（表3）。中国石油组织建立公司碳交易服务体系，专门设立“公司温室气体核查核算中心”，不断提高碳排放数据质量，设立气候投资创新基金等绿色投融资实体。中国石化的油田企业推广“油改电”“油改气”、余热利用技术，交易主体联合石化通过盯盘、询价、谈判、报价等方式采购碳配额和CCER，有效降低了整体履约成本。中国海油实行全过程低碳管控，强化新建投资项目碳排放审查，推广碳减排新技术，以及实施工艺外排CO_2工程化利用[25]等举措进行碳资产管理。

表3　三大石油公司碳资产管理情况

特点	中国石油	中国石化	中国海油
碳市场纳入电厂	8家	17家	5家
集团内部的交易主体	国际事业公司	联合石化	中海石油气电集团
交易管控原则	“依法履约、集中管理、效益优先、诚实守信”	一体化协同运作	制定内部调度、外部平衡、统一集采等碳交易决策和风险管理机制
交易制度体系	印发形成《关于加强温室气体排放管控工作的指导意见》《碳交易管理办法》《温室气体排放统计考核管理办法》《温室气体自愿减排项目管理办法》的“1+3”制度体系❶	制定《中国石化碳排放管理办法》《中国石化碳排放交易管理办法（试行）》，建立碳盘查月度报表制度，碳市场月度分析报告制度❷	建立碳资产交易的资金审批与会计核算制度、交易风险防范制度，制定考核办法，对企业碳资产管理绩效进行监督检查

❶ 中国石油信息源：http://news.cnpc.com.cn/cms_udf/2022/lsdt0509/index.shtml；https://view.inews.qq.com/a/20220722A0AIOM00。

❷ 中国石化信息源：http://news.sohu.com/a/572696088_121123885；《中国石化2020年可持续发展进展报告》。

续表

特点	中国石油	中国石化	中国海油
软实力提升	启动搭建新的碳资产管理平台，建立更加有效的碳数据质量管理体系，研究建设碳排放权综合一体化环境权益交易体系，完善绿色低碳考核指标体系，向“油气热电氢”综合性能源公司转型	建立运行碳资产管理信息系统，成立碳产业公司[1]发挥各股东优势、整合资源，加快 CCUS 技术孵化及成果转化，统筹推进 CCUS 产业发展，建设“油气氢电服”综合加能站	加大低碳技术研发投入，鼓励开发新能源、节能、CO_2 排放监测、CO_2 制化学品、碳捕集利用和封存（CCUS）、碳汇等技术
优化自身能源结构	产业化发展地热和清洁电力业务，加强氢能全产业链、CCS/CCUS 等战略布局	推广“油改电”“油改气”技术，使用电力、天然气替代柴油消耗，炼化企业。推广应用余热产汽、余热发电、余热供暖技术，提高能源利用率，加油站发展分布式光伏发电试点	全过程低碳管控，强化新建投资项目碳排放审查，推广碳减排新技术，大力实施生产过程节能改造和能效提升项目，实施工艺外排 CO_2 工程化利用，从源头控制、过程减排和末端治理三方面加强碳排放管控工作

注：表由作者自制，信息来自公开资料。

4　油气能源企业碳资产管理的相关建议

油气能源企业需要对碳市场、机制、政策有更清晰的理解，在此基础上启动自身基于碳资产管理的应对策略。

4.1　形成碳交易组合策略，强化碳资产精细化管理

（1）国内碳市场信息透明度不高，市场面临的政策风险大，可结合市场配额缺口、宏观经济和碳市场政策等因素，建立企业短期、中期、长期碳价预测模型，服务碳交易策略；（2）CCER 重启以后，推动甲烷回收、林业碳汇等项目开发，并建立二氧化碳驱油碳封存以及油田可再生能源制氢等 CCER 方法学标准，统筹碳配额和碳信用交易，形成碳资产储备的组合策略；（3）进行碳排放全生命周期的完整管理体系的建设，把可知、可视、交易、核算、考核等纳入体系，实现碳资产精细化管理。

4.2　强化碳排放数据质量管理与碳排放强度管理

开展碳排放 MRV（监测、报告、核查）能力建设，建设企业内部 MRV 制度，实现碳

[1] 中石化强势布局CCUS！25亿成立新公司，https://news.bjx.com.cn/html/20220801/1245107.shtml。

排放数据的风险控制。按照重点企业碳排放报告核查的要求，严格管理碳排放关键数据，丰富监测技术和手段，真实反映年度碳排放结果[26]。强化发电企业对单位热值含碳量和碳氧化率的实测工作。新投资项目应进行碳排放评估，并将其作为项目开工前的审批事项以及竣工验收的重要依据。

4.3 增强企业节能减排力度，降低企业碳排放

加大技术升级和设备升级力度，加快减碳技术 CCUS 孵化和成果转化，推动“煤改气”“油改气”“油改电”及余热回收技术，通过高效密封等技术，降低电厂热耗水平，构建刚性改造标准，推动企业降碳。

4.4 统筹企业绿电交易，优化电源结构

大型油气企业可利用油区井场、“沙戈荒”地区开展大型风电光伏基地项目建设，开发绿色电力，替代同区炼化企业自备电厂部分燃煤电力。企业还可通过外购绿电、绿证或者获得相关光伏及风电项目的控制权、部分股权方式，优化企业电源结构，降低碳排放。

4.5 利用碳金融工具推动企业减排领域发展

油气能源企业可采取多家单位共同出资形式，融合资本市场和产业资源发展碳基金；可与金融机构合作，探索发行碳债券，为企业拓宽减排融资渠道，可利用央行推出的支持清洁能源、节能环保、碳减排技术等重点领域发展的货币政策工具，支持企业工业领域能效提升、清洁能源中的风光水电利用、氢能利用、地热利用及碳捕集封存利用等技术开发。

参考文献

[1] Yu H C, Wang L. Carbon emission transfer by international trade: taking the case of Sino–U. S merchandise trade as an example[J]. Journal of Resources and Ecology, 2010, 1(2): 155–163.

[2] 荀玺蓉 . 传统能源价格与中国碳排放权交易价格的相关性研究 [D]. 南京：南京信息工程大学，2022（6）: 43–45.

[3] 康子冉，丁韦娜 . 中国碳交易市场发展的内在逻辑和路径选择 [J]. 中国物价，2022（5）: 98–101.

[4] 中华人民共和国生态环境部 . 关于印发《2019—2020 年全国碳排放权交易配额总量设定与分配实施方案（发电行业）》[EB/OL]. https://www.mee.gov.cn/xxgk2018/xxgk/

xxgk03/202012/t20201230_815546.html.

[5] 卢露．碳中和背景下完善我国碳排放核算体系的思考 [J]. 西南金融，2021（12）：15–27.

[6] 固定源燃烧 [S/OL]// 政府间气候变化专门委员会．2006 年 IPCC 国家温室气体清单指南．2006. https://www.ipcc–nggip.iges.or.jp/public/2006gl/chinese/pdf/2_Volume2/V2_2_Ch2_Stationary_Combustion.pdf.

[7] 陈雪婉．张希良："十四五" 国内碳价水平需达到 68 元 / 吨 [EB/OL]. 财新网，2022–07–09. https://topics.caixin.com/2022–07–09/101910713.html.

[8] 蔺苑．中国碳市场价格预测：2021 年 40 元 / 吨、2025 年 74 元 / 吨、2030 年 161 元 / 吨 [EB/OL]. 新浪财经，2021–06–25. https://finance.sina.com.cn/stock/stockzmt/2021–06–25/doc–ikqcfnca3252324.shtml.

[9] European Commission. 'Fit for 55': Delivering the EU's 2030 climate target on the way to climate neutrality[EB/OL]. 2022–02–23. https://www.eesc.europa.eu/en/our–work/opinions–information–reports/opinions/fit–55–delivering–eus–2030–climate–target–way–climate–neutrality.

[10] 梁希，吴怡，董白桦，等．以碳市场引导能源行业转型：欧盟经验与借鉴 [J]. 环境保护，2022，50（10）：24–27.

[11] ZHANG Q F, FANG K, CHEN J, et al. The role of sectoral coverage in emission abatement costs: evidence from marginal cost savings[J]. Environmental Research Letters, 2022(17): 045002.

[12] 王一鸣．碳关税建构国际贸易规则新议题探析 [J]. 国际石油经济，2022，30（6）：1–7.

[13] 唐人虎，林立身．全国碳市场运行现状、挑战及未来展望 [EB/OL]. 2022–04–07. https://news.bjx.com.cn/html/20220407/1215896.shtml.

[14] 全国碳市场建设工作会议在京召开 _ 中华人民共和国生态环境部 [EB/OL]. https://www.mee.gov.cn/ywdt/hjywnews/202207/t20220713_988569.shtml.

[15] 孙素苗，迟东训，于波，等．构建新型电力市场体系及电价机制 [J]. 宏观经济管理，2021（3）：71–77.

[16] Song X H, Han J J, Shan Y Q, et al. Efficiency of tradable green certificate markets in China[J]. Journal of Cleaner Production, 2020, 264: 121518.

[17] 周锐，梅云秋．中国启动绿色电力交易试点 [EB/OL]. 中国新闻网，2021–09–07. https://www.chinanews.com.cn/cj/2021/09–07/9560478.shtml.

[18] 中国电力企业联合会 . 2021 年全国电力市场交易简况 [EB/ OL]. 2022-01-21. https://cec.org.cn/detail/index.html?3-306005.

[19] 李兴，刘自敏，杨丹，等 . 电力市场效率评估与碳市场价格设计——基于电碳市场关联视角下的传导率估计 [J]. 中国工业经济，2022（1）：132-150.

[20] 臧宁宁 . 推动绿电、绿证和碳信用交易机制协同建设 [J]. 中国电力企业管理，2022（4）：33-36.

[21] 朱润民 . 参与“碳交易”应有所为有所不为 [J]. 中国石油石化，2021，8（15）：27.

[22] 张俊峰，徐庆虎 . 碳交易对油气企业的影响及对策建议 [J]. 国际石油经济，2021，29（7）：9-13.

[23] Shen W. Chinese business at the dawn of its domestic emissions trading scheme: incentives and barriers to participation in carbon trading[J]. Climate Policy, 2015(03): 339-354.

[24] 郑守忠，郑悦，周海洋，等 . 发电企业集团化碳交易规则应对碳市场机制的策略研究 [M]// 中国企业改革与发展研究会中国企业改革发展优秀成果 2019（第三届）下卷 . 北京：中国商务出版社，2019：988-996.

[25] 张俊峰 . 中国海油应对能源转型的低碳发展策略与实践 [J]. 国际石油经济，2021，33（3）：207-213.

[26] 涂晋，陈明军，陈禹宁 . 发电企业强化碳排放强度管理的改进建议 [J]. 质量与认证，2021（4）：42-43.

全面风险管理的信息化探索与应用

朱明喜　庞　艳　白方方

（中国石化中原油田分公司普光分公司）

摘　要：企业全面风险管理涉及范围广且分属不同的责任部门，直接关系到国有资产保值增值，关系到企业的持续、健康、稳定发展。针对目前风险控制尚未做到风险信息实时共享、业务节点全流程跟踪、各业务系统融合的问题，借助信息化手段，以内部控制、风险管理、业务流程相融合的风险矩阵管控为核心，以风险识别应对、融合管控、现场监督及预警为抓手，建立全面风险信息化管理模式，“以标准化促提升，以信息化提效率，以实时化强预警，以透明化抓整改”，实现风险的实时发现、预警及应对。

关键词：全面风险；风险识别；规避；预警；融合管控

1　背景

风险管理由来已久，近些年成为国际关注的热点问题，尤其是在诸如安然、世通等事件发生后，很多企业认识到风险管理的重要性，逐渐将风险管理应用到企业管理的各个方面。风险涉及面广、涉及部门多，涉及每名员工及企业各个领域，如何融合管控风险，消除隐患，需要建立互联网＋全面风险预警信息化平台，强化全面风险管理。

1.1　建立现代化管理模式符合企业自身发展需要

企业全面风险管理是建立有关的监督、控制和规范规则，推动企业在不断变化的经营环境中持续提升风险管理能力，是持续开展的、贯穿整个企业运行的管理流程和方式。全面风险管理属于企业战略管理范畴，旨在识别可能会对企业产生影响的潜在事件，把风险控制在企业的承受能力之内，并由企业内各级人员在各个层面和各个单元执行，进而从公司整体角度即组合的角度来审视风险，最终为企业管理层和决策层提供合理研判。因此，全面风险管理是现代化企业提升自身管理的需要。

1.2 公司风险案例是建立全面风险管控体系之鉴

南方航空的委托理财风险及国储局的铜期货投机风险等事件表明，内控失效是危机爆发、遭受巨大损失的直接原因。因此，提升全面风险管理是优化决策的基本功，是企业稳定发展的着力点，只有建立标准的、规范的风险管控体系，用制度流程规范人为决策，用内控制度梳理业务流程，才能将风险控制在相对安全的范围内。

1.3 风险的复杂性需要建立完善的风险融合管控体系

近年来，不断深化“五位一体”风险管控制度建设，完善风险管理机制，力求将全面风险管控融入生产经营管理的各个方面，做到风险信息动态收集、风险评估、风险应对、监控预警和监督评价及改进等全面风险管理工作。由于风险管理涉及市场战略、经营、财务、安全生产、法律、廉洁等方面，分属不同的责任部门，要实现持续、稳健地推进全面风险管理工作，必须借助信息化手段，建立“五位一体管控”的全面风险管控体系，实现风险与内控管理、业务流程、管理制度的无缝链接，实现风险的实时发现、实时预警应对。

1.4 互联网技术及大数据使企业风险预警信息化成为可能

互联网技术普及推广、信息化手段不断提升及大数据时代的来临，为实现对各种风险的精细化分析、实时性预警应对提供了数据支撑，实现了从人为手动风险预警到系统自动分析预警的转变。

2 主要做法

公司围绕内部控制制度与全面风险管理这一主线，不断探索风险管控制度建设，创新风险联动管控手段，按照“制度引领明规矩、风险应对早预警、过程管控重流程、明晰责任严追责”的原则，搭建了“横向到边、纵向到底、全面覆盖”的“五位一体”管控体系，实现对廉洁风险、法律风险、财务经营风险、审计风险、内控风险的重点管控，同时通过风险事件清单管理，实现对安全、环保、战略等企业全面风险的有效管理，实现“固化标准改习气，风险联动接地气”，公司风险管控水平得到提高。

2.1 创新建立“五位一体”监督体系

2.1.1 以“三到位、四划分”为原则，建立“五位一体”管控监督体系

“三到位”，即组织人员到位、管理协调到位、合力监督到位。“组织人员到位”，即将审计、监察、内控、法律合同、财务稽核等业务整合，成立风险管理部，全面负责风险管控业务；“协调管理到位”，即协调各专业业务人员参与实施每一次专项检查，全方位、多角度审视发现问题；“合力监督到位”，即发挥“五位一体”的监督优势，加强对生产经营活动的过程监督，注重信息互通，特别对检查出的问题，共同分析原因，提出整改意见，督促各单位部门做好整改防范工作。

“四划分”就是将风险管控体系划分为制度层、业务层、监督层、追责层。制度层主要根据法律规章、内控制度、财务制度、安全法规等制度规定，优化固化风险管控的标准，利用网络、微信等手段加大宣贯力度，使业务执行人员明晰各类管理制度，实现“制度宣贯到位”；业务层主要是生产运行、安全管理、财务管理等人员在业务执行过程中及时根据制度层提供的风险清单及制度标准，规范业务运作，及时预知风险事件，实现“业务执行到位”；监督层主要借助审计、经营稽核、效能监察、合法性审查等手段监督业务层面的运行，实现“监督督导到位”；追责层面建立“问题融合共享机制”，对审计内控、效能监察等检查出的问题，及时召开问题宣贯分析会，分析问题产生的根源，明确整改措施及责任划分，严格整改追责，实现“整改追责到位”。

2.1.2 以“全面风险管理”为主线，建立“五位一体”管控制度体系

以全面风险管理为主线，将风险管理的理念融入制度建设、流程优化和生产经营全过程，嵌入公司治理和管控体系之中；以内控制度为核心，建立内部控制与业务流程相融合的风险矩阵管控模式，将内控管理体系和内控流程嵌入到制度体系中，将企业运营中涉及的风险点、关键控制点、廉洁风险防控点，固化到风险管控流程中，将业务流程固化到风险管控流程中，形成权限控制点、风险点、廉洁点与内控流程节点相结合的风险管控矩阵，日常业务监督及执行严格按照风险管控矩阵进行节点控制且及时预警。实现风险预警的辨识主要通过两方面进行：一是定性分析，即通过对有关事项及行为从决策到运营的定性描述判别是否出现风险警兆，对于存在风险的及时预警提出应对措施；二是定量分析，即通过预警体系的指标计算来确定警兆是否出现，对于触及矩阵节点预警界限的，系统自动预警并及时通过短信或者书面形式进行提示。

2.2 建立全员识别、分级评估、全面应对的全面风险管理模式

2.2.1 建立大数据管理下的全面风险管理新模式，规范管理流程

坚持“全员”“全面”“全过程”的理念，立足于公司经营管理战略，针对不同层级、不同种类的风险，搭建区、厂、分公司三级全面风险管理体系。以风险事件建立（发现、辨认和表述风险）、风险逐级上报评估、风险库管理、风险预警与监察监管为抓手，与内控流程相结合，规范建立标准风险事件的收集、评估、应对、监控预警等管理流程，引用“风险调查问卷”及“岗位权重评级”量化分析工具，从风险发生的可能性、影响程度等方面进行评估，确立风险事件的等级、风险偏好及承受度，制定具体措施应对风险，全过程监控风险事件。依赖信息化流程驱动引擎实现逐级上报、评估、完善应对方案策略，保证了流程各级领导审核的规范性，同时提高了审批时效。

2.2.2 创新风险管控规则，全过程管控风险

按照国资委明确的全面风险管理分类目录，建立各单位层级的风险信息库，将风险的评定等级、影响后果、应对方案、对应内控流程节点、对应控制目标、对应风险案例全部加入风险库，提供完善的风险指导与防范信息，加强企业风险防范能力。强化风险事件的实时监测机制，对于已纳入风险图谱的风险事件，应严格按风险评估过程中确定的措施进行应对，明确责任人随时掌握风险变化情况。

2.2.3 建立重大风险专项管控机制，突出重大风险管控

建立重大风险识别、评估、预警指标设置、数据收集及分析、规避风险措施及风险预警等业务流程，建立一系列的应急预案，及时跟踪重大风险事件的变化态势，把控重大风险事件的风险影响程度，规避或降低风险危害。

2.3 互联网技术支撑下的全面风险全过程管控

2.3.1 规范规章制度审查、重大事项审查及决策审查的管理流程

创新信息化、合法性、相关性审查方式，搭建文件制度及重大决策合法性审查流程（图 1），重点审查是否与法律法规规章和上级政策文件相抵触，是否符合法定程序，是否超越职权范围，是否符合信息化要求等，确保企业所有决定、决策合法合规，符合企业发

展战略，让决策的过程留下痕迹。

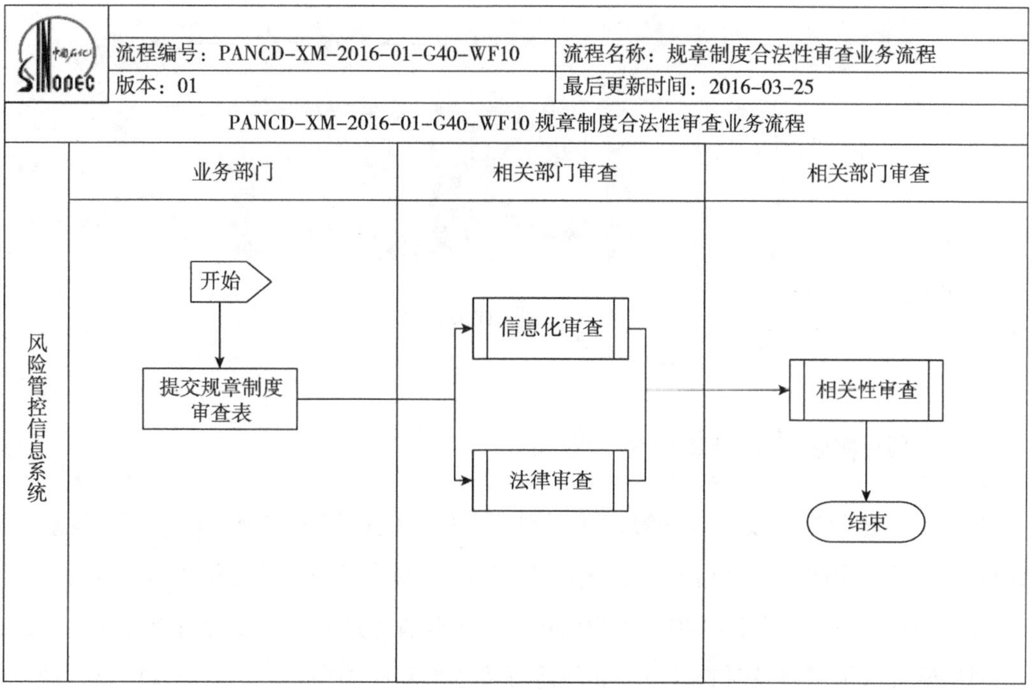

图 1　普光分公司风险管控信息系统业务流程图

2.3.2　以问题的大数据管理为导向，开展日常监督工作

建立监督问题数据库，将以往监督检查发现的问题及其他单位的相关问题纳入其中，指导现场监督人员按部就班开展日常监督工作。在采购、招投标、合同谈判、概算审查等经营活动中，每名现场监督人员都要从法律、纪检、审计内控等方面全方位、多角度履行监督职责，对发现的问题及时制止改正，并录入系统现场监督数据库。

2.3.3　创新监察监督手段，实现监察监督信息化

按照“生产经营推进到哪里，效能监察就开展到哪里；规范管理开展到哪里，效能监察就延伸到哪里”的原则，本着“抓源头、抓重点、抓关键、抓惩处”的思路，梳理规范效能监察流程，突出过程控制及数据分析，找准效能监察的切入点，强化效能监察的控制点，将效能监察项目立项、方案制定、过程实施、监察报告、整改落实和结项归档等环节（图 2）纳入线上闭环管理，实现了效能监察全过程信息化管控。效能监察实施过程中的现场查证环节将借助移动手段实现拍照取证、责任人手写签字和查证通知下发等业务现场

处理，随时掌握效能监察工作进度。

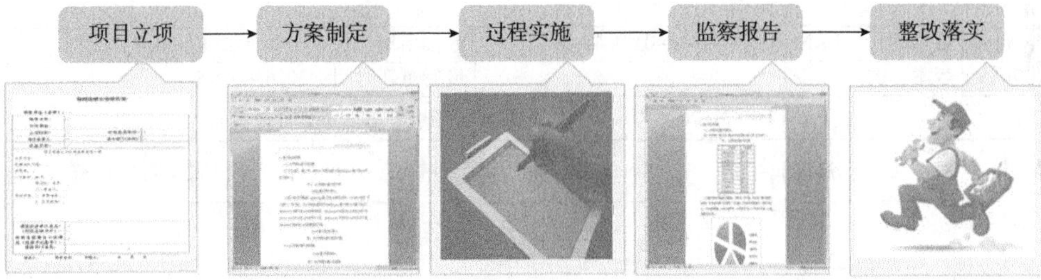

图 2　闭环管理示意图

2.3.4　项目实施管理与风险管控“双同步”

按照生产经营活动项目责任管理的原则，责任单位在组织实施过程中实行风险管控“双同步”，即：生产经营活动与风险识别同步开展、风险事件与风险化解同步进行，全面梳理存在的风险事件，上传“项目风险清单”至风险管理系统，便于分管领导和“五位一体”风险管控人员可以及时查看。对于风险程度预判较高的项目，纳入风险图谱管理，由业务单位和风险管控人员联合开展风险评估，制定工作执行流程，设定风险关键指标，注明完成时间节点和提示内容，以不同颜色标注组织落实情况。风险管控人员根据风险类型实时定向发送廉洁风险提示、项目风险提示或法律风险提示等，对项目的前期论证、可研批复、招标谈判、签订合同、项目实施、完工验收、竣工结算等各个节点全程监控，协同防范风险，实时关注风险变化，切实处理好项目运行中潜在的风险事件。

2.3.5　利用大数据手段，强化党风廉政建设责任体系建设

大数据处理技术具有智能化、实时性分析处理海量数据的能力，利用大数据技术建立各个领域的信息资源数据库，为党风廉政建设、专项巡察、案件办理等工作提供重要数据基础和决策支撑。从加强反腐倡廉教育入手，以各项规章制度、风险预警、廉洁风险提醒为导向，规范纪检监察业务的工作内容及标准，建立规范的纪检监察工作管理流程。建立党风廉政建设责任制“三卡三书三查”管理流程，“三卡”是指党风廉政建设责任制提醒卡、督办卡、反馈卡，“三书”包括任务通知书、工作建议书、整改通知书，“三查”即日常抽查、半年督查和年终检查。强化业务公开工作，监督关口前移，变事后监督为事前监督和过程监督，及时揭露和查处隐藏在经济信息背后的盲目决策和违规操作，使权力运行

更加公开透明，业务程序更加规范。建立单位或党员领导干部廉政诚信档案，实时记录干部本人及其亲属的住房、收入、奖惩、信访、违纪违法问题处理及责任追究等内容，系统设置相关廉洁自律预警指标，及时掌握干部廉洁信息，同步预警廉政风险，避免严重腐败发生。

2.4 建立风险预警信息化平台

本着“风险评估及时准确、风险项目及时掌握、风险预警及时到人、监督追责及时到位”的原则，设置风险预警监控流程。

2.4.1 建立廉洁风险预警机制

将廉洁风险防控嵌入关键业务流程和主要风险控制点，全面排查廉洁风险，对权力运行过程中的所有廉洁风险点进行合理、有效的查找和识别，对涉及招投标、设备物资采购、工程建设、项目管理、财务管理、资金拨付、人事安排、干部任免考核等事项的关键管理岗位，建立廉洁风险岗位防控流程图，实时监控提醒。系统可自动或者手动发送预警提示短信，在节假日之前发送廉洁提示短信；在项目招投标、合同谈判之前实时从招投标系统抽取近期招投标项目，及时发送注意事项、招标纪律及廉洁提示短信；在“三重一大”决策前可发送相关提示短信等。

2.4.2 建立生产经营指标预警

创新风险控制规则，设计契合各类风险特征和业务运行实际的风险监测体系和系统工具，实现各类风险的全方位预警和实时控制，增强风险识别的前瞻性和准确性。将投产以来的生产经营指标及时纳入系统，跟踪总体经营情况，对本年度主要生产经营指标的完成情况进行预警提醒，分析并找出影响因素，确保及时完成。

2.4.3 建立重大风险预警

主要是对关键风险指标 (KRI)、应急预案和应急处理流程的监控预警，根据风险清单中评估的重大风险，维护相应的预案、措施和处理流程，并制定相应的 KRI，系统对定期收集的数据进行分析，监控 KRI 指标是否出现异常，及时做出预警提示。强化重大项目预警，采集重大项目基本信息，设定风险预警提示标准字典，在项目重要进度节点（前期论证、可研批复、招标谈判、签订合同、项目实施、完工验收、竣工结算）进行风险提示与预警，加强重大项目执行的风险防控能力，更大程度地规避或降低风险影响后果。

2.5 建立责任约束和追究机制

对于生产经营活动中已经出现的问题，最大限度地将不利影响降至最低，总结经验，提升管理水平，不让同类问题再次出现。

2.5.1 严肃追责问责，强化责任担当

突出立行立改，紧密联系实际，制定整改问题清单、任务清单、责任清单。对于不能立即解决的问题，要制定详细的整改计划和长期规划。整改情况需以文字报告的形式上传风险管控系统，层层审阅，逐级签字背书。对于因干部失职渎职、没有坚守廉洁从业“底线”等情况造成的问题，由纪检监察人员立案调查。证实情况属实的，对相关单位及责任人进行党纪政纪处分，并将违纪违规事实归入风险管控系统的“党员领导干部廉政诚信档案”，直接影响党员领导干部的晋升、职称评定等，达到警醒震慑作用。

2.5.2 运用监督成果，开展经验共享

按照场（站）级、基层单位级和分公司三个层面及风险防控的实际成效，分门别类地梳理一段时间内的风险事件，将风险事件的评定等级、影响后果、应对方案、对应内控流程节点、对应控制目标、对应风险案例录入到风险信息库统一管理，由“五位一体”风险防控各专业人员归口管理，对可能出现的类似问题，可随即调出相关案例对比分析，借鉴学习，编制风险防控提示表单推送给相应的责任单位或部门，加强风险指导，提升企业风险防范能力。

2.6 打造风险教育交流平台

建立“点对点”和“点对面”学习交流制度，强化员工风险意识，培育防范风险的企业文化。借助信息化手段和移动互联技术在企业内部建立互动的交流学习平台，强化风险知识宣传、学习及交流。主要通过门户网站进行风险知识普及和宣传；由系统管理员向学习对象制定风险知识学习计划并推送至个人待办事项（图 3)，平台对学习结果情况进行记录反馈和监督，记入个人廉政档案；建立企业职工与法律顾问等专业咨询人员的沟通机制，进行风险知识交流或疑问解答。教育平台是企业“五位一体”管控平台的重要组成部分，涵盖法律知识、内控制度、风险案例、廉洁教育、党群知识等方面。

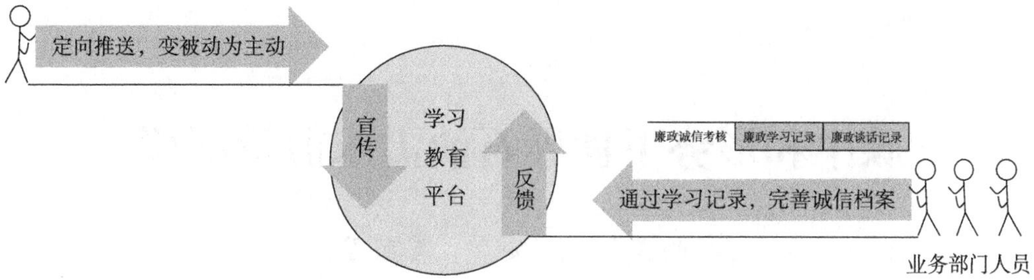

图 3　学习教育平台示意图

3　取得成效

建立“流程标准、数据驱动”的全面风险管控及预警体系，以数据驱动决策为理念，运用“互联网 +”的思维和大数据技术手段，实现集数据采集、交换、集成、挖掘等功能于一体的“数据驱动”的全面风险管理模式。

3.1　融合管控监督得到进一步提升

探索全面风险、纪检监察、法律管控、内控管理、审计管理和经营稽核“五位一体”融合管控新模式，借助信息化手段实现线上联动管控；通过系统集成实现对重点业务数据的远程动态监控和风险预警；将风险内控管理制度要求与业务系统数据进行关联，通过数据集成将监管要求落实到业务中，从中获取反馈，打通制度与执行的互通环节，使监管要求落实落地。

3.2　全面风险管理进一步精细化

以大数据技术为核心，以数据增值利用为重心，实现风险的全面防范与诊治。一是建立数据风险分类机制。进一步对风险管理的对象进行科学分类，对风险管理职责进行分工，对风险管理资源进行优化配置。从业务和技术层面进行风险数据的全面加载与分析，以风险管理为主线，贯穿风险管理的全过程，形成风险分析识别、等级排序、应对处理和绩效评价的闭环管理，分类建立低风险、中风险和高风险的风险识别和应对措施，建立多元化的均衡策略选择机制。二是打造“数据驱动”的决策管理模式。以数据驱动决策为理念，运用“互联网 +”的思维和大数据技术手段，实现一体化“数据驱动”的决策管理模式，在风险识别、评估、应对及规避方面均建立标准化、智能化的风险业务流程，形成指向性强的风险应对措施，为风险管理的科学决策提供可靠依据。

碳中和形势下世界石油需求前景展望

李昀霏[1]　张 安[2,3]　霍丽君[1]
（1. 中国石油集团经济技术研究院；2. 中国地质大学（北京）经济管理学院；
3. 中国石油天然气集团有限公司政策研究室）

摘　要：在新冠疫情暴发及乌克兰危机影响下，全球加快碳中和步伐，同时助推世界能源格局变化进程加速。本文提出“碳中和”石油需求的定义，并将未来全球石油需求划分为“碳中和”石油及“难替代”石油两大类。“碳中和”石油主要包括工业非燃料用油（如化工原料）以及配备了 CCUS 装置的石油，“难替代”石油主要包括缺乏其他技术选择的石油需求。同时对碳中和形势下的世界石油需求前景进行了研判。预计全球石油需求将在 2025 年前达峰，2050 年“碳中和”石油需求占全球石油总需求的比重将达 76%，且全球 87% 的“碳中和”石油需求来自北美、亚太、欧洲及欧亚大陆。随着碳中和进程推进、碳交易市场的成熟和普及，预计全球碳价将持续增长，并对石油需求及油价产生一定影响。在碳中和形势下，碳价的日益增长将造成石油消费成本显著增加，国际原油价格的经济可承受上限将随之下移。

关键词：碳中和；一次能源需求；石油需求；“碳中和”石油；碳价

1　新冠疫情及乌克兰危机加速全球碳中和进程

气候变化从社会、经济、环境等多个维度影响着人类的生存和发展，是人类面临的重要且严峻的挑战。近年来，程度重、范围广的洪水、飓风、森林火灾等自然灾害频发，叠加海平面上升、全球气温逐年走高等潜在威胁，共同加剧全球对气候变化的忧虑。尤其在 2020 年新冠病毒肆虐全球，在各国工业、交通业等高排放行业停摆时，生态环境意外恢复，加速了公众环保意识的觉醒，为全球经济的加速绿色转型打开了新窗口。当前，以透支环境为代价的传统经济发展模式已不符时代需求，能源行业特别是化石能源领域未来转型及发展路径成为世界焦点[1]。

1992 年《联合国气候变化框架公约》、1997 年《京都议定书》及 2015 年《巴黎协定》的签订，是全球碳中和时代的三个重要里程碑。迄今为止，全球有 136 个国家及 115 个地区设定了净零排放目标。另外，目前已有 17 个国家（含欧盟）对碳中和立法，正在立法及政策宣示的国家数量分别为 32 个、18 个，58 个国家正在讨论相关文件（表 1）。预计这些国家都将在 2050—2070 年期间实现碳中和[2-3]。此外，苏里南共和国和不丹已达成碳中和目标。

表1　全球主要国家/地区能源气候战略目标[4]

国家 / 地区	目标	国家 / 地区	目标
欧盟	2050 年前实现碳中和，2030 年温室气体净排放量较 1990 年至少减少 55%	英国	2035 年温室气体排放量较 1990 年减少 78%；2035 年电力系统实现 100% 清洁无碳供电
法国	依靠可再生能源和核能，实现 2050 年净零排放目标	日本	2050 年实现净零排放；2050 年可再生能源发电占比提升 50% ~ 60%
德国	2045 年实现碳中和；2030 年温室气体排放比 1990 年减少 65%，超过欧盟减排 55% 的目标	印度	2030 年前减少碳排放 100 亿吨，2070 年实现净零排放
加拿大	2035 年起禁止销售燃油新车，2050 年实现净零排放	俄罗斯	到 2050 年前温室气体排放量在 2019 年排放水平上减少 60%，同时比 1990 年排放水平减少 80%，并在 2060 年前实现碳中和
美国	2035 年实现电力行业净零排放，2050 年实现温室气体净零排放	中国	2030 年实现碳达峰，2060 年实现碳中和

2022 年，乌克兰危机的爆发加重了世界能源供应的不确定性，油气价格持续飙升加剧了以欧洲为首的多国对能源安全的危机感。其中，欧盟宣布将加快其碳中和进程。欧盟委员会官网发布“重新赋能欧盟”（REPowerEU）计划，提议将 2030 年的可再生能源占比目标从 40% 提高到 45%、能源效率目标从 9% 提高到 13%[1, 5]。这是欧盟对加快实现气候行动并维护国际世界秩序承诺的明确有力的宣言。

2 “碳中和”石油定义及碳中和形势下世界石油需求前景展望

2.1 全球一次能源需求稳定增长，但化石能源占比连续下降

全球多国已认可和立法推动碳减排行动，但凭借现有的政策难以实现《巴黎协定》的气候目标。预计以当前的全球减碳进度，2050 年、2060 年能源相关碳排放量分别达 293

亿吨、222亿吨，远不能达到净零排放要求，需要各国政府出台更激进的政策，采取更具建设性的措施。因此，基于中国石油集团经济技术研究院《2060年世界与中国能源展望》中提出的合作减排情景，即在应对气候变化问题上，国际社会充分合作、各国相互信任、优势互补、共同设计全球最佳减排路径，预计2060年能源相关二氧化碳排放降至31亿吨，温升控制在2摄氏度以内，世界一次能源需求达168亿吨（标准油），较2020年增长35%。此外，虽然实现碳中和的方式方法各不相同，但多措并举减少化石能源使用、加快清洁能源发展已成为全球共识，未来化石能源比例将持续萎缩。2020年，化石能源占一次能源总量的83%，为可再生能源的5.5倍；2040年，两者几乎平分秋色；2050年，化石能源占总量的36%，远低于同年可再生能源需求量；2060年，化石能源占比降至26%。其中，石油在一次能源中占比由2020年的31%降至2050年的11%，即石油消费降至18.2亿吨（标准油），为2020年的43%（图1）[6]。

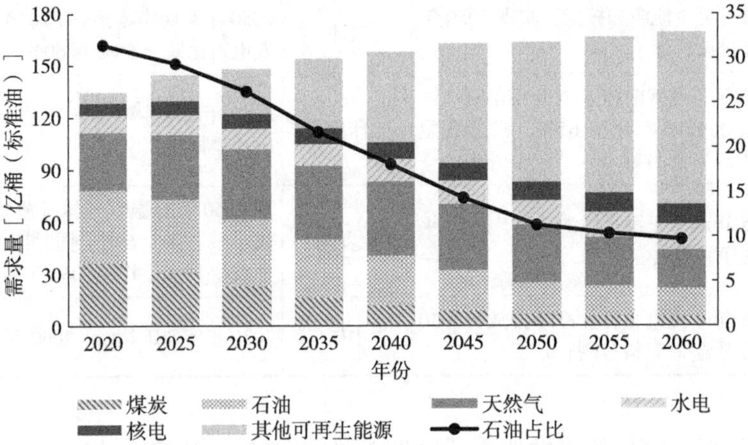

图1　2020—2060年全球分品种一次能源需求[6]

2.2　“碳中和”石油需求定义及未来世界石油需求分类

全球碳中和加速背景下，能源需求将逐渐向低碳排化石能源及可再生能源混合供应过渡。其中，定义“碳中和”石油为终端零碳排放石油，即终端使用时不产生碳排放或通过CCUS（碳捕获、利用与封存）技术消除碳排放的石油。基于此，我们将未来石油需求主要划分为两大类——“碳中和”石油及“难替代”石油。其中，“碳中和”石油包含非燃料用石油（如化工原料、润滑油、沥青）及配备了CCUS装置的工业石油（简称CCUS石油），而“难替代”石油是因缺乏技术选择性而难以替代的石油（如航空燃料等）。

具体看，“碳中和”石油中的化工原料用油需求旺盛。石化行业产品覆盖面广、产业关联度高，是支撑国民经济发展的基础性产业，其需求潜力巨大。然而，作为化工原料的非燃料用石油需求增长仍存在一大“隐患”——塑料回收利用率问题。在IEA提出的2050年全球达到净零排放情景下，全球塑料回收率将由2020的15%提升至2050的55%，将显著制约化工原料用油需求。另一类CCUS石油，是指配备了的CCUS装置的石油。由于地下岩石层中的化石能源被大规模开采和使用，大量二氧化碳随之被排放至大气中，导致大气碳循环失衡。CCUS技术作为应对全球气候变化的关键技术之一，本质上是利用人为手段推动岩石圈和大气圈、生物圈和大气圈的碳交换过程向零碳平衡，从而促进大气碳交换的再平衡过程[7]。现阶段，CCUS在二氧化碳驱油等方面取得进展，但在产业化方面还存在困难。

随着技术革新，“难替代”石油需求将稳中下行，并将在技术壁垒突破后趋于归零。以航煤为例，IEA报告显示，2019年航空运输业的碳排放量占全球交通运输行业碳排放量的10%，占全球碳排放总量约2%，显示其并非主要碳排放行业。然而，由于航空煤油的燃烧碳排放量占航空运输业总碳排放量的约79%，且航空业在高燃料密度、低温环境耐受及使用安全性上有更为苛刻的要求，燃油模式在短时期内很难被其他能源形式取代，航空业成为降碳“困难户”。预计随着技术创新及突破，未来将以可持续航空燃料（Sustainable Aviation Fuel），甚至更为高效安全低碳的燃料替代航煤，届时“碳排大户”航煤的需求量将直线下降[8-9]。

2.3 碳中和形势下的世界石油需求展望

我们在对未来世界石油需求进行展望时，充分考虑了各国已提出的碳中和目标，同时假设各国在应对气候变化问题上充分合作、技术信息充分共享、各自贡献最大努力。基于目前各国公布的碳中和计划，预计欧洲发达国家、北美、亚洲发达国家将在2045—2050年间实现碳中和，亚洲发展中国家、欧洲其他国家将在2060—2070年间实现碳中和，非洲、中东及中南美洲国家在2070年实现碳中和，同时假设各国碳中和进程均衡推进。

工业非燃料用油将成为未来石油需求增长的主要来源。预计全球石油需求将于2025年前达峰，其中非洲地区石油需求将在2040年前保持增长，成为达峰最晚的地区。分行业看，工业及交通领域用油需求量占主导地位，2020年两者占比分别为32%、54%，其余为农林渔业、商业及居民等。预计未来工业用油占石油需求总量比重将持续攀升，而交通用油将呈先增后降趋势。2045年工业用油将首次超过交通用油，2050年，工业及交通用油占比分别达56%、35%，分别为10.3亿吨（标准油）、6.5亿吨（标准油）（图2）。其中，工业用油分为燃料用及非燃料用（如化工原料），后者即为“碳中和”石油的重要组成部分，且是未来世界石油需求增长的主要来源。

1990 年，工业—燃料、工业—非燃料用油需求基本相当，均为 4.6 亿吨（标准油）（均占总需求的 15%）。随着社会发展，化工产品需求与日俱增，2020 年，两者需求量分别上涨至 4.8 亿吨（标准油）、8.6 亿吨（标准油），分别占石油需求总量的 12%、20%。2050 年，电气化升级、新能源成为主流，工业燃料用及非燃料用油分别占世界石油需求总量的 6%、50%。分地区看，2050 年亚太地区化工原料用油需求占全球化工用油需求的 60%，较 2020 年增加近 45%（图 3）。

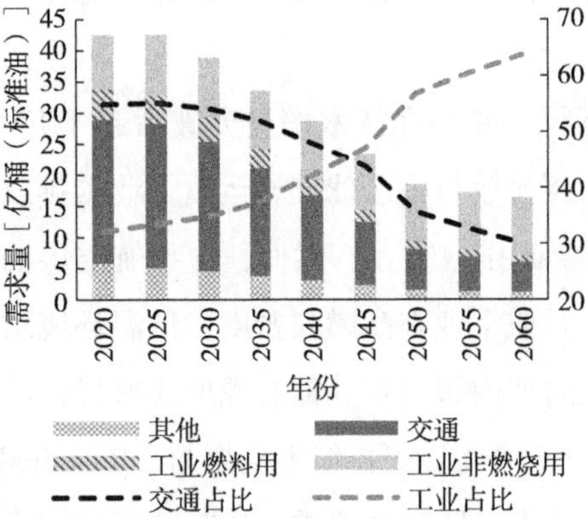

图 2　分行业世界石油需求预测

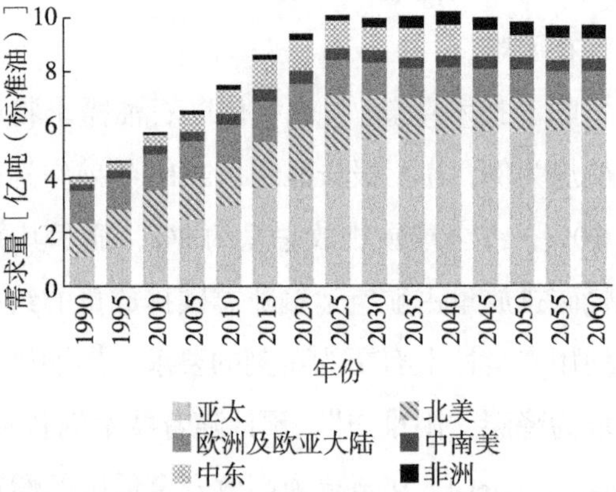

图 3　分地区工业非燃料用石油需求

如图 4 所示，预计 2050 年“碳中和”石油将占世界石油需求总量的 76%，“碳中和”石油将逐年持续增长。预计 2030 年“碳中和”石油将占世界石油需求总量的 27%，至 10.4 亿吨（标准油），2040—2045 年期间，“碳中和”石油占比将突破 50% 大关。2045 年及 2050 年，“碳中和”石油占全球石油需求比重将分别达 55%、76%，分别增至 12.6 亿吨（标准油）、13.2 亿吨（标准油）。

分地区看，2050 年全球超过 85% 的“碳中和”石油将来自北美、亚太、欧洲及欧亚大陆。2030 年，亚太、北美、欧洲及欧亚大陆地区“碳中和”石油需求量将分别达到 5.8 亿吨（标准油）、1.9 亿吨（标准油）、1.5 亿吨（标准油），占本地区石油需求总量的比重将分别为 41%、22%、23%，占全球“碳中和”石油需求总量的比重分别为 56%、20%、16%，合计 92%；2050 年，这三个地区“碳中和”石油需求量将达 6.2 亿吨、3.3 亿吨、2.5 亿吨，占本地区石油需求总量的比重将分别达到 92%、98%、97%，占全球“碳中和”石油需求总量的比重分别为 45%、24%、18%，合计 87%。相对而言，中东、中南美洲及非洲地区碳中和进程将较慢，2050 年这三个地区“碳中和”石油占本地区石油需求总量的比重将分别为 44%、33%、20%，占全球“碳中和”石油需求总量的比重则分别为 7%、3%、3%。

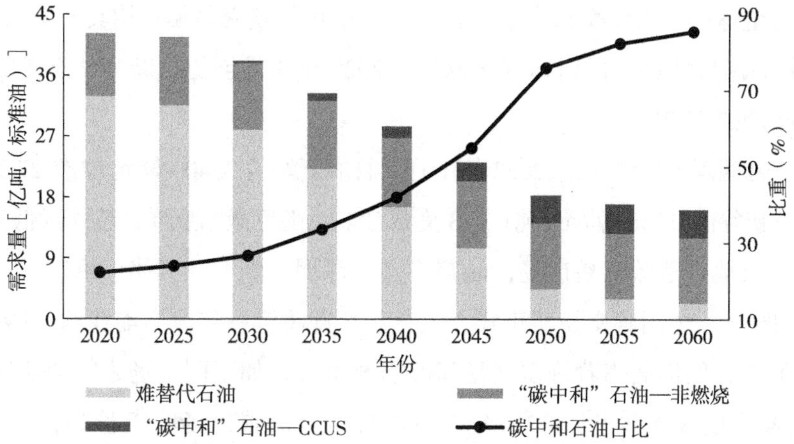

图 4　2020—2060 年世界石油需求及"碳中和"石油占全球石油需求比重

3　全球碳价将持续走高，成为影响未来油价的重要因素

总体看，当前全球碳价随各国接连提出碳中和目标而不断走高，而不同地区的碳价水平主要取决于当地碳中和目标的激进程度，目前来看欧洲地区碳价最高。预计随着碳中和进程不断推进，未来全球碳价将进一步攀升。

3.1　全球碳价震荡上行，当前欧洲地区碳价水平最高

当前全球碳排放交易所主要包括欧盟碳市场、美国区域温室气体减排行动（RGGI）、韩国、新西兰和中国碳市场。

欧盟排放交易体系（EU-ETS）是全球运行最早、覆盖最广、规模最大的碳排放交易市场。在 EU-ETS 的推动下，欧盟 27 国经济保持增长的同时，碳排放量不增反降。2020 年比 2005 年 GDP 增长 39.63%，碳排放量减少 30.52%，可再生能源消费量上升 342.5%[10]。

为确保碳市场交易的可控性，2005 年以来，欧盟排放交易体系分三阶段推进实施，2005—2019 年间欧盟碳均价为 11.9 欧元 / 吨（二氧化碳）[11]。2020 年新冠疫情暴发导致欧盟碳价波动，但全年同比微幅下跌。随后，欧盟气候目标及碳减排力度不断加码，2021 年其碳价飙升至 2020 年的 1.2 倍，年均价为 53.6 欧元 / 吨（63.4 美元 / 吨）。2022 年，乌克兰危机导致欧洲深度加码脱碳力度，2 月碳均价创历史纪录，至 90.7 欧元 / 吨（102.9 美元 / 吨）。另外，英国脱欧后于 2021 年退出 EU-ETS，实施单独的碳交易机制。由于英国碳减排目标较为激进，碳价频创新高，5 月 18 日创 82.2 英镑 / 吨（99.5 美元 / 吨）新峰值。

美国作为全球第二大碳交易市场，其碳交易市场及碳交易模式均具有丰富经验。美国RGGI碳价水平保持增势，但增速弱于欧盟。2022年3月创历史新高，至13.5美元/吨，但仅为欧盟同期的12.7%。

近年来，韩国碳价先涨后跌,2022年1月7日刷新峰值35400韩元/吨(27.3美元/吨)，6月13日跌至新谷值,13350韩元/吨(10.3美元/吨)，随后微幅反弹，整体远低于欧盟水平。

中国有7家地方性碳交易市场，涵盖广州、深圳、湖北、天津、重庆、北京、上海。2021年7月16日，全国碳交易所正式上线，至今即将满一年。当前我国的碳排放权交易市场已初步形成，但仍面临着许多交易问题需要解决，如不同市场之间的协同效应较低、碳资产的核查难度较大等[12]。2022年7月5日，全国碳市场收盘价为57.5元/吨（8.6美元/吨），远低于欧盟及美国碳价水平。其中，北京市碳排放电子交易平台6月碳配额（BEA）均价为78.4元/吨（11.7美元/吨），环比、同比分别增长20%和2%[13]。

全球主要碳市场碳价情况如图5所示。

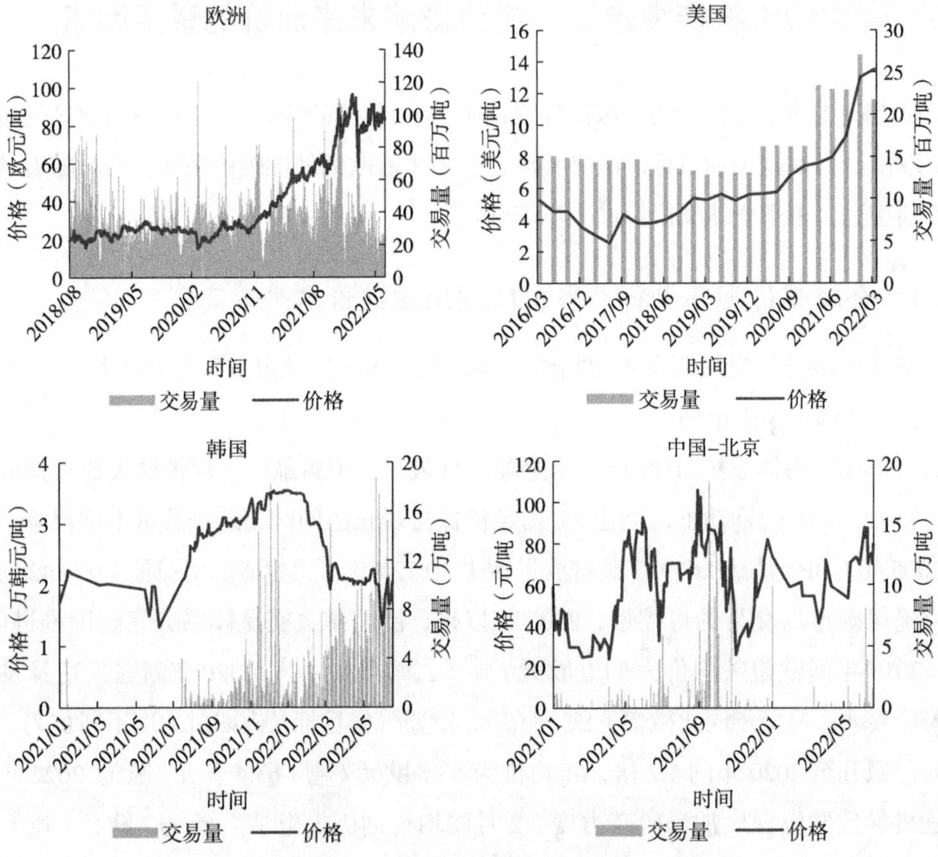

图5 全球主要碳市场碳价情况

数据来源：路透社、北京市碳排放权电子交易平台

3.2 未来碳价水平将不断攀升，预计 2050 年将达 250 美元 / 吨左右

IEA、BP 预计全球碳价将震荡上行，2050 年发达国家碳价将达 250 美元 / 吨。IEA 在其 2050 净零排放报告中，将全球分为发达国家、特殊发展中国家（中国、俄罗斯、巴西、南美）及其他发展中国家 3 类，并分别进行碳价预测。IEA 预计 2030 年发达国家碳价将达 130 美元 / 吨，分别为其他两类国家的 1.4 倍及 8.7 倍；2050 年三类地区碳价将分别增至 250 美元 / 吨、200 美元 / 吨、55 美元 / 吨 [9]。BP 能源年报中将全球分为发达国家及发展中国家，预计 2030 年发达国家碳价将增至 105 美元 / 吨左右，为发展中国家的 7 倍，2050 年达 250 美元 / 吨左右，为同期发展中国家的 1.4 倍 [14]（图 6）。

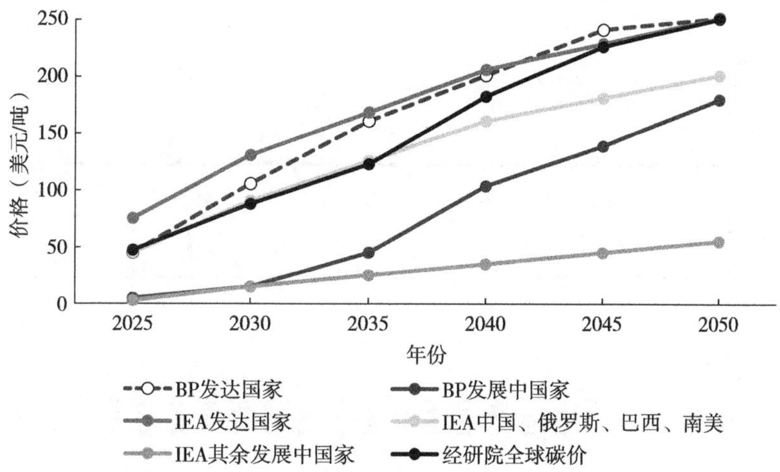

图 6　中国石油集团经济技术研究院、IEA、BP 全球碳价预测（2025—2050 年）[6, 9, 14]

中国石油集团经济技术研究院预计，全球碳价于 2050 年增至 250 美元 / 吨左右。预计 2025—2030 年间全球碳价增长最快，年均增速 13%；2030 年全球碳价将达 88 美元 / 吨，2045 年达 225 美元 / 吨；2045 年之后，全球碳价增速放缓，2045—2050 年期间年均增长 2%，2050 年达 250 美元 / 吨左右 [6]。

4 碳中和目标对原油理论价格的影响

在碳中和目标下，“碳中和”石油在全球石油需求的比重将不断提升，石油消费者付出的碳排放成本将日益增长，随之显著推涨石油消费成本。从理论上看，油价上限主要由

宏观经济承受力决定，而碳中和形势下，油价上限还将受到消费者付出的碳成本影响。

4.1　历史经验表明，全球石油消费支出占 GDP 比重超过 4% 时经济下行风险将明显加大

世界经济与国际油价存在明显的相关性：一方面，世界经济对国际油价具有先导作用；另一方面，油价周期会影响经济周期，如高油价可能导致世界经济衰退。例如，1974 年石油禁运致使油价上涨超过三倍，导致美国、英国等发达国家进入了持续一年多的经济衰退；1979 年两伊战争致使油价飙升，导致美国经济进入衰退期。分析 1965—2020 年世界石油消费支出和经济增长率等数据发现，从全球范围看，当油价过高、石油消费支出占 GDP 比重超过 4% 时，世界经济增长将发生明显变化（图 7）。

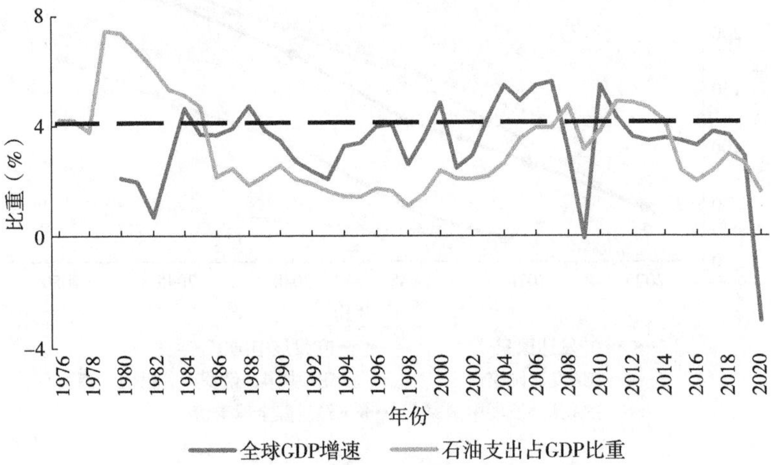

图 7　全球石油消费支出与 GDP 的关系

4.2　全球经济对高油价的承受力将不断增强，碳成本将导致油价理论上限下移

随着经济和能源多元化发展，世界经济对高油价的承受力将不断增强。基于经济对石油消费的承受水平，结合我们对未来全球 GDP 及石油需求的预测，预计未来全球经济可承受油价（包含碳成本等全部成本）总体将不断走高，2030 年经济可承受油价将达 165 美元 / 桶，2040 年将增至 292 美元 / 桶，2050 年将进一步升至 569 美元 / 桶（表 2）。

表2　全球经济可承受油价（油价理论上限）预测

类别	2020 年	2025 年	2030 年	2035 年	2040 年	2045 年	2050 年
经济可承受油价（包含碳成本）（美元 / 桶）	101	130	165	220	292	404	569
碳价预测（美元 / 吨）	—	47	88	122	182	225	249
石油碳成本（美元 / 桶）	—	18	33	45	67	84	93
碳成本占比	—	14%	20%	21%	23%	21%	16%
经济可承受油价（石油本身价格）（美元 / 桶）	101	112	133	174	225	320	476

注：价格数据采用 2019 年不变价；石油吨桶比采用 8；计算碳成本时，采用原油碳排放系数 2973 千克二氧化碳 / 吨进行计算（IPCC 数据）。

考虑消费端的碳排放成本，随着未来碳价水平不断攀升，石油消费者付出的碳成本也将明显抬升，届时消费者能够为石油本身所支出的费用将被压减，全球经济可承受油价（石油本身价格）将下移。基于对未来碳价的预测，预计 2030 年、2040 年、2050 年每桶石油的碳成本将分别达到 33 美元 / 桶、67 美元 / 桶、93 美元 / 桶，占经济可承受油价（包含碳成本）的比重将达 20%、23%、16%。其中，2040 年之后占比下降主要是由于随着石油需求明显回落，经济可承受油价（包含碳成本）增幅将明显超过碳成本增幅。在此情况下，2030 年、2040 年、2050 年全球经济可承受油价（石油本身价格）将分别降至 133 美元 / 桶、225 美元 / 桶、476 美元 / 桶。基于此，预计长期经济可承受油价，即油价理论上限预测曲线（图 8）。

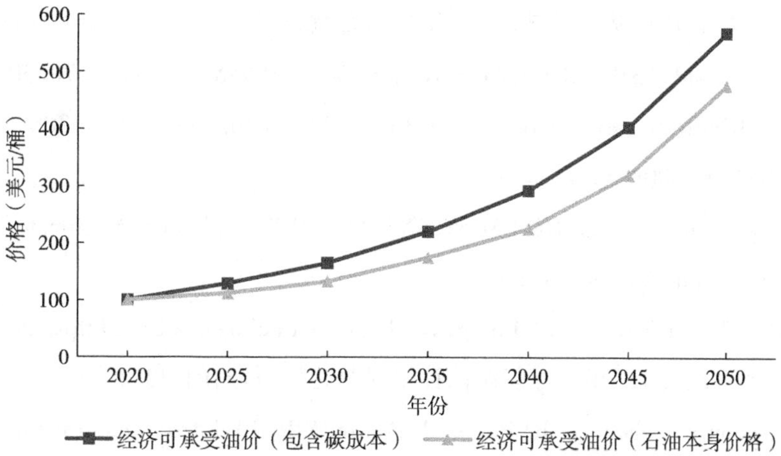

图 8　长期经济可承受油价（油价理论上限）预测

5 结论

（1）近年来，新冠疫情暴发及乌克兰危机敲响多国能源安全警钟，叠加国际油价高企，各国剥离化石能源、发展可再生能源的热情高涨，强效加速全球碳中和进程，预计世界石油需求峰值将于 2025 年前到来。

（2）随着社会发展进步，化工产品需求与日俱增，工业非燃料用油将是未来世界石油需求增长的主要来源，其在全球石油需求比重将从 2020 年的 20% 增长至 2050 年的 50%。另外，2050 年全球 60% 的工业非燃料油需求来自亚太地区。

（3）“碳中和”石油主要包括工业非燃料用油（如化工原料）以及配备了 CCUS 装置的石油，预计 2050 年“碳中和”石油需求占全球石油需求的比重将达 76%，且全球 87% 的“碳中和”石油需求由北美、亚太、欧洲及欧亚大陆贡献。

（4）当前全球碳价随各国纷纷提出碳中和目标而不断走高，目前来看欧洲地区碳价最高。预计随着碳中和进程不断推进，未来全球碳价将进一步攀升。预计 2050 年全球碳价将增至 250 美元 / 吨左右。

（5）理论上看，油价上限主要由宏观经济承受力决定，而碳中和形势下，油价上限还将受到石油消费者付出的碳排放成本影响。与日俱增的石油消费碳成本将导致消费者能够为石油本身所支出的费用下降，进而使得油价可承受上限下移。

参考文献

[1] 柴麒敏，“复杂新形势下全球碳中和与新能源革命刍议”[EB/OL]. https://mp.weixin.qq.com/s?__biz=MzA5MzE0ODc2NQ==&mid=2667743555&idx=1&sn=e786300feb9bf019427f72dcbb5cb3ad&chksm=8a946a71bde3e36734c264cdc1d55ee71e89e4530884a4313595fb6d11cf27ebe7acff900084&scene=27.

[2] Net Zero Scorecard–NET ZERO EMISSIONS RACE[EB/OL].Energy & Climate – Intelligence Unit. https://eciu.net/netzerotracker.

[3] NET ZERO TRACKER[EB/OL]. Energy & Climate – Intelligence Unit. https://zerotracker.net.

[4] 前瞻产业研究院 .2022 年全球能源依存格局及趋势报告 [R]. 2022.

[5] E. Commission.Factsheet on REPowerEU Action[EB/OL]. https://ec.europa.eu/commission/presscorner/detail/en/fs_22_3133.

[6] 中国石油经济技术研究院 .2060 年 世界与中国能源展望（2021 版）[R]. 2021.

[7] 李阳 . 碳中和与碳捕集利用封存技术进展 [M]. 北京：中国石化出版社，2021.

[8] 航空业的碳排放现状？ [EB/OL]. http://www.tanpaifang.com/tanguwen/2022/0420/85133.html.

[9] IEA.IEA Net–Zero Emissions by 2050 Roadmap[R]. 2021.

[10] 陈星星 . 全球成熟碳排放权交易市场运行机制的经验启示 [EB/OL]. https://mp.weixin.qq.com/s?__biz=MzU3NDIyNTA0OA==&mid=2247486101&idx=1&sn=e7d5c9eef9522d793e9b7556c11142d5&chksm=fd34e562ca436c74d3d69f286ca5a29cafb667225c30099a682a28827acd05904a737fe58c31&scene=27.

[11] Carbon trading in the European Union. 2022–02–15.

[12] 蒋牧云，张荣旺 . 碳资产交易困境新解 区块链赋能碳金融 [EB/OL]. https://baijiahao.baidu.com/s?id=1736548866006601120&wfr=spider&for=pc.

[13] 北京市碳排放权电子交易平台 [EB/OL]. https://www.bjets.com.cn/article/jyxx/?15.

[14] BP.BP Energy Outlook 2021[R]. 2021.

庆城与巴肯页岩油开发经济性比较研究及启示

刘 涛[1,2] 尚友民[1,2] 殷桂琴[1,2]
（1. 中国石油长庆油田分公司油气工艺研究院；2. 低渗透油气田勘探开发国家工程实验室）

摘 要：近年来，中国页岩油储层开发技术攻关成效显著，主体技术已基本明确，开发规模逐年增加，投资与效益的关系成为现阶段主要开发矛盾。为此，从投资效益的经济视角出发，通过定性和定量分析，深入研究了中美页岩油地质条件、开发技术、原油价格、税费政策等因素对页岩油产业发展中的作用大小和演变过程，揭示出影响页岩油不同开发阶段的根本驱动力量。选取地质条件相近的鄂尔多斯盆地延长组长7段和美国威利斯顿盆地巴肯组作为比较对象，建立了基于中美财税制度的经济评价模型，进行了资金时间价值的成本收益结构分析。对比结果表明，在美国页岩油的发展中，在早期阶段技术进步、高油价和税收优惠政策促进了产业发展，在稳定阶段技术进步和规模推广引起的操作成本降低成为主导因素，价格和政策变为次要因素。中国现阶段与美国早期近似，但井筒投资、操作成本和税费要高于美国同期。中国页岩油逐步进入了规模发展阶段，在国际油价趋势不明和提质增效的大背景下，开发成本随着技术进步而下降的潜力大小以及国家激励政策，决定了中国页岩油未来发展潜力。

引言

美国通过页岩能源革命实现了从能源进口国到出口国的转变，甚至在2017年超越沙特阿拉伯和俄罗斯，成为全球第一大产油国。中国的石油对外依存度逐年攀升，2020年已高达73.5%。中国同样拥有丰富的页岩油资源，据估计储量规模次于美国与俄罗斯，排名全球第三。中国为此加紧部署页岩气勘探开发推进计划，并取得了重大进展，陆续发现长庆、大庆两个10亿吨级页岩油田。这两大油田的发现，为我国页岩油产业奠定了良好开端。中国页岩油发展过程中必然要借鉴美国的成功经验，这就需要开展中美比较研究，寻找两国异同点，为中国提供有益启示。

地质、技术、价格、政策等是影响页岩油发展的主要因素，中美页岩油比较研究也主要围绕这些因素展开。现有研究主要就因素差异本身展开，而对于这些因素在页岩油产业发展中的作用大小以及如何演变还需进一步探索。各类因素尽管性质不同，影响各异，难以通过直接比较来确定影响权重，但最终都通过影响页岩油投资收益来影响产业发展，因而，从经济视角开展比较研究，既可以将不同质的因素纳入同一比较框架，又能通过定量分析揭示页岩油发展的根本驱动力量。

1 研究思路

中美不同盆地间的页岩油地质条件差异较大，地质条件的差异会直接影响页岩油的产量和开采成本，进而影响开发经济效益。虽然地质条件是影响页岩油发展的重要因素，但它属于不可变因素，并不因人类活动而改变，本次研究重点关注可变因素。为了消除地质条件差异造成的影响，在两国各自不尽相同的资源中，寻找出资源禀赋最相近的区块进行比较。

经过对比成藏条件、富集规律、油藏条件、原油性质等因素，鄂尔多斯盆地延长组长7段与美国威利斯顿盆地巴肯组（Bakken）地质条件相对相近。同时，通过对长7段生产情况进行油藏数值模拟，结果表明两者平均单井采出量相差14%。综合分析认为，这两者在地质条件及产出特征上相似度高，可以作为比较对象（表1）。

表1 鄂尔多斯长7与巴肯油田地质条件对比

区块	巴肯油田	鄂尔多斯长7段
沉积环境	海相沉积	陆相沉积
含油层	巴肯组	延长组
深度（米）	2591 ~ 3200	1000 ~ 2800
油层厚度（米）	5 ~ 15	20 ~ 60
天然裂缝（条/米）	很发育	0.2 ~ 0.3
孔隙度（%）	10 ~ 15	9.2
渗透率（毫达西）	0.01 ~ 0.1	0.17 ~ 0.24
地层压力系数	1.15 ~ 1.81	0.64 ~ 0.87
地层原油黏度（毫帕·秒）	0.15 ~ 0.45	1.5

续表

区块	巴肯油田	鄂尔多斯长 7 段
流度比（毫达西 / 毫帕 · 秒）	0.02 ~ 0.67	0.11 ~ 0.16
原油密度（克 / 立方厘米）	0.81 ~ 0.82	0.83 ~ 0.88

鄂尔多斯盆地延长组长 7 段自 2018 年开始规模化开发，在 2018—2020 年示范区建设阶段，建设成了国家级页岩油开发示范基地。而美国 2007 年开始规模化开发，中美页岩油开发时间范围和发展阶段均不同步，因此只能从发展阶段来横向对比。美国页岩油产业经历了起步、增长阶段，目前处于稳定阶段，中国页岩油产业虽处于起步阶段，但却是建立在美国成功经验基础上，其特征与美国发展早期也不尽相同。为了解决这一矛盾，首先对美国 2007 年至 2020 年开发数据进行纵向分析，再选择与中国当前阶段最具可比性的阶段进行横向对比，以保证对比结果的合理性和可借鉴性。

2 经济评价模型

为了从经济视角解读页岩油发展特征及关键影响因素，需要还原美国页岩油在不同发展时段下的投资决策背景。通常，常规的经济效益评价方式主要是评估投资与收益状况，不能满足从行业层面开展比较研究的需要，行业层面的研究主要关注总体或平均水平，强调投资质量而不仅仅是规模。为此，建立了满足行业对比需求的经济评价模型。

2.1 经济评价模型

为剔除投资规模对总效益的影响，依照中美财税制度，将投资和产出分摊至单井，分别建立中美页岩油单井的财务评价模型。选择财务净现值（NPV）作为主要评价指标，来评比不同阶段项目的获利能力。

2.1.1 美国页岩油财务评价模型

财务净现值等于现金流入减去现金流出，其中现金流入为销售收入，是产油量和原油价格乘积。产量递减曲线采用 EIA 双曲—指数递减模型，即当月递减率小于 0.83% 时由双曲递减转化为指数递减。现金流出包括操作运营成本、钻完井投资、地面工程投资及税费支出等。有形钻井成本和地面工程投资采用加速折旧方法，无形钻井成本当期冲销并可以结转抵税。基于以上分析，构建美国页岩油财务评价模型如下：

$$
\begin{aligned}
NPV&=\sum_{t=0}^{n}(CI-CO)_t(1+i)^{-t}\\
&=-(DC+FC)\\
&=\sum_{t=2}^{TD}\left\{\left[\left(\frac{qi}{[1+b\cdot d_i\cdot(t-1)]}\cdot O_p-\frac{qi}{[1+b\cdot d_i\cdot(t-1)]}\cdot O_p\cdot r-EX\right.\right.\right.\\
&\quad\cdot\frac{qi}{[1+b\cdot d_i\cdot(t-1)]}-(IC+FC)\cdot\frac{TD-t}{TD\cdot\frac{TD+1}{2}}-\frac{qi}{[1+b\cdot d_i\cdot(t-1)]}\\
&\quad\left.\left.\cdot DEP\right)-NC\right]\cdot(1-TA_2-TA_3)\cdot(1-TA_1)+(IC+FC)\cdot\frac{TD-t}{TD\cdot\frac{TD+1}{2}}\\
&\quad\left.+\frac{qi}{[1+b\cdot d_i\cdot(t-1)]}\cdot DEP+LS\right\}\cdot(1+i_0)^{-t}\\
&=\sum_{t=TD}^{N_1}\left\{\left[\left(\frac{qi}{[1+b\cdot d_i\cdot(t-1)]}\cdot O_p-\frac{qi}{[1+b\cdot d_i\cdot(t-1)]}\cdot O_p\cdot r-EX\right.\right.\right.\\
&\quad\left.\left.\cdot\frac{qi}{[1+b\cdot d_i\cdot(t-1)]}-\frac{qi}{[1+b\cdot d_i\cdot(t-1)]}\cdot DEP\right)-NC\right]\cdot(1-TA_2\\
&\quad\left.-TA_3)\cdot(1-TA_1)+\frac{qi}{[1+b\cdot d_i\cdot(t-1)]}\cdot DEP+LS\right\}\cdot(1+i_0)^{-t}\\
&=\sum_{t=N_1}^{n}\left\{\left[\left(\frac{qi}{e^{d_i(t-1)}}\right)\cdot O_\mathrm{p}-\left(\frac{qi}{e^{d_i(t-1)}}\right)\cdot O_\mathrm{p}\cdot r-EX\cdot\left(\frac{qi}{e^{d_i(t-1)}}\right)-\left(\frac{qi}{e^{d_i(t-1)}}\right)\right.\right.\\
&\quad\left.\left.\cdot DEP\right)-NC\right](1-TA_2-TA_3)(1-TA_1)+\left(\frac{qi}{e^{d_i(t-1)}}\right)\cdot DEP+LS\bigg\}\\
&\quad\cdot(1+i_0)^{-t}
\end{aligned}
$$

式中：CI 为现金流入；CO 为现金流出；DC 为钻完井成本；FC 为地面工程投资；TD 为折旧年限；q_t 为第 t 年的产量；IC 为有形钻井成本；O_P 为油价，美元 / 桶；EX 为操作运营成本，美元 / 桶；R 为销售收入；LS 为低产井免税；r 为矿区使用费；TA_1 为所得税；TA_2 为产量税；TA_3 为开采税；O 为生产运营成本；NC 为无形资产费用化结转部分；DEP 为资源耗竭补贴税率；N_1 为产量计算模型转换结点年份（一般大于折旧年限）；n 为生产期；$\frac{qi}{[1+b\cdot d_i\cdot(t-1)]}$为油井的月递减率大于 0.83% 时的双曲递减产量计算模型，$\frac{qi}{e^{d_i(t-1)}}$为油井的月递减率小于 0.83% 时的指数递减模型；$\frac{TD-t}{TD\cdot\frac{TD+1}{2}}$为加速折旧计算公式。

2.1.2 中国页岩油财务评价模型

按照国内财税制度，现金流入项为销售收入，现金流出包括钻完井投资、地面工程投资、操作成本及税费支出等，构建国内页岩油开发财务评价模型如下：

$$
\begin{aligned}
NPV=&\sum_{t=0}^{n}(CI-CO)_t(1+i)^{-t}\\
=&-(DC+FC)\\
&+\sum_{t=1}^{TD}\left\{\left[\left(q_t\cdot O_p-\frac{DC}{TD}-\frac{FC}{TD}-q_t\cdot EX\right)\cdot[1-TA_4\cdot(TA_5+TA_6+1)]\right.\right.\\
&\left.\left.-q_t\cdot O_p\cdot TA_7\right]\cdot(1-TA_1)+\frac{DC}{TD}+\frac{FC}{TD}\right\}\cdot(1+i)^{-t}\\
&+\sum_{t=TD}^{n}\left\{\left[(q_t\cdot O_p-q_t\cdot EX)\cdot[1-TA_4\cdot(TA_5+TA_6+1)]-q_t\cdot O_p\right.\right.\\
&\left.\left.\cdot TA_7\right]\cdot(1-TA_1)\right\}\cdot(1+i)^{-t}
\end{aligned}
$$

式中：DC 为钻完井投资；FC 为地面工程投资；q_t 为第 t 年产量，桶；O_P 为油价，元 / 桶；TD 为折旧年限；EX 为操作运营成本，元 / 桶；TA_4 为增值税速算比率；TA_5 为城市维护建设税；TA_6 为教育费附加税；TA_7 为资源税；TA_1 为所得税；n 为生产期。

3 中美财税政策分析

通过分析美国财税政策对页岩油开发的促进作用，比对同一政策水平下陇东页岩油开发投资收益，综合评价政策、技术等因素对页岩油开发效益的影响。

3.1 美国税费政策

通常，美国国家和州政府对石油开发不是直接给予财政补贴，而是通过税收减免来实现补贴，包括州级税收减免和联邦税收减免。州级税收由各州政府决定，各州政府在征税之后，联邦政府再征收所得税，而州级税收优惠一般是减免开采税。但巴肯区块隶属于北达科他州，该州对页岩油开采没有减免开采税，同时还征收了产量税。联邦政府税收减免内容包括无形钻井费用化扣税、有形钻井成本资本化的税项扣减、资源耗竭补贴和《2004年美国创造就业机会法》中针对低产井的减税政策，详见表 2。

表2 美国页岩油适用税费

分类	税费种类	征收标准
特殊税	特许权使用费	特许权使用费根据地域、土地所有权、油气日产量及水深不同，北达科他州土地税率由地方决定，通常为16.67%–18.75%，计算取平均值17.71%
通用税	企业所得税	2018年之前，所得税征收使用累进税制；从2018年开始，所有企业一律使用21%的税率，同时开始净营业亏损不再结转
州级税收	产量税	对油井生产的所有石油的总价值征收5%税率
	开采税	对油井生产原油的总值征收6.5%的税率
税收优惠	无形钻井成本费用化	指无论是否产油只要开始经营，该成本在发生年度100%抵税，无形钻井成本在钻完井投资中占比约为60%–80%，这里取70%计算
	有形钻井成本资本化	有形钻井成本在钻完井投资中占比约为20%–40%，这里取30%进行计算，在7年内以折旧形式回收
	资源耗竭补贴	采用15%的统一税率，从毛收入中扣除该固定百分比作为耗竭补贴
	《2004年美国创造就业机会法》	对年产量小于9125桶油当量的低产井减税3美元/桶

3.2 中国税费政策

国内页岩油开发无采矿权的费用，资源税、企业所得税及增值税均享受政府财政补贴，取消矿产资源补偿费的征收。同时，国家对石油开采企业销售原油因价格超过一定水平所获得的超额收入按比例征收的石油特别收益金。国家财务部《关于提高石油特别收益金起征点的通知》（财税〔2014〕115号），特别收益金起征点为65美元/桶，实行5级超额累进从价定率计征（表3）。

表3 中国页岩油适用税费

税费种类	依据	适用优惠税率	实际税率
增值税	以销售收入为计税依据	13%	16%
资源税	中华人民共和国资源税方法（2020.9.1日实施）	4.91%	6%
城市维护建设税（县、镇）	以增值税为计税依据	5%	7%
教育附加税（县、镇）	以增值税为计税依据	5%	5%
企业所得税	国家发展改革委《西部地区鼓励类产业目录》，2021—2030年企业所得税按15%征收，2031年之后按25%征收	15%	25%

美国整体税费税率高于国内，说明中国页岩油开发税费政策要低于美国。但美国采用浮动式税费政策，开发效益差时实施税费减免来保障开发效益，效益较好时减免政策将取消（图1）。

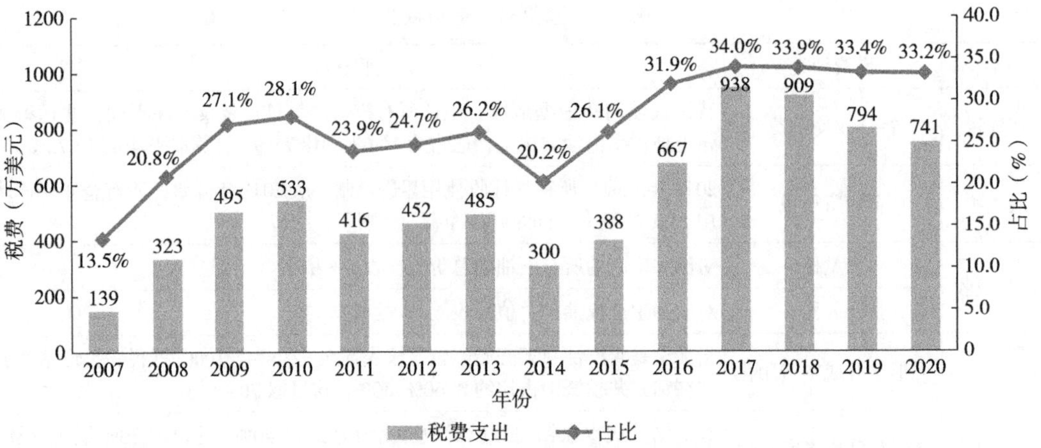

图 1　巴肯页岩油交税额以及占比

4　中美产量特征比较

通过对比巴肯与陇东长 7 段页岩油单井产量、预计累计产量、达产年产量和递减率，进一步明晰单井产量特征。

4.1　单井产量

美国单井产量预测由投产前 12 个月实际产量和递减率计算取得，实际生产数据来自美国能源信息署（EIA）产量剖面数据。递减模型选择巴肯地区产量预测中常用的双曲—指数递减模型，模型中参数 b 根据 Art Bremen 对巴肯区块研究进行推测，生产期取 20 年。

长庆油田长 7 段页岩油规模开发时间较短，产量数据包括两部分：一部分是 2018 年至今的井口数据，另一部分是根据历史数据的递减规律拟合得到，两部分共同构成了寿命期内的产量曲线。巴肯 2007 年以来的历史生产数据来自 EIA 公布的数据，后期生产数据依据双曲—指数递减模型进行产量预测。陇东长 7 段页岩油规模开发时间较短，一部分是实际生产数据，后期生产数据依据双曲—递减模型规律拟合得到。从产量曲线图 2、图 3 看，巴肯页岩油产量基本是陇东的 2 ~ 6 倍。

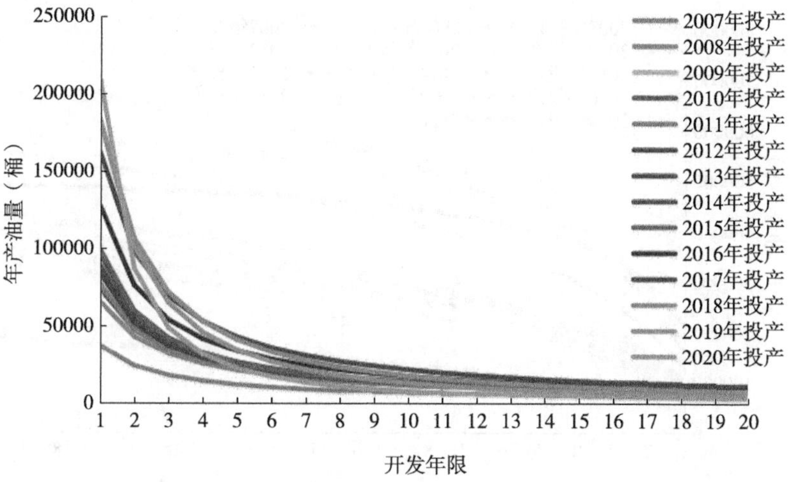

图 2　2007—2020 年美国页岩油产量曲线

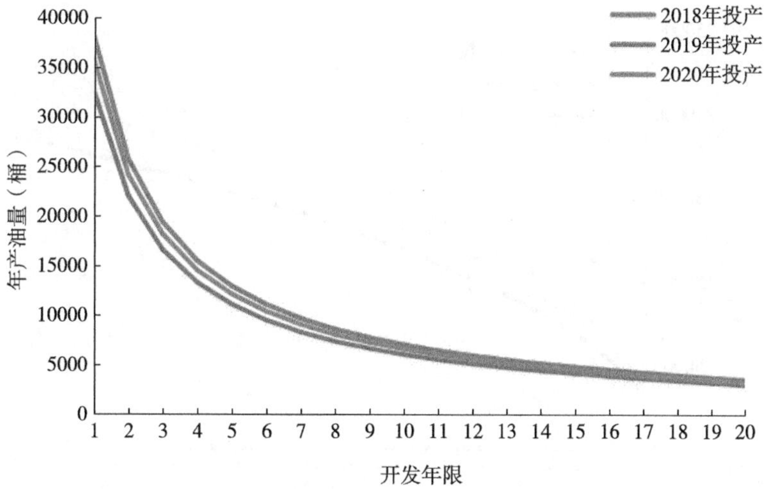

图 3　中国长庆油田页岩油产量曲线

4.2　累计产量对比

从 20 年累计产量图 4、图 5 看，巴肯页岩油是陇东长 7 段的 1.5 ～ 3 倍。

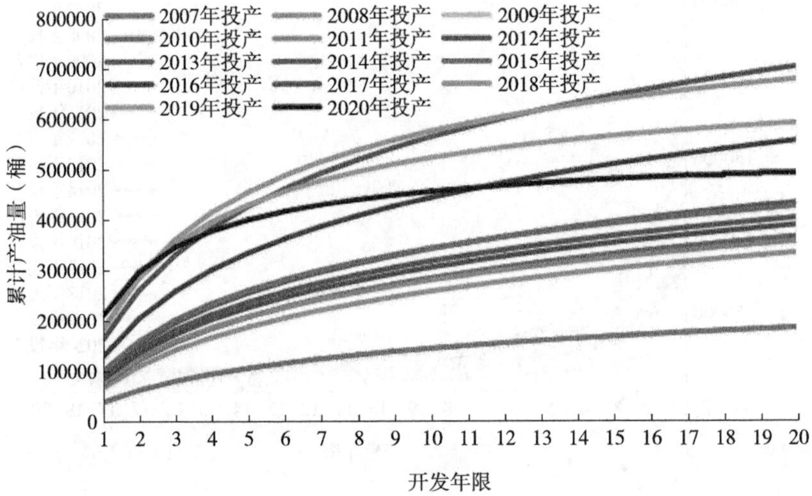

图 4　2007—2020 年巴肯页岩油产量曲线

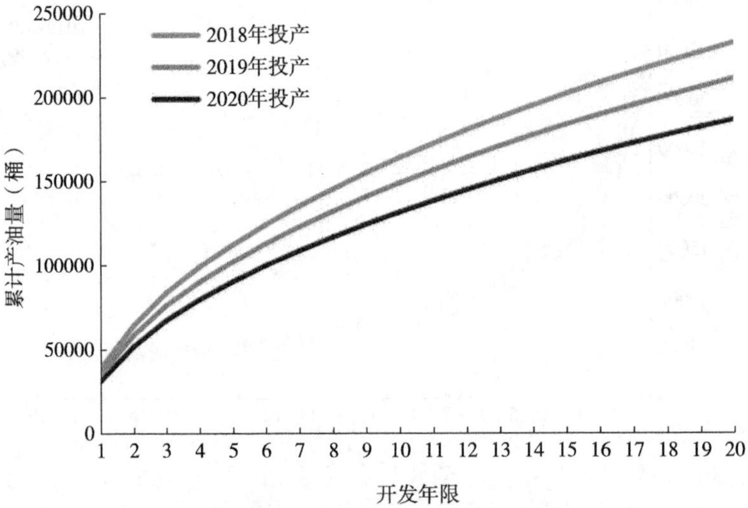

图 5　2018—2020 年陇东页岩油累计产量曲线

4.3　达产年产量

2016 年后，巴肯页岩油“多层系开发、长水平井、压裂技术提升（多段、小段间距）”使得单井产量迅速增加，2018—2020 年达产年产量约为陇东长 7 段的 5 ~ 6 倍（图 6）。

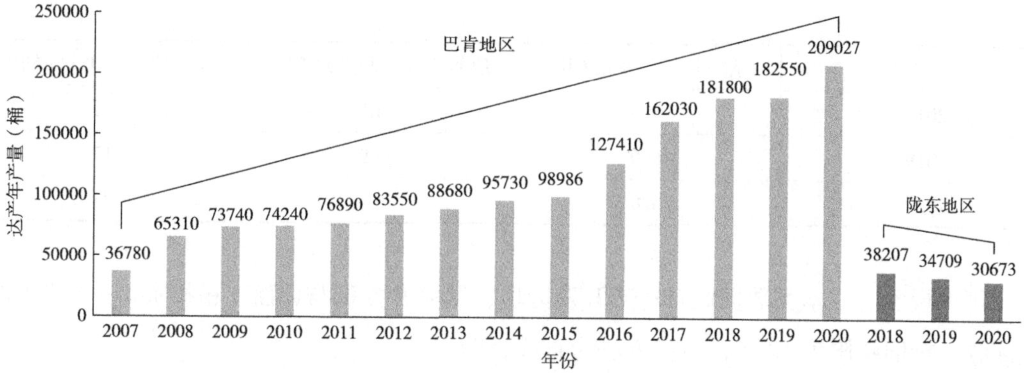

图 6　巴肯与陇东页岩油达产年产量对比

5　经济评价结果

5.1　投资及成本

美国页岩油钻完井投资主要取自 EIA 与 IHS 合作公布的页岩油上游成本变化趋势研究报告，并选取有关研究文献中的数据作为补充；操作成本来自最早进入巴肯进行开采的大型油气生产商 Continental 公司年报；地面工程投资中 2014 年数据来自 EIA，其余年份均根据这一年钻完井投资与地面工程投资的比值估算求得（表 4）。地面工程投资与有形钻井成本以折旧形式回收，折旧年限为 7 年，折旧方法为加速折旧法。

表4　美国页岩油钻完井、地面工程、操作成本

时间	钻完井（万美元 / 井）	地面工程（万美元 / 井）	操作成本（美元 / 桶）
2007 年	590	52.7	11.7
2008 年	680	60.7	12.87
2009 年	614	54.8	9.92
2010 年	676	60.4	8.93
2011 年	805	71.9	9.31
2012 年	844	75.4	7.36
2013 年	731	65.3	7.94
2014 年	672	60.0	7.58
2015 年	622	55.5	5.73
2016 年	563	50.3	5.54
2017 年	595	53.1	5.88

续表

时间	钻完井（万美元 / 井）	地面工程（万美元 / 井）	操作成本（美元 / 桶）
2018 年	610	54.5	5.31
2019 年	660	58.9	5.17
2020 年	620	55.4	5.88

国内投资、成本类数据取自在产开发区块，钻完井投资与地面工程投资均采用折旧方式回收，折旧年限为 10 年，折旧方法为直线折旧。

2013 年以后，页岩革命使得北美非常规油气桶油成本持续下降，2017 年底桶油成本降至 30 ~ 40 美元。2021 年美国页岩油核心产区加权平均成本约 37 美元 / 桶。而中国自 2018 年大规模开发以来，因储层地质条件的变化导致页岩油操作成本、完全成本逐年递增。

5.2 原油价格

对于历史油价，美国采用北达科他州原油价格，中国采用国际油价，而长庆油田与迪拜油价挂钩。对于未来油价，综合有关研究，以 60 美元 / 桶作为基准价格进行预测。

5.3 经济评价结果

应用上述评价参数，经过经济效益数学模型分别求解，得到中美各年度对应的平均 NPV 值（图 7）。可以发现，即便是在美国页岩油资源条件相近的区域，不同时期的投资收益具有很大的差异，而中国 2018—2020 年的页岩油投资收益显著低于美国同期，与美国页岩油开发初期接近。

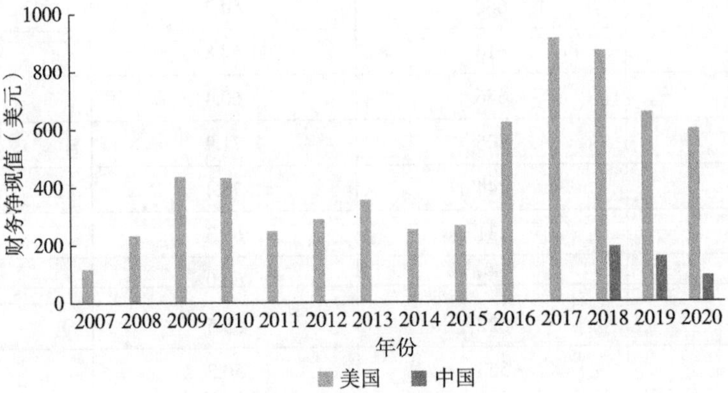

图 7　中美投资评价净现值对比

6 基于经济分析的中美页岩油发展比较分析

6.1 美国页岩油发展纵向对比

尽管水平井开发和大规模水力压裂技术是美国页岩革命的根本推动力量，但页岩油开发初期的高油价和优惠的财税政策也是不可忽略的因素。为了去掉评价油价和政策支持的影响，采用单一油价 60 美元 / 桶油价和未享受优惠政策的情况，重新评价美国页岩油开发效益（图 8）。结果显示，在没有高油价条件和优惠政策的情况下，美国页岩油开发初期盈利能力显著下降，原油价格和优惠政策对美国页岩油早期产业发展起了决定性作用。

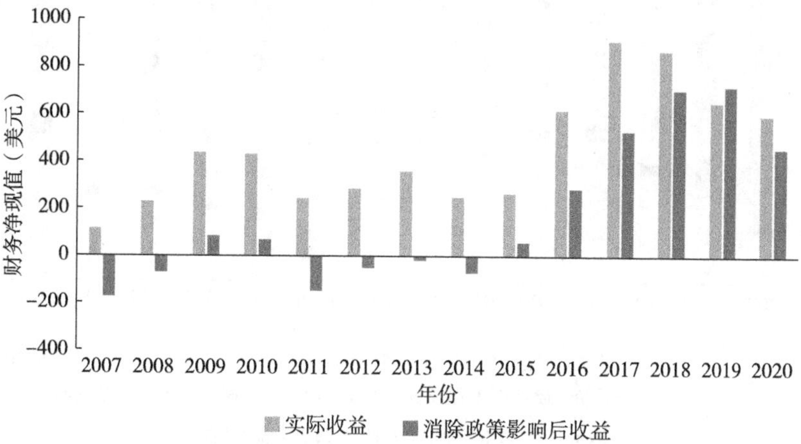

图 8 美国优惠政策对页岩油经济性的作用

从 2007 年美国页岩油开发到 2015 年，美国页岩油产业技术成熟度高，虽然单井投资因水平段长度和改造规模的增加而大幅提升，但单井产量增加幅度高于投资，单井吨油成本的大幅下降，使得页岩油开发的经济效益大幅提升。因此，2015 年之后，技术进步是美国页岩油开发效益大幅提升的根本原因，不再依赖高油价和优惠政策，产油量和采收率的增加所带来的成本费用降低，成为页岩油效益提升的关键点。随着时间的推移，页岩油初期产量大幅提升、钻完井成本投资大幅减少。

6.2 成本收益结构比较

中美页岩油储层相近，与美国海相页岩油相比，长 7 段页岩油具有“一强二差三低”特点——非均质性强、分布稳定性差、物性差、裂缝发育程度低、脆性指数低、压力系数低，导致中美在工艺技术和产能规模有所不同。中国水平井单井水平段设计长度、改造规模均低于美国，单井产量也同样低于美国，在这种情况下，仅就成本收益的绝对值进行对比就缺乏合理性。为了消除投资规模和产能大小的影响，构建了反映经济要素结构的相对指标来进行合理对比。

图 9 为从 2007—2020 年美国和 2018—2020 年中国页岩油开发成本收益结构的变化趋势。中美横向对比发现，中国页岩油成本占比偏高，净利润占比较低、总体经济性远低于美国。其中，操作成本及地面工程投资占比明显高于美国各个时期，钻完井投资占比情况与美国高成本时期相当。而美国钻完井、地面工程投资及操作成本占比总体呈现降低趋势，税收部和净利润占比逐渐增加，说明美国页岩油开发经济性要优于中国。

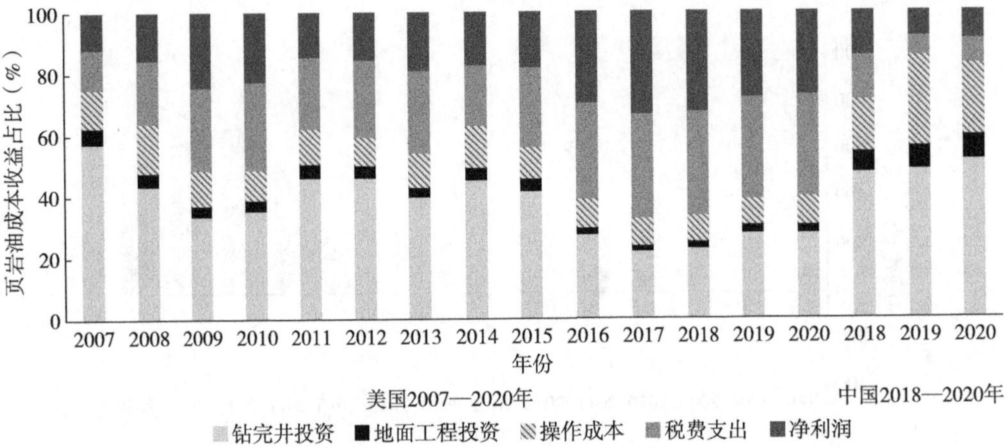

图 9　中美页岩油开发成本收益结构比较

6.3　财税政策比较

为了合理对比中美税收政策，按照美国早期的税收优惠政策，分别应用美国与中国财务评价模型计算中国页岩油成本收益结构，对比结果如图 10 所示。在美国财税体制下钻完井、地面工程投资和税费支出占比并未发生显著变化，但操作成本占比减少使得净利润占比增加，页岩油的经济效益显著改善。笔者认为，中国页岩油目前的操作成本远高于美国页岩油开发各个时期，因此中国页岩油开发需要通过进一步提升技术创新能力和单井产量来管控成本，开发效益水平也会得到显著改善。

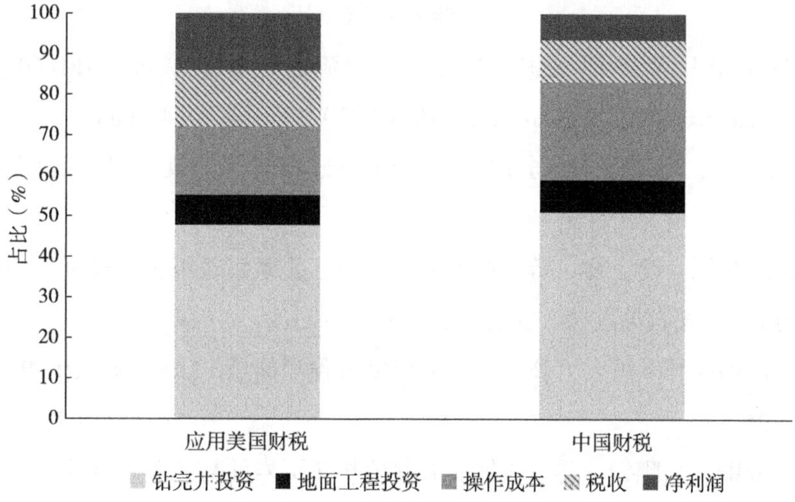

图 10　中国页岩油应用美国财税政策后的成本收益结构

7　认识及建议

通过建立中美页岩油开发经济效益评价模型，通过纵向和横向对比，深入研究美国 2007—2020 年及中国 2018—2020 年页岩油发展历程，取得了以下几点认识及对中国页岩油发展的启示。

（1）美国页岩油发展经验表明，作为非常规油气资源，页岩油发展早期的经济性相对较差，政策和油价对产业发展起了决定性作用；随着技术进步带来的产量规模扩大和成本降低，页岩油能够摆脱政策依赖，同时也具备较好的应对油价风险的能力。

（2）成本收益结构分析表明，中国的钻完井投资占比与美国起步阶段对应，处于较高水平；此外，操作成本和地面工程投资虽总额略高于美国，但占比明显高于巴肯。根据美国的页岩油发展经验判断，随着技术进步和产业规模扩大，中国页岩油的投资及成本还有下降空间。

（3）国内税费政策优于美国，有利于页岩油开发。但美国采用浮动式税费政策，政策中规定对年产量小于 1270 桶（油当量）的低产井减税 3 美元 / 桶，如果中国有同等优惠政策，三分之一的油井能享受到政策补贴，这对于行业发展极具激励意义。

参考文献

[1] 中华人民共和国商务部 . 2020 年国内石油流通行业发展报告 [EB/OL]. http://www.mofcom.gov.cn/article/tongjiziliao/sjtj/jsc/202105/20210503063494.shtml.

[2] 方圆，张万益，马芬，等 . 全球页岩油资源分布与开发现状 [J]. 矿产保护与利用，2019（5）.

[3] 付金华，刘显阳，李士祥，等 . 鄂尔多斯盆地三叠系延长组长 7 段页岩油勘探发现与资源潜力 [J]. 中国石油勘探，2021，26（5）：1–11.

[4] 中国页岩油勘探开发重大突破：大庆油田发现预测储量 12.68 亿吨 [N]. 第一财经日报，2021–08–26.

[5] 高辉，何梦卿，赵鹏云，等 . 鄂尔多斯盆地长 7 页岩油与北美地区典型页岩油地质特征对比 [J]. 石油实验地质，2018，40（2）：133–140.

[6] 姜杉钰，王金，孙乃达 . 美国页岩油上游产业发展进程和经验启示 [J]. 中国矿业，2020，29（8）：42–46.

[7] 张奥博，汤达祯，陶树，等 . 中美典型含油气页岩地质特征及开发现状 [J]. 油气地质与采收率，2019，26（1）：37–45.

[8] 胡素云，赵文智，侯连华，等 . 中国陆相页岩油发展潜力与技术对策 [J]. 石油勘探与开发，2020，47（4）：819–828.

[9] 高世葵，董大忠，黄玲 . 北美非常规油气资源经济性分析 [M]：北京：中国经济出版社，2018：396.

[10] 李志明，芮晓庆，黎茂稳，等 . 北美典型混合页岩油系统特征及其启示 [J]. 吉林大学学报（地球科学版），2015，45（4）：1060–1072.

[11] 李倩文，马晓潇，高波，等 . 美国重点页岩油区勘探开发进展及启示 [J]. 新疆石油地质，2021，42（5）：630–640.

[12] 关德范 . 对美国和中国页岩油气资源的对比分析与思考 [J]. 中外能源，2015，20（12）：19–27.

[13] 国内最大页岩油示范基地实现规模效益开发 [J]. 通用机械，2020（6）：10.

[14] Zhang X S,Wang H J, Ma F. Classification and characteristics of tight oil plays[J]. Petroleum Science, 2016, 13（1）: 18–33.

[15] 张妮妮，刘洛夫，苏天喜，等 . 鄂尔多斯盆地延长组长 7 段与威利斯顿盆地巴肯组致密油形成条件的对比及其意义 [J]. 现代地质，2013，27（5）：1120–1130.

[16] 王红军，马锋 . 全球非常规油气资源评价 [M]：北京：石油工业出版社，2018：850-862.

[17] 付金华，牛小兵，淡卫东，等 . 鄂尔多斯盆地中生界延长组长 7 段页岩油地质特征及勘探开发进展 [J]. 中国石油勘探，2019，24（5）：601-614.

[18] Xia L,Luo D,Yuan J. Exploring the Future of Shale Gas in China From an Economic Perspective Based on Pilot Areas in the Sichuan Basin-a Scenario Analysis[J]. Journal of Natural Gas Science and Engineering, 2015, 22: 670-678.

[19] Doukas Alex. G20 subsidies to oil, gas and coal production: United States[R].2015.

[20] Yu T, Li B Z, Lei Z D. Economic Analysis and Risk Management in Development of Tight-Low Permeability Reservoir[J]. SPE, 2020.

[21] EIA. Trends in U.S. Oil and Natural Gas Upstream Costs[R]. 2016.

[22] EIA. U.S. crude oil production efficiency increased only in the Bakken region in 2020[R]. 2020.

[23] EIA. U.S. crude oil production efficiency continues to improve[R]. 2018.

[24] 杨国丰，周庆凡，卢雪梅 . 页岩油勘探开发成本研究 [J]. 中国石油勘探，2019，24（5）：576-588.

[25] Apaydin M. Economic Profitability of the Bakken, North Dakota Unconventional Oil Plays Based on a Typical Well Performance with Current Market Conditions[J]. Dissertations & Theses Gradworks, 2014.

[26] Berman Art. The Decline and Fall of the Bakken: the Red Queen Collapses[R]. 2020.

[27] Hamilton James. Understanding Crude Oil Prices[Z]. Cambridge, MA: National Bureau of Economic Research.

[28] 杨国丰，罗佐县，侯晖，等 . 新一轮页岩油气革命背景下的国际油价走势分析 [J]. 中外能源，2020，25（4）：11-18.

[29] EIA. Initial production rates in tight oil formations continue to rise[R]. 2016.

[30] EIA. Production Decline Curve Analysis in the Annual Energy Outlook 2020[R]. 2020.

基于逻辑斯蒂增长模型的“天然气 +”固碳市场价值评估

熊 也

（中国石油西南油气田公司天然气经济研究所）

摘　要：碳排放导致全球变暖制约经济、环境及社会的永续发展，其中化石燃料燃烧是最主要的碳排放来源。天然气是最清洁的化石燃料，本文提出“天然气 +”4R 碳循环经济模式，并建立“天然气（碳源）+CCUS（碳汇）”的固碳价值评估模型，对碳源端的碳排放量进行整体估计，以“碳中和”为减排目标导向，引入逻辑斯蒂增长模型对“天然气 +CCUS”的碳减排量展开预测估算，采用碳交易价格将碳减排量换算为货币量纲评估其市场价值，实现原始碳资源向基于碳交易市场机制碳资产的转变，为天然气产业转型升级为碳循环经济模式后的固碳价值提供评估新思路。

关键词：“天然气 +”产业；碳循环经济；逻辑斯蒂增长模型；固碳价值评估

引言

碳排放是人类活动向外界排放温室气体的过程，会形成温室效应导致全球变暖，《京都议定书》规定了二氧化碳 CO_2、甲烷 CH_4 等六种温室气体 [1]。全球变暖已成为制约经济、环境及社会永续发展的重要障碍，习近平总书记于 2020 年在第 75 届联合国大会上明确表示中国 CO_2 排放力争于 2030 年前达到峰值，努力争取 2060 年前实现碳中和。“双碳”目标是着力解决资源环境约束突出问题、实现中华民族永续发展的必然选择，是构建人类命运共同体的庄严承诺 [2]。第 28 届世界天然气大会认为天然气是较清洁的化石燃料，可替代煤炭降低碳排放，同新能源互为理想的能源合作伙伴，与碳捕获、利用与封存技术（CCUS）相结合能够实现近零碳排放。国务院印发的《2030 年前碳达峰行动方案》要求有序引导天然气消费，大力推动天然气与多种能源融合发展 [3]，在“双碳”目标下，传统化石能源总消费占比将大幅下降，而天然气则有望提升其消费占比。

生态环境部公布《碳排放权交易管理办法（试行）》，自 2021 年 2 月 1 日起施行[4]，建设全国碳排放权交易市场是利用市场机制控制和减少温室气体排放的重大制度创新，通过碳交易既能达成碳排放总量控制目标，也能降低全社会的减排成本，是落实中国 CO_2 排放实现“双碳”目标的重要抓手，同时让各类固碳技术的经济价值成为现实。胡春璇等[5]利用碳排放社会损失评估模型试算中国碳排放社会损失，进行折现率灵敏度分析。许骞等[6]将碳因素考虑到估值模型，利用实际碳交易价格波动带来的不同价值效应，分析企业参与碳市场后的节能投入行为、减排效果及价值变化。熊绍隆[7]综合采用 LCA 碳减排生命周期评价和现金流量折现法，评估新能源企业在碳减排大背景下的经济及社会价值。徐洪振等[8]基于全国碳排放交易市场，应用修正逻辑斯蒂增长和灰色预测模型对云南省森林面积进行预测，以试点碳交易价格对云南森林生态服务的固碳作用进行价值评估。

在全国碳市场已全面启动的大背景下，本文提出“天然气 +”4R 碳循环经济模式，建立基于“天然气 +CCUS”的固碳价值评估模型，引入逻辑斯蒂增长模型预测模拟目前处于形成阶段的 CCUS 固碳量，利用市场价值法估算“天然气 +CCUS”的固碳价值，为未来“天然气 +”产业转型升级后的固碳价值规模评估提供新思路。

1 “天然气 +”4R 碳循环经济模式

天然气是以甲烷（占比 80% ~ 99%）为主的烃类和非烃类混合气体[10]，是相对清洁的低碳化石燃料。在“双碳”资源环境约束的政策目标驱动下，天然气在“高碳—低碳—零碳”现代能源体系演变的不同阶段扮演着最为灵活的角色：短期内，天然气替代高碳化石能源，实现减煤增气低碳发展；近中期，满足能源消费增长，保障能源体系安全，与新能源融合发展，稳定新型电力系统安全；中长期，天然气与新能源深度融合发展，并结合 CCUS 等固碳技术，真正实现“天然气 +CCUS”的近零碳排放商业模式[11]。

油气行业气候倡议组织（OGCI）提出“面向碳循环”的发展目标，指引油气公司向社会提供清洁和可负担能源，同时通过高效使用能源资源、CCUS 及自然碳汇等手段，最终实现碳循环[12]。碳循环经济（circular carbon economy）是由阿卜杜拉国王石油研究中心（KAPSARC）联合国际能源署（IEA）、国际可再生能源署（IRENA）等机构共同提出，依照“4R”原则，即减少碳排放（Reduce）、碳的再利用（Reuse）、碳的回收（Recycle）和碳消除（Remove）来模拟自然界的碳循环过程[14]，传统的能源经济遵循碳排放线性模型，即从土地中摄取碳，再将其释放到空气中，而碳循环经济能够真正实现自我平衡并形成闭环（图 1）。

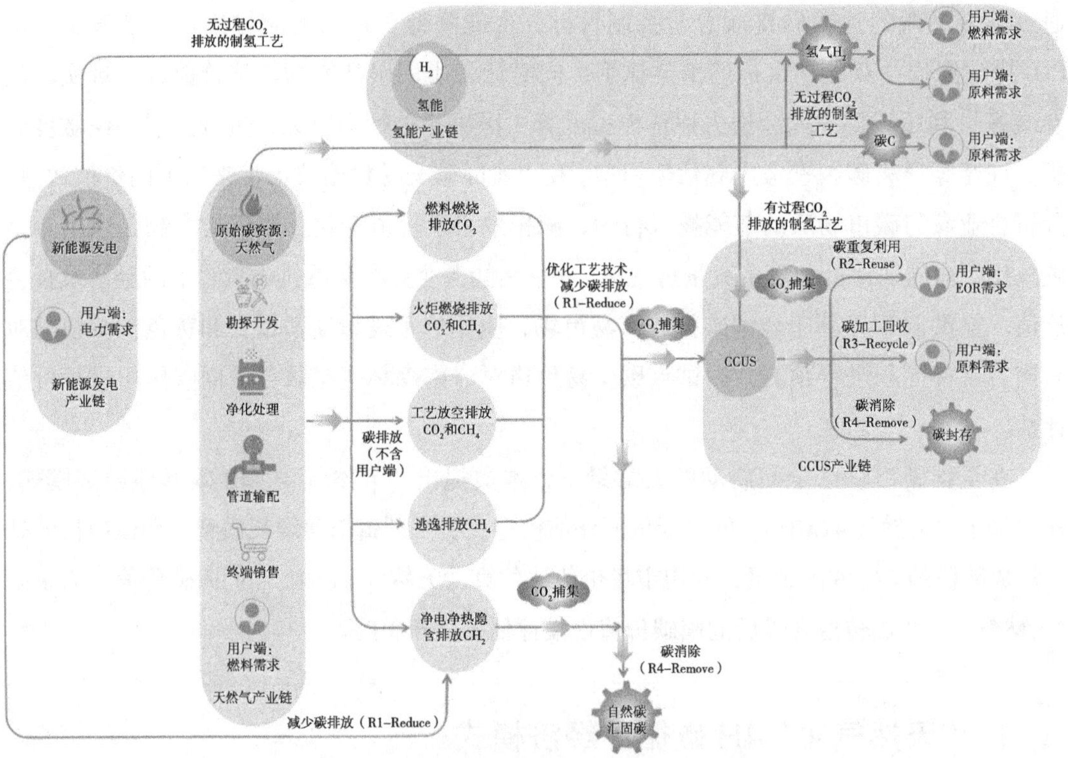

图 1 “天然气 +” 4R 碳循环经济模式示意图

注：① R1- 减少碳排放，通过实施能源效率措施和控制能源强度，或使用新能源发电减少净电净热隐含 CO_2 排放；② R2- 碳的再利用，将捕获的 CO_2 直接注入油藏重复利用，提高原油采收率（EOR）；③ R3- 碳的回收，将捕获的 CO_2 转换为其他能源形式或转化为新产品长期储存 CO_2；④ R4- 碳消除，利用 CCUS 清除大气中 CO_2 并将其储存在地下深处，或利用地球自然碳汇实现碳消除

本文提出“天然气 + 新能源 + 氢能 +CCUS+ 自然碳汇”产业网络，实现“天然气 +”4R 碳循环经济模式：（1）传统天然气产业把天然气作为原始低碳资源，通过勘探开发、净化处理、管道输配及终端销售等产业环节，输出天然气以满足用户端的燃料需求，全产业链包括燃料燃烧 CO_2 排放、火炬燃烧 CO_2 和 CH_4 排放、工艺放空 CO_2 和 CH_4 排放、逃逸排放 CH_4 和净电净热隐含 CO_2 排放[15]；（2）与新能源发电产业链融合，一方面能有效减少传统天然气产业净电净热隐含 CO_2 排放，另一方面作为无过程 CO_2 排放制氢工艺（如电解水制氢）的能量来源生产氢气满足用户端燃料和原料需求；（3）同时天然气本身也可作为氢能的原料与有过程 CO_2 排放的制氢工艺（如天然气水蒸气重整反应）相结合，或与无过

程 CO_2 排放的制氢工艺相结合，如大规模催化分解天然气 CONG 制氢，可转化成高纯氢气（用于发电、工业、建筑和交通等领域）和高价值碳产品（建筑材料、直接碳燃料电池发电、土壤改良等）[16]；（4）上述过程中的 CO_2 排放，皆可与以 CCUS 为核心技术的碳捕获、碳运输、碳驱油、碳产品、碳封存等碳产业链相结合，实现整个产业网络的近零碳排放；（5）投资利用地球自然碳汇，增加自然固碳储碳能力，如红树林，其固碳速度比陆地森林快 100 倍且固碳时间更为持久，最终可实现碳消除[17]。

2 “天然气 +CCUS”固碳价值评估模型

发展碳循环经济能够维系碳源和碳汇之间的和谐平衡，即保持碳排放量和碳减排量的正负抵消，这正是联合国政府间气候变化专门委员会（IPCC）定义的碳中和内涵[18]。通过上述“天然气 +”4R 碳循环经济模式的讨论，本文建立“天然气（碳源）+CCUS（碳汇）”的固碳价值评估模型，对天然气产业系统（不含用户端）的碳排放量进行整体估计，引入逻辑斯蒂增长模型来模拟预测目前仍处于商业化早期阶段的 CCUS 技术产业相应的碳减排量，最后利用市场价值法来估算“天然气 +CCUS”融合产业的固碳价值。

2.1 模型假设

“天然气 +CCUS”固碳价值评估模型假设条件如下所示：

（1）假设“天然气 +CCUS”融合产业从 2020 年到 2060 年是一个完全封闭的系统；

（2）假设碳源端（天然气产业系统—不含用户端）CO_2 排放量与生产量同比例变化，生产量与消费量同比例变化，即天然气产业系统预测消费量的复合年均增长率（CAGR）等于其 CO_2 排放量的 CAGR❶；

（3）假设碳汇端（CCUS 产业系统—目前处于商业化早期阶段）CO_2 减排量根据能量－技术部署定律遵循 S 形增长曲线[20]，引入逻辑斯蒂增长模型模拟预测，其关键时间点主要受国家减排政策影响；

（4）假设在 2020—2060 年期间，“天然气 +CCUS”融合产业系统累计 CO_2 排放量等于系统最大累计可消纳 CO_2 减排量，即 2060 年努力争取达到碳中和。

❶ 天然气产业系统CO_2排放量的变化主要贡献来源于天然气消费量的变化，未来天然气消费路径关键受国家气候和能源政策的影响，IEA当前政策情景显示，沿目前道路发展不改变任何政策，碳排放增速与能源需求增速基本一致[19]。

2.2 评估步骤及其数学模型

本文以天然气产业系统（不含用户端）基准年的 CO_2 排放量为起始点，利用权威机构对于未来天然气消费量 CAGR 的预测来估算碳源端自 2020—2060 年间的累计 CO_2 排放量，即得到系统最大累计可消纳 CO_2 减排量；应用逻辑斯蒂增长模型来模拟研究年限内碳汇端的 CO_2 减排发展趋势，由此预估每年的 CO_2 减排量；结合碳交易市场价格估算“天然气+CCUS”融合产业系统的 CO_2 减排量价值，即固碳价值规模。具体评估步骤和数学模型如下所示。

2.2.1 估算碳源端累计 CO_2 排放量

以“双碳”目标为导向的未来天然气消费可分为三个阶段：（1）快速增长期，天然气消费占比快速上升，主要替代高碳燃料同时支撑配合新能源的规模经济发展；（2）平台期，在深度电气化和新能源规模应用背景下，天然气消费达到峰值并持续一段时间，主要用于调峰发电及交通等领域；（3）下降期，天然气消费逐渐下降，以“天然气 +CCUS”的近零排放商业模式为主[21]。相较“双碳”政策前，目前天然气需求预测多呈现增长快、达峰早、高点低、平台短、下降早等特点[22]。因此，本文用三阶段天然气消费模式来估算碳源端累计 CO_2 排放量。

（1）上升期（$t_0 \leqslant t \leqslant t_{pb}$），$t$ 年 CO_2 排放量 $e(t)$ 为：

$$e(t)=e(t_0)\times(1+CAGR_r)^{(t-t_0)} \tag{1}$$

（2）平台期（$t_{pb} < t \leqslant t_{pe}$），$t$ 年 CO_2 排放量 $e(t)$ 为：

$$e(t)=e(t_{pb})=e(t_{pe}) \tag{2}$$

（3）下降期（$t_{pe} < t \leqslant t_n$），t 年 CO_2 排放量 $e(t)$ 为：

$$e(t)=e(t_{pe})\times(1+CAGR_d)^{(t-t_{pe})} \tag{3}$$

（4）t_n 年累计 CO_2 排放量 $E(t_n)$ 为：

$$E(t_n)=\sum_{t_0}^{t_n} e(t) \tag{4}$$

式中：t_0 为研究起始年份；t_{pb} 为平台期开始年份；t_{pe} 为平台期结束年份；t_n 为研究终

止年份；$CAGR_r$ 和 $CAGR_d$ 分别为上升期和下降期的复合年均增长率；$e(t)$ 为 t 年 CO_2 排放量（百万吨）；$E(t_n)$ 为终止年份累计 CO_2 排放量（百万吨）。

2.2.2 预测碳汇端 CO_2 减排量

大多数能源代际更替、新燃料和电力转换技术、低碳技术的增长与传播发展都遵循 S 型增长曲线：最开始时增长速度较慢，经历一段时间的快速增长，到达最大增速之后，增速逐渐下降最终达到饱和状态，即三个增长阶段：形成、升级和发展阶段[23]。基于对已完成能源转型过程的历史追溯研究，发现用三参数逻辑斯蒂方程有很好的拟合效果[24]。因此，本文选取三参数逻辑斯蒂方程来模拟 CCUS 产业系统在研究年限内的 CO_2 减排发展趋势，由此预估每年的 CO_2 减排量。

（1）t 年累计 CO_2 减排量（$t_0 \leqslant t \leqslant t_n$）为：

$$Y(t)=\frac{K}{1+e^{\frac{-\ln 81(t-t_{50})}{(t_{90}-t_{10})}}} \tag{5}$$

式中：K 为系统最大累计可消纳 CO_2 减排量，百万吨；t_{50} 为累计占比为 50% 的时间拐点；$t_{90}-t_{10}$ 为累计占比从 10% 增长到 90% 的时间段。

（2）t 年 CO_2 减排量（$t_0 \leqslant t \leqslant t_n$）为：

$$y(t)=Y(t)-Y(t-1) \tag{6}$$

2.2.3 评估固碳价值

利用市场价值法，即碳排放权交易价格来评估碳减排量价值，t 年可获得的碳减排价值（$t_0 \leqslant t \leqslant t_n$）为：

$$\mathrm{V}(t)=\frac{P\times(1-\mu)\times y(t)}{(1+r)^{(t-t_0)}} \tag{7}$$

式中：$V(t)$ 为 t 年可获得的 CO_2 减排量价值，元；P 为碳交易价格，元/吨；r 为贴现利率，%；μ 为碳排放权交易手续费比例，%；$y(t)$ 为 t 年 CO_2 减排量，百万吨。

2.3 参数设定及数据来源

关于上述数学模型（1）~（4）中的参数设定，本文选取研究起始和终止年份为

2020年和2060年，即“双碳”目标宣布年份和实现“碳中和”目标年份。基于国内外权威机构发布的中长期天然气需求展望数据，中国天然气需求平台期集中于2040年左右[22]，设定平台期时间为2035—2045年。天然气消费预测呈现收敛趋势$CAGR_r$的范围在2.8% ~ 3.7%，若中国版页岩气革命能在短期发生，天然气需求增速将在6% ~ 8%[22]，因此设定两组上升阶段$CAGR$，分别为正常增速3.3%和超常增速7%。基于国内外权威机构对于2.0摄氏度和1.5摄氏度不同控温目标下的情景分析预测，预设不同气候目标的下降阶段CAGR，2.0摄氏度控温目标平均$CAGR_d$为−1.2%，1.5摄氏度控温目标平均$CAGR_d$为−4.1%[25]。e(2020)由2019年全国天然气开采与供应业的范围1(企业直接温室气体排放)CO_2排放量❶加上6.9%（2020年天然气消费量增长比例）增长部分[11]得到。

基于“双碳”政策目标预设本文数学模型（5）~（6）中的关键拐点年份，按照碳达峰阶段从2020到2030年（t_{10}为2030年），快速降碳阶段自2030到2050年（t_{50}分别为2035年、2040年、2045年和2050年），深度脱碳阶段为2050年到2060年（t_{90}为2055年）进行讨论。

数学模型（7）中，根据瑞银报告预测由于未来碳市场的供需不平衡将导致碳价长期上升，受到“双碳”目标约束，碳配额市场将不断收紧免费配额供给量，降低总排放限值，中国未来的碳价可能超过200元/吨，与当前40 ~ 50元/吨的水平相比将上涨5倍左右[26]，因此本文预设2030年、2035年、2040年、2045年及2050年的碳交易价格P分别为50元/吨、100元/吨、150元/吨、200元/吨和250元/吨；贴现利率r采用2022年中国银行5年长期存款利率2.75%，即t_0为2022年（本文撰写年份）；碳排放权交易手续费比例μ采用上海环境能源交易所的0.08%。

3 结果分析

根据上述参数设定，运用逻辑斯蒂增长模型对2020—2060年“天然气+CCUS”融合产业碳汇端CO_2减排量和累计减排量进行模拟预测，得到正常（超常）增速和2.0℃（1.5℃）控温减速四组情景下的CO_2减排量和累计减排量分别如图2和图3所示，到2060年碳汇端累计CO_2减排量分别为1736.44百万吨、1605.91百万吨、2735.11百万吨和2513.82百万吨。通过对S形增长曲线的划分，也能从图3分析得到CCUS产业形成、升级及发展三个阶段分布情况。

❶ 数据来源于中国碳核算数据库（CEADs），https://www.ceads.net/user/index.php?id=913&lang=cn。

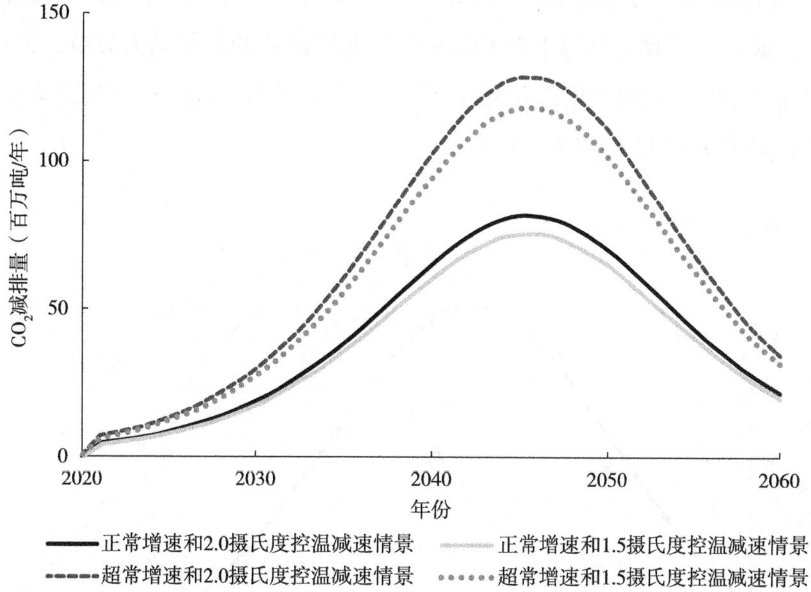

图 2　四组情景下的 CO_2 减排量预测结果

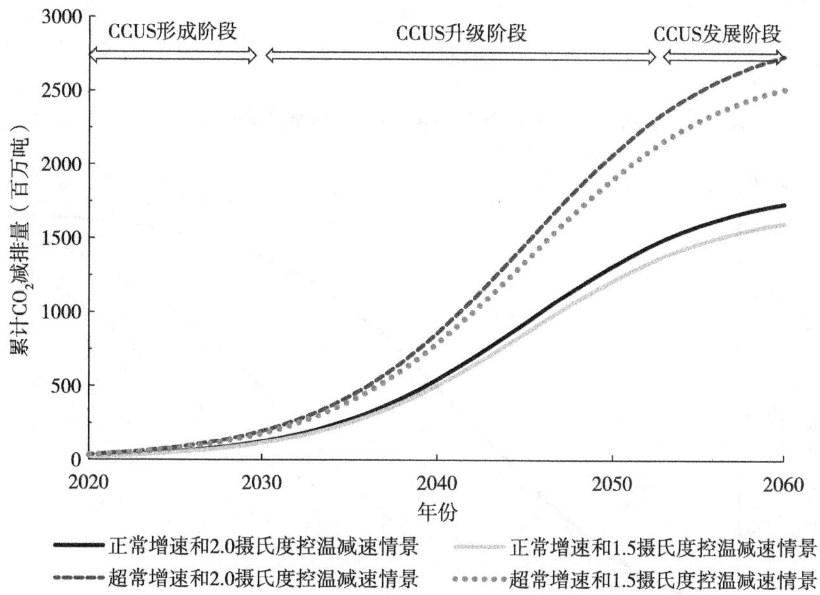

图 3　四组情景下的累计 CO_2 减排量预测结果

以正常增速和 2.0 摄氏度控温减速为基础情景，按照不同 t_{50} 的计算分析得到碳汇端 CO_2 减排量和累计减排量，如图 4 和图 5 所示。t_{50} 表示累计占比为 50% 的拐点，也是最大减排量的时间点，随着预设拐点年份的向后推移，最大 CO_2 减排量的时间点也相应向后推移（图 4），显示不同政策目标下对 CCUS 产业发展趋势的外部动力影响，同时累计 CO_2 减排量也依次下降，到 2060 年碳汇端累计 CO_2 减排量分别为 1838.07 百万吨、1807.04 百万吨、1736.44 百万吨和 1587.11 百万吨。

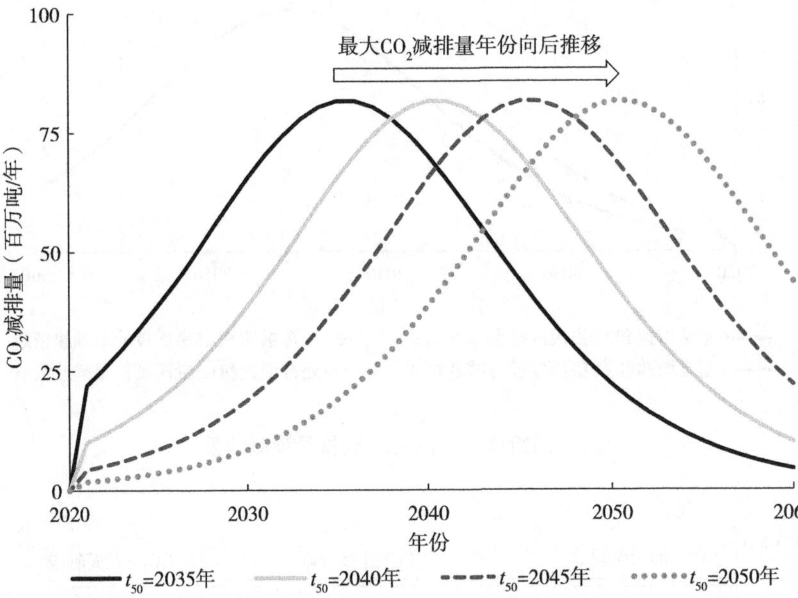

图 4　不同 t_{50} 情景下的 CO_2 减排量预测结果

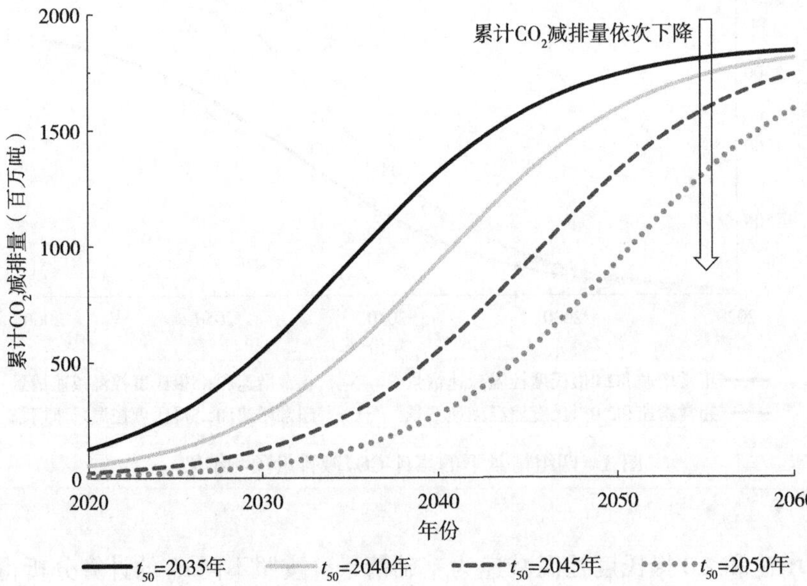

图 5　不同 t_{50} 情景下的累计 CO_2 减排量预测结果

根据上述四组情景下的预测结果，得到2030年、2035年、2040年、2045年及2050年“天然气+CCUS”融合产业碳汇端CO_2减排量范围分别为17.48 ~ 29.77百万吨、35.64 ~ 60.70百万吨、60.36 ~ 102.81百万吨、75.42 ~ 128.46百万吨和64.90 ~ 110.53百万吨。基于瑞银报告预测设定这5个年份的碳交易价格，通过数学模型（7）的计算获得对应年份的“天然气+CCUS”融合产业固碳市场价值，2030年的固碳市场价值规模为7.03亿~ 11.97亿元，由于CO_2减排量和碳交易价格的增长，2045年其规模达到80.76亿~ 137.56亿元，随后源于CO_2减排量的下降，尽管碳交易价格会继续上涨，2050年的市场规模会有所下降，为75.85亿~ 129.18亿元（表1）。

表1 “天然气+CCUS”融合产业系统固碳市场价值预测

指标	2030年	2035年	2040年	2045年	2050年
“天然气+CCUS”CO_2减排量（百万吨/年）	17.48 ~ 29.77	35.64 ~ 60.70	60.36 ~ 102.81	75.42 ~ 128.46	64.90 ~ 110.53
碳交易价格*（元/吨）	50	100	150	200	250
“天然气+CCUS”固碳价值（亿元）	7.03 ~ 11.97	25.02 ~ 42.62	55.52 ~ 94.56	80.76 ~ 137.56	75.85 ~ 129.18

注：根据瑞银预测设定.https://www.ubs.com/global/en/investment-bank/in-focus/2022/china-carbon-trading.html.

4 结论

本文提出“天然气+新能源+氢能+CCUS+自然碳汇”产业网络，通过各个产业链之间的CO_2流转，将传统天然气产业与新兴绿色产业进行有机的融合，构建成为“天然气+”4R碳循环经济模式。通过引入逻辑斯蒂增长模型对“天然气+CCUS”融合产业碳汇端CO_2减排量进行预测，结合文献预测的碳交易价格对融合产业固碳市场价值展开评估，得出以下结论：（1）依照预测结果，2020—2060年融合产业碳汇端CO_2减排量呈现短期低速增长、中期高速增长和长期稳定增长的发展趋势，分别对应CCUS技术产业的形成、升级及发展阶段；（2）随着基于“双碳”政策目标预设的拐点年份向后推移，最大CO_2减排量的时间点也相应向后推移，同时累计CO_2减排量也随之下降，显示气候能源政策目标对CCUS产业发展趋势的外部动力影响；（3）根据对“天然气+CCUS”固碳市场价值的估计，2045年其市场规模将达到80.76亿~ 137.56亿元，实现基于碳循环经济模式和碳交易市场机制下原始碳资源向货币化碳资产的转变，为传统天然气产业转型升级为碳循环经济模式后的固碳价值提供评估新思路。

参考文献

[1] 李学华. 坚持《公约》和《京都议定书》[N]. 科技日报，2011-05-31（002）. DOI:10.28502/n.cnki.nkjrb.2011.001375.

[2] 国务院. 中共中央国务院关于完整准确全面贯彻新发展理念做好碳达峰碳中和工作的意见 [EB/OL]. 2021-09-22.http://www.gov.cn/zhengce/2021-10/24/content_5644613.htm.

[3] 国务院. 国务院关于印发 2030 年前碳达峰行动方案的通知. [EB/OL]. 2021-10-26. http://www.gov.cn/zhengce/content/2021-10/26/content_5644984.htm.

[4] 生态环境部. 碳排放权交易管理办法（试行）[EB/OL]. 2020-12-31.http://www.gov.cn/zhengce/zhengceku/2021-01/06/content_5577360.htm.

[5] 胡春璇，黄杰，薛禹胜，等. 能源转型碳减排效益的货币价值化评估 [J]. 电力系统自动化，2020，44（1）：29-34.

[6] 许骞，操群，王立彦. 碳市场、碳减排与企业价值——基于估值模型和电力试点企业数据的分析 [J]. 福建论坛（人文社会科学版），2020（5）：151-162.

[7] 熊绍隆. 碳减排交易市场化背景下的新能源风电企业价值评估 [D]. 云南大学，2019.

[8] 徐洪振，张吉岗，郑沛. 基于碳交易市场的云南省森林生态固碳价值评估 [J]. 生态经济，2019，35（4）：33-38.

[9] 隋朝霞，孙曼丽，张丹. 碳中和目标对我国天然气行业影响分析及对策思考 [J]. 天然气技术与经济，2021，15（3）：69-73.

[10] 闫建涛，刘小丽，姜学峰. 图解天然气 [M]. 北京：石油工业出版社，2019：14.

[11] 国家能源局石油天然气司，国务院发展研究中心资源与环境政策研究所等. 能源局. 中国天然气发展报告（2021）[EB/OL]. 2021-08-24.http://www.gov.cn/xinwen/2021-08/24/content_5632895.htm.

[12] OGCI. Accelerating ambition & action-a progress report from the oil and gas climate initiative[EB/OL]. 2021-11. https://www.ogci.com/.

[13] 李森圣，何润民，王富平，等. "双碳"目标下川渝地区天然气与新能源融合发展对策研究 [J]. 天然气技术与经济，2022，16（1）：60-72.

[14] 沙特阿美中国. 责无旁贷：地球—碳循环经济 [EB/OL]. https://china.aramco.com/zh-cn/making-a-difference/planet/the-circular-carbon-economy.

[15] 国家发展改革委办公厅. 国家发展改革委办公厅关于印发第二批 4 个行业企业温室气体排放核算方法与报告指南（试行）的通知——中国石油天然气生产企业温室气体排放核算方法与报告指南（试行）[EB/OL]. 2014-12-03.https://www.ndrc.gov.cn/xxgk/zcfb/

tz/201502/t20150209_963759.html?code=&state=123.

[16] 李艳芳，张文辉，步学朋，等．氢经济、CO_2 减排与氢碳经济 [A]. 第七届全国氢能学术会议论文集 [C]. 2006：33–42.

[17] 刘毅．红树林：海岸带固碳魔法师 [J]. 知识就是力量，2022（2）：16–19.

[18] 周宏春，霍黎明，管永林，等．碳循环经济：内涵、实践及其对碳中和的深远影响 [J]. 生态经济，2021，37（9）：13–26.

[19] 李天枭，洪涛．国研中心资环所．多情景达峰时点高点比较（一）推送背景与情景比较 [OL].2020–12–02.https://mp.weixin.qq.com/s?__biz=MzU2MDc5MzUxMw==&mid=2247486934&idx=1&sn=1fc99d88ddc6b95d5128e0bd4ad43277&chksm=fc03df10cb7456065cc0699d7b493d7dea481ff3604a767012d356981df7eb0fe116b056acef&scene=21#wechat_redirect.

[20] 瓦科拉夫・斯米尔著；高峰，江艾欣，李宏达译．能源转型：数据、历史与未来 [M]. 北京：科学出版社，2018.

[21] 朱兴珊，樊慧，朱博骐，陈蕊．“双碳”目标下中国天然气发展的关键问题 [J]. 油气与新能源，2022，34（1）：13–19.

[22] 洪涛．“碳中和”目标下中国天然气不可或缺但发展空间将被压缩 [J]. 油气与新能源，2021，33（2）：32–37.

[23] Wilson C, Grubler A, Bauer N, et al. Future capacity growth of energy technologies: are scenarios consistent with historical evidence [J].Climatic Change(2013)118: 381–395. DOI 10.1007/s10584–012–0618–y.

[24] Wilson C. Historical Diffusion and Growth of Energy Technologies. Historical Case Studies of Energy Technology Innovation in: Chapter 24, The Global Energy Assessment[M]. Cambridge University Press: Cambridge, UK. 2012.

[25] 段宏波，唐旭，任凯鹏，等．多模型比较框架下中国天然气消费的中长期发展路径 [J]. 天然气工业，2021，41（2）：193–201.

[26] UBS. China’s carbon trading: a fast–emerging RMB 500bn market in the race to net zero [EB/OL]. 2022–01–04.https://www.ubs.com/global/en/investment–bank/in–focus/2022/china–carbon–trading.html.

油气行业围绕 CCUS 开展全产业链布局的优势分析及建议

蒋海军　胡越发　姚云飞

（中国石油化工股份有限公司石油工程技术研究院）

摘　要：为了应对全球气候变化问题，世界各国陆续宣布了碳中和目标，油气行业面临着低碳化转型的挑战和机遇。欧美石油公司和国内大型能源化工企业都制定了相应的低碳化转型和发展路线，而碳捕集利用与封存（CCUS）技术是实现深度减排、绿色低碳发展的关键手段。碳捕集、运输、利用和封存均存在着较难攻克的技术难点和瓶颈，通过分析油气行业发展 CCUS 业务的优势可知，与其他行业相比，油气行业在 CCUS 全产业链拥有技术、产业布局、应用场景、基础设施等先发优势，具备突破 CCUS 产业流程主要技术瓶颈的条件和能力。以此为基础，就油气行业围绕 CCUS 开展全产业链布局提出了几点建议。

关键词：油气行业；CCUS；全产业链；数字化；商业模式；创新驱动

引言

联合国政府间气候变化专门委员会发布的气候变化评估报告表明，近年来频发的气候灾害证明了全球气候变化[1]。温室气体的大量排放是全球气候变化的主因，工业革命以来，全球地表温度的升高主要源于人类活动所产生的温室气体，两者之间存在准线性关系，每万亿吨累积 CO_2 排放可使地表温度升高 0.27 ~ 0.63 摄氏度[2]。

全球气候变化已日渐成为世界各国瞩目的焦点问题，应对并解决气候变化问题促成了各国的紧密合作。1992 年通过的《联合国气候变化框架公约》、1997 年通过的《京都议定书》、2015 年通过的《巴黎协定》充分体现了国际社会多年来为解决全球气候变化所作的努力。根据《巴黎协定》，世界各国政府陆续宣布了碳达峰及碳中和目标，减碳已成为各国共识。2020 年 9 月，中国在第 75 届联合国大会上庄严宣布将在 2030 年前实现碳达峰，在 2060 年前实现碳中和。2021 年 3 月 11 日，十三届全国人大第四次会议表决通过了关于“十四五”规划和 2035 年远景目标纲要的决议，规划明确锚定了“碳达峰、碳中和”战略目标。

根据国际能源署的统计，全球约 60% 的能源由油气行业供应，油气生产与消费所产生的碳排放量约占全球 CO_2 排放量的 55%[3]。国际能源署于 2021 年发布了《2050 年净零排放：全球能源系统路线图》，提出对能源供应体系进行变革，改变对化石燃料的依赖。为落实《巴黎协定》提出的温控目标，应对能源供应体系的深刻变革，油气行业需加快低碳化转型和发展的步伐。

1　碳中和愿景下油气企业的低碳化发展模式

面对碳中和所带来的碳排放约束愈加严格、绿色能源竞争日益加剧等重重压力，欧美油气公司已加快实施低碳化转型战略，但采用的低碳化发展模式不同[2–5]，国内大型油气企业也在积极向低碳化能源公司转型。

1.1　欧美石油公司低碳化发展模式

欧洲油气公司的低碳化发展模式相对激进，各大公司积极制定碳中和目标，大幅削减油气产能，加快布局和推进能源转型，大力发展可再生能源。BP 公司是可再生能源发展投入力度最大的企业，提出将增加绿色能源投资、扩大可再生能源产能、削减未来油气产量；壳牌宣布在 2050 年前实现净零排放，每年的石油产量将下降 1% ~ 2%；道达尔计划在未来几年提高可再生能源装机容量，到 2050 年电力产品将达到总体销售业务的 40%；挪威国家石油公司宣布将在 2050 年实现净零排，将在 2035 年发展成为海上风电领域的领导者。

美国油气公司看好油气发展前景，仍以油气作为业务主体，采取的低碳化发展模式则相对保守，并未像欧洲油气公司那样提出碳中和目标，仅制定了强度减排目标。雪佛龙认为未来 20 年的石油和天然气需求仍将维持在高位，因此计划进一步提升油气产量、增加对二叠纪盆地的投资；同时，通过设置阶段减排目标来推进低碳化，计划到 2028 年将碳排放减少到 2016 年的 65%。埃克森美孚认为对能源的需求仍将以油气资源为主，未来几年将适度降低产量；针对碳减排，提出到 2025 年上游运营碳排放下降到 2016 年的 80% 85%，在 2030 年前实现常规燃除清零。

1.2 国内大型能源化工企业低碳化发展模式

与欧美油气公司相比，由于存在着政策环境和市场环境的差异，国内大型能源化工企业的低碳化转型进度和投入亦有所不同。

在政策环境方面，欧美通过立法推动碳中和、推广碳税制度、发展可再生能源、扶持新兴产业发展、加速化石燃料退出等一系列政策措施，已建立了多元化低碳政策体系，我国尚处于低碳政策体系建立的初期。在市场环境方面，欧美的油气消费已在2005年左右达到顶峰，之后开始下降，而我国始终保持着油气消费的高速增长；与发达国家相比，我国的人均塑料消费量差距大，塑料工业有着较大的发展空间；在欧美长期引领化工新材料和精细化学品行业发展的背景下，我国的总体技术水平落后约10年，国内对化工新材料和精细化学品的需求量和消费量正与日俱增[6]。

由于我国对油气有着较大的应用需求，中国石油、中国石化、中国海油等石油化工企业尚未对业务战略重心进行调整，短期内仍将保持油气产业重心，立足于既有产业基础和核心技术，积极延伸产业链，针对“减油增化”加大力度、加快进程。同时，各大能源化工企业稳步推进低碳化转型，在清洁能源和CCUS等低碳业务领域进行探索性布局，积极论证项目方案的可行性，开展示范项目。

2 CCUS产业流程及技术瓶颈

CCUS是将CO_2从排放源或空气中进行分离捕集后，通过管道、罐车或船舶等方式运输到特定的场地，对其加以利用或封存的技术手段。短期内，我国的能源结构仍将以化石能源为主，CCUS技术是实现深度减排、绿色低碳发展的重要保障，唯有依靠CCUS技术才能实现碳达峰、碳中和的战略目标[7-8]。在碳约束条件下，CCUS技术是大幅降低工业流程温室气体排放量的有效手段，对于减排难度大的行业具有最优的成本效益，是改造化石能源低碳制氢的关键技术[9]。

2.1 碳捕集

碳捕集是获取优质碳源的关键，也是开展碳利用和封存的前提保障，对节能减排起着重要作用。按照浓度对碳源进行划分如下：低于30%为低浓度，30%～90%为中浓度，高于90%为高浓度[10]。碳排放规模化的企业主要分布在电力、水泥、钢铁、煤化工、炼化、聚乙烯、合成氨、电石8个行业，其中电力、水泥、钢铁、煤化工排放量占比极高[11]。

由于排放源气体成分、工艺要求不同，捕集技术也不尽相同。根据操作时间，常用的碳捕集技术分为燃烧前捕集、燃烧中（富氧燃烧）捕集和燃烧后捕集[8, 12-13]，以上技术普遍存在着能耗大、成本高等问题。

燃烧前捕集将煤气化与循环发电相结合，多用于整体煤气化联合循环发电系统，将煤气中的 CO 转化为 CO_2，继而实现 CO_2/H_2 分离和 CO_2 收集。由于该技术可采用的分离工艺广泛、分离设备和过程能耗较小，因此在小规模捕集时成本较低；由于燃烧前分离系统复杂，因此在大规模捕集时投入过高，同时，部分关键技术尚不成熟导致可控性较低。

富氧燃烧捕集通过高纯氧代替助燃空气，使化石燃料在富氧环境中充分燃烧，从而获得高浓度 CO_2。该技术在电力、水泥、钢铁等行业均具有广泛的应用前景，但受限于制氧成本，经济效率较低。

燃烧后捕集通过化学吸收、物理吸附或膜分离等方法将 CO_2 从化石燃料燃烧后排放的烟气中分离出来。该技术具备较丰富的理论和实践基础，工艺较成熟，市场前景较好，但由于燃烧后的烟气杂质多、碳浓度低，导致分离能耗和成本较高。

2.2 碳运输

碳运输是碳捕集与封存利用相互连接的关键环节，主要有管道、罐车、船舶三种运输方式，碳运输成本直接影响着 CCUS 的规模和经济效益[14-16]。

除固态外，CO_2 在液态、气态和超临界态均可通过管道运输，需要综合考量管道水力、热力、安全强度、经济性、管输标准等条件，方可在特定的运输任务量和管道路由情况下确定最优的运输方案。虽然与碳捕集成本相比，运输成本相对较低，但管道的大规模部署、筹建和维护所需投资甚巨。

罐车是管道外最主要的陆上运输方式，船舶多用于海上的碳封存或利用，运输技术较为成熟，呈现周期性强、需临时储存、短距离经济效益高等特点，但很难适用于长距离、大规模、连续性的碳运输。

2.3 碳利用

碳利用主要包括地质、化学、生物、物理等领域的应用。

地质利用以 CCUS-EOR 技术为主，超临界 CO_2 注入地层后可提升其内部压力，降低油气的饱和度，CO_2 混入储层油品后可使其黏度降低、流动性增强，从而提高油气采收率[17-20]。CO_2 注入油层后大部分将封存于地下，少部分随采出液采出，在分离后可注入油层循环利用，CCUS-EOR 起着碳利用和封存的双重作用。国际上的 CCUS-EOR 技术较为成熟，捕集、运输、利用的全流程配套较为完备。国内对于 CCUS-EOR 的研究较早，但受限于碳源、装备、机理认识等问题，产业化发展相对滞后；应用以低渗透油藏为主，储层物性和流体条件差，提高采收率幅度较低；试验和应用规模较小，相关管理经验欠缺。因此，CCUS-EOR 仍有较大的发展空间，有多种技术和经济瓶颈需要攻克。

在化学利用方面，CO_2 与其他化学物质合成尿素、纯碱、碳酸酯、水杨酸等，已实现商业化应用。在生物利用方面，CO_2 除了用于农作物增产，也可用于合成某些医药品和保健品，商业前景良好。在物理利用方面，CO_2 可作为惰性气体、冷却剂、保鲜剂、清洁剂使用。此外，通过开展氢能与 CCUS 技术耦合研究将极大推动能源产业发展，助力实现碳中和目标[21-22]。

2.4 碳封存

通过油田注入井或生产井将超临界 CO_2 注入油气藏进行永久封存，是碳封存的主要方式[23-26]。

碳封存机理可分为物理封存和化学封存两种，构造捕集、残余捕集和吸附捕集属于物理封存；溶解捕集和矿化捕集则属于化学封存[24]。CO_2 在注入油藏后有三种存在形式：在储层中为分子形式，受到浮力作用存在于盖层下，扩散后成为 CO_2 储层[25-26]；随着封存时间的增长，以溶解形式存在于地层水中，在地层中长期封存；在地层压力和温度作用下与矿物发生反应，以化合物形式存在[26]。CO_2 以分子形式封存于岩石孔隙是最常见的封存形式。

由于 CO_2 在井筒、断层、盖层均存在泄露风险，因此碳封存不仅需要考虑经济条件和地层的封存能力，更需要对碳埋存进行长期监测，保证封存环境的稳定性。国内开展碳封存研究和矿场试验的周期较短，缺乏长期监测经验，长效安全防控面临严峻挑战。

3 油气行业发展 CCUS 业务的优势

3.1 碳捕集技术成熟度高

CCUS 技术的能耗和成本主要来源于碳捕集，占总能耗和成本的 60% 以上。我国的碳源以低浓度碳源为主，占总排放量的 70% 以上[27]。

针对烟气量大、杂质多的低浓度碳源，已形成具有较高捕集效率的化学吸收法。中国石化建成了完善的碳捕集实验室，并自主开发了捕集连续测试装置和反应热测试仪[28]；国华锦界电厂碳捕集工程是国内最大的化学吸收法碳捕集项目，该项目由中国石化石油工程建设公司设计，采用南京化工研究院的复合胺药剂，捕集工艺能耗低至 2.35 吉焦 / 吨。基于现有碳捕集技术，通过进一步提高强化吸收剂、工艺和设备的匹配性，降低能耗和运行成本，可适用于电力、水泥、钢铁等高排放碳源行业的烟气脱碳，具有广阔的应用前景和极深的市场潜力。

3.2 油气管道基础设施及建设经验多

在化石燃料生产地区，石油化工企业有着广泛的天然气和石油管道网络，国内油气管道总里程约为 14 万千米。

虽然油气与 CO_2 特性不同，相应的运输管道设计规格亦有所不同，但仍有诸多相近之处。由于油气管道多靠近枯竭油气藏和盐水储集层，为碳运输、利用和封存提供了天然的便利条件。通过综合评估现有油气管道的剩余寿命和承压能力，对其进行转换利用，不仅可以大幅降低碳运输管道基础设施的建设投入，而且可有效提高油气管道的使用寿命。此外，以现有油气管道为基础进行碳运输管道改造和管网构建，有助于实现各个油田区块内的碳源整合和高效利用，形成区域性 CCUS 产业线，降低生产和运营成本，提高生产效益和经济效益。

3.3 碳利用场景及产业范围广

石油化工企业的产业几乎涵盖了碳利用的地质、化学、生物、物理等所有领域，尤以 CO_2 驱油最为突出。近年来，大庆、吉林、江苏、胜利、华东等油田均已实施 CCUS-EOR 先导性示范项目，形成了针对不同油藏类型的 EOR 技术体系，取得了显著效果。由于大规模应用 CO_2 驱油业务只能在石油石化行业开展，其他行业无法直接参与竞争，因此油气行业在碳利用方面有着独特的行业、技术和应用场景优势。

3.4 碳封存机理及场地研究深

石油化工企业在长期的油气勘探开发作业过程中，锤炼出了高度专业化的勘探开发工程队伍，在地质勘探及开发领域积累了丰富的经验；枯竭油气田是安全、永久、最理想的碳封存场地；国内外油气领域的废弃井作业已具备成熟的技术，利用相关技术和设施开展碳封存研究和施工具备一定的可行性，可降低碳封存的生产成本。上述优势为石油化工企业大规模碳封存项目的开展奠定了坚实基础。

4 油气行业围绕 CCUS 开展全产业链布局的建议

4.1 以油气行业为主导布局并构建 CCUS 全产业链

与其他行业相比，油气行业在碳捕集、运输、利用、封存等 CCUS 全产业链拥有技术、产业布局、应用场景、基础设施等先发优势，具备突破 CCUS 产业流程主要技术瓶颈的先决条件和能力。通过争取政府支持和相关政策引导，加强行业间有效融合，对各行业优势资源进行整合和优化配置，布局、构建以油气行业为主导、高排放行业相配合的 CCUS 全产业链，建立全产业链技术标准体系，实现碳经济闭环发展，形成 CCUS 产业群，加快推动 CCUS 工业化规模应用，不仅可以加速碳中和目标的实现，而且可以促进国民经济的发展。

4.2 CCUS 全产业链数字化管理及运营

CCUS 产业链长、涉及行业多、覆盖地域广，为了对资源进行合理配置，促进 CCUS 可持续发展，探索可行的管理及运营模式至关重要。通过引入数字化技术对 CCUS 全产业链进行管理和运营，汇聚碳捕集、运输、利用、封存等产业流程的数据资源，打通各行业和产业环节的数据壁垒，推动数据跨界融合，深入挖掘和激活数据价值，丰富和完善碳数据增值服务产品体系，打造多样化的数据运营模式，对于建立互联、开放的 CCUS 生态，提高运营效益和管理水平，降低运行成本，是极为必要的。

4.3 建立 CCUS 多元化商业模式

我国生态环境部已于 2021 年启动全国碳市场的交易，碳市场可推动 CCUS 产业的全面发展。国内虽已实施多项 CCUS-EOR 示范项目，但全流程 CCUS 商业化示范项目尚未开展，未能形成清晰的商业模式。各行业依托其业务、技术、产品和资源，分化发展为运营商、服务商和碳终端消费者。通过合理的商业模式引导 CCUS 全产业链的经济效益和社会效益在利益相关方之间实现合理分配，提高各方参与 CCUS 产业链建设的积极性和主动性，增强碳市场活力，促进碳市场健康发展。

4.4 创新驱动 CCUS 产业发展

在加强关键技术攻关的同时，通过对现有技术的利用方式、应用场景、产业布局等进行创新，进一步激发 CCUS 产业的发展潜力。比如，可通过加油站提供碳捕集产品的发放和回收对交通工具等低浓度、分散、小排放量的碳源进行碳捕集；根据各地碳源及排放量、运输管道、与封存场地间的距离、当地产业模式及规模，因时因地制宜，在工业排放源多、运输管道不发达、与封存场地距离较远的地区，合理布局碳利用相关产业，不仅可以降低运输和利用成本，而且可以增加当地就业，产生良好的经济效益，实现经济发展与环境保护双赢。

参考文献

[1] 李琦，刘桂臻，李小春，等. 多维度视角下 CO_2 捕集利用与封存技术的代际演变与预设 [J]. 工程科学与技术，2022，54（1）：157–166.

[2] 赵改善. 碳中和愿景下石油工业和地球物理行业的生存与突围之道 [J]. 石油物探，2021，60（6）：867–878.

[3] 刘长松. 欧美油气公司碳中和路径与措施比较 [J]. 世界环境，2021，（4）：40–45.

[4] 刘贵洲，窦立荣，金宇翔，等. 碳中和时代，石油向左向右？[J]. 中国石油石化，2021，（2）：44–47.

[5] 王敏生，姚云飞. 碳中和约束下油气行业发展形势及应对策略 [J]. 石油钻探技术，2021，49（5）：1–6.

[6] 陶怡，王强，田华，等. 国内外大型能源化工企业低碳转型对我国煤化工产业发展的启示 [J]. 现代化工，2022，42（4）：7–11.

[7] 张贤，李阳，马乔，等. 我国碳捕集利用与封存技术发展研究 [J]. 中国工程科学，2021，23（6）：70–80.

[8] 胡其会，李玉星，张建，等. “双碳”战略下中国 CCUS 技术现状及发展建议 [J]. 油气储运，2022，41（4）：361–371.

[9] 邢力仁，武正弯，张若玉. CCUS 产业发展现状与前景分析 [J]. 国际石油经济，2021，29（8）：99–105.

[10] 曹万岩. 大庆油田 CCUS–EOR 上下游一体化地面工艺技术路线浅析 [J]. 油气与新能源，2022，34（3）：1–6.

[11] 胡永乐，郝明强. CCUS 产业发展特点及成本界限研究 [J]. 油气藏评价与开发，2020，10（3）：15–22.

[12] 郭妍杉. 油气行业碳捕集、利用与封存技术分析 [J]. 测试技术学报，2022，36（1）：86–92.

[13] 陈兵，肖红亮，李景明，等. 二氧化碳捕集、利用与封存研究进展 [J]. 应用化工，

2018，47（3）：589–592.

[14] 徐冬，刘建国，王立敏，等．CCUS 中 CO_2 运输环节的技术及经济性分析 [J]. 国际石油经济，2021，29（6）：8–16.

[15] 陈兵，巨熔冰，白世星，等．含杂质超临界—密相 CO_2 管道输送工艺参数优化 [J]. 石油与天然气化工，2018，47（4）：101–106.

[16] 刘牧心，肖茗月，梁希，等．缺乏地质封存条件地区开展 CCUS 项目集群化建设的可行性研究：以江西省为例 [J]. 热力发电，2021，50（12）：132–138.

[17] 秦积舜，李永亮，吴德彬，等．CCUS 全球进展与中国对策建议 [J]. 油气地质与采收率，2020，27（1）：20–28.

[18] 袁士义，马德胜，李军诗，等．二氧化碳捕集、驱油与埋存产业化进展及前景展望 [J]. 石油勘探与开发，2022，（4）：1–7.

[19] 赵雪会，黄伟，李宏伟，等．促进“双碳”目标快速实现的 CCUS 技术研究现状及建议 [J]. 石油管材与仪器，2021，7（6）：26–32.

[20] 李志鹏，卜丽侠．二氧化碳驱油及封存过程中的地质安全界限体系 [J]. 特种油气藏，2017，24（2）：141–144.

[21] 王伟杰，彭勃，李顺，等．氢能与碳捕集、利用与封存产业协同发展研究 [J]. 热力发电，2021，50（1）：18–23.

[22] 徐冬，孙楠楠，张九天，等．通过耦合碳捕集、利用与封存实现低碳制氢的潜力分析 [J]. 热力发电，2021，50（10）：53–61.

[23] 李琦，宋然然，匡冬琴，等．二氧化碳地质封存与利用工程废弃井技术的现状与进展 [J]. 地球科学进展，2016，31（3）：225–235.

[24] 孙丽丽，崔惠娟，葛全胜．“一带一路”沿线主要国家碳捕集、利用和封存潜力与前景研究 [J]. 气候变化研究进展，2020，16（5）：609–616.

[25] 何玉麒，章靓慧，甘薇，等．碳中和背景下的深层页岩勘探开发 [J]. 能源研究与利用，2022，（2）：52–55.

[26] 姜睿．二氧化碳封存技术在油气行业应用进展 [J]. 当代石油石化，2022，30（2）：34–38.

[27] 李阳，赵清民，薛兆杰．“双碳目标”下 CCUS 技术及产业化发展路径 [J]. 石油钻采工艺，2022.

[28] 张引弟，胡多多，刘畅，等．石油石化行业 CO_2 捕集、利用和封存技术的研究进展 [J]. 油气储运，2017，36（6）：636–645.

鄂尔多斯盆地油气与新能源融合发展研究

许文龙　杨光勇
（陕西延安石油天然气有限公司）

摘　要：作为中国能源最为丰富的国家能源基地，鄂尔多斯盆地正在加快油气增储上产，建设亿吨级“超级油气盆地”。本文分析盆地能源供应、消费、外送情况，根据国家、各省区及盆地三家油气企业的“十四五”规划，深入梳理了盆地油气与新能源融合发展的资源禀赋、产业机遇、用能需求、设施技术、市场地位等五个方面优势，剖析了油气企业增储上产与减排转型的矛盾、油气企业新能源本地消纳和上网外送有难度、油气企业跨界新能源的行业壁垒等三个方面挑战，提出了实现绿色转型四步走的总体策略：稳油增气、降耗减排、清洁替代、战略接替。在总体战略选择基础上，又提出生态融合、产业融合、技术融合、管理融合四个方面的实施路径，为盆地油气企业提供一条具有鄂尔多斯盆地特色的油气与新能源融合发展之路。

关键词：鄂尔多斯盆地；减排轻型；绿色转型；新能源

引言

加快推进能源革命促进能源转型，成为能源企业共同的责任。鄂尔多斯盆地资源丰富，油气企业正处于发展黄金期。在碳达峰、碳中和（以下简称“双碳”）目标下，国内原油消费中短期内将持续增长，天然气消费中长期内将快速增长，新能源将主导本轮能源转型。油气企业面临艰难抉择，必须自我革命，下定决心转型发展，建设成为绿色能源综合服务公司。

1 鄂尔多斯盆地能源禀赋及发展现状

鄂尔多斯盆地主要包括陕北（本文所涉陕西数据均包括陕西全省）、宁夏回族自治区、甘肃陇东（甘肃省庆阳市和平凉市）、内蒙古自治区鄂尔多斯市辖区，地域面积大、资源分布广、能源矿种齐全、资源潜力大、储量规模大，是名副其实的“能源聚宝盆”，可概括为“富煤、多气、少油、缺水、无限风光”。鄂尔多斯盆地天然气、煤层气、煤炭的探明储量均居全国首位，石油探明储量居全国第四位，能源资源约占全国资源总量的35%以上。风能资源属于国家一、二类资源区，太阳能资源属于国家二、三类资源区，陕北、内蒙古、宁夏、陇东等地有风光资源大面积连片分布，渭河流域下游具有丰富的地热资源，具备规划发展风电、光伏发电、地热利用和制氢等新能源产业的客观条件。2008年，鄂尔多斯盆地被列为国家能源基地。

1.1 鄂尔多斯盆地能源供应

鄂尔多斯盆地作为重要的国家能源基地，能源供应以煤炭油气等化石能源为主，对加强战略能源储备、保障国家能源安全、实现可持续发展具有非常重要的战略意义（图1、图2）。2021年，鄂尔多斯盆地能源生产总量为11.9亿吨（标准煤），占全国能源生产总量的29.2%。其中原煤产量达14.82亿吨，占比超过89%；水电、风电、光伏发电等新能源发电量909.65亿千瓦时，全国资源占比1%，主要产地是宁夏和陕西。鄂尔多斯盆地内石油主要产地是陕北和陇东地区，天然气主要产地是陕北和鄂尔多斯市，主要油气企业有三家。2021年，鄂尔多斯盆地内油气当量合计达到8325万吨，占全国油气当量的22.4%，其中中国石油长庆油田公司（以下简称长庆油田）6245万吨，陕西延长石油集团（以下简称延长石油）1660万吨，中国石化华北油气公司（以下简称华北油气）420万吨，鄂尔多斯盆地成为中国油气产量最大的盆地。

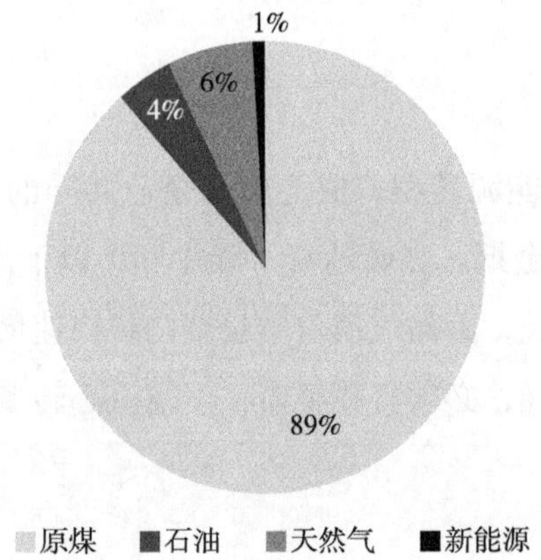

图1 2021年鄂尔多斯盆地能源供应结构图

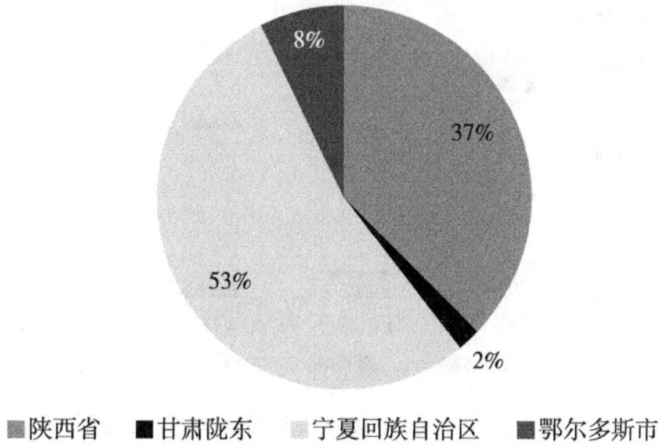

图 2　2021 年鄂尔多斯盆地新能源供应结构图

1.2　鄂尔多斯盆地能源消费

与巨大的能源供应量相比，鄂尔多斯盆地内各省区的能源消费总量存在较大差距（图 3）。2020 年，盆地能源消费总量为 2.69 亿吨（标准煤），仅占全国消费总量的 5%，其中陇东仅消费 1141 万吨（标准煤）。消费主要集中在关中平原城市群和呼包鄂榆城市群用能，以及能源化工企业用能，如 2020 年长庆油田和庆阳石化在庆阳市的能源消费量占全市工业能源消费量的 80%。能源消费主体是煤炭，煤炭在各省区能源消费结构中平均占比超过七成，鄂尔多斯市占比甚至高达 87.5%。各省区新能源消费水平较低，在各自能源消费总量中的比重普遍不高，鄂尔多斯市不到 3%，陇东比重较高但消费总量偏小（图 4），提升空间非常大。油气企业的能源消费主要以天然气为主，如长庆油田 2020 年能源消费中天然气占比 79%，新能源消费潜力很大（图 5）。

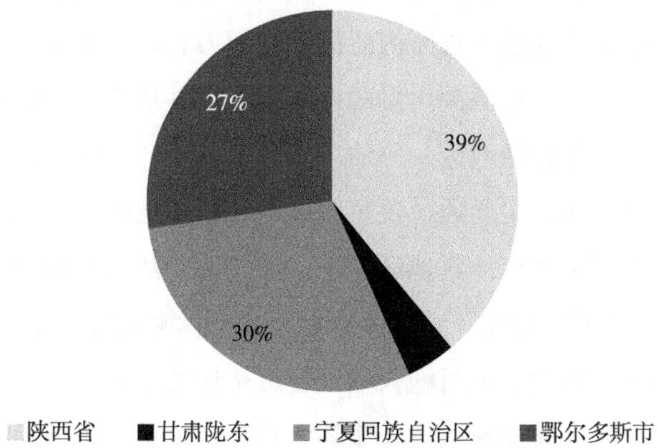

图 3　2020 年鄂尔多斯盆地能源消费结构图

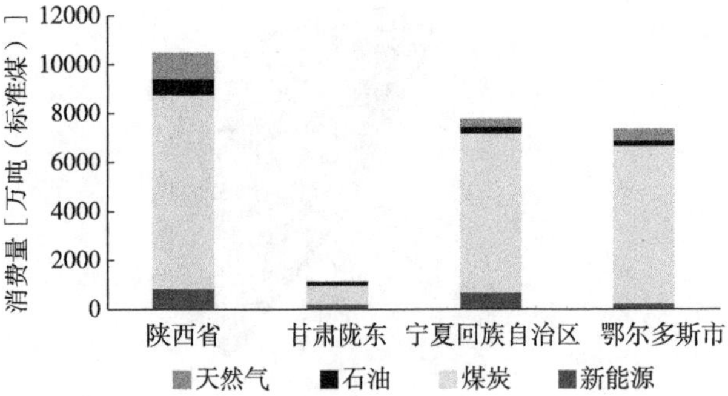

图 4　2020 年鄂尔多斯盆地能源消费示意图

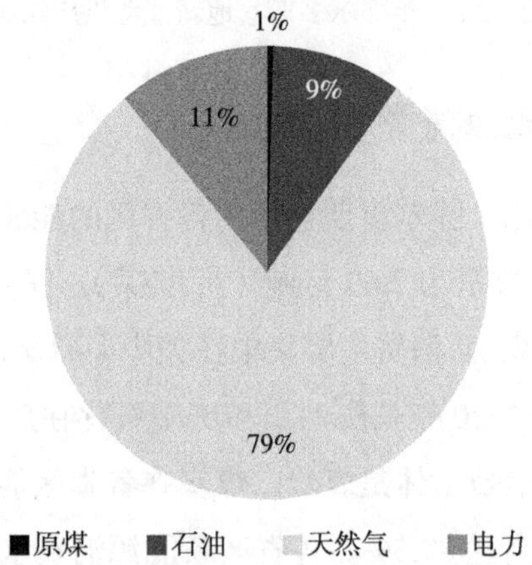

图 5　2020 年长庆油田能源消费结构图

1.3　鄂尔多斯盆地能源外送

鄂尔多斯盆地作为“北煤南运”“西气东输”“西电东送”的重要基地，传统化石能源供应量处于全国领先地位，盆地各省区内能源消纳能力有限，煤炭及火电、油气等外输量占比较高，能源调出量占全国能源调出量的一半以上。盆地煤炭输送到全国，火电通过特高压输电网络外送京津冀鄂鲁豫地区，原油主要管输盆地各大炼厂以成品油外销。天然气除陕甘宁蒙各大城市消费外，主要通过陕京线外送京津冀地区。延长石油的油气全部就地消纳，长庆油田的天然气主送京津冀地区，华北油气的天然气外输山东、河南。新能源电力基本就地消纳，“十三五”以来，盆地新能源装机量大幅增加，但尚未形成大规模产能进行外输。同时，盆地作为中亚及新疆天然气管道东送的枢纽，青海、河西走廊、新疆等地水电、风电、光伏发电等新能源电力外输的中转站，负责向长三角地区输送天然气和清洁电力。

2 鄂尔多斯盆地油气与新能源发展规划

2.1 国家层面

根据《“十四五”现代能源体系规划》《“十四五”可再生能源发展规划》，到 2025 年国内原油产量回升并稳定在 2 亿吨水平，天然气年产量达到 2300 亿立方米以上，非化石能源发电量比重达到 39% 左右。鄂尔多斯盆地需要立足既有油气资源，推动页岩油、致密气等非常规油气上产，建成鄂尔多斯亿吨级“油气超级盆地”。在新能源方面，在甘肃、内蒙古、宁夏、陕北等地进行陆上风电和光伏发电的基地化开发，重点建设黄河“几”字弯新能源基地，打造宁夏、甘肃清洁能源示范省（自治区）。

2.2 盆地各省区层面

根据国家“十四五”能源相关规划，鄂尔多斯盆地各省自治区市也相继出台了详细的油气及新能源规划和支持方案。油气产业按照“增储上产七年行动计划”，推进陕北、陇东、鄂尔多斯三大油气生产基地建设。鄂尔多斯盆地各省区市规划到 2025 年生产原油 3850 万吨，生产天然气 710 亿立方米，折合油气当量 9646 万吨（图 6）。新能源以风电、光伏发电为主攻方向，储能、氢能为辅助发展方向，建设风光储氢多能融合的示范基地和产业集群，大力推进甘肃庆阳、内蒙古鄂尔多斯、陕北及渭南、宁北和宁东新能源基地建设（图 7）。根据规划，盆地“十四五”新能源总装机规模将达到 1.75 亿千瓦。

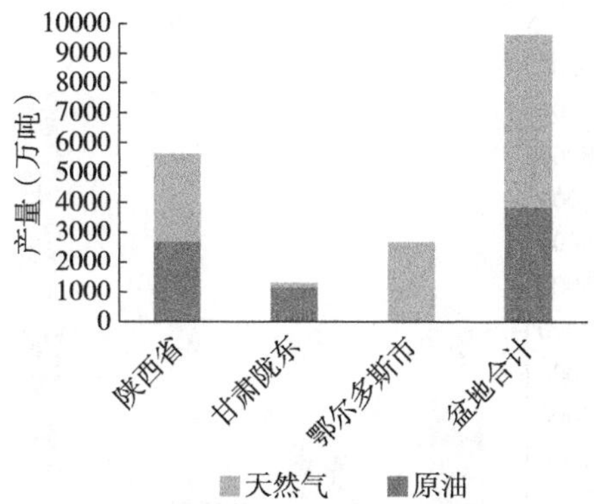

图 6　2025 年鄂尔多斯盆地分省区油气产量示意图

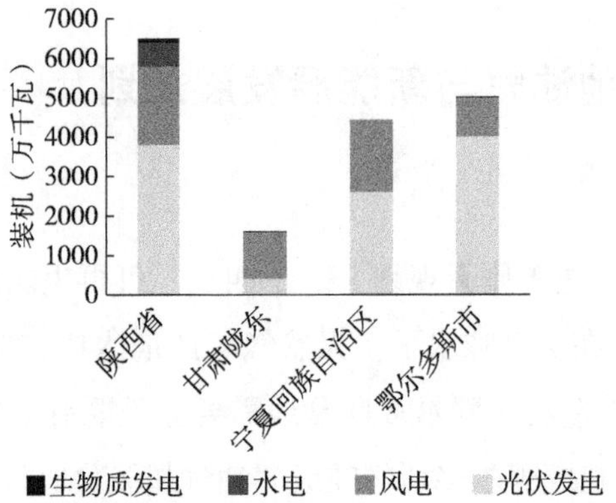

图 7　2025 年鄂尔多斯盆地新能源装机示意图

2.3　油气企业层面

根据国家“双碳”目标及企业自身绿色转型发展需要，盆地内油气企业在继续稳油增气的同时，纷纷将新能源纳入主营业务，并规划了不同的新能源发展方向（图 8）。长庆油田计划“十四五”末年产油气当量达到 6800 万吨，光伏、风电、余热发电总装机规模超 1100 万千瓦，规划 28 个地热项目，建成 30 万吨规模二氧化碳收集、利用、埋存（以下简称 CCUS）示范工程，实现油气热电融合发展。延长石油计划“十四五”末年产油气当量 2000 万吨，同时打造绿色低碳能源服务商和高端精细化工产品供应商，当前重点方向是建成 CCUS 示范工程以及氢能、生物质燃料等领域。华北油气计划“十四五”末年产油气当量 600 万吨，加大煤层气的勘探开发，新能源方面则计划在氢能、光伏发电和天然气提氦方面加大投入。

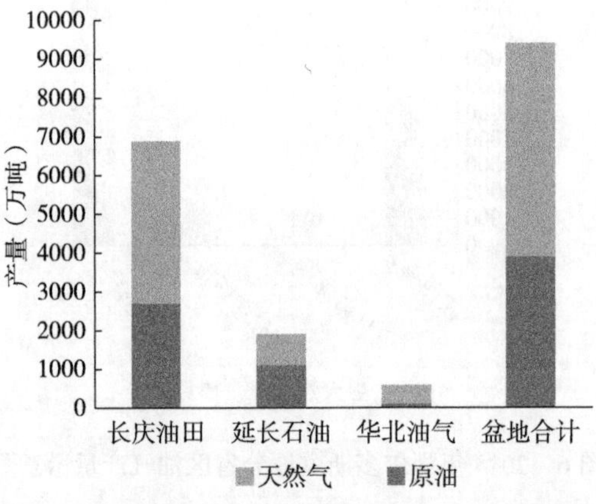

图 8　2025 年鄂尔多斯盆地分企业油气产量示意图

3 鄂尔多斯盆地油气与新能源融合发展的优势和挑战

3.1 油气与新能源融合发展的优势

3.1.1 资源禀赋优势

鄂尔多斯盆地是全国油气的主产地，2021年油气当量已经达到8325万吨，“十四五”期间还将建设亿吨级“超级油气盆地”，也是未来中国增储上产的主阵地。油气企业所在矿区风能、太阳能等可再生资源充裕，开发利用价值较高，是风电、光伏发电规模发展的基础，能保证新能源实现长期、大量、低价供应。油气企业矿区面积大、土地资源丰富，可为风电、光伏发电等新能源产业发展提供大量的建设用地，油气开发过程中产生的烟气、采出水等可为余压、余热发电提供资源，具备油气与新能源融合发展的资源基础。

3.1.2 产业机遇优势

随着“双碳”战略决策实施，中国能源格局发生了深刻变化，一次能源向非化石转型，终端能源向电力转型，倒逼油气企业加快产业结构、能源结构调整的同时，也为发展壮大新能源产业创造了重大机遇，中国几大油气企业纷纷向综合能源公司转型发展。盆地内“十四五”规划新能源装机规模达到1.75亿千瓦，且新规划特高压外输通道中新能源电量须占50%以上，盆地新能源产业迎来了“黄金成长期”，产业集群效应带来的综合成本优势突出，给盆地油气企业带来了重大产业机遇。油气企业不仅可以大力开展风电、光伏发电等新能源产业，而且随着新能源规模的大幅增长、国家对火电的规模控制，天然气发电在电力系统季节性缺口中的调峰作用将凸显，油气企业丰富的天然气资源在与新能源融合发展方面具有得天独厚的优势。

3.1.3 用能需求优势

鄂尔多斯盆地油气生产企业既是能源生产大户，也是能源消费大户，具有各种终端用能场景，为新能源产业提供了充足的消纳能力。如长庆油田2020年能源消耗总量折合油气当量395万吨，占其年产量的6.6%，相当于消耗掉一个大型采油厂。鄂尔多斯盆地属于国家能源供给的战略基地，周边的能源企业的新能源需求同样旺盛。油气企业开发新能源产业，不仅可以为自身多能协同互补进行清洁替代，还可以为周边企业、社区、城市负荷提供清洁电力，为盆地低碳发展提供清洁能源保障。

3.1.4 设施技术优势

鄂尔多斯盆地油气企业发展历史长、规模体量大，普遍拥有大量的井区场站，积累了大面积建筑屋顶、厂房、装置等场地设施，为融合新能源发展提供了良好的场地。油气企业的电力设施系统也比较完善，基本都有自建电厂和油气田电网系统，可以无缝接入风电、光伏发电等新能源产业，油气田管网、电网、相关资质有助于新能源快速发展。油气企业具有电力建设运营和供电供热经验，油气勘探开发技术、队伍、设备、资料等可直接移植到地热、伴生矿的勘探开发，长庆油田和延长石油在碳捕集、利用与封存（CCUS）工程方面都积累了一定的技术和经验。油气企业相关设施技术与新能源开发及外输电网、北方供暖等高度关联，具有较大优势。

3.1.5 市场地位优势

鄂尔多斯盆地油气企业在当地具有雄厚的实力和巨大的影响力。长庆油田、华北油气作为大型央企的地区分公司，是油气上游业务的重要支柱，尤其是长庆油田作为中国第一大油气田，在整个石油行业地位显著，对盆地各省区市的经济发展影响重大。延长石油作为陕西省最具影响力的省属国有企业，西部首个世界500强企业，在陕西省内举足轻重。良好的企地关系，加上雄厚的资金实力，使得其在新能源市场上具有较强的政策影响、渠道拓展、资金筹集和抗风险能力，也能为新能源规划项目审批、落地提供强力保障。

3.2 鄂尔多斯盆地油气与新能源融合发展的现实挑战

3.2.1 油气企业增储上产与减排转型的矛盾

随着油气资源的开发进程，油气产量终会下降，油气企业必然需要转型，新能源是非常理想的选择。但根据中国石油《世界与中国能源展望》（2021版）预测，在2040年前油气将维持主体能源地位，在一次能源占比50%左右。按照“增储上产七年行动计划”，油气企业还要不断增储上产以保障油气供应，盆地要建设亿吨级“油气超级盆地”，在传统业务和新能源之间需要权衡资源配置。“双碳”政策对减少碳排放的强度和进度指标规定明确，政府和上级组织的目标考核对盆地油气企业压力很大。油气企业本身能耗和碳排放量就很大，而且还在持续上产，未来在能耗和碳排放量方面必然刚性攀升，盆地油气企业2030年实现碳达峰任务异常艰巨。油气与新能源融合发展确实能实现清洁替代减排减碳，但油气主营业务与新能源业务同步增长不能有所偏废，对企业平衡投资、清洁减排、人力资源等都是较大考验。

3.2.2 油气企业新能源本地消纳和上网外送有难度

鄂尔多斯盆地作为能源供应大区，本地能源供大于求的问题几乎无解，低价的化石能源对新能源需求形成直接竞争，发电侧存在结构性困难。根据全国新能源消纳预警监测平台数据显示，四省区都存在弃风、弃光现象，有的弃风率、弃光率甚至超过 10%。甘肃陇东庆阳白银 200 万千瓦风光项目承诺利用率只有 80%。新能源本地应用场景尚待培育，大规模外送面临的储能和电网建设问题同样需要尽快解决。而且由于风能和太阳能的随机波动性、供电的间歇性和反调峰特性，严重影响电力系统供应稳定，盆地陕甘宁蒙四省区将风电、光伏发电并网指标与企业投资、税收贡献、产业配套、天然气供应等挂勾，指标获取比较困难。以陕西榆林为例，新增装机量 10 万千瓦以上项目要按照不低于 20% 配置储能设施，如此高的储能配比，客观上提高了弃风、弃光率，也提高了新能源上网难度。面对新能源产业“前重后轻”后端消纳和外送梗阻等问题，以及“十四五”规划中高达 1.75 亿千瓦的装机量，盆地油气企业在缺乏自有特高压外送电网等消纳渠道的情况下，大规模进军新能源必然存在疑虑。

3.2.3 油气企业跨界新能源业务面临行业壁垒

虽然新能源也是能源，但其产业发展的综合性、系统性很强，更类似于制造业，属于技术主导型产业。新能源企业更依赖新材料、新工艺等技术创新，在装备制造、核心技术、企业生态、商业模式等方面已经形成较高的行业壁垒。盆地油气企业跨界进入新能源领域劣势明显，即使具有产业关联性的风电、光伏发电等领域也依然存在行业壁垒，优质的风光资源几乎已经被几家大型国有电企和无数的民企占据。鄂尔多斯盆地油气企业既不掌握风电、光伏发电等新能源领域的核心技术，也普遍缺乏精通新能源开发建设、运营管理的专业技术人才力量，从规划设计到施工安装，从人员培训到管理运营都要摸索，这不亚于开展一场新的石油会战。新能源创业并非易事，“船大难掉头”，油气企业身处优势地位而搞二次创业，不仅要付出一定的学习和时间成本，还需要打破思想壁垒和思维惯性。

4 鄂尔多斯盆地油气与新能源融合发展的战略选择

根据国家和盆地各省（自治区）能源规划及盆地新能源资源实际，结合油气与新能源融合情况，盆地油气企业发展新能源实现绿色转型宜按照“稳油增气、降耗减排、清洁替代、战略接替”采取四步走的总体策略：第一步，应持续加大油气勘探开发，提升天然气产量占比至少到60%以上；第二步，推动全过程节能减排，切实提高能源利用效率，研发碳捕集、利用与封存（CCUS）等突破性、可改变行业格局的先进能源技术，降低碳排放强度；第三步，有重点、有节奏布局分布式风电、光伏发电等新能源产业，优先替代油气企业内部能耗，实现清洁替代；第四步，根据企业发展及新能源产业市场成熟度，大规模专注投入集中式风电、光伏发电、地热、氢能等新能源产业，实现从油气到新能源的战略接替，最终实现油气企业绿色转型。

4.1 保障能源安全是第一要务，建成亿吨级“油气超级盆地”

过去数年，中国油气严重依赖进口，对外依存度不断攀升，伴随日趋复杂的国际关系和地缘政治，中国的油气能源供应保障面临巨大安全风险。因此，保障能源安全仍是盆地油气企业的第一要务，长庆油田、延长石油、华北油气都是油气开发的主力部队，必须坚守主阵地，加大上游勘探开发投入，突破页岩油开发难关，推动油气稳产增产，力争建成亿吨级“油气超级盆地”，确保国产原油产量重回2亿吨以上，牢牢把能源的饭碗端在自己手里。切不可为了转型，急于求成拆旧立新，大幅减少上游投入。

4.2 提高天然气比重是现实首选，应积极发挥天然气降碳治霾重要作用

天然气具有清洁低碳、灵活调峰、综合利用效率高等特征，对满足消费需求、保护大气环境、有效防治雾霾具有重要作用。同时，它是融合新能源发展的最佳“伴侣”，是现阶段解决盆地油气企业低碳减排的主体能源，增加天然气比重是盆地油气企业推进绿色转型的现实首选。盆地油气企业应大幅提高天然气开发水平和产量占比，突破致密气、煤层气领域关键技术，复制美国页岩气革命，为低碳减排和环境治理作出卓越贡献。延长石油天然气比重相对较小，整合陕西燃气集团后，打通了天然气产业链上下游，后期开发重心就是天然气。2021年，华北油气天然气产量占比已经超过80%，长庆油田天然气产量占比也接近60%。

4.3 实现减排降耗是首要工程，力争完成“双碳”目标

鄂尔多斯盆地油气企业的节能降耗提升效率潜力巨大，应聚焦强度减排目标，加强数字化与油气业务的深度融合，提高整体生产运营中的电气化水平，通过优化系统、工艺及设备节能提高能效，做到从人员意识、业务结构到技术、管理的刚性节能减碳。同时配合采取重碳资产剥离、碳交易、森林碳汇等措施，缓解企业碳负担。另外，要大力发展碳捕

集、利用与封存（CCUS）技术、新一代清洁高效可循环生产工艺、化石能源清洁开发转化与利用技术等前沿性、革命性、颠覆性技术，实现二氧化碳大规模减排和地质封存，为油气企业新能源转型发展赢取时间。

4.4 做好新能源接替是长远选择，有重点布局风光发电、地热、氢能等新能源

近十余年，中国新能源产业在政策支持和资本追逐下，以每年 30% 以上的超常规增速蓬勃发展，目前在风电、光伏发电、电动车等新能源领域的规模都已经位居全球第一，市场竞争异常激烈，新能源的经济性、安全性初步得到验证。鄂尔多斯盆地油气企业应以盆地新能源资源为依托，以油气生产、管网、土地、市场等为媒介和载体，对内采取余压、余热、地热、分布式光伏、分散式风电等新能源发电方式，加强内部能耗清洁替代；对外通过有重点布局集中式光伏、风电、地热、氢能等新能源完整业态，有序进行投资和研发，为企业绿色转型发展提供新业务支撑。同时，盆地油气企业也可以借助国有企业的庞大实力和资本运作，与成熟的新能源企业进行合资合作，或者开展收并购，以达成新能源快速转型目的。

5 盆地油气与新能源融合发展的实施路径

在“双碳”背景下，能源转型成为必然趋势，新能源革命如火如荼。盆地油气企业发展新能源产业，既不能一拥而上，也不能坐失良机，必须发挥油气与新能源相互促进作用，从生态、产业、技术、管理等多个维度推动油气与新能源融合发展，走出一条具有鄂尔多斯盆地特色的新能源融合发展之路。

5.1 生态融合

能源产业多元化，盆地新能源开发基地化，油气与新能源融合要实现多能互补，必须借助各种市场主体，必须开展广泛的业态融合，油气企业要以宏观视野和行业格局，打破省际壁垒，融入新能源革命中，增强资源整合能力和产业裂变能力，促进建立统一能源市场，促使盆地形成良性运转、健康活力的能源生态系统。

（1）油气 + 政府。油气企业在盆地深耕几十年，应利用自身影响和产业优势，与所在省市政府签订战略合作协议，深度融合、协同发展、共拓新能源蓝海。特别是在分散式风电、分布式光伏发电与荒漠化治理、生态修复、农牧业等领域有非常大的融合空间，企地

携手规划、产业充分融合，互补互惠激发活力，实现新能源产业就地发展、就地转化，降低能源特别是新能源跨省跨区消纳难度，共同打造黄河几字弯新能源基地。

（2）油气＋油气。盆地三家油气企业之间属于同业伙伴，在新能源领域面临的挑战相似，应加强区域联合协作，建立不定期交流机制，在非常规油气勘探开发、提高采收率、新能源技术研究等重要领域深度融合，实现合资合作、产业共育、设施共建、科技共享、人才共用，携手实现共赢发展。

（3）油气＋电力模式。油气企业要实现新能源转型，融合电力产业是前提，与大型电力企业合作是必然之选。除集团层面的战略合作外，盆地油气企业与属地电力企业之间的合作才是战略落地的保证，在新能源基地化开发、油气消费电气化、氢能利用、充换电设施建设、员工培训等方面深化合作，联合攻关新技术、新材料等“卡脖子”技术，共同推动天然气、电力等清洁能源保供。

（4）油气＋新能源。新能源产业点多线长面广，民营资本充分竞争，中国已经具备产业链优势。油气企业要看得见新事物，装得进新东西，“走出去”和“引进来”相结合，与风电、光伏、氢能等新能源企业广泛合作取长补短，可采取资源＋资金、场地＋装备、市场＋技术、资质＋项目等多种合作模式，以便拥有新能源核心技术或者控制相关企业，因地制宜加快发展相关新能源产业。

5.2 产业融合

油气企业拥有完整的产业链，与新能源融合发展切入点多、起步快、效益高，能有效形成多能互补和源网荷储一体化供能体系。

（1）场站空地＋分布式光伏。油气企业面积广阔场站众多，在内部清洁替代的模式下，在大型生活基地、作业区、处理厂、联合站、单井井场建筑顶部或空置土地上建设分布式光伏发电，代替传统的国电或者自有煤电、气电，不仅融合性好建设期短，而且能有效节能减排减少空气污染。如果配以储能设施，即使没有并网条件也可实现不间断单体运转，形成独立的新能源应用场景。如能全部完成清洁替代，仅此一项即可每年为油气企业节省能耗数百万吨标煤，减少碳排放数万吨。

（2）矿区沙戈荒＋集中式风电／光伏发电。油气田矿区有不少沙漠、戈壁、荒漠地区，正是《“十四五”可再生能源发展规划》要建设大型风电光伏基地的黄河“几”字弯区域。在国家新能源“西电东送”新格局下，依托宁夏—浙江、宁东—山东、上海庙—山东、陕北—湖北等特高压跨省区外输通道，充分利用油气田矿区广阔优势，在合适区域推进集中式风电、光伏发电项目，以气电作为调峰支撑，将盆地丰富的绿电资源送往华东、华中负荷中心，实现沙戈荒有效治理、油气企业节能减排与新能源绿色转型三重目的。

（3）生产系统＋余压/余热发电。充分发挥油气田全产业链余压、余热资源，在天然气净化厂（处理厂）、输配气场站和采出水处理站等场所利用余压、余热发电，实现内部清洁替代。如后期技术成熟，可推广到采气井口等场所，并通过与分布式光伏发电多能融合互补实现产业规模化。在自用有余的情况下，积极并网外送消纳。

（4）天然气＋氦气。盆地苏里格气田、东胜气田天然气中氦气含量非常可观，关中地热井水溶氦气资源丰富且稳定。氦气作为高度依赖进口的战略资源，如能进行工业提取，将极大延长天然气产业链，提高其产业价值。

5.3 技术融合

油气企业在传统的地质、勘探、钻井、化工等方面拥有丰富的技术积累，发挥新一代技术的牵引作用，从技术角度切入新能源领域依然大有可为。

（1）钻探技术＋地热。油气企业应走出舒适区，围绕鄂尔多斯盆地内关中城市群、银川以及有地热资源的市县乡镇，利用地质钻探技术优势，积极勘探开发优质地热资源，推进城镇集中供暖，助力绿色发展。

（2）电解技术＋氢能。氢能能量密度大、热值高、转化率高，作为清洁的二次能源，兼具燃料、储能、化工原料等多种属性，随着氢能在化工、交通领域的广泛应用，油气企业可以用自有的富裕风电、光伏发电、气田采出水电解制绿氢，也可以在供气低峰期制灰氢，还可以结合碳捕集、利用与封存（CCUS）技术制蓝氢，既能“变废为宝”，又可实现储能调峰。盆地气田具备氢能“制运储用”一体化优势，积极推动“电解＋氢能”融合发展，建设油气电氢一体化综合交通能源站，能有效提高多能互补系统建设。

（3）CCUS 技术＋驱油埋碳。碳捕集、利用与封存（CCUS）技术是实现化石能源零碳化利用的关键技术，长庆油田和延长石油对此项技术已探索多年。充分利用二氧化碳驱油不仅可以提高油田采收率，促进三次采油实现油气增储上产，而且能与盆地煤化工企业进行碳交易，提供二氧化碳埋存服务，最大程度实现减碳固碳，应加大力度推动碳捕集、利用与封存（CCUS）项目实现商业化，助力油气企业实现碳中和。

5.4 管理融合

油气与新能源融合发展区域广阔、项目众多、技术复杂，所涉单位多、人员多，对企业现有管理体系和制度提出了新的要求，应超前做好顶层设计和管理融合。

（1）把新能源上升到与油气主营业务并列的战略高度，重塑组织架构，调整业务比重。单独设立新能源板块或者事业部，对新能源项目实施统一归口管理。前期清洁替代可以服务性质介入油气生产单元，在油气田单位设立新能源服务部。后期成规模后，应建立完整的多级组织架构，独立自主运营新能源业务。

（2）重视人才培养，筑巢引凤，打造新能源专业管理人才和技术团队。内部通过选拔和培训转岗聚拢一批油气田优秀管理和技术人才，外部精准引进新能源专业技术带头人和优秀大学生，另外可通过市场机制优选新能源市场化服务团队，形成灵活高效的人力资源新模式。

（3）选择一两项优势新能源业务，力争在一两个重点项目上快速突破，形成规模效应。优先选择与油气关联而又门槛较低的光伏发电，切忌贪多求全全面铺开。

（4）加强新能源领域核心技术攻关，突破技术瓶颈，解决实际问题。优先使用油气田储备技术，加强油气勘探关联的地热、氢能、提氦等涉及的地质钻探化学关键技术，引进或者与专业机构合作联合研发风电、储能等新能源开发技术，甚至可以有效整合国资委旗下企业研究院所力量组建新能源攻关团队。

（5）加大新能源投资列支，与油气业务投资保持一定比例，保证投资力度持续加大。投资力度上，成熟项目大胆投入，“探路”性质项目保持谨慎。投资方式上，还可设立新能源风险投资基金，对前瞻性技术或者初创型企业进行布局。

（6）构建灵活高效的管理制度。新能源的业绩考核应以正向激励为主，考核指标应该先粗后细，先松后紧。

盆地油气与新能源融合发展，有利于油气企业增储上产与绿色转型协同发展，加快向综合性能源公司新定位转变，对油气企业达成碳中和、实现高质量长远发展和国家能源安全具有重要意义。盆地油气企业使命在肩，必将在油气与新能源融合发展方面大有作为，为祖国奉献绿色能源。

参考文献

[1] 国家发展改革委员会，国家能源局．“十四五”现代能源体系规划 [EB/OL]. https://www.baidu.com/link?url=Q3C6vWFnJN5rjrX1FHjVXgwJ2lSA2TgMXvVcgavYpoQ3oHWOeHSgMiEfODxR8b1hakfg1I8Sb9TYzblTZGs2Qa&wd=&eqid=d2a7342b0019162e00000003648f35bd.

[2] 国家发展改革委员会，国家能源局，等．“十四五”可再生能源发展规划 [EB/OL]. https://www.baidu.com/link?url=47SPR5xRyLKxZ5YCsIzlyVrrcWh5d1as1E4M_Ht3r2LaGtGEfsD2pDxM21GqaKThdit6o9MxZzy_G0BP4ta7biH8CiBrz4Bxy-3W1qwT7Fe&wd=&eqid=e6e33a14000921850000000003648f360f.

[3] 邹才能，等 . 新能源 [M]. 北京：石油工业出版社，2019.

[4] 国务院发展研究中心，壳牌国际有限公司. 全球能源转型背景下的中国能源革命 [M]. 北京：中国发展出版社，2019.

[5] 项目综合报告编写组 .《中国长期低碳发展战略与转型路径研究》综合报告 [J]. 中国人口·资源与环境，2020，30（11）：1–25.

[6] 张海霞，柯祎，王晶 . 能源低碳转型下我国国有石油公司持续竞争力评价 [J]. 中国矿业，2021，30（1）：48–54.

[7] 邹才能，薛华庆，熊波，等 . "碳中和"的内涵、创新与愿景 [J]. 天然气工业，2021，41（8）：46–57.

[8] 陈嘉茹，燕菲，陈建荣，等 . 油气体制改革深入推进"双碳"目标推动行业低碳发展——2020 年中国油气政策综述 [J]. 国际石油经济，2021，29（2）：62–67.

[9] 董焕忠，熊波，王道成，等 ."绿色发展西南模式"的思考与实施路径——以中国石油西南油气田公司为例 [J]. 天然气工业，2022，42（4）：149–155.

[10] 张建平，王富平，梅琦，等 . 天然气与新能源融合发展路径研究 [J]. 国际石油经济，2022，30（1）：51–58，100.

[11] 范旭强，陈建荣，吴谋远，等 . 油气田企业新能源产业发展现状及合作融资模式探析 [J]. 国际石油经济，2021，29（10）：7–18.

能源转型趋势下中国天然气产业可持续发展战略研究

周吴雪涵　陈仕林　丹美涵
（中海油研究总院规划研究院）

摘　要：作为具有清洁能源属性的化石能源，天然气将在能源转型过程中发挥重要支撑作用，但也面临发展空间受限的困境，因此天然气产业需要提前谋划可持续发展战略，寻找产业转型新动能。以天然气在能源转型中的角色定位为切入点，从能源安全、绿色低碳、经济效益角度剖析了中国天然气产业可持续发展面临的关键问题，并将天然气产业可持续发展路径分为短期（2030年前）、中期（2030—2050年）和长期（2050—2060年）三个阶段，分别对不同阶段天然气产业的发展环境和发展重点进行分析，最后从战略定位、体系完善、产业协调三个方面提出政策建议。

关键词：能源转型；天然气；可持续发展；碳达峰；碳中和

引言

当前，世界范围内正在经历迈向零碳的第三次能源转型，各国纷纷提出具有雄心的减排目标，计划在21世纪中叶前后实现碳中和。本次能源转型需要解决的核心问题是如何实现气候变化与能源安全的双赢[1]。对于天然气产业而言，能源转型的机遇与挑战并存。一方面，天然气具有清洁能源属性，在各应用领域的温室气体排放均低于煤炭和石油[2]，可以作为从高碳化石能源向可再生能源过渡的支撑桥梁；另一方面，化石能源的属性使天然气将面对减排政策影响和新能源替代，发展空间受限。天然气产业具有投资规模大、业务种类广、设施生命周期长的特点，在能源转型趋势下应提早进行战略规划和布局，积极探索技术创新和商业模式，明确未来可持续发展路径，以避免锁定效应[3]。

1　天然气产业可持续发展目标

本文提出的天然气产业可持续发展目标如图 1 所示。保障能源供给安全是天然气产业的根本任务，具有最高优先级；绿色低碳是能源转型趋势下的重点要求，影响天然气产业政策和投资动向；经济效益是天然气产业发展的核心驱动力，提高成本竞争力能够帮助天然气在与其他能源的竞合关系中保持市场份额。这三方面目标的综合完成度决定了天然气产业的发展质量和产业周期。

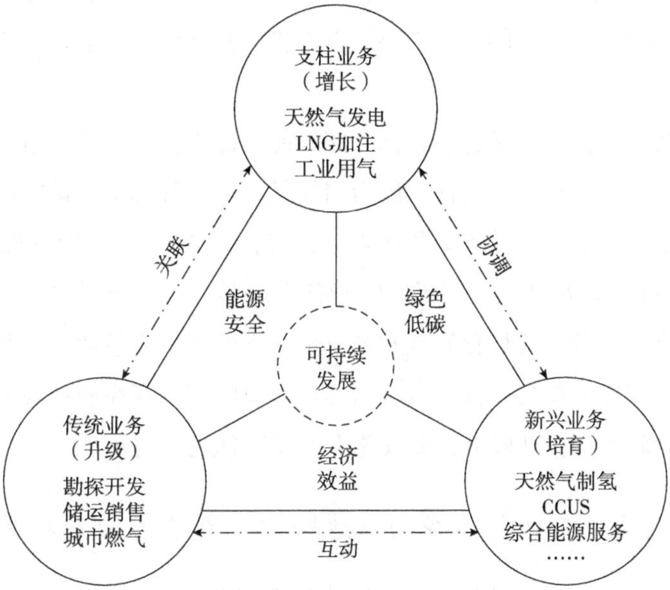

图 1　天然气产业可持续发展目标

现代能源体系下，天然气产业链中的业务可分为传统业务、支柱业务和新兴业务，各业务互联互通、协同发展。其中传统业务包括上游勘探开发、中游储运和下游销售，此类业务体系完善发展成熟，能够提供稳定的能源供给和经济效益，然而生产活动过程中碳排放较高，亟须转型升级；支柱业务包括电力、交通、工业部门的天然气应用，已具备一定规模且相比煤炭和石油更加清洁，但经济层面需要进一步降本提效；新兴业务是天然气与新能源的融合，包括天然气制氢、二氧化碳捕集利用与封存（CCUS）、综合能源服务及技术进步可能催生的其他新业务，该类业务短期来看比可再生能源更具价格优势，长期来看满足绿色低碳发展需求，宜着力培育以扩大规模和提高供给能力。

2 中国天然气产业可持续发展面临的关键问题

2.1 能源安全：进口气风险高企，储气能力有待提升

一方面，地缘政治影响导致我国天然气进口不稳定因素增加。2021 年，我国天然气对外依存度接近 45%，其中 LNG 占进口总量的 65%，我国已成为全球第一大 LNG 进口国。2021 年下半年以来，欧洲能源危机加之乌克兰危机使全球天然气市场供需格局发生巨大转变，我国 LNG 进口价格显著增加，2021 年底突破 6000 元 / 吨，2022 年一季度虽有所回落，也比上年同期价格高 50% 以上。乌克兰危机下，预计未来短期内全球天然气市场价格将保持高位，地缘政治方面的“黑天鹅”事件将对我国天然气进口造成威胁，从而影响稳定供给量。

另一方面，我国天然气储备能力较低。储气能力保障国家能源供给安全的最后一道防线，国际上评价一国储气水平的指标一般为储气量占天然气总消费量的比重，这一指标的平均值为 12% 左右，欧美发达国家达 15% ~ 25%，而 2021 年我国的储气水平指标仅为 6.35%，远低于国际平均水平。我国天然气储备尚未形成统一管理体系，储气设施之间缺乏信息和资源共享，不利于市场化发展和紧急情况下的统一应急调度。此外，我国储备资产的投资价值未得到充分释放，服务定价与逐步开放的市场存在脱钩现象，因此投资主体新建天然气储备设施的积极性较低，储气能力难以实现规模增长。

2.2 绿色低碳：天然气消费面临达峰以及新能源应用场景替代

在“双碳”目标引领下，我国政策文件中已明确指出到 2030 年非化石能源消费比重达到 25%[4]，2060 年达到 80% 以上[5]，这意味着长期来看天然气将同其他化石能源一样面临消费比重的稳步下降。据预测，2025 年之后我国能源消费总需求将基本保持不变，可再生能源需求增量几乎全部来源于化石能源需求转化。目前，我国煤炭消费需求已经达峰，预计石油需求将于 2025 年左右达峰，天然气需求也将在经历快速增长后，于 2030—2040 年趋于平稳并达峰。

在各应用领域，天然气均面临着来自新能源的需求替代（表 1）。清洁电力的普及应用是天然气产业面临需求达峰的主要原因，当前我国电力在终端能源消费比重约 26%，预计到 2060 年将达到 60% 左右[6]，天然气产业如何在电气化趋势下提前谋划寻求发展空间是目前亟待解决的问题。

表1　天然气应用的新能源替代产品

应用领域	应用场景	新能源替代
电力	天然气发电	可再生能源发电 + 储能
交通	车船加注	氢能 / 电动汽车 / 生物燃料
建筑	城市燃气	清洁电力（建筑用能电气化）
工业	工业燃料	清洁电力（工业 4.0）
	天然气制氢	可再生能源电解水制氢

2.3　经济效益：投资重心转移，碳价成本升高

长期来看，能源转型将从投资和成本两方面使天然气的经济效益受到制约。投资方面，2020 年以来，壳牌、BP、道达尔能源等多家国际石油公司提出净零排放目标，并宣布 2025 年后不再勘探开发新的油气区块。由于政府和投资者对 ESG（环境、社会和公司治理）绩效的日益重视，国际上能源领域投资正快速向可再生能源项目倾斜，不利于我国天然气市场的供需平衡和企业国际化发展。

成本方面，碳价将削弱天然气相对于可再生能源的价格优势。我国碳排放权交易市场于 2021 年 7 月上线，目前仅纳入发电行业，交易均价在 40 ~ 60 元 / 吨，与欧盟碳市场 80 ~ 90 欧元 / 吨的价格相差甚远，对天然气价格影响甚微。然而未来随着碳市场机制的进一步完善和纳入行业的增加，天然气产业的碳交易成本将大幅提升。壳牌预测，2030 年前我国碳价格将缓慢上涨至 300 元 / 吨，并于 2060 年达到 1300 元 / 吨，使天然气产业降本增效压力增加[6]。

3　中国天然气产业可持续发展路径

我国能源转型是一个漫长且需迭代的过程，在“双碳”目标引领下，不同时期的能源战略布局有所差异，天然气的产业重心也应进行动态调整。本章将天然气产业可持续发展路径分为短期、中期和长期三个阶段，考虑不同阶段能源转型发展环境特点，提出了天然气产业在各阶段的定位和任务，并分别对应重点布局的业务进行分析。

3.1　短期（2030 年前）：保供降碳，业务拓展

碳达峰之前，化石能源仍将是我国能源结构主体，可再生能源处于发展布局初期，能源转型的关键问题在于保障能源安全的同时培育新能源产业，减排潜力主要来自化石能源

的节能增效。这一阶段是天然气产业的窗口期，发展重点应为供给侧产业扩张。

3.1.1 提高稳定供给水平

2030年前，我国天然气需求将持续增加，消费量增长约200亿米^3/年，预计到2030年消费量将达到5400亿立方米[7]。国产气方面，未来增长潜力主要来自非常规油气，若中国的页岩气革命能在短期发生，天然气需求增速将保持在6% ~ 8%，既可获得更稳定的用户黏性，又可确保国家和区域的能源安全[8]。进口气方面，2030年前对外依存度仍将保持高位，LNG接收站和储罐等进口基础设施增建有利于提高我国进口气接收能力，产业链国际一体化延伸有利于稳定供给来源、降低进口成本。储气方面，储气设施的建设运营主体将随储气服务的市场放开而逐步多元化，投资回报机制的完善将为储气领域注入更多经济动能，从而拉动全社会储气设备增加、储气水平提升。

3.1.2 全产业链节能减排

上游领域，碳排放主要来自甲烷泄漏，仅生产过程中排放的甲烷就超过全球油气行业甲烷总排放量的50%[9]，应安装逃逸检测监视系统，同时减少火炬燃烧；生产用能方面，可通过设备改造升级引入绿电，利用区位优势推动油气勘探开发与光伏、风电等新能源业务的结合，减少范围2❶的碳排放。中下游领域，可通过负碳行为进行抵消，包括配备CCUS装置、购买碳信用额、参与可再生能源项目建设、开发森林/海洋碳汇等；中下游企业可着力开发零碳产品（如碳中和LNG），对业务全生命周期进行碳排放计算并披露，树立绿色环保的产品形象，以此作为可持续核心业务赋能天然气产业转型。

3.1.3 探索新能源业务延伸

油气工业的很多资源和技术都能应用于新能源，如油气开发领域的浮式平台和深水数据专长可应用于海上风电，LNG的低温技术可用于液化氢，地质学、钻探技术和经验可用于碳捕集和封存等。对天然气产业而言，利用窗口期的经济优势和规模优势在可再生能源发展初期进行投资布局，能够为长期的业务转型衔接提供基础；对新能源产业而言，天然气产业的业务拓展有助于为其探索商业模式和规模化发展路径，推进市场拓展、应用场景构建和技术攻关[10]。

❶ 范围2排放是企业由购买的能源（包括电力、蒸汽、加热和冷却）产生的间接排放。

3.2 中期（2030—2050 年）：替代支撑，多能协同

碳达峰之后，化石能源比重逐步下降，可再生能源逐渐形成规模化商业化发展，现代能源体系基本建成，这一阶段减排潜力主要来自高碳能源转变为低碳能源的结构性替代。天然气发展将进入平台期，消费增速逐渐放缓至达峰，可持续发展重点应为需求侧优化布局。

3.2.1 替代高碳化石能源

2030 年之后，煤炭消费将以更快速度下降，其中可再生能源无法满足的需求缺口将由天然气补位。据 IEA 估计，在发电领域用天然气替代煤炭能够减少 50% 的碳排放，在供热领域这一数值为 33%[11]；工业燃料领域，用天然气替代煤和煤气进行锅炉燃烧能够降低脱硫、废物处理、设备保养等工序的成本；交通领域，天然气可以在重卡、船舶、航空等较难电气化且氢能尚未普及的领域替代石油。天然气对其他化石能源的替代能否发生取决于终端价格，比价优势差越大则替代效用越明显。在碳达峰后，天然气产业需要基本完成全国市场化体系建设，在上游资源供应和下游终端消费均形成竞争性的市场环境，以降低资源价格水平，提高天然气经济优势[12]。

3.2.2 参与新型电力系统构建

天然气发电调峰能力强、启停爬坡速率优势明显，热电联产发电时的能源利用率可达 80%[13]，同时布局灵活，适合集中式和分布式等多种场景。2030—2050 年，天然气发电占天然气终端应用的比例将大幅提升，成为天然气产业的支柱业务，国网能源研究院预测中国气电装机量到 2060 年将接近 3 亿千瓦。在这一阶段，减排目标将从“近零碳”转向“零碳”，天然气发电需与 CCUS 以捆绑组合的形式进行应用才能满足新型电力系统要求，将所产生的增量碳排放全部抵消。

3.2.3 发展综合能源服务

综合能源服务是传统能源、新能源和数字科技的综合应用，预计 2025 年市场规模将达到 0.8 万亿 ~ 1.2 万亿元，2035 年市场规模将达到 1.3 万亿 ~ 1.8 万亿元。在交通部门，综合能源服务以“油气氢电非”综合能源服务站的形式呈现，是天然气零售业务的自然延伸，符合碳达峰后期高比例新能源汽车的需求；在建筑、工业等部门，综合能源服务以数字化平台为基础，提供多类型能源的定制供应组合，以及节能管理、运维优化等能源配套

功能，可服务于家庭、园区、城市等各规模用能群体。天然气可利用其稳定性高、灵活性高、低碳的特点，参与需求侧的分布式低碳能源系统建设，与其他种类能源深度耦合，促进终端用能的多能互补和能源阶梯利用[14]。

3.3　长期（2050—2060 年）：回归原料，深耕 CCUS

碳中和目标实现前十年，可再生能源已成为我国能源消费主体，化石能源逐步从燃料属性回归原料属性，这一阶段的减排潜力主要来自负碳技术。天然气产业面临转型期，消费将稳步回落，可持续发展重点为产业升级。

3.3.1　聚焦化工领域

在碳中和前的冲刺期，天然气在燃料消费市场的应用场景基本被清洁电力和可再生燃料替代，而化工领域对天然气原料属性的需求将被保留，天然气化工将成为产业新支柱，但生产过程也需全程配备 CCUS 技术来中和碳排放。除了传统化工产品，天然气产业还可以向材料领域探索业务延伸，与新能源产业接轨。例如，天然气可以生产高强度碳纤维材料，用于制作储氢瓶；此外，天然气中混有锂、钠、钾、溴、碘等多种稀有金属，有潜力在新材料领域孵化出突破性技术，为产业长期发展注入新动能[3]。

3.3.2　服务 CCUS 产业链

天然气与 CCUS 在产业链各环节均关联性较强，具备共享技术与资源的天然条件，可成为能源转型后期天然气产业的重要抓手。上游业务领域，天然气的勘探开发区块是 CCUS 中地质利用和封存环节不可或缺的地质资源。据估计，我国通过二氧化碳强化天然气开采技术和利用枯竭气藏分别可以封存约 90 亿吨（二氧化碳）和 153 亿吨（二氧化碳）[15]。下游业务领域，捕集方面，天然气发电和天然气制氢的生产过程中均需配备 CCUS 进行二氧化碳捕集，捕集后的二氧化碳经过处理后可售卖获得经济利润；化工利用方面，突破性技术可使二氧化碳作为原料制作绿色化工产品，石化化工企业可以此作为主营业务，而仅在生产流程上升级改造，对销售运营管理模式予以保留。

4　政策建议

4.1　明确天然气战略高度，动态调整产业重心

明确天然气在能源转型中的重要定位，发挥气电、天然气制氢、LNG 加注在电力、氢

能、交通领域的关键支撑作用；考虑天然气的清洁能源属性，避免因“一刀切”而造成过早的产业衰退，保障技术和经济资源满足产业发展需求；宏观把控业务结构和发展进度，对现阶段重点业务予以资金扶持、技术引导和政策优惠，同时援助面临衰退淘汰的业务有序退出。

4.2 完善“产供储销”体系，推进市场化改革

产供方面，继续加大对国内天然气尤其是非常规气、深海天然气勘探开发的支持力度，对进口气加强地缘政治风险研判，谨慎调整进口资源国配置，组合应用长协和现货交易方式，提高议价能力；储气方面，完善天然气战略储备管理机制，提高储气设备规模和应急风险防控能力，发挥储气库商业和金融功能吸引社会资本注入；管输方面，持续推进天然气管网改革，完善“全国一盘棋”的管网设施规划建设，避免重复投资和无序竞争，做好集约输送、公平服务；天然气消费端，深化市场化改革，逐步放开垄断环节，形成竞争性价格机制，与电力市场和碳市场接轨。

4.3 促进产业链融合，构建跨领域合作生态圈

鼓励天然气与其他化石能源、新能源、数字经济及各用能部门的协调配合，打破产业间的体系壁垒，建立新的沟通渠道与合作模式以明确职能分工与利益分配；引导行业间信息数据披露共享，以综合能源服务为切入点搭建交流合作平台，提高不同种类能源间的耦合程度，培养天然气产业新的经济增长点。

5 结论

我国天然气产业的可持续发展应关注能源安全、绿色低碳、经济效益三个维度的关键问题，以“双碳”目标为引领，考虑能源转型过程中发展环境和供需情况变化，明确产业链中的业务重点和发展路径。短期来看，天然气面临窗口期，应在提高供给能力的同时深度减排，探索新能源业务延伸；中期来看，天然气面临消费达峰，应提高价格竞争力替代高碳化石能源，在电力调峰和综合能源服务领域发挥作用；长期来看，天然气面临转型，可以向化工原料用气和 CCUS 领域进行产业升级。总体来看，天然气产业的角色定位和发展机遇将随能源转型进程发生转变，应从战略层面提前布局谋划，动态调整产业重心，以市场化改革推进“产供储销”体系完善，在跨领域合作中发掘产业可持续发展新动能。

参考文献

[1] 范英，衣博文 . 能源转型的规律、驱动机制与中国路径 [J]. 管理世界，2021，37（8）：95–105.

[2] IEA. The Role of Gas in Today's Energy Transitions[R]. Paris, France: International Energy Agency, 2019.

[3] 张建平，王富平，梅琦，等 . 天然气与新能源融合发展路径研究 [J]. 国际石油经济，2022，30（1）：9.

[4] 国家发展改革委，国家能源局 .“十四五”现代能源体系规划 [EB/OL].（2022–01–29）[2022–06–27]. http://www.gov.cn/zhengce/zhengceku/2022–03/23/content_5680759.htm.

[5] 中共中央，国务院 . 关于完整准确全面贯彻新发展理念做好碳达峰碳中和工作的意见 [EB/OL].（2021–09–22）[2022–06–27]. http://www.gov.cn/zhengce/2021–10/24/content_5644613.htm.

[6] 壳牌 . 中国能源体系 2060 碳中和 [R/OL].（2022–01–17）[2022–06–27]. https://www.shell.com.cn/content/dam/royaldutchshell/documents/business–function/energy–and–innovation/asia–pacific/china/zh–cn–china–sketch.pdf.

[7] 中国石油经济技术研究院 . 2060 年世界与中国能源展望 [R]. 北京：中国石油经济技术研究院，2021.

[8] 洪涛 .“碳中和”目标下中国天然气不可或缺但发展空间将被压缩 [J]. 油气与新能源，2021，33（2）：32–37.

[9] 李孥，王建良，刘睿，等 . 碳中和目标下天然气产业发展的多情景构想 [J]. 天然气工业，2021，41（2）：183–192.

[10] 朱兴珊，樊慧，朱博骐，等 .“双碳”目标下中国天然气发展的关键问题 [J]. 油气与新能源，2022，34（1）：7.

[11] IGU. Gas Technology and Innovation for a Sustainable Future[R]. London, UK: International Gas Union, 2020.

[12] 隋朝霞，孙曼丽，张丹 . 碳中和目标对我国天然气行业影响分析及对策思考 [J]. 天然气技术与经济，2021，15（3）：5.

[13] 刘合，梁坤，张国生，等 . 碳达峰，碳中和约束下我国天然气发展策略研究 [J]. 中国工程科学，2021，23（6）：10.

[14] 孙齐，李孜孜，邹银，等 . 中国天然气分布式能源发展策略 与建议 [J]. 天然气技术与经济 . 2020，14（6）：1–6.

[15] 生态环境部环境规划院 . 中国 CCUS 年度报告 [R]. 北京：生态环境部环境规划院，2021.

二等优秀论文

浅谈如何开展安全环保隐患治理项目审计

李 明　潘晨曦　王晓磊
（中国石油集团测井有限公司）

摘　要：筑牢安全环保防线是企业持续发展、高质量发展的必要前提，扎实开展安全环保隐患治理项目审计，可为消除隐患、保障生产提供有力保障。本文通过探讨开展安全环保隐患治理项目审计的必要性，分享实务案例中的常见问题，进而有针对性地对重点关注领域提出建议。

关键词：安全；环保；开展方式

引言

以习近平新时代中国特色社会主义思想为指导，坚持落实“隐患就是事故，事故就要处理”的要求，审计部门作为保障企业经济健康发展的“免疫系统”，依法开展安全环保领域审计监督，促进安全环保工作科学发展，责无旁贷。安全环保事关企业的高质量发展、持续稳定和员工的幸福安宁，长期以来都受到企业的高度重视。但是，当前安全环保形势依然严峻，近几年出现的重大安全环保事故给人民群众生命财产造成严重损失，再次暴露出安全环保领域存在的突出问题。警钟常鸣，企业内部安全环保审计迫在眉睫，务必持续开展不放松，助力实现安全绿色低碳发展。

1　开展安全环保隐患治理项目审计的必要性

“隐患就是事故”，安全环保隐患是直接导致事故发生的“定时炸弹”。在工程技术服务企业内部开展安全环保隐患治理项目审计，是消除隐患治理缺陷的突破口，需要扎实开展并长期坚持。通过推进安全环保隐患治理项目审计常态长效，揭示管理问题，提出改进建议，堵塞管理漏洞，促进企业加强监管、完善制度。

一是促进扎实落实安全生产责任。严格落实“党政同责、一岗双责、齐抓共管、失职追责”的安全生产责任制，建立完善安全风险防控和隐患排查治理机制，审计部门发挥监督服务职能，协助企业将安全生产责任制落实落地。二是促进依法使用安全专项资金。安全生产费用是专门用于完善和改进企业安全生产条件的资金，按照“企业提取、政府监管、确保需要、规范使用”的原则，加强对资金投入和费用提取使用的审计监督，确保资金用到实处、发挥效益。三是促进规范管理隐患治理项目。通过审计隐患治理项目推动全过程合规管理，促进企业发挥一体化管理优势，提高隐患治理项目效率效益。

2 浅谈安全环保隐患治理项目审计的思路方法

结合工程技术服务企业生产现状和作业特点，明确审计目标，理清审计思路，统筹审计资源，拓展技术方法。围绕制度建设与执行、隐患治理资金管理、项目实施管理、项目效果评价等方面，有针对性地探析各环节的风险。

2.1 制度建设及执行方面

安全环保隐患治理方面的管理制度及标准体系是安全环保隐患治理项目执行的准绳，以制度建设和执行效果作为关注重点，揭示体制瓶颈，推动构建安全生产长效机制。收集安全环保相关实施细则办法，与相应上位制度规定比对，揭示开展项目所依据制度的控制风险及项目推进中的体制机制性问题。

2.2 项目资金管理方面

安全环保隐患治理资金是安全生产费用的重要组成部分，应按照资金额度安排，依法合规提取使用，专款专用。以专项资金审计为立足点，根据投资计划内容及金额，审查投资额度具体使用情况，比对治理措施实际消耗资金与投资额度，判断投资执行的真实性及专项资金使用充分性、合理性；通过财务系统追踪专项资金去向，进一步延伸核实，研判隐患治理资金使用范围的适用性；关注专项资金核算渠道的规范性、准确性；对有资金结余的项目，注意有无通过简化、压缩项目和虚报的情况。

2.3 项目实施管理方面

项目实施措施是消除安全环保隐患的直接手段，立项、选商、实施质量等全过程均是重点监督管理内容。以重点项目和重点业务为审计抓手，根据隐患风险程度和评估级别，理清治理措施与治理成果之间关系，研判治理方案编制合理性及治理方案措施执行的规范性、真实性；审查隐患治理项目计划的各环节开展的时间节点，判断其执行的及时性；梳理项目选商过程，分析判断采购流程及合同签订的合规性等。

2.4 项目效果评价方面

项目效果是安全环保隐患治理目标达成程度的真实评价，质量验收和评价管理是项目实施后的重点关注程序。通过盘点库存、查阅出入库记录等方式，验证治理措施执行真实性、治理物资使用情况；深入项目现场，对比治理前隐患状态与治理后现场效果，分析评价治理目标达成程度；查阅项目后评价报告，根据现场隐患治理情况，鉴定报告内容的真实性、完整性、准确性；结合资产台账，现场盘点隐患治理资产，揭示资产管理存在的问题。

3 安全环保隐患治理项目审计问题的原因分析

3.1 制度体系不健全，缺乏执行细化标准

长期以来，工程技术服务企业的两级管理部门对安全环保工作十分重视，不断完善安全管理体制机制，建立健全管制体系，但顶层设计与政策落地出现脱节，部分下属企业未制定具有针对性的管理办法，使个别特殊地区安全环保工作无章可循，部分下属企业虽细化相关制度，但内容存在漏洞缺陷、管理办法过于简单，执行层面容易出现纰漏却不自知。需要两级管理部门针对制度建设及执行出台相应的管控要求措施。

3.2 资金管控不严，投资监管不到位

安全工作是企业生存的基础，是企业发展的保障，工程技术服务企业对安全环保隐患治理工作投入大量人力、物力、财力，建立基层排查风险上报隐患治理方案，两级管理部门下达投资计划支持治理隐患、下属企业科学执行治理隐患的治理流程，有效将重大风险隐患扼杀在摇篮里。但个别项目仍存在治理资金使用控制不严、投资监管不到位，从而导致资金管理有疏漏的情况。究其原因：一是资金来源不一，隐患治理资金来源分为公司投资和下属企业承担两种情形，下属企业存在依托企业下达投资项目治理自己承担的隐患治理项目情

况；二是额度控制不到位，个别下属企业对隐患评估不到位，治理方案编制不科学，导致治理额度预估与实际花销差异较大，存在超投资现象；有自行扩大规模、提高标准和搞计划外工程等现象；三是投资执行不到位，个别下属企业不够重视隐患治理项目的执行效率，存在项目执行拖沓现象、转资不及时、治理实施情况不符合生产工程实际，甚至编造后补过程资料；四是财务核算不准确，财务人员经验不足，对生产工程情况不了解，未与治理执行人员充分交流，导致资本性支出和费用性支出混淆、资产转资不规范，产生部分账外资产。

3.3 项目实施不规范，隐患治理不彻底

隐患治理的实施过程是隐患治理项目的重要部分，决定着安全隐患是否能被彻底消除，避免产生次生隐患。问题主要表现在：一是立项管理不科学，隐患治理项目在立项环节未经充分隐患评估论证，无可靠数据资料支撑，盲目开展治理活动；二是选商管理不合规，由于部分安全隐患急于整治，承办方忽视合规管理，未按照国家法律法规要求和公司相关规定进行招标投标、谈判采购，产生经营风险；三是质量管理不到位，个别项目未按照批准方案实施，治理效果不受控，使隐患不能得到有效治理，项目进度滞后，增加隐患事故发生概率。

3.4 项目评价不重视，成果转化成空谈

安全环保隐患治理项目的后评价工作是对治理效果的针对性评价，是对预期治理目标达成程度的核实验证，对后续相似隐患治理项目具有指导意义。部分下属企业只关注隐患治理的实施完成，对后续评价工作不够重视，存在对重大安全隐患与普通安全隐患区别对待、项目评价报告质量参差不齐，甚至部分隐患治理项目未开展效果评价工作、部分项目产生的成果被忽视，不能对安全环保工作提出有效建议，不能对其他相似项目起到指导作用，使项目成果局限化，限制了成果转化的可能性。

4 安全环保隐患治理项目审计问题的解决策略

4.1 完善管理体系，强化学以致用

坚持“体系化管理、制度化业务、标准化流程、特色化基层”原则，根据企业顶层设计与地方政策法规细化隐患治理相关制度办法，健全管理体系，遵章守纪开展业务，不断优化流程，制作业务适用的制度清单与过程控制表单，使项目执行有据可依、有迹可循。同时，加强制度宣贯学习，扎实组织培训，保证学习质量，将制度条款应用到隐患治理实际工作中，促进隐患项目高质量开展。

4.2 加强业财融合，严把立项关口

加强业财融合，设置专项核算，按项目明细规范列支隐患治理资金，如实反映资金使用情况，在财务管理层面做到专款专用，单独核算，易于监管。加强投立项管理，在充分进行事故隐患评估及可行性研究的基础上，科学编制治理方案，按照流程严把项目立项关口，对重大项目逐项审核，持续提高执行效率，确保隐患项目实现预期目标。

4.3 加强合规管理，推动治理进度

强化内部控制，按照流程规范开展招投标、合同、施工、验收、结算各环节工作，充分利用信息化手段，通过信息系统数据分析联动、及时跟踪项目执行情况，提升项目实施规范化水平。加强项目进度管理，严格按照治理方案组织实施项目，强化质量控制和进度落实，建立项目进度表，按照时间节点推进项目实施，确保项目执行及时、过程可控，彻底消除安全环保隐患。

4.4 重视治理效益，总结治理经验

进一步关注治理效益效果，规范开展后评价，通过全面系统分析，评定预期治理目标实现程度，确保项目评价到位、资金用到实处、隐患得到解决。同时，分享治理过程案例，举一反三，总结高效的解决隐患手段，为类似隐患提供实际治理经验，为企业安全环保工作提供有效助力。

5 思考及建议

5.1 联合专家，稳步推进

安全环保隐患治理项目审计作为一项创新型审计，涉及会计、法律、安全管理及合规管理等多方面，对审计人员的综合素质提出更高要求。积极、稳妥地推进安全生产审计工作，借助安全生产管理专家的力量，组建复合型审计组，是完成安全方面审计工作的有效手段。应在审计工作中互相学习，以干代培，拓展业务维度，不断创新审计发现领域，提高审计人员综合业务能力。

5.2 切入重点，逐步覆盖

因安全环保隐患治理项目规模不定、数量较多，且审计人员专业素质不一及审计时间有限，这就要求选择重点领域、重点项目、重点环节，例如资金管理、项目实施监管等，

找准切入点分时期、分步骤开展具体审计工作。在审计过程中，科学制定审计方案，充分考虑可能存在的审计风险，采用适当的审计方式方法，合理制定评判标准，沿着隐患治理项目实施轨迹，收集有效证据，逐步追踪各环节管理情况，由点及面，最终实现审计工作的项目过程全覆盖。

5.3 注重效益，落实责任

隐患治理效益效果是隐患治理项目开展的“成绩单”，为确保专项资金安全与效益，审计人员在审计过程中不仅要看被审单位在安全管理中做了什么，更要看隐患治理的效果如何，是否将专项资金用在“刀刃”上，提高专项资金使用绩效，真正做到消除隐患保障生产。同时，从安全生产领导责任落实和安全生产防控制度运行绩效等层面提出指导性改进建议，促使各级领导干部以高度的思想自觉、政治自觉和行动自觉，全力做好安全环保工作，扎实落实安全环保责任，牢固树立“谋发展必须把安全放在首位”的理念。

5.4 统筹兼顾，升级成果

多项目协同实施，结合领导干部经济责任审计或安全关键岗位审计，统筹开展安全环保隐患治理项目审计，将有关部门和相关单位安全环保隐患治理的责任落实情况、管理制度执行效果等列入审计关注要点，最大限度地节约审计资源，减轻审计对象负担，扩大审计覆盖面，做到“一审多项”“一审多果”。创新机制协作与联动，与企业安全管理部门的审核检查联动合作，增强监督合力，做到“一果多用”，从安全体系问题中透视隐患治理症结，立足表面问题洞悉管理缺陷，做到标本兼治，升级审计成果。

安全环保是企业的生命线，是企业创造效益的最大保障。安全环保隐患治理项目审计是一项针对性较强、关注度较高的审计项目，关系到企业安全生产工作质量，全面开展安全环保隐患治理项目审计将促进企业安全环保管理水平不断提升，为建设世界一流企业保驾护航。

参考文献

[1] 李道珏 . 浅谈如何有效开展安全生产领域审计监督 [J/OL]. 2016-12-21.

[2] 巫元建 . 基于企业信息管理系统开展的大数据审计实务探讨 [M]. 北京：中国商业出版社，2020：106-115.

[3] 蔡春，郑开放，王朋 . 政府环境审计对企业环境治理的影响研究 [J]. 审计文摘，2021（10）：92-94.

中国石油共享中心财务人员发展方向探究
——以成都共享中心为例

廖彦姝

（中国石油集团共享运营有限公司成都中心）

摘　要：近年来财务共享模式已经被大量企业广泛应用，并被证实效益显著。随着信息化水平的不断提升，共享中心的财务人员利用信息化手段解决大部分基础财务问题，与传统财务工作相比，实现了快捷、高效地完成工作，但也应该看到财务人员机械重复地处理着基础财务业务，对于他们而言未来的发展方向和趋势在哪，需要我们进一步的探讨和分析。

本文以中国石油集团共享运营有限公司成都共享中心（以下简称成都共享中心）为例，结合实际工作中财务人员职业现状进行分析，有针对性地从财务人员自身、共享中心两方面提出理论解决方法，为保障中国石油财务人才战略有效执行提供一定的理论支持。

关键词：共享中心；财务人员；财务转型

1　研究的背景和意义

近年来，中国石油集团公司走在信息化前端，积极推进“一个全面、三个集中”财务管理模式，分别在大庆、西安、成都组建了三家共享中心，三家中心通过内部招聘模式，将中国石油各地区公司（以下简称地区公司）财务部门1900余名财务人员聚集在三个中心，集中开展财务工作。

共享中心从基础的体系搭建到2020年国内财务共享138家企业全面上线，标志着中国石油共享服务体系“有没有”的问题已经解决，随着海外财务共享快速推进，国内外财务共享发展形势已经发生根本性的变化，共享发展大势已经形成，正式进入“边运营、边提升”的新阶段。

随着信息化水平的不断提升，共享中心财务人员的工作方式也发生了翻天覆地的变化，传统自动化模式已经不能满足日常工作要求，人机交互自动化技术和智能化应用刚刚起步，人才结构性短缺矛盾依旧突出，从人员结构来看，相关管理流程放慢，专家和数据科学家占员工总量20%，关键人才十分缺乏，约束激励不够精准有效。共建共治共享共赢体系未有效形成，协同推进重点任务的工作机制需进一步优化。

在此情况下，本文以集团公司提出的运营中心、专家中心、创新中心为研究方向，成都共享中心为例，结合实际工作，把人才作为推进共享事业发展的关键因素，致力于探讨共享中心人员优化的方向，为打造专业化人才队伍提供建议。

2 成都共享中心财务人员工作概况

2.1 成都共享中心财务人员工作模式情况阐述

2.1.1 成都共享中心介绍

成都共享中心隶属于中国石油集团共享运营有限公司，是中国石油天然气集团有限公司根据深化企业改革、推进管理转型发展需要，按照“1+3+4”整体布局设立的三个区域中心之一。2018 年 12 月开始筹建，于 2019 年 11 月 8 日完成工商注册登记。

成都共享中心下设综合部、运营管理部 2 个综合支持部门和采购应付部、销售收款部、总账报表部、薪酬服务部、员工服务部、海外业务部 6 个业务部门，现有员工 537 人。负责为 61 余家地区公司提供财务管理、人力资源、技术支持、大数据处理等共享服务，服务单位涵盖勘探与生产、炼油与化工、成品油销售、天然气销售、工程技术、国际事业、金融、科研等八大业务板块，遍及西南、华南、华东、华中片区及海外地区。

成都共享中心围绕国内财务共享、人力资源共享和海外财务共享三条业务主线，筑牢服务交付、客户体验和创造价值三大基石，积极打造运营中心、专家中心和创新中心。

2.1.2 工作流程介绍

随着信息化手段的不断加强，现财务处理手段已不再是传统意义的看单做账，而是人机交互模式：将地区公司涉及采购至付款、总账至报表等职能纳入共享中心，通过重塑流程框架，将由地区公司分散处理的交易活动转变为集中统一处理，并对其进一步标准化，逐步消除板块间、地区公司之间的处理差异。

财务共享采取标准化、流程化、流水线作业模式，各项业务严格按照相应操作手册处理，提升准确率和及时率，具体操作如下。

地区公司方面：业务部门先对基本事项进行表单填写、接业务、财务流程审批，最终提交共享，完成地区公司提单流程。

共享中心方面：在数据融合的基础下，成都共享中心的财务人员以地区公司填报的表单为基础，对附件进行审核、表单填报进行查阅，财务模板没有自动抓取的数据找寻原因，及时与地区公司沟通核对，无误后通过系统拉取的数据，完成凭证处理、报表生成等完整的财务基础工作。在此过程中将业务和财务流融合到一起（图 1）。

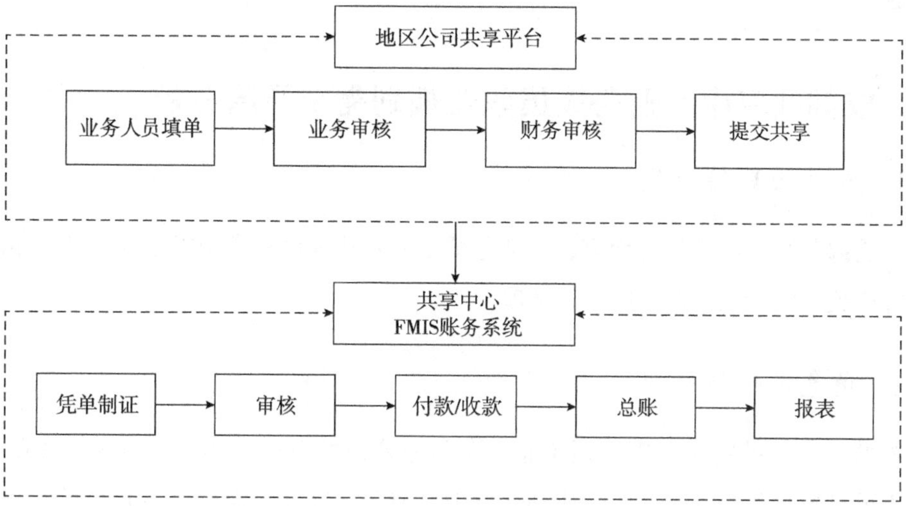

图 1　共享中心业务流程图

2.2　成都共享中心财务人员队伍现状

2.2.1　财务人员队伍现状

（1）年龄呈现年轻化：成都共享中心平均年纪 32.9 岁，40 岁以下约占 75%，员工年纪跨度较大，年纪小的是刚从大学毕业的 23 岁或 24 岁的员工，年纪大的 40 ~ 50 岁的员工。

（2）技能呈现专业化：成都共享中心具有高级职称的 21 人，中级职称 240 人，中高级职称占总人数的 48.6%，部分员工具有美国注册管理会计师、中国注册会计师、税务师等相关的财务专业证书。

（3）学历呈现高水平：成都共享中心在招聘时对于学历进行了严格的要求，员工均为大学本科以上学历，整体学历水平较高，大部分来自财务专业。

2.2.2 财务人员职业现状

（1）工作性质呈现服务化：从工作性质上而言，成都共享中心服务于中国石油各地区公司，即是“乙方”单位，需要较强的服务沟通能力。

（2）账务处理呈现多元化：财务融合后，所有账务均需要共享中心处理，在账务处理核算、针对对象等方面发生了改变，在原单位只是对于本单位的账务进行处理，但在共享中心，涉及中国石油下属的四大板块——炼化、油田、销售、科研，所有的账务均有机会进行接触。

3 成都共享中心财务人员职业规划需求矛盾分析

3.1 职业规划待细化

对于成都共享中心的员工而言，大部分员工流水化地做着简单重复的制证、审核、出具报表等相关工作，工作较为单一和烦琐。

3.2 角色定位待转变

成都共享中心的定位为服务型企业，大部分公司所在地为非成都地区，在业务处理过程中需要进行远程服务，这对于成都共享中心财务人员而言需要较强的沟通、服务等全方位的综合能力，才能保障给客户提供优质的服务，而在实际工作中，由于成都共享中心成立时间不长，财务人员还未及时对于服务型财务角色进行转换，仍有部分员工抱有原有“甲方”工作心态，服务意识较为单薄，角色定位急需转变。

3.3 业务技能待提升

成都共享中心财务人员大多从原地区公司招聘而来，长期接触同一板块、同一核算要求，原有的财务核算对于财务人员的全面性、综合性要求不高，导致部分员工存在财务知识较为单一、业务局限、为地区公司处理解决问题的效率较低，影响服务质量。

3.4 海外人才较缺乏

共享中心财务人员大部分服务于国内中国石油相关业务，对于海外业务接触较少，较多海外业务部的员工不具有海外背景、海外的语言结构，人员轮换接替时会出现断档调整期等诸多问题。

3.5 工作范围待拓展

成都共享中心大部分服务范围为中国石油内部业务，在服务外部企业方面较少涉及，工作范围较为局限。

4 共享中心财务人员未来职业规划的对策

4.1 正确定位财务人员，打通职业发展渠道

结合企业实际发展和财务共享服务体系建设的需要，公司需要对现有的财务工作人员进行重新评估和定位，尽可能全面地了解员工的工作状态，充分考虑员工的诉求，科学客观、综合全面地评估员工的实际工作能力、专业素养和潜在发展空间，确立严谨、合理的评估标准，例如对于员工现有的知识结构、学习潜力、工作态度等进行评估，准确定位现有的财务人员，坚持自愿、公平的原则，将其调整到合适的工作岗位。打通职业发展的通道，建立“纵横”通道，双管齐下，提供双向人员职业发展渠道，具体操作如下：

纵向渠道：分别从技术通道和管理通道两个方面为员工提供发展机会。

在技术通道中：成都共享中心人员根据自身专业技能水平，将由初级专业职位逐步发展为三个团队，分别是流程标准化、专家、IT 团队，这三支团队根据员工的知识结构进行划分。流程标准化团队：以中国石油行业统一准则为依托，对于上线企业的业务进行统一梳理，形成流程标准化方案，便于其他单位参考实施。专家团队：意在形成一套整体的专家业务水平团队，用专业化较高的人才队伍来实现共享业务的进一步优化和发展。IT 团队：随着信息化水平的不断提升，将来的财务共享即是 IT 业务，IT 业务即是财务共享，未来的财务业务均由 IT 业务进行维护和处理，最终形成 IT 团队。三支专业团队的建立，不仅实现共享中心飞速发展，同时也给员工在技术通道的发展方向上提供了上升的渠道。

在管理通道中，成都共享中心人员根据自身管理能力水平，将由初级专业职位逐步发展至高级管理职位乃至决策层，形成管理岗位的晋升渠道（图 2）。

横向渠道：共享中心有五个业务部门，部门之间各自发挥不同的作用，且相互之间工作范围通过系统划分较为明确，可通过随时转岗的模式实现人员之间的相互流通、取长补短，历练成为全方位人才。全方位人才的建立不仅仅有利于共享中心的发展，更对于员工而言，对于未来地区公司在人才补给不足的时候可提供专业化的人员输出，实现地区公司、共享中心双向道路的畅通（图 3）。

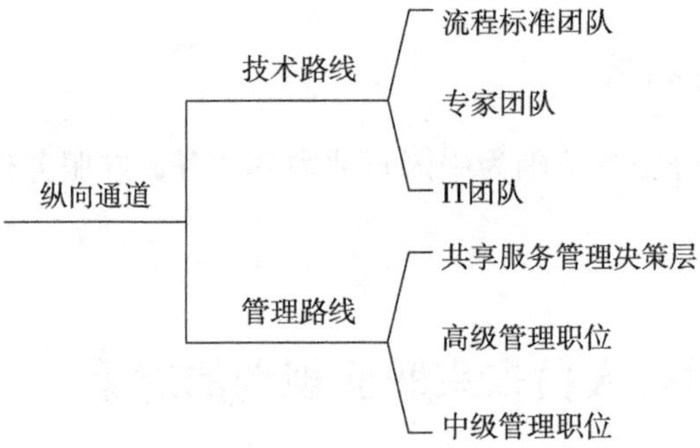

图 2　纵向渠道图

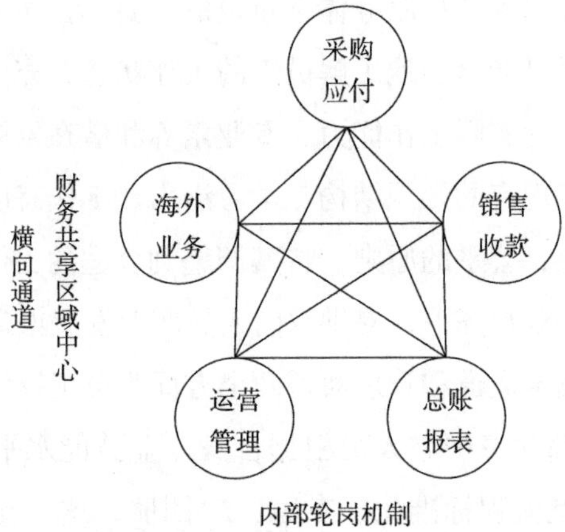

图 3　横向渠道图

4.2　改变财务工作思路，转型为综合型财务

财务转型首先需要从思想上进行转变，打破原有传统稳定工作的思路，变核算会计为综合型会计，并加强对财务人员的考核，将综合性会计的思路“量化”到具体的指标，此时可引进“平衡计分卡”理念，从财务、服务、自身学习成长、综合水平能力四个维度量化指标，严格要求财务人员，实现财务转型。

共享中心人员平衡计分卡基于四个维度出发而实现绩效评估的战略管理工具，其中财务维度：以共享中心流水线制证量、完成率、差错率等作为指标进行考核；综合水平维度：积极鼓励员工多参与新系统开发、系统上线等专项工作，以工作完成情况、团队共享率等作为考核指标；服务维度：根据客户满意率、及时率等地区公司整体考评结果为依据；学习与成长维度：根据员工自身考取证书、参加培训的频率、培训结果的测评等作为考核指标。共享中心可结合自身公司考核机制，对于四项指标进行比例划分，并与绩效挂钩，确保鼓励员工的同时形成竞争机制，使员工在成长和发展道路上畅通（图 4）。

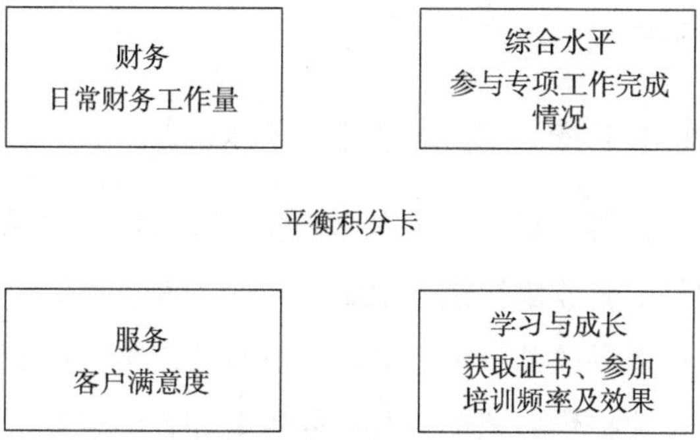

图4　人员平衡计分卡图

4.3　加强自身专业学习，提升整体技能

学习对于财务人员而言是一个不断进步的过程，在瞬息变化的今天，财务更加需要不断地提升自我。

财务人员方面：应该从自身工作实际出发，有针对性地考取相关的证书，获得相应的资质，在学习过程中结合工作中出现的问题，有针对性地运用所学的知识去解决问题，并不断的进行总结，避免出现会考试、不会工作的情况。

共享中心方面：建立培训机制，形成“比学赶超”氛围。充分认识培训对能力提升的重要意义，坚持按需施教，切实增强培训针对性，充分利用各种有效时机，分期分批开展培训组织，引导员工主动适应共享发展环境，构建横向升档、纵向升级、多通道发展的岗位体系，做好岗位设置，权责落实、制度保障等重点环节工作，充分释放人才创新创效新功能。

4.4　建立人才机制，打造海外专业队伍

海外业务的全承接过程中，人才队伍的建设需要在海外经验、交流对接方面摸索适应海外工作开展的方法，强化与海外主流信息系统集成融合，确保人员全面发展，可从核心技术保有机制和人才培养两方面打造海外专业队伍。

核心技术保有机制方面：利用已有成熟的海外业务优秀人才所具有的国际视野、全球意识和所掌握的先进技术、管理经验，深入分析、学习，通过传、帮、带的形式，提高海外业务专业化人才水平。

在人才培养方面：一是要坚持项目培养，以“传、帮、带”的方式，让海外业务成熟人才与储备人才组成团队，加快人才培养，实现事业孵化人才、人才推动事业的良性循环；二是要坚持轮岗培养，选派不同专业、不同岗位的储备人才进行轮岗交流，熟悉国际

市场环境，增强国际化意识。

4.5 积极开拓外部市场，全面打造品牌效益

共享中心财务人员应该将共享中心在内部企业实行过程中从现有构架、功能模块进行推广交流，不仅可以向外部企业承接代理记账、审计咨询、税务筹划、财务管理等业务支撑，还可以搭建其公司所需要的共享中心平台建设服务，给予技术、专业、经验等方面的支撑，同时可为这部分企业提供后期运维及业务咨询等有偿服务。业务的拓展也对共享中心财务人员提出了对应业务学习更广阔的平台，不仅需要夯实专业业务能力，更需要的时分析问题、解决问题的能力和思路。

参考文献

[1] 王津兰．中国石油财务共享服务建设初探 [J]. 财会通讯，2019（8）：86–88.

[2] 纪海东．不断创新优化大型国企共享中心 [J]. 现代国企研究，2019（14）：49–50.

[3] 姚惠琴，赵静．“走出去”背景下国有企业国际化人才队伍建设举措 [J]. 中国商论，2020（19）：189–190.

基于利益相关者视角的国际石油公司漏油事件分析

李世群　朱 斌　张奕飞
（中国石油国际勘探开发有限公司）

摘　要：2022 年 1 月 15 日，西班牙雷普索尔公司（REPSOL）旗下 La Pampilla 炼油厂发生重大石油泄漏事故。事故漏油量至少达 12211 桶，附近的海水和海滩受到污染，对近海的生物和生态系统、沿岸和附近的渔业和旅游业，以及附近居民的身心健康均造成不同程度的损害。本文采用利益相关者的理论和框架，描述漏油事故的主要利益相关者在这次事故中采取的态度和行动，分析事故对主要利益相关者造成的影响及 REPSOL 可能面临的法律责任，进一步分析和总结事故的主要原因和经验教训，对国际石油公司在秘鲁开展油气投资业务提出建议。

关键词：雷普索尔公司；La Pampilla 炼油厂；石油泄漏事故；利益相关者；法律责任；油气投资业务

引言

第二次世界大战以来，世界各国为应对激增的石油需求，积极在近海乃至深海进行石油勘探开发作业，同时油气资源地理分布与需求的不匹配也导致全球油气跨海运输业务快速增长。随着海上油气田的投产和油气运输航线的日益繁忙，海上漏油事故时有发生。石油泄漏入海主要有油轮事故、海上钻井平台安全事故、近海或海上输油管线泄漏及人为故意泄漏四种途径[1]。此外，海上日常作业也可能导致小规模的漏油，如钻井平台清洁、机械自用油泄漏等。

大规模的海上石油泄漏不仅会造成重大经济损失，还会破坏海水水质及周边自然环境，甚至给当地生态系统带来毁灭性的打击。美国、英国、法国、加拿大等发达国家都发生过重大的海上漏油事故。

1　雷普索尔公司漏油事故情况

2022年1月15日，西班牙雷普索尔公司（REPSOL）旗下位于秘鲁卡亚俄省本塔尼利亚（Ventanilla）区La Pampilla炼油厂的Mare Dorium油轮发生石油泄漏，事故发生时该油轮正在码头为La Pampilla炼油厂卸油。无人机拍摄的画面显示，黑色的油污覆盖了近海海域和海滩（图1），沿岸至少有1.2英里和两个海滩被污染，海滩上的游客被当局疏散。

该事故被秘鲁政府认为是国家近期发生的“最严重的生态灾难”，卡斯蒂略总统宣布国家进入紧急状态，并成立委员会来应对危机。政府机构对REPSOL公司下达行政指令、启动处罚程序并采取法律措施，非政府组织对秘鲁提供专业帮助。1月28日，司法机构宣布对La Pampilla炼厂的董事会主席和其他3名高管发出18个月的出境禁令。当日，REPSOL公司确认1月15日泄漏的石油量为10396桶。

图1　受污染的海滩

2　石油泄漏事故应对中主要利益相关者的活动分析

2.1　利益相关者理论概述

“利益相关者”一词最早于1963年由美国斯坦福研究所提出[2]。利益相关者理论被用来描述和解释特定组织的特征和行为[3]。Freeman在1984年将利益相关者理论引入管理文献的主流，在其出版的《战略管理：利益相关者的途径》一书中，将利益相关者定义为

“影响组织目标的达成并受其影响的任何组织和个人”，认为这是“当前最流行、最广泛、最经典”[4] 的定义之一。Mitroff 将利益相关者理论引入危机管理领域[5]。Pearson 和 Mitroff 认为，在危机管理时，管理者必须回答三个有关利益相关者的问题：哪些利益相关者影响危机管理？哪些利益相关者被危机管理所影响？在危机中利益相关者如何被系统地分析和预期[6]？在危机管理领域，利益相关者是指被卷入危机的“大的和复杂的个体、利益团体和制度”[7-8]，可能涉及广泛的内部参与者和外部参与者。

利益相关者可能包括客户、供应商、竞争对手、高管、中层管理者、员工、工会、政府部门、自然环境、法律制度，甚至子孙后代。危机的利益相关者是应对和评价危机的重要因素，其行为不仅影响危机管理的结果，同时也影响日后潜在的危机管理制度和程序。利益相关者介入的深度和广度能够在不同国家形成、塑造和改变危机管理体系和机制。分析和研究一个国家的利益相关者应对危机的过程，有助于投资者做好危机预防和应对，避免发生颠覆性风险。

2.2 石油泄漏事故应对中的主要利益相关者

在对利益相关者分类的众多论述中，Clarkson 的分类最为经典，他将利益相关者分为主要利益相关者和次要利益相关者。Clarkson 认为，从公司角度看，缺少了主要利益相关者的持续参与，组织就不能作为现有的关切而生存；次要利益相关者是另一个群体，虽然他们影响组织并被组织影响，但他们并不参与公司的交易行为，对公司生存不是必要的[9]。在所有利益相关者中，中央政府、地方政府、非政府组织、军队和警察、社区、企业、灾民、媒体、自然环境、法制环境都可以直接影响灾难管理和被灾难管理所影响，应归类为主要利益相关者（图 2）；其他一些参与者，比如客户、供应商、竞争对手、股东、工人和特殊利益集团则归类于次要利益相关者。中央政府为危机管理提供政策和财政支持，地方政府处在危机管理第一线，非政府部门和志愿者组织提供救援服务，军队和警察奋战在最危险的地方，社区是问题解决体，企业受政府监管且支持政府的危机管理，公民通常是危机的受害者，媒体通常参与到危机管理的全过程，将事实和真相传递给公众，持续监督政府行政的透明度。自然环境既可能是灾难的引发者，又可能被灾难破坏。一些国家对环境污染事故的应急处置和损害赔偿进行专门立法，实现实体和程序的一体规定，法律制度也在一次次危机和灾难应对中发展完善。此外，在许多案例中，危机能够超越国界影响到其他国家，将不同国家的利益相关者集合在一起，比如联合国、世界卫生组织等国际组织经常介入到国际援助和合作中。

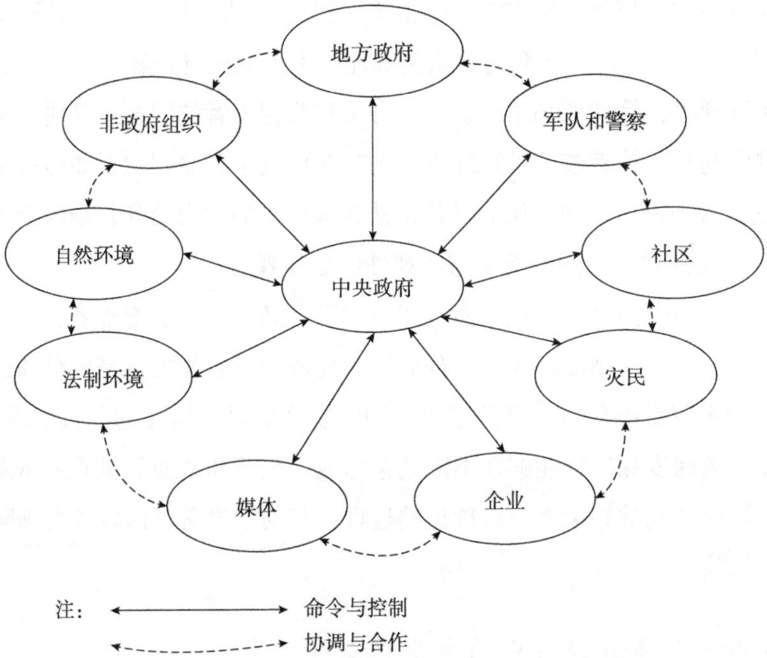

图 2　石油泄漏应对主要利益相关者和管理过程

2.3　雷普索尔漏油事故中主要利益相关者的活动分析

2.3.1　秘鲁政府

中央政府在必要时会直接参与地方灾难的管理和应对。

雷普索尔漏油事故发生于 2022 年 1 月 15 日。2022 年 1 月 18 日，秘鲁环境评估与监察署（OEFA）向 La Pampilla 炼厂发出一系列行政命令，包括确定受影响区域、遏制石油扩散并回收、海域清理及妥善处置废物等。2022 年 1 月 19 日，秘鲁总理宣布政府成立危机委员会以应对漏油事故；同日，能源和矿业投资监督机构（OSINERGMIN）下令 La Pampilla 炼厂 2 号码头暂停所有运营活动直到确定漏油原因。2022 年 1 月 20 日，OEFA 向 La Pampilla 炼厂发出新的立即执行行政命令，包括救助和治疗受影响的动物群，回收泄露石油，清理和修复受影响的区域，对清理和修复的区域进行水、土壤和沉积物的采样和测试，以及对受影响区域的生态系统和生物多样性进行监测。2022 年 1 月 21 日，秘鲁环境部通过决议，宣布受漏油事件影响的地区进入 90 天的环境紧急状态，批准了应急行动计划，以处理环境紧急情况。环境部负责人视察了海滩清理工作，并与 REPSOL 公司的代表进行交谈。

2022 年 1 月底，因 La Pampilla 炼厂未能在规定时间内完成 OEFA 下达的行政指令，

OEFA 对外公布启动对 REPSOL 的制裁程序，并表示处以 4000 纳税单位的行政罚款，相当于 1840 万索尔。政府宣布停止附近码头的所有装卸活动，直到 La Pampilla 向 OEFA 提交油气泄漏处理计划，同时要求炼厂获得相关部门出具的关于涉事设施具备完整性和可操作性的许可证明。2022 年 1 月 31 日，议会委托安第斯、亚马孙和非洲裔秘鲁人民、环境和生态委员会对漏油事故开展深入调查。2022 年 2 月 13 日，环境部通过决议，更新了 2022 年 1 月 21 日的应急行动计划，根据洋流的影响进一步优化对漏油事故的处理方式和范围。

2022 年 4 月 26 日，尽管距离漏油事故发生已过去 100 天，但任何政府当局仍未发表任何声明，说明受石油泄漏入海影响的沿海地区的清理行动的有效性。2022 年 6 月 14 日，危机委员会提交最终调查报告，称该漏油事故是秘鲁最严重的生态灾难，“根据国际油轮和石油码头安全指南，油气卸载操作中存在不当做法、过时的应急计划和不遵守国际公约的现象”，泄漏量至少达 12210.84 桶。媒体和民众认为，政府当局很明显没有制裁 REPSOL 公司的意愿，因为在生态灾难发生 5 个月后，OEFA 仍在对 REPSOL 公司宣布“已完成清洁”的 28 个海滩进行审查和评估，未公布任何进展，当局也没有兴趣清洁和修复受污染影响的地区。国会议员帕拉西奥斯表示“秘鲁的国家公共机构在紧急情况下表现出完全缺乏应对漏油紧急情况的能力。同样，制裁能力有限且薄弱”。

2.3.2 地方政府

虽然中央政府的职能之一是预防、缓解和应对突发灾难，以及帮助灾区从灾难中恢复正常，但中央政府通常没有足够的能力深入到具体的灾难现场，而地方政府处在灾难管理的第一线，其基本职责就是保护辖区居民的生命和财产安全。Ventanilla 当地政府向媒体表示，虽然没有及时收到 REPSOL 公司的预警，但当泳客闻到油味后，他们立即派遣救生员和警察进入涉事区域，确定水中的黑色污渍是石油后，立即疏散泳客并关闭海滩。事发次日，市政府表示，已经开始向环境部、OEFA、专业环境检察官办公室（FEMA）和卡亚俄省等相应机构报告“不幸情况”，提请中央政府宣布 90 天的环境紧急状态，并对 REPSOL 公司采取强硬措施。可惜的是，当地政府并没有及时妥善应对漏油事故，间接导致事故处理时间的延长。至 2022 年 2 月 13 日环境部通过应急行动计划之时，涉及当地政府的责任也仅为教育民众减少在漏油影响范围内活动。

2.3.3 军队和警察

2022 年 1 月 24 日，驻扎在钱凯区的包括步兵和海岸警卫队在内的 500 多名军事人员集结在灾区，建立了三个油污处理团队。军人们身着聚乙烯套装、口罩、靴子和石棉手套，参与海滩清理和油污收集，同时使用工程机械进行刷沙。海军还通过空中和海上巡航，监测救灾进度，军队的帮助大大加快了油污处理速度。

2.3.4 石油公司

石油泄漏事故发生后，石油公司尤其是石油巨头的社会责任问题往往成为关注的焦点。本次事故中，首当其冲的是 REPSOL 公司。2022 年 1 月 20 日，REPSOL 公司通过官方网站表示，自漏油事故发生以来，公司的应急计划已经启动，部署的系列行动包括：一是关闭阀门，停止油品装卸工作；二是探查水下设施的破坏程度和其他可能的泄漏点；三是空中、海上和陆地的持续监测；四是在海上部署超过 2.5 千米的围油栏，覆盖可探测区域；五是派出 10 艘载有 50 人的小船回收漏油；六是将 700 多人分成多个小组，进行海滩清理和修复工作；七是与秘鲁国家森林和野生动物管理局（SERFOR）联系，提供资源保护动植物群；八是与环境部、能源和矿产部、生产部、OEFA、海岸警卫队总局（DICAP）等主管部门保持沟通。

此后，REPSOL 公司在网站建立专门主页，每日通报漏油事故处理进展。对于油污清理，REPSOL 投入 73 台重型机械、9 台撇油器（海洋清洁设备）、27 艘大型船、90 艘小型船舶和 9 个浮动油囊。此外，REPSOL 在 Cavero 和 Faro Chancay 海滩之间的海面设置 4.4 千米的围油栏。

最终的调查报告称，2022 年 1 月 15 日下午 5：18 左右，事发区域没有异常海浪，也没有水下暗流。事故发生后，La Pampilla 没有向当局正确通报最初的应急行动，该公司在任何时候均声称“泄漏已被控制”，且立即启动了应急计划，然而事实可能并非如此。这样的调查结论显然对石油公司不利。

2.3.5 社区和当地民众

石油泄漏往往会摧毁受灾社区的自然环境和生态系统，可能对当地的捕鱼业、旅游业、餐饮业带来灭顶之灾。本次漏油事故导致渔民的捕鱼量只有之前的 10%，民众由于对污染的担心而降低了海产品消费。渔业人士陆续发起对 REPSOL 公司漏油事故及海滩清理滞后的抗议和索赔。截至目前，政府只考虑给予受石油泄露影响的渔民 1000 索尔 / 人的补偿。

2.3.6 非政府组织和志愿者

漏油事故发生以来，总计有 72 个秘鲁及国际非政府组织或民间团体参与其中。这些组织发挥的作用包括：一是敦促政府更加有效地承担责任；二是号召环境部发挥更大的领导作用，协调国家、公司和民间社会之间的行动；三是敦促地方政府采取行动；四是敦促OEFA每日监督涉事公司对行政命令的执行情况，同时向民众通报；五是利用自身资源征集物资和资金；六是促使SERFOR与民间组织和专业人员合作，组织志愿者和政府人员救援野生动植物。2022年1月24日，联合国9名专家到达秘鲁，为应对漏油事故提供技术援助。社会发展融合部（MIDIS）与国家渔业协会（SNP）合作，将渔业公司聚集在一起，向渔民捐赠12000个金枪鱼罐头及400个装有基本必需品的应急包。

非政府组织鼓励志愿者参与事故应对，对志愿者进行油污危害培训，内容包括清理时间、休息时间、处理方式、救助动物等。

2.3.7 新闻媒体

电视、报纸和电台等传统媒体与Twitter、Youtube和Facebook等新媒体在整个漏油事件中扮演重要角色。秘鲁民众通过媒体渠道获取漏油事件信息，政府当局及当地著名新闻评论员均在社交平台实时评论和分享信息。各类媒体直言不讳，敦促政府应尽职尽责并将事实真相传达给民众，认为REPSOL公司应对失当，对REPSOL公司表示强烈谴责。REPSOL公司利用各种媒体公布应对策略和油污处理进度，但其真实性和及时性受到民众质疑，间接导致该公司股价大跌，声誉受损。秘鲁媒体的信息透明帮助民众了解事件进展，并对责任主体REPSOL公司进行有效监督，但媒体对政府的应对不足鲜有报道，主要围绕政府对REPSOL公司的惩罚和限制不够。

2.3.8 法律制度、执行及法律责任

（1）行政责任。

根据秘鲁《一般环境法》对环境严格责任的定义，使用或开发对环境有风险或危害的产品，或从事对环境有风险或危害的活动应承担严格责任，不论责任主体是否有过错。在石油泄漏事故中，作业公司必须对环境造成的任何负面影响负责。因此，OEFA如果在监督过程中发现REPSOL公司存在任何违反环境法的情况，即可启动行政裁决程序，实施行政措施。OEFA处以的行政罚款累计可高达30000纳税单位，相当于1.38亿索尔。

（2）民事责任。

秘鲁确认的民事责任分为合同民事责任和非合同民事责任。合同民事责任是当事人一方因不履行合同约定义务而承担的责任。非合同民事责任范围更广，包括在没有合同义务的情况下承担的损害或伤害赔偿责任。因此，秘鲁政府可以要求REPSOL公司承担赔偿责

任，以补偿清理和修复成本。受漏油影响的渔民和其他民众也可以起诉REPSOL公司要求赔偿损失。

值得注意的是，确定REPSOL公司的责任还需考察是否存在因火山喷发引起的异常波而导致的不可抗力。

（3）刑事责任。

秘鲁法律规定，违反法律、法规或最大允许限制，在大气、土壤、底土、陆地、海洋或地下水造成或排放、倾倒有毒固体和液烃，排放有毒气体，排放噪声，泄漏或处置放射性废物等行为，导致或可能导致环境整体或局部、环境质量、环境健康损害或不利改变或严重损害的，处四年以上六年以下有期徒刑，以及100天至600天社区服务。因过失行为造成损害的，处三年以下有期徒刑或40天至80天社区服务。环境事务特别检察官可以对La Pampilla炼厂的法定代表人、高管以及所有责任人展开调查。如果认定法定代表人对事故负有直接责任，则可能因未采取预防措施和犯有污染环境罪而被判处最高七年的有期徒刑。

3 雷普索尔漏油事故带来的影响

3.1 环境污染

秘鲁周围的太平洋水域以具备生物多样性闻名，石油泄漏造成毁灭性的环境灾难。此次重大漏油事故影响面积约893公顷（893万平方米），对海滩和海洋生物造成严重打击，数百千米的海滩和珊瑚礁受到污染，海面上的油膜阻碍水体的复氧作用，导致许多海鸟和海洋生物死亡，海洋生态失衡。环保组织表示，此次事故危及两个自然保护区的动植物群，包括约“512公顷”的岛屿系统国家保护区和“1758公顷”的Ancón保护区。

3.2 经济损失

受石油泄漏事故影响最大的产业是近海渔业。据统计，事故发生前涉事海域每年捕捞量超过150万吨，事故导致超过2000名渔民失业，渔民每日损失在100 ~ 300索尔之间。

受漏油影响，共计21个海滩暂停旅游服务，其中不少污染严重的海滩被关闭。根据秘鲁国家旅游商会估算，截至2022年3月旅游业的累计经济损失超过3亿索尔，一季度总损失达到5亿索尔，约合人民币8.5亿元。

3.3 公共健康

泄漏事故对清理海滩的工作人员及附近居民造成不同程度的健康损害，直接接触包括呼吸污染空气和皮肤接触。卫生部将长期监测泄漏对社区居民健康造成的影响。

4 雷普索尔漏油事故的教训与启示

4.1 信息披露不及时、不充分、不准确

OEFA 负责人事后表示，事故发生在 2022 年 1 月 15 日下午 5 点左右，但 OEFA 直到晚上 10：06 才知晓事故发生。REPSOL 公司的初步报告显示漏油发生在 2.5 平方米的范围内，有 0.16 桶石油发生泄漏。但秘鲁环境部 2022 年 1 月 17 日通过无人机飞越受灾地区拍摄发现，泄漏量可能高达 6000 桶。最终，REPSOL 公司证实泄漏量为 10396 桶。

REPSOL 公司在事故发生之初并未意识到事件的严重性，没有与政府部门沟通协调，没有及时采取行动以及停止相关作业，使得漏油事件迅速恶化并最终造成严重损害。

4.2 防范措施不力，推卸责任

最终调查报告显示，REPSOL 公司环境责任缺失。海上卸油系统破裂可能是石油泄漏的真正原因。事故发生时 REPSOL 公司可能没有及时停止作业并启动应急计划以查明原因。尽管 REPSOL 公司声称在发生事故的第一时间就启动了应急计划，但事故的严重程度不能支持这一说法。同时，REPSOL 公司不正视事故的危害性和严重性，在整个事故过程中存在瞒报谎报、遮掩拖延，致使溢油持续渗漏、污染扩大蔓延、危害加重。

时至今日，REPSOL 公司依然坚称漏油事故是由不可预知的海上波浪造成的。

4.3 应急处置不力，反应迟钝

REPSOL 公司漏油应急处置能力明显不足。Ventanilla 区长谴责 REPSOL 公司不作为，声称该公司没有及时通报石油泄漏情况，致使超过一万名游客暴露在危险中。REPSOL 公司最初只派了 15 名工人来清理受影响的区域，事态严重后才讨论拟聘请一家外部公司来清洁和修复。

4.4 机构执法不到位

根据秘鲁第 043-2007-EM 号最高法令批准的碳氢化合物作业安全条例，油气公司必须为其设施和活动制定应急计划，但 REPSOL 公司在没有紧急应变计划或者应急计划不到位的情况下，依然开展运营，反映了执法机构对公司的检查监督不到位。秘鲁前国会议员 Daniel Olivares 表示，“当事情发生时，我们的缺点才会暴露出来。我们清楚看到的第一件

事是国家在这些情况下的软弱”。

4.5 处罚不力，赔偿过低

这不是 REPSOL 公司第一次发生漏油事故。2013 年 2 月 4 日，REPSOL 公司发生漏油事件。OEFA 根据最终报告确定的 7 桶泄漏量对 REPSOL 公司做出仅为 15.4 纳税单位的罚款。然而，秘鲁港务和海岸警卫队总局（DICAPI）调查后确定，实际泄漏量是 195 桶。环境机构的会议记录表明，REPSOL 公司“没有控制或有效减轻泄漏对海洋产生的负面影响”，泄漏发生在2013年2月4日凌晨4：48，但REPSOL直到晚上7：48才放置了围油栏，因此又被处以 118.4 纳税单位的罚款。2014 年 4 月，REPSOL 提起上诉，认为无法在未能有效缓解泄漏与对海滩深处产生负面影响之间形成因果关系；向环保部门提供不准确信息的指控不成立，是否构成符合该条款规定的“提供虚假信息”，应当由 OSINERGMIN 而非 OEFA 进行评估。基于以上，行政罚款最终减少 50% 至 66.9 纳税单位，折合 257565 索尔。

报告显示，La Pampilla 炼厂因 2013 年、2016 年和 2018 年的违规行为多次受到 OEFA 处罚，罚款超过 185 纳税单位，折合 852646 索尔。

违法成本低、上诉空间大的原因主要是法律规范不完善、执法不到位。秘鲁现行有关海洋石油污染损害的评估不到位，缺乏行业专家，海洋生态环境索赔的法律依据不足，缺少统一法律体系及实施细则和诉讼程序，可操作性不强，在法律适用和执行上较为混乱。

5 对在秘鲁投资的石油公司的建议

5.1 加强环保管理，确保环保合规

政府机构在短期内很有可能因对 REPSOL 公司启动调查、执行罚款程序、敦促环境修复等事宜而减少对在秘鲁运营的其他石油公司的监督，但显然这次事件会让政府机构日后提升对所有石油公司的监管力度。因此，在秘鲁的石油公司应检查所有的应急计划，确保符合规则，查看是否对应现有的设施环境，并且取得政府机构的相关批准。同时，应开展油田自查自改，合规管理，避免出现环境问题而被处以罚款；应加强对运营的监督，确保公司的所有运营符合环境法律、法规和政府规定的一切技术与安全要求。

5.2 及时检视设施设备的完整性

尤其是对高敏感消防及防泄漏装置，在关键部位设置必要的实时检测监测系统，及时发现和治理安全环保隐患。

5.3 加强应急演练和应急状况应对

要确保公司人员对应急计划足够熟悉，接受过相应的培训，保证在事故发生时能够按照应急计划快速反应行事。对工作人员定期进行培训和事故演练，以便在发生紧急情况时能够及时做出反应。

5.4 总结经验教训，及时止损

如果发生任何违规行为而被处以罚款，公司需及时评估情况，分析原因，制定措施，在规定时间内做出改进，确保符合环境法规，同时做好教训和经验总结，防止再次发生。

参考文献

[1] 王贺猛 . 英国海上石油泄漏相关法律规制及启示 [J]. 石油化工设备，2015，44（6）：48–53.

[2] WANG JIA, H DUDLEY DEWHIRST. Boards of directors and stake–holder orientation[J]. Journal of Business Ethics, 1992, 11(2): 115–123.

[3] DONALDSON, THOMAS, LEE E PRESTON. The stakeholder theory of the corporation: Concepts, Evidence, and implications[J].Academy of Management Review, 1995, 20(1): 65–91.

[4] FREEMAN R EDWARE. Strategic management: A stakeholder approach[M]. Boston: Pitman Publishing, 1984.

[5] MITROFF IAN I. Stakeholders of the organizational mind: Toward a new view of organizational policy making [M]. San Francisco, CA: Jossey—Bass Publishers, 1983.

[6] PEARSON, CHRISTINE M, MITROFF IAN I. From crisis prone to crisis prepared: A Framework for crisis management[J]. Academy of Management Executive, 1993, 7(1): 48–59.

[7] MITROFF IAN I. Crisis management and environmentalism: A natural fit[J].California Management Review, 1994, 36(2): 101–113.

[8] MITROFF IAN I, MURAT C ALPASLAN, SANDY E GREEN. Crises as Ill—Structured messes[J].International Studies Review, 2004, 6(1): 175–182.

[9] CLARKSON, MAX B E. A stakeholder framework for analyzing and evaluating corporate social performance[J].Academy of Management Review, 1995, 20(1): 92–117.

油气管道工程建设全过程造价管理模式的应用探索

朱鲁宁
（国家管网集团工程技术创新有限公司）

摘　要：近年来，我国油气管网建设步入高质量发展新阶段，对油气管道建设项目的管理和实施提出了更高的标准要求。建设项目管理中工程造价的有效控制至关重要，直接影响到项目的投资效益和完成质量。本文通过借鉴发达国家造价管理的先进经验，分析我国油气管道建设项目造价管理的现状及实践中存在的问题，重点阐述“十四五”期间油气管网建设高质量发展的大环境下，工程建设全过程造价管理模式的构建及应用策略，在投资决策、设计、发承包、施工及竣工等各个阶段，运用科学、主动、全面的造价管理手段，实现建设工程造价的有效控制，以取得最佳投资效益和经济效益，最终保证建设项目管理目标的实现。

关键词：油气管道；工程造价；全过程管理；主动控制；投资效益

引言

油气管道建设工程具有施工周期长、地域范围广、投资规模大、建设环境复杂、安全环保标准高等特点，在新建油气管道项目提质增速、老旧管道升级改造项目陆续开展的大环境下，我国油气管道工程造价管理工作仍存在一些问题，必须从投资决策、设计、发承包、施工及竣工等各个阶段有效落实全面的造价管理工作，才有利于造价的有效控制，避免概算超估算、预算超概算、决算超预算等问题，提高项目的投资效益和经济效益，从而保证建设项目最终管理目标的实现。

1　国外工程造价管理模式

1.1　英国工程造价管理

英国的政府投资工程和私人投资工程分别采用不同的造价管理办法，但这些工程一般都要聘请专业的造价咨询公司进行业务合作。其中，政府投资工程是政府有关部门负责管理，包括计划、采购、建设咨询、实施和维护，从项目立项到竣工各环节的造价控制较为严格，遵循政府统一发布的价格指数，通过市场竞争形成工程造价。对于私人投资工程，政府通过相关的法律法规对项目的经营活动进行规范和引导，对项目具体的管理实施一般不予干预。此外，社会上还有许多政府所属代理机构和社会团体组织协助政府部门进行行业管理，主要是对咨询单位和从业人员进行管理和业务指导。英国工程造价的控制贯穿于立项、设计、招标、签约和施工结算等全过程，在既定的投资范围内随阶段性工作的不断深化，使工期、质量、造价的预期目标得以实现。工程造价的确定由业主和承包商依据《建筑工程量标准计算方法 SMM》，参照政府和各类咨询机构发布的造价指数、价格信息指标等来进行。

1.2　美国工程造价管理

美国的工程造价管理是建立在高度发达的自由竞争市场经济基础上的。其工程造价管理具有以下特点：一是完全市场化的管理模式，在没有全国统一的工程量计算规则和计价依据的情况下，一方面各级政府制定相应的计价标准，另一方面承包商进行自主报价，同时工程造价咨询公司提供全过程、全方位的管理与服务；二是具有较完备的法律及信息保障体系，例如严格的合同管理，合同对当事人各方都具有严格的法律约束，业主、承包商、分包商、第三方之间必须采用合同的方式开展业务，严格履行相应的权利和义务；三是具有较成熟的社会化管理体系，工程造价咨询业主要依靠政府和行业协会的共同管理监督，相关政府管理机构对行业发展进行宏观调控，具体管理工作主要依靠行业协会；四是拥有现代化管理手段，信息技术的广泛应用大幅提高了项目各方之间的工作效率，可及时、准确地提供市场信息，同时使工程造价咨询公司处理各种复杂、繁多的工程项目数据成为可能。

1.3　日本工程造价管理

日本的工程造价从调查、计划、设计、施工、监理检查、竣工直至保修各阶段实行严格的全过程管理。日本建筑学会成本计划分会制定日本建筑工程分部分项定额，编制了工程费用估算手册，并根据市场价格变化进行定期修改，实行动态管理。投资控制大体可分为三个阶段：一是可行性研究阶段，根据实施项目计划和建设标准，制定开发规模和投资计划，并根据可类比的工程造价及现行市场价格进行调整和控制；二是设计阶段，按可研阶段提出的方案进行设计，编制工程概算，将投资控制在计划之内，施工图阶段编制工程预算，并与概算进行比较，若高于概算，则进行修改设计，降低标准，使投资控制在原计划之内；三是严格按图施工，核算工程量，制订材料供应计划，加强成本控制和施工管理，保证竣工决算控制在工程预算额度内。日本政府有关部门对政府投资工程，除负责统一组织编制并发布计价依据以确定工程造价外，还对工程造价实行实施全过程的直接管理。

2 我国油气管道工程造价管理现状

2.1 油气管道工程造价管理概述

当前，我国对建设项目全过程造价管理理论与方法有了一定的认识和研究，但由于油气管道建设项目的特殊性，此类工程的全过程造价管理模式的实践尚处于探索阶段。在油气管道建设项目中，全过程造价管理理论被越来越多的管理者所接纳，但依然存在受传统工程造价管理体制束缚的现象，没有完全跳出原有的基于标准定额造价管理的限制。随着市场经济的发展完善，以定额为基础的价格逐渐要被具有竞争力的市场价格所取代。

油气管道建设项目有效的造价管理应遵循以下几点原则：一是以决策和设计阶段为重点。根据有关统计分析，决策和设计阶段造价占项目总造价的5%左右，却对总造价的影响高达95%，因此对油气管道建设项目的造价管理必须把重点放在决策以及设计阶段；二是主动控制与被动控制相结合。被动控制是立足于调查—分析—决策基础上的偏离—纠偏—再偏离—再纠偏，只能发现偏离而不能预防可能发生的偏离，因此必须实施主动控制，事先主动采取措施控制造价；三是技术与经济相结合。在油气管道建设项目中，应通过技术比较、经济分析和效果评价，正确处理技术先进与经济合理之间的对立统一关系，力求技术先进条件下的经济合理以及经济合理基础上的技术先进，将控制工程造价观念渗透到各项设计和施工技术措施中。

2.2 现阶段造价管理存在的主要问题

在当前油气管道工程的造价管理中，主要存在以下几类问题，致使建设项目无法有效控制造价。

一是建设项目各阶段的造价管理不均衡。从整体来看，我国的油气管道工程造价管理更为注重事中控制，对事前和事后控制上的投入不足，项目相关方常常过于重视施工阶段的造价管理而对前期的决策以及设计工作把控不严。同时，市场普遍存在前期工程造价管理工作形式大于实质的现象，立项中的大部分内容不能如实反映到工程项目估算中，导致立项报批的建设内容与实际建设内容出现偏差，严重影响决策部门的判断继而对后续工程实施走向无法把控。

二是缺乏主动控制与管理。工程造价管理是一个系统、复杂的工作，涉及很多因素，需要企业给予足够重视。很多单位简单地将造价管理工作理解为造价管理部门和造价管理人员的职责，其他部门及其人员对工程造价管理工作缺乏主动性和积极性，造成各部门在工程造价管理工作上协调难度较大，导致各工作环节相互脱节，影响到工程造价的有效控制。

三是招投标和承包管理体制不规范。在我国现行的市场机制下，招投标市场的法律机制还不够健全，很多企业为了能够顺利中标而采用不正当竞争手段，造成围标、串标等违规现象发生，有的甚至通过降低工程质量而刻意压低报价，这些现象对工程造价管理的有效控制极为不利。同时，滞后的招投标监督管理体系也为各种非法竞标行为提供了可乘之机，很难保证招投标工作的科学性、可控性、公正性和合法性。此外，承包管理体制上的不规范也不利于公平竞争市场环境的构建，为发承包双方的幕后交易提供了可能。

四是合同管理不利。部分业主在合同谈判及签订时，没有重视合同管理，合同条款缺陷太多，有的仓促签订合同，结果在施工过程以及施工结束后无法有效结算。有的合同中对于合同双方的权力义务、结算条款没有进行约束，导致结算工作无法正常进行。合同对工程结算约束力不足，施工单位借此夸大施工难度，利用合同开口以及其他漏洞高估多算，增加结算金额。

五是竣工资料管理不善。油气管道工程普遍建设周期较长，竣工阶段作为全过程造价管理的最后一个阶段，时间跨度较大，此阶段造价管理问题产生的主要原因在于竣工资料的保管不善和缺失。建设方在项目实施工程中没有对图纸资料及相关记录及时进行梳理存档，在竣工结算出现问题时很多情况仅能依靠当事人回忆，无法出具有效证明，部分施工方利用建设方资料保管的不善和缺失在结算问题上故意多算或冒算。

3 全过程造价管理模式的探索

3.1 决策阶段造价管理

工程造价控制的前提是决策。进行决策时要对影响造价的各方面因素进行综合考虑，如建设标准的确定、建设地点的选择、工艺的比选、设备的选用等，对这些因素所带来的不确定影响进行预防，降低造价风险。可行性研究报告是投资决策的主要参照依据，它对项目进行系统综合的研究，以项目内容及有关条件为出发点对项目进行系统分析，随后以财物角度出发对于项目实际使用时的经济以及社会环境等进行预测，对项目进行综合评价看其是否可以实施，它可从项目收益预测中对于投资情况进行展现，防止出现错误投资的情况。在该过程中，进行可行性报告编制的人员要对施工技术、政策条件、经济文件等进行系统掌握，进行市场调研用客观的态度对方案进行比较、对技术经济进行分析，对于可行性报告中的内容进行编制时要保证其质量和深度。

投资估算是项目决策阶段的主要造价文件，是设计概算编制的上限，也是建设项目全部费用预测的上限，投资估算是否精准对于投资效果起到控制作用。投资估算直接影响到概预算编制水准，因此造价师需对估算编制进行全程跟踪，将工程进行细化采取分部分项工程的形式，确保工程量和项目实际情况一一对应。

3.2 设计阶段造价管理

设计阶段是分析处理工程技术与经济关系的关键环节，也是有效控制工程造价的重要阶段。在设计阶段，造价管理人员需密切配合设计人员进行限额设计，处理好工程技术先进性与经济合理性之间的关系。在初步设计阶段，要按照可行性研究报告及投资估算进行多方案的技术经济分析比较，确定初步设计方案，审查工程概算。在施工图设计阶段，要按照审批的初步设计内容、范围和概算进行技术经济评价与分析，提出设计优化建议，确定施工图设计方案，审查施工图预算。

建设单位及设计人员在进行设计概算时，要对建设企业自身需求进行充分了解，从而对设计环节进行优化，确保不增加资金投入的情况下，尽可能选取新兴工艺，降低工程造价的同时提升生产效率。设计阶段工程造价管理的应通过多方案技术经济分析，优化设计方案，选用适宜方法审查工程概预算；同时，通过推行限额设计和标准化设计有效控制工程造价。

3.3 发承包阶段造价管理

发承包阶段工程造价管理的核心主要包括两方面：一是从工程造价管理的角度做好招标策划，包括标段的划分、招标范围及界面的确定、合同计价原则的约定、合同主要条款的拟定；二是招标清单和控制价的编制，做好回标分析工作。鉴于油气管道建设项目规模大、政策性强、质量及进度要求高，应注意严格按清单编制要求和细则进行清单和组价模板的编制，并进行三级审核后报送。若某个清单项存在两个及以上编制方式时，应通过方案比选，筛选出更可行、更有利于结算的清单形式进行编制，并在清单编制说明中加以说明，通过上述措施保证各分部分项工程的描述及组价的一致性。

招投标工作结束后即进行合同签订。施工合同是拨付工程款与办理工程结算的主要依据，也是工程项目建设中各项费用控制的根本，尤其对于油气管道工程而言，具有工作面长、施工环境复杂等特点，对于施工合同进行严格管理是保证工程造价控制效果的主要途径。

3.4 施工阶段造价管理

施工阶段是实现建设工程价值的主要阶段，也是资金投入量最大的阶段。由于施工组织设计、工程变更、索赔、工程计量方式的差别以及工程实施中各种不可预见因素的存在，使施工阶段的造价管理难度更大。在施工过程中，造价控制人员应与施工现场质量管理与监理人员加强沟通与联系，严格按照设计方案的流程与质量标准组织施工，以减少工程项目出现质量问题的概率。建设单位应注意通过编制资金使用计划、及时进行工程计量与结算、预防并处理好工程变更与索赔，有效控制工程造价。同时，在施工现场的造价控制中，应加强签证管理的严肃性与科学性，严格控制签证项目与内容，避免重复内容的签证，对于施工单位提交的签证要进行认真审核，严格执行签证管理中的量化要求，力争做到“一单一价”，使得施工现场的造价控制及时、透明。施工承包单位应做好动态监控及成本计划等工作，综合考虑建造成本、工期成本、质量成本、安全成本、环保成本等全要素，有效控制施工成本。

3.5 竣工阶段造价管理

竣工结算是全过程造价管理的最后一个阶段，为了确保结算准确，前期要做好各种文件、合同、资料的收集工作，保留各种票据，牵涉到设计变更要保留现场凭证，以确保工程量计算准确。进行工程结算编制时，要对合同条款进行仔细阅读、重点审核，避免发生反索赔及大额索赔。在设计变更签证计算时，若存在变动和疑问，需要与监理日记进行核对，对现场情况进行判断，未完成的工作不能计算，同时注意做好隐蔽工程的检查、核对，严格按照合同单价、图纸工程项目情况进行造价控制。在竣工结算上，需要遵循规定的计算方式，一般是根据合同工程量进行计算，此外竣工图纸要正规，方便工程量的核算。结算审计时，必须坚持以现行计价规范作为主要依据，严格按照施工合同与招标文件的具体规定，集合竣工图、现场签证、设计变更等进行全面的审核。

在油气管道工程的竣工结算中，施工图纸与工程变更审核时，造价控制人员应深入现场进行细致、认真的核对，确保工程结算的效率与质量，提高投资的整体效益。在竣工结算审计过程中，应增加重复审计环节，采取更为合理的二审终审制，严格控制竣工结算的每个环节，层层把关，避免工程结算审计中出现漏洞，进一步强化对造价的控制。

4 结论

油气管道工程是政策性强，风险性大，建设环境复杂，质量、造价、进度控制要求较高的建设项目，该类工程的造价管理难度较其他类型工程项目更高。对此类工程造价实施全过程、全方位的动态管理，以前期决策和设计阶段的造价控制为重点，注重主动控制与被动控制、技术与经济的有效结合，通过全过程造价管理模式的不断改进和应用推广，持续优化造价管理体系，能够更好地保证工程造价管理的合理性和科学性，进而优化资金使用，降低投资成本，提高经济效益，促进油气管道工程建设的高质量健康发展。

参考文献

[1] 张庆 . 国外工程造价管理经验与对我国的启示研究 [J]. 中外合资，2017（19）：61–62.

[2] 杨秀娟 . 探究工程造价全过程管理重点和对策 [J]. 企业改革与管理，2016（1）：47–48.

[3] 常峰 . 建筑工程造价全过程控制中存在的问题及有效措施 [J]. 建材与装饰，2019（19）：169–170.

[4] 尚晓红 . 浅析工程招投标阶段造价控制存在的问题与对应措施 [J]. 现代经济信息，2019（8）：394.

[5] 谢妍 . 工程竣工结算审核阶段的造价控制 [J]. 建材与装饰，2017（20）：133–134.

欧美原油定价中心的有效性与中国机会

史建勋[1, 2, 3]
（1. 中国石油勘探开发研究院；2. 国家能源页岩气研发（实验）中心；
3. 中国石油非常规油气重点实验室）

摘　要：在20世纪，由于经济发展速度快、能源消耗高，欧美的石油市场成为国际原油交易中心，纽约商品交易所（NYMEX）、伦敦国际石油交易所（IPE）逐渐成为国际原油定价中心。对照市场化定价的基础理论和有效性标准分析，在2000年后，欧美不断扭曲现货市场结构，背离有效市场理论；期货市场有缺陷，出现负油价；市场结构失衡，金融资本掌握定价权。研究认为欧美原油市场定价中心的原油定价有效性显著下降，为中国争夺国际原油定价权提供了良好的机遇，中国作为世界第一大原油进口国，位居原油消费潜力最大的亚太市场中心，地理位置优越，国际原油交易基础设施逐渐完善，在进一步开放现货市场的前提下，可以利用制度优势加快建设国际原油定价中心，争夺国际原油定价权。

关键词：欧美；原油；定价中心；中国

引言

在20世纪，由于经济发展速度快，能源消耗高，欧美的石油市场成为国际原油交易中心，纽约商品交易所（NYMEX）、伦敦国际石油交易所（IPE）逐渐成为国际原油定价中心，纽约商品交易所的轻质低硫原油期货合约、高硫原油期货合约，伦敦国际石油交易所的布伦特原油期货合约成为国际原油价格的风向标，深刻影响世界宏观经济走势和地缘政治。

纽约WTI原油期货价格由2020年的最低负40.32美元/桶涨至2022年3月7日的最高130.5美元/桶；纽约天然气期货价格由2020年的最低1.52美元/百万英热单位，涨到

2021 年 10 月 6 日的最高 6.47 美元 / 百万英热单位，给世界经济带来强烈的冲击 [1]，使开放经济体的通货膨胀愈演愈烈，因物价上涨哈萨克斯坦多地爆发抗议，斯里兰卡发生大规模暴乱。欧美原油定价中心的有效性值得重新审视，欧美原油期货价格的暴涨暴跌能否真实反映国际原油市场供需的基本面，其形成的价格是否有国际代表性，中国是否有机会争夺国际原油市场定价权，建设国际原油定价中心还需做哪些工作等问题，需要正本溯源，深入研究。

1　市场化定价理论与有效性标准

西方的经济理论普遍认为市场是配置资源的最优方式，价格是市场配置资源的主要手段，认为市场化定价是最科学、最合理、最有效的定价方式，能够达到帕累托最优状态（即资源分配的一种理想状态）。

1.1　市场化定价的理论基础

支撑市场化定价（由市场交易来定价）的理论基础是西方微观经济学的“有效市场”假设和均衡价格曲线。有效市场是指，交易者自由进出市场没有壁垒，市场能够自动出清没有资源闲置，参与市场的主体符合标准的经济人假设，市场信息完全公开、透明、对等、有效。在有效市场的前提下，市场供给和需求按照图 1 中的曲线变化，在供给曲线和需求曲线的交汇点 P_0 处，达到价格均衡，市场资源配置到达最合理状态，也就是帕累托最优状态 [2]。

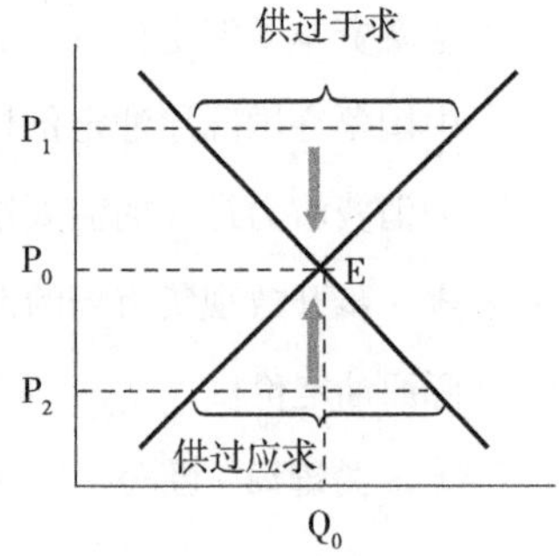

图 1　价格形成曲线

1.2　判断市场化定价有效性的标准

按照西方的有效市场理论，市场也分多种形态，不是所有的市场都是有效市场。不是政府放弃价格指导，交给市场来解决价格问题，都能达到帕累托最优状态。判断市场化定价的有效性有两个标准。

（1）是否在有效市场中形成的价格。理论界普遍认为，完全自由开放的粮食现货交易市场、期货市场等是最接近有效市场的形态。

（2）是否是均衡价格。在场内市场中，由于市场交易制度不合理，市场结构不平衡等原因，即使在看似有效的市场中交易，也会出现均衡价格缺失或者长期偏离均衡价格的情况。

可见，市场化定价的最有效状态（帕累托最优状态），是在有效市场中通过交易发现市场均衡价格。否则，市场化定价相比于政府指导价没有任何理论上的优势。

2　欧美原油定价中心的有效性明显下降

按照有效市场理论和价格有效性标准来衡量，欧美原油定价中心的有效性明显下降，主要体现在以下三个方面。

2.1　不断扭曲现货市场结构，背离有效市场理论

从 1999 年开始，美国与世界第一大石油储量国委内瑞拉的关系开始紧张，2017 年美国对委内瑞拉进一步实施了外交孤立、军事威胁、石油禁运、金融制裁，导致该国石油的开发、销售、运输等受到限制，使委内瑞拉的原油产量平均每年递减 11.3%，占世界总产量比例由 2010 年的 3.41% 降到 2020 年的 0.61%。2000 年以来，石油储量排名世界第 4 名的伊朗因为核问题受到美国的制裁越来越多，石油生产和出口受到严重的影响。2002 年春，石油储量排名世界第 5 名的伊拉克宣布以欧元来结算石油贸易，随后 2003 年美国发动第二次伊拉克战争，推翻了萨达姆政权，使伊拉克陷入动荡，严重影响了石油生产。2011 年石油储量排名世界第 10 名的利比亚发生战争，欧美推翻了卡扎菲政权，使利比亚的石油生产受到严重影响。

2017 年 1 月 20 日，特朗普就任美国第 45 任总统以后，国际贸易体系受到更严重的冲击。对此，中国人民银行原行长周小川在 2018 年 5 月 17 日社科院学术论坛中指出，从 20 世纪 80 年代开始，一直认为贸易理论已相当成熟，关键是如何在体制和政策制定中加以体现，但当前国际环境下这些贸易理论受到了颠覆性挑战。期间，在国际原油价格研究分析领域出现“一顿分析猛如虎，涨跌全看特朗普”的说法，美国政府人为影响和操纵国际原油市场的行为变得明目张胆。

2022 年乌克兰危机后，欧美主要国家对石油储量排名世界第 6 名的俄罗斯实施了高强度的制裁，让国际大宗商品现货市场结构更加强烈扭曲，欧美市场的石油、天然气期货价格继续在高位攀升。

自 2000 年后，美国及欧洲主要国家先后对世界石油储量排在前 10 名中的 5 个主要国家，进行过直接军事干预或贸易制裁，影响国际原油市场供给侧石油储量占比达 44%，使这些石油资源丰富的国家石油产量逐渐减少到世界总产量的 23.3%，严重扭曲了石油现货

市场的贸易结构，使石油储量和产量结构性失衡（图 2）。在此期间，美国的石油产量却逐渐增长到世界的 18%，虽然其储量只占世界的 4%。随着对俄罗斯制裁的不断加码，今后一段时期市场扭曲会更加严重，这不符合美西方的自由市场经济理论，美欧的原油市场不符合国际有效市场标准，美国及欧洲的原油市场价格不具有国际代表性，原油定价中心的有效性严重下降。

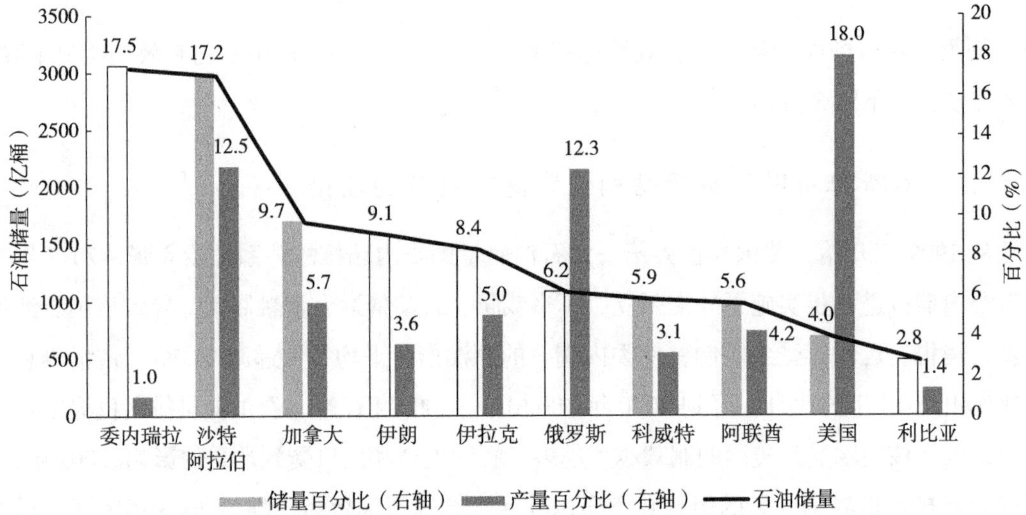

图 2　2019 年世界石油储量前 10 名国家产量对比

数据来源：BP 世界能源统计 2021

2.2　期货市场有缺陷，出现负油价

2020 年，纽约商品交易所前所未有地出现负油价，国际社会开始普遍质疑欧美原油定价中心的有效性。美国时间 2020 年 4 月 20 日，纽约商品交易所 WTI 原油 5 月合约历史上第一次跌入负值，盘中一度触及每桶 –40.32 美元的历史低点，收于每桶 –37.63 美元。一举创下两个历史记录：一是，1983 年纽约商品交易所开设轻质原油期货以来，首次跌幅超过 300%；二是，–37.63 美元的价格远远低于第二次世界大战结束后有连续月度数据以来的最低价。这不但超出了普通人的理解范畴，也使很多金融专业人士大跌眼镜。

这次负油价事件，使很多投资者损失惨重，损失最大的是来自中国银行的“原油宝”产品，获利最多的是一家在英国注册的私募能源对冲基金团队[3]。负油价的出现，既不符合常识，也无法用任何经济理论来解释。事后分析，是纽约商品交易所的交易规则漏洞和与交割有关的原油储备基础设施缺陷造成了本次负油价。负油价明显无法反映原油供需基本面，也不可能是有效的均衡价格，不具有代表性。在负油价出现两周前，纽约商品交易所专门修改了交易系统软件，使其能实现负油价的交易，并且取消了熔断机制。这种做法实际是在鼓励油价大幅波动，为交易所吸引更多的投机炒作资金，赚取会员费、保证金、清算费等各种费用。纽约商品交易所滥用了原油期货定价中心的地位，辜负了投资者的信任，严重地损害了自身信誉。

2.3 市场结构失衡，金融资本掌握定价权

西方经济学只给出了在有效市场发现均衡价格的基础理论假设，并没有完善的交易市场建设理论来配套。具体到实施中，哪种交易市场结构、交易规则、监管手段是科学的，能够保障交易市场达到有效市场程度，能够快速、低成本地发现均衡价格？各国也都在探索，并没有成熟的理论来指导，相关研究也很少，没有公认的标准答案。

投资领域普遍认为，如果市场中的交易者力量相差悬殊，市场价格容易被操控，容易偏离均衡价格；如果市场中的大部分品种或指数走出比较整齐的一致上涨或一致下跌行情，市场是失效的，很难发现均衡价格；市场暴涨暴跌的走势很难发现均衡价格，即使偶然经过均衡价格，也无法发挥价格配置资源的优势，且交易成本巨大。

原油现货市场如前文所述，存在很严重的人为扭曲和失衡。在期货市场，虽然无法获取详细数据，但是从欧美的原油期货合约暴涨暴跌的极端走势来看[4]，在欧美的原油期货市场里，金融资本掌握了定价权，从事原油生产、销售的实体企业是市场中较弱的一方，往往被动承受价格的剧烈波动。因为国际原油供需基本面一直比较平稳，并不支持油价的暴涨暴跌的走势；实体企业很少会有巨量的闲置资金和专门的人才[5]，能够推动这种行情；实体企业从自身利益出发，并不喜欢产品价格暴涨暴跌的市场环境[6]，不利于稳健经营；欧美金融市场大量的宏观对冲基金一直有较高的收益，也从另一个侧面印证了他们从市场价格博弈中获得了胜利，且赚了很多钱。

按照前文介绍的有效市场均衡价格理论，在一段时期内均衡价格应该是相对稳定在一个区间内，如果交易价格一直快速上涨、快速下跌、暴涨暴跌，就说明没有发现均衡价格，或者是产品均衡价格缺失了，期货交易中心给出的价格也就失去了有效性，而欧美原油期货市场价格走势恰恰如此。

3 中国争夺国际原油定价权的机会与前景

天下苦欧美原油定价权久矣。世界处于百年未有之变局，中国是否有机会争夺国际原油定价权，建设国际原油定价中心？

3.1 时机来临，世界处于百年未有之变局

美国和欧洲主要国家动辄以经济贸易制裁其他主权国家，屡屡实施长臂管辖，将接近世界一半的原油现货供给排除在市场自由交易之外，为了获利制造规则陷阱，任性挥霍多年积累出来的市场信誉，使其原油定价有效性显著下降，多年来滥用国际原油定价中心地位，严重冲击开放经济体的实体经济，已经引起国际市场参与者的普遍反感。

当年欧美能成为国际原油定价中心，是因为其经济发展快，能源需求大，是世界主要原油消费市场。世界处于百年未有之变局，中国经济进入新周期。国际原油的主要消费市场将从欧美逐渐转移到亚太地区[7]，中国在2017年就超过美国成为世界第一大原油进口国。更重要的是，中国2021年的原油对外依存度高达72%，肯定欢迎世界各地的原油进入中国市场，相反美国在2019年开始成为原油净出口国，并不希望其他国家在国际原油市场与其竞争。对比欧美扭曲的原油现货市场，中国更符合有效市场的情景，中国争夺国际原油定价权的时机已经到来。

3.2 地理位置优越，位居亚太市场中心

在理论上，期货市场之所以能发现均衡价格，最有效地配置行业资源，是因为其制度设计上有实物交割作为保障，使现货价格与期货价格到期会收敛一致。期货与现货交割的地理位置，是争夺国际定价中心竞争中十分重要的决定因素。期现交割地点一般要靠近主要消费市场，交通发达方便货物进出，基础设施完善吞吐量大，仓储运输成本低。中国地理位置优越，背靠欧亚大陆，面对太平洋，位居世界原油消费潜力最大的亚太市场中心，拥有多处能够连接欧亚地区陆路交通与海运交通的大型枢纽港口，十分有利于成为国际原油定价和物流交割中心。

中国成为国际原油定价中心后，会吸引周边国家来进行交易，这会使相关国家的命运紧密地与中国联系起来。由于要到中国的石油市场来交易，势必先要将各能源出口国、消费国的货币换成人民币进行交易，这有利于提高人民币的影响力，成为主要国际流通货币，会提高中国的国际地位和影响力，通过金融市场这个没有硝烟的战场，以最小的成本、最高效的方式实现强国的目标。

3.3 国际原油交易基础设施逐渐完善

2018年3月26日，在筹备17年后“中国版”原油期货在上海上市，在推出当年的交易量和持仓量就超过迪拜原油期货，成为仅次于美国得克萨斯轻质原油（WTI）和布伦

特原油的全球第三大原油期货品种。上海原油期货确立的“国际平台、人民币计价、净价交易、保税交割”开放模式展现出健康发展的态势，2020 年上海原油期货市场一般法人、特殊法人的日均交易量占比约四成，日均持仓则占比约六成，显示出企业等机构投资者越来越成为原油期货市场的主要交易者，相比欧美原油期货市场，市场结构更加科学合理。

在原油现货市场国际交易中心建设方面，上海浦东、浙江舟山、海南自贸港各具优势。《浦东新区打造社会主义现代化建设引领区的意见》提出，推动浦东高水平改革开放，为更好利用国内国际两个市场两种资源提供重要通道，率先构建高标准国际化经贸规则体系，打造中国深度融入全球经济发展和治理的功能高地。浙江自贸区明确着力打造以油气为核心的大宗商品资源配置基地、新型国际贸易中心、国际航运和物流枢纽。海南自由贸易港 2025 年即将封关运作，给发展国际原油现货转口贸易提供了更大的想象空间。

3.4 万事俱备，只待原油现货市场进一步开放

建设国际原油定价中心，不只期货市场要符合有效市场形态，更重要的是现货市场要具备有效市场的特征。中国在距离争夺国际原油定价权的道路上还有进一步提升的空间，主要是国内原油现货市场还有待进一步开放，还需不断扩大现货市场交易者的数量，才更有利于原油定价中心实现价格发现功能。

目前中国实行的是原油进口、成品油出口配额管理制度[8]。原油进口贸易分为国营贸易和非国营贸易两种形式，国营贸易进口实行进口自动许可管理，没有数量限制，占中国进口原油总量的 90%；非国营贸易进口由商务部实行配额管理。虽然入世以来，非国营原油进口贸易主体和进口量均显著增加，2019 年是 2016 年的 2 倍多。但这与完全开放的有效市场还有差距，随着国内油气市场化改革的不断深入，将原油进口、成品油出口配额管理制度改为备案制的目标可以期待，到时中国将超过欧美，在原油现货市场实现最接近有效市场的状态，有利于争夺国际原油定价权。

3.5 制度有优势，更有利于建设定价中心

2018 年初，上海国际能源交易中心推出原油期货并提出建设亚洲原油定价中心的目标时，国内有专家认为，由于外汇管理政策的原因，国际资金进出交易实行额度管理，不利于活跃交易，不利于形成定价中心。现在来看，这反倒可能成为一个优势。借鉴欧美原油定价中心建设过程中的反面经验，虽然金融投资资本对交易中心建设非常重要，但也不

是越多越好、资金越大越好。交易者资金实力相差过大，会出现大户操纵价格的风险，形成的价格不是有效市场均衡价格。上海自贸区的资本账户目前还有外汇额度管理，这会避免国际大金融资本对上海原油交易市场的冲击，能降低定价成本，提高定价效率。

中国市场、中国模式越来越得到国际投资大师的信任和青睐，越来越多的国际知名经济学家和投资人看好中国经济的发展前景。国际著名经济学家张五常教授认为，中国的市场比美国的还要自由。美国哈佛大学教授迈克尔·桑德尔也在大量的研究后指出，对比德国等国家，中国真是“市场经济”。

世界三大投资大师之一的吉姆·罗杰斯从多年前就开始看多中国，并长期持有中国股票。全球最大对冲基金美国桥水基金创始人瑞·达利欧指出，如今中国正处日益强大阶段，而美国面临进一步恶化风险。达利欧很早之前就已经多次公开表态“全球对中国投资不足”，一直看多中国发展前景。桥水的中国主题基金不仅在全球的规模迅速扩大，在华的私募基金规模也已经突破百亿元。

4　结论

21 世纪以来，欧美原油定价中心的原油定价有效性显著下降，为中国争夺国际原油定价权提供了良好的机遇。中国作为世界第一大原油进口国，位居原油消费潜力最大的亚太市场中心，地理位置优越，国际原油交易基础设施逐渐完善，在进一步开放现货市场的前提下，可以利用制度优势加快建设国际原油定价中心，争夺国际原油定价权。

参考文献

[1] 史建勋 . 中国天然气市场价格风险分析与防范建议 [J]. 国际石油经济，2022，30（5）：19–24.

[2] 曼昆 . 经济学原理：微观经济学分册 [M]. 北京：北京大学出版社，2012.

[3] 云中月 . 震惊全球！负油价曝出更多内幕 [EB/OL]. 券商中国，（2022–04–18）[2022–06–01]. https://mp.weixin.qq.com/s/JddAS2TOsZbXCcT6dvzSaw.

[4] 史建勋，陈建军，徐春野，等 . 原油期货价格分析新方法探究 [J]. 中国石油企业，2016（3）：64–67.

[5] 争夺定价权的关键要素 2：账上有钱 [EB/OL]. 能源宏观对冲研究，2022–05–20. https://mp.weixin.qq.com/s/nhwSTOMmHGhwJE6Ive1mgg.

[6] 史建勋，王红岩，董大忠，等 . 中国页岩气产业发展的特点与经验 [J]. 油气与新能源，

2022，34（1）: 25-30，35.

[7] BP 公司 . 2035 世界能源展望 [R]. 2014.

[8] 商务部 . 2022 年原油非国营贸易进口允许量总量、申请条件和申请程序 [EB/OL]. 2021-11-02. http://www.mofcom.gov.cn/article/zcfb/zczxzc/202111/20211103213869.shtml.

浅析碳中和及碳金融对油气行业发展影响

吴祖源　刘冠良　邵　鹏
（中国石油吉林石化公司丙烯腈厂）

摘　要：中国秉在第75届联合国大会上宣布“中国力争2030年前二氧化碳排放达到峰值，努力争取2060年前实现碳中和目标”，并于2021年7月16日启动碳排放权交易，这给我国传统能源行业带来了前所未有的机遇与挑战，尤其对油气行业的长远发展具有极其深远的影响。如何快速适应环境变化、调整产业结构、加速企业发展成为亟待解决的问题。本文通过分析当前的环境问题和“双碳”目标下，碳金融发展对油气行业影响，并提出相关建议。

关键词：碳中和；碳金融；油气

1　“双碳”目标提出背景及其重大意义

1.1　“双碳”目标提出背景

自20世纪90年代以来，国际社会持续关注以全球气候变暖为首要特征的全球气候系统变化，随着社会发展，国际学术界主要认为全球气候变暖的罪魁祸首是伴随着工业革命经济社会快速发展、人类生活水平不断提升而产生的二氧化碳，二氧化碳逐步累积，导致温室效应日益严重，气温不断上升。自1850年有现代气象记录以来，全球气温上升了1.2摄氏度左右，海平面上升了20厘米以上，2013年大气中二氧化碳浓度首次突破400毫克/升。按照当今世界的排放数据推算，2050年时全球气温将升高1.5摄氏度以上，如果人类不加以控制导致全球气温升高超过2摄氏度，全球海平面将升高36 ~ 87厘米，届时降水重新分布，世界气候格局发生变化，气象灾害发生频率升高，全球的陆地面积将大幅缩小，人类的生存空间将进一步受到挤压。此外，气温升高不仅会从海洋吸收水分，使得内陆地区更易干旱，粮食及饲料产量持续减少，发生全球性饥饿的可能性大幅上升。大气中二氧化碳过量将导致二氧化碳由空气向海水中转移，海水酸化，大量微生物因环境变化而死亡，底层食物链遭到破坏，上层食物链也受到影响，生态环境进一步恶化，形成恶性循环。

面对这种情况，世界各国达成共识，178 个缔约方于 2015 年 12 月 12 日第 21 届联合国气候变化大会（巴黎气候大会）上通过《巴黎协定》，并于 2016 年 4 月 22 日在美国纽约联合国大厦签署，表明了世界各国保护地球生态的态度和决心，展现了世界各国的责任与担当。该协定最大的贡献在于明确了全球认可的“硬指标”，签约各方将持续加强环境管控力度，把全球气温控制在较工业化前升高 2 摄氏度以内，并争取实现控制在 1.5 摄氏度以内，共同保护人类赖以生存的家园。

在此背景下，中国于 2020 年 9 月明确提出“二氧化碳排放力争于 2030 年前达到峰值”“努力争取 2060 年前实现碳中和”的“双碳”目标，碳达峰是二氧化碳排放量由增长到回落的拐点，碳中和即通过节能减排、碳捕捉、植树造林等手段抵消人类生产生活所产生的温室气体，实现二氧化碳零排放。中国积极行动，全国碳市场于 2021 年 7 月 16 日正式开市，成为全球覆盖温室气体排放量最大的碳市场。

1.2 “双碳”目标对能源行业的影响

“双碳”目标提出后中国大力建设低碳环保的发展经济体系，在这一过程中，非化石能源占全部能源比例将不断提高，清洁能源越来越受到重视，有序实现“零碳”目标，石油天然气行业将受到较大影响。中共中央、国务院印发的《关于完整准确全面贯彻新发展理念做好碳达峰碳中和工作的意见》中明确提出：到 2025 年，非化石能源消费比重达到 20% 左右；到 2030 年，非化石能源消费比重达到 25% 左右；到 2060 年，非化石能源消费比重达到 80% 以上。

这对传统油气行业的发展产生了重大影响，为积极响应“双碳”目标，全球石化企业积极行动，采取有力措施，通过加快天然气储运体系的建设，加大风能、太阳能、氢能等新能源的研发投入，对降低碳排放、增强碳回收的新技术投入大量人力物力。在未来很长一段时间内，将呈现新能源与传统能源双线并举的发展态势，根据美国能源署、国际能源署、BP 和埃克森美孚 4 家专业机构对 2030 年、2040 年、2050 年全球能源消费结构的预测，在持续进行“碳中和”的情况下，2030 年、2040 年、2050 年油气消费量分别为 72.2 亿吨（油当量）、50 亿吨（油当量）、31.3 亿吨（油当量），分别占能源消费总量的 50.4%、31.1% 和 20.2%。由此可见，在未来很长一段时间内，油气行业仍在世界占相当重要地位。

2 碳中和、碳金融对国内油气行业产生的影响

由于各种历史原因及客观因素，我国经济发展对于化石能源的依赖性较大，化石能源仍是能源结构的基础组成部分，出口产品中高能耗、高碳排放的产品占比仍旧较大，相较于国际平均水平来说仍旧较高。在较高的碳排放中，传统油气及石化行业占比相对较高，在全国碳市场开放的客观因素下，油气和石化行业的转型升级迫在眉睫，各大企业均在减少碳排放上投入心血。

2.1 交易成本上涨

以欧盟为例，自其2020年退出“绿色协议”以来，欧盟的碳排放交易市场配额持续紧缩，国家援助产业的范围逐步减小，并且提出了许多限制性条款，导致欧盟内部碳交易价格的上涨。比较“绿色协议”前后的碳价格我们不难发现，超出碳排放配额后的价格上涨了3倍有余。我国碳市场也有可能出现类似场景，碳排放支出可能会对企业的发展产生不利影响，尤其是对外贸易部分，产品的价格优势将会被压缩。同时，碳交易配额有可能出现供不应求的情况，导致高碳排放企业经历生产成本上升的阵痛期。

但从长远角度看碳排放成本上涨会倒逼企业转型升级、优化产业结构、提升企业环保水平，总体来说利大于弊。

2.2 产业发展路径改变

最近几年，国内石油化工市场整体呈现产能过剩态势，但有部分行业的重要产能仍旧处于高需求、高增长的红利期。以重要化工原料乙烯为例，21年国内乙烯消耗量为5832万吨，产量仅为3747万吨，呈现供不应求的局面。2011—2021年，我国乙烯消耗量增长始终保持在8%左右的较高增长速度，尤其是在当前国内外大环境的驱使下，保守估计2040—2050年，丙烯消耗量应有1倍左右的增长空间，尤其是伴随着人们生活水平的提高，由丙烯作为原料的优质纤维、膜材料的需求量持续大幅度增长。但在当前，全国碳市场的逐步完善限制了乙烯行业的产能扩张，在制定发展方向、规划产能布局、引进外部资金等方面均受到剧烈冲击，需要站在全局角度进行考量，充分思考“双碳”目标对整个行业发展前景的影响。

对于油气行业来说，油气的消耗拐点极有可能提前到来。碳中和目标严格限制了石油、天然气等化石能源的消耗量，根据国内外能源研究机构的预测结果，在持续紧盯碳中

和目标的情况下，2025 年前全球的石油需求量就将达到峰值，天然气还有一定的高速发展期。预计 2030 年将达到峰值，根据预测，我国天然气消耗量将比世界晚 10 年达到峰值，石油消耗量将晚 5 年达到峰值。其次，油气行业的勘探开发受到限制，目前世界能源消耗中，油气合计占比超过五成，短期内油气消费需求仍旧存在增长的空间，直到拐点出现前。油气行业的勘探采集仍旧处于炙手可热的状态，而且伴随着近来的乌克兰危机，欧盟对俄罗斯能源制裁，国际油气价格大幅度增长，油气行业始终保持向好态势。但这都是短期内的现象，在油气需求量达到拐点后，市场将出现供大于求的现象，价格将持续走低，油气的勘探开采将持续走低，而这将导致油气勘探开发市场的转型升级成为迫切需要。在国内整体节能降耗、降低碳排放的大环境驱使以及碳排放缩减政策的刺激下，国内的低碳、绿色勘探开发将迎来市场风口，电动设备、节能设备及钻井所需的水资源循环利用等都将成为各大企业及院校的研究方向，而油气开采企业也将会从节约物流成本、优化物资装备使用率，强化产业联系，打通横向壁垒。同时，国内油气企业将在开采技术上优化能源的使用，加大技术投入，进一步利用现有的光能、风能、水能，积极对氢能等新型能源进行研究，减排技术投入持续增大，低碳化发展走上正轨。

2.3 世界范围内的产业格局发生改变

在碳市场开市叠加未来可能面对碳关税的情况下，国内相关产业现有格局可能发生剧烈改变，进一步促进全球产业格局的多边化、分散化、区域化发展，使得不同地区间的产业关系发生改变。相关研究表明，在碳关税完全落地的情况下，石油化工产业将受到猛烈冲击，因为该行业劳动密集、资源集中，有科学家应用理论模型对碳关税影响企业的程度进行分析，在关税达到 60 美元 / 吨的情况下，首年就业率就将下降 3.79 个百分点。以下游产业服装纺织贸易为例，参考中国社科院统计数据及相关专家研究，在 60 美元 / 吨碳关税的情况下，相关产品出口将减少 6.7 个百分点。在最近几年，中美贸易摩擦越来越明显，导致我国轻工业尤其是纺织产业出现明显的产业转移，碳关税的出现，将加速这一进程，大多数不能满足碳排放标准的公司将会因生产成本上涨而失去原有的行业地位，出口份额受到损害，进一步导致企业利润下降，影响企业员工队伍稳定，倒逼企业转型升级，实现绿色发展。

3 国内油气行业发展建议

随着世界碳交易的逐步成熟，碳排放份额趋于稳定，国内碳市场也将稳健发展。

2021—2025 年这 5 年间，将是传统油气行业及石油化工产业全链条快速转型发展、减碳发展、环保发展的金玉良机，应从三方面入手，应对当前的机遇与挑战，维持行业正向发展：一是要积极面对风险挑战，充分认识到当前的环境既是挑战也是机遇，积极投入到转型升级的行业建设中，高度关注新材料、新技术的产生和应用，将负面影响转化为正向机遇，应对当前局势变化，助力中国快速实现碳达峰碳中和的伟大目标；二是要加快人才培养，高度重视符合新时代背景要求，能经得起时代考验的新青年工作；三是要积极靠近政策，最大限度争取行业转型的时间和空间。

为实现以上三方面，应从以下几点着手。

一是明确自身优势和短板，明确企业自身减碳途径与阶段性目标，设定符合自身实际的减碳策略，注重顶层设计，在世界范围内均在关注低碳发展的情况下，油气企业应当担负起自身的社会责任，为自身负责、为世界负责、为后人负责，主动参与低碳世界建设。

二是加快能源使用效率的提升，将减排降耗作为企业发展的重要衡量点。在短期内，重点关注现有装置设施及配套技术的优化与完善，高度关注提升能效技术、节能降耗技术、绿色环保技术的应用与推广，加快大型锅炉、发电机组等高耗能设备设施的优化调整。对于应淘汰的装置要及时予以报废处理，加快装置的升级换代，不断优化现有的工艺流程与能量传递方式。对于成品物料及其他浪费热量要加强回收，通过高技能人才培养，加强装置自动化水平，加强环保设施的监督管理，逆向推动装置升级。持续加强新一代环保工艺技术的研发研究，尤其是围绕重要钻井完井的质效，千方百计提升单井产出量，将每一口钻井的价值发挥到最大，减少开采造成的能源消耗，降低企业开采成本。持续关注大数据、人工智能、线上产业平台等新兴技术与传统油气技术的融合创新，为现有技术赋能，推进现有技术的发展，为后续企业的绿色高效发展提供强劲的理论支撑。

三是加快建设安全稳定的油气供应链条。随着国际对地球保护的逐渐重视，传统的油气行业难免受到冲击，国际能源消费结构可能产生较大变化，逐渐偏向低碳、环保的能源。我国现有的能源消费结构主要由煤炭、石油、天然气等化石能源构成，受到冲击将会更大。但是在短期内可以预期，油气作为最为稳定的能源，仍有较大空间。所以要充分发挥油气供应相对稳定、技术成熟的优势，深入研究现有及新兴的油气供应方式，抓好彻底转型前的过渡期。

四是加快清洁能源的替代进度，持续推进非化石能源的发展进度。将现有的天然气、氢能源、电能等相对清洁能源的过度桥梁作用发挥好，严防“一刀切”式转变发展，逐步替代原有的煤炭消耗高、应用范围广的情况。从石化产业及油气向清洁电力转变，削减过程中产生的碳排放，并且后续过程中的碳排放量也会大幅下降。将减油增化进行到底，对于当前的油品市场来说，因为多种原因导致油价较高，但持续时间不会过长，各企业应做好随时减油增化的心理准备，增强高附加值的化工产品产出。同时，充分发挥天然气的优质、稳定、相对清洁的特性，继续建设可靠的天然气产供销一体化链条，通过可再生能源转化为“氢能”，实现环保清洁氢能的产业体系，但由于非化石能源现有技术尚且不够完善，要使用这类能源需要加强监管与技术研发，紧盯配套设施的建设进程，多方考证是否有足够安全的使用条件。

五是顺应政策，将体制改革走深走实。始终保持与有关部门的沟通汇报，多听取专业人员意见，顺应政策及行业标准的变化，坚定不移跟着政策走，建立健全碳减排机制，出台相关政策激励油气企业围绕能源业务实现转型升级、多元化发展，保障过渡期的整体能源安全，保证人民物质生活水平不受影响。

六是积极研究碳回收技术。通过物理、化学双管齐下减少碳排放，加强碳回收，通过油井、气田、煤矿等现有的开采区域，进驻专业人员进行全方位回收，通过碳捕捉、碳回收等渠道减少向外排放碳量。同时鼓励研究二氧化碳的利用，通过二氧化碳制取甲醇、烯烃、芳烃等高附加值化学技术研究，并做好技术的落地工作，发挥其应有的商业价值，物尽其用。

七是提升风险评估水平。对于国际整体形势、全球产业情况、整体市场风向进行动态跟踪并全面评估，强化对欧美国家现有碳金融形势的研究，通过其发展历程结合我国实际情况预估未来一段时间国内碳金融发展情况，提前进行风险规避。充分听取相关产业专家建议，与专业评估机构共同探讨可能发生风险的环节，提高重视程度，做好规避方案。同时严禁单一路径发展，坚持多措并举，建立互有长处的健康发展体系，优化产业结构，合理规划产业布局，将全球产业布局与本国国内的基本盘同步发展，尤其要注意灵活性与稳定性之间的尺度，保障最大程度不受外界影响。

面对全球气候变化的严峻形势，面对“双碳”这一伟大战略目标的提出，在未来一段时间，传统油气及石化行业将真正迎来决定命运的关键时期。应当主动顺应潮流，清晰认识到减排降耗势在必行，转变观念、改变思想、统一认识、保持定力，发掘挑战中的机遇，打开低碳、无碳行业市场，加快转型升级，减少温室气体的排放，秉持命运共同体意识，保护人类共同的家园。

参考文献

[1] 蒋丹，张林荣，孙华平，等．中国征收碳税应对碳关税的经济分析——以美国为例 [J].

生态学报，2020，40（2）：440–446.

[2] 朱子涵，刘强，郭雪飞，等 . 国际石油公司可再生能源投资策略与行动研究 [J]. 国际石油经济，2020，28（4）：54–61.

[3] 李斐 . 2022 全球油气行业发展主基调 [J]. 国企管理，2022（10）：16.

[4] 谢艳丽，李远，王北星，等 . 以新思路推动节能产业可持续发展 [J]. 当代石油石化，2020，28（12）：43–46.

[5] 吴珉颉，孙文宇，祝婧祎 . 中国天然气市场 2020 年回顾与展望 [J]. 国际石油经济，2021，29（6）：78–86.

基于中欧海上风电发展现状的成本和盈利分析及其启示

陈立媛　李丽华
（海洋石油工程股份有限公司）

摘　要：自2016年《巴黎协定》正式生效以来，全球风电产业迅猛发展，欧洲海上风电已开启平价时代。中国海上风电市场前景广阔，市场化竞争激烈，预计“十四五”期间海上风电将进入平价时代。本文通过全面分析中欧海上风电安装调试成本和盈利能力存在的差异及可能的原因，为我国海上风电的发展提供启示及建议。

关键词：海上风电；平价；安装调试成本；盈利能力

引言

中国海上风电产业虽然较欧洲发达国家起步晚，但具备资源丰富、发电功率大、便于消纳等优势，经过近年来不断发展，发展势头强劲，正处于高速发展期。据预测，到“十四五”时期末，中国海上风电装机容量将达到26.5吉瓦，2030年预计达到50吉瓦。中国海上风电市场的规模化发展将会带来经济效益及供应链系统提升，随着科技不断迭代更新，海上风电成本也将会持续下降。

1　海上风电发展现状

1.1　全球海上风电发展现状

随着全球能源转型加速，越来越多国家进入海上风电市场，全球海上风电市场规模逐年增长。据全球风能理事会（GWEC）披露，2020年全球海上风电新增装机容量超过6吉瓦，新增装机容量与2019年接近，为历史最高水平。中国连续第三年成为海上风电最大市场，2020年新增海上风电并网容量超过3吉瓦，占到全球增量的一半。全球海上风电装机容量已经超过35吉瓦，几乎是五年前的3倍。

1.2 欧洲海上风电发展现状

欧洲作为最大的海上风电市场，持续保持了平稳的增长速度。荷兰以近1.5吉瓦的新增装机容量排在全球第二位，比利时、英国、德国排在第三到五位。目前有496个海上风电项目，每个项目平均装机容量为481兆瓦，其中运营中的有125个，每个项目平均装机容量为200兆瓦；在建项目为23个，平均装机容量为545兆瓦；设计开发阶段的项目为48个，平均装机容量为501兆瓦；已获批的项目为21个，平均装机容量为778兆瓦；计划阶段的项目为137个，平均装机容量为731兆瓦；已退役的项目为7个，平均装机容量为5.5兆瓦，基本为前期测试项目；被取消的项目数量为135个，平均装机容量为449兆瓦。

自2015年以来，欧洲风机发电效率一直在以16%的速度持续增长。2020年，风机的平均额定装机容量为8.2兆瓦，15个海上风力发电场中有10个使用的风力涡轮机高于8.2兆瓦的平均水平，2020年平均装机容量比去年增长5%。同时，2020年的风机订单已趋向于更新换代，2024年后将有10 ~ 13兆瓦的风机项目上线。

1.3 中国海上风电发展现状

中国海上风能资源储量丰富，电能品质好，发电效率高。中国有18000千米的海岸线，风能资源技术可开发潜力约35亿千瓦，小于50米水深的有15亿千瓦，50 ~ 100米水深的有20亿千瓦。

2020年，中国累计装机容量9.9吉瓦，受国家补贴退坡影响，2021年国内海上风电项目出现“抢装”并网热潮，装机容量大幅上升，新增装机容量10.8吉瓦，占全球新增装机容量的80%。“十四五”期间中国海上风电装机预计年均增加超过3.3吉瓦，市场规模约3000亿元。随着装机规模逐步增大，技术与装备能力持续改进和提升，海上风电预计将在2024年后实现平价并网。

1.4 中国海上风电平价并网成本预测

海上风电要实现平价，每千瓦平均造价应控制在12000元左右甚至更低。但近两年受抢装潮影响，海上风电施工和吊装资源紧缺，海上风电平均造价不降反升。2020年，江苏海上风电项目平均造价上涨了1000 ~ 2000元/千瓦，部分设备及施工费用涨幅超过

30%。从“十四五”各区域平价难度来看，山东风资源条件较差，需要产业链尽快匹配，平价难度较高；福建风资源禀赋最佳，突破施工能力是关键，平价难度相对较低；广东具有不错的风资源条件和最高的脱硫燃煤电价，且市场空间大，海上风电制造产业体系完善，平价难度相对较低。

从陆上风电和光伏的平价路径来看，在中央财政补贴的扶持下，保持稳定的装机规模增长从而推动技术进步、实现成本下降，是实现平价上网的重要保障。从2022年开始，新增并网项目不再享受中央财政补贴，业内寄希望于地方政府接力补贴，实现平稳过渡。但截至目前，只有广东出台了省补方案，由此可见，失去2～3年的过渡期，海上风电的平价之路与陆上风电和光伏相比或将更为艰难。

2 安装调试成本

2.1 成本对比

笔者经过选取和对比了两组2020年并网的中国和欧洲两个相近容量的海上风电场项目的安装调试成本，发现欧洲的安装调试成本低于中国，详细数据见表1（表中的项目均为主观选取的相近容量样本）。

表1 2020年并网的中欧海上风电项目对比

项目名称	所在国	项目情况	风机数量	风机容量（兆瓦）	风电场总容量（兆瓦）	安装调试费（百万美元）
Windpark Fryslân, NL	荷兰	位于荷兰艾瑟尔湖，所有内部电缆先汇集于Breezand岛上的变电站，并通过外送线路连接至电网公司TenneT的高压电网	89	4.3	383	114
BDN3# OSW, CN	中国	BDN3#场址范围约80平方千米，风电场所属海域为威海—青岛东近海农渔业区，离岸距离约37～43千米，水深约28～33米	58	5.2	302	185
Seamade (Mermaid), BE	比利时	SeaMade是比利时最大的海上风电场，美人鱼项目是其中一个，每年将发电8亿千瓦·时以上，约占全国电力需求的10%和家庭总消耗的50%	28	8.4	235	91
Rudong H14# OSW, CN	中国	H14#海上风电场位于如东近海海域，竹根沙东侧，场址范围约32平方千米，离岸距离44千米	50	4	200	130

数据来源：Rystad Energy。

2.2 分析小结

2.2.1 欧洲海上风电已形成规模经济

欧洲是海上风电产业的发源地，自1991年在丹麦安装了世界上第一台海上风机以来，欧洲在海上风力发电装机和风机技术创新方面一直处于领先地位。欧盟委员会估计，到2050年海上风电总装机容量将达到240～450吉瓦，这将使海上风电成为欧洲电力结构的重要支柱。以英国这个欧洲最大的海上风电市场为例，预计到2030年将有40%的发电量来自海上风电。另外，项目单体规模的提升也会带来规模效益，一方面体现在开发规模扩大后，采购设备、施工、服务等环节有一定的议价空间；另一方面通过规模化开发能够统一设计、统筹安排组织施工，提升建设效率，降低单位千瓦投资水平。当一个产业产生规模经济效益后，各生产要求的有机结合产生了“一加一大于二”的效应，平均成本便呈下降趋势。

2.2.2 通过提高管理水平，降低成本

英国许多海上风电的建造方通过在实践中学习并不断总结经验，使生产率得以快速提升，尤其在安装调试方面，通过施工方案不断优化，缩短了安装时间、提高了安装效率。据相关报告，其中布线的安装时间减少了三分之一。另外，西方企业善于积累施工经验，并通过PDCA循环的方式不断优化和提高项目管理水平，以提高整体效率。

2.2.3 安装船舶专业化，降低成本

2010年，英国因安装船舶的适用性和可用性不足，行业遭受损失，增加了项目成本和风险。建筑工程的瓶颈和延误在当时是一个十分棘手的问题。在某些情况下，可用的、合适的船舶非常有限，大量的船舶资源主要用于石油和天然气行业。由于可用的船舶数量少，导致租船费率虚高，因此要完成风电行业的具体作业，租赁船舶往往并非合适之举。

随着海上风电行业的发展，欧洲开始制造海上风电特定操作的专业化船舶。同时，由于风机尺寸的不断增加，每兆瓦需要的劳动力减少，所需船舶数量减少，安装时间随之减少。图1为2008—2017年，英国近海区域风机的安装时间，每兆瓦风机的安装时间从2.9天减少到0.5天，安装风机的平均规模从3.3兆瓦增加到7.4兆瓦。

如上述，英国海上风电安装效率提升主要原因在于船舶的专业化及性能的提升。而中

国投入海上风电安装的船舶虽然数量多，但安装能力参差不齐，大多数无 DP 或者 DP1，极少数 DP2 及以上。

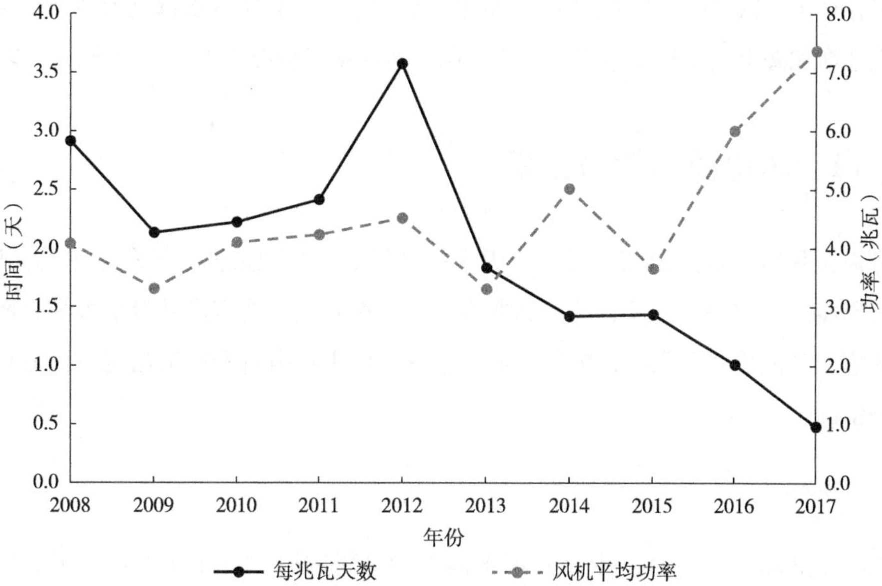

图 1　英国风电场的运行时间和平均风机尺寸

数据来源：碳信托咨询公司

2.2.4　成熟的海洋工程经验

欧洲海洋工程技术发展早，机械化程度高。欧洲的海洋工程经验足，智能化水平高，对海上风电的安装调试作业有很好的帮助，比如材料的先进、设备的智能都能在一定程度上降低成本。

2.2.5　离岸距离

目前中国尚未涉足 75 千米以外的海上风电场开发，而欧洲早已涉足，其深远海海上风电安装形式主要以漂浮式海上风电为主，其对海床地质条件限制小，选址灵活。另外漂浮式风机机位部署更加灵活，可在岸上完成整体组装，海上施工安装便捷，可完全拆解与迁移，可搭载更大功率风电机组，更加具备成本优势。

2.2.6　台风的影响

众所周知，中国海域的台风最多，尤其在南海，通常每年受热带风暴和台风影响平均 7 ~ 8 次，且台风强度大影响大。一旦台风进入东海或南海海域，均会导致项目海上施工暂停、船舶原地抗风或撤场避风及可能导致船舶发生意外事故等。此外，台风还会带来强降雨等恶劣天气，中国近海15个省（直辖市、自治区）中，11个省市最大雨量的影响系统是台风，全国7次日降水量超过1000毫米的极端暴雨，其中6次都是台风所引起的。恶劣天气也会增加海上施工作业难度，影响工期，增加项目措施费等，从而导致成本增加。

3 海上风电盈利能力分析

欧洲海上风电产业发展蒸蒸日上，无论是开发商还是建造商，盈利水平均高于中国。在成本水平相同的前提条件下，从盈利要素分析，笔者认为终端产品价格差异是影响盈利的关键因素，产品价格首先考虑电价方面的差异，以下从电价和政策法规方面分析海上风电的盈利情况。

3.1 电价

据Global Petro Prices官网中公开可查询到的最新数据，2021年6月中国居民用电价格为0.09美元/（千瓦·时），企业用电价格为0.099美元/（千瓦·时），同时期的欧洲主要国家明显高于中国，详细数据见图2。从电价可看出，中国的用电价格与欧洲相比，差距尤为明显，这是欧洲海上风电盈利最关键的原因，欧洲各国能源结构较为单一，且近年来大力发展清洁能源，海上风电是其国内自有能源的主要能源，电价的水平具有较高的代

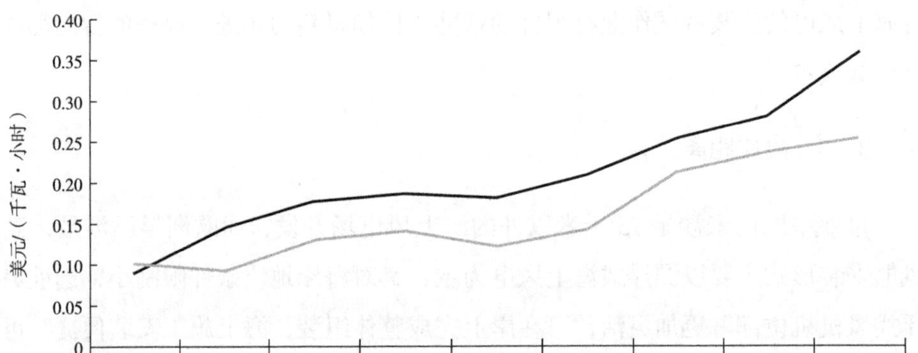

	中国	挪威	芬兰	波兰	荷兰	法国	意大利	英国	德国
居民用电价格	0.09	0.144	0.176	0.185	0.18	0.208	0.252	0.279	0.357
企业用电价格	0.099	0.091	0.128	0.139	0.121	0.141	0.211	0.235	0.252

图2 2021年6月中欧主要国家电价

表性。因此，高电价是欧洲主要国家大力发展海上风电，以及其海上风电开发商和建造商获取利润的主要因素。

3.2 政府扶持分析和竞价政策

相对于中国政府，欧洲政府在政策鼓励及扶持力度方面明显大于中国，且循序渐进、推陈出新，促使其更迫切发展海上风电的原因有三点：

第一，发展海上风电利于欧洲国家能源安全。2020 年，欧盟能源结构中最重要的燃料来源为原油及石油产品（占总量的 34.5%）和天然气（占总量的 23.7%）。原油和天然气进口依存度分别高达 96.2% 和 83.6%。欧洲能源的对外依存度非常高，如发生战乱（如乌克兰危机，俄罗斯停止供应天然气）或者类似于新冠疫情的事件，均可能导致能源危机的产生。

第二，发展海上风电有助于促进前沿技术创新及就业。由于海上风电涉及众多当代高端装备制造顶尖技术，海上风电的快速发展能够推动所在国在长柔叶片、高端轴承、齿轮箱和大功率发电机等前沿技术上实现突破。同时，开展具有前瞻性的海洋测风、海洋基础、海洋施工、整机等前沿研究测试，对所在国实施海洋强国战略、新型海洋经济开发具有重要带动作用。

第三，发展海上风电能够加速能源转型。海上风电是全球风能行业的技术前沿产业和重要发展方向之一，具备风能资源丰富、离负荷中心近等特点，发展前景广阔。目前，随着全球能源生产和消费革命不断推进，能源转型发展步伐加快，提质增效的要求不断提高，作为可再生能源领域中技术先进产业代表的海上风电，必将迎来较好的发展时期。

由于上述原因，政府从前期的补助再转到后期从招标模式入手，促使成本快速下降。欧洲各国依托欧盟成熟的新能源产业法律制度框架，受益于政府的政策和扶持，欧洲各国间的合作促进了全产业链的完善，海上风电的价格竞争力不断提升。

3.3 政策法规

许多欧洲国家致力于减排并发展绿色能源，这与它们的地理位置息息相关，它们向海而生，海洋资源得天独厚，尤其是海上风速强劲，因地制宜发展风电成为许多欧洲国家的必然之选。因此，政府在政策方面给予了扶持。

英国是全球风电场行业发展较快的国家之一。英国风电的快速发展得益于 1989 年英国制定的《电力法》，该法规将电力工业推向市场的非国有化政策，其要求公民有消费非化石燃料的义务，并开始征收化石燃料消费附加费，征收办法是电费征收 10% 的附加费。

随后英国又颁布了多项促进风电场行业发展关键性政策文件，并出台了多项举措促进风电场项目的发展。

2019 年 12 月 11 日，欧盟委员会发布了《欧洲绿色新政》(European Great Deal)。新政提出，欧洲作为全球领导者，通过向清洁能源和循环经济转型，使欧洲到 2050 年成为全球首个碳中和大陆，以阻止气候变化、促进欧洲经济稳定可持续发展。《欧洲绿色新政》明确了实现绿色新政的资金渠道和主要保障措施。资金渠道方面，预计到 2025 年气候融资比重由 25% 提高至 50%。此外，欧委会将鼓励资金流向绿色产业。其次是制定国家环保预算，预算向绿色项目倾斜。主要保障措施有研发创新、教育培训、公众参与、国际合作等方面。

3.4 小结

欧洲海上风电产业的发展以政府为主导，从电价定价和政策法规方面为开发商和建造商争取了较大的利润空间，为企业营造了良好的成长环境，促进行业蓬勃发展。海上风电具有潜在巨大的资源开采潜力，可再生能源的健康发展对于我国能源革命和能源转型，以及实现碳中和具有重大意义。短期来看，政府补贴和其他政策支持依然是海上风电等可再生能源发展的重要保障。长期来看，海上风能的成本下降程度及与其他电力来源的竞争力则是其未来前景的决定性因素。

4 启示及建议

4.1 借鉴欧洲海上风电发展经验，变革业务模式拓展我国海上风电宏伟蓝图

欧洲在海上风电行业涉入较早，在装备制造、建设施工、运行维护和退役拆除等方面积累了丰富的经验，有着较为成功的行业发展模式。我国海上风电应充分借鉴欧洲海上风电的发展经验和发展模式，依托“2030 年碳达峰、2060 年碳中和”的政策支持，通过发展模式变革，使资源配置更有利于海上风电产业成长，比如推行风电场招标模式变革，区域风电场“一盘棋”规划，整体设计前移，海上风电智慧平台体系建设，港口建设考虑大容量风电场的配套等。建议由政府建立官方组织，修订和完善法律制度，出台标准，定期组织开发商和建造方进行交流、在交流中总结，并促进上下游企业全方位合作，螺旋式提升竞争力，争取新一轮的跨越式发展。

4.2 比较中国与欧洲海上风电市场的发展规模和成本要素，“十四五”时期中国将实现平价上网

目前欧洲已步入平价时代，一度电成本现已低于 0.5 元 /（千瓦·时），英国海上风电的招标电价已经下降至 0.35 元 /（千瓦·时），我国海上风电度电成本明显高于欧洲新中标项目，但容量系数却显著低于欧洲市场。影响中国海上风电度电成本的关键因素是发电量，发电量影响 50% 以上的度电成本，提升 10% 的发电量可以降低 9% 的度电成本。随着风电机组的大型化发展趋势，未来我国海上风电降本路径可通过提升容量系数、开发核心技术、降低安装调试费，多措并举提质增效以实现平价上网。

4.3 风机和风场的大型化将加速风电海工装备专业化和大型化，目前大型风电安装船新赛道正在逐渐打开

随着风机和风场大型化发展，风电吊装效率要求越来越高，风电安装市场规模扩大对风电安装船需求越来越多。随着深远海海上风电场的开发，提高吊机起重量、增加可变载荷和甲板作业面积，使单船能够实现单次运输多套大兆瓦风机设备及安装一体化作业需求变得尤为迫切。同时，风电施工船舶专业化和大型化，将增强在较大风浪条件下的作业能力，达到缩短单个风机安装施工工期，增大作业窗口，提高作业效率，节约施工成本，提升总体收益的目的，将对我国整个海上风电产业产生重大影响。

4.4 地方出台海上风电补贴政策，提前布局海上风电供应链，联手打造产业集群，实现产业带动效应

我国东部沿海资源发达，制造业基础雄厚，补贴海上风电可带动地方经济发展，实现能源转型，提高能源安全系数。江苏南通、广东阳江等地相继引进多家海上风电装备制造业企业和大型电力央企投资本地，联手打造集研发、试验、制造和开发于一体的海上风电产业集群，争取早日实现平价上网。建议我国各大省提前布局，制定地方补贴支持政策，加强政企合作、企企合作，打造更完备、更紧密的海上风电产业链条，带动全产业协同发展。

4.5 大力提升海上风电行业市场化竞争，实现风电高质量发展

进入“后补贴时代”的中国海上风电正面临着前所未有的挑战，在坚持走中国特色的海上风电发展道路的同时，要大力提升海上风电行业的市场化竞争。我国陆上风电有着全

球最大的生产基地和最完备的供应链体系，目前国内陆上风电已率先实现平价，海上风电可充分利用陆上风电的成本优势和产业链优势，总结陆上风电的发展经验，在能源变革的新浪潮中积极拓展新业态，探索新机遇，实现海上风电高质量发展。只有这样，中国的海上风电才能通过平价大考，才能在未来能源格局中更具生命力和竞争力。

参考文献

[1] 王奕红，唐海清，姜佳汛 . 海上风电行业深度研究：市场发展情况及未来发展趋势分析 [R]. 2022.

[2] 国信证券经济研究所 . 海上风电专题报告：从欧洲发展历程看中国海上风电市场前景 [R]. 2020.

[3] 碳信托咨询公司 . 英国海上风电政策、创新及成本降低 [R]. 2020.

绿色信贷对油气行业碳排放的影响分析
——基于省级面板数据的实证研究

程艳丽　甘明蓉　陈 成
（昆仑银行股份有限公司运营服务中心）

摘　要：绿色信贷作为绿色金融的重要组成部分，积极支持绿色低碳产业发展，促进经济社会发展全面绿色转型，助力实现碳达峰、碳中和。本文通过对我国 2011—2018 年绿色信贷指数和油气行业二氧化碳排放量的面板数据实证分析。结果表明，绿色信贷的发展对油气行业的碳排放具有显著的负向影响，政府影响力、创新能力、环境规制对减少碳排放具有显著促进作用，分地区的回归结果与总体回归结果基本一致。因此需要通过大力发展绿色信贷、创新产品和服务、加强环境规制等来降低我国油气行业的碳排放。

关键词：油气行业；碳金融；绿色信贷

引言

2030 年实现碳达峰、2060 年实现碳中和的“双碳”愿景被正式纳入“十四五”规划。目前针对实现碳达峰和碳中和的资金需求已经有不少测算，规模级别都是百万亿人民币。面对如此巨大的资金需求，政府资金只能覆盖很小一部分，绝大部分需要通过金融系统利用市场资金加以弥补。各行各业尤其是高能耗行业都需要大量的资金来推动低碳转型和发展绿色技术，这就需要建立和完善绿色金融体系，引导和激励金融机构以市场化的方式支持绿色投融资活动。根据中国人民银行公开信息显示，目前我国已经初步形成绿色贷款、绿色债券、绿色保险、绿色基金、绿色信托、碳金融等多层次绿色金融产品和市场体系。作为绿色金融的支柱性产品，绿色信贷在推动高耗能行业进行绿色低碳转型中发挥重要的作用。根据银保监会公布数据显示，截至 2021 年末，我国本外币绿色信贷存量规模贷款余额为 15.9 万亿元，占各项贷款的 10.6%，同比增长 33%，存量规模居全球第一。绿色信贷自问世以来，是否对油气行业的碳排放是否起到了有效的促进作用？本文将以绿色信贷指数为例，通过省级面板数据模型对油气行业碳排放的影响进行分析。

1 绿色信贷与油气行业低碳发展现状

1.1 绿色信贷发展及油气行业碳排放现状

2007 年 7 月，人民银行等三部委联合发布了《关于落实环保政策法规防范信贷风险的意见》，强调利用信贷手段保护环境的重要意义，要求加强信贷管理工作和环保的协调配合、强化环境监管管理等。这一政策的发布，标志着绿色信贷作为经济手段全面进入我国污染减排的主战场。随后，国家不断出台政策，要求大力发展绿色信贷，对重点行业和领域进行绿色化转型升级，使绿色信贷成为我国绿色金融发展中起步最早、发展最快、政策体系最为成熟的产品。政府部门及监管机构绿色信贷主要政策梳理见表 1。

表1 绿色信贷政策梳理

时间	文件内容	发文单位
2007 年 7 月	《关于落实环保政策法规防范信贷风险的意见》	国家环境保护总局、中国人民银行、银监会
2012 年 7 月	《绿色信贷指引》	银监会
2013 年 7 月	《绿色信贷统计制度》	银监会
2014 年 6 月	《绿色信贷实施情况关键评价指标》	银监会
2017 年 12 月	《中国银行业绿色评价实施方案（试行）》	中国银行业协会
2018 年 7 月	《关于开展银行业存款类金融机构绿色信贷业绩评价的通知》	中国人民银行
2019 年 12 月	《关于推动银行业和保险业高质量发展的指导意见》	银保监会
2020 年 12 月	《商业银行绩效评价办法》	财政部
2021 年 6 月	《银行业金融机构绿色金融评价方案》	中国人民银行

资料来源：中国人民银行、银保监会、财政部、中国银行业协会、环境保护部网站。

对于绿色信贷，一部分学者关注绿色信贷对银行业务的影响，以及由此带来的信用资产的风险和对银行整体盈利关系，或是对银行核心竞争力的作用。一部分学者将绿色信贷作为绿色金融指数的一部分加以研究。郭占[9]结合一定的指标选取原则，选取碳金融、绿色投资、绿色股票、绿色债券、绿色信贷、绿色保险等关键指标，建立绿色金融指数模型，计算全国 31 个省（直辖市、自治区）的绿色金融指数。董晓红等[10]结合 2014 年中国绿色金融报告所提出的绿色金融评价体系，构建出一套以环境发展、社会发展、金融发展三个维度，下设 22 个指标的评价体系，并用主成分分析得到省的绿色金融发展指数。

对于油气行业减碳要求，我国油气行业将推进供能、供热结构绿色转型，加快节能环保清洁生产技术研发转化推广，从而实现生产系统绿色转型。以二氧化碳、生物质能、天然气等为原料直接制备化学品技术，塑料闭环循环利用技术，传统石化厂 +CCUS 技术，绿氢化工厂等零排放石化企业设计、规划与构建。主要大型石油化工公司制定了低碳转型行动方案，通过开发常规天然气、非常规天然气、清洁油品实现清洁能源生产降低排放；通过二氧化碳捕捉技术、废水和固体废物资源化实现污染减排；通过油气田、炼化系统、管道系统、工程技术等节能提效实现低能耗和高效率。

1.2　绿色信贷对碳排放的影响

绿色信贷是各大金融机构在绿色经济政策的引导下释放信贷资金，为绿色经济提供驱动力。张晓音的研究表明污染物排放与高耗能企业贷款相关联，信贷资源向污染企业的倾斜将加剧环境污染；对高污染、高耗能企业实施贷款限制，在一定程度上能够起到缓解污染物排放的作用。刘传哲等[3]分析了绿色信贷对能源消费结构的影响机理，认为要以政策为导向推动绿色信贷规模扩大，促进能源消费结构低碳化。丁杰等[6]实证结果表明绿色信贷政策有效抑制了重污染企业的信贷融资，而且对长期信贷融资的抑制效果更强。尤志婷等[2]以绿色信贷、绿色产业投资、绿色债券为例对区域碳排放影响研究，研究分析中各绿色金融业务发展都有显著减排效果。张可等的研究结果表明绿色信贷在微观层面通过企业经营绩效和企业创新，在宏观层面通过产业结构升级、地区信贷资源配置和地区示范效应机制实现节能减排。

绿色信贷主要作用是为油气行业提供清洁能源转型升级、技术研发、抑制产能过剩、调整产业结构持续优化升级提供信贷支持，同时对高污染、高耗能、产能过剩企业施行信贷约束，倒逼重污染企业进行技术创新、产品调整与产业升级。通过政策引导和限制约束的双管齐下，绿色信贷能够充分助力油气行业降低碳排放强度，促进转型升级。基于此，本文提出假设：绿色信贷发展水平越高，对油气行业碳排放减排效果越大。

由于我国的绿色信贷发展起步较晚，涉及实证研究的资料内容较少，国内现有文献都是近几年才开始有所增加。通过对现有文献的梳理发现，绿色信贷主要是对区域经济、绿色创新、能源消费结构的影响进行分析，未能将绿色信贷整体发展情况和具体行业相结合，以及未能将政府在其中发挥的作用对碳排放的影响进行综合考量。银保监会在 2014 年下发的《绿色信贷实施情况关键评价指标》中有“每亿元贷款的二氧化碳减排当量”，但该指标未能进行披露。因此，本文的贡献主要体现在于考虑绿色信贷整体发展水平油气行业碳排放强度的相关关系，并在控制变量中充分考虑政府在公共财政支出、环境规制、创新能力方面的影响。基于数据可得性和完整性的原因，选取2011—2018年30个省份的年度数据，依据两部门方法建立动态面板模型，探索绿色信贷与油气行业碳排放强度的量化关系，进一步丰富绿色信贷体系的研究。

2 模型构建与实证分析

2.1 模型设定

借鉴Feder于1983年建立的两部门模型，将绿色信贷所在金融行业和油气行业这两个部门看成一个整体，借以构建两部分模型观察绿色信贷的发展对油气行业碳排放的影响。假定Y_t为t时期绿色信贷和油气行业两部门的总产值，C_t和R_t分别为绿色信贷和油气行业t时期的总产值，L_{Ct}、L_{Rt}、K_{Ct}、K_{Rt}代表绿色信贷和油气行业t时期劳动和资本的要素投入量，生产函数分别为：

$$C_t = C\left(L_{Ct},\ K_{Ct}\right) \tag{1}$$

$$R_t = C\left(L_{Rt},\ K_{Rt},\ C_t\right) \tag{2}$$

经过变形和替换后得到模型表达式：

$$\left(dY/Y\right)_t = \alpha + \beta_1\left(dL/L\right)_t + \beta_2\left(dK/Y\right)_t + \beta_3\left(dC/C\right)_t\left(C/Y\right)_t + \beta_4\left(dC/C\right)_t \tag{3}$$

模型说明绿色信贷的发展对油气行业影响主要取决于资本和劳动的投入，跟绿色信贷的发展规模也有直接关系。由模型可以看出，绿色信贷对油气行业碳排放可以通过计量经济模型去检验，下面就绿色信贷的发展对由油气行业碳排放强度的相关作用进行实证分析。

2.2 变量选取

如表2所示，油气行业二氧化碳排放量主要由全国各省份原油、汽油、煤油、柴油、燃料油、天然气6种能源二氧化碳排放量构成。该部分数据主要取自于君泰安数据库（CSMAR）。

表2 变量描述与定义

变量性质	变量名称	符号表示	变量定义
被解释变量	油气行业碳排放强度	COG	油气行业二氧化碳排放量与各省份工业增加值的比值

续表

变量性质	变量名称	符号表示	变量定义
解释变量	绿色信贷指数	GCI	绿色信贷指数
控制变量	政府影响力	GI	各省公共财政支出占地区生产总值的比值
	创新能力	IC	各省专利授权量
	环境规制	ER	治理污染总投资额与工业总产值的比值

绿色信贷指数主要取自各省份绿色信贷指数。绿色信贷存在正反两类指标，正向指标多选用绿色贷款余额或者节能环保贷款余额在本外币各项贷款余额中的比重得以体现，但由于绿色贷款余额与节能环保贷款余额大多数都是由通过银行业金融机构进行披露，当前缺乏省级绿色信贷规模的相关数据，因此，本文借鉴谢婷婷和刘锦华[16]的做法，选用反向指标，即绿色信贷指数。本文采用省级区域内非高耗能产业利息支出来代表绿色信贷。非高耗能产业利息支出由工业产业利息支出减六大高耗能产业利息支出后得到。该部分数据主要取自于《中国工业统计年鉴》等年鉴。

2.3 数据来源

本文选取2011—2018年中国大陆30个省（直辖市、自治区）的面板数据进行实证研究。数据均来源于《中国工业统计年鉴》《中国统计年鉴》《中国能源统计年鉴》《中国经济普查年鉴》及各省份《统计年鉴》。为减小变量的波动范围，对绝对量指标采用对数处理，各变量的描述性统计见表3。

表3 描述性统计分析结果

变量	均值	标准差	最小值	最大值
COG	1.698	1.750	0.491	10.858
GCI	2.076	0.626	1.104	4.535
GI	0.264	0.116	0.121	0.758
IC	10.571	1.415	6.596	13.585
ER	0.004	0.004	0.000	0.031

2.4 回归结果与解读

在运用面板数据进行分析时，需要通过F检验和Hausman检验在固定效应模型、随机效应模型和混合估计模型中进行选择。本文对绿色信贷指数影响碳排放强度的回归模型分别进行了 F 检验和 Hausman 检验。首先，F 检验结果显示，F 值为 186.12，且 $p < 0.01$，即拒绝原假设，表明相比混合估计模型，固定效应模型更合适；其次，Hausman 检验结果显示，x^2 值为 13.19，且 $p < 0.05$，即拒绝原假设，表明相比随机效应模型，固定效应模型更有效。因此，本文最终选用固定效应模型进行回归分析。

表4　总体回归结果

变量	总体模型	东部地区	中部地区	西部地区
	COG	COG	COG	COG
GCI	-0.138^{**}	-0.081^{*}	-0.361^{***}	-1.347^{***}
	(0.043)	(0.043)	(0.080)	(0.195)
GI	-4.087^{**}	-3.100^{***}	-16.327^{***}	-3.157^{*}
	(1.282)	(0.981)	(0.778)	(1.414)
IC	-0.183^{*}	-0.087^{**}	-0.139^{**}	−0.029
	(0.079)	(0.035)	(0.047)	(0.065)
ER	-45.039^{*}	-2.769^{***}	−6.970	3.696
	(22.559)	(0.157)	(13.384)	(8.325)
Constant	5.186^{***}	3.948^{***}	7.644^{***}	5.201^{***}
	(0.957)	(0.441)	(0.464)	(1.037)
F	36.43^{***}	212.62^{***}	407.22	36.94^{***}
R^2	0.303	0.921	0.624	0.339
N	240	88	64	88

注：*** 表示 $p < 0.01$，** 表示 $p < 0.05$，* 表示 $p < 0.1$；下同。

从总体模型回归结果来看（表 4），绿色信贷指数对油气行业碳排放强度产生了显著的负向影响，系数在 5% 的水平上显著为负。从控制变量的回归结果来看，政府影响力在 5% 的显著性水平下与油气行业碳排放强度呈显著负相关，创新能力和环境规制在 10% 的显著性水平下与油气行业碳排放强度呈显著负相关。加大政府支持力度、提高技术能力、制定相关环境政策有助于油气行业的碳减排。

从三大区域[1]回归结果对比来看，绿色信贷指数对油气行业碳排放强度都呈现显著负向影响，这与全国总体回归结果是一致的，其中东部地区在 10% 水平上显著为负，中部

[1] 根据国家发改委2000年对经济区域的划分标准，东部11个省市包括北京、天津、河北、辽宁、上海、江苏、浙江、福建、山东、广东、海南；中部8个省份包括山西、吉林、黑龙江、安徽、江西、河南、湖北、湖南；西部11个省（自治区）包括四川、重庆、贵州、云南、陕西、甘肃、青海、宁夏、新疆、广西、内蒙古。

和西部地区都在 1% 水平上显著为负。从控制变量来看，三大区域的政府影响力对油气行业碳排放强度都呈现出显著的负向影响，东部地区和中部地区在 1% 水平上负向显著，中部和西部地区都在 10% 水平上负向显著。创新能力对东部地区和中部地区油气行业的碳排放强度产生显著的负向影响，均在 5% 的水平上显著为负，创新能力对西部地区油气行业的碳排放强度没有显著性影响。环境规制对东部地区油气行业的碳排放强度产生显著的负向影响，系数在 1% 的水平上显著为负，环境规制对中部地区和西部地区油气行业的碳排放强度没有显著性影响。

为了进一步增强结论的稳健性，本文在东部、中部和西部数据上删除两个经济发展排名靠前省份的数据，总体数据同样也进行删除，最终把得到的数据进行回归。从表 5 可知，回归结果未发生改变，本文所关注的核心解释变量绿色信贷指数对油气行业碳排放强度的影响均显著为负，说明结果具有稳健性。

表5　去除数据后总体回归结果

变量	总体模型	东部地区	中部地区	西部地区
	COG	COG	COG	COG
GCI	–0.162**	–0.096*	–0.362***	–1.424***
	(0.056)	(0.051)	(0.067)	(0.236)
GI	–4.152**	–3.018***	–16.713***	–3.194*
	(1.229)	(1.122)	(0.774)	(1.366)
IC	–0.209*	–0.088*	–0.170***	–0.013
	(0.091)	(0.044)	(0.046)	(0.072)
ER	–49.846*	–2.727***	–11.025	3.252
	(24.225)	(0.177)	(12.300)	(7.823)
Constant	5.693***	4.000***	8.349***	5.232***
	(1.063)	(0.553)	(0.496)	(1.127)
F	28.63***	177.05***	297.22	44.44***
R^2	0.324	0.923	0.666	0.339
N	192	72	48	72

3　政策建议

通过实证结果可以看出，绿色信贷、政府影响力、创新能力、环境规制在降低油气行业碳排放强度上都有一定成效，但对于不同区域仍存在差异。对此，本文提出了以下建议。

第一，进一步扩大绿色信贷投放规模，完善相关政策激励与协调措施。金融机构要进一步扩大对绿色信贷的投入，将更多的资金引入油气行业的低碳减排过程。同时与监管机构和第三方加强合作，针对特定行业建立科学有效的绿色信贷评估标准，提升碳排放核算效率。研究结果表明，经济发展不同地区对绿色信贷的接受程度不同，经济发达地区相对于经济欠发达地区而言，减排效果更好，因此需要为相关企业制定差异化和更有针对性的信贷政策。

第二，除绿色信贷这一市场化的金融工具外，政府更应通过行政手段即环境规制的方式，加强对银行的硬约束，使得银行不得不加强绿色信贷政策的执行力度；加强对企业的经营约束，倒逼企业采用各种方式降低碳排放。同时各级政府不断升级完善环保法律法规，通过增加污染治理投资，加大特定行业的减排投入，并建立补偿机制，做好这些地区的环境保护工作，提高整个社会环保支出占比。

第三，由于东部地区和中部地区的创新能力更强，因此需要对欠发达地区推广和转移绿色专利技术，从而提高整体的创新发展水平。由于企业设备的更新换代和研发推广，都离不开绿色创新能力和创新技术的支持，因此需要通过企业、金融机构和政府相互协调配合，合理分摊创新研发成本，鼓励创新技术企业发展，减轻创新负担。

第四，政府作为发展绿色经济中的主导力量，需进一步加强绿色低碳生产生活方式的引导，通过加大公共支出的力度给予行业降低碳排放相应的支持，通过“看得见的手”和“看不见的手”共同发力，才能使碳减排取得更好的成效。

参考文献

[1] SuLi, WeiZhang, JunZhao. Environmental Science and Pollution Research: Does green credit policy promote the green innovation efficiency of heavy polluting industries?—empirical evidence from China’s industries [EB/OL]. Published online: 16, February, 2022.

[2] 尤志婷，彭志浩 . 黎鹏 . 绿色金融发展对区域碳排放影响研究——以绿色信贷、绿色产业投资、绿色债券为例 [J]. 金融理论与实践，2022（2）.

[3] 刘传哲，任懿 . 绿色信贷对能源消费结构低碳化的影响研究 [J]. 武汉金融，2019（11）.

[4] 曹廷求，张翠燕，杨雪 . 绿色信贷政策的绿色效果及影响机制——基于中国上市公司绿色专利数据的证据 [J]. 金融论坛，2021（5）.

[5] 卢自达 . 碳金融对资源型产业低碳化的影响研究——基于 CDM 的实证研究 [J]. 金融理论与实践，2020（11）.

[6] 丁杰，胡蓉 . 区域性环境规制与绿色信贷政策的有效性——基于重污染企业融资视角

[J]. 软科学，2020，34（12）.
[7] 管志贵，田学斌 . 碳市场政策能否减少区域碳排放？——基于中国省级面板数据的实证研究 [J]. 内蒙古社会科学（汉文版），2019（1）.
[8] 方建国，林凡力 . 绿色金融与经济可持续发展的关系研究——基于中国 30 个省际面板数据的实证分析 [J]. 中国石油大学学报（社会科学版），2019，35（1）.
[9] 郭占 . 中国绿色金融指数构建研究 [D]. 西安：西北大学，2019.
[10] 董晓红，曲红，玉沈婷，等 . 中国绿色金融发展指数测算研究 [J]. 东北亚学术论坛 .
[11] 王殿武 . 绿色信贷对绿色低碳技术进步的经济效应研究 [D]. 长春：吉林大学，2020.
[12] 毕马威 . 助力实现“双碳”目标绿色金融大有可为 [R].2021.
[13] 鲁政委 . 绿色信贷助推我国“碳达峰”[J]. 北大金融评论，2020（5）.
[14] 江红莉，王为东，王露，吴佳慧 . 中国绿色金融发展的碳减排效果研究——以绿色信贷与绿色风投为例 [J]. 金融论坛，2020（11）.
[15] 刘阳 . 绿色信贷推动产业结构优化升级的实证研究 [J]. 科技和产业，2021（11）.
[16] 谢婷婷，刘锦华 . 绿色信贷如何影响中国绿色经济增长？ [J]. 中国人口 · 资源与环境，2019（29）.

海外油气勘探开发项目投资组合决策分析研究

杨天翔[1] 冯浩轩[2] 汤 楠[3]
（1. 中国石油西南油气田分公司天然气经济研究所；2. 江西财经大学经济学院；
3. 成都理工大学管理科学学院）

摘 要：本文以现代投资组合理论为基础，构建基于条件风险价值（CVaR）的海外油气勘探投资组合决策模型。该模型充分考虑石油勘探开发项目同金融资产的区别，引入条件风险价值理论，对传统的马科维茨（Markowitz）“方差－均值”模型进行改进，运用条件风险价值度量投资组合的风险，克服方差在勘探开发项目风险度量上的缺陷，最终得出各潜在油气投资目的国的最优投资比例。实例应用表明该模型可以帮助投资决策的制定者对勘探投资项目中可能存在的风险进行更全面的了解，能够更加科学地指导整个投资决策过程，使决策方案更有科学依据，更能令人信服。

关键词：油气勘探开发；海外投资；投资组合；条件风险价值

引言

石油勘探开发项目投入高、风险大，为提升投资收益、降低投资风险，王众、蔡举、匡建超、冯浩轩、Wood、盛秀杰、王义刚、蔡小倩、FU Zhaohui、Furtado、WANG、马佳、Fedorov Semyon、刘键烨、宋代文、Ben Ameur 等学者聚焦该领域[1-16]，提出了一系列风险评价与决策模型，取得了良好应用效果。随着经济全球化和世界经济一体化的趋势不断增强，石油公司获得了大量投资海外石油项目的机会，但这也意味着投资风险的进一步增加，必然要求决策者能够从马科维茨“收益－风险”的角度科学配置有限资源。在前人提出的评价模型和方法中，现代投资组合理论从项目组合而非单一项目出发，从整体上寻求收益与风险的均衡，得到了越来越多的关注与重视。

目前，油气项目投资组合领域的绝大多数研究都是基于“均值—方差”模型，也就是通过收益的方差或者是标准差来计量项目组合的风险。然而石油项目相对于金融产品有着不同的特点，例如石油项目收益可能不服从正态分布，简单使用方差定义项目风险会存在偏差，另外对于明确损失的大小却无法度量。基于前人的研究，本文在海外油气勘探项目投资决策分析中，引入条件风险价值（CVaR）理论，以投资收益率表征收益，以条件风险价值度量风险，构建投资决策模型，以投资组合的思想确定海外各个国家的最优投资比例，在一定程度上较为显著地解决了方差在风险度量上的缺陷，以便决策者能够更准确地识别海外各国油气项目的潜在风险，让整个投资决策过程更具科学合理性。

1 投资决策模型构建

1.1 项目投资收益率确定

项目投资收益率（ROI）计算公式如下：

$$ROI=\frac{\sum_{i=1}^{L}\left[CF_i\times(1+r)^{-1}\right]-CAPEX}{CAPEX} \quad (1)$$

式中：L为项目运营周期；r为折现率；$CAPEX$为项目固定投资；CF_i为第i的现金流。

$$CF_i=[P_i\times Q_i\times(1-Tax_1)-C_i\times Q_i]\times(1-Tax_2) \quad (2)$$

式中：P_i为第i年的石油销售价格；Q_i为第i年的石油产量；C_i为第i年的石油单位开采成本；Tax_1为投资所在国家的资源税率；Tax_2为投资所在国家的所得税率。

1.2 项目风险确定

设$f(x, y)$表示了一个投资组合集的损失函数，为了计算方便，本文假定y的联合概率密度为$p(y)$并且连续，遵循以上条件，在明确了随机变量y的分布时，损失函数$f(x, y)$为随机变量，且取决于X的情况，则损失函数值在不超过设定的持有水平α的概率为：

$$\varphi(x, \alpha)=\int_{f(x, y)\leqslant\alpha}p(y)dy \quad (3)$$

假设投资者要求不超过某一损失额度风险价值（VaR）的置信水平为β（$0\leqslant\beta\leqslant1$），则投资组合的风险价值可以表述为：

$$VaR=\alpha_{\beta}(x)=\min\{\alpha|\psi(x,\alpha)\geqslant\beta\} \tag{4}$$

根据条件风险价值的定义，联立式（3）、式（4），可将投资组合的条件风险价值按照式（5）进行表达：

$$CV_{a}R=\varphi_{\beta}(x)=E[f(x,y)\geqslant V_{a}R(x)]=(1-\beta)^{-1}\int_{f(x,y)\leqslant a\beta(x)}f(x,y)p(y)dy \tag{5}$$

通过式（4）和式（5），可以发现风险价值的数学意义为一个分位点，代表了以置信度为分组条件的分组位置，通过风险价值定义的条件风险价值代表的是超过风险价值部分损失的期望值，考虑了大于风险价值尾部的全部损失，度量了投资组合的为不损失，可以认为运用条件风险价值能够更加准确地描述项目风险。

观察式（5），在求解条件风险价值的公式中含有关于风险价值的函数，这样使得无法直接通过定义将条件风险价值解出，对投资组合进行优化，Rockfellar 和 Uryasev 于 2000 年通过定义辅助函数 F_{β}（x，α）对条件风险价值进行求解：

$$F_{\beta}(x,\alpha)=\alpha+(1-\beta)^{-1}\int_{y\in R^{m}}[f(x,y)-\alpha]^{+}p(y)dy \tag{6}$$

其中：

$$[f(x,y)-\alpha]^{+}=\begin{cases}f(x,y)-\alpha & f(x,y)>\alpha\\ 0 & f(x,y)\leqslant\alpha\end{cases} \tag{7}$$

根据 Rockfellar 和 Uryaser 的结论，当条件风险价值取到最小值时，也得到了辅助函数 F_{β}（x，α）的最小值，即：

$$\min_{x\in X}\varphi_{\beta}(x)=\min_{(x,\alpha)\in X}\varphi_{\beta}(x)F_{\beta}(x,\alpha) \tag{8}$$

所以，以上条件求出上述优化问题的最优解（x^{*}，α^{*}），也可以得到最优的条件风险价值为辅助函数 F_{β}（x^{*}，α^{*}），其中 x^{*} 为最优的投资组合，而 α^{*} 是置信水平 β 下的风险价值。

在现有条件下，无法完全观测到随机变量 y 随机变化，也就无法得出随机变量 y 的概率密度 p（y）的解析解，但是可以通过蒙特卡洛模拟法来进行估算：假设随机变量 y 在所规定的时间内，总计有 m 种取值情况存在，不妨设第 k 种情况下随机变量 y 的取值为 y_{k}（k=1，2，…，m），可以得到式（6）的相似表达式：

$$\tilde{F}_\beta(x, \alpha)=\alpha+\frac{1}{m(1-\beta)}\sum_{k=1}^{m}[f(x, y_k)-\alpha]^+ \tag{9}$$

1.3 项目投资组合优化

假定有 m 个备选投资项目，在固定的总预算中，每个备选项目的投资额所占据的比例为 x_i（i=1，2，…，m），那么决策变量 x=（x_1，x_2，…，x_b）^{T}；设勘探开发投资项目 i 的收益为 y_i，同时海外石油勘探开发项目自身所附带的高投入、高风险、高损益的特性也要予以考虑，为了能更为直观明确地阐述各项目的损益，本次研究将通过采用投资收益率的方式来表示 y_i，则随机变量 y=（ROI_1，ROI_2，…，ROI_n）。考虑到投资产生的损失可以用负的收益来表示，则整个勘探投资组合的损失情况可以用函数表示为：

$$f(x, ROI)=-(x_1ROI_1+x_2ROI_2+\cdots+x_nROI_n)=-x^TROI \tag{10}$$

式（10）中的 ROI_i 根据式（1）得出。

1.3.1 建立目标函数

对一个完整的投资组合优化模型来说，既可以在固定收益水平的情况下将风险情况降至最低，也可以在固定风险水平的情况下使其收益提升至最高。考虑到海外石油勘探开发项目往往具有高风险的属性，本文将以在固定收益水平情况下的条件风险价值最小化作为投资组合优化模型的目标函数。则整个项目投资组合的条件风险价值可以表示为：

$$\tilde{F}_\beta(x, \alpha)=\alpha+\frac{1}{m(1-\beta)}\sum_{k=1}^{m}[-x^TROI^k-\alpha]^+ \tag{11}$$

式中：m 是所抽取历史数据的个数或所选取的模拟样本的样本数量，ROI^k 所代表的是每一个勘探开发投资项目的第 k（k=1，2，…，m）个历史（或模拟）投资收益率：

$$ROI^k=[ROI_1^k, ROI_2^k,\cdots, ROI_n^k] \tag{12}$$

$\tilde{F}_\beta$（x，α）为分段函数，直接计算存在较大的困难。考虑到 f（x，ROI）关于 X 呈现线性的变化趋势，那么可以认为 $\tilde{F}_\beta$（x，α）关于（x，α）为线性凸函数且为分段函数，由此可以通过引入 z_k（$z_k \geqslant 0$，k =1，2，…，m）作为辅助变量，令 $z_k \geqslant -x^TROI^k-\alpha$ 就可以将 $\tilde{F}_\beta$（x，α）转化为线性函数，则式（11）可以表示为：

$$\tilde{F}_\beta(x, \alpha)=\alpha+\frac{1}{m(1-\beta)}\sum_{k=1}^{m}z_k \tag{13}$$

得到该投资组合模型的目标函数为：

$$\min\tilde{F}_{\beta}(x,\alpha)=\min[\alpha+\frac{1}{m(1-\beta)}\sum_{k=1}^{m}z_k] \tag{14}$$

1.3.2　设定约束条件

在前文推导目标函数的过程中引入了 z_k 作为中间变量，则投资组合优化模型应当服从约束条件：

$$z_k\geqslant -x^T ROI^k-\alpha\geqslant 0 \tag{15}$$

考虑到在固定收益水平下才能使风险最小化，则应当对预期收益设定约束条件：

$$\sum_{i=1}^{n}x_i E(ROI_i)\geqslant R_0 \tag{16}$$

式中：R_0 为预期投资收益率；E（ROI_i）为项目 i 的期望投资收益率，$E(ROI_i)=\frac{1}{m}\sum_{k=1}^{m}ROI_i^k$。

相较于其他投资项目，海外石油勘探开发投资项目在投资收益方面有一定的要求，同时在协议中海外石油勘探开发投资项目也会对提交的储量有着一定的要求，那么应当设定数量约束条件：

$$\sum_{i=1}^{n}x_i B_i\geqslant B_0 \tag{17}$$

式中：B_i 为勘探开发投资项目 i 的可采储量；B_0 为勘探组合最少能够提交的储量。

另外，在资金及持有资源方面，石油投资公司在海外投资时也受到限制，所以应当设定资本约束条件：

$$\sum_{i=1}^{n}x_i I_i\geqslant C_0 \tag{18}$$

式中：I_i 为投资项目 i 的用于勘探开发的投资总额；C_0 为投资组合预算投资额的最大值。

1.3.3　投资组合模型构建

根据以上推导，联立式（18），海外石油勘探的投资组合决策模型可以表示为：

$$\min CVaR=\min\left[\alpha+\frac{1}{m(1-\beta)}\sum_{k=1}^{m}z_k\right]$$

$$\text{s.t.}\begin{cases}z_k\geqslant -x^TROI^k-\alpha\\ \sum_{i=1}^{n}x_iE(ROI_i)\geqslant R_0\\ \sum_{i=1}^{n}x_iB_i\geqslant B_0\\ \sum_{i=1}^{n}x_iI_i\leqslant C_0\\ \sum_{i=1}^{n}x_i\leqslant 1\\ x_i\geqslant 0\quad (i=1,2,\cdots,n)\\ z_k\geqslant 0\quad (k=1,2,\cdots,m)\end{cases} \tag{19}$$

2 模型应用分析

目前全球共有 6 个主要产油区，分别是北美地区、南美地区、亚欧地区、中东地区、非洲地区和亚太地区。为进一步验证模型，笔者在上述每个区域随机选择一个我国已经进行投资的产油国，分别为加拿大、阿根廷、阿塞拜疆、伊朗、苏丹、印度尼西亚，以一个实际海外勘探开发投资石油项目为例，运用实物期权理论分析国家风险因素对项目估值的影响，在此基础上进一步运用条件风险价值模型分析不同国家间投资项目的组合优化。

2.1 项目估值分析

为了反映国家风险对石油勘探开发项目的影响，笔者将同一项目放在上述 6 个国家进行，基础数据见表 1。运用模型可以计算出阿根廷、加拿大、阿塞拜疆、伊朗、苏丹和印度尼西亚的投资收益率模拟值和平均值（表 2、图 1）。

表1 油田基本参数

参数	单位	数值	备注
预期总投资（Kinv）	亿美元	144000	据杨志等 2009 年的文献
可采储量（Qoil）	亿桶	15000	据杨志等 2009 年的文献
年产量（qoil）	亿桶	600	假设油田的开采年限为 25 年

表2　各资源国投资收益率均值

国家	加拿大	阿根廷	阿塞拜疆	伊朗	苏丹	印度尼西亚
投资收益率	3.97	1.83	−0.29	0.56	−0.32	2.61

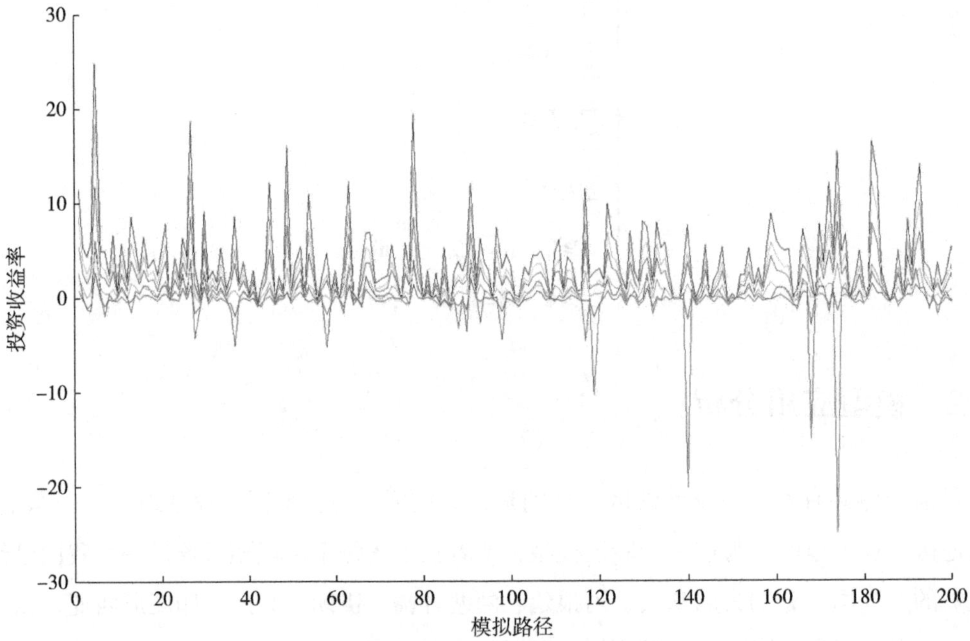

图 1　各国投资收益率模拟

2.2　模型求解

当从大型石油企业的战略部署来看，若将所有对外投资集中投资于同一个国家时，一旦由于投资环境变动导致继续对该国进行投资将会出现一定的风险，进而就会导致投资失利甚至全部沉没，影响石油公司的收益。当存在较多的投资目标且投资环境的稳定程度呈现较大震荡时，为了能够有效地对投资风险进行分散，从投资的整体视角得到收益与风险的平衡，就势必需要企业的决策者着重关注于方案间的相互作用关系，从中筛选出投资组合最佳的方案，尽可能地减少投资过程中产生的风险。

假定的油田规模相等、投资规模相等，在投资组合的优化中，约束条件只考虑收益率，不考虑储量和投资成本。假定石油公司要求最低期望收益率不低于 250%，置信水平 β=0.97。依照式（19），笔者根据 MATLAB 编程计算得出了在上述的约束条件下所能产生的最优的投资组合 x^*=（0.7019 0.2918 0 0 0 0）^{T}，即将总预算的 70.19% 分配给加拿大项目，总预算的 29.18% 分配给阿根廷项目。相对应的该投资组合相应条件风险价值分别为

0.7332，意味着则按上述投资比例，在 β=97% 的条件下，该投资组合亏损的最大值低于投资总额的 32.29%，同时高于损失最大情况的均值为投资总额的 73.32%。为了直截了当地表现收益和风险之间存在的关系，以及不同投资组合所分别对应的风险水平，笔者绘制出了投资组合的有效前沿（Efficient Frontier）和最优投资比例变化图（图 2、图 3）。

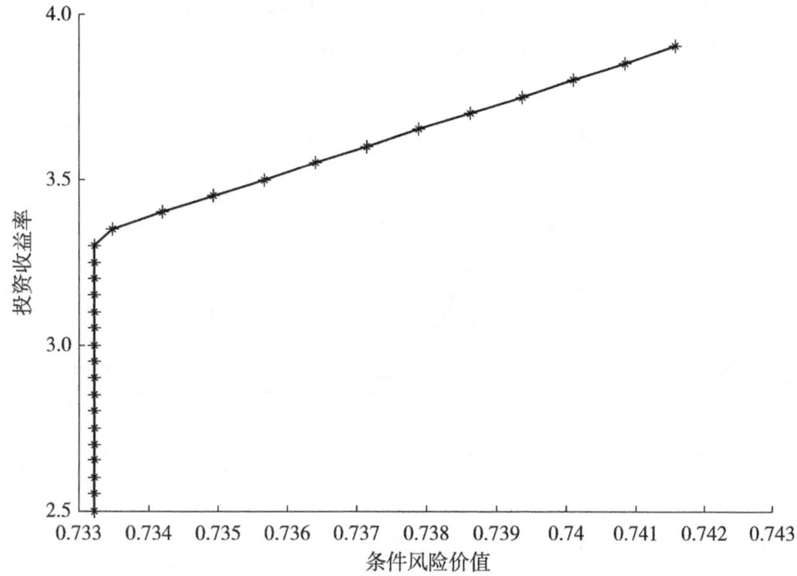

图 2　投资组合的有效前沿

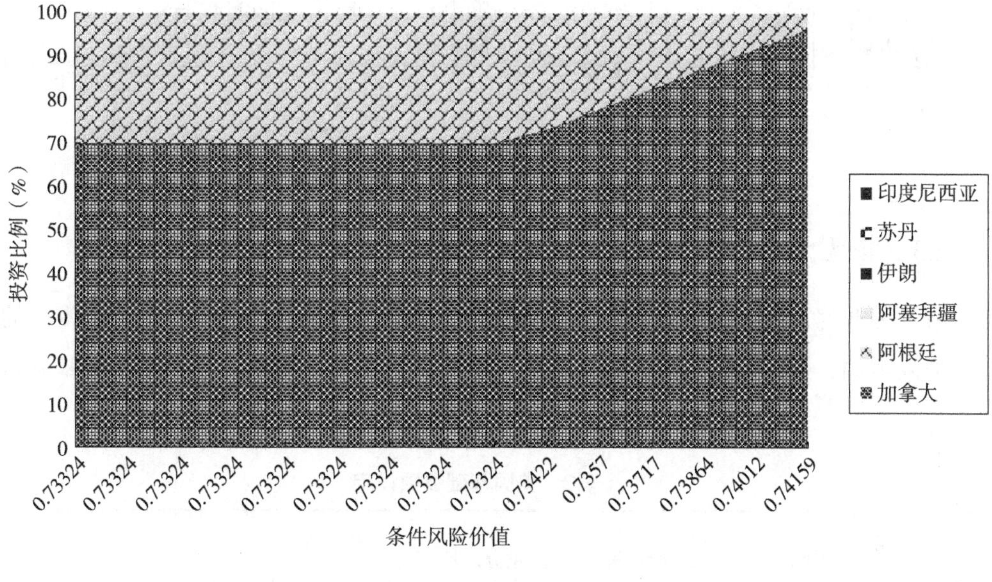

图 3　最优投资比例

注：β=0.95

由图 3 可知，该投资组合主要选择加拿大和阿根廷作为投资组合对象，其他的国家则没有考虑。分析其原因，笔者认为相较于阿塞拜疆、伊朗、苏丹，加拿大、阿根廷和印度尼西亚的投资收益率收益分布左尾更小，意味着潜在的损失更小。进一步分析加拿大、阿根廷和印度尼西亚 3 个国家的投资收益率分布，加拿大和印度尼西亚的投资收益率分布更加趋同（图 4），若从风险分散的角度，加拿大和阿根廷的组合优于加拿大和印度尼西亚的组合，因此最优投资组合中只包含了加拿大和阿根廷。

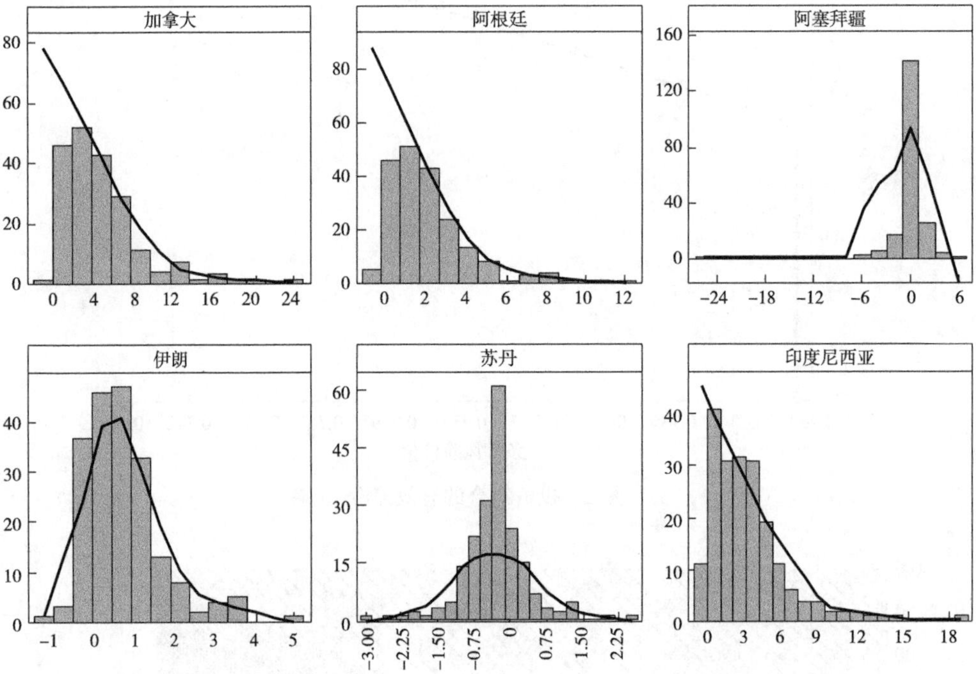

图 4　各资源国项目的投资收益率分布直方图

2.3　模型进一步分析

为进一步考察备选方案对投资组合的影响，笔者首先在原有 6 个国家项目的基础上，加入美国，来观察投资组合的变化。根据数据假设及计算，美国项目的基础数据见表 3。

表3　美国基础参数设定

参数 / 国家	无风险利率	所得税	产量分成比例	开采成本（美元 / 桶）	CPI	
					μ	σ
美国	0.0500	0.3400	25%	9.01	0.0238	0.0092

计算该项目在国美投资的投资收益率模拟值（图 5），从而得出美国项目投资收益率的期望值为 5.41。在此基础上，运用条件风险价值模型对上述 7 个备选方案（美国、加拿大、阿根廷、阿塞拜疆、伊朗、苏丹、印度尼西亚）进行投资组合分析。同样设定置信水平 β=0.97，期望收益水平 R_0=2.5，通过 MATLAB 编程计算得到上述约束条件下最优投资组合 x^*=（0.4681 0 0.3862 0.1457 0 0 0）^{T}，即总投资的 46.81% 分配给美国，38.62% 分配给阿根廷，14.57% 分配给阿塞拜疆；此投资组合对应的风险价值和条件风险价值分别为 0.3197 和 0.7135。同未加入美国时的最优投资组合（风险价值和条件风险价值值分别为 0.3229 和 0.7332）相比，美国的加入降低了投资组合的风险。

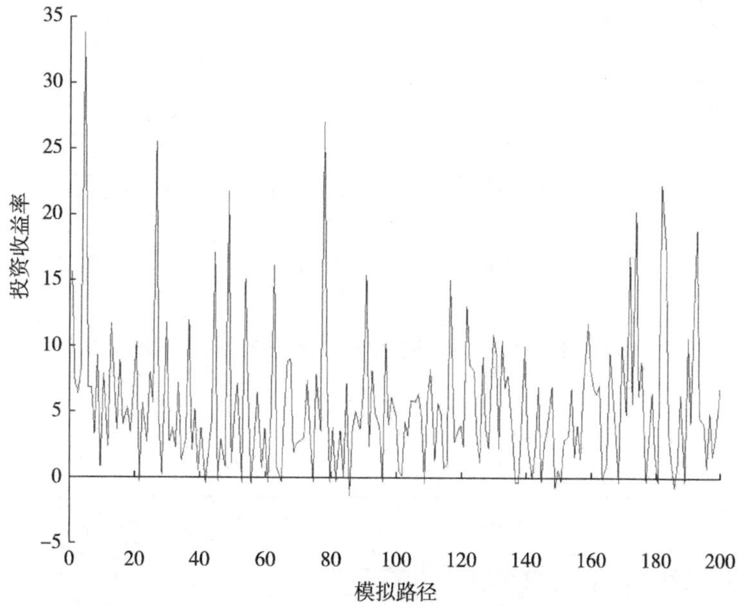

图 5　美国项目投资收益率模拟

另外，笔者还考察了当原来的备选方案集去掉加拿大的情况，即只考虑阿根廷、阿塞拜疆、伊朗、苏丹、印度尼西亚 5 个国家的投资组合。同样的，设定置信水平 β=0.97，期望收益水平 R_0=2.5，得到上述约束条件下最优投资组合 x^*=（0.1390 0 0 0 0.8610）^{T}，即将投资总额的 13.90% 分配给阿根廷，86.10% 分配给印度尼西亚；投资组合对应的条件风险价值为 0.9486，同基础备选方案相比，加拿大的去除增加了投资组合的风险。

为了更加直观地反映备选方案增减对投资组合的影响，笔者作出了上述两种情况（增加美国、去掉加拿大）的条件风险价值有效前沿对比图和最优投资比例变化图（图 6 至图 8）。根据图 6，相比基础投资组合，“加入美国”的投资组合条件风险价值有效前沿向左

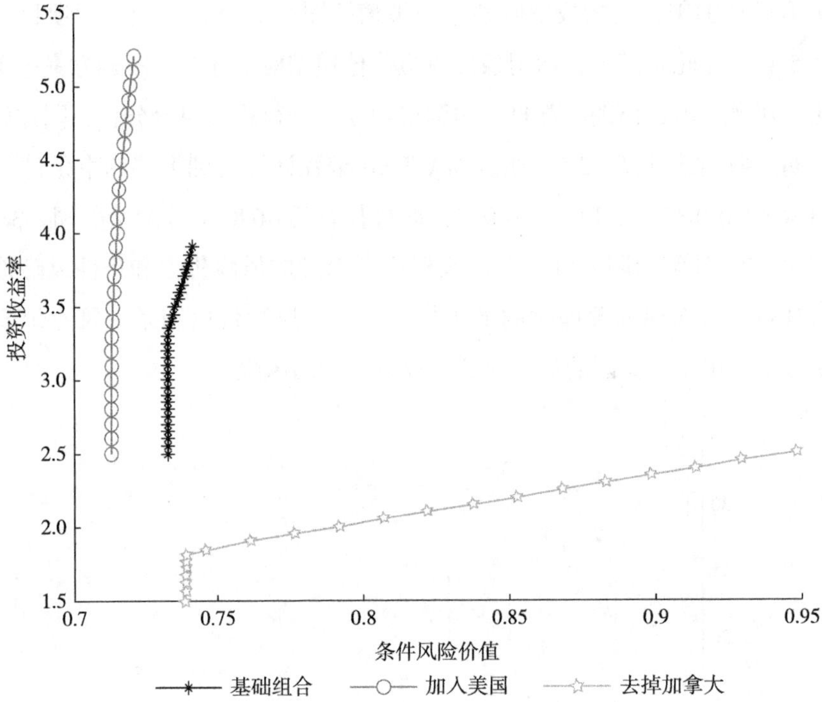

图 6　不同备选方案的投资组合条件风险价值有效前沿

注：β=0.97

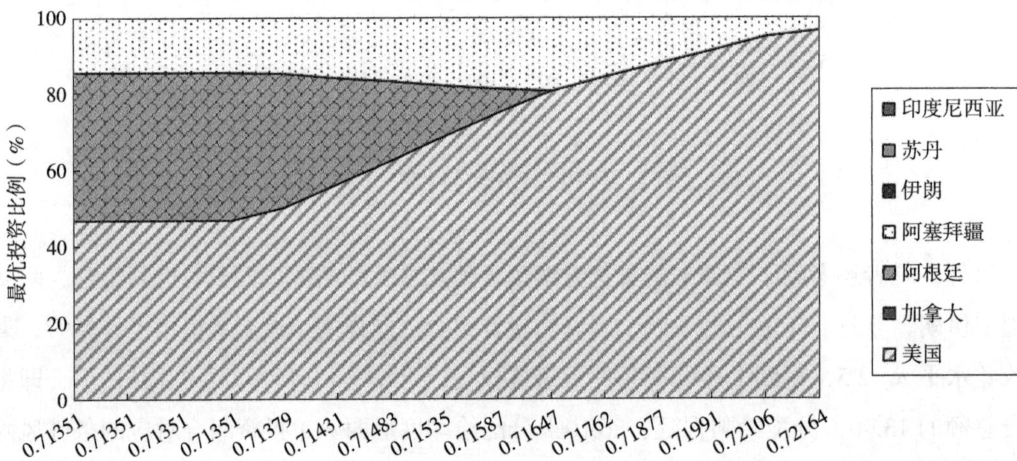

图 7 “加入美国”投资组合最优比例

注：β=0.97

上移动（风险更低、收益更高），表明随着美国的加入，降低了投资组合的风险。而“去掉加拿大”的投资组合条件风险价值有效前沿则项右下方移动（风险更高、收益更低），表明加拿大的去除增加了投资组合的风险。当然，并不是备选方案数量的增加一定会降低投资组合风险，这是因为增加的备选方案在新的投资组合中所占比例有可能是0。同样的，备选方案数量的减少则不一定会增加投资组合的风险，比如在基础组合中去掉伊朗或者苏丹，投资组合并不会受到影响。此外，伊朗和苏丹并没有进入最优投资组合，表明在备选方案中，伊朗和苏丹的加入都会增加投资组合的风险，短期内不适合对外投资。

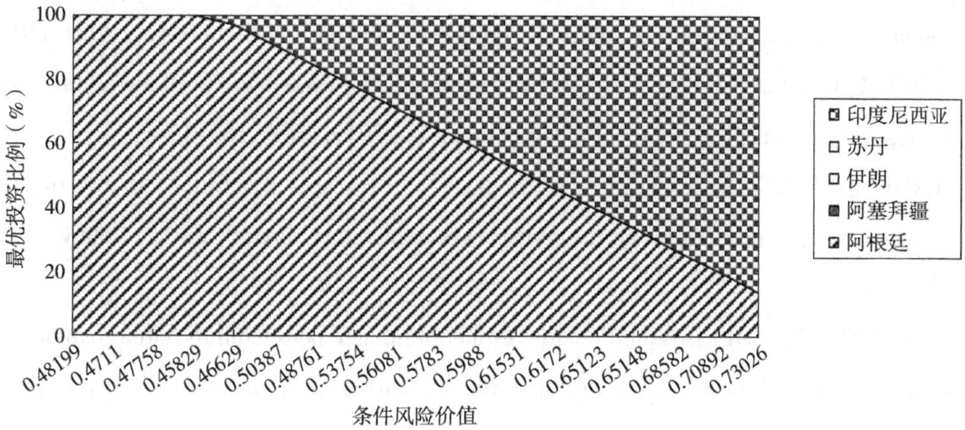

图 8 “去除加拿大”投资组合最优比例

注：β=0.97

3 结语

近年来，我国对于油气的需求量逐年增加，为了满足国内油气需求，保障国内油气供给安全，国家发展改革委、国家能源局印发的《“十四五”现代能源体系规划》中明确指出，要巩固拓展海外能源资源保障能力。总体来看，海外勘探开发存在广阔的发展前景。但在“走出去”的过程中必须注意海外石油勘探开发项目不同于一般石油项目，不仅要面临复杂的地质风险和经济风险，还要面对被投资国的国家风险对勘探开发项目造成巨大的影响。如何有效地帮助我国石油企业有效规避风险，提高自身的科学管理水平，进一步提高勘探—开发全过程的经济效益对投资决策制定者来说都是必须面对的挑战。本文基于投资组合的思想，引入了条件风险价值理论，对传统的马科维茨“方差—均值”模型进行改进，运用条件风险价值度量投资组合的风险，克服方差在勘探开发项目风险度量上的缺陷，最终得出各项目的投资比例的最优解。该模型可以在一定程度上帮助决策者增强对勘探投资项目的实际价值和潜在风险的了解，以便开展更具有科学性、逻辑性的投资决策过程，得出更为可靠合理的结果。

参考文献

[1] BEN A, FTITI Z, JAWADI F, LOUHICHI W. Measuring extreme risk dependence between the oil and gas markets[J]. Annals of Operations Research, 2022, 313(2): 755–772.

[2] FEDOROV S, HAGSIEL V, LERDAHL T. 2021. Real options approach for a staged field development with optional wells[J]. Journal of Petroleum Science and Engineering, 2021, 205.

[3] FU Z, QIN W, CAI L, et al. Exploration target evaluation and investment portfolio optimization of oil and gas reservoirs[J]. Special Oil & Gas Reservoirs, 2019, 26(1): 169–174.

[4] FURTADO L, GONCALVES E, COSTA L. Risk and rewards dynamics: Measuring the attractiveness of the fiscal regime in the presence of exploratory risks[J]. Energy Policy, 2019, 132(C): 1274–1287.

[5] WANG L, ZHANG J, ZOU S. The optimal investment timing of petroleum resources exploration based on sequential investment theory[J]. Chinese Journal of Management Science, 2020, 28(10): 54–64.

[6] WOOD D. Characterization of gas and oil portfolios of exploration and production assets using a methodology that integrates value, risk and time[J]. Journal of Natural Gas Science and Engineering, 2016, 30: 305–321.

[7] 蔡举 . 基于实物期权法的油气勘探开发项目经济评价应用研究 [D]. 西安：西安石油大学，2014.

[8] 蔡小倩 . 石油项目勘探开发的投资组合决策模型研究 [D]. 成都：成都理工大学，2019.

[9] 匡建超，王众，刘成川 . 油气勘探风险评价与决策模型研究 [M]. 成都：四川科学技术出版社，2014.

[10] 刘键烨，刘博峰，赵永博，等 . 基于效用理论的海外油气项目投资组合优化方法研究 [J]. 国际石油经济，2019，29（11）：64–74.

[11] 马佳 . 投资组合管理理念在勘探规划中的应用 [J]. 天然气技术与经济，2021，15（2）：79–84.

[12] 冯浩轩 . 基于 ROI–CVaR 的海外石油勘探开发项目投资决策研究 [D]. 成都：成都理工大学，2016.

[13] 盛秀杰，金之钧，肖晔．区带勘探中的油气资源评价方法 [J]. 石油与天然气地质，2017，38（5）：983–992.

[14] 宋代文，韩镔，宋思锘．S 曲线非确定性经济评价方法在油气项目投资决策中的应用 [J]. 石油学报，2022，43（3）：443–452.

[15] 王义刚，徐忠美，曹晋，等．蒙特卡洛法在油气勘探项目决策中的应用 [J]. 石油科技论坛，2017，36（4）：44–48.

[16] 王众，张哨楠，匡建超，等．基于条件风险价值（CVaR）的油气勘探投资组合决策模型研究 [J]. 中国矿业，2012，21（5）：40–46.

基于“大数据”背景下的个人所得税筹划应用
——以某公司为例优化成果分析

常珍瑜　张建卫　贾欣瑜
（中国石油集团川庆钻探工程有限公司长庆固井公司）

摘　要：随着“大数据”及相关技术的产生和发展，税务机关不断革新方法，向信息管税、数据管税方面逐步转变，税收管理现代化水平大幅提高。基于“大数据”背景，本文以某公司为例，通过ERP薪酬系统、自然人税务系统及PTS个人所得税申报服务系统等多个平台，对个人所得税各影响因素相关原始数据进行收集、整理及分析。在合法合理的基础上，以某公司数据为样本，对员工薪酬进行纳税筹划，对比测算，探讨个人所得税筹划在案例中的实际应用。

关键词：大数据；个人所得税；纳税筹划

引言

个人所得税税收制度，旨在调节个人收入、稳定经济运行、体现公平公正方面发挥积极作用。虽然员工是个人所得税的税负承担者，但是企业作为员工的代扣代缴义务人，务必加强纳税筹划以减轻个人所得税支出压力，切实帮助企业员工降低个人税负，实际提升个人实际收入。对员工薪酬进行科学而合理的纳税筹划，在合法合理为员工争取最大经济利益的同时，有利于激发员工的工作热情，创建和谐工作环境，提升企业凝聚力。

在中国经济快速发展的今天，人民生活水平得到了显著提升，工资福利待遇也得到了进一步改善，历年个税纳税总额的逐步提升，更为显著地体现了社会经济与个人收入水平的直观关系。历年全国个税收入情况如图1所示。

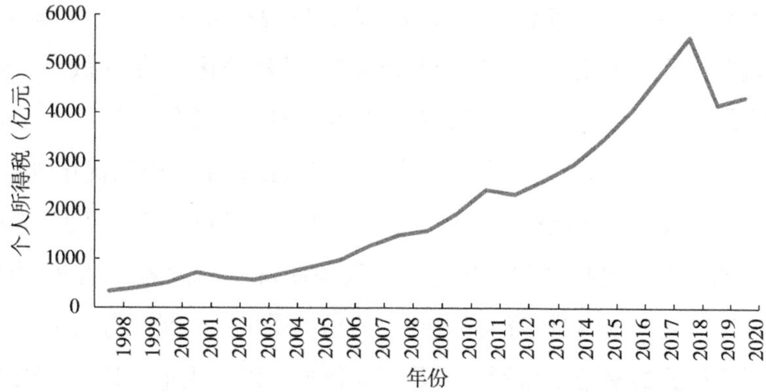

图 1　1998—2020 年全国个人所得税

1980 年 9 月 10 日，中国正式立法出台了《中华人民共和国个人所得税法》，适用 800 元 / 月免征额，最低 5%、最高 45% 的超额累进税率。1993—2018 年共进行了七次修订，工资薪金免征额从 800 元一直提高至 5000 元，税率从九级超额累进税率，修改至级距更宽，级数更少的七级超额累进税率。历次修改中，个人所得税月度免征额变化最为被关注，具体情况如图 2 所示。

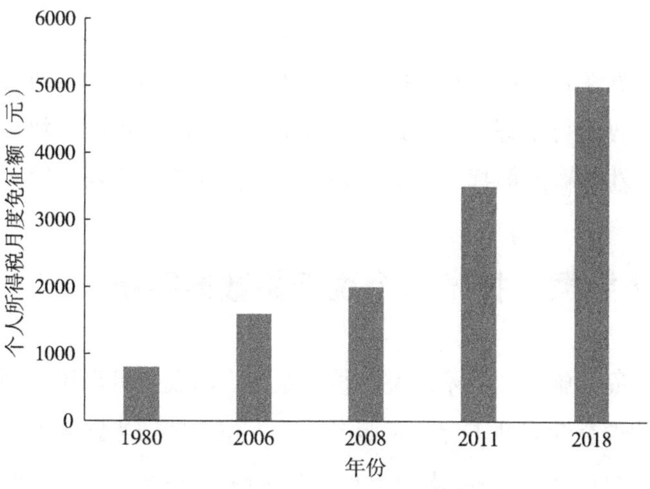

图 2　个人所得税月度免征额

1　“大数据”影响下的个人所得税税收制度改革

2018 年的税法修订首次将“大数据”技术列入税法。《个人所得税税法》第十五条规定，公安、人民银行、金融监督管理等相关部门应当协助税务机关确认纳税人的身份、金融账户信息。教育、卫生、医疗保障、民政、人力资源社会保障、住房城乡建设、公安、人民银行、金融监督管理等相关部门应当向税务机关提供纳税人子女教育、继续教育、大病医疗、住房贷款利息、住房租金、赡养老人等专项附加扣除信息。

“大数据”及相关技术的产生和发展，为税务机关推进个税税质优化改革提供了可能，税务机关依托于“大数据”建设了全新的征管体系。税务机关不断革新方法，向信息管税、数据管税方面转变，税收管理现代化水平大幅提高。“大数据”在税制改革中的重要意义主要有三点：一是大幅提升了纳税人涉税信息的质量；二是税务机关运用大数据综合比对，形成了对于税源的多角度监管；三是“大数据”以低成本保证了纳税人综合信息的完整性。

在第七次修改的2018年施行的《中华人民共和国个人所得税法》中，有两项重要革新。一个是新增了子女教育、继续教育、大病医疗、赡养老人等专项扣除项，另一个是采取了由扣缴义务人按月或者按次预扣预缴税款，年终按照规定进行汇算清缴的方式进行缴纳的税收方式。这两项重要革新极大地降低了纳税人的税收负担，并使得税收横向的公平性得到了充分体现。这两项重要改革都建立在“大数据”技术的应用之上，“大数据”时代的来临，在有效地降低了纳税人的纳税成本的同时，极大地缓解了征收部门税源流失的情况。

随着“大数据”在个税税收改革中的广泛应用，企业内部的个人所得税筹划方式也发生了新的转变。将数据进行采集、加工比对、分析整理，利用不同模块构建个人所得税的科学管理体系，在依法纳税的前提下，为做好个人所得税纳税筹划提供了新的可能。

2 基于“大数据”技术的个税相关数据简析

某公司是一个集固井施工、技术研究、技术服务，以及工具和添加剂研发生产、新工艺推广应用于一体的综合性固井工程技术服务公司，作业区域横跨陕西、甘肃、宁夏、内蒙古、山西等5省（自治区），以及南美厄瓜多尔等海外地区。年施工油气井能力达4000口以上，施工质量和作业能力位居中国石油天然气集团有限公司前列。

本文以某公司为例，对某公司全体员工工资薪酬发放情况，进行数据收集、统计及进一步分析。

2.1 分析样本的选取

本文以2020年度某公司个人所得税申报情况为基础进行数据收集。2020年度某公司进行个人所得税代扣代缴共计602人次，应付职工薪酬总额 ××××× 万元，应付工资 ××××× 万元，公司按月代扣代缴预缴个人所得税171.10万元。在对数据进行简略分析后，去除了特殊情况人员[1]，以余下458人具有筹划意义的数据为样本进行纳税筹划的方法探索。

数据来源依托于公司ERP薪酬系统、自然人税务局系统及PTS个人所得税申报服务平台。共收集处理基础原始数据93432条，对员工薪酬发放情况、个人专项抵扣附加申报情况、税费缴纳情况均进行了数据收集。

2.2 某公司2020年度个人所得税测算影响因素基本情况

某公司员工收入主要由工资及奖金两大板块构成，工资由岗位工资、加班工资、工龄津贴、地区补贴、交通补贴、通讯补贴等多个部分组成。

根据新税法规定，全年个人所得税汇算公式为：

年度应缴个人所得税总额＝应纳税所得额 × 适用税率 – 速算扣除数

年度应纳税所得额＝综合所得收入额 –60000 元 –"三险一金"等专项扣除 – 子女教育等专项附加扣除 – 依法确定的其他扣除 – 公益慈善事业捐赠

根据上述公式，对个人所得税测算中各影响因素进行逐一统计分析。

2.2.1 综合所得收入

综合所得收入主要包含工资薪金所得、劳务报酬所得、稿酬所得、特许权使用费所得。经对基础信息调查，某公司绝大部分员工综合所得收入仅包含工资薪金所得，仅个别人员有外部零星劳务报酬，故本文排除零星外部劳务收入所带来的筹划影响，可能形成测算税额与实际缴纳税额的细微偏差。

在对某公司员工综合所得收入进行汇总分析后，发现该企业员工薪酬范围主要集中在 ×× 万元左右（该收入包括各项补贴，未扣减五险一金等由个人承担部分，为应发金额）。

2.2.2 专项扣除

某公司员工综合所得收入中专项扣除项目有养老保险、医疗保险、失业保险及住房公积金这几个项目。某公司三险一金测算依据为上年薪酬总额，故基本与公司员工综合所

[1] 特殊情况人员包括：因工作调动、长假、退休等情况未发放全年收入的离岗人员，由上级部门统一进行薪资发放而无法筹划的公司领导，以一次性劳务结算的外部人员。

得收入分布趋势一致，专项扣减金额总额在 10000 ~ 45000 元之间，主要集中在 25000 元左右。

2.2.3 专项附加扣除

专项附加扣除包含子女教育、继续教育、大病医疗、住房贷款利息、住房租金、赡养老人六个扣除板块。其中大病医疗扣除标准为：在一个纳税年度内，纳税人发生的与基本医保相关的医药费用支出，扣除医保报销后个人负担（指医保目录范围内的自付部分）累计超过 15000 元的部分，由纳税人在办理年度汇算清缴时，在 80000 元限额内据实扣除。该扣除项存在偶发性，不具备可延续可筹划的特性，故本次样本分析不采纳其扣除相关信息。

某公司 2020 年度享受专项扣除总计 341 人，税前扣除金额总计 682.80 万元。其中：享受赡养老人和子女教育扣除项目人数较多，分别为 277 人和 186 人。享受住房租金和继续教育扣除项目人数较少，仅为 3 人和 8 人。

就全年个人扣除总额来说，个人扣除总额占比较大的金额为 12000 元（113 人），24000 元（88 人），另有 145 人未进行专项附加扣除申报。

2.2.4 其他扣除项目

某公司员工综合所得收入中，可根据相关法规进行扣除的项目主要有年金、交通补贴及通信补贴三个部分。年金缴纳方式与三险一金方式一致，以上年收入为基数进行计算，其分布方式与专项扣除项基本一致，本文不再另行分析。

其中，需要注意的是，依据陕西省地方税务局公告 2017 年第 2 号，通讯补贴税前扣除限额为每人每月 300 元；陕财税〔2015〕10 号相关规定，公车补贴扣除标准上限为：企业董事、总经理、副总经理等企业高层管理者每人每月 1690 元；企业各部门经理等中层管理者每人每月 1040 元；其他人员每人每月 650 元。

经对某公司相关数据收集及分析，发现公司所有人员均享受税前抵扣交通补贴和通讯补贴，但扣除金额均远低于陕西省扣除限额。交通补贴全年扣除限额 7800 元，大部分人员扣除金额在 2400 元。通信补贴全年扣除限额 3600 元，大部分人员扣除金额在 2000 ~ 2400 元之间。

2.2.5 应纳税所得额

根据对相关数据的收集、整理及测算，可见，某公司员工依法扣除相关费用后，应纳税所得额主要集中在2万～6万元之间，尤其以4万～5万元之间人数最多，达94人（图3）。

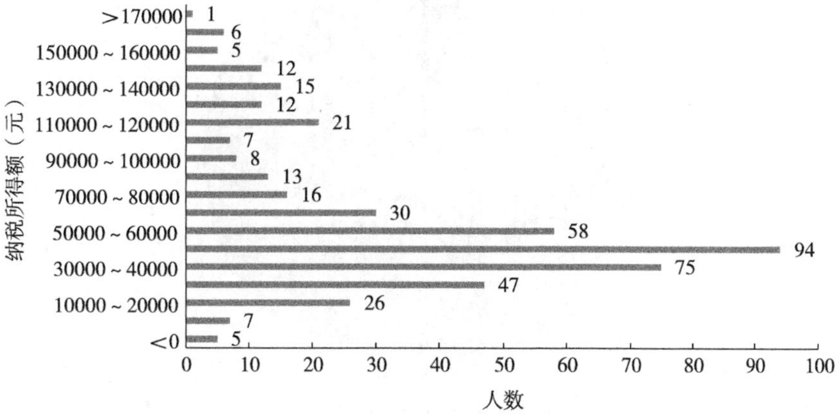

图3　某公司应纳税所得额分布

2.2.6　全年应交税费

根据中国新税法的年度汇算要求，年度应缴个人所得税总额＝（综合所得收入额－60000元－"三险一金"等专项扣除－子女教育等专项附加扣除－依法确定的其他扣除－公益慈善事业捐赠）×适用税率－速算扣除数

速算扣除数见表1。

表1　个人所得税速算扣除数

级数	应纳税所得额	税率（%）	速算扣除数
1	不超过36000元的	3	0
2	超过36000元至144000元的	10	2520
3	超过144000元至300000元的	20	16920
4	超过300000元至420000元的	25	31920
5	超过420000元至660000元的	30	52920
6	超过660000元至960000元的	35	85920
7	超过960000元的	45	181920

根据综合所得汇算，某公司人员适用税率范围在3%～20%之间，大部分员工适用10%的税率，达311人。适用税率分布情况如图4所示。

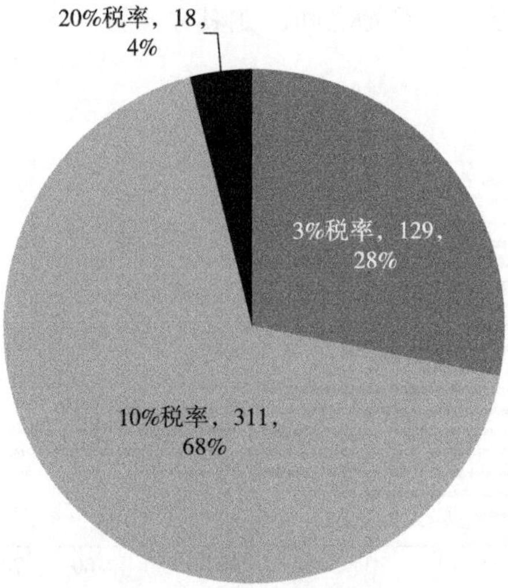

图 4　某公司适用税率分布

依据新税法合并综合所得，以上文中所列数据进行测算，某公司 2020 年度员工应交税费共计 169.12 万元，税额最低为 0 元，最高为 2.6 万元，主要集中在 4000 元以下区域，占比超过 60%。具体分布情况如图 5 所示。

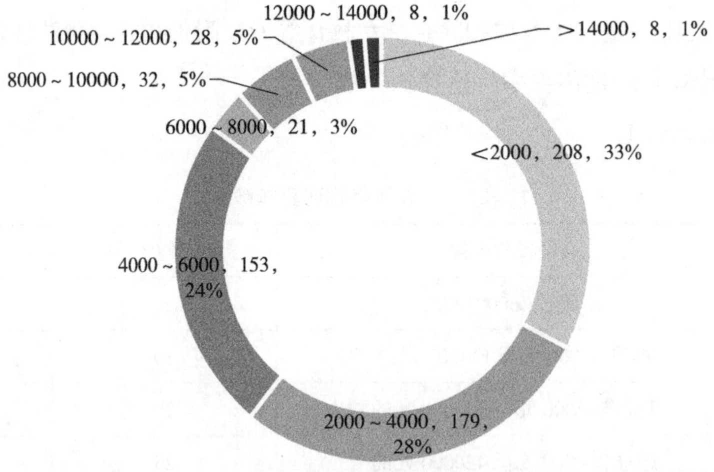

图 5　某公司应交税费分布

2.3　某公司个人所得税数据汇总分析

对个人所得税测算中的三个重要数据综合所得收入、应纳税所得额及应交税费进行汇总分析，结果如图 6 所示。

从图 6 可见，三个数据总趋势呈现正相关。

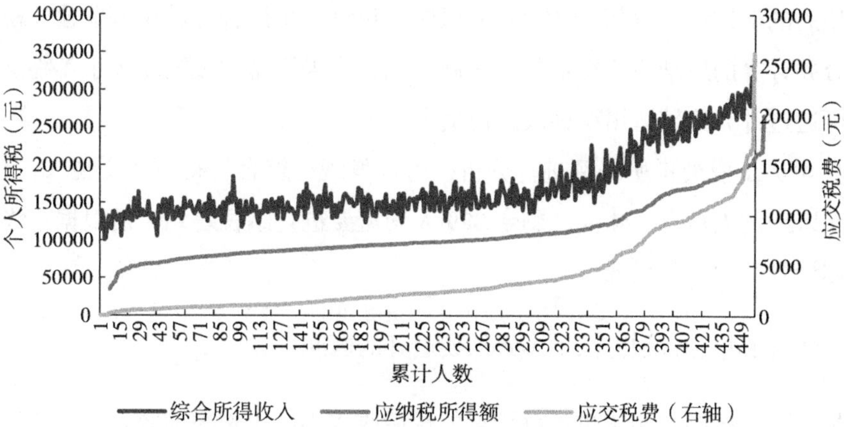

图 6　某公司个人所得税数据分析

受专项附加扣除因素影响，应纳税所得额与综合所得收入不完全正相关，但专项附加扣除如子女教育、赡养父母等情况，在一段时间内呈稳定状态，具有可计划性，可作为基础数据纳入筹划因素。

受个人所得税阶梯形税率影响，随着应纳税额的增加，金额越大，应交税费相应增加幅度越大，在某些数据点，呈现阶梯形系数变化。

3　基于“大数据”的个人所得税纳税筹划

纳税筹划的重要前提是不违背国家相关政策和法律法规，在合理合规的范围内根据自身资金情况、扣缴情况，合理规划纳税相关活动，采用纳税优惠政策进行税收减免或者延长纳税期。

3.1　年终奖筹划

年终奖筹划的政策依据为：2018 年 12 月 27 日，财政部、国家税务总局联合发文《关于个人所得税法修改后有关优惠政策衔接问题的通知》（财税〔2018〕164 号）中指出：居民个人取得全年一次性奖金，也可以选择并入当年综合所得计算纳税。以此为依据，对年终奖按下列步骤进行筹划。

3.1.1　年终奖计税方式的选择

如果工资薪金和年终奖合并计算扣除可扣除项后不用交税时，应采用合并计税，否则年终奖单独计税因为没有扣除项，还需要另外交税。如果工资薪金和年终奖合并计算扣除可扣除项后的应纳税所得额在36000元以内，年终奖采用合并计税和单独计税的税负相同。如果合并计算的应纳税所得额超过36000元，应采用哪种政策取决于年终奖的具体发放金额，可通过计算比较适用哪种政策税负更低。

对某公司员工应纳税所得额进行分析，可以发现，综合所得不予交税人员仅有5人，在36000元以内的人员有124人，剩余329人均需要进行纳税筹划，需根据年终奖的发放金额，具体计算那种税负更低。

3.1.2　年终奖单独计税方法下，必须要避开的区间

正常情况下，按照超额累进税率计算的税后收入不会出现税前收入高、税后收入反而低的情况。但全年一次性奖金在单独计税时，将收入除以12个月后适用按月换算后的综合所得税率和速算扣除数，在降低适用税率的同时却出现了收入与速算扣除数不匹配的问题，这就导致在税率变化的临界区域会出现收入缩水区间。

将新税法下的综合汇算税率及速算扣除数进行换算后见表2。

表2　按月换算后综合所得税税率

级数	应纳所得额	税率（%）	速算扣除数（元）
1	不超过3000元	3	0
2	超过3000元至12000元的部分	10	210
3	超过12000元至25000元的部分	20	1410
4	超过25000至35000元的部分	25	2660
5	超过35000至55000元的部分	30	4410
6	超过55000至80000元的部分	35	7160
7	超过80000元的部分	45	15160

通过对上表各区间所示税率和速算扣除数进行测算，可见各税前收入的缩水区间见表3。

表3　税前年终奖缩水区间

级数	税率（%）	税前年终奖（元）	
		起点	终点
1	10	36001	38567
2	20	144001	160500
3	25	300001	318333

续表

级数	税率（%）	税前年终奖（元）	
		起点	终点
4	30	420001	447500
5	40	660001	706538
6	45	960001	1120000

举例说明，若年终奖为 36000 元，对应个税税率为 3%，速算扣除数为 0，应交个税 1080 元，但如果年终奖发放 36001 元，适用税率则变为 10%，速算扣除数为 210，计算结果为应交个税 3390.1 元，需多交 2310.1 元，多发 1 元奖金反而降低了 2309.1 元税后实际收入，直到发放金额为 38567 元，税后收入才与发放 36000 元相同。因此，360001 ~ 38567 元的区间即为年终奖的缩水区间。同理，其他的各税率变化的临界点都存在相应表 3 所示的缩水区间。在年终奖采用单独计税政策时，应避免发放金额落入以上区间。

3.1.3 正常薪酬与一次性奖金结构确定

全年一次性奖金和正常工资薪金两项所得适用的计税规则不同，且纳税人取得的两项收入高低不等，对应的税率也可能不同。基于 164 号文件的政策支持，可以通过合理分配全年一次奖金与正常工资薪金发放配比来降低综合税负。

新税制下，正常工资薪金采用了全年累计制计税规则，核心筹划原理在于对计划发放的年终奖金与全年正常工资薪金收入进行综合筹划测算，得出全年税负最低点。

经测算后发现：

当工资薪金各项扣除后的应纳税所得额在 36000 ~ 72000 元的区间时，年终奖最优发放金额为 36000 元以下金额，单独计税，其他的作为工资薪金发放。

当工资薪金各项扣除后的应纳税所得额在 72001 ~ 203100 元的区间时，年终奖最优发放金额为 36000 元，单独计税，其他的作为工资薪金发放。

当工资薪金各项扣除后的应纳税所得额在 203100 ~ 672000 元的区间时，年终奖最优发放金额为 144000 元，单独计税，其他的作为工资薪金发放。

根据上文中所述的三个步骤，在全年工资薪酬不变的情况下，进行个人所得税筹划测算。对公司全体员工 2020 年度个人所得税进行测算。

经分类筛选后，129 人选择年终奖并入综合所得计税方式，329 人选择年终奖单独计税，年终奖发放金额避开缩水区间，选择 36000 元及 144000 元作为最优年终奖额。

在对前文所有数据进行整理计算后，筹划前，某公司员工全年应交税额为 169.12 万元，筹划后全年应交税额为 117.55 万元，全年节税总额 51.57 万元，人均节税 1125.98 元（图 7）。

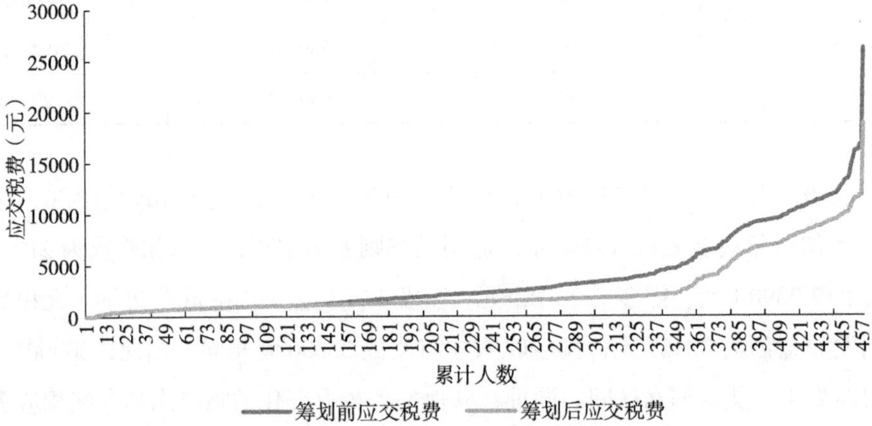

图 7　某公司筹划前后全年应交税费对比

3.2　其他扣除项的筹划

其他扣除项中值得关注的是交通补贴和通信补贴，从上文中不难发现，公司大多数人员两项补贴均未达到陕西省扣除限额。在工资薪酬总额不变的情况下，对工资薪酬结构进行调整，减少工资奖金发放额，交通补贴及通信补贴增加至陕西省扣除限额。对某公司全体员工个人所得税进行重新测算。

筹划前，公司员工全年应交税额为 169.12 万元，筹划后全年应交税额为 141.47 万元，全年节税总额为 27.95 万元，人均节税 610.26 元。

3.3　其他个人所得税筹划方法

3.3.1　提高职工福利水平

尽可能提高单位统一为员工购买的三险一金及企业年金。例如，住房公积金可看作员工的隐性收入，相当于专项储蓄。在限额内尽可能提高该类项目金额，可以在增加个税扣除金额的同时，令职工享受到更高的福利待遇。

还可以为职工提高食堂、困难补助、职工培训、住房、假期补贴等方面的支出总额，实现应税工资的福利化。在不提高职工名义收入的情况下，切实提高职工福利待遇。同时对建立和谐的企业和员工之间的关系起到较好的促进作用，增强员工对企业的认同感。

3.3.2 均衡企业工资发放，减少职工纳税负担

某公司作为石油工程技术服务公司，受环境和周期影响，年度内员工薪酬发放波动较大，应进行适当的调整。尽量在各月之间均衡发放，避免职工在个别月份支付过高税额而影响实际收入金额，维护员工的工作积极性。

3.3.3 加大税收政策宣传力度，充分利用税收优惠政策

根据数据库数据统计，某公司员工人数为 458 人，共计申报专项附加扣除信息 576 条。根据访谈得知，部分员工因对政策理解不够透彻，在自行进行全年申报时，对扣除项目申报情况填写不完全。例如：陕政字〔2020〕5 号规定，对经当地相关部门认定的残疾、孤老人员和烈属取得的综合所得，年度汇算清缴时依法计算的应纳个人所得税在 3500 元（含）以下的，减征 100%；应纳个人所得税在 3500 元以上的，定额减征 3500 元。某公司符合政策的相关人员并未及时申报相关信息，即无法依法进行税前扣除。

应充分利用个人所得税中允许税前扣除项目的各项政策，做好资料填报，指导公司员工在相关平台上完整录入抵扣信息，并根据实际情况及时调整，务必做到应扣尽扣。充分而合理地利用各类专项附加扣除和相关优惠政策进行纳税筹划。

参考文献

[1] 马珺．个人所得税综合所得年度汇算：推进税收治理现代化的中国实践 [J]. 国际税收，2021（7）：3–8.

[2] 周卫华，方雪婷．基于共享服务的个人所得税税收治理现代化探究 [J]. 财会月刊，2021（12）：146–153.

[3] 何金龙．大数据模式下的个人所得税管理研究 [J]. 商业文化，2021（9）：72–73.

[4] 石赵赟．论新个人所得税法下的税务筹划 [J]. 商展经济，2021（13）：134–136.

[5] 屠伟军．新个税改革下对工资薪酬纳税筹划的探讨 [J]. 财会学习，2021（18）：134–135.

[6] 刘盾．大数据模式下的个人所得税管理研究 [J]. 湖南税务高等专科学校学报,2018（1）：24–28.

[7] 施小燕．大数据征管背景下高校个人所得税管理探析 [J]. 会计师，2019（2）：50–51.

[8] 游丽君．大数据背景下深化我国税收征管改革的研究 [D]. 厦门：集美大学，2016.

[9] 李渊．大数据时代强化税源管理的思考 [J]. 经济论坛，2016（03）：123–128.

[10] 刘碧玲．大数据时代下的税收风险管理 [J]. 纳税，2018（9）.

基于大港油田地热项目商业模式的研究

陈 瑶 于 泳 崔 彬
（中国石油大港油田分公司经济技术研究院）

摘 要：随着国家“双碳”目标的提出，地热作为一种洁净的能源资源，可供发电、农业、采暖、制冷等多种用途，在石油、化工、居民生活等方面大量使用。但是地热项目本身还缺乏切实可行的商业模式。针对地热项目在油田公司建设与发展过程中存在的各种问题及模式的对比分析，提出采用收购模式及中油资本介入等建议，以期提升地热项目的管理水平，适应石油行业高质量发展的新要求。

关键词：地热项目；商业模式；矿权；资金审批

引言

在能源安全与“双碳”政策的双重压力下，我国对能源安全新战略提出新要求，推进能源革命，建设清洁低碳、安全高效的能源体系，其中地热的发展潜力得到广泛认可。地热能是太阳能之后世界第二大清洁能源，是可再生能源的研究热点。中国是全球地热资源直接利用排名第一的国家，年利用量折和 2300 万吨（标准煤）。国家能源局规划，到 2025 年地热能供暖（制冷）面积比 2020 年增加 50%。为落实国家规划部署，中国石油天然气股份有限公司（简称中国石油）规划地热供暖面积在“十四五”期间将拓展至 1.5 亿平方米，其中大港油田“十四五”期间地热供暖面积力争达到 1000 万平方米。

1　大港油田地热项目现状

1.1　大港油田地热开发基本现状

大港油田位于滨海新区，地跨津、冀、鲁三省（直辖市）的25个区市县，是环渤海经济圈的重要组成部分。大港油田公司新能源地热业务立足于地热能开发利用，形成了地热田勘探资源评价、地热投资开发、地热运维管理、地热等综合能源管理为一体的业务链，推动清洁能源供暖、制冷技术的产业化发展。

中国石油的地热开发包括浅层地热能（200米以内）、中深层水热型、余热和干热岩。其中，大港油区地热能总资源量715.12艾焦耳，相当于247.8亿吨（标准煤），热水资源量9857.03亿立方米，具有十分良好的开发前景。

1.2　总体发展思路

大港油田地热能总体发展思路是，以“立足油区内部锻造示范项目，放眼外部市场塑造服务品牌”为指导思想，以“实施、研究、储备、维保”四路并进为原则，做专、做强、做精“石油版”地热业务，形成具有一定规模地热资源开发利用示范区，努力成为地热行业的引领者和推动者，打造绿色新经济增长点。

1.3　体制机制建设与人才培养

大港油田地热项目搭建的组织结构如图1所示。成立新能源事业部，下设地热发展中心，中心下设综合管理、基础研究、开发利用、工程技术四个部门，开展能力建设，进行

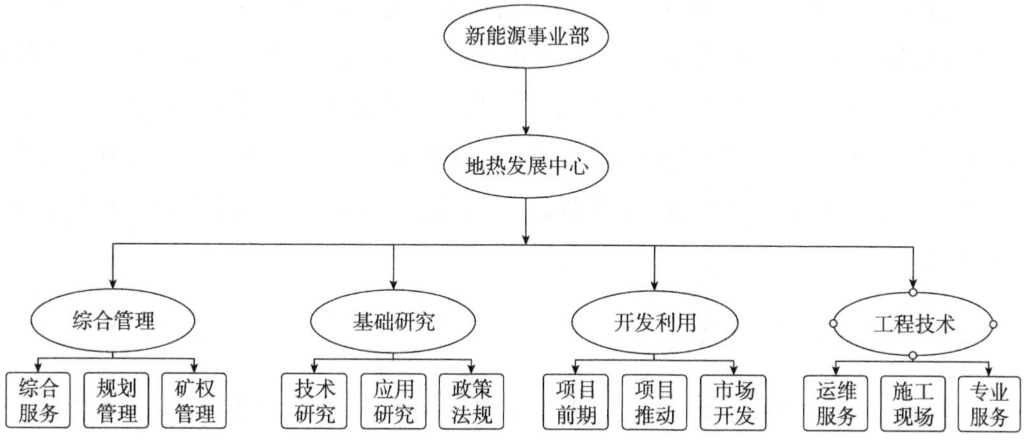

图1　地热项目组织机构

技术交流等。中心还组织业务培训，邀请地热专家就与油田地热相关的地热资源勘查、热水回灌、矿权管理等进行授课。

1.4 技术发展支撑及典型案例

某公司以地热开发利用为主，结合蓄冷蓄热技术、余热综合利用技术等，拥有完备的地球物理、综合地质、油藏工程、钻采工程专业人才队伍，建立了专业的水文地质研究所，不断探索地热资源利用的新技术新方法，开展多项地下热水开发技术研究。在地热开发过程中，公司形成了五大核心技术：地热地球物理勘探与评价技术、地热井优快钻完井技术、热储改造技术、砂岩回灌技术及热能高效利用技术，为大型工业园区、办公区、居民区等区域提供清洁廉价的供冷供热服务。

中深层地热利用项目实现供暖面积22平方米，热水井出水温度69℃、回灌温度21℃，开采量约13万米^3/年，供暖实现零碳排放；浅层地热能供暖制冷项目实现供暖制冷面积6.8万平方米，冬季供热，夏季制冷，替代原燃气热泵系统、原溴化锂，实现零排放，年减排CO_2约800吨。

2 存在的机遇与挑战

2.1 存在的机遇

2.1.1 地热资源潜力大，市场前景广阔

从外部市场来看，京津冀及周边地区开发潜力很大，存在10亿平方米的潜在市场。按照环保要求，天津市将在2023年完成供暖期全部替代燃煤供暖4900万平方米，河北省、山东省普遍存在清洁能源替代需求。从内部市场来看，目前大港油田主要是企业办公区域应用地热能源居多，油区内部居民楼、学校、医院、宾馆等范围都是地热能源运用的区域。除此之外，由于石化能源价格大幅上涨，地热供暖的成本相对稳定，成本比较优势明显，另外企业可以获得政府补贴，多方激励之下，燃气供暖企业用地热能替代传统能源市场前景广阔。

2.1.2 国有企业资本优势

一方面，油田资金来源渠道稳定。新能源作为中国石油重点的战略布局发展方向，中国石油给予下属企业多元化的发展渠道，对资金配置实行宽松式管理，为建设项目注资，

提供低成本负息资金或协助争取绿色债券、政策性贷款等优惠外部资金等。另一方面，油田抗击经济风险能力强。油田与中油资本合作，中油资本提供金融业务整合、金融股权投资、金融资产监管、金融风险管控的平台，在应对风险方面实力强。作为央企，油田具有强大的资金优势与抗风险能力，能够保障地热项目较长时间稳定的运行。

2.1.3 政策支持优势

国家、地方政府、石油企业 3 个层面下发了各类政策（表 1），为地热能开发利用营造了优良的政策环境。

表1 政策摘要明细

政策层面	序号	文件	摘要
国家	1	国能发新能规〔2021〕43 号《关于促进地热能开发利用的若干意见》	营造有利于地热能开发利用的政策环境。鼓励各级政府和发改、财政、自然资源、水利、住房和城乡建设、生态环境、能源主管部门等出台有利于地热能开发利用的价格、财政、金融政策等。利用现有渠道对地热能供暖项目给予财政支持；地热能供暖项目不受供热特许经营权限制；鼓励和支持企业加强技术创新，共同营造有利于地热能开发利用的政策环境
地方政府	2	冀发改能源〔2022〕239 号《河北省发展和改革委员会等九部门关于印发〈关于促进全省地热能开发利用的实施意见〉的通知》	推动地热能开发利用产业化发展。积极推动地热能在供暖（制冷）、旅游、医疗康养、生态农业、工业等方面的应用，纵向延伸地热能产业链，实现地热资源梯级开发、集约化利用
	3	鲁发改能源〔2021〕564 号《关于促进全省可再生能源高质量发展的意见》	多措并举，保障可再生能源集中消纳；放管结合，促进可再生能源高质量发展，加大资金扶持，发挥新旧动能转换基金作用，将有基金融资需求的可再生能源项目纳入基金投资项目库，积极向基金管理机构推介，鼓励和引导金融机构加大对可再生能源行业的贷款发放力度，吸引基金和金融资本投资支持可再生能源发展
	4	《天津市人民政府关于印发天津市“十四五”节能减排工作实施方案的通知》	公共机构能效提升工程。鼓励实施供暖系统电气化改造，因地制宜采用空气源、地源热泵等清洁用能设备替代燃油、燃气锅炉，推进制冷系统逐步以电力空调机组替代直燃机空调机组
中国石油	5	《中国石油天然气股份有限公司资金配置管理办法》	地区管理承担的新能源、新材料投资项目，按建设项目投资额的 30% 提供注资。注资后地区公司资金仍有不足的，由总部提供低成本负息资金，或协助争取绿色债券、政策性贷款等优惠外部资金
财税	6	《关于资源税改革具体政策问题的通知》	出台减免税政策，对利用地热水资源尾水回灌技术的企业减免 70% 的资源税费

2.2 面临的挑战

大港油田在地热领域目前处于初始开发阶段，在资金、核心技术、人才储备、管理运营机制等方面存在劣势，这给企业发展新能源产业带来了巨大的挑战。

2.2.1 地热矿权价格高，资金配置审批流程长

地热作为清洁可再生能源，是国家及地方政府寻求清洁能源替代的首选项目，但实施地热供暖项目时，尤其是老旧小区地热供暖改造，无法享受配套政策。而且目前天津市地热矿权采取“招拍挂”形式，起拍价格为760万元，最高成交价约1400万元，造成地热开发利用项目前期投资成本较大，投资回收周期较长。同时，中国石油内部资金申请流程时间较长，如果大港油田需要开发一个项目，资金审批的整个流程预计需要4个月，这将造成资金审批和“招拍挂”时间错位，不利于地热项目的开展。

2.2.2 同业竞争程度日趋激烈

中国石化新星公司、河北建社投资集团等单位一直在积极运作地热项目，与大港油田在抢夺市场资源方面，形成激烈的市场竞争。而且目前河北省供暖特许经营权剩余可分配额度不足，争取新的份额十分困难，沧州等地区目前尚未开展地热矿权“招拍挂”工作，获得地热矿权需要政府协调。油田公司地热开发项目采取政府主导、地企合作或合资的模式，可以获取矿权，建立地热开发渠道。

2.2.3 闲置井未被充分利用为地热井，前期投资回收难度大

大港油田在天津区域内拥有长停井共1730口，主要分布在滨海新区、津南区等区域，前期已投入138亿元资金建设，目前此类井已无油气开采价值，国有资产处于闲置状态。但经过摸排调研，其中部分井仍具备地热井改造条件，初步估算供暖能力可达1460万平方米以上。如果将现有闲置井转化为地热井，则有利于地热供暖指标的提早实现。

2.2.4 外闯市场经验不足

中国石油“十四五”期间下达给大港油田1000万平方米以上地热供暖指标，要想完成任务必须走出油田，走出天津，迈向全国。由于油田企业商业化模式起步晚，在资金、核心技术、人才储备、管理运营机制等方面还需要充实与完善，同时需要提升自身运营管理能力。

油田企业如何将地热项目运营起来，选取何种商业模式更加贴合企业自身特点，实现企业能效最大化，是需要研究的内容。

3 商业模式的对比分析

3.1 地热市场企业利润经济模型分析

从经济学角度看，地热供暖行业关系民生问题，由于政府介入使地热供暖市场“非市场化”运行，市场上的供求关系发生变化，地热供暖需求产品价格相对稳定，即市场上的供暖需求曲线为水平线，价格为 P_1，成本为 C_1，需求数量为 Q_1，利润为 R_1。在地热供暖市场中，由于企业无法提高供暖价格，这导致企业如果想要提高利润空间，需要通过降低成本的方式。当地热供暖企业采取适当降本措施时，成本由 C_1 下降为 C_2，在需求数量不变的情况下，利润由 R_1 增长至 R_2（图 2）。

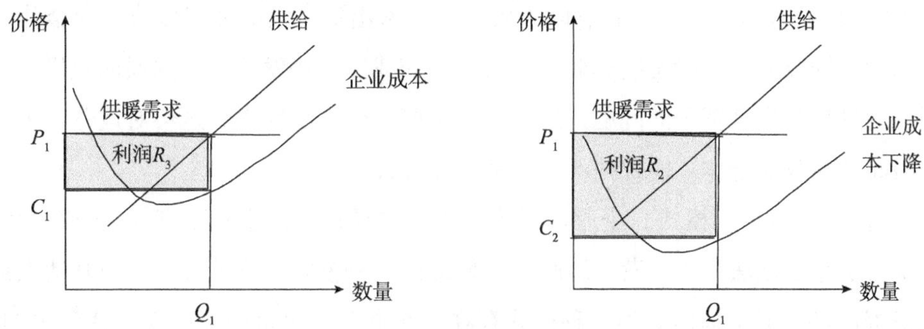

图 2　供暖市场企业利润模型

地热供暖企业通过压缩成本增加了利润空间，但是在实际运行中，地热项目还面临矿权投资成本高、地热项目运营成本压降困难等现实问题，这导致成本下降空间受限。针对以上问题，本文创新研究适合大港油田的商业运行模式，增扩企业利润空间，促进油田地热项目效益发展。

3.2 大港油田商业模式分析与研究

将商业模式分为内部市场与外部市场两个方向，通过对比分析研究出一条适合大港油田企业自身发展的商业模式创新之路。

3.2.1 内部市场

从企业内部市场的角度出发，可以派出大港油田的地热项目人员与天津地热勘查开发设计院（以下简称地热院）进行合作，共同建设和运维内部市场。由于地热院属于事业编制单位，擅长对资源的甄别和实现地热井，且有长期稳定深度合作关系的专业运营团队，运营阶段由专业化团队开展，二者结合可从前期的设计、施工、运营实现“一体化”的管理。地热院及其专业团队可以为大港油田完成初步调研，了解项目在天津市或者其他地区的运营情况，还可以提供项目的可研报告等资料，为大港油田整体的内部市场运营提供决策支持。

大港油田在与地热院合作的过程中，可以学习对方先进的地热技术，通过项目实践培养专业技术人员，增加人才储备；在过程中所获得经验可以进行复制与拓展，比如拓展“地热井+”模式——“地热井+空气燃油热泵”“地热井+燃气锅炉”“地热井+电厂热”等，不仅提升了自身的运营能力，而且有利于拓展外部市场，加快完成经营目标的步伐。

3.2.2　外部市场

（1）“与政府合作”模式。政府以矿权作为股份出资，大港油田以建设资金作为股份出资，二者共同成立一个股份制企业。但由于当前我国经济发展未达到预期效果，如果在未来运行的过程中出现资金的问题，地方政府可能不会增加股本，这会对运营带来一定的困难。因此“与政府合作”模式并不一定是最佳方式。

（2）“自建—自营”模式。企业自行建设、自主经营、自主开拓市场，这在通常情况下，被认为是企业依法合规经营、廉政风险最低的一种模式，不涉及与任何其他人或单位有股权或资产的交易的风险。但这种模式存在一个瓶颈，投资回报率无法达到预期目标。这几年天津市的地产行情不景气，项目前期的矿权竞拍成本高达上千万，但是井打完后没有市场可以投放应用，严重拖慢整个项目的节奏。

（3）“收购”模式。地方的部分小微企业只着眼于政府的财政补贴、税收优惠等短期红利，并不具备长期稳定运营地热项目的能力。对于政府来说，小微企业增加管理难度，也会存在一定的安全隐患。如果大港油田将这些小微企业收购、统筹区域内项目、统一部署，通过集中管理实现规模效益，单个地热项目规模面积可达三四百万平方米，将加速经营目标的实现。同时，中油资本介入，发挥资金池优势，明确地热项目的投资方向，经过投委会同意后，能够解决中国石油内部企业之间资金配置不灵活的问题，为地热项目提供投资额 30% 的注资，提高了审批效率与资金配置的灵活性。

在实际工作中，这 3 种模式都可能存在，但是眼前比较能够快速实现的就是“收购”模式，也是大港油田能够完成经营任务的最好的方式。

4 结论与展望

完善地热能开发利用机制，推行倡导地热运营模式，积极引导企业进入供热市场，开发供热市场准入限制，形成示范点后形成可复制的模式，再推向其他地热资源丰富的地区；鼓励地热项目投融资模式创新，倡导实行特许经营模式。积极探索建立地热能开发的特许经营权招标制度，降低投资风险，吸引社会资本进入地热产业。积极推动碳交易市场、交易价格化运作等事宜，为客观、准确地估算地热项目收益创造条件。

中油资本介入地热项目，利用金融手段加快地热矿权审批，为大港油田尽早进入更加广阔的地热市场奠定基础。同时，将闲置井油气探矿、采矿权直接转变为地热井采矿权，并在办理矿权手续和矿权增量指标审批方面给予大力帮助，加快地热开发利用，推动大港油田地热项目发展。

在下一步的研究中，大港油田将持续动态开展地热产业经济评价业务管理和研究。作为新能源范畴的地热资源应积极开展包括经济评价标准和投资管理规范等工作。随着“互联网 +”、共享经济等出现，新能源与之结合产生新的业态，催生新的商业模式是大概率事件。开展经济评价业务管理的研究，必须密切跟踪产业发展动向，结合新型商业模式，动态化、持续性开展此项工作。

参考文献

[1] 徐东，王东旭，王素霞，等 . 地热投资项目经济评价方法探析 [J]. 国际石油经济，2017，25（12）: 90–94.

[2] 张田田 . 基于博弈模型的浅层地热供暖项目商业模式分析 [D]. 北京：中国石油大学（北京），2020.

[3] 陈嘉茹，陈建荣 . 中国油气矿权管理改革对国有石油公司的影响 [J]. 世界石油工业，2020，27（3）: 19–24.

跨境人民币视野下我国石油天然气国际化路径的思考与建议

陈馨佳　李 颖　刘婧晓

（昆仑银行股份有限公司运营服务中心）

摘　要：美元主导全球石油市场的时代背景下，中国已成为全球第一大原油进口国，是世界油气市场的重要参与者。基于增强国际市场影响力，保障中国能源安全的意义，人民币国际化进程正稳步推进。推行石油人民币的外部条件逐步成熟，“一带一路”倡议为石油人民币提供动力，国际形势与“去美元化”浪潮为石油人民币创造机遇，中国政府持续扩大金融开放助力石油人民币发展。同时，确立石油人民币国际地位尚存诸多制约，包括跨境人民币回流机制和政策有待完善，美国极力维护其“世界霸主”地位等。因此，中国需抓住机遇，积极开展大国能源外交、促进重点区域经济合作、健全发展石油交易金融体系，推动石油人民币稳健发展。

关键词：石油天然气；跨境人民币；石油安全；“一带一路”；石油金融

引言

中国共产党第二十次全国代表大会报告提出，“加强重点领域安全能力建设，确保粮食、能源资源、重要产业链供应链安全”，明确将确保能源资源安全作为维护国家安全能力的重要内容。当今世界正在经历百年未有之大变局，全球地缘政治、经济、科技、治理体系等正在发生深刻变化，能源供需局势将更加错综复杂，威胁能源安全的各种“灰犀牛”“黑天鹅”事件时有发生，国际能源版图深刻变迁。在中国进入全面建设社会主义现代化国家、向第二个百年奋斗目标进军的关键时刻，统筹能源安全和经济社会可持续发展意义重大。面对“富煤贫油少气”的资源状况，提升石油天然气的利用率，稳定石油天然气的进口渠道，扩大中国在全球市场中的话语权与影响力，是现阶段保障国家能源安全的重要路径和推进国家现代化建设的坚实基础。

1 推行石油人民币的时代背景

1.1 美元主导全球石油市场

自20世纪30年代，美国的石油公司就进入沙特阿拉伯勘探石油，20世纪40年代末期至50年代初发现世界最大的加瓦尔油田并成功开发，使沙特阿拉伯迅速成为世界最重要能源生产国，美沙关系也因此发生了变化，美国依赖沙特阿拉伯等国稳定外部石油供给，同时沙特阿拉伯得到美国的安全保护，两者互有所需，构建起石油安全同盟。20世纪70年代双方签订“美元石油”协议，从此所有从石油第一产出国沙特阿拉伯出口的石油均以美元计价，标志着国际油价与美元挂钩。如今，国际原油定价参考WTI（美国西得克萨斯轻质中间基原油）、Brent（北海布伦特原油）和中东迪拜油价，美国通过控制美元将能源的定价权和所有权分离，以美元计价的石油进出口占据国际石油进出口市场份额80%以上。目前，美元已演化成为全球大宗商品交易最主要的结算货币，其他国家进行石油、天然气、煤炭、铁矿石等采购，需兑换为美元结算。

1.2 中国在国际油气市场的地位举足轻重

中国每年进口大量的石油和天然气。从2010年起，中国的石油天然气进口量持续增长，2017年首次超越美国成为全球第一大原油进口国。2021年原油产量为1.99亿吨，总消费量达8.1亿吨，进口总量为6.29亿吨，占据国际进口市场份额的19%，对外依存度达到78%。2021年天然气产量为2092亿立方米，消费量为3787亿立方米，进口总量为1627亿立方米，占据国际进口市场份额的15.9%，对外依存度达到42%。2011—2021年间，天然气进口量年均增速超过18.2%。中国作为国际油气市场的重要参与者，具有举足轻重的地位。

2 大力推进石油人民币的重要战略意义

近年来，中国积极开展大国外交，加强与合作国家的政治互信，人民币国际化程度持续提升。2016年10月，国际货币基金组织（IMF）将人民币纳入特别提款权（SDR）篮子，人民币成为第一个被纳入SDR篮子的新兴市场国家货币，据不完全统计，目前全球已有70多个国家和地区的中央银行或货币当局将人民币纳入储备货币。国际货币基金组织最新公布的数据显示，截至2022年三季度末，人民币储备规模达到2977.9亿美元，在全球外汇储备中的占比位列第五，达到2.57%，维持有数据记录以来最高水平，人民币国际化进程正稳步推进。随着经济全球化和资源全球化的不断发展，全球石油资源的竞争越发激烈，当前人民币全球地位稳步提升的大环境下，推行石油人民币战略具有重要意义。

2.1 促进国内价格与国际市场接轨，增强油价的市场影响力

目前，中国加快推进油气行业市场保障机制建设，促进国内油气价格与国际市场接轨。在国际油气市场推行跨境人民币计价结算，可以使石油和天然气的价格充分反映中国商品供求关系，缩小国际市场采购价格与国内市场价格的差距，提高国内能源供求水平对国际油气市场价格的影响力，提升中国在国际能源市场领域的话语权。

2.2 稳定石油进口通道，保障我国能源安全

中国进口石油的主要来源国中，伊朗、俄罗斯、委内瑞拉等国长期被美国制裁。在此背景下，局部地区的地缘政治事件将会严重影响中国的能源保障安全。推进石油人民币战略，有利于减少跨境石油贸易对美元及国际资金清算系统（SWIFT）的依赖，在有效应对美国制裁、维持稳定的石油进口通道等方面具有重要的战略意义。

2.3 增强中国企业市场竞争力，提升油气对外贸易主动性

石油贸易用人民币直接结算，能有效转移外汇风险，降低企业的汇兑成本和外币衍生产品交易成本，提高石油行业抵抗国际油价波动的能力，使中国在国际油气市场采购的价格和采购规模上取得更大的主动性，增强中国企业的议价能力和灵活性。

2.4 促进中国资本市场改革，实现经济可持续发展

适应国际油气市场的发展需求建立石油人民币结算机制，将进一步促进中国外汇改革。一方面通过推行更具市场化特征的外汇政策，例如市场化的利率制度等，设计人民币金融产品，调节境内外金融市场的人民币需求。另一方面，优化配置“一篮子货币”的人民币汇率形成机制，增强其中的主权货币占比，加快人民币与美元“脱钩”步伐。此外，建立石油人民币结算机制，将为实践中国企业“走出去”战略提供有力支持，促进地区经济文化交流，实现中国经济更健康地实现可持续发展。

3　石油人民币战略面临的机遇与挑战

3.1　推行石油人民币的外部条件逐步成熟

3.1.1　“一带一路”倡议为发展石油人民币提供动力

2013年以来，习近平主席提出并详细阐述了“一带一路”倡议，对“一带一路”沿线国家地区经贸、文化、外交等领域的深度交流具有重大意义。“一带一路”沿线65个国家，包括俄罗斯、沙特阿拉伯、伊朗等中亚中东油气资源大国，石油、天然气可采储量超全球66%，中国油气进口数量最大的前三个国家均为“一带一路”沿线国家。以重大油气项目为契机，深入践行企业“走出去”战略，扩大与“一带一路”沿线国家的双边合作，实施对外直接投资和工程承包合同项目的人民币结算，将对外经贸活动与人民币清算体系紧密挂钩，极大地促进了人民币国际化战略的快速发展，扩大境外人民币金融大循环。

2023年，“一带一路”倡议提出10周年，据中国国家发展和改革委员会最新数据统计，中国累计已同151个国家、32个国际组织签署了200多份共建“一带一路”合作文件，战略规划对接日益深化，为区域经济发展提供强大动能。截至2022年年底，中国与“一带一路”沿线国家贸易规模也创下新高，当年货物贸易额达13.8万亿元，比2021年增长19.4%，中国企业在沿线国家建设的合作区已累计投资3979亿元，为人民币国际化奠定了坚实的基础。

3.1.2　国际形势与“去美元化”浪潮为石油人民币创造机遇

近年来，国际地缘政治的变化，为人民币国际化创造了发展机遇，全球多国尝试通过人民币或其他货币进行石油交易。2017年底委内瑞拉政府发行法定数字货币“石油币”，尝试突破外部金融封锁。2018年美国单方面撕毁伊核协议，对伊朗实施制裁，禁止伊朗对外贸易使用美元结算。2021年，中国和伊朗达成25年的合作协议（《中伊25年全面合作协议》），中伊石油交易将通过人民币结算。2014年及2022年爆发的两次乌克兰危机中，欧美对俄罗斯采取金融制裁，禁止其使用美元、欧元及国际资金清算系统，致使俄罗斯宣布以卢布结算天然气出口。从2022年1月到年末，在俄罗斯进口结算份额中，人民币的占比从4%劲升至23%，出口结算份额的占比更是从0.5%飙升至16%。近年来，沙特阿拉伯也开始寻求石油美元的替代品，表示考虑与中国进行原油贸易时采用人民币结算。2023年2月，伊拉克中央银行首次允许以人民币直接结算对华贸易。

3.1.3 中国政府持续扩大金融开放，助力石油人民币发展

随着中国深度融入经济全球化进程，中国不断完善金融基础设施、提升金融开放程度，越来越多的国家对华贸易采用人民币结算。人民币跨境支付系统（CIPS）自2015年10月上线以来，截至2023年3月初，共有1366家参与者，其中直接参与者79家、间接参与者1287家，覆盖全球109个国家和地区，人民币在全球支付货币排名中位居第四位。2022年6月，中国人民银行与国际清算银行（BIS）签署了参加人民币流动性安排（RMBLA）的协议，促进中国与国际清算银行的合作，加强区域金融安全。此外，结合市场发展需要，在2009年国家六部委联合颁布实施《跨境贸易人民币结算试点管理办法》的基础上，2021年进一步出台《关于进一步优化跨境人民币政策支持稳外贸稳外资的通知》，为跨境人民币的进一步推广使用铺平道路。2022年8月，国际货币基金组织正式将人民币在特别提款权货币篮子中的权重从10.92%上调至12.28%，意味着国际社会对中国政府持续推进金融开放成果的认可。

3.2 确立石油人民币国际地位尚存诸多制约

3.2.1 跨境人民币回流机制和政策方面有待完善

现阶段，中国通过人民币计价和结算的能源进口量呈上升趋势，如何将“走出去”的人民币回流，关系着石油人民币战略的成败。目前来看，一方面缺少境外人民币计价资产，人民币境外持有者投资或保值增值的渠道较为匮乏；另一方面受中国资本市场管制影响，境外人民币回流渠道有限，一定程度上制约了跨境贸易人民币结算的发展。人民币在国际市场上暂且无法作为主流媒介货币或储备货币开展相应贸易活动，尚需建立并完善跨境人民币的回流机制。

3.2.2 美国极力维护其“世界霸主”地位

美元作为石油贸易中的计价和结算货币，是美国在国际市场上处于主导地位的重要保障之一。当前国际局势下，“去美元化”过程中美元作为石油结算货币的份额下降，削弱美元在国际金融市场的主导地位，美元的购买力和货币价值日趋下降，继而威胁美国的霸主地位。美国势必将通过一系列手段阻止这种下降趋势，不排除施加更为严厉的经济制裁措施等。

3.2.3 确立石油人民币国际地位取决于时机与准备

石油美元的产生具有其时代性，是国际政治经济发展到一定阶段的产物，在世界多极化发展的今天，石油人民币的提出也与当前的国际政治经济形势契合。要成为石油锚定货币，人民币除需具备作为世界货币必备的流通性、贮藏手段及支付手段外，还需要建立更加完善的石油人民币体系。对于国家政府而言，需要为建立和实施石油人民币体系积极创造条件，做好基础性工作，捕捉适当时机，顺势而为。

4 推行石油人民币国际化战略路径建议

4.1 开展大国能源外交，稳固石油贸易政治基础

2022 年，以中国为主要参与国的《区域全面经济伙伴关系协定》(简称 RCEP) 正式签署，迈出了地区国家以实际行动维护多边贸易体制、建设开放型世界经济的重要一步。

一是与能源资源国建立友好的政治关系。国家间政治关系的友好程度是开展经贸合作的重要基石，政治合作基础牢固，双方发展经贸往来就更为频繁与密切。建立石油人民币体系，需要中国政府加强能源外交，从顶层设计上进行战略规划部署，与油气资源大国建立友好关系，找到双方利益契合点，尊重和照顾彼此核心利益，从而为双边经贸关系的合作奠定良好的政治基础。

二是重点开展“一带一路”地区合作。针对重点国家制定差异化的外交策略，深化区域性经贸合作，加强人民币渗透。中国是油气资源进口大国，也是“一带一路”沿线国家的重要合作方。随着“一带一路”倡议的推广和实施，中国加强技术输出，发挥技术优势和管理人才优势，抓好中亚天然气管道项目、中俄原油管道项目等重点合作领域，发展中亚海域大型油气勘探开发项目，协助资源国实现油气资源的有效开发和顺利出口，构筑互利共赢的产业链供应链合作体系，完善“一带一路”专项贷款、丝路基金等项目，加强人民币结算的主导性，促进与沿线国家的双边经济合作增长。

三是统筹规划石油进口国结构。在保障中国能源安全的前提下，应加强能源进口渠道的统筹规划。作为全球第一大油气进口国，中国的能源外交需要根据油气资源国与美国关系的差异，采取差异化的外交策略，可加强与美国关系处于中间地带国家地区的石油投资和贸易，以构成中国能源进口的稳定保障。

4.2 发展石油交易金融体系，推动石油人民币稳健发展

石油人民币的基础是人民币国际化，需要建立配套的金融体系，为人民币国际化创造条件，使人民币成为可替代石油美元的世界货币。

一是建立健全金融市场化机制。金融市场的成熟程度和开放水平是石油人民币体系成功的关键所在。加强中国金融市场的透明度，提升市场对信息的敏感度，为境外人民币持有者提供丰富的金融产品，为市场吸引国外资本、引导人民币回流创造前提条件。因此建立完善的国内金融市场，继续扩大国际金融组织在境内发行人民币债券的规模，选择性地将发行主体扩大到符合条件的境外金融机构和企业，一方面有利于扩大境内市场规模，另一方面有利于增加人民币的境外持有量。

二是发展人民币结算体系。虽然美元地位短期内不可撼动，但是在油气贸易领域单一使用美元货币结算存在很大风险，一旦交易双方被美国制裁就会陷入被动。借助“一带一路”、《区域全面经济伙伴关系协定》等国际合作的良机，大力发展中国主导的人民币跨境支付系统 CIPS，引导境外银行加入该系统，降低对 SWIFT 系统的依赖，从而逐步搭建“中亚、中东、亚太、南美”海外结算网络，为海外工程结算款回笼提供便利；也为石油石化公司装备企业和工程技术服务公司开拓海外市场，提供招投标、境外融资等一揽子跨境金融服务，促进融入当地市场，支持实体经济发展和“走出去”战略实施，推动国际油气合作向更宽领域、更深层次、更高水平发展。

三是完善人民币离岸市场。中国金融机构要加快跨境业务的产品创新，政府监管部门应完善金融法律法规系统和制度建设，跟上金融创新的步伐，积极引导金融机构以供应链为基础，为境内外企业提供更为便利的结算和融资产品，配合石油天然气等品种的国际交易平台推出相关金融产品和服务，为石油天然气人民币计价和结算疏通路径。为境外人民币持有者提供人民币保值增值场所，在油气资源出口国建立离岸人民币市场，人民币收入可及时存入离岸市场或购入人民币离岸债券产品等，也可将资金融出给市场上需要人民币的机构和个人，再通过贸易或资本投资回流到中国。

参考文献

[1] 韩群群，秦扬 . 石油天然气人民币战略的实施路径探索 [J]. 西南石油大学学报（社会科学版），2019，21（6）：8-13.

[2] 冯保国 .“石油人民币”之路任重而道远 [J]. 国际石油经济，2018，26（3）：1-9，20.

[3] 国家发展改革委，国家能源局 . 关于印发《“十四五”现代能源体系规划》的通知

[EB/OL].（2022-03-22）. https://www.ndrc.gov.cn/xwdt/tzgg/202203/t20220322_1320017.html?code=&state=123.

[4] 梁海峰，李颖 . 美国石油崛起推动世界石油格局重大变化下中国能源安全的风险及对策 [J]. 中国矿业，2019（7）：7-12.

[5] 倪威 . 人民币国际化视野下人民币结算石油的可行性探讨 [J]. 警戒线，2020（8）：88-89.

[6] 邵勇 ."一带一路"背景下原油人民币计价的机遇、挑战与对策 [J]. 对外经贸实务，2020（9）：63-66.

[7] BP. Statistical review of world energy 2022[R]. https://www.bp.com/en/global/corporate/energy-economics/statistical-review-of-world-energy/downloads.

数字经济形势下数字化营销理论研究与体系创新探索

樊少明　张岩　赵晓芳
（昆仑数智科技有限责任公司）

摘　要：为应对数字经济快速增长、新技术新消费驱动及油气行业变局等新形势，深入研究市场营销理论的发展，通过引流（Traffic）、裂变（Fission）、触达（Touchdown）、变现（Realization）的商业过程，形成端到端的闭环运营，提出了以客户为中心的数字化营销 TFTR 理论。基于该理论提出了数字化营销体系框架，从上到下由营销策略、营销模式、营销能力、营销平台及营销生态五个层级构成，促进企业营销模式、营销能力、营销生态的提高，发挥出更大的商业价值。分析壳牌、能链集团、海澜之家的数字化营销案例，探索油气行业数字化营销创新，提出油气企业数字化营销体系建设的建议。数字化营销 TFTR 理论带来指数级市场增长，对于传统行业的数字化营销具有指导意义。

关键词：数字经济；数字化营销；营销策略；营销模式；营销能力；营销平台；营销生态

1　数字经济形势背景

数字经济快速增长，占 GDP 比重越来越高，驱动全球经济发展，中国的数字化消费力已在体量和规模上领跑全球，中国消费者的生活场景已经呈高度数字化，市场需求推动传统行业市场快速转型，迎来数字化营销新浪潮。数字技术已渗入企业从产品到服务、从流程到监管、从员工到客户、从开发到市场等各个环节，改变或颠覆传统业务，逐步重构价值链。

传统行业逐渐尝试转换业务方向、改变产品形式、更新交付方式，加强企业品牌影响力、重构合作伙伴与供应商关系，推动以价值为导向的市场转型。消费主体向新一代消费者变革，消费场景在时间和空间上重构，消费导向从“功能导向”向“价值导向”跃迁，品牌与消费者持续互动营销逐渐升级，需要全新的交互营销方式。

国内能源行业整体市场形势十分严峻。受国际贸易摩擦加剧、替代能源快速发展、市场竞争日趋激烈、经济下行压力叠加新冠疫情等影响，全球领先油气公司纷纷开展跨界合作、内容营销等模式探索，数字化营销是重点转型方向，但油气行业数字化还远未达到改造整个行业、改变业务形态的程度，转型之路任重道远。

2 数字化营销理论与体系框架

2.1 市场营销理论发展

市场营销是探查用户消费需求的业务活动，自 1912 年哈佛大学学者哈格蒂正式提出相关理论后，从大生产理念逐步向开放回归理念演进，历经了五个阶段，已经走过了一百多年的历史。传统的营销体系包括大众媒体（电视、纸媒等）、大众销售渠道（经销商、超市、卖场）以及统计抽样的数据分析方法等。传统营销理论包括以大生产为主的生产观念、以产品为主的产品营销（4P 理论）和客户至上的整合营销（4C 理论）。新型营销是利用数字技术指导企业围绕着顾客偏好构建顾客价值，打造差异化产品，塑造品牌的经营理念，利用数字技术提供智能优化、科学预测和精准营销的市场活动，更好、更快、更优地为客户提供服务。新型营销聚焦数据驱动的线上线下、供应链与销售一体化，主要理论包括以竞争与定位为主的关系营销（4R 理论）和以开放与回归为主的互动营销（4I 理论）。

通过研究和继承以往的 4P 理论、4C 理论、4R 理论、4I 理论，基于数字经济具有传递和数据优先的特征，以战略为引领，以客户为中心，数据驱动、AI 赋能的引流、裂变、触达、变现的商业过程，提出了数字经济驱动的数字化营销（TFTR 理论），旨在洞察客户潜在需求，激活潜在客户，提升企业营销效果和效率，促进高质量发展。市场营销理论发展基础和新型理论提出过程如图 1 所示。

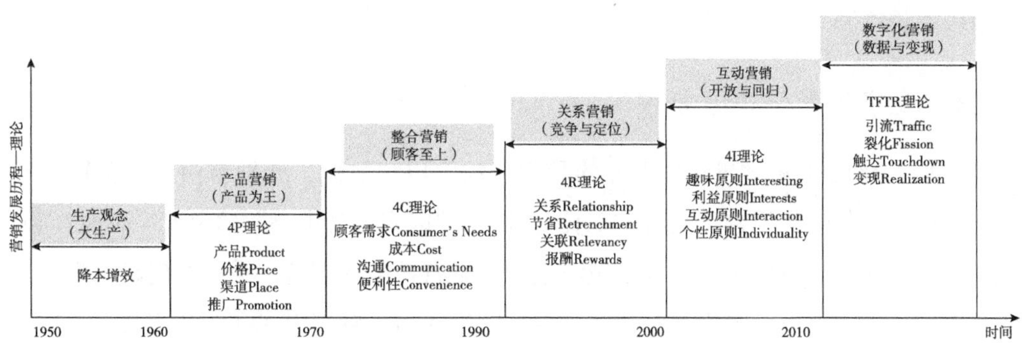

图 1　市场营销理论发展基础和新型理论提出过程

2.2 数字化营销理论

数字化营销体系 TFTR 理论，是以最大化商业价值制定企业商业战略，通过流量获取客户（引流），收集用户数据搭建用户模型，对用户进行洞察与精准画像，对用户分层分级进行“定向推销”（裂变），精准匹配合适的营销策略触达客户（触达），完成销售变现（变现），形成端到端营销体系的闭环运营。数字化营销 TFTR 理论的四个关键过程既可以整体形成营销流程，也可以单独作为营销活动去运营（图 2）。

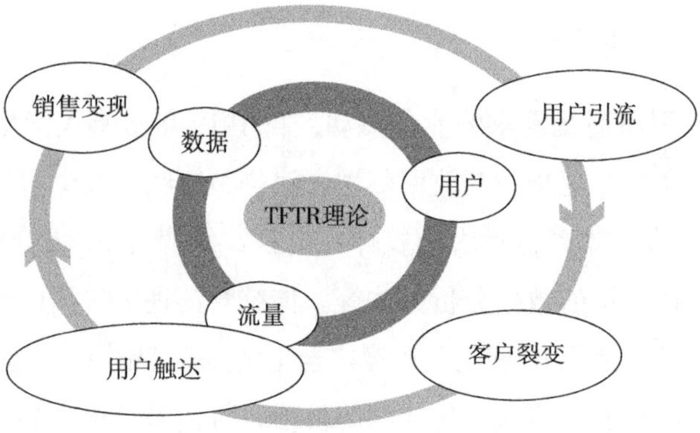

图 2 数字化营销 TFTR 体系理论

引流（Traffic）：一切皆可换算成流量。挖掘公域、他域、内容等可传递的数字化资产构建私域流量池。

裂变（Fission）：一切用户皆可裂变。被运营者通过一定的利益来引导的由一个用户扩散到很多个用户的变化。

触达（Touchdown）：一切客户皆可触达。整合线下线上渠道，客户认知、兴趣、购买、忠诚及分享反馈全周期。

变现（Realization ）：一切用户增长均为变现。将增长用户与终端销售全部在线化，带来指数级增长红利。

2.3 数字化营销体系框架

建立最大化商业利益与责任引导的品牌战略，以“数据、流量与用户”营销生态为抓手，依托数字化营销平台（渠道、工具），构建“以客户为中心”的引流、裂变、触达、变现的数字化能力，持续构建企业私域流量，实现营销破局到营销模式的创新。数字化营销体系框架从下到上由营销生态、营销平台、营销能力、营销模式和营销策略五个层级构成（图 3）。体系框架自下而上强调感知洞察作用，自上而下逐层突出引领主导作用。这意味着企业对战略、能力、模式运营能力越强，能发挥更大商业价值。

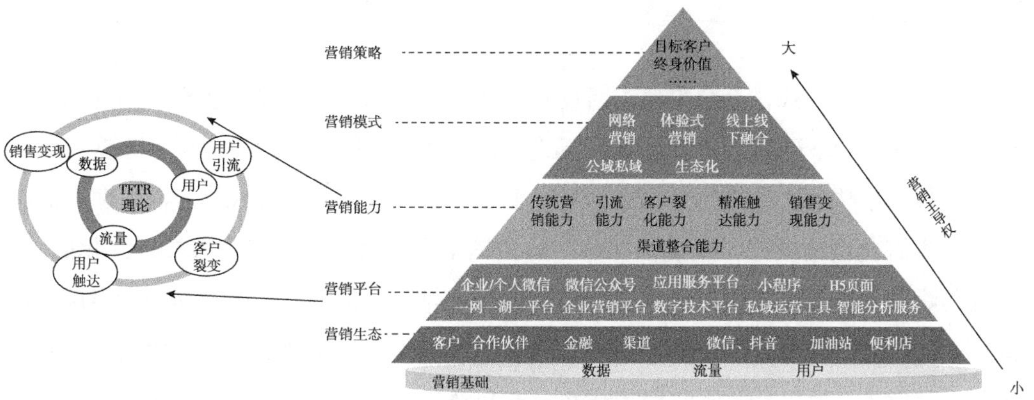

图 3　数字化营销体系框架

2.3.1　营销生态

围绕用户产生的“数据、流量和用户”营销基础。用户指足够多的、沉淀在平台上、访问和关注形成流量、能发生连接、产生价值的用户数据资产。利用数字化重新整合重塑营销生态，不断健全完善数据采集、用户洞察、用户触达、服务优化的数字化管理流程，同时自主搭建数据整合与监测管控，营销从投放到变现的 TFTR 全流程的数据打通并有效应用。

2.3.2　营销平台

将云计算、大数据、人工智能等新兴技术纳入平台，利用数字化平台对传统管理理念和管理方式重构，创造更多次的、高效的、多频次的连接与服务，同时将互联网渠道与营销工具接入平台，将传统架构进行分解、重构和整合，向扁平化、网络化、开放的无边界营销转型。建立云服务，形成基于中台的营销服务体系，有效解决品牌多渠道多平台布局的现状，应对品牌持续健康增长的商业诉求。

2.3.3　营销能力

向互联网模式转变，订单、生产、销售的传统营销转为增加引流、裂变、触达、变现的数字化营销闭环，线下场景转为线上场景，线下渠道转为线上入口，从外部流量导入内部运营，从而构建全域全渠道全触点运营能力，助力企业提高目标客户的触达效果和转化效率，直接创造商业价值。私域流量指归企业或品牌所有的，可免费使用、自由支配、并能反复触达的用户，以及全产业链、全渠道、全客户生命周期用户。

2.3.4 营销模式

线上线下营销模式，以全渠道、新场景、强连接方式，持续提升客户不同场景的购物体验，构建线上线下融合共生。新零售模式，以互联网为依托，通过运用大数据、人工智能等先进技术重塑业态结构与生态圈，对线上服务、线下体验及现代物流深度融合的零售新模式。生态化营销模式，企业依托统一的营销平台，解决生态各个链接碎片化的问题，使当前的隐性生态向未来的显性生态转型，形成人与人、物与物、人与物的全连接。社交电商模式，通过个人分享带动商品交易，内容驱动消费者冲动消费，提升商品转化率，以品牌领袖（KOL）为纽带形成消费者粘性，提升平台留存率，平台根据用户画像和行为分析沉淀多元用户数据。互联网营销模式，从传统业务管理转为平台运营模式，以互联网思维挖掘创新商业模式，依托企业自有营销服务品牌、平台、流量入口，通过广告、游戏等方式变现。

2.3.5 营销策略

及时了解洞察客户真正的需求，做好客户的经营，快速定位目标客户并对客户画像跟踪，关注客户当前价值和未来价值，提升客户体验和服务环境，从而推动企业效益最大化。未来数字化营销的特征是以全渠道融合为核心，形成更复杂的线上线下、数据驱动的高效率零售运营，并强化线上线下全场景体验。智能化营销特征是自动化运营渠道、自动化服务工具，通过全方位 360° 客户视图提供自动化服务。

3 数字化营销案例分析

通过深入研究分析新型营销案例与场景，包括壳牌精准化营销、能链集团 2B 营销体系、海澜之家 2C 新营销，可以发现增长路径各有所长，但增长核心依然是以客户为中心的引流、裂变、触达、变现的数字化营销驱动市场出现变革性增长。

3.1 壳牌的精准营销服务

壳牌运用大数据分析平台，对加油站各种基础业务数据进行交叉统计分析，包括车流量、进站率、加油频度，建立商圈商业价值洞察，通过客户画像将线下服务能力转化为线上平台引流能力，产品销售转为“产品 + 服务”的工业服务商模式，加速 C 端客户裂变。

打造“壳智汇”服务模式，将其品牌、合作伙伴、行业应用经验、专业人才实力与数字化能力相结合，将传统线下技术服务整合到线上，实现全业务全渠道触达，为工业客户提供一站式定制化润滑设备维保服务，获得变现能力的持续性，降本增效30%。

3.2 能链集团2B营销体系

能链集团以车主邦、团油、快电为核心建立第三方能源聚合平台，连接并运营供需双方B端和C端用户，为需求方获得能源集采议价权，为车主提供更优惠的能源补给，为供应方提供获客营销通道，提供信息及数据服务等运营支持。利用互联网公司卖油达到线下用户引流到平台，利用团油的品牌实现全渠道B端用户整合裂变，通过C端运营将所有B端客户全部转化为能链用户，通过数据服务赋能B端，扩大油站流量池，资源整合创新商业模式变现。

3.3 海澜之家2C数字触点运营

海澜之家借助流量红利迅速积累大量C端用户成为自有数字资产，运用触点思维深耕用户，对用户进行有效的长期触达、洞察和维护，驱动用户私域化、数字化、忠诚化，从而提供更精准的商品与服务，建立用户留存、传播、互动、拉新的良性循环。连接实体和在线流量，全域用户智能画像，驱动精准营销，利用抖音、快手等平台快速裂变转化用户，从线上到门店到每个店员进行数字化赋能与社区运营，推动线上线下联动。

通过壳牌、能链集团、海澜之家的数字化营销实践案例分析可见，数字化重塑了引流、裂变、触达、变现的商业过程，实现企业价值最大化，带来指数级的市场增长，数字化营销TFTR理论对传统企业数字化营销具有指导作用。

4 油气行业数字化营销创新探索

随着数字经济对油气行业的影响加大，服务效率和运营成本将发生显著变化，越来越多的跨界竞争者带来了全新的业务模式，促使以前千人一面的传统行业向一人一面的个性化服务行业转型，能源终端消费市场格局的逐渐变化，也将推动油气行业数字化营销向更高阶进化。

4.1 天然气数字化营销创新探索

基于数字化营销TFTR理论，天然气销售领域持续加强数字化营销布局。

引流：通过天然气批发客户的线上销售和服务平台，建立多渠道资源统一互联网入口，提供差异化服务及多元化、灵活的营销策略。

裂变：准确掌握区域客户分布和竞争情报分析，借助资源优势和管道路由优势整合资源、整体运营车船及工业用燃气等 B 端批发客户，从上下游交易的单边模式向多方共存的生态圈模式演进。

触达：利用智能天然气表及智能 APP 等服务进行 C 端触达，提供网上商城及线上营业厅服务，线上渠道运营，为销售和运行分析提供决策依据，智能分析用气规律与消费趋势，对用户异常情况进行监控与预警，减少企业营业厅压力，提升客户服务水平。

变现：天然气客户统一管理，探索多类型燃气金融管理服务，探索销售模式创新与新业态开发。

4.2 成品油数字化营销创新探索

当前成品油销售行业转型已符合 TFTR 数字化营销体系发展，互联网思维模式逐渐打破原有的营销模式，初步形成引流、裂变、触达、变现的数字化能力，不断尝试产品和服务、网络和渠道、模式和机制的数字化创新，推动“人·车·生活生态圈”的持续运营。

引流：2 万余座加油站及 2 万余座便利店、线下平台等线下资源建立全域营销整合，从分散渠道向统一会员转变，维系客户长期黏性。

裂变：建立销售智能服务，通过客群、商品、品类绩效分析，提供品类组合建议、个性化促销策略推送，推动“千人千面”精准营销。

触达：依托全产业链终端网络建立能源综合服务驿站，提供个性化服务，推动加油站现场销售模式向线上智能服务转变。

变现：连接供应商和客户等数据，搭建新商业生态，突破上中下游，实现产业协同一体化运营的商业模式，强化跨界营销能力，从传统油品销售向多元化产品服务销售转变。

以销售公司新冠疫情期间中油好客 e 站“油卖菜”营销案例为例，通过抖音等直播平台与线下加油站与便利店合作打造营销 IP 和多渠道布点，平均每年组织活动 200 余场，触达目标客群并促进成交，初步估计直播平台达到十余万级流量引流，联动抖音、微信、中国石油三端最大程度流量分发、精准投放、专享营销活动，获得十余万访客的导流与定向转化。

5 油气企业数字化营销体系创新思路

数字化营销是加快满足消费者多元化需求、以客户思维谋划的营销体系，在流量红利消逝下，企业营销重心已从获取增量转向存量运营。油气行业通过业务数字化、数字化运营、数字业务化、生态化建设四个阶段任务目标，进一步盘活油气行业生态庞大的流量资源，将用户、场景等资源共同体转变为利益共同体，助力企业持续转型高质量发展。

基于数字化营销 TFTR 理论，提出油气企业数字化营销体系建设的几点建议：一是开展数字化营销顶层设计，需要战略布局和全局资源联动，加强专业化规划布局，建立专业的数字化营销团队，梳理并凝聚多方组织和能力的合力；二是构建一体化营销平台，企业私域流量池成为基础设施，建立更宽泛的油气社交能源服务平台，沉淀盘活营销模式与用户资源、优质流量，推动整体油气业务价值最大化；三是持续优化油气行业市场营销体系构建，不断加强“产品—市场—客户”的价值传递、提高自服务效率，建立智能营销长效发展链路；四是坚持开放共享，实施生态运营，加快向全产品多服务生态圈打造、重构运营模式，实现公域私域运营，全渠道触达、营销赋能和生态圈运营。未来利用数字化营销推动品牌、内容、平台三方联动，创造更大的营销价值。

参考文献

[1] 胡雯．中国数字经济发展回顾与展望 [J]. 网信军民融合，2018（6）：18–22.

[2] 德勤咨询．数字化生活服务市场生态展望 [R]. 2018.

[3] 2020 中国数字营销趋势报告 [EB/OL]. https://blog.csdn.net/ddxygq/article/details/106774530.

[4] 冯雪飞，董大海，张瑞雪．互联网思维：中国传统企业实现商业模式创新的捷径 [J]. 当代经济管理，2015（04）.

[5] 赵树梅，徐晓红．新零售的含义、模式及发展路径 [J]. 中国流通经济，2017（5）：12–20.

[6] Gartner research. Magic Quadrant for Analytics and Business Intelligence Platforms[R]. 2019.

[7] 一汽集团创新营销再升级 [EB/OL].https://www.163.com/dy/article/H974IVM9052784D6.html.

[8] 中国信通院 .2021 年中国数字经济发展白皮书 [R]. 2022.

[9] 36 氪．产业互联的下一站：B2B 4.0 时代到来 [EB/OL].https://36kr.com/p/1725316415489. 2020.

[10] 汪志晓．新零售背景下高职院校电子商务人才培养模式 [J]. 中外企业家，2017（14）.

[11] 尼尔森报告：社交电商、社交内容、社交拼购深度分析 [EB/OL].https://www.sohu.com/a/339194056_100020651.

哈萨克斯坦天然气市场新形势下中哈能源合作建议

曾行　赵伦　许安著

（中国石油勘探开发研究院）

摘　要：哈萨克斯坦地处欧亚大陆中心地带，油气资源丰富，是中国能源贸易的重要伙伴，通过调研哈萨克斯坦近年来天然气市场情况看，发现其国内供需关系骤变，在能源转型的背景下长期以来天然气出口战略将迅速调整，天然气出口将急剧缩减最终成为天然气净进口国，将对中国天然气进口西北通道造成的严重影响，而中国在碳达峰、碳中和目标下，中国能源系统亦将继续加快清洁低碳转型，未来对天然气、核燃料的需求增长强劲，消费量对外依存长期保持高位。同时通过调研认为哈萨克斯坦可再生能源（水力、风力、太阳能）、铀矿的资源基础雄厚，潜力巨大，通过中哈合作抢占、扩大哈萨克斯坦相关产业发展先机，既符合哈萨克斯坦能源转型需求，也有利于抑制该国未来对天然气的需求，对于稳固中国天然气进口海外气源，维持天然气进口多元化格局，以及布局海外铀矿支持本国核电建设意义重大。

关键词：哈萨克斯坦；天然气；碳中和；可再生能源；核电

引言

哈萨克斯坦（以下简称“哈国”）位于欧亚大陆中心地带，历史上成为东西方文明的交流的枢纽，是古代丝绸之路的重要组成部分。对于当代世界，哈国不仅是重要的石油、天然气、煤炭产区，也是铀矿资源的储量产量大国，此外其风、光、水力等可再生能源资源量巨大。同时，哈国是中国重要的油气贸易伙伴，通过密切跟踪发现近年来哈国天然气市场发展迅速，国家推进能源转型和天然气基础设施建设，本文分析哈国能源转型趋势给中国带来的影响，结合哈国铀矿资源、可再生能源基础和政策为中哈能源合作提供建议。

1 哈国天然气供需关系转变

1.1 天然气市场现状及发展趋势

哈国天然气市场正在稳步发展，国家的发展需要更多的天然气支撑，天然气的价值和意义呈上升趋势。

根据BP公司发布的年度报告，截至2020年年底哈国已探明天然气储量为2.3万亿立方米。哈国天然气主要产区为西哈萨克斯坦，2020年西哈萨克斯坦地区天然气化水平达到90%以上，西部地区、西北部地区和南部地区天然气消费量分分别占全国消费量的37%、39%和24%，而中部和北部地区天然气消费量完全可忽略不计，也成为天然气需求增长的潜在地区。近年来哈国政府大力持续推进天然气管道建设和“煤改气”工程，2020年萨亚尔卡天然气管道投运，通过该管线及后续工程将南部天然气干线（哈南线）下载天然气北送，2020年向首都努尔苏丹送气440万立方米，未来将逐步达到其设计管输能力22亿米^3/年，同时持续北部地区天然气管网建设，持续促进首都努尔苏丹以及北部地区的天然气化进程。尽管哈国天然气资源丰富，但经过国家逐步推进天然气化，哈国将逐渐成为“贫气”国家。

2022年1月1日，哈国东哈州终止向中国出口天然气，原因是哈国政府决定保留有限的储量，以满足该区日益增长的天然气需求，此前自2013年该区产气共34亿立方米，其中95%的产量出口中国。同一天，哈国内液化天然气价大幅上涨，1月4日开始，哈国多地连续爆发抗议活动并且迅速失控并不断发酵，发生了震惊全球的骚乱事件。目前哈国虽然是油气净出口国，但未来天然气产量投入国内消费的比例将持续增加。2010年国内天然气消费量90亿立方米，政府大力推行国家天然气化进程，2020年达到170亿立方米。2021年6月托卡耶夫总统强调通过系列改革、制定优惠政策等来持续推进国家的天然气化进程，IHS Markit预计至2035年天然气消费量将增长至220亿立方米以上（图1）。

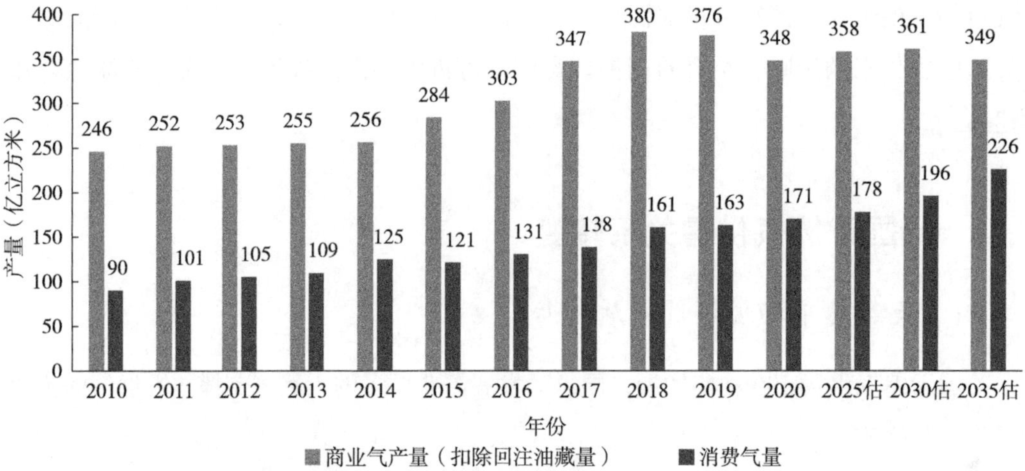

图 1　哈国天然气历年及远景（2021 HIS Markit）产量、消费量

数据来源：The National Energy Report-Kazenergy 2021

1.2　传统天然气工业缺乏接替潜力

哈国传统油气工业的发展后劲不足，天然气（商品气）生产更是面临诸多羁绊，再无增长空间。

哈国天然气生产面临多方制约因素：其一，目前生产的天然气半数为伴生气，生产受制于原油产量；其二，油气“巨头”田吉兹、卡沙甘生产的天然气高含硫化氢，处理成本较高；其三，大量伴生气被用于回注油藏以维持原油产量。

2018—2019 年两年时间里哈国商品气产量（毛产量扣除回注油藏的量）维持了约 380 亿立方米历史最高水平，2020 年下降为 348 亿立方米，未来在“三巨头”田吉兹、卡沙甘、卡拉恰干那克的支撑下，至 2035 年之前能维持在 350 亿立方米的水平。

1.3　天然气出口逐步缩减

2017—2020 年哈国天然气净出口均在 100 亿立方米以上，随着国家稳步推进天然气化进程，天然气短缺骤显，将迅速缩减天然气出口，2020—2021 年出口量由 124 亿立方米锐减为 72 亿立方米，2022 年 3 月哈国能源部表示预计 2022 年将进一步减少到 50 亿立方米，6 月哈国国家天然气公司表示哈国可能在 2023 年全面停止天然气出口。可预见中国可能短期内迅速失去哈国气源，而且哈国还将与中国争相从土库曼斯坦进口天然气。此前 2019—2020 年哈国对华出口天然气保持的 74 亿立方米左右，2021 年减少至 62 亿立方米（图 2）。

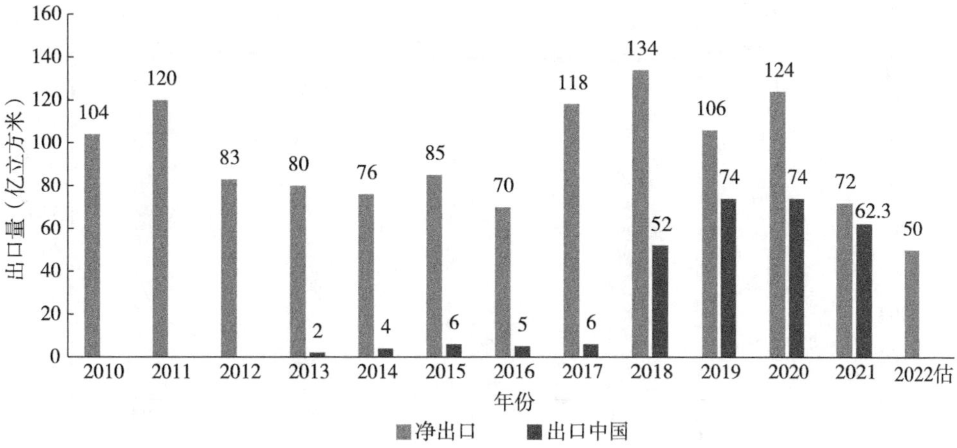

图 2　哈国天然气历年天然气出口情况

数据来源：The National Energy Report-Kazenergy 2021

2　哈国天然气市场新形势对中国的影响

天然气产生相等热值排放的二氧化碳是石油的 73%、煤炭的 55%，并且更加清洁[1]。2020 年中国能源消费结构中，天然气在一次能源中的占比仅为 8.4%[2]。党的十九大报告提出要推进能源生产和消费革命，构建清洁低碳安全高效的能源体系[3]。中国为实现“双碳”目标、实现能源转型，需要大力发展天然气市场。

2.1　中国天然气市场现状

2021 年中国天然气表观消费量达到 3673 亿立方米，较 2020 年增加 12.1%，与 2020 年相比增加 420 亿立方米，进口气增加 249 亿立方米，对外依存度达到 44.1%，突破 2018 年成为历史新高，全年进口天然气 1675 亿立方米，其中管道气进口量 586 亿立方米，占总进口量 35%。液化天然气进口量增长迅速，达到 1089 亿立方米，占 65%。中国将持续推进天然气基础设施建设[4]和市场化改革[5-6]，未来天然气需求将保持强势增长[7-8]，经国内学者预测，十四五期间中国天然气对外依存度将保持 45% 左右的高位[2]（图 3），国际能源署预测到 2040 年中国天然气进口量将达到 2800 亿立方米，对外依存度进一步增至 50%[9]，而天然气进口依存度是衡量天然气安全性的常用指标[10]。然而近年来中国天然气应急保障体系和应急能力面临严峻考验，国家安全评估值较低[2]，维持天然气进口渠道的多样性和稳定性意义重大。

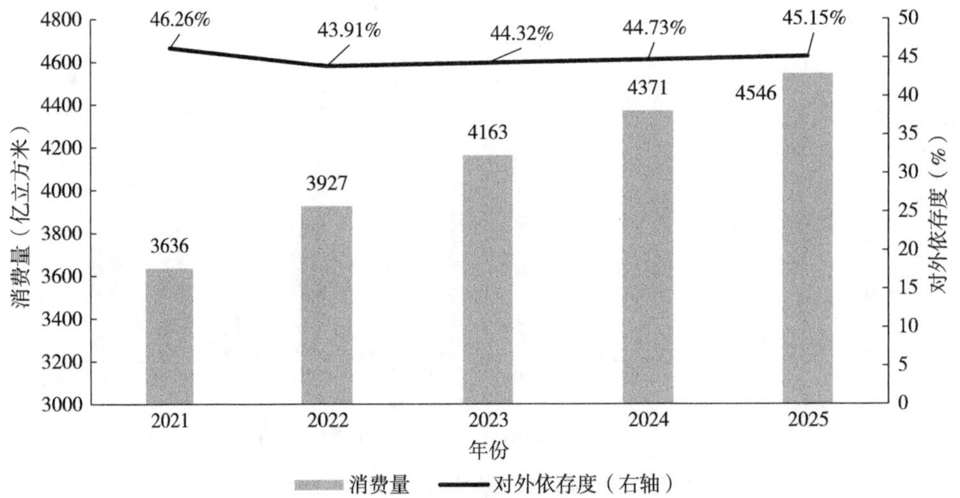

图 3　中国天然气消费量和对外依存度预测

数据来源：郑明贵等："十四五"时期中国天然气国家安全预警分析，2022[2]

2.2　中亚天然气进口渠道面临的问题

中国—中亚天然管道是中国四大天然气进口管线中的西北通道，2021 年进口气量 441 亿立方米，占全国管道气进口量的 75%，而且深居内陆，运输距离相对较短，对保障中国能源安全起到举足轻重的作用。哈国本国天然气化进程将迅速造成天然气短缺，哈国将不再是中国天然气进口来源，并且成为中国进口土库曼斯坦天然气的竞争者，卸载中国—中亚天然管道气量，加剧中哈天然气管线的气源不足问题。

3　中哈能源合作新机遇

2015 年哈国关于应对全球温室效应声明国家自主决定贡献率，至 2030 年国家温室气体排放量控制在 1990 年的 38630 万吨（二氧化碳当量）的 85%（即 32840 万吨）以内。2019 年哈国温室气体排放量为 36450 万吨（二氧化碳当量），相比 2018 年减少 6%，需要进一步控制煤炭的生产、消费造成的温室气体排放。哈国要推进国家碳减排，致力达成巴黎气候协定目标，增加清洁能源在国家一次能源中的份额是大势所趋。2020 年哈国一次能源消费量为 9200 万吨（油当量），其中煤炭、天然气、成品油占比分别为 56%、23% 和 17%，化石燃料占比总和约 97%，而核电、其他可再生能源份额极小。2020 年 12 月总统托卡耶夫在气候行动峰会上承诺在 2060 年之前实现国家碳中和，将来哈国在致力提高天然气消费量的同时，也将提高可再生能源、核能在能源结构中的比例。在哈国开启能源转型大门的时机，中国作为哈国重要的邻国，可以利用本国在可再生能源和核能领域的技术经验，参与、支持哈国减碳和能源转型，在“一带一路”倡议下深挖合作潜力。

3.1　哈国可再生能源市场前景

2020年哈国发电量1081亿千瓦·时，火力发电（煤电+燃气）量占比89%，水力发电量占比8.8%，风电、光伏分别只占1%和1.2%。2021年5月26日，在哈国电能领域发展问题工作会议上，总统托卡耶夫要求到2030年将可再生能源发电占比提高至15%，2050年前提高到至少50%。

3.1.1　哈国可再生能源基础与有利条件

哈国拥有水能、风能、太阳能、生物能等多种可再生能源。领土面积近半区域的风速达到4～6米/秒，风力年发电潜能可达9200亿千瓦·时。年平均光照2200～3000小时，光伏年发电潜在产能可达25亿千瓦·时，该国还有较高的硅储量。根据哈国能源部消息，2020年哈可再生能源发电量为32亿千瓦·时，比上年增长32.2%。运营中的可再生能源设施共有115座，比2019年增长27.8%。其中，风电站29座，太阳能电站43座，水电站38座，生物质发电站5座，总装机容量为1634.7兆瓦，增长55.6%[13]。2021—2024年，哈国计划大力发展本国燃动综合体行业，确保国家能源安全和日益增长的能源需求。战略规划预计到2024年，哈可再生能源装机发电量将达50亿千瓦·时。

在碳中和愿景下，哈国不得不减少化石燃料生产，碳中和是一个契机，为进入资源共享的合力发展期营造了重要机遇，发展可再生能源和低碳经济将促进中哈两国在资源共享上达成新的共识，实现能源互联互通、互惠互利。

哈国通过制定可再生能源和清洁能源相关的政策法令（表1），来促进可再生能源产业的蓬勃发展[11-13]。

表1　哈国可再生能源政策、规划

颁发年份	可再生能源政策
2009	《支持可再生能源利用法》
2010	《节约能源法》
2013	《发展替代和可再生能源2013—2020年行动计划》
2020	《关于对支持可再生能源和电力的若干法律进行修订补充的法案》
2020	《〈2021—2030年向绿色经济过渡愿景〉实施规划》
2021	《2024年前能源发展战略规划》

2017 年中亚国家与国际可再生能源机构（IRENA）发布联合公报，该会议主题为“应对可持续能源挑战”，会上确定了在六大关键领域促进可再生能源开发。在此原则框架下，哈国制定了相关具体扶持政策，从资源勘察、生产价格、市场秩序和入网等方面给予一定力度的支持，这些政策优势为国际可再生能源合作提供了一个良好的平台，以此鼓励相关产业的发展。

3.1.2 中哈可再生能源领域合作现状

目前中国与哈国在可再生能源领域合作方式单一，以工程承包为主；合作内容狭窄，主要涉及生产领域的建设安装等[11-12]，在技术创新、技术服务领域有待加强。总体上看，双方合作从建设规模和投资规模均处于起步水平。因此，中国与哈国在可再生能源领域开展合作有较大的提升和发展空间。

2021 年，中国在哈国的可再生能源投资项目进展顺利，推动哈国能源结构转型升级。中哈合资建设的中亚最大风电项目——江布尔州 100 兆瓦风电项目于 2021 年 6 月全容量并网发电，投资 150 亿坚戈的克斯塔奈州 50 兆瓦风电站也并网发电，总投资 5000 万美元的东哈国州图尔古松水电站于同年 7 月建成投产[13]。

3.2 中哈核电优势互补潜力

虽然风电和太阳能是重要的可再生能源，但风电和太阳能因受气候影响而不稳定。核能发电则可作为稳定的基荷能源，提供稳定的零碳能源。因此在碳中和愿景下，发展核电十分重要。对核能的和平利用始于发电，这也是现今最主要的核能利用形式。根据国际原子能机构有关报告分析，即使从全寿命周期来看，核能单位发电量的温室气体排放也极具优势[14]。

3.2.1 哈国核电资源基础与现状

哈国铀矿资源丰富，2020 年全球第一大生产国哈萨克斯坦产量为 1.95 万吨铀，约占球总产量的 40.9%。哈国的铀矿勘探始于 1944 年，至今已经发现 60 多个矿藏，分布于南部、中北部和西部地区，位于国家中部的楚萨雷苏坳陷区占有全国 60% 的铀矿储量。根据 IHS Markit 2021 年统计数据，2019 年全球易开采（成本小于 80 美元 / 千克）铀矿储量约 120 万吨，哈国占比 37%。

目前哈国铀矿产量基本全用于出口，而本国仅有用于科研的核反应堆，没有商业运作的核电站。哈政府近年来将核电发展作为实现碳中和目标的途径之一，正在对中国、美国、韩国、法国、俄罗斯等国先进制造商的反应堆技术进行研究。

3.2.2 中国核电发展现状与趋势

2021年3月《“十四五”规划和2035年远景目标纲要》公布，构建现代能源体系作为中国“十四五”阶段重点任务，“稳妥推动沿海核电建设”“非化石能源占能源消费总量比重提高到20%左右”“积极有序推进沿海三代核电建设”。国家能源局关于印发《2022年能源工作指导意见》的通知有序推进水电核电重大工程建设，积极有序推动新的沿海核电项目核准建设。掣肘中国核电事业发展的是铀矿资源，中国铀对外依存度常年保持在70%以上，寻找可靠供应的铀矿成为当前制约中国核电事业，甚至整个碳中和背景下中国能源安全的重要原因，随着中国继续推进碳中和政策，核电所需的铀矿将会变得更加稀缺。

截至2021年年底，中国运行核电机组共53台（不含台湾地区），额度定装机容量为5464.695万千瓦，装机容量仅次于美国和法国，位列全球第三位，约占全国电力总装机容量的2.3%。2021年1月至12月全国累计发电量为81121.8亿千瓦·时，其中运行核电机组累计发电量为4071.41亿千瓦·时，占全国累计发电量的5.02%，比2020年同期上升了11.17%，但是仍远低于世界平均水平10%，而世界核强国法国和美国的核电占比分别为70.6%和19.7%。从核电占比角度看，与世界核强国相比，中国核电还有很大发展空间。而中国铀矿储量为11.59万吨，仅占全球的2.9%，居全球第九位。国内大部分铀资源属于非常规铀，品位低且埋藏深，开采成本高，2020年中国天然铀产量为1855吨，2021年中国核电装机总需求量为1.08万吨，消费量大部分来源于进口，2016—2020年期间来从哈国年进口量都在1.2万吨之间，哈国成为中国铀矿进口的重要来源。

近年中国三代核电机组关键设备制造国产化、自主化水平不断提升，中国自主研发的“华龙一号”和“国和一号”三代核电技术装备国产化率达到85%以上。主辅机械设备，电气设备，仪控设备，关键零部件及原材料等已具备自主设计与制造能力。中国基于第三代核电技术研发设计的装备已经达到了国际一流水平，在国际市场上具备相当的竞争力。随着核能技术的不断发展，特别是第四代先进核能技术的应用，除了发电外，核能还存在区域城市供暖，海水淡化，工业工艺供热，核能制氢等多种综合利用场景[15]。

3.2.3 中哈核能领域合作现状

在核能合作方面，目前中国与哈国已经奠定了一定的基础，主要为资源开发和燃料生产环节。2016年哈萨克斯坦国家原子能工业公司和中国广核集团签署了《燃料原则协议》和《采矿原则协议》。2021年7月中广核矿业有限公司完成对哈萨克斯坦原子能工业公司旗下的奥尔塔雷克有限公司 49% 股权的收购，总对价 4.35 亿美元，至此中广核矿业公司在哈拥有谢米兹拜伊铀矿、伊尔克利铀矿、中门库杜克铀矿及扎尔巴克铀矿 4 座大型铀矿，在产铀矿项目权益储量超过 3 万吨，年度权益产能近 2000 吨。同年 11 月哈国东哈州乌里宾燃料组件有限责任合伙企业投产，中广核铀业发展有限公司持股 49%，该组件厂设计年产 200 吨核燃料组件，可满足八台百万千瓦级核电机组的换料需求。

4 建议

哈国天然气供需状况骤变，政府推进天然气基础设施建设，致力于国家能源结构天然气化，一方面将迅速缩减天然气出口，本产量优先用于本国消费；另一方面将与中国争相从俄罗斯、土库曼斯坦进口天然气，不利于中亚地区天然气对华出口。而中国在能源转型的进程中随着持续推进天然气基础设施建设和市场化改革，未来天然气需求将保持强势增长，对外依存度将进一步增加，稳定和拓展海外气源意义重大。中国作为哈国重要邻国和“一带一路”倡议国，应该抓住哈国能源转型机遇，推动新形势下的中哈能源合作。

一是锚定哈国可再生能源合作。以中国先进的绿色可再生能源产业技术、设施的输出与合作，通过建设光伏发电、水电设施，铺设及升级储能设备，搭建“一带一路”绿色合作示范区域，形成可再生能源产能抢占市场，同时在一定程度上抑制哈国对天然气的需求，支撑中亚地区天然气对华出口。

二是扩大哈国铀矿开采合作与促进核能技术输出。夯实和扩大现有的现货合同和长期合同，整合国内第三代、第四代核能技术推介进入哈国市场，以安全、环保的先进核电技术协助哈国实现核电零突破。

三是加强地缘政治跟踪和风险防范。哈国是中亚地区重要的资源国，美国、俄罗斯都试图扩大在哈国的影响力，影响哈国经济政治局势，跟踪地缘政治动态，加强风险防范，同时研究哈国法律法规和政策，做好多方面的风险评估，维持中哈能源合作的稳定性和长久性。

参考文献

[1] 李山，张荣 . 天然气储备及开采技术投资影响下的进出口策略研究 [J]. 系统工程理论与实践，2021（1）：163–175.

[2] 郑明贵，王萍，曾健林，等 .“十四五”时期中国天然气国家安全预警分析 [J]. 天然气工业，2022，42（3）：129–137.

[3] 林伯强 . 能源革命促进中国清洁低碳发展的“攻关期”和“窗口期”[J]. 中国工业经济，2018（6）：15–23.

[4] 靳光辉，彭祥 . 中国南方区域天然气产供储销系统优化探析——基于中国石油集团南方区域天然气产供储销现状 [J]. 国际石油经济，2022，30（2）：70–75.

[5] 王蓓，高芸，胡迤丹，等 . 2021 年中国天然气发展述评及 2022 年展望 [J]. 天然气技术与经济，2022，16（1）：1–9.

[6] 张鹏程，燕菲，陈建荣，等 . 油气行业支持政策延续 “双碳”政策推动绿色转型——2021 年中国油气行业政策综述 [J]. 国际石油经济，2022，30（2）：19–24.

[7] 周庆凡 . 近期中国天然气发展回顾与未来趋势展望 [J]. 中外能源，2020（11）：1–8.

[8] 刘朝全，姜学峰，吴谋远，等 . 石油市场逐步复苏 能源转型持续推进——全球油气行业 2021 年回顾及 2022 年展望 [J]. 国际石油经济，2022，30（1）：2–13.

[9] 黎江峰，吴巧生，周娜，等 . 中国页岩气资源开发利用的能源安全效益评价与预测 [J]. 中国石油大学学报（社会科学版），2020（4）：1–8.

[10] 崔巍，康立成，魏文治，等 . 基于生态网络分析的中国天然气供应安全评价 [J]. 安徽工业大学学（自然科学版），2022，39（1）：92–99.

[11] 李新亮 .“一带一路”背景下中国与中亚五国新能源贸易合作研究 [J]. 潍坊学院学报，2021，21（3）：26–29.

[12] 孙钰，阿依娜尔 . 中国与中亚五国的新能源合作前景与方向 [J]. 中国石化，2018（8）：67–70.

[13] 庞广廉，汪爽，王瑜 . 中亚能源转型与可再生能源投资合作 [J]. 国际石油经济，2022，30（2）：76–83.

[14] International Atomic Energy Agency. Climate change and nuclear power[R]. Vienna: IAEA, 2018: 34–35.

[15] 李静 . 中国核能发展如何适应“双碳”时代 [J]. 能源，2022（6）：41–46.

天然气在实现“碳中和”中的作用、挑战和建议

李俊杰
（中海石油气电集团有限责任公司）

摘　要：碳中和是一个系统性的社会革命，构建非化石能源为主的清洁高效能源体系是发展的必然。提高零碳的可再生能源以及低碳的天然气等清洁能源的消费比重是我国能源转型的现实选择。通过对国内外形势、天然气资源、用户效用、市场化改革、基础设施等影响因素的研究，总结出我国天然气资源保障有难度、价格机制不完善、上下游改革不到位、基础设施不均衡等几方面的挑战，建议：（1）以国产气为主，建立渠道多元、安全稳定的天然气资源供应体系。资源端：制定具体的措施促进矿权改革落地实施、财政上支持非常规气的勘探开发、加强国际合作争取有保障的国际资源。消费端：降低能耗、提高天然气综合利用效率，提高终端市场化水平、降低用气成本；（2）继续深化改革，建立管理科学、竞争有序的现代市场体系。发挥政府宏观调控作用，在战略层面做好总体平衡，转变政府职能，强化公共服务功能。发挥市场资源配置作用，建立市场形成价格机制；（3）完善基础设施建设，建立运行高效、调度灵活的服务保障体系。扩大天然气管网建设规模和互联互通程度，加快储气库建设，优化 LNG 接收站规划建设，努力实现全国基础设施统一规划、统一建设和统一运营。

关键词：碳中和；天然气；国际资源；终端消费；市场化改革；价格机制；基础设施

引言

我国碳排放约为全球总量的 30.9%[1]，是最大的碳排放国。在全球气候治理的环境下，我国提出碳中和战略目标，在国际上体现了履行责任的大国担当，为遏制气候变暖、实现人与自然的和谐发展、构建人类命运共同体贡献了中国力量。在国内，碳中和是实施“五

位一体”总体布局、推动生态文明建设、全面建成社会主义现代化国家的本质要求。碳中和是一个系统性的社会革命，尤其是对能源的影响，将发生一个颠覆性的变革，以非化石能源取代化石能源、建立清洁高效的能源生产和消费体系是发展的必然[2]。由于能源转型的复杂性，需要在国家战略层面统筹考虑，在保证能源对经济社会发展有效支撑的前提下，做出整体安排，实现碳中和目标。

1 天然气在碳中和过程中的作用

1.1 实现碳中和路径研究简述

目前，全球有 132 个国家和地区提出碳中和时间表，大部分国家在 2050 年实现预定目标。其中，美、日、法、德、英等国已经实现碳达峰，实现碳中和的时间相对充足（表 1）。通过对欧美国家碳达峰过程中能源消费结构的演变分析，认为控制能源消费总量、优化消费结构是实现碳减排的最主要途径。由于每个国家能源禀赋与技术优势的不同，选择了差异化的能源清洁低碳转型路径。美国煤炭、石油和天然气资源丰富，选择了发展天然气和可再生能源的转型路径；欧盟资源匮乏，选择了发展非化石能源的路径[3]。

表1　主要国家碳达峰时的有关数据

国家	碳达峰时间（年）	碳排放量（万吨）	碳达峰时一次能源消费总量（艾焦耳）	碳中和时间（年）
美国	2007	588420	96.97	2050
日本	2008	129710	21.73	2050
德国	1973	111640	14.34	2045
法国	1973	51880	7.8	2050
英国	1973	72870	9.59	2050

我国是在相对较低的发展水平条件下实现碳达峰，碳达峰后仅有 30 年的时间实现碳中和，面临着严峻的挑战，任务更为繁重，时间更加紧迫。在我国提出碳中和目标后，各研究机构和能源企业开展了多角度、多层次的研究。根据这些研究成果，我国实现碳中和目标，需要统筹考虑经济社会发展规律、关键技术发展成熟度等因素，在能源结构、能源消费、人为固碳“三端发力”[4]，分阶段实施减排策略。由于富煤缺油少气的资源禀赋，我国需选取化石能源清洁利用与清洁新能源利用并重的发展路径和发展模式[5]，逐步降低

碳含量高的煤炭、石油等化石能源的消费比重，提高零碳的可再生能源及低碳的天然气等清洁能源的消费比重[6]，加快推进能源生产清洁替代和能源消费电能替代，打造清洁低碳、安全高效的现代能源体系。

1.2 天然气在实现碳中和过程中的作用

1.2.1 减煤增气是目前降低碳排放的现实选择

2020年，我国一次能源消费总量为49.8亿吨（标准煤），煤炭、石油和天然气占比分别为56.8%、18.9%和8.4%[7]。2020年，我国二氧化碳排放量98.9亿吨，其中来自煤炭的排放量占比高达67.4%，天然气的排放量占比仅为5.4%。同等热值下，天然气的排放量为煤炭的0.45、石油的0.67。因此，减煤增气是目前我国降低碳排放的有效手段。

1.2.2 在新型能源体系中，天然气将作为重要的调峰能源继续占有重要位置

截至2020年年底，我国非化石能源消费比重15.9%，可再生能源发电装机总规模达到9.3亿千瓦，其中风电装机2.8亿千瓦、光伏发电装机2.5亿千瓦[8]（图1）。到2030年碳达峰时，非化石能源消费比重达到25%，风电和太阳能发电总装机容量达到12亿千瓦以上[9]；到2050年，可再生能源在一次能源中的占比达到40%[10]。由于风能和太阳能发电具有随机性、波动性、间歇性的特点，大规模接入电网后，极大地增加了电网平衡的困难。构建清洁低碳、安全高效的现代能源体系，必须提升电源系统的稳定性、可靠性、安全性，关键是提高储能和调峰能力[11]。由于我国储能技术限制，大规模商业化应用还需要时间。因此，在新型能源体系中需要设置一定比例的调峰电源。

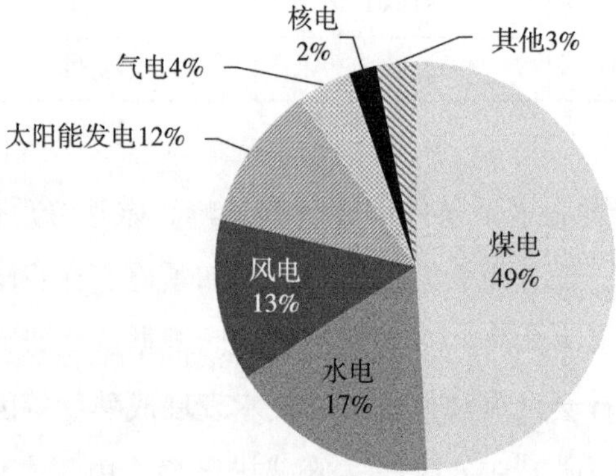

图1　2020年中国发电装机容量结构

截至2020年年底，我国发电装机总容量为22亿千瓦，其中煤电装机10.8亿千瓦，占比49.07%，煤电是CO_2的主要排放源，属于被逐步替代的能源，同时煤电如果作为调峰电源，灵活性改造和频繁启停成本高，经济上也不具备竞争性，煤电不宜在新能源系统中作为大规模调峰电源。核电存在核燃料资源限制和核安全问题，出于安全性和经济性考虑，在运行时以基荷运行为主，也不适合作为调峰电源。目前我国水电已经建成3149万千瓦的抽水蓄能电站，但是受限于水资源分布区域限制，难以全面推广，且增幅较慢，也不能满足新的调峰需求[12]。天然气发电具有负荷调节范围宽、响应快速、变负荷能力强的特点，是电网调峰的最佳选择[13]。燃气发电规模会随着新能源发电规模的扩大而不断增加。

2 我国天然气发展面临的挑战

2.1 资源

2.1.1 国产天然气

我国天然气产业在2001年后进入快速发展阶段。2004年西气东输一线投产，天然气进入大规模商业化应用阶段。2012年，我国将生态文明建设纳入“五位一体”中国特色社会主义总体布局，天然气以其清洁低碳的特性进一步受到重视，2017年明确逐步将天然气培育成为现代清洁能源体系的主体能源之一[14]。2020年，我国天然气消费量3280亿立方米，在一次能源中的比例8.4%。预计到2025年，天然气消费规模达到4300亿~4500亿立方米，2030年达到5500亿~6000亿立方米，其后天然气消费稳步增长，2040年前后进入发展平台期[15]。

我国天然气资源丰富，探明地质储量在全球排名第六。“十三五”期间，我国在常规油气田和非常规油气田都取得重大进展，常规油气勘探主要在塔里木、准噶尔、四川、珠江口、松辽等大型含油气盆地的新区、新层系获得多项重大突破；页岩气勘查在松辽盆地陆相、四川盆地常压和复杂构造区取得突破性进展。截至2020年年底，全国已探明天然气田289个、页岩气田7个、煤层气田28个、二氧化碳气田3个；累计探明天然气、页岩气和煤层气地质储量分别为16.9万亿立方米、2.0万亿立方米和7259.1亿立方米[16]。2020年底，我国天然气剩余探明技术可采储量超过7万亿立方米[17]。我国已经建成以鄂尔多斯盆地、四川盆地、塔里木盆地、柴达木盆地和南海为代表的主要天然气产区。但是，由于常规大气田进入勘探中期、提高复杂气田采收率技术储备不足、非常规气田勘探开发技术还不具备大规模生产条件，新增产量主要弥补老气田的减产[18]。近几年，随着油气企业不断增加勘探开发力度，尤其是在 2019 年国家能源局推出油气增储上产“七年行动计划”后，国内油气企业勘探开发不断取得新成绩，2017—2020 年，天然气新增产量连续 4 年超过 100 亿立方米[19]。2020 年全国天然气产量 1925 亿立方米，预计 2025 年天然气产量将达到 2400 亿立方米。

从天然气产供情况来看，国产气明显不能满足需求，从 2018 年开始，我国天然气对外依存度已经连续 3 年超过 40%，2020 年为 43.3%，预计 2025 年对外依存度为 44% ~ 47%，较高的对外依存度为天然气的稳定供应带来较高的风险。

2.1.2 进口天然气

我国从 2006 年开始进口液化天然气（LNG），2009 年开始进口陆上管道气。目前已经建成中亚、中缅、中俄东线和海上 LNG 四大进口通道。2020 年进口天然气 1404 亿立方米，同比增加 3.6%。其中，进口 LNG 6713 万吨，同比增长 11.5%；进口管道气 477 亿立方米，同比下降 8.9%。

陆上管道气：中亚 A、B 和 C 三条天然气输气管线总设计输气能力为 550 亿米^3/ 年，气源主要来自土库曼斯坦、哈萨克斯坦和乌兹比克斯坦，2020 年进口量分别为 272 亿立方米、68 亿立方米和 33 亿立方米。中缅天然气管线设计输气能力为 120 亿米^3/ 年，2020 年输气量约 40 亿立方米。中俄东线进口天然气合同量为 380 亿米^3/ 年，2020 年进口量约为 39 亿立方米。由于哈萨克斯坦、乌兹别克斯坦和缅甸三国资源潜力受限及本国对清洁能源需求增加，未来对我国的天然气出口有可能出现下降趋势，缅甸已经从 2020 年开始进口 LNG。此外，目前我国进口管道气中有 83% 来自中亚，进口地高度集中，将来进口管道气主要来自俄罗斯和土库曼斯坦，集中程度会进一步增加。而且中亚国家与我国在天然气用气高峰上有一定的时间重叠，我国在冬季天然气需求量大的时候，中亚国家也进入取暖季，国内消费增加，导致对我国的供应紧张，比如在 2018 年和 2019 年初，土库曼斯坦连续两年冬季减供，严重影响了我国天然气稳定供应。另外，中亚地区地理位置特殊，国际政治势力多有涉足，地区政治形势对能源格局会有影响。比如由日本参与建设的土库曼斯坦—阿富汗—巴基斯坦—印度（TAPI）天然气管道对中亚天然气供需形势会带来风险，中国与中亚国家的能源合作面临的竞争压力加大[20]。

进口 LNG：2020 年，全球 LNG 贸易量 3.56 亿吨，同比增长 0.8%，占全球天然气贸易量的 51.9%，首次超过地区间管道气贸易量。日本、中国和韩国是全球排名前三的进口国，在全球贸易量中的比例分别为 20.9%、19.3% 和 11.5%[21]。我国进口 LNG 来自全球 20 多个国家和地区。但是进口量集中在澳大利亚、卡塔尔和马来西亚等国家，其中来自澳大利亚的比例高达 43%。由于美国页岩气保障了天然气产量持续增长，未来北美是 LNG 出口增长最快的地区[22]。预计“十四五”期间，我国将成为全球最大的 LNG 进口国，LNG 主要来自美国、卡塔尔和澳大利亚，LNG 进口地相对集中的状况难以改变。

此外，我国有超过 50% 的进口 LNG 是通过马六甲海峡进入国内，该地区的安全稳定对保证 LNG 运输安全至关重要[23]。另外新冠疫情前，全球做出最终投资决策的 LNG 项目多有延后，现有和正在开发的项目可以满足 2024 年前的大部分需求[24]。但是由于 LNG 项目投资的周期性，投资延后有可能在 2025 年之后影响供应[25]。2022 年 2 月 24 日乌克兰危机爆发，进一步加剧了 LNG 供应紧张局势。由于乌克兰危机对全球能源格局的影响还有待进一步观察，全球天然气供需形势还需要做深入的跟踪研究，天然气价格或将持续高位震荡。目前，全球政治经济格局正处于百年未有之大变局中，乌克兰危机、中美贸易摩擦、地缘政治冲突等各种因素相互作用，给全球政治经济形势带来更大的不确定性，也为中国获取海外天然气资源带来更大的风险。

另外，我国进口天然气主要是通过贸易方式，对上游的勘探开发参与程度较低，境外权益天然气资源规模较小，对资源配置能力较弱，应对国际风险能力较低[26]。同时，我国没有自己的有国际影响力的天然气价格指数，在国际天然气市场定价话语权较低，对价格影响力较弱，进口天然气价格相对较高，增加了国内用气成本[27]。

2.2 体制机制

随着我国天然气产业的快速发展，天然气产业链上中下游逐渐暴露出一些深层次的问题。我国坚持社会主义市场经济改革方向，推出了一系列的改革措施，发挥市场在资源配置中的决定性作用和更好地发挥政府作用，建立健全竞争有序、有法可依、监管有效的石油天然气体制。总结起来，就是建立“X+1+X”油气市场体系，管住中间输配环节，放开资源端和市场端。2019 年，国家管网集团正式成立，标志着中间“1”的环节基本完成改革，但两个“X”的改革还有待继续深化。

2.2.1 勘探开发

油气勘探开发领域涉及国家油气资源和矿业权，与能源安全密切相关，我国一直实施较严格的管理机制，对合理开发国土资源起到了保护作用，但也导致油气资产开发效率不高。为提高上游开发力度，我国在 2011 年和 2012 年两次公开页岩气探矿权出让招标，2015 年在新疆开始试点常规油气勘探权开放，但都没有民营企业中标，直到 2018 年才有民营企业获得常规石油天然气区块探矿权。2019 年 12 月 31 日，自然资源部印发文件明确油气资源勘查开发主要是通过市场竞争来获取矿业权，上游市场在政策上基本放开。但是通过前几次的试点工作看，改革落地还需要出台完善的配套政策。我国上游资源开放较慢的主要原因包括：一是油气勘探是资本和技术密集型行业，具有典型的技术含量高、风险高、投入高的特点，民营企业是否具备资金技术实力以及承担风险意愿成为进入上游的主要影响因素。二是国内质量较好的油气资源已经被开发，非常规油气田的勘探开发要求更大的资金投入、更高的技术，回报周期更长且具有更高风险，民企资本面临的难度更大。

2.2.2 下游市场

天然气下游市场主要由城市燃气企业负责，我国有3000多家城市燃气企业，其中5家企业占有国内超过70%的市场份额，随着城市燃气企业间的竞争与合并，行业集中度将进一步提高[28]。城市燃气企业同时开展市政输配和终端销售两项业务，普遍采取特许经营模式，有明确的经营区域，城市燃气输配管网并不对外开放，用户也没有选择余地[29]。城市燃气企业在获得经营权时竞争较为激烈；获得专营权后，基本上就垄断了一定区域内的燃气供应，容易滥用市场支配地位，实施垄断协议，破坏市场竞争秩序，最终损害消费者权益。2020年市场监管部门对6件公用事业垄断案件做出行政处罚，其中有4件来自燃气行业，占比高达67%[30]。

2.2.3 价格改革

天然气市场化改革最难的是价格改革。我国天然气价格改革主要经历了政府定价、双轨制和指导价格3个阶段，目前执行的是指导价格机制，还没有全面建立起市场形成价格的机制，用气价格尚没有真正反映市场供需关系。一是市场化定价的非常规气及进口气受门站价约束，资源价格无法传导到终端市场。例如进口LNG价格在2021年1—10月比上年同期平均增长了30%，但是国内销售价格没有如实地反映国际资源价格，较低的销售价格不仅没有促使用户调减用气量反而增加了需求，而能够获取的国际资源又不能满足国内需求，加重了供需的紧张状态。二是终端销售存在的“交叉补贴”减少了社会总福利。我国居民用气和非居民用气的基准价格已经并轨，但是允许浮动幅度不同，两者价格依然存在差异。交叉补贴对非居民的负效用超过了对居民的正效用，降低了整个社会的效用[31]。三是对居民用户和非居民用户的分类管理不完善，资源供应商存在为了获取高额利润而提高非居民用气比例的情况。

2.3 基础设施

国家管网集团的成立为全国天然气管网统一规划建设、实现互联互通、形成“全国一张网”打下了坚实的基础，但在实际生产建设中还需要不断发现问题、解决问题。

2.3.1 天然气管网

截至2020年年底，我国天然气主干管网约为11万千米。我国与欧洲相比，土地面积、经济规模相近，2020年欧洲天然气消费量为5411亿立方米，为我国的1.6倍；欧洲的天然气干线覆盖范围更广、分布更平均，总里程超过23万千米，约为我国的3倍。完善的基础设施是扩大天然气消费规模的有力支撑，我国目前的管网建设主要集中在经济发达地区，覆盖范围不广，还有很多地区没有完善的天然气管网，影响了当地的天然气利用规模，也不利于碳中和目标的实现。

2.3.2 LNG接收站

我国已建成22座LNG接收站（含LNG中转储备站），接收能力超过9000万吨/年，2020年平均利用效率为74%，高于欧洲LNG接收站的利用率。欧洲地区建成投产接收站22座，总接收能力达1.58亿吨/年，2020年平均利用率为52%。2020年底，全国已核准和开工项目12个，接收能力4480万吨/年，规划和前期项目14个，接收能力4800万吨/年，如果全部建成投产，国内LNG接收能力将超过1.8亿吨/年，预计2025年利用率仅为40%左右。我国LNG接收站将来面临产能过剩的风险。

2.3.3 储气库

截至2020年，我国储气能力234亿立方米，占天然气消费量的7.2%。欧洲储气库工作气量为1427亿立方米，储气能力为26%。2020年，欧洲天然气对外依存度为40%，我国天然气对外依存度为43%，与欧洲相似，但是储气能力仅为欧洲的27.7%，也远低于11%的全球平均水平。我国天然气战略储备和应急储备体系薄弱，调节能力不强，对安全稳定供应带来隐患[32]。目前，我国按照资源供应商5%、国家管网5%、地方政府3天和城燃企业5%的原则推动全国储气能力建设。但是我国储气库建设起步较晚，基础研究对工作的支持还需要创新和完善；优质库址资源缺乏和成本疏导机制不完善等原因也制约了储气库的建设，储气库建设相对滞后，尚不能满足调峰需求[33]。

2.3.4 基础设施间的协调

一是天然气管网和LNG接收站公平公正开放配套政策有待进一步完善。在天然气管网及LNG接收站对外公平公正开放过程中，由于资源采购、客户落实等原因，出现了用户竞标得到管网使用权和LNG接收站窗口期却又放弃的情况，导致基础设施没有充分发挥作用，影响市场供给，有悖改革初衷。

二是由于基础设施的互联联通以及LNG接收站市场覆盖范围的局限性，造成资源和基础设施局部不平衡，影响基础设施对供应的保障作用。由于我国天然气管网的主干管线原来由不同的主体建设运营，虽然现在已经纳入国家管网集团，但由于原先的输配能力及资源市场目标区域等差异，互联互通尚不完备。另外，LNG接收站在建设时也是仅仅考虑一定范围内的目标市场，具有较强的区域特性。因此，目前我国天然气资源还没有实现在全部基础设施内的自由流动，造成资源和基础设施的局部不平衡和不协调。

3 发展建议

3.1 以国产气为主，建立渠道多元、安全稳定的天然气资源供应体系

3.1.1 加大国内天然气勘探开发力度，积极推进增储上产

一是继续加大投入，提高科研技术水平，突破关键技术、重大设备等瓶颈问题，推动在新区新领域不断有新发现。国家加强政策引导，在财政上给予支持，鼓励企业在页岩气、煤层气、深水油气田领域加大投资。优化开发模式，推动天然气资源有效开发，提高产率，降低成本。二是进一步优化矿权制度改革，引入更多的投资主体，逐步培育起公平竞争的勘探开发环境。一方面，相关政府部门做好协调支持工作，从政策层面给予指导，鼓励更多的市场主体参与到上游的勘探开发中来。另一方面，也要拿出有价值的资源区块对社会资本招标，让企业在承担高风险的同时能够看到希望，从而激发参与的积极性。同时，努力营造良好的市场环境，在油气资源监管评估、技术服务、信息共享等方面做好基础服务，让参与企业能够平等地获得相关支持。

3.1.2 积极创造有利的外部环境，构建多元多点多渠道的国际资源供应安全体系

一是加强与重点资源国的多边合作，扩大资源获取渠道。我国具有较强的天然气勘探开发、天然气液化、LNG储运技术及设计施工能力，具备一定的资金实力。我国提倡的“一带一路”覆盖了中东、中亚和俄罗斯三个重要的天然气产区，这些国家在资金和技术上有一定的对外需求，双方优势互补，合作空间广阔[34]，我国输出资金技术，更多地参与上游投资，获取权益天然气，从源头上增加资源获取力度，提高抗风险能力。二是利用我国在全球天然气贸易中交易量较大的优势，扩大国际影响，打造中国天然气价格指数，分

阶段建立东亚、亚洲乃至全球天然气交易中心，逐步提高定价话语权，最大限度降低国际价格波动对国内用气成本的影响。

3.1.3 降低能耗强度，提高天然气综合利用效率，从消费端促进用气安全

综合世界银行 GDP 统计数据和 bp 公司《世界能源统计数据》，2020 年，我国一次能源消费总量占全球的 26.1%，单位 GDP 能耗为 9.88 吉焦 / 千美元（现价），是世界平均水平的 1.5 倍。降低能耗可以提高能源效率，也是控制天然气消费总量的有效途径之一。单位 GDP 能耗每降低 10%，如果天然气需求同比例下降，对外依存度可以降低 6 ~ 8 个百分点[35]。

3.2 继续深化改革，建立管理科学、竞争有序的现代市场体系

我国油气体制改革明确要求：发挥市场在资源配置中的决定性作用和更好地发挥政府作用，实现国家利益、企业利益、社会利益有机统一。

3.2.1 优化政府职能，强化宏观调控和市场监管功能

一是要站在国家角度对天然气供需做出合理预判，并从战略层面制定应对方案，增强宏观调控的前瞻性、针对性和协同性，保障总供给和总需求的总体平衡。二是建立公平公正的天然气市场环境，加强宏观管理和控制，综合运用法律、财政等手段，制定市场标准，规范市场秩序，保障公平竞争。三是政府本身也需要优化管理职能，理顺职责关系，加强协调，以实事求是和更有效率为原则强化政府的公共服务功能。

3.2.2 发挥市场主体作用，强化资源配置功能

抓住“市场决定资源配置”的本质，通过天然气供需关系形成价格，利用价格手段调节天然气资源配置，形成动态的量价平衡。一是提高终端消费的市场化程度，解决好城市燃气“最后一公里”的问题，让用户有更多的选择权。二是给予市场主体更多的自主决策权，能够让企业本身从市场规律的角度出发来决定企业行为，承担起市场主体的责任。三是尽快建立起市场形成价格机制，这是市场化改革的关键。

3.3 推进基础设施建设，建立运行高效、调度灵活的服务保障体系

3.3.1 统筹规划建设，有效提升基础设施储运能力

一是坚持“全国一张网”的原则，扩大天然气管网覆盖范围及互联互通程度。现有的

管网要尽快完善互联互通工程，快速改变原有的分割状态；新建管网要有一定的前瞻性，在充分考虑“双碳”目标提出后各地对天然气需求的基础上，统筹全国管网规划建设，特别是目前天然气管网不发达、但经济增速比较快的地区，应尽快扩大管网的建设规模和覆盖范围。二是统筹规划 LNG 接收站建设。在靠近天然气负荷中心、具备建站条件的沿海地区，集约化、规模化建设大型 LNG 储运基地，降低运营成本，提高利用率。三是加快储气能力建设。强化储气库地质理论体系及技术方法在实践中对储气库选址的指导作用，扩大建库规模。国家在政策制度上规范储气库的经营建设模式，完善终端销售价格疏导渠道，理顺投资回报方式，调动储气建设的积极性。

3.3.2 规范运营管理，充分发挥基础设施的保障作用

一是协调全国天然气管网和 LNG 接收站的经营建设，努力实现统一规划建设、统一调配资源、统一运营管理，弥补现阶段基础设施与资源局部不均衡的短板。一方面，尽快将没有固定资源市场的 LNG 接收站纳入全国天然气管网输配系统。在新建 LNG 接收站和管网时，统筹考虑 LNG 汽化外输能力和管道输配能力相匹配。在生产运营时，统一运营基础设施、统一调配气源，增强资源和设施间的协调，提高应急调峰能力。二是完善相关制度，坚持基础设施社会服务性质，加强经济性和安全性监管，基础设施拥有者公开能力、成本、价格等信息，使用者平等竞争，认真履约，对违反规则的惩罚有据，对促进供应安全的加以奖励，创建良好的生产运营系统，保障天然气供应安全。

4 小结

在实现碳中和过程中，天然气将起到重要的作用，尤其是在新型能源体系建立前，将作为煤炭的主要替代能源成为碳减排的主力军。由于我国资源禀赋原因，国产天然气增量缓慢，不能满足需求的增长；国际资源面临着日趋严峻的国际政治经济形势，获取难度风险加大。国内天然气市场化改革还有待进一步深化，基础设施也需要进一步优化。在新的发展阶段，天然气产业面临着新的挑战，必须利用新的发展理念，构建天然气产业发展的新格局，统筹考虑天然气全产业链协调发展，加快上游的勘探开发筑牢安全供应根本，统筹基础设施的经营建设提高供应保障能力，增加终端用户的市场化程度，实现社会效益和经济效益双丰收，为实现碳中和目标打下坚实基础。

参考文献

[1] BP .bp-stats-review-2021-full-report[R]. 2021.

[2] 杜祥琬 . 试论碳达峰与碳中和 [J]. 人民论坛 · 学术前沿，2021（14）：20-27，143.

[3] 苏健，梁英波，丁麟，等 . 碳中和目标下我国能源发展战略探讨 [J]. 中国科学院院刊，2021，36（9）：1001-1009.

[4] 丁仲礼 . 中国碳中和框架路线图研究 [J]. 中国工业和信息化，2021（8）：54-61.

[5] 邹才能，何东博，贾成业，等 . 世界能源转型内涵、路径及其对碳中和的意义 [J]. 石油学报，2021，42（2）：233-247.

[6] 王永中 . 碳达峰、碳中和目标与中国的新能源革命 [J]. 人民论坛 · 学术前沿，2021（14）：88-96.

[7] 国 家 统 计 局 . 国 家 数 据 [EB/OL]. [2021-06-16]. https://data.stats.gov.cn/easyquery.htm?cn=C01.

[8] 国家能源局 . 国新办举行中国可再生能源发展有关情况发布会 [EB/OL].（2021-03-30）. http://www.nea.gov.cn/2021-03/30/c_139846095.htm.

[9] 中华人民共和国中央人民政府 . 国务院关于印发 2030 年前碳达峰行动方案的通知 [EB/OL].（2021-10-24）. http://www.gov.cn/zhengce/content/2021-10/26/content_5644984.htm.

[10] 王利宁，彭天铎，向征艰 . 碳中和目标下中国能源转型路径分析 [J]. 国际石油经济，2021，29（1）：2-8.

[11] 赵剑波，王蕾 .“十四五”构建以新能源为主体的新型电力系统 [J]. 中国能源，2021，43（5）：17-21.

[12] 刘强，王恰，洪倩倩 .“碳中和”情景下 能源转型的选择与路径 [J]. Energy of China，2021，43（4）：19-26.

[13] 单彤文 . 天然气发电在中国能源转型期的定位与发展路径建议 [J]. 中国海上油气，2021，33（2）：205-214.

[14] 中华人民共和国国家发展和改革委员会 . 加快推进天然气利用的意见 [EB/OL].（2017-07-04）. https://www.ndrc.gov.cn/xxgk/zcfb/tz/201707/W020190905516504155901.pdf.

[15] 国家能源局石油天然气司，国务院发展研究中心资源与环境政策研究所，自然资源部油气资源战略研究中心 . 中国天然气发展报告（2021）[M]. 北京：石油工业出版社，2021.

[16] 中华人民共和国自然资源部 . 全国石油天然气资源勘查开采通报（2020 年度）[EB/OL].（2021-09-17）. http://gi.mnr.gov.cn/202109/t20210918_2681270.html.

[17] 中华人民共和国自然资源部 . 中国矿产资源报告 [R]. 2021.

[18] 潘继平．中国非常规天然气开发现状与前景及政策建议 [J]. 国际石油经济，2019，27（2）：51–59.

[19] 国家统计局．2020 年 12 月份能源生产情况 [EB/OL].（2021–01–18）. http://www.stats.gov.cn/tjsj/zxfb/202101/t20210118_1812426.html.

[20] 冯玉军，庞昌伟，许勤华，等．俄罗斯在国际能源战略格局变化中的地位及中俄能源合作 [J]. 欧亚经济，2018（3）：1–69.

[21] International Gas Union. World LNG Report 2021[R]. 2021.

[22] BP. energy outlook 2019[R]. 2021.

[23] 杨宇，何则．中国海外油气依存的现状、地缘风险与应对策略 [J]. 资源科学，2020，42（8）：1614–1629.

[24] International Energy Agency. Gas Market Report Q3–2021[R]. 2021.

[25] Shell. Shell LNG Outlook 2021[R]. 2021.

[26] 王陆新，王越，娄钰．我国能源资源供应安全风险研究 [J]. 中国能源，2021，43（3）：59–63，82.

[27] 殷建平，陈丁薇．我国天然气进口价格差异性与降低成本对策研究 [J]. 价格理论与实践，2020（6）：47–51.

[28] 中国能源网．城燃行业迈入规模化发展阶段 [EB/OL].（2020–09–16）. http://www.cnenergynews.cn/youqi/2020/09/16/detail_2020091677032.html.

[29] 李俊杰．天然气产业改革综述及国家油气管网公司成立后的影响 [J]. 天然气技术与经济，2020，14（3）：1–6.

[30] 国家市场监督管理总局．中国反垄断年度执法报告（2020）[EB/OL].（2021–09–03）. http://www.samr.gov.cn/xw/zj/202109/P020210903516952588333.pdf.

[31] 王俊豪，孙元昊，曹学泸．中国天然气消费市场的交叉补贴效应分析 [J]. 经济与管理研究，2021，42（4）：46–57.

[32] 黄维和，韩景宽，王玉生，等．我国能源安全战略与对策探讨 [J]. 中国工程科学，2021，23（1）：112–117.

[33] 雷鸿．中国地下储气库建设的机遇与挑战 [J]. 油气储运，2018，37（7）：728–733.

[34] 徐建山，吴谋远，等．“一带一路”油气合作国别报告（中亚、俄罗斯和中东地区）[M]. 北京：石油工业出版社，2021.

[35] 李俊杰．对“十四五”中国天然气产业发展的思考 [J]. 国际石油经济，2020，28（12）：11–20.

碳市场对成品油业务发展的影响及对策研究

谢建荣　韩玉琴　王义波
（中国石油西北销售分公司）

摘　要：在“碳达峰、碳中和”目标下，国内统一碳排放权交易市场于2021年7月正式启动，成为支撑世界碳市场发展的主要力量。油气作为能源领域重要的碳排放源，成品油作为油气产业链最大规模产品，随时面临碳市场监管，届时成品油供应链产、运、销、储、贸等各环节都将受到深度影响，需加快推进成品油业务绿色低碳转型和营销模式重构。本文就我国碳市场建设进展和成品油业务发展现状及趋势进行了深入分析，从供应链视角研究成品油业务碳排放，分析碳市场对其发展影响，并提出对策，可为后期碳市场在油气行业全面实施提供参考。

关键词：碳市场；碳排放；成品油；供应链；绿色低碳

引言

党的十八大以来，以习近平同志为核心的党中央贯彻新发展理念，坚定不移走生态优先、绿色低碳发展道路，加快构建以实现“碳达峰、碳中和”目标的“1+N”政策体系，积极推进碳排放权交易市场（简称碳市场）建设，首选电力行业破题试点，取得了较好成效。按照国际碳市场建设规律和国内碳市场框架体系设计及实施路径，“十四五”期间，成品油作为油气产业链最大规模产品不可能置身事外，必将对其产、运、销、储、贸等各业务环节甚至供应链安全带来重大深远影响，需提前谋划研究对策，为全面纳入碳市场做好充足准备。

1 国内碳市场建设进展

我国自 2013 年开展碳市场试点工作以来，先后在深圳等省市建立了 8 个各具特色的区域碳市场。2017 年又出台了《全国碳排放交易市场建设方案（发电行业）》，标志着全国统一碳市场建设正式启动。2021 年生态环境部就《碳排放权交易管理暂行条例（草案修改稿）》公开征求意见，并发布《碳排放权交易管理办法（试行）》，说明我国碳交易立法迈出重要一步。2021 年 7 月，全国统一碳市场正式交易，首批纳入的 2162 家发电企业先行入市，涉及碳排放量超过 45 亿吨，当年碳排放配额（CEA）累计成交 1.8 亿吨，成交额 76.6 亿元，收盘价 54.2 元 / 吨，较首日开盘价上涨 13%，超过半数重点排放单位参与了市场交易。

下一步，国家将正式出台《碳排放权交易管理暂行条例》以及配套管理办法，加快完善相关技术法规、标准及管理体系。在发电行业试点成功的基础上，碳市场将逐步扩大到石化、钢铁、水泥等更多高排放行业，不断丰富交易品种和方式，实现全国碳市场的平稳有效运行和健康持续发展。预计“十四五”时期，将形成“国家管排”与“地方控排”“行政分配”与“市场选择”并存的多维度立体管理格局，到“十四五”末有望建成交易额超千亿的全球最大碳市场。

碳排放权因其稀缺性而形成一定的市场价格，具有较强的财产属性。在碳约束时代，将成为企业继现金资产、实物资产和无形资产后又一新型资产类型——碳资产，管理得当可减少企业运营成本、提高市场竞争力并增强盈利能力或渠道，否则将难以适应未来发展。所以，碳排放企业尤其能源类企业都在积极谋划布局，努力争取碳排放权和竞争优势，已处存量竞争的成品油市场，特别是碳成本的引入使其发展愈加艰难。

2 国内成品油供应链发展现状及趋势

当前，国内成品油供应链整体呈现产能整体过剩、需求增长放缓、供需结构不均、出口贸易萎缩、物流格局变化等特点，后期随着“双碳”目标深入推进和能源结构深度调整，成品油需求将在“十四五”触顶达峰。但由于本身的高基数、高占比和新能源替代的逐步过渡，成品油作为保供能源安全的重要地位短期内难以改变，预计在 2025 年之后逐步进入下行通道。

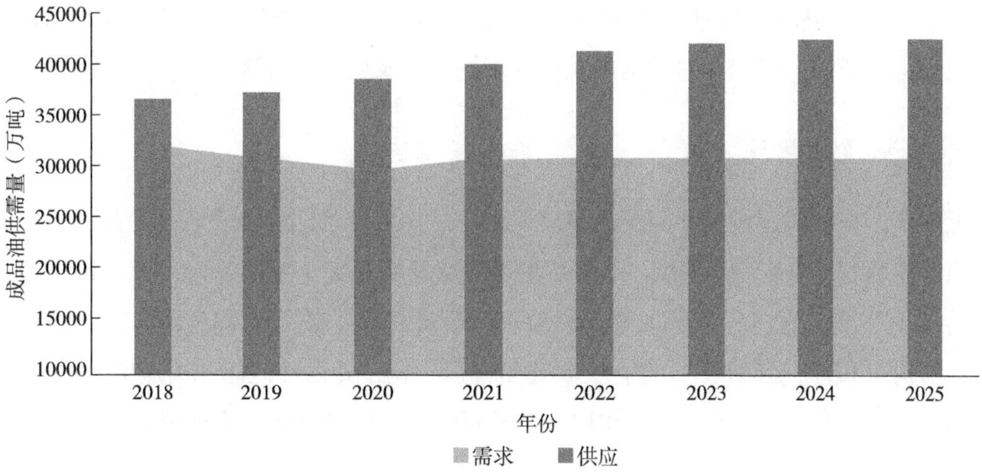

图1 国内成品油供需差预测

2.1 能源结构清洁化进程加快，石油需求规模接近触顶

2021年，全国能源消费总量52.4亿吨（标准煤），同比增长5.2%。其中石油占比18.8%，同比持平；但非化石能源占比达15.9%，同比增长3.9%。能源消费加快向绿色低碳转型，尤其在“双碳”背景下，风、光、氢等新能源正迎来快速发展“风口”。随着可再生能源的发展，绿色生产和消费习惯的形成，非化石能源消费比重预计到2030年达到25%。当前成品油需求已呈现“汽（油）缓、煤（油）增、柴（油）降”格局，预计“十四五”期间触顶达峰。

2.2 炼油能力持续较快增长，已赶超美国居世界首位

截至2021年年底，国内炼油能力达9.1万吨，全年加工原油7亿吨，生产成品油4.2亿吨，产能过剩近2亿吨。国内炼化企业年能耗近3亿吨（标准煤），约占全国能源消费总量6%，对应二氧化碳排放量4.7亿吨，占全国碳排放总量5%。随着“双碳”目标的提出，在炼油能力持续增长的同时，装置结构加速优化，“减油增化”“减油增特”取得实效，绿色低碳全面启动，落后产能淘汰进程加快，整体沿着绿色低碳方向发展。

2.3 市场需求稳定复苏，长期增长动力不足

随着新冠疫情防控进入常态化，国民经济有序复苏，成品油需求已恢复至新冠疫情前水平。2021年成品油消费3.85亿吨，两年年均增长0.4%。在“双碳”目标下，2021年国家首次收缩成品油出口配额，成品油出口近10年首次回落，净出口降至3770万吨，同比

降 11.5%，出口继续收窄将是必然趋势。后期产能过剩、出口缩减等因素带来的供应过剩问题及结构性矛盾，将严重困扰国内成品油市场发展及供应链管理。

2.4 物流优化深入开展，节能降碳任重道远

近年来，在加快建设交通强国的战略引领下，国内交通运输业实现了跨越式发展，油气管道总里程已达 16.5 万千米，为物流业高质量发展奠定了坚实基础。成品油供应链物流坚持“少环节、短流程、低成本、高效率”管理思路，统筹全部运输方式，匹配供需规模、结构、布局，借助 DPO 优化工具连年开展优化，如西部地区吨油运费较“十二五”末下降 16.1%，为产业链提质增效作出了重要贡献，但碳排放优化才刚刚起步。

3 成品油供应链碳排放分析

3.1 供应链碳排放分析

3.1.1 炼化生产碳排放

在炼油过程中，碳排放涉及很多高温、高压反应，包括分离、蒸馏、蒸发等过程，以及利用电能的各种工艺设备等，所需热能、动能是由电、蒸汽、燃料气、燃料油、煤炭、石油焦等公用工程提供。相关研究数据显示，当前我国炼化企业每加工 1 吨原油综合碳排放量约为 0.25 吨，2021 年全国炼厂碳排放 1.75 亿吨，是成品油供应链中最主要的碳排放源。

3.1.2 物流环节碳排放

在成品油运输过程中，碳排放包括直接碳排放、间接碳排放和其他碳排放。直接碳排放主要包括车辆等移动源燃烧、锅炉等固定源燃烧碳排放和损耗等逸散碳排放；间接碳排放主要指采购用于照明、制冷、供热设备的电力、热力等；其他碳排放主要指办公、生活等活动产生的碳排放。2021 年全国成品油物流碳排放近 0.3 亿吨，其中运输、仓储环节占比 90% 以上。分运输方式看，公路、水运、铁路、管道吨公里碳排放量比例约为 20∶10∶2∶1。

3.1.3 损耗中的碳排放

易挥发是成品油重要特性之一，损耗伴随着成品油供应链管理全过程、全周期（图 2），是节能降耗的重要内容之一。在装卸、存储、中转、运输等物流各环节，公路、管

输、铁路、水运等不同运输方式，以及地区、季节、品种等不同环境下，损耗率都各不相同。在不考虑日常运行跑冒滴漏的情况下，全国成品油年均损耗近 80 万吨，折合排放 240 万吨二氧化碳。

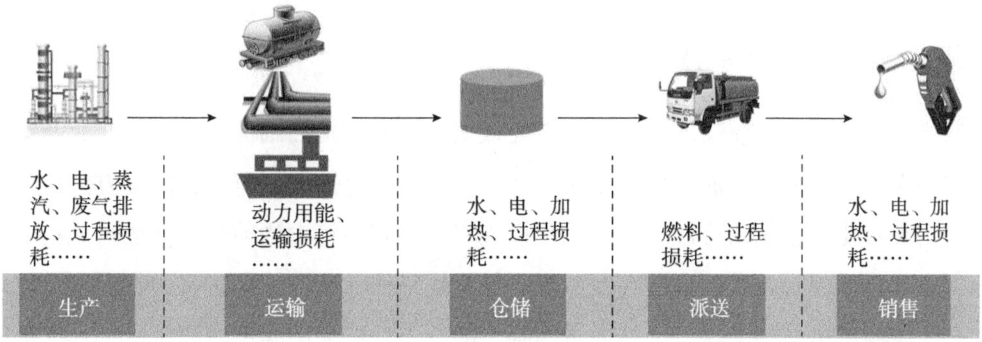

图 2　成品油供应链碳排放示意图

3.2　供应链节能降碳面临的压力

一是成品油消费在“十四五”期间还存在增长空间，按目前排放强度并结合必要的节能技术应用，在不采取革命性减碳措施的情况下，成品油碳排放量仍将上升，区域性差异特征突显。

二是从业人员对于碳中和、碳管理的认知还需增强，在碳交易、碳资产管理、减污降碳技术及数据监测、核算、评价等方面还未建立体系标准。

三是油气行业碳中和技术能力储备还需加强，如数智化转型发展、人才队伍建设应加快推进。

四是在保障能源安全、供应链稳定的前提下，把握好清洁替代的“时、度、效”尤为关键，目前缺少明确的目标、范围、计划、措施。

五是物流作为供应链降碳的重要环节之一，对其重视程度还不够，当前的物流优化仅考虑经济效益，未将碳排放成本纳入其中进行综合优化。

4　碳市场对成品油业务发展影响

4.1　对炼油化工领域的影响

随着碳市场的推进落实，炼油化工全域节能降碳势在必行。“散、弱、小”的高能耗炼厂将加速淘汰，大型炼化一体化炼厂成为主流，“减油增化”、循环利用、产业链一体化进程进一步加快，原料减碳要求逐步提高，综合利用水平或深加工能力将大幅提升，来料加工贸易收紧也将拉低炼厂开工负荷。由于各炼化企业所加工原油、生产工艺及生产产品的不同，副产品及排放强度和排放量差异很大，摊销的碳成本也不尽相同，产品效益及市场接受度都会受到很大程度的影响。因此，技术创新将是炼化行业竞争取胜的关键。

4.2 对物流管理领域的影响

物流作为“双碳”政策落地实施的重要领域，用能结构面临深度调整，尤其是运输车辆、加热锅炉等，将由当前以用油或用煤为主，逐步向电、气、氢等新能源方向转变，进而加速实现对化石能源的替代。传统优化模式将被打破，将由当前仅考虑运输成本向经济性和碳排放总量控制并重的方向转变，现有的最优路径、运输组合都将面临深度变化，管道、铁路运输占比受到支撑，公路运量面临下滑压力，变化的幅度取决于碳交易价格的高低。油品损耗及“三废”处置面临更加严苛管控，新增的碳排放成本将拉高综合处置成本，付出的代价更大。物流仓储面临深度治理，为控制碳排放总量，场地富余、具备条件的油库和加油站等场所可发展光伏业务，减少电力外购，富余资源还可上网盈利，目前已有较多成功案例。高能低效设施面临淘汰置换，如低效无效油库关停并转和富余能力对外共享已是发展所趋，全面促进绿色低碳转型。

4.3 对市场营销领域的影响

碳成本（含碳税）引入后，必将拉高油品市场价格，进一步加剧市场白热化、微利化竞争，影响产业链价值创造，尤其销售业务更为艰难。实施碳资产管理后，销售交易极有可能由目前的物流—现金流转变为物流—现金流—碳流相结合的模式开展。在高油价下将加速新能源对油品的替代，进一步“蚕食”成品油市场份额，并极易形成恶行循环，深度影响成品油业务长远发展。针对企业或个人实施碳配额后，成品油作为高排放资源，再加上油价的上涨和绿色消费观念的引导，将彻底改变企业和居民的能源消费习惯。

4.4 对出口贸易领域的影响

成品油出口贸易“两头在外”特征明显，“双碳”目标下，国家严控其出口配额已成定局。2021 年成品油出口规模同比下滑 36.3%，即使在出口效益好于国内价格的情况下，也会出现高价购进原油低价国内销售的倒挂困境，严重损害企业效益。国际市场推行碳边境税后，发达国家将根据出口国产品耗碳量高低差异化征收关税，将进一步阻碍出口业务发展，如扩大到贸易全产品，我国油品出口受阻的同时国内需求也会收缩，甚至引发全球贸易战。

4.5 对能源安全领域的影响

我国东西部地区作为国家重要炼油化工基地，炼能集中且远离消费市场，资源辐射广、物流运距长、调剂空间小，又是加工国内自产原油和长贸原油的主战场，尤其西部地区表现更为明显，一旦需求不足，极易影响上游炼厂和油田的生产，油气产业链供应链稳定受到严重威胁，进而影响国内加大勘探开发增储上产的战略部署和国家能源安全。

5 应对策略思考

碳交易机制的落地将重塑国内甚至国际油品市场竞争规则，成品油供应链作为重要的碳排放单元，应加快转变观念、强化基础管理、创新技术发展、及早谋划布局，通过加强管理量碳、提升效率减碳、调整用能降碳、配套生态汇碳、加大宣贯识碳、挖掘空间存碳等举措，从严从实控减供应链自身碳排放强度和总量，加快改变现有用能结构和资源效率，尽早实现“清洁替代、战略接替、绿色转型”，更应借助市场机制融碳渠道，发挥好市场在碳减排中的重要作用，更好地适应融入碳市场，把握机遇、赢得主动，推动成品油绿色低碳发展。

一是充分发挥碳排放重要地位作用，积极推动油气行业碳交易体系的构建，积极参与交易范围、配额管理、交易操作、检测核算和监督管理等机制体系的构建。

二是按照产业链整体统一交易模式参与碳市场交易，发挥规模优势提高碳排放议价能力。

三是深化碳市场的碳配额、碳定价、碳交易等政策或规则的研究，注重降低成本和防范履约风险，努力做到成本、风险最小化和资产价值最大化。

四是以碳价格为突破口，系统研究碳市场对产业链价值创造的影响，优化调整生产经营策略或运营模式，指导市场营销工作开展。

五是在推动碳市场发展的同时，还应前瞻谋划碳资产质押、期权、债券等碳金融业务发展，不断提高企业碳资产管理能力。

在全球低碳化和“双碳”目标的大背景下，国内碳市场实施基础不断巩固，条件日渐成熟，油气行业即将被纳入碳市场，也必将带来额外的环境成本，从高碳到低碳再到零碳、负碳将是行业长期面临的挑战。成品油作为我国炼化产业最为重要的产品之一，其供应链管理的全过程也是碳排放大户，需要处理好业务发展、安全保供和减排约束的关系，把握新时代要求，践行新发展理念，跳出传统“降碳”思维模式，在实现成品油业务绿色低碳发展的同时，统筹油气产业链由“能耗双控”向“碳排放双控”转变，为中国“双碳”目标的实现贡献力量。

参考文献

[1] 刘朝全，姜学峰，吴谋远 . 2021 年国内外油气行业发展报告 [M]. 北京：石油工业出版社，2022.

[2] 孙海萍，等 .“双碳”目标下中国油气行业低碳发展措施与路径探讨 [J]. 油气与新能源，2021（5）：27–31.

[3] 张俊峰 . 中国海洋应对能源转型的低碳发展策略与实践 [J]. 中国海上油气，2021（3）：207–213.

[4] 李亚春 . 碳排放交易市场对电力行业发展的影响 [J]. 投资理财，2019（7）：46–47.

[5] 林东海，等 .《碳排放权交易管理办法（试行）》对油气企业的启示 [J]. 世界石油工业，2021（10）：6–11.

价值评估方法在塔里木油田“十四五”油气规划中的应用

皮秋梅　张晨阳　庄　旭
（中国石油塔里木油田分公司勘探开发研究院）

摘　要：油气发展规划是引领油田中长期发展的纲领性文件，塔里木油田根据油气勘探与生产业务投资及运营特点，基于价值评估理论，建立油气勘探开发规划价值评估模型，并应用于塔里木油田“十四五”油气规划编制过程中，取得了较好的效果。该方法从宏观上准确度量了油田公司资本的新增效益对原有效益的影响，通过敏感性分析，对整体资源配置、投资效益的优化起到积极作用。

关键词：塔里木油田；价值评估；油气发展规划；投资；效益

引言

在国际化程度不断提升、国际原油价格大幅波动、中国经济步入新常态、国有资产保值增值压力持续增大的背景下，关注和评估企业或公司价值将对企业或公司战略目标的实现、“十四五”发展规划的编制、投资决策的判断、生产经营的优化都具有不可替代的重要意义。

1　价值评估基本原理及目的

1.1　价值评估的基本原理

价值是指企业或公司预期自由现金流量以其加权平均资本成本为贴现率折现的现值。价值评估理论是关于内在价值、净增加值和价值评估模型的理化，是财务管理的一个核心理论。价值评估作为一种经济评估方法，是指根据企业或公司规划需求、拥有的全部资产状况和整体获利能力，充分考虑影响企业或公司业务的各种因素，对企业或公司价值进行综合性评估的方法。

1.2 价值评估的目的

价值评估的目的是提升企业或公司的价值和驱动企业或公司业绩增长，以期达到投资回报率最大化，其基础是资本运作。

（1）评估企业或公司整体战略实现的效益，估测企业或公司战略及这些战略中具体方案的价值。

（2）控制关键价值驱动因素，把握战略实施进展。

（3）通过资本回报率的对比分析，寻找战略性结构调整机会。

（4）形成自上而下的价值管理制度，制订绩效考核标准，持续改善公司经营管理。

2 价值评估方法

2.1 价值评估的基本方法

价值评估方法的选取是业务价值评估的核心问题，直接影响业务价值评估的结果。常用的价值评估方法分为成本法、市场法和收益法。成本法是在显示条件下重构一个全新的评估对象，用所需的成本减去评估对象实体性、功能性和经济性贬值后的差额作为价值，适用于仅进行投资或仅拥有不动产的控股企业，以及非持续经营的企业，其缺点是难以准确地反映企业资产的经营效果和获利能力。市场法是最为直接的价值评估方法，是根据可比公司的市场价值，通过差异调整得出被评估公司的价值，适用于发展潜力型同时未来收益又无法确定的目标企业。基于现金流的收益法被广泛认为是最具理论意义的企业价值评估方法，它考虑了时间价值、风险及成长性，关注企业的盈利潜力，考虑未来收入的时间价值，是立足现在、放眼未来的方法，被看作是理论上评估企业价值最有成效的模型，适用于处于成长期或成熟期并具有稳定持久收益的企业。

塔里木油田根据油气勘探开发业务的投资和经营特点，一般采用折现现金流量法，建立油气勘探开发规划价值评估模型，并对其关键价值驱动因素进行敏感性分析，为油气勘探开发业务高效发展提供有益借鉴。

2.2 价值评估指标体系

价值评估指标体系包含效益类指标和运营类指标。效益类指标包括投资资本回报率

（ROIC）、营运现金流、自由现金流（FCF）、息税前利润、息前税后利润、净现值（NPV）、经济增加值（EVA）等。运营类指标包括勘探开发总投资、勘探成本、开发成本、运营成本、操作成本、管理销售费率、探明可采储量、油气产量、储量接替率、储采比等。运营类指标一般通过财务报表和生产报表获取，效益类指标通过运营类指标计算。根据财务报表以及油气储量产量、销售价格、操作成本、投资、税率等参数，可以测算出销售收入、折旧折耗与摊销、成本、应交税费等业务指标，再根据相关指标关系完成净利润、投资资本回报率、自由现金流、净现值等效益类指标测算（表1）。

表1　价值评估指标体系

分类	具体指标
效益类指标	投资资本回报率、营运现金流、自由现金流、息税前利润、息前税后净利润、净现值、经济增加值
运营类指标	勘探开发总投资、勘探成本、开发成本、运营成本、操作成本、管理销售费率、探明可采储量、油气产量、储量接替率、储采比

2.2.1　效益类指标

（1）投资资本回报率（ROIC）。

投资资本回报率是反映经营活动中占用营运性资本创造回报能力的年度指标。价值创造是公司管理的核心和目标，提高投资资本回报率是价值创造最直接的手段和途径，是公司管理绩效的具体体现。因此，投资资本回报率是投资导向的最佳指标。

$$投资资本回报率=调整税后净营运利润/投资资本=税息前利润\times（1-所得税率）/（平均固定资产+平均营运成本）\times 100\%$$

分析投资资本回报率时不能孤立地关注某一年的水平，而应该看其若干年的趋势，这样才能比较全面地分析公司管理者在经营活动中占用营运性资本创造回报的能力，才能揭示是否创造了价值。

（2）自由现金流。

自由现金流是反映企业在经营活动中创造现金收入能力的重要指标，是业务所产生的税后现金流量总额。自由现金流过高反映公司没有很好的发展机会和投资机会；自由现金流过低反映公司投资过度，可能存在低效投资，同时投资者获得的现实收益较少，风险较大。

$$自由现金流=税息前利润\times（1-所得税率）+折旧、折耗与摊销-资本支出-营运资本的增加-其他净营运资产的增加$$

（3）净现值（NPV）。

净现值是指特定方案未来现金流入的现值与现金流出的现值之间的差额。其方法是将净现金流按折现因子折算为现值。

净现值 = Σ（现金流入 − 现金流出）×（1+ 折现率）(−t)

（4）经济增加值（EVA）。

经济增加值是指企业税后净营业利润减去资本成本后的余额。

2.2.2 运营类指标

（1）成本费用。

油气勘探与生产业务成本分为操作成本、勘探费用、折旧折耗与摊销、管理与销售费用。

①操作成本。

操作成本 = 原油商品量 × 单位原油操作成本 + 天然气商品量 × 单位天然气操作成本

其中，操作成本包括人员费用、作业和修理及维护费用、物料消耗、财产保险等。

②勘探费用。

勘探费用 = 勘探投资 ×（1− 探井成功率）

油气勘探投资在后期分为资本化和费用化两部分，其中，费用化部分为未发现经济可采储量的探井成本以及成功探井无效井段的探井成本；有效净段探井成本进行资本化处理，计入负债表，并分年计提折旧折耗。

③折旧折耗与摊销。

固定资产一般采用直线法进行折旧的计算，而油气资产则采用产量发进行折耗的计算。

直线法折旧率 =（1− 预计净残值率）/ 折旧年限

产量法折旧率 = 当年油气总产量 /（当年油气总产量 + 年末剩余可采储量）

直线法折旧率中，对于统一固定资产，每年的折旧额相同；产量法折旧率中，在探明储量被开采出时，资本化资产以单位产量为基础进行折旧，符合收益费用配比原则。

④管理与销售费用。

一般采用比例法预计未来管理与销售费用值，可以采用管理与销售费用占其他成本的比例求取。

管理与销售费用 = 管理与销售费用占其他成本的比例 × 其他成本

其他成本可以是操作成本或总成本费用，管理与销售费用占其他成本的比例可根据基础年财务报表求取。

（2）税费。

油气勘探与生产业务涉及的税费包括资源税、石油特别收益金、城市维护建设税和教育费附加等。

2.3 价值评估与项目经济评价的区别

（1）评价对象不同。项目经济评价是站在项目的角度对这一笔投资的效益进行评价，仅包含本项目的投资；价值评估是对企业或公司整体经营效果的评价，包括现有资产存量和新增资产增量。

（2）评价目的不同。项目评价是针对单个项目投资的现金流出及项目投产后带来的现金流入进行预测，分析投资效果。价值评估是针对企业或公司整体经营效果进行综合性评估，通过以既定投资计划为依据，预测公司损益表和资产负债表并计算相同评价指标，逐年反映生产经营效果和指标变化趋势。

（3）评价指标含义不同。项目经济评价以内部收益率和 NPV 为主，公司价值评估以 NPV 指标为核心。二者的 NPV 都是采用一定的折现率，对未来预计现金流进行折现计算，但二者反映的经济含义不同。公司 NPV 是按照一定折现率将公司全部资产产生的价值折成现值后的价值，包括现有项目及未来逐年投产的全部项目在评价期内产生的价值。计算采用的折现率一般以公司加权平均资本成本（WACC）为依据。项目 NPV 是按照投资期望的目标收益率（基准收益率）进行折现，反映项目按现值计算能带来多少收益。只有 NPV 不小于零的项目才符合投资预期。

（4）评价采用数据不同。项目经济评价主要采用投入产出数据，重点分析新增投资带来的增量效益，因此主要根据项目工程方案提供的投入产出数据（投资、工艺方案、原材料和产品价格成本等）预测未来一定时间段内的效益状况，并计算经济评价指标，反映项目的投资收益和投资回收能力。价值评估主要以历史报表数据为基础，按照既定的投资安排预测未来年份的分年损益表及资产负债表，并计算各年价值评估指标。

3 价值评估方法在塔里木“十四五”期间油气规划中的应用

塔里木油田是我国陆上第三大油气田和西气东输主力气源地，石油天然气资源丰富，开发潜力巨大。“十四五”时期是油田全面建成 3000 万吨大油气田之后、乘势而上开启全面建设世界一流现代化大油气田新征程的关键 5 年。从油田发展来看，一方面要立足当前，坚定不移落实习近平总书记关于加大国内油气勘探开发力度的重要批示精神，为保障国家能源安全展现石油人作为。另一方面要着眼长远，立足新发展阶段，贯彻新发展理念，融入新发展格局，锚定建设世界一流现代化大油气田目标，坚持高质量发展，为开启社会主义现代化国家新征程贡献石油人的力量。

3.1 “十四五”油气规划方案及价值评估参数

根据中国石油“十四五”发展战略要求，结合国内外油气生产和销售形势的变化，塔里木油田分公司“十四五”发展规划建议方案经过不断优化完善，形成最终部署方案。评价期内油气产量、投资情况、基础参数如下。

3.1.1 原油产量

原油老区产量为目前开发技术条件下的靠实产量，新区开发对象包括探明未动用储量，目前已发现待探明储量。原油规划方案按照碎屑岩黑油、碳酸盐岩黑油、凝析油及其他附加产品进行分类部署，主要依靠新区碳酸盐岩上产补充老区递减，并实现整体上产，“十四五”末乙烷回收项目净增约 70 万吨，也为“十四五”期间石油液体产量上升提供了保证，规划 5 年净增石油液体产量约 280 万吨。

3.1.2 天然气产量

天然气产量按照已开发气田、正建气田、已发现待建气田、待发现气田进行分层次部署。已开发气田要预测目前开发技术条件下的靠实产量。正建气田为已交探明储量、开发方案获批实施、目前还未建成达产的气田，其工作量、产能、产量等参数主要参考方案设计，并结合实施进展及动态认识进行优化部署。已发现待建气田开发对象为目前已发现、准备在“十四五”期间新增探明的气田，这部分储量依据适当的开发动用率和采气速度确定建产规模，并结合相应的产能建设参数合理安排开发工作量、产建节奏和产量序列。待发现气田是基于较可靠的区带构造和认识，“十四五”期间需要落实证实的圈闭资源，通过圈闭成功率、圈闭资源量转化率、开发动用率预测建产规模等开发参数，规划 5 年净增天然气产量约 50 亿立方米。

3.1.3 基础参数

（1）资产负债表：根据油田上阶段末实际资产负债表，选取需要的评价参数。

（2）价格：油价按照阶梯油价评价；气价采用历年天然气销售价格（不含税）平均值。

（3）商品率：原油商品率 98%，天然气商品率 94%。

（4）油气综合操作成本：按照上阶段末 2020 年实际油气综合操作成本为基数，2021—2022 年按上升率 6% 上升，2023—2025 年在 2022 年基础上保持不变。

（5）汇率：按照最新汇率取值。

（6）吨桶比：按照油田实际取值。

（7）油气换算系数：根据油田实际取值。

（8）企业所得税：按照西部油田实际税率取值。

（9）折现率：一般取 8%。

3.1.4 投资估算

分为勘探投资、开发直接投资、老油气田改造及开发辅助投资、乙烷回收和外输管网及配套投资，在对塔里木油田历史成本进行统计和分析的基础上，重点参考塔里木油田近 3 年平均二维地震勘探、三维地震勘探、钻井进尺实际成本，选取典型区块样本，结合未来发展的需要，估算“十四五”勘探开发投资，规划年均总投资约 200 亿元。

3.2 价值评估结果

由价值评估结果可知，在评价期内，得益于天然气产量快速增长，利润也呈增长模式，投资资本回报率相应呈增长模式（图 1）。

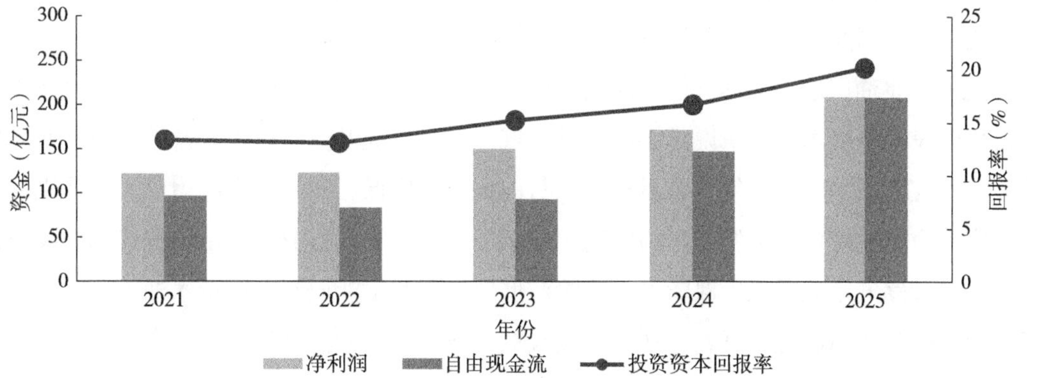

图 1　2021—2025 年塔里木油田主要价值评估结果变化趋势

评价期内，该业务自由现金流量保持在 80 亿元以上，并呈上升趋势，说明该业务能实现较好的现金回报。

3.3 敏感性分析

油气勘探与生产业务主要的价值驱动因素主要包括油价、原油产量、天然气产量、总投资、油气综合操作成本等，各因素对投资资本回报率的敏感性分析结果如图 2 所示。

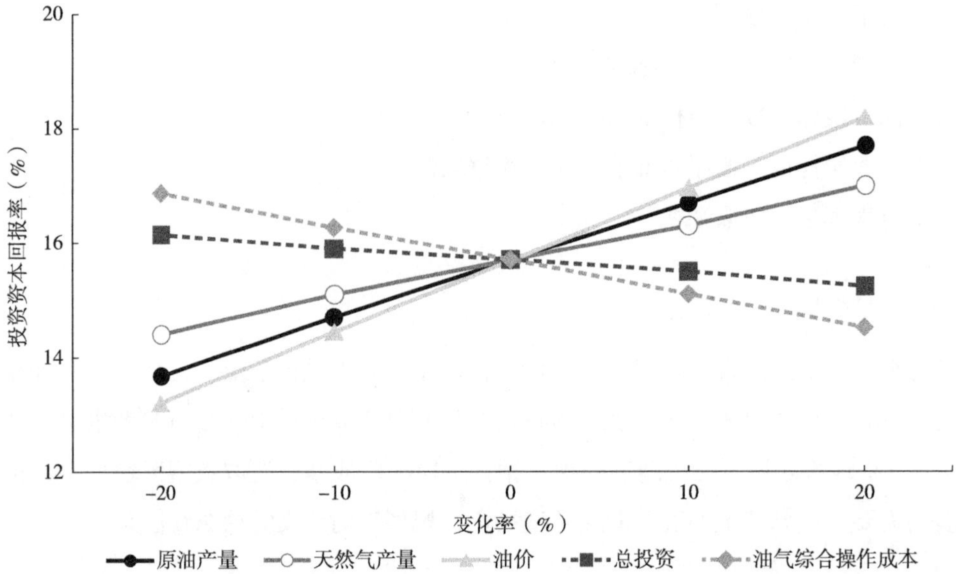

图 2　塔里木油田投资资本回报率敏感性分析

由敏感性分析的结果可知，在 5 个价值驱动因素中，投资资本回报率与油价、原油产量、天然气产量呈正相关关系，与总投资、油气综合操作成本呈负相关关系。投资资本回报率对油价和油气综合操作成本最为敏感，而油价对于油气生产公司来说并不具有可操作性，因此，提高业务投资效益的关键在于降低油气综合操作成本和提高油气产量。

此外，原油产量和天然气产量对投资资本回报率的影响也比较明显，对于正处于高质量发展阶段的塔里木油田来说，大力提升油气产量也是提升业务投资效益效益行之有效的手段，而且塔里木盆地油气资源量丰富，目前探明程度低，油气开发潜力巨大。特别是目前国家大力倡导绿色低碳发展，为实现“双碳”目标，油气行业逐步由传统能源向绿色低碳转型。天然气是关系民生保障的优质清洁低碳能源和工业原料，塔里木油田公司根据自身资源禀赋及实际情况，可着重加快发展天然气业务，高效推进天然气综合利用，使其在能源低碳转型中发挥更加重要的作用。

4　结论与建议

（1）价值评估在塔里木油田“十四五”勘探开发规划编制中的应用取得了较好的效果，对“十四五”勘探开发规划的编制、投资决策的判断、生产经营的优化都具有重要意义。因此，该方法可在油田年度勘探开发业务发展计划、滚动规划及中长期规划的编制过程中推广应用。

（2）价值评估能够有效地评估业务的价值创造能力，并识别关键价值驱动因素，可对油气勘探与生产业务资源的整体优化配置、投资效益的优化起到积极的作用，可用于指导业务生产经营计划、中长期规划以及业务效益的考核等多个领域。

（3）油气勘探与生产业务优化运营的重点是处理好投资、产能、产量及成本之间的关系，寻求投入和产出的最佳结合点，实现产量规模与经济效益的统一。通过本公司主要价值驱动因素的敏感性分析可知，对于油气上产潜力较大的企业或公司，提升投资效益最为关键的措施是降低油气综合操作成本和提高油气产量；结合“双碳”目标，应大力发展天然气业务。

（4）企业油气勘探开发规划业务价值评估是在企业实际资产负债情况的基础上，对未来投资、产量、成本等进行估算，进而对企业未来价值进行综合评估。目前在塔里木油田的勘探开发规划工作中，投资、产量、成本都能按照财务成本单元进行归集，如果油田资产负债表能细化到财务成本单元，就可以评价不同油田的价值，从而实现根据不同油田价值排序进行规划工作量优化组合，为实现效益规划迈出一大步。

参考文献

[1] 张宇，张志英，等 . 价值评估理论在油气勘探开发规划中的应用 [J] . 新疆石油地质，2002，23（2）：154–158.

[2] 田成坤，周颖，等 . 油气勘探与生产业务价值评估模型研究 [J] . 石油规划设计，2017，28（4）：18–23.

[3] 李斌 . 油气勘探项目经济评价方法研究 [J]. 中国石油勘探，2002，7（3）：73–76.

[4] 王新利 . 基于价值链的企业价值评估 [M]. 北京：知识产权出版社，2013.

[5] 郭桂花 . 基于价值链的企业价值评估体系构建研究 [J]. 经济研究参考，2013，2558（70）：82–84.

[6] 高虎 .“双碳”目标下中国能源转型路径思考 [J]. 国际石油经济，2021（3）.

[7] 刘斌 . 油气储量价值评估方法探讨 [J]. 石油科技论坛，2019，38（6）：29–33.

[8] 江林，付红弘，等 . 蜀南地区天然气发展战略及“十四五”规划建议 [A]. 中国石油学会石油经济专业委员会 . 第七届全国石油经济学术年会精选论文集 [C]. 北京：石油工业出版社，2019：235–240.

"双碳"背景下关于石化行业降碳的思考与探讨

毛 敏

（中国石油四川石化有限责任公司）

摘　要：绿色低碳发展已在全球达成了共识和重要发展趋势，我国石化行业绿色低碳转型是必由之路，分析研究我国石化行业碳排放特点并探索减排之道非常必要而迫切。分析认为，我国的石化行业碳排放具有主因清晰、总量大、强度高、增长快、替代难五大特点。根据我国石化面临的外部宏观环境、自身碳排放的特点和行业发展基础，碳减排可以从减量化、资源化、绿电化、数字化、资产化五个方面着手。由于我国石化行业比较年轻，仍处于较快发展阶段，在碳排放总量和碳排放强度约束下，石化行业绿色低碳发展任重道远，需要国家层面、行业层面和企业层面全方位协同努力，从产业政策导向、碳排放考核、碳排放交易市场、科研攻关、工业示范和产业化、企业规划、碳资产管理等多个方面协同开展工作，确保国家产业安全，确保作为国家支柱产业的石化产业绿色低碳可持续发展。

关键词：绿色低碳；石化行业；碳排放；路径

引言

绿色低碳发展已在全球形成共识和重要发展趋势，我国石化行业绿色低碳发展是必由之路。"蒸汽时代""电气时代""信息化时代"三次工业革命主要依赖化石能源，这种高消耗、高污染的粗放型经济增长，不仅造成巨大的资源浪费与低效率，而且带来严重污染，CO_2 等温室气体排放相应呈指数级增加，引发全球气候变化，影响日趋严重，人类社会生存与发展面临巨大挑战。为应对挑战，以绿色低碳循环为主的新型发展模式应运而生，绿色产业成为推动经济结构调整的重要举措。我国碳达峰碳中和开启了"双碳"目标引领下的高质量绿色发展新征程，《2030年前碳达峰行动方案》中"1+N"政策体系明确了时间表和路线图。在全球绿色低碳发展趋势和我国"双碳"目标形势下，我国石化行业必须进行绿色低碳转型。石化行业的减排是国家完成"双碳"目标的重要组成部分，石化行业不全面减排降碳，国家"双碳"目标难以实现；绿色低碳发展是我国石化行业可持续发展必要条件，只有这样，才能在"双碳"目标约束下争取更大腾挪发展空间；绿色低碳发展是我国石化行业参与全球竞争的前提条件，否则将面临碳壁垒，导致全球竞争力大幅减弱和市场丢失。综上所述，研究我国石化行业碳排放特点并探索减排之道非常必要和迫切。

1　石化行业碳排放特点

1.1　主因清晰

典型石化企业碳排放主要是用能引起的，用能排放中燃料燃烧是主要原因。除用能排放外，还有少部分工艺排放，指生产流程中产生的碳排放以及设备、部件泄露导致的逃逸排放，本文不做重点分析。用能排放是指化石燃料燃烧直接排放，以及外购电力等能源产生的间接排放。由于石化行业整体电气化率不高，在石化的用能排放中，大多数排放来自燃料燃烧。以中国石油四川石化有限责任公司（简称四川石化）为例，2021年用能总量为247万吨（标准煤），其中外购电18.4亿千瓦·时，外购电仅占四川石化终端用能的9.2%，若以0.308千克/（千瓦·时）的折算系数进行折算发电用煤，用电间接耗能占比约23%。按照用能与排放成正比，可推测出四川石化用能排放中77%为直接排放、23%为间接排放。根据以上计算可以推测出我国典型石化企业燃烧化石燃料以直接排放为主、外购电等间接排放为辅。若有企业需大量外购蒸汽，间接排放会相应增加。

1.2　总量大

我国石化工业碳排放绝对数值大。千万吨级炼油百万吨级乙烯炼化一体化企业，年CO_2排放量在500万吨量级。根据落基山研究所的研究，我国化工部门年碳排放约13亿吨[1]。根据中国化工经济技术发展中心分析，2020年我国化工耗能6.85亿吨（标准煤），对应测算出CO_2排放量13.78亿吨[2]。

我国石化工业碳排放相对占比高。各机构发布的数据略有差别，根据国际能源署（IEA）碳排放数据，2021年全球CO_2排放量363亿吨，比2020年的同比增长了6%，达到历史最高水平[3]。根据BP能源统计，2019年全球CO_2排放量343亿吨，2020年因新冠疫情原因降低到322亿吨。2020年中国的CO_2排放量99亿吨，占全球的30.7%[4]。以2020年我国石化行业的CO_2排放量13.78亿吨计算，占全国排放量的13.9%，占全球的4.3%，我国石化行业的碳排放占了全国和全球碳排放总量的相当大的比例。

1.3 强度高

石化行业各子行业排放强度较高。按照2017年数据，以万元GDP的CO_2排放量作为碳排放强度，石油和天然气开采的碳排放强度为0.57吨/万元，石油加工及炼焦业为0.51吨/万元，化学原料及制品制造业为0.18吨/万元，碳排放强度居前（表1）。各行业CO_2排放强度总体呈大幅下降趋势，但石化在排放强度高的大行业中，下降幅度居中后；石油和天然气开采业还出现了明显的回升。

表1 各行业排放强度 单位：吨/万元

序号	行业	1997年	2005年	2010年	2017年	2017年比1997年降幅	2017年比2005年降幅	2017年比2010年降幅
1	废弃物资综合利用业	29.23	14.65	9.71	8.25	72%	43.7%	15.0%
2	黑色金属冶炼及压延加工业	7.67	3.28	2.31	2.19	71%	33.2%	5.2%
3	非金属矿物制品业	8.23	5.5	2.51	1.6	81%	70.9%	36.3%
4	煤炭采选业	7.59	3.06	1.11	0.98	87%	68.0%	11.7%
5	石油和天然气开采业	1.1	0.42	0.32	0.57	48%	−35.7%	−78.1%
6	石油加工及炼焦业	3.11	1.37	0.84	0.51	84%	62.8%	39.3%
7	黑色金属矿采选业	2.3	0.65	0.33	0.29	87%	55.4%	12.1%
8	煤气生产和供应业	5.29	2.04	0.52	0.26	95%	87.3%	50.0%
9	有色金属冶炼及压延加工业	4.24	0.7	0.33	0.23	95%	67.1%	30.3%
10	化学原料及制品制造业	2.13	0.68	0.32	0.18	92%	73.5%	43.8%
11	造纸及纸制品业	1.63	0.63	0.29	0.15	91%	76.2%	48.3%
12	非金属矿采选业	1.09	1.02	0.29	0.13	88%	87.3%	55.2%
13	化学纤维制造业	0.95	0.2	0.11	0.05	95%	75.0%	54.5%
14	有色金属矿采选业	0.44	0.21	0.11	0.07	84%	66.7%	36.4%
15	食品加工业	—	0.17	0.06	0.04	—	76.5%	33.3%
16	食品制造业	1.21	0.28	0.12	0.06	95%	78.6%	50.0%
17	饮料制造业	0.45	0.27	0.11	0.05	89%	81.5%	54.5%

续表

序号	行业	1997年	2005年	2010年	2017年	2017年比1997年降幅	2017年比2005年降幅	2017年比2010年降幅
18	烟草加工业	0.09	0.04	0.01	0.02	78%	50.0%	-100.0%
19	纺织业	0.35	0.18	0.08	0.04	89%	77.8%	50.0%
20	服装及其他纤维制品制造	—	0.07	0.04	0.01	—	85.7%	75.0%
21	木材加工及竹藤棕草制品业	0.61	0.29	0.07	0.03	95%	89.7%	57.1%
22	家具制造业	0.26	0.09	0.03	0.02	92%	77.8%	33.3%
23	印刷业记录媒介的复制	0.17	0.09	0.06	0.02	88%	77.8%	66.7%
24	文教体育用品制造业	0.14	0.08	0.04	0.01	93%	87.5%	75.0%
25	医药制造业	0.92	0.11	0.08	0.02	98%	81.8%	75.0%
26	金属制品业	0.39	0.15	0.07	0.05	87%	66.7%	28.6%
27	普通机械制造业	0.61	0.2	0.12	0.07	89%	65.0%	41.7%
28	专用设备制造业	0.38	0.17	0.08	0.05	87%	70.6%	37.5%
29	电气机械及器材制造业	0.18	0.07	0.03	0.01	94%	85.7%	66.7%
30	电子及通信设备制造业	0.08	0.02	0.01	0	100%	100.0%	100.0%
31	仪器仪表文化办公用机械业	0.12	0.03	0.02	0.01	92%	66.7%	50.0%
32	自来水生产和供应业	0.08	0.06	0.02	0.02	75%	66.7%	0.0%

资料来源：平新乔等《中国碳排放强度变化趋势与“十四五”时期碳减排政策优化》[5]。

石化企业耗能占加工量或产品产量的比例高。四川石化是典型的炼化一体化企业，炼油能力1000万吨/年，乙烯能力80万吨/年。2021年加工原油839万吨，产品产量770万吨，其中油品469万吨、化工产品276万吨、其他产品35万吨。2021年综合耗能折合173万吨油当量，占当年加工量的20.6%，占产品总量的22.5%。这意味着20%以上的当量能源消耗在了加工过程中。

石化企业中用能装置也非常集中。四川石化耗能占比最高的是80万吨/年乙烯裂解装置，能耗占全厂的26.25%，紧排在后面的依次是65万吨/年对二甲苯装置、200万吨/年连续重整联合装置、36万吨/年乙二醇装置、250万吨/年重油催化裂化装置、270万吨/年蜡油加氢裂化装置、1000万吨/年常减压蒸馏装置，能耗占比分别为11.39%、8.22%、7.99%、6.42%、4.72%、3.99%，以上7套装置用能占了全厂用能总量的 69%（表 2）。

表2　四川石化装置用能占比情况

序号	名称	占比	序号	名称	占比
1	80 万吨 / 年乙烯裂解装置	26.25%	18	化工区第一循环水场	1.43%
2	65 万吨 / 年对二甲苯装置	11.39%	19	110 万吨 / 年催化汽油精制装置	1.01%
3	200 万吨 / 年连续重整联合装置	8.22%	20	60 万吨 / 年气体分馏装置	0.98%
4	36 万吨 / 年乙二醇装置	7.99%	21	35 万吨 / 年汽油加氢装置	0.78%
5	250 万吨 / 年重油催化裂化装置	6.42%	22	炼油区第五循环水厂	0.70%
6	270 万吨 / 年蜡油加氢裂化装置	4.72%	23	化工区第三循环水场	0.59%
7	1000 万吨 / 年常减压蒸馏装置	3.99%	24	空压站	0.54%
8	300 万吨 / 年渣油加氢脱硫装置	3.22%	25	综合污水处理厂	0.54%
9	30 万吨 / 年高密度聚乙烯装置	2.61%	26	8 万吨 / 年 MTBE 装置	0.53%
10	10 万吨 / 年硫黄回收装置	2.52%	27	9 万吨 / 年 MTBE 装置	0.44%
11	21/8 万吨 / 年丁辛醇装置	2.51%	28	化工区第二循环水场	0.36%
12	45 万吨 / 年聚丙烯装置	2.48%	29	轻烃回收装置	0.28%
13	90 万吨 / 年芳烃抽提装置	1.94%	30	C4 加氢装置	0.22%
14	15 万吨 / 年顺丁橡胶装置	1.94%	31	化工区第四循环水厂	0.21%
15	30 万吨 / 年线性低密度聚乙烯装置	1.74%	32	脱盐水装置	0.20%
16	15 万吨 / 年丁二烯装置	1.55%	33	炼油区凝结水站	0.14%
17	350 万吨 / 年柴油加氢精制装置	1.54%		合计	100%

数据来源：四川石化。

1.4　增长快

行业持续规模发展是石化行业碳排放增长快的主要原因。石化行业是国民经济支柱产业，总量大、产业链长、产品种类多、关联覆盖广，关乎国家产业链供应链安全稳定。同时，我国石化行业还比较年轻，整个行业仍处于较快发展阶段。2021 年，我国炼油能力和乙烯能力分别为 9.11 亿吨 / 年和 4168 万吨 / 年，分别是 2010 年的 1.42 倍和 2.73 倍（表 3）。产业发展带动全行业用能和排放总量增加，2019 年和 2020 年分别能耗 6.31 亿吨（标准煤）、6.85 亿吨（标准煤），同比分别增长 9.68%、8.56%[2]。

表3 2010—2021年我国炼油能力和乙烯能力增长情况

年份	2010	2011	2012	2013	2014	2015	2016	2017	2018	2019	2020	2021
炼油能力（亿吨/年）	6.43	6.84	7.19	7.52	8.02	7.91	7.92	8.09	8.31	8.6	8.86	9.11
乙烯能力（万吨/年）	1525	1593	1666	1781	1953	2124	2230	2398	2564	2750	3518	4168

数据来源：根据中国石油集团经济技术研究院、中国石油规划总院等研究机构公开数据整理

我国石化行业的碳排总量还会保持一定增长。预计我国炼油能力还有一定增长空间，峰值会超过 10 亿吨 / 年。以乙烯为龙头的下游化工增长空间还非常大。乙烯当量需求增长呈加速趋势，2015—2020 年年均增长 9.4%，比“十二五”期间提高了 3 个百分点，远高于同期 GDP 增速[6]。2020 年国内乙烯当量消费合计 6314 万吨，当量自给率刚刚超过 50%。预计到 2035 年乙烯当量需求 8000 万吨左右，比 2020 年又提高约 27%。在乙烯当量需求增长和当量自给率提高的双重驱动力下，我国乙烯工业仍将在一段时间内保持较快发展。由于减排约束趋紧和减排新工艺新技术推广应用，石化行业的碳排放强度会有所降低，但在目前的技术水平和工艺基础条件下，碳排放强度的降低在短期内无法抵消规模扩张带来的碳排放总量增加，全行业碳排放总量还会保持增长。

1.5 替代难

我国化工行业电气化率低。全球能源转型中电气化转型是重要支柱之一，电气化转型能够让用能终端使用零碳低碳电力来替代化石燃料。世界上电气化率最高的国家是挪威，电气化率高达 48%。我国终端用能电气化率为 26.5%，高于全球平均水平。但在我国电气化率不断提高的过程中，高耗能的化工行业电气化率提高缓慢，甚至多年没有提高。2017—2019 年，我国化工行业的电气化率维持在 16% 的水平，2019 年还略降到 16% 以下，这不仅低于我国高耗能行业平均值的 17.8%，更是远低于同属高耗能的有色金属行业的 64%。

石化行业大幅提高电气化率难度大。典型石化企业装置设施最终用能的形式主要有三种，分别是电力、蒸汽、燃料。以四川石化为例，2021 年外购电加上自发电共约 20 亿千瓦 · 时，只占全厂终端用能的 10% 左右，主要用来驱动各种泵、压缩机、风机、搅拌器动设备；而终端以蒸汽方式用能占比 53%，主要包括 10 兆帕、4 兆帕、1.2 兆帕、0.4 兆帕四个等级的蒸汽，分别占比约 30%、37%、23%、10%，主要用于加热伴热和动力；除

以上两种用能形式外，其他主要是通过燃料在加热炉中燃烧提供热能。大量以蒸汽作为用能形式，主要是基于蒸汽焓值高、稳定易控制、应用灵活、效率高、安全性好等优点。在当前的技术工艺条件下，蒸汽和加热炉两种用能方式用电替代既不容易也不经济，导致石化行业电气化率大幅提高的难度非常大。

2 石化行业降低碳排放的主要路径

2.1 减量化

从石化行业层面考虑，碳排放减量化主要通过结构优化和能量利用高效化来实现。结构优化降碳排放包括：产业布局优化，继续向园区化、大型化、一体化发展，持续提升产业集中集约化程度，降低单位能化产品碳排放；产业结构优化，扶强汰弱，严控低端产能，通过供给侧结构调整提高产业发展水平；用能结构优化，通过提高碳排放强度低的能源，减少碳排放强度高的能源，减少排放总量，如以气代油、以气代煤、清洁电力代替化石燃料，外购用电量中提高绿电比例等。此外，随着总量和强度的双控制，统筹调整企业原料结构、产品结构、工艺结构也将成为调结构降碳的重要手段。能量利用高效化降碳主要通过提高能效实现。除了淘汰落后产能，还应以园区为整体对象，打破企业、装置等壁垒界限，在整个石化园区内按照“高质高用、低质低用、梯级利用”的原则，综合优化能源利用；要重点提高加热炉效率、提高高耗能装置能效、提高热交换效率、加强低温热利用等；应加大力开发利用新工艺、新催化剂、新节能降耗技术等降碳措施。

而从全社会层面来看，碳排放的减量化，还应通过塑料等的回收和循环利用，减少原生料的消耗，减少化工原料的需求总量，从而降低碳排放总量。

2.2 资源化

CO_2 作为资源的常规用途广泛，但利用量相对小，目前还难以担当碳大幅减排重任（表 4）。高纯 CO_2 主要用于电子工业、医学及检测仪器等方面；固体和液态 CO_2 广泛用于食品中，制冷、防腐、保鲜，也在许多工业加工中作为制冷剂；在消防中作为灭火剂。气态 CO_2 广泛应用于碳化软饮料，用于化学加工、食品加工过程中惰性保护，还在农业中作为植物气肥。近年来，国内外 CO_2 驱油的工业试验较多，实验效果明显，大规模利用 CO_2 的前景看好。

表4　CO_2直接利用的领域

用途	应用领域
饮料添加剂	用作汽水、啤酒、可乐、碳酸饮料等充气添加剂
烟丝膨松剂	烟草生产
植物气肥	农作物生产
超临界 CO_2	医药、化工、食品等领域
焊接保护	气体保护工业
制冷剂	制冷领域

资料来源：陆国维《国内外二氧化碳市场和应用前景》[7]。

只有努力突破 CO_2 化工资源化利用的瓶颈，才能取得碳中和的主动。随着新技术工艺和催化剂的发展，CO_2 化工利用研究趋热，为大规模资源化利用降碳开创了富有前景的新渠道。CO_2 作为化工原料或辅助物一直是化工重要的研究领域（表 5）。绿色低碳发展的大趋势下，CO_2 化工工艺技术和产业化不断取得进展。CO_2 与氢气反应制备甲醇工艺技术趋于成熟。2021 年，沈鼓集团公司与安阳顺利环保科技有限公司签订合同，合作建设全球规模最大的 CO_2 加氢制绿色甲醇并联产 LNG 的工业化生产装置。盛虹集团与冰岛碳循环国际公司签约合作实施“CO_2 捕集利用—绿色甲醇—新能源材料”产业链项目。CO_2 和甲烷进行重整，可以获得合成气，合成气后续加工将会有很多种可能性，可以生产低碳醇、醛、醚等各类烃醇醚类高附加值化工产品。2021 年，东华科技公司与美国空气化工产品公司签订了美国 CO_2 干重整项目合同。该项目位于美国得克萨斯州，采用上海高潞空气公司的干重整技术，以 CO_2、天然气为原料产生合成气。山东大学研究团队开发的 CO_2 生产 1,3,5- 三嗪三醇工艺技术，CO_2 固定量高、工艺能耗少、反应产物性质稳定[8]。美国 Twelve 公司与 LanzaTech 公司合作开发出 CO_2 制乙醇技术，技术具有高度可扩展性[9]。2022 年以来，CO_2 化工技术进展报道进一步增加：中科院大连化物所和珠海市福沺能源科技有限公司联合开发的全球首套 1000 吨 / 年 CO_2 加氢制汽油中试装置投产，并通过科技成果评价。大连物化所 CO_2 电催化高效制备 C_{2+} 取得技术进展。中国科学技术大学采用界面型催化剂，实现常压下 CO_2 加氢制长链烯烃。华东理工大学构建出一种新型催化系统，通过高效耦合 CO_2 制乙烯、乙烯制环氧乙烷。清华大学和内蒙古久泰集团合作建设的全球首套万吨级 CO_2 制芳烃工业试验项目在内蒙古准格尔经济开发区开工。LG 化学集团开发出利用电力将 CO_2 高效转化为 CO 技术。预计未来 CO_2 化工利用技术将会进一步提速。

表5 CO_2作为原料（或辅助物）生产其他产品的领域

应用领域	产　品
用于生产无机化工品	白炭黑，硼砂，轻质氧化镁
有机小分子化合物	双氰胺、水杨酸、碳酸丙烯酯、碳酸乙二醇酸、对羟基苯甲酸及其酯、甲醇、甲酸及其衍生物
有机高分子化合物	聚碳酸酯、聚脲、聚氨基甲酸脂、聚酮、聚醚、聚酮醚酯、液晶聚合物、可降解塑料

资料来源：宋师忠、焦艳霞《二氧化碳用途综述与生产现状》[10]。

2.3　绿电化

提高电气化率是石化行业的重要任务。我国总体电气化率偏低，国家发改委等十部委联合印发《关于进一步推进电能替代的指导意见》，明确到2025年终端用能电气化率达到30%左右，要求大力推进工业领域电气化，在石化等领域推广电加热等技术，扩大电气化终端用能设备使用比例。国网能源研究院认为，我国2050年终端电气化率将达到50%以上。石化行业电器化率长期远低于全国电气化率水平，在全国和工业领域大力提高电气化率的背景下，石化行业基础差、压力大，提高电气化率任重道远。

石化行业提高电气化率须和绿电相结合。制约石化行业电气化率有以下三个原因。一是综合能效问题：化石燃料作为一次能源的效率要远高于其发电后供应二次能源的总效率。以天然气为主的加热炉热效率高达93%以上，乙烯裂解炉热效率可达95%以上，而煤电的转化效率平均低于40%、气电低于60%，加上输电用电损耗，综合效能大大降低，相应的碳排放量就会大幅增加。二是以火力为主的发电供电结构影响提高电气化率的降碳效果：2021年我国火力发电仍高达71%，以火电为主的背景下大幅提高电气化率并不能降低 CO_2 排放。三是终端用电设备不匹配：目前，化工过程中的大型加热炉、裂解炉和蒸汽锅炉没有相应的电气设备可替代。在以上因素制约下，石化行业不仅提高电气化率的难度大而且动力不足，在不改变目前发电供电结构的情况下，单纯的大幅提高石化行业的电气化率，会显著降低整体能效，导致碳排放总量增加。因此，石化行业的电气化率提高应当与发电供电结构相匹配，随着新能源发电时代的到来，发电的一次能源损耗与间接碳排放的逻辑将改变，与此同时攻关解决石化行业大型电供热设备瓶颈，稳步推进绿电化，才是提高电气化率的正确路径。

2.4　数字化

数字技术已渗透进了能源等各领域，正在加快能源结构转型的进程。一方面，数字化基础设施与能源基础设施深度融合，实现传统能源体系的信息化、数字化、网络化、智能化改造。另一方面，通过数据要素的充分流通和使用，推动能源系统中其他各要素高效流通，带动能源系统全要素效率提高。2020 年全球气候行动峰会发布的《指数气候行动路线图》指出，数字技术在能源、制造业、农业等领域的解决方案，可以帮助全球减少 15% 碳排放。德国信息技术协会和苏黎世大学在 2020 年合作研究认为，数字技术可以将全球温室气体排放量减少 20% [11]。全球电子可持续发展倡议组织（GeSI）也认为，未来十年内数字技术有望通过赋能其他行业贡献全球碳排放减少量的 20%。

数字化是石化行业实现绿色低碳化的重要途径和抓手。低碳化发展激发数字化潜能，社会对绿色低碳发展的迫切需求，正在倒逼石化行业加速数字化转型进程。国家要求石化行业加快推进数字化转型，国家《关于“十四五”推动石化化工行业高质量发展的指导意见》明确要求石化行业加快数字化转型；国家《“十四五”原材料工业发展规划》对石化材料等原材料行业提出了高端化、合理化、绿色化、数字化、安全化的“五化”重点任务。对石化产业而言，数字化有利于提升生产效率、降低对环境的破坏程度。在推动“双碳”目标实现过程当中，提升传统化石能源的能效是重要的过渡手段。未来，石化企业将越来越数字化、智能化、绿色化。通过 5G、人工智能、物联网、云计算、数字孪生、区块链等数字化技术在石化领域的应用，利用信息流提升物质流和能量流的效率，提升减排效果。

2.5　资产化

在国际国内碳排放市场日趋成熟的形势下，碳排放权的资产属性日益突出。苑泽明、李元祯指出碳排放权完全具备资产的特征，而且将其确认为长期资产 [12]。银保监会政策研究局负责人叶斐表示，在碳排放权市场完善的情况下，碳排放权的价值也逐渐显现，所以碳排放权将来可以作为一个有效的抵质押品。欧洲的碳排放交易市场已经比较完善，我国先在北京等七地进行交易试点，2021 年建立了国家统一碳交易市场，交易体系日臻完善。

二氧化碳捕集利用与封存（CCUS）是 CO_2 终端治理的主要方式，碳交易市场完善后石化企业 CCUS 有利可图。CCUS 是目前唯一能够实现化石能源大规模低碳化利用的减排技术，未来有广阔的发展空间，近年来我国 CCUS 各环节技术均取得了显著进展。目前，我国碳交易价格普遍较低，2020 年各市场交易价格在 23 ～ 87 元 / 吨（表 6），同年欧洲的碳排放交易均价约 25 欧元 / 吨。2021 年，全国市场碳交易价格约 40 元 / 吨，而欧洲交易价格一路上涨，最高一度超过 90 欧元 / 吨，全年平均超过 54 欧元 / 吨。反观 CO_2 捕集成本，国内 CO_2 捕集成本普遍在 200 元以上，成本高的要高于 600 元甚至更高。国内碳交易价格不仅与欧洲市场差距大，而且与我国碳捕集成本也有很大差距，因此企业主动开展CCUS的动力不足。将来，随着“双碳”目标要求趋紧，碳总量和碳排放强度成为企业发展的硬约束，将使我国碳交易价格保持长期上涨趋势，与此同时，碳捕捉技术会显著降低碳捕集成本。届时，降碳不再仅仅是企业发展的硬约束条件，也将产业化并有利可图，而石化行业具有CO_2捕集和后处理成本低的独特优势，因此更应该及早将碳排放权作为资产进行管理，争取在CCUS产业领域领先发展，在保证现有业务可持续发展的同时，开拓具有协同发展优势的新业务领域。

表6　2020年我国各碳市场交易价格　　单位：元/吨

市场	北京	天津	上海	重庆	广东	湖北	深圳
2020年均价	87	23	40	26	27	27	23

资料来源：Wind资讯网，国元证券研究所。

3　相关建议

石化行业碳达峰碳中和任重道远，需要国家、行业、企业和相关的科研和工程设计领域等协同努力。

3.1　对于国家

一是“双碳”目标制定要差别化，从多维度考核行业和企业的碳排放。为了国家工业体系和产业链的完整，我国不可能像欧美那样把高耗能的基础产业对外转移。因此，根据产业在国家工业体系地位、产业发展阶段、相关业务在产业链价值链中的作用等多维度综合设立各行业“双碳”考核目标指标更加科学合理，更加符合国情。对于石化产业这样比较年轻的国家支柱产业，可以更多地从排放强度方面提出要求，实现优胜劣汰，而不宜一刀切的限制行业排放总量，影响产业持续健康发展。二是在国内碳约束、国际碳壁垒的形势下，CCUS未来将形成新的产业领域，国家宜给予从科研到产业化等全方位全产业链鼓励和优惠政策，促使我国处于该领域的第一梯队，占领制高点，避免受制于人。三是完善碳排放交易市场，充分发挥交易市场的作用，更高效地配置资源。

3.2　对于行业

一是石化行业应当凝聚共识，既要认识到“双碳”和绿色低碳发展的大势，又要充分认识到石化行业碳减排的困难和问题，团结全行业的力量，联合研发、示范推进降碳技术工艺。二是绿电化是石化行业减排难以绕过的门槛，建议将制约石化行业提高电气化率的加热炉、裂解炉等电气化替代研究放在联合攻关的首要位置。

3.3 对于企业

一是要着眼长远制定绿色低碳发展路线图和时间表，做好碳中和规划，并基于此重新梳理和制定企业发展战略，没有碳中和规划，没有合适的站位，轻则失去发展壮大的机会，重则失去生存的基础。二是将碳排放权作为资产进行管理，明确管理部门，完善体制机制，盘查摸清碳排放家底，组织开展技术研究及减排行动，积极参与碳交易等。三是将CCUS作为新兴业务领域进行培育，为现有业务腾挪发展空间的同时抢占新业务领域的制高点。

参考文献

[1] 李抒苡，薛雨军，王佩珊，等 . 碳中和目标下的中国化工零碳之路（2022）[R]. 落基山研究所，2022-04.

[2] 中国化工经济技术发展中心 . 化工大数据 [DB]. 2021-09.

[3] IEA. Global Energy Review: CO_2 Emissions in 2021[R]. 2022-03.

[4] bp. Statistical Review of World Energy 2021(70th edition）[R]. 20221.

[5] 平新乔，郑梦圆，曹和平 . 中国碳排放强度变化趋势与“十四五”时期碳减排政策优化 [J]. 改革，2020（11）.

[6] 赵文明 .“十四五”中国乙烯行业 高质量发展路径探析 [R]. 2021 年石化产业创新发展大会，2021-12-23.

[7] 陆国维 . 国内外二氧化碳市场和应用前景 [J]. 酿酒科技，2004（2）.

[8] 朱维群，王倩，唐震等 . 二氧化碳资源化利用的工业技术途径探讨 [J]. 化学通报，2020（10）.

[9] LanzaTech 正式登陆纳斯达克，系首家碳捕获上市公司 [EB/OL]. 2023-02-16. https://www.163.com/dy/article/HTMHVQG10532PL1J.html.

[10] 宋师忠，焦艳霞 . 二氧化碳用途综述与生产现状 [J]. 化工科技市场，2003（12）.

[11] 平安证券 . 数字化碳中和路径—探寻绿色经济与数字经济的交集 [R]. 2021-8-12.

[12] 苑泽明，李元祯 . 总量交易机制下碳排放权确认与计量研究 [J]. 会计研究，2013（11）.

影子价格激励下的共享服务中心（中国石化）内部收费策略机制设计

李占杰[1]　李桂英[2]　侯婷婷[3]
（1. 中国石化共享东营分公司；2. 中国石化中原油田分公司；3. 中国石化共享南京分公司）

摘　要：以中国石化共享服务中心为研究解释案例。现有的收费策略是劳动密集型定位的，要转变为知识密集型和技术密集型定位。要将收费策略与企业端企业营收利润和企业治理水平挂钩，应依据不同权重建立浮动联系费率。设立影子价格的约束边际线，设计影子价格激励下的内部收费策略，推进共享服务与“共享化公司治理”在提高集团公司所属分公司、子公司的企业经营水平与治理能力上的激励相容安排，实现共享服务端与企业端整体的企业增长帕累托最优。

关键词：影子价格；收费策略；机制设计

1　共享服务的定义与目标

共享服务的定义是面向集团公司企业内部提供标准化集中化的职能管理，实质为多对一企业端共享端的职能管理，从企业看是组织部门内化到外化的集中，从集团看是M型结构的内设部门转化为集团的内设部门。共享服务将分散在中国石化不同业务板块和业务单元之中的财务业务分离出来，由共享服务提供统一集中的对应支持，提供统一的标准流程运行和制度执行标准，由各子企业原有职能“一对一”转变为“一对多”，对前端各个事业群进行服务与管控支持。

大型M型企业结构集团，从新制度经济学角度观察，其定义为总部控制现金流并对现金流负责，实现集权与分权相调适的“集中决策、分散经营”，追求规模、质量、效益均衡发展。从科层结构层面讲，M型企业结构亦具备“条块体制”特征，存在横向上的职能分工及纵向上的科层层级，横向（块）与纵向（条）交织错落。中国石化按照纵向一体化产业链前向后向顺序，把内部组织架构划分为不同事业集群或分子公司，各纵向一体化业务单元直接依据价格机制或签订短期合约或签订长期合约，并在集团的科层行政指令协调仲裁下，从事生产经营活动，为“混合市场与企业、科层与合约的纵向一体化治理安排”的 M 型企业结构。

中国石化内部共享服务的目标是“共享化公司治理”，其核心定位是支撑中国石化总部集权与分权相调适下的“集中决策、分散经营”，从制度经济学上是以规模化、共享化的服务降低边际成本与内生交易费用。即：做好中国石化整体的内部交易的流程分析及合理优化建议，不断降低管理成本，提升组织运营效率和各产业链的一体化协同。为中国石化总部机关职能部门的战略管控，提供技术支撑和数据分析，确保中国石化生产经营数据的真实有效，实现收集数据、集成数据、分析数据、反馈纠偏的生产经营决策大数据动态循环。监督各子企业执行总部制度标准、加强内部控制、防范金融风险，监控或通过数据分析反映各子企业超越授权之外的异常经营行为，支撑总部内控制度执行，防范内部人寻租及获取内部收益，降低委托代理成本。根据全部上线的各业务数据进行比较分析，按照油气勘探开发、油气销售、炼油化工、炼化工程、石油工程等类别，分区域对各子企业经营水平、公司治理水平，进行评估诊断与水平评级，提出相应咨询建议。根据中国石化 M 型分权组织结构特点，在市场高度竞争、市场应对需要反应敏捷的地区，对各分子公司依据其企业经营水平和公司治理水平，向总部职能部门提交按照年度评级给予相应权限调整的建议报告。对于企业经营水平和公司治理水平较差的分子公司，加大对其共享服务的支持与咨询，助其提高企业经营水平与公司治理水平。

2　实施共享服务的收益关键：参与企业端公司治理的激励相容安排

在市场经济中每个理性经济人都会有自利的一面，其个人行为会按自利的规则行动，如果能有一种制度安排是行为人追求个人利益的行为，正好与企业实现集体价值最大化的目标相吻合，这一制度安排就是激励相容的。本文认为在中国石化集团公司总部与共享服务中心及中国石化下属各企业端企业之间，需要做出激励相容的安排，也就是把集团总部和共享服务中心，以及多个各个企业端企业视为激励相容的参与方。集团公司总部，包括财务、人事等部门，目标是落实总部制定的政策与制度；各企业端企业，追求的目标是企业治理的发展；共享服务中心，主要目标是追求自身的营收与监督集团公司财务和人事制度与政策的执行落实情况，而这两者之间又是矛盾和对冲的。因此激励相容的目标应该设置成通过共享业务中心的服务和对各子企业的治理参与，提高集团公司整体的治理水平，趋向帕累托最优。

3 替代函数自变量下共享服务内部收费影子价格的对照设定

大型 M 型企业集团总部层面的目标函数是“替代净效益”的最大化，而不是“生产利润”的最大化。数学模型是：$Y=F(X_1, X_1, \cdots, X_t)$。其中，$Y$ 是因变量，代表替代净效益；X_1，X_2，…，X_t 是自变量，代表各类要素，包括：公司战略，资源配置和交易协调，组织结构，决策权配置，政策、规章和流程，企业文化，人力资源，信息系统，无形资产，预算和经营计划管理，以及风险控制和危机管理等。核心变量一是公司战略，二是资源配置和交易协调。预算和经营计划管理及风险控制和危机管理是运作两个核心变量的途径和方式。大型企业集团总部应该从直接参与生产的“生产函数”管理转向通过经营计划和风险管控为主的“替代函数”管控，即总部对下属生产经营子企业进行协调管理，以替代各子企业之间以完全市场化方式所进行的交易，其协调组织费用应该小于市场交易费用，其协调主要通过预算、经营计划和风险控制、危机协调两大途径实施，赋予下属企业责、权、利对等的生产经营权力。有效的“替代函数”管理，其替代净效益值 Y 应为正，也就是总部管理是有效益的，而共享服务正是总部替代函数职能管理的延伸和扩展，进一步在企业发展战略下对集权和分权相调适，也就是共享服务为替代函数的自变量之一 X_t。目前的企业集团内部共享服务，大多采用成本分摊和定价收费原则对内部子企业进行收费。适应性，经济组织以自发性适应和协调性适应，追求降低交易费用这一核心目标。依托共享服务的内部收费策略，更好发挥自变量对整体收益的改进，而非仅仅从共享服务的运营成本及其自身发展出发，更是参与参与企业端公司治理的激励相容安排。

对于一个社会或一个大型经济组织来说，各层级的主体在作出决策的过程中会有各种约束，有了这些约束就会有相应的影子价格出现，在设计机制的时候可以把这个影子价格作为一种负向激励。集团总部在对所属企业进行政策设计时，是希望各子企业往同一个预先设定的方向赛跑，在政策制度执行时会划出一条线，并规定一旦偏离这条线就算违规并要接受某种处罚，偏离的越多，处罚越高。这样就形成了一种对偏离方向的约束性处罚，则构成了影子价格。同时也可以给各子企业的竞争提供一定的激励，约定谁跑得更好跑得更快，给予多少奖金，越快越好的奖金越高，如果达不到规定速度将给予什么样的惩罚，这些都形成了影子价格与边际约束线。将总部对各子企业的生产经营考核指标与各个业务初始表单的合格率作为影子价格，建立正向与负向激励的边际约束线。对指标趋向影子价格的企业进行奖励，实施少收，反之则增多。如果奖励则扣减少收，如果惩罚则增加多收，体现了共享端在激励相容安排下的自我约束。

4 影子价格激励约束下的收费策略

4.1 影子价格激励约束下的两种收费策略

4.1.1 企业端营收利润及其生产经营考核指标完成情况的对冲收费策略

根据服务企业年度营收利润设定费率。企业营收 R、利润 P、对应费率为 S，营收对应规模，利润对应盈利能力。可以上年度企业端企业营收利润指标为锚定值，按季度预支，年底进行平衡。依据各企业完成集团下达经营考核指标情况，按照超额、减额比例相应减少或增加服务收费。

4.1.2 业务清单计价及初始表单合格率的对冲收费策略

业务单量 M，每单价格 Q。对于各企业端企业提供原始表单按照季度初审合格率进行相应差额比例浮动，例如划定初审合格率边际约束线为95%，按照超过比例 E 相应减少收费，按照未达标比例相应增加收费。

第一种收费策略权重为 $W\%$（$W < 100$），第二种收费策略权重为（$100-W$）%。

两种收费策略的合并公式如下：

$$总收费\ T=(RS+PS)W+MQ(1-E)(100-W)\% \tag{1}$$

4.2 集团公司总部支付的共享端咨询服务的增值费用

根据全部上线的各业务数据进行比较分析，按照油气勘探开发、油气销售、炼油化工、炼化工程、石油工程等类别，分区域对各子企业经营水平、公司治理水平，进行评估诊断与水平评级。每年按照业务领域对于企业经营水平和公司治理水平排名后五的分（子）公司，由共享公司对其提供企业管理咨询服务，助其提高企业经营水平与公司治理水平。此类管理咨询的增值服务由集团公司总部支付。

5 双重委托困境中的长期重复博弈

内部收费策略使得共享服务，在集团公司内部既作为总部相关职能部门的代理监督者，也使得共享服务公司与各企业成为长期持续博弈且充满预期和双方互惠的理性合作者。科斯在经典著作《企业的性质》和《社会成本问题》中针对管理困境提出，如果不存在讨价还价的障碍，理性的个人或组织，总是将讨价还价，直到达成有效率的解决方案为止，只有当讨价还价的成本相对于有效结果过高时，才需要某种科层权威和行政指令。然而尽管科层权威和行政指令可以提供给企业所需的统一性和一致性问题，但同样不能解决导致市场失灵的信息不对称问题，非常的科层权威和行政指令是获取明智决策所必须信息的障碍。

共享服务接受集团公司总部财务、人事等总部职能部门的职能代理委托，同时接受了各企业端企业财务、人事等业务处理执行的服务代理委托，双重委托之间，即共享服务公司的监督总部政策制度执行、加强内部控制防范的职能与面向内部收费的经营模式存在内在冲突矛盾。但是如果由集团公司总部对共享服务的费用按照事业单位核定拨付，则会降低共享服务的效率，并使得共享服务职能官僚化。共享服务的内部收费策略，应为指令性价格与市场性价格的混合价格，也就是说共享服务的内部收费策略需要通过共享服务公司与企业端讨价还价后，经过集团公司总部确认，以行政指令下达执行，在实施过程中为一对多的长期重复博弈。

对于研究冲突和合作的情形而言，博弈论提供了一个统一的分析架构。博弈论是一种工具，用于描述和分析多个参与者作出决策的情形。参与各方的互动是分析的核心，每一方在决策时都考虑到其他各方的行为。集团公司从激励相容的制度安排出发，对共享端与企业端的激励机制设计，应使得两者追求各自目标函数最优化与集团公司整体的目标函数最优化相一致，追求“共享化公司治理”的整体帕累托最优。当然，帕累托最优是经济学家分析问题的一个理想参照系，当认为某种安排是“最优”时，是指代理成本或交易成本最小的安排，或者说，寻求长期性的整体过程最优。笔者认为在集团仲裁下的该博弈模型，在长期过程中会逐次逼近讨价还价的纳什均衡。进一步可以应用纳什讨价还价公理模型（也称为合作模型，把讨价还价过程模型化为一个合作博弈），来预测任意给定的讨价还价环境下具体的结果。即，对预计的结果与可行的结果集合之间的关系给出一组假设或者公理。这种关系可以表示为议价者的效用函数，根据这种方法，它描述出一个具体函数的特征，这个函数可以从范围广泛的一组讨价还价问题中甄选出唯一的结果。纳什的方法是考虑一组潜在的协议，并且忽略一组特定的谈判所遵循的具体程序，这使得讨价还价理论有可能具有足够的普遍性。

6　共享化公司治理趋向

共享化公司治理的方向是第三方管理咨询的外部典范。企业内部约束加强一个明显的例子是独立会计师的出现。财务共享服务，在集团公司企业内部，相对于所服务企业端类似于第三方会计事务所。业内，在第三方会计师事务所审计的执行过程中，审计方和经营者之间存在着一定的经济利益关系，通过上级聘用审查下级、异地聘请以及法律严格监管等方式，增强第三方审计的独立性。影子价格激励下的内部收费策略，会促进共享业务发展与“共享化公司治理”向第三方管理咨询的外部典范上转型，并在此方向上动态调整，长期实现“共享化公司治理”在提高集团公司所属分公司、子公司的企业经营水平与治理能力上的激励相容安排，获得共享服务端与企业端整体的企业增长帕累托最优。

参考文献

[1]　周小川 . 数学规划与经济分析 [M]. 北京 ：中国金融出版社，2019.

[2]　奥利弗・威廉姆森 . 治理机制 [M]. 北京 ：机械工业出版社，2016.

[3]　奥利弗・哈特 . 不完全合同、产权和企业理论 [M]. 上海 ：格致出版社、上海三联书店、上海人民出版社，2016.

[4]　李华营 . 从交易费用和合约安排角度探讨中国石化专业化重组增长路径 [J]. 国际石油经济，2017（12）.

[5]　李华营，侯婷婷，杨东波 . 基于替代函数的中国石化“油气田公司”改造研究 [J]. 国际石油经济，2016（7）.

[6]　童乙伦 . 基于讨价还价博弈的中国改革逻辑 [D]. 杭州 ：浙江大学，2011.

[7]　罗杰・B. 迈尔森 . 博弈论 ：矛盾冲突分析 [M]. 北京 ：人民大学出版社，2015.

[8]　诺贝尔经济学评奖委员会 . 合同理论 [J]. 比较，2016（6）.

中国石油套期保值会计可行性研究

侯文婷　王少飞　乔 宁
（中国石油天然气集团有限公司财务部）

摘　要：金融衍生工具是企业管理大宗商品、汇率、利率风险敞口的重要工具，通过套期保值会计可清晰地反映金融衍生业务实质，起到规范和效果评价作用，防控业务风险。石油企业使用套期会计虽然存在应用成本，但具重要意义：可充分反映开展金融衍生业务是否基于套期保值原则、是否合规，助力企业完善风险防控机制；有助于多元化企业财务系统信息维度，实现金融衍生业务和财务信息系统间的勾稽和对接；可监控未达到会计入账要求的实货敞口，助力企业全面监控实货及金融衍生业务风险敞口；有助于企业利用外部金融市场发展提升自身套期保值能力；有助于企业执行国资委监管要求。梳理了国内外套期会计准则的演进，调研了国内外上市公司套期会计案例，分析并对比使用套期会计对企业产生的重大意义和深远影响，最后明确中国石油可着重从套期保值的治理机制、套期会计准则的应用实施要点等方面搭建套期会计框架，并着重提升套期会计的信息化技术和信息披露等相关工作。

关键词：金融衍生；套期会计；套期保值；对冲；会计；风险敞口

引言

套期保值指企业为管理其资产、负债等价值变化风险而达成与上述资产、负债等基本吻合的期货交易和衍生品交易的活动。根据 2022 年 8 月 1 日生效的《中华人民共和国期货和衍生品法》，套期能否实现保值目的仍然只能以“基本吻合”作为判定方式，没有硬性比例规定；但如果企业使用金融衍生工具对冲自身业务风险而产生增量风险敞口，则存在投机嫌疑。套期保值会计（以下简称套期会计）在对企业套期保值活动进行会计处理的同时，可以通过对套期工具和被套期项目在会计期间计入损益或其他综合收益的方式，减少企业利润表的波动或错期变化，确保会计报表真实反映企业的经营情况。因此，套期会计的本质是为了让会计处理后的套期保值业务更能反映经济活动实质，同时套期会计的披露和反映能够对企业的套期保值活动起到规范和效果评价的作用。因此，套期会计是企业防控金融衍生业务风险的重要工具。

1　石油企业应用套期会计的意义

1.1　套期会计的应用成本

《企业会计准则第 24 号》（以下简称 CAS24）下的套期会计并非强制要求，石油企业管理层在决定是否采用套期会计时应该充分考虑成本和收益，应用套期会计的最大难度在于会计判断的难度和信息披露的成本。

一是会计判断难度。套期会计准则更侧重于会计处理的原则导向，因此在应用过程中自主判断成分较多。例如，对于套期有效性的前瞻性评价、套期关系是否符合经济关系的持续性认定、套期再平衡所预期或应该发生的时点等，要求企业财务人员具备较高专业素养，方可做出判断。

二是信息披露成本。套期会计准则对信息披露要求严格，既要披露风险管理目标及策略，又要分析披露套期工具及被套期项目、套期有效性等。因此企业在初期执行时需要花费大量人力及时间成本，同时需要在组织机构和机制建设上投入更多的运行成本。

1.2　套期会计的应用收益

1.2.1　套期会计可充分反应金融衍生业务是否合规、是否有效，可助力企业完善风险防控机制，抑制投机行为

套期会计虽然在初次应用时成本较高，但可对金融衍生业务是否基于套期保值原则、是否合规、套期保值活动是否有效等方面做出评价。财务信息化的推进及金融衍生业务信息系统的建设，将有助于降低套期会计应用成本，对企业金融衍生业务监管具有积极引导作用。

此外，套期保值活动的目的是对冲企业面临的各类价格风险敞口，例如大宗商品、汇率、利率等。此类风险敞口隐蔽性较高，一旦巨幅波动可能对企业的生产经营带来重大不利影响，且可能隐藏在企业的日常业务或整体战略层面，因此企业需要灵活运用各类套期

保值工具进行风险管理。根据 CAS24 和 IFRS9 的相关规定，套期会计可从交易对冲方面满足企业对生产经营风险管理的会计处理需要，更加注重风险管理实务。

应用套期会计不能解决所有风险，但因套期会计体系的基础是完善的工作机制，应用套期会计可记录套期保值策略及会计处理方式，帮助管理层审视套期保值活动的有效性，从而对企业套期保值活动的开展及成效做出较为客观的评价和控制，有利于成为公司风险防控工具和抓手，规避金融衍生业务偏离套期保值目标或投机行为的发生。

1.2.2 套期会计有助于多元化企业财务系统信息维度，实现金融衍生业务和财务信息系统间的勾稽和对接

运用套期会计能够增强企业财务信息系统维度，实现金融衍生业务与实货业务或资金业务的逐一匹配、盈亏监测和实时监控，提升企业会计信息质量要求中的有用性、可靠性和及时性，有助于金融衍生业务和财务信息系统间的勾稽和对接。

同时，应用套期会计管理风险可完善企业内控体系，降低经营风险和投机行为，有利于提升企业价值。一方面，应用套期会计有利于保持套期工具和被套期项目的经济联系，保证内容上的一致性，从而避免企业利润的波动，维持企业更为稳定的现金流和经营业绩，有利于会计信息反映；另一方面，应用套期会计提升了会计信息的有用性，稳定了企业的利润，有利于规避企业的税收风险[3]，也有利于市场对企业价值的客观评价，对企业的投资[5]和融资[4]等经济活动均具正向作用，最终助企业稳定市值。

1.2.3 套期会计可对未达到会计入账要求的实货敞口进行监控，助力企业全面监控实货及金融衍生业务风险敞口

存货作为资产入账时需满足权责转移、可靠计量两个条件，但对于特定业务阶段的实货，例如已签订合约但尚未进入计价期的实货，会计暂未入账但实质已经形成实货敞口，采用套期会计可以不评估实货价值，但对于实货敞口波动会进行会计计量。因此，套期会计可帮助企业全面监控实货和金融衍生业务的风险敞口。

1.2.4 套期会计有助于企业利用外部金融市场发展提升自身套期保值能力

随着中国金融环境逐步完善和金融改革深入发展，中国金融衍生市场得到了充分发展，上海石油天然气交易中心、上海国际能源交易中心原油期货市场等都得到政府的大力推进和政策支持。2021 年 5 月 16 日，上海期货交易所落实习总书记在浦东开发开放 30 周年庆祝大会上的讲话精神，充分发挥临港优势，探索建立了场内全国性大宗商品仓单注

册登记中心，大力发展期货保税仓单业务。未来，企业将有更充分的市场和工具开展套期保值业务，对冲大宗商品、利率、汇率价格风险，稳定生产经营，这对企业的金融衍生业务专业度提出了更高要求。套期会计的实施对完善制度、加强管控、跟踪核算、及时披露均可起到关键性保障作用。

1.2.5 套期会计有助于企业执行国资委对中央企业金融衍生业务管理的监管要求

近两年，国资委连续下发《关于切实加强金融衍生业务管理有关事项的通知》（国资发财评规〔2020〕8 号）、《关于进一步加强金融衍生业务管理有关事项的通知》（国资厅发财评〔2021〕17 号）等文件，对中央企业的金融衍生业务管理提出了新的监管要求，各中央企业已开始完善、调整相关业务。套期会计的优势之一是可充分为定期报告提供素材，包括业务审批、年度计划管理、信息系统建设、备案报告制度等各个业务环节，在业务调整过程中亦可管理升级，形成符合企业实际的管理制度和良性治理机制。

中国石油天然气集团有限公司（以下简称中国石油）是重点中央企业，随着业务板块的扩张和金融衍生业务的全面推进，套期会计的应用将可进一步稳定生产经营和防范风险，对多元化发展具积极作用。

2 国内外企业应用套期会计的案例分析

2.1 国内外套期会计准则的演进

国际套期会计准则自 2008 年开始发展和完善，2014 年 IFRS 9 正式取代 IAS 39，套期保值的核算方法逐渐完善，对我国套期会计的改革起到了借鉴作用。2017 年我国出台更新版套期会计准则 CAS24，与 2014 年国际会计准则理事会发布的 IFRS 9 趋同，但根据中国的实际情况做出了如下调整：扩大被套期项目和套期工具指定范围，套期有效性标准向定性标准转变（取消 80% ~ 125% 的套期有效性定量标准），引入新的套期关系重新平衡方法，引入新的特殊事项处理方法（如期权时间价值的会计处理），提高整体信息披露要求等。其核心理念是将企业的套期保值活动恰当地体现在财务报告中。

2.2 国内上市公司应用套期会计的案例分析

套期会计的使用具很强的行业属性，笔者从我国航空、农业、有色金属、钢铁、石化等行业分别挑选了部分上市公司，对其套期会计的使用情况和套期会计准则的披露情况进行了比较分析（表 1）。根据各行业对套期会计的应用情况可以发现：

表1 中国不同行业上市公司套期会计信息披露情况汇总

行业	证券代码	证券简称	套期类型	会计政策 披露情况	有效性 评价方法
农业	000893	亚钾国际	未披露	未披露	未披露
	000911	南宁糖业	现金流量套期	披露套期保值会计政策	未披露
	000930	中粮科技	未披露	未披露	未披露
	002852	道道全	公允价值套期、 现金流量套期	披露套期保值会计政策	比率分析法等
	600737	中粮糖业	现金流量套期	披露套期保值会计政策	未披露
钢铁	002110	三钢闽光	未披露	未披露	未披露
	000906	浙商中拓	公允价值套期、 现金流量套期	披露套期保值会计政策	比率分析法等
	000932	华菱钢铁	现金流量套期	未披露	未披露
	601005	重庆钢铁	公允价值套期	未披露	未披露
石化	600028	中国石化	现金流量套期	披露套期保值会计政策	比率分析法等
	600688	上海石化	现金流量套期	披露套期保值会计政策	比率分析法等
	600309	万华化学	现金流量套期	披露套期保值会计政策	比率分析法等
航空	600115	东方航空	公允价值套期、 现金流量套期	披露套期保值会计政策	比率分析法等
	601111	中国国航	未披露	未披露	未披露
	1055	中国南航	现金流量套期	披露套期保值会计政策	比率分析法等
有色 金属	000060	中金岭南	未披露	未披露	未披露
	000612	焦作万方	公允价值套期、 现金流量套期	披露套期保值会计政策	未披露
	000807	云铝股份	现金流量套期	未披露	未披露
	600362	江西铜业	公允价值套期、 现金流量套期	披露套期保值会计政策	未披露
	000878	云南铜业	现金流量套期	披露套期保值会计政策	未披露

注：信息来源为上市公司的2020年年报。

2.2.1 各行业通过开展金融衍生业务对冲生产经营风险的意愿逐年增强，套期保值比例逐年提升

尽管各个行业存在较大经营差异，实施套期会计后，不同行业上市公司更加清晰地认识到自身风险敞口以及对冲后的套期保值效果，因此逐年提升了套期保值比例。表 1 上市公司的年报信息披露可见，绝大部分上市公司都使用了金融衍生工具来对冲生产经营风险。笔者对农业板块等上市公司的普查结果显示，有 50% 以上的同行业上市公司都在年报中披露了金融衍生业务的开展情况。

2.2.2 不同行业的套期会计模型选择存在明显差异

套期会计模型分为 3 类：公允价值套期、现金流量套期和净投资套期。从表 1 中不同行业上市公司年报披露的套期政策可见，行业差异显著。钢铁业上市公司普遍以公允价值套期会计模型为主，农业上市公司普遍以现金流量套期会计模型为主，有色金属业上市公司普遍同时选择公允价值套期和现金流量套期两个套期会计模型，与油品有关的石化业和航空业上市公司则以现金流量套期会计模型为主。例如，东方航空公司在 2020 年报中披露“本集团持有尚未交割的航油远期合约”“本集团签订的航油远期合约主要是以固定交易价格采购航油”“本集团签订的外汇远期合约主要是以固定汇率购买美元外汇，以支付飞机预付款及预期发生的航油采购款”等相关内容。

2.2.3 同行业公司的套期会计信息披露存在较大共性

虽然不同行业公司套期会计信息披露差异较大，但同行业内公司套期会计信息披露存在较大共性，无论是套期会计信息政策的披露，还是套期信息的定量披露，均存在较大趋同性，这一现象在一定程度上印证了 Lisa Koonce 于 2015 年的研究成果 [2]：“投资者对公司套期投资的价值认定，往往会受到同行业公司信息披露方式的影响。”因此，企业在披露套期会计信息时，需要特别注意同行业公司的披露方式和披露情况。

2.3 国外石油公司应用套期会计的案例分析

2.3.1 国外石油公司套期会计的应用较为普遍

国外石油公司对以套期保值为目的开展的金融衍生业务重视程度较高。国外大石油公司在年报中“套期保值”的词频达百次以上，其中次数最少的壳牌也近 70 次（表 2）。

表2　2020年国外石油公司年报套期会计信息频率

公司名称	套期保值词频（次）	套期会计（次）
BP	302	32
Shell（壳牌）	70	6
Total（道达尔）	216	5

国外大石油公司普遍根据 IFRS9 要求对金融衍生业务的会计处理应用了套期会计准则，应用后信息披露优势得以体现。国外大石油公司 2020 年年报的具体披露信息显示，截至 2020 年年底，BP 公司资产类套期工具的公允价值达 26.94 亿美元，占总资产 1.01%；道达尔资产类套期工具的公允价值达 32.39 亿美元，占总资产 1.22%；壳牌资产类套期工具的公允价值达 85.88 亿美元，占总资产 2.98%。此类信息披露使投资者更了解公司对稳定生产经营所采取的举措、行动和效果，从而对自身投资资产的回报有更加全面的了解。

2.3.2　国外石油公司普遍同时使用公允价值套期和现金流量套期两类套期模型，且针对商品类和货币类金融衍生业务的开展情况分别进行披露

BP 公司、道达尔和壳牌 3 家大型石油公司的信息披露显示：最常用的套期会计模型是公允价值套期，对于现金流量套期会计模型的使用比例有所不同，其中 BP 公司的使用比例最低。公允价值套期的广泛使用反映出国外石油公司对于资产或负债合约的执行相对确定，因而套期保值的效果更容易通过单一会计科目体现，同时对企业的风险管理有所帮助。套期会计模型的选择反映了公司对风控制度和套期保值策略规划的态度，因此即使对于同一类业务，可能也会存在较大区别。

2.3.3　国外石油公司套期会计信息披露质量较高，较好地反映了套期工具和被套期项目的期限分布等情况，有利于公司金融衍生业务的风险防控

国外大石油公司的套期会计信息披露水平较高，对套期会计执行的相关信息（如对套期模型、套期效果、套期过程等的披露颗粒度）较为细致。对套期工具期限分布进行较为详细的信息披露，可为识别套期工具与被套期项目之间的套期关系建立提供坚实的信息基础，助力公司顺利开展套期保值效果评价和管控金融衍生业务风险。

3 中国石油应用套期会计的工作框架

中国石油可着重从以下几方面搭建套期会计框架。

3.1 套期保值的治理机制

中国石油需在制度层面建立套期保值治理体系，从制度管理和风控体系建设两方面，对套期保值活动进行制度规范。

3.1.1 制度及管理体系搭建

中国石油所属企业如果应用套期会计，需重新搭建管理体系，从制度层面保障套期会计工作的顺利开展。企业应设置包括管理层或市场风险管理委员会、业务部、内控部及财务部在内的四个部门，以保证套期会计的应用实施（图 1），其中：管理层或市场风险管理委员会负责金融衍生业务管理战略、风控措施及风控指标限额等；业务部负责分析及研判市场、识别风险敞口、指定套期关系等；风控部负责金融衍生业务管理制度和工作流程；财务部负责制定套期会计核算办法，完善金融衍生业务的结算流程等。

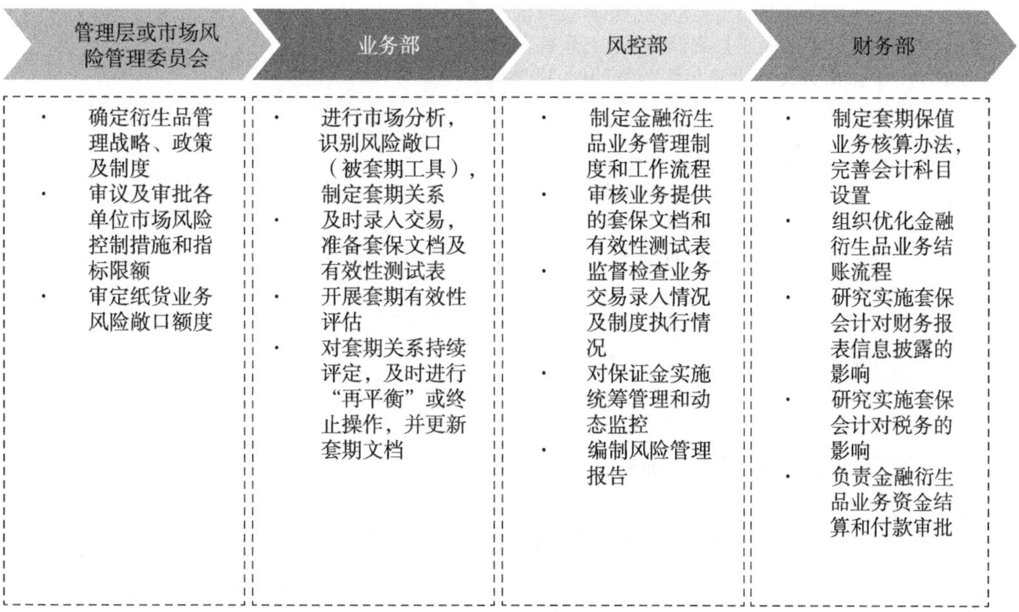

图 1　制度及管理体系构建

3.1.2 风控体系建设

中国石油所属企业例如果应用套期会计，应以金融衍生业务的交易过程为主要风险监控对象，并以此为基础分解交易过程，分别明确前台交易、中台执行、后台财务及风控部门4个风险监控关键岗位的职责，明确各岗位监控数据（表3），最终关联金融衍生业务与风险监控点、责任岗位和岗位职责之间的关系，确保金融衍生业务风控措施的落实和风控责任的到位。

表3 中国石油风控体系的建设

主要部门	主要职责	监控数据
前台—交易	· 交易员申请金融衍生业务交易 · 期纸货交易员寻找对手方 · 期纸货交易员将交易录入业务系统	金融衍生业务头寸、期纸货价格、原油/成品油等市场价格走势、金融衍生业务套期保值策略实施是否依然满足套期保值原则等
中台—执行	· 执行人员负责合同报批与签署 · 执行人员上报风险日报 · 执行人员负责交易的记录、日常跟踪，与交易对手进行每日对账 · 执行人员进行有效性测试	未/已实现盈亏、风险敞口等
后台—财务	· 财务人员负责对外资金结算及付款 · 财务人员根据测试结果进行财务记账 · 财务人员编制（半）年度财务报告	资金监控、保证金收支及余额、财务数据准确及完整性
风控部门	· 对新增期货经纪机构及金融衍生业务交易对手名单进行资信评估，确定交易限制条件 · 对期货交易场所和业务品种进行审批 · 对各单位风险管理报告进行汇总编制并报送相关领导 · 组织境内外机构对境外期货头寸状况、信用额度和保证金使用状况等进行分析，编制合规检查报告	期货经纪机构及衍生品交易对手资信评估情况、期货交易场所和业务品种变化情况、未/已实现盈亏，衍生品头寸、信用额度、保证金使用情况等

3.2 套期会计准则的应用实施要点

3.2.1 套期会计实施的工作流程

根据《关于切实加强金融衍生业务管理有关事项的通知》（国资发财评规〔2020〕8号）、《关于进一步加强金融衍生业务管理有关事项的通知》（国资厅发财评〔2021〕17号）规定，开展金融衍生业务的企业要强化内控执行，严格合规管理，规范开展授权审批、交易操作、资金使用、定期报告，风险管理部门要建立每日报告制度。中国石油在工作流程设计了定期报告制度，风险管理部门、交易部门与财务部门要每月对账；风险管理部门、交易部门每季度要向经营管理层报告业务开展情况。通过这样的流程设计，中国石油可以确保业务、风控和财务部门之间实现定期、有效的沟通，通过保证有效性测评表和台账信息的合理性和准确性，提升会计信息质量。其中，业务部门主要负责提供金融衍生工具类型，登记套期保值台账，开展月度有效性测试，持续跟踪套期保值关系和效果；风控部门审核有效性测试表及台账价格等参数；财务部门审核有效性测试表，根据会计准则要求进行账务处理，同时根据业务提供信息分析损益影响。

3.2.2 套期会计的基础工作

中国石油在套期开始时，制定了书面的套期文档，以保证正规化套期工具和被套期项目间的关系，该文档载明了套期工具、被套期项目、被套期风险的性质，以及套期有效性评估方法等内容。同时，套期保值文档也明确了风险管理目标和策略，并对套期保值有效性的关键要素进行明确，对有效性评估的实施提供了有效的制度性保障。

3.2.3 套期会计的账务处理

中国石油应用套期会计时需要改进的项目包括：调整相关会计科目，完善核算过程中所涉及的资产负债类、权益类及损益类科目等。首先，在资产负债表中增设“衍生金融资产”“衍生金融负债”科目，核算金融衍生业务的浮动盈利、浮动亏损；增设“其他应收款”“其他应付款”科目，核算金融衍生业务的实现盈利、实现亏损，以及保证金支付、收取。其次，通过损益类的“主营业务收入”“主营业务成本”科目核算现金流量套期实现盈亏，在“公允价值变动损益”科目核算现金流量套期浮动盈亏，在“投资收益”核算现金流量套期实现盈亏，金融工具准则下金融衍生业务实现盈亏。最后，通过权益类的“其他综合收益”科目核算现金流量套期浮动盈亏部分。

除此之外，中国石油在完成科目调整的基础上，需根据 CAS24 的要求，结合集团公司业务开展的实际情况，统一集团公司内部相关业务的会计处理方法，包括会计分录的编写等，形成集团公司统一的会计核算方法。

4 中国石油应用套期会计的未来展望

4.1 套期会计的信息化技术

中国石油在实施套期会计时，除了上述制度和流程的规范保障，还应完善信息系统，强调运用信息化手段规范操作流程，一方面通过信息化技术支撑集团业务运行和财务核算，另一方面通过信息化技术对集团公司的金融衍生业务实施全面业务风险监控。

4.2 套期会计的信息披露

中国石油在实施套期会计时，未来在信息披露时仍然面临其他重要事项，包括过程披露、行业披露等问题。

（1）过程披露与结果披露。研究成果显示，投资者除了关注套期保值的结果，还会关注套期会计信息披露所反映出来的管理层努力程度和套期保值工作的程序规范等方面[1]。在套期保值效果不好时，这些信息对投资者的影响更明显，也会对公司的市值管理产生较为深远的影响。

（2）行业披露与历史披露。在开展套期会计信息披露的同时，公司也要定期关注同行业公司的披露方式和公司自身的历史披露方式，尤其是同行业公司的披露方式。当同行业公司披露方式改变时，要注意可能对公司产生的影响，研究成果表明此类行业信息的披露会影响投资者理解公司的价值判断[2]。

参考文献

[1] LISA KONNCE, MARLYS GASCHO LIPE, MARY LEA MCANALLY. Investor reactions to derivative use and outcomes[J]. Review of Accounting Studies, 2008(13): 571–597.

[2] Lisa Koonce, Jeffrey Miller, Jennifer Winchel. The effect of norms on investor reactions to derivative use[J]. Contemporary Accounting Research, 2015(32): 1529–1554.

[3] Smith C W. The determinants of firms hedging policies[J].Journal of financial and quantitative analysis, 1985(4): 391–450.

[4] Stulz R M. Rethinking risk management[J]. Journal of applied corporate finance,1996(3): 8–25.

[5] 黄建兵，宁静鞭，於颖华 . 我国上市公司风险管理决策的实证研究 [J]. 经济管理，2008（12）：4–9.

[6] 财政部 . 企业会计准则第 24 号套期保值 [M]. 北京：经济科学出版社，2006.

[7] 财政部 . 企业会计准则第 24 号套期会计 [M]. 北京：经济科学出版社，2017.

新冠疫情期间油气管线与国际海运价格关系研究

边兆博

（中国石油技术开发有限公司）

摘　要：海外油气管线的夯实、高效动迁和建设，是实现我国广义油气领域“打通内外贸，构建双循环”的重要基础和举措之一。如何能够对油气管线进行有效国际海运组织，是降低油气管线动迁成本、保证油气管线施工的重要环节。新冠疫情暴发后，作为油气管线外循环主要成本基础的钢材价格与国际海运价格都经历了以上涨为主要趋势的剧烈变化，叠加新冠疫情对国际贸易供需关系的深刻影响，油气管线外循环的成本核算和货物交付都带来了前所未有的困难和风险。本文通过对 2020 年和 2021 年新冠疫情“极端时段”内油气管线主料热轧钢和国际海运价格的走势分析研究，试图找到油气管线外循环成本和国际海运“特殊时段”价格之间存在的内在关系，以期为今后油气管线外循环的国际贸易企业和建设企业提供当前成本核算、未来成本期望及国际海运物流组织等提供借鉴和参考。

关键词：新冠疫情；油气管线；国际海运；价格关系；海运价格；油气管线价格

1　研究背景和意义

自 2020 年初新冠疫情在全球爆发以来，新冠疫情对社会、经济、国际关系、国际物流等都产生了巨大的影响，带来了前所未有的挑战和困难。各个行业都在新冠疫情常态化的前提下，寻找着行业在新冠疫情困境下的新对策和新方向，油气、制造、贸易、物流行业如是。

2020 年和 2021 年间，受到铁矿石和煤炭价格波动的直接影响，并在新冠疫情的次生叠加影响下，钢材价格在上涨的主要趋势下剧烈波动。国际海运价格也在新冠疫情带来的国际供需关系重新平衡的决定性影响下，同时受到国际原油价格间接影响及航运事故、事件等外在因素的影响，出现“普涨巨涨”的被动局面，个别集装箱航线海运费上涨 10 倍有余。2021 年国家发布取消大量钢制品种类出口退税的相关规定也给相关行业带来了深刻影响。西非尼—贝管线项目的动迁、建设和投产就深受新冠疫情和价格波动的影响。

本文以油气管线基材的热轧板作为钢材价格研究样本，以南美西（厄瓜多尔）及北非（埃及）航线海运费用作为海运价格研究对象，以新冠疫情肆虐的 2020 年和 2021 年作为研究时间区间，分别通过油气管线价格与海运价格在新冠疫情期间的变化走势进行研究，试图找到其中存在的价格关系，对促进今后相关管线类外循环贸易出口、成本估算、风险控制等具有一定的经济性、实用性和参考性。

2 油气管线价格分析

2.1 油气管线价格构成

油气管线价格成本绝大部分由钢材构成，又以使用热轧钢最常见。钢材价格主要由原材料成本、辅料、能源及人工成本构成。钢材原材料主要包括焦炭和铁矿石。钢材成本构成公式如下：

$$生铁成本 =（1.6 \times 铁矿石成本 + 0.5 \times 焦炭成本）/ 0.9 \tag{1}$$

$$粗钢成本 =（0.96 \times 生铁成本 + 0.15 \times 废钢成本）/ 0.82 \tag{2}$$

炼制后的粗钢再经冷轧或热轧等作业处理后，即完成钢材制造，以供制造、建筑等行业后续加工、使用。

钢材的制作过程中，铁矿石成本占据钢材成本近 60%，焦煤成本占比约 30%，辅料、能源及人工等其他成本一般仅占钢材总成本的不足 10%。油气管线即使是油气防腐管线成本也是以钢材为最主要成本，可占到 90% 以上。

因此，钢材价格乃至油气管线价格主要受铁矿石和焦煤价格波动及市场供需变化的决定性影响[1]。

2.2 热轧钢价格走势

2.2.1 热轧钢国内价格走势

处于新冠疫情期间的 2020 年、2021 年，受新冠疫情影响及后续铁矿石价格巨幅上涨、煤炭价格上升等直接因素作用，以热轧钢为代表的国内钢材价格整体趋势是快速巨幅上涨，并于 2021 年 5 月达到价格顶峰，后期价格出现波动回调态势。国内热轧钢价格 2021 年末与 2020 年初相比上涨约 23.5%，2021 年 5 月价格 6074 元 / 吨为其新冠疫情期间最高价格，与 2020 年初相比上涨约 54%。热轧钢国内价格走势如图 1 所示。

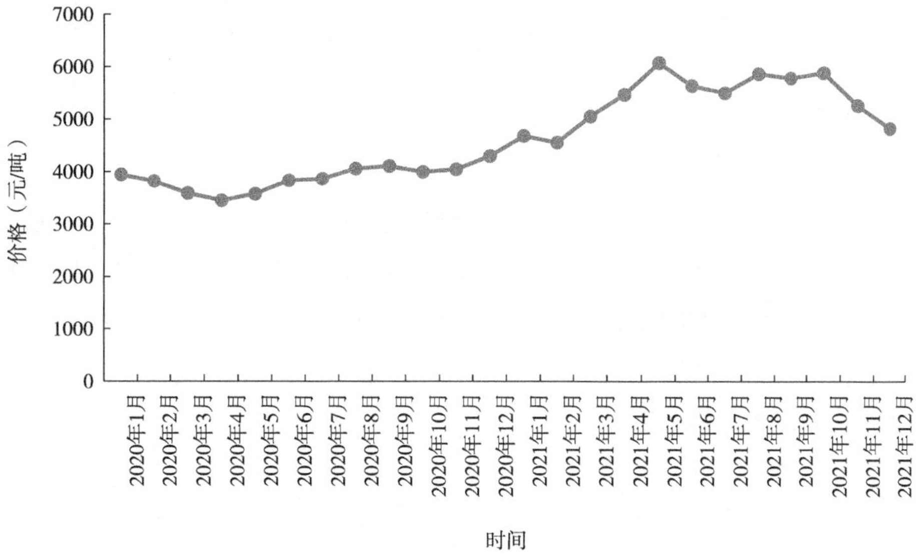

图 1　热轧钢国内价格走势

资料来源：中国钢铁工业协会

2.2.2 钢材出口价格走势

钢材出口价格走势选用低于热轧钢材价格的中国出口钢材平均价格（美元已核算为元）。2020 年和 2021 年内，中国出口钢材平均价格整体趋势与热轧钢国内价格趋势基本一致，但上涨势头更为迅猛。2021 年末与 2020 年初相比价格上涨约 125%，2021 年 11 月价格 11241 元 / 吨为新冠疫情期间最高价格，与 2020 年初相比上涨约 130%。钢材出口平均价格走势如图 2 所示。

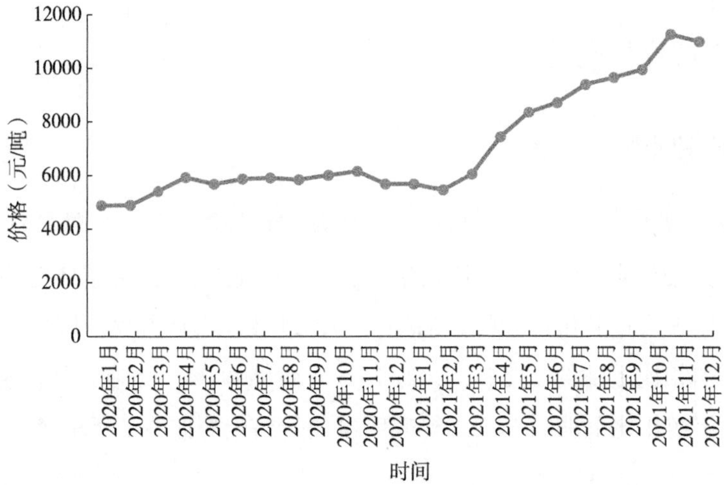

图 2　钢材出口平均价格走势

资料来源：中国钢铁工业协会

2.3　钢材生产及出口

2020 年和 2021 年新冠疫情期间，国内钢材产量基本保持在每月约 11000 吨，产量稳定。钢材出口情况受到 2021 年 5 月 1 日和 8 月 1 日两次取消部分钢铁制品出口退税规定的决定性影响，导致取消退税规定执行前均出现钢材出口量爆发式增长。

对比热轧钢国内价格和钢材出口价格数据，钢材产量和出口量与价格关联度不大。钢材产量和钢材出口量情况如图 3 所示。

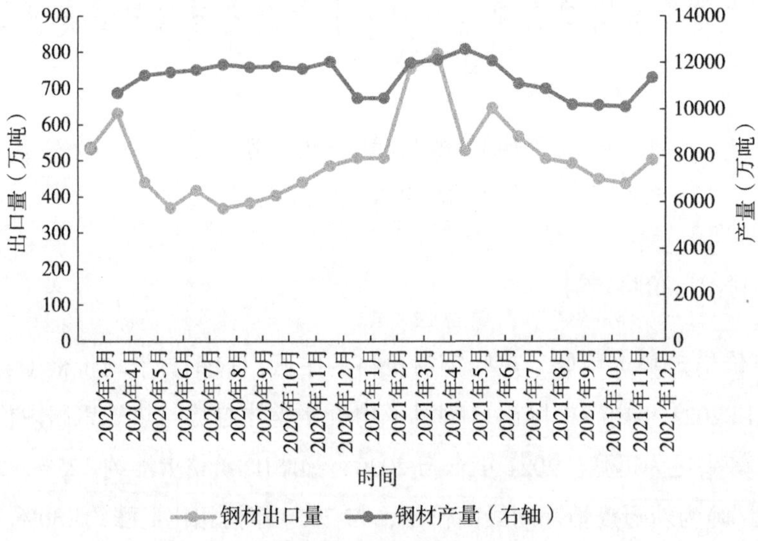

图 3　钢材产量和钢材出口量

资料来源：中国钢铁工业协会

2.4 热轧钢价格分析

从图 1 和图 2 数据可以看出，新冠疫情两年间，热轧钢国内价格最高价格比最低价格上涨约 170%，钢材出口平均价格最高价格比最低价格上涨约 230%；热轧钢国内价格月环比上涨最高达到 11%，钢材出口平均价格月环比上涨最高达到 23%。由此，热轧钢乃至所有钢材的价格上涨幅度并不稳定，钢材出口价格与国内钢材价格也不是正相关关系，钢材出口价格波动率高于热轧钢成本价格波动率。

3 国际海运价格走势

3.1 国际海运价格构成

国际海运价格，国内外阶段分别按照国内阶段工厂国内港口交货条款及国外阶段国外港口 CIF 交货条款为基础，广义上一般可包括国内港口费用、国际海运保险费用及国际海运运输费用。

国际海运运输费用，为狭义下的海运价格，针对油气管线物资国际海运运输主要可按照油气管线长度和项目成本核算分为 40 英尺集装箱国际海洋运输和杂货国际海洋运输，本文将就此分别进行详细分析研究。

国内港口费用由港务局和相关企业确定收取费用标准，少有波动基本稳定。40 英尺集装箱港口费用多为 195 元 / 吨（40 英尺集装箱限重按照满载 26 吨计算），杂货船港口费用多为 40 元 / 吨。

国际海运保险费一般以油气管线 CIF 金额为基础，按照加成比例（一般为 10%）加成后，按照保险费率计算，海运保险费用计算公式见公式（3）。

$$\text{国际海运保险费用} = \text{油气管线 CIF 金额} \times (100\% + \text{加成比例}) \times \text{保险费率} \quad (3)$$

3.2 40 英尺集装箱海运价格走势

2020 年 3 月起，受到新冠疫情在中国得到有效控制同时全球开始蔓延的影响，导致中国至其他国家海运市场供需变化开始失衡。海运价格在 2020 年 6 月份开始上涨，2021 年 3 月受到埃及苏伊士运河航道事故堵塞影响，北非（埃及）航线和南美西（厄瓜多尔）航线海运费先后开始进一步上涨，并最终于 2021 年 9 月前后达到海运价格峰值约 16000 美元 /40 英尺集装箱（核算约 104000 元 /40 英尺集装箱）。按照 40 英尺集装箱装运油气管线限重 26 吨计算，40 英尺集装箱海运单吨价格走势如图 4 所示。

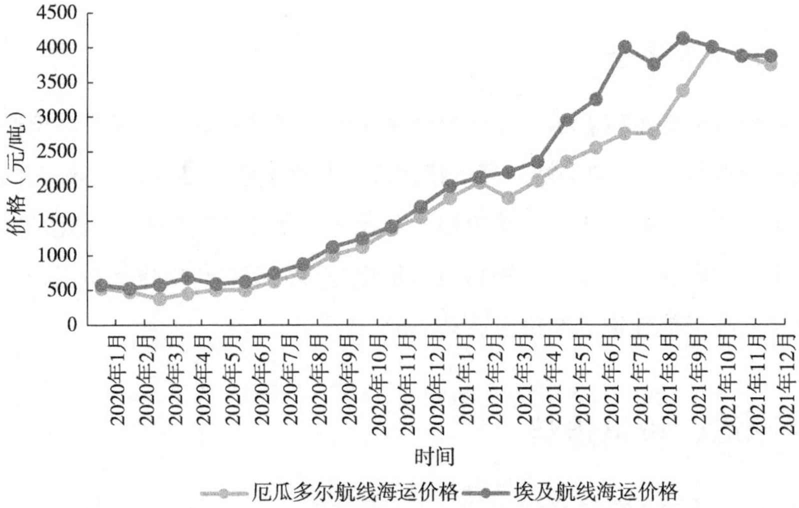

图 4　40 英尺集装箱海运单吨价格

资料来源：中国海关总署

3.3　杂货海运价格走势

2020 年新冠疫情暴发后，杂货海运价格在 2020 年内都保持了比较稳定的态势，保持在 260 ~ 300 元 / 吨的价格水平。2021 年 3 月后，受到埃及苏伊士运河航道事故堵塞的广泛影响以及集装箱海运价格持续暴涨对于国际海运供需的次生影响，杂货海运价格开始迅速上涨，并于 2021 年 10 月达到价格顶峰，北非（埃及）航线和南美西（厄瓜多尔）航线分别约为 1105 元 / 吨和 965 元 / 吨。杂货海运价格走势如图 5 所示。

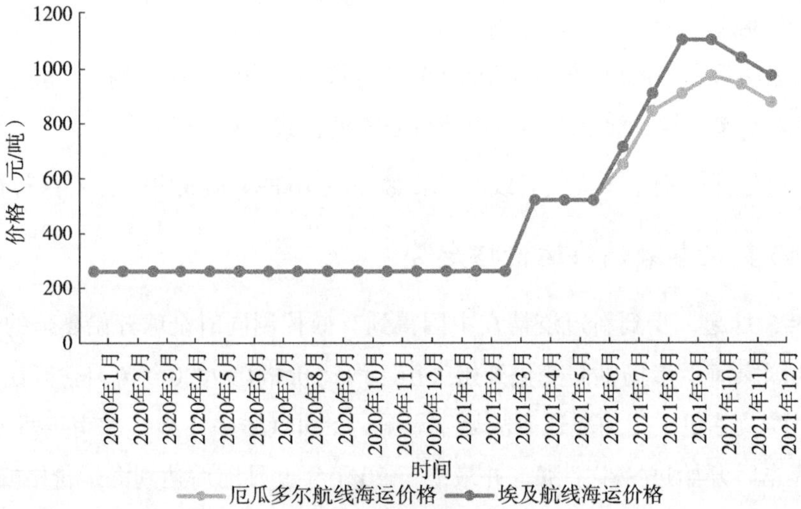

图 5　杂货海运价格

资料来源：中国海关总署

3.4 海运价格分析

从图 4 和图 5 数据可以看出，新冠疫情两年间，海运价格上涨幅度比例相比热轧钢价格上涨幅度比例更高。集装箱国际海运最高价格比最低价格上涨约 785%，杂货国际海运最高价格比最低价格上涨约 400%，均达到了历史价格最高。同时集装箱海运价格月环比上涨最高达到 28%，杂货海运价格月环比上涨最高更是达到 100%。集装箱国际海运价格在达到价格顶峰后保持高位稳定态势，杂货国际海运价格在较快到达价格顶峰后开始回落。

但不能忽视的是，针对油气管线这类大宗物资，尤其是长度超过 11.8 米的管线，更多的海运方式是杂货海洋运输。所以即使北非（埃及）航线集装箱国际海运单价在 2021 年 10 月突破 4000 元 / 吨，同期北非（埃及）航线杂货国际海运单价也只占集装箱海运单价不足 27%。杂货国际海运方式充分保证了相对较低成本的国际海运待选运输方案。

从图 4 和图 5 数据可以看出，北非（埃及）航线国际海运价格都高于同期南美西（厄瓜多尔）航线同种海运方式的海运价格。因此，下文也将以更具有代表性的北非（埃及）航线价格作为研究对象。

4 油气管线价格与海运价格关系分析

4.1 油气管线出口成交价格研究

油气管线成本中钢材占据 90% 以上，因此以国际海运价格与油气管线所常用热轧钢钢材出口成交价格为切入点，进行价格关系分析研究。油气管线出口成交价格以钢材出口到岸价格为基准，由热轧钢国内价格成本，油气管线其他成本，国内港口费用，国际海运运输费用，国际海运保险费用构成。油气管线出口成交价格计算公式见公式（4）。

$$\text{油气管线出口到岸价格}=\left\{\left[\text{热轧钢国内价格}/(1-\text{管线其他费用比率})+\text{国内港口费用}+\text{国际海运运输费用}\right]/\left[1-(1+\text{保险加成比例})\times\text{保险费率}\right]\right\}\times(1+\text{出口利润率}) \quad (4)$$

4.2 集装箱海运出口关系分析

油气管线出口到岸价格与国际海运价格费用有直接关联，管线出口到岸价格受运输成本变化而变化，因此选择海运价格更高、影响更大、更具代表性的北非（埃及）航线，分别按照钢材集装箱海运出口成交和管线杂货海运出口成交进行分析。

4.2.1 油气管线出口成交价格

通过图 1、图 4 相关数据，结合公式（4）计算，油气管线集装箱出口成交价格见表 1。

表1 油气管线集装箱出口成交价格走势

时间	热轧钢国内价格（元 / 吨）	国内港口费用（元 / 吨）	海运运输费用（元 / 吨）	保险加成	保险费率	出口利润率	管线出口成交价格（元 / 吨）
2020 年 1 月	3946	195	575	10%	0.30%	5%	5430.09
2020 年 2 月	3819	195	525	10%	0.30%	5%	5228.75
2020 年 3 月	3587	195	575	10%	0.30%	5%	5009.87
2020 年 4 月	3450	195	675	10%	0.30%	5%	4954.85
2020 年 5 月	3572	195	587.5	10%	0.30%	5%	5005.48
2020 年 6 月	3832	195	625	10%	0.30%	5%	5349.32
2020 年 7 月	3862	195	750	10%	0.30%	5%	5516.12
2020 年 8 月	4059	195	875	10%	0.30%	5%	5878.40
2020 年 9 月	4111	195	1125	10%	0.30%	5%	6202.64
2020 年 10 月	3997	195	1250	10%	0.30%	5%	6200.88
2020 年 11 月	4049	195	1425	10%	0.30%	5%	6446.11
2020 年 12 月	4298	195	1700	10%	0.30%	5%	7027.27
2021 年 1 月	4686	195	2000	10%	0.30%	5%	7797.48
2021 年 2 月	4557	195	2125	10%	0.30%	5%	7778.17
2021 年 3 月	5057	195	2200	10%	0.30%	5%	8442.44
2021 年 4 月	5470	195	2350	10%	0.30%	5%	9083.89
2021 年 5 月	6074	195	2950	10%	0.30%	5%	10422.98
2021 年 6 月	5644	195	3250	10%	0.30%	5%	10235.69
2021 年 7 月	5502	195	4000	10%	0.30%	5%	10859.59
2021 年 8 月	5869	195	3750	10%	0.30%	5%	11025.80
2021 年 9 月	5784	195	4125	10%	0.30%	5%	11321.36
2021 年 10 月	5885	195	4000	10%	0.30%	5%	11307.90
2021 年 11 月	5262	195	3875	10%	0.30%	5%	10446.98
2021 年 12 月	4828	195	3875	10%	0.30%	5%	9938.97

资料来源：中国钢铁工业协会，中国海关总署。

油气管线集装箱出口成交价格月环比上涨最高达到近 15%，最高环比涨幅高于热轧钢国内价格环比涨幅。因此集装箱国际海运价格的快速上涨进一步加速带动了油气管线出口成交价格的上涨，没有对稳定管线出口成交价格起到积极作用。

4.2.2 集装箱国际海运运输费用占比

集装箱国际海运运费占比是集装箱海运运输费用和油气管线出口成交价格的比值，直接反映了集装箱海运运输费用占取油气管线出口成交价格的多寡。集装箱海运运输费用占比如图 6 所示。

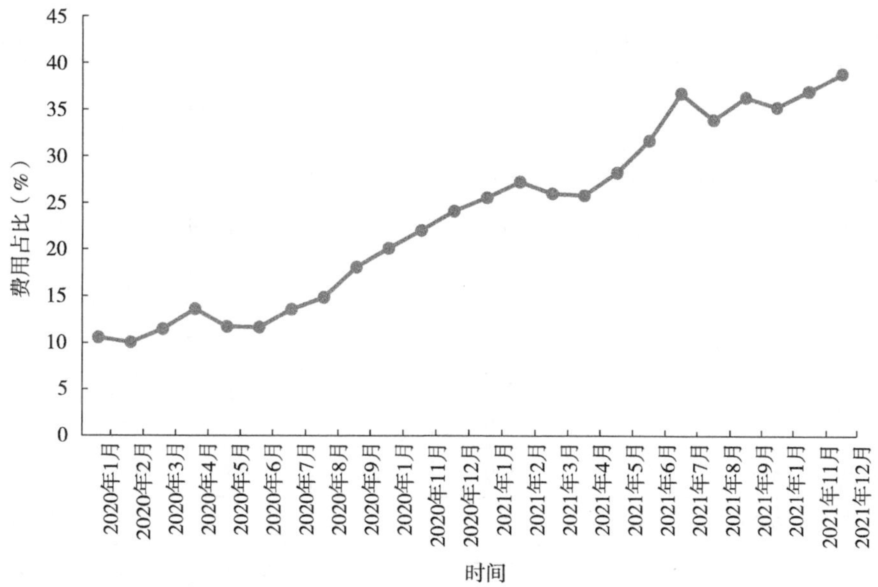

图 6 集装箱国际海运运输费用占比

可见伴随着新冠疫情期间国际供需关系的失衡，带来集装箱国际海运运费快速、大幅上涨，集装箱国际海运运输费用占比从 2020 年 1 月的约 10% 上涨至 2021 年 12 月的约 39%，占比上涨接近四倍。

集装箱国际海运运费的上涨直接加剧了集装箱海运油气管线出口成交价格上涨。

4.3 杂货海运出口关系分析

4.3.1 油气管线出口成交价格

通过图 1、图 5 相关数据，结合公式（4）计算，油气管线杂货出口成交价格见表 2。

表2　油气管线杂货出口成交价格走势

时间	热轧钢国内价格（元/吨）	国内港口费用（元/吨）	海运运输费用（元/吨）	保险加成	保险费率	出口利润率	油气管线出口成交价格（元/吨）
2020年1月	3946	40	260	10%	0.30%	5%	4934.95
2020年2月	3819	40	260	10%	0.30%	5%	4786.29
2020年3月	3587	40	260	10%	0.30%	5%	4514.73
2020年4月	3450	40	260	10%	0.30%	5%	4354.37
2020年5月	3572	40	260	10%	0.30%	5%	4497.17
2020年6月	3832	40	260	10%	0.30%	5%	4801.51
2020年7月	3862	40	260	10%	0.30%	5%	4836.63
2020年8月	4059	40	260	10%	0.30%	5%	5067.22
2020年9月	4111	40	260	10%	0.30%	5%	5128.09
2020年10月	3997	40	260	10%	0.30%	5%	4994.65
2020年11月	4049	40	260	10%	0.30%	5%	5055.52
2020年12月	4298	40	260	10%	0.30%	5%	5346.98
2021年1月	4686	40	260	10%	0.30%	5%	5801.14
2021年2月	4557	40	260	10%	0.30%	5%	5650.15
2021年3月	5057	40	260	10%	0.30%	5%	6235.41
2021年4月	5470	40	520	10%	0.30%	5%	6992.74
2021年5月	6074	40	520	10%	0.30%	5%	7699.74
2021年6月	5644	40	520	10%	0.30%	5%	7196.41
2021年7月	5502	40	715	10%	0.30%	5%	7235.63
2021年8月	5869	40	910	10%	0.30%	5%	7870.64
2021年9月	5784	40	1105	10%	0.30%	5%	7976.57
2021年10月	5885	40	1105	10%	0.30%	5%	8094.80
2021年11月	5262	40	1040	10%	0.30%	5%	7297.08
2021年12月	4828	40	975	10%	0.30%	5%	6720.59

资料来源：中国钢铁工业协会，中国海关总署。

油气管线杂货出口成交价格显著低于管线集装箱出口成交价格，同时环比上涨最高也只有约12%，大部分时间成交价格环比上涨均在10%以内。因此通过杂货出口油气管线，对降低和稳定管线出口成交价格形成价格比较优势具有显著竞争力。

4.3.2 杂货国际海运运输费用占比

杂货国际海运运费占比是杂货国际海运运输费用和油气管线出口成交价格的比值，直接反映了杂货海运运输费用占取油气管线出口成交价格的多寡。杂货国际海运运输费用占比如图 7 所示。

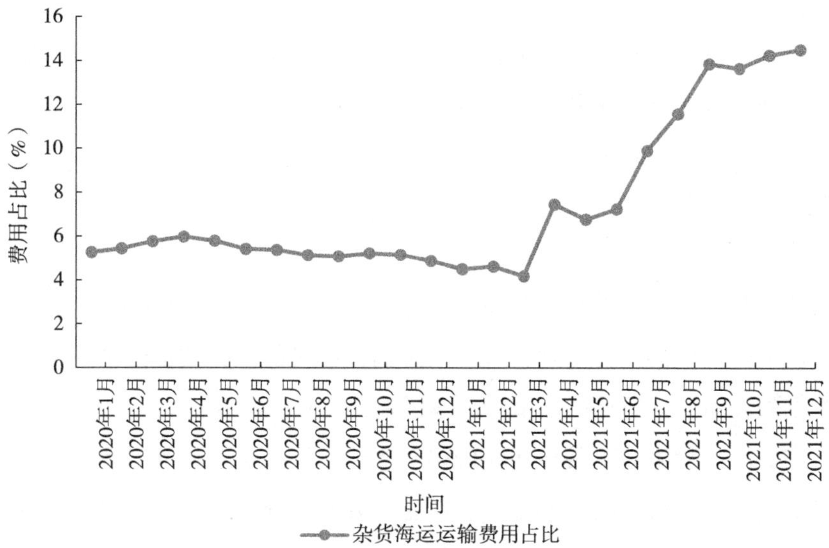

图 7　杂货海运运输费用占比

作为油气管线外循环主要海运方式的杂货国际海运运输费用在新冠疫情期间长期保持稳定。伴随钢材成本的不断上升，杂货国际海运运输费用占比在新冠疫情开始发生后的前 15 个月都是稳定而缓慢下降的，在 2021 年 3 月达到了 4.17% 的占比最低点。

在 2021 年 4 月以后，受到埃及苏伊士运河航道事故堵塞影响，长期杂货海运市场低迷以及集装箱国际海运运输费用不断高涨的影响，杂货国际海运运输费用占比才开始快速增长。伴随着热轧钢国内价格在 2021 年 10 月开始回落，杂货国际海运运输费用占比在 2021 年 12 月达到了占比 14.5% 的最高点。

4.4 油气管线价格与海运价格关系分析小结

由于集装箱国际海运运输费用不合理的高价位以及过高的管线出口成交价格占比，使得本不是首选外循环方式的集装箱油气管线出口更不具操作性和实用性。因此，对于油气管线类物资外循环出口来说，集装箱国际海运运输价格的上涨已经没有实质性意义。

北非（埃及）航线杂货国际海运运输费用在最多上涨约 425% 的情况下，对油气管线出口成交价格占比仅上涨不足10%，这充分证明：

（1）杂货国际海运运输从价格考虑更适合油气管线外循环的出口；

（2）杂货国际海运运输价格的变动对于油气管线外循环出口成交价格产生一定影响，但起到的影响相对是较低的；

（3）油气管线外循环出口的成本风险主要是热轧钢等钢材成本波动的风险，而非国际海运成本波动的风险；

（4）南美西（厄瓜多尔）航线杂货国际海运运输费用低于北非（埃及）航线费用，对油气关系外循环出口成交价格以及成本风险的影响更为有限。

5 结论

在新冠疫情仍未消退的当前，国际经济、国际贸易、国际物流等秩序尚未完全恢复，国内部分地区的生产生活仍在受到新冠疫情影响，面对的国际政治经济环境日趋恶劣，国际海运价格剧烈波动带来的外循环出口成本风险仍将长久存在。

但是，国际海运价格乃至其他运输价格对于油气管线类物资外循环的价格构成影响在可选择的范围内是比较可控的，不是矛盾的主要方面。外循环贸易项目执行的滞后性与贸易成本核算的稳定性，也决定着海运价格的波动风险要低于钢材价格成本风险，要低于诸如“取消退税”等政策风险，也要低于境外“反倾销”“反补贴”等国际风险。

针对油气管线外循环，应将更多的精力用于分析热轧钢等钢材价格成本的变化、国内政策的研判及国际风险的预估。

国际海运工作应该更加着力于在国际海运价格波动影响有限的前提下，选择更合适的海运方案、寻求更好的海运服务、追求更短的海运时间、保障更完善的海运安全，以质量作为国际海运的核心要务。要以合理适当的国际海运价格实现完成符合要求且优质的油气管线外循环交付工作，一味追求不合理的国际海运乃至国际物流低价格是舍本逐末的国际贸易成本核算举措。

参考文献

[1] 朱雨萌 . 钢材期货价格变动对相关股票价格影响的实证研究 [D]. 上海：上海外国语大学，2020.

[2] 王梦丽 . 我国钢材期货价格波动及影响因素的研究 [D]. 山东：山东大学，2018.

基于天然气与新能源融合发展的思考

黄建中　刘贵义　李春龙
（国家管网液化天然气接收站管理公司）

摘　要：在中央召开财经领导小组第六次会议上，习近平总书记提出了“四个革命、一个合作”能源安全新战略。能源安全新战略科学论述是保障国家能源安全、促进人与自然和谐共生的治本之策。天然气作为清洁低碳的化石能源，在化石能源向可再生清洁能源转型发展过程中起着重要的支撑作用，加快推进天然气与新能源融合发展已成为政府和相关企业当前重要而紧迫的工作任务。文章在分析天然气在电力领域应用价值的基础上，提出天然气与新能源融合发展的具体路径及实施建议，旨在推动能源结构转型升级，促进绿色低碳产业发展，助力国家“双碳”战略目标尽早实现。

关键词：“双碳”目标；天然气；新能源；融合发展

引言

为有效应对全球化石能源危机和环境污染等问题，2020 年 9 月我国政府在联合国气候峰会上做出庄严承诺，今后将采取更加有力的政策和科学有效的措施在 2030 年之前实现碳达峰、2060 年之前实现碳中和。“双碳”目标的庄严承诺，体现了我国作为负责任大国的担当，为解决经济发展与能源、环境之间的矛盾贡献中国力量，也为领跑全球节能减排、能源结构转型升级起到航向标的作用。中共中央、国务院针对“双碳”目标先后出台了《关于完整准确全面贯彻新发展理念做好碳达峰碳中和工作的意见》《2030 年前碳达峰行动方案》《关于加快推动新型储能发展的指导意见》《加快推进天然气利用的意见》等一系列政策法规和指导纲要，为我国能源结构转型升级指明了方向。相关企业也在国家“双碳”战略目标指引下，结合自身资源禀赋、产业优势及新能源发展实际，加快推进新能源建设步伐，在提高资源利用效率的同时，促使能源消耗企业坚定不移地贯彻落实“创新、协调、绿色、开放、共享”新发展理念和积极践行节能减排工作。

天然气作为清洁低碳的化石能源，在化石能源向可再生清洁能源转型发展过程中起着重要的支撑作用，加快推进天然气与新能源融合发展已成为相关企业当前重要而紧迫的工作任务。新能源包括水能、风能、太阳能、核能、氢能、地热能、生物质能等，属于可再生清洁能源，新能源的开发和利用对于实现“双碳”目标至关重要。《2030年前碳达峰行动方案》指出，要加快建设光电、热电、风电等协调互补的可再生清洁能源综合发电基地，着力推进天然气与新能源融合发展，根据电力调度实际需求建立匹配的天然气调峰电站，形成气电与风电、光电、热电、水电等协同互补。《中国天然气发展报告（2021）》指出，天然气与新能源融合发展必须立足于本地区可再生清洁能源资源禀赋和综合能源消费特征，一方面需要在供给侧建立风光水气相互融合的综合能源外送模式，另一方面需要在需求侧建立风、光、水、气相互融合的综合能源消费模式，同时为了扩大综合能源服务范围，还需要从供电、供气、供暖、制冷等方面入手，构建综合能源服务新模式。

1　天然气在电力领域应用的价值分析

1.1　作为调峰电源的价值

根据我国的地理特征和资源禀赋，未来可作为常规调峰的电源包括光电、热电、水电、风电、煤电、储能电池和气电，其中水电、光电、热电、风电虽然都属于可再生清洁能源，但受自然气候条件和区域位置影响较大，而且具有间歇性和波动性特点，不能全容量参与电力平衡，调峰能力受限，不适合作为调峰电源；煤电虽然作为调峰电源稳定性较好，可以确保电网安全稳定运行，但对环境污染较为严重，在国家“双碳”战略目标的大背景下，显然也不适合作为调峰电源；储能电池虽然作为调峰电源调峰性能稳定可控，但经济成本较高，无法进行大规模开发应用，参加电力平衡能力有限；气电作为调峰电源综合优势明显，属于清洁低碳能源，不仅可即启即停、响应速度快，而且调峰性能稳定可控，可全容量参与电力平衡，能够满足各种特殊情况下的调峰需求。各种调峰电源优缺点比较见表1。

表1　各种调峰电源优缺点比较

能源类型	优点	缺点
光电、热电、风电	均属于可再生清洁能源，具备一定的调峰能力	受区域地理位置影响较大，属于限能电站，不能全容量参与电力平衡，调峰能力受限，出力不稳定
水电	属于可再生清洁能源，调峰性能好，出力稳定可靠	建设周期长，受季节影响较大，属于限能电站，调峰能力受限
煤电	调峰性能稳定可控，可以确保电网安全稳定运行	对环境造成严重污染，与国家“双碳”战略目标相矛盾
储能电池	建设周期短、见效快，调峰性能稳定可控	成本高，参加电力平衡能力有限
气电	属于清洁低碳能源，调峰性能稳定可控，可即启即停，可全容量参与电力平衡	成本相对较高，介于水电和火电之间

1.2　作为支撑电源的价值

将气电作为支撑电源，可有效缓解电网支撑压力，下面以我国华北电网为例进行分析。

根据华北电网整体规划，2025 年山西、河北、内蒙古、北京、天津最大负荷分别为 40140 兆瓦、56500 兆瓦、25720 兆瓦、36300 兆瓦、21840 兆瓦；峰谷差率分别为 33.04%、30.08%、25.01%、39.24%、42.12%；负荷率分别为 68.06%、66.48%、88.05%、88.09%、67.82%；空闲容量均为 0 兆瓦；盈余容量分别为 –3750 兆瓦、–4340 兆瓦、–2820 兆瓦、–5230 兆瓦、–3660 兆瓦。由此可见，华北地区均存在电力缺额情况，尤其在冬季用电高峰时段，由于水电出力萎缩和配套新能源电源建设滞后等原因，导致电力缺额呈渐进性增长。基于此，为了满足华北地区自身用电需求和按电网规划进行外输的目标要求，开发和建设一定容量的气电，将其作为支撑电源，可有效缓解华北电网支撑压力，避免拉闸限电，确保电网安全稳定运行。2025 年华北地区电力负荷预测结果见表 2。

表2　2025年华北地区电力负荷预测结果

类别	山西	河北	内蒙古	北京	天津
最大负荷（兆瓦）	40140	56500	25720	36300	21840
峰谷差率（%）	33.04	30.08	25.01	39.24	42.12
负荷率（%）	68.06	66.48	88.05	88.09	67.82
空闲容量（兆瓦）	0	0	0	0	0
盈余容量（兆瓦）	–3750	–4340	–2820	–5230	–3660

1.3 作为新能源辅助开发的价值

近年来，我国新能源发电发展较快，可再生清洁能源装机规模不断扩大，新能源占能源结构比例逐年增长。相关报道指出，2021 年新能源发电占比高达 17.6%，其中水电占 9.1%、风电占 3.3 %、核电占 2.5%、光电占 1.8%，其余占 0.9%，已经超过欧美等发达国家新能源发电平均水平。但是由于风电、光电、水电等新能源电力自身存在间歇性和波动性特点，大规模并网会对电网运行造成巨大冲击，严重影响系统完全稳定运行。因此，弃风、弃光、弃热、弃水现象时有发生，不仅造成资源浪费，提高了新能源发电运营成本，影响电力企业健康可持续发展，而且间接地提高了对煤电的依赖性，不利于国家“双碳”战略目标的实现。而天然气属于清洁低碳能源，气电碳排放量仅为煤电的 50% 左右，而且随着科学技术的发展，气电碳排放量还会进一步降低。加之燃气机组调节性能好，可即启即停，可全容量参与电力平衡，通过启停调峰助力新能源电力大规模并网，实现气电与新能源电力协同互补，保障电力可靠供应。另外，随着新机器、新设备、新技术、新工艺、新材料在风电、光电、水电、热电、气电等开发中的应用，气电与新能源电力融合后的综合发电成本会进一步降低，甚至低至煤电发电成本以下，对于新能源电力大规模开发具有显著的促进作用。

1.4 作为稳定电源的价值

从整体上看，我国目前直流可调节配套电源建设相比国外发达国家相对滞后，表现为电压支撑能力有限，再加上近年来风电、光电、热电等可再生清洁能源装机容量的持续增长和大规模并网接入，对直流可调节配套电源造成巨大冲击，严重影响直流可调节配套电源运行安全性和稳定性。一旦直流电源发生故障，可再生清洁能源电力暂态电压就有可能会超过设备本身固有的耐压水平，导致可再生清洁能源电力大规模脱网，给电网安全稳定运行带来巨大威胁。为提高直流电源运行效率，确保其安全性和稳定性，满足用户用电需求，一方面需要在可再生清洁能源场站附近加装具有合适容量的小型调相机，以满足可再生清洁能源机组不同电压穿越要求；另一方面需要在直流电源附近建设现代化天然气发电厂，以一定容量的气电给电网提供惯量支撑，从而确保可再生清洁能源机组正常运转，尽可能减少由于可再生清洁能源电力大规模脱网造成的弃风、弃光、弃热、弃水等现象，提高电网运行安全性和稳定性。

2 天然气与新能源融合发展的路径

2.1 横向融合发展

2.1.1 气电 + 水电

水电具有明显的季节性和区域性特征，气电和水电融合发展，气电可以充分利用现有的水电管网，不但节约了气电运营成本，而且也提高了水电管网利用效率。“十四五”以来，电力供给侧和需求侧都发生了革命性变化，需要通过平衡供给侧资源和需求侧资源来促进电力发展。气电发展可以依托我国油气体制改革深入实施的政策性优势下庞大的地下储气库和 LNG 接收站，发挥季节性储采调峰作用，如在夏季丰水期进行储气，将多余的水电外输，而在冬季枯水期进行采气发电，将多余的气电外输，充分利用气电的调峰优势解决水电管网季节性闲置问题，促进水电最大化消纳，实现气电与水电一体化平衡发展，确保电力系统安全稳定运行，形成气电 + 水电打捆外送新格局，为国家建设提供充足的电力支持。

2.1.2 气电 + 风电、光电、热电

风电、光电和热电具有明显的随机性和间歇性特征，稳定性较差，客观上要求建立灵活调峰电源，以降低风电、光电和热电大规模并网对电力系统带来的不利影响。气电 + 风电、光电、热电融合发展需要考虑各区域风光热资源特征，根据区域资源优势采取差异化、针对性的融合发展模式。一是天然气公司与电力公司合作，将气电作为调峰电源，共同开发分布式能源项目，以提高电网自动调节能力。二是天然气公司与电力公司共同开发气电、风电、光电、热电等新能源项目，形成气电与风电、光电、热电一体化融合发展，实现多种电力能源优势互补。三是大力推进天然气开发工作场站及生活区清洁能源替代，通过建立分布式光伏电源，以满足工作场站工作用电及生活区生活用电，在促进天然气公司降本增效的同时，实现绿电替代使用。

2.1.3 天然气 + 氢能

目前，天然气是主要的制氢工业原料，氢能的应用主要集中在交通领域和工业领域，要想做大、做强氢能产业，有效发挥氢能的支撑服务作用，需要建立氢能产业联盟，夯实制氢、输氢、用氢各环节发展基础，提升氢能产业国际竞争力。一是在天然气制氢环节，

重点突破装备和技术瓶颈，提高生产高附加值产品能力，以延伸发展天然气产业链，提升综合能源服务质量和水平。二是在输氢环节，着力进行天然气管道掺氢运输技术优化改造，制定统一规范的储运、加注等技术标准体系，并与国际接轨。三是在用氢环节，工业领域着力开展氢能示范项目，发展氢燃料汽车；交通领域开展氢能站点梯度配置项目，不断扩大氢能应用辐射范围。

2.2 纵向融合发展

2.2.1 气电＋冷能发电

天然气在LNG接收站运行过程中，依靠LNG（–160摄氏度）与周围环境（如空气、海水）之间存在的温度和压力差，将高压低温的LNG变为常压常温的天然气时，回收储存在LNG中的能量。该潜在的温差、压差能量资源丰富，回收利用价值较大，利用清洁低碳、低成本的余温、余压发电，即可满足自用，实现内部清洁能源替代和降本增效，也可与气电并网外送，实现经济效益和社会效益双丰收。因此，一方面需要优先发展余温余压发电满足LNG公司自用需求，保障公司工作厂区和生活区用电，实现自身清洁能源替代；另一方面需要积极探索气电＋余温余压发电融合发展模式，甚至是余压发电＋风光热水气一体化融合发展模式，从合资合作模式逐步向自建自营模式发展，实现对异地负荷场站定向供电。

2.2.2 气电＋伴生资源

天然气开发过程中，伴生着丰富的地热资源，其属于可再生清洁低碳能源，开发成本低、利用价值大，对于实现多能互补的一体化融合模式意义重大。地热发电是天然气开发过程中对伴生地热资源开发利用的有效形式，加大力度开发地热资源发电，并与气电融合发展，可为公众提供清洁低碳的良好电能，满足日常生产生活用电需求。同时回收的气田水及地下深层卤水中含有丰富的锂、钾、溴、钠、铷、铯、碘、硼等有色金属，可以借助现代化的分离纯化技术对这些金属元素进行分离纯化提取，并开展相关高附加值产品研发和生产，为燃料、原料、新材料等领域提供更广阔的发展空间，实现有色金属资源高效综合利用。

2.2.3 天然气＋CCS/CCUS

“双碳”目标的实现，一方面需要从生产环节入手，注重节能减排，控制碳排放，另一方面需要从碳排放后的处理环节入手，注重碳有效消纳的工艺技术研究，提高碳排放处理质量和效率。CCS/CCUS 技术不仅是对化石能源进行低碳利用的最佳技术手段，同时也是减排困难行业企业进行节能减排的重要技术性方案，目前已经在欧美等发达国家的电力、工业、油气等行业领域得到广泛应用，并取得了显著的应用效果，而我国尚处于 CCS/CCUS 技术应用初级阶段，示范性项目规模较小，应用价值未能完全体现。因此，需要积极打造 CCS/CCUS 技术应用示范区，建立完善的碳交易市场化机制，逐步扩大 CCS/CCUS 技术应用规模，实现天然气资源开发过程节能减排，利用过程碳排放高效处理。

3 天然气与新能源融合发展建议

一是需要构建完善的政策体系，加强顶层设计，用政策的刚性约束加速推动天然气与新能源融合发展。要以国家石油天然气管网运营机制改革为契机，筑牢清洁低碳、环保节能发展理念，在国家宏观政策的指导下出台适合各地天然气与新能源融合发展的配套性政策，为天然气与新能源融合发展提供全方位的政策指导。

二是各地应结合自身可再生清洁能源资源禀赋和产业链发展布局以及技术与装备情况，组织开展天然气与新能源开发工艺瘦身、内部生产生活清洁能源替代、战略资源开发利用等协同互补项目，着力推进工业产业绿色低碳转型发展，全力打造绿色低碳新型能源企业，从而做大做强清洁能源产业。

三是建立产业链合作机制，形成产业链战略联盟，并设立产业发展基金，以“X+1+X”油气市场体系为基础，上游油气资源多主体多渠道供应、中间统一管网高效集输、下游销售市场充分竞争，把天然气和新能源一体化融合发展和产业链延伸发展为目标，打造一批天然气 + 新能源示范项目，从而引领和带动上下游关联企业协同发展。同时还需建立市场化价格机制，有效调动产业链相关企业参与天然气与新能源融合发展项目的积极性。

四是根据产业链整体布局，将相关领域高素质优秀科研人才集中起来进行天然气与新能源融合发展研究，包括编制总体发展规划及项目实施方案，明确业务内容及范围，探查清洁能源资源储量及分布特征，收集、整理、分析基础性资源数据，分析论证项目开发技术及经济可行性，统一技术标准及操作规范，强化关键性技术突破攻关，打造一体化、数字化、智能化联合攻关平台，与国内顶级科研机构合作开展天然气与新能源融合发展路径及国家和地方政策研究等。

参考文献

[1] 黄龑，赵文轸．推进中国天然气与可再生能源融合发展的思考 [J]. 世界石油工业，2021，28（4）：38–43.

[2] 周淑慧，王军，梁严．碳中和背景下中国“十四五”天然气行业发展 [J]. 天然气工业，2021，41（2）：171–182.

[3] 李森圣，何润民，王富平，等．“双碳”目标下川渝地区天然气与新能源融合发展对策研究 [J]. 天然气技术与经济，2022，16（1）60–66，72.

[4] 李富春，赵延芳，傅旭，等．青海天然气发电与新能源融合发展探讨 [J]. 油气与新能源，2021，33（4）：6–10，32.

[5] 段言志，郭焦锋，李森圣，等．天然气与其他绿色能源高质量融合发展的预期实现途径 [J]. 国际石油经济，2021，29（1）：64–71.

[6] 国家能源局石油天然气司．中国天然气发展报告（2021）[M]. 北京：石油工业出版社，2021.

[7] 朱兴珊，陈蕊，潘继平，等．天然气在清洁能源体系中的关键支撑作用及发展建议 [J]. 国际石油经济，2021，29（2）：23–29，105.

[8] 王瑞莲，肖仁维，王洪乐．中国天然气高质量发展指标体系探讨 [J]. 天然气与石油，2020，38（2）：121–125.

[9] 黄维和，王军，等．“碳中和”下我国油气行业转型对策研究 [J]. 油气与新能源，2021，33（1）：1–5.

[10] 高芸，蒋雪梅，赵国洪，等．2020 年中国天然气发展述评及 2021 年展望 [J]. 天然气技术与经济，2021（1）：1–11.

[11] 刘剑文，季旺，温海峰．京津冀地区天然气峰谷差成因及影响分析 [J]. 国际石油经济，2020，28（12）：45–53.

[12] 戚爱华，杨雷．关于我国天然气产业市场化发展模式的几点思考 [J]. 中国能源，2020（8）：16–20.

[13] 刘志坦，李玉刚，杨光俊，等．低碳转型背景下我国气电产业发展路径 [J]. 天然气工业，2021，41（6）：152–161.

基于百年长庆发展愿景的油气与新能源协同融合发展路径与对策

张光一　郭大江　樊小飞

（中国石油长庆油田分公司政策研究室）

摘　要：当前世界能源革命提档加速，石油进入稳定期，天然气进入鼎盛期，新能源进入黄金期。随着“双碳”目标下石油消费达峰步伐加快，能耗“双控”政策落地实施，传统油气田面临着能源保供和转型发展的多重挑战。作为中国第一大油气田，长庆油田按照中国石油“清洁替代、战略接替、绿色转型”三步走战略部署，立足油气当量6000万吨新起点，集中精力做强做优勘探、开发、新能源三大主业，推进油气与新能源协调融合发展，将多井多站低产低效的弱势转化为新能源发展的优势，加快建设新能源示范基地和示范工程，跑出新能源高质量发展加速度，建设油气和新能源全面融合发展的综合能源模式，着力打造绿色可持续发展能源企业，为中国石油创建基业长青世界一流国际能源公司，为保障国家能源安全贡献长庆力量。

关键词：长庆油田；绿色低碳；新能源；协同融合

引言

中国石油长庆油田公司（简称长庆油田）横跨陕西、甘肃、宁夏、内蒙古四省（自治区），主要开展油气勘探开发及新能源等业务，是中国产量规模最大的油气田企业，2021年实现油气当量6245万吨。近年来，长庆油田认真贯彻新发展理念，深刻认识“双碳”战略和能源转型要求，按照中国石油“清洁替代、战略接替、绿色转型”的三步走总体部署，把绿色低碳作为油田公司六大发展战略之一，将勘探、开发、新能源作为三大主营业务，准确把握低碳发展与经济效益的关系，在综合分析自身资源禀赋和发展潜力的基础上，坚定新能源发展信心和方向不动摇，抢抓机遇，统筹布局，示范引领，加速推进，开创长庆油田新能源发展新局面，为建设基业长青的百年长庆提供有力支撑。

1 加快新能源发展的战略意义

1.1 发展新能源是落实“双碳”战略的具体行动

绿色低碳已成为全球发展共识，力争2030年前实现碳达峰、2060年前实现碳中和，是以习近平同志为核心的党中央统筹国内国际两个大局做出的重大战略决策，是着力解决资源环境约束突出问题、实现中华民族永续发展的必然选择，是构建人类命运共同体的庄严承诺。实现碳达峰、碳中和（简称“双碳”）目标，将是未来几十年当中经济社会、人类生活方式中最广泛、最深远的一次重大变革，也将对石油石化行业产生重大影响。近年来，党中央和国务院推出一系列政策和举措推动能源转型，印发《关于完整准确全面贯彻新发展理念做好碳达峰碳中和工作的意见》《2030年前碳达峰行动方案》，2021年中央经济工作会议就稳步推进“双碳”目标做出了重大部署，并指明了努力方向和工作着力点，为油气田企业新能源业务发展提供了基本遵循。

1.2 发展新能源是适应能源转型的必然要求

从国外来看，发展新能源业务已成为大趋势，化石能源清洁化、清洁能源规模化、多种能源综合化、终端能源电气化是能源行业发展的必经之路。国内外油气企业正在抢滩布局地热、光伏、风电、氢能等新能源业务和项目，大力发展节能、低碳和碳捕集利用与封存/碳捕集与封存（CCUS/CCS）等技术，加快绿色低碳转型。从国内看，落实“四个革命、一个合作”国家能源安全新战略，要求油气产业既要保障能源安全稳定供应，也要实现绿色低碳转型。国家“十四五”规划纲要明确提出单位国内生产总值能耗和二氧化碳排放分别降低13.5%和18%，非化石能源占能源消费总量比重提高到20%左右，中国石油提出到2050年油、气、新能源“三足鼎立”，油气田企业必须准确把握“端牢能源饭碗”的深刻内涵，充分认识到新能源也是能源，积极打造油气为主、多元互补的能源供给新体系，积极拓展太阳能、风能、地热能、伴生矿等新能源和新资源布局，跑出新能源“加速度”，实现油气资源和新能源协同融合发展。

1.3 发展新能源是推动油田高质量发展的必然选择

中国石油2022年工作会议上提出突出战略导向，加快绿色低碳转型，明确了推进新能源业务发展的时间表和路线图，油气上游企业积极调整发展战略，不断加大新能源投入，抢占业务发展先机。实现高质量发展，能源资源的集约利用和高效产出是基础，长庆油田既是能源生产大户，也是能源消耗大户，在实现“双碳”的艰巨任务面前，传统业务转型、新能源项目落地、降碳减排达标等问题是一道道躲不开、绕不过的难关。2021 年，长庆油田能耗总量 559.6 万吨（标准煤），以天然气、原油、电力为主，二氧化碳排放量达到 1480 万吨以上，能耗总量位居勘探板块第二。巨大的能源消耗要实现绿色低碳，只有加大发展新能源业务，从“减碳、用碳、替碳、埋碳”着手，有效减少生产过程中的化石能源消耗，减少二氧化碳排放，实现能源生产用能低碳化、对外供能清洁化、减碳措施效益化。

2 长庆油田新能源发展的优势与挑战

2.1 新能源发展的优势条件

一是资源优势。鄂尔多斯盆地风、光、地热、BSK1 等资源丰富，为新能源发展奠定了资源基础。二是政策优势。党和国家高度重视能源供给和“双碳”目标下的能源转型，中国石油优先布局勘探开发和新能源业务，为新能源发展提供了有利的政策环境。三是产业优势。油气生产是陕西、甘肃、宁夏、内蒙古四省（自治区）的支柱产业，长庆油田油气产量规模大，带动效益强，通过油气产业优势，可以获得地方政府对新能源业务发展的大力支持。四是管理优势。新能源业务发展的产业链与油气业务产业链在很大程度上高度融合，长庆油田基本上具备开展新能源业务所需的各种门类；“油公司”模式初步形成，公司盈利能力、竞争能力、可持续发展能力处于上游前列，为新能源发展提供了前提条件。五是电网和消纳优势。经过多年的地面建设配套，长庆油田内部电网系统完善，年用电量达到 50 亿千瓦·时以上，对开展源网荷储一体化项目提供了有利条件。

2.2 新能源发展的问题挑战

一是效益方面，新能源业务作为中国石油大力开拓的全新领域，面临着资源分布不均衡、项目投资较高、经济效益普遍较差、内部收益率普遍不高等诸多问题。为了提高新能源项目的经济性，需要深入研究新能源投融资方式、管理模式和低成本开发技术，探索不同业务的发展策略和盈利方式。二是专业化人员方面，长庆油田从事新能源业务的大部分人员是兼职，没有经过专业培训，专业知识储备不足，缺乏专业化的新能源技术人才和管理团队；新能源业务起步较晚，基础相对薄弱，在风能、太阳能、提氦、BSK1 等新能源领域缺乏经验。三是企地协调方面，油气生产用地的性质为油气勘探开发工业建设用地，部分地方政府认为在现有生产用地上建设风电、光电项目属于土地性质改变，需进行报备或审批；光伏发电、光热利用项目占地面积大，新征地难度较大，土地问题已成为阻碍项目推进的重要问题。同时，需进一步与国家、地方政府相关部门及国家电网沟通协调，解决新能源发电上网问题。

2.3 新能源发展应处理好“三种关系”

一是处理好发展和减排的关系。减排不是减生产力，也不是不排放，而是要走生态优先、绿色低碳发展道路，在发展中促进绿色转型、在绿色转型中实现更大发展。坚持统筹谋划，在降碳的同时确保油气生产安全、供应安全，确保油气产量稳步攀升。二是处理好整体和局部的关系。坚持全面发展和重点突破相结合，规模发展和因地制宜相结合，随着“双碳”目标的持续推进，国家和地方政府将更加密集出台风电、光伏、地热等新能源项目开发的政策措施，要充分考虑陕甘宁蒙的资源分布和各地政策要求的客观现实，科学研究确定各区域新能源的发展方向和目标，不搞“齐步走”；同时，增强油田公司“一盘棋”思想，加强政策措施的衔接协调，责任落实，提升内部合力。三是处理好长远目标和短期目标的关系。坚持新能源发展和油气产业配套相结合，既要立足当下，一步一个脚印解决具体问题，积小胜为大胜；又要放眼长远，克服急功近利、急于求成的思想，把握好新能源工作的节奏和力度，循序渐进，持续发力。

3 推进新能源高质量发展的路径及建议

3.1 在机制体制、管理体系上努力实现新突破

一是强化顶层设计，按照中国石油“统一领导、业务主导、分级管理、分工负责、协同配合”的原则，不断完善组织机构，加大清洁替代力度，努力开拓对外清洁供能市场。二是新能源业务是一项系统工程，对技术、管理、人员都有较高的要求。要注重专业技术人员及管理队伍的培养，加强新能源技术管理的培训和现场经验学习，加快新能源领军人才引进，建设一支有技术、懂管理、担使命、负责任的新能源队伍。三是根据中国石油相关管理制度，完善新能源业务考核激励机制，对投资管理、业务流程、项目建设等方面进行规范和优化，加快建立具有长庆特色的新能源管理模式。

3.2 在开发利用、工程建设上努力实现新突破

3.2.1 抓好天然气上产工程，逐步提高天然气商品率

天然气是公认的清洁能源，习近平总书记明确指出要保持天然气产能稳定增长。中国石油将天然气发展列入绿色转型低碳战略，2021 年天然气产量首次超过原油产量，长庆油田天然气占比达到 61.6%，推动天然气快速增长是实现转型发展的关键一招。在当前长庆油田能耗中，天然气消耗比重大、商品率低，随着天然气产量和商品率的逐步提升，油田化石能源消耗将大幅下降，为完成新能源替代量指标提供有力支撑。

3.2.2 抓好苏里格天然气深度处理总厂建设工程，打造天然气深加工零碳示范工业园

苏里格天然气深度处理总厂是 2022 年集团公司“天字号”工程，投资达 110 亿元以上，是集天然气处理、液化天然气（LNG）、液化石油气（LPG）、乙烷回收、提氦、二氧化碳捕集为一体的天然气深加工全产业链工程，为近年来集团公司上游板块投资规模最大的单体工程。长庆油田要按照“融合发展、协同推进、杠杆撬动”的工作思路，推动光伏项目和处理总厂建设同步落地，实现新能源业务追赶超越。

3.2.3 抓好清洁电力工程，加快构建多能互补新发展格局

深化源网荷储一体化，按照“能替则替、应替尽替、宜电则电”原则，因地制宜推进光电、余热利用、风电等业务发展。坚持分布式和集中式并举，发挥长庆油田在土地、气电调峰等方面优势，抓气电带风电带光电，风光气相融相促。探索油田新能源项目自建模式和光伏利用运行管理方式，形成可复制、可推广的新能源发展模式，推动油气与“风光电”多能互补、融合发展。

3.2.4 抓好 CCUS 工程，高质量建设 CCUS 示范区

“十四五”期间，中国石油将开展吉林、大庆、长庆、新疆四家油田的 CCUS 规模示范工程，力争到“十四五”末年注入二氧化碳规模达到 500 万吨。长庆油田要对照集团公司目标，以姬塬油田规模应用二氧化碳驱技术为核心，优化源汇匹配关系，突破上下游壁垒，拓展驱油与埋存领域，创新低成本工程方法，升级全流程智能管控模式，研究储备封存技术，发展长期埋存监测检测手段，持续完善示范区建设方案，到 2025 年埋存二氧化

碳 135 万吨以上。同时，加强与宁夏回族自治区政府协调对接，利用宁东管委会碳源，进一步扩大油田 CCUS 规模，引领中国石油绿色协同发展。

3.2.5　抓好地热开发工程，开拓对外地热供暖市场

长庆油田坐拥关中地区丰富的地热资源，应抓好地热开发利用，开拓鄂尔多斯盆地地热市场。要认真研究地热开发的体制机制，在落实油田内部供热以外，加强西安周边市县对接，超前介入相关地产项目开发，提前布局地热开发。同时，科研部门要深入地热资源研究，为地热开发布井选址做好技术支撑。

3.2.6　抓好节能降耗工程，有效降低能耗强度

坚持节能优先的能源发展战略，严格控制能耗和二氧化碳排放强度。“十四五”期间，按照“全过程能源管理，全方位提质增效”原则，突出抓好用能结构优化、源头防控、过程监控和末端管控，通过实施伴生气综合利用、试气天然气、闪蒸气及检修气回收、原油原煤替代和烟气余热利用等工程，优化用能结构，开展工艺改造，全面消减化石能源消耗，推动能效管理升级，保障油田绿色低碳发展。

3.2.7　抓好建设质量，实现安全环保全面受控

新能源业务对长庆油田是一项全新业务，管理人员、岗位操作人员对政策制度、操作规范掌握还不够透彻，安全环保风险辨识还不够清楚，防护措施还不够到位，存在较大的安全环保风险。要将新能源业务与油气业务一体化建设、一体化运行、一体化管理，落实好属地责任和主体责任，在项目落地前认真的研究，从设计源头上同步规避防控，从制度规范上同步跟进完善，从应急处置上同步安排部署，保障项目建设全过程受控。

3.2.8　抓好经济效益评价，确保项目效益达标

加强项目全方位经济评价，充分考虑前期硬性投资、后期运行维护成本及产品更新升级等方面的投入，充分预见对经济效益可能带来变化的各种因素，要确保内部收益率达到要求。积极引进外部咨询力量，加强项目全生命周期管理，从项目的立项、可研、初设、建设、验收、运营、考核等全流程，统一计划组织、统一调度指挥、统一建设标准、统一考核评价体系，保障长庆油田新能源业务走在前列。

3.3 在自主创新、科技研发上努力实现新突破

3.3.1 加大新能源技术的研发力度

中国石油在迪拜、上海、深圳成立新能源研究中心，高度重视新能源技术自立自强。长庆油田要把推动新能源开发利用作为科研工作的重要领域，重大科研与技术开发项目优先列入科技计划和发展规划，在政策上予以引导，投入上予以倾斜，不断加大技术研发、产业化示范项目的扶持力度，加快普及新能源技术，促进新能源产业规模化发展。

3.3.2 完善自主创新体制

完善长庆油田科研单位与新能源头部企业、科研机构的创新合作模式，加强产学研结合，形成多方参与、利益共享、风险共担的产学研合作机制。

3.3.3 注重引进技术消化吸收再创新

通过联合引进、消化吸收和再创新，特别要在 CCUS、提氦、地热、BSK1、风电、光伏方向上，建立新能源自主创新体系，形成一定的研发能力和技术集成能力。

加快新能源业务发展，是转方式、调结构、建设综合能源公司的重要举措，是一项长期而系统的工作。新能源发展机遇与挑战并存，油气田企业必须坚持系统思维，统筹多方关系，抢抓有利时机，加快建设步伐，在发展的过程中破解新难题，实现新突破，全面推动绿色低碳发展。

参考文献

[1] 李昊璋，刘苹元，王锦鸿，等 . 我国风电产业的发展现状分析及未来展望 [J]. 机电信息，2020（21）：91–94.

[2] 陈蕊，朱博骐，段天宇 . 天然气发电在我国能源转型中的作用及发展建议 [J]. 天然气工业，2020（7）：120–128.

[3] 康静，王菲菲，党震 . 鄂尔多斯盆地延长油气区地热资源评价 [J]. 石化技术，2020（5）：155–156.

[4] 邹才能，陈艳鹏，孔令峰，等 . 煤炭地下气化及对中国天然气发展的战略意义 [J]. 石油勘探与开发，2019（4）：195–204.

基于博弈模型的业财融合型“事前算赢”预算分析体系

龚丽娟　李亚莉　刘婧瑛　赵皓月
（中国石油四川成都销售分公司）

摘　要：开展全面预算管理科学化、体系化、精益化、集约化是成品油销售企业推进高质量发展的必由之路。本文以“事前算赢”预算分析体系为落脚点，在博弈论视角下，构建企业预算决策部门与执行部门之间的不完全信息静态博弈模型，从理论上揭示企业预算管理办公室与预算执行部门之间的行为动机，全面优化企业预算管理，充分发挥预算天然的绩效激励作用。

关键词：业财融合；预算分析；流程再造；价值链；博弈论

引言

全面预算管理是集团型公司财务管理、绩效激励的重要手段，也是集团公司层面对所属子公司、分公司进行日常生产经营管理及绩效考核的基础。因此，树立新型预算执行体系，完善企业管理制度，建立起适合企业长远发展的预算管理机制，是切实提高成品油销售企业管理水平的重要途径。

1　企业预算管理存在的问题及原因

1.1　部门预算编制与实际需求相脱离

由于成品油行业的特殊性，油品销售计划性和约束性较强，同时非油销售带有明显市场因素，因此，在预算管理中各二级公司的执行部门常表现为“追求部门激励预算最大化”，使得部门预算编制环节进行逆向选择，没有把钱用到刀刃上；在执行预算环节存在道德风险，以低效、浪费的方式使用资金。产生问题的主要原因是信息不对称导致上级公司财资匮乏与预算匹配的部门绩效信息不相符。

1.2 缺乏与实际相适应的预算指标体系

成品油企业在预算编制中存在与市场需求状况相脱离，与执行部门实际相脱节的情况，从而造成执行效果差、人为控制执行的现象。大多数预算以历史基数为基础，过多采用基数法，机械估计预算指标值，未认真对企业预期活动进行科学评估，现行预算指标难以成为考核评价企业、部门及员工的量化指标，并且部分指标缺乏弹性，无内外应变灵活性，使企业预算工作陷入僵化，难以有效执行。

1.3 缺少有效激励油品行业的考核机制

成品油企业预算大多无法平衡财务预算弹性，存在对预算编制和调整权力的划分和制衡不清晰等问题，尤其对预算调整权力的不合理无限制性放大，导致超预算或无预算现象经常发生。在预算执行中，一方面被考核方会对绩效的不利影响强调过多客观因素，故意回避主观方面原因，导致奖惩不能兑现；另一方面考核方未配套科学性奖惩措施，缺乏有效激励机制，使考核流于形式。

2 构建业财融合型“事前算赢”体系

针对以上预算管理的问题，本文结合成品油实际业务，在非完全信息下基于博弈论视角，完成预算激励博弈模型，构建“算清”预算分析指标，优化预算绩效激励机制，最终形成业财融合型“事前算赢”体系。

2.1 非完全信息下的预算激励博弈模型

2.1.1 博弈模型假设

针对预算资金供给方（集团公司 / 省公司）与预算资金需求方（省公司 / 各二级公司）间绩效信息不对称问题，构建非完全信息条件博弈模型。基本假设如下：

假设 1：假设博弈局中人决策部门与执行部门都为理性；

假设 2：假设博弈局中人在任何情况下都知道如何追求个人利益最大化；

假设 3：假设博弈中仅为有 2 个理性局中人（决策部门与执行部门），其中执行部门上报信息策略：[造假，不造假]，决策部门对上报信息：[检查，不检查]；

假设 4：执行部门选择上报信息造假时所得收益为 I_1，选择不造假时所得收益为 I_2，通常情况下 $I_2 < I_1$；

假设 5：执行部门选择上报信息造假所需承担风险为 β；

假设 6：决策部门的检查成本为 C，此处成本特指决策部门由于实施检查行为产生的费用支出；

假设 7：若执行部门、决策部门策略为：[上报信息，不检查]，则产生两种结果：第一种是，有其他人举报，从而使造假行为被发现并处罚 Φ；第二种是，没有人举报，同时执行部门的造假行为没有被发现，则此时决策部门收益为 0。

2.1.2　博弈模型建立

根据以上假设，建立决策部门和执行部门的静态博弈模型。考虑情况如下：假设两个局中人仅知道参与人的类型概略分布，无法确定其他参与者实际战略选择，但能预测其他人的选择依赖于各自类型，即为不完全信息博弈。

当决策部门在选用不同博弈策略时，其收益情况为两种：

（1）当（$I_1 - \beta$）$< I_2$ 时，博弈无解；

（2）当（$I_1 - \beta$）$> I_2$ 时，决策部门与执行部门的博弈问题为混合策略问题。混合问题如下：

[1]. 若 A 策略：[选择上报信息造假], B 的最优策略：[选择检查并发现上报信息造假]；

[2]. 当 B 策略：[选择检查并发现上报信息造假], A 的策略为：[选择上报信息不造假]，此时 B 的最优策略为不检查，于是 A 又为上报信息造假，如此反复多次，双方的最优策略始终不能达成一致。

油品类别、季节差别、流转过程、地域差异等因素会对成品油油库、投资建设、非油等业务部门形成信息不对称情况，因此本假设考虑预算编制博弈中必存在某种混合策略，对此做出符合实际的假设：

A 策略选择：[上报信息造假 / 不造假]，B 策略选择：[检查 / 不检查，检查能都发现问题，有人举报 / 无人举报]，以上行为都为随机。具体假设为：

A 上报信息造假概率为 p，决策部门进行检查的概率为 q，检查时发现信息造假的概率为 n，B 不检查时有人举报的概率为 m。构建模型见表 1。

表1　不完全信息下决策部门与执行部门之间的静态博弈模型

执行部门＼决策部门	检查（q）		不检查（$1-q$）	
	发现造假（n）	未发现造假（$1-n$）	有举报（m）	无举报（$1-m$）
造假（p）	（$I_1-\beta$，$\beta-C$）	（I_2-C）	（$I_1-\Phi$）	（I_1，0）
不造假（$1-p$）	（I_2，$-C$）	（I_2，$-C$）	（I_2，0）	（I_2，Φ）

此时，决策部门的预期收益为：

$$\lambda_{决策部门}=(\lambda_{决策部门检查},\lambda_{决策部门不检查})\tag{1}$$

$$\begin{bmatrix} q \\ 1-q \end{bmatrix}=pq\beta n-Qc-pqn\Phi\tag{2}$$

则有 $\partial_{决策部门}/\partial_q=0$，解得

$$p=C/(n\beta+m\Phi)\tag{3}$$

同理，解得：

$$q=(I_2-I_1)/n\beta \qquad (I_1>I_2)\tag{4}$$

求得博弈混合策略解为：

$$\frac{C}{n\beta+m\Phi},\frac{I_2-I_1}{n\beta}\tag{5}$$

2.2　构建“算清”预算分析指标

结合二级公司业绩合同、预算指标及真实经营活动，制定“算清”预算分析指标体系（预算差异分析法）。此体系分为省公司下达预算分析和二级公司预算分析，偏重于考核评价分析，分析内容更深入，针对企业目标任务的完成情况进行对比分析，促使各业务部门、股权单位按照公司总体战略开展经营活动，并拟定具体措施指导工作开展。由于成品油销售企业所涉及业务包括成品油零售、批发和非油业务，利用杜邦分析原理进行因素分解后，将销售成本类指标进行分类，对于其他业务收入、商流费按影响因素差额要素进行分类。最终，形成三级指标体系，一级指标 8 项（纯枪贡献、批发贡献、非油贡献、油品损溢贡献、营业外收支及其他、投资收益、全口径费用、税金及附加），二级指标 12 项，三级指标 17 项。预算分析指标如图 1 所示。

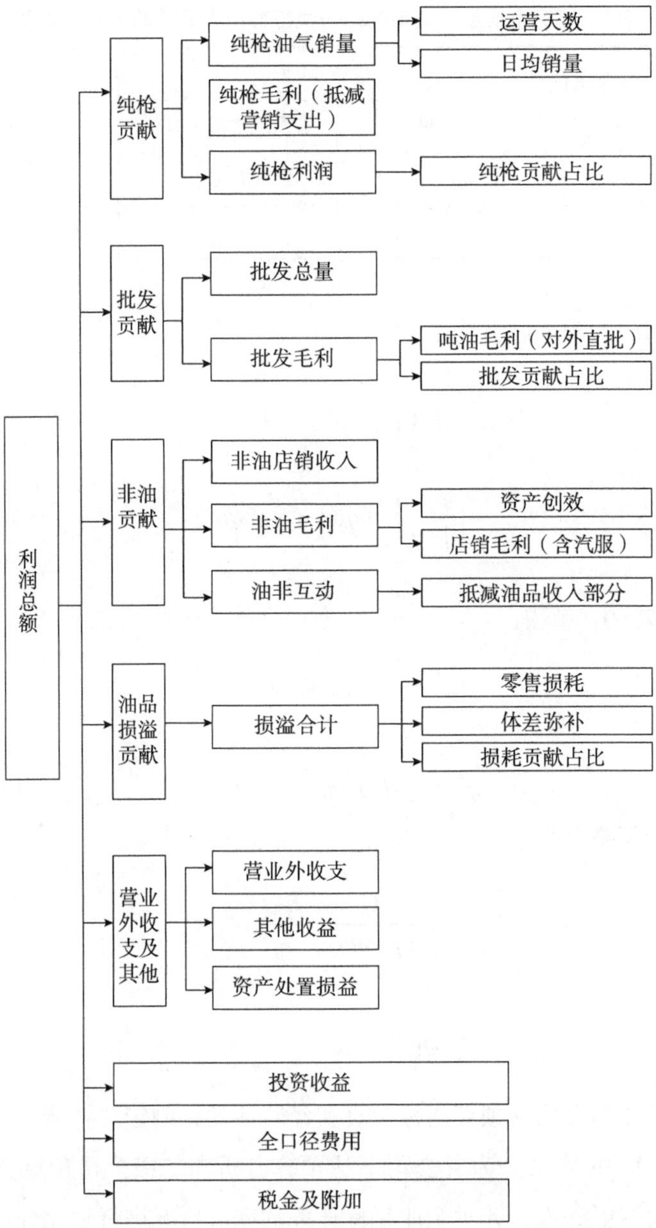

图 1　预算“算清”分析体系指标

2.3　优化预算软激励机制

“算清”预算分析体系，将绩效考核与分析后评价挂钩，发挥预算天然激励效应。在滚动预算执行过程中，成品油企业资金配置规模、拨付时效，会对费控部门的行为产生很大的影响，并不完全起到正向激励作用。绩效目标设置的科学性、绩效考评实施的公平性、绩效奖惩制度的吸引力等因素，都会对预算激励效应产生显著影响。对此，对照二级公司预算管理流程，重新梳理构建的成品油公司合理激励机制包括：(1) 用于投入效价判断的绩效目标；(2) 实施结果评判的评价指标体系以及评价方法；(3) 依据评价结果对各部门进行奖励与处罚的奖惩措施。

有效保障预算管理委员会、绩效考核委员会与各执行部门及单位就绩效报酬的效价达成一致，通过预算实施方对目标投入报酬价值的合理预期，激发其努力工作的内生动力。预算绩效激励机制运行流程如图 2 所示。

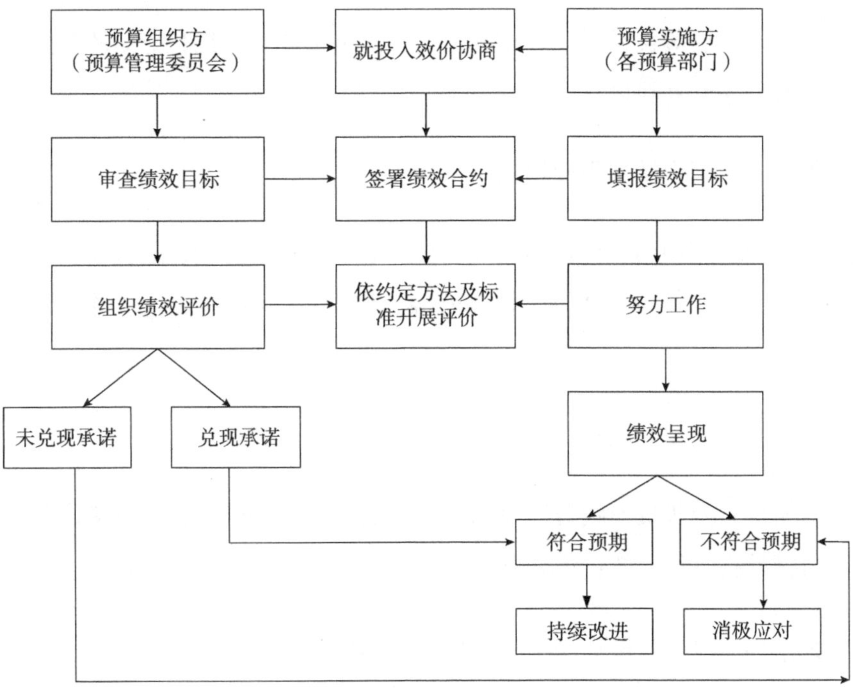

图 2　优化预算绩效激励机制运行流程

3　业财融合型“事前算赢”体系特征

综合以上构建路径，成品油企业业财融合型“事前算赢”体系有以下三个特征。

3.1　重构了全面预算管理顶层设计

完善预算管理制度及体系文件，设立预算管理委员会办公室牵头组织实施工作，将各专业线部门纳入预算管理委员会，重点关注公司各部门单位之间预算资源分配的协调性、系统性、科学性、效益性，明确部门职责，细化执行流程、监督执行及考核，配合绩效考核委员会落实考核激励及扣罚。

3.2 指标设定更加真实反映经营结果

3.2.1 制定分环节利润切块贡献目标

通过年度、季度、月度滚动预算目标的制定及执行，以大效益为导向，分批发、零售、非油、损溢、投资等关键环节，结合市场、季节性变动，细化分阶段措施，并以量效预警倒逼目标利润来弥补缺口。

3.2.2 细化大额资金及费用使用控制

对大额资金及费用使用进行逐项梳理（员工成本、折旧摊销、运输费、维修费、安全生产费、检测费、信息系统维护费、油品升溢、咨询审计费），优化资源匹配，提升费效转化率。

3.2.3 充分预估遗留问题损失

在企业日常经营及投资所得分环节切块、落实贡献的基础上，充分考虑前期经营管理遗留问题，将预计损失纳入效益测算口径。

3.3 运用价值链分析发挥预算引领作用

该体系基于价值链进行预算编制和提供精准会计信息服务，重点加强了成品油、非油业务的对比分析工作。跟踪宏观经济环境和国际国内油价变化，区域内重大项目和周期性需求，持续完成效益预警、滚动预算、经营分析及管理提升建议书工作。同时，深化对油品价格到位率、分油品获利、让利、成本潜在盈亏对比分析。重点强化以下三点：（1）采用供应商价值链分析，加强对上游供应商、下游客户管理；（2）横向价值链分析所在省份、各地市的主要竞争对手；（3）采用内部价值链分析，对加油站管理、营销方式、客户关系等进行分析。

基于价值链的全面预算编制流程如图 3 所示。

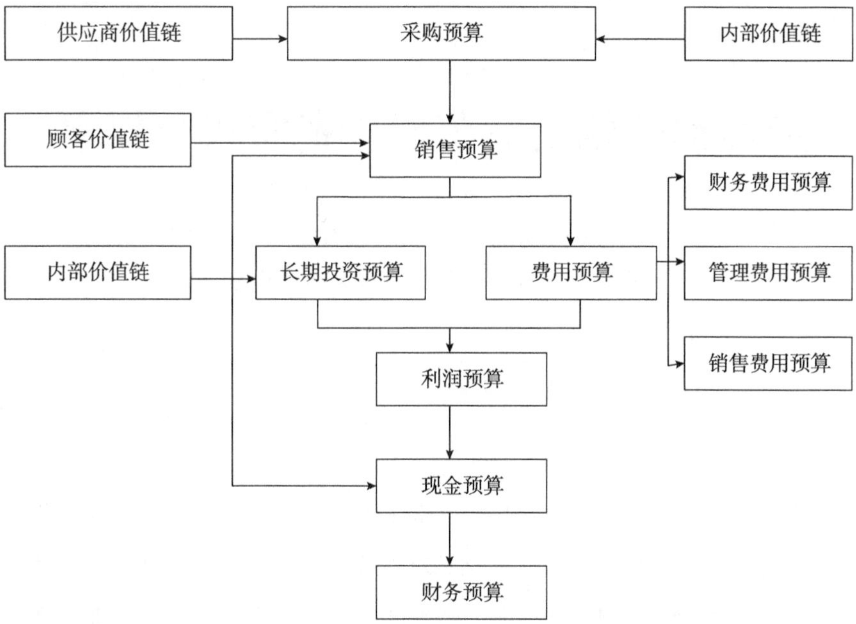

图 3　基于价值链的全面预算编制流程

4　预算分析体系运用成果展现

综上所述，本文以“非合作关系”为前提，通过博弈模型解决指标缺陷、执行缺陷，在原有全面预算体系上，形成“算清”预算分析体系，联动绩效管理，通过标准化和监控获得更高效率。经实践运用，公司实现 2021 年三季度油气总量、纯枪销量、对外直批创新高，环比增长 4.96 万吨、2.07 万吨、9.43 万吨，总量增幅为 6.63%；经营利润环比提升 1054 万元，增幅为 7.4%，均为本年最好水平；零售油品损溢治理同比创效增加一倍。

成品油管输企业节能降费实践与探索

李苗　李斌　段曦瞳

（国家石油天然气管网集团有限公司华南分公司）

摘　要：油气管道作为“X+1+X”油气市场体系中的“1”，在衔接上下游能源供应的同时因管道输送也消费大量能源。本文针对管道企业的用能特点，开展了节能降费实践与探索，通过建立智慧能源管控系统，以节能、节费为双重目标，为管道企业能源监测、能源管理、批次泵群优化、源网荷储协同优化和工供电可靠性节能优化的深化研究提供了跨能源系统的优化管控平台，并以智慧用能决策系统为基础，打造园区级“源网荷储一体化”模式，推进风、光、储多能互补，提升可再生能源消纳水平，充分发挥配套储能调峰、调频作用，最终实现节能增效。

关键词：成品油管道；节能增效；智慧用能；风光储一体化

1　管道企业实施“节能增效”势在必行的背景

2014 年 6 月 13 日，习近平总书记在中央财经领导小组第六次会议明确提出“四个革命、一个合作”的能源安全新战略。2020 年 9 月 30 日，国家管网集团完成“三大油”及其下属的油气基础设施相关资产收购，正式实现并网运营，这标志着中国油气管网运营机制市场化改革取得重大进展并进入新的发展阶段，推动“X+1+X”油气市场体系的建立[1]。2020 年 9 月，我国宣布力争 2030 年前实现碳达峰，2060 年前实现碳中和，这必将对未来能源行业发展产生颠覆性影响[2]，倒逼油气储运行业加快推动高质量发展。管道企业实施节能增效，开展节能减排技术创新，加快先进技术推广应用，是推进管道行业绿色低碳发展、实现碳达峰目标和碳中和愿景的重要举措。

多年来，成品油管道企业一直将节能工作放在重要位置，已采用了变频调速、磁控无功调压、余压利用等局部节能技术，还应用了光伏、风力发电等新能源技术。但不同节能技术之间未形成协同效益，无法实现自动平衡优化，造成局部节能设施无法投用、发电过量无法消纳等问题[3]。大部分管道企业用能决策仍然依靠人工经验，如成品油管道是通过人工计算和经验进行配泵决策，缺少设备节能、输油工艺节能和低用能成本的智能化综合优化手段，未实现全线管道智慧用能决策[4]。同时管道发展较为迅速，建立和健全管道能耗标准十分重要[5]。

2 多措并举，助推“降本增效”

国家管网集团华南公司（以下简称华南公司）管道里程6103千米（占全国成品油管道总里程近30%、亚洲最大），是我国目前里程最长、运行压力最高、输送量最大、地形最复杂的高落差成品油管网，具有典型代表性。2020年输量2336万吨，年用电量3.4亿千瓦·时。主要开展了如下的节能降费工作。

2.1 建立智慧用能决策系统，实现能源综合管理

管道运输用能具有分散点多（几十个输油站点）、需求变化大、供能方式多（电、油、光、风、储能）的特点，为实现管道不同站点和不同输油工况用能的实时监测和综合管理，并加强各类能源之间的协同优化，开发了管道智慧用能决策系统。该系统以大数据、云平台为支撑，依托5G等现代信息通讯及智能化技术，围绕管网能耗最低、费用最省为目标，统计分析能耗数据，提出针对不同类型管道的智能改进提升方案，提高能源综合自动化管理水平，确保发电、节电、节费每年都有新增长。通过大数据分析，逐步解决主输泵泵效低、能量回收率低、人工配泵等问题，并建立能源评价指标和考核体系，满足能耗数据实时上传政府和电力需求侧平台标准要求。主要原理如图1所示。

智慧用能决策系统从工程节能、管理节能、技术节能、降本节费四个方面着手，从能源监测（电、水、风、油、气等种类）、能源技术（风电、光伏、透平、储能、变频等）、能源管理（能效指标、峰谷电价、电力市场化交易等）三个维度入手，做到“横向到边，纵向到底、立体节能”。采用物联网技术的云平台系统对管输企业各类能耗指标进行远程计量与采集，并进行分类、分级、分项与多时间粒度的汇总统计与存储，以及可视化展

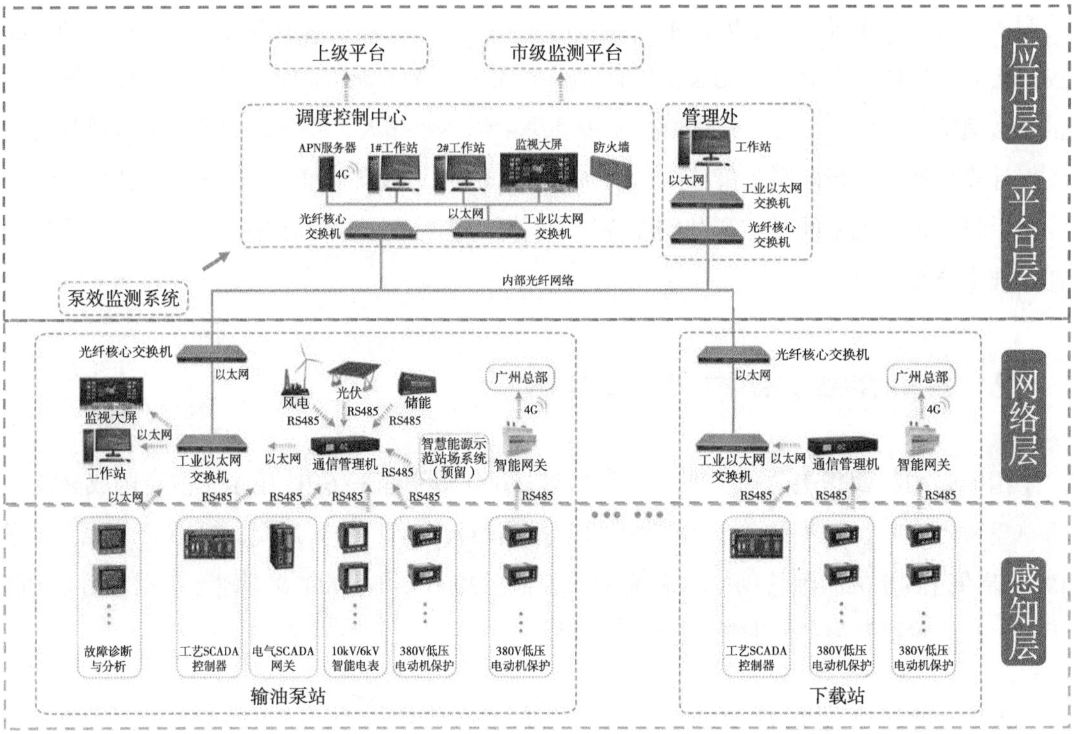

图 1　智慧用能决策系统原理结构图

示。针对成品油管道输油工艺建立了动态过程的优化模型，模拟系统中能量随空间的分布以及随时间的变化，同步考虑峰平谷的电费单价、新能源发电出力、减阻剂浓度和主输泵泵效等方面因数的影响。通过有效的数学规划方法，在实际工况下构造优化决策框架；同时还需要实时监测输油泵泵效，采用基于管网模型实现的自定义层级梯度运算技术，配合成品油管道配泵优化算法，制定既定输送计划下管道能耗最低的输送方案，有效提升用能效率。实现和现有能耗水平相比，单个输油计划的用电量减少 4.5%，月度输油单耗下降 3.8%。

成品油管道用电以往依赖单一电网供电，缺少清洁能源的自我开发和利用，缺乏能源技术创新，华南公司积极探索应用光伏发电、余压透平发电、风力发电等技术，大力发展新能源。围绕“源网荷储”开展工作（图 2），以储能装置为平台，提高光伏发电、风力发电、余压透平发电的利用率及效益，同时利用变频、磁控和 SVG（静止无功发生器）等技术动态调节供用电平衡，多维度提升供电可靠性和线路功率因数，实现能源系统全面协调优化。

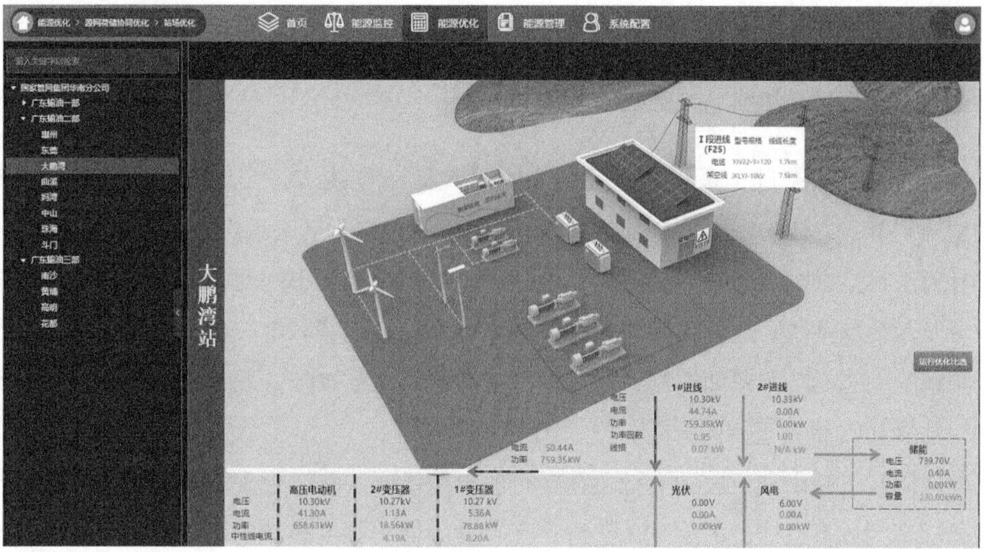

图 2 输油站源网荷储构建模式图

2.2 拓展源头，开发清洁能源

2.2.1 因地制宜，应用新能源发电技术

华南公司自 2018 年初开始，深入研究光伏政策，持续关注光伏发电技术的发展，对输油站进行历史气象资料收集、统计和计算，坚持以“自发自用、自用优先、余电上网”的原则核算投资回报率，在投资回报率高于 8% 的输油站全面建设光伏发电项目。利用东南沿海和云贵高原地区站场光照足、时间长的有利条件，在输油站办公楼顶、宿舍屋顶面积较大、屋顶开阔平整的地方，建设分布式光伏发电项目。目前已建设 37 座光伏电站，总装机容量约 2700 千瓦，年发电量约 400 万千瓦·时。此外，还选取了风力资源相对丰富的站点，安装了 6 台总容量 110 千瓦的小型发电机组，建成风光互补发电的输油站。

2.2.2 首创成品油管道余压透平发电技术

华南公司西南管道所经地区地形高低起伏落差大，入站剩余压力较高，油品需经减压阀减压后才能进罐，下载过程中能量以发热、震动和噪声的形式被浪费。为实现节流能量回收，推动能量阶梯利用，华南公司牵头研发了国内首套液力透平和防爆发电一体化的智能余压发电节能装置，充分利用降压过程中产生的压差能量，实现能耗高效回收。首套装置于 2019 年 6 月在贵阳站投入使用，第二代产品 2020 年 6 月在长坡站投入使用，两套装置总装机容量为 282 千瓦，能量回收效率不低于 50%，年发电量共 116 万千瓦·时。

2.3 组网降耗

2.3.1 全面提升线路功率因数

以电容补偿为基础，采用智能磁控无功调节及 SVG 技术，实现全网供电线路功率因数的精准调节，总体功率因数全部达到 0.9 以上，其中泵站功率因数接近 0.95。

针对玉林站供电线路长、损耗大、电压质量不稳定的突出问题，开发智能无功电压调节装置及其控制系统。通过在线路末端合理配置可控电抗器和电容器，根据负荷大小及电压升降情况动态无功调节和控制，实现动态精准稳压、有效降低线路损耗超过 10%，实时功率因数从 0.75 提升至 0.97。

针对阳江、鹤山和长坡站等低负荷运行的电缆供电线路，由于电容电流大，造成容性超前的功率因数不达标，采用 SVG（静态无功发生器）产生感性电流，解决了功率因数不达标的难题。

2.3.2 降低变压器负载损耗

配电变压器创新性应用真空有载调压与无功智能控制联合调节，根据电压、无功功率实现对变压器档位调节及电容的投切。目前已在东莞站 1# 变压器试点应用，减少变压器损耗，提升功率因数。

2.4 优化负荷

2.4.1 推广应用变频技术

通过变频技术实现主输泵无极调速，消除管道节流。针对管道中部分输油站定速电机的主输泵运行时存在出站节流的问题，全面开展相应变频改造。在富宁东、富宁站等 12 个输油站应用高压变频器，全线消除节流。同时为降低改造成本，部分泵站还采用变频“一拖二”的配置方案，实现主输泵变频和工频两种模式运行，平均每台变频器节电率在 30% 以上，年节电量共约 1800 万千瓦·时。

2.4.2 开展输油泵效改造

对主输泵量身改造，提升泵效。华南公司针对部分主输泵叶轮切削后泵效降低的问题，开展主输泵改造工作，2019 年完成黄埔站 4# 主输泵能效提升试点，泵效从 71% 提升到 75%；2020 年完成首批 10 台主输泵的泵效改造工程，改造泵效可提升到 75% ~ 78%。

2.4.3 无扰动快切技术

应用无扰动电源切换技术，实现带载自动切换，避免电机意外启停。针对成品油管道的供电线路长、多数处于农网系统，频繁停晃电造成主输泵频繁启停的问题，华南公司研发了无扰动电源切换装置，该装置最快能够在100毫秒左右带载平稳切换，几乎对输油工艺不产生影响，保证了长输成品油管道的平稳输送，基本上杜绝了主输泵在遭受雷击、供电系统晃电时，造成电机意外跳停及后续再启动，供电线路切换成功率达到98%以上。

2.5 一储多用

创新应用电力储能装置，除了主要用作削峰填谷（谷时储能、峰时用电）赚取电费差价外、还将功能拓展为压减最大用电需量降低基本电费、用作SVG及应急电源。目前华南公司在黄埔站等建设了三套储能装置总装机容量3250千瓦·时，同时在沿线10余个阀室将一体化光储用作主电源，平均每套储能装置年收益率为15%。2021年3月国家发改委、国家能源局发布《关于推进电力源网荷储一体化和多能互补发展的指导意见》，明确负荷侧储能装置可通过虚拟电厂等一体化聚合模式，参与调峰、调频，通过完善市场化电价机制，调动储能单位主动作为、积极参与。

通过应用节电技术、新能源发电技术、降本节费手段进行了能源技术创新，结合智慧用能管理创效，每年节电量约1580万千瓦·时，节约电费1400万元，有效提高能源利用率。

2.6 紧盯政策，降本节费效果显著

随着国家电力改革政策发布，华南公司开展降本节费行动，最大限度地减少电费成本支出共1800万元/年。

2.6.1 电力市场化交易

电力市场化交易是国家电力改革的重要政策，华南公司从2019年开始将部分满足准入条件的输油站用电实现市场运作，选优降费，从以往向电网公司购电转变为委托售电公司通过电力市场从电厂购电，广东、广西和贵州省共15个输油站参与电力市场化交易，交易容量达67.8兆瓦，平均电价降低了0.056元/（千瓦·时），共节约电费约1100万元。

2.6.2 大工业用电“容改需”

华南公司将部分装机容量大、实际运行负荷小的输油站从按变压器容量计费的方式，改为按实际最大需量方式缴纳基本电费，显著降低企业基本电费。同时，发挥储能装置削

峰的特点，对于采用按实际最大需量计费且应用储能技术的输油站，储能装置自动识别批次启输、供电线路带载切换、电机切换等情况，当即将出现超过历史最大负荷峰值时，自动转为放电模式，降低站内最大需量以降低基本电费。目前已有 9 个输油站改为按实际最大需量的方式结算基本电费，年节约电费约 700 万元。

3　工作成效及未来展望

3.1　工作成效

2014—2019 年，华南公司管道里程由 3842 千米增至 6282 千米，管道年输油量由 1681 万吨增至 2360 万吨，管道输油年用电量由 2.42 亿千瓦·时增至 3.06 亿千瓦·时，而输油能耗从 215（千瓦·时）/（万吨·千米）降至 192（千瓦·时）/（万吨·千米），较总部下达考核指标低 13（千瓦·时）/（万吨·千米），实现输油单耗“五连降”。多次获得集团级年度“节能先进”称号，2019 年被新华网评为“2019 年最具影响力绿色发展企业品牌”。

3.2　未来展望

油气管道在构建循环经济上，特别是在实现能源在全国范围内的流通上，发挥着重要的作用，未来油气管道互联互通和对外开放程度会进一步扩大[6]。然而，“双碳”目标下油气管道必须要向绿色低碳方向发展，必须通过技术、管理等手段来协调不断增长的用能需求和碳达峰碳中和目标之间矛盾。在未来，与碳相关的政策与技术，如碳交易、碳捕集以及碳输送等，都将与管道行业相融合，成为推动管道企业节能降费的主要动力。

参考文献

[1] 高鹏，高振宇，赵赏鑫，等 . 2020 年中国油气管道建设新进展 [J]. 国际石油经济，2021，29（3）：53-60.

[2] Pipeline and Hazardous Materials Safety Administration [EB/OL]. https://www.phmsa.dot.gov/.

[3] International Energy Agency [EB/OL]. https://www.iea.org/.

[4] 黄祺茗，王芳 . 构建可持续发展的调峰模式 [N]. 中国石油报，2018-11-20（004）.

[5] 林武斌 . 基于数据分析的成品油管道运行能耗优化及在线监测系统开发 [J]. 节能，2020，39（4）：63-68.

[6] 梁严，郭海涛，周淑慧，等 . 美国成品油管道公平开发现状及启示 [J]. 油气储运，2019，6（38）：609-616.

对胜利油田新能源产业发展的认识和思考

卫永刚　杨 慧　房 蕾
（中国石化胜利油田分公司经济开发研究院）

摘　要：本文梳理了油田企业发展新能源业务时代的背景和要求，分析了胜利油田发展新能源的优势条件和短板弱项，研究提出了新能源与油气业务融合发展、推动新能源多能互补发展的思路和定位，并从完善新能源项目市场化运营模式、用足用好政策、加强人才培养和技术创新应用等方面提出推动新能源业务发展的思路和措施。

关键词：胜利油田；新能源与油气业务融合发展；多能互补

引言

胜利油田是我国重要的石油工业基地，自 1961 年发现并投入开发以来，截至 2021 年末累计生产原油 12.7 亿吨，为保障国家能源安全发挥了重要作用。2021 年 10 月，习近平总书记亲临胜利油田视察，对油田 60 年发展成就贡献给予充分肯定，称赞石油战线是共和国改革发展的一面旗帜，要求继续举好这面旗帜，在确保国家能源安全、攻克关键核心技术、加快清洁高效开发利用上再创佳绩再立新功。聚焦贯彻落实总书记指示要求，一方面要持续推动关键核心技术创新突破，实现油气业务可持续高质量发展；另一方面要加大新能源开发利用，努力实现油气生产的清洁高效，将端牢能源饭碗的重任与绿色低碳的时代要求结合起来。

1 油田企业发展新能源业务具有重大战略意义和现实意义

1.1 落实“双碳”战略目标的现实责任

围绕落实习近平总书记向全世界宣布的“碳达峰、碳中和”目标，国家先后发布《国务院关于印发2030年前碳达峰行动方案的通知》等文件，明确了低碳能源转型行动中，要全面推进风电、太阳能发电的大规模开发和高质量发展[1]。国际能源署（IEA）统计数据显示，2019年全球二氧化碳排放量为330亿吨，其中石油和天然气的碳排放量达到182亿吨，占比55%。要实现碳达峰碳中和目标，油气行业首当其冲、任务紧迫，必须采取发展新能源等有力措施，通过绿能替换实现降碳目标。

1.2 端牢能源饭碗的历史使命

由于我国能源资源呈现“富煤、贫油、少气”特征，近几年石油、天然气对外依存度不断上升，2021年分别达到73.5%和43%，在当前地缘政治复杂的条件下，能源安全面临严峻挑战。针对我国能源结构现状，国家明确了优先发展新能源的战略导向，2022年6月发布的《“十四五”可再生能源发展规划》，提出“到2025年，可再生能源消费总量达到10亿吨标准煤左右”“‘十四五’期间可再生能源在一次能源消费增量中占比超过50%，可再生能源发电量增量在全社会用电量增量中的占比超过50%”[2]；2021年山东省发布的《国民经济和社会发展“十四五”规划和2035年远景目标纲要》，提出构建清洁低碳、安全高效的现代能源体系，到2035年新能源和可再生能源将达到能源结构的三分之一[3]。油田作为国有骨干企业，必须以国家规划部署为指引，增加清洁能源供给，减少油气生产过程化石能源消耗，为端牢能源饭碗做出应有贡献。

1.3 顺应能源转型大趋势的内在要求

近年来，低碳化成为油气行业领先石油公司的重要发展策略。一方面，明确了实现“碳中和”或“净零排放”的规划，降低油气全产业链的碳排放水平；另一方面，大力发展风能、光伏等可再生能源，将新能源业务发展作为降碳的重要途径（表1）。从建设世界领先企业的角度出发，必须在能源转型的潮流中抢占先机，以此赢得未来发展的竞争力。

表1　油气行业领先企业减排承诺及可再生能源发展目标

公司	可再生能源发展目标	减排承诺
BP	到 2030 年，可再生能源发电装机容量由目前的 330 万千瓦增至 5000 万千瓦	2050 年实现净零排放
壳牌	2030 年成为世界最大的综合电力供应商，到 21 世纪中期，公司经营收入中绿色能源占比超过 20%	2050 年实现净零排放
道达尔	2050 年可再生电力销售占到公司销售收入的 40%	2050 年实现净零排放
中国石化	构建"一基两翼三新"产业格局，建设中国第一大氢能公司	2050 年实现碳中和
中国石油	2025 年新能源新业务实现清洁替代良好布局 ,2035 年实现新能源新业务战略接替	2050 年实现"近零"排放
中国海油	2025 年清洁低碳能源供给占比提升至 60% 以上	

2　胜利油田新能源发展基础及发展现状

2.1　发展基础和条件

2.1.1　拥有良好的自然资源

胜利油田的主体位于黄河尾闾的东营市，太阳能资源属于三类最好地区，年等效利用时长 1200 小时，年平均辐射量 1440(千瓦 · 时)/ 平方米，适合布局光伏发电及光热业务。油区风力资源属于二类风场，陆上风速为 5.1 ～ 6.7 米 / 秒，适宜开发分散式风电；近海区域 90 米高度风速为 6.5 ～ 7.5 米 / 秒，风力密度均匀，适合近海风电开发利用。

2.1.2　地热、余热资源潜力大

胜利油田地热资源主要分布在济阳坳陷馆陶组和东营组，包含东营区中部、河口城区、孤岛、仙河、东营港、开发区等六个区域，覆盖面积 3483 平方千米，占东营市总面积的 70%，地热水温度在 50 ～ 95 摄氏度，地热可采储量 320 亿吉焦，是全国地热条件较好的区域之一。另外，油田日处理采出水量约 90 万立方米，水温处于 32 ～ 65 摄氏度之间，采出水余热资源丰富。

2.1.3　土地资源丰富

胜利油田拥有土地逾 70 万亩，其中站库、井场等闲置土地可用于建设分布式新能源项目，未利用土地可用于集中式光伏项目建设。同时，还有场站及办公用房房顶等可利用空间，这些土地资源和空间资源为发展光伏、光热、风电等新能源业务提供了重要支撑。

2.1.4 基础设施较为完善、新能源消纳能力强

胜利油田形成以胜利发电厂为主电源、外部电源为辅、发供用一体的电网运营模式，新能源接入能力为600兆瓦，可以满足油田500兆瓦分布式光伏项目消纳。目前，胜利油田年度油气生产用能超过50亿千瓦·时，其中绿电占比仅为5%左右，加快新能源业务发展，增加绿电在能耗结构中的比重有较大空间。

2.2 新能源发展现状

胜利油田发展新能源起步较早，自2000年开始探索新能源工作以来，到目前主要经历了以下三个阶段：第一阶段（2000—2017年）为探索起步阶段，油田成立地热余热资源开发项目部，多种模式探索实施油井采出水余热工业供热项目；第二阶段（2017—2020年）为试点推进阶段，以成立油田内部专业化单位新能源开发中心为标志，积极培育经济增长点和加快发展绿色产业，新能源业务从余热拓展到地热、光伏、光热等领域，实施项目44个；第三阶段（2020年至今）为全面发展阶段，出台新能源“十四五”规划，制定加快新能源建设指导意见，明确新能源发展目标及路径，为油田生产全面提供“清洁电+清洁热”，推进新能源快速开发利用。

经过持续探索发展，胜利油田目前形成了以光伏发电、地热利用、余热利用、井场光热为主体的新能源业务格局，其中光伏发电项目装机容量超过100兆瓦，年发电能力1.7亿千瓦·时；余热利用和光热、地热等其他清洁供热项目年清洁供热能力超过180万吉焦，年绿能替代能力折合标煤10万吨以上、降碳逾20万吨，节能减碳效果明显。特别是2021年在营二井区建成的“风光热储”多能互补项目，形成了由风力发电、太阳能发电、光热+储能替代燃气加热炉和直流母线多源微网组成的多能互补模式，盘活闲置土地逾11万平方米，每年可发电432万千瓦·时，并消除了天然气加热炉等安全隐患，成为胜利油田首个碳中和井区，为传统能源向绿色能源转变进行了有益的探索。

3 胜利油田新能源产业面临的挑战

3.1 经营效益有待提高

当前，新能源业务处于探索成长阶段，普遍呈现出微利特征。资料显示，协鑫新能源控股有限公司作为一家太阳能发电领域的领先企业，于2014年在香港联交所上市，顶峰期在全球拥有215座电站，总装机容量约730.9万千瓦。从公司的经营情况看，政府补贴

约占近四年平均经营收入的62%，依靠以往国家对新能源的价格补贴等政策支持，2018和2019年实现了盈利，但2020年亏损超过10亿元，2021年持续亏损超过5亿元（表2）。目前，国家对新能源的补贴政策逐步退坡，提高经营效益不能寄希望于国家补贴。从胜利油田来看，发展新能源虽然拥有土地资源优势和新能源消纳能力强的优势，但也面临折旧成本和财务费用较高等问题，如何进一步提高经营效益是加快新能源业务发展的面临的重要课题。

表2　协鑫新能源控股有限公司近四年经营情况统计表

项　　目	年　份			
	2018年	2019年	2020年	2021年
收入（万元）	563240	605200	493519	269498
政府补贴（万元）	356100	377400	311700	159100
所得税前利润（万元）	75587	78232	−106152	−51468
运营光伏电站数量	215	211	188	45
装机容量（万千瓦）	730.9	714.5	663.6	105.1
售电平均电价[元/（千瓦·时）]	0.76	0.78	0.75	0.70

3.2　人才技术储备有待增强

资料显示，目前新能源业务呈现技术加快迭代趋势。以光伏产业为例，过去十年分布式光伏技术已经历了五代，迭代周期由初期的3～4年缩短到目前的1年左右，光伏组件的功率实现了翻番（表3）。从地热、风能和氢能等新能源来看，技术快速迭代的特点同样明显，如果不能及时把握技术发展前沿，就难以支撑新能源业务的快速有效发展。由于胜利油田新能源业务是从余热、地热利用起步的，2020年后开始推动分布式光伏等其他类型新能源业务发展，目前集中式光伏、风电、储能、氢能等绿色技术储备不足，专业人才较为短缺，加强人才队伍建设和关键技术创新应用，是推动新能源业务快速有效发展面临的紧迫任务。

表3　分布式光伏技术迭代一览表

时代	时间	特征
分布式1.0时代	2009—2013年	光伏组件功率250瓦以下
分布式2.0时代	2014—2016年	光伏组件功率260～290瓦
分布式3.0时代	2017—2018年	光伏组件功率300瓦
分布式4.0时代	2019年	光伏组件功率400～450瓦
分布式5.0时代	2020年	光伏组件功率500瓦

3.3 政策支持和区域统筹协调有待加强

新能源业务具有源网荷储一体化发展的特征和要求。目前，胜利油田以油气生产绿能替代为主要应用场景，有效推动了分布式光伏及地热、余热等新能源业务发展。但对照油田“十四五”规划制定的“新增光伏发电装机容量2000兆瓦，风电年发电能力36亿千瓦·时，绿氢制备能力1万吨”等目标，油田现有电网、电厂的调峰能力将无法满足需要，同时，也缺乏必要的储能设施。为此，从源网荷储一体化发展的角度出发，迫切需要加强与地方政府协调、争取地方政府支持，将油田新能源发展的规划部署融入区域经济大格局，推动油田新能源业务持续有效发展。

4 思考与建议

基于新能源业务对油田企业具有重大战略意义和现实意义的认识，结合胜利油田新能源业务发展现状，油田企业新能源产业发展应坚持与油气业务融合发展的指导思想，创新新能源应用技术体系，结合油田井场生产、集输站库、低效土地、办公生活等不同用能场景，分析用能结构、资源优势、技术特点，按照“宜光则光、宜电则电、宜热则热”原则，积极探索光伏、地热、余热、光热、风能及氢能等多能互补的新能源开发模式，充分发挥新能源产业的节能减碳作用，提高油田企业的绿色用能比例，将实现“双碳”目标与降低油气业务的盈亏平衡点结合起来，推动油田企业高质量可持续发展。

4.1 积极探索有利于新能源业务高效运营的模式

2021年以来，国有企业与民营企业在新能源领域的合作呈现快速增长态势，仅光伏发电项目就签署了1500万千瓦的合作协议，合作的基本逻辑是，项目前期以民营企业为主导，发挥其灵活高效的优势，提高项目开发效率并降低开发成本；项目建成后由国有企业主导，发挥资金成本低、抗风险能力强的优势，实现新能源项目有效运营。针对油田新能源业务提高发展速度和规避经营风险的紧迫要求，建议在加快自主推进的同时，积极探索合资合作的发展策略，利用油田土地资源丰富和新能源消纳能力强的优势，吸引相关领域的先进企业通过技术入股、设备入股开展合资合作；或者借鉴PPP模式，由先进企业建设运行新能源项目，油田按照约定价格收购绿电，项目运行到达规定时间后再转交油田，实现共同推进新能源发展的目标。

4.2 积极争取政策支持，用足用好政策

一是用足用好国家绿色金融支持政策。由于新能源项目前期投资规模较大，融资成本对项目的收益率影响较大。资料显示，一个10万千瓦的风电项目，在其他条件不变的情况下，银行利率由4.65%降至4%，则资本金内部收益率可由10.17%增至11.21%，增幅达10%。为此，建议依据《关于构建绿色金融体系的指导意见》有关规定，争取将油田企业新能源项目纳入国家绿色信贷支持项目，增强新能源项目的盈利能力和抗风险能力。

二是争取集团公司有利于新能源发展的经济评价政策。针对目前新能源项目面临的经济评价门槛高问题，一方面，建议将部分重点新能源项目纳入先导性、试验性项目范围，充分利用集团公司关于先导性项目、试验性项目6%的投资收益率政策，先行先试，促进产业快速发展。另一方面，建议加快推进已建成项目申报“自愿减排项目（CCER）”工作，通过筛选确定实施效果和减排效果好的新能源项目，申请通过国家相关部门核证，并在全国碳交易市场进行交易，通过全面反映新能源项目的价值，为争取集团公司将碳减排价值贡献纳入经济评价提供依据。

三是争取地方政策支持。通过油地联席会议等形式，对区域新能源消纳能力、建设条件进行综合考量，结合山东省新能源发展规划及双碳目标的推进举措，争取地方政府在国土空间规划、审批流程简化、地热开发项目、氢能储能设施建设等方面予以政策支持，特别是针对新能源业务具有“源网荷储”一体化发展特征，通过规划引导和产业政策推动调峰能力和消纳能力建设，共同促进区域新能源业务持续快速发展。

4.3 加强人才培养和技术创新

一是多元化培养人才。围绕挖掘油田现有人力资源潜力，以培训提升和优化盘活为重点，加大油田现有新能源专业技术人员技能提升和培训培养，同时选调部分优秀员工进入新能源开发领域，培养跨界复合型人才。围绕关键人才和后备力量的引进，积极探索柔性引才等人才引进新模式，同时，依托东营胜利石油技术服务有限责任公司平台，加强与山东石油化工学院、东营技工学校等院校结合，通过签订人才合作培养框架协议等方式，增强人才培养的针对性和前瞻性。

二是全方位推动技术创新应用。针对目前新能源技术快速迭代的特点，建议在加大油田科研经费向新能源技术创新应用倾斜的同时，联合所在区域的科研平台以及科技孵化器平台，在选题立项、成果转化等方面，共同加大对新能源技术创新应用项目的支持，推动区域新能源业务快速发展。例如，目前在氢能的利用方面，主要聚焦于氢能汽车领域，由

于氢能燃料电池价格高昂，发展面临瓶颈。近期欧洲相关企业对低浓度氢气掺入天然气应用取得较大进展，这项技术与油田现有业务相近，如果商业应用实现突破，对于氢能的利用将开辟更加现实而广阔的空间。

参考文献

[1] 国务院．国务院关于印发2030年前碳达峰行动方案的通知[EB/OL].（2021–10–26）[2022–6–10]. http://www.gov.cn/zhengce/content/2021–10/26/content_5644984.htm.

[2] 国家发展改革委等九部门．国家发展改革委等九部门关于印发“十四五”可再生能源发展规划的通知[EB/OL].（2022–6–01）[2022–6–10]. https://www.ndrc.gov.cn/xwdt/tzgg/202206/t20220601_1326720.html?code=&state=123.

[3] 山东省人民政府．山东省人民政府关于印发山东省国民经济和社会发展第十四个五年规划和2035年远景目标纲要的通知[EB/OL].（2021–12–20）[2022–6–10]. http://fgw.shandong.gov.cn/art/2021/12/20/art_91485_10336351.html.

设备资产完整性管理数字化平台设计与应用

乔贵民　石 帅　夏向阳
（中海油安全技术服务有限公司）

摘　要：设备设施是公司安全平稳生产经营的前提，是创造利润和价值的重要载体。设备资产完整性管理数字化平台借助统一、规范的数据管理，依托信息化手段，科学有效、经济合理地管理设备设施，推动形成设备设施全生命周期闭环管理，有效降低设备设施风险，提高设备设施完整性水平，保障设备设施健康平稳运行。设备资产完整性管理数字化平台已得到广泛应用，通过平台的应用，生产经营单位固化了先进设备管理理念，转变了维修模式，提高设备设施完整性水平，保障设备设施健康平稳运行，助推企业提质降本增效。

关键字：设备设施；资产完整性；数字化平台；全生命周期

引言

当前，信息化、数字化和智能化发展浪潮扑面而来，党的十九大报告中提出建设“数字中国”，将推动互联网、大数据、人工智能和实体经济深度融合，培育新增长点、形成新动能。

设备设施是公司安全平稳生产经营的前提，是创造利润和价值的重要载体。如何科学有效、经济合理地管理设备设施意义非常重大，但是目前多数企业存在数据汇总、统计报表等日常事务占据大量时间；设备信息获取不及时；有用数据无法得到有效的保存和传承等问题。为解决上述问题，需要一套科学的、先进的、贴近现场的设备资产完整性管理数字化平台，优化现场设备资产管理模式。

1 建设背景

1.1 国家层面

党的十九大报告提出要建设“数字中国”。推动互联网、大数据、人工智能和实体经济深度融合，要“促进国有资产保值增值，推动国有资本做强做优做大，有效防止国有资产流失。”

2020年9月，国务院印发《关于加快推进国有企业数字化转型工作的通知》，提出要加快建设推广智慧电网、智慧管网、智能电站、智能油田、智能矿山等智能现场，着力提高集成调度、远程操作、智能运维水平，强化能源资产资源规划、建设和运营全周期运营管控能力，实现能源企业全业务链的协同创新、高效运营和价值提升。基于数字化的完整性技术服务能够充分运用现有数据[1]，基于信息化，依托新工具，提高工作效率；依托新产品，促进产业升级。基于数字化的完整性技术服务在实现完整性技术服务转型的基础上，能更有效促进企业资产的保值增值。

1.2 企业层面

从安全管理的角度，近年来设备设施管理面临的安全环保问题逐步显现[2-4]，设备设施事故时有发生。随着设备设施资产的不断复杂化、精细化及智能化，传统管理理念和方法已经无法满足资产所有者对于设备设施安全性、可靠性、经济性日益严格的要求，需要采取“完整性管理”的理念和方法，运用数字化手段，通过大数据分析评价以提高决策效率，实现设备设施安全性、可靠性、经济性三者的最优平衡为目标。当前国家安全产业政策明确提出安全产业升级的要求[5-6]，安全产业发展趋势和路径逐渐明确，结合大数据、互联网+、云计算等数字化技术，在安全技术体系、安全技术装备及安全与应急产品研发应用等方面推动产业发展。

作为一种系统的、动态的、基于风险的全生命周期管理理念，设备设施完整性管理模式已经在国内得到了普遍的认同并推广[7-8]，设备资产完整性管理数字化平台成为企业提高提升安全、设备资产管理绩效的重要手段。

2 设备资产完整性管理数字化平台设计

2.1 设备资产完整性管理数字化平台设计思路

设备资产完整性管理数字化平台是在传统设备管理模式的基础上，融入公司自身技术积累，并充分与数字化、智能化进行有效结合，形成的新的设备资产完整性管理工具。该平台是基于大数据的管理，实现了工作制度化，制度流程化，流程信息化，优化服务模式，提升企业设备资产管理体验（图 1）。

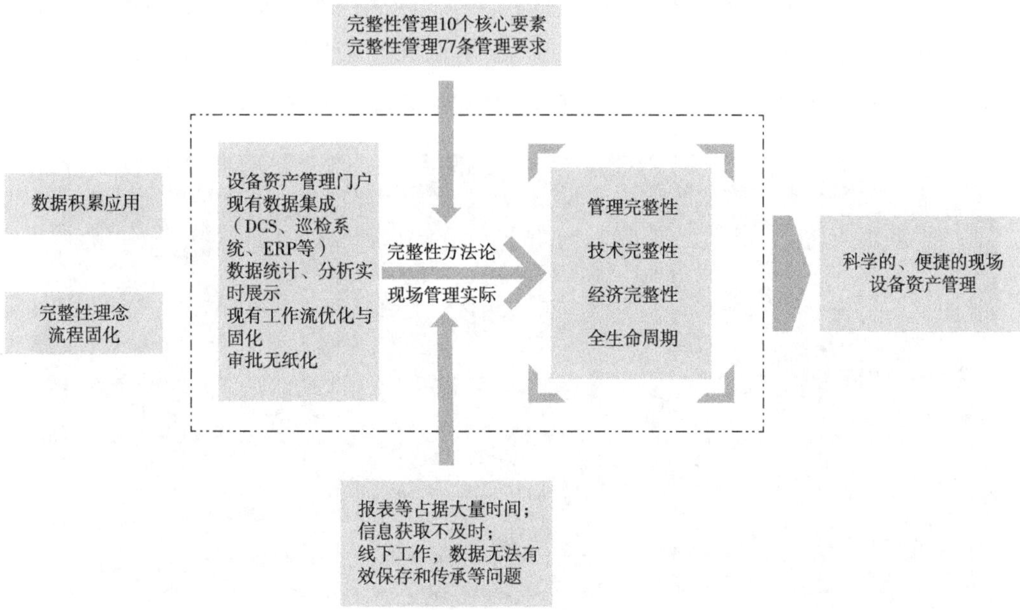

图 1　设备资产完整性管理数字化平台内涵示意图

设备资产完整性管理数字化平台的核心理念是构筑科学的、便捷的现场设备资产管理，通过大数据积累应用和管理流程固化实现。该平台一方面能将设备资产日常管理过程中产生的检查信息、维修数据、费用情况等进行有机整合，同时引入 DCS、监测系统等现有设备管理系统中产生的数据进行综合分析；另一方面也能将完整性管理要求的工作进行流程化和系统化的梳理，通过信息化的手段进行固化，切实提升设备设施本质安全，通过平台的使用可以实现对风险等关键数据的大数据化分析与积累，真正将数据转化为可视化的知识和建议，为全面实现智能化工厂打下坚实基础。

2.2　设备资产完整性管理数字化平台设计

设备资产完整性管理数字化平台以“工业大数据”技术为依托，构建集“管理、技术、经济”于一体的数字化设备安全管理平台。通过对信息的深度挖掘利用、智能化分析与可视化应用，实现设备运行风险管控，设备异常预测预警，设备预防性维修，为设备完整性管理开展全面分析及决策提供全方位支持，提升了设备实时感知、风险预警、知识管理、决策支持能力，保障设备设施本质安全。

按照中国海油设备设施完整性管理理念，设备资产完整性管理数字化平台以管理完整性、技术完整性、经济完整性和全生命周期管理为主线，搭建了管理完整性、技术完整性、经济完整性、全生命周期管理和配置管理五个方面和200余个模块（图2），一方面满足完整性方法论的全要素管理（风险管理、目标与实现目标的策划、培训管理、运行控制、变更管理、承包商管理、监视测量、改进等），另一方面又涵盖了动设备、静设备、电气设备和仪表设备管理，并针对特种设备、储罐、管道等形成专项管理要求。

图2　设备资产完整性管理数字化平台首页

2.2.1　管理理念与平台架构

设备资产完整性管理数字化平台是基于中国海油先进资产完整性管理理念，借鉴行业内设备管理信息系统良好做法搭建而成的一套拥有自有知识产权、设计科学、模块完善、功能贴合现场的设备设施管理平台；中国海油设备设施完整性管理方法论是以管理完整性、技术完整性、经济完整性和全生命周期管理为核心内涵的，系统的、动态的管理理念。

设备设施完整性管理信息系统紧密结合完整性管理工作，利用信息技术，进行总体规划和设计，深化设备相关数据整合，建设完成全公司各级设备管理相关人员参与业务的设备管理信息平台。将完整性管理纳入公司设备管理相关部门的业务流程，使完整性管理工作各阶段、各部门之间无缝衔接，做到业务流程合理化、绩效监控动态化和管理改善持续化。

设备设施完整性管理系统各个功能模块划分为系统用户层、业务应用层、数据管理、应用平台层等（图3），多层架构符合“高内聚，低耦合”思想，各层之间采用接口相互访问，并通过对象模型的实体类作为数据传递的载体，实体类的属性与数据库表的字段名一致。

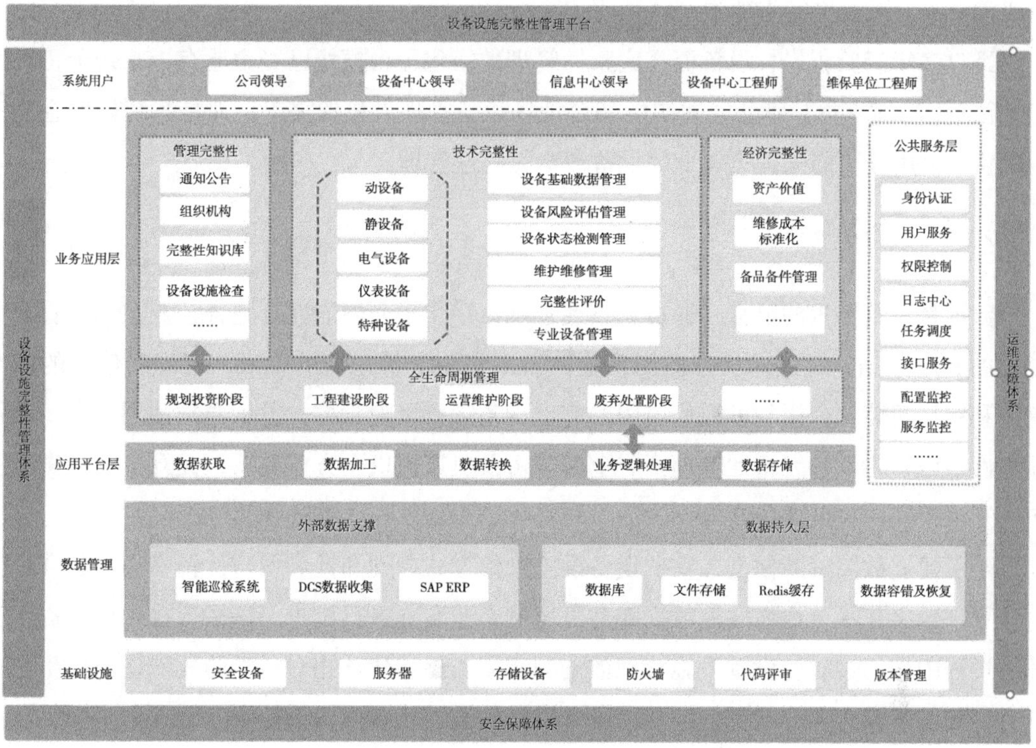

图 3　设备资产完整性管理数字化平台整体框架

2.2.2　紧密贴合现场

平台基于设备完整性管理业务及流程，功能模块涵盖数据管理、KPI 指标、风险管理、状态监测、运行管理、故障管理、检修管理等，将设备管理涉及的设备检查、监测、保养、维修等各个环节的数据进行集中管理，规范了管理流程，并与 DCS 系统、监测系统等进行数据交互，实现基于风险的全生命周期管理。而且系统的模块可以实现企业自主配置，适用于不同管理模式下的设备资产完整性管理。

完整性数字化平台的实施，真正实现了为设备管理人员减负，使设备管理人员有更多的精力去投入到设备管理，提高工作效率。完整性数字化平台的开发紧紧围绕着现场设备管理人员的需求，从各层级岗位职能和关注点出发，设置相应模块，基于数据的分析、处理与呈现，便于各级设备管理人员能够快速地找到重点。而且，通过完整性数字化平台的实施也极大提高了设备管理工作效率。一方面，平台应实现各模块之间数据的一致性，使设备信息等静态数据能自动抓取，KPI、监测趋势图等动态数据能自动生成，既能减少人员日常工作量，又能保证数据的准确。另一方面，应将线下流程固化并转化为信息化，实现线上办公，减少空间上的限制。

经过多年经验积累，设备资产完整性管理数字化平台模块已经由原有 100 余个拓展到 200 余个，功能点逐步细化，并更能切合现场设备管理人员的需求。而且系统模块企业自主配置，适用于不同管理模式下的设备资产完整性管理。

2.2.3　大数据支持

数据是一笔宝贵的财富，通过完整性管理数字化平台应能充分整合企业在设备管理中产生的有用数据，通过对状态监测系统、DCS 和 SAP 等系统的集成，实现对信息的深度挖掘利用、智能化分析与可视化应用，实现设备运行风险管控，设备异常预测预警，设备预防性维修，为设备完整性管理开展全面分析及决策提供全方位支持，提升了设备实时感知、知识管理、决策支持能力。

（1）建立故障诊断模型，实现设备设施维修方式向预知性和预防性转变。设备资产完整性管理数字化平台内嵌故障数据库并可通过企业实际进行维护，该平台在对设备资产管理的过程中，通过对各设备设施管理数据的积累，逐步建立相对科学的故障诊断模型，基于时间和基于设备资产状态，加强对设备维修管控，实现设备设施维修方式向预知性和预防性转变。

（2）多重预警，提高设备管理的科学性与规律性。通过数据处理，实现对设备定期检验、维修工单完成情况等预警提醒，提高设备管理的科学性与规律性；系统可设置设备的预警信息，将预警信息与系统收集的设备定期检验数据、设备润滑管理数据、设备定期检修数据、备机切换数据、维修工单完成情况进行对比和警示，保障设备管理中各项数据稳定，发生异常时也能快速反应，避免事故事件发生（图 4）。

图 4　设备资产完整性管理数字化平台预警信息示例

（3）设备检维修大数据分析与积累。通过对单台设备维修工单数据信息的分析，对现役设备进行维修次数自动排名；结合内嵌设备故障模板，通过维修工单系统的收集、统计、管理和分析设备维修数据、故障信息，分析出现役设备中出现次数最多的故障部位、故障现象、故障原因，帮助查找设备故障发生的根本原因，从而降低设备故障率，实现长周期运行；系统通过记录工程师、班组操作人员、维保单位员工填报发现、处理的设备故障，建立公司运维特点的设备维修数据库，通过信息化的手段，以大数据的方式将设备技术管理人员的知识和经验保存下来，为全面实现智能化工厂打下坚实的基础（图 5）。

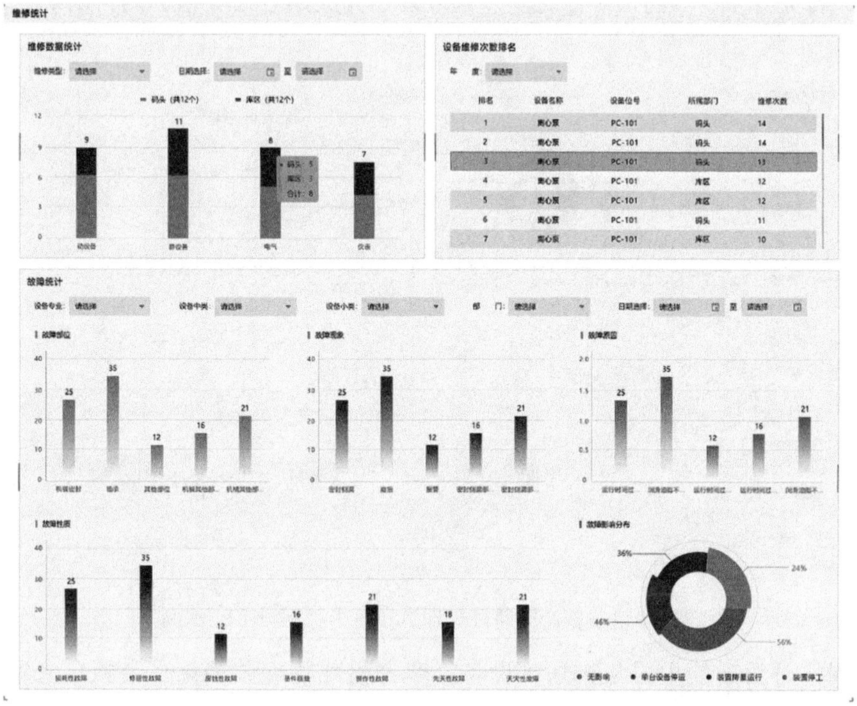

图 5　设备资产完整性管理数字化平台数据分析大屏示例

（4）科学库存，保障企业安全生产。备品备件管理是设备设施管理的重要一环，设备资产完整性管理数字化平台可以实现备品备件与工单之前的数据交互，实时显示备品备件的库存情况；通过数据对比分析，实现对备品备件库存优化，在保障企业安全生产的同时，减少备件资金占用率，提高设备资产管理效率。

（5）大数据集成应用，助力科学决策。设备资产完整性管理数字化平台集成了各类设备设施的监测系统（例如 DCS、在线监测系统、离线监测数据等），与平台自身产生的隐患数据、故障数据、维修数据等进行结合，实现设备数据完整准确共享，便于设备资产管理人员快速、直观、准确地了解企业设备管理情况，助力设备资产管理的科学决策。

2.2.4　智能运算

设备资产完整性管理数字化平台通过梳理集成数据，使用云计算和智能算法，实现各项设备完整性管理 KPI 的智能运算、设备总结实时生成等，使设备管理人员实施掌握企业设备现状。

（1）智能运算，KPI 多维展示。设备资产完整性管理数字化平台能够实现对设备维修信息的自动汇总和分析，借助系统中嵌入的 KPI 统计公式实现对动设备、静设备、电设备、仪设备如设备完好率、预防性维修比率、日常计划完成率等 KPI 指标的自动统计（图 6）。

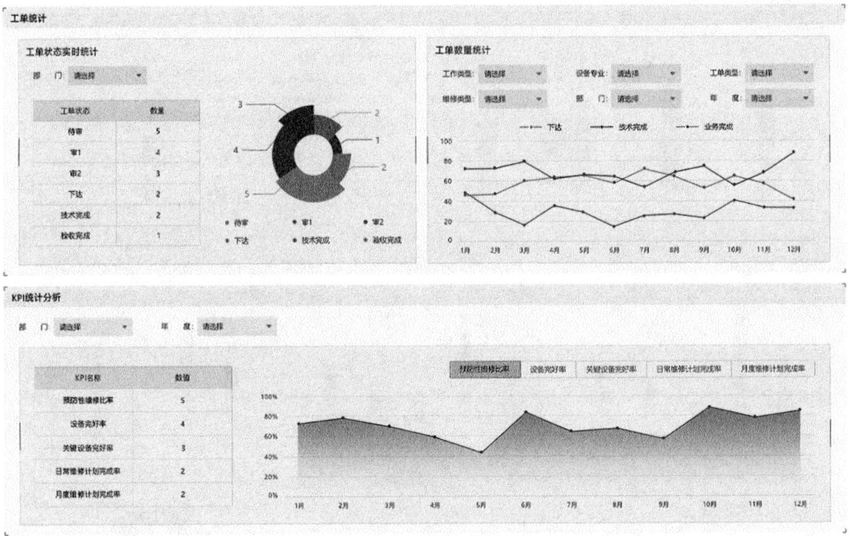

图 6　设备资产完整性管理数字化平台部分 KPI 示例

（2）周、月报智能生成与推送。设备资产完整性管理数字化平台能自主生成涵盖现状、总结、计划等内容的设备管理月报，并通过智能化手段实现大部分内容自动抓取、提炼，呈现公司月度设备管理水平和现状，例如对设备运行过程中维修数据、修理费数据、备品备件数据等设备的关键运行数据的自动统计、汇总，生成涵盖设备管理关键数据的专属月报，进行分析动设备、静设备、电设备、仪设备运行情况的专项分析（图 7）。

1.2 本月设备管理主要指标统计:

类型	统计项	目标值	本月指标	年度累计指标
	设备完好率		100%	98.21%
综合	设备预防性维修比率		0%	40%
	关键设备完好率		100%	97.9%
	动设备完好率		100%	95.88%
	动设备预防性维修比率		0%	50%
动设备	关键动设备完好率		100%	95.24%

图 7　设备资产完整性管理数字化平台部分智能统计数据示例

（3）工厂风险实时展示。通过收集公司地理数据，构建公司地理模型，进行公司场景搭建、还原实际的场景，通过添加风险交互事件，将风险数据经过处理后与模型进行动态绑定、实现场景内风险的可交互的展示效果（图 8）。

图 8　设备资产完整性管理数字化平台风险动态管理实时展示

2.2.5　信息安全

信息安全是一个永久的话题，随着时代的发展和计算机网络的普及，信息安全的重要性越来越大，特别是近几年国际形势影响，国内网络攻防演练等也越来越频繁。为保障数字化平台的安全性，平台从安全管理、终端安全、网络安全、主机安全、数据安全、物理安全、边界安全和应用安全方面均进行了深入研究和措施制定（图 9）。

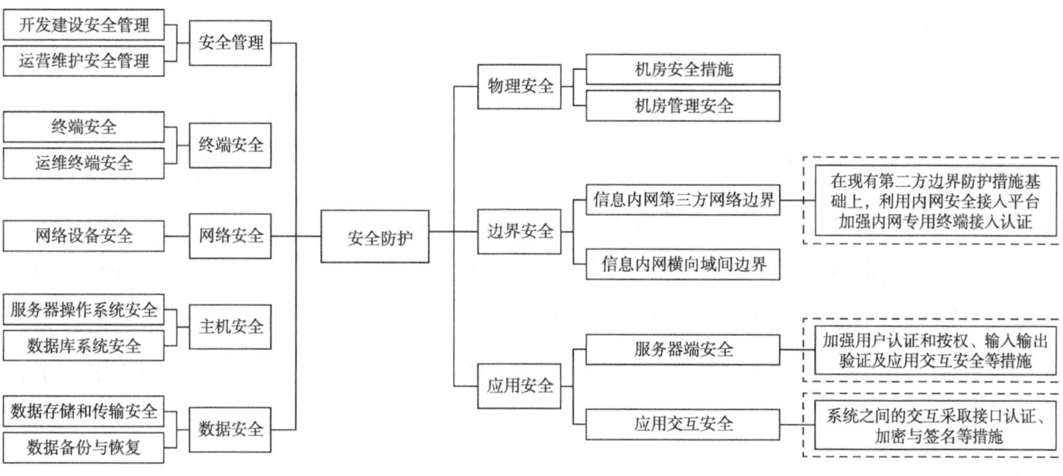

图 9　设备资产完整性管理数字化平台安全防护架构

3 设备资产完整性管理数字化平台成功实践

设备资产完整性管理数字化平台的开发是应企业之需，解企业之难，为保障企业设备设施本质安全保驾护航。针对不同企业的不同需求，实施数字化创新实践，该平台目前已在多家石油化工企业、仓储企业、政府机构等进行了实施部署，切实提升了企业设备设施管理水平。并且，设备资产完整性管理数字化平台在服务中也与企业、政府机构等共同孵化基于数字化的完整性技术，实现完整性技术的数字化转型。

以 X 公司为例，X 公司是典型的设备重资产单位，在重组后共计生产装置 100 余套，资产原值超过 600 亿元。X 公司从公司管理职能出发，引入设备资产完整性管理数字化平台，重点管控突出，使用大屏展示，使管理者和领导层能直观了解所属单位的设备设施完整性管理情况，并做出针对性决策。

数字化平台应用后，X 公司整体设备故障率逐年降低。根据数字化平台报表显示，同比 2017 年，X 公司设备故障率从 0.28% 下降到 0.17%，下降了 0.11%，有力地保障了生产装置长周期运行及安全平稳生产。在总体维修工作量保持稳定的基础上，X 公司设备预防性维修比率逐年升高，同比 2017 年设备预防性维修比率从 86.37% 上升到 92.64%，上升了 6.32%，为公司整体提质降本做出了贡献。通过设备资产完整性管理数字化平台的引入，X 公司设备管理方式实现优化，2017—2019 年期间，实施各年累计效益额为 2.8778 亿元，助力了企业提质降本增效，产生了显著社会经济效益。

4 结语

秉承“厚平台、薄应用、模块化、迭代式”的建设思路，设备资产完整性管理数字化平台采用了中国海油设备设施完整性先进管理理念，借鉴业内设备设施完整性信息系统建设的良好实践；系统按照全生命周期管理、技术完整性五步循环、基于风险管理等理念进行设计开发，遵循设备设施完整性的总体功能要求，将设备管理涉及的设备检查、监测、保养、维修等各个环节的数据进行集中管理，规范管理流程，并支持与其他系统进行数据交互、集成，真正实现基于风险的全生命周期管理。通过设备资产完整性管理数字化平台的应用，生产经营单位固化了先进设备管理理念，转变了维修模式，提高设备设施完整性水平，保障设备设施健康平稳运行，助推企业提质降本增效。

数字化、智能化管理是设备管理理念发展的必然趋势，随着网络技术、智能设备等的发展，设备资产完整性管理数字化平台架构将更加完善，助力企业安全生产，切实保障人民的生命财产安全。

参考文献

[1] 王宁，王毅坚 . 数字化技术在海洋石油平台结构完整性管理中的应用 [J]. 吉林化工学院学报，2014，31（5）：54–58.

[2] 赵睿 . 采油气生产中的安全环保问题 [J]. 化学工程与装备，2021（8）：242+248.

[3] 孙雅倩，王爽，胡宗武，等 . 油气储运中的安全环保问题及其对策 [J]. 甘肃科技，2021，37（12）：11–12+141.

[4] 陈其振 . 石油化工企业油品储运过程安全环保问题及对策分析 [J]. 化工设计通讯，2020，46（8）：210–211.

[5] 数字安全为工程安全行业转型升级指明方向 [J]. 中国建设信息化，2022（2）：18–19.

[6] 陈欣 . 试点、引领 推动行业安全生产升级——油气管道行业部署推动工业互联网创新发展应用观察 [J]. 中国应急管理，2021（9）：16–19.

[7] 陈彦，尹琳，乔贵民 . 集团型企业设备设施完整性管理实践与展望 [J]. 设备管理与维修，2020（1）：5–7.

[8] 王平 . ZHYF 公司大型海工设备完整性管理研究 [D]. 北京：中国石油大学（北京），2020.

科洛尼尔管道网络攻击事件的思考与启示

杜萌　余斌　周杰鑫
（中国石油西北销售有限公司）

摘　要：随着信息技术不断发展，成品油仓储运输环节近年来已基本实现了信息化管理全覆盖。本文通过对美国科洛尼尔管道网络攻击事件进行分析，为减少网络威胁攻击对公司成品油产业链正常生产经营及国家能源体系的影响，从强化网络安全管理、完善能源战略储备、构建应急保障体系三个方面提出具体防范应对措施，对提高企业信息化安全管理水平、维护原油产业链、成品油供应链稳定运行，保障国家能源安全具有重要意义。

关键词：科洛尼尔；管道运输；网络安全；应急保障

引言

科洛尼尔管道运输公司（Colonial Pipeline）是美国最大燃油管道运营商。公司主要业务是通过管道把成品油从得克萨斯州输往美国东部和南部市场，运营有5500英里油品管道，每日输送1亿加仑油品。科洛尼尔管道运输公司的精炼能源输送体系庞大，每天可从墨西哥湾地区向纽约港及纽约各主要机场输送多达250万桶的精炼汽油、柴油及飞机燃料，承担着美国东海岸45%的燃油供应。其广阔的管道网还为美国主要机场提供服务，包括全球客运量最大的亚特兰大哈兹菲尔德—杰克逊国际机场。

1　网络攻击事件

2021年5月7日，科洛尼尔管道运输公司遭遇网络威胁和攻击，黑客组织勒索数百万美元，并要求用比特币等加密货币支付。随后，该公司主动切断了某些系统的网络连接，以遏制来自黑客的网络攻击威胁，这使得 1 号、2 号、3 号、4 号等主要管道线路均处于离线状态，但终端和交付点一些较小横向线依然可以使用。

科洛尼尔管道作为美国东海岸供油“大动脉”，能源供应网络关闭，对美国东海岸燃油能源供应造成了极大影响。为解能源供应短缺的燃眉之急，2001 年 5 月 9 日，美国政府宣布，美国 17 个州和华盛顿特区进入紧急状态。

网络攻击事件发生 3 天后，美国联邦调查局（FBI）发表声明称，发动此次网络攻击的幕后元凶是一个名叫“阴暗面”的俄罗斯黑客组织。FBI 表示，“阴暗面”窃取了超过 100 千兆字节的数据，并要求科洛尼尔管道公司支付酬金才会交还网络系统的控制权。

当地时间 2001 年 5 月 13 日下午，科洛尼尔管道运输公司宣布，在向黑客组织支付了 440 万美元的赎金后，已经重启了该公司的整个燃油管道运输系统并全面恢复运营。

2 思考与分析

当前全球范围内的新冠疫情仍在持续和乌克兰危机白热化的特殊国际形势下，人为攻击可能成为中国能源安全的主要现实威胁，攻击手段也从传统物理攻击转向信息物理融合攻击，更具隐蔽性。此外，相对于自然灾害威胁具有一定可预测性，人为攻击往往出其不意，但具有更大的破坏性。

中国作为世界最大的能源生产国和消费国，拥有世界上最密集的能源基础设施，在网络攻击已成为现代能源系统安全运行重大威胁的背景下，能源基础设施的安全韧性建设至关重要。作为国内最大的石油石化产品生产及销售商，中国石油和中国石化两大集团原油产业链及成品油供应链涉及炼化、管道、油库、储运、销售等上下游多个环节，在具体的产销衔接与运输组织环节，两大集团均设立有成品油销售大区公司，负责保障并维护产业链与供应链的平稳顺畅运行。成品油销售大区公司主要负责原油产业链与成品油供应链运行中的仓储运输环节，包括油库运营管理及成品油公路、管道、水运、铁路运输组织。

2011 年年底，工信部下发《关于加强工业控制系统信息安全管理的通知》（工信部协〔2011〕451 号）的通知，从政策和科研层面上积极部署工业控制系统的安全保障工作，对石油石化行业规范提出了较高的要求。但随着信息技术的飞速发展，各类信息安全案例不断涌现，给国家能源安全带来了较大的风险，需要有针对性地制定新的应对策略。随着信息技术不断发展，成品油仓储运输环节近年来已基本实现了信息化管理全覆盖，为减少网络威胁攻击对公司成品油产业链正常生产经营及国家能源体系的影响，应从强化网络安全管理、完善能源战略储备、构建应急保障体系三个方面着手做好防范应对措施。

3 强化网络安全管理

以工业互联网为代表的新一代信息技术与油气储运行业深度融合，为成品油储运企业高效、安全生产提供了全新视角，也为加强安全生产监管提供了高效手段。

3.1 加强产学研合作力度

与科研机构和高校合作打造网络安全相关案例库，开发适用于成品油储运行业的工业互联网安全技术。中国能源企业已经在这方面进行了探索。2021 年 3 月 18 日，中国石油集团与大数据协同安全技术国家工程实验室共同建设石油石化大数据安全研究中心，在油气勘探、炼化、销售、储运等业务场景对大数据协同安全技术的应用和成果推广。通过这种模式可以使企业结合自身行业特点，依托自身经营数据，借助科研机构和高校提供的信息技术支持，有针对性地开展系统风险分析，有助于提高工业互联网安全性。

3.2 构建工业互联网身份认证体系

从网络中心化转向身份中心化，构建工业互联网身份认证体系。通过区块链技术打造出可以通过双向认证实现互信、保证整个系统内部通信封闭、不易被攻击的身份认证系统。根据工信部《“十四五”信息化和工业化深度融合发展规划》(以下简称《规划》)披露，当前中国工业互联网发展水平与发达国家基本同步，网络基础设施持续升级，标识解析体系基本建成，注册总量突破 94 亿，平台资源配置能力显著增强，设备连接数量超过 7000 万。但是石油储运关键工序数控化率、经营管理数字化普及率和数字化研发设计工具普及率依然较低，依然有较大发展潜力。

3.3 提高信息安全对抗能力

与工业互联网设备制造商、平台服务商、网络运营商加强合作，提高信息安全对抗能力。结合工业互联网实际应用场景的安全需求，通过融合创新，将零信任、内生安全等前沿安全理念融入定制化安全方案中，将具体业务使用场景和安全技术服务有机结合，实现“1+1 > 2”的效果，将 5G 技术和“物联网 +”运用到实际管理中，做到随时随刻可查阅业务运行状态。

3.4 推进工业互联网主动智能响应

传统的终端安全防护软件，大多基于已有经验或者已知特征进行被动式防御，发生在终端设备上，攻击的主要对象是各类计算终端设备中的信息数据，通过攻击各类终端设备，实现数据窃取、系统破坏、钱财勒索等目的，随着5G、IoT、云计算和大数据等新兴技术的不断发展，未来万物互联是必然趋势。对于接入网络相互连接的任意终端设备，都有被防护的需求，物联网的安全防护能力呈现“木桶效益”原理，任意一个物联网终端自身的漏洞都可能影响全局安全，在数据安全性、管理难度、灵活性和资源利用度等方面都会带来新的挑战，此时就需要由被动防御转为智能化响应检测，实现所有终端设备防御全覆盖。

4 完善战略储备

长输管道作为成品油最便捷高效的运输方式，近年来发展速度迅猛，随着国家管网集团成立，国内已初步形成“两纵两横”骨干管网架构，建成华北、华东、华中、西南、华南等区域管网，全长2.66万千米。各区域成品油管网的交汇点也逐步形成区域成品油物流中枢，通过支线管道及公路、铁路、水运等运输方式向外延伸辐射成品油资源。

4.1 构建多层级战略储备体系

目前，成品油战略储备主要依托国家粮食和物资储备局在各地建立的区域能源储备体系。在国家关于扩大成品油市场准入相关政策落实及后续配套政策、细则陆续出台的大背景下，有必要从全局角度，系统性思考成品油储备体系建设问题，依托国家、地区、企业、社会等不同性质能源经营主体，构建多层级、多品种的成品油储备体系，开展多元应急储备，平抑突发事件对市场带来的影响，真正解决能源运行安全问题。

4.2 布局发散性区域储备枢纽

在国内炼化产能分布、成品油供需格局与长输管道分布的综合影响下，东北、华北、西北、西南、华中、华东、华南地区逐步形成了一批资源供应便捷，储运设施完善，调配能力丰富的成品油物流枢纽，这些枢纽多位于长输管道沿线中心区域。在成品油区域物流中枢合理开展应急储备布点，建立国家、区域及企业等多层级的应急能源储备机构，发挥储备资源对市场的调节平抑作用，具有显著意义。

4.3 优化完善储运设施能力

储运设施作为供应链中间环节，必须融入产业链供应链整体优化的环境中开展，同时还是一项高度协同的持续性工作，需要自上而下加强顶层设计，自下而上从实际出发，一体化协同推进。持续完善优化长输管道及附属站库储运设施，重点完善和强化首末站及沿线站库公路、铁路、水路外运能力，可有效提高成品油产业链、供应链的抗风险能力。

4.4 推动管网互联互通与延伸

国家管网集团正式接管三大石油公司油气管网设施和生产经营工作，石油石化两大集团成品油管网设施由国家管网集团统一管理，西部成品油管网设施也将迎来新的建设和发展机遇并将全力推动成品油管网互联互通，推动管道干线向管网不断延伸，强化管道站库路由功能，提升成品油管道运输抗风险能力。

5 构建应急保障体系

能源供应安全是国家经济发展、社会生产运行、人民日常生活的基本保证。资源供给、输送通道、消费需求变化不仅给能源安全供应带来风险，还影响宏观经济运行，构建应急保障体系是实现能源与经济、社会、环境协调发展的重要保证。在信息科学技术高速发展的新形势下，加快构建完善的能源保障体系势在必行。

5.1 强化应急制度与应急预案保障

能源供应链信息网络安全事故往往具有突发性，一旦事件发生后，常因未采取有效措施、技术手段匮乏、处置人员不到位等原因，导致事故扩大。事先制定并实施事故预案，对应急状态下快速反应、规范处置具有显著意义。科学合理的应急处置体系能够第一时间指导受影响相关方及时控制事件范围，消除蔓延条件等不利影响，最大限度地减少损失。相关单位应针对资源供给、输送通道、消费需求变化，明确成品油产业链、供应链应急保障机构与职能，精细制定并定期完善应急保障方案，通过科学有序的事前预警与事后整体调度处置，提高处置的速度和效率。

5.2 完善信息数据与生产系统应急保障

为能够顺利地实施应急措施，必须事先健全完善信息数据与生产系统应急保障措施。

应组织建立信息数据中心及数据备份中心，如果关键网络信息设备收到网络攻击或入侵，数据备份中心将能够快速恢复服务，同时在被入侵的机器上保留所有证据以便于进行分析，审查事件的整个发生和处理过程，为后期处置及总结分析提供信息依据。对于安全性、保密性要求特别高的环境，在检测与收集信息的基础上，尤其是确定了事件类型和攻击源之后，一般应该及时隔离攻击源，这是制止事件影响进一步恶化的有效措施。

5.3 推进应急保障中心与分中心建设

建立应急保障和处置指挥体系是防止事件影响扩大和有效组织处置的必然之举。在能源供应链局部网络收到外部攻击及威胁、出现局部流通阻滞、影响常规资源配置节奏时，势必将会对供应链上下游整体运行产生影响，严重时将造成生产单位因资源后路不畅导致停工、市场终端资源短缺影响正常社会秩序等后果。在直接受影响相关方积极应对处置具体事件的基础上，需要在更高层次对区域整体能源资源主动进行统筹协调配置，通过产、运、储、销各环节计划机动调整来消纳异常波动。

为充分发挥整体统筹处置作用和效果，尽快具备特殊情况下应急处置能力，通过在节点地区建设区域生产经营分控中心，负责区域生产经营统筹协调和应急保障指挥。在产业链局部信息网络异常情况下，生产经营保障中心应具备应急调度处置权限，统筹平衡资源供给与市场需要，保障能源生产后路，畅通资源流通环节，确保市场需求及时得到满足。

石油合资合作公司内控体系建设研究与实践
——以东海西湖石油天然作业公司为例

陈普信　俞辉强　任秀莲

（中国石化上海海洋油气分公司）

摘　要：建立健全企业内部控制制度，是现代企业规范良性发展的有效手段和工具。我国石油合作项目的内控体系建设少见有研究。近年来，西湖作业公司通过研究探索，创建了我国石油合作公司第一个基本制度和内控决策、运行、支撑、监控和保障5大体系组成的内控制度体系，为公司降低风险，防范舞弊，节约成本，提升企业价值，和维护投资者利益起到了积极作用。双方母公司均在2020年扭亏为盈，2021年盈利持续增加；西湖作业公司各项经济技术和管理指标大幅度提高；为将来类似中中合作石油开采项目建立内控体系提供了借鉴和经验。

关键词：石油合资合作公司；内控体系建设；研究与实践；西湖作业公司

引言

建立健全企业内部控制制度是现代企业加强经济管理、提高经济效益、保障财务报告真实可靠、保护资产安全完整、实现企业战略目标的有效手段和工具[1-2]。1992年，美国COSO（The Committee of Sponsoring Organizations of the Treadway Commission，美国反虚假财务报告委员会下属的发起人委员会）发布了《内部控制整合框架》，后又陆续制定了《企业风险管理整合框架》等规范，风险管理和内部控制趋于完善。我国内部控制体系起步较晚[3]，2006年3月首次提出“完善内控机制与管理制度，推进制度创新”，后有关部委陆续制定《中央企业全面风险管理指引》《企业内部控制基本规范》等制度规范，尤其是2010年4月财政部等5部委联合发布了18项企业内部控制应用指引、评价指引和内控审计制度，标志着适应我国企业的内控规范体系基本建立。

基于现代企业的发展需要，我国石油企业内部控制体系建设被积极推进，2009年来，中国石化、中国海油等陆续制定《内部控制体系建设实施方案》，石油企业内控体系不断完善[4-5]。我国石油企业合作项目的内控体系建设研究未见公开报道，仅散见个别石油企业海外项目内控研究文献[6]。近年来，中海石油（中国）东海西湖石油天然气作业公司（以下简称西湖作业公司）积极研究探索，创建了我国石油合作公司第一个基本制度和内控决策、运行、支撑、监控和保障五大体系组成的制度体系，为公司降低风险、防范舞弊、节约成本、提升企业价值和维护投资者利益起到了积极作用。双方母公司均在2020年扭亏为盈，2021年盈利持续增加，各项经济技术和管理指标大幅度提高。

1　东海西湖石油天然气作业公司简介

中海石油（中国）东海西湖石油天然气作业公司是中国境内唯一一家中中合作石油天然气作业公司。1982年国务院发布了《中华人民共和国对外合作开采石油资源条例》，2003年8月，中国海油、中国石化、壳牌及优尼科签订中外4方合作协议，共同勘探开发东海地区的油气资源。壳牌和优尼科于2004年9月退出合作项目。此后，中国石化和中国海油仍延续采用国际合作标准合同，勘探开发东海西湖油气资源，权益比例均为50%。

长期以来，西湖作业公司一直完整执行作业者的体制机制、内控体系、制度设计等，基本特点是：联管会为合作项目最高权力机构，主席由中国海油担任，中国海油担任作业者，采用并执行中国海油勘探开发、生产经营内控制度体系；作业机构实行总经理负责制，由中国海油派出，总经理负责组织和实施日常工作，委派部门经理；决策采取协商一致原则；核算模式为设立联合账簿，记录合作矿区的资金筹集、支出、回收等，不反映与损益相关项目，记账本位币采用美元；销售由中国石化上海东气销售部负责等。

截至2019年年底，西湖作业公司开发14个油气田，海上平台17座，陆上终端3座；当年油气产量170万吨（油当量），收入及投资收益15.03亿元，利润-11.51亿元，单位完全成本5015元/吨，单位操作成本595元/吨。中海石油上海分公司已连续16年亏损。

西湖作业公司有勘探部、计财部等11个部（中心），一个作业区，与中海石油上海分公司合署办公，在岗员工685人。

2 西湖作业公司内控体系存在的问题

2.1 西湖作业公司管理体制机制不健全

（1）合作项目决策机制不健全，联管会作用发挥不充分。联管会决策机制不健全、公司人员双跨，领导班子完全兼职，导致西湖作业公司整体功能不完善，制度体系建设无动力[7]。

（2）项目使用国际合作合同，存在政策和财税法律风险。2004 年 9 月，优尼科等国外公司退出合作，公司实质上已经不再是中外合作公司，中外合作和中中合作在勘探、开发和财经制度上适用于不同的国家财税政策和程序。国家规定，开采海洋油气资源的自营油气田，自 2011 年 11 月 1 日起缴纳资源税，不再缴纳矿区使用费。

（3）西湖作业公司非独立运行，不利于资源共享和优势互补。中海石油上海分公司与西湖作业公司合署办公，部门双跨、人员双跨的作业公司的组织机构形式，完全的单方管理，不利于资源共享和优势互补及先进的管理和技术交流推广。

2.2 内控制度及监控体系不健全

（1）未建立符合要求的内控和制度体系。长期以来西湖作业公司一直未建立独立的内控体系，在执行部分制度规定与合作合同冲突。

（2）审计及评估制度不健全。虽然合作合同规定，任一方有权审计作业公司的联合账簿，但是项目投产以来，该项目投资审计、联合账簿及专项审计均未得到有效开展；项目后评估等也未得到有效开展。

2.3 生产经营运行管理体系不健全

（1）作业公司领导班子履职存在管控风险。西湖作业公司未建立独立领导班子绩效考核体系，班子成员均在母公司考核，领导班子履职存在有效管控风险。

（2）采用美元作为记账本位币，存在资金管理风险。按照国际公司惯例，采用美元作为记账本位币，记账时进行汇率追溯调整，将本位币由美元转换为人民币，存在资金风险。

（3）油气产销主体分离，存在税务法律风险。西湖作业公司原油气生产和销售业务分离，即西湖作业公司和中国石化东气销售部各自设有独立的营业执照、税务登记证，导致同一油气田经营过程中，进项与销项纳税主体不一致，存在税务法律风险。

（4）多成本中心费用分摊，存在成本管控风险。基于国际石油开发惯例，各合同区块的勘探投资以石油合同为篱笆圈，分别在各区块将来的商业发现油气田回收，单井或单个油气田也是小成本中心，开发阶段、生产阶段的投资及操作费在各油气田之间进行分摊和管控风险大。

2.4 地质及工况环境风险管控体系不健全

（1）企业生产控制体系不健全。目前西湖作业公司还没有针对生产环境存的生产系统复杂、油藏构造复杂、油田油层物性差、流体物性复杂等问题[8]建立完善的应对控制体系，导致方案设计储量、产能达不到方案设计。

（2）企业经营控制体系不健全。西湖作业公司也没有针对经营环境存在问题建立完善的应对控制体系，导致海工设施规模大、利用率低、折耗高，投资和成本管控不力等问题。

3 东海西湖作业公司内控体系建设

根据投资方的权益和价值诉求，结合合作项目所面临的资源、决策、开发、财务、税务和监督风险等建立内控体系，并提出“符合实际、科学规范、国内示范、有效管控”的建设理念。内控制度体系的指导思想：一是符合国家利益和国家战略；二是符合国家财税政策；三是双方资源共享、优势互补，平等互利、助力发展；四是实现风险有效管控和监督。

近年来，西湖作业公司创建了国内石油合作公司的第一个基本制度和内控决策、运行、支撑、监控和保障体系组成的内控制度体系。包括一个基本制度，即项目合作合同制度体系[9]；157 项管理制度及规范，其中结合国家政策和公司实际制定 66 项，结合双方母公司要求变更原制度指标、程序等 23 项，延续海油安全环保等制度及规范 68 项。重点及特色建设部分描述如下。

3.1 创新体制机制，健全决策体系

（1）创新联管会决策机制，健全决策体系。2017 年以来，双方重新组建联管会，规定联管会主席由双方轮流担任，每届 3 年；总经理由双方轮流任职，每届 3 年。

（2）规范决策程序，提高决策效率。一是建立并开展高层交流机制，做到重大事项联管会会前沟通；二是建立母公司部门沟通机制，保持生产经营有效沟通；三是达成所有事

项协商一致原则；四是母公司重大项目联合审查原则。

（3）创建作业公司机构管理机制，降低决策执行风险。重新构建西湖作业公司机构派出机制，开发部等8个部（区、中心）正职由中国海油担任，副职由中国石化担任；勘探部等3个部门正职由中国石化担任，副职由中国海油担任。

（4）建立规划沟通机制，规范企业战略决策。西湖作业公司制定"'十四五'规划"及"七年发展规划"，双方母公司结合总部部署，统一安排发展战略、工作量、投资、效益指标和时间节点，规范企业战略决策。

3.2 研究运行特点，健全运行体系

（1）界定作业者责任，加强作业者责任心。重新界定项目作业过程中由于作业者严重过失或故意行为造成的任何直接损失，均由作业者单方面承担。

（2）创新货币管理机制，规范资金运行。西湖作业公司记账本位币由美元改为人民币，以公司经济业务发生时的记账汇率进行追溯调整，并聘请会计师事务所进行本位币转换工作。

（3）强化生产运行管理，完善运行制度体系。逐步完善了作业运行制度体系，建立了生产运行周例会、月度总经理办公会、安委会会议、经济活动分析会等会议制度；建立和完善了视频会议系统和OA办公系统。

（4）优化产销量目标和产品结构，规范销售市场体系。通过业务部门和生产部门、销售部门的联动，研判价格态势，优化产销量目标和产品结构，降低销售风险。

（5）建立投资项目联合审查机制，降低投资风险。建立投资项目联合审查机制，实现一类、二类、三类项目各层面联合审查，实现项目类型全覆盖、内容全覆盖、过程全覆盖，共同论证，统一意见，信息共享，优势互补，有效降低了投资风险。

3.3 研究支撑机制，创建支撑体系

（1）成立"专家技术委员会"，创建技术决策支撑体系。在联管会框架下，成立"专家技术委员会"，负责勘探、开发、工程专业的统一规划、部署、技术方案，为联管会对项目决策提供技术支撑，降低技术决策风险。

（2）建立绩效考核机构，创建绩效管理支撑体系。在联管会框架下，成立绩效考核委员会，负责对作业公司、领导班子进行薪酬和绩效考核。

（3）创建价值管理模型，完善技术管理支撑体系。创建作业公司"三线四区"及效益配产等价值管理模型，开展油气田、区块效益分类，开展经济评价，降低技术施工风险。

（4）建立成本管理模型，创建成本管理支撑体系。梳理业务地图、工具地图和信息地图，识别构建工具的关键业务，启动顶层设计，制定《管理会计工具模型建设规范》等22项管理会计工具序列，降低成本管理风险。

（5）创建资金系统，降低资金风险。创建作业公司独立资金管理与审批系统，将双方母公司控制指标和审核流程嵌入系统，对货币资金、应收账款、其他应收款、存货等纳入控制，降低资金风险。

3.4 制定监督评价制度，创建监督及评价体系

（1）成立“审计与评价委员会”，完善监督评价体系。在联管会框架下，成立“审计与评价委员会”，负责对作业公司、领导班子及成本效益进行考评；对西湖作业公司进行单独或联合审计；建立和批准实施内控制度评价和测试。

（2）实施双签制，降低审批风险。推行公司或部门（单位）双方派出正副职对方案、商务、预算、结算、资金支付等关键节点“双签”制度，对业务合规性、政策性、完整性等进行审查和批准，降低审批风险，并维护投资方权益。

（3）建立效益开发投资体系，强化项目风险预警。一是项目可研阶段提前介入评价，提前研判储量评价、海工建设和产品价格等对效益产生的影响，控制新建项目风险；二是对新增SEC储量目标，通过产量运行优化、控制递减率、降低变动成本等。

（4）建立项目后评价制度，强化投资项目实施评价。积极开展项目后评价，近年来总部安排“平黄一期、二期产能建设项目”后评价3项，作业公司层面安排投资项目后评价6项，对后评价结果通报分析，建立警戒制度。

（5）积极开发发票管理系统，降低合规风险。完成发票管理系统的开发和实施，实现实时查询发票流转状态，既保证了发票全部由手工登记转为系统登记后的可控性，又通过对每张发票签审环节的优化和确认，降低了合规风险。

3.5 夯实内控体系基础，创建内控保障体系

（1）重签合作合同，实现内控体系基础保障。2017年1月，中国石化与中国海油签订《东海西湖项目合作合同》，完善了管理机构和职责，明确了作业者和作业公司，完善了资金筹措和费用回收、石油生产和合同、税收、保险、会计、审计、项目评估和人员费用等条款，以及会计程序、筹款管理程序等8个工作程序。

（2）建立产销一体化组织保障，降低税务风险。将原中国石化上海东气销售部承担的销售职能纳入作业公司的销售中心，促进了西湖合作项目“营改增”及实物增值税改革的

顺利实现和开展，并享受到了国家相关政策出台后所能给企业带来的降低税负红利，降低税务风险。

（3）重建成本中心管理单元，完善成本风险保障机制。对于勘探和开发同时作业阶段间的分摊，制定了作业公司写时管理制度，按照实际写时分摊人员费用；各区块间或各油气田间的共同费用分摊，按各油（气）田 ODP 报告储量分摊，实现各油气田间的合理确认和分摊。

（4）完善沟通机制、通报机制，创建企业文化保障体系。一是完善了顶层设计，建立了高层沟通机制；二是建立母公司战略、制度、指标通报机制；三是提高了价值引领、合作共赢战略意识。

4 内控体系建设取得的效果及建议

4.1 研究探索了我国石油合资合作公司内控体系的建设

西湖作业公司石油合资合作内控体系建设研究与实践，成功建立了一套适合西湖作业公司的内控体系，为东海开发及国家能源安全提供了保障，保证了地方经济建设和居民生活用气。该内控体系的建立，也可为将来类似中中合作石油开采项目提供借鉴和经验。

4.2 建立了完善的西湖作业公司内控制度体系

建立基本制度和 157 项管理制度构成的内控决策、运行、支撑、监控和保障五大内控制度体系，为西湖作业公司降低风险、防范舞弊、节约成本、提升企业价值提供保障，为维护投资方利益和战略实现起到了积极作用。

4.3 强化了企业经营管理效果，公司取得扭亏脱困

完善的内控体系有效推进了企业经济效益提高。西湖作业公司单位操作费由 595 元 / 吨降至 404 元 / 吨；获得保险赔偿 1.68 亿元；资源税减免 6232 万元；投资项目联合审查降低投资 1.12 亿元，2020 和 2021 年销售收入分别较 2019 年增加 2.09 亿元、14.89 亿元；双方母公司均在 2020 年扭亏为盈，2021 年盈利持续增加。

4.4 强化企业生产运行效果，生产管理水平大幅度提高

完善的内控体系有效推进了各项经济技术和管理指标大幅度提高，2021 年与 2019 年对比，钻井时效提高了 19.88%，机械钻速提高了 9.45 米 / 小时，单井投资较预算下

降 7.53%。措施有效率较 2019 年提高 37%，C_3 回收率提高了 24%，直升机商载率达到 94.6%，等等。

4.5 建议

一是设置财务总监，完善合作公司治理结构，财务总监和财务部门经理由双方分别派出，在公司管理和执行层面相互协同、督促；二是设置作业公司概预算中心，实现量价分离，进一步降低投资风险，强化概预算监督。

参考文献

[1] 吴正海 . 国外内部控制研究文献综述 [J]. 会计师，2014（3）：53–54.

[2] 李振，涂秋月 . 内部控制、应计盈余管理与会计稳健性 [J]. 时代金融，2019，735（17）：77–78.

[3] 马咏涛 . 浅议我国企业内部控制体系的建设与发展 [J]. 财经界，2016，403（12）：164–165.

[4] 蔡若璠 . 石油企业内部控制研究文献综述 [J]. 科技经济市场，2011（2）：42–44.

[5] 李文俊 . 中国海洋石油总公司内部控制优化研究 [D]. 桂林：广西师范大学，2015.

[6] 赵锋伟 . 我国石油企业海外项目的内部控制研究 [J]. 财会学习，2018，179（5）：185–186.

[7] 申飞龙，陈普信 . 中中合作石油开采合同模式探索——《东海西湖项目合作合同》创新实践 [J]. 国际石油经济，2020，28（10）：73–78.

[8] 申飞龙，陈普信，陈俊岳 . 中国深水天然气和致密砂岩气开发财税支持政策研究及建议 [J]. 天然气技术与经济，2022，16（1）：73–81.

油田技术服务企业环境成本预算管理现状分析及改进建议

——以C公司四川页岩气项目为例

高 冉　熊潇潇　陶序莹

（中国石油集团川庆钻探工程有限公司川西钻探公司）

摘　要：C公司环境成本管理现状显示该公司现有的环境成本预算项目设置存在缺陷——没有考虑预防性成本的投入，也没有关联至成本考核环节，更没有形成高效的PDCA闭环。根据分析结果，针对上述问题，提出改进措施，以实现改进企业管理现状、提高管理效益的目标。

关键词：环境成本；成本管理；钻井作业成本；成本预算；油田技术服务

1　C公司环境成本管理现状

C公司主营业务为钻井作业、试油作业等油气田工程及技术服务，具备在高风险复杂地貌和地下地质条件下的油田技术服务施工作业能力，市场主要分布于川渝地区。公司用工总量3000余人，拥有各种类型钻机58套；截至2021年末，年营业务收入约40亿元。C公司所属页岩气钻井工程项目部为川渝区域内非常规天然气项目的生产、经营双管理；独立负责钻井任务下达、精益钻井计划实施、材料人工调拨、成本管控、结算报告编制等工作。

C公司拥有川渝地区各构造区域近千余口井的生产及成本数据，还形成了以单井（平台）钻井工程为管理对象，以建井周期、单井成本管控为主要目标，以钻井队为单元实施单井项目管理的模式。钻井队、项目部、公司机关部室按照责任体系分解落实周期、成本、收入等考核指标。运用项目管理的管理思想，结合钻井工程作业特点，探索形成钻井工程项目管理方法和工具，对施工作业全过程、全要素进行管控、预警和纠偏。分级负责，将精细化管理贯穿于生产经营全过程，持续优化管理制度流程，提升公司钻井队自主管理及经营管理能力，确保单井周期、成本等目标的实现。

由于成本管控是多维度多部门多业务线参与的工作，C公司在执行现场环境成本管理工作时，在机关层级（即战略业务层），采用业务部与财资部双线执行的管理流程。业务部门就业务流程进行日常管控，例如：物资采购部对钻井队收发存物料的量耗、单价等进行控制，生产协调部就钻井队通勤车、钻具运输等成本项目的运距、吊装工作时间、等待时间、重量等工作参数进行管控并核定，工程技术部负责井筒内、井控生产措施下达所产生的成本量耗核定，以及PDC钻头、螺杆的工作量核定结算，装备部负责电代油技术服务、柴油量耗等工作参数、功率水平的核定，劳动工资部负责核定钻井队定额、实际用工人数，用工工资水平等工作参数。财资部在业务部门管控工作基础之上，执行成本事前预算、事中动态跟踪、事后考核测评。

在作业现场，执行钻井工程单井绩效考核责任制，钻井队队长代表钻井队签署考核责任书，对单井周期、成本做双目标承诺，并按照工作流程、成本项目分岗分责，钻井队人员全员参与，例如：钻井队队长负责成本总控，钻井队指导员负责清场管理、周边协调，大班司机负责柴油量耗和发电量耗记录及核定，大班司钻负责钻井泵润滑油量耗、材料工负责常用料收发存等，成本员更是起到了成本信息日常记录闭环、日常分析反馈、数据监督等关键作用。环境管理效果具有评先争优一票否决制，如果全年作业现场出现环保事故，那么该作业队就不再具备当年年度各项先进评定的获选资格。

目前，现场成本管理以单井创效为引领，以系列规范文件、成本消耗记录套表、分岗分责现场成本消耗记录、三级分权审核、日周月度分级报表等管理工具为手段，以单井绩效考核为结果，形成系统、整体的管理闭环，为公司成本领先战略的实施，提供了可行性方案并已实际执行。其中，系列规范文件有《C公司钻井工程单井绩效考核办法（试行）》（C油田技服发2013年6号）、《2017年内部结算价格手册》等，成本消耗记录套表共17张，机关及后辅机构联责考核权重系数设定1套，日周月度分级报表1套。动态消耗记录资料及月度报表由财务资产部成本管理组负责最终收集归档，消耗记录台账、日度及周度报表由各项目部负责日常管控。

结合工艺特点，确认钻井作业环境成本所涉及的项目。通过分析钻井作业环境成本构成要素，以料、工、费为基础，结合钻井作业工艺消耗特点，确立了较为系统、较为完整的单井模式下钻井作业环境成本项目。经多年发展，目前已形成基础表单1套，其中主表5张、副表13张；通用成本项目以单井全成本执行情况分析表、目标成本与消耗记录成本分析表等主表为数据可视化载体，呈现数据逻辑关系及单井成本时期累计情况。其中与环境成本直接相关的项目包括一级成本项目1项、二级成本项目5项。

施工前应充分考虑单井成本动因，测定环境相关成本预算。主要环境成本有施工现场周边村民疏散撤离、施工现场警戒、硫化氢检测仪及空气呼吸器使用费、放喷管线固定、青苗赔偿等。在单井目标成本预算时，会制定放喷管线固定、废水处理、硫化氢检测仪、空气呼吸器使用费（安全防护设施）及其他安全费用的成本预算；权重设置为控制部门与钻井队 3 ∶ 7；其他环境成本据实入账、据实考核。事前由钻井队报告生产协调部、质量安全环保部等部门，批复后交由钻井队或前指项目部执行，执行完毕再由批复部门及财务分别对工作量、价格等进行复核。

C 公司制定单井成本预算，主要用于单井项目管理。在预算管理全过程中，主要以项目成本管理为指导，制定者一般为项目部经营管理人员，单井预算与成本核算存在项目差异，单井施工完毕后，还需要对项目成本进行调整，才能作为考核评价依据及收入结算依据。

2 环境成本预算设置缺陷

C 油田技术服务公司四川页岩气项目钻井作业环境成本包含钻井施工过程中发生的各项与环境保护、环保企业责任等相关的成本。按动因分类，环境成本项目分为 8 个大类（表 1）。

表1 环境成本项目明细表

成本项目	性质描述
环境相关人工成本	环保管理、环保税费管理、环保工、场地管理工等岗位人工薪酬、各项福利费等
环保材料消耗	与环保工作直接相关的材料消耗，如石粉等
环境监测成本	企业自发、外委第三方环境监测公司对作业现场监测点进行日常监测的成本
环保设备购置	环保设备购置，包括固废暂存设施、污水处理装置等
设备运行维护成本	环保设备的检修、维护费用
废弃物处理及回收成本	固体岩屑废弃物处理、废水处理、锂电池处理等
相关环保税费成本	水资源税、环境保护税等相关税费
环境补偿费	周边环境污染破坏，如青苗补偿、土地补偿、噪声补偿等

环境成本预算是对项目环境成本的事前测算。其涵盖内容包括施工点周边村民疏散撤离、施工现场警戒、硫化氢检测仪及空气呼吸器使用费、放喷管线基蹲坑拆除及修筑、青苗赔偿等。这些项目主要与钻井队施工主体相关，而与井筒建设相关的钻井液废

弃腐蚀性材料处理、固体含油废弃岩屑处理等环境成本并没有包含在现有的C公司预算体系内。

由于预算项目设置有缺陷，使得管理部门无法对环境成本实施更为有效的监控，甚至影响到项目完工后的全井考核，也不利于管理部门执行动态分析程序。缺失的预算项目主要有青苗赔偿费、道路扬尘补偿费、疏散费、施工前预评价、环保应急物资与设备、环保第三方监测、环保取证、岩屑不落地处理、钻井液就地无害化处理等技术服务等；又由于清洁化生产技术服务费外委第三方公司，存在预算失真的情况，结算实际情况往往会超过预算数几倍。这些有预算设置缺失的成本往往依赖现场管理人员逐级书面请示，由于没有事前预算，所以在项目完工后，执行考核时，就按照实际产生的成本进行考核认可。较之常规天然气井，川南地区页岩气井目前已多次钻遇漏层，堵漏材料被大量使用、气体钻井消耗也同步上升。

川渝页岩气项目也没有充分考虑相关税费成本的影响。随着环保税、水资源税的开征，钻井作业的环保压力增加，出于内耗环境外部性影响的考虑，页岩气所辖区域环保成本涨幅较快，合同双方均缺乏对环保税费成本的事前规划。钻井、井下作业、运输、物资储存等活动易发生环境污染突发事件。可能造成本单位和周边人员中毒和伤害、周边生态环境污染和生态破坏、放射性污染等，产生严重社会影响和重大经济损失。公司涉及环境突发事件主要是在钻井、井下作业施工作业过程中出现物料外溢引发的环境污染，同时在处理井筒复杂情况时导致油气外泄对环境产生污染。国家的环境保护政策和管理日趋严格，人民环保意识在提升，如出现环境突发事件应对处置不当造成污染，会造成严重的社会负面影响和公司声誉受损。

公司作业点较多分布于川渝片区，钻井和井下作业使用的复合性化工原料钻井液、为钻井设备提供动力的柴油、作业场所生产和生活垃圾，如果处置不当将会可能引发环境突发事件。按集团公司规定，必须确认安全专项储备，所以C公司也设置了安全专项储备。公司也应当设立环境准备金，为未来可能遭遇的环境风险做好应对准备。目前，C公司缺少对环境成本的整体预算。一旦发生环境突发事件，缺少对环境应对的准备金支持，将使企业陷于困境，增加经营风险。缺失和存在设置缺陷的预算项目见表2。

表2　缺失和存在设置缺陷的预算项目明细表

成本项目	预算项目
环境相关人工成本	环保岗位薪酬
环保材料消耗	环保应急物资

续表

成本项目	预算项目
环境监测成本	环保第三方监测、环保取证
环保设备购置	环保应急设备
运行维护成本	施工前预评价
废弃物处理及回收成本	钻井液废弃腐蚀性材料处理、固体含油废弃岩屑处理、岩屑不落地处理、钻井液就地无害化处理
相关环保税费成本	环保税、水资源税、水务费、排污权许可
环境补偿费	青苗赔偿费、土地及房建赔偿费、道路扬尘补偿费、疏散费
准备金项目	预算项目
环境准备金	可以参考安全专项储备的计提比例 1.5% 执行

C 公司将环境相关成本大部分列为井队施工过程中的不可控成本。除每月的标准成本之外，特殊事项费用，例如青苗赔偿、道路补偿等，在预计成本产生时，由井队向公司报成本开支申请，经批复后再执行成本列支，金额较高的环境成本还需要市场部门向甲方报函件，以得到甲方的认可意见及预计结算费用，所以环境成本的管理过程存在事后性。正是由于事后性的存在，使得 C 公司从预算到考核都不够重视环境成本项目，仅从生产管理、现场环保管理的角度去考虑企业环境管理，对环境成本的结构筹划、绩效引导尚有欠缺。成本考核存在的缺陷还表现在及时性不足、数据滞后、准确性不足等方面，由于事前预算项目有缺陷，导致考核的针对性不强，现场人员的重视程度也不够，缺少动态数据跟踪，考核时需要的数据分析不到位，迟迟不能得到考核结果，环境成本考核往往因数据归集过长而滞后，又由于成本为事后入账，入账时间一般晚于成本考核时间，所以环境类成本一般按暂估金额进行考虑，所以存在一定的准确性不足的问题。随着国家对环境保护的重视，C 公司作为川渝地区油服行业较有规模的企业，应当改变现有的成本考核现状，正视成本考核所存在的问题，弥补短板，切实地尽到企业的环保社会责任。

3　事前环境成本预算科目设置的改进

按照上文的梳理，对事前预算存在的项目设置缺陷进行补充、调整。除此之外，还应考虑到目前的预算结构体系还不足以实现预算引领的问题，需要改进。

由于页岩气生产工厂化的特点，单井间的生产共享较为普遍，生产共享的范围包括：

一是钻机设备共享，例如钻井液储备罐、井口装置等；二是钻井专有工具，例如牙轮钻头、打捞工具等；三是车辆运输共享，例如钻井通勤车、值班吊车等；四是信息共享，例如相邻井地质调查分析、定向轨迹等，信息共享主要的载体是C公司的自建数据库，实地踏勘井位后编写报告书，由施工人员共享施工相邻地信息，特别在协调周边乡邻关系、调查环保风险点时，这些施工地点的信息共享尤为珍贵。

应将生产共享实施模式之下的非付现成本与日常管理付现成本分离，再集成预算；非付现成本与付现成本的混同，会导致预算不清晰，特别在共享模式之下，设备、机具甚至人工的属地被打破，使用权与所有权的分离，将导致现有的单井生产模式及配套的管理模式被打破，如何厘清现有共享资源的成本构成，特别是非付现成本。优化现有的成本预算要素之外，还需要考虑一些传统成本项目中没有的成本项目，比如在外部性理论之下被提出的交易成本。周期是钻井作业成本的主要影响因素，但是关于周期的影响往往没有被显性化，而是以传统料、工、费制造业模式之下的成本项目为载体传递信息。共享资源的目的是为了获得收益，那么为共享而支付的对价就应当被认可，因之而产生的管理成本也应当被显性化。

一是优化现有的成本预算科目。生产共享之后，共享资源的所有权与使用权分离，会影响成本归集的准确性；综合考虑共享资源的重要性、核算难易程度，同时借鉴ABC库存分类管理法；单位净值高、维修难度较大或周转率较低的共享资源可以执行目标成本管理，反之则执行成本分摊。首先应根据数据池提供的共享资源数据信息来判断某项共享资源是否执行目标成本管理，若执行，则进入目标成本模块；如果是实体设备或专利技术等需要每月折旧、摊销的资产，则调整该队的折旧及摊销，将共享发生的非付现成本与其他非付现成本相分离，实行专项预算；其次，为这些共享资源而发生的付现成本，大多为井队日常维护管理成本，将其与其他付现成本相分离，也同步计入专项管理模块，与非付现成本一同实行专项预算；再次，定期或不定期进行共享资源成本效益评估，短期或长期追踪成本动态，实时经济效益评价；实现共享资源非付现成本、付现成本与其他资源的分离，旨在从事前预算即提高成本的可追溯性和效益分析效率，数据归集有循可依，也保证成本数据的真实性和及时性，提高会计信息质量，能为企业管理带来逻辑真实、归集及时的数据源。

二是新增内部交易成本。资源配置有市场和企业两种相互补充的替代形式，并且后者将以较低的交易成本取得生产要素，为企业带来未来的经济利益。C公司目前的会计核算还不能明确和直接地反映交易成本。过去的交易表明交易成本已经发生，大部分的交易成本是不能从账面上直观寻觅的。因此，对交易成本的预算考虑是对账面成本的有效补充，在共享模式下，内部单位之间对闲置资源的利用，一是为了盘活资源、增加资产使用动态；二是实现资源创效，所以量化交易成本是有必要的；直接材料预算按合同价、市场价执行，直接人工按劳务合同或工资定额标准执行，制造费用包含机具摊销、场地外协、青苗等费用，按协议价格、内部结算价格等执行；然而这些成本要素往往包含了大量的交易成本，如果不做成本要素剥离会造成传递信息不透明，绩效考核无法权责清晰。页岩气工厂化作业是为了优化配置资源，创造管理效益。然而交易成本的不透明。

三是新增钻井全专业一体化生产周期成本。生产周期成本作为页岩气钻井作业最重要的成本构成，应当得到充分重视。生产周期占钻井作业成本的60%及以上，而且与建设方结算时，也大量采用日费制进行结算，周期成本至关重要，是结算、预算乃至过程管控的重中之重，也是管理层最为重要的环节。环境成本也受周期成本影响，例如固体岩屑废弃物暂存、噪声补偿费等成本项目就是跟随周期计费的，建设方也是根据周期天数来结算的。以前执行单井产建的模式，成本归集较为清晰，不会存在费用混同的现象。然而在执行生产共享之后，传统的成本预算对生产周期的考虑存在短板，主要有四项：一是工程所需的建井周期，由于设计变化、建设方施工要求变更或现场具体情况影响等因素，造成最基本的生产建井周期没有充分考虑；二是钻井与配合工序的周期费用没有被统筹考虑，没有实现一体化预算，会出现不匹配不对称的现象，配合工序包括固井、录井、油气井测试等，其的设计与周期考虑没有与井筒设计同步，所以周期预计也就没有同步执行；三是没有设置预算过程动态跟踪，还处在静态预算的阶段，静态预算会导致预算严重失真，偏差值较大，对成本指导没有意义，预算执行不到位；四是周期成本没有复合考虑多维度因素，仅以周期时间作为唯一值，这样会造成施工现场唯时间论，长此以往会造成大量的资源浪费，成本控制更是无从谈起。

针对以上几项周期成本在制定时的短板，结合实践经验，本文提出的改进建议包括以下几项：一是建井周期应当从甲方产建计划而来，从甲方有意愿建井开始跟踪收集预算资料，逐步完善，目前对建井周期的考虑往往从搬安计划开始，忽略了从产建开始的交易成本，账务上也不能归集到目标单井，往往以分摊方式入账，历史成本并不能全面反映单井的全面成本；二是将第三方施工周期纳入钻井周期全面考虑，因客观原因造成，应当做周期调整申请，周期费用的考虑应当系统性、整体性，按整体建井周期考虑，搬安、停工等考虑因素也应当与钻井周期保持一致；三是共享建设之后，将转岗或职能转变的员工扩充到生产一线巡岗，设立成本监督和绩效监督，对井队日常成本写实、失误成本写实进行监督；四是周期成本是一项系统性、整合性的成本要素，不能割裂地以时间因素为单一驱动因素，应综合考虑时间、物资运行、机具用量等驱动因素。

4 提高环境预防成本投入

提高对环境预防成本的投入，不仅要建立环境准备金，还要运用好沟通、观察等手段，还要开展环境监测与环境统计活动。包括公司自主性对污染源排查与监测、环境事件应急监测。通过对环境污染及其防治事项进行统计分析，为环境管理和污染防治提供决策的活动。事前做好地质风险防范措施应对，预防事故突发；在表层治漏环节上设计气体钻井模式，并使用环保植物油品替代钻具润滑油料；钻遇漏层时选择环保堵漏工艺及堵漏制剂；钻井液制剂材料也应当选择符合新环保法要求的合格产品。做好员工上岗前环保培训、岗位操作培训，设备定期维护保养，杜绝人为地面污染事件的产生。

对环保风险点的持续有效监测，是防范风险，减少对施工现场周边环境影响的有力手段。C公司在环保部门设立了环境监测中心，但是该环监中心所获取的监测资质有限，在实务工作中还需要依托第三方环境监测技术服务公司，页岩气项目在重点环保风险点设立了环境监测制度。其次，应当健全完善现有的环境统计资料台账，主要包括：污染治理设施运行台账、环境隐患调查台账等，再次，需要持续做好现场管理和环境信息公开，C公司虽然还没有随集团油田技服板块上市，但是内部的管理制度和信息披露是参照集团上市板块完成的，持续动态地做好信息公开、信息披露，能够促进企业把环境成本管理工作做得更好。

参考文献

[1] 高冉 . C公司四川页岩气项目环境成本管理研究 [D]. 成都：电子科技大学，2022，25–30，38–40，42–56.

俄乌冲突后的欧洲天然气市场重塑与应对

孙伊宁

[中国石油国际事业（伦敦）有限公司]

摘　要：2021年下半年开始的俄欧美之间地缘政治矛盾不断升级并最终发展至俄乌直接军事冲突状态，美欧与俄罗斯在政治、经济、能源甚至文化领域的制裁与反制裁之火渐成燎原之势，最终波及了欧洲最为依赖俄罗斯的天然气领域。俄罗斯亦强硬地将能源“武器化”作为有力手段服务其政治目的，欧洲天然气“去俄”趋势已成离弦之箭，将给欧洲能源市场带来根本性的结构变化。本文拟从俄乌冲突前欧洲天然气市场概况、天然气领域制裁与反制裁措施、未来市场格局等方面来阐述俄乌冲突给欧洲天然气市场带来的重大影响以及对中国能源企业的启示。

关键词：俄乌冲突；欧洲；天然气；市场重塑

1　冲突前欧洲天然气市场概况

1.1　高度依赖俄管道气，LNG占比较低

欧盟是继美国、俄罗斯之后的全球第三大天然气消费市场，2021年消费量约3800亿立方米，与中国天然气市场规模基本持平。从资源来向看，欧盟对于管道气，尤其是俄罗斯管道的依赖程度非常高：进口自俄罗斯的管道气及LNG资源合计1550亿立方米［其中管道气1420亿立方米，LNG约140亿立方米（约1000万吨）］，占总需求量的41%；进口自挪威的管道气815亿立方米，占总需求量的22%；非俄LNG进口675亿立方米，占总需求量的17%；区内自产及来自阿尔及利亚的管道气资源755亿立方米，占总需求量的20%。

从资源类型来看，LNG 对于整个欧盟来说是非主流资源：欧盟市场的管道气资源 3040 亿立方米，占总需求量的 80%；LNG 净进口量约 760 亿立方米（约 5450 万吨，含俄罗斯 LNG 资源 1000 万吨），仅占总需求量的 20%。

与此同时，欧洲不同国家的地理位置不同，其天然气供应的构成也大相径庭。例如德国、奥地利、波兰等内陆国家，主要依靠俄罗斯的管道气供应，并不直接进口 LNG，但法国、西班牙、英国等沿海国家拥有较为发达的 LNG 接收基础设施，对管道气的依赖较少，这也使得在俄乌冲突爆发后各国对俄罗斯能源制裁的立场与态度出现分歧。

1.2　市场化程度高，基础设施完备

欧洲天然气市场化程度高，引入竞争机制早，是目前全球最成熟的区域天然气市场。历经近三十年的市场化改革，欧盟现已建成了整体市场规模近 4000 亿米^3/年，区内现有 9 个主流的交易枢纽，有 42 家天然气管网运营商，活跃交易用户过百家，尤以荷兰 TTF、德国 THE 和英国 NBP 市场的交易量最大，TTF 已经发展成欧洲甚至是全球天然气市场的定价基准。

欧洲能源的高度市场化不仅得益于起步早，发展快，其域内完备的基础设施建设和发达的管网敷设为天然气在欧洲各国间的互联互通和各大定价枢纽间的价格联动提供了先决条件。在以俄罗斯为主要天然气进口源的大背景下，管道建设的路径以“自东向西”为主，由俄罗斯向中东欧再向西北欧延伸，辅以非洲阿尔及利亚和利比亚向西班牙、意大利供气的主干管道，建成了世界上最为发达的长输管道系统（少数沿海国之间存在双向输气能力）以及沿途的地下储气库等设施。其中，主干管网 24 万千米，地下储气能力 1100 亿立方米（占年消费约 28%）。

1.3　激进的碳减排战略赋予天然气重要的过渡能源地位

近年来，欧盟始终是全球范围内最激进、最积极的碳排放倡导者和施行者。2008 年欧盟领导人同意到 2020 年底将温室气体排放量较 1990 年降低 20%，并提前三年完成目标。2014 年，欧盟再度宣布到 2030 年底将温室气体排放量降低至少 40%，到 2050 年实现碳中和。与此同时，欧盟制定了“去煤、弃核、减油、增气、转电、快速发展新能源”的战略，域内煤电、核电站加速退役，而在可再生能源尚无法代替传统化石能源，无法持续、稳定供给的情况下，天然气脱颖而出成为主要的过渡能源，需求量逐年攀升，成为欧洲民生、工业、发电等领域的支柱型能源（图 1）。

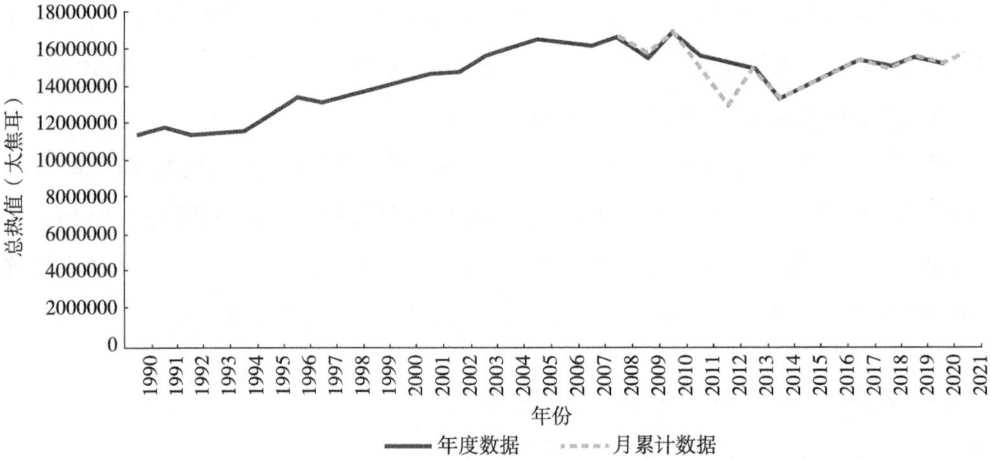

图 1　1990—2021 年欧盟天然气需求量

数据来源：IEA

综上可得，在俄乌冲突爆发前，欧洲天然气市场已经形成为了成熟的供给网络、发达的基础设施和稳定的需求出口，产业链完整且竞争机制完善。同时，欧洲各国资源禀赋各异，尚无法实现域内自给自足，40% 以上需要依靠俄罗斯管道气进口。尤其是欧盟经济的“火车头”德国，2021 年冬季 32% 的天然气供给依靠俄罗斯的直接供应，22% 的国内储气库供应和 11% 从捷克进口天然气大部分也变相来自俄罗斯的供应。这也为俄乌冲突爆发后，俄欧间的能源制裁与反制裁埋下了伏笔。

2　冲突后欧洲天然气市场特点与发展前瞻

2022 年 4 月 24 日，俄罗斯对乌克兰采取特别军事行动以来，美国及其欧洲盟友为乌克兰提供了空前的政治和经济援助，德国打破不向战争地区输送武器的历史惯例，向乌克兰提供了高精尖坦克装备，欧美欲借俄乌冲突沉重打击俄罗斯军事和经济力量的决心可见一斑。欧洲意识到，其对俄罗斯天然气的高度依赖是“阿喀琉斯之踵”，摆脱对俄能源进口，增加 LNG 接收能力和进口量，是欧洲彻底实现经济、能源“脱俄”的前提条件，由此开始了天然气市场的格局重塑。

2.1　欧盟明确“天然气去俄”时间表，进口美国 LNG 首超俄管道气

2022 年 3 月 8 日，欧盟宣布到 2022 年底将俄罗斯天然气进口量削减 2/3，到 2027 年底全面摆脱对俄天然气依赖；2022 年 6 月 3 日欧盟颁布第六轮对俄制裁，包括到 2022 年

12 月禁运海上俄罗斯原油，到 2023 年 2 月禁止进口俄罗斯成品油，到 2024 年禁运俄罗斯管道原油。近期“七国集团”峰会讨论对俄罗斯石油设置价格上限，意大利提出研究对天然气同样设置上限，欧洲能源“去俄”的决心和趋势已不可逆转。

手握“能源牌”的俄罗斯对此予以了强硬回应。2022 年 5 月底，俄罗斯宣布暂停对波兰、保加利亚、荷兰等国的天然气供应，6 月 15 日，俄罗斯天然气工业股份公司以北溪管道压缩机组在西门子蒙特利尔公司维修后因加拿大制裁而无法运回俄罗斯为由，将北溪管道的输气量由 1.56 亿米^3/ 日削减至 6800 万米^3/ 日，减少超 40%，至本文完稿时仍无恢复计划。这直接导致了欧洲天然气供需失衡，TTF 价格涨超 100%，德国大型天然气进口商 Uniper 因此面临资金危机不得不向德国政府求助。在此背景下，2022 年 6 月欧洲从美国进口 LNG 量历史上首次超越俄罗斯管道气（图 2），这标志着欧洲的天然气进口压舱石开始从俄罗斯管道气转向 LNG，市场结构转型逐步开启。

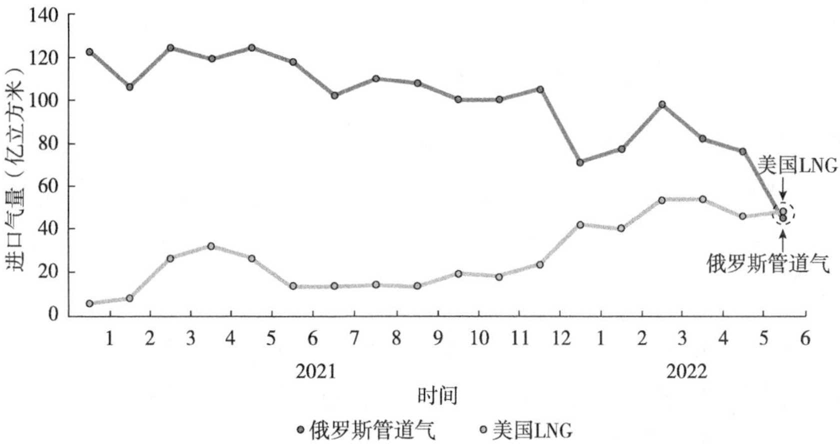

图 2　2022 年 6 月欧盟进口美国 LNG 量超过俄罗斯管道气量

资料来源：IEA, https://marketnews.com/us-lng-overtakes-russian-piped-gas-in-eu-gas-imports-in-june-2022

2.2　基础设施建设加快，LNG 为核心势不可逆

LNG 并非欧盟天然气供应的基本盘，过去对俄罗斯管道气的倚重形成了管道由东向西敷设的布局，由西向东的管输能力存在严重的“卡脖子”问题。当前欧盟进口 LNG 的主要途径集中于大西洋和地中海沿岸的接收站，从这些接收站气化进入本地包括后续到中东欧市场的管输能力与其接收能力相比是“低配”的。比较有代表性的是拥有 7 座 LNG 接收站的伊比利亚半岛，其合计接收能力为 700 亿米^3/ 年（约合 5000 万吨 / 年），位列欧盟第一，但仅有一条通过法国的管道与欧洲大陆其他地区相连。该管道管输能力

2000万米^3/日，在满输且无维检修的情况下每年对欧洲大陆的最大供气量为73亿立方米，仅占其全部接收能力的10%。在脱欧之前，英国的LNG接收能力在整个欧盟排名第二，约500亿米^3/年（约合3570万吨/年），但英国与欧洲大陆接驳的IUK（英比）及BBL（英荷）双向输气管线也存在瓶颈，如果这两条管线仅用于单向输气，向欧洲大陆方向的最大输气能力为250亿米^3/年，占英国全部接收能力的50%。

考虑到欧盟实际最大接收能力为90船/月，且目前LNG实际供应仅占欧盟天然气供应的20%（760亿立方米，64船/月），即便是按照欧盟第一阶段在年内将对俄天然气依赖度降低2/3的目标，整个欧盟接收设施的富余产能（26船/月）在现阶段也无法完全替代减少的俄罗斯资源（50船/月）。

为应对"天然气去俄"后的互联互通瓶颈，欧洲各国纷纷宣布加大LNG接收站、浮式LNG接收站（FSRU）、管线扩容、储气库扩容等基础设施建设力度，从根本上扭转"重俄气、轻LNG"布局。

2.3 重启煤电过冬，碳减排步履放缓

LNG的布局尚需时日，但2022年冬天的天然气需求如何满足，如何应对气价高企带来的能源成本激增则是欧洲国家的燃眉之急。欧洲能源危机发生后，2021年欧洲燃煤发电量比2020年增长18%，中断了自2012年以来的下降趋势。2022年1月份欧盟煤炭进口量更是同比增长56%以上。

目前欧洲主要有德国、荷兰、法国等国家宣布将增加化石燃料发电能力，以应对天然气价格快速上涨带来的发电能力不足。德国已宣布将重启10吉瓦的化石燃料发电（气电除外），预计8吉瓦将来自煤电。荷兰表示将放松对煤炭发电的限制，但预计仅能释放1吉瓦的产能。奥地利有望释放600兆瓦产能，法国也已表示将于2022年冬天在法国北部的Lorraine地区重启一座煤炭发电设备，具体计划和发电量未知。

受限于前几年激进的碳减排措施，欧洲各国的煤电、核电大批量退役，当前欧洲只有德国有能力重启部分在2020年退役的煤电项目。德国政府所提出的10吉瓦（8吉瓦来自煤电）目标属于较为乐观的预估，市场普遍认为最多可以释放4.9吉瓦的产能，这意味着2022年内德国煤炭发电量可增加22.9太瓦·小时，其中18.2太瓦·小时可供应给欧洲其他国家，相当于替代28亿立方米的天然气发电；2023年德国煤炭发电量可增加39太瓦·小时，其中29.9太瓦·小时可供应给欧洲其他国家，相当于替代57亿立方米天然气发电。欧盟总发电量约为2900（太瓦·小时）/年，2022年新增的发电量占总发电量的0.8%，2023年新增的发电量占总发电量的1.4%，贡献有限。

然而代价是，2022 年德国二氧化碳排放量将增加 10%，若该政策持续至 2023 年底，则 2023 年将使得欧盟整体排放量增加 4%。不排除在俄罗斯管道气供应量继续削减而欧洲暂时无法获得额外资源填补缺口的情况下，重启煤电的政策将持续更久。两害相权取其轻，欧洲在为高昂气价买单的同时还将承受低碳转型之路上的一大步倒退。

2.4 工业发展受严重打击，连锁反应尚未完全显现

能源是工业的血液，天然气供应是关乎民生的大计。乌克兰危机全面爆发的直接后果是欧洲天然气枢纽 TTF、英国天然气枢纽 NBP 价格飙升，较战前上涨了 6 ~ 7 倍，最高时曾涨至十数倍（图 3），这一价格令无数工厂不得不转烧煤炭或石油，甚至停产关闭。

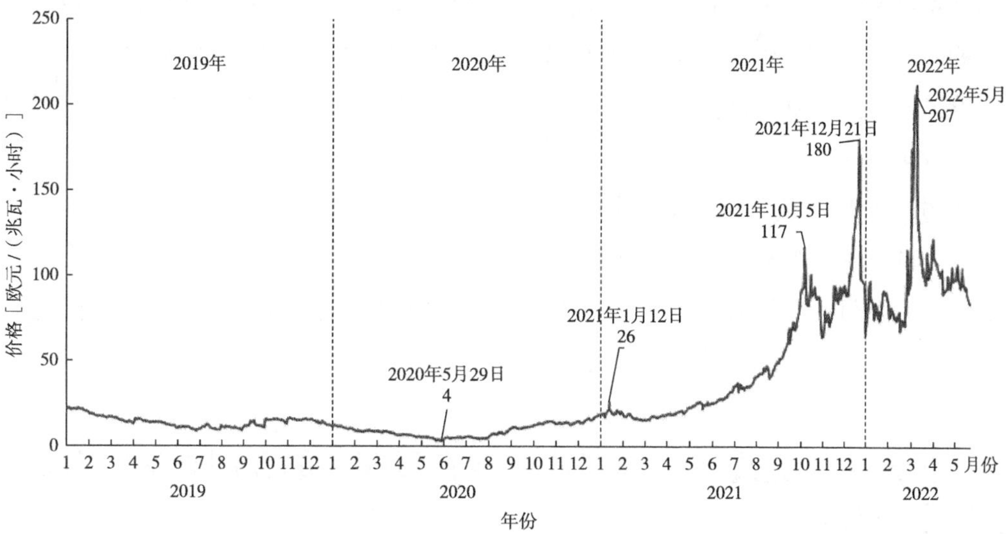

图 3　2019 年 1 月—2022 年 5 月荷兰 TTF 价格走势

来源：ICE

据估算，2022 年至本文完稿时欧洲工业用气需求量已被削减了 15% ~ 20%，假如俄罗斯北溪管道对欧供气量持续在当前水平，冬季还需再削减 15% ~ 20% 以保证民用取暖需求，如果俄罗斯对欧供气量进一步削减至 0，要想满足 2022 年冬季民用取暖气需求，则对工业用气需求的摧毁度可能达到 100%，没有任何一个欧洲国家可以承受如此巨大的工业经济打击。

通过两条天然气管道与欧洲大陆相连的英国，受欧洲天然气供应紧张影响，已经在以最大管输能力向欧洲大陆出口，仍无法根本上缓解紧张局面。英国方面近期表示，如果欧洲大陆的供需平衡持续恶化，不排除关闭这两条管道以优先保证国内供应，若如此，则 TTF 市场与 NBP 市场联动将进一步割裂，英国实现天然气“自保”后欧盟将自困于能源

危局之中。

2022 年 6 月 30 日德国最大的天然气进口商 Uniper 宣布，因俄罗斯单方面将北溪管道输气量削减 40%，导致 Uniper 为满足下游供气量而不得不在市场上采购现货，两者巨大的价差使得公司面临资金风险，只能求助德国政府予以信贷支持。Uniper 的危机仅是欧洲能源危机多米诺骨牌倒下的开始，预计还将有更多的能源公司面临同样困境，导致政府出面干预市场，调控天然气分配和价格传导机制，允许将能源成本转嫁给终端用户，最终导致工业用户不得不放弃生产而面临关闭，经济、工业发展因此出现滞胀和衰退，俄罗斯将能源“武器化”后给欧洲带来的沉重打击远未完全兑现。

按照业内咨询机构预测，欧盟需要花费 5 ~ 10 年时间才能实现彻底摆脱对俄罗斯天然气资源的依赖，即便欧盟以 LNG 替代 50%（775 亿立方米）的俄罗斯资源，欧洲需要额外采购的 LNG 资源也将达到 6150 万吨 / 年，整个欧盟的 LNG 需求规模将超过 1 亿吨 / 年，将成为全球最大的 LNG 市场（占全球 LNG 市场比重超过 27%，2021 年全球 LNG 贸易量约为 3.77 亿吨）。

作为过去十年引领全球 LNG 市场快速增长的引擎，2021 年中国 LNG 进口量近 8000 万吨 / 年。如果在未来 5 ~ 10 年欧盟要借助 LNG 实现对俄资源的大部分替代，就相当于要再造一个近似目前中国规模的市场，过去十几年“远东溢价”模式或将被引领未来全球 LNG 需求增长的“双引擎”模式所取代。

3 危局中开新局：中国能源企业在重塑后的欧洲天然气市场面对的机遇与启示

俄乌冲突是冷战以来最重要的地缘政治事件，它对当前世界政治、经济、能源秩序提出了挑战，同时也为新进入者深度参与欧盟的后续能源市场改革与重构提供了契机，是“出海”的中国能源企业在亚欧市场实现对欧美老牌贸易商“弯道超车”的良好机会。

3.1 加强大西洋侧资源池建设，提升全球贸易运作能力

如前所述，欧洲的天然气市场正在从管道气压舱逐渐转向 LNG 托底，面临 LNG 巨大需求缺口的欧洲与亚太将成为未来驱动 LNG 市场发展的两大“引擎”，“双支柱”格局正在建立。今后的全球 LNG 市场也将主要是亚、欧两大市场竞购的态势，做大做强大西洋盆地 LNG 业务，丰富资源池并提升全球贸易运作能力，加快自有 LNG 船队建设，打造完整产业链，是中资企业在 LNG 贸易领域立足的关键。

3.2 瞄准基建大干快上趋势，“投资＋贸易”双轮驱动

欧洲市场重置的过程必然伴随天然气基建设施的“去瓶颈化”投资，新建LNG接收站、跨市管线库容、储气库扩建必将成为欧洲天然气市场的重要发展领域，也是国际能源公司竞逐的行业蓝海。中资企业宜瞄准大势，积极参与海外资产的投资建设，找到与公司资源池匹配的投资项目，为贸易发展找到落脚基石，走上业务长远发展的快车道。

3.3 加快国内天然气基础设施建设，端好能源的饭碗

放眼全球能源市场，立足国家能源安全，是国有能源企业的使命与初心。本次俄乌冲突引发的欧洲能源危机让人们深刻地意识到，一个国家想要实现战略自主和能源安全，必须加快国内产能和基础设施建设，千方百计实现能源自给自足，进口能源必须多元化发展，才能在危机中谋求出路。

2021年中国的石油和天然气对外依存度分别为73%和45%，管道气进口高度依赖俄罗斯和土库曼斯坦，LNG进口则主要依赖美国、澳大利亚、俄罗斯等，地下储气库调峰能力仅为130亿立方米（欧洲为1100亿立方米）。根据全球能源研究所第6版《国际能源安全风险指数》，中国在该排名中位居第八，美国则是能源最安全的国家。欧洲能源危机为我们敲响了警钟，国有能源企业必须牢记使命和责任加快国产气开发力度，加大基础设施投资建设，把储气库调峰能力建设作为当务之急，与此同时尽可能丰富能源进口来源，避免对某一气源过度依赖。“出海”的中资能源企业应持续加强全球资源池建设，将更多的资源纳入我国的能源保供体系之中，履行央企职责，端好能源饭碗。

参考文献

[1] The Oxford Institute For Energy Studies. Quarterly gas review: outlook for gas market[R/OL]. 2022-05. https://a9w7k6q9.stackpathcdn.com/wpcms/wp-content/uploads/2022/05/Gas-Quarterly-Review-Issue-17.pdf.

[2] The Oxford Institute For Energy Studies. Russian gas to the EU: to sanction or not to sanction[R/OL]. 2022-04. https://a9w7k6q9.stackpathcdn.com/wpcms/wp-content/uploads/2022/04/Russian-gas-to-the-EU-to-sanction-or-not-to-sanction.pdf.

[3] The Oxford Institute For Energy Studies. Demand response to high gas prices in Europe in 2021 and early 2022[R/OL]. 2022-06. https://a9w7k6q9.stackpathcdn.com/wpcms/wp-content/uploads/2022/06/Insight-117-Demand-response-to-high-gas-prices-in-Europe-in-2021-and-early-2022.pdf.

基于价值链分析的石油开采企业成本控降策略探讨

李榕　周庆
（中国石油大庆油田有限责任公司勘探开发研究院经济评价中心）

摘　要：成本的控制策略是石油开采企业在油气生产过程中为实现控制成本目标的管理方式，主要目标是以最小的投入实现企业利益最大化。目前，碳达峰与碳中和成为国家的长远战略目标，能源行业进入了加速转型期，石油开采企业的成本管理和控制策略研究显得尤为重要。文章运用大数据统计分析和经济评价方法，引入价值链成本控制理论，研究了成本费用的两类性质，提出了成本控制的主要措施。同时，创新应用DEA模型，量化评价成本控制的效果，提出了成本控降方向。利用东部某石油开采企业"十四五"规划相关数据，采用统计分析方法，从成本控制的有效性和规模收益进行了相关分析，为科学配产、控投资、降成本和提高投资回报提供依据，对石油开采企业效益提升具有借鉴意义。

关键词："双碳"目标；大数据分析；价值链分析；成本控制；DEA模型

引言

现阶段，国家以碳达峰、碳中和为重点的生态文明建设布局不断推进，能源转型明显加速，石油供需将会有较大的调整。为了应对这些变化，石油开采企业需要将更多的成本投入在环保要求、效率提升、能耗控制等方面。目前，国内主要石油开采企业经历多年的原油稳产黄金期，基本处于高含水开发的产量下降阶段，开采成本居高不下。为了应对完全成本快速攀升、成本结构不合理、成本控制难度大及油田生产有效投入不足等严峻生产形势，在当前形势下只有通过科学途径控制油田开发成本，才能提高竞争和生存能力。为此，本文结合价值链理论和大数据分析方法，探究成本控制的主要措施。同时，创新应用

DEA 模型，量化评价成本控制的效果，提出成本控降方向。

1 石油开采企业控制成本的意义

在现代油藏经营管理过程中，分析成本的变化并进行有针对性的控制和预测，对于石油生产企业开发降本增效具有重大意义。国内主要石油开采企业均处于特高含水后期，递减率加快，稳产难度增大，投入不断上升。同时，增产工艺和措施难以适应复杂的地质条件，所实施的各种弥补产量递减的措施，效果也逐渐减弱，开采成本上升较快。石油开采行业资金流动量较大，由于受产量需求、技术应用、储量提交等因素的限制，在目前高油价下，国内油田大多疏忽对成本控制效率的分析，使成本控制难度较大。目前，“双碳”目标作为新常态，石油开采企业所面临的控降成本压力将更大，优化生产结构、控成本增效益成为石油开采企业生存发展的关键。

2 大数据分析方法在成本控降策略中的应用

成本控降是企业根据固定时期内的生产需求，先期进行成本目标管理的一种管理模式[1]，是在投入生产前和生产过程中，采取的一系列预防和调节措施减少各种因素对成本的影响，保证最低的投入实现企业利益最大化。成本控降需要通过分析石油开采企业生产成本构成要素和驱动因素，设定不同类别成本分类的控制目标，制定相应控制措施并量化降成本评价考核指标，提高成本控降考核的准确性。同时，应用考核结果反馈信息，进一步完善成本控降目标和措施。

2.1 基于价值链分析确定成本控降对象

价值链成本控降分析方法是为实现最大化价值而采取的价值链分析方法，以成本控降为中心任务，协同控制价值链运作过程中的资源消耗，实现价值链上的资源整合和优化，促进价值链整体的创造能力提升，实现降本增效的目的。

根据价值链理论[2]，存在与价值活动相应的一条成本链，它存在于相应的企业价值链上。这条成本链将为企业的价值活动开展和投入的优化提供依据。为确定成本控降目标，以价值链研究为基础，分析成本构成要素，寻找成本的动因，制定相应的成本控降措施和方法。石油开采企业生产成本费用，包含企业项目在运营期油气生产所发生的全部费用，能够反映油田企业工作质量和工作效益率的综合性经济指标。结合石油开采企业价值链的实际运行情况，成本费用有两类性质[3]。一类是成本费用，不给企业带来任何经济效益，或者效益不足以弥补相应的成本支出；另一类成本是能为企业带来正向经济效益。针对两类成本，应采取不一样的控制措施，对生产经济效益产生正影响的成本投入应该适当增加，提高有效益的产能和增产措施投入；对原油生产经济效益产生负影响的成本投入应进行严格控制，控制边际效益及低效益的新建产能和措施，杜绝没有效益的产能和措施项目。

2.2 成本控降的主要措施

2.2.1 依靠科学技术控制成本提高效益

依靠科学技术的进步提高生产及作业水平，减少资源消耗，实现降本增效的目的。在产能方案或项目投产前，从优化油藏、地质、采油等方案入手，依靠井震结合技术，优选储层、落实储量，增加难采储量动用程度。同时，采用三次采油、水平井、稠油热采等先进的采油技术提高采收率，增加单井产量，降低单位产油成本消耗量。在建设期，利用先进的钻井技术和采油工艺降低单井投资，同时对地面井网设施进行优化，提高地面系统利用率，提高储量经济有效动用程度。合理降低前期投资，实现控投资降成本的目的[5]。在生产期，深化科技创新成果转化机制，完善高效产能建设管理体系，推广油藏工程一体化设计模式，从源头上加快钻井周期，提升生产时率，减少资金沉淀，将整个生产和现金流节点前移，提升整体效益。同时，加大攻关节能减排新技术力度，研发低成本开发新工艺，努力扩展控成本空间。“十三五”期间，东部某油田共治理 20 个无效区块，无效区块治理后年产量由 57.9 万吨提升到 71.2 万吨，操作成本由 52.1 美元 / 桶降低到 40.6 美元 / 桶，有效提升了油田效益（图 1、图 2）。

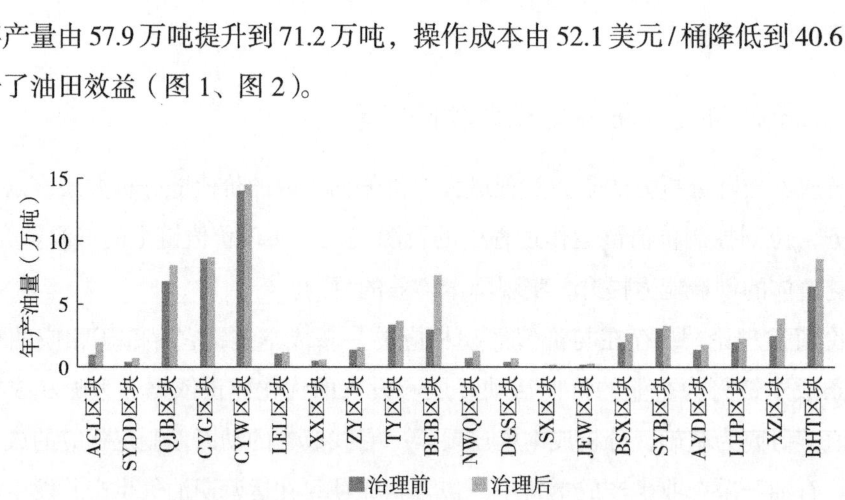

图 1　2016—2020 年东部某油田无效区块治理前后产量变化

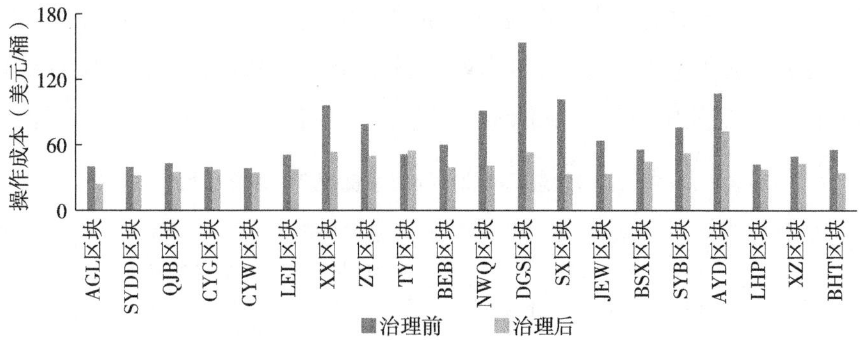

图 2　2016—2020 年东部某油田无效区块治理前后成本变化

2.2.2　应用大数据优化成本增效益

应用大数据理论建立相应的生产数据运行库，包括地质指标静态库、开发指标动态库、物资采购量价库、生产成本跟踪库等，对生产运行进行实时跟踪监测，及时发现低效无效井。根据分析结果优选相关治理方法，将作业实施精细到每个环节，实现作业效益有效提升。跟踪分析系列库的历史数据，建立作业措施优化方法和投资、产量、成本、效益匹配关系模型。在规划阶段，应用建立的关系模型和大数据库，确定合理的产量计划，提高投资收益率，控制成本水平。将数据库应用在材料使用、成本控制等作业管理对标工作中，严格指标考核制度，对作业单位推行成本核算以收抵支。对作业区节余有奖、超额受罚，提高作业区自我控制成本自觉性。

在管理动因影响的绝对可变成本费用中，需要通过总结历年在成本管理积累的方法及经验，对措施进行标准化、程序化、简易化，使成本管理成为促进企业高效益、高效率推进的工作载体。同时，以成本管理手册的编制和使用为依据，使控制成本措施得心应手，油田的管理决策依据更高效和符合实际。一是削减投资，剥离资产，这是石油公司降本增效的基本手段。二是集中采购、细化分解，在材料管理上降低成本；材料费占操作成本比重很大。通过不断加强材料费管理力度和价格管理创新，降低采购成本和内部交易成本。不断完善内部价格体系，从材料计划的上报、审核、价格的认定、合同的签订、材料验收等各环节加强管理。细化材料费预算指标分解，与月度资金付款挂钩，有效控制了材料费支出。三是对施工流程进行优化，缩短公务用车的占用时间，减少生产过程的中间环节，适当提高一线员工和艰苦岗位的薪资待遇。四是优化机制，强化考核，通过建立不同部门间的协同配合机制，完善激励制度。

鉴于“双碳”目标对公司成本控制等方面的影响，以及油田开发趋势使成本上涨的预期，东部某油田对处于效益边缘的拟建项目通过采取市场化招标和内部挖潜等措施，将产能建设投资逐步优化和降低，成本得到有效控制。2019年投资由56.3亿元压缩到43.8亿元，2020年投资由50.3亿元压缩到37.0亿元，两年合计压缩了25.8亿元（表1、表2）。

表1　2019年东部某油田控降投资的产能建设项目

类型	区块	钻井数量（口）	建成产能（万吨/年）	投资（亿元）	压缩后投资（亿元）
常规油	ZY3	112	4.7	3.8	2.8
	ZY4	180	5.9	5.7	4.4
	ZY5	95	4.5	4.3	3.7
	ZY6	143	6.7	5.6	4.9
	ZY8	371	16.8	16.7	13.5
	ZY9	35	1.5	1.5	1.3
	ZY10	16	0.9	1.1	0.7
	小计	952	41.0	38.6	31.4
致密油	QK7	70	6.7	5.4	3.7
	QK8	151	14.5	11.9	8.3
	QK9	10	0.5	0.4	0.4
	小计	231	21.7	17.6	12.4
合计		1183	62.7	56.3	43.8

表2　2020年东部某油田优化投资后的产能建设项目

类型	区块	钻井数量（口）	建成产能（万吨/年）	投资（亿元）	压缩后投资（亿元）
常规油	CZ3	232	8.7	7.9	6.1
	CZ4	36	1.7	1.2	1.2
	CZ5	219	9.6	12.5	8.6
	CZ9	112	5.0	5.6	4.1
	CZ10	75	4.9	4.7	3.8
	小计	674	29.9	31.9	23.8
致密油	CK7	52	5.3	3.9	2.9
	CK8	59	5.5	4.5	3.1
	CK9	75	12.0	10.0	7.2
	小计	186	22.8	18.4	13.2
合计		860	52.8	50.3	37.0

对效益不达标的产能坚决不实施，2019 年和 2020 年分别削减不达标产能建设项目投资 24.5 亿元和 19.8 亿元（表 3）。

表3　2019年与2020年东部某油田无效益产能建设项目

年份	钻井数量（口）	建成产能（万吨 / 年）	投资（亿元）
2019 年	788	24.7	24.5
2020 年	671	20.7	19.8

3　基于 DEA 模型的成本控降效率评价

3.1　DEA 模型的成本控制效率评价

目前，针对产能项目成本控制方面的研究内容大多数是从定性角度阐述量化研究，缺乏对成本控制的量化研究。为了量化评价成本控制的效果，提高降本措施评价的正确性和客观性，探索通过统计分析中的 DEA（数据包络分析）模型，评价产能项目成本控制的效率。

数据包络分析是一种应用线性规划理论，进行相对比较的非参数技术效率分析方法。数据包络分析的基本模型是 C^2R 模型和 BCC 模型，笔者采用目前广泛运用的 C^2R 模型 [4] 进行成本控降效率分析。该模型的假设前提是规模收益不变，可以用作评价具有多个输入和输出决策单元，同时为“规模有效”和“技术有效”两种结论。经过分析，该模型可以运用到石油生产企业的产能项目的控制成本当中，并比较出决策单元的效益大小排序。以与油田产能项目成本控制相关的成本投入替代传统模型的输入，以原油产量替代生产产品，以新建产能建设项目为传统 DEA 模型中的决策单元 DMU，则可建立起在油田产能项目成本控制效率评价中的基本模型。

假设有 n 个评价单元 DMU，每个 DMU 都有 m 项投入 $X_j=(X_{1j}, X_{2j}, \cdots, X_{mj})$，$s$ 项输出 $Y_j=(Y_{1j}, Y_{2j}, \cdots, Y_{sj})$，这些参数表示产能建设项目生产过程中的“钻建投资”“总成本费用”和原油产量、利税总额。评价第 j 项产能建设项目决策单元的规模和技术有效性的 C^2R 模型为（1）：

$$\min[\sum_{i=1}^{m} S_i^- + \sum_{i=1}^{s} S_r^+]$$

$$\text{s.t.}\begin{cases} \sum_{j=1}^{n} X_{ij}\lambda_j + S_i^- = \theta X_{ij},\ i\in(1,2,\cdots,m) \\ \sum_{j=1}^{n} X_{rj}\lambda_j - S_i^+ = Y_{rj},\ r\in(1,2,\cdots,s) \\ \theta, \lambda_j, S_i^-, S_i^+ \geqslant 0 \\ j\geqslant 1,2,\cdots,n \end{cases} \tag{1}$$

式中：θ 为产能项目DMU的有效值；ε 为阿基米德无穷小（一般取 $\varepsilon=10^{-6}$）；S_r^+ 为第 i 项输入的松弛变量，又称产能项目成本控制投入冗余；S_r^+ 为第 r 项输出的松弛变量，又称产能项目的成本控制效率不足；X_{ij} 为第 j 个DMU的第 i 个输入量；Y_{rj} 为第 j 个DMU的第 r 个输出量；$\lambda_j=(\lambda_1, \lambda_2, \cdots, \lambda_n)$ 为 n 个DMU的组合系数。

模型的有效性验证：(1) 当 $\theta=1$，且 $S^-=S^+=0$ 时，DMU_j 验证为DEA有效。表明产能建设项目成本的控制方式是规模有效的，同时还是技术有效的；(2) 当 $\theta=1$，且 $S^-\neq 0$、$S^+\neq 0$ 时，则产能建设项目 DMU_j 验证为DEA弱有效；(3) 当 $\theta<1$ 时，则称产能项目 DMU_j 验证为DEA无效，说明这类产能建设项目规模和技术上均无效。

3.2 产能项目成本控制效率实证研究

利用东部某石油生产企业“十四五”规划中6个产能建设项目的投入和产出指标（表4），探索成本控制效率状况。

表4 东部某油田6个产能项目投入和产出指标及原始数据

项目	投入指标 X_{ij}		产出指标 Y_{rj}	
	钻建投资（万元）	总成本费用（万元）	原油产量（万吨）	利税总额（万元）
ZQXB	66671.7	178805.9	96.3	16100.9
B12PD	91748.2	134973.5	109.4	19168.9
N4Q	28963.9	78464.57	63.4	10810.0
B1DD	34331.0	7614.189	36.3	7577.9
B2X	27771.7	54413.65	38.2	6584.2
B3X	41351.5	11698.47	70.0	11628.4

使用数据包络分析软件（DEAP-Version）对投入和产出指标进行相关的分析，得到的分析结果见表5。

表5 东部某油田6个产能项目成本控制效率DEA分析结果

序号	项目	θ	λ	产出不足		投入冗余	
				S_1^+	S_2^+	S_1^-	S_2^-
1	ZQXB	1	1	0	0	0	0
2	B12PD	1	1	0	0	0	0
3	N4Q	0.38	1.21	315.4	0	0	123.2
4	B1DD	1	1	0	0	0	0
5	B2X	0.21	0.92	0	0	0	25.4
6	B3X	0.46	0.76	0	46133.3	2.5	0

由表5可知，满足 θ=1 且 $S^{-}=S^{+}=0$ 条件包括产能项目1、2、4，说明这3个项目的所有变量不存在松弛，即其成本可控制效率较高，现有成本控制的策略方法是可以继续执行的。其余三个项目的 $\theta<1$，说明其成本控制 DEA 无效，成本控制效率偏低。同时，项目5和项目6的 λ 均比项目1小，规模经济处于递增状态，说明产能项目控制成本的力度较大。因此，可以适当减缓对成本的控制，加大并优化部分成本投入，让资金得到充分利用。而项目3的 λ 大于项目1，处于规模经济递减的状态，表明产能项目成本投入力度过大，投入没有得到应有回报，可以实施成本控制紧缩策略。

4 结论

（1）国家“双碳”长远战略目标下，实施成本控制和落实成本管理目标降成为石油生产企业提高竞争和生存能力、实现企业利益最大化的有效途径。积极使用大数据分析方法，寻找合理的控降成本策略，能有效地指导成本控制和管理。

（2）以价值链分析为基础确定成本控降方法，是一种成本管理理念，也是成本控制技术发展的方向。本文提出的三种成本控制的主要措施改进了成本控制理论的思维定式，对控降石油生产企业成本有积极的促进作用。

（3）创新应用的数据包络模型，分别从成本控制的有效性、规模收益等方面量化评价成本控制的效果，提出了合理的控降成本措施和降本增效方向。

参考文献

[1] 王进刚，张树新，张云艳．新常态下油气企业投资组合优化方法研究及应用[J]. 当代石油石化，2019，27（5）：31–35.

[2] 刘广生，马新勇，李梦瑶．基于价值链的石油钻井企业成本控制模式[J]. 国际石油经济，2016，24（1）：77–82.

[3] 李志学，芦伟．油田生产成本项目的聚类特征及其动因研究[J]. 国际石油经济，2009，4（10）：66–70.

[4] 文艳，郑向敏．基于DEA模型的旅游上市公司成本控制效率评价研究[J]. 北京第二外国语学院学报，2013，20（1）：55–61.

[5] 李济东，赵振智，刘福东．“成本动因预算法”的提出及其会计管理实践[J]. 石油大学学报（社会科学版），2005（2）：21–24.

特大型石油企业油气与新能源产业协同融合发展的探索与实践

吴文华　李相远　郭子江

（中国石化胜利油田分公司）

摘　要：胜利油田作为国有大型石油企业，拥有丰富的油气资源储备，以及发展新能源的土地、电网、消纳、碳源等绿色低碳产业资源禀赋。习近平总书记视察胜利油田时作出“能源的饭碗必须端在自己手里”等重要指示要求，胜利油田贯彻落实总书记指示精神，统筹传统油气能源、新能源和脱碳固碳产业发展，在夯实油气资源基础、全力保障国家能源安全的同时，大力实施绿色低碳发展战略，加快研究实施油田不同用能场景下清洁能源的开发利用，推动传统能源与新能源产业协同发展，促进老油田绿色低碳转型实现可持续高质量发展。

关键词：传统油气；新能源；脱碳固碳；产业协同；绿色低碳转型

引言

当前，国际地缘政治博弈与能源问题交织，对国际能源供应产生了巨大影响，能源价格不断上涨，全球能源格局面临重塑，石油企业保障国家能源安全责任更加重大。同时，“双碳”目标的提出，以及习近平总书记视察油田企业的最新指示，也为传统油气产业清洁高效开发、绿色低碳转型提出了更高要求。胜利油田提高站位，落实总书记要求，统筹传统油气产业与新能源产业、脱碳固碳产业协同发展，加大勘探开发力度，推进清洁能源开发利用，在绿色低碳转型发展中提供了可推广、可借鉴的经验做法。

1 推进传统油气产业与清洁能源产业融合发展的现实背景

1.1 传统油气产业与清洁能源产业融合发展，是保障国家能源安全的现实选择

目前我国石油对外依存度超过 70%、天然气对外依存度超过 45%，保障国家能源安全是当前重要的政治任务。总书记视察胜利油田期间，从保障能源安全、加快科技创新、推进绿色发展、确保安全生产、弘扬石油精神、做好群众工作六个方面作出重要指示，对提升能源供给质量、保障国家能源安全提出更高要求。胜利油田坚决贯彻总书记关于“能源的饭碗必须端在自己手里”“集中资源攻克关键核心技术，加快清洁高效开发利用，提升能源供给质量、利用效率和减碳水平”重要指示精神，牢记端牢能源饭碗、保障能源安全的历史使命，加大勘探开发力度，大力发展新能源、CCUS 绿色低碳产业，坚持保障能源安全和推进绿色发展双向发力，探索化石能源与新能源并举、降碳与碳利用并重的产业融合发展和能源企业转型之路，推进以油气生产绿色低碳为导向的多链融合产业化管理，扛稳保障国家能源安全的大旗。

1.2 传统油气产业与清洁能源产业融合发展，是实施绿色低碳战略的重要举措

近年来国家提出绿色低碳发展的政策要求，对于油气企业来讲，既要端牢能源饭碗，加大油气勘探开发力度，更要依托资源优势，加快绿色低碳产业的发展。2020 年，习近平总书记在第 75 届联合国大会一般性辩论和气候雄心峰会上讲话指出，中国将提高国家自主贡献力度，采取更加有力的政策和措施，二氧化碳排放力争 2030 年前达到峰值、2060 年前实现碳中和。中国石化提出打造全球领先洁净能源化工公司的战略目标，构建新能源、新经济、新材料为重要增长点的“一基两翼三新”新产业格局，要求各企业积极践行绿色低碳发展战略，高起点打造绿色能源品牌，争做洁净能源供应引领者。作为国有特大型石油企业，贯彻落实好国家和集团公司的绿色低碳发展要求，需要在做好油气生产节能降耗、开发利用新能源、开展 CCUS 等工作的基础上，实现传统油气生产、新能源和脱碳固碳产业融合发展，最大限度地使用清洁能源，推动企业高质量发展。

1.3 传统油气产业与清洁能源产业融合发展，是促进企业转型升级的必由之路

近年来，胜利油田以习近平生态文明思想为指导，严格落实能耗“双控”要求，全力推进绿色企业行动计划。“十三五”期间油气生产能耗总量、强度分别下降 26.1%、16.1%，但在中国石化油田板块中能耗占比仍然较高。谋定“建设领先企业、打造百年胜利”愿景目标，实现从高耗低效的传统能源管理向低耗高效的新型能源管理转变。当前，胜利油田已进入开发中后期，原油生产含水率不断攀升，集输站库油水处理能力不均衡、不匹配；原油处理工艺流程长、能耗高；集油管网管输效率低、能流损失大，油气生产节能降耗潜力巨大。经过近几年快速发展，新能源用能在油气生产直接用能环节占比提高至 8%，但新能源开发利用仍然基于单一油气生产场景的小规模利用，距离体系化、标准化和规范化的要求还有较大差距，与油田柔性生产实现最大化利用新能源的要求还不相匹配。加之，脱碳固碳产业生产成本高，现阶段产业政策不配套、碳交易市场价格不高，经济效益较差，还需与油气开发驱油增产业务相结合。胜利油田的油气生产、新能源和脱碳固碳业务均处于历史发展的关键期，更好地推进油气生产、新能源和 CCUS 的融合发展，发挥“1+1 > 2”的效应，搭建多链融合产业化管理体系，是促进油气生产高效清洁化发展，推动传统能源企业转型升级、高质量发展的必由之路。

2 推进传统油气产业与清洁能源产业融合发展的探索与实践

2.1 推进传统油气产业与清洁能源产业融合发展的总体思路

胜利油田聚焦解决制约油气主业、新能源业务和脱碳固碳产业做大做强及融合发展的瓶颈问题，以“十四五”规划为引领，坚持系统思维、价值导向和产业方向，牢固树立“各种能量都吃干榨净、各类元素都充分利用、各个环节都创造价值”的理念，聚力构建“业务有机链接、相融互促的产业链，能量高效转化、深度利用的创新链，元素充分挖掘、集聚增值的价值链”，统筹油气主业、新能源、脱碳固碳产业，推动油气开发绿色低碳产业体系融合创新发展，建设源网荷储智慧能源系统、搭建 CCUS 产业发展平台，推动油气增储上产、清洁高效开采，逐步提高清洁用能占比、提升碳驱油封存能力、扩大绿能服务和减排降碳市场，为传统能源企业、炼油化工园区绿色低碳转型发展提供创新模式和示范路径。

2.2 推进传统油气产业与清洁能源产业融合发展的总体目标

胜利油田提出，到“十四五”末，确保“一个硬稳定”、实现“一个跨越”、建成“三大基地”、打造“三大服务商”，形成一套油气开发绿色低碳融合创新的完整产业链。

“一个硬稳定”，即贯彻落实总书记“能源的饭碗必须端在自己手里”的要求，强化高效勘探，加大效益开发，稳定东部，突破西部，做大页岩油，阶段末确保原油产量稳中有升。

“一个跨越”，即油田绿色低碳转型发展实现跨越，清洁能源供给减少的碳排放量与二氧化碳封存量之和，超过油气生产用能的碳排放量，实现油气生产用能“碳排净零”（图 1）。

“三大基地”，即建成全国最大的 CCUS 产业示范基地，二氧化碳年捕集利用封存能力达到 300 万吨；油气资源清洁开发示范基地，可再生能源电量占比超过 40%，部分油区实现生产用能绿能全替代；绿氢制供产业示范基地，年制取供应绿氢超万吨。

“三大服务商”，即加强技术研发、完善标准制定、优化项目管理，持续提升绿色低碳核心竞争力，全力打造油气生产领域清洁能源供应商、综合智慧能源服务商以及脱碳领域技术解决方案提供商，建成创新引领先行示范、绿色低碳全面转型、配套产业链完整、核心竞争力突出的现代能源企业。

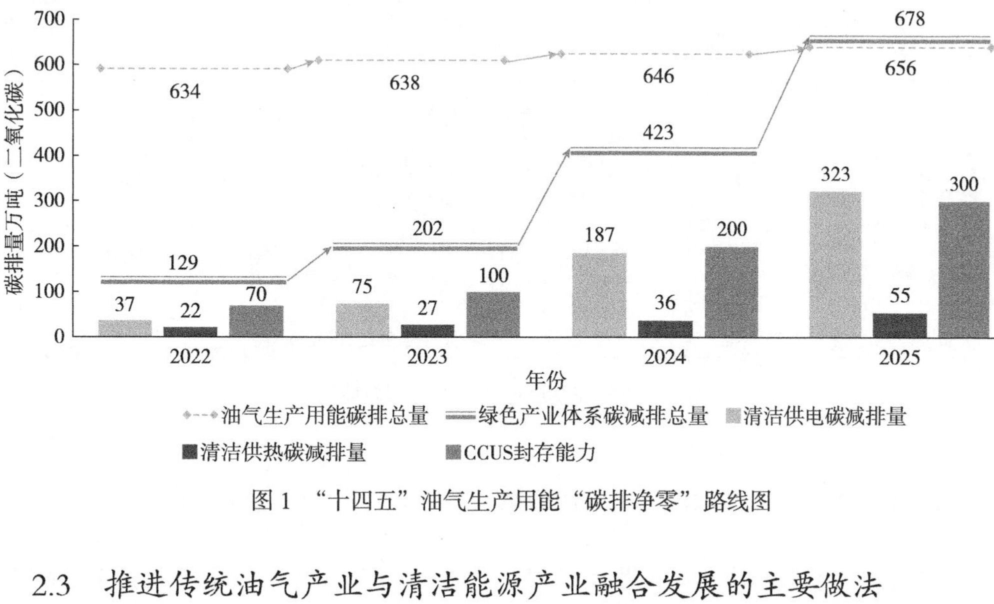

图 1 “十四五”油气生产用能“碳排净零”路线图

2.3 推进传统油气产业与清洁能源产业融合发展的主要做法

2.3.1 强化顶层设计，积极构建油气开发绿色低碳融合创新体系

以项目带动实现产业发展，以创新驱动实现产业升级，以内外联动实现产业拓展。一是通过高效勘探、效益开发实现油气产量稳定增长；二是探索构建基于油气生产用能场景

的新能源产业链，加快清洁能源高效开发利用，加速推进油气生产用能绿能替代；三是以建设新型电力系统为支撑，规模化实施“富余绿电 + 低价谷电”电解水制氢，解决新能源大规模消纳问题；四是以攻关 CCUS 全产业链核心技术为支撑，结合油田驱油场景、封存空间打造二氧化碳捕集、运输、驱油与封存全链条示范工程；五是以健全市场体系、激励机制、管理模式、技术标准为保障，全力支撑油气清洁高效开发，逐步扩大绿色低碳服务市场。

通过实施油气、新能源、氢能、脱碳固碳等产业协同融合升级，加快太阳能、风能、热能、电能、机械能等能量高效转化利用，推动氢、氧、氮、碳等元素集聚创造价值，形成完整的油气开发绿色低碳融合创新产业链，促进化石能源洁净化、洁净能源规模化、生产过程低碳化、能源产品绿色化，推动传统能源企业转型升级、高质量发展。具体路径如图 2 所示。

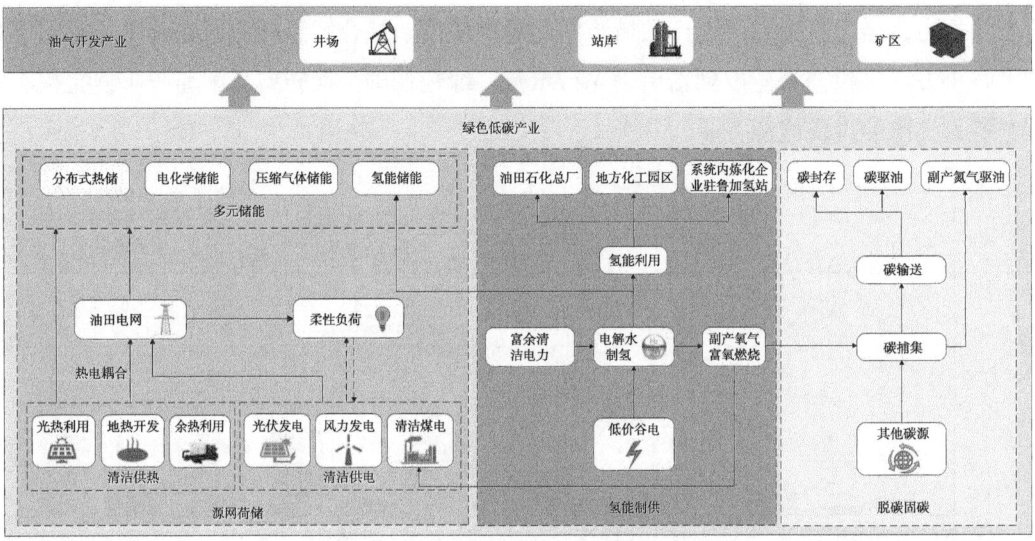

图 2　油气开发绿色低碳融合创新体系

2.3.2　聚焦主责主业，确保油气资源增储上产、油气田清洁高效开采

贯彻油藏经营管理理念，全力推动油气主业增储稳产降本创效，积极构建多元高效的现代能源供给体系。在高效勘探方面，通过加大风险勘探，稳定预探投入，聚焦页岩油规模增储，规划“十四五”期间年均新增探明储量 8000 万吨、控制储量 8200 万吨、预测储量 1.05 亿吨。在效益开发方面，通过持续推进储量有效动用、存量结构调整和开发方式转换，着力培育打造海上高效开发、低渗持续上产、稠油提产提效、化学驱规模增效、页

岩油战略接替、CCUS 绿色低碳、西部大发展共七个产量增长点，创建济阳陆相断陷盆地页岩油开发国家级示范区，保持原油产量箭头向上。规划“十四五”末新建产能达到 220 万吨以上，储采比升至 8.0 以上，自然递减率降至 8% 以内，阶段末原油产量增加到 2406 万吨。

同时，胜利油田坚持把绿色低碳发展理念贯穿到勘探开发全过程、生产经营各环节，全力抓好环境保护，谋划并强力落实胜利油田黄河流域生态保护高质量发展行动方案，持续深入打好污染防治攻坚战，坚决做到不达标不生产。全力强化节能减排，深度挖掘节能“第五能源”潜力，强化能源与碳排放管控中心的完善和应用，建立能源消耗异常分析与督导处置机制，进一步做实节能监测诊断提效闭环机制，持续推进能效提升计划实施，协同推进全员降能耗、减损耗、控物耗、减排放，确保增产不增能、增能不增碳。全力推动“碳中和”进程，成立碳达峰碳中和工作专班，细化落实全流程降碳、新能源替碳、全方位固碳、技术引领减碳四个方向、17 类举措，力争到“十四五”末，碳排放总量和强度分别降低 25%、30%，竭尽全力以更小的环境代价和更少的碳排放，换取最大的油气贡献。

2.3.3 基于油气用能替代，推进新能源产业规模化发展

胜利油田将新能源作为重要战略新兴业务，与勘探开发业务统筹推进，积极构建以清洁供电、清洁供热、氢能供给、储能配套、脱碳固碳为主要内容的绿色低碳产业链，着力打造洁净能源生产商、能源管控服务商、脱碳技术提供商，力争“十四五”末率先在中国石化上游企业实现“绿色能源供应量超过生产用能消费总量的零碳目标”。

清洁供电方面，积极构建以风光电基地为基础，以清洁高效煤电为支撑，以稳定安全可靠的输配电网为载体的新能源供给消纳体系。打造清洁电力高效开发应用场景，稳步推进油区 500 兆瓦分布式光伏电站建设，加快建设滨海油区百万千瓦级盐碱滩涂集中式“风光储输”基地，积极参与渤中 2400 兆瓦海上风电项目开发，全面推进新能源电力规模化发展。打造传统热电清洁转型示范场景。加快机组能耗、供热、灵活性“三改联动”，加速攻关富氧燃烧技术，推进锅炉富氧工艺改造，实施一期机组减量替代、配套富氧燃烧锅炉，提升烟气 CO_2 浓度，推动低浓度 CO_2 高效捕集，实现煤电最大限度地清洁利用。打造清洁电力友好消纳示范场景。大力推进电源结构优化、分层分区平衡、区域多能互济的输配电网络和绿色智能微电网建设，支撑油田源网荷储一体化安全高效运行。

清洁热方面，积极构建油气生产用热“余热 + 地热 + 光热”替代、站库余热资源高效利用、生产办公区域地热冷热联供技术序列和模式序列。一是打造井场站库“余热 + 地热 + 光热”示范场景。研究攻关地热开发、余热利用、聚光集热、蓄热技术，推进井场燃气

加热炉、电加热、稠油注汽、站库用热"清洁供热+高效储热"有序替代。二是打造区域中心站"余热+"示范场景。深度分析采出水余热规模、品质，结合油气生产不同用热区域，形成油田低温采出水多领域梯级综合利用技术体系。三是打造生产办公辅助"地热+"示范场景。因地制宜实施生产办公区域"浅层地热+"冷热联供项目，依托合资公司平台，推进深层地热项目开发，规划年供热量300万吉焦。"十四五"期间规划建成年清洁供热能力440万吉焦，推进电加热设备全替代，地热产业立足东营、辐射滨州和淄博等地实现大发展。规划"十四五"末力争实现企业直接能耗的新能源占比达到40%，初步形成基于油气场景下的新能源产业链。

2.3.4　推进新型电力系统建设，为产业链融合提供坚强支撑

胜利油田准确把握建设新型电力系统的重要意义和核心要求，统筹油区源网荷储资源积极开展智慧能源系统建设工作，预期目标是希望通过源网荷储灵活互动、多种能源综合互济，支撑新能源电力最大化消纳，助力东营市打造"成色更绿、更加智能、更为可靠"的新型电力系统，为区域经济社会发展蓄势赋能。

"源侧"在市发改委的支持下，已向省能源局提交电厂一期机组减量替代申请，省能源局基本同意油田减量替代方案，与此同时，油田还积极推进二期、三期机组低压缸零出力改造，加快二期、三期机组工业抽汽及供暖扩容改造进度，最大限度增加"源侧"的调峰能力，同时，油田加快推进新能源光伏项目建设进度，目前接入油田电网系统的分布式光伏装机规模达到205兆瓦，年发绿电能力达到2.46亿千瓦·时。

"网侧"已启动220千伏新孤变、盐镇变国网电源引入工程，正在推进220千伏新孤变、盐镇变设备改造工程，联合清华大学、中科院电工所等院所合作开展了"配电网业务资源协同及互操作关键技术"国家级重点课题攻关。

"荷侧"结合油田"采油、注水、集输、压驱"等开发生产用能规律和特点，全面摸清了注采输系统柔性生产潜力，制定发布了《油田分时段用电价格激励机制》，选取东辛采油厂为试点，建立了柔性生产示范区和需求响应资源池，试行需求响应激励机制，取得了初步示范效果。

"储侧"油田自主实施的"光伏+氢能+储能"示范工程进入设计招标阶段，同时油田正与清华大学、北京启迪华腾、中船重工七一一所合力推进100兆瓦油气藏压缩空气储能项目工程实施。

随着智慧高效、科学决策、响应灵活的"源网荷储"智慧能源系统的全面建成，油田将实现对清洁能源供应、多源互联电网、柔性智能终端和多元储能调节的统筹优化、协

同管控，形成可复制可推广的技术标准体系，在推动建设现代能源体系实践中打造了胜利样板。

2.3.5 聚焦“双碳”战略要求，推进 CCUS 试点示范

胜利油田认真贯彻落实习近平生态文明思想，自觉聚焦“双碳”战略要求，加快脱碳固碳关键技术攻关，推进脱碳固碳产业发展。

“十四五”以来，围绕滩坝砂低渗透、砂砾岩以及页岩油油藏高效开发，积极开展二氧化碳驱油封存基础研究和矿场实践，先后在莱 113 块、征沙村 1–4 井组、盐 229 块以及页岩油等各类油藏开展二氧化碳驱油封存应用并取得良好效果。同时，全力推进胜利发电厂 100 万吨 / 年二氧化碳捕集工艺包研发及项目前期工作，全面推进国内首个百万吨级 CCUS 示范工程建设，创新完善 CCUS 全产业链技术系列，攻关形成了涵盖 CO_2 高效捕集、低温密闭注入、高效驱油与封存及安全监测等 CCUS 全产业链核心技术和关键装备，建立了 CCUS 重点实验室和 CCUS 风险管控智能安全管理平台，在油气 CCUS 领域持续保持全国领先地位。

“十四五”期间，胜利油田规划建成国内首条百万吨级百公里二氧化碳管道，建成首个百万吨级 CCUS 项目—齐鲁石化—胜利油田高 89—樊 142 地区 CO_2 驱油与封存示范工程，基本建成胜利发电厂百万吨级低浓度烟气 CO_2 捕集驱油工程。进一步加大 CCUS 技术攻关力度，加强高端实验平台建设，强化关键核心技术攻关，推动 CCUS 全产业链示范及商业化应用，加快 CCUS 管网规划布局和集群基础设施建设，制定完善 CCUS 行业规范体系及技术规范，全力建设好 CCUS 项目，力争“十四五”末 CCUS 注入能力达 300 万吨，打造国内 CCUS 产业发展高地，推动地方企业碳减排，促进区域生态文明建设，更好服务地方经济社会发展。

2.3.6 强化支撑保障，支撑油气产业与绿色低碳创新融合发展

为稳步油气产业与绿色低碳创新融合发展，胜利油田对内完善推动绿色低碳发展的市场化运行机制，探索完善资源盘活认定、绿能价格激励、降碳减排考核、绿色资产交易有关政策，支撑新能源规模化发展、氢能储能产业化配套、氢氧氮碳集约化利用、绿色产品市场化流通，建成行业领先的绿色创新产业综合示范区。对外构建支撑绿色低碳产业的价值链形成机制，落实国家低碳转型、绿能消费等政策要求，与政府、企业加强对接，探索生态产品、绿色服务价值形成机制，建立油田绿色低碳全产业链产品、技术、管理、服务清单和价格体系，在山东区域率先形成绿色低碳市场化合作模式。

同时完善四类标准。一是完善油气领域多元用能场景新能源开发利用标准，引领生产现场多能互联、地（余）热高效开发、“光热 + 地热”耦合发电标准制定。二是完善上游企业绿氢制供产业化示范标准，引领胜利特色“绿电 + 谷电制氢”“氢能 + 副产氧综合利用”标准制定。三是完善 CCUS 全流程产业化示范标准，引领“富氧燃烧 + 低成本捕集 + 高效驱油 + 安全封存”标准制定。四是完善绿色低碳产业运营标准，引领“新能源开发 + 氢能制供 + 脱碳固碳”全链条高效运营和安全管控标准制定。

做好两个支撑。一是强化科技创新支撑。与清华大学、中国石油大学等高等院校和南化院、石工院、大连院等科研院所加强产学研合作，跟踪攻关、示范应用绿色低碳领域关键技术、共性技术、前沿技术；完善科技创新激励机制，配套市场化引资、长效化投入等模式，实行“揭榜挂帅”“赛马”等制度，加快课题立项、攻关运行、成果转化，以做强创新链延伸产业链、提升价值链，勇当山东省绿色低碳科技创新策源地。二是强化战略合作支撑。与山东能源加强风电合作，与国网公司加强电网融合，携手打造清洁低碳能源为主体的能源供应体系，共同建设黄河三角洲绿色生态电力系统；与东营市成立新能源、碳中和联合工作专班，携手共建现代能源经济示范区。

3 实施效果

胜利油田基于自身发展形成的绿色低碳融合产业链，在石油石化行业具有较好的示范引领作用。节能减排产业链的打造，为国内其他老油田向低碳高效型企业转型提供了产业发展样板；新能源业务开展以来先后获得国家、中国石化、省市等各层级成果奖励十余项，“清洁能源多能互补 + 油田场景因地制宜”的开发方式为新能源开发起到良好的示范引领作用；百万吨级 CCUS 项目构建了国内首个具有油田示范意义的 CCUS 减碳脱碳项目，项目投产后将成为全产业链最大的标杆工程和示范基地。胜利油田在清洁能源领域的社会影响力逐渐扩大，品牌逐步形成，产业带动效应不断显现。

同时，在“碳中和”战略背景下，胜利油田抢抓机遇，积极融入中国石化绿色发展新格局，将绿色低碳产业打造成为企业重要的战略新兴业务，形成安全高效、清洁低碳的能源供给体系。截至目前，清洁能源在油气生产直接生产用能环节的占比由 3% 提高到 8%，企业用能结构得到持续优化，清洁能源项目的实施达到年节约标煤 11.7 万吨，年减排二氧化碳 52 万吨的规模，践行国家加快生态文明体系构建，促进经济社会发展全面绿色转型等要求，展示能源央企的示范作用和社会责任，为黄河流域生态保护和高质量发展做出了积极贡献。

天然气管道高后果区识别与安全管理实践

吴有更　李亚菲　郭 望
（国家石油天然气管网集团有限公司山东运维中心德州作业区）

摘　要：长输天然气管道高后果区识别与管理作为管道完整性管理的重要组成部分，其识别的准确性及风险管控的可靠性将直接影响管道安全平稳运行。本文从管道完整性管理的角度出发，以我国某输气管道为例，开展基于 ArcGIS+ 奥维地图的高后果区识别在线识别，从高后果区风险评价、完整性评价、腐蚀防护、环境管控、技术防护方面提出了高后果区风险管控措施。高后果区风险评价建议采用 RiskScore 等半定量风险评价方法，定量风险评价方法可作为较高风险管段的补充评价；针对高后果区焊缝异常缺陷，应开挖验证获取缺陷具体信息，采取相应的适用性评价方法，为管道管理者提供决策支持；针对高后果区地区等级升高现象，提出了降压运行措施及压力计算方法。

关键词：高后果区；准确性；管道完整性管理；风险评价；管控措施

引言

随着地方经济的快速发展和城镇格局的快速扩张，天然气管道周边地区等级不断变化，管道安全事故频发，高后果区的识别与安全管理变得尤为重要。2016 年国家发改委等五部门联合下发了《关于贯彻落实国务院安委会工作要求全面推行油气输送管道完整性管理的通知》，2017 年国家安全监管总局等部门再次发布了《关于加强油气输送管道途经人员密集场所高后果区安全管理工作的通知》[1]。管道高后果区逐渐成为油气长输管道管理和政府监管的重点，高后果区油气管道发生泄漏，将严重危及公众安全或造成较大环境破坏，尤其在人口密集或环境敏感地段的管道事故，将对人身安全、社会生活、自然环境等造成重大危害[2-4]。

2015 年，首个高后果区国家标准 GB 32167—2015《油气输送管道完整性管理规范》出台[5]，国内油气管道企业逐渐形成了相对完善的高后果区识别、管理体系，但部分管道企业对高后果区识别准则理解不透彻，部分老旧管道设计地区等级与现行的地区等级不一致，且管控措施不到位，存在诸多安全隐患。本文以某天然气长输管道为例，开展基于 ArcGIS+ 奥维地图的高后果区在线识别，从高后果区风险评价、完整性评价、腐蚀防护、环境管控、技术防护等方面提出了高后果区全过程风险管控措施，为管道管理者提供管理决策。

1 高后果区识别

1.1 高后果区识别准则

高后果区识别作为完整性管理的重要环节，是高后果区管理的核心内容，根据 GB 32167—2015《油气管道完整性管理规范》直接由目标物属性对高后果区进行识别划分[6]，共分 6 个识别项，包括管道经过的四级地区、三级地区、特定场所、易燃易爆场所四个方面。天然气管道的潜在影响区域可依据潜在影响半径确定，ASME B31.8S—2016《输气管道系统完整性管理》对潜在影响半径计算公式进行大量简化见式（1），但该简化公式并不具有普适性，《输气管道系统完整性管理》及相关文献也提到简化公式只适用于压力 10 兆帕、管径 1066 毫米以下管道[7-8]，并不适用于所有管径的管道，针对压力高、管径大的输气管道潜在影响半径的计算应做进一步优化。

$$r=0.099\sqrt{d^2p} \tag{1}$$

式中：r 为潜在影响半径，米；d 为管道外径，毫米；p 为最大允许操作压力，兆帕。

1.2 高后果区识别案例

天然气管道运营期间应周期性的开展高后果区识别工作，目前的高后果区识别技术主要通过 GIS 系统、无人机航拍、现场调研相结合的方法进行。选取某天然气长输管道进行调查研究，管道全长约 218.31 千米，材质为 L415 焊管，管径 711 毫米，管道壁厚按照地区等级分别设计，管道地区等级由低到高设计壁厚分别为 8.0 毫米、10.0 毫米、11.0 毫米、14.2 毫米，该天然气管道已开展管道内检测、外检测作业。

根据输气管道高后果区识别准则得知，该天然气管道高后果识别项为管道经过的四级地区（Ⅲ级）、三级地区（Ⅱ级）、200 米内特定场所（Ⅰ级）、200 米内易燃易爆场所（Ⅱ

级）[9]。采用基于 ArcGIS+ 奥维地图的高后果区识别方法开展高后果区识别，可分为以下 6 个环节。

（1）获取该输气管道中心线坐标，可通过外检测、内检测、现场测绘等途径获取数据；

（2）将管道中心线坐标数据导入到 ArcGIS 软件，生成点数据，通过软件将管道中心线点数据转换成线数据，生成完整的管线路由图（图 1）；

（3）利用 ArcGIS 软件生成 200 米宽度的缓冲区，形成高后果区识别边界图（图 2）；

（4）通过 ArcGIS 软件将管线中心线、缓冲区导出为奥维软件能识别的 kml 文件，并导入奥维地图（图 3）；

（5）通过奥维地图直观地对缓冲区内的三级、四级地区、易燃易爆场所、特定场所进行识别，识别案例如图 4 所示，形成高后果区初步统计表；

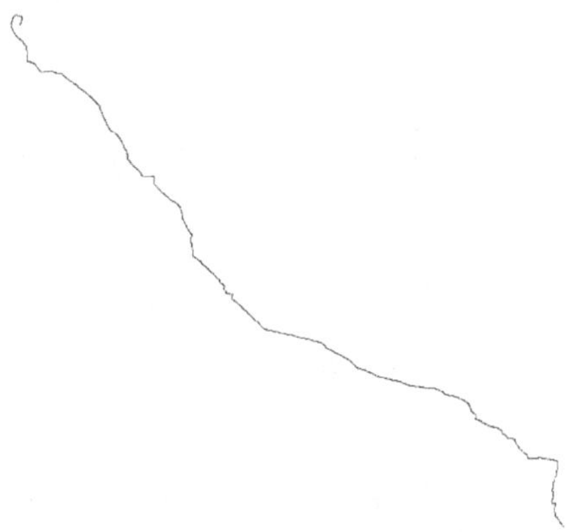

图 1　ArcGIS 绘制管线路由图

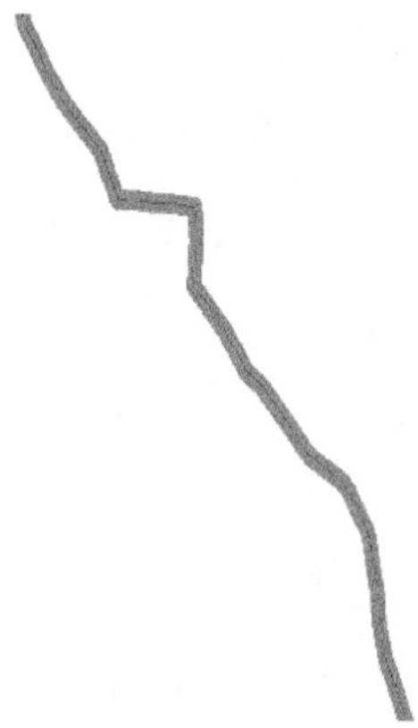

图 2　ArcGIS 绘制高后果区识别边界图

图 3　奥维地图高后果区识别边界图

图 4　高后果区识别案例图

（6）开展现场调研，对识别出的高后果区逐一进行验证，获取高后果区详细信息，并对其进行分级，形成高后果区识别报告。

经识别，该天然气管道共高后果区 24 处，其中Ⅲ级高后果区 2 处，全长 3.3 千米，占所辖管线总里程的 1.51%；Ⅱ级高后果区 11 处，全长 14.7 千米，占所辖管线总里程的 6.73%，Ⅰ级高后果区 5 处，全长 2.4 千米，占所辖管线总里程的 1.10%。

2 高后果区全过程管理

2.1 高后果区风险评价

开展高后果区风险辨识及评价，做到风险的分级管控和超前管理，是高后果区全过程管理的关键，应用风险评价技术分析高后果区内管道安全事故的可能性和后果，为管道管理者提供决策支持，制定风险管控措施。高后果区风险评价分为定性风险评价、半定量风险评价、定量风险评价三种类型[10]。

（1）定性风险评价操作较为简单，但受评价人员的主观因素影响较大；

（2）半定量风险评价也叫相对风险评价，是目前管道企业比较常用的一种方法，GB 32167—2015《油气输送管道完整性管理规范》、SY/T 6891.1—2012《油气管道风险评价方法》提到的指标体系法属于半定量分析的一种，肯特评分法是国外管道企业常用的风险评价方法，应用于美国、英国等发达国家，RiskScore 评分法继承了肯特评分方法的一些特点，并结合国内长输管道实际情况，改正了一些不适当的指标[10]。

（3）定量风险评价的特点是用数据说话，通过对具体事件或事物的风险发生的概率和后果的严重程度进行量化分析，从而精确描述事件的风险，但所需的数据量较大，耗费大量人力和物力。

考虑到高后果区风险评价的有效性及准确性，开展高后果区风险评价的人员应具备 GB 32167—2015《油气输送管道完整性管理规范》高级（三级）能力水平。高后果区风险评价方法推荐采用半定量、定量风险评价相结合的方法，考虑到定量风险评价需要大量的人力、物力，定量风险评价可作为较高风险管段的补充评价。针对该天然气管道采用 RiskScore 评分法开展半定量风险评价，经评价该输气管道高风险 2 处、低风险 22 处，对 2 处高风险高后果区开展定量风险评价（QRA），并制定了相应风险消减措施。

2.2 开展管道完整性评价

完整性评价是管道完整性管理的关键环节，可评估高后果区内金属损失、焊缝异常、管道变形等管道本体缺陷的安全状况，从而预测管道的剩余强度和剩余寿命；同时针对地区等级升高的高后果区段管道适用性进行评价，为管道管理者提供决策。管道完整性评价包含内检测、直接评价、压力试验等方法，宜优先选用基于内检测数据的完整性评价方法。该输气管道于 2019 年完成管道内检测作业，并完成了完整性评价工作。

2.2.1 金属损失剩余强度评价

当管道本体存在金属损失缺陷时，管道承压能力降低，剩余强度评价就是利用断裂力学、材料力学等理论，计算管道金属损失位置是否满足管道最大允许压力的要求。该输气管道高后果区内共发现金属损失 1093 处，使用 SY/T 6151—2009《钢质管道管体腐蚀损伤评价方法》、Kastner 评价方法分别对金属损失进行评价，经两种方法评价金属损失均能满足最大允许操作压力 5.0 兆帕的运行要求。

2.2.2 变形评价

依据 SY/T 6996—2014《钢质油气管道凹陷评价方法》规定，对弯折、划痕、裂纹、焊缝缺陷、腐蚀深度大于 40%、大于 6% 管道直径等类型的凹陷需要立即修复。经评价该高后果区内 1 处凹陷不需立即修复，需要管道企业重点关注。

2.2.3 焊缝异常评价

根据 BS 7910—2015《金属结构裂纹验收评定方法指南》[11]、GB/T 19624—2004《在用含缺陷压力容器安全评定》[12] 等适用性评价标准，环焊缝缺陷可分为体积型缺陷和裂纹型缺陷两大类。体积型缺陷主要为塑性失效模式，其适用性评价方法可参照 SY/T 6477—2017《含缺陷油气管道剩余强度评价方法》、SY/T 6151—2009《钢质管道管体腐蚀损伤评价方法》、API 579、ASME B31 G；平面型缺陷危害较大，评价时应同时考虑塑性失效和断裂失效模式，目前国内外遍采用基于失效评估图方法进行评价[13]。该输气管道建设期资料不全，且开挖验证中未采用相控阵检测（PAUT）获得缺陷的高度信息，保守起见均采用基于失效评估图的方法进行评价。对高后果区内 91 道环焊缝异常缺陷进行开挖验证，通过射线检测（RT）、超声波检测（UT）获得缺陷的准确信息，根据 SY/T 6477—2017《含缺陷油气管道剩余强度评价方法》对环焊缝缺陷开展基于失效评估图的适用性评价，经评价 90 处焊缝异常缺陷均在可接受范围内，存在 1 处超标裂纹缺陷，管道企业进行了换管修复。

2.2.4 高后果区适用性评价

根据高后果区识别后的地区等级与设计地区等级进行对比分析，该输气管道有 9 个高后果区地区等级发生了升高，且存在 1 处升高 2 级的高后果区管段，依据 SY/T 7380—2017《输气管道高后果区完整性管理规范》，与原设计相比高后果等级升高 2 级或达到Ⅲ级高后果区的管道应进行定量风险评价，如不可接受，应采取降压、换管、改线及其他经证明有效的风险管控措施。对该高后果区进行定量风险评价（QRA），建议该输气管道采取降压运行的风险管控措施。可通过输气管道工程设计规范中管道壁厚的计算公式，反推管道安全运行的临界压力，见式（2）[14]，得出管道高后果区安全运行压力（表 1）。

$$p=\frac{2F\sigma_s\varphi\delta t}{D} \tag{2}$$

式中：F 为强度设计系数，三级地区取值为 0.5；σ_s 为钢管最小屈服强度，415 兆帕；φ 为焊缝系数，管道建设时焊缝采用双百检测，取值为 1；δ 为钢管壁厚，8 毫米；t 为温度折减系数，管道温度小于 120℃，取值为 1。

表1 管道高后果区运行压力评价结果

高后果区名称	级别	地区等级	设计地区等级	壁厚（毫米）	需满足的设计系数	设计系数要求的运行压力（兆帕）
东黄城乡高后果区	Ⅱ	三级	一级	8	0.5	4.7

2.3 健全腐蚀风险管控体系

2013—2017 年，加拿大长输油气管道失效事故的 31%是由于腐蚀而导致的[15-16]，中国石油建立了油气管道失效数据库,2006—2018 年，系统共收集上报线路失效数据 125 起，打孔盗油是最主要的失效因素，制造缺陷次之，外腐蚀居第三位[17]。以上数据表明，腐蚀是管道失效事故的主要诱因之一，尤其高后果区段管道周边环境复杂，管道面临的腐蚀风险更加严峻，因此应健全腐蚀风险管控体系。埋地钢制输气管道腐蚀防控主要通过阴极保护系统、防腐层进行保护，腐蚀风险点主要集中在防腐层破损点、杂散电流干扰处、套管、管道出入土点等区域。管道企业应定期对阴级保护设施进行维护，对高后果区段管道断电电位进行测试，确保管道断电电位满足阴极保护准则；定期对高后果区段防腐层进行测试、修复，针对高后果区段管道上方硬化等路径受限区域，可通过交流电流衰减法对防腐层情况进行初步评价，同时利用水泥地面在雨水浸润的情况下电阻小原理，采用 ACVG 检测技术对防腐层缺陷点进行定位，确保全面掌握管道防腐层情况；建立高后果区腐蚀风险管段数据库，尤其是钢制套管、管道出入土点等阴级保护屏蔽区域，采取加强防腐、定期检测等措施；强化杂散电流干扰的防护，对高压线、电气化铁路、钢制管道交叉并行段埋设排流桩或测试桩，条件允许的话可安装智能测试桩，实时监测管道阴极保护情况，确保管道腐蚀安全。

2.4 强化外部环境风险管控

第三方施工破坏等外部因素是导致管道失效最快的风险，尤其高后果区段管道第三方施工事件频发，需严格管控。管道企业应有针对性的制定高后果区管理制度和管控方案，落实高后果区责任人和管理职责，层层压实责任；建立巡线制度，高后果区责任人及巡线员开展全方位巡护，并通过智能巡检系统进行监督，实现高后果区无死角巡护；做好管道周边第三方施工预警，识别管道周边排水管沟、管涵等可能存在油气聚集等密闭空间的风险，做好施工和油气聚集风险的管控；强化现场标识管理，管道警示标识应清晰、完好，管道走向一目了然，满足可视化要求，醒目位置应埋设风险告知牌，告知周边居民管道信息、管道保护知识、应急常识及应急电话等内容；开展精准宣传，提高周边人员管道保护意识，使周边居民具备管道泄漏判断，能够主动制止危害管道安全的行为；定期组织联合演练工作，提高管道企业应急处置能力及居民应急逃生能力，将事故后果减少到最小。

2.5 完善高后果区技防措施

近年来，管道行业打破传统管理和思维方式，充分利用互联网、云计算、大数据等新技术，积极建设智慧管网系统[18]，2020 年，国家管网集团提出了“打造智慧互联大管网”的战略目标[19]。为适应高后果区数字化管理的现状，管道企业高后果区管理需要更加先进的技术支撑。建立基于大数据的全生命周期智慧管网，具备高后果区基础数据整合、高后果区识别、灾害预警、应急决策等功能，实现管网运行事前优化预测，事中实时监测，事后全面分析的闭环管理[20]；高后果区段管道安装一体化视频监控系统，实现远程监控、远程语音播报、现场声光报警等功能，实时监测高后果区现场情况，并可实现应急状态下的远程指挥；安装光纤预警系统，利用管道同沟铺设的伴行光缆，对管道周边的第三方施工现象进行预警，降低管道运行风险。

3　结论和建议

（1）基于 ArcGIS+ 奥维地图，管道企业可实现高后果区在线识别，提高高后果区识别效率。

（2）风险评价可实现高后果区段管道的风险分级管控，为管道管理者提供决策支持，RiskScore 评分法对肯特评分法进行了改良，在国内应用广泛；针对识别出的较高风险以上管段，可采用定量风险评价方法进行再评价。

（3）完整性评价是管道完整性管理的关键环节，高后果区焊缝异常评价需管道企业对内检测发现的焊缝异常点进行开挖验证，获取焊缝具体数据，采取相适应的适用性评价方法进行风险评估，为管道管理者提供决策支持；针对高后果区地区等级升高现象，可采取降压运行措施，运行压力可按照输气管道工程设计规范中管道壁厚计算方法的反推公式计算。

（4）腐蚀风险与外部第三方施工环境的管控是高后果区管理的重点，随着智慧管网的建设，高后果区应采取视频监控系统、光纤预警系统等技防措施，为建立基于大数据的全生命周期智慧管网提供数据支持。

参考文献

[1] 高海康，戴连双，贾韶辉，等 . 基于 GIS 的管道高后果区管理升级及其实践 [J]. 石油工业技术监督，2020（5）.

[2] 郭文朋，周亚薇 . 基于改进风险矩阵法的中俄东线高后果区风险评估 [J]. 油气储运，2019，38（3）：273–278, 284.

[3] 王晓霖，帅健，宋洪波，等 . 输油管道高后果区识别与分级管理 [J]. 中国安全科学学报，2016，25（6）：149–154.

[4] 张蓓蕾，高良泽，肖志 . 在役管道高后果区统计分析的重要性 [J]. 中国科技信息，2014（8）：84–86.

[5] 张振永 . 中俄东线 X80 钢级 Φ1422mm 管道工程设计关键技术应用 [J]. 焊管，2019，41（7）：64–71.

[6] 夏琦函 . 长输高压天然气管道高后果区的识别及风险管理 [J]. 中国石油和化工标准与质量，2019，39（18）：55–56.

[7] STEPHENS M J，LEEW I K，MOO　R　E D K. A model for sizing high consequence areas

associated with natural gas pipelines[C]. Alberta: The 4th International Pipelines Conference, 2002: 759–767.

[8] 王新，刘建平，陈建红，等．输气管道潜在影响半径计算公式优化 [J]. 工业安全与环保，2019，45（10）：28–30，61.

[9] 高航，王晓明，魏自涛，等．苏里格气田采气管线完整性管理方法现场实践研究 [J]. 内蒙古石油化工，2018，44（12）：1–6.

[10] 赵建涛．石油天然气长输管道安全风险识别及管控 [D]. 青岛：山东科技大学，2020.

[11] British Standards Institution. Guide to methods for assessing the acceptability of flaws in metallic structures: BS 7910: 2015[S]. London: The Authority of the Standards Policy and Strategy Committee, 2015.

[12] 中国特种设备检测研究中心．在用含缺陷压力容器安全评定：GB/T 19624—2004[S]. 北京：中国标准出版社，2004.

[13] 杨辉，王富祥，陈健，等．油气管道环焊缝缺陷适用性评价现状与展望 [J]. 天然气工业，2020，40（2）：135–139.

[14] 王宏召，托博，姜旭，等．基于可靠性方法的输气管道设计系数选择探讨 [J]. 全面腐蚀控制，2021（11）：53–55.

[15] 程玉峰．保障中俄东线天然气管道长期安全运行的若干技术思考 [J]. 油气储运，2020，39（1）：1–8.

[16] Canadian Energy Pipeline Association.Transmission pipeline industry performance report[R]. Calgary: CEPA, 2018: 3.

[17] 张强，杨玉锋，贾韶辉，等．油气管道失效数据库对比分析与研究 [J]. 石油工业技术监督，2021，37（3）：30–33.

[18] 陈斯迅，李在蓉，王禹钦，等．管道数字孪生体模型的构建及应用 [J]. 油气储运，2021，40（6）：643–650.

[19] 唐善华，杨毅，张麟，等．天然气管网智能调控初探 [J]. 油气储运，2021，40（9）：991–996, 1026.

[20] 董绍华，张河苇．基于大数据的全生命周期智能管网解决方案 [J]. 油气储运，2017，36（1）：28–36.

新能源汽车加速发展对成品油销售业务影响研究

彭天铎[1,2] 王利宁[2] 戴家权[2]
（1.中国石油集团经济技术研究院；2.清华大学气候变化与可持续发展研究院）

摘　要：新能源汽车市场占有率和保有规模快速增加，对传统成品油需求和零售终端形成直接冲击，带动整个汽车供能产业链生态变革。基于课题组开发的“车用能源系统分析模型”对中国车用能源体系演变进行模拟后发现，短期内加油站仍有增长空间，随着2025年车用油品需求达峰，加油站数量开始呈下降趋势，但2030年前不会大幅减少，仍然是油气公司增值创效优质业务。2050年后，车用能源将被电和氢主导，加油站需求规模将大幅下降，至少需要分别建成1万座加氢站和2万座以上大功率充电站才能满足供氢和充电需求，传统油气公司应加快实施应对新能源汽车快速发展的策略和行动。

关键词：新能源汽车；碳中和；车用油品需求；汽车补能终端

引言

碳达峰、碳中和正引发一场系统性经济社会变革，绿色低碳生产生活方式正在形成，能源生产和消费各部门正加快脱碳。推广新能源汽车被视为道路交通部门实现深度减排的关键路径。当前，汽车领域以电动力、氢能技术为代表的新能源汽车技术在市场与政策双重驱动下呈现快速增长态势，对汽柴油市场的影响程度开始显现。《2030年前碳达峰行动方案》提出，大力推广新能源汽车，逐步降低传统燃油汽车在新车产销和汽车保有量中的占比，到2030年，当年新增新能源、清洁能源动力的交通工具比例达到40%左右。未来，新能源在车用能源消费结构中占比不断提高，对传统油品的替代规模不断扩大。新能源汽车发展一方面影响车用能源消费总量，另一方面影响消费结构，必将带动整个汽车供能产业生态变革，传统以加油站为代表的供能终端将受到冲击。

本文通过构建面向碳中和愿景的中国车用能源系统分析模型，探索新能源汽车加速发展对车用油品需求和加油站行业的影响，分析汽车供能产业链生态变化，以期能够对相关部门决策及油气公司应对新能源汽车快速发展的策略和行动形成有益借鉴。

1 中国车用能源及供能终端发展现状

1.1 中国已成为世界第一汽车保有大国

进入 21 世纪以来，中国经济高速发展以及国民收入水平显著提高，汽车市场蓬勃发展，2009 年以来中国产销规模稳居世界首位。2021 年末，中国新注册登记汽车 2622 万辆，汽车保有量达到 3.02 亿辆，成为世界第一汽车保有大国，2000—2021 年年均增速达 15%，人均汽车保有量超过 200 辆 / 千人[1,2]。根据发达国家经验，当一个国家汽车保有量超过 200 辆 / 千人时，其汽车保有量年均增速将步入汽车普及期的中低速发展阶段。2016 年以来，中国汽车年销量持续超过 2500 万辆[3]，但受经济转型升级及政策调整等多重因素影响，叠加新冠疫情冲击，一度增长缓慢，2018 年以来连续 3 年下降，直到 2021 年才恢复正增长。

1.2 中国已跨过燃油车向新能源汽车转型的“分水岭”

长期以来，业界公认 5% 是新能源汽车从导入期迈入成长期的临界点。2020 年，中国汽车销量为 2531.1 万辆，其中新能源汽车销量为 136.7 万辆，占总销量的 5.4%，整个行业进入快速增长期，2021 年，总销量达到 350 万辆，占比超过 10%，2022 年第一季度高达 20% 左右[3]。新能源汽车发展初期主要依靠补贴等优惠政策，公交、出租、网约车队等团体用户吸纳了大部分销量，2019 年这部分销量占比 60% ~ 70%，而成本下降和行驶里程提升使得电动汽车市场接受度逐步增加，2020 年新能源汽车个人用户购买量占比达七成，首次超过团体客户，由政策驱动转向市场驱动新阶段[4]。

1.3 油品是车用能源消费的绝对主导

汽车领域汽油消费仍在增长，柴油消费已进入平台期。随着乘用车规模的持续扩大，车用汽油消费持续增长。作为柴油消费的主导行业，近年来，受技术创新与天然气重卡等综合影响，车用柴油需求情况不容乐观，已基本进入平台期。2020 年，中国车用汽油消费 1.3 亿吨，2010—2020 年均增长 6.7%，车用柴油消费约 1.1 亿吨[5]。实际上，车用油品实际消费规模高于官方和行业统计或核算数据，主要由于 2015 年原油“两权”放开后，大量无票资源进入市场，未被纳入统计口径。据估算，2021 年，中国实际汽油消费量比官方统计数据高出近 2000 万吨 [6]。目前，新能源汽车尚未能对车用汽柴油消费产生颠覆性影响，但也是制约其消费增长的主要因素。初步测算，2020 年，新能源汽车对汽柴油替代量达到 450 万吨左右，不到当年车用汽柴油消费量的 2.0%。

加油站市场空间尚未饱和。2020 年，中国加油站数量共有 10.2 万座（不含加油点），较 2015 年仅增加 5647 座，增速明显低于车用油品需求增速 [7]。随着市场化改革深入推进，成品油流通行业放开，民营和外资企业开始加速进入，各方强力争抢终端渠道。例如，BP 公司 2018 年宣布计划在中国未来新增 1000 家站点，壳牌计划新增约 2200 个，中化石油拟建立 3000 座合作加盟站点，预计“十四五”末中国加油站规模将超过 11 万座。

1.4 新能源汽车供能基础设施和业务加快发展

充电设施建设加快，商业模式更加多元化。2021 年，中国充电桩保有量达到 261.7 万台，较去年同期增长 56%，发展基本与新能源汽车同步。其中公桩保有量超过 100 万台，较 2015 年增长 4 倍，充电总电量达 111.5 亿千瓦・时，同比增加 58.0%[8]。充电服务费是充电行业主要收入来源，目前，主要城市的充电设施平均利用率已经达到 8% ~ 10% 盈亏平衡点，部分城市甚至达到 13.5%[9]。

随着技术不断成熟，换电市场接受度逐渐打开。换电模式去除动力电池购置成本后购置成本可下降 30% 或更多，同时利用削峰填谷充电能够节约成本。工信部等多部委开始换电模式推广应用试点工作。2021 年，中国换电站保有量达 1406 座，同比增长 1.5 倍，其中乘用车换电站 748 座，同比增长 1.6 倍，商用车换电站 658 座，同比增长近 1.4 倍 [10]。

加氢站运营正加快示范应用。目前，中国建成加氢站超过 200 座，投入运营的共 100 余座，年供气量仅 1 万吨左右，气源主要为灰氢或工业副产氢 [11]。整体上，氢燃料电池汽车技术仍不成熟、经济性不具备竞争力，制氢、储运、加氢等各环节的商业模式仍在探索阶段。氢能已被视为实现能源低碳转型和经济绿色增长的重要选项并专门出台了氢能中长期发展规划，将在交通、工业等多个领域开展商业示范应用，未来加氢站规模将快速增长。

2 碳中和愿景下中国新能源汽车发展趋势

2.1 新能源汽车减排效果逐渐明显

在当前能源结构和技术水平下，从全生命周期角度看，新能源汽车的推广应用相比传统燃油车具有显著的碳减排效益。当前以煤为主的电力供应结构下，电动汽车燃料周期（车用燃料的生产、运输、加注和消费）碳排放相比传统燃油车可减排 30% 左右[12-14]，将车辆周期考虑在内的话（车体材料生产、零部件生产、车辆组装、车辆使用），仍然可减排 10%，随着中国电源结构及汽车生产技术低碳化，电动汽车减排效益更加明显。

2.2 车企正加速迈向全面电动化

传统车企加速电动化转型，造车新势力加速入局。低碳化是全球汽车产业长期关注的关键技术方向，部分车企明确了禁售燃油车、完全电动化的具体规划。以大众为首的传统车企相继发布了电动化计划，欧洲七大卡车制造商签署协议，计划在 2040 年停售传统化石燃料卡车；以北汽、长安为代表的国产车企加速电动化转型，向各类细分市场渗透；以特斯拉、蔚来、小鹏为代表的新势力聚焦用户体验，向智能出行、能源服务等领域进军。从车企动向可以预见，汽车电动化变革将持续加速、持续深化。

2.3 系统全面的新能源汽车发展体系已经构建

中国新能源汽车政策目标、技术路线、销量规模、产业发展等逐渐清晰。2020 年 11 月，《新能源汽车产业发展规划（2021—2035 年）》通过，《节能与新能源汽车技术路线图 2.0》作为对《规划》的进一步细化，2025 年，新能源汽车销量占比将达到 20% 左右，到 2035 年，纯电动汽车销量占比超过 50%，成为新销售车辆的主流，公共领域用车全面电动化，燃料电池汽车商用化；在售燃油车全面转向混合动力。交通运输部等 4 部委发布的贯彻落实《中共中央国务院关于完整准确全面贯彻新发展理念做好碳达峰碳中和工作的意见》提出，积极发展新能源和清洁能源运输工具。

2.4 碳中和目标的提出使得中国新能源汽车发展提速

燃油车退出和替代是循序渐进的过程，中短期内仍有一定规模，特别是节能汽车一定时期内仍是市场主力，但汽车电动化、氢能化预期提速。2019 年，由自然资源保护协会和美国能源基金会联合资助的中国油控项目提出，公共服务领域和私家车领域燃油车将分别在 2030 年和 2045 年退出销售市场，而以北京为代表的特大型城市将分别提前至 2025 年和 2030 年[15]。全球能源互联网发展合作组织在其碳中和研究报告中提出，2050—2060 年汽车全面低碳化，其中电动汽车保有率占比超过 90%，按照燃油车 15 年左右的使用寿命推算，燃油车最晚于 2045 年退出市场，才能达到此目标[16]。

3 新能源汽车加速渗透对车用油品需求和加油站发展的影响

为研究“双碳”目标下未来车用能源需求总量和燃料结构，深入分析成品油消费趋势预计对成品油需求和加油站终端带来的挑战和机遇，研究团队基于中国石油经济技术研究院的“能源展望模型”[17-18] 开发了“车用能源系统分析模型”[19]。能源展望模型能够在能源、气候或其他环境政策的约束下，通过对能源生产和消费端增加碳税或补贴以改变能源价格进而改变能源系统结构和低碳技术市场份额。车用能源系统分析模型能够对未来分车型、分技术的汽车保有量规模和结构、能源消费和碳排放进行模拟分析，其基本思路是，根据未来经济、人口、城镇化水平发展趋势预测汽车保有规模，并根据系统调研确定汽车燃料消耗率、行驶里程、燃料碳排放因子等特征参数，然后输入能源展望模型，通过迭代运算计算碳中和目标约束下不同车辆技术（汽油车、柴油车、电动汽车、天然气汽车、氢燃料电池汽车）的比例，进而计算相应的车用能源需求总量和结构及碳排放。具体方法学和参数可以参考团队以往研究 [17-19]，主要测算结果如图 1 所示。

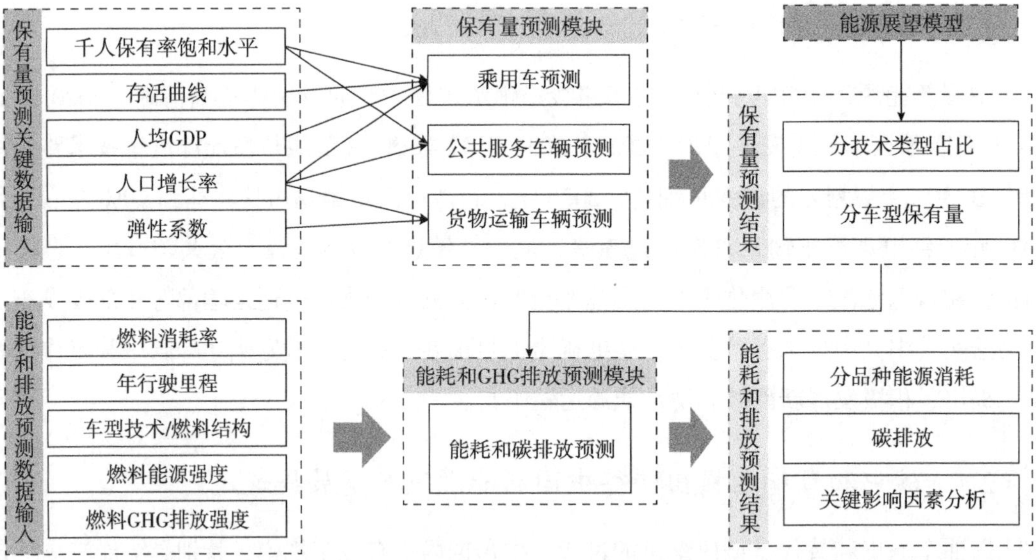

图 1 车用能源系统分析模型思路

3.1 汽车保有水平将继续提升，2030 年将超过 4 亿辆

一个国家和地区的汽车普及程度（千人汽车保有量）与社会经济发展程度、人口密度、城镇化水平密切相关。从人均水平看，中国千人汽车保有量从 2000 年的不到 10 辆快速增长至目前 200 辆左右，达到全球平均水平，但仍远低于发达国家的 500 ~ 800 辆 / 千

人。考虑到中国人口基数庞大、城镇化率持续提升、消费结构升级等因素，中国千人汽车保有量仍然还有较大的增长空间，预计2030年中国千人汽车保有量将超过260辆，总保有量将超过4亿辆，2050年千人汽车保有量超过300辆，总保有量将超过4.3亿辆。乘用车是增长主要驱动力，2030年达到3.6亿辆，2050年达到4亿辆。

3.2 新能源革命加速演进，2045—2050年新能源汽车全面占领新车市场

测算结果显示，碳中和愿景下，2030年前燃油车仍具有优势，将增长至3.4亿辆，在技术进步和政策支持的双重推动下，以电、氢为代表的新能源将快速发展，电动车增速最快（图2）。预计2040年新能源汽车保有量占比达到50%左右，2050年超过80%。按照燃油车15年左右的使用寿命推算，燃油车最晚于2045年退出市场才能实现保有量占比目标，保守估计2045—2050年新能源汽车全面占领新车市场。考虑到中国坚定的减排决心、强有力的政策驱动力及汽车技术突破性发展，中国有望2045年前实现燃油车的全面退出。

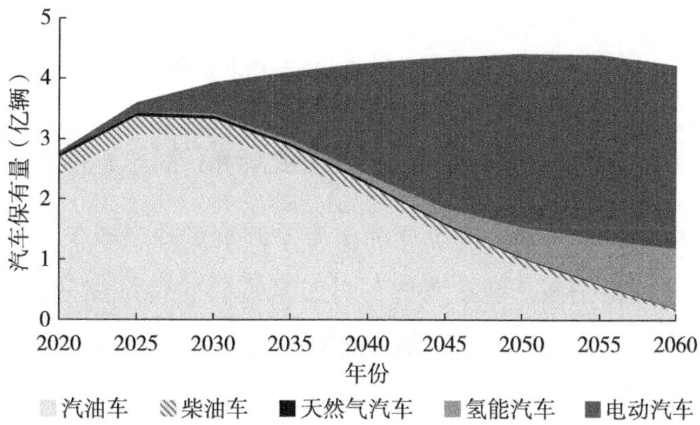

图2 碳中和愿景下中国汽车保有量变化

3.3 车用汽柴油消费将于2025年达峰后进入快速下降通道，2050年汽车交通领域用能将转为电能、氢能主导

“十四五”时期总体将呈现“汽油达峰、柴油下降”的特征。2025年，预计中国车用汽柴油实际需求将达到峰值2.9亿吨，2050年降至0.8亿吨（图3）。从汽油看，当前乘用车保有量仍在提升，新能源汽车对汽油尚未形成规模替代，2025年，汽油需求将增长至1.6亿吨；随着节能技术进步和新能源汽车替加速代，汽油需求快速下降，2050年降至0.35亿吨，2060年降至不足0.1亿吨。从柴油看，受LNG重卡替代及产业绿色转型影响，近年来柴油实际需求持续回落，预计2025年为1.3亿吨；2030年后电动车、氢能货车将进入快速发展期，2050年柴油需求降至0.4亿吨，2060年降至不足0.2亿吨。

新能源汽车快速发展带动电、氢需求提升，2025 年汽车交通领域电、氢需求分别为 574 亿千瓦·时和 90 万吨，占汽车能源需求总量的 1.6% 和 1.0%（热值当量），2050 年分别提升至 6700 亿千瓦·时和 1700 万吨，占比分别提升至 28% 和 26%，合计占比将超过一半。

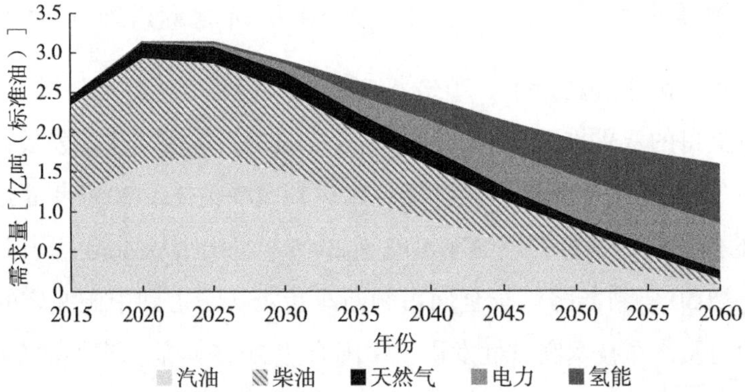

图 3　碳中和愿景下中国车用能源需求量和结构演变

3.4　2050 年后大量传统加油站将可能被新能源汽车供能基础设施所替代

成品油需求达峰后快速下降，传统加油站需要的数量随之减少。参考发达国家经验，按照“加油站数量 = 纯枪销量 / 单站销量”对未来需要的传统加油站数量进行估算。以 2019 年正常年份数据为参考，纯枪汽柴油销量约占总消费量的 85%，单站销量约 3500 吨 / 年，假设保持该趋势，2030 年、2050 年约 8.5 万座、2.2 万座即可满足加油需求，较 2020 年分别减少 20% 和 80%。考虑到资源过剩格局下的市场竞争、单站销量变化、站点密度等，测算结果较实际情况可能偏低，但长远来看，在未来汽柴油需求减少、利润空间降低形势下，未来加油站供应能力将明显过剩这一趋势已可预见。

充电站和加氢站规模将持续扩大，2050 年分别超过 2 万座和 1 万座。基于汽车用电和用氢规模测算结果，并结合单站 / 桩技术特征，测算充电桩和加氢站规模：（1）加氢站：按照“加氢站数 = 车用氢能需求 / 单站日加氢能力 / 年运行时间”对未来加氢站数量进行初步测算，考虑车用氢能需求和单站加氢能力提升，2025 年全国需至少建成 930 座加氢站，2050 年需达到 1.2 万座以上才能满足供氢需求；（2）充电站：按照“充电站数 = 车辆充电需求 × 公共快充桩充电量占比 / 单桩日充电量 / 年运行时间”对未来大功率快充桩数量进行初步测算，假设 20% 的充电需求由公共快充桩完成，考虑充电功率和效率提升，2025 年全国大功率公共快充至少需建成 12 万个端口，2050 年需达到 45 万个端口才能保障届时充电需求，按照每座充电站建设16个快充端口，2025年和2050年充电站需建成7300座和2.8万座（图4）。

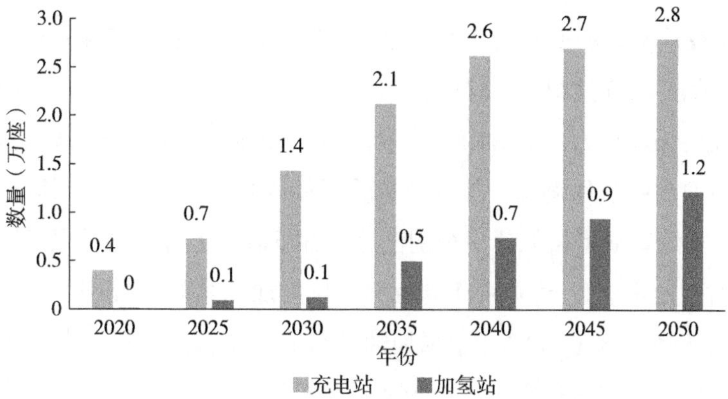

图4　碳中和愿景下汽车供能终端演变

市场化环境下充电桩和加氢站实际发展规模比测算结果更大。需要说明的是，以上仅是从需求角度测算，考虑未来网点分布密度、市场竞争、单站服务能力、车桩比要求等情况，实际需要建设的充电站将明显高于测算结果。特别是在市场化条件下，充电站、加氢站发展等也将经历类似加油站的“四阶段”历程，实际建设规模将更大。相关行业协会和机构对未来新能源汽车供能终端规模预测更高，尤其是充电桩（表1）。

表1　不同机构对公共快充桩和加氢站规模预测对比

		2025年	2035年	2050年	备注
公共快充桩	本研究	12万个端口	34万个端口	45万个端口	120千瓦以上直流大功率快充
	中国充电联盟	80万个端口	146万个端口	—	其中包含60千瓦直流快充端口
	长江电新	38万个端口	—	—	其中包含60千瓦直流快充端口
加氢站	本研究	930座	4950座	1.2万座	—
	《节能与新能源汽车路线图》	1000座	5000座	—	—
	中国氢能联盟	200座	2000座	1.2万座	—
	各省规划合计	约1000座	—	—	多数规划至2025年

4　思考与建议

碳中和愿景下，新能源汽车快速发展将导致当前以油品为主的汽车交通用能结构将转为电能和氢能主导，如果不及时转型，将引发大量加油站等传统油气资产搁置，同时要看到，充换电、加氢等新型供能服务的发展也给传统油气终端供能业务转型发展带来机遇。

4.1 “十四五”期间加油站规模仍有增长空间

从发达国家经验看，加油站行业发展通常经历“市场起步—快速发展—饱和后下降—趋于稳定”4个阶段。20世纪80年代之前，受汽柴油需求增长和经营利润丰厚驱动，发达国家加油站规模快速扩大。随着市场完全开放，加油站行业竞争加剧，利润空间收窄，盈利能力较低的加油站遭到淘汰，加油站数量开始大幅下降，远早于其汽柴油需求峰值。近年来，发达国家汽柴油增长见顶，个别已达峰并下降，但加油站数量下降速度放缓，市场结构进入相对稳定期。以美国和日本为例，目前加油站规模分别约11万座和3万座，较峰值水平分别下降50%和40%。中国加油站行业处于第三阶段初期但仍有第二阶段的部分特征，市场规模仍有增长空间。中国取消了外资连锁加油站超过30家需中方控股的限制要求，加油站行业进入全面开放的市场化竞争阶段。值得注意的是，国内加油站由政府规划，由于控制和监管较严，过去5年加油站数量仅增长2.1%，远低于同期汽柴油实际需求16.5%的增幅。短期内汽车交通用能结构仍以油品为主，在当前成品油定价机制以及国内资源供应过剩背景下，处于零售端的加油站依旧具有利润空间，市场规模仍有增长潜力。

4.2 加油站将是传统油气供应商加快进军新能源业务的关键依托

现有的加油终端网络能够在充换电和加氢领域快速形成竞争优势。传统的车用油品和燃气加注终端网络已经在地理位置上与道路交通网络精确匹配，拥有土地、流量、客户优势，并且在运营管理、人员培训、设备改造等方面具有成熟系统的制度和经验，可以实现从传统车用能源销售业务向新能源供能的快速转换。特别是，传统油气供应商在氢能产业链领域拥有天然独特优势，例如炼厂制氢、管道输氢、油站改氢站等。此外，加氢站建设成本高昂，往往在千万级，且短期难以获得回报，而大型油气供应商资金充足，具备抵抗成本风险能力，能够从容布局并吸引掌握行业技术的合作方。

4.3 充电和加氢已成为国际大石油公司推进传统终端供能业务转型的共同选择

从发展战略看，国际大石油公司把清洁能源作为产业转型重要方向，例如壳牌布局大规模加氢业务，并发展可再生能源站内制氢和海上远距离液氢运输船技术，中国石化聚焦打造中国第一大氢能公司计划2025年布局1000座加氢站。从管理模式看，一般设立专门部门或成立独立子公司统筹管理新能源业务，例如bp成立高级移动出行部门负责新能源领域投资。从运作方式上看，大多通过合资、收购等形式快速进入充电行业，例如道达尔收购智能充电解决方案商G2mobility并在此基础上创建独立的电动出行业务部门。从网络布局看，多利用现有加油站网络拓展新能源供能服务，如壳牌收购英国快充服务商Ubitricity后，计划在全球旗下加油站配套基于Ubitricity运营模式的充电桩。

4.4 传统油气供应商围绕交通出行革命性变革加快进军新能源供能业务

按照目前新能源汽车及其供能产业链发展形势，对于汽车供能业务，2030年之前，加油业务仍将是主要盈利点，2030年之后才会有缓慢的下降趋势；充电业务受制于动力电池技术限制、空间布局以及商业模式限制，短期内盈利空间较小；换电业务随着市场规模的增加和服务效率的提升，商业空间和盈利潜力广阔；加氢业务2030年以后有望逐步成熟。因此，建议传统油气供应商依托数万座加油站多年运营，根据新能源汽车发展节奏，推进加油、充换电及加氢业务。

（1）加油站方面，应继续稳步扩张城市和高速优质网络站点，一方面，未来成品油消费一定时期内存量市场仍然可观，加油站仍为稀缺资源；另一方面，在城市和高速发展充电加氢业务，缺乏土地资源是新入行企业的痛点，而加油站恰恰成为重要土地资产。

（2）充换电方面，以现有发展路线看，乘用车领域充电是主流，出租车、网约车等运营车队换电更为便捷，或将成为近期大规模推广的重点领域。充分利用加油站网络优势，以公共领域为业务核心，重点城区及高速公路新建或增设电动汽车大功率快充充电站。换电业务应选定重点城市加快推广，与整车企业、车队运营主体合作建设、运营换电站网点，以场地、区位优势换市场换效益。

（3）加氢站方面，依托在氢能制取、储运、加油站地理位置等一体化优势，把加氢业务作为加油站转型升级的重要途径。

（4）业务模式方面，优选合作伙伴和区域快速进入新领域，深入挖掘加油站综合能源服务体、“人·车·生活”驿站功能，围绕充换电、加氢拓展客户增值服务。

参考文献

[1] 国家统计局. 2021国家统计数据[DB/OL]. [2022-05-28]. https://data.stats.gov.cn/easyquery.htm?cn=C01.

[2] 公安部. 2021年全国汽车保有量达3.95亿[EB/OL].（2022-01-11）[2022-05-28]. https://baijiahao.baidu.com/s?id=1721652318364850795&wfr=spider&for=pc.

[3] 中国汽车工业协会 . 2021 年中国汽车工业经济运行情况 [EB/OL].（2022-01-12）[2022-06-05]. http://www.caam.org.cn/chn/1/cate_2/con_5235337.html.

[4] 中国汽车技术研究中心有限公司 . 2020 新能源汽车蓝皮书 [M]. 北京 ：社会科学文献出版社，2020.

[5] 王庆一 . 2020 能源数据 [R/OL].（2021-04-30）. https://www.efchina.org/Reports-zh/report-lceg-20210430-3-zh.

[6] 刘朝全，姜学峰，等 . 国内外油气行业发展报告 [M]. 北京 ：石油工业出版社，2020.

[7] 商务部 . 2020 年国内石油流通行业发展报告（2020—2021）[R/OL].（2021-05-21）[2022-04-28]. http://www.mofcom.gov.cn/article/tongjiziliao/sjtj/jsc/202105/20210503063494.shtml.

[8] 中国电动汽车充电基础设施促进联盟 . 2021 年全国电动汽车充换电基础设施运行情况 [DB/OL]. [2022-05-28]. https://data.stats.gov.cn/easyquery.htm?cn=C01.

[9] 住房和城乡建设部城市交通基础设施监测与治理实验室，中国城市规划设计研究院，新能源汽车国家大数据联盟，北京满电出行科技有限公司 . 2022 年中国主要城市充电基础设施监测报告 [R]. 2022.

[10] 艾瑞咨询 . 2022 年中国新能源汽车换电市场研究报告 [R/OL].（2022-05-11）. https://report.iresearch.cn/report/202205/3991.shtml.

[11] H2stations. Hydrogen refuelling stations worldwide[EB/OL]. 2022. https://www.h2stations.org/.

[12] 欧训民，彭天铎，张茜 . 中国电动汽车的发展规模及其能源环境资源影响研究 [M]. 北京 ：经济管理出版社，2019.

[13] 中国汽车生命周期排放评价研究工作组 . 汽车生命周期温室气体及大气污染物排放评价报告 [R]. 2019-12.

[14] 中汽数据有限公司 . 中国汽车低碳行动计划研究报告（2021）[R]. 2021.

[15] 中国石油消费总量控制和政策研究项目组 . 中国传统燃油车退出时间表研究 [R]. 2021.

[16] 全球能源互联网发展合作组织 . 中国 2030 年能源电力发展规划研究及 2060 年展望 [R]. 2021.

[17] 中国石油集团经济技术研究院 . 世界与中国能源展望 [R]. 2021.

[18] 王利宁，彭天铎，向征艰，等 . 碳中和目标下中国能源转型路径分析 [J]. 国际石油经济，2021，29（1）：2-8.

[19] 彭天铎 . 中国电动汽车能耗、GHG 排放和关键金属资源需求分析 [D]. 北京 ：清华大学，2019.

伊核协议进展及对我国油气行业的影响

任娅羲　檀国荣　杨鑫磊
（中海油研究总院规划研究院）

摘　要：伊朗油气资源丰富，但由于存在技术落后及资金短缺的问题，其发展潜力未能充分释放。乌克兰危机以来，全球能源紧张、大宗产品价格高企，伊朗原油有望再度回归国际市场，伊核协议恢复履约谈判不断推进。中国和伊朗同为文明古国，两国友好交往历史悠久，2021 年 3 月两国签署《中伊 25 年全面合作协议》，为两国能源领域的合作提供了政策支持。长期来看，美国对伊朗的制裁不会成为中伊合作的阻碍，中伊两国间合作渠道将多元化、合作方式将多样化。我国油气企业在伊朗油气投资机遇与挑战并存。建议我国油气企业密切关注合作机会，制定适宜的进退策略；赴伊合作时建立风险防范体系，加强应急处置能力建设，以实现在中伊合作推进的同时规避可能的风险；加强关键技术研发攻关和应用推广，增强国际化发展能力，建立产业核心竞争力。

关键词：伊核协议；伊朗；中伊合作；制裁；油气

引言

伊朗油气资源丰富且集中，原油储量 1578 亿桶、天然气储量 32.1 万亿立方米，分别占全球原油和天然气探明储量的 9.1% 和 17.1%，位居全球第三位和第二位[1]。2018 年以来，美国制裁使伊朗的原油生产和出口受限。在缺乏投资与技术的情况下，伊朗油气田的勘探开发活动难以继续。

2021 年美国新一届政府拜登延续了奥巴马时期的外交政策，不断推进伊核协议恢复履约谈判；伊朗重振经济愿望强烈，也希望达成伊核协议。截至 2022 年 3 月，谈判进行了 8 轮。2022 年乌克兰危机爆发后，全球油价飙升，世界各国迫切希望伊朗原油重回国际市场。本文从乌克兰危机后的地缘政治格局入手，分析伊核协议未来发展情况，结合中伊两国油气合作历史与现状，为我国油气企业参与伊朗油气合作提供思考与建议。

1　中伊油气合作历史与现状

中国与伊朗油气合作具有基础的良好。油气项目方面，2009 年，中国石油天然气集团公司（以下简称中国石油）和伊朗国家石油公司签署了伊朗北阿扎德干油田开发协议，价值 17.6 亿美元。同年，中国石油与伊朗签署了开发南帕尔斯气田第 11 期工程，价值 47 亿美元。下游领域，2017 年中伊共同发展价值为 30 亿美元的阿巴丹炼油厂的项目。2021 年，《中伊 25 年合作协议》达成，为两国油气合作提供了政策支持。同年 9 月 21 日，伊朗石油部长接见中石化伊朗分公司的总裁，表示中伊两国间将会有更多合作关系和协议达成[2]。原油贸易方面，2015—2018 年在美国重启对伊朗制裁前，伊朗一直是我国重要的原油供给国。我国自伊朗进口原油年均达 2959 万吨，约占我国原油进口总量的 8%。2019 年 5 月，美国取消进口伊朗原油国家豁免权后，中伊原油贸易大幅下降。2020 年，我国从伊朗进口原油仅 392 万吨，比 2017 年的 3115 万吨减少了 87.4%，2021 年我国进口伊朗原油仅 26 万吨。中伊原油贸易数量变化趋势如图 1[3]。

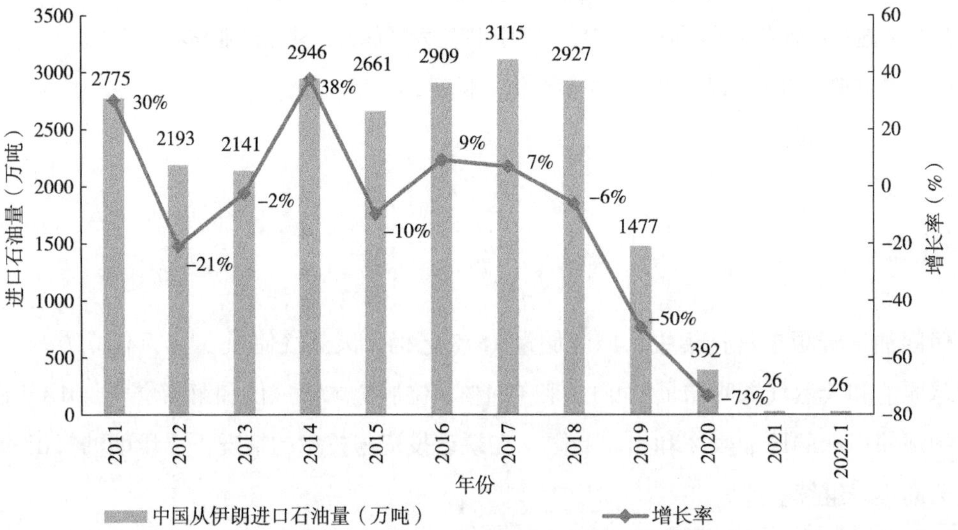

图 1　中伊原油贸易数量变化趋势

数据来源：海关统计相关数据

在美制裁下，我国或采取其他方式与伊朗进行原油贸易。根据路透社援引 Vortexa Analytics 船舶跟踪公司数据，2022 年 4 月，我国每天进口近 65 万桶伊朗原油，或通过复杂的转运路线和以马来西亚等国为转换点来进口伊朗石油[4]。

2 伊核协议进展及未来发展的可能性分析

2015 年 7 月 20 日，联合国安理会一致通过伊核协议；2018 年 5 月 8 日，美国总统特朗普宣布单方面退出伊核协议；2021 年 4 月，伊核协议恢复履约谈判启动。截至 2022 年 3 月，已进行了 8 轮谈判。在乌克兰危机背景下，全球能源供需失衡、油价飙升、通胀高企，世界各国迫切期望伊朗原油的回归，各谈判相关方不断推进伊核协议恢复履约的谈判。

2.1 伊核协议谈判进展梳理

2021 年上任的拜登政府继承了奥巴马政府的政策，启动伊核协议恢复履约谈判。2022 年 4 月以来，伊核协议相关方代表已举行了多轮谈判。期间，各方均表达出达成协议的意愿，但美伊双方仍存在分歧。伊核协议谈判进展情况见表 1。

表1 伊核协议谈判进展情况

时间	事件	详情
2003 年 2 月 1 日	伊朗宣布提炼出铀	伊朗宣布发现并提炼出铀，引起国际社会的极大关注
2003 年 12 月 29 日	伊朗签署《不扩散核武器条约》	伊朗正式签署了《不扩散核武器条约》附加议定书。但伊朗一直强调和平利用核能资源的权利，并在暂停铀浓缩活动方面多次出现反复
2006 年 1 月 5 日	伊朗宣布恢复核燃试验	伊朗宣布恢复中止两年多的核燃料研究工作，伊核问题再度升温
2006 年 7 月 31 日	安理会通过第 1696 号决议	安理会通过第 1696 号决议，要求伊朗在当年 8 月 31 日之前暂停所有与铀浓缩相关的活动。由于伊朗拒绝停止铀浓缩活动，安理会在美国等西方国家的推动下先后通过多份针对伊朗的制裁决议
2013 年 8 月初	伊朗政府释放温和信号	伊朗新总统鲁哈尼上任。同年 9 月 26 日，伊朗外长扎里夫首次与六国外长就解决伊核问题面对面交换意见，各方同意于 10 月中旬就伊核问题举行对话
2015 年 7 月 14 日	伊朗核问题全面协议《共同全面行动计划》达成	根据协议，伊朗在未来 15 年内将目前的浓缩铀储量降低至 300 千克，并在未来 10 年内大幅削减其运转中的离心机数量；在国际原子能机构核实伊朗履行相关措施基础上，西方将立即解除绝大部分对伊经济制裁[5]
2018 年 5 月 8 日	美国退出伊核协议	美国总统特朗普宣布美国退出伊核协议，重启并新增一系列对伊制裁

续表

时间	事件	详情
2021 年 4 月	美伊重启伊核协议恢复履约谈判	拜登就职美国总统后，美国和伊朗重启关于恢复履行伊核协议的谈判
2021 年 4—6 月	伊核协议恢复履约前七轮谈判均遇阻	伊核协议相关方在维也纳举行会谈，美伊双方在解除制裁的条件难以达成一致，谈判均未达成
2021 年 12 月 27 日至 2022 年 3 月 11 日	第八轮谈判	伊核协议相关方第八轮会谈在维也纳启动。2022 年 3 月 11 日，谈判由于“外部因素”暂停
2022 年 6 月 25 日	伊核协议恢复履约谈判将重新启动	伊朗外长阿卜杜拉希扬和欧盟外交与安全政策高级代表博雷利宣布，伊朗核问题全面协议相关方谈判将在数天内重启

资料来源：中华人民共和国外交部。

2022 年 6 月 25 日，欧盟外交与安全政策高级代表博雷利和伊朗外长阿卜杜拉希扬称，伊朗核问题全面协议相关方谈判将在数天内重启。关于伊核问题的谈判，伊朗莱希政府表示，将继续支持核谈判，但新的核协议必须对伊朗有利。对于伊核谈判关键相关方美国而言，达成伊核协议有利于减少在中东地区的投入，以配合其“印太战略”和与中俄的博弈，同时伊朗原油的回归有利于缓解美国国内高通胀与高油价，为拜登政府的中期选举加分。

2.2 伊核协议发展情况分析

根据乌克兰危机后的国际形势，将未来伊核协议的发展分成 3 种情况。

2.2.1 若协议达成，我国迎接更加开放的伊朗市场

若伊核协议达成，全球能源供给迅速增加。伊朗产能恢复后，原油出口将恢复到不低于实施制裁前 200 万桶 / 日的规模。另外，伊朗具备大量浮仓库存，可立即投入市场，一旦制裁解除，全球原油供给将迅速增加。天然气方面，伊朗将获得天然气开发、液化天然气制备的先进技术和关键设备，利于其产能释放。对伊朗制裁的解除意味着伊朗市场的开放。伊朗经济的恢复与发展迫切需要能源、基础设施、制造、技术等领域的投资与技术合作。在《中伊 25 年全面合作协议》范畴下，我国将共计投资 4000 亿美元，其中 2800 亿美元用于石油和天然气，1200 亿美元用于铁路、公路、机场和网络等基础设施建设领域，中伊两国油气合作也有望迎来新的进展，我国企业将迎来更大商机。

2.2.2 伊核协议未达成，美国默许伊朗向国际市场出口更多石油

2022 年 6 月初，美国放松了对委内瑞拉石油工业部分制裁，允许意大利埃尼集团和

西班牙雷普索尔公司向欧洲出口委内瑞拉的石油。在美伊双边关系未改善的前提下，美国或放松对伊朗的石油禁运，以增加国际原油市场供给，平抑国际油价，减轻美国国内高油价带来的经济和政治压力。在此情况下，我国与伊朗油气合作渠道将更加通畅，但与伊朗合作的企业将面临随时遭美国制裁的风险。

2.2.3 伊核协议未达成，美国维持对伊朗现有制裁

在美国贸易制裁下，伊朗仍能通过以物易物、他国货币结算的方式出售油气，建立起了规避美国制裁的贸易体系，稳中求进，表现出不屈不挠的极大韧性。近两年，我国对美国态度更加强硬，我国外交部部长王毅也曾经表示，中伊无惧美方制裁，继续推动双方的深度合作。在美国制裁伊朗的情况下我国与伊朗达成国家间的合作协议便是证明。为冲破美国制裁、实现国际贸易做强做大，我国通过了《中华人民共和国反外国制裁法》，不断完善人民币贸易结算体系，有力支撑对外贸易合作。未来在《中伊 25 年全面合作协议》政策框架保证下，我国或绕过美国制裁，与伊朗开展深入而广泛的能源合作。

3 基于伊核协议发展，我国油气行业面临的机遇与挑战分析

我国“一带一路”畅议的实施以及《中伊 25 年全面合作协议》的落地，为我国企业在伊朗投资发展提供了强大政策保证。无论国际形势如何变幻，我国对外合作的脚步不会停止，我国企业“走出去”的脚步不会停止，全球化布局的行动仍将继续。与营商环境较为复杂的伊朗合作，需要明晰合作面对的机遇与挑战，为进一步决策提供支持。

3.1 机遇分析

（1）《中伊 25 年全面合作协议》为两国能源合作提供框架保证政策支持。伊朗将发展对华关系作为最高决策，致力于推进“一带一路”建设。中伊全面合作计划于 2022 年 1 月 14 日进入实施阶段，为中伊两国的长远合作提供了政策保障，为我国企业在伊持续从事投资活动提供有力支撑。

（2）倘若伊核协议恢复，中伊油气合作外部掣肘将减少。伊朗的油气生产、运输及金融制裁解除后，将显著提升我国投资伊朗能源领域、开展能源合作的便捷程度。伊朗石油部计划在未来 4 ~ 8 年内吸引 1450 亿美元的国内外投资，开发上下游领域的石油工业项目。同时，伊朗油气产能需求的增加必将倒逼老旧生产设施升级、基础设施建设项目落地。我国油气企业资本雄厚、装备技术先进，中伊双方油气全产业链合作前景可期。

（3）倘若伊核协议不恢复，加强与我国油气合作是伊朗政府当前的必然选择。伊朗发展经济愿望强烈，开发油气资源成为其有利抓手之一。欧洲等传统客户惧于美国制裁，暂停了与伊朗的合作。眼下，我国与伊朗合作基础丰厚，加之政策保障，与我国合作是伊朗的最佳选择。中伊油气合作不仅可以实现互利共赢，还可以共同“抵御”美国制裁。

3.2 挑战分析

（1）倘若协议恢复，或美国默许伊朗原油出口放开，多国将抢占伊朗市场，我国企业将面临强有力竞争对手。国际大石油公司具有管理经验先进，HSE（健康、安全、环境）要求严格，技术标准更符合国际化等，我国油气企业面临严峻挑战。

（2）未来伊核协议及美伊关系发展维持现状，美国对伊朗制裁成为投资主要障碍，影响我国企业与伊朗的业务合作。在美国的制裁体系之下，凡与伊朗受制裁领域及主体发生关联的对象，都在美国制裁影响范围之内。因此，未来中伊合作需要充分考虑对于美国制裁的应对策略和措施，以实现在中伊合作推进的同时规避可能的风险。

（3）伊朗市场投资风险仍然偏高。宗教冲突、伊斯兰极端主义都是与伊朗合作中的潜在风险。此外，伊朗营商环境有待改善，税法规定相对复杂，税率时常变动，我国投资者很难预测收益率。

4 结论与建议

4.1 结论

4.1.1 中伊合作加速推进，油气合作再获政策护航

50年来，中伊关系保持健康稳定的发展势头。我国的“一带一路”倡议高度重视伊朗的战略地位，谋求经济发展的伊朗也对“一带一路”倡议给予了积极响应，两国战略契机高度吻合。新冠疫情暴发后，中伊互相支援、合作抗疫，进一步加强了两国的关系。《中伊25年全面合作协议》的达成为两国能源领域的合作提供了政策支持，中伊两国合作为大势所趋。

4.1.2 中伊资源禀赋互补，油气合作促进互利共赢

从产业结构来看，伊朗拥有全球第二大天然气储量、第三大石油储量，油气资源丰富，但由于油气工业存在技术落后及资金短缺的问题，发展潜力未能充分释放；我国对油

气资源具有刚性需求，我国油气企业具有开发油气田的基本技术，伊朗丰富的油气储量、广阔的油气工程、石油化工市场对于我国油气企业而言是极具潜力的投资对象，对伊朗的投资也可帮助其实现经济复苏计划。

4.1.3 中伊将无惧美国制裁，推进两国务实合作

长期来看，美国对伊朗的制裁不会成为中伊合作的阻碍，中伊两国彼此尊重、相互合作，发展中伊关系的意愿不会改变。在美国的施家的高压制裁下，伊朗始终展现出强硬姿态，并为了实现自身发展，不断寻求在制裁之下合作的方法。无论进行中的伊核协议谈判结果如何，都无法阻挡伊朗油气行业的强劲发展。随着我国综合国力的增强、“一带一路”倡议影响力的扩大、人民币国际化进程的推进，中伊合作渠道和合作方式均将多样化。

4.2 建议

4.2.1 与伊油气合作机遇与挑战并存，应密切关注合作机会

伊朗不断寻求新的油气开发协议和投资，宣布计划向国际石油公司招标 52 个石油和天然气开发项目，包括 29 个石油开发和 23 个天然气开发项目。我国油气企业应以谨慎为主，前期重视和加强与伊朗油气合作的可行性研究工作，综合评估伊朗的经济状况、政局稳定状况，吸取其他公司与伊朗合作的经验教训，做好海外油气投资风险和收益研究；制定适宜的进退策略，当伊朗市场重新达到进入条件时，找好切入点，把握进入时机。

4.2.2 建立风险防范体系，加强应急处置能力建设

一方面，建议赴伊合作油气企业建立在伊投资信息共享平台，形成风险快速识别机制，联合国内外研究机构开展常态化国际能源市场风险分析及研判，定期研讨评估中东局势、美伊关系进展及走向、已有项目的运行策略等，优化资产运营决策。另一方面，应树牢底线思维，完善应急预案，强化风险管控。结合伊朗当地的法律、法规、风俗民情、治安状况，建立必要应急预案，规范海外项目突发社会安全事件的应急处置工作，以实现在中伊合作推进的同时规避可能的风险。

4.2.3 加强关键技术攻关，建立产业核心竞争力

企业的国际竞争力首先要靠科技实力，依靠关键产品和核心技术的研发实力。近两

年，新冠疫情、中美博弈、乌克兰危机不断冲击国际产业链、供应链，全球生产体系加速重构，我国制造业中部分高端产品、高端零部件面临断供风险。我国油气企业应加强油气工程装备制造技术创新，加快破解技术难题，早日攻克油气领域关键技术，以关键共性技术、前沿引领技术、颠覆性技术的创新为突破口，加强研发攻关和应用推广，增强国际化发展能力。

参考文献

[1] bp. bp statistical review of world energy2021[R]. 2021.

[2] Minister-of-Petroleum-Receives-Sinopec-Officials[EB/OL]. https://en.shana.ir/photo/321456/Minister-of-Petroleum-Receives-Sinopec-Officials.

[3] 海关统计数据在线查询平台 [DB/OL]. 2022. http://stats.customs.gov.cn/.

[4] China's Iranian oil imports ease poor margins lure russian oil[EB/OL]. 2022. https://www.reuters.com/business/energy/chinas-iranian-oil-imports-ease-poor-margins-lure-russian-oil-2022-05-09/.

[5] 樊吉社 . 伊核问题与美国政策：历史演进与经验教训 [J]. 西亚非洲，2020（4）：20.

[6] 周起忠，闫卫东，刘增洁，等 . 伊朗油气资源状况及美伊博弈的影响分析 [J]. 国土资源情报，2018（11）：5.

[7] 吴振江 . 辩证认识伊朗石油工程技术服务市场 [J]. 国际石油经济，2020，28（12）：5.

[8] 刘朝全，李程远 . 伊朗油气投资环境分析 [J]. 国际石油经济，2017，25（10）：5.

[9] 侯明扬 . 制裁解除后伊朗原油出口现状、问题及建议 [J]. 国际石油经济，2016（5）：6.

[10] Iran upstream summary[DB/OL]. 2022. https://my.woodmac.com/document/1030423.

[11] Iran facts and figures[DB/OL]. 2022. https://www.opec.org/opec_web/en/about_us/163.html.

[12] 中工源合 .“一带一路”工业文明——伊朗 [M]. 北京：电子工业出版社，2019.

老气田生产系统完整性管理数字化转型探索与应用实践

张道华　何涓涓　张　宸

（中国石油西南油气田分公司重庆气矿）

摘　要：完整性管理体系是管道行业预防事故发生、实现事前预控的重要手段，是以生产安全为目标并持续改进、贯穿全生命周期的系统管理体系。川东气田多年来在含硫气田的完整性管理方面取得了一定成效，生产系统总体上处于安全受控状态，但管辖范围内气井、站场、管道点多面广、新度系数低，生产的天然气含硫量高，面对大型气田安全生产与油公司改革的“双重”压力，保障天然气生产现场和风险作业安全受控仍是天然气开发生产企业管理的重点、难点和痛点，当前互联网+、人工智能、大数据分析等信息化科技飞速进步，利用数字化、智能化技术赋能传统产业，实施顶层设计管理流程和生产运行组织方式，优化人才培养模式，构建生产系统完整性升级管理技术体系，搭建生产系统完整性管理数字化平台，探索与实践“数据感知、智能识别、智慧预警、在线支持”的“四位一体”风险管控，防范与化解安全生产风险，进一步提升生产系统全生命周期完整性管理水平和质效，达到气田生产安全与经济效益的平衡，迈入高效运作、健康和谐的现代化发展轨道。

关键词：完整性管理；数字化；智能化；“两个现场”风险管控；生产系统完整性管理数字化平台

引言

川东气田经过40多年的勘探开发，已进入开采中后期，2006年在西南油气田范围内率先试点管道完整性管理。多年来川东气田持续推进与应用实践完整性管理体系，形成一套成熟的、可复制的管道完整性管理经验，目前在役天然气管道976条、总长4838.32千米，各类生产场站562座，所辖管网具有输送介质硫化氢含量较高、服役年限长、途经高后果区数量多、腐蚀风险高等特点，保障天然气安全生产和现场一线安全受控是管理重点、难点和痛点。面临油公司管理改革形势，以及保障气田开发“两个现场”安全风险全面受控与实现降本提质增效目标的双重挑战，围绕工业化、信息化、数字化融合的纲领目标，紧扣“以气井、站场、管道及设备完整性管理要求，实现生产系统设备设施全生命周期安全平稳运行”的工作目标，川东气田对行业原完整性管理体系进行消化吸收再创新，推广实施、总结提炼、融会贯通后再升级，整体谋划部署，不断优化管理层级和制度执行，再造工作流程，创新生产系统运行技术支撑管理方式，成立完整性管理中心，拓展站场与气井完整性管理。依托专业研究机构技术优势，培养适应油公司模式为纲的人才队伍，应用与集成新的配套技术体系，融合大数据关联技术、云计算、人工智能、物联网等，整合独立的信息化系统，搭建数字化管理平台，打通生产信息化平台间数据链，挖掘数据交换利用价值，深化数据治理分析，以“数据感知、智能识别、智慧预警、在线支持”的“四位一体”风险管控为主导，探索与实践完整性管理数字化和智能化，打破凭人工分析、经验决策、风险作业现场人防人守的老旧模式，构建数字化与智能化引领的气田生产系统全生命周期完整性管理体系，实现技术与经济、生产与管理、信息与决策紧密结合，推动“人、物、管”有机统一，促进生产系统完整性管理向“科学化、规范化、精细化”迈进，力控“两个现场”风险，支撑大型气田生产系统高效安全运行。

1 创新生产系统完整性管理组织架构，再造生产运行工作流程

压缩管理层级，缩短管理链条，建立“重庆气矿+完整性管理中心+现场”三个层级组织架构，以直达生产现场风险为重心向上延伸整个管理层级，从顶层设计基层完整性管理组织机构。基层完整性管理是川东气田矿区完整性管理的发展基础。结合生产管理特点，川东气田致力于打造上游板块首个面向基层的矿区级完整性管理中心，发挥组织对要务的支撑作用，提高管理执行实效，助力生产高效率、经营高效益。

以管理中心为核心辐射技术支撑完整性管理，侧重“风险管理”，以“降低气井、站场和管道失效率”为目标，坚持覆盖“全流程”“全区域”“全生命周期”的原则，发挥数据管理、技术支持、辅助决策、创新创效作用，与现场和川东气田矿区上下互动，开发生产系统完整性管理数字化平台，统一负责生产现场数据综合采集与实时监测，全方位多维度自动感知安全受控情况，风险变化智能识别诊断和分级分类智慧预警，技术人员动态跟踪、在线共享生产信息，及时处理分析和在线技术支持，辅助气矿科学精准决策（图1），

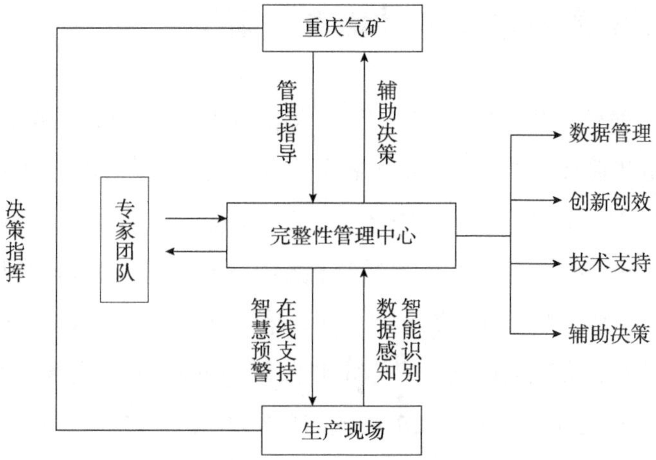

图 1　生产运行工作流程框图

另一主线技能专家团队整合于完整性管理中心，以技术服务生产为己任，立足一线巡诊难题攻关。气矿层级管理并指导完整性管理中心体系应用实践，决策指挥生产现场安全风险隐患、事故事件的应急处置。

2　健全完善完整性管理制度规范体系

深入解读中国石油股份公司和西南油气田完整性管理办法，制定 4 个主要和 13 个相关实施细则作为川东矿区纲领性文件。以股份公司和分公司完整性管理手册为指导，边研究，边发布，边实施，边完善，每年编制发布矿区级“工作计划”和“管理方案”，累计指导基层作业区级编制和落实“一线一案”112 个、“一区一案”21 个、“一站一案”47 个（图 2）。

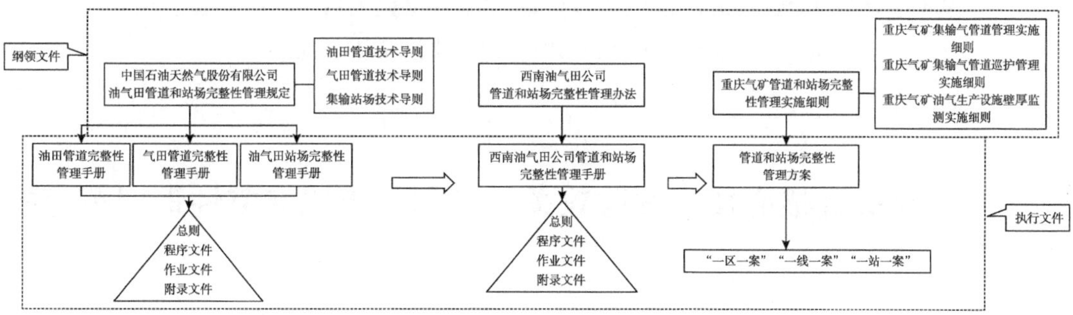

图 2　完整性管理制度规范与体系文件

3 打造“信息技术＋人才培育”新模式

川东气田高度精炼、集中整合数据资源，建成完整性管理成果数字化展厅，分为完整性管理成果栏、五步循环法展示、信息化数字平台、应急演练 VR 培训区、典型缺陷展示区五个区块（图 3），其中运用自动滑屏技术展示解说完整性管理体系知识及“五步法”要领，将历年成果以图文并茂、滚动播放的宣传展板形式予以演示，化繁为简，给观摩者带来全新的视觉体验；历年管道缺陷样品数字化入库，采用全息技术展示缺陷实体；创新 VR 虚拟现实演练式培训体验，突破天然气行业传统实地培训局限，基于高含硫采气场站原型 1 ∶ 1 还原搭建，通过人机交互，让员工在沉浸式的模拟场景中“真实”开展场站日常巡检和应急处置，具备站场巡检培训、考核及多个泄漏突发事件的应急处置考核三大功能，后续可拓展开展多场站、多角色联动应急处置等。该展厅成为完整性管理成果信息化交流学习、对外展示的重要窗口载体与观摩基地，在行业内凸显人才培养的示范标杆效应，堪称样板工程。

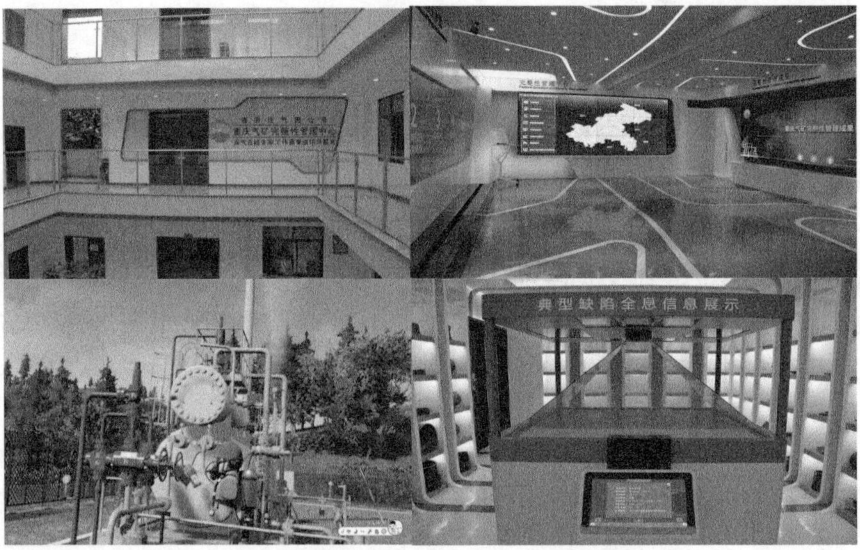

图 3　完整性管理数字化展厅及 VR 虚拟现实演练培训

4 深化关键核心技术试验攻关，应用与集成完整性管理配套技术体系

升级探索试验新技术、突破瓶颈、完善体系（图 4 至图 7），融合信息化与数字化技术，

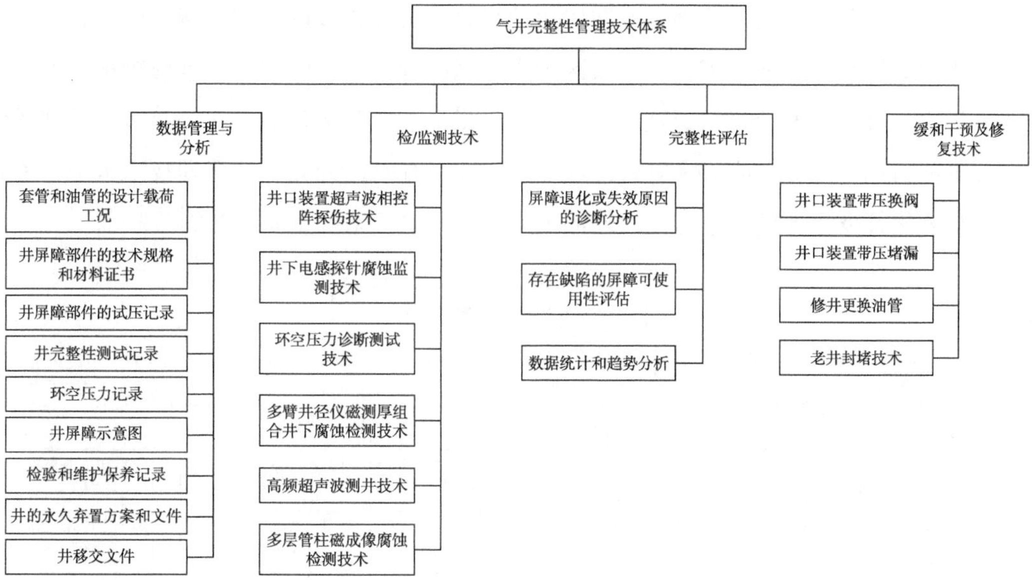

图 4　气井完整性管理技术体系架构图

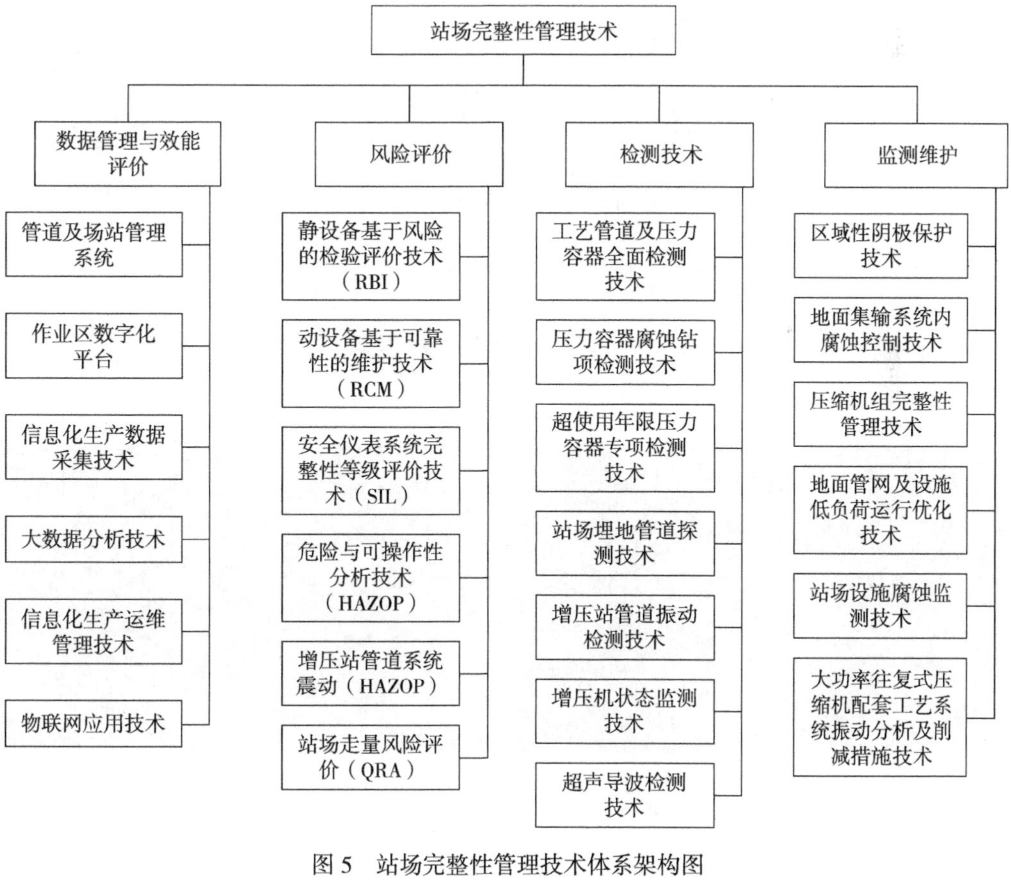

图 5　站场完整性管理技术体系架构图

扎实抓好生产现场风险闭环管理，改造优化信息化基础设备设施，推进智能应用，对照行业完整性管理体系的数据采集、高后果区识别和风险评价、检测评价、维修维护、效能评价“五步法”过程，推动数据管理自动化、高后果区和风险评价智能化，突破非常规拓展检测评价覆盖面，深化监测 / 检测和失效管理研究，有效提升完整性管理技术水平，探索与实践数字化升级管理模式下力控内外部风险、确保生产系统本质安全的新业态。

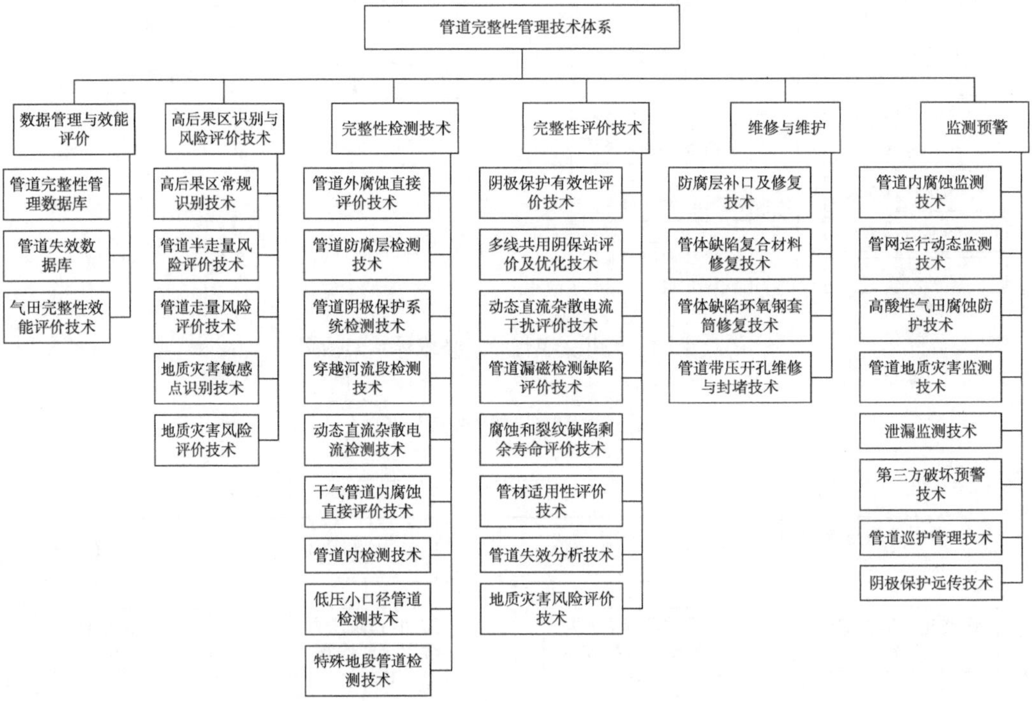

图 6　管道完整性管理技术体系

图 7　无人机影像技术智能识别

5 搭建生产系统完整性管理数字化平台，探索与实践“两个现场”安全风险智慧防控

以数字技术为核心驱动力，以现代信息网络为重要载体，优化整合专业信息化系统，搭建生产系统完整性管理数字化应用平台（图 8 至图 10），推动气田完整性管理数字化转型，承载气井、站场、管道三个区域板块和风险作业监控模块，建立动态与静态数据资源结合的总体数据库，确保生产现场和作业现场“两个现场”安全风险可控。

一是将历年气井、场站、管道检测评价及隐患治理、缺陷修复获得的数据资源纳入平台，多种监测终端设备联动布控，基础信息、生产数据、作业场景实时自动采集远传，物

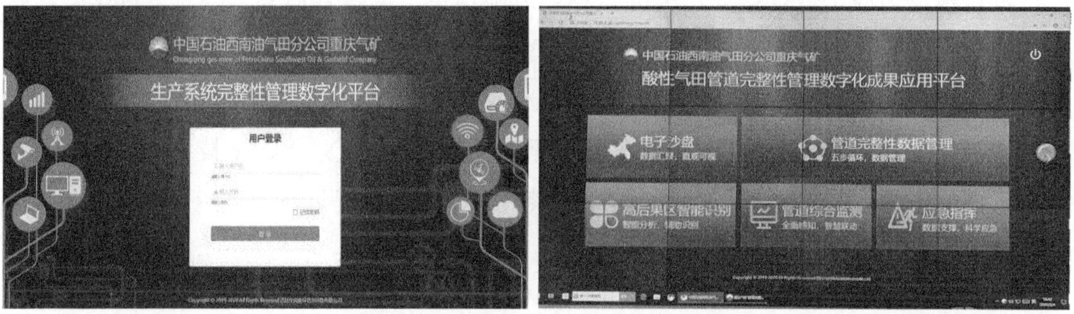

图 8 生产系统完整性管理数字化平台登录界面和管道完整性管理数字化成果应用模块登录界面

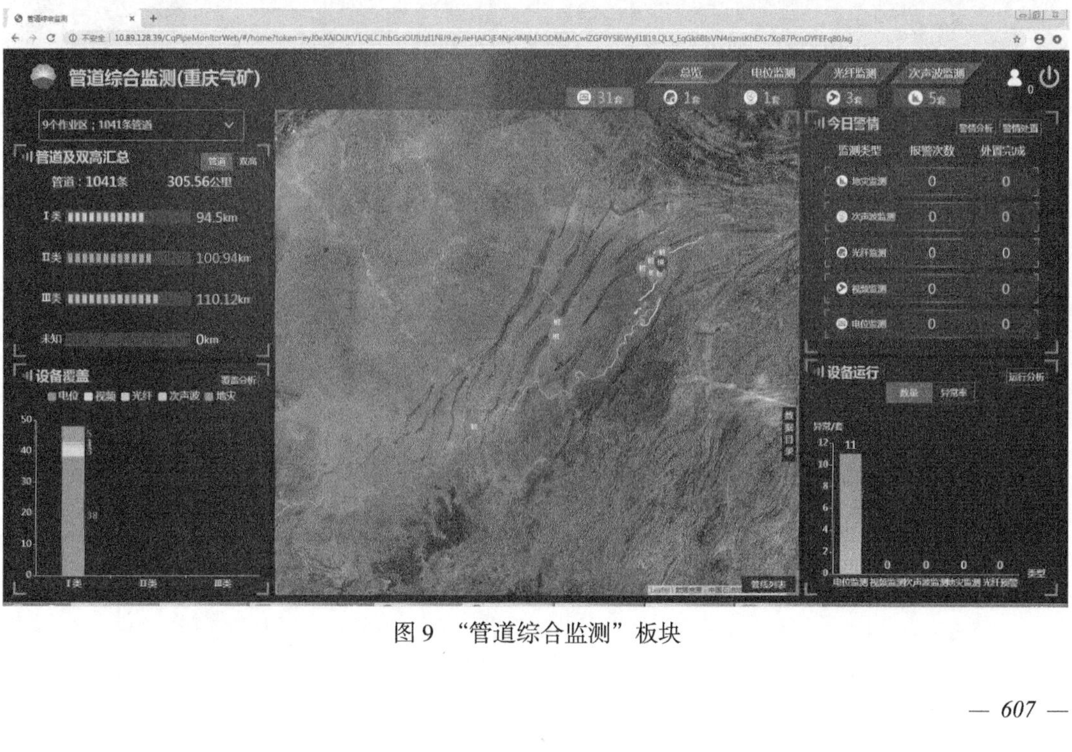

图 9 “管道综合监测”板块

联网感知智能阴级保护桩电位监测、腐蚀监测、次声波泄漏监测、激光泄漏监测、光纤振动预警监测、地质灾害监测、视频闯入报警、无人机巡检等外部风险，将各生产区域风险数据信息全面整合，统一标准，集成治理，三维地图可视化展示生产系统全生命周期数据，大屏看盘可视化展示作业现场监控画面，实现数据感知功能，助力中心发挥数据管理作用。

二是利用大数据关联分析、云计算等人工智能技术，统一智能监测各类生产数据的动态变化，准确判断评估运行风险现状与变化趋势；内置机器学习翻译、影像解译、空间分析等技术，对无人机航飞影像、卫星影像数据进行机器识别，辅以人工矫正手段，开展管道周边高后果区智能识别；应用视频智能识别技术，分析判断人的典型违章行为、物的不安全状态、环境的不安全因素，实现“两个现场”风险远程集中智能监控。

三是根据风险事件等级算法标准，各类风险信息一网接入通办，建立一键报警、接警快速分析、事件智能分级、大数据协同指挥等程序，实现各类风险事件分级分类智慧预警，平台对各风险事件自动生成全面可靠的分析结论。监督人员根据预警提示，在线及时喊话现场告警，各类风险作业监管全覆盖无死角，责任追溯有迹可循；技术人员动态跟踪平台反馈信息结论，快速反应核实，集中接警处置，向现场提供技术支持，辅助上级科学应急指挥决策，形成应急指挥闭环管理。

图 10 “高后果区智能识别”板块

6 效果与结论

6.1 形成独具特色的气田生产系统全生命周期完整性管理体系

突出科技创新驱动，融合大数据关联分析、人工智能、云技术、物联网等，通过对气井、站场、管道全生命周期完整性管理，全过程实施数据标准化统一管理、科技创新创效、技术支持解决瓶颈疑难、辅助风险应急指挥决策，实现现场安全风险“数据感知、智能识别、智慧预警、在线支持”的“四位一体”管控，提升安全水平，盘活数字经济和人力资源，提高劳动生产率，降低人工劳动强度、时间成本、用工成本，逐步实现资源配置优化和降费增效，适应油公司制度改革发展现实需求，高质量支撑生产系统安全平稳运行。

6.2 生产现场和作业现场全面受控，社会经济效益显著

安全风险管控能力大幅提升，运维保障有力，促进质量效益双提升，逐步向“科学化、规范化、精细化”迈进，管道失效率和站场设备设施失效次数逐年下降，“十三五”期间，管道失效率从0.83次/千米·年下降至0次/千米·年，站场设备设施失效从0.069次/年·站下降至0.034次/年·站；完成45口老井修井，维护产能超过50万米^3/日，创造经济价值逾10亿元；修复天然气管道和站场设备本体缺陷2277处，避免潜在失效2300余次，调整事后抢修为事前预防，大幅降低因泄漏导致的安全环保事件的发生概率，直接或间接避免因天然气管道失效或突发事故造成的经济损失约9亿元；生产系统完整性管理效能持续提升，自主管理水平从5级上升到7级，成为中国石油完整性管理示范单位。

6.3 凝聚团队合力，加快复合型人才成长

优化健全的组织结构、科学完善的管理制度、系统规范的工作程序、卓有成效的技术体系就位运作，指导完整性管理实践，创新的人才培养模式逐渐推广，增强员工安全隐患识别和应变处置能力，培养了一批新型复合型人才，包括多名技能专家和高级技师，获得多项专利和科技进步奖，提升了员工综合业务素质和岗位履职能力，确保完整性管理方案全覆盖、高后果区与风险评价全覆盖、管道检测评价全覆盖、基于检测评价的修复全覆盖、完整性管理审核全覆盖。

参考文献

[1] 王毅辉，李勇，蒋蓉，等．中国石油西南油气田公司管道完整性管理研究与实践 [J]. 天然气工业，2013，33（3）78–83.

[2] 秦政先，邹晓琴，张文艳，等．基于中国化的管道完整性管理模式的思考 [J]. 天然气技术与经济，2014，8（2）：73–76.

[3] 任玉清，侯飞燕，何俊峰，等．探索老气田数字化管理之路 [J]. 天然气勘探与开发，2020，43（2）：65–70.

[4] 徐建辉，聂中文，蔡珂．基于物联网和大数据的全生命周期智慧管道实施构想 [J]. 行业论坛，2018，37（12）：6–13.

[5] 汤林，付勇．油气田管道完整性管理研究与实践 [J]. 行业论坛，2018，37（12）：1–5.

[6] 汤林，付勇，徐英俊，等．油气田管道完整性管理工作进展及展望 [J]. 石油规划设计.2019，30（2）：1–4.

[7] 宁永乔．长宁页岩气田数字化管道建设创新与实践 [J]. 储运工程，2019，38（3）：65–68.

[8] 付勇，陈宏健，李冰，等．浅谈油气田管道完整性管理做法 [J]. 石油规划设计，2019，30（3）：1–4.

2022 年高油价背景下美国能源政策举措及影响分析

郑兴扬　周　阳　林　洲

［中国石油国际事业（美洲）有限公司］

摘　要：乌克兰危机以来，西方逐渐加码对俄能源的制裁，造成全球能源巨大供给缺口，市场对能源短缺的预期叠加本就偏紧的供求关系和低库存导致全球能源价格突破 2008 年以来的高点。对此，美国政府联合其盟友推出了一系列举措以期在短期内打压油价，并趁机布局符合美国利益的中长期计划。本文盘点了美国政府近期出台的包括战略石油储备释放、鼓励增产、操作释放伊朗和委内瑞拉原油预期等主要政策，进而分析了拜登政府出台这一系列政策背后的考量和预想的成效。最后，本文也通过展望拜登政府后续可使用的政策工具，包括联邦退税、发补贴、取消生物燃料强制添加、暂停出口等，着重分析了各个选项的利弊、可行性及可预期的成效。鉴于当前局势仍在持续发酵。

关键词：美国能源政策；拜登政府；国际油价；乌克兰危机；OPEC

引言

2021 年以来，在“后疫情时代”经济复苏的大背景下，全球石油市场持续处于供应趋紧局面。近期，以美国为首的西方国家对俄制裁不断加码，第六轮对俄制裁终于曲折落地，俄罗斯石油断供预期加强，原油价格屡创 2008 年以来新高，全球成品油价格更是创历史新高[1–2]。

过去几个月，美国政府先是联合盟友共同推出了规模空前的战略石油储备释放，随后再度放开联邦土地钻井许可，以爱国名义不断喊话国内能源商增产，持续呼吁欧佩克（OPEC）提高产能从而承担起调节国际油价的义务，并尝试逐步放开夏季汽油混合比例，以打压当前高企的油价[3]。但以沙特阿拉伯为代表的OPEC并无强烈增产意愿❶，美国国内增产尚需时日且数量有限，叠加伊朗核谈判和委内瑞拉解禁陷入僵局，全球油价持续高位宽幅震荡。本文成稿于2022年第二季度，并最后更新于6月26日，当时的国际油价走势如图1所示，本文在美国能源政策和国际局势不断演变的大背景下，着重盘点美国近期打压能源价格的举措，深入分析其背后的政策考量，并展望拜登政府后续可能采取的政策措施，为企业和国家政策制定提供参考依据。

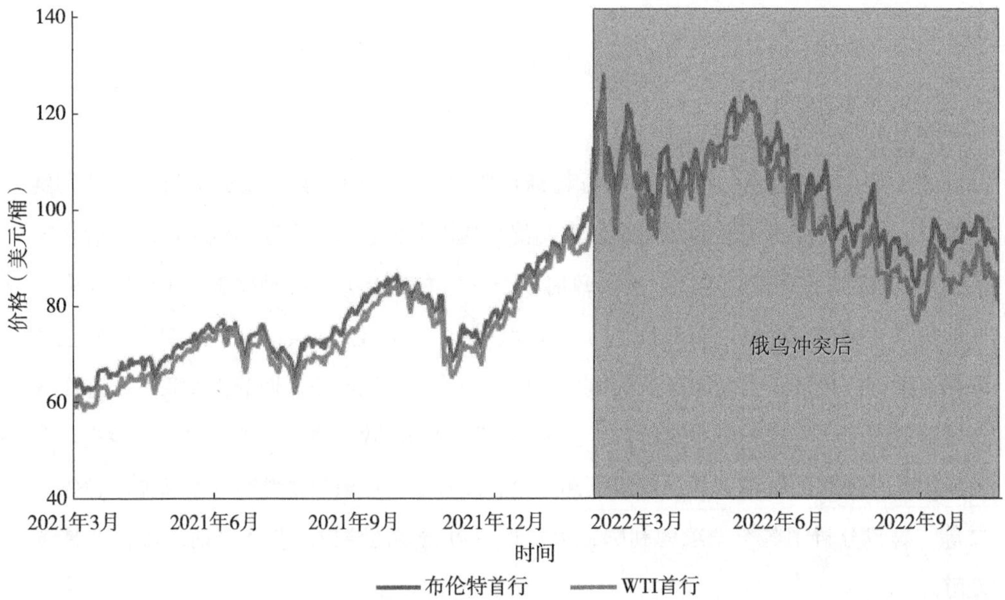

图1　布伦特原油期货与WTI原油期货价格对比

数据来源：彭博

1　美国政府近期采取的措施

1.1　释放创纪录1.8亿桶战略储备原油

2022年4月1日，拜登宣布1.8亿桶史上最大规模的战略石油储备释放，将在未来6个月每天释放100万桶战略储备石油；英国随即宣布加入美国的战略石油储备释放计划，国际油价闻讯跳水约7美元/桶。同年4月7日，国际能源署（IEA）成员国宣布释放1.2

❶ 自乌克兰危机以来，以沙特阿拉伯为首的OPEC+一直反对将俄罗斯排除在全球能源供给体系之外。2022年5月16日，沙特阿拉伯能源大臣表示，当前全球闲置产能不足，OPEC+成员国俄罗斯的石油出口受到国际抵制，其他成员国无法取代俄罗斯约800万桶/日的出口量。

亿桶原油，其中6000万桶来自美国，至此全球释放石油总量将达到2.4亿桶。此举令国际油价在连续5个交易日内承压，WTI原油期货价格一度下跌15 ~ 93美元/桶。

美国战略石油储备库中一半以上的原油为中质含硫混合原油，非常适合取代俄罗斯乌拉尔原油，无论在美国国内或对外出口都很受欢迎[4]。但根据“世界上最严格的沿海航运法规”——美国《琼斯法案》，截至2021年11月，美国仅有57艘琼斯法案船舶，总载重吨共计386万吨，约等于2700万桶的可装载包括成品油在内的合规油轮❶。1.8亿桶、连续6个月100万桶/日的战略石油储备释放量将使管道、储罐、航运等基础设施的作业能力经受巨大考验。后续，美国政府极有可能通过临时豁免琼斯法案，以保证战储释放的顺利推进。

1.2 重新开放联邦土地钻井许可

2022年4月15日，美国内政部宣布将重新放开联邦土地陆上租赁，但称将大幅减少可供租赁的土地面积，并对开采的石油和天然气收取更高的特许权使用费。据美国内政部，美国将通过一系列租约销售提供约14.4万英亩的土地用于油气钻探，比之前评估出租的土地面积减少80%，并计划将油气租赁的特许权使用费由12.5%提高到18.75%[5]。此前，为减缓全球变暖、减少温室气体排放，拜登政府于2021年1月20日通过行政令，暂停签发新的联邦土地油气钻探租约，并在6月下令暂停新的联邦海上原油租赁。

笔者通过调研发现，美国大型石油公司在2020年美国总统大选前提前申请了大量许可；其现有的钻探许可至少足以支撑未来4年的生产需求，且有能力满足更严格的排放法规。加之过去两年，受资本纪律约束，美国页岩油气商普遍没有采取措施大力开钻新井，而是选择将库存井直接进行压裂作业，在维持低资本支出的同时保证产量。

因此，预计页岩商手中的联邦土地钻井许可储备仍然可观，拜登政府此举向油气行业示好的象征意义大于政策的实际意义。此次美国计划放开联邦土地陆上原油租赁，但仍未放开海上原油租赁。但美国联邦土地陆上原油产量较少，对增产的贡献力度有限❷。

1.3 掌握对伊委解除制裁、释放产量的主动权

乌克兰危机以来，美国开始考虑逐步松开委内瑞拉原油出口，以补充全球原油供给；同时

---

❶ 根据“世界上最严格的沿海航运法规”——美国《琼斯法案》规定：在美国境内航行的船舶都需要悬挂美国国旗；船舶必须完全在美国组装、主要部件由美国制造；船舶的所有权至少有75%属于美国公民拥有；船员必须美国公民。2021年美国交通部海事局公布的数据显示，美国仅有57艘可装载包括成品油在内的油轮为琼斯法案船舶，总载重吨共计386万吨，约等于2700万桶的运载量。

❷ 根据美国内政部数据，2020年美国联邦土地原油产量包括陆上117万桶/日和海上171万桶/日，合计288万桶/日，占同年美国原油总产量的25.69%。

给原本已经快达成协议的伊朗核协议故意制造困难，以掌握伊朗原油回归国际市场的主动权。

2022 年 4 月 4 日，伊朗外长阿卜杜拉希扬称伊朗已准备好在维也纳会谈中达成一项良好、可持续的协议；4 月 6 日，伊朗原子能组织主席伊斯拉米表示，伊朗愿意削减离心机数量和铀浓缩水平以达成协议，进一步释放善意。4 月 18 日，伊朗外交部发言人哈提卜扎德表示，美国在伊朗核问题全面协议相关方谈判中采取“拖延政策”，至此和谈陷入僵局。5 月下旬，美国开始通过对伊朗石油走私网络实施制裁、扣押伊朗油轮等系列措施打压伊朗，不断释放伊核谈判的悲观信号。5 月 31 日，伊朗表示维也纳会谈的暂停是由于美国的拖延和不回应；国际原子能机构也以伊朗的浓缩铀库存估计不符合《联合全面行动计划》（JCPOA）协议限制等理由拖延伊核协议达成[6]。6 月 25 日，欧盟外交与安全政策高级代表博雷利访问伊朗，并宣布，伊核协议相关问题会谈将在未来几天重启。

2022 年 5 月 17 日，委内瑞拉副总统德尔西·罗德里格斯在其个人社交媒体上发文，证实美国政府已经授权美国以及欧洲的石油公司重新启动在委内瑞拉的业务。5 月 27 日，美国财政部恢复了雪佛龙在委内瑞拉的石油生产经营许可证，新许可证将把现有经营协议延长至今年 11 月底，并可能在今年晚些时候达成一项更广泛的许可证协议。此前路透社报道，美国政府高级代表团在和委内瑞拉方总统马杜罗的会谈中提出，美国放松对该国制裁的前提条件是委内瑞拉至少将出口的部分石油直接提供给美国，以缓解美国国内油价。6 月初，美国将给委油运往欧洲“开绿灯”，允许意大利油企埃尼集团和西班牙雷普索尔公司（Repsol）两家欧洲能源企业最快于 7 月开始向欧洲运输委内瑞拉石油，此举被市场解读为不仅有助于欧洲降低对俄罗斯石油的依赖，填补俄油禁运所致供应缺口，同时可促使委内瑞拉总统马杜罗重启与反对派的政治对话[7]。

笔者预计美国将视乌克兰危机进程及国内通胀情况，来控制释放伊委产量的节奏，并将大概率迫使委内瑞拉新增产量直供美国。

1.4 喊话国内石化企业及 OPEC 提高产能和炼化开工率

乌克兰危机以来，面对节节高升的能源价格，拜登政府屡次喊话美国页岩油企业、OPEC 石油输出国及本土炼化企业，要求其增加原油产量和成品油供应以填补制裁俄能源导致的市场短缺，但尚未取得明显效果❶[2,8]。

---

❶ 2022年3月10日，美国能源部长格兰霍姆在休斯敦举行的剑桥能源周会议上，呼吁美国石油企业为了“国家利益”提高石油产量，但会后几乎没有人响应她的请求。6月15日，彭博社报道，拜登致信马拉松石油、瓦莱罗能源、埃克森美孚等七家炼油商，抨击其获取巨额利润，呼吁生产商加大供应。他表示，将使用所有合理和适当的联邦政府工具及紧急手段，增加炼油产能和产量。6月23日，美国能源部长召开紧急会议，要求各石油企业就2020年以来炼油产能下降作出解释，希望石油企业从库存、价格和产能各方面提供具体方案，以解决未来数月的供应问题。

拜登上台以来一直推行的新能源政策，和美国页岩油公司的关系一直不佳。美国休斯敦大学能源经济学教授埃德·赫斯（Ed Hirs）在彭博社评论说，“如果提出要求的人正试图确保石油公司赚不到钱，那为什么美国石油公司的总裁们还要根据他的要求增加产量？”[9]

拜登政府和 OPEC 及沙特阿拉伯的关系也非常一般。华盛顿邮报报道，拜登此前曾多次批评沙特阿拉伯的人权记录，以及 2018 年记者卡舒吉遇害事件，他在竞选总统时甚至称呼沙特阿拉伯为“贱民国家”[10]。拜登计划 7 月初访问沙特阿拉伯，商量 OPEC 增产事宜。白宫新闻秘书皮埃尔表示说，拜登“不会（因有求于沙特阿拉伯）改变对人权的看法”。

笔者认为，拜登的这部分努力的效果将极为有限。美国国内产能方面，根据现场施工的数据和页岩生产商的表述，其增产能力已经拉满，却只能保证每月小幅增产 10 万 ~ 15 万桶 / 日。更大规模的增产需要则极大的资本支出，在当下的融资舆论环境和产业物流人员等瓶颈的多重掣肘下几无可能。OPEC 和沙特阿拉伯的增产也远不能完全取代俄油的出口（约 800 万桶 / 日）。此前，OPEC 和沙特阿拉伯接连表态，没有人可以取代俄罗斯的能源供给，OPEC 只有约 200 万桶 / 日的剩余产量[11]。最后，美国炼能现也已处在高位，炼厂开工率约达 94%，提升空间也极其有限。其中一部分的闲置炼能更是受俄罗斯重油 VGO 的制裁所拖累。

2 拜登政府各项措施的意图

2.1 打压高油价为民主党中期选举拉选票

路透与益普索联合进行的一项民意调查显示，拜登的支持率自 2021 年 8 月以来一直低于 50%，2022 年支持率更是因为通胀等原因持续走低[12]。虽然外界普遍不看好拜登在 2024 年连任，但其推进其政策议程的能力与其所在的党派能否控制国会两院有关。拜登此刻的低支持率，很大概率让共和党人在中期选举中赢得国会一院或两院的控制权。

2022 年 6 月 10 日，美国 5 月未季调 CPI❶ 年率录得 8.6%，高于市场预期的 8.3%，而高昂的油价是其中最大的推手之一[13]。高企的油价给民主党基本盘带来巨大的影响。故分析认为拜登将继续打压油价，以控制通胀为近期首要目标，彰显政绩并拉拢选民，避免自己丧失对两院的实际控制权而成为空有总统名号的“政治跛脚鸭”。

❶ 未季调CPI，即非季节性消费物价指数，是指没有按季调整的消费物价指数。

2.2 为美国页岩油增产创造有利条件，赢得时间

页岩油相对传统资源的开采周期时间较快，初始阶段释放的产量规模也较大。如今美国主要页岩区块均已有 10 年以上的开发历史，相关的场地整备、区域收集管道铺设等前期工作大多已经完成，新井开发流程、技术路线也已经过多次优化，效率可观。新增产量如不需要申请钻井许可，则理论上仅需钻井作业（1 ~ 2 周）、压裂作业（2 周）和数月的焖井时间（可选）即可进入市场。此次拜登政府的战略储备释放时间为 6 个月，恰为一轮页岩油从动员到大规模释放产量所需的时间。5 月以来，贝克休斯钻机数据（Rig Count）显示，美国最近几周活跃钻机数量大幅增加，这可能是美国生产商寻求提高石油产量的迹象[14]。按前面每月增产 10 万 ~ 15 万桶 / 日的推算，6 个月的窗口能增加产量约 60 万 ~ 75 万桶 / 日。分析认为此“巧合”应是其专业幕僚团队有意设计，而重新开放联邦土地钻井许可申请是向美国油气行业示好的象征性行为。

2.3 扭转原油期货市场时间结构，打压投机基金做多意愿

自 2007 年以来，布伦特期货市场出现过 4 次反向结构❶，油价在出现此结构前及过程中均出现过较长时间的大幅上涨。反向市场结构有利于基金买盘换月持仓，使得投机基金

---

❶ 原油市场时间结构：有一组专门的术语来描述合同近月和远期月份的价格差异。如果近月价格相比于更远月份的价格存在升水，即近月价格高于远月价格，这种价差结构被市场称为反向市场（Backwardation）；反之，如果近月价格相比于更远月份价格存在贴水，即近月价格低于远月价格，则这种价差结构被市场称为正向市场（Contango）。在页岩油革命前，因为“石油枯竭论”盛行及全球库容有限，大部分时期原油市场都处于反向结构阶段。反向结构被认为是正常现象，因为为了能够立即获取产品，最终用户通常愿意支付现货加价（贴水），这即是人们说的“便利溢价”。但在2008年经济危机后，随着全球新建大量仓储设施及美国页岩油革命使得全球石油市场长期处于供大于求状态，正向市场结构反而成为市场的正常状态。

市场的正向价差结构有一个限制：对于交易商而言，如果市场的正向价差足够支持其在一个月买入货物、入库储存，在其后的一个月或数月后将货物重新在市场上销售，刨除仓储费用及利息成本外，仍旧能够获利，则称正向市场的结构足够深。这种类型的交易被称为买现卖期交易（Cash and Carry）。因为市场上存在着这种稳赚不赔的交易模式，故正向市场结构的深度将会被限定在一定范围内而不至于过度加深，因为随着越来越多的人进行买现卖期交易，现货市场的价格会被相应推高，则正向市场结构会变浅；另一方面，运费、仓储费和利息等费用的市场价格会被推高，这使得后来者需要更深的正向结构才能够获利；最后，在一个较长时期内，市场上的仓储设施容量有限，这也限制了正向结构的加深。但在2020年新冠疫情期间，由于需求端崩塌，导致全球仓储设施迅速接近溢满，进而出现了创纪录的超级正向结构。

市场的反向结构并不具有相同的限制。虽然理论上讲，交易商可采用在前月以较高价格出售货物，再在之后月份或更远月份回购货物以进行套利。但在实践中，这种模式并不具有吸引力，因为无法保证出售和回购的货物的品质和交货地点相同，因而存在着极大的操作风险。在实践中，反向结构的深度几乎可以是无限的，因为当企业需要获得必需的供应时，它们几乎愿意付出任何代价。自2007年以来，布伦特期货市场出现过4次反向结构，油价在出现此结构前及过程中均出现较长时间的大幅上涨。反向市场结构有利于基金买盘换月持仓，使得投机基金可获得无风险的转仓利润，故成为吸引基金多头入市的重要因素之一。本轮的油价大幅上涨也有明显的反向结构特征。

可获得无风险转仓利润，故成为吸引基金多头入市的重要因素之一。本轮的油价大幅上涨也有明显的反向结构特征。

美国此轮规模空前的战略储备释放的一个精妙设计在于释放时间表对原油期货市场反向结构的打压：即刻起100万桶/日的战储释放，使前端的供求平衡发生质变（供大于求）；而后期战略储备补库需求则拉升了期货市场的远期价格，将原油期货市场的反相结构掰回了正向结构。新的正向结构令投机基金不再能获得无风险的转仓利润，使得基金多头纷纷离场或选择买入远端合约，不再通过投机炒作哄抬前端合约价格。

笔者也注意到沙特阿拉伯通过大幅调高官价（OSP）❶对美国试图扭转原油期货市场时间结构的操作进行了反击。2022 年 4 月 4 日，沙特阿拉伯将其旗舰产品阿拉伯轻质原油（Arabian Light）的 5 月亚洲官价（OSP）上调至阿曼 / 迪拜 +9.35 美元 / 桶。这是该等级原油有史以来的最高升水。随后阿曼、科威特、卡塔尔、阿拉伯联合酋长国等产油国也纷纷大幅上调其官价。其中，阿曼、迪拜、穆尔班分别较前月大幅上调 19 美元 / 桶、18.8 美元 / 桶、18.5 美元 / 桶。6 月 4 日，沙特阿拉伯和其他产油国再次大幅上调其 7 月亚洲官价[8]。

通过与多家专业第三方分析机构的广泛讨论，笔者认为以沙特阿拉伯为首的中东产油国通过大幅提升其官价，希望维持原油实货市场实际的反向结构强度，从而化解美国政府希望借助大规模释放战储以打压反向结构，抑制油价上升的举措。

2.4　为对俄（能源）制裁长期化做铺垫

乌克兰危机以来，美国联合其盟国出台各项对俄经济、贸易、能源制裁[1,15]。从能源角度看，美国敢于率先宣布对俄实施能源禁运的底气，来自其页岩革命带来的能源独立，而欧洲对俄罗斯能源较为依赖❷。虽然欧盟至今已落地六轮对俄制裁，并正在积极筹划第七轮制裁，但市场仍对俄能源制裁执行力度持观望态度[16]。

美国对内动员能源生产的另一个考虑是积极填补对俄能源制裁长期化后留下的空白。

---

❶ 沙特阿拉伯官价（OSP）是沙特阿拉伯每月公布的官方原油售价，分出售地区（远东、北美、西欧、地中海），分油品（超轻、轻质、中质、重质）以升/贴水的方式锚定市场主要基准油作为实货出口当地的结算价格。因为沙特阿拉伯原油出口的巨大体量，沙特阿拉伯每月OSP价格的公布对实不同体市场有着深远影响。

❷ 欧洲对俄罗斯石油和天然气的依赖：美国能源信息署（EIA）数据显示，2021年美国进口俄石油的比重仅占总进口总量的8%，其中原油进口量仅占3%，而自2019年起美国已不再进口俄罗斯LNG。而欧洲对俄罗斯能源较为依赖，德国有55%的天然气需从俄罗斯进口，进口来源极其单一。且目前大部分欧洲LNG接收站已满负荷运行，德国并无任何LNG接收站且需5年时间才能建成一个陆上接收站，目前德国正计划建造的两个浮动存储再气化装置（FSRU），但最早也要在2024年才能投入运行。

美国希望自己国内生产的天然气和原油，通过向欧洲出口，一方面赚取高额利润，一方面使欧洲能够逐渐摆脱对俄能源依赖，以达到“掣肘欧洲、消耗俄罗斯”的地缘战略目标。2021 年末以来，美国已连续 6 个月出口 300 万桶 / 日原油。开普勒（Kpler）数据显示，5 月欧洲从美国进口原油数量为 127 万桶 / 日，创历史新高。随着欧盟对俄罗斯第六轮制裁的最终落地，美国原油出口欧洲料将维持高位 [17]。

2.5 打造北美低价能源市场，吸引制造业回流

本次乌克兰危机和后续对俄能源制裁不仅造成了当下和在可预见的未来欧洲能源价格的高企；更严重的是，根据德、法、英等主要国家现在对俄能源的制裁和表态（及德国对核电的坚决关停），欧洲主要国家在接下来的几年里，即使不惜代价，也几乎不可能获取足够的能源满足其民用和工业的能源需求。当能源不够分配时，保民用放弃工业已成必然。叠加全球最高的燃料价格，欧洲的工业及其就业岗位势必将向能源价格低廉的市场转移。

对比中、美、欧的主要能源的同热力值价格，2022 年 6 月 24 日收盘，美国亨利港（Henry Hub）天然气价格为 6.22 美元 / 百万英热单位，中国郑州 5500 大卡动力煤价格为 5.74 美元 / 百万英热单位，欧洲 TTF 天然气价格为 39.78 美元 / 百万英热单位 ❶。中美能源价格优势明显。自 2021 年欧洲天然气价格暴涨以来，其高能耗企业相继关停 ❷。高企的能源及相关产品价格必将快速扼杀欧洲大陆的经济活力。

笔者认为美国政府有意将自己打造成能源供应充足、价格低廉的欧洲制造业（岗位）外迁首选目的地。美国政府可通过国内页岩油气增产（已动员）、定点释放委油（筹划中）、甚至限制能源出口（核选项）以保证能源的充分供给和低廉价格。

3 拜登政府后续可采取的政策选项

3.1 拜登政府曾考虑过的打压油价的其他手段

为打压油价，拜登政府还考虑过发放加油卡，停征燃油税，退联邦税等方法，但由于

❶ 欧陆TTF和日韩JKM价差在美国自由港LNG出口设施大火关停后再次拉宽。

❷ 2021年9月，跨国化学制品公司CFI Chemical旗下的2家英国化肥厂停工，造成英国食品工业所需的二氧化碳断供。截至2021年10月20日，据IHS Markit预计，欧洲关闭的氮肥产能已经攀升至460万吨/年。2022年6月23日，德国经济部长哈贝克（Robert Habeck）宣布，该国将进入其天然气应急供应紧急计划中的警报阶段。德国各工会领导人警告称，数十万个工作岗位将面临风险。

种种原因并未真正实施。2022 年 3 月 21 日，白宫发言人称拜登政府曾考虑过向美国家庭发放预付加油卡的方案，但由于该方案价格昂贵、针对性不强且效果不佳目前已被放弃。美国零售成品油价中，联邦和地方税占比约 15%[18]。6 月 1 日，纽约州暂停了征收每加仑 16 美分的汽油州税直至年底。6 月 22 日，美国总统拜登呼吁国会能批准暂停征收每加仑 18.4 美分的联邦汽油税和每加仑 24.4 美分的联邦柴油税，为期 3 个月；他同时希望各州也能采取相应的汽油税减免举措；但都未收到热烈的回应。此外，拜登政府还考虑过退税，但也因远水解不了近渴而没有推动下去❶。

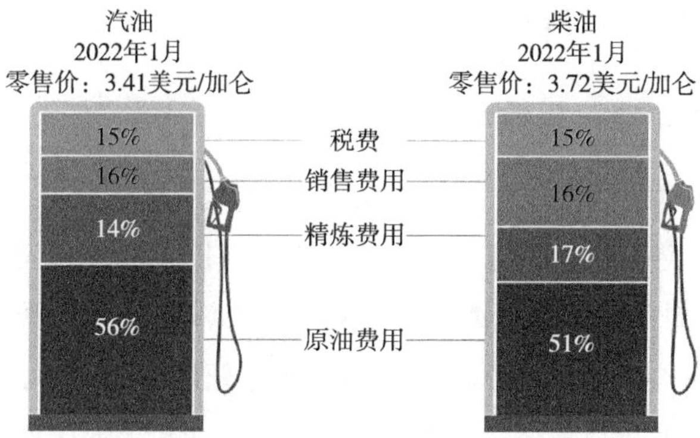

图 2　每加仑常规汽油的成本构成

资料来源：美国能源信息署（EIA）[18]

3.2　对汽油取消夏季调混限制

2022 年 4 月 12 日，拜登政府宣布暂时取消对 E15 汽油（即乙醇含量为 15% 的汽油）的季节性销售限制，允许其在夏季销售，并称此举将使全美 2300 个提供乙醇混合燃料的加油站每加仑油价降低约 10 美分。由于 E15 汽油非常小众，全美仅有约 1.5% 的加油站销售 E15 汽油[19]，因此拜登政府此举作用非常有限。

2022 年 5 月下旬，白宫又被曝出可能继续放开夏季汽油的丁烷混比（RVP）限制。美国冬夏汽油规格的主要差异是其丁烷含量不同，由于丁烷价格低廉但其挥发性高限制了其可用于夏季规格汽油的总量。如果豁免则可带来约 5 美分 / 加仑（2.1 美元 / 桶）的成本降低。美国环保局（EPA）曾在 2020 年因新冠疫情导致的高冬季汽油库存和 2021 年科洛尼尔（Colonial）成品油管线被黑客攻击而短暂关停期间，出台了在夏季使用冬季汽油的豁

❶ 美国的联邦退税会在第二年的上半年退回，无法缓解民众当下的能源负担。

免。从历史经验看，此措施对油价绝对值水平的打压效果较为有限。

3.3 暂停生物燃料强制规定，即RVO豁免

美国环保署（EPA）制定的可再生燃料法规（RFS）要求炼厂、进口商等义务方每年通过提交可再生能源编码（RINs）证明其满足可再生燃料最低使用量的合规要求❶。截至2022年6月1日，独立能源报价机构阿格斯（Argus）对可再生燃料掺混义务（RVO）的估价为每加仑油价18.39美分（合7.72美元/桶）。6月26日，路透社报道，在能源价格和粮食价格高企的双重压力下，法德两国在七国集团会议中提出暂停强制再生燃料的规定，但提案在美国和加拿大政府的反对下没有通过[15, 20]。

3.4 限制原油出口，压低北美能源价格

2015年，奥巴马总统签署立法，解除实施40年之久的美国石油出口禁令。2017年年初，美国原油出口突破100万桶/日并继续快速增长。2021底至今，受国际高油价、乌克兰危机及后续的对俄制裁、俄油出口受阻等因素影响，美国原油出口连续6个月超300万桶/日。受此影响美国国内原油WTI价格紧紧跟随国际价格，布伦特/WTI价差保持在3 ~ 5美元/桶，与出口禁令前近30美元/桶的大幅价差形成鲜明对比。

根据2015年解除美国原油出口禁令的立法，当美国国内的原油价格高企时，总统有权宣布紧急状态，并限制或停止石油出口长达一年，但我们认为这是拜登政府不会轻易动用的一张王牌❷。

后续如果油价进一步显著上升，且中期选举局势因高油价而吃紧的话，拜登政府仍有可能动用这张王牌。此举理论上有可能使布伦特与WTI原油价差再度拉宽至20美元/桶以

❶ RINS：纽约商品交易所交易的汽油期货（RBOB）和柴油期货（HO）交易的标的为调兑后的汽柴油，因此汽柴油期货的交易价格为含RVO（RINs一揽子价格，代表义务方合规成本）的价格。理论上，在其他因素不变的情况下，RINs的涨跌会对纽约汽柴油期货的价格产生直接影响。而对于下游调兑资产较少或没有下游调兑资产的美国炼油商来说，每年需要从市场上买入RINs来履行RFS的责任。虽然RFS中有规定加工量小于7.5万桶/日的炼厂如果能向EPA（美国国家环境保护局）和美国能源部证明上述合规要求会造成企业财务危机可以获得豁免，但是否获批完全取决于政府部门的认定。2022年4月，EPA驳回了36加小型炼厂申请豁免的申请。这些强加于期货和炼厂的可再生燃料义务成本，最终也将由消费者买单。

❷ 美国原油出口禁令和后门：2021年11月，面对彼时急速上升的油价和处于7年来高点的汽油价格，罗·卡纳为首的9名民主党人就曾联合签署了致白宫的一封信，敦促拜登政府禁止美国原油出口，然而白宫表示会仔细考虑后未有下文。乌克兰危机以来，美国一方面有意在国际市场填补俄油留下的空白，在赚取高额利润的同时表示对欧洲民主国家的支持；另一方，美国国内选民对高油价的不满和其打压油价举措效果的差强人意也让拜登政府对是否限制美国原油出口左右为难。2022年，6月23日，美国能源部长詹妮弗·格兰霍尔姆在接受采访时表示，拜登并未排除使用出口限制来缓解国内燃料价格飙升的可能性。

上水平，而美国之外的地区石油供应将更为趋紧，使美国成为与全球割裂的低价能源市场。

3.5 考虑重启美加输油管道，进口加拿大油砂

另一个可能性较低，但是将有深远影响力的政策选项是重启美加间的基石（Keystone）输油管道项目，让更多加拿大重油进入美国市场[1]。

笔者认为重启基石输油管道会使拜登政府付出高昂的政治、经济代价；这不仅意味着他背离自己先前的政策和竞选承诺，美国政府也很可能需要对 TC Energy 进行高昂的赔付。但是此举无疑会向美国能源界传达一个强有力的信息，即美国政府重新转向支持石化能源的大力开发，从而使至今仍犹豫不决的美国页岩商更加坚定地大力开发新产能。

3.6 利用国防生产法案，强制页岩商增产

最后，美国法律赋予总统权利，在危机时刻动用《国防生产法》（Defense Production Act）强制页岩商增产原油。此法案在 2020 年新冠疫情初期被特朗普用以生产口罩和呼吸机等新冠疫情所急需的产品，拜登上任后也曾利用此法律向美国公司提供设备，加快新冠疫苗的生产，还在火灾期间解决消防水带短缺问题。

2022 年 6 月 15 日，美国白宫表示，炼油商有降低汽油价格的爱国义务，如果能够帮助炼油商提高产能，愿意使用《国防生产法》[2]。但截至 6 月 10 日，美国炼厂开工率已达

[1] 基石管道：基石管线规划运输能力为83万桶/天，从加拿大阿尔伯塔省的哈迪斯蒂（Hardisty）市运输加拿大原油至美国内布拉斯加州的斯蒂尔（Steele）市，然后与已建成的管线相连，运送加拿大石油至库欣（Cushing）和美湾（Gulf Coast）。加拿大石油管线外输运能力长期不足，重大管线项目进度缓慢或者被迫取消。拜登政府在当政的第一天即颁发行政令，撤销了基石管线的许可。此举让管线项目公司TC Energy蒙受巨大损失，并让该项目的1000名工人即刻失业。此次拜登撤销其建设许可在短期对加拿大原油市场没有太大影响。中长期会打击加拿大石油生产商的信心，降低生产商的投资愿望，影响长期产量增长。基石管线的撤销将在未来削减4000万吨到美湾的加拿大重油资源，将影响以重质原油炼制为主的美湾炼厂的远期效益。乌克兰危机后，美湾炼厂在没有委油和俄油资源的情况下，将持续抽紧拉美墨西哥、哥伦比亚等重油资源。美洲地区重质原油贸易流向上发生更多加拿大资源往亚洲走，更多拉美资源往美湾走的变化。2022年4月19日，华盛顿邮报报道，白宫当日宣布重新开启此前被特朗普政府废除的国家环保法案（NEPA），要求联邦机关审查能源基础设施（包括油气管线等）对气候和环境的影响。分析认为此举使美加间的输油管线重启的可能在拜登政府任下变得更为渺茫，因此拜登政府采取这一举措的可能性不高。

[2] 国防生产法（Defense Production Act），是指美国国会于1950年批准颁布的关于国防生产的基本法律。该法明确规定了有关国防生产的优先顺序，确定了特殊物资与设施的分配体制和征收权，同时根据有关条款，为国防企业扩大生产能力提供强有力的财政援助，以保证物价与工资的稳定。对国防生产过程中可能出现的劳资纠纷和信用监督等问题提出了解决的方法。这个法律有效地调整了国防生产各方面的关系，保证了国防生产按国防需要的规模、品种和顺利进行发展，缩短了战时工业动员的准备时间，对于保障国家安全和其他活动的顺利开展，具有一定的影响。“美国之音”称，《国防生产法》是20世纪50年代为朝鲜战争而制定的，从制定之初到现在已经被启用50多次，尤其是在朝鲜战争和整个冷战期间。该法案使美国总统有权在紧急状态时要求私营企业生产对美国国防至关重要的产品，并指导其销售。

94%，炼厂可动用产能已十分有限，即使动用此法律也将收效甚微。我们认为拜登最后动用这个法案的可能性近乎为零，几乎可以肯定美国会先使用限制原油出口等其他一切可用手段，再考虑动用这一最终选项。

4 思考和结论

笔者认为近期美国政府打压油价高企的一连串政策，是经过深思熟虑且有着短期、中期和长期的考虑。短期，拜登政府急需通过打压油价来控制通货膨胀，提升支持率，帮助民主党在中期选举保住参众两院。中长期，美国希望能够通过自身页岩油气增产，加强欧洲对美国能源的依赖，实现对俄（能源）制裁的长期化。最终，美国政府有意将自身打造成能源供应充足、价格低廉、甚至与全球割裂的低价能源市场，成为全球制造业（岗位）外迁的首选目的地。这也符合此前特朗普政府的推动制造回流、提供高薪蓝领工作岗位的政策目标。可见此战略意图也是美两党少有的共识之一，因此将来无论是共和党或民主党得势，美国的长期能源战略意图势必都将得以延续。

参考文献

[1] Council of the European Union. EU response to Russia's invasion of Ukraine[EB/OL]. 2022-06-23, https://www.consilium.europa.eu/en/policies/eu-response-ukraine-invasion/.

[2] COOBAN A. 3 reasons high oil prices are here to stay[EB/OL]. CNN Business, 2022-06-03, https://edition.cnn.com/2022/06/03/energy/oil-prices-what-next/index.html.

[3] STUTTAFORD A. Biden's Energy strategery[EB/OL]. National Review, 2022-04-09, https://www.nationalreview.com/corner/bidens-energy-strategery/.

[4] U.S. Department of Energy. What type of crude oil is stored in the Reserve? [EB/OL]. 2022-04-01. https://www.energy.gov/fecm/office-fossil-energy-and-carbon-management.

[5] LEDERMAN J, RICHARDS Z. Biden administration to resume leasing for oil and gas drilling on federal lands[EB/OL]. CNBC, 2022-04-15. https://www.cnbc.com/2022/04/15/biden-administration-to-resume-leasing-for-oil-and-gas-drilling-on-federal-lands.html.

[6] ASSOCIATED PRESS. Long, fraught timeline of tensions over Iran nuclear program[EB/OL]. AP News, 2022-06-09. https://apnews.com/article/russia-ukraine-space-launches-politics-iran-persian-gulf-tensions-92b5e8e550ea6ad132941e48697ca728.

[7] PARRAGA M. and SPETALNICK M. U.S. to let Eni, Repsol ship Venezuela oil to Europe for

debt[EB/OL]. Reuters, 2022-06-06. https://www.reuters.com/business/energy/exclusive-us-let-eni-repsol-ship-venezuela-oil-europe-debt-sources-2022-06-05/.

[8] SANICOLA L. Oil tops $120 a barrel on Saudi pricing despite OPEC+ deal[EB/OL]. CNBC, 2022-06-06. https://www.cnbc.com/2022/06/06/oil-markets-saudi-arabia-crude-price-hike.html.

[9] BOSE N. and RENSHAW J. Deep rift lies behind Biden's criticism of oil and gas industry[EB/OL]. Reuters, 2022-06-22. https://www.reuters.com/business/energy/deep-rift-lies-behind-bidens-criticism-oil-gas-industry-2022-06-22/.

[10] The Editorial Board. Biden must speak truth to Saudi Arabia's powerful on human rights[EB/OL]. The Washington Post, 2022-06-06. https://www.washingtonpost.com/opinions/2022/06/06/biden-must-speak-truth-saudi-arabias-powerful-human-rights/.

[11] ABNETT K. LAWLER A. OPEC tells EU it's not possible to replace potential Russian oil supply loss[EB/OL]. Reuters, 2022-04-11. https://www.reuters.com/business/energy/eu-meets-opec-amid-calls-oil-output-increase-2022-04-11/#:~:text=BRUSSELS%2FLONDON%2C%20April%2011%20 (,it%20would%20not%20pump%20more.

[12] Biden approval rating holds near lowest level of his presidency[R]. Reuters, 2022-06-28.

[13] US Bureau of Labor Statistics. Consumer prices up 8.6 percent over year ended May 2022[EB/OL]. 2022-06-10. https://www.bls.gov/opub/ted/2022/consumer-prices-up-8-6-percent-over-year-ended-may-2022.htm.

[14] Rig Count Overview & Summary Count[EB/OL]. Baker Hughes, 2022-06-23. https://rigcount.bakerhughes.com/.

[15] LEYTS B. G7 statement on support for Ukraine[EB/OL]. Council of the European Union, Group of Seven, 2022-06-27. https://www.consilium.europa.eu/en/press/press-releases/2022/06/27/g7-statement-on-support-for-ukraine/.

[16] VAKULENKO S. A big bang? Anticipating the impact of Europe's sanctions on Russian Energy[EB/OL]. Carnegie Endowment for International Peace, 2022-06-14. https://carnegieendowment.org/politika/87318.

[17] Kpler. CLP Global Crude[R]. ClipperData, 2022-06-26.

[18] US Energy Information Administration. Gasoline and Diesel Fuel Update[EB/OL]. 2022-05-14. https://www.eia.gov/petroleum/gasdiesel/.

[19] RIVERO N. Biden's approval of E15 gas will only affect 1.5% of gas stations[EB/OL]. Quartz, 2022-04-12. https://qz.com/2153905/bidens-approval-of-e15-gas-will-only-affect-1-5-percent-of-gas-stations.

[20] MCFARLANE S. Britain, Germany push G7 for halt to biofuel mandates to tame food prices[EB/OL]. Reuters, 2022-06-23. https://www.reuters.com/markets/commodities/exclusive-britain-germany-push-g7-halt-biofuel-mandates-tame-food-prices-2022-06-23/#:~:text=LONDON%2C%20June%2023%20 (Reuters), with%20the%20matter%20told%20Reuters.

国内外碳监测评估技术发展现状及展望

周希唯　王利宁　段沛一
（中国石油集团经济技术研究院）

摘　要：碳监测是获取温室气体排放数据的主要方式，也是各国建设碳减排机制与能力、评估减排目标实现程度、检验减排政策实施效果和参与国际气候谈判的基础。全球绿色低碳转型加速，正推动碳监测技术迅速发展。目前国际上已形成了“自下而上”（排放因子法、质量平衡法、实测法）和“自上而下”两大类较为成熟的碳监测方法体系，其中实测法和“自上而下”法是当前发展较快的两类碳监测方法，油气行业可加强对相关技术的跟踪，强化自身碳监测工作。

关键词：碳监测；碳核算；碳排放清单；实测法；“自上而下”法

引言

碳监测与核算是国家和企业控制温室气体排放、实现碳减排目标的基础和前提，也是合理制定碳减排策略的重要依据。近年来，世界碳监测技术迅速发展，监测水平、监测范围和数据精度不断提升。我国碳监测体系也在不断完善，有力地支撑了经济社会的绿色低碳转型。本文通过跟踪分析国内外碳监测技术发展和政策变化，探讨油气企业如何提升自身碳监测能力建设，以期对行业有所启示，更好促进经济社会全面绿色低碳转型。

碳监测是指利用综合观测、数值模拟、统计分析等手段来评估环境中碳源汇状况及其变化趋势，监测内容包括温室气体排放强度、环境中浓度、生态系统碳汇、对生态系统影响等信息，主要用以支持气候变化研究和管理工作[1]。碳监测概念起始于《联合国气候变化框架公约》2007 年出台的明确规定，即各国进行温室气体排放控制行动时，需符合可测量、可报告和可核实“三可”原则（MRV），对采用标准化方式监测和统计温室气体排放量做出了要求。碳监测是获取温室气体排放数据的主要方式，也是各国建设碳减排机制与能力、评估减排目标实现程度、检验减排政策实施效果和参与国际气候谈判的基础。随着监测技术和核算方法的不断优化发展，数据的准确性、系统性、完整性均在不断增强，为加快实现气候变化目标提供了有力支撑。

1 碳监测是推动落实碳减排的重要手段

联合国环境规划署 2019 年报告指出，为实现 1.5 摄氏度以内升温目标，全球温室气体排放量在 2020—2030 年间需以每年 7.6% 的水平下降，2030 年排放量需在各国自主贡献减排方案基础上再减少 320 亿吨（二氧化碳当量）[2]。中国 2015 年提出自主贡献减排目标为“2030 年前单位 GDP 二氧化碳排放量比 2005 年下降 60% ~ 65%”，2020 年进一步提出的“2030 年前达峰、2060 年碳中和”目标将更快推进减碳降碳。落实“双碳”目标需要碳市场减排机制保障、碳排放基础数据支撑。其中碳排放的监测与核算是各国实现碳中和的基本要求，未来减排压力下碳监测需求将明显提升，国家和企业层面不断完善碳排放监测和核算体系、定量核算评估减排增汇成效将是一项关键工作。

提升碳监测水平对国家完成国际履约需要和企业实现国内减排要求都具有重要意义。国家层面，自 2006 年起，中国二氧化碳排放量已超过美国，并一直呈快速上升态势，令中国面临严峻的国际气候谈判和经济转型压力[3]。2020 年中国向国际社会承诺实现“双碳”目标，中美 2021 年签署《格拉斯哥联合宣言》进一步承诺控制和减少甲烷排放，欧盟 2028 年将利用碳监测数据开展第二轮全球碳盘点，多项国际承诺和约束要求中国不断提升碳监测水平和力度。及时、准确地监测与获取碳排放信息，有助于决策部门准确研判各地区、各行业和各部门的碳排放真实情况，制定科学合理的碳减排规划路径。企业层面，能源行业生产和消费相关活动碳排放在中国碳排放总量中占比较高，是推进实现“双碳”目标的重点行业，能源企业提升碳数据监测及核算能力是助推绿色低碳转型和达到国家减排要求的重要手段。

2 碳监测主要方法及特点

目前国际上已形成了较为成熟的碳监测方法体系（表 1），主要分为“自下而上”和“自上而下”两大类，在应用技术和范围等方面均有各自特点。

表1　碳监测评估技术方法体系

<table>
<tr><th colspan="3">方法体系</th><th>公式 / 技术</th><th>特点</th><th>适用范围</th></tr>
<tr><td rowspan="4">自下而上</td><td rowspan="2">核算法</td><td>排放因子法</td><td>温室气体（GHG）排放 = 活动数据（AD）× 排放因子（EF）</td><td>适用范围最广、应用最为普遍</td><td>国家、省份、城市、企业等较为宏观的核算层面</td></tr>
<tr><td>质量平衡法</td><td>二氧化碳（CO_2）排放 =（原料投入量 × 原料含碳量 − 产品产出量 × 产品含碳量 − 废物输出量 × 废物含碳量）× 44/12</td><td>可以反映碳排放发生地的实际排放量</td><td>工业生产过程中视情况选择</td></tr>
<tr><td rowspan="2">测量法</td><td>现场测量</td><td>烟气排放连续监测系统（CEMS）</td><td>准确性高</td><td>以电力行业为主</td></tr>
<tr><td>非现场测量</td><td>采集样品送监测部门定量分析</td><td>易产生误差</td><td>应用较少</td></tr>
<tr><td rowspan="3">自上而下</td><td colspan="2">地面监测</td><td>高精度高塔</td><td rowspan="3">主要用于验证碳排放清单结果</td><td rowspan="3">国家、省份、城市等宏观层面</td></tr>
<tr><td colspan="2">天基监测</td><td>飞行器监测</td></tr>
<tr><td colspan="2">空基监测</td><td>卫星遥感监测</td></tr>
</table>

2.1　“自下而上”法

又称“清单法”，是多数国家主要采用的传统监测方法：先将一定区域内的碳源汇进行分类，形成排放清单，针对清单上的每一项排放源分别进行碳排放统计，继而加总得到总碳排放量。其中又细分为核算法（排放因子法、质量平衡法）和实测法。

2.1.1　排放因子法

排放因子法为目前适用范围最广、应用最普遍的方法。该方法依照碳排放清单列表，获取每一种排放源的活动数据和排放因子，以二者相乘计算出该项目碳排放量估算值，再加总得到总碳排放量。目前各国使用的排放清单主要根据联合国政府间气候变化专门委员会（IPCC）2006 年编制出版的《2006 年国家温室气体清单指南》（后于 2019 年更新），确定温室气体排放源的部门和类别，包括能源、工业过程和产品使用、农业林业和其他土地利用、废弃物四个部门[4]。排放因子法适用于国家、省份、城市、大型企业等较为宏观的核算层面，具有技术体系成熟、国际认可等优势，但更多适用于排放源复杂度低、系统环境较稳定的情况，当系统变化较大时，排放因子法测算结果容易出现误差，此时使用质量平衡法更为准确[5]。

2.1.2　质量平衡法

质量平衡法是近年来应用不断扩大的一种新方法。根据每年用于国家生产生活的新化学物质和设备，计算为满足新设备能力或替换去除气体而消耗的新化学物质份额。该方法的优势是可反映碳排放发生地的实际排放量，不仅能够区分各类设施之间的差异，还可以分辨单个和部分设备之间的区别；尤其在年际间设备不断更新的情况下，该种方法更为简便[5]。

2.1.3 实测法

实测法基于排放源的现场实测基础数据，汇总得到相关碳排放量，包括现场测量和非现场测量两种方式。现场测量一般是在烟气排放烟气排放连续监测系统（CEMS，Continuous Emission Monitoring System）中搭载碳排放监测模块，通过连续监测浓度和流速直接测量其排放量；非现场测量是通过采集样品送到有关监测部门，利用专门的检测设备和技术进行定量分析。实测法中间环节少、结果准确，但传统的非现场测量方式数据获取相对困难、投入较大、样品采集过程易出现误差。目前更为便捷准确的现场测量方式正在迅速发展中。

2.2 “自上而下”法

联合国政府间气候变化专门委员会 2019 年首次完整提出基于大气浓度反演计算温室气体排放量的方法。该方法涵盖天地空多种监测手段，地面监测主要采用高精度高塔监测，可精确反应全球和地区温室气体浓度的微小变化；天基监测主要依靠飞行器搭载仪器监测，多用于科研或加密观测；空基监测主要利用卫星遥感监测，监测范围广。近些年来，“自上而下”法监测技术得到显著发展，该方法获取数据独立客观，具有高时空分辨率，正在受到越来越多的国际关注。目前“自上而下”法已成为国家温室气体清单检验和校正的重要手段，英国、瑞士、澳大利亚已经将监测结果纳入国家温室气体排放报告。

3 国内外碳监测发展新动向

3.1 实测法应用范围不断扩大

由于核算法具有人为干扰多、误差较大等缺点，容易出现碳核算结果精确度不足、标准边界模糊等数据失真现象[6]，以及伪造生产记录等数据造假行为。相比之下，上文提到的利用在线烟气排放连续监测系统（CEMS）开展的实测法可获得更可靠、更精确的数据。烟气排放连续监测系统通过在生产和排污设备等装置上安装抓取系统，实时上报数据，能够实现碳排放核算的实时化、精准化和自动化，通过利用实时监测数据和大数据分析等技术手段，极大地提升碳排放核算数据的准确性和实时性。目前以电力行业为主，推行实测法的力度正在不断加强。

美国推广实测法的力度最高，早在2011年就开始了碳排放测量系统的强制安装，规定所有年排放超过2.5万吨（二氧化碳当量）的排放源必须安装烟气排放连续监测系统并在线上报美国环保署[7]。目前美国燃煤电厂采用烟气排放连续监测系统进行碳监测已较为普遍，设备安装成本为30万～40万美元，运维成本每年1.5万美元[8]。欧盟自2005年起正式启用烟气排放连续监测系统开展碳监测，监测范围覆盖火电企业中规模超过20兆瓦的机组。目前23个成员国中有155个排放机组使用了烟气排放连续监测系统，主要位于德国、捷克、法国，排放量占所有设施排放量的1.5%[9]。

Research & Markets研究报告显示，全球烟气排放连续监测系统的市场份额正在迅速增长。预计2020—2027年市场规模将增长73%至38亿美元，其中石油行业使用规模年增长率达7.4%。中国和日本为增长最快国家，年增长率均达7.3%；化工行业是烟气排放连续监测系统应用增速最快的行业，年增长率接近8%，2027年规模达近5亿美元，增长主要来自中国、澳大利亚、印度和韩国[10]。

3.2 “自上而下”监测技术迅速发展

当前国际社会引用的全球温室气体浓度数据主要来自世界气象组织（WMO）的全球大气观测网络（GAW）。该网络覆盖全球各大洲，有80多个国家参与，目前共有30个全球站、400多个区域站和100多个其他参与网络运行的站点。美国与欧洲也相继建立了自己的大气监测网络，美国在全球不同地区设立监测站，搭建形成了全球温室气体参考网络（GGGRN）；欧洲建立了综合碳观测系统（ICOS），涵盖欧洲13个国家，共计38个监测站点。目前欧美国家已开始探索城市尺度温室气体排放监测研究，但尚未形成较成熟的技术体系。

由于地表监测覆盖面优先，卫星遥感监测技术正在更多被利用于大气温室气体监测。欧洲、美国、日本和中国相继发射卫星，用于观测全球甲烷和二氧化碳分部情况。NASA宇航局已开始基于多源卫星数据同化反演模型计算美国大陆的碳排放，并开展火电厂、钢铁厂和油气田等大型点源的排放估算。

3.3 中国碳监测体系正加速完善

建立监测温室气体排放的管理体制，对于监督国内减排政策的实施和国家义务的履行、保证碳排放数据的真实准确具有重要作用[11]。自2013年以来，中国陆续制定并发布多个碳监测国家标准。发改委先后三次发布了电力、钢铁、油气、化工等24个行业的企业温室气体排放核算方法与报告指南。2022 年 3 月，生态环境部印发《关于做好 2022 年企业温室气体排放报告管理相关重点工作的通知》，将年温室气体排放量达 2.6 万吨（二氧化碳当量），即综合能源消费量约 1 万吨（标准煤）及以上的建材、钢铁、有色、石化、化工、造纸、民航共八大重点排放行业企业纳入工作范围，开展温室气体排放报告与核查工作。

中国碳监测体系目前偏重于核算法，同时以连续在线监测法为辅助，通过两种方法相互校验提升数据质量。此前发改委指南中采用的温室气体量化方法只包含排放因子法和质量平衡法，但随着“双碳”目标的提出，实测法推行力度将持续加大。2020 年 12 月，生态环境部发布《全国碳排放权交易管理办法（试行）》明确指出，重点排放单位应当优先开展化石燃料低位热值和含碳量实测。2021 年 10 月，国务院印发《2030 年前碳达峰行动方案》，明确提出“建立统一规范的碳排放统计核算体系”“推进碳排放实测技术发展”。

中国目前在电力、煤炭、钢铁、石化等重点排放行业都已经安装了烟气排放连续监测系统，但多数用于测量污染物排放，目前搭载碳排放模块主要在火电行业开展试点。测算显示，使用烟气排放连续监测系统监测成本为 1.5 万 ~ 3.5 万元 / 年，低于使用核算法 3.5 万 ~ 11 万元 / 年的监测成本。2022 年 5 月，生态环境部提出“力争年底前推动更多火电企业开展碳排放在线监测”，未来将扩大到更多行业。

中国“自上而下”监测技术也在快速发展。2021 年 12 月，中国气象局建成碳监测核查支持系统，该系统覆盖全球、全国、省市及格点尺度人为碳排放源汇总量变化，可提高温室气体清单编制精确度，为各部门正确认识重点排放源温室气体排放量、减排潜力，监督落实减排目标，制定管理决策等提供全面科学的信息 [12]。同时，中国卫星监测技术发展迅猛，2022 年 4 月大气环境监测卫星成功发射，将在国际上首次实现全球范围二氧化碳的高精度、全天时主动激光探测，标志着我国在大气遥感领域达到国际领先水平 [13]。预计在煤炭开采和石油天然气开采试点监测中，通过开展“卫星 + 无人机 + 走航”综合监测，能够提升生产过程中甲烷无组织排放核算的全面性和准确性，并对核算法进行协同校验。

4　对油气行业企业提升碳监测能力的启示及建议

4.1　探索推广实测法在碳监测工作中的应用

目前实测法主要应用于电力企业，油气企业可在自备电厂、炼化企业等碳排放集中的部门推广使用实测法。多数油气企业自备电厂和炼厂均已安装烟气排放连续监测系统，但目前还仅用于污染物排放监测，可考虑在系统中增加碳监测模块。推广实测法可进一步提升数据的实时性和准确性，省去人工核算核查成本，并降低数据造假风险。建议对实测法推广成本、成效、存在问题等进行深入研究测算和综合考量。同时加强数字化推进信息共享，探索建立跨部门平台对接和信息共享机制，降低数据获取的难度和成本[14]。未来油气企业可进一步探索大数据、5G、云计算等新兴技术与实测法的结合应用，进一步降低成本，提高碳监测效率。

4.2 提升甲烷排放监测精确度

相比二氧化碳排放，甲烷排放由于存在容易逸散等特点监测难度大，不易采用实测法，核算法排放因子精准度不高，影响整体碳监测的最终结果。建议油气企业深化甲烷排放测量、测算方法体系研究，健全完善甲烷 MRV（检测、报告、核查）体系；增加甲烷监测试点，采用不同空间尺度直接测量方法，估算排放量；对具有统计代表性的设备样本进行甲烷泄漏、排放测量，提升排放因子精确度；综合“自上而下”和“自下而上”法的测量数据验证排放清单。

4.3 建立健全碳足迹追踪和产品碳标签体系

目前国际社会对碳排放约束不断增强，欧盟已通过碳边境调节机制（CBAM）法案，2027 年起将对部分进口产品实行“碳关税”，未来低碳数据缺失将造成产品进入国际市场需支付额外成本。建议油气企业进一步挖掘碳监测数据的潜在价值，对石油化工产品进行碳足迹核算，评估产品全生命周期碳排放，形成碳标签，提升产品国际贸易竞争力。

2022 年 5 月，钢铁行业启动环境产品声明（EPD）平台并发布首份 EPD 报告，对产品全生命周期环境影响信息进行披露，成为钢铁行业响应国家“双碳”战略重要举措。EPD 报告在国际上具有较高认同性，对于企业突破国际贸易壁垒、推动绿色消费具有积极作用。油气企业可考虑借鉴钢铁行业，开展产品全生命周期环境绩效评估，建立产品碳足迹数据库，开发石油化工产品 EPD 报告，积极融入国际绿色贸易体系，助推行业绿色低碳转型升级。

参考文献

[1] 于泽田，尹博，林琳琪 . 我国综合能源服务“碳业务”面面观 [J]. 能源，2022（1）：46–48.

[2] 中国联合国协会 . 联合国环境署报告：未来 10 年全球碳排放量每年须下降 7.6% 才能实现 1.5 ℃温控目标 [EB/OL].（2019–12–11）. http://www.unachina.org/article/content/

view?id=1613.

[3] 卢露．碳中和背景下完善我国碳排放核算体系的思考 [J]. 西南金融，2021（12）：15–27.

[4] 张佩玉．碳核算、碳交易标准化实践与展望 [J]. 中国标准化，2022（9）：6–15.

[5] 李研妮．碳核算的统计范畴、测算方法及指标选择 [J]. 金融纵横，2021（11）：29–34.

[6] 章轲．碳排放数据何以出现失真 民进中央提案分析了原因 [N]. 第一财经日报，2022-03-04（A04）.

[7] U.S. Environmental Protection Agency (EPA). Greenhouse Gases Reporting Program Implementation[EB/OL]. (2013–11). https://www.epa.gov/sites/default/files/2014-09/documents/ghgrp-overview-factsheet.pdf.

[8] 陈善荣．碳达峰碳中和监测评估技术发展现状及展望 [C]. 北京：第二届全国碳中和与绿色发展大会，2022-5-14.

[9] 曹元辉，方群，王勇，等．国内外工业二氧化碳排放在线监测概况及在我国水泥行业应用前景 [J]. 中国水泥，2022（6）：12–16.

[10] Research And Markets. Continuous Emission Monitoring Systems (CEMS)—Global Market Trajectory & Analytics[R]. Global: 2021.

[11] 潘晓滨，杜秉基．"双碳"目标背景下我国碳监测法律制度的完善路径 [J]. 环境保护与循环经济．2021，41（6）：1–4.

[12] 张艺博，赵晓妮．中国气象局建成碳监测核查支持系统 [N]. 中国气象报，2021-12-21（001）.

[13] 吴长锋．大气环境监测卫星成功入轨 可大幅提升全球碳监测能力 [N]. 科技日报，2022-04-20（005）.

[14] 闫婷婷．碳排放核算：实现"30·60"目标的基础性工作 [J]. 甘肃金融，2021（10）: 1.

国家石油公司低碳发展路径和前景分析

唐旭伟
[中国石油大学(北京)经济管理学院]

摘　要：世界正进行新一轮深刻的能源变革，推动碳减排、能源转型和绿色发展已经成为全球共识。国家石油公司在保障本国油气供应安全的同时，还肩负着重大的经济责任、政治责任和社会责任，由于各公司所处国家国情不同，他们根据本国政策环境和资源禀赋，制定了以业务多元化和减碳为主的低碳发展路径，拓展了太阳能、风能、氢能等新能源业务领域，并将 CCUS 技术作为油气行业减碳的重要手段。

关键词：国家石油公司；低碳发展；油气业务降碳；能源转型

引言

国家石油公司是由国家控股，主要对本国油气资源进行管理和运营的公司，其业务主要集中于石油和天然气的开采、生产以及销售，公司发展与国家能源和经济发展战略高度一致。在应对气候变化的社会和环境压力下，国家石油公司的绿色低碳发展一方面要在传统油气业务方面减碳，另一方面尝试涉足多元化的能源领域，国家石油公司纷纷推出减碳计划，加快能源转型步伐。但由于肩负着重大的经济、政治和社会责任，在能源转型中他们将面临比国际石油公司更艰巨的挑战，转型步伐相对缓慢。本文重点分析了 13 家国家石油公司的转型做法，包括沙特阿美（Saudi Aramco）、阿布扎比国家石油（ADNOC）、俄罗斯石油（Rosneft）、俄罗斯天然气工业股份公司（Gazprom）、巴西国家石油公司（Petrobras）、马来西亚国家石油公司（Petronas）、印尼国家石油公司（Pertamina）、泰国国家石油公司（PTT）、雷普索尔（YPF）、哥伦比亚国家石油公司（Ecopetrol）、卡塔尔能源（Qatar Energy）、哈萨克斯坦国家石油天然气公司（KMG）等，对发展前景进行了初步分析，以期为中国石油企业的绿色低碳发展提供启示。

1 国家石油公司走绿色低碳发展之路是必然选择

1.1 碳中和已成全球行动

近年来，碳中和成为全球高度关注的话题，各国相继做出碳中和或净零排放承诺，截至 2021 年年底，已有 136 个国家、116 个地区、230 多个城市和 683 家顶尖企业制定了碳中和目标，占全球碳排放的 83%、GDP 的 91%，覆盖了全球 80% 的人口[1]，碳中和成为全球性行动。印度、巴西和中国等新兴发展中国家比发达国家更容易受到全球气温上升所带来的海平面上升、干旱和农业产量下降的影响，一批新兴市场经济体在为全球绿色低碳发展做出承诺和贡献（表 1）。

表1 部分新兴国家碳中和承诺

新兴国家	承诺目标
中国	到 2025 年，非化石能源消费比重达到 20% 左右，单位 GDP 能源消耗比 2020 年下降 13.5%，单位 GDP 二氧化碳排放比 2020 年下降 18%； 到 2030 年碳达峰，将单位 GDP 的二氧化碳排放量降低到 2005 年水平的 60% ~ 65%； 到 2060 年争取实现碳中和
印度	到 2030 年将单位 GDP 的二氧化碳排放强度降低到 2005 年水平的 33% ~ 35%； 到 2070 年达到碳中和
沙特阿拉伯	到 2060 年实现碳中和
俄罗斯	实施 2035 年前提高能源效率的新计划，不晚于 2060 年实现碳中和
巴西	到 2025 年，将温室气体排放量减少到 2005 年水平的 37%； 到 2050 年实现碳中和
阿拉伯联合酋长国	到 2050 年实现碳中和

数据来源：《巴黎气候公约》缔约国公布的相关承诺。

1.2 国家石油公司纷纷制定减排计划

在过去两年中，一些国家石油公司做出战略调整，制定低碳发展战略，着眼于可持续、碳密集度更低的发展目标，投资低碳项目，在减少温室气体排放、加快能源转型方面做出相应的努力。据统计的 28 家国家石油公司中（表 2），有 15 家公司公布了减排承诺，其中7家公司做出了净零排放承诺（仅包含范围1❶和范围2❷）[2]。

表2　部分国家石油公司减排承诺

公司名	是否公布减排目标	是否有净零排放目标	目标依据	范围	阶段目标
阿布扎比国家石油公司（ADNOC）	是	否	强度	未定义	到2030年将温室气体强度降低25%（范围和基线未定义）
哥伦比亚国家石油公司（Ecopetrol）	是	是	绝对量	自身范围	到2030年将范围1和范围2的温室气体排放量减少25%（与2019年相比）；到2050年实现范围1和范围2温室气体净零排放
哈萨克斯坦国家天然气公司（KMG）	是	是	绝对量/强度	哈萨克斯坦境内运营项目	到2031年（相对于2019年的水平）将范围1和范围2的绝对二氧化碳排放量减少15%（减少1.6MMtCO_2）；到2031年将范围1和范围2的二氧化碳排放强度降低10%（与2019年相比）
巴西国家石油公司（Petrobras）	是	否	绝对量/强度	自身范围	到2030年将范围1和范围2的温室气体排放量减少25%（与2015年相比）；到2025年将上游部分的范围1和范围2温室气体排放强度降低32%（与2015年相比）；到2025年将炼油领域的范围1和范围2温室气体排放强度降低16%，到2030年降低30%（相对于2015年的水平）；在与《巴黎协定》规定的时间范围相一致的时间范围内实现公司范围内1和范围2净零排放的雄心
墨西哥国家石油公司（PEMEX）	是	否	强度	未定义	2021—2025年期间将上游部分的温室气体排放强度降低约6%（范围和边界未定义）；2021—2025年期间将炼油的温室气体排放强度降低约12%（范围和边界未定义）；2021—2025年，将气体加工设施的温室气体排放强度降低约16%（范围和边界未定义）；2021—2025年，将乙烷衍生石化产品生产的温室气体排放强度降低约16%（范围和边界未定义）；2021—2025年，将氨生产的温室气体排放强度降低约22%（范围和边界未定义）
马来西亚国家石油公司（PETRONAS）	是	是	绝对量	自身范围	到2024年，国内运营的范围1和范围2温室气体排放量上限为49.5百万吨（二氧化碳当量）［继2020年44.2百万吨（二氧化碳当量）之后］；到2050年实现范围1和范围2温室气体净零排放的愿望

❶ 范围1是指企业直接控制的燃料燃烧活动和物理化学生产过程产生的直接温室气体排放。典型的范围1涵盖燃煤发电、自有车辆使用、化学材料加工和设备的温室气体排放。

❷ 范围2是指企业由购买的能源（包括电力、蒸汽、加热和冷却）产生的间接排放。

续表

公司名	是否公布减排目标	是否有净零排放目标	目标依据	范围	阶段目标
印尼国家石油公司（Persero）	是	否	绝对量	包含权益产量	到 2030 年将范围 1 和范围 2 的温室气体排放量减少 30%（相对于 2020 年的水平）
泰国国家石油公司（PTTEP）	是	否	强度	自身范围	到 2030 年将温室气体排放强度至少降低 25%（与 2012 年相比）
卡塔尔能源（Qatar Energy）	是	否	强度	自身范围	到 2030 年将 LNG 设施的范围 1 和范围 2 温室气体排放强度降低 25%，到 2030 年将上游设施的温室气体排放强度降低 15%（与 2013 年的水平相比）
俄罗斯石油公司（Rosneft）	是	是	绝对量	自身范围	到 2025 年将俄罗斯资产的范围 1 和范围 2 的绝对温室气体排放量减少 5%，到 2030 年减少 25%（相对于 2020 年的水平）；到 2050 年，俄罗斯资产实现范围 1 和范围 2 温室气体净零排放
沙特阿美石油公司（Saudi Aramco）	是	是	绝对量 / 强度	自身范围	到 2035 年将上游范围 1 和范围 2 的温室气体排放强度降低至少 15%（相对于 2018 年的水平），这意味着到 2035 年将排放量从 2018 年的 10.2 千克（二氧化碳当量）/ 桶（油当量）减少到不超过 8.7 千克（二氧化碳当量）/ 桶（油当量） 与公司的一切照旧情景相比，到 2035 年将上游和下游范围 1 和范围 2 温室气体净排放量减少 52 百万吨（二氧化碳当量），这意味着到 2035 年将减少 67 百万吨（二氧化碳当量），而 2021 年将减少 68 百万吨（二氧化碳当量）[业务项下 2035 年减少 119 百万吨（二氧化碳当量）]，到 2050 年在全资经营的资产中实现范围 1 和范围 2 温室气体净零排放的目标
雷普索尔（YPF）	是	否	强度	未定义	到 2023 年将范围 1 温室气体排放强度降低 10%（与 2017 年相比）

数据来源：各公司年报及官网信息整理。

1.3 国家石油公司面临着增产与减排的双重责任

国家石油公司因其自身属性，在国家经济中扮演着十分重要的角色（表 3），不仅承担着国家财政收入和就业方面的重要责任，同时由于石油、天然气资源被视为战略性资源，国家石油公司更还担负着保障能源安全的任务。而在各国减排承诺中，国家石油公司又是实现碳减排的重要主体。通常国家石油公司体系庞大，产业链长，是碳排放大户，需要在引领绿色发展、培育和发展非资源型产业、推动能源供应多元化、加快推进能源结构优化中发挥重要的示范作用；加之国家石油公司技术、人才、资金、产业资源雄厚，是推进绿色低碳技术创新、实现碳中和的骨干力量。

表3 部分国家石油公司上交本国财政金额

序号	石油公司名称	所属国家	2021 年上交政府金额（百万美元）
1	沙特阿美	沙特阿拉伯	158513
2	俄罗斯石油公司	俄罗斯	58583
3	科威特国家石油公司	科威特	55283
4	俄罗斯天然气工业股份公司	俄罗斯	50478
5	巴西国家石油公司	巴西	31972
6	墨西哥石油公司	墨西哥	24129
7	马来西亚国家石油公司	马来西亚	20423
8	阿尔及利亚国家石油公司	阿尔及利亚	13642
9	印度石油天然气公司	印度	9383
10	哥伦比亚国家石油公司	哥伦比亚	6833
11	泰国国家石油公司	泰国	3691
12	印尼国家石油公司	印度尼西亚	3339
13	哈萨克国家石油天然气公司	哈萨克斯坦	1879
14	雷普索尔	西班牙	1837

数据来源：各公司年报及官网信息整理。

2 国家石油公司绿色低碳发展主要路径

2.1 油气业务依然是国家石油公司的主要收入来源，低碳转型刚刚起步

在各国政府减排承诺和政策要求下，国家石油公司尝试能源体系多元化发展（表4）。如卡塔尔能源公司将业务范围扩展到化肥等直接利用天然气为原料的行业，钢铁生产等能源密集型行业，以开辟新的收入来源；雷普索尔公司参与天然气和电力运营，购入 YPF Luz 75% 的股份，涉足可再生能源发电领域；哥伦比亚国家石油公司 2021 收购了 Interconexión Eléctrica 51.4% 的股份，将业务拓展到输电、道路特许权和电信领域，增加了不受石油和天然气价格波动影响的收入来源；俄罗斯天然气工业公司借助 2015 年全面行业改革的机会，投资国内电力行业，目前公司电力和热力销售收入占比达到 10% 左右，但天然气销售仍占公司年收入的 50% 以上。

表4　国家石油公司开展多元化业务的类型

公司名称	业务类型					
	太阳能	风能	氢能	生物燃料	地热	其他（如发电、输电或配电/电动车）
印尼国油	√	√	√	√	√	√
泰国石油	√	√	√	√	×	√
马来西亚国油	√	√	√	×	×	√
哥伦比亚国家石油公司	√	×	×	×	×	√
沙特阿美	√	√	√	×	×	√
雷普索尔	√	√	√	√	×	√
巴西国家石油公司	√	√	√	√	×	×
卡塔尔能源	√	√	×	×	×	×
俄罗斯天然气工业股份公司	×	×	√	×	×	√
哈萨克斯坦国家石油天然气公司	√	×	×	×	×	×
阿布扎比国家石油公司	√	×	×	×	×	×
俄罗斯石油公司	×	×	×	×	×	×

注：√为已开展业务，×为未开展业务。
数据来源：各公司官网及年报。

尽管国家石油公司尝试进入不同领域的业务，陆续投资低碳项目，但从目前财政收入看，多数国家石油公司仍然牢牢扎根于石油和天然气领域，国家石油公司的收入超过八成来自石油和天然气的开采、生产和销售，对油气资产和技术开发投入了大量资金，新能源的投资比例远低于国际石油公司，如巴西国家石油公司新能源投资占比从2019年的0.3%提高到2021年的1.9%[3]，而国际大石油公司2021年新能源投资占比平均高达9.7%。

2.2　实施降碳计划

大部分国家石油公司在低碳路径中首先采取了降低油气生产中碳排放的做法，其中阿布扎比国家石油公司、沙特阿美公司的降碳力度最大。两家公司专注于延长其核心油气业务的寿命和价值，并打算坚持成为“最后的油气生产商”。阿布扎比国家石油公司和沙特阿美公司实施了一系列重要措施，包括加大投资以降低范围的排放，提高数字化水平，大规模投资CCUS和氢能开发利用等，以达到在油气上游业务中相对于其他油气生产商更加绿色的目标。作为全球最大的国家石油公司，沙特阿美通盘考虑和部署了绿色低碳计划，创新地设定了桶油碳当量指标，用这个指标代表上游碳排放强度，并采取有效措施，成为油气行业中碳排放强度最低的公司之一。在《2021 年可持续发展报告》中，沙特阿美提出,2035年前，在2018年的基础上将其上游碳排放强度降低15%，至每桶原油8.7千克（碳当量），这一数据在 2018 年为 10.2 千克（碳当量）。预计到 2035 年每年减少超过 5000 万吨（二氧化碳当量）的碳排放[4]。

2.3 投资低碳资产

国家石油公司在油气业务多元发展和降碳“赛跑”中采取了不同的方式，所在国政府对公司的政策及公司运营的自主程度是其业务多元化发展以及降碳路径的决定性因素。其中投资低碳资产的方式可分为成为综合能源提供商模式和成为能源—公共事业一体化服务商模式两大类型。

2.3.1 部分东南亚公司积极推动业务多元化发展

一些东南亚国家石油公司把新能源业务提升到比油气业务更重要的优先级别，这跟其国家资源状况和所在国政府态度密切相关。其中马来西亚国家石油公司和泰国国家石油公司响应最为积极，在过去几年中迅速扩张在东南亚和南亚的可再生能源发电项目，积累经验以期提高国内可再生能源发电能力（包括太阳能、风能、地热能等）。泰国国家石油公司宣布 2060 年实现净零排放目标，根据规划，公司将重点开发生物燃料技术。这一决策的内在动因则是，泰国国家石油公司的油气储量在 2002 年已达到峰值，目前要业务主要集中在海外的 14 个国家，国际业务收入占公司总收入的 40%。虽然从规模上，其化石燃料生产业务是东南亚各国家石油公司中最小的，油气勘探开发仅占公司收入的五分之一，石化业务是公司收入最大的板块，占总收入的三分之一。

2.3.2 不注重业务多元化发展的公司越来越受到“资产搁浅”的威胁

一类是中东和俄罗斯等资源丰富的国家石油公司，依靠国内巨量的油气资源为国家创造收入，多元化发展不是当务之急。第二类国家石油公司则更多依赖合作伙伴来推动核心上游业务。这种对外国合作伙伴的依赖主要是由于技术和资金能力有限，运营能力不高，如哈萨克斯坦国家石油天然气公司。他们更重要的角色是在外国合作伙伴开发其国内油气的项目中代表国家利益。这些公司在后油气时代能否保障公司利润，并保障所在国的财政收入平稳是将面临的最大威胁。

3 国家石油公司低碳发展前景

3.1 太阳能和风能在国家石油公司能源转型中扮演重要角色

国家石油公司新能源发展的重点方向大多选择了太阳能和风能。首先，风光发电的价格优势明显，技术较为成熟，石油公司进入门槛较低。根据BP能源统计报告，随着技术和生产成本的下降，至2030年，全球太阳能电力的平准化度电成本（LCOE）降幅可能高达55%。2021年上半年，全球大型地面太阳能电站的平均LCOE为48美元/（兆瓦·小时）。而过去十年风电LOCE的下降幅度约为50%，2020年，陆上风电LOCE下降至0.041美元/（千瓦·时），在清洁能源中仅次于水电。其次，风光项目减排潜力巨大。目前风能在发电过程中不产生任何温室气体，即使是风车在制造过程中产生的碳排放，也仅相当于风力发电3～6个月的减排量，而风电机组平均使用寿命可达20年。到2050年，IRENA(国际可再生能源机构）预计太阳能和风能等间歇性电源的占比将高达60%，仅风电就能满足超过全球三分之一的总电力需求[5]。

马国油为实现2050年净零碳排放计划，加大投资太阳能、风能和氢能，目标是到2024年达到3000兆瓦，比现有规模翻三倍；沙特阿美宣布在2035年之前将光伏和风电的产能提高至12吉瓦，参与开发了一些大型可再生能源项目，1.5吉瓦的Sudair光伏电站项目就是其中之一，这是该国规模最大的太阳能发电厂。

3.2 氢能将成为新能源的重要补充

清洁电力作为终端能源的主要来源是实现经济降碳成本最低且最有效的方式，但在电气化无法直接实现或成本过高的领域，清洁氢将是降碳的关键。如在合成氨、合成燃料和化肥生产中，氢是必不可少的原料；在钢铁生产和长途运输中，氢可作为清洁燃料；在电力系统中氢可作为储能的重要介质。近年来，清洁氢的发展速度加快，仅2021年全球就宣布了130多个大型清洁氢项目，目前全球已宣布的大规模氢项目总数接近400个。据国际氢能委员会估计，2030年前，全球在氢能方面的总投资将达到5000亿美元。但清洁氢的生产成本是制约氢能产业发展的一大壁垒，相关学者根据氢气成本模型的计算方法得出天然气制氢、煤制氢以及电解水制氢的成本为14.72元/千克、14.54元/千克、31.56元/千克[6]。随着可再生能源价格和电解槽成本的下降，预计2030年，清洁氢的生产成本将降至2美元/千克以下，绿氢很可能成为最具成本竞争力且长期可行的能源转型路径。未来用于扩大氢能产能的投资中，有85%将投向可再生能源制氢；到2050年时将有2.4万亿美元（约合800亿美元/年）投向氢能制备和储运。到2050年，绿氢在制氢中的比例将高达85%，蓝氢可在天然气成本较低的地区得到利用[7]。

沙特阿美计划到2030年生产1100万吨蓝氢，这需要193万吨与碳捕获和储存（CCS）相关的天然气。沙特阿美认为，在全球能源和经济不确定的背景下公司将长期投资氢能，未来十年实现技术上的突破，并整合到业务运营中。沙特阿美除了蓝氢项目，也在探索通过可再生能源电解制氢的绿氢技术。阿卜杜拉国王石油研究中心最近的一份报告显示，沙特制造蓝氢的价格目前是1.34美元/千克，比灰氢生产贵0.44美元/千克，远低于绿氢的2.16美元/千克。到2030年，这三者的价格差预计会缩小，绿氢成本为1.48美元/千克，蓝氢为1.13美元/千克。

3.3 CCUS技术将得到重大发展，商业化应用将提速

目前，全球二氧化碳捕获量约为4500万吨/年，另有总计超过3.8亿吨/年的计划建设项目。预计2030年，CCUS市场规模将达到5.5亿吨/年，2021年至2030年期间平均增长25%。2021年以来，越来越多的国家和企业急于实现2030年净零目标，官方公布的CCS和CCUS项目数量激增，这一增长趋势还将长期持续。根据当前大多数CCUS项目的成本均价（每吨二氧化碳价格在75～100美元之间）测算，2030年CCUS的市场价值将达到550亿美元/年，超过2022—2025年的CCUS供应链市场总量。2030年，CCUS碳源预计主要来自天然气加工、石油精炼和氢气生产等行业。减排成本降低和清洁燃料需求增加将有效推动化石燃料生产工厂使用CCUS。

中东地区对二氧化碳用于提高油田采收率的需求较大，拥有发展CCUS的地质优势。沙特阿美、阿布扎比国家石油公司和卡塔尔能源公司致力于发展CCUS，三家公司的二氧化碳总捕获能力接近400万吨/年，约占全球二氧化碳捕获总量的10%，主要用于提高油田采收率和生产蓝氢。但目前三家公司碳捕获能力离实现国家零排放目标仍相距甚远，未来实施碳封存尤为重要。另外，中东拥有巨大的永久地下碳封存潜力，已枯竭油气田的碳封存能力超过2000亿吨，四个封存条件较好的地点为：沙特阿拉伯的加瓦尔油田、卡塔尔的杜汉油气田、阿拉伯联合酋长国的NEB油田群和鲁韦斯地区的碳酸盐岩台地。其中，加瓦尔油田的封存成本最低、储存条件最好。同时大量的碳排放源集中在沙特阿拉伯、阿拉伯联合酋长国和卡塔尔，这三个国家地理位置相邻，能够为未来共享基础设施、降低运输成本提供有利条件。此外，伊朗的东扎格罗斯盆地也是潜在的碳封存地点。

3.4 国家石油公司转型出现分化

国家石油公司的转型路径由于所在国国情、政策等因素，主要取决于其在本国财政和能源安全中的作用和地位。部分公司转型速度加快，有的公司仍在原地踏步。中东地区国家石油公司上缴利润占本国公共支出比例普遍超过20%，需要承担保障本国财政安全的责任，会比较审慎做出转型决策。而巴西国家石油公司、雷普索尔等国家石油公司上缴利润占本国公共支出不超过5%[8]，具有较大辗转腾挪空间，会灵活制定低碳战略。国内产量覆盖国内消费程度也是能源供给安全和外部市场风险的关键指标，中东、俄罗斯等国家油气消费严重依赖本国石油公司的油气生产，转型发展动力不足，暂时不会大力发展其他类型能源。

4 启示

国家石油公司能源转型进程整体处于起步阶段，未来发展存在较大分化。国家石油公司脱离其核心业务的灵活度较差，新业务将会受到严格审查，执行力度缓慢，或发展多年依然是试点项目。而依赖国家石油公司获得收入的资源国政府，在从国家石油公司获得收入面临风险或威胁的情况下对新能源业务态度审慎。

中国石油公司在借鉴其他国家石油公司低碳转型中好的做法时，应根据自身优势，响应国家要求，大力推动绿色发展，笔者总结出以下几点启示。

4.1 转型发展要顺应形势、抓住机遇

面对全球石油公司能源转型大潮和第三次能源革命的战略机遇，中国石油企业既要顺应发展趋势，紧抓发展机遇，积极探索适合自身特点的转型路径，又要切实保障国家能源供应。当前转型期亟须解决的是油气业务绿色低碳勘探开发问题，而不是放弃油气。尤其是面对既要增产又要减排的挑战，更应保持战略定力，加快布局，找准突破点，规划好稳健发展路径，先行尝试和先导研发，稳步推进转型发展战略。

4.2 转型发展路径应结合优势，突出重点

从国家石油公司转型发展路径看，需要统筹考虑、顶层设计、分步实施转型发展战略，抓住当前能源安全中油气对外依存度较高的突出矛盾，注意风险多发供应源的项目管控，优化公司全球资源布局，在能源有效供给上下大功夫，以多能互补的方式保障供应，稳定石油供应，提高天然气供应，选择性开发替代性新能源保障供应。

4.3 CCUS 技术突破是油气业务低碳发展关键

低碳发展方式多样化，石油企业应根据内外部环境研判分析，从 CCUS 技术路径实现突破，在油田企业推行油气绿色低碳勘探、绿色低碳开发。相比其他国家石油公司，中国石油公司 CCUS 负碳技术在降低生产过程中的碳排放作用还未充分发挥，应加大攻关力度，发挥优势，实现技术突破，以实现 CCUS 成本的大幅降低，促进 CCUS 规模化、商业化发展。

4.4 加强国际合作，拓展转型发展路径

以收购方式实现业务重组是较快实现转型发展的有效途径。石油企业要创新发展和管理模式，选择适合的新能源项目开展技术合作，或收购符合公司发展定位的低碳项目，或联合有专长的研究机构联合开发并试点绿色低碳工程，加速快绿色发展步伐。

参考文献

[1] NET ZERO TRACKER. GLOBAL NET ZERO COVERAGE [EB/OL].https://zerotracker.net/.

[2] IHS Markit. Oil Gas Company Emissions Targets Tracker[DB/OL].https://connect.ihsmarkit.com/document/show/phoenix/4249567?connectPath=Search&searchSessionId=fa057319-53db-4e7a-a76c-f355258feab5.

[3] Petrobras Annual Report and Form 20-F 2021.[EB/OL].（2022-03-31）.https://api.mziq.com/mzfilemanager/v2/d/25fdf098-34f5-4608-b7fa-17d60b2de47d/2741b9b8-e6d8-4d84-0458-43d96f085287?origin=1.

[4] Saudi Aramco 2021 sustainability report.[EB/OL].（2022-06-15）.https://www.aramco.com/en/sustainability/sustainability-report.

[5] 国际可再生能源机构（IRENA）. Global Renewable Outlook: Energy Transformation 2050[EB/OL].https://www.irena.org/publications/2020/Apr/Global-Renewables-Outlook-2020.

[6] 张轩，樊昕晔，吴振宇，等.氢能供应链成本分析及建议[J]. 化工进展,2022,41(5): 8.

[7] energy transitions commission. Making the Hydrogen Economy Possible: Accelerating clean hydrogen in an electrified economy[EB/OL].(2022-04-27). https://www.energy-transitions.org/publications/making-clean-hydrogen-possible/s.

[8] Andrew Nef. NOC Insights: In the race to diversify and decarbonize most NOCs remain on the starting blocks[R/OL]. (2022-06-29). https://connect.ihsmarkit.com/document/show/phoenix/4471761?connectPath=Search&searchSessionId=9e34652d-73d7-402b-9226-1d65a5c2f8cf.

天然气生产企业碳排放核算与预测方法研究
——以四川盆地天然气开发为例

胡俊坤　刘海峰　敬兴胜

（中国石油西南油气田分公司规划计划处）

摘　要：针对天然气生产企业特点，开展碳排放核算与预测方法研究。根据天然气生产企业作业链，系统性梳理天然气勘探、开发、处理、输送各环节的碳排放特征，总结出天然气生产企业的碳排放来源于化石燃料燃烧排放、火炬系统燃烧排放、工艺放空排放和电力消耗隐含排放。基于四大碳排放来源，建立了碳排放核算与预测方法。考虑到天然气生产企业开发气藏的多样性，选取了四川盆地典型的常规气、页岩气、高含硫气藏开发进行核算与预测分析。实例运用与分析证实了方法的适用性，同时发现不同类型气藏开发的碳排放强度和结构存在较大差异。为保证核算和预测结果的可靠性，对于涉及多种类型气藏开发的企业，在碳排放核算和预测时要分类进行，并加强基础数据的统计与监测。未来在建立碳排放双控指标时，应以碳排放强度指标为核心，并建立不同类型气藏开发的碳排放强度动态标准。

关键词：“双碳”目标；天然气生产；常规气；页岩气；高含硫气；碳排放核算；碳排放预测

1　研究背景

自1990年联合国政府间气候变化专门委员会（IPCC）首次发布评估报告以来，经过5轮科学评估，认为人类活动造成的温室气体浓度增加而引起的气候变化是明确的，为应对气候变化，国际社会正采取积极行动。碳中和已成为国际社会碳排放管理的共同目标[1-4]。全球已有50多个国家碳排放实现了达峰，133个国家提出了碳中和目标愿景，覆盖全球2/3温室气体排放。在油气行业，国际石油公司低碳转型步伐有异，但基本趋同[5-10]。以习近平同志为核心的党中央统筹国内国际两个大局，作出了碳达峰、碳中和（以下简称双碳）重大战略决策。在第 75 届联合国大会上，习近平主席宣布中国将提高国家自主贡献力度，采取更加有力的政策和措施，二氧化碳排放力争于 2030 年前达到峰值，努力争取 2060 年前实现碳中和。

目前中国能源消费以化石能源为主，碳排放总量大。根据相关机构的研究成果，2020 年中国二氧化碳排放总量中与能源相关的排放占比达 88% 左右，能源结构的低碳化是实现双碳目标的关键[11-12]。《2030 年前碳达峰行动方案》明确提出建立统一规范的碳排放统计核算体系，支持行业、企业依据自身特点开展碳排放核算方法学研究，提高统计核算水平。不少学者对碳排放核算方法进行了研究，但针对天然气行业或企业的相关研究相对较少和薄弱[13-18]。

本文依据天然气生产企业的作业链，系统性梳理天然气勘探、开发、处理、输送各环节的碳排放特征，厘清碳排放来源，基于碳排放来源建立起碳排放核算与预测方法，通过四川盆地不同类型气藏开发的实例运用分析，验证方法的适用性，同时分析不同类型气藏开发的碳排放强度和结构，为天然气行业建立更为科学合理的碳排放核算与预测方法体系提供参考借鉴。

2 天然气生产企业碳排放核算与预测边界分析

天然气生产企业碳排放核算与预测的对象仅为二氧化碳，边界包括主要生产系统、辅助生产系统及直接为生产服务的附属生产系统。基于天然气生产企业的作业链，从天然气勘探、开发、处理、输送四个环节，系统性地梳理出天然气生产过程中的二氧化碳排放四大来源，分别为化石燃料燃烧、火炬燃烧、工艺放空与电力隐含二氧化碳排放。天然气生产企业碳排放的核算与预测边界及排放源如图 1 所示。

天然气勘探作业包括为识别勘探区域，探明天然气储量而进行的地质调查、地球物理勘探、钻探及相关活动。其中，钻探环节具体包括钻前工程、钻井、测井、固井、试油、封闭或完井等作业。基于天然气勘探的作业链，二氧化碳排放主要来源于作业车辆，井队作业期间、固井下套管期间、试油起下管柱期间等环节柴油机，供电发电机，电驱钻机，试油火炬燃烧等。从排放源的角度梳理可知，天然气勘探作业环节的二氧化碳排放源可归为燃料燃烧、火炬燃烧、电力隐含此三类二氧化碳排放。

天然气开发作业包括对气藏中天然气通过气井采到地面的整套工艺技术，大致可分为钻井工程作业、采气工程作业、集输工程作业。基于天然气开发的作业链，二氧化碳排放

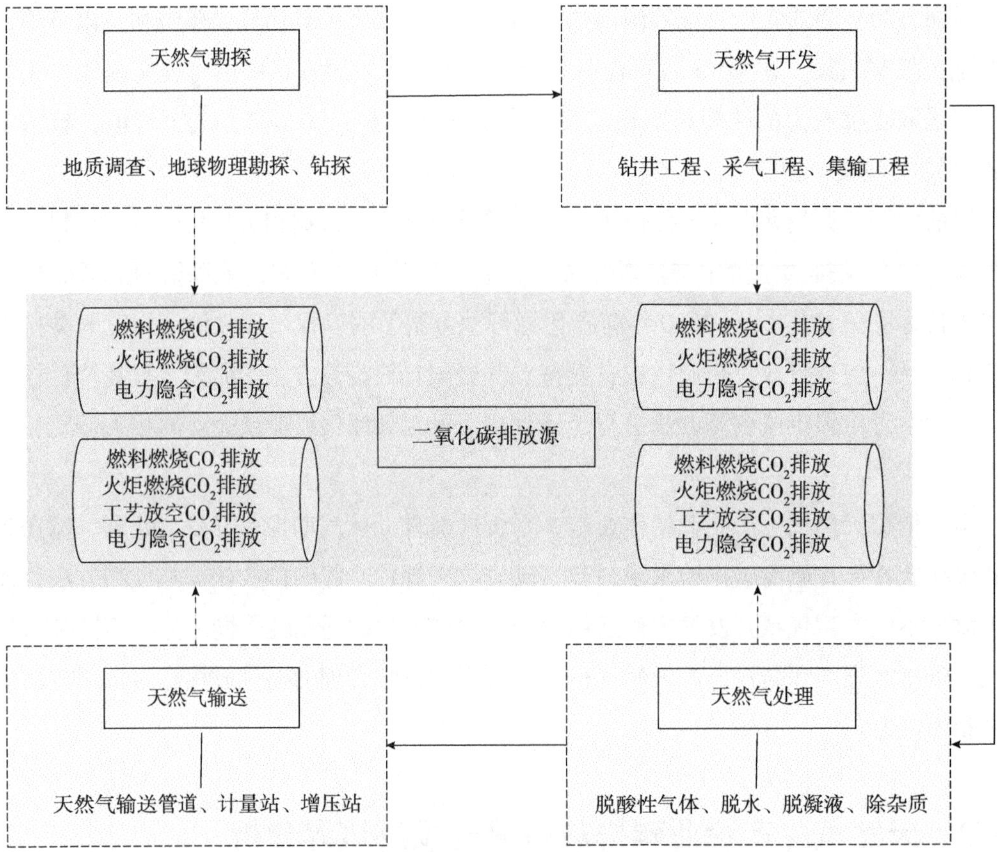

图1　天然气生产企业碳排放核算与预测边界示意

主要来源于采气环节的水套炉装置、电伴热装置、提升泵、加注泵、转水泵，以及集输气环节的增压机组、脱水装置、空压机、长明火等。从排放源的角度梳理可知，天然气开发作业环节的二氧化碳排放源可归为燃料燃烧、火炬燃烧、电力隐含共三类二氧化碳排放。

天然气处理作业包括使天然气符合商品质量标准或管道输送要求而采用的工艺过程，包括脱水、脱除酸性气体（也称脱硫脱碳，即脱除天然气中的酸性组分如 H_2S、CO_2 和有机硫化物等）、脱凝液（含天然气凝液回收）和脱除固体颗粒等杂质，以及硫黄回收和尾气处理等作业。基于天然气处理的作业链，二氧化碳排放主要来源于脱硫装置中的加热装置、泵类运行系统、尾气处理，脱水装置及长明火等。从排放源的角度梳理可知，天然气处理作业环节的二氧化碳排放源可归为燃料燃烧、火炬燃烧、工艺放空、电力隐含共四类二氧化碳排放。

天然气输送作业包括净化处理之后的天然气到用户之间的输送作业。输送环节二氧化碳排放主要来源于计量站、增压站、配气站的耗能设备及应急火炬系统。从排放源的角度梳理可知，天然气输送环节的二氧化碳排放源可归为燃料燃烧、火炬燃烧、工艺放空、电力隐含共四类二氧化碳排放。

3 天然气生产企业碳排放核算与预测方法

3.1 碳排放核算步骤与方法

天然气生产企业碳排放核算的工作流程主要包括五步：第一步确定核算边界，识别碳排放源；第二步依据监测资料，梳理活动数据（导致碳排放的生产或消费活动量的表征，例如各种化石燃料的消耗量）；第三步根据相关标准或实测资料，确定排放因子数据（表征单位生产或消费活动量的碳排放系数，例如每单位化石燃料消耗所对应的二氧化碳排放量）；第四步分别计算化石燃料燃烧产生的碳排放量、火炬系统燃烧产生的碳排放量、工艺放空碳排放量及购入电力消耗隐含的碳排放量；第五步汇总计算企业二氧化碳排放量，同时结合天然气产量，可计算企业二氧化碳排放强度。

天然气生产企业的二氧化碳排放量等于核算边界内各个业务作业环节的化石燃料燃烧碳排放量、火炬系统燃烧产生的碳排放量、工艺放空碳排放量及购入电力消耗隐含的碳排放量之和，按公式（1）计算。

$$E=\sum_{i=1}^{S}E_{燃料燃烧,S}+\sum_{i=1}^{S}E_{火炬系统,S}+\sum_{i=1}^{S}E_{工艺放空,S}+\sum_{i=1}^{S}E_{电力隐含,S} \tag{1}$$

式中：E 为天然气生产企业的二氧化碳排放总量，吨（二氧化碳）；$E_{燃料燃烧,S}$ 为天然气生产业务 S 下化石燃料燃烧二氧化碳排放量，吨（二氧化碳）；$E_{火炬系统,S}$ 为天然气生产业务 S 下火炬系统二氧化碳排放量，吨（二氧化碳）；$E_{工艺放空,S}$ 为天然气生产业务 S 下工艺放空二氧化碳排放量，吨（二氧化碳）；$E_{电力隐含,S}$ 为天然气生产业务 S 下购入电力消耗隐含的二氧化碳排放量，吨（二氧化碳）。

3.1.1 化石燃料燃烧排放

不同业务活动化石燃料燃烧的二氧化碳排放量主要基于相应业务作业下各个燃烧设施，不同化石燃料消耗量及其碳排放因子进行测算，即化石燃料燃烧碳排放量等于化石燃料消耗量乘以其排放因子，按公式（2）计算。

$$E_{燃料燃烧,S}=\sum_{i=1}^{n}(AD_i\times EF_i)=\sum_{i=1}^{n}\left(AD_i\times CC_i\times OF_i\times\frac{44}{12}\right) \tag{2}$$

式中：AD_i 为化石燃料 i 的消耗量，万立方米；EF_i 为化石燃料 i 的排放因子，吨（二氧化碳）/ 万立方米；CC_i 为化石燃料 i 的含碳率，吨（二氧化碳）/ 万立方米；OF_i 为化石燃料 i 的碳氧化率；n 为化石燃料种数。

3.1.2 火炬系统燃烧排放

天然气生产企业火炬系统燃烧的二氧化碳排放通常分为正常工况下的火炬气燃烧排放（例如长明火炬系统碳排放）以及由于事故导致的火炬气燃烧排放，两种工况产生的二氧化碳排放量之和即为火炬系统燃烧碳排放量，按公式（3）计算。

$$E_{火炬系统,S}=E_{正常火炬,S}+E_{事故火炬,S} \tag{3}$$

式中：$E_{正常火炬,S}$ 为天然气生产业务 S 正常工况下火炬气燃烧碳排放量，吨（二氧化碳）；$E_{事故火炬,S}$ 为天然气生产业务 S 由于事故导致的火炬气燃烧碳排放量，吨（二氧化碳）。

$$E_{正常火炬,S}=\sum_{i=1}^{m}\left[Q_{正常火炬,i}\times\left(CC_{非CO_2,i}\times OF_i\times\frac{44}{12}+V_{CO_2,i}\times 19.77\right)\right] \tag{4}$$

式中：$Q_{正常火炬,i}$ 为正常工况下第 i 支火炬系统的气体流量，万立方米；$CC_{非CO_2,i}$ 为第 i 支火炬系统中非二氧化碳含碳化合物的总含碳量，吨（二氧化碳）/ 万立方米；OF_i 为第 i 支火炬系统中的碳氧化率，%；$V_{CO_2,i}$ 为第 i 支火炬系统中的二氧化碳体积浓度，%；m 为火炬系统数。

$$E_{事故火炬,S}=\sum_{j=1}^{p}\left[GF_{事故,j}\times T_{事故,j}\times\left(CC_{非CO_2,j}\times OF_j\times\frac{44}{12}+V_{CO_2,j}\times 19.77\right)\right] \tag{5}$$

式中：$GF_{事故,j}$ 为第 j 次事故时的平均火炬气流速度，万立方米 / 小时；$T_{事故,j}$ 为第 j 次事故持续时间，小时；$CC_{非CO_2,j}$ 为第 j 次事故火炬气流中非二氧化碳气体含碳量，吨（二氧化碳）/ 万立方米；OF_j 为第 j 次事故火炬气流的碳氧化率，%；$V_{CO_2,j}$ 为第 j 次事故火炬气流中的二氧化碳体积浓度，%；p 为核算期内的突发事故次数。

事故火炬的持续时间 $T_{事故,j}$ 及平均气流速度 $GF_{事故,j}$ 应按照事故调查报告取值。如果数据难以获取，可取火炬系统设计流量最大值作为事故发生期间火炬系统的平均气流速度。对于火炬气中二氧化碳浓度，如果有火炬气体成分分析，可直接采用分析结果；如果无气体成分分析，可追溯发生事故的设施或井口，根据产气井或事故发生期前或事故后一个月时间尺度内的气体中二氧化碳的平均浓度确定。

3.1.3 工艺放空排放

天然气生产企业工艺放空的二氧化碳排放大致分为天然气处理作业产生的二氧化碳排放与输送过程中事故导致放空作业中的二氧化碳排放，两种情景产生的二氧化碳排放量之和即为工艺放空碳排放量，按公式（6）计算。随着零散气回收技术的发展，放空量的减少，输送事故导致二氧化碳的排放越来越少，工艺放空排放以天然气处理过程中的碳排放为主。

$$E_{工艺放空,S} = E_{处理作业放空} + E_{输送事故放空} \tag{6}$$

式中：$E_{处理作业放空}$为天然气处理作业产生的碳排放量，吨（二氧化碳）；$E_{输送事故放空}$为输送过程中事故导致放空作业产生的碳排放量，吨（二氧化碳）。

天然气处理作业放空的二氧化碳主要来自处理过程中酸气脱除（包括胺、膜和分子筛等工艺）、二氧化碳脱除等工艺，其二氧化碳排放量可根据酸性气体处理前和处理后，进口、出口气体流量及气体中二氧化碳体积浓度，按公式（7）计算。

$$E_{处理作业放空} = \sum_{i=1}^{k}(Q_{in,i} \times V_{CO_2,in,i} - Q_{out,i} \times V_{CO_2,out,i}) \times \frac{44}{22.4} \times 10 \tag{7}$$

式中：$Q_{in,i}$为进入第i套酸气脱除设备的气体体积，万立方米；$V_{CO_2,in,i}$为进入第i套酸气脱除设备的二氧化碳体积浓度，%；$Q_{out,i}$为经过第i套酸气脱除设备处理后的气体体积，万立方米；$V_{CO_2,out,i}$为经过第i套酸气脱除设备处理后的二氧化碳体积浓度，%；k为酸气脱除和二氧化碳脱除的设备序号。

天然气输送过程中事故导致放空作业产生的碳排放，主要依据事故放空气量与二氧化碳体积浓度，按公式（8）计算。

$$E_{输送事故放空} = \sum_{i=1}^{p}(GF_{输送事故,i} \times T_{输送事故,i} \times V_{CO_2,i} \times 19.77) \tag{8}$$

式中：$GF_{输送事故,i}$为第i次输送事故时的平均放空气流速度，万立方米/小时；$T_{输送事故,i}$为第i次输送事故持续时间，小时；$V_{CO_2,i}$为第i次输送事故放空气中的二氧化碳体积浓度，%；p为核算期内的输送事故次数。

3.1.4 电力消耗隐含排放

天然气生产企业净购入电力消费引起的二氧化碳排放，主要依据企业电力消耗量与所在区域电网年平均供电排放因子，按公式（9）计算。

$$E_{电力隐含,S}=AD_{电力,S}\times EF_{电力,S} \tag{9}$$

式中：$AD_{电力,S}$为天然气生产业务s核算期内净购入电力消耗量，兆瓦·小时；$EF_{电力,S}$为天然气生产业务S所在区域电网年平均供电排放因子，吨（二氧化碳）/（兆瓦·小时）。

3.2 碳排放预测步骤与方法

天然气生产企业碳排放预测基于碳排放核算体系，预测的工作流程主要包括六步：第一步确定预测的生产作业边界和时间范围；第二步梳理企业近几年产量、能耗和碳排放基础数据，总结能耗和碳排放规律，确定能耗和碳排放的基准数值。针对业务涵盖不同类型气藏开发的企业，需要分类梳理产量、能耗和碳排放基础数据；第三步在确定的预测边界和时间范围内，根据企业的发展规划，梳理勘探、开发、处理和输送各业务的工作量和产量等基础数据，同时确定相关基础参数；第四步依据能耗基准数值，结合产量和工作部署，预测化石燃料燃烧碳排放和电力消耗隐含碳排放；依据碳排放基准数值，结合天然气处理量和工作部署，预测工艺放空和火炬系统碳排放量；第五步依据碳排放源预测结果，汇总预测企业二氧化碳排放量；第六步将预测结果与碳排放基准数值进行对比分析，确定引起碳排放变化的原因，为提出针对性的降碳措施奠定基础。

4 四川盆地天然气生产企业碳排放核算与预测分析

四川盆地天然气勘探开发历史悠久，气藏类型丰富多样。基于建立的天然气生产企业碳排放核算与预测方法，选取典型的页岩气、常规气和高含硫气藏开发（表1）作为实例研究对象，核算天然气开发企业的碳排放量和碳排放强度，弄清不同类型气藏碳排放结构，预测天然气开发企业的碳排放趋势。

表1 四川盆地不同类型气藏气体组分

气藏类型	二氧化碳含量（%）	硫化氢含量（%）	甲烷含量（%）
常规气	1.2 ~ 2.4	0.4 ~ 0.8	95.1 ~ 97.2
页岩气	0.8 ~ 1.2	0.0 ~ 0.0	96.5 ~ 98.8
高含硫	5.1 ~ 10.4	7.1 ~ 10.5	75.3 ~ 85.0

4.1 天然气生产企业不同类型气藏开发碳排放核算

根据建立的天然气生产企业碳排放核算步骤与方法，在当前基础参数取值（表 2）情况下，结合选取的页岩气、常规气和高含硫气藏 2021 年开发实际情况，计算可得不同类型气藏开发企业的碳排放总量、碳排放强度（图 2）和碳排放结构（图 3 至图 5）。

表2 天然气生产企业碳排放核算基础参数取值

能源名称	折算标准煤系数	排放因子
汽油	1.4714 千克（二氧化碳当量）/ 千克	3.0425 千克（二氧化碳当量）/ 千克
柴油	1.4571 千克（二氧化碳当量）/ 千克	3.1451 千克（二氧化碳当量）/ 千克
天然气	1.3300 千克（二氧化碳当量）/ 立方米	2.1622 千克（二氧化碳当量）/ 立方米
电力（当量值）	0.1229 千克（二氧化碳当量）/（千瓦・时）	0.5271 千克（二氧化碳当量）/（千瓦・时）

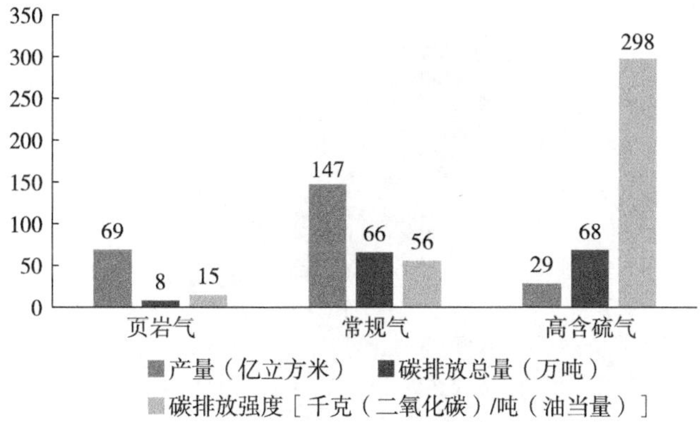

图 2 不同类型气藏开发企业 2021 年的碳排放总量与碳排放强度

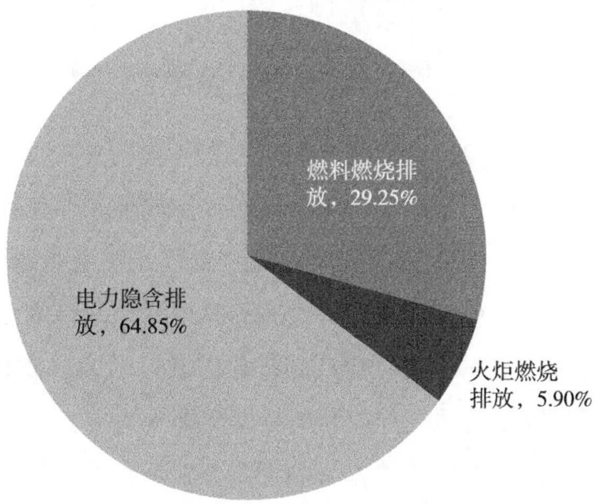

图 3 页岩气藏开发企业 2021 年的碳排放来源结构

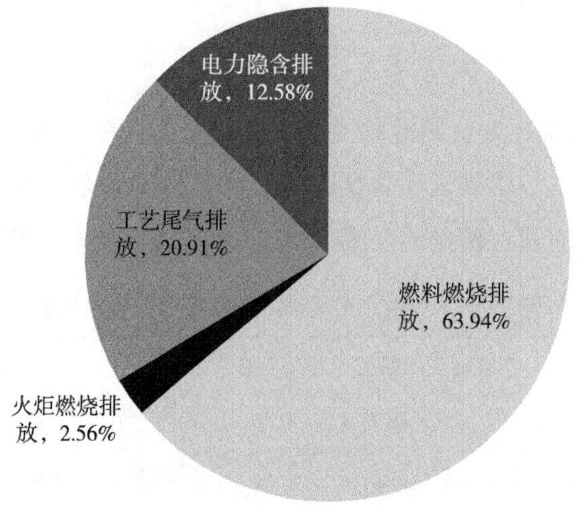

图 4　常规天然气藏开发企业 2021 年的碳排放来源结构

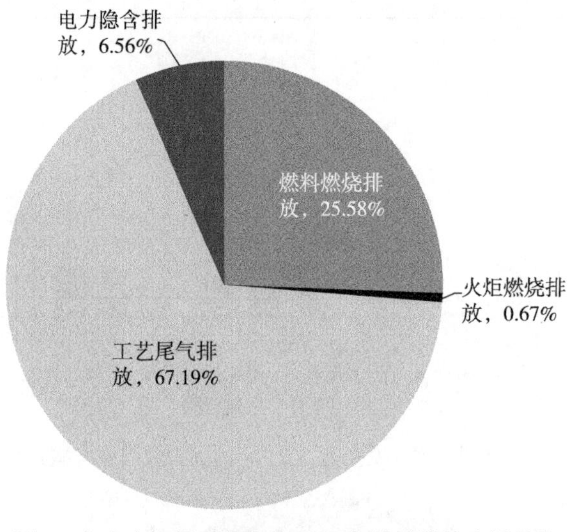

图 5　高含硫气藏开发企业 2021 年的碳排放来源结构

由不同类型气藏开发企业 2021 年的碳排放总量和碳排放强度核算结果可知，不同类型气藏开发企业的碳排放强度（生产单位油当量的碳排放量）存在巨大差异，选取的典型实例中，高含硫气藏开发企业的碳排放强度约为页岩气开发企业的 20 倍。从不同类型气藏开发企业的碳排放来源结构可知，页岩气生产的碳排放来源以电力隐含排放和燃料燃烧排放为主，不含工艺尾气排放；常规气生产碳排放以燃料燃烧排放和工艺尾气排放为主；高含硫气藏生产的碳排放以工艺尾气排放和燃料燃烧排放为主。

引起不同类型气藏开发企业碳排放差异的主要原因是，不同气藏气体组分和资源品位等的差异造成工艺路线不同，从而使得碳排放来源和碳排放强度存在差异。针对页岩气而言，由于不含净化环节，减少了工艺尾气排放。针对四川盆地常规气和高含硫气藏开发企业而言，天然气处理环节碳排放量大，占比高。

4.2 天然气生产企业不同类型气藏开发碳排放预测

根据建立的天然气生产企业碳排放预测步骤与方法，在选取的页岩气、常规气和高含硫气藏开发企业 2021 年碳排放核算的基础之上，结合企业的中长期规划，可预测不同类型气藏开发企业的碳排放量。页岩气和高含硫气藏开发企业碳排放预测结果分别如图 6、图 7 所示。从不同类型气藏开发企业碳排放量预测结果可知，随着天然气产量的增长，在不采取大的减碳措施情况下，企业的碳排放量将随着天然气产量的增长呈刚性增长的趋势。

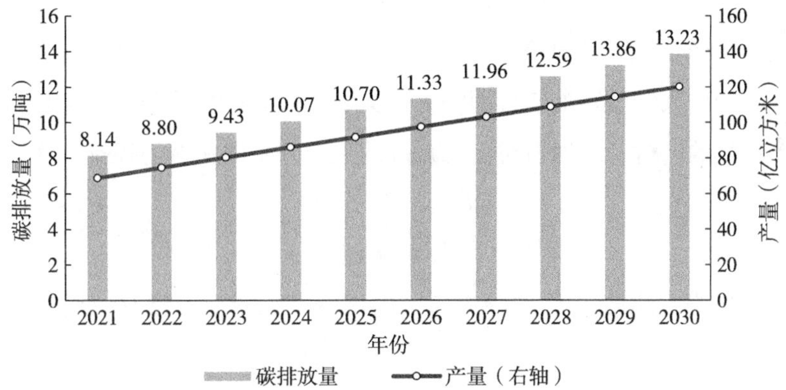

图 6　页岩气藏开发企业碳排放量预测

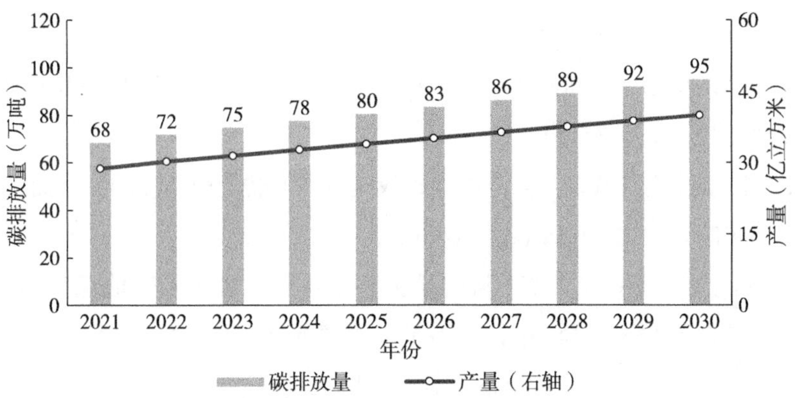

图 7　高含硫气藏开发企业碳排放量预测

5 结论与建议

（1）根据天然气生产企业的勘探、开发、处理和输送作业链，梳理出化石燃料燃烧排放、火炬系统燃烧排放、工艺放空排放和电力消耗隐含排放四大碳排放源，以此为基础建立的碳排放核算与预测方法，适用于天然气生产企业和行业。

（2）考虑到不同气藏开发的碳排放强度和结构存在较大的差异性，要保证天然气生产碳排放核算和预测的准确性，同一企业或天然气行业在进行碳排放核算和预测时，要进行分类核算和预测。同时，要加强碳排放核算和预测基础数据的统计和监测，确保基础数据的质量。

（3）在能耗双控向碳排放双控转换的大趋势下，为促进油气行业的高质量发展，在建立碳排放双控指标时，应以碳排放强度指标为核心，以碳排放总量指标为辅，同时应针对不同类型的气藏，建立不同的碳排放强度动态标准。

（4）天然气生产企业既是甲烷的主要生产供应者，又是甲烷排放者，考虑到甲烷同为温室气体，且在全球大气变暖潜势方面潜力巨大，为实现碳中和目标，天然气生产企业在关注二氧化碳减排的同时，应加强对甲烷减排的关注并采取相应的控排措施。

参考文献

[1] 邹才能，薛华庆，熊波，等．“碳中和”的内涵、创新与愿景 [J]. 天然气工业，2021，41（8）：46–57.

[2] 王震，和旭，崔忻．“碳中和”愿景下油气企业的战略选择 [J]. 油气储运，2021，40（6）：601–608.

[3] 徐庆虎，于航，纪钦洪，等．挪威国家石油公司碳中和路径浅析及启示 [J]. 国际石油经济，2021，29（2）：47–52.

[4] 张希良，黄晓丹，张达，等．碳中和目标下的能源经济转型路径与政策研究 [J]. 管理世界，2022，38（1）：35–51.

[5] 林东龙，周大通，李若思，等．《碳排放权交易管理办法（试行）》对油气企业的启示 [J]. 世界石油工业，2021，28（5）：6–11.

[6] 戚永颖，何继江，杨守斌，等．从油品销售企业到“碳感知”能源公司——芬兰 St1 能源公司低碳转型经验借鉴 [J]. 国际石油经济，2020，28（7）：32–38.

[7] 穆献中，冯孝刚，张志强．石油企业应在发展低碳经济中有所作为 [J]. 石油科技论坛，2010，29（1）：24–27.

[8] 冯保国 . 石油企业转型发展的基本问题 [J]. 国际石油经济，2021，29（1）：15-27.

[9] 周淑慧，王军，梁严 . 碳中和背景下中国“十四五”天然气行业发展 [J]. 天然气工业，2021，41（2）：171-182.

[10] 华贲 . 天然气在中国向低碳能源过渡时期的关键作用 [J]. 天然气工业，2011，31（12）：94-98.

[11] 孟醒 . 基于多源数据的中国能源消费碳排放时空格局及影响因素研究 [D]. 上海：华东师范大学，2017.

[12] 李真理，汤争争，卢一富 . 济源市能源消费二氧化碳排放量核算研究[J]. 中国人口·资源与环境，2015，25（5）：119-122.

[13] 徐博，冯连勇，王建良，等 . 美国页岩气开发甲烷排放控制措施及对我国的启示 [J]. 生态经济，2016，32（2）：106-110.

[14] 张振芳 . 露天煤矿碳排放量核算及碳减排途径研究 [D]. 徐州：中国矿业大学，2013.

[15] 付子航 . 煤制天然气碳排放全生命周期分析及横向比较 [J]. 天然气工业，2010，30（9）：100-104.

[16] 朱婧，刘学敏 . 能源活动碳排放核算与减排政策选择 [J]. 中国人口·资源与环境，2016，26（7）：70-75.

[17] 高炜，白平，王鸿，等 . CCUS 项目的温室气体排放核算方法学思考 [J]. 中国国土资源经济，2022，35（4）：12-21.

[18] 刘殊呈，栗科华，李伟，等 . 油气上游业务温室气体排放现状与碳中和路径分析 [J]. 国际石油经济，2021，29（11）：22-33.

油气行业物资储备库房管理升级与改革

朱凌霄
（国家管网集团东部原油储运有限公司物资供应中心）

摘　要：本文研究了一种物资储备库房安全巡检系统及方法，该系统包括终端设备，所述终端设备包括 AR 扫描器；增强现实识别巡检标识，所述增强现实识别巡检标识配置于库房内；增强现实设备信息标识，所述增强现实设备信息标识配置于所述目标设备上。该系统基于 AR 技术对库房物资设备生成设备指纹，以此保证设备资产信息的不可更改性。通过扫描设备上的特有二维码获得设备资产信息、设备之间的连接及其他安全巡检相关信息，以此提高巡检过程中设备资产的捋线速度，方便工作人员进行库房巡检与查验的过程。

关键词：物资储备；库存；油气；设备安全

1　背景

目前，油气行业相关物资设备的库存地众多，出现库存物资超储存和挤压现象，影响了油气行业的经济效益。同时，设备资产溯源复杂，设备信息不准确等多种问题，最终影响库存盘点正的确性[1]。由此影响巡检质量，无法准确发现真实情况。为了油气管网的高效运营和改革发展，本研究提供了一种库房内物资设备安全巡检系统及方法，所述系统的终端设备为 AR 扫描器。

2　研究方向

本文研究并应用了一种物资设备库房安全巡检系统及方法，该系统所述终端设备包括 AR 扫描器；所述增强现实识别巡检标识配置于库房内，用于供 AR 扫描器进行扫描，以便终端设备根据扫描结果，调用预先储存的与所述增强现实识别巡检标识对应的地图并进行展示；该地图用于显示巡检线路导航信息，此信息包括所述库房内安全巡检所需的目标测试设备的位置信息；该系统增强现实设备信息标识，可配置于所述目标测试设备上，用于所述 AR 扫描器进行扫描，以便根据扫描结果展示预先储存的设备在系统检查中的重要等级信息和设备资产信息。该系统基于 AR 技术对库房资产设备生成设备指纹，以此保证设备资产信息的不可更改性。在设备上贴上 AR 卡片，通过扫描设备上的特有二维码获得设备资产信息、设备之间的连接以及其他巡检相关信息，以此提高巡检的设备资产的捋线速度，方便工作人员进行库房巡检与查验的过程。该系统以此为基础构建三重库房巡检方式，可满足现场运维技术对设备资产的梳理确认、对网络拓扑的生成和确认，以及对运维对象的选定的确认。

3 技术方案

本研究提供的系统首先需要对库房进行改造和升级，升级步骤及方案如下。

3.1 资产登记

一是对网络设备、安全设备、服务器、等其他设备进行资产登记。二是查录物资设备资产信息。同时根据设备型号和巡检要求提供查验指令及其他相关信息。三是设备之间相互连接，记录相互连接的设备。

根据以上信息构建 AR 卡片，手机可根据扫描 AR 卡片查看相关设备的资产信息、设备如何查验、设备连接具体情况。

3.2 设置巡检路线

巡检路上设置明显标识和 AR 卡片，AR 卡片通过扫描可呈现周围设备大致信息，以此模块化划分库房。使用打开手机 AR 巡检软件，通过扫描巡检路线上的标识和 AR 卡片构建立体的 AR 巡检地图，以此构建库房巡检路线，使库房巡检可视化。

3.3 库房巡检路线

首先，根据库房巡检路线和被测系统从进行巡检，使用 AR 扫描到巡检路线上的标识和 AR 卡片，找到被测信息，通过手机 AR 软件识别标识和 AR 卡片信息，形成库房的 AR 巡检地图，地图上可以显示巡检路线，并对设备资产进行导航和显示。根据巡检路线可以发现库房巡检需要测试的设备，巡检人员也可以根据提示找到对应设备[2]。

3.4 库房设备资产检查

找到库房设备资产后，可以看到其在系统检查中的重要等级（非常重要、重要、一般等），通过手机 AR 软件扫描设备上的 AR 卡片，巡检人员可看到其设备资产信息，如设备厂家、设备类型、设备名称、设备巡检指令、设备巡检注意事项等相关信息。巡检人员还可根据 AR 卡片显示的信息记录巡检信息。

3.5 拓扑生成

通过使用手机应用程序确定设备资产信息、设备连接情况构建拓扑网络。根据巡检的设备数量、设备之间连接的方式及库房拓扑模型构建网络拓扑。以此增加巡检过程设备资产的盘点质量。

4 实施方法

本研究提供的方案主要用于实现对库房设备进行 AR 巡检。该系统通过构建 AR 卡片实现路线巡检，以此对设备信息进行立体显示，同时实现对设备及路线的导航。通过在地面上构建导航信息，展现立体 AR 图片构建整体设备信息。

4.1 AR 库房整体改造

本系统首先需要对库房做整体改造升级，以最小工作量和最小成本为原则，对库房进行改造。如图 1 所示，对整体库房进行区域化管理。例如，在机柜上贴上明显 AR 标识进行识别；地面上构建巡检路线，巡检路线贯穿整个库房；对库房设备区域进行模块化划分构建 AR 巡航路线；对设备资产进行记录收纳，制作 AR 卡片。AR 卡片作为路线上导航的重要标识至关重要，所以 AR 卡片的制作需要设备的详细信息。将 AR 卡片贴在巡检路上、设备上，以此构建可视化库房安全巡检方法。

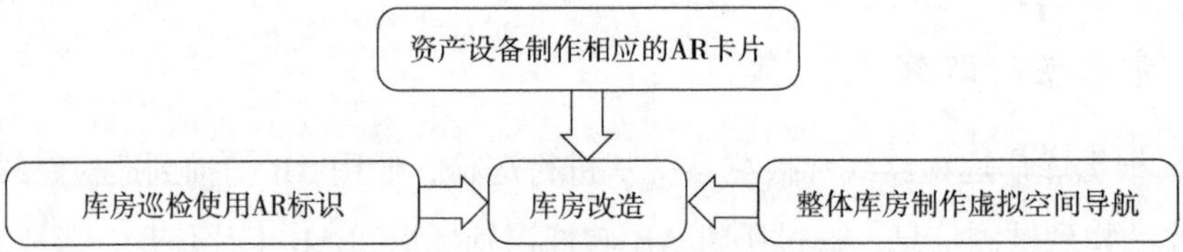

图 1　库房改造区域化管理

4.2 技术实现方式

如图 2 所示，在整体库房改造上，通过设置可被 AR 相机识别的 AR 卡片作为巡检标识，为巡检路线提供可视化导航。对设备的 AR 卡片进行构建，使用 ARKIT 和 ARCORE 作为 AR 软件的开发平台。同时使用 Unity 的 AR 组件构建 AR 卡片生成立体人机交互的图片。在实现 AR 交互的前提下还需要 AR 卡片的双卡互动和多卡互动，互动中相互展现设备相互连接的关系以及设备巡检信息。以此构建立体化巡检方式。此外，为了呈现好的 AR 导航体验还需要使用 Unity easy 4.0 稀疏空间导航的技术开发功能。

首先，扫描整体库房空间，通过前期的库房改造将库房划分区域，并贴上 AR 卡片。以 AR 卡片作为关键空间点，使用 EasyAR 构建稀疏空间导航，使卡片与卡片之间连接形成有效巡检路径。该系统和市场上其他专利略大有不同，在使用最小资源的情况下，使用 AR 技术实现最能贴合实际的巡检方式。

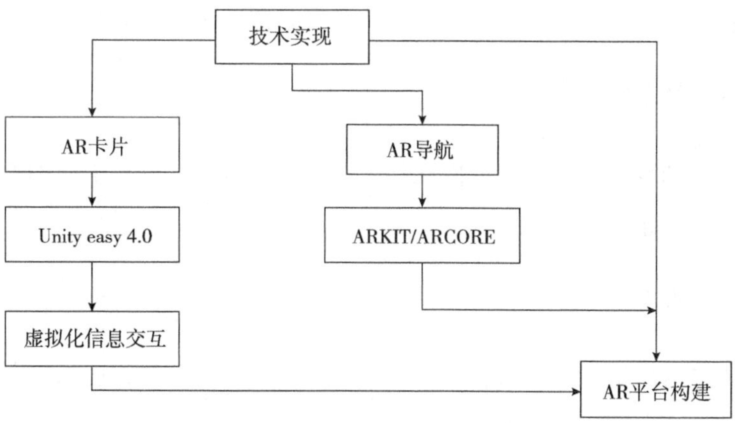

图 2　构建 AR 平台的技术方式

4.3 AR 卡片的构建

AR 卡片的构建整体需要卡片识别系统、二维码识别系统、立体成像系统、图像识别和多媒体技术。将设备资产信息以及检查信息多层叠加到真实场景中，来构建 3D 立体图像，并以此增强现实场景，利用虚拟现实将数字信息叠加到真实的场景之中，从而创建出新的人机交互方式 [4]，以更加真实的场景帮助巡检人员对繁多的设备进行检查。

4.4 AR卡片的制作

4.4.1 生成指纹记录

首先生成设备指纹，通过提取设备信息的IP、mac、设备型号、设备部署地点坐标等重新生成设备指纹。重新构建设备指纹，通过朴素贝叶斯的方法进行融合特征值，去实现设备特征指纹。通过多重特征融合，极大程度地减少了碰撞率，以此完成设备身份标识的唯一性。

4.4.2 获取物联网设备属性

采用主动收集的方式获取如设备的SDK、IP、设备信息。通过HASH混合算法生成设备指纹从而构建设备指纹库，并根据设备指纹构建设备指纹库。

4.4.3 指纹生成方法

考虑到设备的每个指纹的唯一性，不同特征值混合生成指纹可考虑使用贝叶斯定理。

4.4.4 构建特征范围

根据朴素贝叶斯算法，每个特征值互相干扰，可以最大概率范围内构建每个类别的数据特征值，从而减少碰撞率。

4.4.5 指纹管理方法

设备指纹通过区块链技术进行管理，通过识别分配模块，向相应的物联网设备分配指纹识别码和物理密文，同时向区块链发送ID码和物理指纹密文，识别模块生成的识别码。根据物联网设备的基本属性和设备的行为特征进行描述，提取特征向量，并对特征向量进行哈希加密生成设备指纹[5]。

4.4.6 创建区块链钱包

基于每个设备的特征指纹创建区块链钱包，基于物联网设备的指纹生成新的区块，并将设备的信息和访问记录写入区块链中，同时加入时间戳概念确定时序性。在此使用拜占庭容错算法，确保节点发送公钥的有效性。节点通过签名算法对节点流通数据进行有效验证，拜占庭容错算法具有一定有效性验证。当签名验证请求到达指定阈值，此次数据验证被认为有效[6]。

4.4.7 加入区块链网络

当设备创建钱包完成后，物联网设备想要加入区块链网络，二级网络对该设备进行识别，当加入区块链网络后，后续实现访问控制功能。多个物联网设备的密钥生成模块可生成公钥和私钥，具体包括：基于椭圆曲线离散对数问题构建公钥—私钥种子矩阵，对物联网设备标识符进行哈希运算，获取物联网设备标识符的哈希值，物联网通过计算线映射算法设备标识符的散列值得到对应的线坐标序列，并根据行坐标序列提取出种子中的公钥—私钥矩阵关键因子，对关键因子进行组合运算，获取物联网设备的公钥和私钥。

4.4.8 构建身份验证智能合约

生成身份验证加入联盟链共识机制构建身份认证系统。设备管理员 Admin 是创建合同注册和部署合同定义的 admins 数组，以保存设备管理信息，Admin 能力与其他授权用户成为设备管理员，添加到数组 admins。智能合约成功创建后消耗一定的 gas 费，为合约调用方 MSG 定义以太坊账户地址。发送者禁止呼叫其他地址。在智能合约中定义了事件功能，记录合约日志交易信息，方便任何人都可以监控事件并轻松获取交易数据。

4.4.9 设备相互认证

设备间的相互认证主要由智能节点组成，即智能合约[7]。设备经过注册和节点认证后，加入物联网系统，通过设备之间的相互认证可以相互通信。设备向节点提出认证请求，节点通过智能合约来验证设备的身份，播出后将在此事件中进行剪辑。当设备之间进行通信时就会捕获相应的信息。整个过程是通过一个智能合约完成，包括节点和注册在物联网设备指纹。

4.5 基于区块链设备的准入控制模块

终端识别能力可通过主动探测和流量学习这两种方式对物联网终端进行学习、识别，获取指纹信息，实现对终端设备的唯一标识，为终端认证、准入控制等安全能力提供依据。准入管控白名单是根据指纹学习结果形成终端接入控制白名单，有效阻断非业务终端访问网络，对终端提供有效的身份识别及准入控制[8]。建立智能行为基线，可自动化学习业务终端的日常行为，并智能化生成每个终端的行为基线，作为判断终端是否正常提供长时间样本参考模型。终端行为控制，根据行为基线可自动或手动生成行为管控策略，并根据策略规范终端行为，达到屏蔽终端异常动作、指令、行为等访问的目的，有效防止被感染终端实施违法操作。

4.5.1 区块链设备指纹管控机制

区块链设备指纹白名单管控机制终端访问通常分为两类，即业务终端数据和非业务终端数据，并在允许业务类数据通过的同时，有效阻断非业务数据访问用户网络。相比黑名单机制，白名单具备明显的安全优势。非业务数据具备范围大、不能准确预测的特点。白名单仅允许合法业务通过，可以有效阻断非法业务请求[9]；而黑名单机制准确率依托于特征库，一般均具有不完善、滞后的特点，无法有效覆盖安全威胁，也就无法全面阻断非业务类数据访问。

4.5.2 终端行为

终端行为基线自学习，能够通过分析终端流经设备的日常流量内容，自动形成行为基线，当终端遭遇攻击侵入、病毒感染、非法控制、指纹冒用等情况，在无法通过指纹准入进行防范时形成第二道安全防线，仅允许终端发起的符合行为基线的操作通过设备，阻断非法操作行为，使入侵者在控制了终端设备的情况下也无法进行非法入侵操作。

4.5.3 物联网设备准入控制

基于设备在构建区块链网络的认证机制，即二级网络入网需要认证，在开始构建的时候对设备的操作写入联盟链，可以对设备运行状态进行监测，以便及时发现异常。还可以对操作进行溯源，由此保证设备操作信息步骤清晰，对设备进行溯源管理。

4.5.4 状态展示能力

该系统具备深度状态展示能力，通过集中收集进一步整合终端安全状态数据，分层次、分区域、从整体到每一终端详细分析来展示终端安全状态，并进行有效展示；具备完善数据接口，以及与多种集控平台、态势感知系统无缝对接整合的能力。方法主要在于在生成的每个区块之间查看设备状态信息，对日志进行审查，查看每个区块节点新生成区块的情况，以此发现状态异常的区块，帮助实现准入功能。

4.6 AR 卡片信息制作技术使用

如图 3 所示，使用 Unity Vuforia 的 AR 组件通过构建新项目设置碰撞器，在一个 AR

卡片中录入设备资产的信息图片，通过 Unity 的 AR 组件进行渲染，生成设备特有的立体图像，同时生成该设备图像。通过 AR 卡片制作两种不同的卡片：巡检路线 AR 卡片和设备信息卡片，并用此两种功能不同卡片展现出 3D 巡检路线的效果。

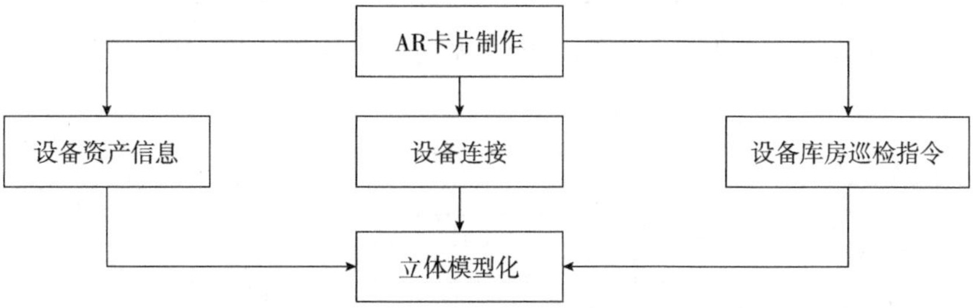

图 3　AR 卡片信息制作技术流程

4.7　运行平台的构建

本研究提供的方案需要构建运行平台，如图 4 所示，平台支持 easyAR motion tracking 的功能，在构建 app 中使用 ARkit 或者 ARCore 两种方式也可调用。本平台在构建巡线方式上使用的是 AR 卡片和 AR 导航两种并行模式，平台可根据需求进行切换。整个平台使用 spatialmap 对整个库房空间地图进行构建，以最小开发成本实现整体导航。在以 AR 卡片为关键空间点，在库房空间模型汇总展开虚拟构建以此满足整体设备的构建。在苹果的 ARkit 以及安卓的 ARCore 平台式可实现其功能调用，在使用 Unity 构建 AR 卡片完成后，会使用两者平台的调用功能，对已经加工好的 AR 叠加效果图片进行调用，该系统同时可以支持 AR 导航和 AR 图片的并行存在以此实现功能拟合，完成人机交互的闭环协作，以此构建立体化平台效果。

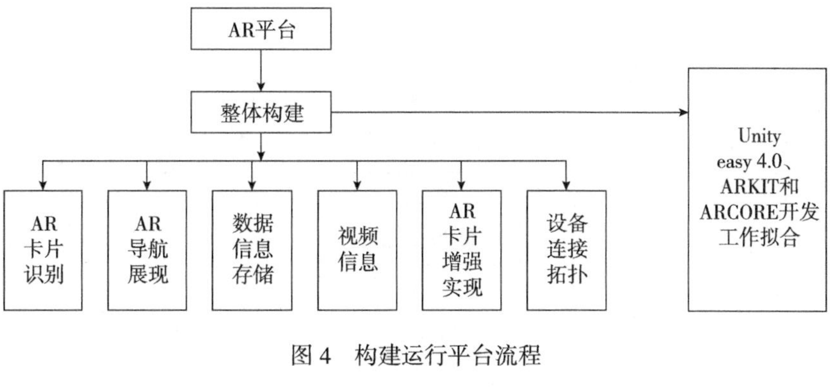

图 4　构建运行平台流程

4.8 AR 空间导航功能

如图 5 所示，本研究提供的方案使用疏密空间组件进行巡检路线构建，由 AR 图片和 AR 空间导航并行实现巡检测试可视化方案，以此达到对设备进行协助检查，同时实现对库房设备的可视化管理。导航使用疏密空间技术对库房这种小空间进行空间划分。

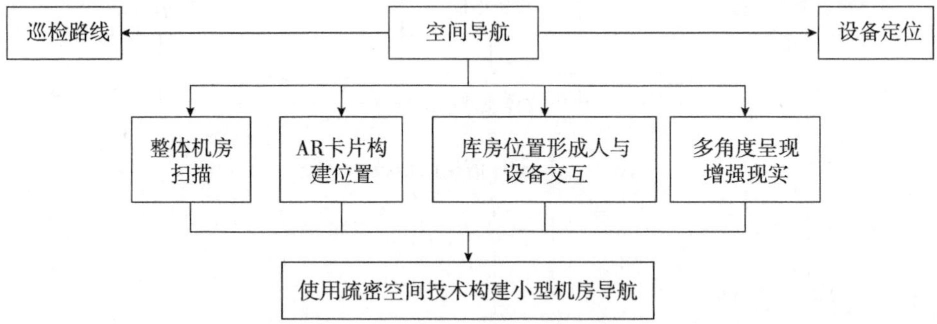

图 5　AR 空间导航功能概览

4.9 设备之间的拓扑，构建多卡互动 AR 卡片流程

如图 6 所示，在 Unity 中创建识别图片，例如一个交换机图片、交换机信息图片、交换机指令图片，这三层图片复合叠加。由于 AR 卡片不是呈现单一形态，需要部署碰撞器。当碰撞器接触另一个 AR 图片时进行触发，同时产生射线定位与另一个 AR 卡片进行信息交互，先显现出另一个卡片的信息。碰撞器的构建需要给物体添加脚本信息，当一个碰撞器接触另外一个信息时触发信息，获取构建模型，从而可以呈现可视化结果。

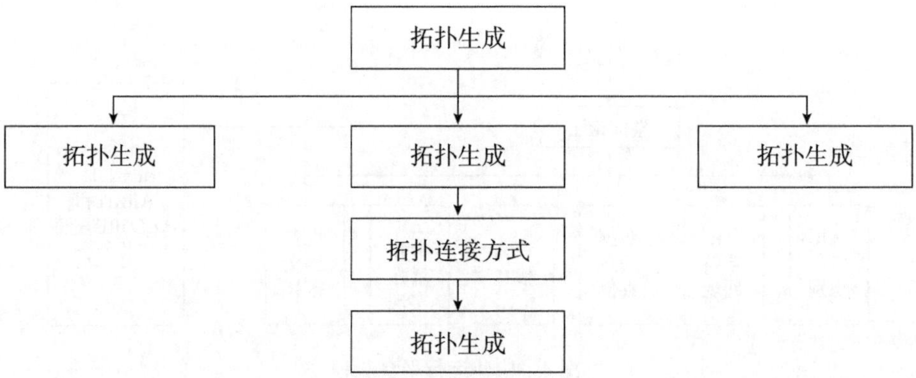

图 6　设备之间的拓扑过程

5 结语

随着油气行业发展规模不断扩大，物资合理储备和储备成本之间的矛盾日益突出[10]。只有认识到库存管理中存在的问题，采用数字化的库存管理控制办法，减少积压物资，才能有效提高库存的管理水平。

参考文献

[1] 叶卫平 . 石油企业物资管理问题的浅析 [J]. 黑龙江科技信息，2011，（14）：115.

[2] 周宏辉 . 基于地理信息系统的输电线路无人机巡检管理平台研究与实现 [J]. 浙江电力，2018，（12）：32–37.

[3] 田静 .BIM 在智能电网资产可视化管理中的应用 [J]. 建筑技术，2019，（7）：822–825.

[4] 郭栋 . 增强现实技术概念及分析 [J]. 中国科技术语，2014，（z1）：139–140，143.

[5] 陈雯柏 . 一种基于 P 稳定局部敏感哈希算法的相似人脸检索系统设计 [J]. 智能系统学报，2017，（3）：392–396.

[6] 王德文，王莉鑫 . 基于实用拜占庭容错算法的多能源交互主体共识机制 [J]. 电力系统自动化，2019，43（9）：9.

[7] 沈海波 . 面向物联网的基于智能合约的认证和授权方案 [J]. 计算机应用与软件，2020，（1）：309–313.

[8] 吴鑫 . 终端安全准入控制技术的比较研究 [J]. 信息安全与通信保密，2014，（5）：114–116.

[9] 苏盛 . 基于云安全的高级计量体系恶意软件检测方法 [J]. 电力系统自动化，2017，（5）：134–138，152.

[10] 吴伟 . 石油企业库存精细管理模式的主要管理措施 [J]. 价值工程，2014，（19）：143–144.

现代能源体系转型升级背景下大庆长垣油田管网运行现状分析

栗辉霖　王善哲

（中国石油大庆油田有限责任公司第二采油厂工艺研究所）

摘　要：大庆油田开发至今累计贡献原油24.63亿吨，为国家的稳定发展作出了巨大贡献。目前，大庆长垣油田在运管道数量庞大，地下管网纵横交错，而随着油田整体开发进入到三次采油阶段，采出液高含水、高含聚合物造成的管道失效情况频发，管网的运行受到持续影响，管道周边环境也面临着威胁。近年来，采油厂员工老龄化日趋严重，仅依托人力的管道巡检模式暴露出诸多矛盾，不足以满足油田的管理需要，也为老油田的稳定生产带来隐患。在现代能源体系转型升级背景下，管道完整性管理深入开展，管道数字化建设迭代升级，管道巡检优化提升，是长垣油田管网运营发展的必由之路。

关键词：现代能源体系建设；管网运行；管道完整性管理；管道数字化建设

引言

2022年3月，国家发改委、国家能源局发布关于印发《“十四五”现代能源体系规划》的通知，指出：“推进能源革命，建设清洁低碳、安全高效的能源体系，提高能源供给保障能力……非化石能源占能源消费总量比重提高到20%左右……有序放开油气勘探开发市场准入，加快深海、深层和非常规油气资源利用，推动油气增储上产”。从其内容可知化石能源在今后一个时期内依旧发挥着我国能源的压舱石作用。但在能源开发生产、加工储运等环节，要进一步提升能源资源利用水平，降低碳排放水平。

截至2021年年底，中国长输油气管道总里程达到15万千米。陆上95%以上石油天然气通过管道输送，油气管道已成为经济发展和民生保障的重要能源生命线。从全球各国油气管网密度（即每平方千米的管道里程）来看，美国0.0776千米/平方千米、欧洲0.0343

千米 / 平方千米、中国 0.0159 千米 / 平方千米、俄罗斯 0.0149 千米 / 平方千米、印度 0.009 千米 / 千米。如果结合各地人口数量分析，从管道建设水平上看欧美地区油气管网建设更为成熟。

在油田管道建设和运行方面，我国起步较晚，还面临着很多问题。不过有别于长输管道，以大庆油田为例，油田生产管道除了输油输气干线管道外，还拥有大量井—站、站—站间的工艺管道（油集输、气集输、注入、污水、供排水等），主要特点是管道规格小（多数管径在 100 毫米以下），单条管道长度小（1 千米以下占比在 70%），管道材质种类多（金属、非金属、复合管等），输送介质种类多（油气水混合、油田注剂、工艺用水等），运行压力类别多（GA2、GC2、GC3 等），管网密度大（19 千米 / 平方千米）且失效率高（接近 0.4 次 / 千米 · 年）。诸多难点造成管道运行管理上的困难，制约着油田企业的生产经营发展。

近年来，大庆油田通过不断完善管道运行管理能力，推行管道完整性管理技术，开展管道数字化建设，已经取得了长足进步，但同长庆油田等企业对标还有较大差距，尤其在管道数字化建设方面落后很多。据了解，2022 年 5 月长庆油田已经上线运行陇东页岩油物联网云平台，数字化覆盖率达到 98.2%。大庆油田按照“数字油田、智能油田、智慧油田”三步走部署，持续加大数字化、自动化、智能化在科研攻关、生产现场和经营管理方面的应用力度，建立全生命周期勘探开发大数据平台，推广安全高效的“无人值守”“区域集控”等新模式，实现一体化智慧指挥生产管控，大力实施“数智采油一厂”示范工程建设，管网运行管理工作将受益于这些技术的发展。

面对现代能源体系转型升级大趋势，当下需要重点关注的是如何做好油气管网运行管理的“两化”融合工作，在安全可靠的前提下优化管网运行管理。下面将分别从管道完整性管理技术和管道数字化建设两方面进行分析，旨在促进油田管道管理水平提升，助力建设现代能源体系。

1 管道完整性管理技术应用情况

管道完整性管理是指对管道面临的风险因素不断进行识别和风险评价，持续消除识别到的不利影响因素，采取各种风险消减措施，将风险控制在合理、可接受的范围内，最终实现安全、可靠、经济地运行管道的目的。

1.1 管道完整性管理技术发展现状

国外在 20 世纪 60 年代末期关注到在用管道的检测和剩余强度评价，并逐步纳入压力管道标准。20 世纪 90 年代，随着国际上对管道运行经济性和安全性兼顾的要求越来越激烈，欧美等发达国家提出了管道适用性评价和风险评价的概念。经过十余年的发展，已经形成不同评价标准和规范。2001 年 API 和 ASME 提出管道完整性管理的理念，并颁布了有关的标准和规范。

国内管道完整性管理始于 2004 年，由中国石油开展研究和试点工作，2009 年推广应用管道完整性管理。2010 年中国石化、中国海油先后开展研究和试点工作。2016 年发布了国家标准 GB 32167《油气输送管道完整性管理规范》，并由五部委联合发文推行。我国管道完整性管理目前已经形成了围绕数据收集、高后果区识别、风险评价、完整性检测评价、维修与维护、效能评价六步循环，能够有效控制管道运行风险、延长使用寿命，提高管道运行管理水平。

中国石油 2016 年启动了油气田管道和站场完整性管理工作，持续开展试点工程，并配套开展了科研攻关，2017 年编制完成了《中国石油天然气股份有限公司油气田管道和站场完整性管理规定》(简称《中石油油气田管道和站场完整性管理规定》)，以及三个技术导则，即《中石油油田集输管道检测评价及修复技术导则》《中石油气田集输管道检测评价及修复技术导则》和《中石油油气集输站场检测评价及维护技术导则》，从管理和技术两个方面对完整性管理提出了具体的要求。2018 年针对油田和气田共编制了四个管理手册，即《中石油油田管道完整性管理手册》《中石油气田管道完整性管理手册》《中石油油田站场完整性管理手册》和《中石油气田站场完整性管理手册》。由此，“一个规定”“四个手册”“三个导则”共同组成了中国石油油气田管道和站场完整性管理体系（图 1）。2020 年实施完整性管理信息化工作。

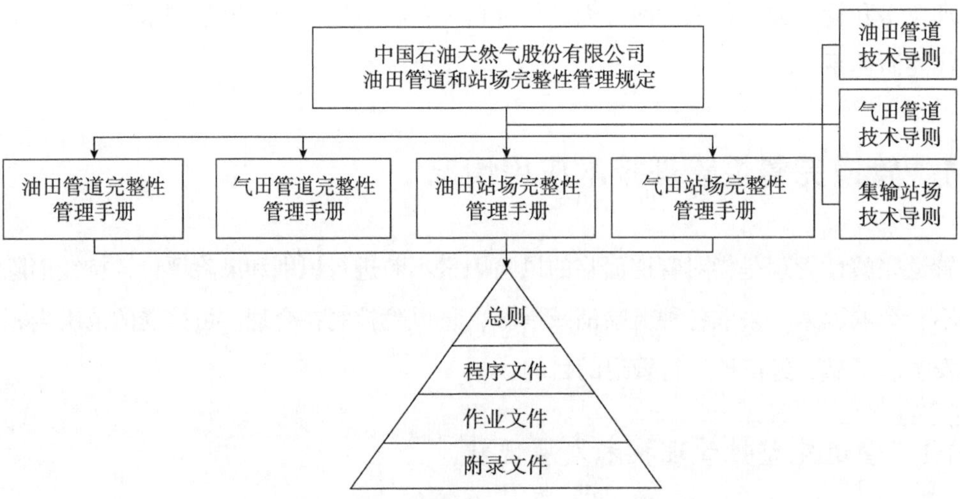

图 1　中国石油油气田管道和站场完整性管理体系文件

“一个规定”是体系文件的纲领性文件，规定了开展完整性管理的总体原则、工作目标、职责分工、基本要求和工作流程；“四个手册”是开展完整性管理工作的执行文件，明确了完整性管理各个要素的实施程序和具体做法；“三个导则”是开展完整性管理检测评价及修复工作的技术指导文件。

1.2 大庆油田管道完整性管理应用情况

大庆油田自 2018 年推广管道完整性管理以来，失效率得到了有效削减，截至 2021 年年底，大庆油田已建管道 11.3 万千米，总体失效率接近 0.4 次 / 千米 · 年，较 2018 年降低了 36 个百分点，但失效率依旧很高，尤其以长垣老区管道里程基数最大，失效治理难度最大。首要原因是大庆油田地处松嫩平原，地下水位高，土壤含盐量高，土壤腐蚀性普遍偏高；其次是电化学保护覆盖率低，大庆油田主要对输油输气干线应用电化学保护，支线未实施电化学保护，近几年开始尝试对支线管道实施区域性阴极保护；另外还包括随着驱油技术的发展，管输介质日趋复杂，腐蚀作用增强，以及地下管网纵横交错，施工过程容易造成管体及防腐层破损，对管道强度和防腐层造成破坏。

大庆油田围绕管道完整性管理内容，每年定期开展管道全生命周期的完整性管理工作，推动管道管理模式由“事后抢修”向“事前预防”转变，以下从六个方面进行分析。

在数据收集方面，大庆油田借助中国石油推行的采油与地面工程运行管理系统 A5（2.0）和中国石油地理信息系统 A4（2.0）两个平台，将管道施工资料、基础数据、生产数据、图形数据等资料进行信息化管理。建立较完善的数据采集、整理、校核机制，实现数据展示和统计分析功能。

在高后果区识别方面，大庆油田已经开展多轮高后果区识别工作，并针对识别出的高后果区管段单独建档、加强管理。对高后果区的管道采取风险削减措施，如加密巡检、设置标志桩和警示牌、开展检测修复、管道路由迁移、风险告知、制订一区一案和一线一案等。

在风险评价方面，主要采取定性和半定量风险评价，定性风险评价是按照失效后果和失效可能性进行打分，半定量风险评价是按照管道建设期、运行期的不同时间段，针对外腐蚀、内腐蚀、应力腐蚀、第三方破坏、误操作、地质灾害、制造与施工缺陷等风险源开展风险评价。

在完整性检测评价方面，采取外腐蚀直接评价（ECDA）、内腐蚀直接评价（ICDA）、环境应力腐蚀开裂直接评价（SCCDA），应用的检测方法包括多频管中电流法（PCM）、密间隔电位测量（CIPS）、直流电压梯度测量（DVCG）、磁应力检测、超声导波检测。鉴于油田管道基数大，且检测费用高，故未大面积应用，仅应用于输油输气管道。

在维修、维护方面，数据库系统具备维抢修管理、地质灾害管理和第三方破坏等录入功能，将管体和防腐保温修复资料存档，进一步加强管道运行及失效数据的管理，促进管道完整性管理向事前预防和主动控制转变。

在效能评价方面，定期分析失效率变化情况和更新改造维护费用变化情况。根据具体的危害因素分项进行效能评估，回顾开展完整性管理工作的具体情况，对比历年数据变化情况，分析风险削减、预防控制效果，形成评估报告，寻找提升空间。

1.3 大庆油田管道完整性管理优化方向

基于对大庆油田管道完整性管理应用情况的梳理，结合管道管理发展趋势，总结出以下几点建议，以期在现代能源体系转型升级背景下为我国油田管道管理提供参考。

一是管道完整性管理是针对管道面临的风险因素进行识别和风险评价，尽管体系已经比较完备，但从数字化油田建设的角度，管道完整性管理从风险削减出发，缺少油田宏观发展的顶层设计，并没有涵盖从油藏区块和产能建设的角度考虑管道前期规划设计内容，缺少管道建设的资金和物资流转过程管控。因为管道运行稳定与否同规划设计阶段的需求调研以及工艺选型密切相关，未来在管道完整性管理体系中应当对此部分内容进行补全。

二是管道完整性管理较早应用于长输管道，其管理对象比较单一。而面对油田管道数量如此之多的情况，就需要大量的管道管理人员，且现实中管道管理人员身兼数职，对于完整性管理的认识程度还不够高。建议设立专门岗位，加强完整性管理培训，重点在数据收集、录入、审核方面需要做足功夫，确保第一手资料准确性，为决策分析提供数据保障。

三是现有平台在高后果区识别方面，管道详细的数据无法全面展示，建议借鉴钻井、测试、作业过程的管柱、油层信息图模式，建立管道的一维到三维信息图，分段展示高后果区的风险信息，完成数据有形化，为管道数字化建设提供技术支撑。

2 油气管道数字化建设情况

智慧管网具有全面感知、自动预判、自适应、自反馈、自学习等特征优势，近年来得到迅速发展，国内外智慧管网的侧重点有所不同，国外更侧重于使用现代模型方法升级传统技术方法，而国内侧重于智慧系统的规划和整体设计。目前中国智慧管网建设仍处于起步阶段，在数字孪生体构建、传感技术、精准检测和评价、决策支持、模型构建、信息共享、大数据深度挖掘等方面缺乏系统性、规划性、科学性，基础模型和智能决策不足。

2.1 国内外油气管道数字化建设现状

2008 年，IBM 提出了“智慧地球”的理念，在全球掀起了“智慧”系统的建设浪潮。当前以数字化、网络化、智能化为核心的第四次工业革命正蓬勃兴起，数字化转型已经成为经济产业发展的热点。在此背景下，油气管道数字化建设也取得了长足的发展。以智能管道解决方案为其中的代表。该方案由美国公司在 2014 年设计并推出。

国家油气管网集团北方管道公司结合智慧管网的相关概念以及油气管道行业企业的现状，基于数字孪生技术提出了智慧管网建设的理论，围绕着实体管道建设、虚拟管道模型开发、管道服务系统、管道数字化模型以及管道孪生数据的传输技术，获得了实体管道与虚拟管道两者之间的交互融合技术。中国科学院沈阳自动化研究所针对油气输送管道业务现状，结合新一代信息技术，提出了智能管道发展的系统架构与主要内容。

中国石化数字管道建设起步于 2007 年，首先应用于榆济管道的管理方面。榆济线在施工阶段便同步进行数据采集，基于 GIS 系统，在采集大量施工数据基础上，对管道走向，埋深情况进行描述，使之可以被清楚地呈现出来。以 2009 年开始建设的川气东输为研究平台，进行了数字化管道的深入探索，并通过数据补录，将当时的施工数据增加到系统中。2014 年，开始管道数字化、智能化管理系统的推广建设，逐步形成了以综合管理功能、应急响应管理功能、管道运行功能以及管道数字化管理功能和项目顶层建设等为主的智能化管线标准体系，2018 年已经研发了具有中国石化自主知识产权的智能化管线管理系统 2.0 版。2021 年 5 月，中国石化重大装备国产化研制项目《天然气长输管道 SCADA 系统》相关软件国产化率达到 87.5%，已在天津 LNG 输气干线工程调控中心投运。

中国石油计划在 2025 年基本完成智能管道以及相应网络建立。目前，第一步计划已全面推开，从工程实施到 2020 年，以中俄东线管道建设为试点，结合数字孪生技术及油气管道的网络化研究为基础，深入发展管道可视化技术，并通过专业的分析，使管道的智能化发展得以深化。

中国石油管道分公司智慧管道建设项目中心从管道设计、管道设备运行维护、调度优化、全生命周期管理等方面分析数字孪生体在油气管道中的应用前景，指出在油气管道中实施数字孪生技术可以实现虚拟管道的仿真优化，有利于促进国家智慧管网的建设。

中国石油西南管道分公司以中缅油气管道为研究重点，通过综合应用管道探测、航空摄影、倾斜摄影、数字化三维建模技术实现了管道建设初期的设计，构建了中缅油气管道的三维模型，形成了管道线路数据资产以及施工战场的资产库。同时，通过研究构建了中缅油气管道的数字孪生体，其构建的管道数字化孪生系统实现了油气管道的可视化运行，可以实现人员的培训以及用来指导抢险作业。

中国石油长庆油田分公司加快由理念倡导到落地深耕的速度，目前数字化覆盖率达到98.2%，场站无人值守率达到80%以上，建成了国内最大的油气生产物联网系统，构建形成场站“无人值守、集中监控、定期巡检、应急联动”的智能化生产组织方式。

2.2 大庆油田管道数字化建设应用情况

大庆油田提出推进“数字油田—智能油田—智慧油田”的三步走战略，把数据作为关键生产要素，构建数据采集、传输、分析、决策的全流程体系，通过数字化与勘探开发业务的深度融合，拉动技术变革、生产变革、管理变革，驱动油田高质量发展。

大庆油田的油气长输管道业务已经具有较高的自动化和信息化水平，2021年6月建成了庆哈天然气长输管道，该工程通过自主研究、自主设计、自主施工、自主应用的开拓性探索，全面实现“一体化”“集中化”“智能化”管控，有效推动先进自动化技术与长输管道生产运行操作深度融合。但长垣油田管道存在管道基数大、支线管道多、失效率偏高的情况，在管道数字化方面开展较缓慢，主要依托已建数据库逐步提高数字化在管理中的占比。

中国石油“A4系统”“A5系统”除了涵盖管道完整性管理部分功能外，还具有采油气工艺、井下作业、地面建设等常规业务，以勘探开发梦想云为基础，提升数据质量，深入挖掘数据价值，深化综合业务应用，为大庆油田智慧指挥中心提供“数据发布、功能研发”等技术服务，实现数据、成果共享，支持油田数字化转型、智能化发展。高后果区自动识别功能在管道完整性管理中效率较高，单条管道平均识别速度不超过20秒。基于在线定制半定量和定性风险评价模型，系统自动识别排序可以实现人工识别评价向自动识别评价的转变，辅助完整性管理人员快速发现目标管道。在管道失效数据统计功能上，管道失效数据的月度、半年度、年度统计结果自动生成，并支持按单位、管道分类、材质等不同维度筛选统计，有效辅助各级单位开展管道完整性检测和治理工作。管道泄漏报警系统、雷达视频监控系统，通过解析和接口软件开发，实现系统间拟合应用，对重要油气管道实施数字化运行监测。中国石油“A11系统”——油气生产物联网系统，成功建立覆盖全公司油气井区、计量间、集输站、联合站、处理厂的规范、统一的数据管控平台，实现生产数据自动采集、远程监控、生产预警，支持油气生产过程管理。同时以“A11系统”提供的PaaS平台服务作为前端数据采集基础，采用B/S模式开发，建立了生产指挥中心系统，满足各生产管理中心对油气生产监测、分析诊断、预测预警等需求。

2.3 大庆油田管道数字化建设发展路径

中国石油数字化转型的总体目标是利用自动感知实时采集油气产业链运行数据，利用全面互联广泛获取内外部数据，运用数字化技术持续优化业务执行和运营效率，“十四五”末初步建成“数字中国石油”。构建物理中国石油与数字孪生体融合交互的闭环系统，推进实体业务与数字化世界的双向连接运行，形成内外部连接、共享、协同机制，实现降本增效、协同共享、持续创新、风险预控和智慧决策，不断提高全员劳动生产率和资产创效能力。

基于对大庆油田管道数字化建设情况的梳理，围绕中国石油数字化转型总体目标，结合智慧管网发展趋势，提出以下大庆油田管道数字化建设建议。

一是未来随着物联网、云计算、大数据、人工智能等技术高速发展，管道行业必将迎来数字化、智能化的新时代。智慧管道应朝着智能感知、智能控制、智能决策方面发展，向着 CPS 信息物理系统演化、迭代，要注重数字化建设人才的储备。

二是建立管道管理信息画像，找到数字化建设的切入点，丰富完善现有管道数字化系统，利用其已经形成的数据资产变现生产效益，尽量破除已建系统之间的数据共享屏障，消除信息孤岛，节约新建系统的投资成本。

三是建议进一步采用物联网、云平台、区块链等技术，研究建立管道全生命周期数据标准，构建管道全生命周期数据库，开展智能管网平台设计，包括管道全生命周期资产管控、运行控制、决策支持，最终形成基于多源数据融合的智能一体化管理平台。

四是从容易获得的技术角度考虑，建设低成本的管道泄漏报警系统，实现管道漏失、偷盗监测，系统报警与无人机联动，对报警位置自动巡航，进一步确认报警信息及坐标，及时发现和处置油水管道泄露事件。

3 油田管道无人机巡检技术探究

相较于其他油田，大庆长垣油田拥有数量最为庞大的集输系统管网，11.3 万千米的管道遍布长垣老区与外围油田，油田的传统巡井模式面临着多重挑战，员工巡井压力逐年增大，不足以满足油田的高效、智能管理需求，也为老油田的稳定生产带来严重隐患。随着员工数量逐年减少和年龄逐年加大，仅依托人力的巡井模式暴露出诸多问题，以长垣老区某采油厂为例，十年前拥有员工 15000 人以上，近期在册员工已不足 10000 人，且老龄化严重。“十四五”末期，“60 后”男性员工与“70 后”女性员工开始逐年退休，基层班组人均管理井数将达到现在的1.5倍以上，一位员工半天巡检30口油水井的情况将成为普遍现象。无人机巡检技术已经成为现代能源体系转型升级背景下提高油田基础管网运营效率的最佳手段。

3.1 无人机巡检技术发展情况

近十年来，无人机技术逐渐从军用转向民用，无人机巡检技术作为民用领域内出现的新兴技术，在通信维护、环境保护、电力运维、气象观察等多个领域得到了广泛推广和应用，推动了社会进步，助力工业现代化与自动化的全面发展。

英国创新远程监测服务公司早在2011年就首次利用无人机进行石油行业中相关设备的巡检，这使得无人机巡检在石油行业的应用引起关注。为了防止油气泄漏、油气偷盗及蓄意扰乱等事故的发生，美国与加拿大也采用无人机进行油气管道巡检。根据国外多年使用无人机的经验，其逐渐体现出在线路巡检方面的巨大优势。

国内的中国南方电网公司对无人机巡检输电线路技术进行了深入研究，分析了无人机电力巡线的技术特点，着手研发地面航模机操作无人机技术，使工作人员能准确地判断输电线路的实际运行结构，真正突出了无人机巡检输电线路项目成本低、维护费用低以及安全性能高的特点，取得了极佳效果。

在油气田企业中，长庆油田对于无人机技术研究较早，2009年长庆油田将搭载摄像机、高分辨率照相机、红外摄像头和图像传输设备的无人机用于油田矿站维护，巡视过程中传回高清视频图像，经地面站进行实时处理，满足了夜间巡护的要求。

2014年，大庆油田以第九采油厂齐家北油田作为试点，开展了无人机飞行试验，完成了白天和夜间的油井巡检工作。从2018年开始，大庆油田外围采油厂的盗油者更趋于团伙作案，交通工具、通信设备齐全，作案手段多样，反侦察能力强，并且油区多处在村屯包围之中，管线打孔、盗油、设备破坏等事件经常发生，油田安全保卫工作难度大。针对以上情况，外围采油厂保卫单位开始配备无人机设备辅助巡检，多次助力抓获盗油者，如今，大庆油田各采油厂保卫单位均配备无人机，并能熟练操控设备，且已经成立无人机项目部，多次完成紧急任务。

3.2 无人机巡检技术与传统人工巡检方式对比

纵观国内外油田的巡井历史，油田巡井技术到目前为止大致经历了人工巡井技术、半自动巡井技术（无人机巡井技术）、全自动巡井技术三个发展阶段，大庆油田长垣老区目前正处于半自动巡井技术入门阶段，部分矿级单位已经通过使用无人机取得一定的效果，但是仍然处于试用和探索阶段，主要制约因素是现阶段无人机价格较为昂贵，配备数量较少，有准飞资质的员工较少，还需经常使用才能够熟练掌握。

按照表 1 所示，大庆长垣油田目前通过实验性的无人机巡检与人工巡检对比发现，按照现阶段无人机科技水平和后期视频分析的时效性制约等问题，需要进一步学习掌握这项技术，才能够达到“能飞、能修、能分析”的标准。无人机巡检作为新一代的技术，对比目前较为成熟的人工巡检制度，也只是在效率上略优于人工巡检，还需要一定的过渡时间进行适应。

表 1　无人机巡检与人工巡检能力分析

项目	人工巡检	无人机巡检
巡检距离	短	长
复杂地区巡检（识别物多、雪原林地等）	强	弱
危险环境巡检	极弱	强
夜查能力	极弱	强
雨雪大风等极端条件下巡检能力	强	禁飞或不建议飞
高安全防护等级区域	正常	禁飞
巡检质量	高（受多种因素影响）	稳定，但视频需要后续分析暂时无法实时分析
巡检频率	白天 2 次，夜晚 1 次	电池经济情况下可一日多次
自动化程度	较低	目前尚可，未来极强
智能网络信息节点	无	极强

未来，随着油田的进一步开发，员工数量自然减少，人工巡检的短板会不断暴露出来。得益于油田数字化的建设，与信息通信技术（5G、6G）的升级，无人机巡检的自动化优势会越发明显。目前受制于电池电量不足的问题，需要配备数量更多的无人机，造成了成本大幅提升，但在将来，电池的能量密度将会出现飞跃式的技术升级，无人机巡检效率将倍增，即使没有配套的机场搭建，也可以做到 24 小时不间断巡检，这是人工巡检无法达到的效率。

要进行无人机巡检与人工巡检的成本比较，首先要明确无人机巡检的运营模式。目前，无人机巡检运营模式主要分为两种：一种是以技术服务委托方式，委托无人机专业化公司承担巡检任务，定期提交巡检结果；另一种是则是成立自己的无人机巡检公司，自主运营，实现巡检服务。

如表 2 所示，无人机巡检中委托服务方式的成本远高于人工巡检，虽然价格基本处于一个较为平稳的区间，甚至随着无人机技术的不断发展及制造成本下降，委托服务的费用有望下降，但是一年接近 500 万元的委托服务费对于老区油田来说也是极为不划算的，远超过人工巡检成本，且存在信息泄露、时效性不强等问题，在现阶段并不可取。

表 2　人工巡检与无人机巡检成本对比

项目	人工巡检	无人机巡检	
		委托服务	自主运营
主要费用成本	工资：按照新老员工平均值一年 8 万元计算	2000 ~ 3000 元 / 千米 · 月（按照无人机类型决定）	按照大疆最新型无人机 20 万 ~ 50 万元 / 台搭载任务设备（高清摄像机、热成像仪等，泄露探测）6 万 ~ 15 万元
辅助费用成本	员工通勤费、伙食费、巡检车辆、班组其他各方面必需费用按一年 3 万元计算	无	机手培训费 1.5 万元 / 人；初期地面数据收集、处理费用 100 万元；分析系统使用费 100 万元；5 年保修费用 10 万元 / 台
后期费用成本	退休金、补助金等不计入	无	电池更换 0.1 万元 / 块；电费 1 万元 / 年；机手工资 11 万元 / 年
成本趋势	逐年增加	成本稳定。长期使用会有所下降	前期投入较高，后期需要不断维护

继续对比自主运营下的无人机巡检和人工巡检，按照大庆长垣老区油田目前一个基础班组的运行水平与完整体系估算，一个班组平均拥有 10 个计量间与 180 口油水井，有 200 千米左右管道需要巡检，通常白天巡检 2 次，夜间巡检 1 次，巡检员工至少需要白班 18 人，夜巡 3 人，合计 21 人才能保证日常稳定运作。按照两个计量间配备一台无人机，搭载红外线热成像与泄漏探测设备，机手兼分析人员按照 3 人配置，按照一年每台机器更换电池 30 块进行预估。

为方便计算，对比前进行三点假设：一是未来 5 ~ 20 年用工成本不变，且员工的一些情况较复杂，对整体影响不大的资金不计入；二是无人机设备每 5 年更换一代，假设不发生严重炸机，损坏后都进行正常的官方维修，5 年期满后直接购买新一代机器和分析系统；三是长垣油田不进行无人机相关技术研究，不改进，只是使用，机手能够简单处理、收集地面数据，分析系统费用不涨。

如表 3 所示，在以上三种假设前提下，无人机巡检成本要低于人工巡检的成本，从完成巡检任务角度说，足以缓解未来员工数量减少的问题，且经过未来十几年的技术发展，大庆长垣油田也必然拥有初期地面数据收集能力和一定的维修能力，旧件回收、固件升级、算法改良等多方面工作都能够使无人机巡检成本再次下降，未来无人机巡检的性价比也将进一步提高，为解放人力，实现高度自动化打下坚实的基础。

表3 人工巡检与无人机巡检长期运行成本估算对比（5～20年）

运行时间	人工巡检	无人机巡检
5年	总计（8+3）×5×21=1155万元	无人机费用：50×5=250万元；机手培训费1.5×3=4.5万元；初期地面数据收集与保修：200+10×5=250万元；电池+电费+机手工资：（0.1×30×5+1×5+11×3）×5=265万元。总计769.5万元
10年	2310万元	1534.5万元
15年	3465万元	2299.5万元
20年	4620万元	3064.5万元

3.3 大庆长垣油田环境对无人机巡检影响与应对策略探究

无人机巡检技术在大庆长垣油田主要受到季风、低温、暴雪等三方面环境因素影响。

大庆长垣地区年平均风速为3.8m/s，季风特征明显，大庆油田地区3月、4月的平均风速最大，7月份的平均风速最小，这种气候条件就会导致大庆地区无人机的使用受到一定的限制，按照目前民用无人机的发展情况，大部分机型是不能在6级以上风力时工作的，风速要小于15米/秒才能稳定工作。

针对以上情况，目前长垣油田制定三种预防手段：一是以四旋翼无人机系统为主的基础上，配备少量抗风性更强、鲁棒性更高的固定翼无人机，在风力较大时替代四旋翼无人机进行巡检工作，并减少当日巡检次数，极端情况下人工巡检辅助执行任务。二是与通过数学建模手段，将强风的干扰考虑进四旋翼无人机的动力学建模中，基于Dryden紊流模型和常值风场，对强风干扰的紊流模型进行了分析研究，以牛顿—欧拉法为基本框架，对四旋翼无人机的受力进行了基本分析，建立了具有风速扰动因子的四旋翼无人机动力学模型[18]。三是使用十分成熟的PID控制方法对强干扰进行前馈补偿，针对无人机的非线性动力学模型进行线性化，并根据线性化模型设计Proportion Integration Differentiation（PID）和Linear Quadratic Regulator（LQR）控制器，在仿真模拟中可以实现无人机的稳定控制，在大风干扰来临时，无人机会产生一定量的位移和角度偏移，大风消失后返回悬停点，模拟效果较好，将在负载加大的情况下继续进行现场实验。

长垣油田所处的嫩江冲积平原，受季风影响，冬天较为寒冷，极限低温可达到零下40摄氏度，冬季时间跨度较长，员工冬季多采用步行方式巡井，低温为人工巡检带来了诸多困难。近年来民用无人机技术升级后，无人机整体抗冷性较强，巡检周期内可以正常工作。为了应对长期低温环境对机身稳定性和电池续航能力的削弱作用，目前长垣油田采用三种方法应对低温造成的影响：一是在冬季降低无人机巡检频率；二是配备大量备用电池；三是计划配备一定数量的无人机机场，其内置的TEC空调系统可以为机身迅速回温。

暴雪对无人机的最大影响更主要集中在目标识别难度的加大，同样的巡检路线，雪前雪后差距较大。同一地点，仅一场大雪之后，地表形态完全变化，大雪遮盖了大量识别因素，油污、泄露都被积雪覆盖，且由于环境温度降低，红外线探测镜头的功效也大打折扣。部分地区甚至需要重新制定巡检路线，在增加工作量的同时，也为巡检留下了安全隐患。

针对这种情况，部分高校结合BP神经网络进行深度学习，在训练识别了4000万张以上图片后，准确率也仅提升1.3%，效果较差，以目前的无人机识别技术来说，积雪影响下环境大幅改变的识别仍是巨大的挑战。

通过在大庆长垣油田的无人机巡检试运行与传统人工巡检进行特点和投资对比，得出了无人机巡检依靠高效率和稳定性略胜于人工巡检的结论。通过合理安排调整巡检内容规避低温暴雪等天气影响，使用反馈补偿在数值模拟研究强风状态下无人机的受力等，现阶段的无人机巡检技术可以满足高频率稳定的巡检效果，结合人工识别的半自动化巡检，可以解放部分人力，有助于缓解目前人员不足的压力。在员工无人机巡检的操作过程中，也实现了对无人机巡检流程的熟悉，开始积累基础数据，有利于未来长垣油田的整体巡检流程的建设，为未来的采油高度自动化奠定了理论基础和技术保障。

得益于智能化油田的不断建设，大庆长垣油田正处于重大的技术转型阶段，无人机也已从试用探究阶段进入承担部分重要工作的部署阶段，拥有更为高效的前景与不断升级潜能的无人机巡检技术，是应对未来人工巡检日益增大压力的有效手段，无人机技术的再次进步也必将助力长垣油田完成高度数字化、自动化。

4 结论

目前建设的管道在运行阶段可实现智能化、可视化、远程操作和控制的水平，管道的SCADA系统、泄漏检测系统、水击保护系统和消防安全自控系统及地理信息系统和全生命周期完整性的管理手段，为管道运行提供了监控和管理的保障措施，确保对管道事故的预防超前处理，保证管道长期平稳地在设计工况允许的条件下高效运行。在现代能源体系的要求下，可以从以下几方面进行改进，从而促进油田管网向“清洁低碳、高效运行”方向发展。

一是以管道完整性管理为依托，建立管道管理信息画像，找到数字化建设的切入点，丰富完善现有管道数字化系统，同时要注重顶层设计，从数字化油田的视角来理解管道管理的转型升级，并注重数字化人才的引进与培养。

二是管道数字化建设经过多年的发展，已经取得了很大的进步。但刚刚步入顶层设计初始阶段，标准化程度需要提高。同时由于早期从局部进行自动化信息化改造，造成很多功能系统之间缺乏有效共享、存在信息孤岛等问题，需要进一步加强自动化与信息化深度融合。

三是未来油田在“清洁低碳、高效运行”发展要求下要充分利用现有资源，通过传感器技术、物联网技术、电子标识技术、导航定位技术、三维可视化等先进技术手段，赋能低耗高效精确精细的管道完整性管理体系建设，杜绝管道泄漏危及生命财产环境的恶性事件，助力油田低碳转型升级，为国家能源生产保驾护航。

非经济性天然气管道项目投资限额管控方法研究

袁童玲[1] 温 文[2] 丁 为[1]
（1. 国家石油天然气管网集团有限公司财务部；2. 国家管网集团科学技术研究总院分公司）

摘 要：互联互通、安全保障、支线民生工程等天然气管道工程项目，虽然依据技术经济学相关原理的经济性评估无法达到投资决策要求，但该类项目在提升管网调运能力、保障运营安全、优化能源结构等方面具有重要作用。目前对此类非经济性天然气管道工程项目尚欠缺可行的投资管理方法，为此，提出非经济性天然气管道项目投资限额管控方法，建立投资组合和规划优化模型。并以某管输企业所辖的 A 公司“十四五”期间规划天然气管道建设项目为例，进行了实例测算。测算结果表明：通过投资组合和规划优化模型，可以计算得到在不影响公司整体效益水平的情况下，非经济项目的投资限额；优化后的方案，营业收入、有效资产、经营现金流指标均稳定增值，净利润、净资产收益率、规定资产净利率指标全面优于原规划目标值。结论认为，采用限额管控方法对非经济性项目投资的额度进行管控，是非经济性投资项目管理的有效手段。

关键词：非经济性项目；天然气管道；投资；管控

引言

根据国家发展改革委发布的《关于建设项目经济评价工作的若干规定》及公司的投资管理办法，管道项目投资需要开展可行性研究工作，对项目的财务可行性进行论证。具体方式通常为计算项目的财务内部收益率等指标，指标高于或等于企业规定的基准收益率时，认为项目在财务上是可行的[1]。

对于天然气管输企业来说，互联互通、安全保障、支线民生工程等天然气管道工程建设项目在提升管网调运能力、保障运营安全、优化能源结构等方面具有重要作用，是企业必须保障投资的项目。但通常情况下，该类项目的经济性偏差，依据技术经济学相关原理的经济性评估无法达到投资决策要求。管输企业必须要平衡“投资须有效益”的刚性指标和非经济性项目投资需求的关系。如何分类梳理非经济性项目，贯彻适度超前建设的精神，兼顾社会责任和地方诉求，合理确定各类非经济性项目投资底线、控制投资节奏，是项目规划和投资管控的难点。

为此，提出非经济性天然气管道项目投资限额管控方法，建立投资组合和规划优化模型，通过配置限制条件、规划和优化目标，测算“十四五”期间在满足规划投资额限制条件、满足相关运营和财务指标要求情况下，能允许的最大限度的未来管道项目中非经济项目和投资额，有效解决非经济性天然气管道项目投资管控方法问题。

1 非经济性天然气管道项目的作用及投资管控面临的问题

互联互通、安全保障、支线民生工程等天然气管道工程项目，虽然从经济性角度来看效益较差，但对于企业和行业来看，在提升管网调运能力、保障运营安全、优化能源结构等方面具有重要作用，是企业必须保障的投资项目。

1.1 非经济性天然气管道项目的作用

非经济性天然气管道项目分为互联互通、安全保障、支线民生工程三类，各自具有不同的作用。

（1）互联互通项目。通过互联互通项目，能够形成并完善天然气管道网络系统，提升管网整体资源调运能力，实现资源的有效配置，实现从供应到市场的有效对接。通过统筹推进互联互通项目，从短期看，有助于使市场更好地解决调峰问题；从长期看，有利于破除管网输送瓶颈，保障天然气供应安全[2]。

（2）安全保障项目。天然气属于易燃易爆气体且管道采用高压输送方式。管道途经区域地形复杂，环境多变，易受腐蚀、自然灾害和第三方的影响，一旦发生安全事故，将对自然环境和人身安全造成不可挽回的损害。因此，天然气输气管道在运行过程中安全是第一关键要素，为了提高其运行的安全性，企业需要投资开展安全保障类项目，及时消除安全隐患问题[3]。

（3）支线民生工程项目。支线民生工程项目包括“县县通”天然气管道工程等，该类项目将有效解决居民、商业、工业用户的用气需求，并带动相关设备制造行业落地发展，推进当地的新型工业化、新型城镇化、农业现代化和旅游产业化有序发展，对优化当地能源消费结构、美化生活环境、提高群众生活质量具有重要意义[4]。

1.2 非经济性天然气管道项目投资管控面临的问题

从经济效益角度来看，非经济性天然气管道项目既有正面作用又有负面作用。

1.2.1 正面作用

（1）满足安全、环保、生产要求，避免因安全环保事故带来的经济损失。

（2）有利于其他管道项目更好地运营、盈利，协同效应显著。互联互通项目、“县县通”等民生工程，尽管自身负荷率较低，导致自身经济效益指标不能达到基准收益率要求，但是项目的实施，为干线输气管道带来了增量市场，提升了管线输气管道的输量，进而提升了干线管道的管输收入和效益水平。

（3）项目投资可以转为有效资产，提高下一价格周期的管输运价率。根据国家发展改革委发布的管输价格核定机制，价格水平与有效资产成同向变动关系，非经济性天然气管道项目投资转为有效资产后，有助于下一价格周期管输价格水平的提升。

1.2.2 负面作用

（1）投资带来的周转量增加有限，收入水平较低。安全类项目的投资不直接带来管输周转量和管输收入，互联互通工程和“县县通”等民生工程的周转量较低，产生的管输收入较低。

（2）影响利润和经营现金流，导致本计价周期整体净利润下降。非经济性天然气管道项目投资产生的管输收入较低，但工程的投产同时使管输企业的成本费用增加，因此将对本计价周期公司整体利润和经营现金流产生负面影响。

因此，解决非营利性项目投资管控的核心问题在于通过规划和优化寻找平衡点，使得公司整体效益满足要求的情况下，承担一定量的非经济性项目。

2 非经济性天然气管道项目投资限额确定方法

非经济性天然气管道项目投资限额确定，核心在于运用运筹学中的优化理论，基于“十四五”所有项目规划投资情况，求解在“十四五”期间在满足规划投资额限制条件、满足相关运营和财务指标要求等约束情况下，能允许的最大限度的未来管道项目中非经济性项目和投资额。

2.1 基础数据的确定

2.1.1 管输量的预测

管输量的预测方法：对天然气供给量进行预测，分为国产天然气、进口天然气，分别预测天然气供给量；对天然气需求量进行预测，分地区对天然气需求量进行预测；基于天然气供给量与需求量的匹配，对天然气入管网量进行预测。

预测入网量时，需要分为国内气田、进口管道气、进口 LNG 三种资源类型，将资源量与管道进行匹配，识别进入管网的资源量；并且通过气源匹配、通道匹配、分输匹配，确定管道的周转量及规划管道的投产时间，天然气资源与管道的匹配方法详见表 1，管道周转量与投产时间的匹配原则见表 2。

表1 天然气资源与管道的匹配

资源类型	进入管道	未进入管道
国内气田	通过上载管道、上气点进入管网	油气田本地利用的量（管输、液化） 通过其他输送方式运输的量
进口管道气	进口管道气	进口管道气液化项目
进口 LNG	通过接收站配套管道输送的气化量 通过配套管道进入管道系统的量	通过自有管网、专线分销的量 通过液体槽车运输的量

表2 管道周转量与投产时间的匹配原则

匹配因素	原则
气源匹配	匹配进口合同开始时间、接收站投产时间 匹配气田增产速度与现有管道的规模限制
通道匹配	重点调配通道输气量应与上下游匹配
分输匹配	从关键输气点分析，当其对应的终端需求增长到一定程度，则及时安排新管道投产

2.1.2 建设投资的规划

依据管道建设项目投产时间，规划“十四五”期间的分年投资。

2.1.3 成本费用的预测

根据建设项目相关的经济评价参数，对人员费用、油气损耗、修理费、折旧、安全生产费、其他管理费、其他运行成本、销售费用等成本费用参数进行估算。

2.2 效益计算

依据输量、投资、运营成本费用等参数，根据技术经济学相关原理，对所有管道项目（在役的及规划的）效益进行计算，得到营业收入、有效资产、经营现金流、利润总额、净利润、净资产收益率、固定资产净利率等效益指标。

2.3 建立投资组合与规划优化模型

模型的核心在于运用运筹学中的优化理论，对“十四五”期间所有规划管道建设项目进行投资组合优化，求解在“十四五”期间在满足规划投资额限制条件、满足相关运营和财务指标要求等约束情况下，能允许的最大限度的未来管道项目中非经济性项目和投资额。

（1）优化目标：最大化优化期间非经济项目投资额度。

（2）约束条件：需要结合企业财务管理、投资管理等要求来具体确定，包括但不限于年度投资额度、周转量、运价率、现金流、净利润、投产时序等约束条件。例如，投资在优化期间低于每年规划额度，且尽可能利用原规划的投资额度；周转量在优化期间高于和基本符合每年的规划值；经营现金流在优化期间高于每年规划值；净利润在优化期间高于每年规划值；运价率符合范围和趋势，2025 年每价区的运价率尽可能低于或接近规划值；未来管道项目按段来规划，个别段之间投产时间次序上有先后等等约束条件。可根据管理要求，据实选用。

（3）弹性和均衡原则：将规划目标设置为具有不同程度的弹性条件而非绝对条件，各规划目标的实现达到一定的标准且相对均衡，同时对不能实现规划目标的约束条件尽可能缩小与目标的差距。

3 非经济性天然气管道项目投资限额实例测算

3.1 基础数据

3.1.1 管输量

（1）长期天然气的供给总体情况为：“十四五”期间国产气仍将贡献未来最大供给增量，“十五五”期间进口 LNG 集中发力，2030—2040 年进口管道气成为主要增量资源。国产天然气增量分布预测情况如图 1 所示，进口天然气预测情况如图 2 所示。

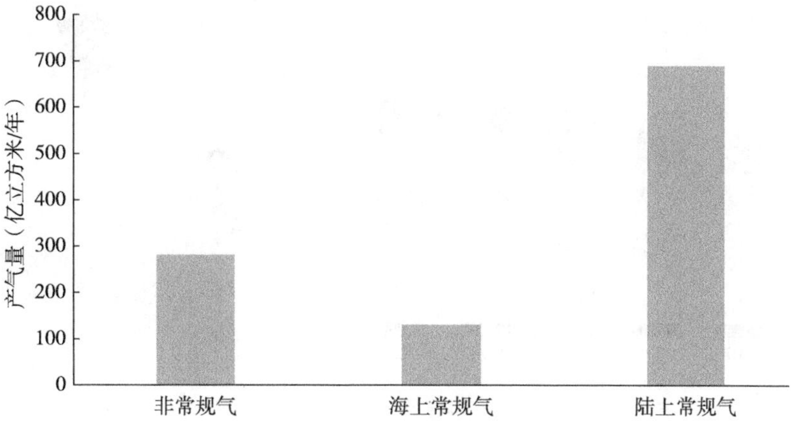

图 1　2021—2040 年国产气增量分布

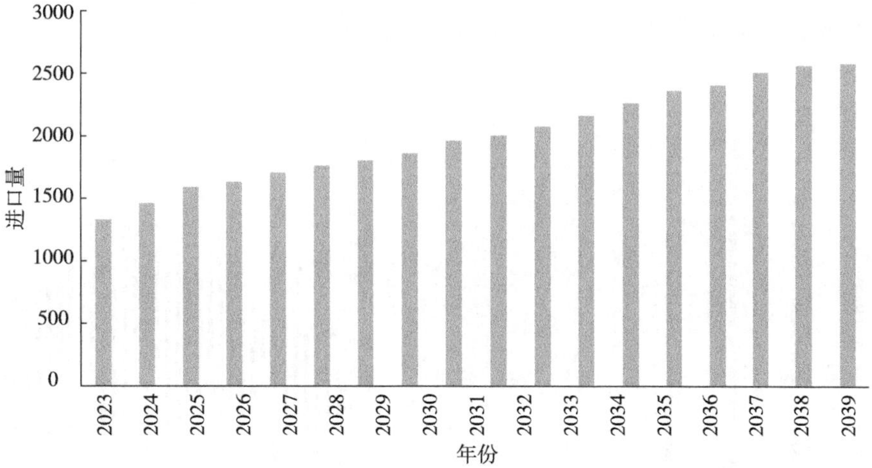

图 2　进口天然气预测趋势

（2）天然气的需求总体情况为：天然气利用与社会发展水平、能源需求强度和经济支付能力等密切相关，“十四五”期间华东、华南和华北地区作为国内经济发达地区，在清洁能源替代、集中供热和城燃领域的天然气消费将继续保持增长态势，其中广东、山东、天津、河北等省市将是天然气需求增长的重要地区。分区域天然气需求预测情况如图 3 所示。

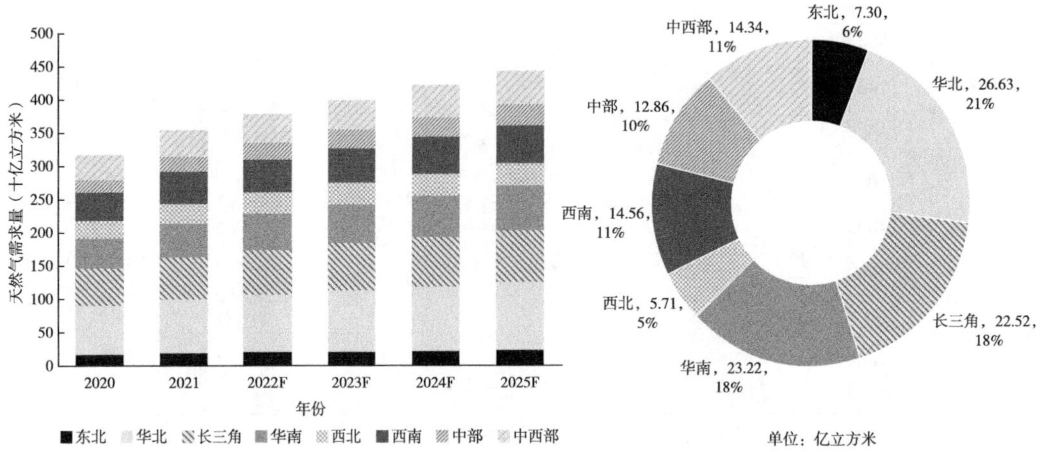

图 3　分区域天然气需求预测

（3）基于天然气供给量与需求量的匹配，预测天然气入网量的预测情况详见图 4。对所辖全部管道的管输量进行预测，受篇幅所限，预测结果略。

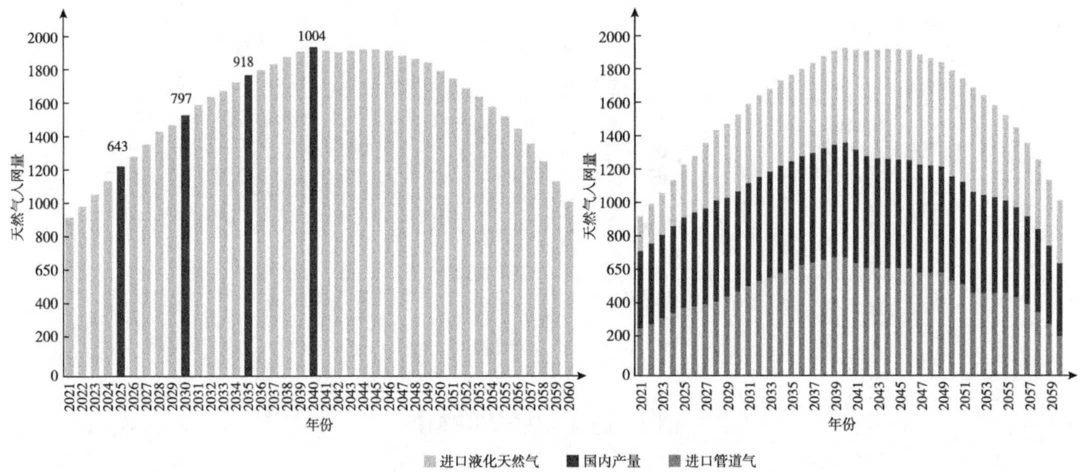

图 4　天然气进入 A 公司管道量预测趋势图

3.1.2　建设投资

依据管道建设项目投产时间，对在建及规划建设的天然气管道工程项目的分年投资进行规划，受篇幅所限结果略。

3.1.3 成本费用

根据企业发布的《建设项目经济评价参数》，人员费用、油气损耗、修理费、折旧、安全生产费、其他管理费、其他运营费、销售费用等成本费用参数预测结果见表 3。

表3 天然气管道工程项目部分成本费用参数赋值表

序号	项目	单位	值	计算公式
1	油气损耗率	%	0.1 ~ 0.2	损耗量 = 输送量 × 损耗率
2	修理费率	%	2.5	修理费 =（固定资产原值 – 建设期利息）× 年均修理费费率
3	折旧年限	年	40	年折旧额 = 固定资产原值 ÷ 折旧年限率
4	安全生产费费率	%	1.5	安全生产费 = 营业收入 × 安全生产费费率
5	销售费用费率	%	0.5 ~ 1	销售费用 = 年营业收入 × 销售费用费率

3.2 效益计算结果

依据输量、规划投资、运营成本费用等参数，对 A 公司所有管道项目（在役的及规划的）效益进行计算，得到营业收入、有效资产、经营现金流、利润总额、净利润、净资产收益率、固定资产净利率等效益指标，整体效益情况见表 4，受篇幅所限，单项目效益结果略。从效益计算结果，可以识别、整理其中的非经济性项目。

表4 “十四五”规划效益指标表

项目	单位	效益指标		
		2023 年	2024 年	2025 年
天然气管输周转量	千亿立方米 · 千米	903	975	1096
投资额	亿元	172	170	172
净资产	亿元	881	923	966
营业收入	亿元	160	174	198
净利润	亿元	48	51	60

注：2021—2022 年数据为历史数据，不在规划和优化范围内。

3.3 投资限额测算结果

通过优化模型求解，对“十四五”期间投资项目的投资额度和时序进行了优化调整，优化后投资方案的效益指标见表 5。优化后的规划方案在 2023—2025 年非经济项目投资限额为 54 亿元。

表5　优化后效益指标表

项目	单位	“十四五”规划效益指标			优化后的效益指标		
		2023 年	2024 年	2025 年	2023 年	2024 年	2025 年
天然气管输周转量	千亿立方米·千米	903	975	1096	985	1039	1101
投资额	亿元	172	170	172	170	170	159
净资产	亿元	881	923	966	911	945	988
营业收入	亿元	160	174	198	176	183	193
净利润	亿元	48	51	60	70	73	68

3.4　投资限额评价分析

（1）通过投资组合和规划优化模型，可以计算得到在不影响公司整体效益水平的情况下，非经济项目的投资限额。

（2）优化后的方案，在 2023—2025 年，营业收入、有效资产、经营现金流等指标均稳定增值。

（3）优化后的方案，在 2023—2025 年，净利润、净资产收益率、固定资产净利率指标全面优于原“十四五”规划目标值。

4　结论

互联互通、安全保障、支线民生工程等天然气管道工程项目，虽然依据技术经济学相关原理的经济性评估无法达到投资决策要求。但对于管输企业和油气行业来看，在提升管网调运能力、保障运营安全、优化能源结构等方面具有重要作用，是企业必须保障的投资项目。

4.1　采用限额管控方法是非经济性投资项目管理的有效手段

采用限额管控方法对非经济性项目投资的额度进行管控，是非经济性投资项目管理的有效手段。建立投资组合和规划优化模型，通过配置限制条件、规划和优化目标，测算“十四五”期间在满足规划投资额限制条件、满足相关运营和财务指标要求情况下，能允许的最大限度的未来管道项目中非经济项目和投资额，有效解决非经济性天然气管道项目投资管控方法问题。

分析结果表明，通过投资组合与规划优化模型，对“十四五”期间投资项目额度和时序进行优化调整，得到非经济性项目投资限额，同时，优化后投资方案效益指标全面优于原规划方案。

4.2 对未来研究的思考

一是3C理论（即优化算法推荐的投资组合、系列指标交互比较和权衡、衡量投资回报和资产风险）是规划和投资优化的理论基础[5]，已实践了交互式规划和通过优化算法推荐符合条件的规划和投资，但尚缺少在量化投资回报和资产风险基础上的规划和投资优化，即3C中缺少一重要环节，有待在未来管网项目规划和优化中结合适用的方法论加以完善。二是建议建立项目数据和投资优化业务平台，包括原始数据、经济评价数据、规划情景和数据、项目后评价数据，建立滚动评价机制，周期性规律地开展项目规划和投资优化工作。

碳中和背景下石化和化工行业转型发展路径
——以乙烯工业为例

赵旭飞
（中国石油化工股份有限公司炼油事业部）

摘　要：碳达峰和碳中和行动已经成为全社会和各行业广泛共识。石化行业作为高耗能、高碳排放行业之列，是我国 CO_2 排放主要来源行业之一，在 2030 年前能否达峰对工业部门能否按时达峰以及峰值的影响巨大。概述了当前石化行业面临“双碳”目标的挑战和优势，分析了我国石化行业的碳排放特征，从部分典型化工产品入手，考察了单位产量碳排放、单位收入碳排放、单位收入碳排放强度等指标。以乙烯为例，从供需平衡、技术创新和成本经济性 3 个维度分析了碳中和目标下乙烯生产的零碳路径。

关键词：碳中和；石化化工；排放特征；乙烯；路径

引言

2020 年 9 月 22 日，国家主席习近平在第 75 届联合国大会一般性辩论上首次宣布“中国将提高国家自主贡献力度，采取更加有力的政策和措施，二氧化碳排放力争于 2030 年前达到峰值，努力争取 2060 年前实现碳中和”。该目标的提出在充分展现大国责任担当的同时，也为中国石油与化学工业转型升级、低碳发展带来了挑战与机遇。据 BP《2021 世界能源统计》数据显示，2020 年中国二氧化碳排放总量位居世界第一，减排压力巨大。2020 年中国石油与化学工业 CO_2 总排放量约为 14.81 亿吨，约占全国 CO_2 排放总量 16%❶，要实现“双碳”目标任务紧迫[1]。石油与化工行业规模大、能耗高，碳排放强度高，有可能在“十四五”期间被纳入全国碳市场。围绕碳达峰碳中和目标，国家层面出台了一

❶ 本文数据来源无特殊说明外均来自IPCC、国内政策文件报告和国家统计局网站公开数据。

系列的政策规划，主要包括坚决遏制高耗能、高排放项目盲目发展；石化、煤化工等产能控制政策以实现深度产业结构调整；对分区域分行业逐步推动达峰行动、推进重点行业和重要领域绿色化改造提出明确要求等。

石油与化工行业必须以碳达峰碳中和的目标倒逼自身碳减排意识的增强，积极参与碳排放权交易市场的建设，促使行业朝着产品高端、工艺低碳的路径前行。石化行业在2030年前能否达峰对工业部门能否按时达峰以及峰值的影响巨大。因此，分析石化行业在碳中和趋势下面临的挑战和拥有的优势，分析不同化工产品碳排放特征，并结合市场供需、技术创新和成本可行性，分析零碳图景下转型发展路径，具有重要意义。

1　石化行业零碳转型的挑战和优势

石化行业为经济发展建设提供必要的能源与材料，是国民经济发展的基础产业，同时能源集中度较高，一直处在工业部门中高耗能、高碳排放行业之列，是我国 CO_2 排放主要来源行业之一。石化行业实现零碳转型面临巨大的挑战。

1.1　零碳转型面临的挑战

第一，从需求端看，石化行业仍处于上升期，尤其是具有高附加值的化工产品。总需求方面，中国人均化工产品消费额为折合人民币8107元，而美国的人均化工产品消费额为9584元。随着国内经济水平和国民生活品质的提升，中国对于化工产品需求总量有较大的增长空间。对外依存度方面，高端化工产品自给率不足，例如国内光伏级EVA和茂金属聚乙烯进口依赖度分别为75%和80%，随着中国化工高精尖技术的突破和政策资源对于高端产品供给的鼓励，高端化工产品的对外依存度会不断下降且产能会持续增加[1-2]。

第二，从供给端看，中国化工生产对煤依赖度高，而与煤相关的碳强度大幅高于其他原料。由于自身的煤炭资源禀赋，我国煤化工产业体量很大。以甲醇产品为例，中国甲醇产量有75%为煤制，而全球平均比例为35%，美国和欧洲均没有煤制甲醇。煤炭相比其他的原料有更高的碳元素含量，生产碳含量相对较少的产品时，比其他原料碳排放更大。例如，生产1吨甲醇，煤炭路径的工业过程碳排放量约为2.1吨，天然气路径的工业过程排放量仅为0.7吨；生产1吨合成氨的煤炭路径和天然气路径的工业过程碳排放量分别为4.2吨和2.1吨。中国庞大的煤化工产业为脱碳增加了难度。

第三，我国化工生产相关资产仍偏年轻化，快速转型可能带来的资产搁浅风险更高。根据国际能源署IEA数据，中国年龄较新的产能在化工等重工业行业中占据全球总产能的一半以上。例如，目前中国合成氨生产设施投产后的平均运行年限仅13年，甲醇约8年，乙烯约7年，近期仍有不少新增产能规划建设，而典型的设施投产后的寿命在30年甚至40年以上。与其他国家相应生产设施接近退役时限的情况相比，中国化工行业在零碳转型的过程中，需要同时综合考虑有计划地淘汰高碳产能、在现有设施基础上进行碳减排改造、直接上新零碳产能等多种方案组合。因此，如何妥善处置现有资产、规划好转型的时间线，并尽量避免资产搁浅的问题更为棘手[1,3]。

1.2 零碳转型具有的优势

第一，中国具有较强的技术集成水平，且市场规模大，拥有快速规模化应用新技术的能力。以乙烯为例，乙烯成套工艺技术是石化产业技术含量最高、最复杂的技术之一。2012—2013年，中国石油大庆石化60万吨和中国石化中韩（武汉）石化80万吨乙烯装置顺利投产，标志着国产化大型乙烯成套技术工业化的成功。此外，随着沈鼓、陕鼓等装备制造厂技术水平提升，中国已成为世界上第五个可以制造百万吨级乙烯生产设备“三机”（裂解气压缩机、丙烯压缩机、乙烯压缩机）的国家。在未来，得益于中国快速规模化新技术的能力，这些技术有望快速实现成本降低。

第二，国有企业是中国化工行业的主力军，有能力和资源带动行业的零碳转型。美国化学与工程新闻（C&EN）发布的2020年全球化工50强名单中，有5家中国内地企业入选，其中有3家为国有企业，即中国石化、中国石油和中国中化控股的先正达。国有企业是“双碳”行动的重点主体，一方面，国有企业受国家政策的约束力更强，另一方面，国有企业也承担示范和引领的角色。《国务院关于印发2030年前碳达峰行动方案的通知》就明确指出，重点领域国有企业特别是中央企业要制定实施企业碳达峰行动方案，发挥示范引领作用。

第三，规模化布局与产业集成趋势明显，有利于资源、能源的充分利用和规模经济发挥。大型化装置可以提高能效，从而降低单位碳排放。例如，30万吨/年以下的乙烯小型装置能耗限定值为830千克（标油）/吨，折CO_2排放为2.56吨（CO_2）/吨，而30万吨/年以上的大型装置能耗限定值仅为720千克（标油）/吨，折CO_2排放为2.22吨（CO_2）/吨。根据中国石油和化学工业联合《化工园区“十四五”发展指南及2035中长期发展展望》，“十四五”期间中国将重点培育70个具有一流竞争力的化工园区，园区化可充分发挥化工产业聚集的协同效应，依靠消费区或资源地，优化电能和热能利用，形成产业链纽带并实现标准化运营[4]。

2　我国化工行业及部分化工产品碳排放特征

2.1　我国化工行业碳排放特征

碳排放总量方面，与电力、建筑行业相比，化工行业并不高，2015 年以来已呈现下降趋势。根据中国碳核算数据库的统计，2019 年我国石油加工及炼焦业、化学原料及化学制品业的碳排放量分别为 1.72 亿吨、1.64 亿吨，化学纤维制造业、橡胶制品业和塑料制品业的排放量较小。除电力部门外，2019 年我国石油加工及炼焦业、化学原料及化学制品业的碳排放量虽然排名靠前，但前 3 位的排放量远大于化工行业的碳排放（图 1）。1997—2019 年，我国化工行业碳排放量最高的年份是 2015 年，为 4.64 亿吨，2019 年相较 2015 年已下降 26.4%，为 3.41 亿吨。从总量上看，化工行业碳排放高峰期已过，2019 年排放量已下降到 2008 年的水平 [4]。

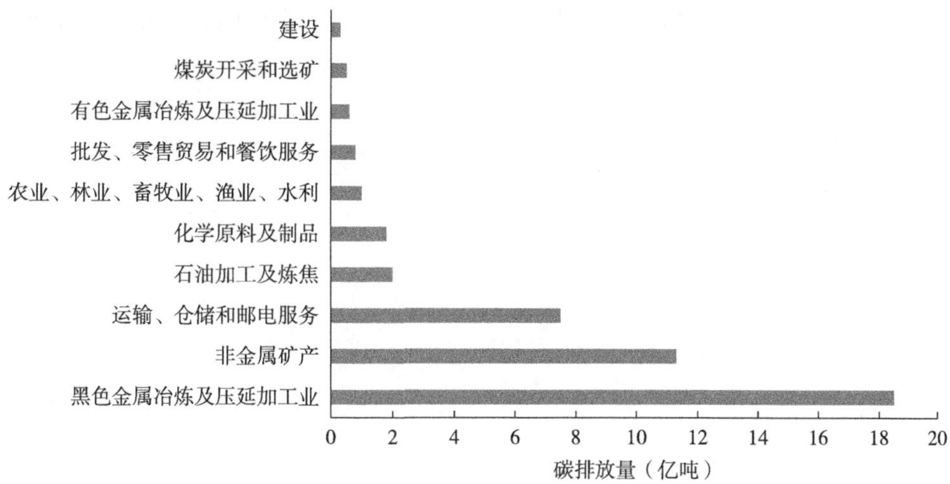

图 1　2019 年我国碳排放前 10 行业（电力部门除外）

行业结构方面，我国化工行业结构特征不同于中国，美国化工行业碳排放占比更高，2018—2020 年出现下降。根据美国“温室气体报告项目（GHGRP）”的数据，除电力部门外，2020 年美国化工行业碳排放量占比为 16.6%，虽然占比比中国高，但总量比中国小。美国化工行业碳排放在 2018 年达到高峰 1.91 亿吨，其后逐年下降，2020 年为 1.80 亿吨。

化工行业各子行业排放强度处于中高水平。2017 年，我国石油加工及炼焦业、化学原料及制品制造业、化学纤维制造业的碳排放强度分别为 0.51 吨 / 万元、0.18 吨 / 万元、0.05 吨 / 万元，在除电力部门外的 33 个行业中分别排名第 6 位、第 10 位和第 17 位。据平新乔等的分类，碳排放强度低于0.05吨/万元、介于0.05 ~ 0.5吨/万元之间、高于0.5吨/万元的行业分类为“轻排放行业”“中排放行业”“重排放行业”，则化学纤维制造业、化学原料及制品制造业处于“中排放行业”内，石油加工及炼焦业处于“重排放行业”内[1，3–5]。

2.2 部分化工产品碳排放特征

笔者分别考察化工产品公用工程碳排放情况和工业过程碳排放情况，可以将所有化工产品划分为4种类型，用以分析不同化工产品能效水平。从单位产量碳排放的角度分析，对十余种化工产品的公用工程单位产量碳排放和工业过程单位产量碳排放进行了梳理分析，并以单位产量平均碳排放为界，将它们划分到了4个象限内（图2）。煤制烯烃和炭黑处于高公用工程单位产量碳排放、高工业过程单位产量碳排放象限内，在所有化工产品中单位产量碳排放最高；多种煤化工产品如煤制乙二醇、煤制天然气、煤制二甲醚等在工业过程方面单位产量碳排放较高；合成氨、钛白粉、电石等在公用工程方面单位产量碳排放较高；硝酸、纯碱、环氧丙烷等化工产品的单位产量碳排放则相对较低。

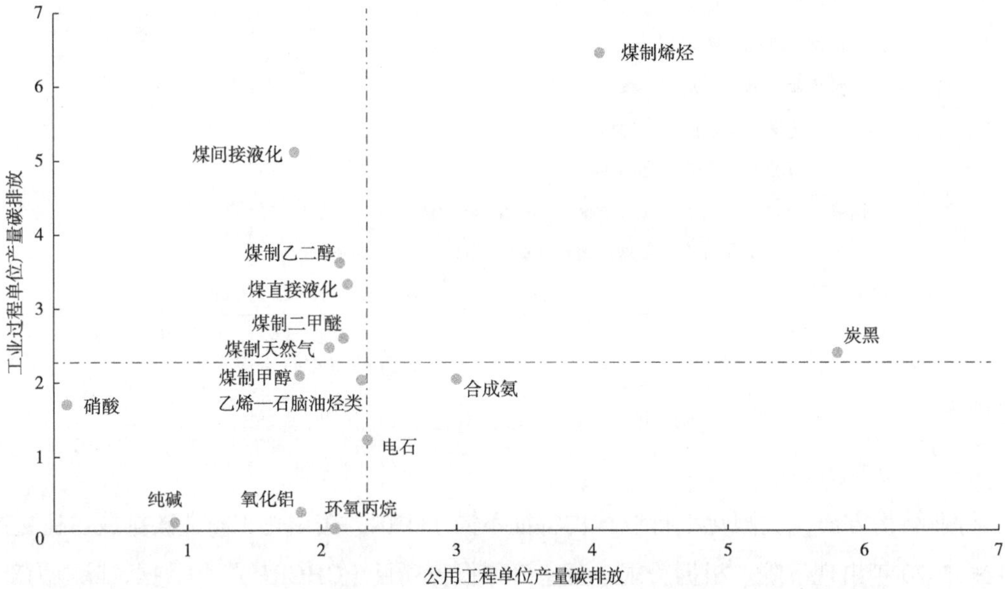

图2 典型化工产品单位产量碳排放分布情况

从单位收入碳排放角度分析（图3），煤化工产品如煤制甲醇、煤制二甲醚、煤制天然气，以及合成氨等产品的单位收入碳排放最高；煤制乙二醇和硝酸的工业过程单位收入碳排放较高；炭黑、电石、氧化铝和纯碱的公用工程单位收入碳排放较高；钛白粉、环氧丙烷等产品的单位收入碳排放则较低。

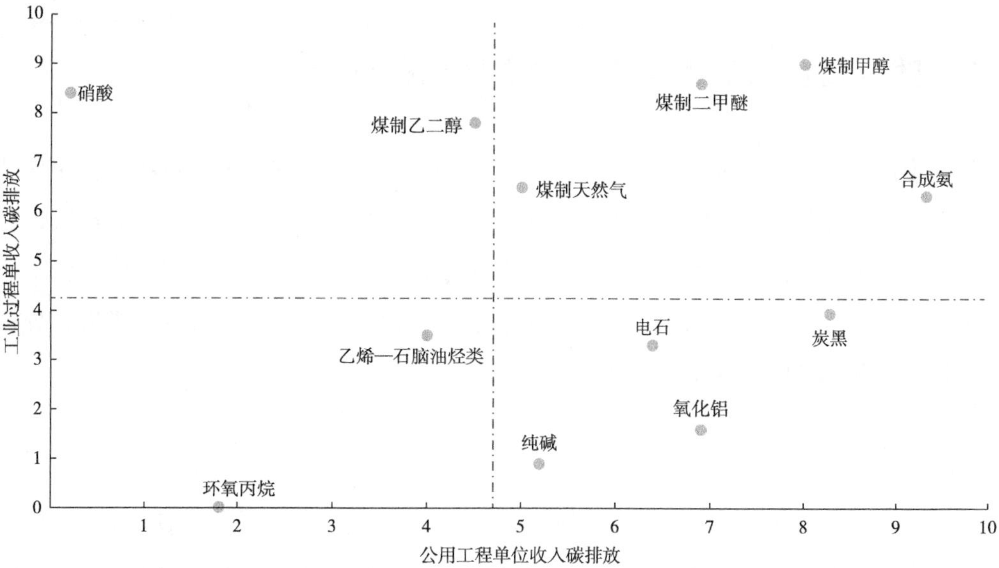

图 3　典型化工产品单位收入碳排放分布情况

从总排放强度来看，统计的各类化工产品基本上沿着图 4 中对角线分布，个别产品偏移较大，一些产量较小的化工产品往往价格较高，从而单位收入碳排放更低，如钛白粉；相反，一些产量较大的化工产品往往价格较低，从而单位收入碳排放更高，如煤制甲醇。一些产量较高且碳排放强度较高的化工产品，在未来更加具有减排空间。

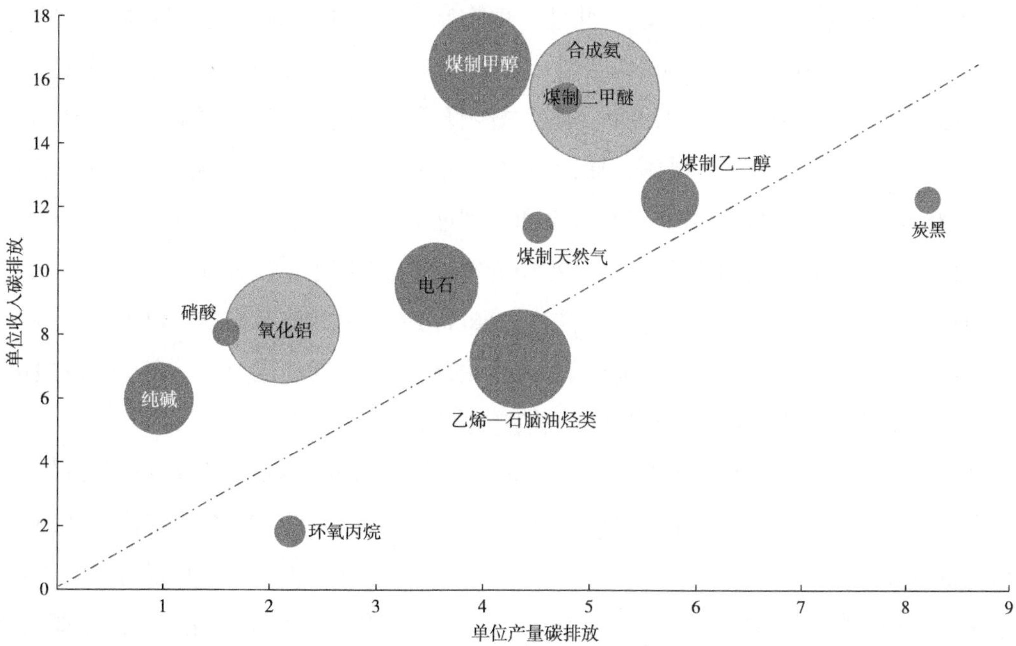

图 4　典型化工产品单位收入碳排放分布情况

3 碳中和目标下乙烯生产的零碳路径分析

随着中国工业化、城镇化逐渐步入后期，钢铁、水泥的需求长期来看将有较明显减量趋势，而化工行业相关产品需求仍有持续上涨趋势。乙烯作为合成纤维、合成橡胶、合成塑料（聚乙烯及聚氯乙烯）不可或缺的基本化工原料，更是代表了一个国家的石化工业水平。本文选取乙烯作为分析对象，从供需平衡、技术创新及成本经济性 3 个维度，分析碳中和目标下乙烯生产的零碳实现路径。

3.1 供需平衡分析

2020 年，我国乙烯产量为 2160 万吨，表观消费量 3370 万吨，当量消费量 6280 万吨。聚乙烯是当前乙烯最大的下游产品，占比约 61%。未来在乙烯的下游消费中，聚乙烯仍将是最大的增长点，其余领域消费较为平稳。聚乙烯是最广泛应用的塑料品种之一，本研究从分析塑料的未来需求入手，探究对乙烯供需的可能影响。

目前，中国的年人均塑料消费量为 45 千克左右，约是主要发达国家的一半。假设到 2050 年，中国的人均塑料消费量接近当前部分发达国家的平均消费量，届时中国塑料消费总量将达到 1.2 亿吨以上。作为乙烯需求的主要来源，塑料回收利用潜力的充分释放，可大幅降低对初级原料乙烯的需求。此外，生物基等替代原料也可能降低原料乙烯的需求量。过去 5 年，中国每年的塑料回收量在 1800 万吨左右，按占废塑料产生量的比例计，目前中国的塑料回收利用率为 27.8%。通过减少低质包装塑料产能、限制包装塑料出口、提高包装用废塑料回收比例等措施，预计到 2030 年和 2035 年废弃塑料回收利用体系分别增加 1000 万吨 / 年、1500 万吨 / 年的回收和处理能力。假设新型回收利用技术有更大突破，进而形成更为有效的回收模式，到 2050 年塑料的回收利用率达到 60%，来自替代原料的塑料制品占到总需求的 10%。据此推算，来自乙烯原料的塑料需求将仅占到总需求的 55%。如果考虑改善消费习惯从而延长塑料制品的使用寿命等其他因素，和正常发展情况相比，塑料制品对乙烯原料的需求量还将进一步降低[2-3,5]。

塑料回收利用潜力的释放主要来自两方面，一方面由回收体系完善带动的物理回收水平提升，另一方面则是由技术进步驱动的化学回收市场的扩张。2030 年前，塑料回收利用潜力的释放主要来自物理回收水平的提高，而化学回收在 2030 年后有望得到较大规模的应用。物理回收潜力的释放主要来自前端回收、分类和收集系统的完善。以欧盟为例，2018 年的 2910 万吨塑料中，混合收集的 1510 万吨废塑料只有 6% 可用于物理回收，而分类收集的 1400 万吨废塑料有 62% 可用于物理回收。化学回收方面，目前相关关键技术和成套技术已经有显著的进展和突破，并陆续进入验证示范阶段，未来需要进一步技术突破和产业链条完善，快速实现规模化。目前，巴斯夫、科思创、陶氏等领先企业均在塑料化学循环领域进行了系列布局，在国内，中国石油、中国石化也一直密切关注相关领域。中国石油在“十四五”期间，全面布局相关研究，包括单一化塑料材料回收利用技术、新型废塑料优化技术等；中国石化也已全面启动成套技术开发和工业应用，同时着手相关产品标准研究。

根据有关分析，中国乙烯的供需将保持上升趋势，到 2050 年，供需量接近 8800 万吨，与 2020 年乙烯的表观消费量相比，增长 37%。乙烯供需的上涨主要来自以塑料为代表的终端产品需求的上涨，与未充分发挥塑料回收利用潜力的照常发展情况相比，2050 年中国乙烯的供需水平可降低约 40%。

3.2 技术创新角度

从供给侧碳减排路径入手进行逐项分析（图 5）。在效率提升方面，有效管理热能、催化剂高效化等都是提高能效的有效方法。蒸汽再压缩等热能管理技术可提高热能利用效率，新型催化剂的应用可以降低化学反应所需的温度，从而减少能源消耗，降低碳排放。例如，林德公司的 EDHOX 技术可将烯烃蒸汽裂解的反应温度从 870 摄氏度降低到 400 摄氏度以下。

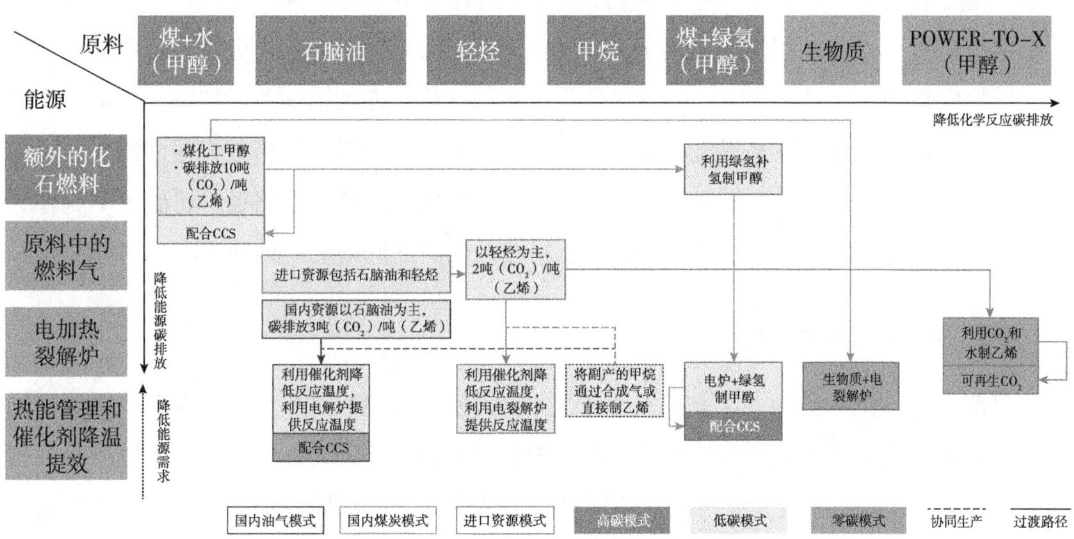

图 5 乙烯低碳、零碳技术转型路线

在燃料替代方面，电气化是替代化石能源的重要手段，例如电裂解炉可以作为制取烯烃的反应器。巴斯夫、沙特基础工业和林德公司正在共同开发推广电加热蒸汽裂解炉，并计划2025年实现商业化。现阶段，电裂解技术发展的瓶颈主要来自电网、设备、电加热效率等。使用绿电进行电加热对该技术环境属性的提升至关重要，目前中国的电力结构以煤电为主，电力的碳排放较高。随着新能源推广和绿电市场化交易提升，零碳电力将可为化工脱碳提供重要的绿色能源。同时，生物质能和氢能也有广阔的前景，特别是氢能，陶氏化学正在推进“氢气燃烧与节能乙烯生产的集成”项目。未来氢能在化工的能源应用主要集中在温度需求较高、电炉很难高效率运行的场景，或在氢气资源条件较好的情况下作为加热燃料的主要能源或灵活性能源[4,6]。

在原料替代方面，提高化工产品转化率为现阶段的主要方式，例如利用乙烷制取乙烯可大幅提高乙烯产品的收率。长期来看，零碳来源的资源将成为化工生产的主要原料，在不能完全实现原料零碳的情况下，通过调配原料比例，也可以最大限度地减少反应过程的碳排放。以生物质为例，生物质的化工原料利用多以乙醇为中间体，制取乙烯等高附加值化学品。生物质制乙醇的技术成熟，在部分资源丰富的国家地区经济性尚可，且乙醇制乙烯转化率高。中国生物质资源较为匮乏，且未来发展路径尚不明晰，大规模获取生物质原料存在难度，生物质制化工品的成本可能长期处于较高水平[7]。

在末端处理方面，CCS（碳捕集与封存）将捕集的二氧化碳处理压缩并注入地下的油气田或咸水层，并永久封存在地下。为提高经济性，中短期的CCS可以与成熟油气田EOR（提高采收率）相结合，而长期应以咸水层封存为主以提高封存量。

综合来看，对于乙烯生产，原料端将碳源和氢源从煤炭、石脑油等，逐步转变到轻烃、生物质和绿氢加二氧化碳，能源端从化石能源逐步转变到电加热裂解炉，并在过程中利用热能管理和催化剂技术等提高能效。国内烯烃生产按原料不同可分为国内油气、国内煤炭和进口资源3个模式。根据不同模式的特点，发展适宜的转型路径，将副产甲烷作为原料提高产品转化率，促进乙烯产业链完成从高碳生产到低碳生产再到零碳生产的跨越。

3.3 成本经济性角度

目前，制乙烯的原料主要包含煤、石脑油和轻烃，原料的成本为总体成本的重要构成，其中煤炭路径的原料成本约占总成本的25%，石脑油路径约占75%，而轻烃路径约占39%。煤炭、石脑油和轻烃价格对乙烯制取的经济性起重要作用，也影响不同原料的竞争格局。2020年国际油价下跌，石脑油价格随之下降，煤炭路线在低油价环境下受到挤压。油价每下降10美元，油制烯烃成本下降约800元/吨。煤制烯烃的可盈利临界油价在45

美元/桶(280元/桶)左右，低成本煤化工可将临界油价压至40美元/桶(约250元/桶)以下。

相比煤化工，石油化工的原料反应过程碳排放较少，碳排放多来自为达到反应温度的燃料燃烧。零碳乙烯可分别使用石脑油、轻烃、绿色甲醇、生物质和二氧化碳、水为原料。石脑油和轻烃路径所需温度较高，前者多依赖副产物燃烧，后者还需副产物以外的化石燃料补充。由此产生的二氧化碳应加CCS进行处理。电裂解炉技术可有效替代石脑油和轻烃路径中的化石燃料燃烧，在电价较低时有较强的成本优势，且设备投入仅略高于传统裂解炉。电裂解炉能量传递效率更高，但如何利用电能高效、经济地达到800摄氏度以上高温，仍为规模化应用需要解决的问题[6-8]。甲醇制乙烯(MTO)已较为成熟，目前甲醇价格占总成本的70%以上。MTO的反应温度为约400℃，用电裂解炉替代难度更低。但在零碳情景下，原料甲醇需来自零碳路径。生物质制乙烯可选用多种原料，较为常用的是生物乙醇，但此方案成本较高且原料有限。Power-to-X技术是一项颠覆性技术，利用二氧化碳和氢气直接制取乙烯，仍处于较早期[7, 9]。

图6展示了零碳乙烯生产成本的变化趋势。石脑油和轻烃路径的成本下降主要来源于热能管理技术的成熟、电价的降低和石脑油原料成本的压缩。低碳发展大趋势将拉低石油需求，而供应对需求有适应滞后性，因此油价会处于较低水平。石脑油作为石油产业链的产品，会受到油价的影响而在低位徘徊，石脑油原料的价格下降为石脑油路径的发展提供空间。轻烃制取乙烯转化率高，但由于资源受限，未来轻烃价格将不断走高。但由于技术发展和电价等成本的降低，轻烃路径仍然保持较快的成本下降速度。上述两个路径需要与

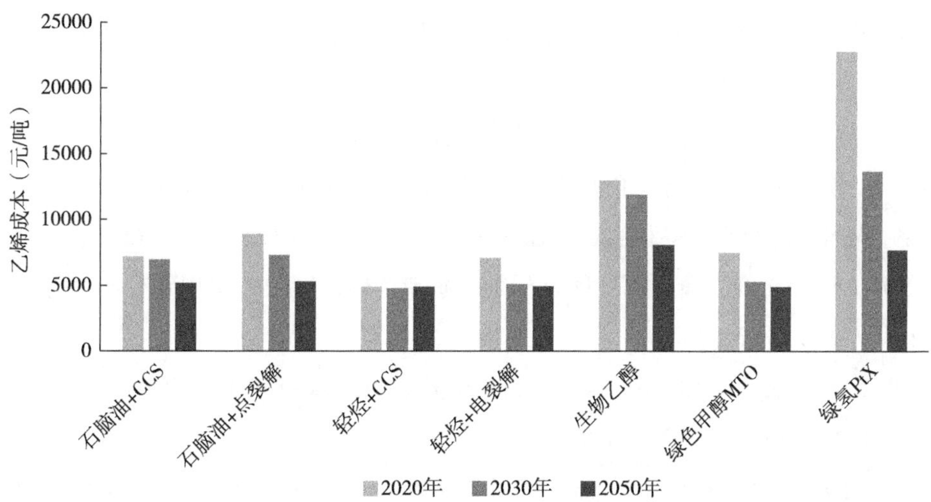

图6　不同路径的零碳乙烯生产成本随时间变化趋势

CCS 或者电裂解相结合，成本均有望大幅下降。其中电裂解炉应用成本下降趋势明显，未来 30 年，轻烃 + 电裂解炉路径制乙烯成本将从 8900 元 / 吨下降到 4800 元 / 吨，降幅将近 50%。

到 2050 年，化石原料路径耦合 CCS 或电裂解的成本将达到 5000 元 / 吨左右。此外，原油直接制乙烯路线近年来发展迅速，该路线可以不经过原油精炼，免去石脑油等中间原料的转换，从原油直接制取乙烯，缩短生产流程且降低能耗。但因为原油成分各不相同，所涉及工艺、产品转率等也有差异，原油制取乙烯的成本波动范围大且较难估计[3, 10]。

基于绿色甲醇的乙烯生产成本下降潜力较大，原因主要是绿氢成本的下降带来的绿色甲醇成本的下降。Power-to-X 技术的突破逐步成熟也会带来成本的削减。绿氢 PtX 和绿色甲醇 MTO 路径成本有望在 2050 年下降到 7000 元 / 吨左右，和化石能源路径相比已有竞争力。生物质原料的限制和较高电量需求会使生物质制乙烯成本较高，2050 年仍接近 10000 元 / 吨。长期看来，生物质技术很难为乙烯生产提供大量产能。

4 结语

石化和化工行业碳中和目标的实现要充分考虑行业实际，特别是根据不同化工产品的碳排放特征，结合市场供需、技术创新、成本经济性和在役装置资产实际，充分考虑不同阶段绿色溢价。一是强化技术和政策协同，突出国有企业等行业内龙头企业的引领作用，有针对性地开展关键技术和设备的研发示范；二是同时推动终端产品绿色循环、高效利用，从需求减量到供给侧落后产能的淘汰；三要充分利用好国际市场环境和资源，在综合考虑供应链产业链安全的前提下，分阶段动态调整原料进出口政策，助力行业减排。

参考文献

[1] 彭晨凤 . 碳中和政策对石化企业的影响 [J]. 当代化工研究，2021（14）: 2.

[2] 张娜 . 我国石化产业碳中和实现路径研究 [J]. 广东化工，2021，48（13）: 2.

[3] 刘红光，何铮，刘潇潇，等 . 我国石化产业碳达峰，碳中和实现路径研究 [J]. 当代石油石化，2022，30（2）: 4.

[4] Lei T, et al. Adaptive CO_2 emissions mitigation strategies of global oil refineries in all age groups[J]. One Earth 4, 2021 : 1114–1126.

[5] 李君，时振堂，张洪阳，等 . 碳中和及碳达峰背景下石化企业用能趋势分析 [J]. 当代石油石化，2021，29（9）: 5.

[6] DUNCAN SEDDON，谢登，华炜．石油化工经济学：碳约束时代的技术选择 [M]. 中国石化出版社，2015.

[7] 庞凌云，翁慧，常靖，等．中国石化化工行业二氧化碳排放达峰路径研究 [J]. 环境科学研究，2022，35（2）：356–367.

[8] 黄晟，王静宇，李振宇．碳中和目标下石油与化学工业绿色低碳发展路径分析 [J]. 化工进展，2022，41（4）：1689–1703.

[9] 黄海．“双碳”目标下石化行业关键低碳技术综合评估分析与减排贡献研究 [J]. 当代石油石化，2022，30（2）：11–17.

[10] 项目综合报告编写组．《中国长期低碳发展战略与转型路径研究》综合报告 [J]. 中国人口·资源与环境，2020，30（11）：1–25.

“双碳”目标下金融对油气行业碳减排的影响研究

袁 梦

[昆仑银行股份有限公司零售管理部（普惠金融部）]

摘 要：为把握能源领域战略转型机遇，奋力实现“双碳”目标，油气行业亟待实现绿色低碳转型。金融作为现代经济的核心，通过提供融资支持、优化资源配置、分散风险、提高人力资本水平等方式，为企业提供技术融资，促进技术进步；技术的改进有利于提高能源利用率、优化能源消费结构、促进产业升级，对油气行业绿色低碳转型产生积极影响。因此，应进一步构建碳金融体系，推动多层次的金融市场，为油气行业低碳转型提供长期、充足的资金支持；油气企业应充分利用金融资源，加大对低碳转型相关技术的研发投入，以技术进步促进企业低碳转型。

关键词：金融；油气行业；技术进步；碳减排

1 “双碳”目标下油气行业亟待转型

近年来，温室气体排放造成气候变暖已成为世界关切的问题，气候变暖严重威胁自然生态系统和经济社会健康发展，带来一系列经济和社会问题，对人类共同福祉和未来命运带来极大影响。国际社会应当同心协力，通过多种方式进行碳减排，争取在21世纪中叶实现碳净零排放的目标，有效阻止气候问题持续恶化。2020年，习近平主席在第75届联合国大会上庄严承诺“中国二氧化碳排放力争于2030年前达到峰值，努力争取2060年前实现碳中和”；2021年4月，习近平主席在中法德领导人视频峰会上表示，中国已决定接受《〈蒙特利尔议定书〉基加利修正案》，将加强氢氟碳化物等非二氧化碳温室气体管控。这些举措向世界彰显了中国积极应对气候问题、走绿色低碳发展之路的信心和决心。“双碳”目标的提出为油气行业转型发展指明了前进方向。

我国传统经济发展模式具有高能耗、高排放的特征，生态环境遭到严重破坏。工业化和城市化进程的加快增加了能源消费的刚性需求，导致二氧化碳排放量增加，从而进一步使生态环境恶化，严重制约我国经济转型发展。中国是一个富煤缺油少气的国家，石油在我国的能源消费结构中占比位居第二，仅次于煤炭；中国原油进口量和消费量均呈现逐年上升的趋势。石油等化石能源的燃烧产生大量二氧化碳，是碳排放的主要来源。油气行业凭借其在国民经济中的重要地位、巨大的生产价值及高耗能特点，对我国“双碳”目标的实现发挥着举足轻重的作用。因此，为促进我国经济、能源、环境的可持续发展，实现“双碳”目标，油气行业绿色低碳转型发展势在必行。

2 油气行业碳减排需要金融支持

金融是现代经济的核心，对于引导资金投向清洁能源开发以及低碳技术项目，优化能源消费结构，起到减少碳排放的作用。油气行业的绿色低碳转型离不开金融资金的支持。

2.1 油气行业获得金融支持力度不高

通过对高耗能行业股票总市值（图 1）和获得银行贷款（图 2）情况的分析，可以看出，石油天然气开采行业和石油加工、炼焦及核燃料加工业的总流通 A 股市值低于有色金属冶炼和压延加工业、电力热力的生产和供应业、化学原料及化学制品制造业等高耗能行业，表明石油行业获得的金融市场融资规模在高耗能行业中处于中等水平。目前石油行业获得的金融支持力度较低，难以满足行业绿色低碳转型需要。

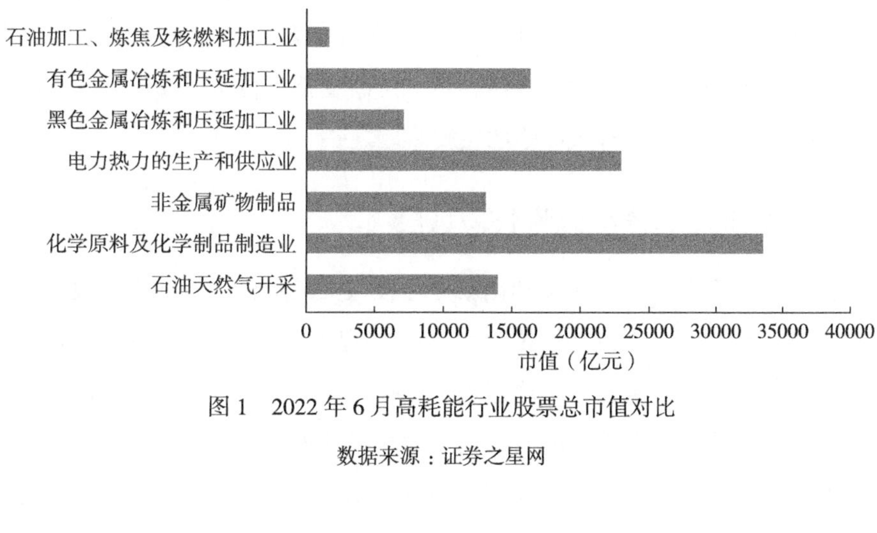

图 1 2022 年 6 月高耗能行业股票总市值对比

数据来源：证券之星网

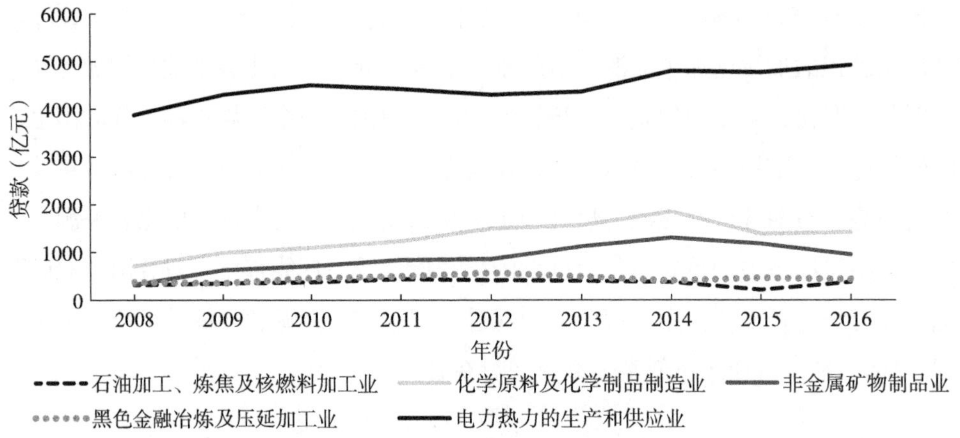

图 2　高耗能行业获得银行贷款情况

数据来源：代马数据网

图 1 主要从股票市值、银行贷款角度对油气行业获得资金支持的现状进行分析，受数据来源限制，银行贷款规模仅选取 2008—2016 年固定资产投资金额；为更加清晰地显示油气行业获得的金融支持力度，选取证监会标准行业中相关高耗能行业进行对比研究。图 2 表明，石油加工、炼焦及核燃料加工业与其他高耗能行业相比，贷款规模最小，且大致呈逐年下降趋势。

2.2　油气行业低碳转型需要长期资金支持

油气行业要实现“双碳”目标，技术进步是根本。目前油气行业绿色技术水平不高，能源使用效率较低，在开采、提炼、加工、运输、消费等环节存在资源浪费现象，碳排放仍然严重。技术研发需要较高的融资成本，且依赖于长期投资，技术成果转化存在高投入、高风险及长周期的特点。因此，持续稳定的金融支持是技术研发的基础，融资难、融资贵是目前油气企业技术研发升级面临的主要难题之一。

2.3　油气企业技术转型面临较高风险

在实际运营中，企业对技术研发和创新往往投入大量资金，但绝大多数成果不尽如人意。油气企业技术转型面临着流动性风险和收益性风险。长期项目的流动性较低，即使存在较高的预期收益，投资者也往往更愿意把资金投向短期项目。在流动性风险约束下，研发与创新项目往往由于流动性差、回收周期长而很难获得融资。收益性风险是企业为避免运营风险，总是倾向于较为成熟且专业程度高的技术，对技术创新投资不足。这就需要金融市场通过提供金融产品组合，分散并降低创新投资项目风险，使投资者增加对长期项目的投资，缓解技术创新项目的资金短缺问题。

2.4 油气行业低碳转型技术人才短缺

人力资本是影响低碳转型升级的重要因素之一。油气企业从业人员体系庞大，但是尖端科技人才不足，科研投入较少。人才短缺导致先进技术不能及时衔接，管理不够科学，使得整个油气行业的减排降碳不能满足“双碳”目标的要求，碳减排任务道阻且长。金融发展通过发挥资源配置、缓解信贷约束等功能，能够促进人力资本积累，提高人力资本质量，从而促使知识理论更快转化为科研成果，提高油气行业的研发与创新能力。

3 金融影响油气行业碳减排的路径

3.1 政策传导

金融发展可以促进油气企业转变发展方式，金融可以通过信贷和优惠利率等中介政策工具调节能源价格，改变能源消费观念，提高能源利用效率，实现碳减排目标。一方面，通过信贷工具，可以弥补清洁低碳能源和高碳能源之间的价格差异，例如向发展清洁能源、研发使用节能减排设备的企业提供低息贷款，延长贷款期限，而对能源密集型和高排放企业则提供高利率贷款，减少贷款投放；另一方面，通过优惠利率政策能够降低清洁能源成本，间接导致清洁能源价格下降，增强其市场竞争力。

3.2 融资支持

资金支持是企业实现碳减排的基础，清洁能源开发利用、技术改造、低碳技术研发、碳减排项目都需要相应的资金支持。金融在碳减排方面的作用包括两方面：一是吸收社会闲置资金，将其配置给清洁能源、低碳技术研发和减少能源排放项目；二是利用金融中介服务功能，通过信息咨询、技术集成和项目管理，优化融资环境，为节能减排项目和企业提供专业融资服务。油气行业体量巨大，其融资特点是资本需求大、风险大、回收期长、管理复杂。因此，要充分发挥金融的融资功能，构建政府、企业、社会、金融机构广泛参与的多渠道、广覆盖的融资机制，为油气企业碳减排提供全方位的资金支持。

3.3 风险补偿与激励约束

“双碳”目标已经确定，但碳减损耗投入大、收益不高，企业的逐利属性影响节能减排意愿，绿色转型效果不明显，碳减排压力仍然很大。即使企业能够积极承担社会责任，绿色转型发展也总是因融资受限和技术瓶颈受到制约。因此，为消除企业对碳减排不确定性的顾虑，必须充分发挥金融风险补偿与激励约束作用，通过向企业提供信用担保与保险产品、碳金融衍生产品，设立碳风险基金，由担保机构补偿企业在研发、使用低碳技术和设备中产生的损失，为低碳项目提供风险管理工具，提高企业绿色低碳转型的积极性；通过建立碳减排综合评估体系，充分利用利率优惠、优先贷款等措施激励和约束企业碳减排行为，促进企业绿色低碳转型。

3.4 促进碳交易

根据《京都议定书》，碳交易是指对企业碳排放实施配额管理，对供求双方的碳排放权进行分配，以实现资源最优配置和社会总减排最小化。金融机构在碳交易市场提供碳金融基础服务和碳抵(质)押融资服务，发挥中介作用，探索碳期权、期货、远期、掉期等金融衍生工具，促使碳交易更加高效、便捷，推动构建石油企业的碳交易市场机制。

4 金融对油气行业碳减排的作用

4.1 促进低碳转型技术进步

国际主要油气企业目前实现减排降碳的路径通常包括两种：一是提高能源利用效率，降低能源使用强度，在开采、提炼、加工、运输、销售、消费等各个环节降低碳排放；二是研发和引进最先进的节能减排技术，探索碳处理技术。

我国油气行业要实现“双碳”目标，必须紧跟国际形势，积极利用金融资源，努力提升低碳技术。首先，针对新能源和可再生清洁能源进行技术研发，包括太阳能、风能、地热能、潮汐能和天然气水合物等。其次，针对油气资源的低碳低排放、高附加值转化技术进行研发，减少使用高污染高排放能源。再次，针对碳捕集和碳封存进行技术研发，增加碳汇资源。最后，加强石油设备升级优化，引进先进设备设施和工艺技术，促进节能减排降碳工作。

金融资本通过提供融资支持、优化资源配置、分散风险、提高人力资本水平等方式，将有限的资源优先配置给技术创新项目及企业，促进低碳转型技术进步。

4.2 通过技术进步实现碳减排

金融产品可以通过多种方式促进技术进步，以提高能源利用率、优化能源消费结构、促进产业结构调整，促进碳减排的实现。

一是提高能源使用效率，控制能源消耗总量。我国油气能源使用效率较低，在油气开采、提炼、加工、运输、消费等环节仍存在资源浪费现象，提高能源利用效率，降低单位 GDP 能耗，需要进行技术改造与研发。一方面，提高企业技术改造贷款规模，促使其逐步淘汰落后产能；另一方面，为节能减排和低碳技术的研发与推广提供资金支持，大力推进清洁能源、储能、CCS（碳捕集与封存）、CCUS 等关键技术突破，提高油气能源利用率。

二是优化能源消费结构，提高风能、太阳能、核能、地热能和生物质能等清洁能源消费比重，降低对传统化石能源的依赖。通过加大对低碳技术研发、清洁能源等领域的资金支持，促使企业优化能源消费结构。一方面，向清洁能源开发领域进行金融政策倾斜，重点扶持清洁能源替代高碳能源项目；另一方面，创新清洁能源融资模式，开拓创新金融工具，为清洁能源拓宽融资渠道，提供稳定的资金来源。

三是促进油气行业产业结构调整，实现“双碳”目标转型发展。石油企业应充分利用金融投资布局新能源、新材料、节能环保、高端智能制造、大数据和人工智能等新兴产业领域，加快构建绿色低碳新发展格局，促进产业结构优化升级。

5　结论和建议

在“双碳”目标下的能源结构预测情景中，至2060年，我国原油占比将达9% ~ 11%，天然气占比将达 12% 左右。油气行业实现“双碳”目标是一个长期且艰巨的过程，将不断遇到新情况和新问题，需要金融工具的密切配合和支持。

5.1　积极构建碳金融体系

发展碳金融并构建碳金融体系，需要政府部门、金融机构和企业共同努力，政府应从环境风险评估、宏观决策、政策扶持、产业规划等方面统筹碳金融，按照可持续发展原则制定相应的标准和规则，出台相应的激励约束、投资、税收、信贷等配套政策支持低碳金融发展；金融机构要提高政治站位，充分认识自身对推动技术进步和促进碳减排的重要作用，积极履行社会责任，加大对低碳企业和项目的融资支持。一方面，对基础设施建设、可再生能源开发、清洁技术的研发提供资金支持；另一方面，对低碳环保企业和项目给予优惠利率等金融优惠政策，鼓励企业低碳减排。

5.2 构建多层次的金融市场

目前我国金融市场以商业银行为主导，由于低碳减排、新能源等高科技产业所需投资金额较大、周期较长、不确定性较大，商业银行基于营利考虑和贷款额度限制，对低碳项目的融资支持往往有限。因此，应当构建多层次的资本市场，推进直接融资与间接融资协同发展，为油气行业低碳转型提供长期、充足的资金支持。

一方面，大力推动绿色债券融资，优先审核低碳环保企业和项目发行的债券，优化审核程序，提高绿色债券发行效率，取消绿色债券发行指标限制；另一方面，完善股权融资，放宽节能环保企业上市条件，改进相应的准入标准、操作规范、监管机制，为低碳企业在股权市场升级优化畅通绿色通道。

5.3 充分利用金融资源

石油企业应充分认识到金融对碳减排发挥的巨大作用，根据自身实际情况制定合理的金融策略，通过直接融资和间接融资获取足够的资金支持，加大对低碳转型相关技术的研发投入，吸引低碳技术人才，可与相关科研单位进行合作开发，对于重大项目可申请国家专项资金，或引入风险投资资金，以技术进步加快企业低碳转型。

参考文献

[1] 杨永智 . CCUS 产业发展提速 [N]. 中国石油报，2022-03-29（5）.

[2] 中国石油集团经济技术研究院 .2050 年世界与中国能源展望 [M]. 北京：石油工业出版社，2020.

[3] 孙仁金，胡启迪，荆璐瑶，等 . 石油石化行业助力中国实现“双碳”目标实施建议 [J]. 油气与新能源，2022，34（3）：19-23.

[4] 李婷，李文兴 . 碳排放与金融发展关联性的实证检验 [J]. 统计与决策，2016（6）：157-160.

[5] 陈欣，刘明 . 金融发展对二氧化碳排放影响的经验研究 [J]. 财经问题研究，2015（4）：40-46.

[6] 朱万里，胡瑜杰，焦钰洁 . 循环经济视角下金融支持碳减排的效应研究——基于甘肃省 1995—2012 年的数据 [J]. 生产力研究，2015（6）：25-29.

终端燃气管道项目实施阶段工程造价有效控制策略研究

莫 皓 刘廷韦
（中国石油西南油气田燃气分公司）

摘 要：目前中国城镇化建设已走过了初期积累阶段，正逐步进入不断完善、日趋成熟的新发展阶段，而随着这一进程的不断提速，城镇燃气配套建设需求也在日益增长，终端燃气企业的竞争也将不断加剧，如何确保企业的燃气管道建设项目在经济效益最大化的同时保证工程质量，便成为各个终端燃气企业的关注重点。笔者结合自身工作经验，通过梳理终端燃气企业工程造价管理流程，总结燃气管道建设项目实施阶段工程造价管理特点及存在问题，并针对导致问题的根本原因，从技术、经济和组织三个方面提出具体的有效控制策略，希望能为终端燃气企业构建可靠的造价管理模式，进而推动全过程造价管理的实施提供借鉴。

关键词：燃气管道项目；工程造价管理；造价控制策略

引言

据国家发展改革委统计在“十三五”期间，全国在各省市、乡镇新建各种天然气主干及配套管道超过 40000 千米，2020 年全国的天然气管道总公里数已达到十余万千米。2022 年在《国家新型城镇化规划（2021—2035 年）》中，已经明确提出未来将推进以县城为重要载体的城镇化建设的方向，随着城镇化建设方向逐步转变，如何在区县、乡镇甚至农村区域加快建设配套燃气管道的同时保证工程质量和经济效益便成为各终端燃气企业关注的焦点。

1 终端燃气管道项目工程造价界定

1.1 终端燃气管道项目工程造价概念

所谓的终端燃气管道项目工程总造价指的是一个项目所包含的全部费用中固定资产投资的部分，即是为达到某一建设预期目标而投入的各种费用的总和，不包括流动资产投资的部分。

1.2 终端燃气管道项目工程造价构成

终端燃气管道项目的总造价包括了建设投资和建设期利息两部分。基本上一个项目中的绝大部分费用都需要用于建设投资中，建设投资主要是指为了实现预期的工程项目建设目标，从项目立项开始到项目竣工验收、试运行这一个周期内投入并且形成了一定现金流的所有费用。建设投资一般由三部分组成，即工程费用、工程建设其他费用及预备费[1]。管道建设项目工程造价构成如图 1 所示。

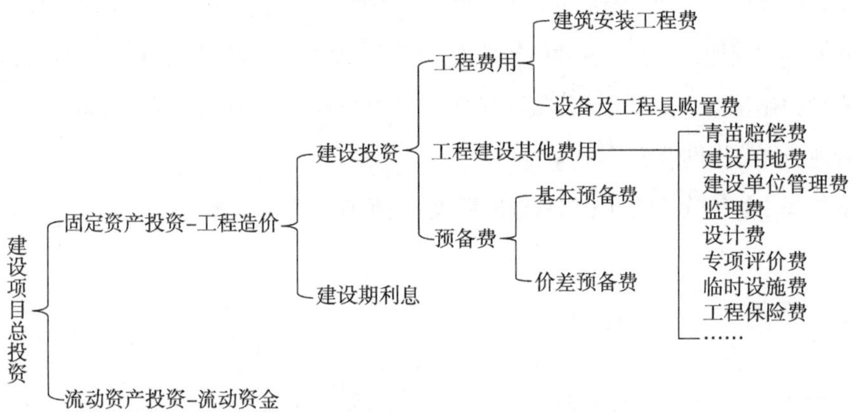

图 1 管道建设项目工程造价构成

1.3 终端燃气管道项目工程造价特点

一般来说，一个工程项目的工程费用基本上占到整个项目总造价的 70% 以上，但是终端燃气管道项目却有些不同。相较于房建、道桥等综合性高、工作内容多、工序复杂的大型项目，终端燃气管道项目的工程管理具有如下特点。

一是工程内容较为单一，对于终端燃气管道项目来说其主要的工作内容就是管道安装，管道安装费用几乎占了整个工程项目的 70%，至于土建工作、线路构筑物、阴极保护、无损检测等都可以称为管道安装的配套工作（图 2）。在管道建设项目开始之前，项目管理人员可以很快地对这个项目的工程造价进行测算，设定造价控制目标，对整个项目的计划情况可以有较为清晰的目标。

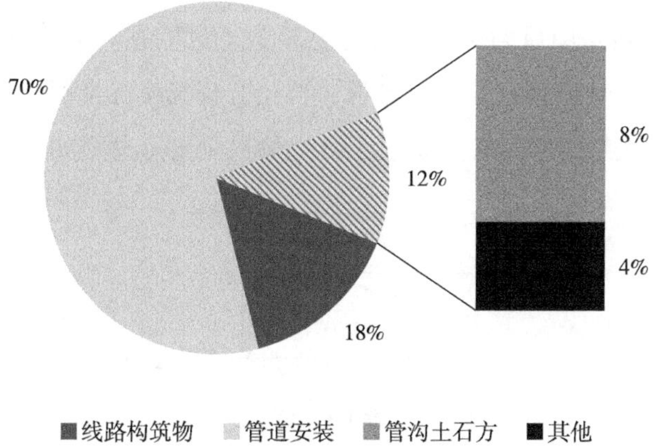

图 2　管道建设项目工程费用占比示意

二是由于管道运输的介质是易燃易爆的天然气，根据《城镇燃气设计规范（GB 50028—2006）》《城镇燃气输配工程施工及验收规范（CJJ 33—2005）》等相关规范，对终端燃气管道的施工工艺、安全和技术提出较高的要求，专业性也更强，因此无论是人工成本还是设备材料费用，相较于同类型的供水管道建设项目都需要花费更多，施工过程需要安全措施也更多，所以项目总造价水平也更高。

三是终端燃气管道项目一般位于城市或乡镇地区，例如市政燃气管道一般位于车行道两侧；民用气供气管道位于建筑红线区域内；工业管道位于厂房或工业园区内。这些地方普遍具有人口密集、车辆行驶、地下情况错综复杂等特点，所以终端燃气管道项目在建设过程中需要与不同的人员、政府部门、个体工商户等进行沟通协调，项目建设前期的综合协调难度大[2]。

四是在城镇地区进行项目建设时，对于建设时地下实际情况的了解有限，导致在实施时可能发生已建管线被破坏等问题，专项评价、后期赔偿、安全措施等费用需求较高，不易把控，据统计目前终端燃气管道项目这一部分的费用正呈现逐渐上升的趋势。

五是对于终端燃气企业而言，其造价管理人员大部分的是从技术管理岗位转行过来从事项目造价管理工作，专业技术能力过硬但是造价管理水平有待提高，欠缺系统的造价管理理念，除了对项目进行计价计量以外，他们还要对整个项目工程造价进行科学管理，这也是一个不小的挑战。

1.4 终端燃气管道项目实施阶段工程造价控制要点

在项目建设过程中，由于环境因素、人为因素等很多不确定的客观因素存在，可能使项目出现很多状况，而且一旦发生这些状况必然会对整个项目建设的进度、投资费用等产生影响，而这些都和整个项目的工程造价息息相关，对控制整个项目工程造价至关重要。笔者通过参与终端燃气管道项目建设全过程，再结合现场实际情况，运用全生命周期项目管理理念，将终端燃气管道项目实施阶段工程造价控制要点总结如下（图 3）。

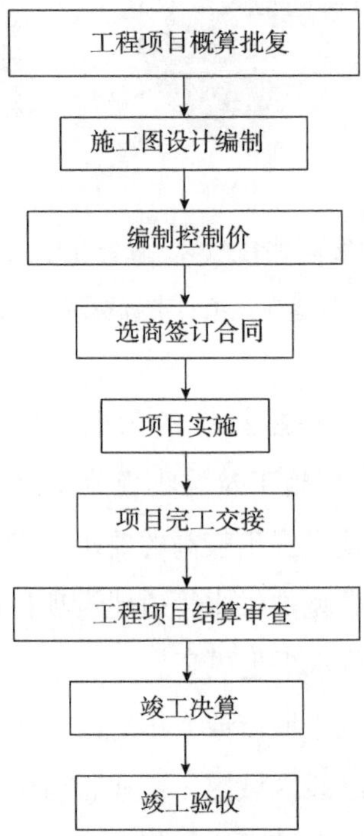

图 3 工程造价管理流程

1.4.1 全过程管理

全过程造价管理顾名思义，指的是一个项目全生命周期范围内的造价管理工作，即从项目决策阶段开始，到项目实施阶段，再到项目全部完成投运这一整个过程的都进行造价管理工作，而并非是只局限于某一个阶段的造价控制管理方法[3]。通过梳理终端燃气企业项目管理流程和造价管理程序，再考虑到终端燃气管道项目的工程造价特点，对终端燃气管道项目来说问题最集中的应是项目实施阶段，因此在实施阶段的全过程控制应是一个狭义的全过程控制，即项目开始建设到完工这一阶段的控制。控制方式按照介入时间节点不同，同样分为三个阶段，即可提前预测准备的事前控制、改进优化现有方式方法的事中控制和起亡羊补牢作用的事后控制。在这三个阶段中事前工程造价控制效果依然最为显著，事中工程造价控制最为繁杂困难，事后工程造价控制成效最差。

1.4.2 动态管理

在项目建设过程中设备材料、施工机械、人工成本、配套措施等都会形成建设费用，这些内容在工程项目管理过程中都应纳入造价管理过程中，因为在市场经济高速发展的现在，无论是人工成本还是设备材料机械的价格随时随地都可能发生变化，有可能在一个建设周期内同样一种材料机械价格出现差异非常大的价格波动，从而对项目的造价管理目标会产生不可预计的影响[4]。因此，工程项目造价的管理必须强调动态性，在项目建设期间，需要对项目相关各个参数进行动态把握、实时记录分析，必要时可以引入成熟项目管理方法，再结合原设计内容和现场实际情况制定相应的控制措施，以达到控制项目工程造价的最终目的。

1.4.3 精细化管理

每一个建设项目都会设立由不同的管理部门、人员组成的项目组，由项目组对整个项目进行管理，不同部门、不同人员间都需要相互配合才能完成整个项目的建设。建设项目中的每一个工作按照工序工艺、工作位置、时间顺序等进行一层一层的分解，明确整个项目过程中的关键节点，将关键工作最终细化到每一个班组、每一个工人应承担的工作上，然后对每一个人、每一个班组进行统筹管理，为不同的班组、不同的负责人搭建好沟通桥梁，保证信息的通畅，这样不仅能够增强部门协调工作，而且对项目经济效益的提升也有非常大的帮助[5]。

2 终端燃气管道项目工程造价管理存在问题

通过对终端燃气企业工程项目造价管理流程进行实地调研、分析后，可以发现其造价管理由于缺乏过程动态控制有效手段，导致项目的投资管控十分滞后，甚至有时是事后控制，这也是在项目管理中效果较差的措施之一。笔者使用因果分析法（图 4），从结果出发来分析导致终端燃气管道项目造价管理较差的原因，梳理后可以归纳总结为如下几点。

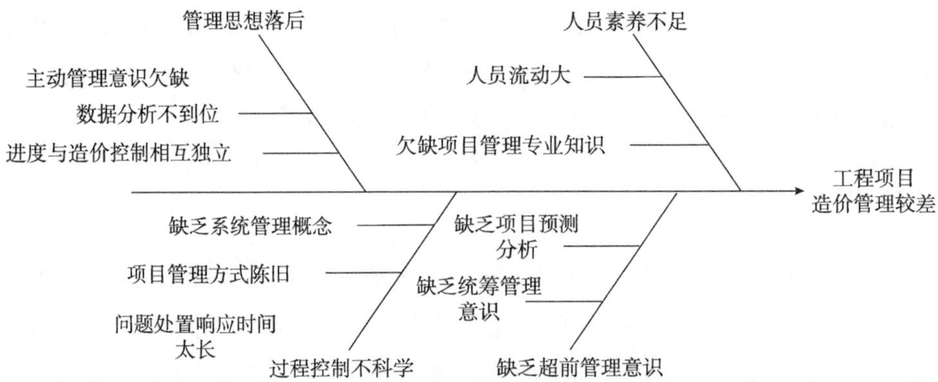

图 4 终端燃气管道项目管理问题因果分析

2.1 造价管理思想落后

随着时代的不断发展，项目管理理念也在不断地更新，新的管理理念层出不穷，当代项目管理理念已经发展到了将项目管理数字化、全生命周期 5D 管理模式等，而终端燃气企业目前所具备的管理思想仍然停留在数年以前，即费用控制与进度控制相互独立，项目管理各方各自为战，没有一个有效的管理机制将独立的几股力量凝聚在一起，产生“1+1 > 2”的化学反应。体现在项目过程管理中主要反映在三个方面：一是主动控制意识较弱，项目管理人员更多情况是被动等待问题产生后采取解决问题，没有做到将问题解决在发生之前；二是实施过程中，没有将进度控制与费用控制精密结合；三是在项目进度滞后时，对于调整施工计划后是否会影响项目费用不能做到快速分析、全面分析，不利于项目管理决策。

2.2 人员专业素养不足

在任何项目管理过程中，起主要作用的还是人。由于终端燃气企业的经营范围主要是天然气终端销售，所以企业人员结构以经营管理类为主，此类人员少有机会能接触到项目管理相关工作，因此基本不具备一定的项目管理知识或技能。这就导致终端燃气企业进行较大工程项目实施时，企业的项目管理人员无法有效将项目的技术和经济进行紧密结合，不能在宏观上考虑实施进度与造价控制两者的相互关系。

此外，终端燃气企业人员流动较大也是导致项目管理人员缺乏的重要原因之一，一个综合素质能力较强的项目管理人员必然是经过无数个项目管理锤炼，而这个过程的周期通常需要几年的时间，同时在经验丰富的项目管理人员带领下，年轻的员工也能少走很多弯路，尽快独当一面。

2.3 过程控制措施不科学

终端燃气企业的主要项目管理方式虽然使用甘特图法进行管理，但是实际情况却是甘特图管理流于形式，项目管理人员在制作甘特图后，没有将项目实施情况、进度等因素与甘特图结合分析（图 5），后续也没有进行实时调整，完全没有将甘特图的作用发挥出来。一是项目管理过程中，相关人员主要凭借经验来进行管理，没有一个项目管理的系统概念；二是在项目实施过程中若某一个环节出现了问题，耽误了工期是否可以从其他工作环节中找补回来，这一点仅凭工作经验或甘特图而不结合科学管理方法进行分析，无形间增加了项目管理难度和事项；三是现有管理措施不利于项目的成本控制以及进度把控，当费用控制过程中发现某项工作超预期时，项目管理人员不能迅速找到其原因所在，更不清楚是否会超预算、是否会耽误工期及采取什么补救措施。

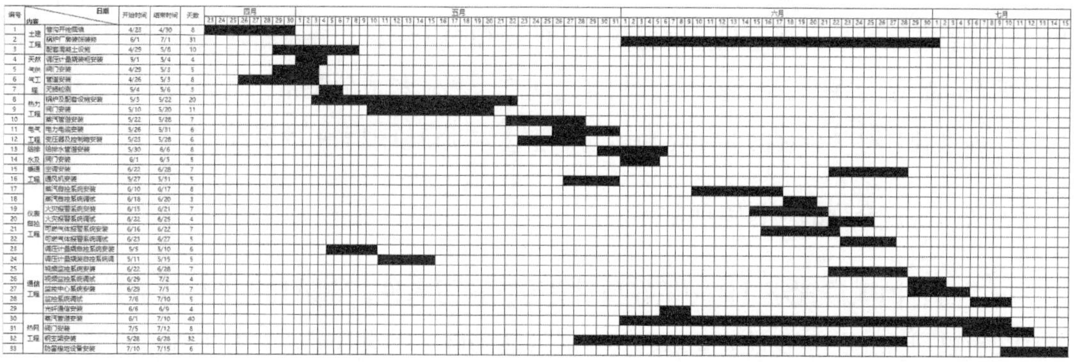

图 5　某终端燃气管道项目进度计划甘特图

2.4 缺乏全过程管理意识

在项目实施过程中，项目管理人员除了对已完成项目进行分析、总结以外，还应根据已完成情况对未来发展进行预测，依据提前预测的项目费用情况、进度结果，优化调整现有施工工序或资源，从而达到整个项目投资始终处于可控状态的目的。而终端燃气企业的项目管理人员往往在项目实施过程中没有这方面的意识或管理措施，更多的是发现问题再解决问题，对于问题产生的原因、后续可能产生的影响，没有分析预测，只是就事论事。故而可能在解决了一个问题后，又会发现一个新的问题，不能从根本上提高项目实施进度或加强成本管控。

3 终端燃气管道项目工程造价管理控制策略

根据发现的终端燃气管道项目工程造价管理存在问题，笔者从技术、经济和组织三个方面来提出具体的控制策略。

3.1 技术方面

3.1.1 将项目进度与投资控制统筹管理

任何一个项目的管理其管理者都应该有一个与时俱进的管理理念作为基础，特别是国有企业更应该具备这方面的能力，但终端燃气管道项目进度造价管理理念比较落后，在看待进度和造价这两个问题时依然是将其视为两个独立的问题，因此终端燃气企业的项目管理人员应要有意识地、从主观上去更新自身的管理知识结构，在项目建设过程中将进度和造价两个问题结合在一起关注，使其相互之间产生相辅相成的关系，进而从根本上来解决项目管理难题，科学合理的促使终端燃气企业整体项目管理水平的提高。

3.1.2 设定合理的项目管理目标

一个合理的项目管理目标是做好项目管理的前置条件，在设计审查阶段应提高要求，做到可行性研究达到初步设计要求、初步设计达到施工图设计要求，有了细致的设计图才能给后续进度计划编制、施工组织设计编制、概算费用编制等提供依据，必要时甚至可以求助工程项目管理咨询单位，借助专业的管理力量完成项目管理目标。同时还要合理确定项目工期和费用进度检查时间节点，结合每个项目的实际情况，提前定好时间节点的划分原则，将工程量清单与甘特图相结合，将进度与费用控制量指标量化出来，若有必要还可以引入赢得值分析法对项目进度及造价进行统筹管理。

3.1.3 运用赢得值分析法贯穿全过程管理

在终端燃气项目管理过程中，笔者发现项目管理人员没用充分利用甘特图等项目管理工具，将进度和与费用割裂开来进行管理，因此在项目管理过程中可以加入赢得值分析法来将进度和费用串联起来进行管理，将工程工期进度、费用状况等情况以数字金额的方式来体现，用定量的方式来综合分析项目进度和造价是否超出控制，进而对工程项目建设情况进行直观清晰地展示（图 6）。

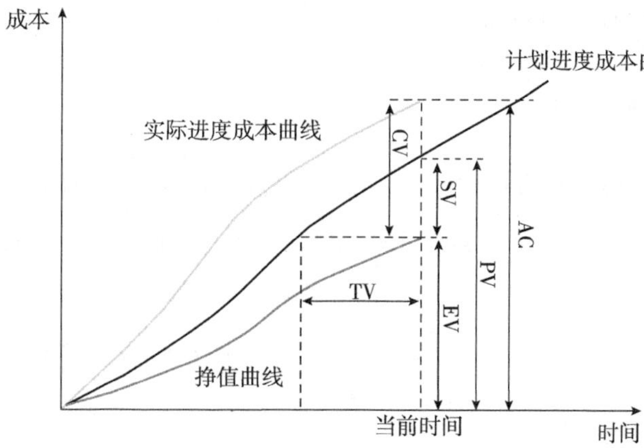

图 6　赢得值评价曲线

这样能有效地弥补终端燃气管道项目管理中进度和造价没有联合控制的劣势，并且在运用过程中可以针对具体问题提出更有针对性地提出控制措施，真正实现项目的全过程动态控制。

3.2　经济方面

3.2.1　构建预警系统

作为项目的造价管理人员，不仅要和生产技术管理人员打好配合，还应该考虑到如何将费用控制清晰明了的展示出来，让生产技术管理人员能够参与其中。参考 PDCA 管理方法的理念，以工作量清单和合同价作为基础搭建一个项目管理预警机制，帮助一线项目管理人员提高项目进度和造价管理的认识。由项目经理或高层管理者共同决定每一个阶段的费用警戒值，例如超出预算 5% 属于合理、5% ~ 10% 则表示出现造价管理问题、10% 以上则表示项目的造价管理出现重大问题。根据这一标准再结合赢得值分析法，就可以大幅提高项目管理能力，出现问题时能早发现早处理。

3.2.2　设备材料采购控制

在进行设备材料采购时，经济性肯定是主要考虑因素，但是除了经济性以外还应考虑到供应商的能力问题，例如当新冠疫情发生时是否能够确保及时供货。所以在建设单位考察供应商时应尽量做到三家或三家单位以上的询比价，有条件的应该到现场实地考察再做决定。同时在确定某一个供应商后，应当有候选单位以供不时之需，或者和确定的供应商协商对后续零星采购的处理方法，这样当出现设计变更或一次采购数量不足时才能最大程度减少设备材料短缺对项目进度及造价管理的影响。

3.2.3 加强措施费用审核

措施费用的测算一般以建设单位或项目组审查后的施工组织设计、专项方案为依据，将相关费用包含在控制价中再由施工单位自主报价，对于开工前无法确定是否会发生或工作内容不明确的措施可以以暂估价的形式包含在控制价中，待实施后据实结算。而对于报价中没有明确的项目，建设过程中施工单位又自行实施想在结算时增加费用，建设单位应当予以拒绝。

3.2.4 完善合同条款约定

在终端燃气管道项目结算阶段，最终结算费用超预算的主要原因很多都是由于合同条款不够完善，引发双方的争议最后协商解决相关的费用。特别是对模棱两可的合同结算条款存在争议的时候，不仅花费大量的时间来解决事先已经口头确定好但没有在合同中明确的事情，还导致整个项目费用的不可控，所以合同条款的完善与否决定了结算时双方争议的多少。在签订合同时，应当尽可能地在合同中明确可能出现的争议问题解决方法，必要时可以委托工程造价咨询单位进行合同结算条款的编制。同时可将项目结算方式调整为按进度结算，这样不仅能够提高项目管理人员进度管理的意识，也可避免事后写“回忆录”的情况发生。

3.3 组织方面

3.3.1 落实责任分配

若想将工程造价管理作用最大限度地发挥出来，就不能缺少项目管理人员对施工现场和参建方的监督管理这重要一环，如何进行监管、每个人负责的工作怎么确定、考核标准是什么等问题就显得十分关键。通过工作分解和责任分配，将所有工作内容落实到每个部门，再将其责任和考核挂钩，能够很好地帮助项目管理人员建立过程管理的意识，从而确保项目进度和造价管理目标的实现，真正地做到全员参与、人人有责，有效提高了项目管理水平。

3.3.2 加强员工专业培训

终端燃气管道项目的造价管理不仅是需要项目管理技术人员积极参与，同时也需要经济专业的管理人员深度参与，但是对于终端燃气企业来说，由于企业组织结构的局限性，在人员素质这方面一直是其在项目管理上的短板。终端燃气企业的项目管理人员不仅人员短缺，人员的专业素质也较为单一，缺乏复合型人才。结合终端燃气企业的实际情况，终端燃气企业应当不断加强员工全员参与的理念及其综合素质培训，提高每一个员工的素质水平，才能将企业的整体管理水平提高，这也是提高企业竞争力、可持续发展的根本[6]。

4 结语

综上所述，工程造价管理作为建设项目管理过程中的重要一环，其重要性和复杂性不言而喻，本文通过分析总结燃气管道建设项目工程造价管理要点，并结合笔者自身的工作经验给出了一些见解。但是因为终端燃气项目的进度和费用管理较为滞后，还有较为广阔的发展空间，在新的时代背景下还应该结合具体的情况展开分析，对于项目建设中的工程量清单、赢得值分析法等管理手段的运用还需进一步分析，构建起可靠的管理模式，进而推动全过程造价管理的实施进程，让全过程造价管理的价值充分体现，真正地发挥出自身的影响力。

参考文献

[1] 李明哲．工程造价、项目总投资、流动资金有关概念辨析 [J]. 技术经济，2009，28（9）：73–77，104.

[2] 童晖，熊亮．浅析城镇燃气管线工程概预算的准确性 [J]. 铜业工程，2016（6）：11–14.

[3] 王知玉．建筑工程管理中全过程造价控制的重要意义 [J]. 广西城镇建设，2021（1）：93–95.

[4] 常春光，尹凯．施工阶段工程造价动态控制研究 [J]. 沈阳建筑大学学报（社会科学版），2014，16（1）：60–65.

[5] 杨建坤．油气田工程造价精细化管理的途径——以中国石油西南油气田公司为例 [J]. 天然气工业，2012，32（1）：108–112，129–130.

[6] 杨斯玲，刘应宗，高红江．造林工程造价全员参与控制方法研究 [J]. 西北林学院学报，2012，27（4）：263–268.

企业地下储气库管理模式思考

于 永　肖修文
（中国石油天然气集团有限公司发展计划部）

摘　要：地下储气库是目前全球广泛应用的天然气调峰设施，欧美国家调峰市场化已较为成熟，中国地下储气库建设仍处于快速发展阶段。本文通过研究国内外地下储气库管理模式，综合考虑国内天然气市场的现状及未来发展态势，对国内一体化石油公司运营地下储气库的内部协调和运行机制进行分析，对地下储气库的发展提出建议。

关键词：地下储气库；管理模式；天然气

引言

储气设施是天然气产供储销体系建设的重要组成部分，也是天然气产业链的调节器和稳定器，中国石油、中国石化、中国海油等上游供气企业为保障国内供气安全和平稳，大规模建设储气设施。特别是2018年以来，国务院发布了《关于促进天然气协调稳定发展的若干意见》，要求建立以地下储气库和沿海液化天然气（LNG）接收站为主、重点地区内陆集约规模化LNG储罐为辅、管网互联互通为支撑的多层次储气系统；并要求供气企业到2020年形成不低于其年合同销售量10%的储气能力，城镇燃气企业到2020年形成不低于其年用气量5%的储气能力，各地区到2020年形成不低于保障本行政区域3天日均消费量的储气能力[1]。地方政府及企业都对此予以高度重视，地下储气库和LNG接收站建设遍地开花，储气设施迎来建设新高潮。从功能上看，LNG接收站的主要功能是保证进口LNG资源引进，因此国家整体布局LNG接收站主要是立足能源供应，而地下储气库整体调峰规模相对较大，单位调峰气量建设成本低，建设地下储气库是满足季节调峰需求最合理和最可靠的手段。

1 国内外地下储气库建设情况

国外地下储气库建设历经百余年的发展，截至 2020 年全球共建成 716 座地下储气库，总工作气量 4211 亿立方米，分布在 36 个国家，其中主要以美国、欧盟、俄罗斯为主，分别建成 414 座、179 座和 34 座，类型以枯竭油气藏为主[2]。

我国地下储气库建设起步较晚，1975 年开始建设喇嘛甸储气库，主要考虑油田内部自用，在满足季节调峰的同时，调节油气区合理压差，保持油气界面稳定，防止油气的互窜[3]。1999 年中国第一座商业化运作的地下储气库——大张坨储气库建成投产，随后在周边建设了板 876 库、板中北库、板中南库、板 808 库和板 828 库，形成了目前的大港储气库群[4]。截至 2021 年，国内已投产 15 座地下储气库（群），分别由中国石油、中国石化、国家油气管网集团及港华燃气运营[5]。国内已建地下储气库类型以枯竭油气藏为主，共 12 座；建有 3 座盐穴储气库，均位于江苏金坛，分别由中国石化、国家油气管网集团和港华公司运营。

2 欧美地下储气库管理运营模式

2.1 美国地下储气库运营模式

美国是全球最大的天然气生产和消费国之一，天然气产业发展较早，早在 1916 年便建成了第一座地下储气库，到 20 世纪 50 年代，随着天然气管网的发展，管道运营商大规模建设各种类型的地下储气库以保障供气稳定和安全。目前天然气供应环节已发展出枯竭油气藏储气库、含水层储气库、盐穴储气库和废弃矿坑储气库等多种类型地下储气库协同的综合调峰体系。

美国地下储气库的运营者主要分为以下三类。

一是州际管道公司运营地下储气库，受美国联邦政府监管。这是美国传统地下储气库建管模式，也是目前超过半数地下储气库的运营模式，地下储气库主要用来平衡管道管输量的波动以保障管道运行安全和向用户供气稳定。与发展初期不同的是，美国联邦能源监管委员会（FERC）在 1992 年发布 636 号法令，强制要求州际管道公司剥离销售业务，并要求管输无差别向第三方开放，管道公司为满足监管要求，将自身的管道业务和地下储气库业务分别设立子公司，单独运营单独核算。因此地下储气库是州际管道公司的经营业务之一，同时州际管道公司可以利用自身的统筹优势，推出管输—储气组合服务，充分发挥产业链优势。

二是地区经销商和州内的管道公司运营地下储气库，受州政府监管。州内的管道公司管理模式与州际管道公司类似，也是在保证管网运营安全的前提下对第三方开放。地区经销商运营地下储气库通过销售与储气调峰一体化模式，满足用户不同时段的用气需求。

三是独立运营商运营地下储气库。这类运营商既不掌握资源也没有管道依托，用户自行从天然气供应商采购天然气资源储存在地下储气库中，在约定的期间内采出使用或销售给其他用户。这类运营模式在美国相较于前两种比例更低，拥有的地下储气库能力也相对较少[6–8]。

2.2 欧盟地下储气库运营模式

在发展初期，欧盟国家由大型能源企业统一建设运营输气设施和地下储气库，储气设施为业务链中的一个环节。20 世纪 80 年代开始，欧洲国家开始推进能源内部市场化改革，欧盟分别于 1998 年、2003 年和 2009 年颁布了三版《天然气内部市场通用规则》，要求除 2009 年之前投产或已申请豁免权之外，输气管道和储气设施的所有权必须拆分，欧盟天然气市场形成了供气商、贸易商、输配气公司、地下储气库运营公司等各类主体相互独立的运营模式。与美国不同的是，虽然各环节运营商在商务模式方面相对独立，但大部分地下储气库实际上依然由大型能源公司、天然气公司、电力公司、管道公司或城市燃气公司掌控。同时还有小部分储气业务由上游的气田开发公司运营管理，淡季储气解决气田生产过剩，旺季采气满足市场需求，储气业务不独立核算，其成本一并纳入气田的经营成本[9–10]。

3 我国地下储气库管理运营模式

我国地下储气库主要由上下游一体化的油气公司投资建设，管网改革后，部分地下储气库划转至国家油气管网集团建设运营，国内出现了由一体化油气公司、长输管道运输企业和城镇燃气企业运营的不同的地下储气库运营及管理模式，其中一体化油气公司内部又分为油气田单位和天然气销售单位运营的不同管理方式。

3.1 中国石油地下储气库内部管理及运营模式

中国石油是国内最早建设地下储气库的公司，也是目前国内最大的地下储气库运营商，截至 2021 年累计建成了 11 座商业储气库，目前运营 7 座。中国石油由所属的油气田单位建设和运营地下储气库，主要由所属的天然气销售单位使用，建立了储气费内部结算机制。

3.2 中国石化地下储气库内部管理及运营模式

中国石化的地下储气库建设开始于2010年，第一个开工建设的是文96地下储气库，2012年9月，该项目正式投运。截至2021年，中国石化累计建成3座地下储气库，根据所属油气田公司和天然气分公司各自专业技术优势，以及油气藏型和盐穴型地下储气库在矿权、建设、运行等环节的差异，中国石化制订形成了差异化运营模式。一是油气藏型储气库，前期工作、投资、建设、运行维护等工作和安全环保责任由项目所在油气田公司承担，建成后的库容全部由天然气分公司使用经营，并由天然气分公司按照集团公司核定的储转费定期支付费用。二是对于盐穴型储气库，由所属天然气分公司作为投资建设、经营管理主体，负责整个项目的前期、建设、运行和经营，承担安全环保和经营责任[2]。

3.3 国家油气管网集团

国家油气管网集团成立后，从中国石油和中国石化划转了5座储气库，目前主要由划转前所有者使用，市场化结算储转费。由于国内保供压力大、储气能力紧张，因此中国石油和中国石化基本全部使用原有地下储气库。国家油气管网集团也在积极推行地下储气库业务的市场化，2022年3月在上海交易中心成交1.9亿立方米的储气和管输服务，注气时，客户将天然气自国家油气管网集团上载站场上载，国家油气管网集团通过管道运输至地下储气库存储；采气时，国家油气管网集团将客户储存的天然气自地下储气库采出，经过公司管道运输至下载站场下载[11]。

3.4 港华燃气

港华燃气目前建设运营港华金坛储气库，这是目前国内唯一由城镇燃气企业建设运营的地下储气库项目。港华燃气成立了独立于地下储气库的专门销售公司负责地下储气库天然气的销售业务[12]，依托国家油气管网集团的管道，从上游供气企业购买天然气注入地下储气库，再根据需求进行市场化销售。

4 我国企业地下储气库管理模式探讨

2021年10月，习总书记在胜利油田考察调研时指出，石油能源建设对我们国家意义重大，中国作为制造业大国，要发展实体经济，能源的饭碗必须端在自己手里。为确保天然气资源的碗能够端得稳、端得牢，地方政府及企业在国家指导下大力推进储气能力建设，全国的储气调峰能力预计将会较快速度提升。国内的上游供气企业基本是一体化的油气公司，对于这些油气公司而言，现阶段的内部管理模式能够满足快速建设地下储气库的需求，但未来国内建成大规模的调峰能力后，储气调峰设施将考虑面向外部用户，是否要调整现有内部模式是一个值得思考的问题。目前来看，一体化油气公司未来可能的地下储气库运营模式主要有以下几种。

4.1 维持目前的油气田单位建设运营地下储气库模式

这种模式被广泛采用因其在国内当前天然气产业形势下有许多优势。首先，由油气田单位建设地下储气库是近年来地下储气库能够快速、大规模开工建设的重要原因之一。地下储气库建设涉及地质气藏、钻完井、注采工艺、地面工艺等多个领域，技术专业性极强，油气田单位强大的技术力量能够支撑起地下储气库的有序建设和安全平稳运行。一体化油气公司目前主要采用此种模式。其次，地下储气库大多利用枯竭或者开发末期的油气藏建设，转型建库能够盘活油气田已有资产，在许多油气田单位产量逐年下降的情况下，创造新的业务增长点可以充分调动起企业积极性，快速建成储气能力。另外，国内现阶段储气能力不足，一体化油气公司冬季为保障用气安全，不仅要充分利用现有的储气设施，还要综合采用气田调峰和采购 LNG 现货等多种方式。而气田调峰会对气田正常生产造成负面影响，气田短时间内放大生产压差来提高产量，存在边（底）水入侵、气井出水、出砂等风险，导致气井产能降低或水淹停产，气田整体产能将不可逆下降[13]。地下储气库主要利用枯竭油气藏建设，国内储气能力大幅提高后，现阶段过度利用气田调峰的情况可逐渐缓解。油气田单位一体化运营气田与地下储气库能够充分发挥二者的协同作用，地下储气库在保证气田平稳生产后供天然气销售使用，有益于油气田开发及运营。

同时，油气田单位建设运营地下储气库也存在一定不足。一是目前国内地下储气库建库优势区与调峰市场不重合，虽然油气田单位建库能够优选地质条件好的油气藏，但良好的库址集中在东北、西北和西南地区，对于油气田单位，平衡好建库条件、区域位置、库址类型等多重因素高效布局和建设地下储气库存在一定难度，需总部统筹协调油气田单位和天然气销售单位以更为有效布局建设地下储气库。二是油气田单位大多未建立专业的营销人才队伍，在目前国内天然气资源紧缺的形势下，国产气资源具有较强的市场竞争力，且一体化能源公司的生产和销售由总部统一调配，油气田单位无需过多建立市场意识，由其独立开发市场运营地下储气库，满足内部单位使用的同时兼顾市场化，将增加人员和协调成本。

4.2 油气田单位建设，天然气销售单位运营

这种模式的优势是能够充分发挥专业公司的特长，既能保证地下储气库的建设质量，又能够发挥天然气销售单位在销售环节的一体化优势，调动销售企业积极性，综合地下储气库、LNG 接收站等多种模式调峰进行优化布局，实现效益最大化。这种模式下，专业公司之间的关系发生了变化，二者由第一种模式下的运营方与使用方关系转变为资产交易关系，建设和运营主体的分离将导致利益的不统一，也将增加协调与经济成本。首先因为没有直接的经营压力，建设方控制建设成本的积极性降低，可能出现过度设计、过度施工的情况，最终导致用户用气成本提高。其次项目前期需多方决策，从论证到开工建设的时间也将增长，所以此种模式在国内储气能力建设发展到一定规模后可以探索，在当前国家大力推动储气能力建设的形势下，这种模式的缺陷将显现。最后，组织机构调整会增加许多显性成本和隐形成本，显性成本如调整方案的研究、员工培训，以及会计、财务、人力资源管理调整带来的 IT 系统软硬件成本，隐形成本如调整中带来的部分员工利益受损、工作积极性下降、短视行为增多等[14]。

4.3 天然气销售单位建设运营

这种模式下，天然气销售单位能够从自身需求出发，主导地下储气库的布局和建设整体方案，从天然气全产业链的角度布局地下储气库建设，减少了协调成本。但同时，实现这种模式也存在难度，地下储气库建设所依托的矿权、已建设施以及设计施工队伍都来自油气田单位，对于天然气销售单位而言，单独成立专业的管理团队负责库址筛选、组织建设将新增许多成本，一体化石油公司整体资源并没有得到充分有效地利用，并不经济。

5 有关建议

在我国当前门站价格体制下，大部分管道气冬夏峰谷价差并没有充分反映调峰成本，地下储气库能够快速发展得益于国家的政策要求以及各级政府及企业的担当意识。而上游供气企业在冬季不计成本地保障供气稳定，也使用户端并无法直观感受到储气设施的重要作用和价值，未强烈表现出地下储气库市场化的诉求以及使用的意愿。即使拥有地下储气库的企业推行储气调峰市场化，也未必会取得理想的成效。因此，建议国家与企业共同研究完善国内天然气调峰价格传导机制，充分调动天然气产业链各环节的积极性。

欧美国家已经通过实践证明在成熟的天然气市场化体制下，地下储气库可以独立生存和盈利。但我国天然气市场有其特殊性，加之天然气资源的能源安全属性，注定不能完全照搬欧美国家的天然气产业模式。欧美国家从推行到实现天然气行业市场化一般超过 30 年，国内天然气市场在“双碳”政策下，将探索出一条具有中国特色的发展道路。为了充分发挥上下游一体化协同优势、实现投资效益的最大化，建议一体化石油公司根据国内市场形势及政策逐步研究调整和建立合适的地下储气库内部管理机制。

国内的油气地质气藏条件复杂，埋藏深、非均质性强、储层中低渗、断块发育[15]，在历经 20 多年地下储气库筛选和建设后，潜在库址的建库条件愈发劣质化，建库难度不断增大。建议地下储气库建设企业不断加大科技创新力度，提高建库质量，降低建设投资成本，从根本上提高地下储气库的市场竞争力。

参考文献

[1] 国务院关于促进天然气协调稳定发展的若干意见 [EB/OL]. http://www.gov.cn/zhengce/content/2018-09/05/content_5319419.htm.

[2] 曾大乾，张广权，张俊法，等 . 中石化地下储气库建设成就与发展展望 [J]. 天然气工业，2021，41（9）：125-134.

[3] 黄伏生，方亮，肖芳，等 . 大庆喇嘛甸油田地下储气库开发技术研究 [J]. 石油规划设计，2006（2）：16-19，48.

[4] 胥洪成，李娟，李宏春，等 . 大港储气库群达容的主要影响因素 [J]. 科技导报，2011，29（16）：58-61.

[5] 郭洁琼，周韬，李刚，等 . 中国地下储气库经营模式探讨 [J/OL]. 油气储运 . http://kns.cnki.net/kcms/detail/13.1093.TE.20220614.1512.002.html.

[6] 孟浩 . 美国储气库管理现状及启示 [J]. 中外能源，2015，20（1）：18-24.

[7] 李伟，杨宇，徐正斌，等 . 美国地下储气库建设及其思考 [J]. 天然气技术，2010，4（6）：3-5+77.

[8] 洪波，丛威，付定华，等 . 欧美储气库的运营管理及定价对我国的借鉴 [J]. 国际石油经济，2014，22（04）：23-29+109.

[9] 周军，梁光川，杜培恩，等 . 欧洲天然气储气库概况与运营模式 [J]. 油气储运，2017，36（7）：759-768.

[10] 李博 . 欧盟天然气市场化进程及启示 [J]. 天然气工业，2015，35（5）：124-130.

[11] 国家管网集团 2022 年文 23 储气库竞价交易成交 1.9 亿方 市场化创新再提速 [EB/OL]. https://www.shpgx.com/html/zxdt/20220331/4661.html.

[12] 杨丽 . 港华金坛储气库外输破亿 冬季保供圆满收尾 [J]. 城市燃气，2021（4）: 8.

[13] 魏欢，田静，李波，等 . 中国天然气储气调峰方式研究 [J]. 天然气工业，2016，36（8）: 145–150.

[14] 欧阳秀子 . 企业组织架构变革的管理逻辑 [J]. 河北企业，2021（6）: 67–69. DOI:10.19885/j.cnki.hbqy.2021.06.021.

[15] 魏国齐，郑雅丽，邱小松，等 . 中国地下储气库地质理论与应用 [J]. 石油学报，2019，40（12）: 1519–1530.

全国储气调峰设施建设及运营模式探讨

张 博[1] 刘忠付[2] 李 丹[1]

（1. 国家管网集团工程技术创新有限公司；2. 国家石油天然气管网集团有限公司战略与执行部）

摘 要：通过对全球储气调峰及全国天然气资源市场及调峰现状分析，结合全国储气调峰设施建设现状以及国家能源局《全国储气能力建设实施方案》相关要求，对全国调峰需求进行分析，提出储气调峰设施的发展机遇、面临挑战、优劣势及未来发展方向。为落实国家储气能力建设的要求，需要通过建设 LNG 接收站储罐和地下储气库等多种方式完成任务，并就储气调峰设施建设需遵循的原则、相关政策支持及未来建设运营提出相关建议。

关键词：储气调峰；LNG 接收站储罐；地下储气库

引言

液化天然气（LNG）接收站和地下储气库具有储气调峰与供气的功能，是保障天然气业务协调发展的重要支撑，是天然气安全平稳供应的补短板工程。在储气能力建设方面，需深入贯彻习近平总书记“四个革命、一个合作”能源安全新战略，推动产供储销协同和行业高质量发展，加快补齐储气能力短板，着力破解制约天然气储气设施发展的深层次矛盾。

1 全球储气调峰基本情况

全球主要的天然气储气调峰方式有地下储气库调峰、LNG 调峰、气田调峰等。地下储气库是全球天然气储气调峰的主要手段。全球地下储气库的分布极不均衡，截至 2021

年年底，全球共有 700 余座地下储气库，欧美地区储气库工作气量占比最高，约为 65%，其次为俄罗斯、亚洲等地区，占比分别为 17%、10%[1]（图 1）。截至 2021 年年底，全球共有在运行的 LNG 接收站 159 座，气化能力合计 1.29 万亿米 ^{3}/ 年（9.4 亿吨 / 年），数据来自 IHS 的统计数据，主要分布在天然气对外依存度高、调峰需求大的东北亚和欧洲地区。

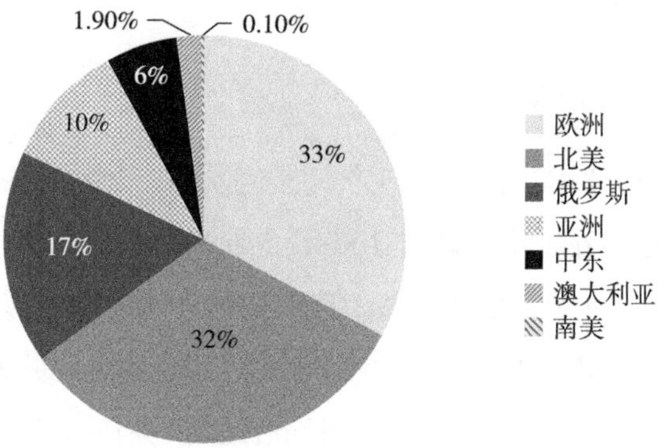

图 1　全球储气库地区分布（按照工作气量）

国际天然气联盟（IGU）的分析认为，全球对外依存度达到和超过 30% 的国家，地下储气库工作气量一般达到消费量的 12% 以上，如法国、德国等。部分对外依存度超过 50% 的国家甚至达到 15% 以上，如乌克兰、哈萨克斯坦等。2021 年我国天然气对外依存度为 45%，地下储气库工作气量占消费量比例仅为 4.3%。

地下储气库类型主要包括枯竭油气藏储气库、盐穴储气库、含水层储气库、废弃矿坑储气库。其中油气藏储气库占比最多；盐穴型储气库主要分布在欧洲及北美地区，欧美盐穴储气库已有大约六七十年的发展历程，目的层厚度达 500 ~ 1000 米，岩盐品位好、不溶物含量低、夹层少[2]；含水层储气库主要分布在北美、欧洲及独联体国家，建库水平成熟，目的层盖层气密性好，均质性好，渗透率较高。

各国在建设储气调峰设施时，充分结合本国地质条件，因地制宜。有些内陆国家缺乏岸线资源，有些国家则缺少适宜的陆上库址，因此只能通过单一的储气库或接收站来满足调峰需求。例如，韩国和日本的油气资源匮乏，天然气消费几乎完全依赖进口 LNG，以 LNG 设施调峰为主[3]；西班牙、英国岸线资源丰富，调峰体系以 LNG 接收站为主，西班牙建成“海鸥”海底枯竭气藏储气库，英国计划建设莫克姆湾海底盐穴储气库；法国和德国油气资源比较贫乏，法国调峰以油气藏型及盐穴储气库为主，法国利用含水岩层建立了规模巨大的储气库[4]。

在同时具备接收站和储气库建设条件的国家，地下储气库由于规模大、成本低的优点更受青睐，成为储气调峰的首选方式。美国油气资源丰富，主要利用枯竭油气田建设地下储气库，在地下盐层条件较好的地区，建设了大量的盐穴储气库。俄罗斯天然气资源丰富，主要利用枯竭油气田建设地下储气库[5]。

2 我国天然气资源市场及调峰现状

2.1 天然气供应及消费现状

我国天然气供应量持续增长，国内自产气提速发展，2021 年天然气产量 2053 亿立方米，同比增长 6.6%，连续五年增产超过 100 亿立方米。进口天然气实现管道、LNG 多渠道供应，2021 年天然气对外依存度 45.2%，其中 LNG 1089 亿立方米（占比 64.4%），超过日本成为世界第一大 LNG 进口国。2021 年全国天然气表观消费量 3726 亿立方米，同比增长 12.7%，消费结构持续优化，发电及化工用气占比均小幅下降。

2.2 天然气调峰需求及经营现状

2021 年全国天然气调峰需求量为 418 亿立方米，占消费总量的 11.4%，其中，北方地区为主要调峰市场。由于目前集约布局调峰能力不足，调峰方式中储气库、LNG、气田、进口管道气及可中断用户等方式共同发挥作用，调峰方式呈现以地下储气库为主的多元化发展。

目前中国石油、中国石化等天然气供应商的储气库一般作为内部储销环节，库容使用费内部结算，服务费率采用一部制或两部制。国家管网集团正式接管后的储气库，大部分库容仍然被原企业所用，服务费率沿用原企业内部定价，仅对部分剩余库容进行了市场化运营探索。

国内接收站主要有营商模式、代加工模式。代加工模式下，LNG 接收站负责对委托方开展接卸、存储、气化加工、管道气态外输和槽车液态装车等业务，按照存储量和气化量收取使用费，而不参与 LNG 的资源采购和终端市场的销售业务。

3 我国储气调峰设施建设现状

3.1 全国目前储气能力建设情况

截至 2020 年年底，全国已建成储气能力 234 亿立方米，其中地下储气库 14 座，工作气量 144 亿立方米，占比 61%；沿海 LNG 储罐罐容 65 亿立方米，占比 28%；内河、内陆 LNG 储罐等其他储气设施储气能力 25 亿立方米，占比 11%。全国已建成储气能力占天然气消费量 7.2%，仍明显低于 12%~15% 的国际平均水平。

截至 2021 年年底，我国建成 17 座地下储气库（群），设计总库容 565 亿立方米，实际建成储气能力 271 亿立方米，但调峰能力建设仍存在不足，部分区域存在缺口，主要为环渤海和中西部地区。截至 2021 年年底，全国在役 LNG 接收站共 22 座，总接收规模 9830 万吨 / 年（约 1376 亿立方米）。全国在建 LNG 接收站共 17 座，接收规模 6575 万吨 / 年（约 920.5 亿立方米）。

3.2 全国储气能力建设实施方案

目前我国建成的储气能力远低于发达国家水平。2021 年国家能源局 44 号文《全国储气能力建设实施方案》[6] 要求，到 2025 年全国集约布局的储气能力达到 550 亿 ~ 600 亿立方米，占全国天然气表观消费量 12.7%~13.9%，基本补齐储气短板，预计 2030 年储气能力达到 600 亿 ~ 700 亿立方米，2035 年达到 700 亿 ~ 800 亿立方米。文件要求“十四五”国家管网建成储气库 8 座（独资），合资合作储气库（群）4 座，LNG 储罐共计 46 个，罐容 808 万立方米。《关于加强 2022 年度储气能力建设有关工作的通知》（13 号文）[7] 要求，2022 年国家管网储气库工作气量目标为 105.5 亿立方米，LNG 储罐储气能力 19.76 亿立方米，合计 125.3 亿立方米。

表1 全国储气能力建设实施方案 单位：亿立方米

	2022 年	2023 年	2024 年	2025 年
储气库工作气量	205	252	299	343
沿海 LNG 储罐	96	145	205	247
储气能力	301	397	504	590

4 调峰需求

4.1 天然气市场需求预测

我国天然气需求仍将呈现快速增长态势：预计 2025 年全国天然气市场规模 4550 亿 ~ 4700 亿立方米，2030 年达到 5500 亿 ~ 5800 亿立方米，2040 年达到 6500 亿 ~ 7000 亿立方米，天然气需求旺盛将助推储气调峰需求快速增长。

4.2 天然气调峰需求分析

城市燃气的月不均匀性受气候的影响较大，尤其采暖用量较大的城市，波动性更大。发电用户用气不均匀性主要与发电厂的功能和类型有关。工业燃料用户的不均匀性主要与其生产工艺有关。化工用户通常连续稳定生产，波动性较小。按历年用气波动情况和城市燃气、工业、发电、化工四个行业的用气特性，分别预测各省市四个行业的用气月不均匀系数。通过对历史数据的整理和分析，冬季调峰量未能体现计划性压减用气，综合历史不均匀系数及压减的情况，对不均匀系数进行了修正。结合各省预测需求量及四个行业用气比例，计算每个省份与地区的调峰需求及占消费量的比例。

预计2025年全国调峰需求量529亿立方米，2030年达到644亿立方米。东北、环渤海、中南、中西、西北地区调峰需求较大，2025年环渤海调峰需求占全国的40%，主要原因是采暖用气比重偏大。

从历史调峰方式分析，气田调峰和管道气调峰发挥一定作用，预测未来我国集约布局的储气调峰能力占需求比例将在11% ~ 12%可以满足实际调峰需求。

4.3 国家储气能力建设总体要求

国家要求上游供气企业和国家管网集团合计建成不低于上游供气企业年供气量10%的储气能力，地方人民政府具备不低于保障本行政区域3天日均消费量的储气能力（约1%），城镇燃气企业具备不低于年用气量5%的储气能力。个别城市燃气企业和地方政府储气能力履约途径不落实甚至存在“纸面履约”问题，储气能力难以满足国家要求，预测实际建成储气能力与测算调峰需求一致，为12%左右。

5 发展形势

5.1 发展机遇

国内天然气需求旺盛，推动储气调峰需求快速增长。全国各上游企业、政府及地方城市燃气企业应抓住天然气行业快速上升机遇期，充分发挥自身优势，加快储气调峰设施建设。

近几年国家出台多项政策，高度重视和支持储气设施建设，政策护航力度不断加强。2021年9月，国家能源局印发关于《全国储气能力建设实施方案》的通知及有关文件，明确要求上游供气企业和国家石油天然气管网集团有限公司合计建成不低于上游供气企业年供气量 10% 的储气能力，地方人民政府具备不低于保障本行政区域 3 天日均消费量的储气能力，城镇燃气企业具备不低于年用气量 5% 的储气能力。2022 年 1 月国家能源局综合司印发关于《加强 2022 年度储气能力建设有关工作》的通知及有关文件，要求相关企业要加快已建地下储气库注气进度，确保采暖季前应注尽注，最大限度发挥保供作用。

根据中央财经委员会第 11 次会议精神。加快投资项目的范围主要是网络型基础设施，包括构建“全国一张网”在内的油气管网基础设施，围绕联网、补网、强链的建设需求，考虑战略储备需求。各级建设主体应肩负起国家赋予的保障天然气调峰保供的使命和职责，主动担当，加快整合储气调峰生态链；在天然气调峰定价、储气库建设和运营机制上，引导国家政策制定和行业健康发展。

5.2 面临挑战

一是选址困难大。当前，储气库建设进入快速发展期，但国内储气库建库地质条件复杂，构造破碎、埋藏深、储层物性差[8]，盐矿资源不同于欧美海相沉积为主的巨厚盐丘型盐矿，以陆相湖泊沉积为主，盐层薄、隔夹层多，不溶物含量高[9]。含水层目标区地质资料较少，需要的监测技术要求较高。这些均给储气库方案设计、钻井及工程建设带来一定挑战。后续优质建库资源筛选难度加大，对建库技术提出更高要求[10]。全国油气探矿权三大石油公司占比 96.7%，其他各级参与油气藏型储气库建设难度很大，而盐穴储气库资源又比较稀少。

二是储气设施大规模建设投资需求量大，资金筹措压力较大。储气库是目前最经济有效的调峰手段之一，但我国地质条件复杂，储气库建设投资和成本仍然较高。2010 年前投运的储气库单位投资成本 3 元 / 米^3，随着国民经济的发展，未来建设成本和运行费用还会增加，各调峰责任主体负担较重。

三是实现储气能力建设目标存在风险。从目前地下储气库建设经验来看，多数储气库建成投产后可实现的工作气量难以达到规划、设计的有效工作气量。部分储气库库址与自然保护区等环境敏感点存在冲突，地下储气库的建设存在风险。

四是储气设施定价机制尚未理顺，投资回收渠道尚不清晰。国内市场化程度不高，储气库政策机制不完善，制约业务发展。与国外相比，我国天然气市场程度不高，相关政策和法律机制不完善，与国外差距较大。尽管近年来，国家等相关部门已下发相关通知，明确储气设施服务价格由供需双方协商确定，注采气价格由市场竞争形成，要形成季节性价差体系等，但受制国内门站价格管制和门站价格标杆效应的影响，相关政策未能真正落地，严重制约和影响后续储气库建设，一定程度上限制各方投资建设的积极性。

五是竞争压力大。面临各建设主体抢占有限 LNG 接收站站址资源，未来 LNG 供应过剩，各主体优先利用自身储气设施进行调峰，部分企业 LNG 接收站面临巨大竞争，存在长期低负荷运行风险。

纵观欧美发达国家成熟天然气市场运营经验，以必要的应急调峰能力平抑季节性消费差异、满足战略储备需要，是天然气产业可持续发展的必要保障，天然气对外依存度越高，相应地下储气库工作气量对天然气消费量的占比就应越高。在此背景下，储气能力建设已成必须之举。按照国家储气能力要求，应加快推进储气设施建设。油气藏储气库为最优调峰方式，应作为调峰储气设施建设的重点。

6 结论

综合以上分析，为落实国家储气能力建设的要求，储气调峰设施建设需遵循以下原则。

一是库站并举，规模优势。同时加快 LNG 接收站和地下储气库建设，快速提高 LNG 接收规模和储气调峰能力，为冬季天然气保供提供设施保障；优先在已建项目基础上扩建能力，形成规模优势。

二是抵近市场，提升竞争。地下储气库、LNG 接收站及配套外输管网科学合理布局，优先向环渤海等重点保供地区及长三角、珠三角等区域消费中心倾斜，同时提供优质 LNG 接收和储气调峰服务，提高整体竞争力。

三是锁定客户，稳定效益。加大市场开拓力度，推进公平开放，形成主体多元化的稳定客户群体。挖掘存量资产提效潜力，提高增量资产创效能力，提升储气调峰设施周转量，保障储气设施效益稳定。另外发展目标应以区域配置更加合理，使环渤海地区保供能力显著提升，中南、中西部调峰压力得到缓解；盐穴资源丰富的长三角地区新建储气库建成投产；LNG 接收站布局与市场客户更为紧密。

在储气能力建设方面，还应积极争取相关政策的支持：

一是推进完善矿权转让相关机制，建议由政府牵头建立已开发油气田、盐矿和地下含水层等地质信息公开机制，加快放开储气地质构造的使用权，配套完善油气、盐业等矿业权转让、废弃核销机制以及已开发油气田、盐矿作价评估机制。

二是争取储气设施建设资金，尤其是垫底气支持政策条件，推动符合条件的储气设施项目开展基础设施领域不动产投资信托基金（REITs）试点；建议由国家财政通过直接补贴、企业债、产业基金、专项贷款等方式予以解决，并对储气库垫底气形成的增值税进项税在核定后全额退还。

三是尽快研究出台相关财税优惠政策，参照原油储备支持政策，制定相应的土地使用税、所得税、增值税等税费减免政策。

四是持续推动储气服务定价机制市场化改革，支持储气设施开展剩余库容交易、调峰气交易、期货期权等市场化经营。

针对未来全国储气调峰业务经过快速发展，行业竞争加剧，应开发并锁定用户，积极推动储气调峰设施公平开放，引入上下游企业或其他社会资本，构建储气调峰设施利益共同体；同时根据国家政策和市场需求变化，动态调整储气调峰业务规划；加强科技创新，促进储气业务与储氢储氨、压气蓄能、大规模二氧化碳埋存等新技术深度融合发展。

储气调峰设施建设及运营还需具备相应保障措施：一是加强业务组织管理，持续提升专业化运营管理能力；加强地下储气库业务专业人才队伍建设；二是强化工程建设管理，针对个别储气工程建设缓慢，应全面加快工程建设，重点做好人力、资源供应、外部协作、资金等制约工程建设的关键要素保障；三是健全市场开发机制，坚持自主研发核心技术，巩固和加强行业科技力量，积极研究推出适应市场变化的储气能力交易产品；锁定客户，不断加强市场开拓能力，增强市场竞争力。

参考文献

[1] IGU. 2019—2022 Triennium Work Report : Energy Security and Reliability [C], 28th World Gas Conference, Korea,2022.

[2] 冉丽娜，完颜祺琪，王立献，等 . 国外盐穴地下储气库发展趋势及启示 [J]. 盐科学与化工，2017（12）：13–16.

[3] 殷建平，汤妍姣 . 欧洲 6 国及美国国家天然气储备状况 [J]. 天然气地球科学，2014，25（5）：783–790.

[4] 马胜利，韩飞 . 国外天然气储备状况及经验分析 [J]. 天然气工业，2010，30（8）：62–68.

[5] 杨明清，吴佼翰，等 . 俄罗斯地下储气库现状及未来发展 [J]. 石油钻采工艺，2018，40（5）：671–676.

[6] 国家能源局 . 全国储气能力建设实施方案 [EB/OL]. 2021–9–16.

[7] 国家能源局 . 关于加强 2022 年度储气能力建设有关工作的通知 [EB/OL]. 2022–1–13.

[8] 刘烨，何刚，杨莉娜，等．十四五期间我国储气库建设面临的挑战及对策建议 [J]. 石油规划设计，2020，31（6）：9–13.

[9] 张博，吕柏霖，吴宇航，等．国内外盐穴储气库发展概况及趋势 [J]. 中国井矿盐，2020，52（1）：21–24.

[10] 刘先山，孙军昌，王皆明，等．含水层地下储气库发展现状及建库地质评价技术概述 [C]. 第 31 届全国天然气学术年会，2019.

三等优秀论文

构建以价值创造为导向的石油企业碳资产管理体系

朱 斌　张奕飞　苏 悦
（中国石油国际勘探开发有限公司）

摘　要：随着越来越多的国家严格控制碳排放，碳排放权逐渐成为一种稀缺资源，具有了资产和商品的属性。为积极应对气候变化，中国宣布了“2030 年碳达峰、2060 年碳中和”的“双碳”目标。为助力实现这一目标，2017 年底，中国启动碳排放权交易。石油石化作为主要的碳排放行业，是第一阶段碳交易的主要参与者之一。因此，石油企业开展碳资产管理迫在眉睫。本文首先介绍了碳资产及其管理的概念，总结了主要国际石油公司碳资产管理的模式和经验，然后分析了碳资产管理与企业价值创造之间的耦合关系和作用机制。在此基础上，构建了以价值创造为导向的石油企业碳资产管理体系，为石油企业构建和完善碳资产管理体系、提升碳资产管理能力提供了一定的参考。

手机扫一扫，查看文件

关键词：碳排放权；碳资产管理；国际石油公司；企业价值创造；碳资产管理体系

我国碳交易市场发展对油气化工行业的影响及对策研究

吴盛龙　贾鹏程　王萧程
（中国石油天然气股份有限公司财务部）

摘　要：随着制订碳达峰、碳中和发展目标并承诺具体时间节点的全球重要经济体日益增多，全球碳交易市场发展全面提速，碳金融工具逐步完善，碳排放权交易日趋活跃。在 2020 年 9 月召开的第 75 届联合国大会上，习近平总书记就中国的碳达峰与碳中和目标作出郑重承诺，标志着我国正式将“双碳”目标作为衡量经济社会发展质量的重要标准之一。“十四五”时期是系统化推进“双碳”目标各项工作的起步阶段，国内碳金融制度及碳市场交易体系也将逐步完善。传统油气化工行业作为高碳耗行业的代表，面临未来将被纳入碳排放交易市场的背景下，如何应对将要面临的履约压力、实现碳减排目标，如何提早布局碳金融体系建设、积极参与碳市场交易，是传统油气化工企业当前需要提前谋划的重要问题，对实现绿色低碳可持续发展意义重大。本文立足于“双碳”目标大背景，梳理我国碳市场、碳金融发展情况，分析其对油气化工行业造成的影响，并对油气化工行业实现绿色低碳发展的策略进行研究。

手机扫一扫，查看文件

关键词：“双碳”目标；碳金融；碳市场；油气化工行业；低碳转型

浅谈海上油（气）田折旧、折耗及摊销的计算和影响因素

孔 鑫 王光强 林卓超

［中海石油（中国）有限公司深圳分公司）］

摘 要：利润是公司高质量发展的关键指标之一，加强成本管控是提升公司利润、保障公司持续发展的重要举措。对于固定资产庞大的石油公司来说，折旧、折耗及摊销在总成本中占比较大，在很大程度上影响着成本的变化趋势。本文从海上油（气）田折旧、折耗及摊销的计算公式出发，梳理公式中各要素的具体含义及其影响因素，通过案例分析形成对折旧、折耗及摊销的规律性认识，又结合公司实际提出切实可行的管理建议，以期对提升公司高质量发展水平有所助益。

手机扫一扫，查看文件

关键词：折旧、折耗及摊销；DD&A；桶油 DD&A

集中式新能源发电并网项目建设流程

游双矫[1] 刘成浩[2] 运帅冲[3]

［1. 中国石油天然气股份有限公司规划总院；

2. 中国石油天然气集团有限公司发展计划部；3. 中国石油大学（北京）］

摘 要：2021 年 5 月，国家提出将风电、光伏发电项目分为保障性并网项目和市场化并网项目两种类型。对于项目的建设，国家部委、地方政府、公司总部、地区建设公司四个层面在项目管理流程之间相互嵌套、各司其职。本文以某公司为例，梳理了保障性和市场化并网新能源发电项目的建设流程，为企业开展相关项目申报和开发建设工作提供参考，助力新能源业务健康有序发展。

手机扫一扫，查看文件

关键词：风电；光伏发电；项目建设流程；保障性并网；市场化并网

成品油销售企业基于RPA的转账充值自动确认系统的设计与应用

陈 耿

（中国石油四川销售分公司）

摘　要：加油站资金到账监控工作是成品油销售企业资金风险管理中的重要环节；随着业务的发展，加油卡转账充值资金到账确认工作量越来越大，具有资金量大、发生频率高、操作重复烦琐、响应时效性要求高、人员占用时间长等特点，目前依靠人工比对充值信息及银行到账信息一致性，手工处理确认，耗费财务人员大量精力和时间。加油卡的转账充值确认工作亟须利用信息化手段完成，通过梳理业务流程，利用机器人流程自动化技术（RPA）、数据共享及分析等先进技术，搭建共享模式下的加油卡转账充值自动确认系统，自动获取业务数据和资金到账数据，通过设置关键字段进行有效比对，实现加油卡转账充值的自动确认，替代效率低下的人工操作，不断提高资金到账工作效率和工作质量。

手机扫一扫，查看文件

关键词：转账充值；自动确认；RPA；共享模式

市场主体多元化背景下省网融入模式的探索与研究

蒋鹏杰　张 翼　马 啸

（国家管网集团贵州天然气管网有限公司）

摘　要：为深入国家油气体制改革要求，积极推动并引导地方省网以市场化方式融入国网，按照集团公司和西南管道公司关于“一张网”运营攻坚工作部署，为加快地方省网有序融入国网，贵州省管网有限公司积极发挥属地优势，以贵州省网融入为研究案例，对省网融入的模式进行了探索和研究。研究主要以企地联合并通过广泛调研、数据分析、专业咨询、研究论证、横向对比等方法就管网建设主体多、主体性质复杂背景下的省网融入模式进行了论证分析，最终得出了国网控股主导成立省级管网公司优势和保障措施。

手机扫一扫，查看文件

关键词：省网；国网；贵州；省网融入模式

基于油气管网高效运营的完整性管理体系初探

单 迪　彭 博　刘伟卓

（中国石油大庆油田有限责任公司第一采油厂第二作业区）

摘　要：油气田现存大批已运行多年的老油气管线，埋在环境复杂的地下并长期遭受腐蚀，因其埋在地下存在隐蔽性高、跨越距离远等因素，导致管道失效时不易被发现。依据目前国家发改委、能源局发布的《中长期油气管网规划》，到 2025 年全国油气管网将发展到 24 万千米，倍增式发展对管道本质安全和运营效率提出更高的要求，探索研究油气管网高效运营的完整性管理思路，对于延长地面管道和设施的使用寿命，提高油气田地面运维工作质量具有重要意义，可助力上游业务提质、降本、增效和可持续发展。

关键词：油气管道；运营；改革；完整性管理；检测；防腐；数字化

“双碳”背景下川中油气矿分布式光伏开发前景探讨

顾友义　李 亮　蒲志波

（中国石油西南油气田分公司川中油气矿）

摘　要：为深入贯彻习近平生态文明思想，认真落实中央“双碳”工作的指导意见及集团公司部署，西南油气田分公司及川中油气矿正全力践行绿色低碳，按照清洁替代、战略接替、绿色转型的总体部署，坚持新能源与油气产业协同发展，着力加快构建清洁低碳、安全高效的现代能源体系。分布式光伏发电作为种可靠的、可再生的清洁能源，在四川省南充市的运营过程中已经取得了良好的经济效益和社会效益。川中油气矿位于四川盆地中部，太阳能资源总体较差，但油气矿拥有大量可利用的场地、电力并网和电量消纳优势，参考川中地区已开发分布式光伏发电项目，税后财务内部收益率 6%~13% 之间，高于中国石油新能源项目收益标准，是可以进行大规模推广应用的。初步测算，油气矿可安装有效面积 5000 亩左右，全部安装后，预计装机容量可达 666 兆瓦，平均每年发电量 6.20 亿千瓦·时，平均每年节省标煤 18.93 万吨。

关键词：太阳能；光伏发电；并网备案；自用自发；装机容量

关于打造央企“龙头 + 专精特新”科技创新方阵的思考

王禹钦　刘志刚　高长顺

（国家管网集团北方管道有限责任公司）

摘　要：力主打造央企“龙头 + 专精特新”科技创新方阵，坚持“共性需求总部统筹、已有成果直接应用、聚焦企业特色技术、杜绝同类重复研究”的原则。直属科研院所负责开展“基础、重大、前沿”技术攻关；其他所属企业结合自身业务特点及研究优势，负责特色技术研发和成熟成果推广，形成分工明确、优势互补、协同创新的科研组织格局。央企内部各所属企业需找准科研主攻方向，努力打造成为科技创新方阵中极具特色优势的一极。

手机扫一扫，查看文件

关键词：央企；技术攻关；科技创新；专精特新

浅谈中国石油油气与新能源业务协同融合发展

李若熙

（中国石油西南油气田分公司）

摘　要：在“双碳”目标的背景下，中国石油作为能源化工企业，在保障能源安全、实现可持续发展的同时，肩负着降碳减排、助力国家“双碳”目标实现的艰巨任务。本文以西南油气田、 玉门油田、辽河油田、吉林油田等为例，综述了天然气与氢能的协同发展、油气田与地热能的协同发展、油气田与风光发电的协同发展、油气田与 CCUS 技术的协同发展等融合发展方式，提出目前面临的一些问题和困难，并对油气田与新能源融合发展的前景进行了总结与展望。

手机扫一扫，查看文件

关键词：天然气；氢能；CCUS 技术；新能源融合发展

采购数字化管理——规章制度数字化应用

蓝　强[1]　万　东[2]　郁清平[2]　王　鲜[1]　罗晓倩[1]
（1. 中国石油西南油气田分公司川西北气矿；2. 中国石油西南油气田分公司）

摘　要：通过对企业规章制度数字化的深入研究，提出企业规章制度深度数字化的总体思路和方法，并以某企业采购规章制度为例，将企业采购规章制度融合于实际采购业务中，实现采购规章制度由指导业务到执行业务的转变，并总结归纳规章制度深度数字化四步法，对企业规章深度数字化具有一定指导意义和借鉴意义。最后以实例证明，企业采购规章制度经深度数字化后，即可实现物资采购属性、质控方案和采购方式的自动输出，同时减少采购业务执行层级，提高物资采购效率，实现企业采购规章制度“由虚入实”的转变。

关键词：规章制度；数字化；共性分析；算法模型；衔接层；关键词；流程要素；规则要素

国企财务数字化转型路径的探讨

王蓉秋　王　洋　谢莎莎
（中国石油西南油气田物资分公司）

摘　要：“十四五”规划纲要中描绘了数字经济、数字社会和数字政府的蓝图。那么数字产业必将深入各个行业，为现在的会计行业同时代来了机会与挑战。促使传统经济模式与新型数字化相结合，数字化转型与信息化系统多角度趋势同时进行，复杂环境下充分发挥企业内部优势，拥有世界级的财务能力，要具有合规管理战略，先进财务管理理念，企业人员配比相当，深刻分析并制定可持续发展计划。本文以某国企物资供应公司为例，以问题为导向剖析财务管理现状，从“三化”建设的基础路径、队伍建设的核心路径及内引外联的保障路径三条路径来探索国企财务数字化转型的可行路径，助力企业数字化转型。

关键词：国企财务；数字化转型；“三化”建设；财务管理

石油石化行业运用绿色债券实现碳中和目标及能源转型的探索与研究

金　鑫

（昆仑银行股份有限公司运营服务中心）

摘　要：在我国实行能源转型、绿色低碳的发展大背景下，绿色产业经济，绿色金融产品不断涌现。绿色债券作为其中一项重要的绿色融资工具，在助力碳达峰、碳中和目标中的作用愈发凸显。本文从分析我国绿色债券市场发展及现状入手，探讨石油石化行业引入绿色债券实现转型发展的必要性，并进一步就石油石化产业实现绿色发展、能源转型提出建议。

关键词：绿色债券；能源转型；碳中和

俄乌冲突给我国油气行业及供应链体系带来的影响与应对建议

林晓红　宋光君

（中国石油物资采购中心）

摘　要：俄乌冲突持续多时，对全球经济造成下行影响，对供应链体系产生冲击，本文分析冲突对中国油气行业及供应链体系的影响及对采购工作的直接和间接影响，并提出针对供应链、中国油气行业及采购工作的相关对策建议。

关键词：俄乌冲突；供应链体系；油气；采购工作

川南页岩气峰值产量预测研究

余 果[1] 方一竹[2] 罗 莉[1]
（1. 中国石油西南油气田分公司规划计划处；2. 中国石油西南油气田分公司勘探开发研究院）

摘 要：中国页岩气资源主要分布在四川盆地及邻区，四川是中国最早进行页岩气勘探开发的盆地，发展潜力巨大。产量峰值预测研究是指导页岩气发展的重要依据，以研究四川盆地南部地区页岩气的勘探开发潜力为基础，通过对国内外预测模型的筛选和适用性分析，采用 Gauss 模型与 Hubbert 模型预测川南页岩气产量增长趋势。综合考虑影响页岩气产量预测的关键因素，以期实现储量发现与产量增长预测的有效联动。研究认为，最终可采储量（URR）可作为影响产量变化趋势的综合表征指标，创新建立以最终可采储量为约束条件的储—产量耦合预测模型，并在不同最终可采储量情景下，对川南页岩气未来产量峰值进行较高精度的量化预测。研究结果表明：（1）在未来一段时期，川南页岩气具有广阔的勘探开发前景，峰值产量与最终可采储量呈正相关关系；（2）研判达到峰值时间，从历史拟合出发，预测产量达到峰值时间在 2040 年左右；（3）对于峰值产量区间，峰值产量预测结果证实，两种模型预测不同情景最终可采储量下的峰值产量接近，川南页岩气产量高峰区间中值在 350 亿～400 亿立方米，相对稳产期 10 年以上。

关键词：页岩气；峰值产量；最终可采储量；Gauss 模型；Hubbert 模型

我国石油公司环保产业发展潜力及路径探讨

吴 剑[1] 张晋芳[2] 许嘉钰[3]
（1. 中国石油集团安全环保技术研究院有限公司；2. 重庆文理学院；3. 清华大学）

摘 要：当前国家将环保产业列为新兴产业，石油公司壮大环保业务不仅为绿色发展提供保障，还将为我国石油公司多元化发展带来机遇。我国石油公司具有环境治理的基础，兼具深厚的科研实力、相对完备的制造业体系、稳定的油气行业环保产业市场、雄厚的资本、充足的人力等资源优势，完全具备将环保业务发展成为独立环保产业的潜力。我国石油公司将通过内部资源整合以巩固环保产业发展基础，并应用先进科研成果以确保污染防治达标，然后利用稳定的油气环保市场和雄厚资本投入以确保环保产业稳定运营。我国油气行业环保产业发展路径将经过萌芽阶段、起步阶段、成长阶段、成熟阶段和国际化阶段的历程，最终，我国石油公司将培育出多家全球能源环保产业综合服务商。

关键词：石油公司；环保产业；多元化发展；发展潜力；发展路径

强化人才队伍建设，实现油气与新能源协同发展

陈东升　章 胜　祖钦先

［中国石化中原油田分公司党委组织部（人力资源部）］

摘　要：人才是企业发展第一资源，强化人才队伍建设是推动企业可持续发展的战略举措。中原油田站位新时代、奋进新征程，紧紧围绕新能源建设，制定“十四五”人才梯队建设方案，着眼提升能力、增强动力、发掘潜力，探索开发“三维五阶”人才培养模式，分层次、递进式实施新能源人才培养，大力推动新能源人才队伍建设，通过创新工作理念思路，设计人才培养模型，开发能力评价工具，组织开展人才盘点，分级分类组织实施人才培养，建立健全人才工作机制，激发队伍活力，助力人才梯队工作能力的全面提升。在推动油田新能源产业蓬勃发展的同时，实现油气传统能源生产和新能源开发的协同发展。

手机扫一扫，查看文件

关键词：新能源；人才梯队；三维五阶；建设

西南油气分公司新能源发展潜力研究

邓绍林

（中国石化西南油气分公司投资发展部）

摘　要：随着我国经济和社会的快速发展，对能源的需求越来越大，但常规化石能源二氧化碳排放量高，给环境带来了较大压力。随着我国“双碳”目标的提出，节能减排、绿色低碳成为高质量发展的目标；于是国家提出建设清洁低碳、安全高效的能源新体系，加快发展非化石新能源。西南油气分公司作为中国石化在西南地区的重要企业，积极响应国家号召，开展了新能源潜力研究。文章通过对分公司西南工区各种新能源资源进行了详细分析，并结合分公司现状，按照近期与远期相结合的原则，制定了发展思路和原则，储备了一批新能源项目，明确了未来新能源技术方向，为打造西南特色的新能源基地奠定了基础。

手机扫一扫，查看文件

关键词：西南工区；新能源；潜力研究

油气行业协同布局 提升 CCUS 产业经济性

田燕君　倪益民
（中海油能源发展股份有限公司工程技术分公司）

摘　要：降碳行动，减缓气候变化是国际社会的共同目标，油气行业作为石油天然气的主要生产者，实施 CCUS（二氧化碳捕集、利用与封存）有先天优势。本文首先分析我国的能源构成与国民经济发展的关系，预测了我国的 CCUS 产业市场规模。通过分析最具有经济性的 CCUS—EOR 的完整项目阶段与油气行业的优势适配度，提出两个建议，建议油气行业协同布局，加快实施 CCUS—EOR，一方面可以以相对成本优势带动 CCUS 技术突破、模式优化，另一方面可以在减碳技术上占得先机，提高竞争力，再者履行减碳降排的社会责任；建议出台税收、财务等配套政策支持油气行业投资 CCUS，吸引更多企业和投资方参与降碳减排，减缓气候变化。

关键词：减碳降碳；CCUS；油气行业；减碳成本；经济性

川南新能源与天然气融合发展路径研究

王　捷　杨汉杰　杨　威
（中国石油西南油气田分公司蜀南气矿）

摘　要：绿色低碳转型发展是能源发展的必然趋势，推动我国新能源发展迈入快车道。川渝地方政府高度重视践行“碳达峰、碳中和”（以下简称“双碳”）国家战略，并结合自身的资源优势、产业优势，加快推进清洁能源示范省建设。川南地区是拥有优质的水能及天然气资源十分丰富。为了推动川南地区绿色低碳转型升级，实现绿色产业加快发展，助力“双碳”目标尽快实现，以川南地区天然气与新能源融合发展的资源基础进行潜力分析，结合天然气的技术特性及其在“双碳”目标下的定位和作用，提出川南地区天然气与新能源融合发展的路径。研究结果表明：（1）天然气横向融合发展模式，指的是天然气与其他不同品类能源的融合，突出不同能源之间的互补性、耦合性，主要包括天然气与水电、风电、光电及氢能的多能融合发展模式；（2）天然气纵向融合发展模式，指的是天然气与产业链延伸资源的融合，突出天然气开发过程中产生的相关资源的回收利用，主要包括天然气与余压资源、伴生资源及 CCS / CCUS 的融合发展模式；（3）从政策支持、试点示范、战略联盟、联合技术攻关 4 个方面发力，可以推动川南地区天然气向新能源转型升级

关键词：新能源；页岩气；常规气；储气库

“后疫情时代”的油田服务行业海外市场发展思考

才晓宇　赵　壁　席自彬

（中海油田服务股份有限公司）

摘　要：自 2014 年底开始出现的上一轮石油行业波动后，全球油价经过 5 年时间逐步恢复到 2018 年的年均价 72 美元。与此同时全球经济逐步恢复，石油行业各 IOC、NOC 和独立石油公司、油田服务公司也逐步摆脱了亏损的窘境。随着全球经济的好转及 2019 年石油价格的平稳，全球油气行业准备增加投资。就在油田服务行业准备再次迎来曙光之时，2019 年底新冠疫情突如其来。新冠疫情在打断了全球经济形势向好的同时，也造成了公共和私人运输、航空、海运的大幅度停运，以致造成全球传统能源需求的大幅缩水，加之石油天然气行业生产的惯性，导致全球石油储备急剧飙升，超出“红线”的石油储备导致全球油价在 2020 年第一季度出现了负值。同时由于全球 CO_2 排放引起的温室效应产生的极端天气影响，碳达峰、碳中和的压力越来越大，传统能源行业面临极大的转型压力。尤其是以欧洲为首的国际石油公司采取激进的能源转型做法，传统能源公司大幅压缩石油天然气勘探开发的投资。

关键词：油田服务公司；海外市场；能源转型

能源转型背景下油田服务行业未来发展的思考与建议

赵　壁　席自彬　才晓宇

（中海油田服务股份有限公司）

摘　要：当今世界国际政治经济环境日益复杂，新冠疫情的仍在继续深度影响，全球进入“后疫情时代”，世界经济出现逆全球化，“双碳”能源转型、数字化、信息化、智能化给石油行业带来深远影响。“双碳”目标的提出使得石油行业面临着低碳转型和保障国家能源安全的双重压力，能源转型速度不断加快，煤炭化石能源比例将加速下降，能源消费的增长在未来将更加依赖可再生能源和天然气等清洁能源，储能节能技术、可再生电力技术、CCUS 技术等将会迅速发展，传统能源行业及服务业面临更大的挑战，同时也为能源服务行业提供新的机遇。在此大背景下，加快构建现代能源体系亟须能源服务行业尤其是油田服务行业提供大型装备和关键核心技术支持。本文全面分析油田服务行业新形势下面临的机遇与挑战，总结了能源转型背景下国际石油公司及油田服务公司战略调整策略，深入思考油田服务行业未来在传统能源及新能源产业中应发挥的作用，并对油田服务行业未来发展思路提供建议。

关键词：能源转型；“双碳”目标；油田服务行业

二氧化碳注气开发提高采收率技术研究与实践

张雪娜　乔石石　宫汝祥

（中海油田服务股份有限公司）

手机扫一扫，查看文件

摘　要：复杂小断块油藏历经多年开发与调整，目前已普遍进入高含水开发阶段，亟须攻关解决高含水期提高采收率技术。在精细油藏描述的基础上，进行数值模拟研究，明确剩余油富存模式，针对不同类型油藏地质特征及剩余油富集模式，形成两项技术。含油面积小，天然能量充足，驱替井网不完善，剩余油主要富集在单砂体的顶部及断层的根部，开展注气吞吐技术序列研究，通过注气吞吐、复合吞吐和深部吞吐技术的接替实施，实现剩余油有效挖潜；针对油藏地层倾角大、注水效果差，剩余油以滞留型为主，且成片分布在构造高部位注水无法波及区域的开发现状，采用“顶部注气、底部注水”方式，通过发挥气体重力驱效应，实现剩余油的有效驱替。目前两项技术均投入现场试验，浅层通过实施吞吐技术序列，平均单井增油1500吨，中深层气驱提高采收率5.54%。注气提高采收率技术的应用，为油田下一步保持稳产及提高采收率，提供了可借鉴方法。

关键词：注气；吞吐；提高采收率；高含水开发阶段

华南成品油管网智能化建设实践

张晨　杨滢　李凌波

（国家管网集团华南分公司）

手机扫一扫，查看文件

摘　要：为贯彻落实国家能源安全发展战略，促进油气管网高质量发展，华南公司开展了成品油管网智能化建设，明确以生产运行、监控巡护、应急响应为核心的智能化建设思路，通过组织联合团队进行技术攻关和研发，以“调度运行优化、用能优化”为抓手，实现智能化、效益最大化生产运行；聚焦成品油管网重大风险源防控，推动主输泵故障智能诊断、管网泄漏智能诊断、腐蚀智能诊断、地灾智能识别，实现管网智能化监控；研发管网专用巡线无人机，推进智能安全防控，实现外管道智能化巡护。成品油管网智能化建设实施以来，取得了较好的经济效益和社会效益。

关键词：管网智能化；成品油管网；智能诊断；智能化监控

我国新能源业务财税支持政策研究

江 河 夏初阳 谢 薇

（中国石油集团经济技术研究院）

摘 要：新能源业务具有正的外部经济效应，需要财税支持政策加以引导和激励。本文梳理了太阳能、风能、氢能、地热等主要新能源品种及 CCUS 适用的财税优惠政策，分析了现有政策存在的问题。在借鉴美国财税优惠政策的基础上，提出了针对地热、氢能和 CCUS 的财税支持政策建议。

关键词：新能源业务；财税优惠政策；财税支持政策

断块复杂型弱碱三元驱化学驱阶段降本增效方法研究

付孝军 梅玲丽 白 云

（中国石油大庆油田有限责任公司第二采油厂地质研究所）

摘 要：目前全球油气需求量随着新冠疫情控制大幅度反弹，但受地缘政治及经济形势影响，国家能源安全面临巨大挑战。国家“十四五”能源体系规划安排，要求抓好老区油田化学驱提高采收率开发。大庆油田三次采油开发转向二、三类油层弱碱三元驱后，储层发育进一步变差、化学剂用量及药剂成本逐步加大，针对二、三类油层地质特点及弱碱三元驱开采特点，围绕保证弱碱三元驱开发效果，有效控制开发成本为核心，探索形成了优化驱油体系、优化交替注入、优化浓度匹配、优化强度界限的弱碱三元驱经济效益开发调整技术，取得了阶段提高采收率 20.05 个百分点的开发效果，累计节省开发成本费用 23374 万元。

关键词：二、三类油层；弱碱三元驱；脂肽复配体系；控制成本

浅析碳资产对油气行业发展影响

谈 龙 卢泽霖 刘 莉
（昆仑金融租赁有限责任公司）

摘 要：“双碳”战略需要国家根据减排任务精准控制碳排放总量，油气行业作为国民经济基础行业，是控制碳排量的重点。中国碳市场蓬勃发展，碳金融创新层出不穷，碳资产是碳市场、碳金融的基础。碳资产将成为企业的又一核心资产，经营好碳资产对企业发展具有重要作用；技术领先、控排能力强企业将获得更多碳排放权，拥有更好发展机遇。经营碳资产是油气企业必须面对的新课题。产业金融是碳金融创新、以融促产的重要力量。“十四五”期间，发挥节点行业作用，统筹全产业链碳足迹管理，稳妥推进源头减碳、高效用碳和技术埋碳，对油气行业稳健发展具有重要意义。

关键词：碳资产；碳交易；碳金融；产业金融；节点行业；高效用碳

手机扫一扫，查看文件

清单式管理在合同计划管理中的运用研究

李军花 刘 蛟
（中国石油集团川庆钻探工程有限公司川西钻探公司）

摘 要：为建立高效能合同管理模式，实现合同全生命周期流程管控，推动合规管理，促进提质增效，川西钻探公司从2017年起经过近五年的探索，将“清单式”管理理念运用于企业合同管理中，构建合同计划管理体系，有效提高经营管理效率、效能及效果，为公司管理创效打下了坚实基础。本文将从川西钻探公司合同计划管理面对的问题、提出的解决措施与应用效果方面论证清单式管理的有效性。

关键词：清单式管理；合同计划；时效

手机扫一扫，查看文件

基于能耗审计的能源管理研究

王晓磊　李　明　马　颖
（中国石油集团测井有限公司）

摘　要：实现碳达峰、碳中和，是以习近平同志为核心的党中央统筹国内国际两个大局作出的重大战略决策，是着力解决资源环境约束突出问题、实现中华民族永续发展的必然选择，进行能耗审计，全面了解用能企业能源管理水平及用能状况，对能源消耗状况进行分析，查找能源管理薄弱环节，对明确能源管理改进措施，挖掘节能潜力，探索实现绿色生产的道路具有重要意义。本文通过探讨开展能耗审计的目的和重点关注内容，分享实务案例中的方式方法，进而有针对性地提出可行意见和管理建议，优化完善工作举措，总结思路和方法，为进一步推动能耗审计和能源管理工作的高质量发展分享经验。

手机扫一扫，查看文件

关键词：能耗审计；能源管理；节能分析

澜湄地区天然气及新能源合作的机会及对策

张贤杰
（中国石油国际事业有限公司）

摘　要：在中国的倡议下，2014 年澜沧江—湄公河合作机制建立，本文回顾了澜湄国家合作情况和特点，梳理了湄公河五国天然气资源及新能源发展情况，分析了中国能源企业参与澜湄地区天然气及新能源合作的机遇与风险因素，提出了挖掘区域潜在需求，择机投资基础设施，依托能源互联互通，积极参与电力贸易合作，充分利用金融支持，加快绿色转型的对策建议。

手机扫一扫，查看文件

关键词：澜湄地区；天然气资源；新能源；绿色转型

布伦特原油期货出现负价格可能性探究

黄正宏

（振华石油控股有限公司）

摘　要：2020 年 4 月 20 日（美东时间），美国西得克萨斯中质原油期货（West Texas Intermediate crude oil futures，WTI 原油期货）2020 年 5 月合约交易出现负价格，在原油期货发展历程中史无前例。2020 年新冠疫情冲击全球石油需求，以沙特阿拉伯为首的欧佩克与俄罗斯谈判破裂后发动价格战，原油现货相对期货深度贴水，造成原油累库。WTI 原油期货多头难以寻获库欣地区交割库容，无法交割，从而必须抛售其持有合约，形成负价格。洲际交易所挂牌交易的布伦特原油期货是具有影响力的原油计价基准之一。从交割方式上看，为现金交割或是通过期货转现货，即转为北海原油市场远期布伦特合约（Cash BFOE），进行实物交割。最终交割价格都挂钩到相应月份 Cash BFOE 的交易价格。Cash BFOE 为船货交割，不易因库容限制被“逼仓”，并且大型国际石油公司的贸易合同中约定地板价条款（销售价格大于等于零），Cash BFOE 出现负价格的可能性较小。因此相对于 WTI 原油期货，布伦特原油期货出现负价格的可能性较小。

关键词：WTI 原油期货；Cash BFOE；负价格

手机扫一扫，查看文件

大庆萨南油田断层区剩余油挖潜研究

蔡晓峰　关　玲

（中国石油大庆油田有限责任公司第二采油厂地质研究所）

摘　要：大庆萨南油田已进入特高含水开发阶段，剩余油普遍存在，局部相对富集，不具备整体规模加密调整的潜力，但断层附近剩余油还是挖潜的主战场。基于井震结合精细油藏描述方法，找到断层变化导致“注采不完善”、大断层附近“井网控制不住”、小断层变化导致“局部遮挡”3 类潜力区，进行局部挖潜。分别制订整体布井挖潜、大斜度井挖潜、零散井点补孔挖潜对策，通过配套措施综合挖潜，调整效果显著。调整后水驱控制程度提高 9.8%，多向连通比例提高 13.5%；对断块区整体布井，新老结合，共实施钻井 330 口，转注 12 口，补孔 24 口，累计产油 233.2 万吨。对断层边部钻大斜度定向井，调整后投产 29 口井，累计产油 17.69 万吨，有效开采断层遮挡形成的剩余油，达到少钻井、多增油的效果。

关键词：井震结合；剩余油；断层；高效开发

手机扫一扫，查看文件

新时期东北区域化工市场营销适应能源转型的战略构想

林 杉　杨政伟　任 涛

（中国石油东北化工销售分公司）

摘 要：东北区域能源产业链中，对照下游需求，适应能源转型的低碳环保产品仍起步阶段，主要集中于橡胶塑料及石蜡产品。要实现转型替代，需上游企业在生产环节上着眼低碳，开发转型新品问世，同时，还需建立在对应下游需求增长基础上。所以，积极强化东北区域上下游能源转型的投资建设，是实现属地化工产品大趋势下能源战略转型的刚性途径。

关键词：低碳转型；挑战与机遇；战略构想

川西北地区能源科技的多能融合发展研究

曾 凯

（中国石油西南油气田分公司规划计划处）

摘 要：“碳达峰、碳中和”是中国乃至全球的气候战略目标，推动能源向着绿色、清洁、低碳转型发展是必然趋势。川西北地区油、气、水、地热等资源十分丰富，有着天然良好的多种能源基础。为了响应当地能源系统实现绿色低碳转型升级，尽快落实“双碳”目标，以川西北地区多种能源科技融合发展的资源基础进行潜力分析，结合各种能源的技术特性，初步提出了“双碳”背景下川西北地区能源科技多能融合发展的两点建议。一是“多能兼探”，这种多能兼探包括“气热”兼探和“油铀”兼探。气热兼探指在部署井位时，同时将赋存在碳酸盐岩孔洞等储集空间中的天然气和地热资源设为勘探目标。油铀兼探指同时勘探赋存在地下古河道砂岩储层中的油气和砂岩型铀矿资源。这种多能兼探的方法在大幅提高勘探效率的同时，也能为后续多能融合的应用场景提供坚实基础。二是“多能应用”，指的是利用天然气发电、地热发电、核电，以及气—热、气—热—核协同调峰，从而逐步取代传统的煤电，在川西北地区建立一种更为高效、更为清洁的多能融合应用模式。

关键词：天然气；新能源；多能融合；多能兼探；多能应用

LNG 接收站设备设施优化探讨

王庆军　刘久刚　崔　均

（国家管网集团大连液化天然气有限公司）

摘　要：本文分析了在北方建设 LNG 接收站时，依据现有接收站 10 年的安全平稳运行经验，从设备维修、安全运行、操作方便方面考虑，需要设计及设备厂商完善方面的点滴探讨。

关键词：LNG 接收站；设备设施设计；优化；建议

手机扫一扫，查看文件

低碳转型背景下长垣老区油田新能源融合发展影响及适应性研究

王善哲　毛　彧　粟辉霖

（中国石油大庆油田有限责任公司第二采油厂工艺研究所）

摘　要：长垣老区作为大庆油田的主力产区，自 1960 年投产至今，已实现原油生产 21.05 亿吨，为助力国家“双碳”目标的实现，老区油田依托数字化变革、物联网建设、完整性体系完善等多方面措施正在进行低碳转型，在与新能源的融合发展过程中，地热、光伏、风能三大新能源的布局实施对传统的油田生产带来了变革与冲击。新能源占比逐步增加的同时，作为国家稳定与大国博弈的重要筹码，传统能源的稳定供给仍是重中之重，受乌克兰危机影响，美国油价已飙升 62%，国内油价迎来十连涨，95 号汽油油价也进入“十元”时代，保障主力老区的生产更具新的时代意义。实现“双碳”目标需要化石能源清洁低碳化和新能源规模化齐头并进，低碳化与智能化多能融合，传统能源与新能源多能互补，而在此过程中能源安全将直面供需错配、能源电力系统不稳定、技术路线不确定等方面的风险和挑战。作为国内较少的地热风光资源兼具区域，长垣老区油田与新能源的融合发展充满机遇和挑战，本文针对融合过程中的影响及相关技术适应性进行了分项研究，提出了建设意见，旨在为“双碳”目标下经济社会的大转型，广泛领域的大变革做好准备。

手机扫一扫，查看文件

关键词：新能源；低碳转型；地热；光伏发电；风能发电；碳中和

低碳能源转型下中卡低碳合作新趋势

杨鑫磊　丹美涵　陈仕林

（中海油研究总院有限责任公司规划研究院）

摘　要：中国提出“双碳”目标是向全球作出的郑重承诺，卡塔尔作为能源出口国也在推动低碳能源改革和经济转型，减小未来全球经济波动和能源消费结构转型对其造成的影响。中卡双方都看到了合作双赢的互补优势、规避全球经济波动危机的必要性和低碳合作的良好潜力。本文认为中卡低碳合作趋势在新形势下，中国应积极把低碳转型握机遇，承担大国责任做好与卡塔尔低碳合作战略性布局，开展双边及多边气候合作，构建创新合作模式，推动与卡塔尔私营部门的低碳技术联合研发与示范，充分利用国际、国内“两大市场”，为全球气候治理提供技术支撑并引领新方向。

关键词：能源转型；低碳合作；卡塔尔

手机扫一扫，查看文件

基于神经网络算法的页岩气井成本预测方法

聂捷　周玉　谢黎

（中国石油川庆钻探工程有限公司）

摘　要：页岩气作为清洁能源是未来能源消耗的重要部分与油气勘探业务发展的重点，勘探开发方案的设计与论证过程中单井成本预测是方案经济评价中的关键指标，目前采用邻区对比法其准确性有待提升且计算过程烦琐。本文采用主成分分析方法，分析出钻井水平段长、钻井井深、钻井旋转导向服务价格和水力压裂段数为对页岩气勘探开发单井投资的四个关键因素。并基于这四个因素构建出一个具有4个输入、9个隐含节点、1个输出的三层BP网络模型结构。选择已竣工结算的部分页岩气勘探开发工程历史数据进行实证研究，基于训练后的BP神经网络投资预测模型，预测页岩气勘探开发气井投资成本。

关键词：页岩气；神经网络；单井投资成本；经济评价

手机扫一扫，查看文件

关于将微藻生物能源作为油气行业新能源协同融合发展路径的探讨

牛 超

（中国石油大港油田分公司经济技术研究院）

摘　要：微藻是地球上生长最快的植物，利用含油微藻作为生物柴油的原料被广泛地认为是未来生物燃料产业最具竞争力的选择之一。本文首先通过国际能源转型趋势和实践以及国内能源转型战略需要，以及国内油气行业企业新能源发展现状与面临挑战分析的基础上，引出将以微藻生物柴油为代表的生物质作为石油企业新能源发展的路径的建议，并从绿色价值、经济价值、发展优势、存在问题与挑战等方面均展开了一定的阐述与探讨，并对微藻产生物柴油产业的发展趋势和研发方向提出了建议。力图为国内油气行业依托自身资源禀赋实现新能源协同融合发展提供路径参考。

手机扫一扫，查看文件

关键词：油气行业；“双碳”路径；微藻；生物柴油；战略接续

基于“碳中和”战略下的油氢合建站应用研究与实践

张 滔　吴世阳　雷 奥

（中国石油四川成都销售分公司）

摘　要：氢能被称为人类的终极能源之一，是清洁、高效和安全的二次能源，发展氢能是“碳中和”道路上不可或缺的重要环节。本文基于前期对四川氢能产业链的全面调研，着重从项目背景、市场分析、工程建设、经济评价等方面论证了郫都古城加油站扩建成油氢合建站的可行性，为项目建成投运打下了坚实的理论基础，确保高标准、高质量、高效率、高效益建成中国石油西南地区首座扩建油氢合建站，并起到重要示范引领作用。

手机扫一扫，查看文件

关键词：碳中和；绿色低碳；新能源；高质量发展；综合能源站

我国天然气进口形势及前景分析

李博媛　汪 红　冯 贺

（中国石油集团经济技术研究院）

摘　要：2021 年我国天然气对外依存度已达到 45%，预计到 2035 年将提高至 60%。自 2010 年我国加快天然气开发利用步伐，天然气进口量保持快速上升，从 2011 年的 310 亿立方米上升至 2021 年的 1750 亿立方米，十年间增长 5 倍以上，预计到 2030 年将再翻一番。中国管道气进口主要来自俄罗斯中亚地区及缅甸，LNG 进口主要来自俄罗斯、卡塔尔、澳大利亚及美国，随着各资源国出口管道和 LNG 基础设施陆续投产，中国从这些国家的进口量还将增加。加拿大、阿尔及利亚、埃及、尼日利亚、莫桑比克、巴新、印度尼西亚、马来西亚、特立尼达和多巴哥等国是中国进口 LNG 的潜力国家，目前与中国签订的长贸合同量较少，主要进行现货交易。基于中国未来消费的增长，中国石油企业需拓展海外天然气业务，既要巩固和保障主要资源国的气源供应，也要增强进口多元化，寻求潜在资源国在天然气投资与贸易的合作机会；同时，加强国内 LNG 运输、气化终端和储气库等基础设施建设，完善天然气储备体系，以应对外部环境变化带来的能源供应风险。

手机扫一扫，查看文件

关键词：天然气进出口；管道气；LNG；长贸合同；供应安全

发展氢能储运技术的双结合模式探索

周立飞　刘梓州　周维佳

（中国石油管道局工程有限公司亚太分公司）

摘　要：更新迭代是能源发展利用大趋势，新能源业务对企业未来生存和发展至关重要。通过分析当前 LNG 与未来能源国内外市场特点、液氢储运关键技术、液氢与 LNG 相似点，结合能源发展的周期规律，提出了“基于国内与着眼国际市场相结合、发展氢能与 LNG 储运关联技术相结合”的双结合发展模式，并规划了双结合模式下氢能储运技术的发展步骤，为国内企业建设未来国际一流新能源储运公司提供参考。

手机扫一扫，查看文件

关键字：LNG；液氢；储运技术；罐箱；双结合

价值管理体系在石油企业的应用与创新实践

王津兰　刘建强

（中国石油大港油田分公司经济技术研究院）

摘　要：石油企业如何实现高效运营与改革发展，是新形势下油气行业面临和亟须解决的问题，本文以中国石油大港油田公司为例（以下简称大港油田公司），阐述了价值管理体系在石油企业的应用与创新实践。大港油田公司依托以业财融合为核心的生产经营一体化管理平台，运用创新思维打造了基于全业务链的价值管理体系，着力提升价值管理水平和决策支撑能力。通过构建完善内部价格结算体系，做实内部利润中心和内部银行，真正实现按照市场规律和投资回报配置资源，全面提升资产资源创效能力。本文从内部利润中心的建设实施、内部银行管理模式的运行及实施内部利润中心后的预算管理机制三个方面构建了价值管理体系。应用价值管理体系实现了强化效益导向与资金管控、完善资源配置机制与投资回报机制，进而实现企业高效运营与发展。

手机扫一扫，查看文件

关键词：价值管理体系；内部利润中心建设；价值创造

钻井工程总承包模式应对能力建设的途径研究与分析

刘　蛟　杨　帆

（中国石油川庆钻探工程有限公司川西钻探公司）

摘　要：钻井项目总承包方式是建设方倾向选择的一种发包方式，有利于建设方管控成本和转移管理风险，随着建设单位低成本战略的推进，开采难度的增加，钻采风险因素的增多，导致钻探公司成本与风险管控压力越来越大，如何有效应对钻井工程总承包模式带来的挑战，有针对性地提出风险应对与控制成本的措施，这对钻探企业具有重要意义。本研究以川西钻探公司为案例，从钻井总承包模式带来的风险入手，通过 SWOT 分析法，列明公司优劣势，提出应对总承包模式的管理措施，对比分析公司磨高区块总承包井的生产经营数据，验证管理措施的运用效果。

手机扫一扫，查看文件

关键词：钻井工程；总承包模式；SWOT 分析

大庆萨南开发区油水同层潜力层位优选方法研究

陈美全　王泽东　刘东旭

（中国石油大庆油田有限责任公司第二采油厂地质研究所）

摘　要：萨南油田经历多次加密调整，已进入特高含水后期，剩余油高度零散分布，措施潜力逐年减少，措施效果逐步变差。为了增加油田的开发潜力，确保油田可持续发展，需要开展油水同层开发潜力研究及挖潜试验。由于油水同层有效厚度小、含油饱和度低、储量丰度低等原因，多年来开展相关研究较少。以往的研究中，偏油同层为主要研究对象，新井射孔和老井补孔也主要以偏油同层为主，对偏水同层的研究，以及同层段的潜力分布、产油能力、含水状况认识还不够深入。本文主要研究油水同层潜力分布状况、规模及目前动用状况，研究潜力层位选层方法，对储备措施潜力，提高油田开发水平，为保证油田持续稳产具有重要意义。

关键词：萨南开发区；油水同层；补孔；措施井选井选层

手机扫一扫，查看文件

油服及装备制造企业应对能源转型的战略模型与实施路径

张珈铭　邱茂鑫　郭晓霞

（中国石油集团经济技术研究院）

摘　要：前几年低油价大环境致使油服及装备制造企业市场量价齐跌，企业的生存发展受到严峻挑战。同时在新冠疫情的影响下，企业对于新冠疫情防控造成运行成本刚性增加，利润空间受到进一步挤压。特别是在过去十年里，能源转型为油服及装备制造企业创造了一个全新的商业环境，使行业面临极大挑战。油服及装备制造企业如何认识能源转型，应制定怎样的发展战略，成为制约行业发展的重要问题。本文探讨了能源转型对油服及装备制造企业的影响以及服务和装备制造市场发生的根本性变化，并分析了油服及装备制造企业的机遇，提出了该行业面对能源转型可选择的战略模型及实施路径，可为油服及装备制造企业应对能源转型提供借鉴意义。

关键词：油服；装备制造企业；能源转型；实施路径

手机扫一扫，查看文件

PDCA 循环在专项审计项目中的应用

马 颖　王晓磊
（中国石油集团测井有限公司）

摘　要：专项审计是审计人员对被审单位特定事项进行的审核、稽查。在内部审计活动中，专项审计可以针对某项特定经营管理活动，比如废旧物资回收管理专项审计；可以针对某一特定科目，比如合同资产专项审计；也可以是被审单位领导人任职期间的经济效益情况审计等。专项审计是为了发现更有系统性、高风险、对企业改善管理价值更好的问题，在实务中有明显区别于常规性审计的特点，即：目标的宏观性、范围的广泛性、方式的多样性、作用的时效性。PDCA 循环的四个阶段，“计划—执行—检查—改进”的管理模式，体现着科学认识论的一种具体管理手段和一套科学的工作程序。PDCA 循环作为企业推行全面质量管理常用工作流程，同样能很好地应用于专项审计项目。本文将从专项审计的特点难点入手，从理论和实务两方面阐述 PDCA 循环在专项审计中的应用，为更好地开展专项审计工作提供有益参考。

手机扫一扫，查看文件

关键词：PDCA 循环；专项审计

油服公司海外油藏综合服务项目探索与实践

袁 哲　钱根春　孙雁斌
（中国石油化工集团国际石油工程有限公司）

摘　要：为全面深化国际油气产业合作，推动海外全产业链高质量发展，中石化石油工程技术服务有限公司（以下简称石化油服）持续深化与“一带一路”沿线国家油气产业合作，加快全产业链高质量“走出去”，在厄瓜多尔成功发展了石化油服第一个海外油藏综合服务项目。该项目充分发挥石化油服多年根植海外所积累的技术、人才、管理优势，围绕效益运营，从经营管理、开发管理、作业管理，财务管理等方面创新建立了一套行之有效的油藏项目管理模式，项目自 2015 年正式运营以来，取得良好的经济效益，实现了甲乙双方互惠共赢，有效提升了石化油服国际化经营能力和品牌影响力，对促进中国石化国际化战略落实落地具有重要意义。

手机扫一扫，查看文件

关键词：油藏综合服务；项目管理；财务管理；国际化经营

后疫情时代我国石油企业国际业务发展的本地化策略

段艺璇[1,2]　汪　红[1]　彭盈盈[1]
［1. 中国石油集团经济技术研究院；2. 中国石油大学（北京）经济管理学院］

摘　要：在当前世界百年未有之大变局和世纪新冠疫情叠加、全球经济复苏步履维艰的新形势下，全经济球发展遭遇严重挫折，各种安全挑战层出不穷，我国油气企业对外投资合作业务面临的地缘政治风险陡然上升，本地化作为国际公司开展国际业务时降低地缘风险、节约成本的重要举措成为我国油气企业开展国际业务的必然选择。一些国际大公司经过多年发展本地化经验较为丰富，本地化运作水平较为成熟，为我国油气企业国际业务发展提供借鉴。总体看，国际能源公司本地化水平是不断与国际业务发展水平相匹配的主动动态调整过程，在统一的管理体系下，从人员、采购和技术研发等多方面多路径推进本地化的实施，并建立相匹配制度机制提供保障。

手机扫一扫，查看文件

关键词：国际化；人才本地化；采购本地化；技术本地化

省网融入、区域化管理背景下油气管道抢维修面临的挑战与应对措施

李　军
（国家管网集团东部原油储运有限公司抢维修中心）

摘　要：省级油气管网融入全国长输油气主干管网是实现管网基础设置共享、形成“全国一张网”的必要条件。在区域化运维的趋势下，本文结合国家应急救援徐州队体系运行经验，分析了油气管道抢维修企业面临的挑战，针对应急响应能力和应急处置能力两个关键因素，从抢维修体系内部权责分配、抢维修区域划分、应急物资存储集成、救援班组标准化设置、初期应急能力建设等多个方面，提出了相应的建设要点，可为国内油气管道维抢修应急能力建设提供参考。

手机扫一扫，查看文件

关键词：油气管道；应急救援；省网融入；区域化管理；应急响应

国外天然气管网气量平衡机制经验及其借鉴意义

吴 超[1] 陈永主[2] 孙 猛[1]
（1. 国家管网集团科学技术研究总院分公司；2. 国家石油天然气管网集团有限公司市场部）

摘 要：针对国家管网成立后，我国天然气气量平衡问题界定多元化、管网整体平衡难度高、平衡体系的效率与公平等突出问题，聚焦市场化程度高、跨多区域的欧美平衡体系，系统调研了国外天然气管网气量平衡市场的背景、机制建设、平衡交易等现状，借鉴欧美国家气量平衡机制经验，总结国外气量平衡机制对我国天然气管网气量平衡机制的启示。最后，结合我国天然气市场机制特点，提出我国天然气管网气量平衡工作四点建议：一是加快天然气管网基础设施建设，充分激活上下游资源市场；二是加快管网平衡相关配套文件制定，促进平衡服务市场化；三是建立公开的管网信息平台，不断提升管网平衡利用效率；四是组建天然气平衡交易市场，实现多主体参与多措施保证的平衡机制。

手机扫一扫，查看文件

关键词：天然气管网；气量平衡；欧美国家；平衡模式；保障措施

“双碳”目标下油气行业战略转型及金融支持策略的分析研究

魏艺颖[1] 周 莉[2]
（中海石油财务有限责任公司）

摘 要：在“碳达峰、碳中和”的目标下，油气行业如何战略转型及金融企业如何充分发挥支持功能具有重要的研究价值。本文首先对油气行业现状及未来发展展望进行分析，探讨了油气行业能源转型的政策背景，梳理总结碳达峰实施方案三阶段要求。之后，将油气行业能源转型的政策支持概括为财政资金支持、市场化多元化投入机制、税收政策优惠三方面。结合实际数据，阐述了全球油气行业发展现状特点及能源转型趋势。笔者选取国内三家大型石油公司为研究对象，分析其能源战略转型规划中的总体部署及具体措施等内容。本文研究认为，金融企业应当从集中运营境内外资金、探索开展绿色金融、优化完善投资策略、持续关注碳市场业务四方面入手，发挥对油气行业产业升级和企业转型的支持推动作用，同时充分捕捉结构转型和技术进步带来的经济效益。本文在国家“碳达峰、碳中和”目标指引下，金融企业如何由传统金融服务平台向绿色金融综合性服务体系转型升级进行探讨并提出参考建议。

手机扫一扫，查看文件

关键词：“双碳”；油气行业；金融支持

井工程大宗物资库存管控发展升级

——基于川南页岩气大宗物资保供的研究

陈 萌 魏 薇 林大聪

（中国石油西南油气田物资分公司）

摘 要：增储上产、保障能源安全是我国油气行业一直以来坚守的目标，其中四川盆地丰富的油气资源未来将成为我国能源版图的“西南增长极”。作为油气勘探开发的主力军，中国石油已在川南建成我国首个年产百亿立方米页岩气田，“十四五”期间川南页岩气规模上产仍有广阔前景。但与此同时，页岩气勘探开发的主要矛盾已经转向成本与需求的矛盾，大规模、快节奏、低成本、高质量成为川南页岩气勘探开发的新特点。物资供应作为生产经营的关键支撑环节，如何发挥其保障职能作用，优化降本增效措施，打造管理合规、质量安全可控、效率更高、成本更优的供应链成了油气行业物资供应企业的关键议题。本文从供应链实物流管控角度出发，基于管控措施在川南页岩气项目物资保供的探索及应用，对供应工作量占比、资金占用量最大的井工程大宗物资管控措施进行研究，提出优化措施。

手机扫一扫，查看文件

关键词：库存管控；仓储配送；物资供应；油气经济；实物流管控

油田技服企业环境成本核算分析及改进

——以中油技服 C 公司为例

高 冉 李雷茜 侯梦思

（中国石油川庆钻探工程有限公司川西钻探公司）

摘 要：随着社会经济的发展，中国能源供需缺口日益凸显。如何高效保障国家能源供需平衡、推动企业高质量发展、实践企业环保责任是油田技服企业面临的挑战。C 公司拥有多年的油气钻采经验，企业代表性较好。对该公司进行环境成本管理的实地调研后发现，目前该公司环境成本核算科目设置存在缺陷，无法满足经营管理需求。根据分析结果，笔者针对该项缺陷，提出改进措施，以实现改进环境成本核算科目设置，提高管理效益的目标。

手机扫一扫，查看文件

关键词：环境成本；成本管理；钻井作业成本；成本核算；油田技术服务

“碳中和”愿景下的商业银行转型发展分析

王永川　樊禹均

（昆仑银行股份有限公司西安分行）

摘　要：为了实现2030年和2060年碳达峰及碳中和气候目标（简称“双碳”目标），我国经济体系将发生重大转变。在碳排放自主贡献目标下，中国将逐步推动经济结构、产业结构及能源结构的转型升级，金融行业也将面临转型，在此过程中碳金融必将成为重要抓手，中国人民银行和银保监会的监管政策导向明晰。商业银行作为我国金融体系的核心，在帮助企业进行节能减排的生产线改造、支持绿色低碳项目、参与碳排放权交易等方面将发挥重要作用。随着碳金融空间的逐渐打开，商业银行信贷投放行业结构将面临调整，资产和业务流程面临重塑。“双碳目标”愿景下，加码布局碳金融市场，持续创新完善碳金融服务体系，重视碳金融风险的识别和防范，将成为商业银行转型发展的必由之路。

手机扫一扫，查看文件

关键词：碳中和；碳金融；碳排放权；商业银行

川渝气田钻井堵漏方案经济性优选探讨

魏云锦[1,2]　刘海峰[1]　黄学刚[2]

（1. 中国石油西南油气田分公司规划计划处；2. 中国石油西南油气田分公司开发事业部）

摘　要：四川盆地内发育的裂缝和断层为油气提供了储渗空间和通道，同时也容易引起钻井过程中井漏、井壁失稳，衍生喷、涌、塌、卡等多种类型复杂，造成钻井成本大幅上升。如何通过预判堵漏工艺与井下情况的适应性，提高堵漏成功率，同时，增强堵漏技术方案的经济性，是当前堵漏管理的难点。为此，优化建立了川渝气田堵漏方案经济性比选模式，并进行了模拟评价。研究结果表明：（1）堵漏方案经济性优选是一项涉及工程技术、经济管理等多专业，人才培养、大数据等多要点协同的综合管理工程；（2）全面整理各类堵漏工艺的优缺点及适应场景，综合考虑不同区块井下情况，进一步强化堵漏方案的配套选择，在短时间内提供有效堵漏方案，实现快速决策，可有效减少钻井作业非生产时间；（3）形成完备的堵漏方案经济性跟踪分析制度，进一步优选具有经济价值的堵漏工艺技术方案。结论认为，采用堵漏工艺经济性优选模式，能够为堵漏工艺向技术路线清晰、经济效益明显的方向发展提供参考。

手机扫一扫，查看文件

关键词：井漏；技术方案；经济性比选；模拟评价；发展方向

油气行业数字化转型与智能化发展浅析

尹扬帆

（国家管网集团东部原油储运有限公司）

摘　要：随着科技的发展，数字技术正在强势兴起，新一轮的技术革命正在发生，不同产业与不同技术的深度融合趋势不断深化。受新冠疫情和低油价的双重影响，油气企业面临着史无前例的经营压力。如何有效地提高油气企业的产业质量和效率，已成为国内油气企业面临的一个新的严峻挑战。推进油气企业实现数字化转型和智能化发展，促进油气企业“优质、低耗”发展，是解决这一问题的核心。大数据与数据可视化的结合可以有效地提高工作效率。云计算可以有效地解决传统硬件计算效率低的问题。物联网技术的引入可以实时监测管网参数的动态变化。人工智能技术的出现可以有效地解决复杂环境下油气储运问题。因此，在高新技术迅猛发展的背景下，油气行业应抓住机遇，努力实现新一轮的变革与转型。

手机扫一扫，查看文件

关键词：技术革命；数字化转型；智能化发展；变革和转型

构建现代化能源体系中油气当前与未来的作用

张书铭[1]　谢士林[1]　卫　续[2]

（1. 国家管网集团西南管道有限公司南宁输油气分公司；2. 国家管网集团油气调控中心）

摘　要：能源是人类社会发展进程中的基础与动力，而能源体系的更迭则与人类社会的进步息息相关。自原始社会向现代化智能化发展，能源体系也由柴薪、石化能源向着复合型能源发展。在这一过程中，化石能源的使用给人类社会带来了飞跃式的变迁。但同时，过度依赖与使用化石能源也使得地球碳循环能力减弱，大量温室气体逸散至大气层进而影响全球气候。因此，能源体系的变革与现代化能源体系的构建是未来人类社会发展的重要趋势。本文通过分析化石能源与人类能源体系的关系，指出油气在现代化能源体系中重要的地位。从当前环境形式与能源消耗情况，阐述了化石能源对气候及人类社会发展的负面影响。从清洁能源发展分析与定义引出现代化能源体系的构建趋势，进而确认油气在现代化能源体系构成中的作用。最后，通过分析中国能源消费情况，阐述油气在中国现代化能源体系建设中积极承接的作用。

手机扫一扫，查看文件

关键词：现代化能源体系；油气；清洁能源

某油田转油站集输系统能耗调查与优化运行技术研究

何昭军

（中国石油大庆油田有限责任公司第二采油厂工艺研究所）

摘　要：目前某油田已进入特高含水开发期，油田含水率逐年升高，2020年达到94.84%，为保证原油生产任务，各类增产措施及产能规模将进一步增加，油田生产电量及气量消耗将持续增加；随着节能管理技术措施逐年应用，节能降耗空间及潜力越来越小，能耗增长速度控制将更加困难，集输系统站库优化运行是目前实现站库节能的一种有效措施，通过调查某油田转油站集输系统能耗，系统分析站场运行情况，编制优化运行方案，达到提高站库整体运行效率的目的，加强节能管理，控制能耗增长速度。

手机扫一扫，查看文件

关键词：集输工艺；集输温度；能耗调查；掺水系统；热洗系统

一体协同促进保障国家能源安全水平实现新提升

王道勇[1]　王　磊[2]　汪川雄[1]

（1. 中国石油川庆钻探工程有限公司；2. 中国石油集团测井有限公司）

摘　要：本文在认真学习领会习近平总书记对中国石油及相关工作作出的系列重要指示批示精神基础上，立足中国石油肩负的职责使命，深入分析了保障国家能源安全面临的“供应紧、运输难、成本高”三重严峻挑战，回顾了近年来上游业务一体协同的有益探索，总结了当前仍然存在的“四个不够”的突出问题和矛盾，以集团公司整体利益最大化为出发点，把建立共生、共享、共赢的发展模式作为着力点，针对性提出了落实协同发展的“四个优化”具体举措，以期油气田企业与技服企业能够更好落实集团公司“一体两面”要求，提升油气保障协同度、目标任务一致性、保障油气硬实力、设备设施利用率，进一步提高协同发展水平，全力推进油气高效勘探、效益开发，充分发挥保障能源安全“压舱石”作用，把能源的饭碗牢牢端在自己手里。

手机扫一扫，查看文件

关键词：能源安全；一体化；协同发展

“双碳”形势下塔里木油田的绿色低碳发展实践

张晨阳　李毓丰　张大鹏
（中国石油塔里木油田分公司勘探开发研究院）

手机扫一扫，查看文件

摘　要：油气企业依靠科技创新、优化方案、精益管理推动减碳降耗、绿色发展。而大力发展新能源，实现业务转型，是从根本上解决碳排放的必然选择。根据国家“双碳”目标及集团公司部署要求，塔里木油田坚定新能源发展的信心和决心，提高政治站位，坚持油气与新能源并举，精心谋划，精准施策，牢牢把握绿色企业创建、全过程清洁低碳行动、沙戈荒光伏基地建设等主线，系统推进节能降耗减排、清洁替代、CCUS、对外清洁供能、伴生资源利用，全力构建塔里木特色新能源产业链，全面助力塔里木油田率先实现“双碳”目标。为此，需要群策群力、强化机制配套、人才支撑、示范引领，统筹优势合力，加快推进新能源项目高质量建设运营，全力打造绿色能源生产基地，不断提升塔里木新能源品牌形象，为塔里木油田高质量发展保驾护航。

关键词：“双碳”；塔里木油田；新能源发展；品牌形象；高质量

关于油气与新能源协同融合发展的探索

刘朝华　范玉然
（中国石油天然气管道科学研究院有限公司）

手机扫一扫，查看文件

摘　要：联合国环境规划署发布的《2021 排放差距报告》指出，未来 20 年全球变暖超过 1.5 摄氏度的概率为 50%，如不立即采取有效措施，会导致世界步入“21 世纪末全球升温 2.7 摄氏度”的轨道，这远高于《巴黎协议》设定的温控目标，并将引发灾难性的气候变化。国家主席习近平在第 75 届联合国大会上宣布，中国力争 2030 年前二氧化碳排放达到峰值，努力争取 2060 年前实现碳中和目标。节能减排已经成为未来几十年国家、行业和企业发展的重要风向标，石油、天然气作为重要的化石能源，在温室气体排放中占有较大比重，其生存和发展将面临严峻挑战。本文从油气行业现状和自身特点出发，立足当下、着眼未来，对油气开采、加工、消费等重点碳排放领域进行系统分析，结合新技术、新材料、新工艺发展趋势，探索油气与新能源协同融合发展的思路和方法，推进油气行业节能减排转型升级，保障国家能源战略安全的基础上，主动承担“双碳”责任，推动人类和自然的协调可持续发展。

关键词：油气；新能源；协同融合发展；“双碳”

长庆试油气工程市场化计价规则和定额存在问题分析

李志杰　樊兴安　韩　锐

（中国石油川庆钻探工程有限公司长庆井下技术作业公司）

摘　要：为了合理确定工程造价及计价规则统一性，集团公司多次修订后发布市场化计价规则，为各大油田市场化结算提供计价规则。由于长庆油田结算方式为关联交易结算，多年结算价格按照油田自己制定的市场化价格执行，在推市场化定额过程中存在一定问题。本文通过对集团公司计价规则情况、长庆油田市场化定额值计算及企业试油气市场化定额现状情况的详细阐述，为市场化定额在长庆油田的推进工作中提供一定的参考依据。

手机扫一扫，查看文件

关键词：试油气市场化计价规则定额；长庆油田；市场化定额

关于石油天然气难动用储量区块合作效益开发管理方法的探索

彭　俊

（中国石化西南油气分公司投资发展部）

摘　要：开展难动用储量区块合作开发是新形势下中国油气田勘探开发企业、石油工程服务企业实现油气勘探开发价值最大化的重要举措。近年来，在总结难动用合作开发项目的经验基础上，本文对石油天然气难动用储量合作效益开发管理进行了几种管理模式的探索，同时就如何进一步提升难动用储量油气合作开发效果提出了有关建议。

手机扫一扫，查看文件

关键词：难动用储量；油气合作开发；效益开发

西部地区成品油管网融合发展与研究

尤 鸿　杜 萌　葛子铭

（中国石油西北销售公司）

摘　要：近年来，面对国际油价宽幅震荡、新冠疫情影响、成品油市场竞争加剧、供需矛盾持续突出等复杂局面，中国石油产业链效益不断遭受冲击，管网作为成品油运输极其重要的组成部分之一，已成为区域物流优化、提升产销保障能力的重要手段。特别是国家管网集团正式接管三大石油公司油气管网设施和生产经营工作后，石油石化两大集团成品油管网设施由国家管网集团统一管理，西部成品油管网设施也将迎来新的建设、发展机遇，这对推动产业链整体优化与提质增效意义显著。本文就西部地区成品油管网发展现状、管网增输潜力分析等进行了较为深入的研究，并对区域性管网优化融合进行了可行性探索，可为后期成品油管道融合发展与研究提供借鉴。

手机扫一扫，查看文件

关键词：成品油管网；物流优化；增输增效；融合发展

能源安全视角下油气和新能源协同发展战略探析

张婷婷

（中国石油物资有限公司）

摘　要：能源安全是社会经济发展的重要前提之一。一系列不确定性因素将导致世界能源危机。能源转型中的“三元悖论”要求世界各国作出战略抉择。我国需要在能源安全前提下加快推进油气和新能源协同发展，并分别在政策层面、技术层面和市场层面作出应对。油气企业应发挥其优势，在油气与新能源协同发展战略目标的实现过程中有所作为，在构建能源新发展格局中作出应有贡献。

手机扫一扫，查看文件

关键词：能源安全；油气与新能源；协同发展；战略目标

“双碳”目标下油气行业发展的影响与对策

佘思越　唐　超

（国家管网集团西南油气管道有限责任公司贵阳输油气分公司）

摘　要：在碳中和、碳达峰的“双碳”目标下，全球能源格局正发生巨大改变，传统能源占比逐渐下降，可再生能源发展迅速。在油气行业进行低碳能源结构转型的过程中，公司将面临来自国家政策、经济市场、法律约束及新技术研究等方面的影响，传统油气行业已经感受到向低碳能源未来过渡的压力和挑战。本文主要通过对油气行业的低碳策略以及能源结构转型过程中遇到的挑战和对策进行分析，分析表明：（1）全球主要油气公司近年来开始向低碳转型，并制定了低碳目标和投资计划；（2）受多因素影响，油气公司在低碳战略中有不同选择；（3）大力发展天然气是油气公司向综合能源公司过渡的第一步，而可再生能源是油气公司向低碳转型的最有力途径；（4）目前可再生能源的发展重点是太阳能、风能、氢能和碳捕获利用和封存四个领域。

手机扫一扫，查看文件

关键词：油气行业；碳达峰；碳中和；低碳策略；能源发展

关键核心技术自主可控推动成品油管道高质量发展

张　晨　杨昌群　梁家铭

（国家管网集团华南分公司）

摘　要：为了发挥管道运输安全、环保、经济、快捷的优势，适应国民经济对油气资源需求的快速增长，落实“四个革命，一个合作”国家能源安全发展战略，国家石油天然气管网集团有限公司华南分公司（以下简称华南公司）结合成品油管道运输高压力、大流量、大功率连续运行等特点，针对关键设备和工控系统自主可控能力不足，核心装备主要依靠进口，导致管道运营管理存在安全隐患、技术瓶颈、成本偏高、效益欠佳等诸多问题，开展了成品油管道关键核心技术自主可控攻关，经过几年的实施运营，基本解决了长输成品油管道关键设备和系统“卡脖子”难题，实现了成品油管道产业链安全自主可控目标，取得了显著的企业经济效益和社会效益。

手机扫一扫，查看文件

关键词：成品油管道；产业链；管道高质量发展

公开招标在员工福利发放项目中的应用实践
——以第九采油厂 2021 年冲锋衣等一批采购为例

葛蕊　刘乔　李峰

（中国石油长庆油田分公司第九采油厂）

摘　要：具有通用技术、性能标准的物资，尤其是直接供员工个人使用的福利性质的物资，需要在产品品质、预算合理、员工心理预期等多种因素之间取得平衡，历来为物资采购的难点。如何在招标项目的资格条件、评分条款等方面合理设置，满足员工的实际需要，是一个值得思考、探索的命题。

关键词：公开招标；物资采购；员工福利发放

手机扫一扫，查看文件

新能源汽车传动技术与传动系统润滑油的发展

秦鹤年　王博宇

（中国石油北京润滑油销售分公司）

摘要：传统燃油汽车主要采用机械传动和液力耦合器传动，所需润滑油分别为齿轮油和液力传动油。电动汽车及混合动力汽车采用电传动技术，传动系统使用专用润滑油。与机械传动和液力耦合器传动相比，电传动具有更好的节能效果和诸多优点。电动汽车的传动系统结构紧凑，传递部件少，传动效率高，电机和机械传动部分通常共用一套润滑系统，所需润滑油液要求同时满足机械传动部分的润滑和对电机的冷却，而且具有良好的绝缘性能。性能优异的传动系统用油可有效地降低能耗、提高传动效率，延长续航里程和传动系统及车辆的使用寿命。汽车传动技术及传动系统润滑油如何发展，如何满足新能源汽车的发展需求，本文就此进行了论述，认为汽车电传动技术及传动系统润滑油极具发展潜力，是新能源汽车发展必不可少的，也是传统燃油汽车的一个新的发展趋势，对整个汽车行业的发展，实现节能减排和碳达峰的目标，都具有重要的意义，并对未来的发展趋势提出了相应看法与建议。

手机扫一扫，查看文件

关键词：新能源汽车；电传动；传动系统润滑油；节能减排；碳达峰

油气与新能源协同融合发展形势与对策探讨

刘芙蓉　刘浩成　陈岸雄

（南方石油勘探开发有限责任公司）

摘　要：在“双碳”目标背景下，深入推动能源革命，大力发展新能源产业，全面优化产业结构，加快绿色低碳转型是大势所趋。本文从宏观上分析了当前国际减碳政策的政治影响、国际能源格局变化的发展形势给全球源能转型之路带来风险和挑战，我国要立足能源安全和基本国情，努力提高油气需求自我供给能力、新能源安全可靠接续能力，大力提升能源保障能力。新能源产业现面临诸多挑战，迫切构建新型能源体系，进一步保障能源安全稳定运行。而大力发展构建新能源和油气协同发展是重要路径之一，通过加快构建油气与风光热氢多能互补新型综合能源体系，加强 CCUS 技术推广应用，探索建立合作共赢的绿色低碳发展模式，以实现传统能源向新型能源有序接替、跨越转型，推动建立低碳、清洁、高效、安全、可持续、高质量的能源体系。

关键词：石油；天然气；新能源；协同；融合；能源体系

手机扫一扫，查看文件

基于贵州省现状下天然气长输管道管输定价机制的研究

罗琛奇　张 翼　马 啸

（国家管网集团贵州省管网有限公司）

摘　要：2019 年 3 月，中央全面深化改革委员会第七次会议审议通过的《石油天然气管网运营机制改革实施意见》（发改体改〔2019〕1102 号）中提出：“国有大型油气企业在省级管网公司中所持股权，全部纳入国家管网公司”“按照‘全国一张网’的思路，积极引导和推进省级管网公司以市场化方式融入国家管网公司”。贵州省管输价格参差不齐，地方政府安全监管压力大。上述情况导致贵州地区省网融入攻坚难度大，贵州省管网有限公司以贵州省网融入为研究案例，拟按照分类施策、精准发力的原则，通过研究论证分析，全面摸清省级管网的现状和地方诉求，对省网融入的方案及“全省一张网”格局下管输价格的形成机制进行统筹探索和研究，研究完善省级管网融入的分类模式，如何在兼顾各方利益的情况下有序且高效的融入国网，是油气体制改革进程中需重点攻克的环节，推动省内支线管输定价机制改革。

关键词：贵州省；天然气长输管道；管输定价机制

手机扫一扫，查看文件

推进党风廉政建设责任在基层落实落细的实践与思考

刘清华　黄开升　常　宁

（中国石化中原油田分公司纪委监督部）

摘　要：推动全面从严治党向基层延伸，是做好基层基础工作的重要内容，也是实现新时代国有企业高质量发展的关键环节，压实管党治党责任，促进党风廉政建设责任真正在基层落实落细，关键在于牵好“牛鼻子”、扣好“责任链”、营造“好氛围”、树好“风向标”、用好“撒手锏”，持续推进主体责任、监督网络、廉洁教育、作风建设、执纪问责在基层落实落细，打通责任落实的“最后一公里”。

手机扫一扫，查看文件

关键词：党风廉政建设责任；落实落细；实践思考

能源转型对地缘政治的影响及思考

范旭强　谢　薇　李苏晓

（中国石油集团经济技术研究院）

摘　要：能源体系是全球经济命脉和地缘政治秩序的基础，新一轮能源革命将催生新型竞争与对抗关系，并重新配置诸多国际政治因素，重塑自第二次世界大战以来确定的全球体系，逐渐形成新的世界地缘政治格局。此过程中，相关国家或地区设定清洁能源标准能力、对关键矿产供应链控制力、低成本制造新能源产业零部件能力和产销氢氨等低碳燃料能力等将成为影响地缘政治的重要因素。同时，能源转型也将导致全球能源贸易减少、助长国家和地区的保护主义、贸易制裁等逆全球化力量。我国作为全球最大的能源生产国、消费国和油气进口国，同时也是新能源开发利用大国，在能源转型和地缘政治格局发生深刻变革的大背景下，应加强风险预警，完善能源风险管控体系，增加能源进口来源，更好地统筹发展与安全，着力构建能源合作利益共同体和能源安全命运共同体，在经济社会能够高质量、可持续发展的前提下，确保碳达峰、碳中和目标如期实现。

手机扫一扫，查看文件

关键词：能源转型；地缘政治；全球化；能源治理

试采单井经济评价方法初探及应用

吴利华　王　刚　杨琪琦

（中国石油西南油气田分公司川中油气矿）

摘　要：试采是气藏评价阶段的一项重要工作。试采井与开发井相比存在产量预测难度大、可靠性相对低、大部分投资已经发生故后续新增建设投资差异大等特点。某些试采方案因经济效益达不到公司规定的标准而得不到批复和实施。为此，从对未来投资进行决策的角度上，结合探井试采的技术经济特点，从参评投资、产量预测方案和评价指标等方面进行一些调整和补充，探索了对试采单井在全投资经济评价的基础上补充新增投资经济评价的评价方法，为投资决策提供多角度的参考。通过实例分析提出了以新增投资经济评价的结果为主要参考进行投资决策的建议，以期既能满足投资决策的要求，又能尽可能地将已获产能尽早转化为产量。

手机扫一扫，查看文件

关键词：探井；试采；经济评价；新增投资

“双碳”目标下以油气构建的现代能源体系

马　杨　朱寅菲　张东琪

（中国石油辽河石化分公司）

摘　要：传统能源中石油和天然气在“双碳”目标下为加速实现现代能源体系，在其开发技术、尾气回收技术、热能储存技术、与其他能源互联技术等方面不断突破进取。高效低成本的二氧化碳（CO_2）捕集再利用技术，减少 CO_2 的排放量同时促进农业、化工行业的进一步发展。油气能源在开发和消耗过程中产生大量的热能，将这部分热能储存用于取暖、加热等，减少煤炭的燃烧实现降低 CO_2 排放量。现代工业发展离不开油气能源的消耗，以油气能源为基础构建的现代能源体系已被广泛研究，可实施性强，可以应用于各行各业。以油气能源为基础构建的现代能源体系具有经济性良好、能效高等明显优势，市场核心竞争力强。发展低碳清洁的现代能源，需要进一步发展油气资源。

手机扫一扫，查看文件

关键词：“双碳”；现代能源体系；油气资源；二氧化碳回收

研究型审计在能源企业安全隐患治理内审项目中的探析应用

李　明

（中国石油集团测井有限公司）

摘　要：为了更好地开展新时代审计思路探索和创新，积极推进审计转型升级，扎实开展研究型审计工作，为企业高质量发展提供高品质审计服务。本文通过探讨研究型审计的特点、开展的必要性，探讨分析在能源企业内部审计项目中研究型审计的应用开展情况，从计划、执行、资金三个方面分享审计经验，为企业高质量发展提供高品质审计服务。

关键词：研究型；内部审计；应用

手机扫一扫，查看文件

企业碳排放的监督管理

任卫东

（中国石油集团测井有限公司）

摘　要：社会的发展促使国家开始重视低碳经济的发展状态，现如今，全球众多资源正在不断缩减，所以碳减排这项工作成为全球瞩目的焦点。为了确保我国经济的可持续性发展，所有企业需要意识到低碳发展的重要性，同时还要“减负”，比如建立属于自己企业的碳排放管理制度。需要注意的是，在制定碳排放管理体系框架时，需要确保相应管理流程的合理性及科学性，基于此，文章对当前众多企业的碳排放管理体系建设工作状况展开探讨，然后提出一些专业并且有效建议，从而保证低碳经济的长远发展。

关键词：碳排放；企业；监督管理

手机扫一扫，查看文件

地面管道失效分析及防护措施

张永丰
（中国石油大庆油田有限责任公司第二采油厂工艺研究所）

摘　要：针对油田地面管道腐蚀严重的问题，开展了失效现状、腐蚀因素、腐蚀机理分析，探讨了原油腐蚀介质，温度、含水率等外部环境，以及管道材质、焊接质量对管道腐蚀的影响，总结了目前管道腐蚀及控制技术应用情况，通过现场应用，管道失效次数由 2018 年的 11363 次下降至 2020 年的 8105 次，失效率由 2018 年的 0.868 次 / 千米 · 年下降至 2020 年的 0.569 次 / 千米 · 年，管道失效率得到有效控制。

手机扫一扫，查看文件

主题词：地面管道；腐蚀；防护

萨南油田产能地面建设投资与成本全过程控制分析

李　键
（中国石油大庆油田有限责任公司第二采油厂工艺研究所）

摘　要：未来十年，我厂新建产能开发对象主要以二类油层、三类油层和过渡带为主，新建产能区块开发方式以聚合物驱、三元复合驱为主，配注、采出液处理及污水处理工艺越来越复杂，建成百万吨产能投资逐年增加，投资控制压力加大。通过对产能建设过程分析，得出了建设投资控制的有效途径，优化协调组织，地面方案合理优化布局，强化地上地下一体化，设计进一步优化等手段降低建设投资和成本。

手机扫一扫，查看文件

关键词：百万吨产能；地上地下一体化；建设投资

附　录

第九届全国石油经济学术年会征文获奖名单（排名不分先后）

一等优秀论文

序号	作者	论文题目	第一作者单位
1	冯敬轩 徐　东 丁世强	中国石油企业海外业务风险评价及优化策略	中国石油天然气股份有限公司规划总院
2	周新媛 唐国强 陈嘉伦等	二氧化碳封存现状及经济性初探	中国石油天然气股份有限公司规划总院
3	康　煜 段艺璇 李春烁	能源转型背景下“石油—美元”联动机制研究	中国石油集团经济技术研究院
4	高　雅 李欣妍 苏文静	以交易所债券质押式回购为例的资金头寸精细化运作管理解析	中海石油财务有限责任公司
5	杨哲琦 唐　旭 张宝生	新能源电力对于油田上游生产的碳减排贡献研究	中国石油大学（北京）
6	温　文 黄国君 杨　瑞	天然气基础设施开放体系设计与建议——基于公平开放与保供责任协同关系	国家管网集团科学技术研究总院分公司
7	吴秋南 李广俊 匡　正	大变局下国际油气贸易新挑战及行业应对	中国石油国际事业有限公司
8	沈学思 李天一	氢能之路：中国油气企业清洁低碳转型发展建议	中国石油天然气股份有限公司规划总院
9	张　峰	“一区一率”政策下天然气管道运输项目经济评价探讨	国家管网集团工程技术创新有限公司
10	韩　冰 齐　超 缪　勇	中国汽油消费市场特点及“后疫情时期”趋势研判	中国石油天然气股份有限公司销售分公司
11	赵公正	论石油“叙事”的时代变迁	国家发展和改革委员会价格监测中心
12	阮聪慧 刘　斌 霍心心	碳排放权价格与需求端影响因素间相关性研究	中国石油新疆油田分公司勘探开发研究院
13	付　迪 唐国强 赵连增等	CCUS 全流程经济效益分析	中国石油天然气股份有限公司规划总院

续表

序号	作者	论文题目	第一作者单位
14	闫玮祎 唐永祥	全国统一大市场背景下油气企业天然气产业发展思考	中海石油气电集团有限责任公司
15	王幪达	美国贸易制裁“长臂管辖”效应下能源贸易企业面临的风险和应对策略研究	中海油能源发展股份有限公司销售服务分公司
16	相　超 卢明霞	油气能源企业碳资产管理模式思考与建议	中国石油集团经济技术研究院
17	朱明喜 庞　艳 白方方	全面风险管理的信息化探索与应用	中国石化中原油田分公司普光分公司
18	李昀霏 张　安 霍丽君	碳中和形势下世界石油需求前景展望	中国石油集团经济技术研究院
19	刘　涛 尚友民 殷桂琴	庆城与巴肯页岩油开发经济性比较研究及启示	中国石油长庆油田分公司油气工艺研究院
20	熊　也	基于逻辑斯蒂增长模型的“天然气+”固碳市场价值评估	中国石油西南油气田分公司天然气经济研究所
21	蒋海军 胡越发 姚云飞	油气行业围绕 CCUS 开展全产业链布局的优势分析及建议	中国石油化工股份有限公司石油工程技术研究院
22	许文龙 杨光勇	鄂尔多斯盆地油气与新能源融合发展研究	陕西延安石油天然气有限公司
23	周吴雪涵 陈仕林 丹美涵	能源转型趋势下我国天然气产业可持续发展战略研究	中海油研究总院规划研究院

二等优秀论文

序号	作者	论文题目	第一作者单位
1	李　明 潘晨曦 王晓磊	浅谈如何开展安全环保隐患治理项目审计	中国石油集团测井有限公司
2	廖彦姝	中国石油共享中心财务人员发展方向探究——以成都共享中心为例	中国石油集团共享运营有限公司成都中心
3	李世群 朱　斌 张奕飞	基于利益相关者视角的国际石油公司漏油事件分析	中国石油国际勘探开发有限公司
4	朱鲁宁	油气管道工程建设全过程造价管理模式的应用探索	国家管网集团工程技术创新有限公司

续表

序号	作者	论文题目	第一作者单位
5	史建勋	欧美原油定价中心的有效性与中国机会	中国石油勘探开发研究院
6	吴祖源 刘冠良 邵　鹏	浅析碳中和及碳金融对油气行业发展影响	中国石油吉林石化公司丙烯腈厂
7	陈立媛 李丽华	基于中欧海上风电发展现状的成本和盈利分析及其启示	海洋石油工程股份有限公司
8	程艳丽 甘明蓉 陈　成	绿色信贷对油气行业碳排放的影响分析——基于省级面板数据的实证研究	昆仑银行股份有限公司运营服务中心
9	杨天翔 冯浩轩 汤　楠	海外油气勘探开发项目投资组合决策分析研究	中国石油西南油气田分公司天然气经济研究所
10	常珍瑜 张建卫 贾欣瑜	基于“大数据”背景下的个人所得税筹划的应用——以某公司为例优化成果分析	中国石油集团川庆钻探工程有限公司长庆固井公司
11	陈　瑶 于　泳 崔　彬	基于大港油田地热项目商业模式的研究	中国石油大港油田分公司经济技术研究院
12	陈馨佳 李　颖 刘婧晓	跨境人民币视野下我国石油天然气国际化路径的思考与建议	昆仑银行股份有限公司运营服务中心
13	樊少明 张　岩 赵晓芳	数字经济形势下数字化营销理论研究与体系创新探索	昆仑数智科技有限责任公司
14	曾　行 赵　伦 许安著	哈萨克斯坦天然气市场新形势下中哈能源合作建议	中国石油勘探开发研究院
15	李俊杰	天然气在实现“碳中和”中的作用、挑战和建议	中海石油气电集团有限责任公司
16	谢建荣 韩玉琴 王义波	碳市场对成品油业务发展的影响及对策研究	中国石油西北销售公司
17	皮秋梅 张晨阳 庄旭	价值评估方法在塔里木油田“十四五”油气规划中的应用	中国石油塔里木油田分公司勘探开发研究院
18	毛　敏	“双碳”背景下关于石化行业降碳的思考与探讨	中国石油四川石化有限责任公司
19	李占杰 李桂英 侯婷婷	影子价格激励下的共享服务中心（中国石化）内部收费策略机制设计	中国石化共享东营分公司

续表

序号	作者	论文题目	第一作者单位
20	侯文婷 王少飞 乔　宁	中国石油套期保值会计可行性研究	中国石油天然气集团有限公司财务部
21	边兆博	新冠疫情期间油气管线与国际海运价格关系研究	中国石油技术开发有限公司
22	黄建中 刘贵义 李春龙	基于天然气与新能源融合发展的思考	国家管网液化天然气接收站管理公司
23	张光一 郭大江 樊小飞	基于百年长庆发展愿景的油气与新能源协同融合发展路径与对策	中国石油长庆油田分公司政策研究室
24	龚丽娟 李亚莉 刘婧瑛等	基于博弈模型的业财融合型“事前算赢”预算分析体系	中国石油四川成都销售分公司
25	李　苗 李　斌 段曦瞳	成品油管输企业节能降费实践与探索	国家石油天然气管网集团有限公司华南分公司
26	卫永刚 杨　慧 房　蕾	对胜利油田新能源产业发展的认识和思考	中国石化胜利油田分公司经济开发研究院
27	乔贵民 石　帅 夏向阳	设备资产完整性管理数字化平台设计与应用	中海油安全技术服务有限公司
28	杜　萌 余　斌 周杰鑫	科洛尼尔管道网络攻击事件的思考与启示	中国石油西北销售有限公司
29	陈普信 俞辉强 任秀莲	石油合资合作公司内控体系建设研究及实践——以东海西湖石油天然作业公司为例	中国石化上海海洋油气分公司
30	高　冉 熊潇潇 陶序莹	油田技术服务企业环境成本预算管理现状分析及改进建议——以C公司四川页岩气项目为例	中国石油集团川庆钻探工程有限公司川西钻探公司
31	孙伊宁	俄乌冲突后的欧洲天然气市场重塑与应对	中国石油国际事业（伦敦）有限公司
32	李　榕 周　庆	基于价值链分析的石油开采企业成本控降策略探讨	中国石油大庆油田有限责任公司勘探开发研究院经济评价中心
33	吴文华 李相远 郭子江	特大型石油企业油气与新能源产业协同融合发展的探索与实践	中国石化胜利油田分公司

续表

序号	作者	论文题目	第一作者单位
34	吴有更 李亚菲 郭 望	天然气管道高后果区识别与安全管理实践	国家石油天然气管网集团有限公司山东运维中心
35	彭天铎 王利宁 戴家权	新能源汽车加速发展对成品油销售业务影响研究	中国石油集团经济技术研究院
36	任娅羲 檀国荣 杨鑫磊	伊核协议进展及对我国油气行业的影响	中海油研究总院有限责任公司
37	张道华 何涓涓 张 宸	老气田生产系统完整性管理数字化转型探索与应用实践	中国石油西南油气田分公司重庆气矿
38	郑兴扬 周 阳 林 洲	2022 年高油价背景下美国能源政策举措及影响分析	中国石油国际事业（美洲）有限公司
39	周希唯 王利宁 段沛一	国内外碳监测评估技术发展现状及展望	中国石油集团经济技术研究院
40	唐旭伟	国家石油公司低碳发展路径和前景分析	中国石油大学（北京）经济管理学院
41	胡俊坤 刘海峰 敬兴胜	天然气生产企业碳排放核算与预测方法研究——以四川盆地天然气开发为例	中国石油西南油气田分公司规划计划处
42	朱凌霄	油气行业物资储备库房管理升级与改革	国家管网集团东部原油储运有限公司物资供应中心
43	粟辉霖 王善哲	现代能源体系转型升级背景下大庆长垣油田管网运行现状分析	中国石油大庆油田有限责任公司第二采油厂工艺研究所
44	袁童玲 温 文 丁 为	非经济性天然气管道项目投资限额管控方法研究	国家石油天然气管网集团有限公司财务部
45	赵旭飞	碳中和背景下石化和化工行业转型发展路径——以乙烯工业为例	中国石油化工股份有限公司炼油事业部
46	袁 梦	“双碳”目标下金融对油气行业碳减排的影响研究	昆仑银行股份有限公司零售管理部（普惠金融部）
47	莫 皓 刘廷韦	终端燃气管道项目实施阶段工程造价有效控制策略研究	中国石油西南油气田燃气分公司
48	于 永 肖修文	企业地下储气库管理模式思考	中国石油天然气集团有限公司发展计划部
49	张 博 刘忠付 李 丹	全国储气调峰设施建设及运营模式探讨	国家管网集团工程技术创新有限公司

三等优秀论文

序号	作者	论文题目	第一作者单位
1	朱　斌 张奕飞 苏　悦	构建以价值创造为导向的石油企业碳资产管理体系	中国石油国际勘探开发有限公司
2	吴盛龙 贾鹏程 王萧程	我国碳交易市场发展对油气化工行业的影响及对策研究	中国石油天然气股份有限公司财务部
3	孔　鑫 王光强 林卓超	浅谈海上油（气）田折旧、折耗及摊销的计算和影响因素	中海石油（中国）有限公司深圳分公司
4	游双娇 刘成浩 运帅冲	集中式新能源发电并网项目建设流程	中国石油天然气股份有限公司规划总院
5	陈　耿	成品油销售企业基于RPA的转账充值自动确认系统的设计与应用	中国石油四川销售分公司
6	蒋鹏杰 张　翼 马　啸	市场主体多元化背景下省网融入模式的探索与研究	国家管网集团贵州天然气管网有限公司
7	单　迪 彭　博 刘伟卓	基于油气管网高效运营的完整性管理体系初探	中国石油大庆油田有限责任公司第一采油厂第二作业区
8	顾友义 李　亮 蒲志波	“双碳”背景下川中油气矿分布式光伏开发前景探讨	中国石油西南油气田分公司川中油气矿
9	王禹钦 刘志刚 高长顺	关于打造央企“龙头＋专精特新”科技创新方阵的思考	国家管网集团北方管道有限责任公司
10	李若熙	浅谈中国石油油气与新能源业务协同融合发展	中国石油西南油气田分公司
11	蓝　强 万　东 郁清平等	采购数字化管理——规章制度数字化应用	中国石油西南油气田分公司川西北气矿
12	王蓉秋 王　洋 谢莎莎	国企财务数字化转型路径的探讨	中国石油西南油气田物资分公司
13	金　鑫	石油石化行业运用绿色债券实现碳中和目标及能源转型的探索与研究	昆仑银行股份有限公司运营服务中心
14	林晓红 宋光君	俄乌冲突给我国油气行业及供应链体系带来的影响与应对建议	中国石油物资采购中心
15	余　果 方一竹 罗　莉	川南页岩气峰值产量预测研究	中国石油西南油气田分公司规划计划处

续表

序号	作者	论文题目	第一作者单位
16	吴 剑 张晋芳 许嘉钰	我国石油公司环保产业发展潜力及路径探讨	中国石油集团安全环保技术研究院有限公司
17	陈东升 章 胜 祖钦先	强化人才队伍建设，实现油气与新能源协同发展	中国石化中原油田分公司党委组织部（人力资源部）
18	邓绍林	西南油气分公司新能源发展潜力研究	中国石化西南油气分公司投资发展部
19	田燕君 倪益民	油气行业协同布局 提升 CCUS 产业经济性	中海油能源发展股份有限公司工程技术分公司
20	王 捷 杨汉杰 杨 威	川南新能源与天然气融合发展路径研究	中国石油西南油气田分公司蜀南气矿
21	才晓宇 赵 璧 席自彬	后疫情时代的油田服务行业海外市场发展思考	中海油田服务股份有限公司
22	赵 璧 席自彬 才晓宇	能源转型背景下油田服务行业未来发展的思考与建议	中海油田服务股份有限公司
23	张雪娜 乔石石 宫汝祥	二氧化碳注气开发提高采收率技术研究与实践	中海油田服务股份有限公司
24	张 晨 杨 滢 李凌波	华南成品油管网智能化建设实践	国家管网集团华南分公司
25	江 河 夏初阳 谢 薇	我国新能源业务财税支持政策研究	中国石油集团经济技术研究院
26	付孝军 梅玲丽 白 云	断块复杂型弱碱三元驱化学驱阶段降本增效方法研究	中国石油大庆油田有限责任公司第二采油厂地质研究所
27	谈 龙 卢泽霖 刘 莉	浅析碳资产对油气行业发展影响	昆仑金融租赁有限责任公司
28	李军花 刘 蛟	清单式管理在合同计划管理中的运用研究	中国石油集团川庆钻探工程有限公司川西钻探公司
29	王晓磊 李 明 马 颖	基于能耗审计的能源管理研究	中国石油集团测井有限公司
30	张贤杰	澜湄地区天然气及新能源合作的机会与对策	中国石油国际事业有限公司
31	黄正宏	布伦特原油期货出现负价格可能性探究	振华石油控股有限公司

续表

序号	作者	论文题目	第一作者单位
32	蔡晓峰 关　玲	大庆萨南油田断层区剩余油挖潜研究	中国石油大庆油田有限责任公司第二采油厂地质研究所
33	林　杉 杨政伟 任　涛	新时期东北区域化工市场营销适应能源转型的战略构想	中国石油东北化工销售分公司
34	曾　凯	川西北地区能源科技的多能融合发展研究	中国石油西南油气田分公司规划计划处
35	王庆军 刘久刚 崔　均	LNG 接收站设备设施优化探讨	国家管网集团大连液化天然气有限公司
36	王善哲 毛　彧 粟辉霖	低碳转型背景下长垣老区油田新能源融合发展影响及适应性研究	中国石油大庆油田有限责任公司第二采油厂工艺研究所
37	杨鑫磊 丹美涵 陈仕林	低碳能源转型下中卡低碳合作新趋势	中海油研究总院有限责任公司规划研究院
38	聂　捷 周　玉 谢　黎	基于神经网络算法的页岩气井成本预测方法	中国石油川庆钻探工程有限公司
39	牛　超	关于将微藻生物能源作为油气行业新能源协同融合发展路径的探讨	中国石油大港油田分公司经济技术研究院
40	张　滔 吴世阳 雷　奥	基于“碳中和”战略下的油氢合建站应用研究与实践	中国石油四川成都销售分公司
41	李博媛 汪　红 冯　贺	我国天然气进口形势及前景分析	中国石油集团经济技术研究院
42	周立飞 刘梓州 周维佳	发展氢能储运技术的双结合模式探索	中国石油管道局工程有限公司亚太分公司
43	王津兰 刘建强	价值管理体系在石油企业的应用与创新实践	中国石油大港油田分公司经济技术研究院
44	刘　蛟 杨　帆	钻井工程总承包模式应对能力建设的途径研究与分析	中国石油川庆钻探工程有限公司川西钻探公司
45	陈美全 王泽东 刘东旭	大庆萨南开发区油水同层潜力层位优选方法研究	中国石油大庆油田有限责任公司第二采油厂地质研究所
46	张珈铭 邱茂鑫 郭晓霞	油服及装备制造企业应对能源转型的战略模型与实施路径	中国石油集团经济技术研究院
47	马　颖 王晓磊	PDCA 循环在专项审计项目中的应用	中国石油集团测井有限公司

续表

序号	作者	论文题目	第一作者单位
48	袁 哲 钱根春 孙雁斌	油服公司海外油藏综合服务项目探索与实践	中国石油化工集团国际石油工程有限公司
49	段艺璇 汪 红 彭盈盈	后疫情时代我国石油企业国际业务发展的本地化策略	中国石油集团经济技术研究院
50	李 军	省网融入、区域化管理背景下油气管道抢维修面临的挑战与应对措施	国家管网集团东部原油储运有限公司抢维修中心
51	吴 超 陈永主 孙 猛	国外天然气管网气量平衡机制经验及其借鉴意义	国家管网集团科学技术研究总院分公司
52	魏艺颖 周 莉	“双碳”目标下油气行业战略转型及金融支持策略的分析研究	中海石油财务有限责任公司
53	陈 萌 魏 薇 林大聪	井工程大宗物资库存管控发展升级——基于川南页岩气大宗物资保供的研究	中国石油西南油气田物资分公司
54	高 冉 李雷茜 侯梦思	油田技服企业环境成本核算分析及改进——以中油技服C公司为例	中国石油川庆钻探工程有限公司川西钻探公司
55	王永川 樊禹均	“碳中和”愿景下的商业银行转型发展分析	昆仑银行股份有限公司西安分行
56	魏云锦 刘海峰 黄学刚	川渝气田钻井堵漏方案经济性优选探讨	中国石油西南油气田分公司
57	尹扬帆	油气行业数字化转型与智能化发展浅析	国家管网集团东部原油储运有限公司
58	张书铭 谢士林 卫 续	构建现代化能源体系中油气当前与未来的作用	国家管网集团西南管道责任有限公司南宁输油气分公司
59	何昭军	某油田转油站集输系统能耗调查与优化运行技术研究	中国石油大庆油田有限责任公司第二采油厂工艺研究所
60	王道勇 王 磊 汪川雄	一体协同促进保障国家能源安全水平实现新提升	中国石油川庆钻探工程有限公司
61	张晨阳 李毓丰 张大鹏	“双碳”形势下塔里木油田的绿色低碳发展实践	中国石油塔里木油田分公司勘探开发研究院
62	刘朝华 范玉然	关于油气与新能源协同融合发展的探索	中国石油天然气管道科学研究院有限公司
63	李志杰 樊兴安 韩 锐	长庆试油气工程市场化计价规则和定额存在问题分析	中国石油川庆钻探工程有限公司长庆井下技术作业公司

续表

序号	作者	论文题目	第一作者单位
64	彭　俊	关于石油天然气难动用储量区块合作效益开发管理方法的探索	中国石化西南油气分公司投资发展部
65	尤　鸿 杜　萌 葛子铭	西部地区成品油管网融合发展与研究	中国石油西北销售公司
66	张婷婷	能源安全视角下油气和新能源协同发展战略探析	中国石油物资有限公司
67	佘思越 唐　超	“双碳”目标下油气行业发展的影响与对策	国家管网集团西南油气管道有限责任公司贵阳输油气分公司
68	张　晨 杨昌群 梁珈铭	关键核心技术自主可控推动成品油管道高质量发展	国家管网集团华南分公司
69	葛　蕊 刘　乔 李　峰	公开招标在员工福利发放项目中的应用实践——以第九采油厂2021年冲锋衣等一批采购为例	中国石油长庆油田分公司第九采油厂
70	秦鹤年 王博宇	新能源汽车传动技术与传动系统润滑油的发展	中国石油北京润滑油销售分公司
71	刘芙蓉 刘浩成 陈岸雄	油气与新能源协同融合发展形势与对策探讨	南方石油勘探开发有限责任公司
72	罗琛奇 张　翼 马　啸	基于贵州省现状下天然气长输管道管输定价机制的研究	国家管网集团贵州省管网有限公司
73	刘清华 黄开升 常　宁	推进党风廉政建设责任在基层落实落细的实践与思考	中国石化中原油田分公司纪委监督部
74	范旭强 谢　薇 李苏晓	能源转型对地缘政治的影响及思考	中国石油集团经济技术研究院
75	吴利华 王　刚 杨琪琦	试采单井经济评价方法初探及应用	中国石油西南油气田分公司川中油气矿
76	马　杨 朱寅菲 张东琪	“双碳”目标下以油气构建的现代能源体系	中国石油辽河石化分公司
77	李　明	研究型审计在能源企业安全隐患治理内审项目中的探析应用	中国石油集团测井有限公司
78	任卫东	企业碳排放的监督管理	中国石油集团测井有限公司
79	张永丰	地面管道失效分析及防护措施	中国石油大庆油田有限责任公司第二采油厂工艺研究所
80	李　键	萨南油田产能地面建设投资与成本全过程控制分析	中国石油大庆油田有限责任公司第二采油厂工艺研究所